Die Rechtsprechung zur Höhe des Unterhalts

von

Birgit Niepmann

Direktorin des AG Bonn a. D.

und

Dr. Wolfram Kerscher

Richter am AG Bonn

15., völlig überarbeitete Auflage 2023

D1667302

C.H.BECK

Zitiervorschlag:
Niepmann/Kerscher Unterhalt/Bearbeiter Rn. …

www.beck.de

ISBN 978 3 406 78566 5

© 2023 Verlag C. H. Beck oHG
Wilhelmstraße 9, 80801 München
Druck: Beltz Bad Langensalza GmbH
Am Fliegerhorst 8, 99947 Bad Langensalza
Satz und Umschlaggestaltung: Druckerei C. H. Beck Nördlingen

chbeck.de/nachhaltig

Gedruckt auf säurefreiem, alterungsbeständigem Papier
(hergestellt aus chlorfrei gebleichtem Zellstoff)

Bearbeiterverzeichnis

Dr. Wolfram Kerscher: 1. Teil; 2. Teil A
Birgit Niepmann: 2. Teil B bis E

Vorwort zur 15. Auflage

Seit dem Erscheinen der 14. Auflage sind annähernd vier Jahre vergangen. Wenn sich nun Verlag und Autoren zu einer Neuauflage entschlossen haben, ist dies eher einer gewissen Tradition als besonderen, gleichsam „bahnbrechenden" Neuerungen auf dem Gebiet des Unterhaltsrechts geschuldet. Natürlich hat es neue Entwicklungen gegeben. Die jeweiligen Änderungen zur MindestunterhaltsVO machen in jedem Jahr eine neue Düsseldorfer Tabelle erforderlich. Besonders erwähnenswert ist zum einen die Tabelle des Jahres 2022, die erstmals 15 Einkommensstufen enthält und damit der Rechtsprechung des BGH genüge tut, der in seiner Entscheidung vom 16.9.2020 (FamRZ 2021, 28 = BGH NJW 2020, 3721) eine Fortschreibung der Düsseldorfer Tabelle bis zu einem unterhaltsrechtlich relevanten Einkommen von 11.000 € gefordert hat. Darüber hinaus wird in den Anmerkungen zur Düsseldorfer Tabelle betreffend den Ehegattenunterhalt erstmals der Erwerbstätigenbonus mit 1/10 beziffert. Auch hier folgt die Tabelle der Rechtsprechung des BGH (FamRZ 2020, 171 = NJW 2020, 238). Inzwischen sehen die Leitlinien sämtlicher Oberlandesgerichte einen Erwerbstätigenbonus von 1/10 vor. Die Tabelle des Jahres 2023 beruht auf der nur für 2023 geltenden 5. Verordnung zur Änderung der MindestunterhaltsVO (BGBl. 2022 I 2130), die durch die unvorhersehbare inflationäre Entwicklung verursacht wurde. Diese hat nicht nur zu einer Änderung des Mindestunterhaltbeträge geführt; erhöht worden ist sind auch die Regelsätze des Bürgergeldes, so dass die Selbstbehaltsätze und in ihnen auch der Mietanteil deutlich angestiegen sind.

Von den wenigen seit 2019 ergangenen unterhaltsrechtlichen Entscheidungen des BGH sind diejenigen zur Anrechnung der Tilgungsanteile beim Wohnvorteil hervorzuheben, die -entwickelt für den Elternunterhalt- nun auch für den Ehegatten- und Kindesunterhalt gelten (s. Rn. 863 und 867). Die neue Rechtsprechung zum Barbedarf des minderjährigen Kindes und seine Auswirkungen auf die Errechnung des Einkommens der Eltern hatte sich ebenfalls bereits im Rahmen des Elternunterhalts angekündigt (BGH FamRZ 2017, 711 = NJW 2017, 1881) Der BGH hat diese Rechtsprechung aufgegriffen und verfestigt (BGH FamRZ 2021, 1965 = BGH NJW 2022, 621; FamRZ 2022, 1366 = NJW 2022, 2470).

Mit der 15. Auflage ist erneut ein Bearbeiterwechsel eingetreten. An die Stelle von Prof. Dr. Christian Seiler, nunmehr Vorsitzender Richter am OLG München, ist Dr. Wolfram Kerscher, Richter am Amtsgericht Bonn, getreten, den Nutzern des Beck-OGK-BGB bekannt durch die Kommentierung von Teilen des Kindschafts- und des Vormundschaftsrechts. Prof. Dr. Christian Seiler hat seine Arbeit für dieses Buch auf eigenen Wunsch beendet. Verlag und Autoren danken ihm, dass er nach dem Ausscheiden von Werner Schwamb die laufende Bearbeitung der 14. Auflage übernommen hat.

Die veröffentlichte Rechtsprechung ist bis zum 31.3.2023 berücksichtigt.

Bonn, im April 2023

Birgit Niepmann
Dr. Wolfram Kerscher

Inhaltsübersicht

Inhaltsverzeichnis

Abkürzungsverzeichnis

AFG .... Arbeitsförderungsgesetz
AG .... Amtsgericht
AnwBl. .... Anwaltsblatt
AVAG .... Anerkennungs- und Vollstreckungsausführungsgesetz
BAföG .... Bundesausbildungsförderungsgesetz
BAG .... Bundesarbeitsgericht
BAT .... Bundesangestelltentarif
BayObLG .... Bayerisches Oberstes Landesgericht
BayObLGZ .... Entscheidungen des Bayerischen Obersten Landesgerichts in Zivilsachen
BeamtVG .... Beamtenversorgungsgesetz
BErzGG .... Bundeserziehungsgeldgesetz
Beschl. .... Beschluss
BFH .... Bundesfinanzhof
BGB .... Bürgerliches Gesetzbuch
BGBl. .... Bundesgesetzblatt
BGH .... Bundesgerichtshof
BGHZ .... Entscheidungen des Bundesgerichtshofs in Zivilsachen
BKGG .... Bundeskindergeldgesetz
BSG .... Bundessozialgericht
BSHG .... Bundessozialhilfegesetz
BStBl. .... Bundessteuerblatt
BT-Drs. .... Bundestags-Drucksache
BVerfG .... Bundesverfassungsgericht
BVerwG .... Bundesverwaltungsgericht
BVG .... Bundesversorgungsgesetz
DAVorm .... Der Amtsvormund
DFGT .... Deutscher Familiengerichtstag
DIV .... Deutsches Institut für Vormundschaftswesen
Drs. .... Drucksache
EGBGB .... Einführungsgesetz zum Bürgerlichen Gesetzbuch
EheG .... Ehegesetz
EStG .... Einkommensteuergesetz
EuGH .... Europäischer Gerichtshof
EuGVVO .... Verordnung (EG) Nr. 44/2001 übergerichtliche Zuständigkeit und die Anerkennung und Vollstreckung von Entscheidungen in Zivil- und Handelssachen
EuGVÜ .... Europäisches Übereinkommen über die gerichtliche Zuständigkeit und die Vollstreckung gerichtlicher Entscheidungen in Zivil- und Handelssachen vom 29.9.1968 (BGBl 1972 II 774)
EuUnthVO .... Verordnung (EG) Nr. 4/2009 vom 18.12.2008 über die Zuständigkeit, das anwendbare Recht, die Anerkennung und Vollstreckung von Entscheidungen und die Zusammenarbeit in Unterhaltssachen
FamFG .... Gesetz über das Verfahren in Familiensachen und in den Angelegenheiten der freiwilligen Gerichtsbarkeit
FamFR .... Familienrecht und Familienverfahrensrecht
FamRB .... Familien-Rechtsberater
FamRZ .... Zeitschrift für das gesamte Familienrecht
FF .... Forum Familien- und Erbrecht
FGG-RG .... Gesetz zur Reform des Verfahrens in Familiensachen und in Angelegenheiten der freiwilligen Gerichtsbarkeit
FPR .... Familie, Partnerschaft, Recht
FuR .... Familie und Recht

Für weitere Abkürzungen vgl. bei: https://zitierportal.beck.de/editorial_guidelines

1. Teil. Die Rechtsprechung zur Schematisierung der Höhe des Unterhaltsanspruchs

A. Allgemeines

Die Höhe des Unterhalts wird – anders als die Anspruchsgrundlagen – im Gesetz nur 1 an wenigen Stellen genau geregelt. Die ähnlich lautenden Grundnormen zur Zumessung des Unterhalts sind § 1578 BGB und § 1610 BGB, denen zufolge sich „**das Maß des Unterhalts**" nach den ehelichen Lebensverhältnissen bzw. nach der Lebensstellung des Bedürftigen richtet.

Auch nach der am 1.1.2008 in Kraft getretenen Unterhaltsrechtsreform[1] ist es die Aufgabe der Rechtsprechung geblieben, den angemessenen Unterhalt zu bestimmen, wobei in mehrfacher Weise **Tabellen, Quoten und Schlüssel** zur Anwendung kommen. Dabei dienen die Tabellen in erster Linie zur Ermittlung der Höhe des Kindesunterhalts. Zwischen Ehegatten wird das Einkommen nach Quoten und unter mehreren Berechtigten nach Schlüsseln aufgeteilt.

Der **Mindestunterhalt minderjähriger Kinder** ist dagegen gesetzlich genau geregelt. 2 Er bestimmt sich seit dem 1.1.2016 gem. § 1612a Abs. 1 S. 2 BGB nach dem steuerfrei zu stellenden sächlichen Existenzminimum des minderjährigen Kindes.[2] Zuvor hatte sich der Mindestunterhalt nach § 1612a Abs. 1 S. 2 BGB in der bis zum 31.12.2015 geltenden Fassung nach dem doppelten Freibetrag für das sächliche Existenzminimum eines Kindes (Kinderfreibetrag) nach § 32 Abs. 6 S. 1 EStG gerichtet. Die **Höhe des Mindestunterhalts** wird seit dem 1.1.2016 gem. § 1612a Abs. 4 BGB alle zwei Jahre durch eine jeweils vom Bundesministerium der Justiz und für Verbraucherschutz zu erlassende Rechtsverordnung festgelegt, die vom jeweils letzten Existenzminimumbericht der Bundesregierung ausgeht (Mindestunterhaltsverordnung).[3]

Mit der auf diesem Gesetz beruhenden Verordnung zur Festlegung des Mindestunterhalts minderjähriger Kinder nach § 1612a I BGB vom 30.11.2022[4] ist der Mindestunterhalt für die Zeit ab 1.1.2023 auf **437 EUR** in der Altersstufe 1 (87 %), **502 EUR** in der Altersstufe 2 (100 %) und **588 EUR** in der Altersstufe 3 (117 %) angehoben worden.

Die Höhe des Kindergeldes belief sich seit 2019 auf folgende Werte:

- Januar bis Juni 2019: 194 EUR für ein erstes und zweites Kind, 210 EUR für ein drittes und 225 EUR für das vierte und weitere Kinder,
- Juli bis Dezember 2019 sowie 2020: aufgrund des Gesetzes zur steuerrechtlichen Entlastung der Familien sowie zur Anpassung weiterer steuerlicher Regelungen vom 29.11.18[5] 204 EUR für ein erstes und zweites Kind, 210 EUR für ein drittes und 235 EUR für jedes weitere Kind,

---

[1] Gesetz zur Änderung des Unterhaltsrechts vom 21.12.2007, BGBl. 2007 I 3189 ff.

[2] Durch das Gesetz zur Änderung des Unterhaltsrechts und des Unterhaltsverfahrensrechts sowie zur Änderung der ZPO und kostenrechtlicher Vorschriften vom 20.11.2015, BGBl. 2015 I 2018.

[3] Gesetz zur Änderung des Unterhaltsrechts und des Unterhaltsverfahrensrechts sowie zur Änderung der Zivilprozessordnung und kostenrechtlicher Vorschriften vom 20.11.2015 (BGBl. I 2018).

[4] Fünfte ÄndVO vom 30.11.2022 (BGBl. I 2130).

[5] BGBl. 2018 I 2210.

- 2021 und 2022: 219 EUR für ein erstes und zweites Kind, 225 EUR für ein drittes und 250 EUR für jedes weitere Kind,
- 2023: 250 EUR für jedes Kind.

Gemäß § 1612a Abs. 3 BGB ist für die jeweilige Altersstufe der Beginn des Monats maßgebend, in dem das Kind das betreffende Lebensjahr vollendet.

3 **Die Unterhaltsleitlinien bzw. Unterhaltsgrundsätze, die von den Oberlandesgerichten angewandt werden** und in denen über Tabellen, Quoten und Schlüssel hinaus zahlreiche Einzelfragen der Berechnung des unterhaltspflichtigen Einkommens und des Bedarfs behandelt werden, dienen ebenfalls dem Ziel einer möglichst einheitlichen Rechtsprechung. Seit dem 1.7.2003 folgen sie einer bundeseinheitlichen Struktur,[6] die unterschiedliche Lösungen in Einzelpunkten überschaubarer macht.

4 **Bei der Anwendung von Tabellen, Quoten, Schlüsseln und auch Leitlinien** ist zu beachten, dass die gewonnenen Werte nur **Richtwerte** und **Orientierungshilfen** für die Ermittlung des konkreten Bedarfs im Einzelfall sind. Sie sind anhand allgemeingültiger Gegebenheiten und typischer Sachlagen nach der Lebenserfahrung entwickelt, lassen also individuelle Besonderheiten aufseiten des Verpflichteten wie des Berechtigten zunächst außer Acht. Die Anwendung dieser Hilfsmittel kann daher die Berechnung des angemessenen Unterhalts im Einzelfall niemals ersetzen. Diese Einschränkung des Zwecks und der Aussagekraft von Tabellen, Quoten, Schlüsseln und Leitlinien wird deshalb von den Gerichten auch immer wieder hervorgehoben.[7] Sie sind stets nur Hilfsmittel zur Ausfüllung des unbestimmten Rechtsbegriffs „angemessener Unterhalt".[8] In diesem Sinne wird die Anwendung von Tabellen und Leitlinien vom Bundesgerichtshof als im tatrichterlichen Ermessen liegend gebilligt.[9] Revisionsrechtlich überprüft werden kann jedoch, ob die Richtwerte den anzuwendenden Rechtsvorschriften entsprechen, ob ein entsprechender Erfahrungssatz aufgestellt werden kann und ob besondere Umstände des Einzelfalls hinreichend berücksichtigt sind.[10] So hat der BGH[11] betont, dass die auf Durchschnittsfälle zugeschnittene Einstufung in eine Einkommensgruppe unter Berücksichtigung der Zahl unterhaltsberechtigter Personen nach Anm. 1 der Düsseldorfer Tabelle (bzw. Nr. 11.2 der Leitlinien) immer noch einem ergänzenden tatrichterlichen Ermessen unterliegt und danach eine unterbliebene Herabstufung in dem zu entscheidenden Einzelfall gebilligt.

Die **Methoden der Bedarfsberechnung** – etwa die Warenkorbmethode – sind sehr unterschiedlich und legen statistische Durchschnittswerte zugrunde, die auf einen „Normalverbraucher" zugeschnitten sind. Die Kindesunterhaltsbeträge richten sich deshalb in der vorbeschriebenen Weise nach. § 1612a Abs. 1 S. 2 BGB (→ Rn. 2).[12]

---

[6] FamRZ 2003, 909; neu gefasst am 3.12.2007, weitere Änderung am 25.10.2010: → Rn. 8.

[7] BGH FamRZ 2012, 1048 = NJW 2012, 1873, Rn. 18; FamRZ 1992, 795 (797) = NJW 1992, 1393: „Es steht dem Tatrichter frei, sich von solchen Werten zu lösen, wenn andere Lebensverhältnisse zu beurteilen sind als diejenigen, auf die sie abgestellt sind." Vgl. ferner die jeweiligen Vorbemerkungen zu den Unterhaltsleitlinien/-grundsätzen der Oberlandesgerichte.

[8] BGH FamRZ 2012, 1048 = NJW 2012, 1873, Rn. 18; FamRZ 1989, 272 = NJW 1989, 523.

[9] BGH FamRZ 1993, 43 (44) = NJW-RR 1992, 1474: „Dem Tatrichter ist nicht verwehrt, sich an die in der Praxis verwendeten Unterhaltstabellen und -leitlinien anzulehnen, sofern nicht besondere Umstände eine Abweichung bedingen"; BGH FamRZ 2001, 1693 mAnm Büttner = NJW 2001, 3779 geht offensichtlich auch bei den unterschiedlichen Werten für den Erwerbstätigenbonus (1/10-1/7) davon aus, dass dies im tatrichterlichen Ermessen liegt.

[10] BGH FamRZ 2008, 594 (Rn. 24 ff.) = NJW 2008, 1373 mkritAnm Schwamb FF 2008, 160 und Weychardt FamRZ 2008, 778.

[11] BGH FamRZ 2014, 1536 = NJW 2014, 2785, Rn. 38 ff. unter Hinweis auf BGH FamRZ 2000, 1492 (1493) = NJW 2000, 3140.

[12] Zuletzt der 12. Existenzminimumbericht für 2019 und 2020 vom 19.10.2018. Zur Kritik an der Methode: Lenze FamRZ 2009, 1724 ff. unter III.

B. Die Anwendung von Tabellen und Leitlinien/Grundsätzen

I. Düsseldorfer Tabelle

Die ursprünglich vom Landgericht Düsseldorf entwickelte Tabelle[13] ist vom Ober- **5** landesgericht Düsseldorf neu gefasst und umgestaltet worden, und zwar zum 1.1.1979,[14] 1.1.1980,[15] 1.1.1982,[16] 1.1.1985,[17] 1.1.1989,[18] 1.7.1992,[19] 1.7.1996,[20] 1.7.1998,[21] 1.7.1999,[22] 1.7.2001/1.1.2002,[23] 1.7.2003,[24] 1.7.2005,[25] 1.7.2007,[26] 1.1.2008,[27] 1.1.2009,[28] 1.1.2010,[29] 1.1.2011,[30] 1.1.2013,[31] 1.1.2015,[32] 1.8.2015,[33] 1.1.2016,[34] 1.1.2017,[35] 1.1.2018[36], zum 1.1.2019,[37] 1.1.2020[38], 1.1.2021,[39] 1.1.2022[40] und zum 1.1.2023.[41]

Sie hat in ihrem Zahlenwerk zum Kindesunterhalt in der Rechtsprechung der Familiengerichte allgemeine Anerkennung gefunden.[42] Für den Unterhalt seit 1.1.2008 gilt sie nun bundesweit, nachdem die Berliner Vortabelle[43] nur noch für die Zeit bis 31.12.2007 anwendbar war. Zur Entwicklung und Struktur der Düsseldorfer Tabelle, s. Niepmann.[44]

Die Rechenregeln und Rechtsauffassungen in den weiteren Teilen der Tabelle (Anmerkungen und Anhänge) werden dagegen nicht einheitlich gehandhabt. Die Unterschiede ergeben sich im Einzelnen aus den jeweiligen Leitlinien bzw. Grundsätzen der übrigen Oberlandesgerichte.

---

[13] Ausführlich zur 50-jährigen Geschichte: Otto FamRZ 2012, 837, vgl. auch Niepmann NZFam 2022, 141; Schürmann FamRZ 2019, 493. Letzte Neufassung des Landgerichts Düsseldorf zum 1.1.1977: NJW 1977, 289.

[14] FamRZ 1978, 854 ff. = NJW 1979, 25.

[15] FamRZ 1980, 19 = NJW 1980, 107.

[16] FamRZ 1981, 1207 f. = NJW 1982, 19.

[17] FamRZ 1984, 961 = NJW 1984, 2330.

[18] FamRZ 1988, 911 = NJW 1988, 2352.

[19] FamRZ 1992, 398 = NJW 1992, 1367.

[20] FamRZ 1995, 1323 = NJW 1995, 2972.

[21] FamRZ 1998, 534 = NJW 1998, 1469.

[22] FamRZ 1999, 766 = NJW 1999, 1845.

[23] FamRZ 2001, 810 und 1512 = NJW Beilage zu Heft 33, 6 und NJW 2001, 3531.

[24] FamRZ 2003, 903 = NJW 2003 Beilage zu Heft 32.

[25] FamRZ 2005, 1300 = NJW 2005, Beilage zu Heft 30.

[26] FamRZ 2007, 1367 = NJW 2007, Beilage zu Heft 32, dazu Soyka FamRZ 2007, 1362.

[27] FamRZ 2008, 211 = NJW 2008, Beilage zu Heft 10, grundlegend zur Neufassung aus Anlass der Unterhaltsrechtsreform: Klinkhammer FamRZ 2008, 193.

[28] FamRZ 2009, 180 = NJW 2009, Beilage zu Heft 10.

[29] FamRZ 2010, 173 = NJW 2010, Beilage zu Heft 12.

[30] FamRZ 2010, 1960 = NJW 2011, Beilage zu Heft 8.

[31] Sonderbeil. zu NJW, Heft 8/2013, S. 3; FamRZ 2013, 96.

[32] FamRZ 2015, 102.

[33] FamRZ 2015, 1360.

[34] FamRZ 2016, 101; dazu Schürmann FamRB 2016, 24 mwN.

[35] FamRZ 2016,1992.

[36] FamRZ 2017, 1906.

[37] FamRZ 2019, 17.

[38] FamRZ 2020, 147.

[39] FamRZ 2021, 93.

[40] FamRZ 2022, 160.

[41] FamRZ 2023, 100.

[42] Vgl. nur BGH FamRZ 2021, 28 = NJW 2020, 3721 Rn. 15.

[43] Zuletzt vom 1.7.2007: FamRZ 2007, 1370, dazu Vossenkämper FamRZ 2008, 215.

[44] NZFam 2022, 141.

6   **Düsseldorfer Tabelle**[45] (Stand: 1.1.2023)

A. Kindesunterhalt

Nettoeinkommen des/der Barunterhaltspflichtigen (Anm. 3, 4)			Altersstufen in Jahren (§ 1612a Abs. 1 BGB)				Prozent-satz	Bedarfskontrollbe-trag (Anm. 6)
			0 – 5	6 – 11	12 – 17	ab 18		
			Alle Beträge in Euro					
1.		bis 1.900	437	502	588	628	100	1.120/1.370
2.	1.901	– 2.300	459	528	618	660	105	1.650
3.	2.301	– 2.700	481	553	647	691	110	1.750
4.	2.701	– 3.100	503	578	677	723	115	1.850
5.	3.101	– 3.500	525	603	706	754	120	1.950
6.	3.501	– 3.900	560	643	753	804	128	2.050
7.	3.901	– 4.300	595	683	800	855	136	2.150
8.	4.301	– 4.700	630	723	847	905	144	2.250
9.	4.701	– 5.100	665	764	894	955	152	2.350
10.	5.101	– 5.500	700	804	941	1.005	160	2450
11.	5.501	– 6.200	735	844	988	1.056	168	2.750
12.	6.201	– 7.000	770	884	988	1.106	176	3.150
13.	7.001	– 8.000	805	924	1.082	1.156	184	3.650
14.	8.001	– 9.500	840	964	1.129	1.206	192	4.250
15.	9.501	– 11.000	874	1.004	1.176	1.256	200	4.950

Anmerkungen:
1. **Die Tabelle hat keine Gesetzeskraft, sondern stellt eine Richtlinie dar.**
Sie weist den monatlichen Unterhaltsbedarf aus, bezogen auf zwei Unterhaltsberechtigte, ohne Rücksicht auf den Rang. Der Bedarf ist nicht identisch mit dem Zahlbetrag; dieser ergibt sich unter Berücksichtigung der nachfolgenden Anmerkungen.

Bei einer größeren/geringeren Anzahl Unterhaltsberechtigter können **Ab- oder Zuschläge** durch Einstufung in niedrigere/höhere Gruppen angemessen sein. Anmerkung 6 ist zu beachten. Zur Deckung des Mindestbedarfs aller Beteiligten – einschließlich des Ehegatten – ist gegebenenfalls eine Herabstufung bis in die unterste Tabellengruppe vorzunehmen. Reicht das verfügbare Einkommen auch dann nicht aus, setzt sich der Vorrang der Kinder im Sinne von Anm. 5 Abs. 1, § 1609 Nr. 1 BGB, durch. Gegebenenfalls erfolgt zwischen den erstrangigen Unterhaltsberechtigten eine Mangelberechnung nach Abschnitt C.

2. Die Richtsätze der 1. Einkommensgruppe entsprechen dem Mindestbedarf gemäß der Fünften Verordnung zur Änderung der Mindestunterhaltsverordnung vom 30.11.2022. Der Prozentsatz drückt die Steigerung des Richtsatzes der jeweiligen Einkommensgruppe gegenüber dem Mindestbedarf (= 1. Einkommensgruppe) aus. Die durch Multiplikation des gerundeten Mindestbedarfs mit dem Prozentsatz errechneten Beträge sind entsprechend § 1612a Absatz 2 Satz 2 BGB aufgerundet.

Bei volljährigen Kindern, die noch im Haushalt der Eltern oder eines Elternteils wohnen, bemisst sich der Unterhalt nach der 4. Altersstufe der Tabelle.

3. **Berufsbedingte Aufwendungen,** die sich von den privaten Lebenshaltungskosten nach objektiven Merkmalen eindeutig abgrenzen lassen, sind vom Einkommen abzuziehen, wobei bei entspre-

---

[45] Die neue Tabelle nebst Anmerkungen beruht auf Koordinierungsgesprächen, die unter Beteiligung aller Oberlandesgerichte und der Unterhaltskommission des Deutschen Familiengerichtstages e. V. stattgefunden haben.

chenden Anhaltspunkten eine Pauschale von 5 % des Nettoeinkommens – mindestens 50 EUR, bei geringfügiger Teilzeitarbeit auch weniger, und höchstens 150 EUR monatlich – geschätzt werden kann. Bei Geltendmachung die Pauschale übersteigender Aufwendungen sind diese insgesamt nachzuweisen.

4. Berücksichtigungsfähige **Schulden** sind in der Regel vom Einkommen abzuziehen.

5. Der **notwendige Eigenbedarf (Selbstbehalt), § 1603 Abs. 2 BGB,**

– gegenüber minderjährigen unverheirateten Kindern,

– gegenüber volljährigen unverheirateten Kindern bis zur Vollendung des 21. Lebensjahres, die im Haushalt der Eltern oder eines Elternteils leben und sich in der allgemeinen Schulausbildung befinden, beträgt

für den nicht erwerbstätigen Unterhaltspflichtigen monatlich	1.120 EUR,
für den erwerbstätigen Unterhaltspflichtigen monatlich	1.370 EUR.

Hierin sind bis 520 EUR für Unterkunft einschließlich umlagefähiger Nebenkosten und Heizung (Warmmiete) enthalten.

Der **angemessene Eigenbedarf, § 1603 Abs. 1 BGB,** beträgt

mindestens monatlich   1.650 EUR.
Hierin ist eine Warmmiete bis 650 EUR enthalten.

Der notwendige bzw. der angemessene Eigenbedarf sollen erhöht werden, wenn die Wohnkosten (Warmmiete) 520 EUR (notwendiger Eigenbedarf) bzw. 650 EUR (angemessener Eigenbedarf) übersteigen und nicht unangemessen sind.

6. Der **Bedarfskontrollbetrag** des Unterhaltspflichtigen ab Gruppe 2 ist nicht identisch mit dem Eigenbedarf. Er soll eine ausgewogene Verteilung des Einkommens zwischen dem Unterhaltspflichtigen und den unterhaltsberechtigten Kindern gewährleisten. Wird er unter Berücksichtigung auch anderer Unterhaltspflichten unterschritten, ist der Tabellenbetrag der nächst niedrigeren Gruppe, deren Bedarfskontrollbetrag nicht unterschritten wird, anzusetzen.

7. Der angemessene Gesamtunterhaltsbedarf eines studierenden Kindes, das nicht bei seinen Eltern oder einem Elternteil wohnt, beträgt in der Regel monatlich 930 EUR. Hierin sind bis 410 EUR für Unterkunft einschließlich umlagefähiger Nebenkosten und Heizung (Warmmiete) enthalten. Dieser Bedarfssatz kann auch für ein Kind mit eigenem Haushalt angesetzt werden.

Von dem Betrag von 930 EUR kann bei erhöhtem Bedarf oder mit Rücksicht auf die Lebensstellung der Eltern nach oben abgewichen werden.

8. Die **Ausbildungsvergütung** eines in der Berufsausbildung stehenden Kindes, das im Haushalt der Eltern oder eines Elternteils wohnt, ist vor ihrer Anrechnung in der Regel um einen ausbildungsbedingten Mehrbedarf von monatlich 100 EUR zu kürzen.

9. In den Bedarfsbeträgen (Anmerkungen 1 und 7) sind keine **Beiträge zur Kranken- und Pflegeversicherung und keine Studiengebühren** enthalten.

10. Das auf das jeweilige Kind entfallende **Kindergeld** ist nach § 1612b BGB auf den Tabellenunterhalt (Bedarf) anzurechnen.

B. Ehegattenunterhalt

I. **Monatliche Unterhaltsrichtsätze des berechtigten Ehegatten ohne unterhaltsberechtigte Kinder (§§ 1361, 1569, 1578, 1581 BGB):**

   1. gegen einen **erwerbstätigen Unterhaltspflichtigen:**

      a) wenn der Berechtigte kein Einkommen hat:
         45 % des anrechenbaren Erwerbseinkommens zuzüglich 50 % der anrechenbaren sonstigen Einkünfte des Pflichtigen, nach oben begrenzt durch den vollen Unterhalt, gemessen an den zu berücksichtigenden ehelichen Verhältnissen;

      b) wenn der Berechtigte ebenfalls Einkommen hat:
         45 % der Differenz zwischen den anrechenbaren Erwerbseinkommen der Ehegatten, insgesamt begrenzt durch den vollen ehelichen Bedarf; für sonstige anrechenbare Einkünfte gilt der Halbteilungsgrundsatz;

      c) wenn der Berechtigte erwerbstätig ist, obwohl ihn keine Erwerbsobliegenheit trifft:
                                                         gemäß § 1577 Abs. 2 BGB;

   2. gegen einen **nicht erwerbstätigen Unterhaltspflichtigen** (z. B. Rentner):
                                          wie zu 1a, b oder c, jedoch 50 %.

II.   **Monatliche Unterhaltsrichtsätze des berechtigten Ehegatten, wenn die ehelichen Lebens-verhältnisse durch Unterhaltspflichten gegenüber Kindern geprägt werden:**
Wie zu I., jedoch wird der Kindesunterhalt (Zahlbetrag; vgl. Anm. C und Anhang) vorab vom Nettoeinkommen abgezogen.

III.   **Monatlicher Eigenbedarf (Selbstbehalt) gegenüber dem getrenntlebenden und dem geschiedenen Berechtigten:**
    a)   falls erwerbstätig   1.510 EUR
    b)   falls nicht erwerbstätig   1.385 EUR
Hierin sind bis 580 EUR für Unterkunft einschließlich umlagefähiger Nebenkosten und Heizung (Warmmiete) enthalten. Der Eigenbedarf soll erhöht werden, wenn die Wohnkosten (Warmmiete) 580 EUR übersteigen und nicht unangemessen sind.

IV.   **Existenzminimum des unterhaltsberechtigten Ehegatten einschließlich des trennungs-bedingten Mehrbedarfs in der Regel:**
    a)   falls erwerbstätig: 1.370 EUR
    b)   falls nicht erwerbstätig: 1.120 EUR

V.   **Monatlicher notwendiger Eigenbedarf von Ehegatten**
    1.   Monatlicher notwendiger Eigenbedarf des von dem Unterhaltspflichtigen getrennt lebenden oder geschiedenen Ehegatten:
        a)   gegenüber einem nachrangigen geschiedenen Ehegatten
            aa)   falls erwerbstätig   1.510 EUR
            bb)   falls nicht erwerbstätig   1.385 EUR
        b)   gegenüber nicht privilegierten volljährigen Kindern   1.650 EUR
    2.   Monatlicher notwendiger Eigenbedarf des Ehegatten, der in einem gemeinsamen Haushalt mit dem Unterhaltspflichtigen lebt:
        a)   gegenüber einem nachrangigen geschiedenen Ehegatten
            aa)   falls erwerbstätig   1.208 EUR
            bb)   falls nicht erwerbstätig   1.108 EUR
        b)   gegenüber nicht privilegierten volljährigen Kindern   1.320 EUR

Anmerkung zu I. und II.:

Hinsichtlich **berufsbedingter Aufwendungen** und **berücksichtigungsfähiger Schulden** gelten Anmerkungen A. 3 und 4 – auch für den erwerbstätigen Unterhaltsberechtigten – entsprechend. Diejenigen berufsbedingten Aufwendungen, die sich nicht nach objektiven Merkmalen eindeutig von den privaten Lebenshaltungskosten abgrenzen lassen, sind pauschal im Erwerbstätigenbonus von 1/10 enthalten.

C. Mangelfälle

Reicht das Einkommen zur Deckung des Bedarfs des Unterhaltspflichtigen und der gleichrangigen Unterhaltsberechtigten nicht aus (sog. Mangelfälle), ist die nach Abzug des notwendigen Eigenbedarfs (Selbstbehalts) des Unterhaltspflichtigen verbleibende Verteilungsmasse auf die Unterhaltsberechtigten im Verhältnis ihrer jeweiligen Einsatzbeträge gleichmäßig zu verteilen.

Der Einsatzbetrag für den **Kindesunterhalt** entspricht dem Zahlbetrag des Unterhaltspflichtigen. Dies ist der nach Anrechnung des Kindergeldes oder von Einkünften auf den Unterhaltsbedarf verbleibende Restbedarf.

Beispiel: Bereinigtes Nettoeinkommen des Unterhaltspflichtigen (U): 1.750 EUR, Unterhalt für drei unterhaltsberechtigte Kinder im Alter von 18 Jahren (K1), 7 Jahren (K2) und 5 Jahren (K3), Schüler, die bei der nicht unterhaltsberechtigten, den Kindern nicht barunterhaltspflichtigen Elternteil (E) leben. E bezieht das Kindergeld.

Notwendiger Eigenbedarf des U:		1.370 EUR
Verteilungsmasse:	1.750 EUR – 1.370 EUR	= 380 EUR
Einsatzbeträge der Unterhaltsberechtigten:		
K 1:	(628 – 250)	378 EUR
K 2:	(502 – 125)	377 EUR
K 3:	(437 – 125)	<u>312 EUR</u>
Summe		= 1067 EUR
Unterhalt:		
K1:	378 x 380: 1.067	= 134,62 EUR
K2:	377 x 380: 1.067	= 134,26 EUR
K3:	312 x 380: 1.067	= 111,12 EUR

D. Verwandtenunterhalt und Unterhalt nach § 1615l BGB

I. Angemessener Selbstbehalt gegenüber den Eltern:

Dem Unterhaltpflichtigen ist der angemessene Eigenbedarf zu belassen. Bei dessen Bemessung sind Zweck und Rechtsgedanken des Gesetzes zur Entlastung unterhaltspflichtiger Angehöriger in der Sozialhilfe und in der Eingliederungshilfe (Angehörigenentlastungsgesetz) vom 10. Dezember 2019 (BGBl I S. 2135) zu beachten.

II. Bedarf der Mutter und des Vaters eines nichtehelichen Kindes (§ 1615l BGB):

nach der Lebensstellung des betreuenden Elternteils,

in der Regel mindestens   1.120 EUR.

III. Angemessener Selbstbehalt gegenüber der Mutter und dem Vater eines nichtehelichen Kindes (§§ 1615l, 1603 Abs. 1 BGB):

a) falls erwerbstätig   1.510 EUR
b) falls nicht erwerbstätig   1.385 EUR

Hierin sind bis 580 EUR für Unterkunft einschließlich umlagefähiger Nebenkosten und Heizung (Warmmiete) enthalten. Der Selbstbehalt soll erhöht werden, wenn die Wohnkosten (Warmmiete) 580 EUR übersteigen und nicht unangemessen sind.

E. Übergangsregelung

Umrechnung dynamischer Titel über Kindesunterhalt nach § 36 Nr. 3 EGZPO: Ist Kindesunterhalt als Prozentsatz des jeweiligen Regelbetrages zu leisten, bleibt der Titel bestehen. Eine Abänderung ist nicht erforderlich. An die Stelle des bisherigen Prozentsatzes vom Regelbetrag tritt ein neuer Prozentsatz vom Mindestunterhalt (Stand: 1.1.2008). Dieser ist für die jeweils maßgebliche Altersstufe gesondert zu bestimmen und auf eine Stelle nach dem Komma zu begrenzen (§ 36 Nr. 3 EGZPO). Der Prozentsatz wird auf der Grundlage der zum 1.1.2008 bestehenden Verhältnisse einmalig berechnet, und bleibt auch bei späterem Wechsel in eine andere Altersstufe unverändert (BGH Urteil vom 18.4.12 – XII ZR 66/10 – FamRZ 2012, 1048). Der Bedarf ergibt sich aus der Multiplikation des neuen Prozentsatzes mit dem Mindestunterhalt der jeweiligen Altersstufe und ist auf volle Euro aufzurunden (§ 1612a Abs. 2 S. 2 BGB). Der Zahlbetrag ergibt sich aus dem um das jeweils anteilige Kindergeld verminderten bzw. erhöhten Bedarf.

Wegen der sich nach § 36 Nr. 3 EGZPO ergebenden vier Fallgestaltungen wird auf die Beispielsberechnungen der Düsseldorfer Tabelle Stand 1.1.2017 verwiesen.

Anhang: Tabelle Zahlbeträge

Die folgende Tabelle enthält die sich nach Abzug des jeweiligen Kindergeldanteils (hälftiges Kindergeld bei Minderjährigen, volles Kindergeld bei Volljährigen) ergebenden Zahlbeträge. In 2023 beträgt das Kindergeld einheitlich je Kind 250,00 EUR.

Kindergeld: 250 EUR		0 – 5	6 – 11	12 – 17	ab 18	%
1.	bis 1.900	312	377	463	378	100
2.	1.901–2.300	334	403	493	410	105
3.	2.301–2.700	356	428	522	441	110
4.	2.701–3.100	378	453	552	473	115
5.	3.101–3.500	400	478	581	504	120
6.	3.501–3.900	435	518	628	554	128
7.	3.901–4.300	470	558	675	605	136
8.	4.301–4.700	505	598	722	655	144
9.	4.701–5.100	540	639	769	705	152
10.	5.101–5.500	575	679	816	755	160
11.	5.501–6.200	610	719	863	806	168
12.	6.201–7.000	645	759	910	856	176

Kindergeld: 250 EUR		0 – 5	6 – 11	12 – 17	ab 18	%
13.	7.001–8.000	680	799	957	906	184
14.	8.001–9.500	715	839	1.004	956	192
15.	9.501–11.000	749	879	1.051	1.006	200

II. Sonstige Tabellen

7   **Die Bremer Tabelle** zur Berechnung des Altersvorsorgeunterhalts,[46] fortgeführt von Gutdeutsch, wird im 2. Teil behandelt.[47]

Andere Tabellenwerke zum Unterhaltsrecht (wie zB früher die Nürnberger Tabelle[48] oder für die Zeit bis 31.12.2007 die Berliner Tabelle[49]) werden nicht mehr fortgeführt.

III. Unterhaltsleitlinien bzw. Unterhaltsgrundsätze

8   Ebenso wie die Düsseldorfer Tabelle ist auch die folgende **Leitlinienstruktur** in Koordinierungsgesprächen unter Beteiligung aller Oberlandesgerichte und der Unterhaltskommission des Deutschen Familiengerichtstages e. V. überarbeitet worden, zuletzt am 25.10.2010.[50] Das ermöglicht eine bessere Vergleichbarkeit der Rechtsprechung der Oberlandesgerichte, soweit sie sich in Einzelfragen unterscheidet.[51]

Bundeseinheitliche Struktur für unterhaltsrechtliche Leitlinien:
Präambel
Unterhaltsrechtlich maßgebendes Einkommen
Allgemeine Grundsätze
1.   **Geldeinnahmen**
1.1   Regelmäßiges Bruttoeinkommen einschließlich Renten und Pensionen
1.2   Unregelmäßige Einkommen (zB Abfindungen etc.)
1.3   Überstunden
1.4   Spesen und Auslösungen,
1.5   Einkommen aus selbstständiger Tätigkeit
1.6   Einkommen aus Vermietung und Verpachtung sowie Kapitalvermögen
1.7   Steuererstattungen
1.8   Sonstige Einnahmen (zB Trinkgelder)
2.   **Sozialleistungen**
2.1   Arbeitslosengeld und Krankengeld
2.2   Leistungen nach dem SGB II
2.3   Wohngeld
2.4   BAföG
2.5   Erziehungs- und Elterngeld
2.6   Unfall- und Versorgungsrenten
2.7   Leistungen aus der Pflegeversicherung, Blindengeld uä
2.8   Pflegegeld

---

[46] Bremer Tabelle, Stand 1.1.2016, FamRZ 2016, 286; Stand 1.1.2015, FamRZ 2015, 305.
[47] → Rn. 427, 428 im 2. Teil.
[48] Verfasst von S. Mager letztmals zum 1.1.1996, dazu Riegner FamRZ 1996, 988 ff.
[49] FamRZ 2007, 1370, dazu Vossenkämper FamRZ 2008, 215, auch → Rn. 5.
[50] Schwamb FPR 2011, 138 (140 unter V.).
[51] Von einem vollständigen Abdruck der Leitlinien wird abgesehen. Sie werden regelmäßig in Sonderdrucken sowie auf den Homepages der Fachverlage veröffentlicht.
Unter http://hefam.de/DT/ffmAPap.html findet sich eine Synopse von Unterhaltsgrundsätzen bzw. Leitlinien, in der auch jeweils neuere Rechtsprechung, insbesondere des BGH, verlinkt ist.

---

[52] Zur neuen Rspr. des BGH vom 7.12.2011, FamRZ 2012, 281 = NJW 2012, 384, → Rn. 52–52c.

C. Die Anwendung von Quoten und Schlüsseln

I. Quoten zur Bestimmung des Ehegattenunterhalts

1. Berechnungsgrundlagen

9   Der **Halbteilungsgrundsatz ist Ausgangspunkt** für die Aufteilung unter den Ehegatten, weil im Grundsatz Einigkeit darüber besteht, dass das zum Unterhalt zur Verfügung stehende Einkommen gleichmäßig für die Lebensbedürfnisse beider Ehegatten zu verwenden ist, denn beide nehmen am ehelichen Lebensstandard in gleicher Weise teil,[53] wie sich auch aus §§ 1360–1360b BGB ergibt.

10   Auch **Renten** und andere **Einkünfte, die nicht aus Erwerbstätigkeit stammen,** sind hiernach im Verhältnis 1/2 zu 1/2 aufzuteilen.[54]

---

[53] BVerfG FamRZ 2002, 527 = NJW 2002, 1185; BGH NJW 2012, 384 = FamRZ 2012, 281, Rn. 34; NJW 2006, 1654 = FamRZ 2006, 683 (686); BGH FamRZ 1982, 894 = NJW 1982, 2442; FamRZ 1991, 304 = NJW-RR 1991, 132; FamRZ 1995, 346 = NJW 1995, 963.

[54] BGH FamRZ 1982, 894; FamRZ 1983, 150; FamRZ 1985, 161 = NJW 1982, 2442; NJW 1983, 683. So auch Nr. 15.2 der Unterhaltsleitlinien aller Oberlandesgerichte.

Bei **Erwerbstätigkeit** hat sich die Auffassung durchgesetzt, dass bei der Bemessung 11
des Bedarfs dem Erwerbstätigen eine höhere Quote in Form eines sog. **Erwerbstätigenbonus'** zuzubilligen ist.[55] Eine gesetzliche Regelung besteht nicht; die Höhe des Bonus
steht im tatrichterlichen Ermessen.[56] Mit dem Erwerbstätigenbonus soll sowohl einem
erhöhten Aufwand, der typischerweise mit der Berufstätigkeit verbunden ist, Rechnung
getragen als auch der Anreiz zur (weiteren) Ausübung einer Erwerbstätigkeit gesteigert
werden.[57] Bezieht ein Beteiligter Renteneinkünfte oder ist er auf längere Zeit aus dem
Erwerbsleben ausgeschieden und bezieht Krankengeld, wird dagegen kein Bonus angesetzt.[58] Im Mangelfall, sei es auch nur ein relativer (→ Rn. 52, 52b, c), wird auf der
Leistungsfähigkeitsebene ebenfalls kein Erwerbstätigenbonus mehr gewährt.[59] Schließlich entfällt nach der Rechtsprechung des BGH[60] ein Ansatz des Erwerbstätigenbonus'
auch im Fall einer **konkreten Bedarfsberechnung,** da hier weder ein über pauschale
Werbungskosten hinausgehender, nicht bezifferbarer berufsbedingter Mehrbedarf bestehe, noch ein besondere Erwerbsanreiz erforderlich sei. Dies überzeugt allerdings zumindest hinsichtlich des Erwerbsanreizes, auch unter Berücksichtigung von § 1569
BGB, nicht, sofern dem Verpflichteten mehr als nach dem Halbteilungsgrundsatz
bleibt.

Die **Praxis der Oberlandesgerichte zur Quotierung** ist nicht vollständig einheitlich. 12
Nachdem der BGH den Ansatz eines Erwerbstätigenbonus' mit 1/10 vorgegeben hat,[61]
sind bis auf die Oberlandesgerichte Dresden und Jena alle Oberlandesgerichte in ihren
Leitlinien dieser Vorgabe gefolgt.

Neben dem mit 1/10 veranschlagten Erwerbstätigenbonus kann im Rahmen tatrich- 13
terlichen Ermessens zusätzlich eine **Pauschale für berufsbedingte Aufwendungen** von
5 % angesetzt werden.[62] Diese Pauschale setzt allerdings voraus, dass **konkrete Anhaltspunkte** dargelegt sind, wonach überhaupt berufsbedingte Aufwendungen entstanden
sind.[63]

Der Ansatz dieser Pauschale neben einem Erwerbstätigenbonus von 1/7 ist dagegen als
zu hoch angesehen worden, da der 1/7-Mehranteil die nicht quantifizierbaren berufsbedingten Aufwendungen bereits erfasst.[64]

Der **Erwerbstätigenbonus** ist vom bereinigten Erwerbseinkommen zu berechnen, also 14
nach Abzug berufsbedingter Aufwendungen oder der entsprechenden Pauschale sowie
nach Abzug des Kindesunterhaltes und etwaiger berücksichtigungsfähiger Verbindlichkeiten.[65] Zwar fällt der Bonus dann geringer aus, das ist aber darauf zurückzuführen, dass
bei Bestehen dieser Belastungen das verteilungsfähige Einkommen geringer ist. Treffen
Erwerbseinkommen und Nichterwerbseinkommen zusammen, wird es darauf ankommen, aus welchem Einkommensteil die Schulden in der Ehe bezahlt worden sind, ggf.

---

[55] Vgl. näher BGH FamRZ 2020, 171 = NJW 2020, 238, Rn. 21 f.; FamRZ 2004, 1867.
[56] BGH FamRZ 2004, 1867.
[57] BGH FamRZ 2020, 171 = NJW 2020, 238, Rn. 18.
[58] BGH FamRZ 2020, 171 = NJW 2020, 238, Rn. 18.
[59] BGH FamRZ 2014, 912 = NJW 2014, 1590 Rn. 39; grundlegend neu BGH FamRZ 2013, 1366 =
NJW 2013, 2662, Rn. 87.
[60] BGH FamRZ 2011, 192 = NJW 2011, 303 Rn. 27 unter Aufgabe der vorherigen Rechtsprechung, vgl. BGH BGH FamRZ 2010, 1637 = NJW 2010, 3372 Rn. 31.
[61] BGH FamRZ 2022, 434 mAnm Witt FamRZ 2022, 441 = NZFam 2022, 208 Rn. 46 mAnm
Niepmann NZFam 2022, 215.
[62] BGH FamRZ 2020, 171 = NJW 2020, 238, Rn. 23 f.; vgl. auch Düsseldorfer Tabelle Anm. A3.
[63] BGH FamRZ 2014, 1536 = NJW 2014, 2785 Rn. 27; FamRZ 2006, 108 = NJW 2006, 369,
Rn. 21 f. Der BGH FamRZ 2002, 536 billigt den Abzug von 5 %, wenn die Aufwendungen nur der
Höhe nach streitig sind, vgl. auch BGH. Siehe weiter → Rn. 978.
[64] BGH FamRZ 2020, 171 = NJW 2020, 238, Rn. 23.
[65] BGH FamRZ 1997, 1272 = NJW 1997, 1919.

wird anteilig abgezogen werden müssen.[66] Dass quantifizierbarer berufsbedingter Mehraufwand unabhängig von der Methodenwahl vor der Quotenbildung vom Einkommen abzuziehen ist, entspricht auch der Düsseldorfer Tabelle.[67] Der Erwerbstätigenbonus wird **auch bei fiktiven Einkünften** angesetzt.[68]

15 Auf **Lohnersatzleistungen** wie Arbeitslosen- und Krankengeld ist nach seiner Funktion kein Erwerbstätigenbonus zu gewähren, denn in diesen Fällen bedarf es keines Arbeitsanreizes und es entsteht auch kein nicht quantifizierbarer Mehraufwand.[69] Gleiches soll gelten, wenn der Unterhaltspflichtige unter Belassung der vollen Bezüge **von jeder Arbeitstätigkeit freigestellt** ist.[70]

16 Beim **Zusammentreffen von Erwerbseinkommen und Nichterwerbseinkommen** des Verpflichteten – bspw. Renteneinkommen, Zinsen, Wohnwert – ist vom Erwerbseinkommen zunächst 1/10 abzuziehen, und der verbleibende Rest ist 1/2: 1/2 aufzuteilen.[71]

17 Der Erwerbstätigenbonus ist **sowohl beim Berechtigten als auch beim Verpflichteten** zu berücksichtigen.[72] Das gilt auch dann, wenn hinzukommendes Erwerbseinkommen nach § 1577 Abs. 2 BGB teilweise nicht anrechenbar ist.

2. Abzug des Kindesunterhalts

18 **Minderjährige Kinder und ihnen gleichgestellte volljährige Kinder (§ 1603 Abs. 2 S. 2 BGB)** sind gem. § 1609 Nr. 1 BGB vorrangig berechtigt; der auf sie entfallende Unterhalt ist im Verhältnis zu nachrangig Berechtigten folglich im Rahmen eines **Vorwegabzugs** vom Nettoeinkommen des Verpflichteten abzusetzen. Dies gilt auch hinsichtlich des Vorwegabzugs von Kindesunterhalt für ein erst **nachehelich geborenes Kind** auf der Bedarfsebene.[73] Der BGH weist hier aber auch darauf hin, dass unabhängig davon, ob diese Kinder den Unterhaltsbedarf eines geschiedenen Ehegatten beeinflussen oder nicht, ihre Ansprüche im Rahmen der Leistungsfähigkeit vorab zu befriedigen sind und damit die verfassungsrechtlich gebotene Gleichbehandlung aller Kinder wieder sichergestellt ist.[74]

19 **Grenzen des Vorwegabzugs.** Der Kindesunterhalt, der sich immer nach den aktuellen Einkommensverhältnissen richtet,[75] ist bei der Bemessung des nachehelichen Unterhalts nur insoweit abzusetzen, als er sich ohne Berücksichtigung eines Karrieresprungs aus dem geringeren Einkommen ergibt.[76] Ein Vorwegabzug erfolgt zudem nur dann, wenn der Berechtigte den Kindesunterhalt auch tatsächlich zahlt.[77]

20 Der Vorwegabzug darf außerdem nicht zu einer Verteilung führen, die in einem Missverhältnis zum wechselseitigen Lebensbedarf der Beteiligten steht.[78] Der Vorwegabzug des Kindesunterhalts ist daher bei der Bedarfsbemessung im Ergebnis dadurch begrenzt,

---

[66] Normalerweise erfolgt daher ein Abzug vom Erwerbseinkommen: OLG Hamburg FamRZ 1991, 445 (448).

[67] Vgl. Düsseldorfer Tabelle B I 1a; so auch Nr. 15.2 der Unterhaltsleitlinien.

[68] BGH FamRZ 1995, 346 = NJW 1995, 963 (964).

[69] BGH NJW-RR 2009, 289 = FamRZ 2009, 307 mAnm Günther FamRZ 2009, 310; NJW 2007, 2249 = FamRZ 2007, 983; OLG Hamburg OLG-Report 1996, 8 (9).

[70] OLG Koblenz NJW-RR 2008, 1030 = FamRZ 2008, 2281.

[71] Düsseldorfer Tabelle B I 1a; KG FamRZ 1987, 283.

[72] BGH FamRZ 2020, 171 = NJW 2020, 238, Rn. 18.

[73] BGH FamRZ 2012, 281 = NJW 2012, 384, Rn. 27.

[74] BGH FamRZ 2012, 281 = NJW 2012, 384, Rn. 27; dazu auch Maurer FamRZ 2011, 849 (856); Schwamb FamRB 2011, 120 (123).

[75] BGH FamRZ 2008, 2189 = NJW 2008, 3562, Rn. 17; FamRZ 2008, 963 (968).

[76] BGH FamRZ 2007, 1232 mAnm Maurer = NJW 2007, 2628 mAnm Ehinger.

[77] OLG Zweibrücken NJW-RR 2006, 1659; OLG Koblenz NJW 2005, 686.

[78] BGH FamRZ 2003, 363 = NJW 2003, 1112 mAnm Wohlgemuth FPR 2003, 252; FamRZ 1985, 912 (916); 1986, 553 = NJW 1986, 985; dazu auch OLG Hamm FamRZ 1999, 853.

dass der **Mindestbedarf** des unterhaltsberechtigten Ehegatten bzw. Berechtigten gem. § 1609 Nr. 2 BGB nicht unterschritten werden darf.[79] Dies wird dadurch gewährleistet, dass die erforderliche Angemessenheitsbetrachtung bereits beim Unterhaltsbedarf **des Kindes** gemäß § 1610 BGB regelmäßig dazu führt, dass der Kindesunterhalt nur in Höhe des **Existenzminimums**, mithin nach Einkommensgruppe 1 der Düsseldorfer Tabelle, zu veranschlagen ist, wenn die Leistungsfähigkeit des Verpflichteten nicht für den Unterhalt sämtlicher gem. § 1609 Nr. 1 und 2 BGB Berechtigter ausreicht (zur Mangelfallberechnung → Rn. 102).[80]

[Nicht belegt]   21

Abzuziehen ist **der Zahlbetrag des Kindesunterhalts**, mithin der Tabellenunterhalt   22 abzüglich des gemäß § 1612b Abs. 1 BGB bedarfsmindernden Kindergeldes: **zur Hälfte**, wenn ein Elternteil seine Unterhaltspflicht durch Betreuung des Kindes erfüllt, in **voller Höhe** in allen anderen Fällen.[81] Dagegen geäußerte verfassungsrechtliche Bedenken teilt das BVerfG[82] nicht; ein Verfassungsverstoß liege insoweit nicht vor, insbesondere auch keine Ungleichbehandlung des Barunterhaltspflichtigen.

Der Vorwegabzug findet auch bei **volljährigen, nicht privilegierten Kindern** statt.[83]   23 Grundsätzlich begegnet dies trotz der Nachrangigkeit dieser Kinder keinen Bedenken, wenn diese Unterhaltsbelastung die ehelichen Lebensverhältnisse geprägt hat.[84] Dies liegt auch vor, wenn ein volljähriges Kind erst nach der Scheidung wieder bedürftig wird.[85] Im Mangelfall gilt das aber nicht mehr.[86]

Auch bei Kindern, die nie in der Familie gelebt haben (zB Kindern aus einer ersten Ehe   24 oder aus einer vorehelichen Beziehung) ist nur der Zahlbetrag abzuziehen, denn nur dieser Abfluss hat die ehelichen Lebensverhältnisse geprägt.[87]

Bei gleichzeitiger Bar- und Betreuungsleistung des Verpflichteten kann für die Er-   25 rechnung des Ehegattenunterhalts **nicht der doppelte Kindesunterhaltsbetrag** abgezogen werden, denn die von Eltern geleistete Betreuung wird grundsätzlich nicht monetarisiert.[88] Hiervon zu unterscheiden ist die Frage, ob im Einzelfall konkret nach den Umständen Abzüge vom Einkommen des insoweit doppelt Verpflichteten vorzunehmen sind (→ Rn. 965 ff.). Ob für den Verpflichteten anders als für den Berechtigten (→ Rn. 540) ein pauschaler Bonus noch in Betracht kommt, hat der BGH zuletzt offen gelassen (näher → Rn. 967 f.).[89] Wenn konkrete Aufwendungen belegt, aber nicht genau bezifferbar sind, dürfte eine Pauschale jedenfalls zulässig sein.[90] Zum **Wechselmodell** → Rn. 175a.

---

[79] BGH FamRZ 2016, 199 = NJW 2016, 322 Rn. 14.

[80] BGH FamRZ 2008, 2189 = NJW 2008, 3562, Rn. 22; bestätigt in BGH FamRZ 2012, 281 = NJW 2012, 384, Rn. 54; FamRZ 2010, 1318 = NJW 2010, 2515, Rn. 20.

[81] BGH FamRZ 2010, 1318 = NJW 2010, 2515, Rn. 27 ff.; NJW 2009, 2523 = FamRZ 2009, 1300 (dort unter Rn. 45 ff.).

[82] BVerfG FamRZ 2011, 1490 = NJW 2011, 3215 unter Rn. 32 ff.

[83] BGH FamRZ 2013, 191 = NJW 2013, 461, Rn. 31.

[84] BGH FamRZ 2013, 191 = NJW 2013, 461, Rn. 31; FamRZ 1985, 912 = NJW 1985, 2713; FamRZ 1990, 499 = NJW 1990, 1477; OLG Koblenz FamRZ 2007, 286; OLG Schleswig SchlHA 1996, 244.

[85] NJW 2012, 2883 = FamRZ 2012, 1553, Rn. 16, mAnm Hauß FamRZ 2012, 1628 (aber mit höherem Selbstbehalt).

[86] BGH FamRZ 2012, 281 = NJW 2012, 384, Rn. 19; FamRZ 2003, 363; OLG Koblenz FamRZ 2007, 286.

[87] OLG Nürnberg FamRZ 2001, 626.

[88] BGH FamRZ 2017, 711 = NJW 2017, 1881 Rn. 9; FamRZ 2013, 109, Rn. 25 mAnm Finke; OLG Naumburg FamRZ 2011, 224.

[89] BGH FamRZ 2013, 109, BGH FamRZ 2006, 1597 (1599) = NJW 2006, 3421, bezugnehmend auf BGH FamRZ 2005, 1154 (1156) und FamRZ 1986, 790.

[90] BGH FamRZ 2006, 1597 (1599) = NJW 2006, 3421, bezugnehmend auf BGH FamRZ 2005, 1154 (1156) und FamRZ 1986, 790.

26   **Der Zählkindvorteil** für ein nicht gemeinsames Kind ist gemäß § 1612b Abs. 2 BGB nicht in die Bedarfsberechnung für den anderen Ehegatten einzubeziehen, selbst wenn das Kind noch vor Rechtskraft der Scheidung geboren wurde.[91]

27   **Abzuziehen ist der rechtlich geschuldete Unterhalt,** mithin der titulierte Unterhalt, solange nicht auf einen Teil davon verzichtet worden ist oder eine gebotene Abänderung schuldhaft versäumt worden ist.[92] Ein über den geschuldeten hinausgehender Unterhalt kann abzuziehen sein, wenn er jahrelang gezahlt wurde und somit die ehelichen Lebensverhältnisse geprägt hat.[93] Die Wechselwirkungen auf den Ehegattenunterhalt sind zu beachten.[94] Entsteht ein Missverhältnis, kann die Verweisung auf einen Abänderungsantrag gerechtfertigt sein. Bei Titulierung kommt es darauf an, ob noch mit der Durchsetzung zu rechnen ist.

28   Ein Anspruch auf **Aufstockungsunterhalt** gem. § 1573 Abs. 2 BGB kann nach der Rechtsprechung des BGH auch dadurch entstehen, dass das Einkommen des barunterhaltspflichtigen Elternteils durch den Vorwegabzug des Kindesunterhaltes unter dasjenige des Betreuungselternteils absinkt.[95] Auf Seiten des kinderbetreuenden Ehegatten ist allerdings der dadurch entstehenden Belastung bei der Bemessung seiner Erwerbsobliegenheit und ggf. durch (teilweise) Nichtberücksichtigung überobligatorisch erzielten Einkommens Rechnung zu tragen.[96] Grundsätzlich ist aber der Kindesunterhalt auch in diesen Fällen eine eheprägende und damit abzugsfähige Verbindlichkeit; ein durch diesen Abzug erst ausgelöster Unterhaltsanspruch des barunterhaltspflichtigen Elternteils ist dann eine notwendige und damit hinzunehmende Folge.[97] Sofern auf Seiten des betreuenden Elternteils keine überobligatorische Belastung eintritt, muss er sich somit über den Umweg des Ehegattenunterhalts auch am Barunterhalt der Kinder beteiligen.

3. Grenzen der Unterhaltsbestimmung durch Quoten

a) Sättigungsgrenze

29   Die **schematische Unterhaltszumessung nach Quoten** kann bei **günstigen Einkommensverhältnissen** dazu führen, dass der Berechtigte mehr erhält als zur Deckung seines Bedarfs erforderlich ist. Es handelt sich um Fälle, in denen das laufende Einkommen vor der Trennung der Ehegatten nur teilweise zur Bedarfsdeckung, teilweise aber zur Vermögensbildung eingesetzt worden ist. Nach seiner gesetzlichen Funktion dient der Unterhalt allerdings nur der Bedarfsdeckung (vgl. § 1578 Abs. 1 S. 2 BGB: „Der Unterhalt umfasst den gesamten Lebensbedarf"; § 1360a Abs. 1 BGB: „Kosten des Haushalts und die persönlichen Bedürfnisse") des Berechtigten. Der Verpflichtete ist nicht gehalten, auch Mittel zur Vermögensbildung bereitzustellen.[98]

---

[91] BGH FamRZ 2000, 1492 = NJW 2000, 3140.

[92] BGH FamRZ 2003, 363 (367) = NJW 2003, 1112; NJW 2000, 284 (286); → Rn. 113.

[93] BGH FamRZ 1990, 979 = NJW-RR 1990, 578; OLG Hamm FamRZ 1996, 862 will bei zu hohem Kindesunterhalt auch den Selbstbehalt erhöhen (bedenklich), anders OLG Hamm OLG-Report 1996, 41 für vorübergehende Nichtzahlung.

[94] KG NJW-RR 1996, 1287; OLG Hamm OLG-Report 1996, 261.

[95] BGH FamRZ 2016, 199 (mAnm Witt) = NJW 2016, 322, Rn. 16 mwN; aA hier bis 12. Aufl. sowie OLG Köln NJW-RR 2001, 1371; OLG Hamburg FamRZ 1992, 1187 = NJW-RR 1993, 392; bereits bisher wie jetzt der BGH auch OLG Stuttgart NJW-Spezial 2012, 548 = MDR 2012, 1417; OLG Zweibrücken FamRZ 2002, 1565; → Rn. 1052.

[96] BGH FamRZ 2016, 199 (mAnm Witt) = NJW 2016, 322, Rn. 17.

[97] BGH FamRZ 2016, 199 (mAnm Witt) = NJW 2016, 322, Rn. 16.

[98] BGH FamRZ 1984, 358 (360) = NJW 1984, 1237; OLG Köln FamRZ 1993, 64; FamRZ 1992, 322.

Im Sinne einer Schematisierung der Unterhaltszumessung legte das den Gedanken nahe, entweder mit fixen Obergrenzen für den „sinnvollen" Lebensbedarf zu arbeiten oder aber je nach Einkommenshöhe bestimmte Beträge als typischerweise der Vermögensbildung dienend zu bezeichnen.[99] Der erste Weg ist nicht gangbar, weil er in Widerspruch zum Halbteilungsgrundsatz und der Lebensstandardgarantie steht.[100] Der Lebenszuschnitt nach den ehelichen Lebensverhältnissen hängt vom konkreten Verhalten der Beteiligten ab, er kann nicht zu Lasten des Berechtigten (und nur für ihn) auf bestimmte Höchstbeträge reduziert werden. Auch der zweite Weg ist nicht gangbar, weil sich eine generelle Aussage darüber, dass ab einer bestimmten Einkommenshöhe bestimmte Beträge gespart werden, nicht machen lässt.[101] Der BGH hat mit Recht ausgeführt, dass sich solche Feststellungen nicht über einen Lebenserfahrungssatz treffen lassen.[102]

Eine **absolute Sättigungsgrenze gibt es aus diesen Gründen nicht.** Eine praktische   30 Obergrenze ergibt sich aber aus der Abgrenzung der Bedarfsdeckungs- von den Vermögensbildungsanteilen anhand der Feststellung im konkreten Fall.[103] Es muss also im Einzelnen vorgetragen und bewiesen werden, wie sich der Bedarf zusammensetzt,[104] wobei gerichtliche Schätzungen nach § 287 ZPO möglich sind.[105] Dies ist der Ansatzpunkt für die sogenannte **„relative Sättigungsgrenze"** (zu dieser → Rn. 31). Allerdings ist auf die konkreten Verhältnisse der objektivierende Maßstab eines vernünftigen Betrachters anzulegen, so dass übertrieben sparsame ebenso wie unvernünftig üppige Lebenshaltung außer Betracht bleiben.[106] Zu berücksichtigen sind auch die Zielsetzungen der Ehepartner bei der Lebensgestaltung. Wenn zB gemeinsam für einen Hauserwerb gespart wurde, entfällt mit der Trennung die „Geschäftsgrundlage" für diese Beschränkung, denn es war nicht ihr Ziel, die Lebensführung auf Dauer so zu gestalten.[107] Umgekehrt kann auch kurzfristig ein überzogener Lebensstil gepflegt worden sein, um den Partner dadurch zu halten, dass man ihm etwas „bietet". Lässt sich die Notwendigkeit solcher Korrekturen der konkreten Lebensgestaltung nicht feststellen, kann der tatsächliche eheliche Lebensstil aber nicht auf ein nach Trennung noch erforderliches Maß zurückgeschraubt werden.[108]

Zum Lebensbedarf gehören zweifelsfrei Aufwendungen für Nahrung, Kleidung, Körperpflege, Wohnung sowie kulturelle und sonstige Bedürfnisse, wie sie auch bei der

---

[99] OLG Frankfurt FamRZ 1980, 263 (20 % des Einkommens); OLG Düsseldorf FamRZ 1983, 279 (Absenkung der Differenzquote auf 1/3 – bei Einkommen bis 20 000 DM); OLG Hamm FamRZ 1982, 170 (Rückschluss aus Zugewinnausgleich).

[100] BGH FamRZ 1982, 151 = NJW 1982, 1645; FamRZ 1982, 680 = NJW 1982, 1642.

[101] BGH FamRZ 1983, 678 = NJW 1983, 1733 („Nürnberger Tabelle" alte Fassung).

[102] BGH FamRZ 1983, 150 (151) = NJW 1983, 683; BGH FamRZ 1983, 678 = NJW 1983, 1733 („Nürnberger Tabelle" alte Fassung).

[103] BGH FamRZ 2010, 1637 = NJW 2010, 3372; FamRZ 2012, 945 = NJW 2012, 1581, Rn. 14, 15. Dazu eingehend Gutdeutsch NJW 2012, 561 ff.; früher bereits OLG Köln FamRZ 1992, 322 = NJW-RR 1992, 1155 (ca. 10 000 DM Obergrenze nach Aufschlüsselung der konkreten Ausgaben bei Bruttoeinkommen von 1 Mio. DM); vgl. auch OLG Hamm FamRZ 2006, 1603.

[104] BGH FamRZ 1994, 1169 (1170 f.); OLG Köln FamRZ 1994, 1324 mit konkreter Auflistung; OLG Hamm FamRZ 1999, 723 (exemplarische Schilderung genügt); NJW-RR 1995, 1283 versucht mit Pauschalen für verschiedene Bedürfnisse zu arbeiten; OLG Koblenz FamRZ 1995, 1577 (§ 287 ZPO); OLG Hamm (10.) FamRZ 2000, 21 und (5.) FamRZ 2006, 1603 = NJW-RR 2006, 794.

[105] OLG Koblenz OLG-Report 2000, 199 (in etwas weiterem Maße); OLG Hamm FamRZ 2006, 1603 = NJW-RR 2006, 794.

[106] BGH FamRZ 1994, 1169 = NJW 1994, 2618; FamRZ 1982, 151 (152) = NJW 1982, 1645; OLG Köln FamRZ 2002, 326.

[107] OLG Koblenz FamRZ 2000, 1366 (personale Grundlage für Konsumverzicht ist entfallen).

[108] Dazu tendieren OLG Köln FamRZ 2010, 1445 unter Festhaltung an FamRZ 1992, 322 (324) – Bedarf für gemeinsame teure Hobbies unberücksichtigt – und OLG Celle OLG-Report 1998, 115.

Bedarfsermittlung nach der Warenkorbmethode berücksichtigt werden. Es kommt auf die Einkommensverhältnisse und die Gestaltung der Lebensführung an, ob dazu auch die Haltung eines Zweitwagens, eines Wohnmobils, eines Pferdes, besondere Urlaubskosten[109] oder die Kosten einer Haushaltshilfe gehören.[110] Auch wenn für die Anschaffung von Luxusgütern für die Lebensgestaltung gespart wurde, wird man die Rücklagen nicht als Vermögensbildung, sondern als der Bedarfsdeckung dienend ansehen müssen. Vom Unterhaltsberechtigten bezogene Leistungen aus der Krankentagegeldversicherung, die auf während der ehelichen Lebensgemeinschaft eingezahlten Beiträgen beruhen, sind regelmäßig in die Bedarfsbemessung einzubeziehen.[111] Zweifelhaft kann sein, ob nicht auch Rücklagen zum Erwerb eines Einfamilienhauses, einer Eigentumswohnung oder einer Ferienwohnung letztlich der Bedarfsdeckung dienen, denn sie befriedigen Lebensbedürfnisse (Wohnen, Freizeitgestaltung), wenn auch die Substanz der Gegenstände trotz des Gebrauchs erhalten bleibt.

Mit Einkommensteilen, die zum Erwerb von Aktien, sonstigen Wertpapieren, Gold oder nicht selbstgenutzten Immobilien als Vermögensanlage verwendet worden sind, ist dagegen kein Lebensbedarf gedeckt worden. Diese Einkommensteile fließen daher nicht in das Einkommen, aus dem die Quote zu bilden ist.[112] Dies gilt auch, wenn die Aktien bereits als Gehaltsbestandteil ausgegeben wurden.[113]

31   Die Grenze, ab welcher nicht mehr von einem vollständigen Verbrauch des Einkommens für die Lebenshaltung ausgegangen werden kann (= **relative Sättigungsgrenze**), wird nicht einheitlich beurteilt. Das OLG Frankfurt[114] hat diesen Betrag zum 1.1.2022 mit 4.950 EUR angesetzt. Das kann ein praktisch brauchbarer Anhaltspunkt sein, die konkrete Darlegung eines höheren Bedarfs (durch den Berechtigten) oder niedrigeren Bedarfs (durch den Verpflichteten) nach der konkreten Lebensgestaltung ist damit aber – im Rahmen der genannten Grenzen – nicht ausgeschlossen, wie die Unterhaltsgrundsätze ausdrücklich hervorheben.[115]

Der BGH hat seine bisherige Rechtsprechung[116] nunmehr aufgegeben, wonach er die Begrenzung für den **nach einer Quote berechneten Elementarunterhalt** auf der Basis eines Einkommens der (bis 31.12.2021) höchsten Einkommenssätze der Düsseldorfer Tabelle billigt.[117] Er geht in neuerer Rechtsprechung vielmehr davon aus, dass es zur praktikablen Bewältigung des Massenphänomens Unterhalt aus rechtsbeschwerderechtlicher Sicht nicht zu beanstanden ist, wenn die Tatsachengerichte von einer **tatsächlichen Vermutung** für den **vollständigen Verbrauch des Familieneinkommens** ausgehen, wenn dieses das **Doppelte des** – bis zur Erweiterung der Tabelle maßgeblichen – **höchsten Einkommensbetrages der Düsseldorfer Tabelle** (vor dem 31.12.2021: 5.500 EUR, mithin 11.000 EUR) nicht übersteigt.[118] Diese Vermutung ist freilich widerlegbar; der Unterhaltspflichtige trägt insoweit die Darlegungs- und Be-

---

[109] BGH FamRZ 1983, 678 = NJW 1983, 1733; OLG Köln FamRZ 1994, 1324 m. w. Bsp.
[110] OLG Hamm FamRZ 1992, 1175 (1177).
[111] BGH FamRZ 2013, 191, Rn. 36 mAnm Born.
[112] BGH FamRZ 2007, 1532 (1534).
[113] FamRZ 2021, 1368 = BeckRS 2020, 50355.
[114] Frankfurter Unterhaltsgrundsätze Nr. 15.3.
[115] Dazu auch Gutdeutsch NJW 2012, 561 ff.
[116] BGH FamRZ 2012, 945 = NJW 2012, 1581, Rn. 14, 15; FamRZ 2010, 1637 = NJW 2010, 3372, Rn. 28.
[117] BGH FamRZ 2018, 260 = NJW 2018, 468 Rn. 20, 21; so schon OLG Köln FamRZ 2012, 1731, 1732.
[118] BGH FamRZ 2021, 1965 = NJW 2022, 621 Rn. 20; FamRZ 2020, 21 = NJW 2019, 3570 Rn. 25 ff; FamRZ 2018, 260 Rn. 21 = NJW 2018, 468; s. auch Finke FamRB 2019, 152 m Beispielen; Schilling FamRB 2019, 159.

weislast.[119] Soweit das Familieneinkommen mithin über diesen Einkommensbetrag von 11.000 EUR hinausgeht, hat der Unterhaltsberechtigte, wenn er dennoch Unterhalt nach der Quotenmethode begehrt, im Grundsatz die vollständige Verwendung des Einkommens für den Lebensbedarf darzulegen und im Bestreitensfall in vollem Umfang zu beweisen.[120] Nach Ansicht des OLG Saarbrücken soll dies auch dann gelten, wenn ein aus Elementar- und Altersvorsorgeunterhalt zusammengesetzter Gesamtbedarf geltend gemacht wird; auch in diesem Fall darf der Gesamtunterhalt diese Grenze ohne konkrete Darlegung nicht überschreiten.[121] Der Berechtigte kann – **hierüber hinausgehend** – seinen Bedarf aber auch dann ohne weiteren Vortrag zu einer Verwendung des Einkommens als Quotenunterhalt geltend machen, wenn das prägende Familieneinkommen das Doppelte des vorgenannten Höchstsatzes übersteigt; Voraussetzung ist hierbei allerdings, dass der geltend gemachte Bedarf die Grenze von 4.950 EUR (45% von 11.000 EUR) nicht überschreitet.[122] Bei der Entscheidung, ob der Unterhalt konkret oder nach den obigen Maßgaben quotal berechnet wird, hat der Berechtigte bei sehr guten Einkommensverhältnissen ein **Wahlrecht.**[123]

Derzeit nicht besetzt.   32

b) Selbstbehalt

Die Quotierung findet nach unten dort eine Grenze, wo der Unterhaltsverpflichtete   33
selbst nicht mehr das für seine eigene Lebensführung Erforderliche behält **(Selbstbehalt oder Eigenbedarf).**

Zu unterscheiden ist begrifflich zwischen

- dem notwendigen (kleinen) Selbstbehalt (→ Rn. 34),
- dem angemessenen (großen) Selbstbehalt (→ Rn. 39),
- dem eheangemessenen („billigen") Selbstbehalt bzw. Ehegattenselbstbehalt (→ Rn. 41 f.),
- dem erhöhten großen Selbstbehalt (→ Rn. 40).

Hinzu kommen Selbstbehalte in einzelnen Unterhaltsrechtsverhältnissen, die eine eigenständige Bewertung erfordern. Die Notwendigkeit eines Selbstbehaltes ergibt sich aus §§ 1581, 1603 BGB, denn unterhaltspflichtig ist nur, wer leistungsfähig ist. Die Unterschreitung des notwendigen Selbstbehalts (Existenzminimum) schränkt die Handlungsfreiheit nach Art. 2 Abs. 1 GG ein und ist vom BVerfG nachprüfbar.[124]

Gegenüber minderjährigen unverheirateten Kindern, die gemäß § 1609 Nr. 1 BGB   34
den ersten Rang einnehmen und denen gegenüber eine nach § 1603 Abs. 2 BGB gesteigerte Unterhaltspflicht besteht, kann sich der Verpflichtete nur auf seinen **notwendigen Selbstbehalt** (= kleiner Selbstbehalt, seit 1.1.2023 1370 EUR beim erwerbstätigen Unterhaltspflichtigen, beim nicht erwerbstätigen 1120 EUR) berufen, sofern kein anderer leistungsfähigerer Verpflichteter vorhanden ist (dazu → Rn. 38). Ob der Selbstbehalt gewahrt

---

[119] OLG Hamm FamRZ 2020, 1998 (Ls.) = NJW 2020, 3115.

[120] BGH FamRZ 2018, 260 = NJW 2018, 468.

[121] OLG Saarbrücken FamRZ 2022, 1363 = NJW 2021, 3537; anders noch auf der Grundlage der vormaligen Grenzen BGH FamRZ 2012, 947 = NJW 2012, 1578, Rn. 34.

[122] BGH FamRZ 2021, 1965 = NJW 2022, 621 Rn. 20; FamRZ 2020, 21 = NJW 2019, 3570 Rn. 29.

[123] BGH FamRZ 2021, 1965 = NJW 2022, 621 Rn. 19.

[124] So BVerfG mit drei stattgebenden Kammerbeschlüssen vom 18.6.2012 – 1 BvR 774/10 = NJW 2012, 2420 – 1 BvR 1530/11 = FamRZ 2012, 1283, und 1 BvR 2867/11 = NJW-Spezial 2012, 517, ferner bereits BVerfG FamRZ 2010, 793 = NJW 2010, 1658, FamRZ 2010, 626 mAnm Borth; FamRZ 2010, 183; FamRZ 2007, 273 = NJW-RR 2007, 649; FamRZ 2003, 661; FamRZ 2001, 1685 (3. Kammer des 1. Senats) = FPR 2002, 13; dazu Glosse von Büttner FamRZ 2002, 593.

ist, richtet sich auch danach, welchen Familienunterhaltsanspruch nach §§ 1360, 1360a BGB der Verpflichtete hat.[125]

Gegenüber gem. § 1603 Abs. 2 S. 2 BGB gleichgestellten volljährigen Kindern gilt grundsätzlich ebenfalls nur der notwendige (kleine) Selbstbehalt.[126]

35   **Der Wohnkostenanteil im Selbstbehalt** wird in der Düsseldorfer Tabelle (Stand 1.1.2023) mit einer Warmmiete von 520 EUR beim notwendigen, 580 EUR beim ehangemessenen und 650 EUR beim angemessenen Selbstbehalt beziffert.[127] Der Selbstbehalt **soll erhöht** werden, wenn die Wohnkosten (Warmmiete) den ausgewiesenen Betrag überschreiten und nicht unangemessen sind.[128] Eine Erhöhung kommt allerdings nur insoweit in Betracht, als der Wohnaufwand den Unterhaltsverpflichteten und nicht andere Personen (zB neue Ehefrau, Kinder) betrifft.[129] Bei niedrigeren Wohnkosten ist dagegen die Dispositionsfreiheit hinsichtlich der Verwendung des Selbstbehalts zu beachten, so dass eine Herabsetzung des Selbstbehalts jedenfalls nicht in Betracht kommt, wenn der Verpflichtete unangemessen bescheidenes Wohnen zugunsten anderer Bedürfnisse wählt.[130]

36   Beim **Zusammenleben mit einem Partner** kommt dagegen nach der Rechtsprechung des BGH in der Regel eine **Herabsetzung des Selbstbehalts** in Betracht,[131] und zwar nicht nur bei geringeren anteiligen Wohnkosten, sondern auch wegen etwaiger Synergieeffekte bei der gemeinsamen Haushaltsführung (Haushaltsersparnis),[132] Leistungsfähigkeit des Lebensgefährten immer vorausgesetzt. Die Gesamtersparnis wird nach der neuen Rechtsprechung des BGH je Person auf 10 % des Selbstbehalts geschätzt,[133] wobei es nicht darauf ankommt, ob die Partner verheiratet sind oder nichtehelich zusammenleben.[134]

Das OLG Brandenburg[135] nimmt für die wiederverheiratete Mutter nur eine Ersparnis um 5 % an, wenn ihr Ehemann Arbeitslosengeld II bezieht. Zu beachten ist, dass der Selbstbehalt auch durch bzw. in Verbindung mit Unterhaltsansprüchen gewahrt sein kann.[136]

---

[125] BGH FamRZ 2004, 24 = NJW 2003, 3770.

[126] OLG Braunschweig FamRZ 1999, 1453; Düsseldorfer Tabelle Anm. A 5; Leitlinien Nr. 21.2 bzw. 21.3.1.

[127] Düsseldorfer Tabelle seit 1.1.2023, Anm. A 5 und B IV; Leitlinien der OLGe Nr. 21.2, 21.3.1 und 21.4.

[128] Düsseldorfer Tabelle seit 1.1.2022, Anm. A 5 letzter Satz; vgl. auch BGH FamRZ 2021, 181 = NJW 2021, 472 Rn. 17.

[129] OLG Koblenz FamRZ 2021, 1034 = NJW 2021, 1545 (Ls.).

[130] BGH NJW 2006, 3561 = FamRZ 2006, 1664 mAnm Schürmann; BGH FamRZ 2004, 186 (189) mAnm Schürmann; OLG Hamm FamRZ 2007, 1039; OLG Naumburg OLGR 2007, 585; OLG Karlsruhe FamRZ 2005, 2091; OLG Frankfurt FamRZ 2005, 2090 = NJW-RR 2005, 1599; OLG Frankfurt FamRZ 1999, 1522; OLG Düsseldorf FamRZ 1999, 1020; enger aber OLG Dresden NJW-RR 1999, 1164: für Mindestbedarf des Kindes immer einzusetzen.

[131] BGH FamRZ 2008, 594 (597) mAnm Borth = BGH NJW 2008, 1373 mAnm Born; krit. Anm. Weychardt FamRZ 2008, 778 u. Schwamb FF 2008, 160. Vgl. ferner BGH FamRZ 2002, 742 = NJW 2002, 1646

[132] Dazu auch BGH FamRZ 2009, 762 = NJW 2009, 1742, Rn. 53; anders früher OLG Karlsruhe FamRZ 2005, 2091; FamRZ 2006, 1147; OLG Frankfurt FamRZ 2005, 2090 „Privatangelegenheit".

[133] BGH FamRZ 2014, 1183 = NJW 2014, 2109 Rn. 31; FamRZ 2013, 616 = NJW 2013, 1005, Rn. 23; FamRZ 2012, 281 = NJW 2012, 384, Rn. 46; OLG Koblenz FamRZ 2021, 1798 (Ls.) = NZFam 2021, 689.

[134] BGH FamRZ 2013, 868 (mAnm Hauß) = NJW 2013, 1305, Rn. 25; vgl. aber OLG Hamm FamRZ 2003, 1214, das nur bei Wiederverheiratung, nicht aber bei Zusammenleben den Selbstbehalt absenken will; so auch OLG Oldenburg FamRZ 2004, 1669.

[135] OLG Brandenburg NJW-RR 2007, 510; OLG Hamm FamRZ 1999, 1523 verneinte die Herabsetzung des Selbstbehalts, wenn neuer Ehegatte nur im Geringverdienerbereich verdient.

[136] BGH FamRZ 2004, 24 = NJW 2003, 3770.

Keine Herabsetzung des Selbstbehalts bei freiwilligen Leistungen Dritter.[137] Bei solchen Leistungen kommt es auf den Zuwendungswillen des Dritten an, der unterlaufen würde, wenn der Selbstbehalt des Verpflichteten abgesenkt würde. Die Abgrenzung kann aber schwierig sein. Insbesondere wenn der Empfänger Gegenleistungen erbringt, wird in der Regel nicht von freiwilligen Leistungen Dritter auszugehen sein.[138]

Schulden sind, sofern sie überhaupt zu berücksichtigen sind,[139] auch bei der Verwei- **37** sung auf den notwendigen Selbstbehalt (→ Rn. 34) vorweg vom Einkommen abzuziehen, allerdings nur nach strengen Maßstäben.[140] Dies setzt jedoch gerade auch hier eine umfassende Interessenabwägung voraus, bei welcher insbesondere sowohl der Zweck der Verbindlichkeiten als auch der Zeitpunkt und die Art ihrer Entstehung, die Kenntnis des Unterhaltsverpflichteten von Grund und Höhe der Unterhaltsschuld und andere Um- stände von Bedeutung sind, so etwa auch die Möglichkeiten des Unterhaltsschuldners, seine Leistungsfähigkeit in zumutbarer Weise ganz oder teilweise wiederherzustellen, während Schulden, die leichtfertig, für luxuriöse Zwecke oder ohne verständigen Grund eingegangen sind, unberücksichtigt zu bleiben haben.[141] Nicht abzugsfähig sind 4 % für Altersvorsorge und Kosten einer Krankenzusatzversicherung, wenn der Mindestunterhalt minderjähriger Kinder nicht geleistet werden kann.[142]

Grenzen der Verweisung auf notwendigen Selbstbehalt. Die Verweisung auf den **38** notwendigen Eigenbedarf findet gemäß § 1603 Abs. 2 S. 3 BGB nicht statt, wenn ein **anderer leistungsfähiger unterhaltspflichtiger Verwandter** – auch ein nachrangiger – vorhanden ist[143] oder wenn das volljährige – grundsätzlich auch das privilegierte – Kind den Unterhalt zumutbar aus dem Stamm seines Vermögens bestreiten kann, → Rn. 582.[144] Allerdings entfällt nicht die gesamte, sondern nur die gesteigerte Unterhaltsverpflichtung, dh dem eigentlich Barunterhaltspflichtigen hat dann der angemessene Selbstbehalt zu verbleiben; mit einem darüber hinausgehenden Einkommen bleibt er grundsätzlich zum Unterhalt verpflichtet.[145] Zu den näheren Einzelheiten → Rn. 114.

Gegenüber nicht gleichgestellten volljährigen Kindern, die gemäß § 1609 Nr. 4 **39** BGB den vierten Rang haben, muss dem Verpflichteten der **angemessene Eigenbedarf (= großer Selbstbehalt)** verbleiben (§ 1603 Abs. 1 BGB). Ihnen gegenüber besteht keine gesteigerte Unterhaltspflicht, so dass sich der Verpflichtete nicht bis zum Äußersten einschränken muss. Der angemessene Selbstbehalt liegt daher immer über dem notwendigen Selbstbehalt, seine konkrete Höhe liegt im tatrichterlichen Ermessen, so dass nach den Einzelfallumständen die Werte auch über oder unter den Werten für den angemessenen Selbstbehalt nach den Unterhaltsleitlinien liegen können.[146] Die Düsseldorfer Tabelle (Stand 1.1.2023, Anm. 5) veranschlagt ihn mit 1650,00 EUR. Ist der unterhalts-

---

[137] BGH FamRZ 2005, 967 = NJW-RR 2005, 945 (947); vgl. auch FamRZ 1995, 537 = NJW 1995, 1486 (1487 f.).
[138] OLG Köln FamRZ 2021, 1529 (Ls.).
[139] Vgl. BGH FamRZ 2010, 538 = NJW 2010, 1595 – Rn. 28, 29; → Rn. 1039 ff.
[140] BGH FamRZ 1996, 160 = NJW-RR 1996, 321; OLG Nürnberg NJW 2003, 3138: Nur bis zur Höhe des pfändbaren Betrages.
[141] BGH FamRZ 1996, 160 = NJW-RR 1996, 321 (322).
[142] BGH FamRZ 2013, 616 = NJW 2013, 1005, Rn. 20–22.
[143] BGH FamRZ 2011, 1041 = NJW 2011, 1874, Rn. 38 ff.; FamRZ 2011, 454 = NJW 2011, 670 (mAnm Born), Rn. 36.
[144] BGH FamRZ 1998, 367; OLG Zweibrücken NJW 2016, 329 = NZFam 2016, 33; OLG Frank- furt OLGReport 2007, 285. Vgl. auch Johannsen/Henrich/Graba/Maier, Familienrecht, 6. Aufl. 2015, BGB § 1602 Rn. 11 (Privilegierung nach § 1603 Abs. 2 S. 2 erfasst nicht § 1602 Abs. 2 BGB, sondern ist nur bei Zumutbarkeit des Vermögenseinsatzes zu berücksichtigen).
[145] BGH FamRZ 2022, 180 = NJW 2022, 331 mAnm Löhnig; FamRZ 2008, 137 (140) = NJW 2008, 227; OLG Nürnberg FamRZ 2008, 436 (437).
[146] BGH FamRZ 1992, 795 (797) = NJW 1992, 1393; BGH FamRZ 1989, 272 = NJW 1989, 523.

pflichtige Elternteil auch seinem Ehegatten zum Unterhalt verpflichtet, ist der sogenannte Familienselbstbehalt zu berücksichtigen, der die Haushaltsersparnis bereits enthält (→ Rn. 40).[147]

40   **Bei Unterhaltsansprüchen der Eltern gegen ihre Kinder**[148] **oder sonstige nachrangig Berechtigten** (Großeltern, Enkelkinder), die unter § 1609 Nr. 5 ff. BGB fallen, ist der angemessene Selbstbehalt des Verpflichteten je nach den Umständen deutlich höher als gegenüber volljährigen Kindern anzusetzen (**erhöhter großer Selbstbehalt**). Das gilt auch, wenn **Großeltern von ihren Enkeln** auf Kindesunterhalt in Anspruch genommen werden.[149] Dies ist Folge der abgeschwächten unterhaltsrechtlichen Verantwortung angesichts des sozialen Sicherungssystems, für dessen Finanzierung die Kinder auch aufzukommen haben. Die Düsseldorfer Tabelle bezifferte den Selbstbehalt zuletzt im Jahr 2020 mit 2.000 EUR einschließlich einer Warmmiete von 700,00 €.[150]

Der Elternunterhalt hat durch das **Angehörigen-Entlastungsgesetz** vom 10.12.2021 (BGBl. 2019 I 2135) in jüngster Zeit allerdings eine wesentliche Änderung erfahren:[151] Der Unterhaltsanspruch der Eltern gegen ihre Kinder geht gem. § 94 Abs. 1a SGB XII iVm § 16 SGB IV nur dann auf den Sozialhilfeträger über, wenn das Einkommen des Unterhaltspflichtigen 100.000 EUR brutto übersteigt. Da die überwiegende Anzahl der Verfahren auf Zahlung von Elternunterhalt aber durch Sozialhilfeträger geführt wurden, werden diese Verfahren künftig voraussichtlich keine wesentliche Rolle mehr spielen. Die Düsseldorfer Tabelle beziffert folgerichtig in Anm. D keinen Selbstbehalt mehr, sondern verweist auf die Wahrung des angemessenen Selbstbehaltes und auf Zweck und Rechtsgedanken des Angehörigen-Entlastungsgesetzes.[152]

Gegenüber volljährigen Kindern, die bereits eine wirtschaftliche Selbstständigkeit erlangt haben und später wieder bedürftig werden, ist die unterhaltsrechtliche Verantwortlichkeit wie die der Kinder gegenüber Eltern abgeschwächt; diesen Kindern gegenüber kann dem unterhaltspflichtigen Elternteil der erhöhte angemessene Selbstbehalt wie den Kindern gegenüber Eltern belassen werden.[153]

41   Ob sich **nicht voneinander im Rechtssinne getrennt lebende Ehegatten** (§§ 1360, 1360a BGB) untereinander auf den eheangemessenen Selbstbehalt berufen können, ist streitig. Teilweise wird vertreten, dass dieser Anspruch durch den auf die beiderseitigen (Renten-)Einkünfte bezogenen Halbteilungsgrundsatz begrenzt ist;[154] nach aA auf den – ggfs nach den Umständen des Einzelfalls zu erhöhenden – angemessenen Selbstbehalt.[155]

42   **Gegenüber getrennt lebenden Ehegatten** ist nach der Rechtsprechung des BGH[156] im Regelfall von einem Mittelwert zwischen notwendigem Selbstbehalt und angemessenem

---

[147] BGH NJW 2012, 2883 = FamRZ 2012, 1553, Rn. 16, mAnm Hauß FamRZ 2012, 1628.

[148] BGH FamRZ 2010, 1535 = NJW 2010, 3161; FamRZ 2002, 1698 = NJW 2003, 128; FamRZ 1992, 795 = NJW 1992, 1393.

[149] BGH FamRZ 2006, 26 = NJW 2006, 142; BGH FamRZ 2006, 1099 und BGH FamRZ 2007, 375 = NJW-RR 2007, 433.

[150] Düsseldorfer Tabelle Stand 1.1.2020 Anm. D 1 (mindestens); Süddeutsche Leitlinien ua Nr. 21.3.3.

[151] Hierzu Schramm NJW-Spezial 2020, 452.

[152] Vgl. Menne NJW 2021, 497 Rn. 20; Niepmann NZFam 2022, 141(145).

[153] BGH FamRZ 2012, 1553 = NJW 2012, 2883, Rn. 16; BGH FamRZ 2012, 530 = NJW 2012, 926; ähnlich OLG Köln FamRZ 2010, 1739; ebenso OLG Koblenz FamRZ 2004, 484; OLG Karlsruhe NJW 1999, 2680.

[154] In diese Richtung BGH FamRZ 2016, 1142 Rn. 24.

[155] OLG Celle FamRZ 2016, 824 mAnm Frank FamRB 2016, 133.

[156] BGH FamRZ 2009, 404 = NJW-RR 2009, 649; BGH FamRZ 2009, 307 = NJW-RR 2009, 289; BGH NJW 2006, 1654 = FamRZ 2006, 683 mAnm Büttner (765) und Anm. Borth (852) = FF 2006, 191 (Ls.) mAnm Schürmann (192).

Selbstbehalt auszugehen, derzeit nach der Düsseldorfer Tabelle (Stand 1.1.2023, B III) 1385 EUR bei nicht erwerbstätigen bzw. 1510 EUR bei erwerbstätigen Unterhaltspflichtigen. § 1581 BGB ist insoweit entsprechend anzuwenden.[157] Das gilt auch, wenn kleine Kinder von ihnen versorgt werden.[158]

Gegenüber geschiedenen Ehegatten gilt ebenfalls derselbe Mittelwert.[159] Das bedeutet **43** allerdings nicht, dass der Selbstbehalt zwingend mit einem Betrag bemessen werden muss, der genau hälftig zwischen dem notwendigen und dem angemessenen Selbstbehalt liegt.[160] Der BGH[161] hat bereits früher klargestellt, dass der eigene angemessene Unterhalt iSv § 1581 BGB, dessen Gefährdung den Einstieg in die Billigkeitsprüfung öffnet, grundsätzlich mit dem eheangemessenen Unterhalt nach § 1578 BGB gleichzusetzen ist. Ebenso ist klar, dass im Rahmen der Billigkeitsprüfung wegen der abgeschwächten unterhaltsrechtlichen Verantwortlichkeit für den Regelfall eine Verweisung auf den notwendigen Selbstbehalt nicht vertretbar ist. Nur wenn der geschiedene Ehegatte ähnlich hilflos und bedürftig wie ein minderjähriges Kind ist, kommt ausnahmsweise eine Inanspruchnahme bis zu dieser Grenze in Betracht.[162]

Die Differenzierung zwischen Erwerbstätigen und Nichterwerbstätigen beim Ehe- 44 gattenselbstbehalt hat im Hinblick auf die Rechtsprechung des BGH[163] seit dem 1.1.2020 auch die Düsseldorfer Tabelle (B IV und B V) übernommen. Die Abgrenzung bereitet in einzelnen Fallkonstellationen immer noch Schwierigkeiten. Allerdings hat der BGH für die **Bezieher von Krankengeld** entschieden, dass diese lediglich den Selbstbehalt für Nichterwerbstätige verteidigen können,[164] weil sie „für eine längere Zeit" aus dem Erwerbsleben ausgeschieden sind und es ebenso wie beim Arbeitslosengeld I (Leistungen nach §§ 136 ff. SGB III), für das es keinen Erwerbstätigenbonus gibt,[165] nicht darauf ankomme, dass die Höhe des Krankengeldes vom früheren Einkommen abgeleitet wird.

Sofern der Unterhaltpflichtige in Teilzeit arbeitet, soll im Einzelfall in Betracht kommen, dass sich sein notwendiger Selbstbehalt zwischen den Werten für Erwerbstätige und Nichterwerbstätige bewegt,[166] was die Anwendung insbesondere bei weiteren Interpolationen (zB beim Ehegattenselbstbehalt und Zusammenleben mit einem Partner) noch mehr verkompliziert.[167]

Die mit Ausnahme einzelner Werte bei den Wohn- und Nebenkosten weitgehend **45** einheitliche **Praxis der Oberlandesgerichte zu den Selbstbehalten** mit den jeweiligen Einsatzbeträgen ergibt sich aus den Anmerkungen der Düsseldorfer Tabelle und den Leitlinien bzw. Unterhaltsgrundsätzen der Oberlandesgerichte jeweils unter Nr. 21.2–21.5. Es ergibt sich danach folgende Übersicht (für die Zeit ab 1.1.2023):

---

[157] BVerfG FamRZ 2002, 1397 = NJW 2002, 2701.
[158] BGH FamRZ 2009, 404 = NJW-RR 2009, 649 (Rn. 10/11); OLG Saarbrücken FamRZ 2007, 1329; Hammer Leitlinien, Stand 1.1.2010, Nr. 21.4.1; aM früher OLG Köln OLGR 2007, 84; OLG Koblenz FamRZ 2007, 1930; OLG Bamberg OLGR 2007, 563, weil dann kein „Regelfall" vorliege.
[159] BGH FamRZ 2009, 311 (313); ggf. herabgesetzt bei gemeinsamer Haushaltsführung mit neuer Lebensgefährtin: BGH FamRZ 2010, 802 Rn. 28; s. auch → Rn. 36.
[160] BGH FamRZ 2009, 311 (unter Rn. 18).
[161] BGH FamRZ 1990, 260 (264); vgl. dazu auch OLG München OLG-Report 2001, 147.
[162] Vgl. OLG Koblenz FamRZ 2007, 1330 im Rahmen der Billigkeitsabwägung nach § 1581 BGB.
[163] BGH FamRZ 2008, 594 = NJW 2008, 1373 (zur Kritik Schwamb FF 2008, 160 und Weychardt FamRZ 2008, 778).
[164] BGH FamRZ 2009, 307 = NJW-RR 2009, 289; FamRZ 2009, 311, OLG Köln FamRZ 2023, 48.
[165] Vgl. dazu BGH FamRZ 2007, 983 (987).
[166] BGH FamRZ 2008, 594 = NJW 2008, 1373, Rn. 29.
[167] Schwamb FF 2008, 160 (161).

Unterhalt für	Minderjährige und ihnen gleichgestellte Kinder (§ 1603 II)	Getrennt lebende Ehegatten (§ 1361)	Geschiedene Ehegatten (§ 1581) Berechtigte nach § 1615l	Sonstige Berechtigte (§ 1603 I) (u. a. § 1615l BGB)	Eltern Enkel Vollj. nach Verlust wirtschaftl. Selbständigkeit
	Erwerbstätige: 1370 Nichterwerbstätige: 1120	Erwerbstätige: 1510 Nichterwerbstätige: 1385	Erwerbstätige: 1510 Nichterwerbstätige: 1385	Erwerbstätige: 1510 Nichterwerbstätig: 1385	kein Selbstbehalt

46   **Selbstbehaltssätze und Sozialhilfesätze**[168] sind nicht aufeinander abgestimmt, insbesondere fehlt für den Selbstbehalt eine regelmäßige Anpassung, wie sie das Sozialrecht kennt. Da dem Unterhaltpflichtigen allerdings jedenfalls der Betrag verbleiben muss, der seinen eigenen Lebensbedarf nach sozialhilferechtlichen Grundsätzen sicherstellt, orientiert sich der notwendige Selbstbehalt am sozialhilferechtlichen Bedarf.[169] Der Funktion nach muss der notwendige Selbstbehalt damit etwas über der „effektiven" Sozialhilfe liegen.[170] Ob dafür das Doppelte des Eckregelsatzes nach § 28 SGB XII (bzw. seit 2005 auch der gleich hohen Regelsätze nach § 20 SGB II) ausreicht,[171] erscheint allerdings fraglich, denn in der Praxis liegen die tatsächlich gewährten konkreten Wohn- und Heizkosten häufig höher als der einfache Eckregelsatz, so dass die Gesamtleistungen aus Eckregelsatz und konkret berechneten Leistungen den doppelten Eckregelsatz effektiv übertreffen können.

47   **Die Verfahrenskostenhilfe** ist ebenfalls nicht auf die Selbstbehaltssätze abgestimmt, so dass aus dem Selbstbehalt Raten für die Prozessführung aufzubringen sein könnten.[172]

48   **Pfändungsfreigrenzen und notwendiger Selbstbehalt** stimmen ebenfalls nicht überein, was aber sogar notwendig erscheint.[173] Der Grundfreibetrag nach § 850c Abs. 1 ZPO betrug monatlich ab 1.7.2022 1 330,16 EUR (zuzüglich 500,62 EUR für die erste und 278,90 EUR für jede weitere Unterhaltspflicht).[174] Der Betrag wird gem. § 850c Abs. 2a ZPO alle zwei Jahre dynamisiert. Nach § 850d ZPO hat der **Unterhaltsgläubiger** einen **Vorrechtsbereich**, denn ihm gegenüber muss dem Verpflichteten nur das Existenzminimum verbleiben.[175] Der doppelte Regelsatz der Sozialhilfe ist auch für die Festlegung des pfändungsfreien Betrags gegenüber Unterhaltsforderungen wegen der variablen Aufwendungen für Unterkunft und Heizung kein geeigneter Anhaltspunkt. Es kommt deswegen

---

[168] Die Regelsätze für die laufenden Leistungen zum Lebensunterhalt gem. § 28 Abs. 2 SGB XII bzw. die Grundsicherung für Erwerbsfähige nach § 20 SGB II betragen für Alleinstehende derzeit monatlich 374 EUR. In diesen Beträgen sind nicht die Kosten für Unterkunft (dazu gehören auch Kosten für Schönheitsreparaturen, vgl. BVerwG FamRZ 1993, 53) und Heizung sowie einmalige Leistungen zum Lebensunterhalt und Mehrbedarfszuschläge für Erwerbstätige enthalten, vgl. BVerfG NJW 1992, 3153.
[169] BGH FamRZ 2008, 594 = NJW 2008, 1373, Rn. 25.
[170] BGH FamRZ 2008, 594 = NJW 2008, 1373, Rn. 25; FamRZ 1993, 43 (45) = NJW-RR 1992, 1474 (1476); vgl. ferner Büttner FamRZ 1990, 459 ff. und Schellhorn FuR 1991, 341.
[171] Vgl. BVerfG NJW 1992, 3153 mit Berechnungen (für 1978–1992); BVerfG FamRZ 2001, 1685; BGH FamRZ 1989, 272 = NJW 1989, 523; OLG Köln FamRZ 1996, 811 zur Zusammensetzung der Sozialhilfe.
[172] Zu Einzelheiten vgl. Dürbeck/Gottschalk PKH/VKH Rn. 241 ff., 347 ff.
[173] Vgl. BGH FamRZ 2003, 1466.
[174] Pfändungsfreigrenzenbekanntmachung 2022, BGBl. 2022 I 825.
[175] BGH FamRZ 2003, 1466 mAnm Wax FamRZ 2003, 1743; vgl. auch Büttner FamRZ 1994, 1433 ff.

auf das Existenzminimum nach § 28 SGB XII an; der notwendige Unterhalt im materiellen Unterhaltsrecht muss daher darüber liegen, damit überhaupt eine Möglichkeit besteht, gegebenenfalls noch Rückstände zu pfänden.[176] Der prozessuale Kostenerstattungsanspruch des Unterhaltsgläubigers gegen den Unterhaltsschuldner aus einem Unterhaltsrechtsstreit fällt dabei jedoch nicht unter dieses Vollstreckungsprivileg aus § 850d Abs. 1 ZPO.[177] Eine Reduzierung der in § 850c Abs. 1 S. 2 ZPO genannten Pauschalbeträge auf den tatsächlich geleisteten Unterhalt kommt auch dann nicht in Betracht, wenn der Schuldner seiner gesetzlichen Unterhaltspflicht nicht in vollem Umfang nachkommt.[178] § 850c Abs. 1 S. 2 ZPO gilt nicht für unterhaltsberechtigte Stiefkinder[179] und auch nicht bei vertraglichen oder freiwilligen Unterhaltsleistungen.[180] Eine analoge Anwendung kommt nicht in Betracht, wenn der Schuldner freiwillig im Rahmen einer Bedarfsgemeinschaft (§ 9 Abs. 2 S. 1 SGB II) seiner Lebensgefährtin Leistungen gewährt, da es an einer planwidrigen Gesetzeslücke fehlt.[181]

Gem. § 850k Abs. 3, 4 ZPO werden auch auf einem **Pfändungsschutzkonto** nur die dem Schuldner vom Vollstreckungsgericht nach § 850d ZPO belassenen Beträge nicht von der Pfändung erfasst.

Die Düsseldorfer Tabelle enthält in ihrer letzten Spalte die sogenannten **Bedarfskontrollbeträge,** die nach Nr. 6 der Anmerkungen zur Tabelle eine ausgewogene Verteilung des unterhaltspflichtigen Einkommens gewährleisten sollen.[182] Der Bedarfskontrollbetrag entspricht in der ersten Einkommensgruppe dem notwendigen Selbstbehalt, in Gruppe 2 dem angemessenen. Wird der Bedarfskontrollbetrag nach Abzug der Zahlbeträge und ggf. des Ehegattenunterhaltes unterschritten, ist mit einer niedrigeren Einkommensstufe der Düsseldorfer Tabelle zu rechnen.[183] Nicht alle Oberlandesgerichte haben den Bedarfskontrollbetrag in ihre Leitlinien übernommen.[184] In **Mangelfällen** wird ungeachtet des Rangs der Berechtigten demgegenüber mit den Mindestunterhaltsbeträgen § 1612a Abs. 1 BGB als Einsatzbeträgen gerechnet (→ Rn. 20), so dass die Bedarfskontrollbeträge hier irrelevant sind.[185]

Für die **Abzweigung nach § 48 Abs. 1 SGB I** (Auszahlung bei Verletzung der Unterhaltspflicht) gelten die unterhaltsrechtlichen Selbstbehaltssätze, wenn wegen der Unterhaltspflicht abgezweigt wird.[186] Gem. §§ 48 Abs. 1 S. 2 SGB I, 74 EStG können aber zweckbestimmte Sozialleistungen (wie Kindergeld) unabhängig vom Selbstbehalt für Personen, für die sie bestimmt sind, abgezweigt werden.[187] Der Verwaltungsakt, mit dem Sozialleistungen wegen Verletzung der Unterhaltspflicht gem. § 48 Abs. 1 SGB I abgezweigt werden, muss vor dem für die jeweilige Sozialleistung zuständigen Gericht angefochten werden, wenn geltend gemacht werden soll, die Abzweigung sei zu Unrecht

                                                            49

                                                            50

---

[176] BGH FamRZ 2003, 1466.
[177] BGH MDR 2009, 1190 mwN.
[178] BGH NJW-RR 2007, 938.
[179] OLG Köln FamRZ 2009, 1697 = RPfleger 2009, 517.
[180] BGH FamRZ 2017, 2038 = NJW 2018, 954 Rn. 13.
[181] BGH FamRZ 2017, 2038 = NJW 2018, 954 Rn. 14.
[182] Leitlinien OLG Dresden, Frankfurt, Naumburg.
[183] OLG Hamm FamRZ 2015, 1972 (Ls.) = NZFam 2015, 715.
[184] Nicht angewandt wird er vom Kammergericht sowie den Oberlandegerichten Dresden, Frankfurt, Jena, Koblenz, Naumburg, Oldenburg und Rostock.
[185] BGH FamRZ 2008, 2198 = NJW 2008, 3562, bestätigt durch BGH FamRZ 2010, 1318 = NJW 2010, 2515, Rn. 20.
[186] BSG FamRZ 2003, 1386 (Berliner Tabelle bei Ostwohnsitz des Verpflichteten) mAnm Fischer; SozG Kassel DAVorm 2000, 270; Heilemann FamRZ 1995, 1401 und Frohn FamRZ 1996, 920 weiter zu den Voraussetzungen.
[187] BGH FamRZ 1988, 604 = NJW 1988, 2799; vgl. auch DIV-Gutachten DAVorm 1988, 27 und BSG FamRZ 1987, 274; SozG Stuttgart FamRZ 1992, 234; Heilemann FamRZ 1995, 1401.

erfolgt.[188] Wird dagegen geltend gemacht, die Abzweigung sei zwar in Ordnung, es bestehe aber kein Unterhaltsanspruch, muss zivilrechtlich gegen den Sozialleistungsträger vorgegangen werden.

4. Der Bedarf nach den ehelichen Lebensverhältnissen als Grenzwert der Unterhaltszumessung

a) Allgemeines

51   Der Begriff der ehelichen Lebensverhältnisse und ihre konkrete Bestimmung sind Zentralfragen des Unterhaltsrechts.[189] Sowohl der Getrenntlebensunterhalt gemäß § 1361 Abs. 1 BGB als auch der nacheheliche Unterhalt gemäß § 1578 Abs. 1 BGB[190] sind hieran ausgerichtet.

Die **Unterhaltszumessung entsprechend diesen Lebensverhältnissen erfolgt nach Quoten;** nur in Ausnahmefällen erfolgt eine konkrete Bedarfsermittlung (zu dieser → Rn. 31). Die praktischen Probleme stellen sich bei der Feststellung des Ausgangspunktes und insbesondere bei Art und Umfang der Berücksichtigung von Veränderungen, die sich hinsichtlich der Lebensverhältnisse nach Trennung bzw. Scheidung ergeben. Seine untere Grenze findet die Unterhaltszumessung darin, dass der Bedarf nicht unterhalb des **sozialrechtlichen Existenzminimums** liegen kann. Der BGH[191] hat insoweit in Abkehr von seiner früheren ständigen Rechtsprechung[192] erkannt, dass ein am Existenzminimum orientierter Mindestbedarf für den **gesamten Ehegattenunterhalt** gilt.

Die **Methoden zur Berechnung des Quotenunterhaltes** sind

- die Additionsmethode,
- die Anrechnungsmethode und
- die Differenzmethode.

Die **Additionsmethode** geht von der Summe der bereinigten – jeweils ehe- und bedarfsprägenden – Nettoeinkünfte der Ehegatten aus; die hälftige Einkommenssumme stellt den Ausgleichsbedarf nach den ehelichen Lebensverhältnissen dar. Hiervon wird das bereinigte (prägende und nichtprägende) Nettoeinkommen des Berechtigten abgezogen.[193]

Die **Anrechnungsmethode** ist anwendbar, wenn nur auf der Seite des Verpflichteten bedarfsprägendes Einkommen vorliegt. Verfügt der Berechtigte lediglich über nichtprägendes Einkommen, scheiden die Additions- und Differenzmethode aus, die aus den beiderseitigen prägenden Einkünften den Bedarf ermitteln. Nach der Anrechnungsmethode ist zunächst das bedarfsprägende Einkommen des einen Ehegatten um den Erwerbstätigenbonus zu reduzieren und hälftig zu teilen; von der verbleibenden Hälfte ist das nichtprägende Einkommen des anderen Ehegatten abzuziehen. Die praktische Relevanz der Anrechnungsmethode ist durch die Entscheidung des BGH vom 13.6.2001[194] allerdings stark vermindert worden; insbesondere nacheheliches Einkommen wird hiernach als Surrogat der vormaligen Haushaltsführung qualifiziert und damit als bedarfsprägend.

---

[188] OLG Köln NJW-RR 2001, 867.

[189] BGH NJW 2007, 839 = FamRZ 2007, 200 mAnm Büttner.

[190] BGH NJW 2018, 468 Rn. 16 mAnm Born S. 470 und mzustAnm Seiler FamRZ 2018, 263.

[191] BGH FamRZ 2010, 357 = NJW 2010, 937, Rn. 33; bestätigt in BGH FamRZ 2010, 444 = NJW 2010, 1138, Rn. 17; FamRZ 2010, 802 = NJW 2010, 1665, Rn. 18 ff.

[192] BGH FamRZ 2007, 1303 = NJW 2007, 2409; FamRZ 1997, 806 = NJW 1997, 1919.

[193] Vgl. mit Berechnung BGH FamRZ 2001, 1693 = NJW 2001, 3779.

[194] BGH FamRZ 2001, 986 = NJW 2001, 2254.

Die **Differenzmethode** verkürzt die Additionsmethode, indem sie bereits vom Einkommen des Pflichtigen das des Berechtigten abzieht und die (um den Erwerbstätigenbonus reduzierte) hälftige Differenz bildet. Die Differenzmethode ist unanwendbar, wenn die Beteiligten nicht nur über Erwerbs-, sondern auch über Nichterwerbseinkommen verfügen. Differenz- und Anrechnungsmethode können kombiniert werden, wenn der Berechtigte über prägendes und nichtprägendes Einkommen verfügt. Vgl. zur Anwendung beim Aufstockungsunterhalt → Rn. 514.

Die **Wahl der Methode** obliegt dem Tatrichter.[195]

b) Methoden der Bedarfsbemessung

Die Methode zur Bestimmung der ehelichen Lebensverhältnisse hat sich in den vergangenen Jahren in mehreren Schritten verändert.[196]   **52**

Nach der Entscheidung des BGH zur Surrogatslösung und den darauf folgenden Entscheidungen[197] ua auch des BVerfG[198] rückte der BGH zur **Vereinheitlichung der Prüfung von Bedarf des Berechtigten und Leistungsfähigkeit des Pflichtigen** deutlich von seiner früher stark auf den Zeitpunkt der Scheidung zentrierten Bestimmung der ehelichen Lebensverhältnisse ab.[199] Das war letztlich der Einstieg in die danach folgende Rechtsprechung des BGH von den **„wandelbaren ehelichen Lebensverhältnissen"** iSd § 1578 BGB.[200] Kernpunkt dieser veränderten Rechtsprechung war, dass insbesondere die nach der Scheidung hinzukommenden neuen Unterhaltsverpflichtungen sowohl gegenüber Kindern als auch neuem Ehegatten (oder gemäß § 1615l BGB) **bereits bei der Bedarfsbemessung** für den ersten Ehegatten ungeachtet des Rangs Berücksichtigung fanden. Das führte im Verhältnis zwischen verpflichtetem Ehegatten, früherem Ehegatten und neuem Ehegatten (bzw. Anspruchsinhabern gem. § 1615l BGB) bereits auf der Bedarfsebene zum sog. „Dreiteilungsgrundsatz", oder auch „Drittelmethode" genannt,[201] wobei dann allerdings auch Einnahmen aus einem Karrieresprung, obwohl nicht eheprägend, sowie der Steuersplittingvorteil der neuen Ehe in eine solche Berechnung einfließen konnten.[202] Die **Kritiker dieser Rechtsprechung** verwiesen nicht ganz zu Unrecht darauf, dass damit der Bezug zu den ehelichen Lebensverhältnissen bei der Bedarfsbestimmung weitgehend aufgelöst und faktisch durch das jeweils aktuelle Leistungsvermögen des verpflichteten Ehegatten ersetzt wurde.[203] Allerdings konnte es vom Ergebnis her nicht fraglich sein, dass eine sowohl auf § 1578 BGB als auch § 1581 BGB beruhende

---

[195] BGH FamRZ 82, 892 = NJW 1982, 2439.

[196] Siehe auch zusammenfassende Gesamtdarstellung: Dose FF 2012, 227 ff.

[197] BGH FamRZ 2001, 986 = NJW 2001, 2254; FamRZ 2001, 1693 mAnm Büttner = NJW 2001, 3779; FamRZ 2002, 88 = NJW 2002, 436; vgl. ferner Scholz FamRZ 2003, 265; Gerhardt FamRZ 2003, 272; Büttner FamRZ 2003, 641.

[198] BVerfG FamRZ 2002, 527 = NJW 2002, 1185.

[199] BGH FamRZ 2003, 590 (591); FamRZ 2006, 683 (684).

[200] BGH FamRZ 2008, 968 (973) = NJW 2008, 1663, grundlegend unter Rn. 43 ff.; Fortführung: BGH FamRZ 2008, 1911 (1914) = NJW 2008, 3213; FamRZ 2009, 23 (25) = NJW 2009, 145; FamRZ 2009, 411 = NJW 2009, 588; FamRZ 2009, 579 = NJW 2009, 1271; FamRZ 2009, 1207 = NJW 2009, 2450; FamRZ 2010, 111 mAnm Herrler (117) = NJW 2010, 365; FamRZ 2010, 538; FamRZ 2010, 802 Rn. 17.

[201] BGH FamRZ 2008, 1911 = NJW 2008, 3213; FamRZ 2010, 111 Rn. 21; FamRZ 2010, 869 = NJW 2010, 2056 Rn. 31; Gerhardt/Gutdeutsch FamRZ 2007, 778, Gutdeutsch FamRZ 2006, 1072; damals (2008) auch Unterhaltsgrds. OLG Frankfurt, Süddeutsche LL ua jew. unter Nr. 15.5, Hammer LL Nr. 15.6.

[202] Grundlegend auch für den Karrieresprung: BGH FamRZ 2009, 411 (übersehen vom BVerfG FamRZ 2011, 437, Rn. 71).

[203] So insbes. Hohmann-Dennhardt Brühler Schriften z. FamR, Bd. 16 (18. DFGT 2009), 22 ff. (34 f.).

integrierte Bedarfs- und Leistungsfähigkeitsberechnung zur Bestimmung der verschiedenen Ansprüche erforderlich ist, die jedenfalls **bei Gleichrang rechnerisch in die Drittelmethode** einmündet.

52a   Das Bundesverfassungsgericht erklärte die Rechtsprechung des BGH zu den „wandelbaren ehelichen Lebensverhältnissen" allerdings durch Entscheidung vom 25.1.2011 für nicht mit der Verfassung vereinbar, weil damit bei der Auslegung von § 1578 Abs. 1 S. 1 BGB die Grenzen richterlicher Rechtsfortbildung überschritten worden seien.[204]

c) Bedarfsermittlung nach dem Stichtagsprinzip

52b   Nach dieser Entscheidung des BVerfG gab der BGH seine bisherige Rechtsprechung zu den „wandelbaren ehelichen Lebensverhältnissen" auf und kehrte zum **Stichtagsprinzip** (Rechtskraft der Scheidung) zurück.[205] Danach werden die ehelichen Lebensverhältnisse grundsätzlich nur von den bis zur Scheidung eintretenden Umständen geprägt. Folglich sind etwa Ansprüche von **vor der Scheidung** geborenen Kindern aus einer anderen Beziehung sowie deren Mutter nach § 1615l BGB zu berücksichtigen. **Nach der Scheidung** neu entstandene Unterhaltsansprüche von Kindern aus einer anderen Beziehung, einer Mutter nach § 1615l BGB und insbesondere auch der Unterhaltsanspruch einer nachfolgenden Ehefrau können keine Auswirkungen mehr auf den prioritären Bedarf der früheren Ehefrau entfalten, der sich allerdings nur bei deren Vorrang auch auf der Leistungsebene ungeschmälert durchsetzen kann.[206] Eine Beeinflussung der ehelichen Lebensverhältnisse ist nur gegeben, wenn diese Ansprüche bereits in der Ehe angelegt waren oder auch bei Fortbestand der Ehe deren Verhältnisse geprägt hätten. Dies gilt etwa zulasten des Unterhaltsanspruchs der früheren Ehefrau auch für Unterhaltsansprüche der neuen Ehefrau, wenn deren Anspruch bereits als Betreuungsunterhalt nach § 1615l BGB vor der Scheidung der ersten Ehe bestand.[207] Eine Einkommensverringerung darf dabei nicht vorwerfbar sein. Soweit danach Umstände bei der Bedarfsbemessung zu berücksichtigen sind, ist – abgesehen von Fällen geschuldeten Mindestunterhalts oder konkreter Bedarfsbemessung – schon insoweit der **Halbteilungsgrundsatz** zu beachten, der durch Anwendung der Quotenmethode gewahrt werde.[208]

Auf der Leistungsebene gewinnt nun **§ 1581 BGB** wieder mehr Bedeutung, weil der Unterhaltspflichtige danach nur Unterhalt leisten muss, soweit es mit Rücksicht auf die Bedürfnisse sowie die Erwerbs- und Vermögensverhältnisse der geschiedenen Ehegatten der Billigkeit entspricht. Bei der Frage, inwieweit andere Unterhaltsverpflichtungen als sonstige Verpflichtungen iSd § 1581 BGB für die Leistungsfähigkeit im Einzelfall eine Rolle spielen, kann auch der **Rang** der verschiedenen Unterhaltspflichten Berücksichtigung finden (dh also nicht erst im absoluten Mangelfall). Zu Recht weist der BGH[209] insoweit darauf hin, dass das mit § 1581 BGB beginnende Kapitel 3 die Überschrift „Leistungsfähigkeit und Rangfolge" trägt und auch der Begründung des Gesetzes[210] ein

---

[204] BVerfG FamRZ 2011, 437 = NJW 2011, 836.
[205] BGH FamRZ 2012, 281 = NJW 2012, 384; BGH NJW 2012, 923 = FamRZ 2012, 288.
[206] BGH FamRZ 2020, 21 = NJW 2019, 3570 Rn. 32; FamRZ 2012, 281 = NJW 2012, 384, Rn. 26; siehe auch BGH NJW 2012, 1209 = FamRZ 2012, 525, Rn. 53, 54; OLG Karlsruhe FamRZ 2012, 134, mAnm Borth 136.
[207] BGH FamRZ 2020, 21 = NJW 2019, 3570 Rn. 32.
[208] BGH NJW 2012, 384 = FamRZ 2012, 281, Rn. 28, 29.
[209] BGH NJW 2012, 384 = FamRZ 2012, 281, Rn. 38.
[210] BT-Drucks. 16/1830, S. 22 ff.

Abstellen auf die jeweilige Schutzbedürftigkeit des Unterhaltsberechtigten, die sich im Rang nach § 1609 BGB niederschlägt, zu entnehmen ist.[211]

Der BGH hält demzufolge die **Dreiteilungsmethode im Rahmen der Prüfung der Leistungsfähigkeit bei gleichrangigen Unterhaltsansprüchen** weiterhin für anwendbar.[212] Das trägt dem Umstand Rechnung, dass die aus dem Halbteilungsgrundsatz mathematisch hergeleitete Dreiteilung auf der Leistungsebene jedenfalls bei Gleichrang in der Regel zu zutreffenden Ergebnissen führt, → Rn. 52.[213]

Einzubeziehen sind in eine Dreiteilung auf der Leistungsfähigkeitsebene **sämtliche Einkünfte** des Verpflichteten und der (beiden) Berechtigten, auch die nicht prägenden, einschließlich Splittingvorteil aus zweiter Ehe, der auf der Bedarfsebene für die erste Ehefrau nicht zu berücksichtigen ist, sowie der volle Familienzuschlag I eines Beamten, der auf der Bedarfsebene der geschiedenen ersten Ehefrau nur hälftig zu berücksichtigen ist.[214] Bei einer Dreiteilung kommt sogar der Ansatz eines **fiktiven Einkommens des neuen Ehepartners** in Betracht, soweit er im hypothetischen Fall einer Scheidung trotz Kindesbetreuung zur Ausübung einer Erwerbstätigkeit verpflichtet wäre, was allerdings während der ersten drei Lebensjahre des Kindes auch unter besonderen Umständen nicht der Fall ist.[215] Der Vorteil des Zusammenwohnens ist für die Ehegatten der neuen Ehe mit 10 % ihres Gesamtbedarfs in Ansatz zu bringen.[216] **Nicht einzubeziehen** ist dagegen auch auf der Leistungsebene der Sockelbetrag des Elterngeldes (§ 11 Abs. 1 BEEG).[217] Was den **Vorwegabzug des vorrangigen Kindesunterhalts** angeht (auf der Bedarfsebene gem. § 1578 Abs. 1 BGB nur für die während der Ehe geborenen Kinder, auf der Leistungsebene gem. § 1581 BGB auch für die danach geborenen), hat der BGH[218] nun klargestellt, dass eine hälftige Anrechnung des Kindergeldes, wie sie § 1612b BGB für den Barunterhalt an minderjährige Kinder vorschreibt, auch beim monetarisierten Naturalunterhaltsanspruch eines von beiden Elternteilen im gemeinsamen Haushalt betreuten minderjährigen Kindes vorzunehmen ist, obwohl sich dies aus § 1612b BGB nicht unmittelbar ergibt, sondern nur aus dessen Sinn und Zweck.

Zwar ist der **Bedarf einer ersten Ehefrau prioritär zu berechnen**; letztlich prägend für den Bedarf einer nachfolgend gleichrangigen Berechtigten ist aber gerade nicht dieser prioritär ermittelte höhere Bedarf der ersten Gattin, sondern nur deren – bei Gleichrang gemäß § 1581 BGB geschmälerter – **tatsächlicher Anspruch.**[219]

---

[211] BGH NJW 2012, 384 = FamRZ 2012, 281, Rn. 38 unter Hinweis auf *Maurer* FamRZ 2011, 849 (857); *Gerhardt/Gutdeutsch* FamRZ 2011, 597 (601) u. 2011, 772, 773 (775); *Schwamb* FamRB 2011, 120, (121).

[212] BGH FamRZ 2020, 21 = NJW 2019, 3570 Rn. 49; FamRZ 2012, 281 = NJW 2012, 384, Rn. 42 f. mwN; bestätigt durch BGH FamRZ 2014, 1183 (mAnm *Schürmann* S. 1281) = NJW 2014, 2109, Rn. 29; dazu auch *v. Pückler* FF 2014, 456; BGH FamRZ 2014, 912 (mAnm *Borth*) = NJW 2014, 1590, Rn. 38; zu abw. Lösungsversuchen: OLG Düsseldorf NJW 2011, 3457; OLG Zweibrücken FamRZ 2012, 791, dazu *Riegner* FamFR 2012, 1 ff.

[213] Weitere Rechenbeispiele: *Schwamb* MDR 2012, 557 ff (soweit dort noch mit Erwerbstätigenbonus auch auf der Leistungsebene gerechnet worden ist, sind die Beispiele im Hinblick auf BGH FamRZ 2014, 912 = NJW 2014, 1590, Rn. 39, nun entsprechend angepasst zu verwenden); *Reinken* NZFam 2015, 689; *Gerhardt* FamRZ 2012, 589 ff.; siehe auch *Soyka* FuR 2012, 180 ff.; *Borth* FPR 2012, 137 ff. und *von Pückler*, Bd. 22 der Studien aaO S. 66 ff., 153 ff., 195 ff.

[214] BGH FamRZ 2014, 1183 = NJW 2014, 2109, Rn. 30, 33.

[215] BGH FamRZ 2014, 1183 = NJW 2014, 2109, Rn. 46, 47.

[216] BGH FamRZ 2014, 912 = NJW 2014, 1590, Rn. 39.

[217] BGH FamRZ 2014, 1183 = NJW 2014, 2109, Rn. 39 – 41.

[218] BGH FamRZ 2014, 1183 = NJW 2014, 2109, Rn. 37, 38.

[219] BGH FamRZ 2012, 281 = NJW 2012, 384, Rn. 45 mwN zum damaligen Streitstand.

Weitgehende Einigkeit besteht unterdessen, dass eine ungeachtet aller Rechenwege erforderliche **abschließende Angemessenheits- oder Billigkeitsprüfung** nach § 1581 BGB im Einzelfall immer zu Korrekturen führen kann.[220]

Wie beim **Vorrang** eines nachfolgenden Ehegatten (im Fall des § 1570 BGB) bzw. eines Anspruchs nach § 1615l BGB zu entscheiden ist, hat der BGH bisher nur angedeutet.[221] Danach spricht aber vieles auch insoweit für eine Dreiteilung.[222]

Klar gestellt hat der BGH, dass der Unterhaltspflichtige die **Darlegungs- und Beweislast** für die Unterhaltsbedürftigkeit seiner neuen Ehefrau im Rahmen der Dreiteilung trägt, weil es sich um eine einkommensmindernde Verbindlichkeit handelt.[223]

Zu den Besonderheiten einer **integrierten Berechnung** im Zusammenhang mit **Kranken- und Altersvorsorgeunterhalt** → Rn. 393, 408, 413.[224]

d) Einzelfragen

53   Die gemäß § 1578 BGB das **Maß des Unterhalts** bestimmenden ehelichen Lebensverhältnisse werden durch die im Folgenden zusammengefassten Einflüsse geprägt.

(1) **Bestimmende Einkünfte.**

Maßgebend sind sowohl die Bareinkünfte des erwerbstätigen Ehegatten als auch die Haushalts- und Kinderbetreuungsleistungen des nicht erwerbstätigen Ehegatten, mithin das **verfügbare Familieneinkommen**.[225]

Im Einzelnen gilt:

• **Abfindung.** Wenn die Abfindung zum Erhalt des bisherigen Einkommens gezahlt wird, prägt sie grundsätzlich die ehelichen Lebensverhältnisse, und zwar ungeachtet dessen, ob damit lediglich Lohnersatzleistungen[226] oder ein niedrigeres Einkommen bei einem neuen Arbeitgeber[227] nach den Umständen des Einzelfalls bis zum bisherigen Einkommen aufgestockt werden können.[228] Eine nach der Scheidung zusätzlich zu unverändertem Einkommen erhaltene Abfindung bleibt dagegen bei der Bemessung des Unterhaltsbedarfs unberücksichtigt.[229]

---

[220] BGH FamRZ 2012, 281 = NJW 2012, 384, Rn. 50; Gerhardt/Gutdeutsch FamRZ 2011, 772 ff. (773); Schwamb MDR 2012, 557 ff. (559) u. FamRB 2011, 120 (123); Maier FuR 2011, 182 ff. (184). Schon deshalb überzeugt die Kritik von Graba FF 2012, 341 („Reihenfolge der Prüfung von § 1578b u. § 1581 BGB bei der Drittelmethode") nicht, der in der ersten Berechnungsstufe einen – sogar entgegen der Intention des BVerfG die Ebenen auf der Bedarfsseite wieder vermischenden – Zusammenhang zwischen § 1581 BGB und dem zunächst in den jeweiligen Zweierbeziehungen in Betracht zu ziehenden § 1578b BGB herstellen will, der allenfalls in die abschließende Billigkeitsprüfung gehört. Diesen Ansatz hält v. Pückler (Bd. 22 der Studien aaO S. 176 ff., 182) sogar als einzigen für verfassungsrechtlich nicht zu rechtfertigen.

[221] BGH NJW 2012, 384, Rn. 48.

[222] Schwamb MDR 2012, 557 (560 in Z. 3) und FamRB 2011, 120 (123); ebenso Reinken NZFam 2015, 689 (694 f.); weitere Vorschläge bei Gerhardt FamRZ 2012, 509 ff.; Soyka FuR 2012, 180 ff.; Borth FPR 2012, 137 ff.

[223] BGH NJW 2012, 923 = FamRZ 2012, 288; ebenso bereits BGH FamRZ 2010, 869, Rn. 35, 36.

[224] Gutdeutsch „Vorsorgeunterhalt und Drittelmethode" FamRZ 2016, 184.

[225] BGH FamRZ 2020, 21 = NJW 2019, 3570, Rn. 26; FamRZ 2001, 986 = NJW 2001, 2254 im Anschluss an BVerfG NJW 1999, 557.

[226] BGH FamRZ 2012, 1040 = NJW 2012, 1868, Rn. 39; FamRZ 2007, 983 = NJW 2007, 2249.

[227] BGH FamRZ 2012, 1040 = NJW 2012, 1868, Rn. 40, insoweit unter Aufgabe von BGH FamRZ 2003, 590 = NJW 2003, 1518.

[228] BGH FamRZ 2012, 1040 = NJW 2012, 1868, Rn. 39 ff.; OLG Hamm FamRZ 2023, 195.

[229] BGH FamRZ 2012, 1040 = NJW 2012, 1868, Rn. 38; FamRZ 2010, 1311 = NJW 2010, 2582, Rn. 28 ff.; OLG Frankfurt FamRZ 2005, 36.

- **Corona-Soforthilfe:** Die sg. Corona-Soforthilfe ist wegen ihrer Zweckbindung zur Überbrückung von Liquiditätsengpässen[230] nicht als unterhaltsrechtlich relevantes Einkommen zu behandeln.[231]
- **Erwerbsarbeit nach Haushaltsführung** – auch ohne Kinderbetreuung – prägt die ehelichen Lebensverhältnisse. Die Erwerbsarbeit kann als Surrogat der Haushaltsführung angesehen werden.[232] Auf die Gründe für die Nichterwerbstätigkeit in der Ehe kommt es nicht an. Es kommt nicht darauf an, welchen Umfang die Hausarbeit hatte, denn es kommt zu keiner Monetarisierung des Wertes der Hausarbeit.[233]
- **Erwerbsarbeit nach Kinderbetreuung** prägt die ehelichen Lebensverhältnisse. Sie wird ebenfalls als Surrogat der Haushaltsführungs- und Betreuungsarbeit während der Ehe angesehen. Das gilt sowohl für die Fälle, in denen die Aufnahme einer Erwerbsarbeit nach der Trennung schon zumutbar ist als auch dann, wenn sie aus Not aufgenommen wurde und wenn die Kinder noch nicht das Alter erreicht haben, in dem eine volle oder teilweise Erwerbsarbeit zumutbar wird.
- **Wechsel der Tätigkeit** prägt die ehelichen Lebensverhältnisse, mag auch eine bisher ertraglose Tätigkeit durch eine ertragreiche abgelöst worden sein.[234]
- **Fiktive Einkünfte** können die ehelichen Lebensverhältnisse prägen, insbesondere bei einem Verstoß gegen eine Erwerbsobliegenheit.[235]
- **Einkünfte aus unzumutbarer Arbeit** prägen im Rahmen ihrer Anrechenbarkeit die ehelichen Lebensverhältnisse, denn ihr Ertrag fließt in den Verbrauch ein. Das gilt für den anzurechnenden (unterhaltsrelevanten) Teil. Im Übrigen bleibt das Einkommen bei der Unterhaltsermittlung völlig unberücksichtigt.[236] Davon unabhängig ist, dass solche Einkünfte nur nach § 1577 Abs. 2 BGB bei der Unterhaltszumessung zu berücksichtigen sind, wenn sie aus unzumutbarer Arbeit stammen.[237] Bei langfristigen Einkünften wird selten von Unzumutbarkeit auszugehen sein, denn auch insoweit kommt es auf die konkreten Einzelfallumstände an. Was die Partner lange Zeit für zumutbar gehalten haben, kann nicht später (zum eigenen Vorteil) als unzumutbar deklariert werden. Nicht jede während des Zusammenlebens wegen der Mithilfe des Ehepartners zumutbare Arbeit bleibt nach der Trennung zumutbar, wenn diese Mithilfe wegfällt.
- **Haushaltsführung für Dritte und für neue Partner** ist ebenfalls als Surrogat im Wege der Differenzmethode zu berücksichtigen,[238] denn es kommt nicht darauf an, für wen die Leistung erbracht wird, sondern nur darauf, ob sie an Stelle der ertraglosen Hausarbeit/Kinderbetreuung getreten ist.

---

[230] BGH FamRZ 2021, 968 (Ls.) = NJW 2021, 1322 Rn. 11.

[231] OLG Frankfurt a. M. FamRZ 2021, 1617 mAnm Borth

[232] BGH FamRZ 2001, 986 = NJW 2001, 2254 und BVerfG FamRZ 2002, 527 = NJW 2002, 1185.

[233] Offengelassen von BGH FamRZ 2001, 986 = NJW 2001, 2254, aber abgelehnt von BVerfG FamRZ 2002, 527 = NJW 2002, 1185.

[234] BGH FamRZ 2005, 23 = NJW 2005, 61.

[235] Offengelassen von BGH NJW 2005, 61 = FamRZ 2005, 23 und FamRZ 2005, 25; so aber BGH FamRZ 2005, 1979 = NJW 2005, 3639; NJW 2001, 3369 = FamRZ 2001, 1693 mAnm Büttner; FamRZ 2003, 434 = FPR 2003, 245.

[236] BGH NJW 2005, 2145 = FamRZ 2005, 1154 mAnm Gerhardt; FamRZ 2005, 1823 mAnm Maurer.

[237] OLG Köln FamRZ 2002, 463 = NJW 2001, 3716; OLG München FamRZ 2000, 1286 = NJW-RR 2000, 1243; OLG Karlsruhe NJW 2002, 901; Büttner NJW 2001, 3244 (3245); anders noch BGH FamRZ 1998, 1501 = NJW-RR 1998, 721, weil eine unzumutbare Arbeit jederzeit aufgegeben werden könne.

[238] BGH FamRZ 2012, 1201 = NJW 2012, 2190, Rn. 16; FamRZ 2004, 1170 (1171 f.) = NJW 2004, 2303; FamRZ 2004, 1173 mAnm Born und Gerhardt (1545) = NJW 2004, 2305 = LMK 2004, 221 mAnm Hohloch.

- **Vermögenserträge und Nutzungsvorteile,** die zur Deckung des Lebensbedarfs eingesetzt wurden, prägen die ehelichen Lebensverhältnisse.[239] Das gilt auch für Sachentnahmen, wenn Teile des Vermögensstamms für den Trennungsunterhalt eingesetzt
werden.[240] Auch **Zinseinkünfte** aus dem Zugewinnausgleich sind zu berücksichtigen.[241] Ein **Wohnvorteil** ist eheprägend, wenn die fortbestehende mietfreie Nutzung
einer Immobilie bereits während des ehelichen Zusammenlebens erfolgte.[242] Zur **Höhe**
des Wohnvorteils, insbesondere zur Berücksichtigung von diesbezüglichen Verbindlichkeiten → Rn. 857 f.
- **Vermögenserträge und Nutzungsvorteile aus einer zu erwartenden Erbschaft** können die ehelichen Lebensverhältnisse ebenfalls prägen.[243] Allerdings können die Kapitalerträge aus einem Vermögen, welches einem Ehegatten erst nach der Scheidung
durch Erbfall angefallen ist, nur dann in die Bemessung des Unterhalts einfließen, wenn
die Erwartung des künftigen Erbes schon während bestehender Ehe so wahrscheinlich
war, dass die Eheleute ihren Lebenszuschnitt darauf einrichten konnten und auch
eingerichtet haben. Das nimmt der BGH etwa dann an, wenn die Eheleute in Erwartung der Erbschaft auf eine an sich angemessene Altersversorgung verzichten und die
dafür nicht benötigten Mittel zur Erhöhung des Lebensstandards verbraucht haben.[244]
Gegen eine Berücksichtigung spricht aber, wenn die Erbschaft erst lange nach der
Scheidung angefallen ist und während bestehender Ehe etwaige zukünftige Einnahmen
daraus allenfalls erhofft werden konnten.
- **Schwarzgeldeinkünfte** bzw. Einkünfte aus **Schwarzarbeit**[245] prägen zwar die ehe-
lichen Lebensverhältnisse, allerdings auf Dauer nur vermindert um die gesetzlichen
Abzüge.
- **Beihilfeansprüche** und der Anspruch auf beitragsfreie Altersvorsorge prägen in einer
Beamtenehe die ehelichen Lebensverhältnisse.[246]
- An den Unterhaltsberechtigten erbrachte Leistungen der **Krankentagegeldversiche-
rung,** die auf während der ehelichen Lebensgemeinschaft gezahlten Beiträgen beruhen,
sind regelmäßig in die Bedarfsbemessung einzubeziehen.[247]
- **Renten** und **Versorgungsausgleich.** Sowohl vor der Ehe verdiente Renten als auch die
Durchführung des Versorgungsausgleichs prägen die ehelichen Lebensverhältnisse,
denn diese Einkünfte sind Surrogat der Arbeitseinkünfte in der Ehe.[248] Das gilt auch
für Unfallrenten.[249] Soweit dies nach der Rechtsprechung des BGH für mit Hilfe des
Altersvorsorgeunterhalts erworbene Ansprüche nicht gelten sollte,[250] hat der BGH
seine Meinung offenbar geändert.[251] Anderes gilt für Renten, die erst aufgrund der
Scheidung der Ehe entstehen und bis dahin aufgrund des Erwerbseinkommens des
unterhaltspflichtigen Ehegatten keine prägende Wirkung auf die wirtschaftlichen Ver-

---

[239] BGH FamRZ 2007, 1532 (1534); FamRZ 1995, 869 = NJW-RR 1995, 835; FamRZ 1994, 21 =
NJW 1994, 134; OLG Saarbrücken FamRZ 2003, 685.
[240] BGH FamRZ 2005, 97 = NJW 2005, 433.
[241] OLG Saarbrücken OLG-Report 2005, 395.
[242] OLG Celle FamRZ 2020, 1831.
[243] BGH FamRZ 2012, 1483 = NJW 2012, 3434; BGH NJW 2006, 1794 = FamRZ 2006, 387
mAnm Büttner.
[244] BGH FamRZ 2012, 1483 = NJW 2012, 3434, Rn. 38.
[245] OLG Brandenburg NJW 2012, 3186 (3188); OLG Zweibrücken OLGR 2002, 149.
[246] BGH FamRZ 1989, 483 = NJW-RR 1989, 386.
[247] BGH FamRZ 2013, 191, Rn. 36 mAnm Born (194).
[248] BGH FamRZ 2002, 88 = NJW 2002, 436.
[249] OLG München OLGR 2007, 706.
[250] So BGH FamRZ 2003, 848 mablAnm Hoppenz NJW 2003, 1796.
[251] Vgl. BGH FamRZ 2014, 1276, Rn. 21 f.

hältnisse gehabt haben. Sie stellen eine künstliche Erhöhung der Einkommensverhältnisse dar und fließen deshalb nicht in die Bedarfsbestimmung ein.[252]

- Auf der anderen Seite hält der BGH daran fest, dass die Kürzung der Altersbezüge des Unterhaltspflichtigen infolge eines **Versorgungsausgleichs zugunsten einer späteren Ehefrau** nicht für den Bedarf der ersten Ehefrau prägend ist und deswegen das Einkommen des Pflichtigen für die Bedarfsbemessung gem. § 1578 Abs. 1 BGB entsprechend zu erhöhen ist; die Einkommensverminderung behält allerdings ihre Bedeutung für die Prüfung der Leistungsfähigkeit.[253]

- **Einkommensrückgang** prägt die ehelichen Lebensverhältnisse, sofern er nicht auf einer Verletzung der Erwerbsobliegenheit beruht (siehe dann bei fiktiven Einkünften). Nachdem der BGH zum Stichtagsprinzip zurückgekehrt ist, können nach der Ehe eintretende Umstände die ehelichen Lebensverhältnisse aber nur noch beeinflussen, wenn sie bereits in der Ehe angelegt waren oder auch bei Fortbestand der Ehe deren Verhältnisse geprägt hätten. Die Einkommensverringerung darf dabei nicht vorwerfbar sein.[254] Umstände, die bei Fortbestand der Ehe nicht hätten eintreten können, vermindern – sofern nicht vorwerfbar – nur die Leistungsfähigkeit.

- **Geburt eines nichtehelichen Kindes oder auch die Adoption eines Kindes** bestimmen das Maß des Unterhalts, sofern die ehelichen Lebensverhältnisse bis zum Stichtag der Rechtskraft der Scheidung noch davon geprägt waren, nicht jedoch sofern ein Kind erst nach der Scheidung geboren oder vom Unterhaltspflichtigen adoptiert wird.[255]

(2) Nicht bestimmende Einkünfte. 54

- Einkommensteile, die nicht der Bedarfsdeckung, sondern der **Altersvorsorge**[256] oder der **allgemeinen Vermögensbildung**[257] dienen, sind nicht zu berücksichtigen. Für die Vermögensbildung gilt das aber nur für gehobene Einkommensverhältnisse[258] (dh mindestens nach der höchsten Einkommensgruppe der Düsseldorfer Tabelle[259]), wobei eine bestimmte Vermögensbildungsquote nicht Gegenstand eines Erfahrungssatzes sein kann, sondern konkret dargelegt und bewiesen werden muss.[260] Der **Arbeitgeberanteil zu vermögenswirksamen Leistungen** bleibt aber in jedem Fall mit seinem Nettoanteil unberücksichtigt, weil er nur zweckgebunden gewährt wird.[261] Im Übrigen darf die Vermögensbildung den Unterhalt nicht unangemessen beeinträchtigen. Wenn sich die Eheleute für gemeinsame Ziele (zB Hausbau) besonders eingeschränkt hatten, sind

---

[252] OLG Hamm FamRZ 2019, 593: die Bedürftige bezieht bereits eine Erwerbsunfähigkeitsrente, die sich nunmehr aufgrund des durchgeführten Versorgungsausgleichs erhöht, während der Unterhaltspflichtige weiterhin seine Arbeitseinkünfte erzielt.

[253] BGH FamRZ 2014, 1276 = NJW 2014, 2192, Rn. 20, im Anschluss an BGH NJW 2012, 2028.

[254] BGH NJW 2012, 384 = FamRZ 2012, 281, Rn. 23, 24; insoweit unter Beibehaltung von BGH FamRZ 2003, 590 = NJW 2003, 1518.

[255] BGH FamRZ 2012, 281 = NJW 2012, 394 = FamRB 2012, 71 (Besprechung Schwamb); OLG Koblenz FamRZ 2020, 1998; → Rn. 77 und 83.

[256] BGH FamRZ 1992, 423 (424) = NJW 1992, 1044; FamRZ 1985, 471 = NJW 1985, 1347 (L.).

[257] BGH FamRZ 2002, 1532 (1534) FamRZ 1992, 1045 (1048) = NJW 1992, 2477; FamRZ 1987, 36 (39) = NJW 1987, 194; OLG München NJWE-FER 1999, 204 (nicht verbrauchte Zinsen von im Ausland angelegtem Geld).

[258] BGH FamRZ 2002, 1532 (1534); FamRZ 1992, 1045 (1048); FamRZ 1989, 1160 = NJW 1992, 2809; NJW-RR 1989, 386.

[259] Vgl. BGH FamRZ 2012, 947 = NJW 2012, 1578, Rn. 34; → Rn. 31.

[260] BGH FamRZ 1987, 36 = NJW-RR 1987, 195; KG FamRZ 1986, 1109; OLG Frankfurt FamRZ 1987, 1245 (bei Nettoeinkommen von 9.000 DM muss Berechtigter substantiiert darlegen, dass alles für den Lebensbedarf verbraucht worden ist).

[261] BGH FamRZ 2005, 1154 = NJW 2005, 2145, Rn. 29.

solche Vermögensbildungsteile nicht abzuziehen.[262] Ebenso kann bei Bedarfssteigerungen nach Trennung die Heranziehung bisher zur Vermögensbildung eingesetzter Einkommensteile erforderlich werden.[263]

- **Einkommen aus einem Karrieresprung** nach der Trennung oder Scheidung[264] prägt die ehelichen Lebensverhältnisse nicht. Von einem Karrieresprung ist nur bei einem unerwarteten beruflichen Aufstieg nach der Trennung auszugehen. Das ist bei einer Funktionsänderung und einem dadurch bedingten mindestens 20%igem Mehreinkommen der Fall.[265] Kindesunterhalt ist in Höhe des fiktiven Betrages (ohne den Karrieresprung) davon abzuziehen.[266] Sind die Ursachen für den Karrieresprung dagegen vor der Trennung gelegt (in der Ehe absolviertes Fachhochschulstudium), zählt die spätere Einkommenssteigerung zu den ehelichen Lebensverhältnissen.[267] Die lange Entfernung des Karrieresprungs von der Scheidung kann jedoch gegen eine Prägung der ehelichen Lebensverhältnisse sprechen.[268] Wird ein Kraftfahrer nach der Trennung oder Scheidung zum Fernverkehrsfahrer, ist das kein Karrieresprung, sondern nur ein stets möglicher anderer Einsatz, mag auch das Einkommen in der neuen Einsatzart höher sein.[269] Das gilt auch für eine Beförderung von der Besoldungsgruppe A 8 nach A 9, die sich innerhalb des mittleren Dienstes vollzogen hat.[270] Nicht prägendes Einkommen aus einem Karrieresprung kann aber herangezogen werden für trennungsbedingten Mehrbedarf, Altersvorsorgeunterhalt und zum „Auffangen" von Einkommensverlusten aus nachehelich hinzugekommenen Unterhaltspflichten auf der Ebene der Leistungsfähigkeit.[271]
- **Einkommen aus einem Lottogewinn nach der Trennung** prägt die ehelichen Lebensverhältnisse nicht.[272]
- **Freiwillige Zuwendungen Dritter** bleiben unberücksichtigt, wenn sie nur dem Zuwendungsempfänger zugutekommen sollen. Das gilt auch bei der zinslosen Gewährung eines Darlehens.[273]
- **Kindergeld** prägt die ehelichen Lebensverhältnisse zwar nicht, denn sein Zweck besteht darin, die Unterhaltslast der Eltern für Kinder zu erleichtern. Nach der aus § 1612b Abs. 1 BGB folgenden hälftigen Bedarfsminderung beim minderjährigen Kind kann der Verpflichtete aber nur noch den Zahlbetrag des Unterhalts vorweg abziehen, was – vom Gesetzgeber laut Begründung zu § 1612b BGB gewollt – faktisch zu einer 45 % der Kindergeldhälfte erhöhten Ehegattenunterhaltsverpflichtung führt.[274]

---

[262] BGH FamRZ 1992, 1045 (1048) = NJW 1992, 2477: weil mit dem Wegfall der Ehegemeinschaft auch die Grundlage für eine solche Einschränkung entfallen ist; BGH FamRZ 1988, 259 (262) = NJW 1988, 2376.

[263] BGH FamRZ 1987, 36 = NJW-RR 1987, 195; OLG Karlsruhe FamRZ 1985, 937; OLG Hamm FamRZ 1986, 1210.

[264] BGH FamRZ 2009, 411 = NJW 2009, 588; FamRZ 2007, 793 = NJW 2007, 1961; BGH FamRZ 2006, 683 = NJW 2006, 1654.

[265] So OLG Köln FamRZ 2004, 1114; OLG Schleswig SchlHA 2003, 226 (1/3).

[266] BGH FamRZ 2007, 1232 mAnm Maurer = NJW 2007, 1961.

[267] BGH FamRZ 2007, 1232 mAnm Maurer; OLG Celle NJW-RR 2006, 153; OLG Celle FF 2007, 262 mAnm Born.

[268] BGH FamRZ 2007, 1232 mAnm Maurer; OLG Zweibrücken OLG-Report 2006, 1037.

[269] OLG Köln FamRZ 2001, 1374.

[270] BGH FamRZ 2016, 199 mAnm Witt = NJW 2016, 322, Rn. 19.

[271] BGH FamRZ 2009, 411 = NJW 2009, 588, unter Rn. 33, 34.

[272] OLG Brandenburg FamRZ 2009, 1837 (1839).

[273] BGH FamRZ 2005, 967 = NJW-RR 2005, 945.

[274] → Rn. 22 mwN, grundlegend BGH NJW 2009, 2744 = FamRZ 2009, 1477.

- **Vorübergehende Veränderungen des Lebensstandards** sind für die Bestimmung der ehelichen Lebensverhältnisse unbeachtlich, mag es sich um vorübergehende Verbesserungen oder Verschlechterungen handeln.[275]

(3) **Das „Normalverhalten" der Ehepartner** im Sinne eines objektiven Maßstabes ist **55** für die Bestimmung der Höhe der zur Deckung des Lebensbedarfs eingesetzten Einkommensteile maßgebend. Verschwenderische oder übertrieben sparsame Lebensführung bleibt außer Betracht.[276]

(4) **Trennungsbedingter Mehrbedarf** kann beim Berechtigten auftreten, aber auch die **56** Leistungsfähigkeit des Verpflichteten einschränken. In beiden Fällen kann der bisherige Lebensstandard nur mit zusätzlichem Aufwand gehalten werden. Trennungsbedingter Mehrbedarf ist aber – bei beiden Ehepartnern – seit der grundsätzlichen Hinwendung des BGH zur Differenzmethode nur zu berücksichtigen, wenn ausnahmsweise noch die Anrechnungsmethode anzuwenden ist bzw. dieser Bedarf aus zusätzlichen nicht prägenden Einkünften befriedigt werden kann, denn in den Fällen der Anwendung der Differenzmethode ist schon eine angemessene Aufteilung des Gesamteinkommens erreicht, aus dem Mehrbelastungen getragen werden müssen.

Der trennungsbedingte Mehrbedarf ist nach der Rechtsprechung des BGH konkret 57 darzulegen.[277] Die Anwendung einer Pauschale ist somit unverändert unzulässig, allerdings kann der Aufwand zu Einzelpositionen nach § 287 ZPO geschätzt werden.[278]

Übersicht zu einzelnen Posten, die in der Rechtsprechung schon verschiedentlich 58 als trennungsbedingter Mehrbedarf anerkannt worden sind (teilweise aber zweifelhaft, insbesondere bei verhältnismäßig geringen Kosten):

- Auto[279] (falls nach Trennung zweites Auto nötig)
- Energiekosten[280]
- Krankenversicherung[281]
- Lebenshaltungskosten (Wegfall der Vorteile eines Mehrpersonenhaushalts):[282] Anhaltspunkt für die Berechnung können die Unterschiede der Eigenbedarfssätze für allein lebende und in Haushaltsgemeinschaft lebende Berechtigte sein.
- Miete[283]
- Mietnebenkosten (Strom, Wasser, Müllabfuhr)
- Neueinrichtungskosten (in angemessenen Raten)
- Verfahrens-/Prozesskostenhilferaten[284]
- Rundfunk- und Fernsehgebühren[285]

---

[275] BGH FamRZ 1988, 256 = NJW-RR 1988, 519.

[276] BGH FamRZ 2012, 699 = NJW 2012, 1356 Rn. 25; FamRZ 2007, 1532 (1534 f.) = NJW 2008, 57; FamRZ 1993, 789 (792) = NJW-RR 1993, 898; OLG Koblenz FamRZ 2021, 1368.

[277] BGH FamRZ 1995, 346 = NJW 1995, 963; FamRZ 1990, 1085 (1088) = NJW 1990, 2886 verweist auf Konkretisierungsmöglichkeiten anhand der hier folgenden Aufstellung in → Rn. 58.

[278] BGH FamRZ 1990, 259 (260) = NJW-RR 1989, 1154 und FamRZ 1990, 499 (503) = NJW 1990, 1477; zur Düsseldorfer Praxis vgl. Scholz FamRZ 1993, 125 (129).

[279] BGH (VI.) FamRZ 1988, 921 (923) = NJW 1988, 2365.

[280] BGH FamRZ 1988, 921 (924); OLG Düsseldorf FamRZ 1987, 595 u. 1254.

[281] BGH FamRZ 1991, 1414 (1415) = NJW-RR 1991, 1346; OLG Düsseldorf FamRZ 1987, 595 u. 1254.

[282] OLG Düsseldorf NJW 1990, 2695 schätzt auf 100 DM; FamRZ 1989, 57 (58) = NJW-RR 1988, 1287 (1289); OLG Hamburg FamRZ 1987, 1044.

[283] BGH FamRZ 1990, 499 (503) = NJW 1990, 1477; BGH FamRZ 1988, 921 (924); OLG Schleswig OLGR 1996, 77; OLG Köln FamRZ 1994, 897; OLG Düsseldorf NJW 1990, 2695 (aber nicht, soweit Wohnniveau deutlich über dem ehelichen liegt).

[284] OLG München FamRZ 1994, 898 (nur beim Trennungsunterhalt); OLG Koblenz 30.9.2003 – 11 UF 611/02 – (Scheidungsraten auch nicht beim Trennungsunterhalt).

[285] OLG Düsseldorf NJW-RR 1988, 1287 (1289).

- Telefon (Grundgebühr)[286]
- Umgangskosten.[287]
- Umzugskosten[288]
- Versicherungen (Zusatzkosten bei Privathaftpflicht, Feuer)[289]
- Zeitung[290]

e) Übersicht über die Rechtsprechung zur Wirkung nachträglicher Veränderungen auf die ehelichen Lebensverhältnisse

aa) Verbesserungen beim Verpflichteten (alphabetisch)

59 • **Aufstieg, beruflicher:**[291] Es kommt darauf an, ob der Aufstieg nach den Verhältnissen in der Ehe (bzw. bis zur Trennung) zu erwarten war und diese Erwartung die ehelichen Lebensverhältnisse schon geprägt hat.[292] Mehreinkommen aus einem „Karrieresprung" hat die ehelichen Lebensverhältnisse nicht geprägt.[293] Der Umstand, dass die Grundlagen beruflicher Weiterentwicklung schon in der Ehe gelegt worden sind (zB durch Studium) wird genügen, wenn Verbesserung abzusehen war. Von einem Karrieresprung kann man dann nicht mehr sprechen.[294] Gleiches gilt für eine (Regel-)Beförderung von der Besoldungsgruppe A 8 nach A 9, die sich innerhalb des mittleren Dienstes vollzogen hat.[295]

60 • **Auslandszulagen:** Soweit es sich um echtes Mehreinkommen handelt, kommt es ebenfalls darauf an, ob (periodische) Auslandsverwendung die ehelichen Lebensverhältnisse schon geprägt hat. Der Auslandsverwendungszuschlag, den ein in einem Risikogebiet (Afghanistan) eingesetzter Berufssoldat bezieht, ist aber nicht in voller Höhe zum unterhaltsrechtlich maßgebenden Einkommen zu rechnen. In welchem Umfang der Zuschlag für Unterhalt heranzuziehen ist (erwogen wird $1/3$ bis $1/2$), ist nach der Rechtsprechung des BGH unter Würdigung der Umstände des Einzelfalls zu entscheiden.[296] Keine Berücksichtigung erfolgt, wenn wegen der Trennung oder erst nach der Scheidung der Entschluss gefasst wird, ins Ausland zu gehen.

61 • Die **Bedarfsminderung des Verpflichteten** wegen der Trennung (zB kostenloses Wohnen bei Eltern) wirkt sich nicht auf eheliche Lebensverhältnisse aus.[297] Gleiches gilt für nacheheliche **Synergieeffekte** durch **Zusammenleben mit einem neuen Ehegatten,** die sich nicht auf die Bedarfsbemessung der geschiedenen Ehe auswirken. Sie sind erst im Rahmen der Konkurrenz des Unterhaltsanspruchs einer neuen Ehefrau

---

[286] OLG Hamm FamRZ 1992, 1175 (1177); OLG Düsseldorf NJW-RR 1988, 1287 (1289).
[287] OLG Frankfurt FamRZ 1991, 78.
[288] Vgl. aber OLG Köln FamRZ 1986, 163 zu Einschränkungen.
[289] BGH FamRZ 1988, 921 (924) = NJW 1988, 2365.
[290] OLG Düsseldorf NJW-RR 1988, 1287.
[291] BGH FamRZ 1991, 307 = NJW-RR 1991, 130; FamRZ 1988, 259 (262) = NJW 1988, 2376; FamRZ 1985, 791 (nein bei Computerfachmann, der von Uni in Industrie geht); 27.6.1984 – IV b ZR 23/83: ja bei Meisterstelle, wenn Meisterprüfung vorher; OLG Köln FamRZ 1993, 711 (Beförderung zum Ministerialrat, wenn schon vor der Scheidung Funktionsstelle); OLG Köln FamRZ 1995, 876 (Aufnahme einer selbstständigen Tätigkeit, wenn dazu schon vorher Absicht bestand); OLG Hamm FamRZ 1994, 515 (nicht prägend bei Karrieresprung); OLG Celle NdsRpfl 1992, 176 (ja bei Verbesserung durch Niederlassung in den neuen Bundesländern).
[292] BGH FamRZ 2007, 200 = NJW 2007, 839 m. insoweit krit. Anm. Büttner.
[293] OLG Köln FamRZ 2004, 1114; → Rn. 65.
[294] BGH FamRZ 1991, 307 = NJW-RR 1991, 130 aber noch für Nichtberücksichtigung.
[295] BGH FamRZ 2016, 199 mAnm Witt = NJW 2016, 322 Rn. 19.
[296] BGH FamRZ 2012, 1201 = NJW 2012, 2190, Rn. 24 ff.; OLG Frankfurt NJW 2013, 1686 (1/3).
[297] OLG Düsseldorf FamRZ 1985, 1039.

mit dem Unterhaltsanspruch der gleich- oder nachrangigen ersten Ehefrau im Rahmen der Leistungsfähigkeit zu berücksichtigen.[298]

- **Berufsaufnahme:** Einkommensverbesserungen durch Berufsaufnahme nach Ende der 62 Arbeitslosigkeit, der Ausbildung oder der Kinderbetreuungsphase sind nach Trennung und Scheidung zu berücksichtigen, da in der Ehe angelegt.
- **Berufswechsel,** s. Aufstieg, beruflicher. 63
- **Besteuerung, günstigere:** Vorteile aus Ehegattensplitting müssen nach der neuesten 64 Rechtsprechung des BGH bei der Bemessung des Unterhalts**bedarfs** der geschiedenen Unterhaltsberechtigten (jetzt wieder) unberücksichtigt bleiben, weil sie auf der neuen Ehe beruhen und für die Bedarfsbemessung dieser neuen Ehe verbleiben müssen.[299] Bei der Bemessung der Leistungsfähigkeit des Verpflichteten sind diese Vorteile aber jedenfalls bei Gleichrang der Berechtigten im Rahmen der insoweit weiterhin möglichen Dreiteilung zu berücksichtigen.[300]
- **Einkommensverbesserungen** wegen **Lohnniveauanstiegs** oder im Rahmen der be- 65 rufsüblichen Einkommenssteigerungen (Erfahrungs-/Leistungsstufen, auch Regelbeförderung) sind zu berücksichtigen.[301]

Zur **Einkommensverbesserung** durch **Ehegattensplitting:** Siehe oben unter **Besteuerung in → Rn. 64,** dh keine Berücksichtigung bei der Bedarfsbemessung, wohl aber bei der Billigkeitsabwägung gemäß § 1581 BGB im Fall des Gleichrangs bei Anwendung der Drittelmethode.[302]

- **Familienzuschlag** nach § 40 Abs. 1 BBesG ist dagegen auch schon bei der Bedarfs- 65a bemessung zu berücksichtigen, jeweils hälftig für beide Ehen bei neuer Eheschließung, weil er auch die erste Ehe des Pflichtigen weiterprägt.[303]
- **Erbschaftsanfall:** kann sich auch nach der Trennung oder Scheidung noch auf die 66 ehelichen Lebensverhältnisse auswirken,[304] wenn die Lebensweise auf die Erwartung ausgerichtet war. Die bloße Ungewissheit wegen Testierfreiheit steht nicht entgegen.[305]
- **Inflationsbedingter Einkommensanstieg:** zu berücksichtigen, aber keine schlichte 67 Indexierung des Unterhalts zum Trennungs- oder Scheidungszeitpunkt.[306]
- **Lebensstandsteigerung (Lohnniveauanstieg):** zu berücksichtigen, da Fortschrei- 68 bung der ehelichen Lebensverhältnisse (keine Abkoppelung von allgemeiner gesellschaftlicher Entwicklung).[307]

---

[298] BGH FamRZ 2012, 281 = NJW 2012, 384, Rn. 26 (unter Hinweis auf Schwamb FamRB 2011, 120 [122] und wohl aA von Maurer FamRZ 2011, 849 [860]).

[299] BGH FamRZ 2012, 281 = NJW 2012, 384, Rn. 26, im Anschluss an BVerfG FamRZ 2011, 437 = NJW 2011, 836; BVerfGE 108, 351 = FamRZ 2003, 1821 (1823); BGH FamRZ 2005, 1817, 1819 = NJW 2005, 3277.

[300] BGH FamRZ 2012, 281 = NJW 2012, 384, Rn. 32 ff., 44, 47, unter Bezugnahme auf BGH FamRZ 2010, 869 = NJW 2010, 2056, Rn. 33; FamRZ 2008, 1911 = NJW 2008, 3213, Rn. 44, 47.

[301] BGH FamRZ 1989, 172 (174); OLG Karlsruhe FamRZ 1988, 400 u. 507.

[302] BGH FamRZ 2012, 281 = NJW 2012, 384, Rn. 32 ff., 44, 47, unter Bezugnahme auf BGH FamRZ 2010, 869 = NJW 2010, 2056, Rn. 33; FamRZ 2008, 1911 = NJW 2008, 3213, Rn. 44, 47.

[303] BGH FamRZ 2007, 793.

[304] BGH FamRZ 2012, 1483 = NJW 2012, 3434; BGH NJW 2006, 1714 = FamRZ 2006, 387 mAnm Büttner.

[305] Anders bis zur 11. Auflage; früher OLG Frankfurt FamRZ 1986, 165 (anders: schon vor Trennung angefallene Erbschaft, → Rn. 514). OLG Hamm FamRZ 1998, 620 hat zwischen Trennung und Scheidung angefallene Erbschaft nach betagten Eltern als eheprägend angesehen.

[306] BGH FamRZ 1987, 459 = NJW 1987, 1555.

[307] OLG Düsseldorf FamRZ 1988, 67; aA OLG Hamm FamRZ 1987, 600; anders aber BGH FamRZ 1987, 459 mkritAnm Luthin.

69 • **Lebensversicherung, Auszahlung.** Solche Zahlungen fließen mit Zinsen und Kapital- anteil in die ehelichen Lebensverhältnisse, da die Grundlage dafür in der Ehe geschaffen worden ist.[308]

70 • **Lottogewinn:**[309] Es kommt darauf an, in welchem Umfang die Mittel (Erträge) für den laufenden Lebensbedarf eingesetzt worden sind. Ein Lottogewinn nach Trennung oder Scheidung prägt die ehelichen Lebensverhältnisse nicht mehr.[310]

71 • **Regelbeförderung:** zu berücksichtigen, da Grundlagen dafür in der Ehe gelegt.[311]

72 • **Schuldverpflichtungen (Wegfall):** zu berücksichtigen, weil idR späterer Wegfall von Raten mit bestimmter Laufzeit schon vorausschauend berücksichtigt wird.[312]

73 • **Unterhaltspflichten, Wegfall:** Die freiwerdenden Beträge werden in die ehelichen Lebensverhältnisse einbezogen, falls sie nicht nach den Verhältnissen in Vermögens- bildung geflossen wären.[313]

74 • **Wiedervereinigungsbedingter Einkommensanstieg:** die Veränderung des gesamten Lohn-Preisgefüges sowie typischer Erwerbschancen sind nicht als Karrieresprünge, sondern als in der Ehe angelegt anzusehen, sie sind also gemäß dem Niveau nach der Wiedervereinigung fortzuschreiben.[314] Ist dagegen durch die Wiedervereinigung ein unerwarteter beruflicher Aufstieg gelungen[315] oder Vermögen zurückerlangt worden, prägt das (dessen Nutzung) die ehelichen Lebensverhältnisse nicht.[316]

75 • **Zinseinkünfte.** Wenn solche in der Ehe zur Verfügung gestanden haben, haben sie die ehelichen Lebensverhältnisse geprägt, wenn sie zum Konsum eingesetzt worden sind, mag sich auch eine Partei davon „besondere Wünsche" erfüllt haben.[317]

76 • **Zugewinnausgleichseinkünfte.** Auch diese Einkünfte waren schon in der Ehe ange- legt.[318] Sie haben daher die ehelichen Lebensverhältnisse geprägt, soweit sie den erziel- baren Einkünften in der Ehe entsprechen. Problematisch ist ihre Berücksichtigung als Bestandteil der ehelichen Lebensverhältnisse aber dann, wenn zB die Zinseinkünfte nach Veräußerung des gemeinsamen Eigentums den Wohnwert in der Ehe übersteigen. Dies kann dazu führen, dass dem Ehepartner, der das Haus übernehmen kann, unverändert (nur) der Wohnwert bzw. ein Teil desselben angerechnet wird, während der andere Ehepartner einen (vielleicht höheren) Zinserlös aus dem ihm zugeflossenen Barkapital hat.[319] In die Differenzrechnung werden dann ggf. unterschiedliche Eigeneinkünfte eingestellt, dies liegt aber an der unterschiedlichen Entwicklung des Vermögensertrages.

bb) Verschlechterungen beim Verpflichteten

77 • **Nachehelich adoptierte minderjährige Kinder** prägen nicht die ehelichen Lebensver- hältnisse,[320] sind aber bei der Leistungsfähigkeit vorrangig zu berücksichtigen. Adop-

---

[308] OLG Düsseldorf OLG-Report 1998, 176; OLG Stuttgart OLG-Report 1998, 217.

[309] OLG Frankfurt NJW-RR 1992, 2; FamRZ 1995, 874.

[310] OLG Brandenburg FamRZ 2009, 1837 (1839).

[311] So schon RGZ 75, 124; vgl. BGH FamRZ 2010, 869 = NJW 2010, 2056, Rn. 23; FamRZ 1982, 684.

[312] Nach OLG Düsseldorf FamRZ 1987, 595 mindern Schulden Bedarf nicht, wenn sie zur laufenden Lebensführung gemacht wurden.

[313] BGH FamRZ 1990, 1085 u. 1090 = NJW 1990, 2886 u. NJW-RR 1990, 1346 – Änderung der früheren Rechtsprechung; BGH FamRZ 1988, 701 u. 817; 1990, 258 = NJW 1988, 2034 u. 2101; NJW-RR 1989, 1154.

[314] BGH FamRZ 1995, 473 (474); OLG Karlsruhe FamRZ 1997, 370.

[315] OLG Celle FamRZ 1999, 858 (R 3-Stelle in den neuen Bundesländern).

[316] BGH FamRZ 1995, 473 = DtZ 1995, 207; OLG Hamm FamRZ 1993, 972.

[317] BGH FamRZ 2001, 1140 (1143) = NJW 2001, 2259.

[318] Für ihre Berücksichtigung daher BGH FamRZ 2002, 88 (91) = NJW 2002, 436 (439) im Anschluss an BGH FamRZ 2001, 1140 (1143) = NJW 2001, 2259.

[319] BGH FamRZ 2008, 963 = NJW 2008, 1946, dort unter Rn. 13.

[320] BGH FamRZ 2012, 281 = NJW 2012, 384; anders BGH FamRZ 2009, 579; FamRZ 2009, 23 (25).

tiert der Unterhaltspflichtige nach der Scheidung die minderjährigen Kinder seines neuen Ehegatten, kann dies auch nicht als Obliegenheitsverletzung im Verhältnis zum geschiedenen Ehegatten gewertet werden.[321]

- **Altersvorsorge, zusätzliche:** Der BGH lässt seine Rechtsprechung zur Abzugsfähig- **78** keit von Beiträgen für zusätzliche Altersvorsorge bis 4 % des Bruttoeinkommens beim Ehegattenunterhalt (5 % beim Elternunterhalt) ausdrücklich auch für den Fall gelten, dass während der Ehezeit noch keine Beiträge für eine solche Altersvorsorge gezahlt wurden.[322] Zur Höhe ist die zusätzliche Altersvorsorge nicht auf die Beitragsbemessungsgrenze der gesetzlichen Rentenversicherung beschränkt, sondern anhand des gesamten Bruttoeinkommens zu berechnen.[323]

- **Arbeitslosigkeit** beeinflusst nach BGH[324] eheliche Lebensverhältnisse als Ausfluss des **79** schon in der Ehe bestehenden allgemeinen Arbeitsplatzrisikos. Bei leichtfertiger Aufgabe des Arbeitsplatzes kann aber fiktives Einkommen anzusetzen sein.[325]

- **Arbeitsreduzierung; Arbeitsaufgabe:** Verschlechterungen, die auf Grund einer Ver- **80** letzung der Erwerbsobliegenheit eintreten, beeinflussen die ehelichen Lebensverhältnisse nicht.[326] Das gilt auch für die Inanspruchnahme von **Altersteilzeit und Vorruhestandsregelungen,** sofern dafür keine betrieblichen, persönlichen oder gesundheitlichen Gründe des Verpflichteten bestehen und der Bedarf des Unterhaltsberechtigten nicht anderweitig auf einem relativ hohen Niveau gesichert ist.[327] Die Aufgabe der Erwerbstätigkeit zugunsten der Betreuung der Kinder aus einer neuen Lebensgemeinschaft oder zweiten Ehe kann nur zur Einschränkung der Leistungsfähigkeit führen, beeinflusst die ehelichen Lebensverhältnisse als solche jedoch nicht.[328] Die Aufgabe einer Nebenarbeit ist unerheblich, wenn Einkünfte aus unzumutbarer Arbeit stammten, denn solche Einkünfte prägen schon die ehelichen Lebensverhältnisse nicht.[329] Der Renteneintritt beeinflusst als Surrogat dagegen die ehelichen Lebensverhältnisse.[330]

- **Berufswechsel:** Verschlechterungen infolge eines Berufswechsels beeinflussen die ehe- **81** lichen Lebensverhältnisse, wenn er schon in der Ehe angelegt und vorbereitet war. Das ist der Fall, wenn ein Zeitsoldat Übergangsgebühren bezieht.[331] Ebenso sind Verschlechterungen zu berücksichtigen, die durch die altersbedingte Veräußerung von Geschäftsanteilen auf Leibrentenbasis entstehen.[332] Ansonsten muss der Pflichtige zumutbare Vorsorge treffen, dass er seine Unterhaltspflichten weiter erfüllen kann.[333] Zweifelhaft bleibt, ob bei einem anzuerkennenden Berufswechsel sinkende Einkünfte schon den Bedarf oder erst die Leistungsfähigkeit berühren.

---

[321] OLG Hamm FamRZ 2013, 706 f.

[322] BGH FamRZ 2009, 1207 = NJW 2009, 2450 Rn. 31 mwN; weiter im 2. Teil → Rn. 410.

[323] BGH FamRZ 2009, 1300 = NJW 2009, 2523 Rn. 60.

[324] BGH FamRZ 2003, 432 mAnm Schröder = NJW 2003, 1396; OLG Hamm FamRZ 2007, 215; OLG Saarbrücken NJW-RR 2005, 1454; OLG Oldenburg FamRZ 2006, 1031 mAnm Hoppenz; BGH FamRZ 1988, 256 = NJW-RR 1988, 519.

[325] BGH FamRZ 2008, 872 und → Rn. 174, 724 ff.

[326] BGH FamRZ 1992, 1045 = NJW 1992, 2477.

[327] BGH FamRZ 2012, 1483 = NJW 2012, 3434, Rn. 29 ff. Zu vorgezogenen Altersgrenzen bei Soldaten und Polizeibeamten siehe Borth FamRZ 2016, 99.

[328] BGH NJW 2001, 1488 = FamRZ 2001, 614 (sog. Hausmann-Rechtsprechung); OLG Köln FamRZ 1995, 353; → Rn. 175 beim Kindesunterhalt.

[329] OLG Frankfurt NJW-RR 1989, 1232.

[330] BGH FamRZ 2007, 1532 (1534) mAnm Maurer.

[331] OLG Köln FamRZ 1995, 353.

[332] BGH FamRZ 1994, 228 = NJW 1994, 935.

[333] BGH FamRZ 1988, 145 = NJW-RR 1988, 514 (kein Einfluss auf Bedarf bei Planungsmöglichkeit).

82 • **Hausverkauf:** Hat ein Wohnwert die ehelichen Lebensverhältnisse geprägt, ändert die spätere Veräußerung des Hauses daran nichts.[334] Wie beim Zugewinnausgleich müssen die späteren Nutzungen des Kapitals als Surrogat der Nutzungen des Hauses in die Differenzrechnung eingestellt werden.[335]

83 • **Schulden, schon bestehende, aber erstmals bediente:** Wurden die Schulden schon vor der Trennung gemacht, prägt ihre Abtragung die ehelichen Lebensverhältnisse. Das gilt auch dann, wenn sie zunächst tilgungsfrei waren. Unterhaltsleistungen zu Lasten weiterer Verschuldung können nicht verlangt werden.[336] Auch die latente Gefahr, aus einer Bürgschaft in Anspruch genommen zu werden, prägt die ehelichen Lebensverhältnisse.[337] Aufwendungen für eine **Hausrats- und Haftpflichtversicherung** sind allerdings **nicht als abziehbare** Verbindlichkeiten zu behandeln.[338]

84 • **Schulden, hinzutretende:** Hier ist auf den Grund der Verschuldung abzustellen. Nicht notwendige Schulden können den Bedarf nicht berühren; bei unvermeidbaren kann es sich (wie bei Arbeitslosigkeit) um die Verwirklichung des schon immer vorhandenen Risikos handeln. Trennungsbedingte Schulden können berücksichtigt werden, wenn ihre Begründung nicht vorwerfbar ist.[339] Zur **Finanzierung des Zugewinnausgleichs eingegangene Schulden** werden nicht abgezogen werden können, wenn sie der Vermögensbildung dienen.[340] Anders kann es sein, wenn zB durch die Zugewinnausgleichszahlung das „freie Wohnen" ermöglicht wird – dann sind diese Schulden als Aufwendungen für das Wohnen anzusehen.

85 • **Unterhalt, hinzutretender.** Die Geburt eines Kindes während der Trennungszeit und die damit verbundene Unterhaltslast beeinflussen die ehelichen Lebensverhältnisse, auch wenn es kein gemeinsames Kind ist.[341] Die Geburt des Kindes nach Rechtskraft der Scheidung beeinflusst zwar nicht mehr den Bedarf nach den ehelichen Lebensverhältnissen, wohl aber die Leistungsfähigkeit des Verpflichteten.[342] Siehe dazu → Rn. 52, 53, auch zum neuen Ehepartner.

86 • **Unternehmerische Entscheidungen.** Sie können unterhaltsrechtlich zu respektieren sein, wenn sie plausibel und nachvollziehbar begründet werden.[343]

87 • **Verrentung (Ruhestand) bei Erreichen der Regelaltersgrenze:** Eine Verrentung oder der Eintritt in den Ruhestand mit (geringeren) Ruhestandsbezügen sind in der Ehe angelegt und daher schon bei der Bedarfsquote zu berücksichtigen.[344] Es kommt nicht darauf an, ob die Rente (insgesamt) in der Ehezeit verdient worden ist, denn sie tritt an die Stelle der Erwerbseinkünfte. Zur notwendigen differenzierten Betrachtung beim **Vorruhestand** → Rn. 80, 485 und 749.[345]

---

[334] BGH FamRZ 1990, 269 (272); OLG Hamm OLG-Report 1995, 114.

[335] So BGH FamRZ 2001, 1140 (1143) = NJW 2001, 2259.

[336] OLG Bamberg FamRZ 1992, 1295.

[337] OLG Hamm NJW-RR 1998, 6.

[338] BGH FamRZ 2010, 1535 = NJW 2010, 3161, Rn. 22.

[339] BGH FamRZ 2009, 1207 Rn. 24 f.; 2009, 23 Rn. 23; vgl. auch OLG München FamRZ 1999, 1350; OLG Frankfurt OLG-Report 1993, 333.

[340] So ist auch OLG Hamm FamRZ 1985, 483 und BGH FamRZ 1986, 437 = NJW 1986, 1344 (der darauf verweist) zu verstehen.

[341] BGH FamRZ 1999, 367 = NJW 1999, 717; OLG Jena FamRZ 2006, 1205; OLG Hamburg FamRZ 1999, 857.

[342] BGH NJW 2012, 384 = FamRZ 2012, 281 unter teilweiser Aufgabe von BGH FamRZ 2008, 968 (971) und BGH FamRZ 2006, 683 (686) mAnm Büttner (765) = NJW 2006, 1654.

[343] OLG Hamburg OLGR 2007, 225.

[344] BGH FamRZ 2007, 1532 mAnm Maurer; FamRZ 2002, 88 = NJW 2002, 436.

[345] Vgl. BGH FamRZ 2012, 1483 = NJW 2012, 3434, Rn. 30; ferner Borth FamRZ 2016, 99 für vorgezogene Altersgrenzen bei Soldaten oder Polizeibeamten.

- **Versorgungsausgleich.** Eine auf dem Versorgungsausgleich beruhende Minderung der 88
  Rente ist ebenfalls in der Ehe angelegt und daher eine Fortentwicklung der ehelichen
  Lebensverhältnisse.[346] Die Kürzung der Altersbezüge des Unterhaltspflichtigen infolge
  eines **Versorgungsausgleichs zugunsten einer späteren Ehefrau** ist jedoch nicht für
  den Bedarf der ersten Ehefrau prägend, so dass das Einkommen des Pflichtigen für die
  Bedarfsbemessung der ersten Ehefrau gem. § 1578 Abs. 1 BGB entsprechend zu erhöhen ist; allerdings behält die Einkommensverminderung ihre Bedeutung für die Prüfung der Leistungsfähigkeit.[347]
- Zur Möglichkeit, die Kürzung auf Grund gesetzlicher Unterhaltsverpflichtung gemäß 88a
  § 33 VersAusglG bis zum Renteneintritt des Ausgleichsberechtigten hinauszuzögern,
  siehe → Rn. 160a.

cc) Verbesserungen und Verschlechterungen beim Berechtigten. Die ehelichen Le- 89
bensverhältnisse sind bis zur Ehescheidung weiterhin durch das fortbestehende Eheband
geprägt, so dass Veränderungen der Einkommens- und Vermögensverhältnisse auch des
bedürftigen Ehegatten grundsätzlich die ehelichen Lebensverhältnisse beeinflussen, sofern
sie nicht unerwartet sind oder vom Normalverlauf erheblich abweichen.[348] So ist die nach
der Trennung erfolgte Unterbringung des Berechtigten in einem Pflegeheim bedarfsprägend; allerdings trifft den Bedürftigen bei wirtschaftlichen beengten Verhältnissen eine
Verpflichtung zur Rücksichtnahme, so dass etwa nur die Kosten eines Zweibettzimmers
anerkannt werden können.[349]
Im Übrigen wird zu Verbesserungen und Verschlechterungen beim Berechtigten und
ihrer Wirkung auf die ehelichen Lebensverhältnisse auf die Ausführungen zum Aufstockungsunterhalt (→ Rn. 510 ff.) verwiesen.

II. Unterhaltszumessung im Mangelfall

1. Überholte Unterhaltsschlüssel

Hinsichtlich der überholten Unterhaltsschlüssel siehe 13. Auflage, Rn 90 – 92 90
[derzeit nicht besetzt] 91, 92

2. Rangverhältnisse

§ 1609 BGB bestimmt die Reihenfolge der Unterhaltsbedürftigen für den Fall, dass das 93
zur Verfügung stehende Einkommen des Verpflichteten nicht ausreicht, um alle konkur-
rierenden Unterhaltsansprüche unter Wahrung des jeweiligen Eigenbedarfes des Verpflichteten zu erfüllen. Grundsätzlich schließt der im Rang Bessere in Höhe seines
gesamten Unterhaltsbedarfs den im Rang Schlechteren aus.[350] Geht daher ein Berechtigter
dem anderen im Rang vor, wird zunächst der Anspruch des Vorrangigen voll erfüllt, auch
wenn für den Nachrangigen nichts mehr übrig bleibt.[351]

---

[346] BGH FamRZ 2002, 88 = NJW 2002, 436; BGH FamRZ 2003, 848 mAnm Hoppenz NJW 2003,
1796.
[347] BGH FamRZ 2014, 1276 = NJW 2014, 2192, Rn. 20, im Anschluss an BGH NJW 2012, 2028.
[348] BGH FamRZ 1994, 87 = NJW 1994, 190 (191); OLG Koblenz FamRZ 2021, 1019.
[349] OLG Koblenz FamRZ 2021, 1019.
[350] BGH FamRZ 2012, 281 = NJW 2012, 384 Rn. 49; FamRZ 2012, 525 = NJW 2012, 1209,
Rn. 54.
[351] BGH FamRZ 1988, 705 = NJW 1988, 1722; vgl. Rechenbeispiel in BGH FamRZ 2008, 1911 =
NJW 2008, 3213 Rn. 45.

Dazu steht nicht im Widerspruch, dass – außerhalb des Mangelfalls – auch der Unterhalt für ein volljähriges Kind vor der Errechnung des Ehegattenunterhalts abgezogen wird, wenn der eheangemessene Bedarf durch diese Unterhaltslast bestimmt war.[352]

94   Auch bei der Frage, inwieweit für den Ehegattenunterhalt andere Unterhaltsverpflichtungen als sonstige Verpflichtungen iSd § 1581 BGB für die Leistungsfähigkeit im Einzelfall eine Rolle spielen, kann der Rang der verschiedenen Unterhaltspflichten bereits Berücksichtigung finden (dh also nicht erst im absoluten Mangelfall).[353] Dabei weist der BGH[354] ua darauf hin, dass das mit § 1581 BGB beginnende Kapitel 3 die Überschrift „Leistungsfähigkeit und Rangfolge" trägt.

95   **Das Gesetz unterscheidet folgende Rangstufen:**
     1. Rangstufe: Minderjährige unverheiratete Kinder und Kinder im Sinne des § 1603 Abs. 2 S. 2 BGB. Für das Konkurrenzverhältnis kommt es alleine auf die rechtliche Abstammung des Kindes an.[355]
     Begründung: Sicherung des Kindeswohls. Minderjährige und privilegierte volljährige Kinder sind nicht in der Lage, für ihren Unterhalt selbst aufzukommen.
     2. Rangstufe: Elternteile, die wegen der Betreuung eines Kindes unterhaltsberechtigt sind oder im Fall einer Scheidung wären, sowie Ehegatten und geschiedene Ehegatten bei einer Ehe von langer Dauer. Dabei fällt ein teils auf Betreuungsunterhalt gemäß § 1570 BGB und teils auf Aufstockungsunterhalt (§ 1573 Abs. 2 BGB), somit auf unterschiedlichen Tatbeständen beruhender Anspruch dennoch **einheitlich in den Rang des § 1609 Nr. 2 BGB,** dessen Formulierung „Elternteile, die wegen der Betreuung eines Kindes unterhaltsberechtigt sind" nämlich allein auf die Person des Unterhaltsberechtigten abstellt.[356] Bei der Feststellung einer Ehe von langer Dauer sind hauptsächlich Nachteile im Sinne des § 1578b Abs. 1 S. 2 und 3 zu berücksichtigen.
     Begründung: Grundsätzlich sind die Elternteile in der Lage, für ihren eigenen Unterhalt zu sorgen. Die Gleichbehandlung aller Eltern, die ein Kind betreuen, beruht auf einer Entscheidung des Bundesverfassungsgerichts.[357] Ehegatten sowie nach einer Ehe von langer Dauer geschiedene Ehegatten stehen den Elternteilen gleich, die ein Kind betreuen, wobei hervorgehoben wird (durch Verweisung auf § 1578b Abs. 1 S. 2 u. 3 BGB), dass nicht nur auf die absolute Dauer der Ehe abzustellen ist, sondern auch auf die Nachteile, die in der Ehe entstanden sind.[358] Durch die Hinzufügung der „geschiedenen Ehegatten" wird klargestellt, dass auch der Unterhaltsanspruch nach einer Ehe von langer Dauer im zweiten Rang steht.
     3. Rangstufe: Ehegatten und geschiedene Ehegatten, die nicht unter Nr. 2 fallen.
     4. Rangstufe: Kinder, die nicht unter Nr. 1 fallen.
     Darunter fallen volljährige Kinder, die nicht privilegiert sind, denn es besteht ein Anspruch auf Ausbildungsvergütung oder ein Anspruch auf Ausbildungsförderung.
     5. Rangstufe: Enkelkinder und weitere Abkömmlinge,
     6. Rangstufe: Eltern.

---

[352] → Rn. 23; BGH NJW 2013, 461 = FamRZ 2013, 191, Rn. 31 mAnm Born; BGH FamRZ 1986, 553 (555) = NJW 1986, 985; OLG Koblenz NJW-RR 2007, 729.
[353] BGH NJW 2012, 384 = FamRZ 2012, 281, Rn. 38 unter Hinweis auf Maurer FamRZ 2011, 849 (857); Gerhardt/Gutdeutsch FamRZ 2011, 597 (601) u. 2011, 772, 773 (775); Schwamb FamRB 2011, 120, (121).
[354] BGH FamRZ 2012, 281 = NJW 2012, 384, Rn. 38.
[355] BGH FamRZ 2020, 577 = NJW 2020, 925 mAnm Graba, Rn. 27.
[356] BGH FamRZ 2014, 1987 = NJW 2014, 3649, Rn. 23 mwN (auch zu den bisherigen Gegenmeinungen).
[357] BVerfG FamRZ 2007, 965 = NJW 2007, 1735.
[358] Ergänzung vom 7.11.2007 der BT-Drs. 16/1830: Vertrauensschutz wird noch einmal unterstrichen.

7. Rangstufe: Weitere Verwandte der aufsteigenden Linie; unter ihnen gehen die Näheren den Entfernteren vor.

Zur Kritik von Schwamb an den neuen Rangstufen und zum relativen Vorrang des **96** geschiedenen Ehegatten nach § 1982 BGB aF für Altfälle bis 31.12.2007 siehe 13. Auflage, Rn. 96 – 98.

[derzeit nicht besetzt] **97, 98**

Durch Parteivereinbarung kann das Rangverhältnis zwar geändert werden, aber **99** nicht zu Lasten eines nicht an der Vereinbarung Beteiligten und auch nicht zu Lasten des Sozialhilfeträgers. Bedenken bestehen auch dagegen, ungeachtet des Rangverhältnisses einen nachrangigen vertraglich ausgestalteten Unterhaltsanspruch als „sonstige Verbindlichkeit" vorweg abzuziehen,[359] da die Konkurrenz verschiedener „Lebensbedarfsdeckungsansprüche" eben gesetzlich geregelt ist.

Rang im Vollstreckungsrecht. Volljährige Kinder iSv § 1603 Abs. 2 S. 2 BGB sind trotz **100** ihrer materiell-rechtlichen Gleichstellung mit minderjährigen Kindern vollstreckungsrechtlich nach § 850d Abs. 2a ZPO den minderjährigen Kindern gegenüber nachrangig.[360]

3. Mangelverteilung unter mehreren Berechtigten

a) Allgemeines

Ein **relativer Mangelfall** liegt dann vor, wenn der angemessene Bedarf des oder der **101** Unterhaltsberechtigten den Betrag übersteigt, der dem Unterhaltspflichtigen für den eigenen Unterhalt verbleibt.[361] Von einem **absoluten – verschärften – Mangelfall** wird dagegen gesprochen, wenn das Einkommen des Unterhaltspflichtigen zur Deckung des Bedarfs der gleichrangigen Unterhaltsberechtigten nicht ausreicht, ohne dass der **notwendige** Selbstbehalt des Verpflichteten unterschritten wird.[362] Da das Kindergeld teilweise oder ganz bedarfsdeckend anzurechnen ist, kommt es bei der Berücksichtigung des **Bedarfes minderjähriger Kinder** ausschließlich auf die **Zahlbeträge** als Einsatzbeträge an, nicht aber auf die Tabellenbeträge.[363] Kann der Verpflichtete ohne Gefährdung seines notwendigen Selbstbehaltes den Zahlbetrag unterhaltsberechtiger minderjähriger oder ihnen gleichgestellter Kinder erfüllen, liegt daher kein absoluter Mangelfall vor.

Die Verteilung des zur Verfügung stehenden Einkommens erfolgt in **3 Berechnungsstufen:**

1.: Feststellung des angemessenen Bedarfs aller Berechtigten.[364] Zu prüfen ist hier auch, ob das unterhaltspflichtige Einkommen nach Abzug des angemessenen Eigenbedarfs ausreicht, um alle Ansprüche zu befriedigen.

2.: Kürzung der Ansprüche der (erstrangigen) Berechtigten nach Billigkeitsgesichtspunkten, wenn (1) nicht zu erfüllen ist, wobei der Vorwegabzug des Eigenbedarfs bis zum notwendigen Eigenbedarf zu kürzen sein kann.

3.: Berücksichtigung nachrangiger Berechtigter, an die nur etwas verteilt werden kann, wenn der Mindestbedarf der Vorrangigen gedeckt und der jeweils maßgebliche Selbstbehalt des Verpflichteten gewahrt ist.

---

[359] So aber BGH FamRZ 1986, 669 = NJW-RR 1986, 866; OLG Hamm FamRZ 1999, 1011 (volljähriges Kind ermöglicht volle Berufstätigkeit des mdj. Kinder betreuenden Elternteils) betrifft einen Sonderfall.

[360] BGH FamRZ 2003, 1177 = NJW 2003, 2832.

[361] BGH FamRZ 2012, 281 = NJW 2012, 384 Rn. 34.

[362] BGH FamRZ 2003, 363 = NJW 2003, 1112; vgl. auch SüdL Ziff. 24.1, ebenso die Leitlinien der OLGe Köln und Hamburg.

[363] BGH FamRZ 2010, 1318 = NJW 2010, 2515, Rn. 28 f; Düsseldorfer Tabelle Anm. C.

[364] BGH FamRZ 2003, 363 mAnm Scholz (514) = NJW 2003, 1112; FamRZ 1983, 678 = NJW 1983, 1733 (1734).

b) Rechnung mit Mindestbedarfsbeträgen

102   **(1) Grundsatz.** In **Mangelfällen** steht den minderjährigen Kindern (ungeachtet des Rangs der Berechtigten) nur der nach der **Einkommensgruppe 1** zu veranschlagende Mindestunterhalt zu (→ Rn. 20).[365]

(2) In § 1612a BGB ist der Mindestunterhalt für **minderjährige Kinder** festgelegt. Das lässt aber den Grundsatz unberührt, dass auch dieser Unterhalt nur nach der Leistungsfähigkeit des Unterhaltspflichtigen geschuldet wird. Im Mangelfall gehen minderjährige und ihnen nach § 1603 Abs. 2 S. 2 BGB gleichgestellte Kinder mit ihrem Mindestbedarf anderen Unterhaltsberechtigten vor.

(3) Mindestbedarfssätze für Ansprüche gemäß § 1615l BGB sind mit (DT 1.1.2023 DII: 1.120 EUR anzusetzen.[366] Einem höheren Mindestbedarf für den Berechtigten, etwa nach dem Mindestselbstbehalt für erwerbstätige Verpflichtete oder dem mittleren (eheangemessenen) Selbstbehalt, hat der BGH eine Absage erteilt, weil es hier nur um die Sicherung des Existenzminimums an der untersten Schwelle des Unterhalts gehe.[367]

(4) Angemessenheit im Einzelfall. Abschließend ist das Ergebnis der Mangelverteilung auf seine Angemessenheit im Einzelfall zu überprüfen, denn keiner der Unterhaltsberechtigten darf aufgrund des Mangelfalls besser stehen als ohne Vorliegen des Mangelfalls.[368]

c) Aufteilung unter mehreren minderjährigen Kindern

103   Das verteilungsfähige Einkommen des Pflichtigen ist bei mehreren gleichrangigen Kindern nach Abzug des notwendigen Selbstbehaltes im Verhältnis zu den einzelnen Zahlbeträgen aufzuteilen, und zwar grundsätzlich auf alle minderjährigen Kinder, auch wenn diese am Verfahren nicht beteiligt sind.[369]

Kinder, für die der Verpflichtete trotz bestehender Unterhaltspflicht keinen Unterhalt zahlt (zB weil ihr Anspruch wegen freiwilliger Leistungen Dritter nicht geltend gemacht wird), sind nach dem BGH[370] nur in Höhe der tatsächlichen Zahlungen in die Mangelfallberechnung einzustellen, sofern eine weitergehende Inanspruchnahme für die Vergangenheit nach § 1613 Abs. 1 BGB ausgeschlossen ist. Dies gilt auch für **zukünftige Ansprüche,** sofern die betreffenden Ansprüche voraussichtlich auch weiterhin nicht geltend gemacht werden.[371] Die Ansprüche der weiteren Berechtigten sind so zu behandeln, als sei gleichzeitig über alle Ansprüche zu entscheiden; maßgeblich ist die materielle Rechtslage.[372] Ist der Anspruch für einen Berechtigten zu hoch tituliert, hat der Schuldner ein Abänderungsverfahren durchzuführen (→ Rn. 113).[373] Nicht beschiedene oder bediente Ansprüche sind nicht zu berücksichtigen, weil dem Kind ein möglicher Verzicht auf Teile des Mindestunterhalts nicht zuzumuten ist.[374] Es kommt dabei auf die effektive Belastung an, sonst bliebe dem Verpflichteten mehr als der notwendige Selbstbehalt.

104   Ein **Rechenbeispiel** befindet sich in der **Düsseldorfer Tabelle unter C.**[375]

---

[365] BGH FamRZ 2010, 1318 = NJW 2010, 2515, Rn. 20; BGH FamRZ 2008, 2189 = NJW 2008, 3562, Rn. 20 ff., 29.

[366] BGH FamRZ 2010, 357, Rn. 24 ff., bzgl. Ehegatten Rn. 33; BGH FamRZ 2010, 444 Rn. 18; FamRZ 2010, 802 = NJW 2010, 1665, Rn. 18 ff.

[367] BGH FamRZ 2010, 357, Rn. 34–38; FamRZ 2010, 444 Rn. 18; FamRZ 2010, 802 Rn. 23.

[368] Graba FamRZ 2004, 1 (2).

[369] Vgl. BGH FamRZ 2020, 577 = NJW 2020, 925; OLG Brandenburg FamRZ 2013, 1137 (1139).

[370] BGH FamRZ 2019, 1415 = NZFam 2019, 713 Rn. 24 ff. mAnm Niepmann.

[371] BGH FamRZ 2019, 1415 = NZFam 2019, 713 Rn. 24 ff. mAnm Niepmann.

[372] BGH FamRZ 1992, 797 = NJW 1992, 1624 (1625).

[373] OLG Koblenz FamRZ 2018, 1584 (1585) mAnm Borth.

[374] OLG Koblenz FamRZ 2018, 1584 (1585) mAnm Borth.

[375] → Rn. 6.

Im Mangelfall ist der Mindestunterhalt nach § 1612a Abs. 1 BGB einzusetzen, ge- 105
mindert um das Kindergeld, soweit es nach § 1612b Abs. 1 BGB den Bedarf mindert.
Etwaiger **Mehrbedarf** eines Kindes ist gegenüber dem Mindestbedarf gleichrangiger
anderer Kinder nachrangig und deshalb in der Mangelfallberechnung nicht zu berücksichtigen.[376]

Zählkindvorteile für ein nicht gemeinschaftliches Kind bleiben gem. § 1612b Abs. 2 106
BGB auch bei der Mangelfallberechnung unberücksichtigt.[377]

d) Aufteilung unter minderjährigen oder ihnen gleichgestellten Kindern und Ehegatten

Da deren Unterhaltsansprüche vorrangig sind, sind zunächst die minderjährigen und 107
ihnen nach § 1603 Abs. 2 S. 2 BGB gleichgestellten volljährigen Kinder (letztere mit der
Einkommensgruppe 1 der Altersstufe 4 abzüglich des vollen Kindergeldes) zu bedienen.

[Derzeit nicht belegt.] 108

Die Behandlung des Kindergeldes im Mangelfall richtet sich nach § 1612b Abs. 1 109
Nr. 1, 2 BGB. Maßgebend ist der Mindestunterhalt nach § 1612a BGB. Es ist demzufolge
zur Hälfte zur Deckung seines Barbedarfs zu verwenden, wenn ein Elternteil die Betreuung erbringt, aber ganz, wenn kein Elternteil betreut. Wegen der Einzelheiten wird auf
→ Rn. 893 ff. verwiesen.

Für die Behandlung von Zeiträumen **bis zum 31.12.2007** wird auf die 13. Auflage 110
Rn. 110 verwiesen.

e) Aufteilung unter mehreren Ehegatten (bzw. Berechtigten nach § 1615l BGB)

Für diese Fallgestaltung hat der BGH[378] die bereits oben beschriebene **Drittelmethode,** 111
die **auf der Leistungsebene bei Gleichrang anwendbar** bleibt, auf der Basis eines
Berechnungsmodells von Gutdeutsch[379] weiterentwickelt. Nachdem der BGH entschieden hat, dass im (auch nur) relativen Mangelfall auf der Leistungsebene kein Erwerbstätigenbonus zu berücksichtigen ist, erfolgt die Verteilung generell im Verhältnis 1:1:1.[380]

Lebt einer der Berechtigten mit dem Verpflichteten zusammen, soll die Ersparnis
durch die gemeinsame Haushaltsführung berücksichtigt werden.[381] Das gilt aber nur für
den Fall, dass nicht auch der andere Berechtigte in Haushaltsgemeinschaft lebt (auch mit
Geschwistern, Eltern usw.), denn diese Vorteile sind nicht freiwillige Zuwendungen
Dritter, sondern Folge der eigenen Lebensgestaltung.

Wenn **mit den Ansprüchen mehrerer Ehegatten/Berechtigter gem. § 1615l BGB** 112
Ansprüche minderjähriger Kinder zusammentreffen, ist der Kindesunterhalt wiederum
vorweg abzuziehen und sodann nach obigen Schlüsseln aufzuteilen.

Entsteht dann ein Mangelfall, müsste nun konsequent mit dem Mindestbedarf in Höhe
des Existenzminimums als Einsatzbetrag gerechnet werden, ggf. abzüglich eigenen Einkommens, das noch um damit verbundene erwerbsbedingte Aufwendungen zu vermin-

---

[376] OLG Stuttgart NJW-Spezial 2012, 356 = FamRZ 2012, 1573 (Ls.); OLG Schleswig FamRB
2012, 271 = FuR 2012, 618.

[377] BGH NJW 2000, 3140 = FamRZ 2000, 1492 (1494) mAnm Scholz; – das entspricht der
früheren Rechtsprechung –, vgl. BGH FamRZ 1985, 1243 = NJW 1986, 186.

[378] BGH FamRZ 2012, 281 = NJW 2012, 384; FamRZ 2008, 1911 mwN; weitere Zitate siehe
→ Rn. 52 – 52 b.

[379] Gutdeutsch FamRZ 1995, 327 ff; ders. FamRZ 2006, 1072; Gerhardt/Gutdeutsch FamRZ 2007,
778.

[380] BGH FamRZ 2014, 912 = NJW 2014, 1590, Rn. 39.

[381] BGH FamRZ 2014, 912 = NJW 2014, 1590, Rn. 39; FamRZ 2012, 281 = NJW 2012, 384,
Rn. 46.

dern ist. Da das Existenzminimum des Unterhaltsberechtigten dabei nur mit dem Wert eines nicht Erwerbstätigen angesetzt werden darf, müsste ihm eigentlich bei der Anrechnung tatsächlich erzielten Einkommens auch der darauf entfallende Erwerbstätigenbonus verbleiben. Der BGH[382] neigt dem nicht zu, denn er erwähnt ausdrücklich nur den Abzug berufsbedingter Aufwendungen vom Einkommen des Berechtigten und begründet seine generelle Differenzierung zwischen dem höheren Selbsthalt eines unterhaltspflichtigen Erwerbstätigen einerseits und dem Mindestunterhalt für den Berechtigten andererseits damit, dass der im Erwerbstätigenselbsthalt enthaltene Erwerbsanreiz beim Pflichtigen seine Berechtigung habe. Der Erwerbsanreiz sei aber nicht in gleicher Weise auf den Unterhaltsberechtigten zu übertragen, weil dieser ohnehin gehalten sei, im Rahmen seiner Möglichkeiten den eigenen Lebensbedarf sicher zu stellen.[383] Überzeugend ist diese Differenzierung nicht, denn auch der Pflichtige ist ohnehin gehalten, nach Möglichkeit weiterhin sein bisheriges Einkommen zu erzielen.

f) Berücksichtigung titulierter Ansprüche

113   Bereits titulierte Ansprüche sind im Regelfall nicht mit dem titulierten Betrag in die Unterhaltsberechnung im Mangelfall einzusetzen.[384] Der Verpflichtete ist vielmehr auf den Weg des Abänderungsantrags zu verweisen.[385]

4. Haftung nachrangiger Verpflichteter

114   Nachrangig haftende Verpflichtete sind gem. §§ 1607, 1608 BGB unterhaltspflichtig, wenn der in erster Linie Verpflichtete **nicht leistungsfähig** ist (§ 1607 Abs. 1 BGB) oder wenn gegen ihn die **Rechtsverfolgung im Inland ausgeschlossen oder erschwert** ist (§ 1607 Abs. 2 BGB):
    Leistungsfähigkeit: Maßgeblich ist die Wahrung des angemessenen Selbsthalts (§§ 1603 Abs. 2 S. 3, 1607 Abs. 1, 1608 BGB), bei der Unterhaltspflicht gegenüber minderjährigen oder ihnen gleichgestellten Kindern diejenige des notwendige Selbstbehalts.[386] Die gesteigerte Unterhaltspflicht nach § 1603 Abs. 2 S. 2 BGB und damit der Ansatz des notwendigen Selbstbehaltes entfällt allerdings, sobald der unterhaltsverpflichtete Elternteil mindestens einen **anderen leistungsfähigen Verwandten** benennen kann.[387] Die Darlegungs- und Beweislast sowohl für die eigene Leistungsunfähigkeit als auch für das Vorhandensein eines anderen leistungspflichtigen Verwandten trägt der auf Barunterhalt in Anspruch genommene Elternteil.[388] Das Gesetz schränkt den Verwandtenbegriff nicht ein; dieser entspricht dem in § 1601 BGB verwendeten Begriff und differenziert nicht nach dem Verwandtschaftsgrad.[389] Auch die **Großeltern** des Kindes kommen mithin als Verwandte iSd § 1603 Abs. 2 S. 2 BGB in Betracht.[390] Diese Haftung stellt sich indes als Ausnahme dar, insbesondere da den Großeltern ein höherer angemessener Selbstbehalt

---

[382] BGH FamRZ 2010, 357 = NJW 2010, 937, Rn. 38; FamRZ 2010, 444 = NJW 2010, 1138, Rn. 18; FamRZ 2010, 802 = NJW 2010, 1665, Rn. 23.

[383] Ausdrücklich gegen Berücksichtigung eines Erwerbstätigenbonus bei dem auf den Mindestunterhalt anzurechnenden Einkommen des Berechtigten: OLG Nürnberg FamRZ 2010, 577 f.

[384] BGH FamRZ 2019, 1415 = NJW 2019, 3783 Rn. 23;; FamRZ 1992, 797 (799) = NJW 1990, 3020;.

[385] BGH FamRZ 2019, 1415 = NJW 2019, 3783 Rn. 23; OLG Koblenz FamRZ 2018, 1584 mAnm Borth S. 1585.

[386] BGH FamRZ 2022, 180 = NJW 2022, 331 Rn. 11 (Vorinstanz OLG Dresden FamRZ 2021, 932 = NZFam 2021, 792 (Bruske).

[387] BGH FamRZ 2022, 180 = NJW 2022, 331 Rn. 11.

[388] BGH NJW FamRZ 2022, 180 = NJW 2022, 331 Rn. 32.

[389] BGH FamRZ 2022, 180 = NJW 2022, 331 Rn. 16.

[390] BGH NJW FamRZ 2022, 180 = NJW 2022, 331 Rn. 16.

iSd § 1603 I BGB zusteht als den Eltern gegenüber ihren Kindern.[391] Vor Anerkennung oder Feststellung der **Vaterschaft** kann sich das Kind allerdings nicht an die Großeltern väterlicherseits wenden.[392]

Die **Rechtsverfolgung** gegen den vorrangig Verpflichteten ist etwa dann als **erschwert** iSd § 1607 Abs. 2 BGB anzusehen,

- wenn dessen Leistungsfähigkeit lediglich auf der Zurechnung **fiktiver Einkünfte** beruht.[393] Ob dieser Grundsatz im Hinblick auf eine mögliche Treuwidrigkeit auch dann gilt, wenn sich der betreuende Elternteil auf Leistungsunfähigkeit beruft, kann dahinstehen, wenn selbst die Zurechnung fiktiver Einkünfte nicht zu einer Überschreitung des angemessenen Selbstbehaltes führt.[394]
- wenn die Zwangsvollstreckung aus einem auf der Grundlage fiktiver Einkünfte erwirkten Titel in Vermögenswerte des Verpflichteten zwar möglich, aber dem Unterhaltsberechtigten unzumutbar ist,[395]
- wenn der Unterhaltpflichtige den titulierten Unterhalt nur teilweise bezahlt und im Übrigen auf gewährte Leistungen nach dem **Unterhaltsvorschussgesetz** verweist,[396]
- wenn ein Elternteil unbekannten Aufenthaltes ist, während der andere kein Erwerbseinkommen erwirtschaftet und auf Sozialleistungen angewiesen ist,[397]
- bei Untersuchungs- und Strafhaft des Verpflichteten.[398]

5. Insolvenz und Unterhalt[399]

Nach Eröffnung des Insolvenzverfahrens sind Unterhaltsansprüche, die bis zur Eröffnung fällig geworden sind, normale Insolvenzforderungen. Sie sind daher dem Insolvenzverwalter zur Eintragung in die Tabelle anzumelden (§§ 38, 40 InsO), bezüglich dieser Ansprüche ist der Unterhaltsschuldner nicht mehr passivlegitimiert. Hinsichtlich der bei Eröffnung bereits fälligen Ansprüche wird der Unterhaltsprozess unterbrochen.[400] **115**

Unterhaltsansprüche, die erst nach Eröffnung des Insolvenzverfahrens fällig werden, können nicht im Insolvenzverfahren, sondern ausschließlich im Unterhaltsverfahren geltend gemacht werden.[401] Für diese steht das vom Insolvenzverfahren nicht erfasste Einkommen zwischen Pfändungsfreigrenze (§§ 35, 36 InsO) und Existenzminimum zur Verfügung.[402] Eine andere Frage ist, ob der Unterhaltsschuldner sich gegenüber Normalgläubigern auf die Pfändungsfreigrenze (trotz steigender Verschuldung) berufen muss (dazu → Rn. 48 und 118). Von einer Restschuldbefreiung werden nach Eröffnung des Verfahrens entstandene Ansprüche nicht erfasst, wohl aber die Altschulden gegenüber Drittgläubigern, die die Leistungsunfähigkeit oft begründet haben.[403] **116**

---

[391] BGH NJW FamRZ 2022, 180 = NJW 2022, 331 Rn. 26.

[392] OLG Jena FamRZ 2010, 746.

[393] BGH FamRZ 2006, 26 = NJW 2006, 142 Rn. 39; OLG Oldenburg FamRZ 2022, 790.

[394] OLG Oldenburg FamRZ 2022, 790 = BeckRS 2021, 42440 mwN zum diesbezüglichen Streitstand.

[395] OLG Karlsruhe FamRZ 1991, 971.

[396] OLG München FamRZ 2000, 688 (Ls.) = NJW-RR 2000, 1248.

[397] OLG Karlsruhe FamRZ 2015, 1507.

[398] AG Bad Homburg FamRZ 1999, 1450.

[399] Dazu insgesamt Melchers/Hauß, Unterhalt und Verbraucherinsolvenz, 2002; Hauß, Unterhalt und Verbraucherinsolvenz, FamRZ 2006, 1496.

[400] OLG Koblenz FamRZ 2003, 109 = NZI 2003, 60.

[401] BGH FamRZ 2011, 791 = NJW 2011, 1582 Rn. 17.

[402] OLG Frankfurt FF 2003, 182; OLG Koblenz FamRZ 2003, 109 mAnm Melchers FamRZ 2003, 1033.

[403] OLG Koblenz FamRZ 2002, 31; Allolio FF 2000, 189 ff. und FF 2001, 9 (12).

117   **Aus der Insolvenzmasse kann der Insolvenzverwalter** gem. § 100 Abs. 2 InsO nach freiem Ermessen der Familie und den minderjährigen unverheirateten Kindern **Unterhalt gewähren,** aber die Gläubigerversammlung entscheidet endgültig darüber (§ 100 Abs. 1 InsO). Zu beachten ist, dass der pfändbare Teil des Arbeitseinkommens nach Eröffnung des Insolvenzverfahrens in die Insolvenzmasse fällt (§ 35 InsO). Eine Unterhaltsgewährung aus der Insolvenzmasse wird nur insoweit in Betracht kommen, als der Unterhaltsgläubiger nicht auf den Vorrechtsbereich nach § 850d ZPO zugreifen kann.

118   Der Unterhaltsschuldner ist **nicht leistungsunfähig allein wegen des Insolvenzverfahrens,**[404] denn der pfändbare Teil des Arbeitseinkommens gehört zwar zur Insolvenzmasse, aber der Unterhaltsgläubiger kann in den Vorrechtsbereich nach § 850d ZPO vollstrecken (§ 89 Abs. 2 S. 2 InsO).[405] Die allgemeine Pfändungsfreigrenze nach § 850c ZPO lag in den letzten Jahren immer über dem notwendigen Selbstbehalt.

119   **Wenn kein Insolvenzverfahren eingeleitet ist,** sind die Schulden nach den gleichen Grundsätzen zu berücksichtigen, so dass der Unterhaltsschuldner leistungsunfähig sein kann.

120   **Der Stundungsantrag eines Schuldners, der einen Verfahrenskostenvorschussanspruch gegen seinen Ehepartner hat,** ist auch dann unbegründet, wenn der Ehepartner die Zahlung verweigert, der Schuldner aber nicht versucht hat, ihn durch Antrag auf eine einstweilige Anordnung durchzusetzen.[406]

121   **Wenn der verschuldete Unterhaltsschuldner das Verbraucherinsolvenzverfahren** in Anspruch nimmt, wird er nach 6 Jahren von diesen Schulden frei (§§ 300, 287 Abs. 2, 201 InsO).

Betreut der Schuldner selbst ein Kind, ist an Hand der zu § 1570 BGB entwickelten Maßstäbe zu bestimmen, ob er daneben erwerbstätig sein muss, um die Restschuldbefreiung erhalten zu können.[407]

122   Eine **Obliegenheit, das Verbraucherinsolvenzverfahren in Anspruch zu nehmen,** ist zur **Sicherstellung laufenden Unterhalts für minderjährige und privilegierte volljährige Kinder** unter folgenden Voraussetzungen zu bejahen:

*   Besondere Beziehungen zwischen dem Unterhaltsschuldner und dem Drittgläubiger dürfen dem Restschuldbefreiungsverfahren nicht entgegenstehen; zB bei Verwandtendarlehen.
*   Das Hauptvollstreckungsinteresse des Unterhaltsgläubigers darf nicht bei Rückständen liegen (die mit der Eröffnung des Insolvenzverfahrens normale Insolvenzforderungen werden und das Pfändungsprivileg verlieren).
*   Der Drittgläubiger darf nicht gesichert sein, wenn die Verwertung des Sicherungsgegenstandes den Schuldner in eine unzumutbare Lage brächte.
*   Der notwendige Unterhalt nach § 850d ZPO darf nicht im Einzelfall die Höhe des allgemeinen Pfändungsfreibetrages nach § 850c ZPO erreichen.[408]

---

[404] KG FamRZ 2015, 1972 (Ls.) = NJW-RR 2015, 902; vgl. ferner BGH FamRZ 2008, 137 = NJW 2008, 227, Rn. 26, zur Bemessung des unterhaltsrelevanten Einkommens eines Selbstständigen nach Eröffnung der Verbraucherinsolvenz.

[405] OLG Koblenz FamRZ 2002, 31; OLG Stuttgart OLG-Report 2001, 219.

[406] BGH (IX.) FamRZ 2007, 722 = NZI 2007, 298.

[407] BGH FamRZ 2010, 638 = ZVI 2010, 110 mAnm Diehl ZVI 2010, 98. (Der Unterhaltszeitraum lag vor 1.1.2008).

[408] Darauf weist Wohlgemuth FamRZ 2004, 296 in Anm. zu OLG Naumburg FamRZ 2003, 1215 mit Recht im Anschluss an BGH (IX a) FamRZ 2003, 1466 = NJW 2003, 2918 hin. Praktisch wird der notwendige Selbstbehalt im Vollstreckungsrecht aber nur selten den allgemeinen Pfändungsfreibetrag erreichen.

- Es darf nicht absehbar sein, dass eine Restschuldbefreiung nicht erteilt werden kann (§§ 290, 302 InsO). Die Wohlverhaltenspflicht steht dem nicht entgegen.[409]
- Gegenüber minderjährigen und privilegiert volljährigen Kindern besteht in der Regel die Obliegenheit, eine Verbraucherinsolvenz herbeizuführen.[410] Auch bei gesteigerter Unterhaltspflicht soll es dem Schuldner jedoch nicht obliegen, ein Insolvenzverfahren einzuleiten, wenn damit der Erhalt seines Arbeitsplatzes gefährdet wäre.[411] Mangels Pfändungsschutz für das Arbeitsentgelt und das Eigengeld eines Strafgefangenen ist dieser ebenfalls nicht zur Insolvenzeinleitung verpflichtet.[412]
- Dauer des Restschuldbefreiungsverfahrens und Dauer der Unterhaltspflicht bzw. der wirtschaftlichen Zwangslage müssen in einem angemessenen Verhältnis stehen. Es ist dem Unterhaltsschuldner eine angemessene Übergangszeit zuzubilligen.[413] Die aufzubringenden Raten für einen Kredit sind zu berücksichtigen, wenn der Unterhaltsgläubiger dadurch nicht schlechter gestellt wird.[414]
- Insgesamt müssen die Vorteile des Insolvenzverfahrens mit Rechtsschuldbefreiung die Nachteile des Insolvenzverfahrens deutlich überwiegen. Der Unterhaltsschuldner ist auch im Verhältnis zu seinen minderjährigen Kindern nicht gehalten, ein Verbraucherinsolvenzverfahren einzuleiten, wenn lediglich ein vorübergehender finanzieller Engpass besteht und nach dessen Beseitigung mit einer zeitnahen Tilgung der sonstigen Verbindlichkeiten zu rechnen ist. In diesem Fall überwiegen die Nachteile des Verbraucherinsolvenzverfahrens für den Schuldner die Vorteile.[415]
- Die generelle Einbuße an Kreditwürdigkeit und Sozialprestige ist ein Nachteil, der allerdings im Falle einer bereits zuvor abgegebenen eidesstattlichen Versicherung nicht mehr ins Gewicht fällt.[416]

Danach kommt eine Obliegenheit zum Insolvenzantrag mit Restschuldbefreiung dann in Betracht, wenn die unterhaltsberechtigten Kinder dadurch auf Dauer wesentlich besser stehen, zumal das Verfahren seit der Änderung der Prozesskostenhilfe (Stundungsmodell) für ihn zumutbar ist.[417] Im Fall einer nachhaltigen und dauerhaften Überschuldung wird man die Obliegenheit zur Einleitung eines Verbraucherinsolvenzverfahrens bejahen müssen, wenn also die Verbindlichkeiten im Verhältnis zum sonstigen Einkommen zu hoch sind,[418] generell wohl im Mangelfall. Die Nichteinleitung eines zumutbaren Verbraucherinsolvenzverfahrens führt zur fiktiven Nichtberücksichtigung der Schulden.

Demgegenüber besteht zur Sicherung von Ansprüchen auf **Trennungsunterhalt und** 123 **nachehelichen Unterhalt** grundsätzlich **keine Obliegenheit zur Einleitung der Verbraucherinsolvenz,** denn die Kreditbelastungen hatten regelmäßig bereits die ehelichen

---

[409] BGH FamRZ 2005, 608 mAnm Schürmann = NJW 2005, 1279; die Vorinstanz OLG Stuttgart FamRZ 2003, 1217 bestätigend.

[410] BGH FamRZ 2015, 1473 = NJW 2015, 2493, Rn. 35; BGH FamRZ 2005, 608 mAnm Schürmann = NJW 2005, 1279; OLG Celle FamRZ 2007, 1020.

[411] So OLG Oldenburg FamRZ 2006, 1223 (Revision nicht eingelegt).

[412] BGH FamRZ 2015, 1473 = NJW 2015, 2493, Rn. 37–39.

[413] OLG Celle FamRZ 2007, 1020 (Ls.).

[414] OLG Hamm NJW-RR 2007, 866.

[415] BGH FamRZ 2014, 923 = NJW 2014, 1531, Rn. 23.

[416] BGH FamRZ 2005, 608 mAnm Schürmann = NJW 2005, 1279; die Vorinstanz OLG Stuttgart FamRZ 2003, 1217 bestätigend.

[417] OLG Hamm FamRZ 2001, 441 zieht das schon in Betracht; wie hier Melchers FamRZ 2001, 1509 (1510); nach OLG Stuttgart OLG Report 2002, 146 aber keine Leistungsfähigkeit für Mindestbedarf, wenn Insolvenzantrag nicht gestellt wird; vgl. weiter Melchers ZFE 2004, 36 mit Musterbriefen.

[418] OLG Dresden FamRZ 2003, 1028 mAnm Schürmann; Melchers in Anm. zu AG Nordenham FamRZ 2002, 896 f.

Lebensverhältnisse geprägt und auch der unterhaltsberechtigte Ehegatte hatte seine Lebensverhältnisse auf diese Ausgaben eingestellt.[419] Außerdem sind Ehegattenunterhaltsansprüche schon von Gesetzes wegen nicht so stark ausgestaltet, wie es wegen der gesteigerten Unterhaltpflicht nach § 1603 Abs. 2 BGB für den Anspruch minderjähriger und privilegierter volljähriger Kinder der Fall ist.

124　　Eine **Ausnahme vom Erlöschen** der bei Einleitung des Insolvenzverfahrens bestehenden Insolvenzforderungen ist bei Ansprüchen aus unerlaubter Handlung (§§ 302 Nr. 1, 174 Abs. 2 InsO) vorgesehen. Dazu gehören Verstöße gegen § 823 Abs. 2 BGB in Form eines Schutzgesetzes (§ 170 StGB).[420] Es ist dazu bei Widerspruch des Schuldners ein Feststellungsantrag beim Familiengericht erforderlich, → Rn. 125.

125　　Nach § 302 Nr. 1 InsO fallen zudem auch vorsätzlich pflichtwidrig herbeigeführte **Unterhaltsrückstände** nicht unter die **Restschuldbefreiung.** Für den dahingehenden Feststellungsantrag bzw. die Feststellung, dem Unterhaltsberechtigten stehe eine Forderung aus § 823 Abs. 2 BGB iVm § 170 Abs. 1 StGB zu, sind die Familiengerichte zuständig. Ob es sich um Unterhaltssachen (§§ 111 Nr. 8, 231 FamFG)[421] handelt oder um eine sonstige Familiensache gemäß §§ 111 Nr. 10, 266 FamFG,[422] ist nur für die Kostenentscheidung (§ 243 FamFG oder §§ 113 Abs. 1 FamFG, 91 ff. ZPO) von Bedeutung. In der Sache trägt der Unterhaltsberechtigte grundsätzlich die Darlegungslast für die Voraussetzungen seines Anspruchs (bisher aus § 823 Abs. 2 BGB iVm § 170 StGB); der Unterhaltsschuldner muss zu seinem etwa fehlenden Vorsatz substanziiert vortragen.[423] Er ist nach der Rechtsprechung des BGH dabei auch für seine Leistungsfähigkeit (sekundär) darlegungspflichtig.[424] Der Insolvenz- und Unterhaltsschuldner hat ein berechtigtes Interesse, im Wege eines **negativen Feststellungsantrags** beim Familiengericht feststellen zu lassen, dass zur Tabelle angemeldete Unterhaltsrückstände nicht auf einer vorsätzlichen unerlaubten Handlung beruhen, denn allein mit seinem Widerspruch im Insolvenzverfahren gegen die zur Tabelle angemeldete Forderung kann er sein Ziel, eine Versagung der Restschuldbefreiung zu verhindern, nicht erreichen.[425]

D. Sonstige Fragen zur Berechnungsmethode

I. Altersstufen bei Kindern

126　　Die **Altersstufen für minderjährige Kinder (Stufe 1: 0–5 Jahre; Stufe 2: 6–11; Stufe 3: 12–17)** ergeben sich aus § 1612a Abs. 1 BGB und gelten für alle Kinder. Die Düsseldorfer Tabelle verweist auf diese Vorschrift.

Im SGB II und SGB XII gelten dagegen schon immer abweichende Altersstufen (vgl. § 23 SGB II, Anl. zu § 28 SGB XII, vgl. § 8 RBEG).

127　　**Für volljährige Kinder,** die noch im Haushalt der Eltern oder eines Elternteils leben, und damit auch für privilegierte Volljährige,[426] bestimmt sich der Bedarf nach der 4. Al-

---

[419] BGH FamRZ 2008, 497 mAnm Hauß (500).

[420] OLG Hamm FamRZ 2012, 1741 = NJW-RR 2012, 967.

[421] So jetzt BGH ZInsO 2016, 918 = NZFam 2016, 467; für entspr. Anw. KG FamRZ 2012, 138.

[422] OLG Hamm FamRZ 2012, 1741.

[423] OLG Hamm ZInsO 2014, 1337 = ZVI 2014, 384; FamRZ 2012, 1741 (1743); FamRZ 2011, 1800.

[424] BGH FamRZ 2016, 896 = NJW 2016, 1823.

[425] KG FamRZ 2016, 157.

[426] BGH FamRZ 2002, 815 = NJW 2002, 2026 (2028).

terstufe („ab 18") der Düsseldorfer Tabelle, vgl. Anm. 2 der Düsseldorfer Tabelle (Stand: 1.1.2023).[427]

II. Erhöhungen oder Ermäßigungen der Tabellensätze

Alle **Tabellen gehen von Standardfällen aus;** die Kindesunterhaltsbeträge beziehen **128** sich seit 1.1.2010 auf den Fall, dass der Verpflichtete Unterhalt an **zwei**[428] Unterhaltsberechtigte leisten muss (bis 31.12.2009 an drei Unterhaltsberechtigte).

Bei der Anwendung der Tabelle auf Fälle mit mehr oder weniger Unterhaltsberechtigten bestehen leichte Unterschiede. Die Düsseldorfer Tabelle schlägt Ab- und Zuschläge durch Einstufung in niedrigere/höhere Gruppen vor,[429] dabei ist ergänzend zu prüfen, ob Selbstbehalt bzw. Bedarfskontrollbetrag bei Höherstufung noch gewahrt sind.[430] Auf den Rang der Unterhaltsberechtigten kommt es dabei nicht an.[431] Wenn das Einkommen an der unteren Grenze einer Einkommensgruppe liegt, wird eine Höherstufung oft ausscheiden.[432] Die Einstufung liegt im tatrichterlichen Ermessen.[433]

[derzeit nicht besetzt] **129**

Die Tabellensätze im unteren Bereich decken nach der Änderung des Unterhalts- 130 rechts den gewöhnlichen Barbedarf ab. Wenn nun der Betreuende wegen Leistungsunfähigkeit des anderen Elternteils den Barunterhalt zusätzlich aufbringt, kann von seinem Einkommen bei Berechnung des Ehegattenunterhalts nicht allein deswegen mehr als der dem Kind zustehende Barunterhalt abgesetzt werden.[434] Zur Frage, ob im Einzelfall § 1577 Abs. 2 BGB anzuwenden ist, → Rn. 540 und 966ff.

Wenn nur ein Unterhaltsverpflichteter (zB nach Tod eines Elternteils) vorhanden ist, **131** schuldet dieser, wenn seine Leistungsfähigkeit ausreicht, den Barbedarf und zusätzlich den Betreuungsbedarf, der grundsätzlich pauschal auch in Höhe des Barunterhalts zu bemessen ist,[435] wobei Kindergeld und Halbwaisenrente[436] als bedarfsdeckend abzuziehen sind.

Eine Fortschreibung der Düsseldorfer Tabelle über die in der Tabelle ausgewiesenen **132** Höchstbeträge erfolgte bis zur Entscheidung des BGH vom 16.9.2020 nicht.[437] Die Düsseldorfer Tabelle hatte sich zuletzt in der ab dem 1.1.2020 geltenden Fassung bei Einkommen ab 5501 EUR bewusst auf den Hinweis „nach den Umständen des Falles" beschränkt, weil eine schematische Teilhabe an höheren Einkommen nicht der Funktion des Kindesunterhalts entspricht. Ein die Höchstbeträge übersteigender weiterer Bedarf war vor diesem Hintergrund **konkret darzulegen.**[438]

---

[427] Vgl. auch BGH FamRZ 2008, 137 = NJW 2008, 227; NJW 2007, 1747 = FamRZ 2007, 542; OLG Brandenburg NJW 2008, 84.

[428] Düsseldorfer Tabelle, Anm. A 1; Leitlinien/Unterhaltsgrundsätze der Oberlandesgerichte Nr. 11.2.

[429] Düsseldorfer Tabelle, Anm. A 1, eine Einstufung in eine Zwischengruppe erfolgt nicht mehr, vgl. Scholz FamRZ 2001, 1045 (1047).

[430] Düsseldorfer Tabelle Anm. A 6 sowie die Unterhaltsleitlinien der OLGe unter Nr. 11.2; vgl. auch BGH FamRZ 2008, 968 = NJW 2008, 1663 Rn. 48.

[431] Anm. A 1 zur Düsseldorfer Tabelle; vgl. auch BGH FamRZ 2008, 2189 = NJW 2008, 3562 Rn. 19f.

[432] OLG Koblenz FamRZ 2000, 440; aber zu weitgehend, wenn es für die ersten beiden Einkommensgruppen eine Höherstufung überhaupt ablehnt.

[433] BGH FamRZ 2000, 1492 = NJW 2000, 3140 (3141).

[434] Siehe → Rn. 25; eingehend → Rn. 949ff. mwN, insbes. → Rn. 965.

[435] BGH FamRZ 2021, 186 mAnm Seiler = NJW 2021, 697; FamRZ 2006, 1597 mAnm Born = NJW 2006, 3421.

[436] BGH FamRZ 2009, 762 = NJW 2009, 1742.

[437] Vgl. nur BGH FamRZ 2000, 358.

[438] OLG Düsseldorf FamRZ 2017, 113 = FF 2018, 123.

Durch die vorgenannte Entscheidung hat der BGH demgegenüber eine begrenzte Fortschreibung bis zur Höhe des Doppelten des höchsten zum Entscheidungszeitpunkt ausgewiesenen Einkommensbetrags – mithin 5.501,00 EUR – entsprechend der Systematik der Tabelle für nicht mehr ausgeschlossen gehalten.[439] Die **Düsseldorfer Tabelle** hat sich an dieser Rechtsprechung orientiert und ist dem Vorschlag der Unterhaltskommission des Deutschen Familiengerichtstages gefolgt;[440] sie weist seit dem 1.1.2022 **15 Einkommensgruppen bis zu einem Einkommen von 11.000 EUR** aus.

133　**In den neuen Bundesländern gelten seit 1.1.2008 keine Besonderheiten** mehr für die Anwendung der Düsseldorfer Tabelle (bis 31.12.2007 siehe noch die Ergänzung durch die Berliner Vortabelle).[441]

III. Quotierung des Kindesunterhalts bei Barunterhaltspflicht beider Eltern

134　**Sind beide Eltern barunterhaltspflichtig,**[442] haften sie gem. § 1606 Abs. 3 BGB anteilig nach ihren Erwerbs- und Vermögensverhältnissen.[443]

Dies kommt in Betracht bei

- bei volljährigen (auch privilegiert volljährigen) Kindern,[444]
- bei minderjährigen Kindern, die nicht im Haushalt (nur) eines Elternteils leben wie im Fall des „echten Wechselmodells" (dazu → Rn. 175a)[445] oder aber im Fall einer (längerfristigen) Heimunterbringung,[446]
- bei Mehr- und Sonderbedarf.[447]

Dabei ist für die Bemessung des Anteils nur das Einkommen relevant, das für den Unterhalt zur Verfügung steht, wozu allerdings **grundsätzlich auch fiktives** Einkommen gehört.[448]

Da sich die Eltern grundsätzlich auf den angemessenen Selbstbehalt berufen können, ist vom bereinigten Nettoeinkommen zunächst der jedem Elternteil zustehende **angemessene Selbstbehalt** abzuziehen;[449] der verbleibende Rest ist sodann ins Verhältnis zu setzen.[450] Das gilt auch bei minderjährigen und privilegiert volljährigen Kindern, sofern kein Mangelfall vorliegt, der eine verschärfte Haftung gemäß § 1603 Abs. 2 BGB bei beiden Elternteilen (und dann auch den Vorwegabzug des notwendigen Selbstbehalts) erfordert.[451]

---

[439] BGH FamRZ 2021, 28 mAnm Borth = NJW 2020, 3721 mAnm Born.

[440] Niepmann/Denkhaus/Schürmann FamRZ 2021, 923 (924 f.).

[441] → Rn. 5, 7.

[442] Vgl. weiter → Rn. 956, 971 ff.

[443] BGH FamRZ 2013, 1563 = NJW 2013, 2900, Rn. 12 (für Mehrbedarf).

[444] BGH FamRZ 2006, 99 = NJW 2006, 57 Rn. 13.

[445] BGH FamRZ 2015, 236 = NJW 2015, 331, Rn. 18; FamRZ 2011, 1041 = NJW 2011, 1874, Rn. 40 f.; anders aber beim nur erweiterten Umgang: FamRZ 2014, 917 = NJW 2014, 1958, Rn. 37, 38 (Herabstufung um eine oder mehrere Einkommensgruppen und Anrechnung etwaiger bedarfsdeckender Leistungen des Barunterhaltspflichtigen).

[446] OLG Karlsruhe FamRZ 1982, 521.

[447] BGH FamRZ 2013, 1563 = NJW 2013, 2900 Rn. 12.

[448] BGH FamRZ 2008, 2104 = NJW 2008, 3635, Rn. 32.

[449] BGH FamRZ 2017, 437 = NJW 2017, 1676 mAnm Graba, Rn. 41.

[450] Vgl. Kölner Leitlinien und Süddeutsche Leitlinien Nr. 13.3 mit Berechnungsformel; vgl. weiter Wohlgemuth FamRZ 2001, 321 ff.

[451] BGH FamRZ 2011, 454 = NJW 2011, 670 mAnm Born, Rn. 36, 37 (auch zum bisherigen Streitstand zur Frage, ob der angemessene oder der notwendige Selbstbehalt vorher abzuziehen ist).

Bei der **Ermittlung des Barunterhaltsbedarfs** des volljährigen wie des minderjährigen Kindes ist nach der neueren Rechtsprechung des BGH – ausdrücklich auch für die Haftung bei Mehr- und Sonderbedarf[452] – von dem **zusammengerechneten Einkommen** der Kindeseltern auszugehen.[453] Die Unterhaltspflicht des Barunterhaltspflichtigen ist allerdings auf den Betrag begrenzt, der sich aus seinem Einkommen ergibt.[454] Da hiernach der Kindesbedarf bei beiderseitiger Erwerbstätigkeit in der Regel nicht vollständig durch die Zahlung des Barunterhaltspflichtigen gedeckt sein wird, bleibt ein Rest, der nach dem BGH vom Betreuungselternteil als Naturalunterhalt geleistet und bei der Berechnung des Ehegattenunterhaltes von dessen Einkommen abgezogen wird.[455] Hierdurch kann es aber auch etwa bei der Haftung für Mehrbedarf zu einer anderen Quote als nach bisheriger Berechnung kommen (vgl. nachfolgendes Beispiel 2).

Beispiele: 1. Bereinigtes Nettoeinkommen Ehemann: 1.900 EUR; bereinigtes Nettoeinkommen Ehefrau: 1.700 EUR. Relation nicht 1.900: 1.700 (= ca. 0,53: 0,47), sondern 250: 50 (= 5/5: 1/6 entsprechend dem jeweiligen Mehrbetrag über dem angemessenem Selbstbehalt von 1.650 EUR).

2. Bereinigtes Nettoeinkommen M: 2.500 EUR; bereinigtes Nettoeinkommen F: 1.700 EUR; unterhaltsberechtigt sind zwei Kinder von 6 und 8 Jahren, die bei F leben. Der Bedarf der Kinder nach dem zusammengerechneten Einkommen der Eltern beläuft sich auf 2 x 683,00 EUR abzüglich des je hälftigen Kindergeldes und somit auf insgesamt 1.116,00 EUR, DT Stand: 1.1.2023). Vom bereinigten Nettoeinkommen M ist abzuziehen der der Kindesunterhalt, der sich nach seinem Einkommen ergibt, mithin aus der 3. Einkommensgruppe. Ihm verbleiben damit 2.500,00 EUR – 856,00 EUR = 1.644,00 EUR. F leistet Naturalunterhalt in Höhe der Differenz zwischen 1.116,00 EUR und 856,00 EUR, somit iHv 260,00 EUR. Nach Abzug dieses Betrages unterschreitet sie den angemessenen Selbstbehalt (1.700,00 EUR – 260,00 EUR = 1.440,00 EUR) und haftet daher nicht für den Mehrbedarf der Kinder. Ohne Berücksichtigung des als Naturalunterhalt deklarierten Abzuges wäre sie teilweise leistungsfähig gewesen.

Das **Kindergeld** ist bei volljährigen Kindern **vor** der oa Berechnung gem. § 1612b BGB voll auf deren Bedarf anzurechnen, nicht dagegen erst auf den jeweiligen Anteil, der sich aus der Aufteilung nach § 1606 Abs. 3 S. 1 BGB ergibt.[456] Soweit Unterhalt für vorrangig Berechtigte zu leisten ist, sind diese Beträge **vorweg vom Einkommen abzuziehen.** Ob allerdings bei der Bemessung der Haftungsanteile der einem **privilegiert volljährigen** gemeinsamen Kind unterhaltspflichtigen Eltern – außerhalb eines Mangelfalls – der von einem Elternteil geschuldete und gezahlte **Unterhalt für minderjährige Kinder vorweg** abzuziehen ist, ist streitig. Umstritten ist dabei, ob es sich um eine Frage des Gleichranges der Kinder oder um eine gerechte Mittelverteilung zwischen den Kindeseltern handelt.[457] Bei nicht gemeinsamen minderjährigen Kindern ist in jedem Fall noch eine einzelfallbezogene Angemessenheitskontrolle vorzunehmen.[458]

Das volljährige Kind trägt die **Darlegungs- und Beweislast** für die Haftungsanteile der Eltern; es muss daher das Einkommen des anderen Elternteils (zB der Mutter) dartun und

[452] BGH FamRZ 2022, 1366 = NJW 2022, 2470 mAnm Obermann, Rn. 41.

[453] BGH FamRZ 2022, 1366 = NJW 2022, 2470 mAnm Obermann, Rn. 41; FamRZ 2021, 1965 = NJW 2022, 621 Rn. 32; FamRZ 2021, 28 = NJW 2020, 3721 Rn. 14.

[454] BGH FamRZ 2021, 28 = NJW 2020, 3721 Rn. 14.

[455] Zur Kritik vgl. *Götz/Seiler* FamRZ 2022, 1338; *Schwamb* FamRB 2022, 342; *Duderstadt* FamRZ 2022, 1775; befürwortend dagegen *Gutdeutsch* FamRZ 2022, 1757; *Borth* FamRZ 2022, 1758.

[456] BGH FamRZ 2009, 762 = NJW 2009, 1742.

[457] Für einen Vorwegabzug: OLG Hamm FamRZ 2011, 1599 (Ls.) = FamFR 2011, 155; *Hammer* LL, Frankfurter Unterhaltsgrds., Leitlinien des KG, je Nr. 13.3; vgl. auch OLG Brandenburg FamFR 2010, 560; aA OLG Hamm FamRZ 2010, 1346 (1347 f.); OLG Stuttgart FamRZ 2012, 1573 (Ls.) = NJW-Spezial 2012, 356; FamRZ 2007, 75 = NJW-RR 2007, 439.

[458] OLG Hamm FamRZ 2011, 1599 (Ls.) = FamFR 2011, 155.

ggf. beweisen, wenn es nur einen Elternteil (zB den Vater) in Anspruch nimmt.[459] Dies gilt auch im Falle eines **Abänderungsantrages** eines Elternteils.[460]

135   Im Verhältnis zwischen privilegierten volljährigen und minderjährigen Kindern ist – ebenso wie bei der Bildung der Haftungsanteile beider Elternteile, → Rn. 134 – streitig, ob der Bedarf minderjähriger Kinder vor der Bedarfsermittlung für das privilegiert volljährige Kind in Abzug zu bringen ist. Insoweit ist angesichts des Gleichrangs der berechtigten Kinder ein Vorwegabzug nicht gerechtfertigt;[461] die Zahl der Berechtigten bestimmt die Einstufung in die Düsseldorfer Tabelle und damit den Bedarf sowieso schon mit.

136   Bei **wechselseitiger Abhängigkeit von Kindes- und Ehegattenunterhalt** ergeben sich die Schwierigkeiten einer **integrierten Berechnung**.[462] Allerdings hat der BGH auch darauf hingewiesen, dass in den häufigen Fällen, in denen ein Elternteil seit Eintritt der Volljährigkeit der gemeinsamen Kinder den Unterhalt allein geleistet hat, ohne den anderen Elternteil in Rückgriff nehmen zu wollen, eine zumindest stillschweigende Freistellungsabrede vorliegen dürfte. Wenn dann (mangels Mahnung) auch eine rückwirkende Inanspruchnahme durch die Kinder ausgeschlossen ist, kann der Unterhalt allein vom Einkommen des zugleich dem Ehegatten und den Kindern zum Unterhalt Verpflichteten abgezogen werden. Das kann auch für den künftigen Unterhalt gelten, wenn der Verpflichtete auch insoweit anbietet, den Kindesunterhalt im Verhältnis der Parteien weiter allein aufzubringen.[463]

137   Wegen **doppelter Haushaltsführung** sind vom jeweiligen Elterneinkommen keine schematischen Abzüge zu machen, konkrete Zusatzkosten durch getrennte Haushalte können aber bei Einstufung und Höhergruppierung berücksichtigt werden.[464]

138   Ist beim minderjährigen Kind der Betreuende teilweise zusätzlich barunterhaltspflichtig, so kommt eine Ermäßigung des nach dem Einkommen des Nichtbetreuenden geschuldeten Barunterhalts doch nur ausnahmsweise in Betracht.[465] Eine Quotierung nach dem Verhältnis der Einkommen ist nicht gerechtfertigt.

IV. Rundung der Unterhaltsbeträge

139   **Der Unterhaltsbetrag ist auf volle EUR aufzurunden,** wie sich aus § 1612a Abs. 2 BGB als allgemeiner Rechtsgedanke für alle Unterhaltsrechtsverhältnisse ergibt.[466] Das Gesetz folgt damit der Rechtsprechung des BGH,[467] der (damals) Pfennigbeträge wiederholt gerundet hat.

---

[459] BGH FamRZ 2017, 370 = NJW 2017, 1317 mAnm Born Rn. 33.

[460] BGH FamRZ 2017, 370 = NJW 2017, 1317 mAnm Born Rn. 37.

[461] Wendl/Dose UnterhaltsR/Klinkhammer § 2 Rn. 598 mwN.

[462] Dazu OLG Hamm FamRZ 1988, 1270; Anmerkung und Rechenbeispiele: Däther FamRZ 1989, 507; Wohlgemuth FamRZ 2001, 321 (327 f.); vgl. aber auch Berechnung bei wechselseitiger Abhängigkeit von Elementar- und Vorsorgeunterhalt, dazu → Rn. 393, 395 für KV, → Rn. 408, 413 für AV.

[463] BGH FamRZ 2011, 454 = NJW 2011, 670 (mAnm Born), Rn. 39; FamRZ 2009, 1300 = NJW 2009, 2523, Rn. 44; FamRZ 2008, 2104 = NJW 2008, 3635, Rn. 34; Gutdeutsch NJW 2009, 945; Wendl/Dose UnterhaltsR/Klinkhammer § 2 Rn. 250.

[464] BGH FamRZ 1986, 151 u. 153 = NJW-RR 1986, 293 u. 426; OLG Köln FamRZ 1985, 90; Schleswiger Leitlinien Nr. 13.3 rechnen zwar nach dem zusammengerechneten Einkommen der Eltern, wollen aber wegen doppelter Haushaltsführung in der Regel um eine Stufe herabstufen.

[465] Vgl. BGH FamRZ 2008, 137, Rn. 41. Zu Einzelheiten → Rn. 971 f.

[466] Nr. 25 der Leitlinien bzw. Unterhaltsgrundsätze der OLGe.

[467] BGH NJW-RR 1992, 1026 (1027); FamRZ 1986, 151; FamRZ 1987, 1011 (1014).

Der Mindestunterhalt, identisch mit der ersten Einkommensgruppe der Düsseldorfer Tabelle, beruht auf einer Rundung gemäß § 1612a Abs. 2 BGB. Die sich aus den Prozentsätzen dieses Mindestunterhalts ergebenden Beträge sind erneut gerundet.[468]

V. Computergestützte Unterhaltsberechnung

Die Berechnung des Unterhalts durch eine computergestützte Berechnung (zB nach   140
Gutdeutsch) ist schlüssig, wenn sie nachvollziehbar in einen Text eingebunden wird und
nicht nur eine Aneinanderreihung von (teilweise überflüssigen) Zahlen enthält. Gegebenenfalls wird das Gericht bei Bedenken gegen die schlüssige Darlegung einzelner Punkte
(zB des Realsplittingvorteils) Hinweise erteilen.[469]

Der für rechtsmittelfähige Entscheidungen geltende Begründungszwang und das Unterschriftsgebot verlangen als Bestandteil einer geordneten Rechtspflege, dass die Berechnung zur Höhe des Unterhalts ein nachvollziehbarer Teil der Begründung sein muss.
Verweise auf außerhalb des geschlossenen Textkörpers liegende und als Anlage zur Entscheidung genommene Ausdrucke einer computergestützten Berechnung des Gerichts,
die ergänzende, die Begründung der Entscheidung mit tragende Textbestandteile des
Beschlusses enthalten, sind unzulässig.[470]

E. Übergangsregelung des Unterhaltsrechts ab 1.1.2008

I. Auswirkung auf laufende Verfahren

Eine bereits geschlossene Verhandlung ist nach § 36 Nr. 6 EGZPO auf Antrag wieder   141
zu eröffnen. Nach § 36 Nr. 5 EGZPO können die nach § 36 Nr. 1 EGZPO (wenn eine
wesentliche Änderung der Unterhaltsverpflichtung eintritt; dazu → Rn. 142) maßgeblichen Umstände noch in der Revision vorgebracht werden.

II. Auswirkung auf bestehende Unterhaltstitel

Nach § 36 Nr. 1 EGZPO als klarstellender Regelung der Zulässigkeit einer Abände-   142
rung nach § 323 ZPO bzw. § 238 FamFG wegen der Unterhaltsrechtsreform[471] kann eine
Anpassung an die neue Rechtslage nur verlangt werden, wenn eine wesentliche Änderung
der Unterhaltsverpflichtung eintritt und dem anderen Teil unter Berücksichtigung seines
Vertrauens in die getroffene Regelung zumutbar ist. Mit der Zumutbarkeit wird für eine
Übergangzeit ein erhebliches Element der Unsicherheit für den Eingriff in bestehende
Unterhaltstitel eingeführt,[472] denn gemäß § 36 Nr. 2 EGZPO gelten die Beschränkungen
der „§§ 323 Abs. 2, 767 Abs. 2 ZPO"[473] insoweit nicht, allerdings nur bei der erstmaligen
Abänderung eines Titels nach dem 1.1.2008. Zum Eintritt in das Verfahren genügen also

---

[468] Ergebnis der Koordinierungsgespräche unter Beteiligung aller Oberlandesgerichte und der
Unterhaltskommission des Deutschen Familiengerichtstags e. V. im Dezember 2008 in Übereinstimmung mit einer Stellungnahme des BMJ. Siehe → Rn. 6 unter Anm. 1 der Düsseldorfer Tabelle.
[469] OLG Köln FamRZ 2006, 1644 = NJW 2007, 306.
[470] OLG Frankfurt FamRZ 2006, 274.
[471] BGH FamRZ 2010, 111 = NJW 2010, 365, Rn. 16.
[472] Borth FamRZ 2006, 813 (821) – „unscharfe Kriterien".
[473] § 36 Nr. 2 EG ZPO ist dahingehend auszulegen, dass anstelle des dort noch zitierten § 323
Abs. 2 ZPO nunmehr § 238 Abs. 2 FamFG tritt, denn die insoweit fehlende Änderung im FGG-RG

die bloße Behauptung der wesentlichen Änderung und die Behauptung der Zumutbarkeit.[474] Entscheidend ist aber auch, dass die Änderung auf der Unterhaltsrechtsreform beruht. Das ist in Bezug auf eine Befristung des Ehegattenunterhalts nicht der Fall bei einem nach dem 12.4.2006 (diesbezügliche Änderung der Rechtsprechung des BGH[475]) geschaffenen Titel.[476]

Erst in der Begründetheit ist zu prüfen, ob eine wesentliche Änderung eingetreten ist und ob dem Berechtigten die Änderung tatsächlich zumutbar ist. Dabei kommt es sowohl darauf an, inwieweit sich der Unterhaltsgläubiger privat und beruflich auf den titulierten Unterhalt eingestellt hat und wie sich eine Änderung darauf auswirken würde,[477] als auch welcher Zeitraum („Schonfrist") für eine Umstellung notwendig erscheint.[478]

III. Umrechnung dynamischer Unterhaltstitel

143   § 36 Nr. 3 EGZPO nennt vier Alternativen für die Umrechnung dynamischer Unterhaltstitel (je nach Anrechnung des Kindergeldes), die vom „Regelbetrag" auf den „Mindestbedarf" umzustellen sind. Durch diese gesetzliche Umrechnungsregelung ist gewährleistet, dass dynamische Unterhaltstitel ihre Gültigkeit nach Inkrafttreten des Unterhaltsrechtsänderungsgesetzes nicht verlieren.

Allerdings hat der BGH nicht akzeptiert, dass bei der Umrechnung eines dynamisierten Alttitels aus der Zeit vor 1.1.2008 in einen Prozentsatz des Mindestunterhalts nach § 1612a BGB nF gemäß § 36 Nr. 3 S. 4 lit. a EGZPO der sich daraus ergebende Prozentsatz noch einmal geändert wird, wenn das Kind in eine höhere Altersstufe wechselt.[479]

144   Im **Anhang II der Düsseldorfer Tabelle bis einschließlich 1.1.2017**[480] befindet sich die Berechnung der Prozentsätze und der Zahlbeträge für 2008.

Insoweit kann auf die 13. Auflage, Rn. 144 verwiesen werden (die Düsseldorfer Tabelle hat dies unter E geregelt und verweist inzwischen auch nur noch auf die Beispielsrechnungen, in der DT 1.1.2017).

---

beruht auf einem Redaktionsversehen: Keidel/Meyer-Holz FamFG § 238 Rn. 105. Dagegen ist § 767 ZPO über § 113 Abs. 1 S. 2 FamFG weiterhin anzuwenden.

[474] BGH FamRZ 2001, 1687 mAnm Gottwald = NJW 2001, 3618.
[475] BGH FamRZ 2006, 1006.
[476] BGH FamRZ 2010, 111 = NJW 2010, 365, Rn. 59–62; FamRZ 2011, 1381, Rn. 20 ff. mAnm Finke; BGH, NJW 2012, 309 f. mAnm Borth = FamRZ 2012, 197 (198) mAnm Maurer; BGH NJW 2012, 1356 = FamRZ 2012, 699 mAnm Bergschneider; OLG Brandenburg NJW-RR 2012, 386: Zeitpunkt der Veröffentlichung: 15.7.2006; OLG Saarbrücken FamRZ 2009, 783; OLG Bremen NJW 2008, 3074; OLG Dresden FamRZ 2008; 2135 = NJW 2008, 3073; Keidel/Meyer-Holz FamFG § 238 Rn. 108.
[477] OLG Celle FamRZ 2009, 530 = NJW-RR 2009, 302; FamRZ 2008, 1449 = NJW 2008, 3575.
[478] OLG Frankfurt FamRZ 2009, 1162; OLG Düsseldorf NJW 2008, 3005.
[479] BGH NJW 2012, 1873 = FamRZ 2012, 1048, Rn. 20 ff.; ebenso Vossenkämper FamFR 2011, 73; aA: OLG Dresden FamRZ 2011, 42; Knittel FamRZ 2010, 1349 (abl. Anm. zu AG Kamenz FamRZ 2010, 819).
[480] → Rn. 6 unter E der Düsseldorfer Tabelle.

2. Teil. Die konkrete Bemessung der Höhe des Unterhaltsanspruchs

A. Die Bedürftigkeit des Berechtigten

I. Allgemeines

1. Lebensverhältnisse und Lebensstellung als Maßstab für die Höhe des Unterhalts

Der angemessene Unterhalt ist im Grundsatz allen Unterhaltsberechtigten zu gewähren.[1]   **145**

Als Maßstab, mit dessen Hilfe die Angemessenheit festgestellt werden soll, nennt das Gesetz in § 1360a Abs. 1 BGB die „Verhältnisse der Ehegatten", in § 1361 Abs. 1 BGB die „Lebensverhältnisse und die Erwerbs- und Vermögensverhältnisse", in § 1578 Abs. 1 BGB die „ehelichen Lebensverhältnisse" und in § 1610 Abs. 1 BGB für den Verwandtenunterhalt die „Lebensstellung des Bedürftigen".

Lebensverhältnisse und Lebensstellung bemessen sich dabei nach den wirtschaftlichen   **146**
Gegebenheiten, also den **Einkommens- und Vermögensverhältnissen** und nicht nach Herkunft, einer von den wirtschaftlichen Verhältnissen unabhängigen „sozialen Stellung" oder Ausbildung und Bildungsstand. Es ist gerechtfertigt, im Wesentlichen auf die wirtschaftlichen Verhältnisse abzustellen, weil es um die Zuteilung wirtschaftlicher Güter geht. Die Lebensverhältnisse werden dabei aber durch die Gesamtheit aller wirtschaftlich relevanten Faktoren mitbestimmt, es kommt also nicht nur auf die konkreten Barmittel an, sondern auch der wirtschaftliche Wert der Hausarbeit ist mit zu berücksichtigen.[2]

Für die Unterhaltszumessung kommt es dabei zwar prinzipiell auf die Lebensstel-   **147**
lung des Bedürftigen an (§ 1610 Abs. 1 BGB), nicht auf die des Verpflichteten, von dem sich die Lebensstellung aber vielfach ableitet. Das gilt grundsätzlich auch für den Ehegattenunterhalt; das Gesetz hebt das nur nicht ausdrücklich hervor, weil Ehegatten jedenfalls während des Zusammenlebens, vielfach auch noch bis zur Scheidung, eine gemeinschaftliche Lebensstellung haben und am ehelichen Lebensstandard in gleicher Weise teilnehmen.[3] Für den Geschiedenenunterhalt wird gemäß § 1578 Abs. 1 auf die „ehelichen Lebensverhältnisse" abgestellt, das hieß nach ständiger Rechtsprechung bis 2007 auf eine gemeinschaftliche Lebensstellung in der Vergangenheit.[4] Zwischenzeitlich hatte der BGH allerdings beim Ehegattenunterhalt mit der Einführung des Begriffs der „wandelbaren ehelichen Lebensverhältnisse" das Stichtagsprinzip (Rechtskraft der Scheidung) aufgegeben,[5] zu dem er jetzt wieder zurückgekehrt ist (→ Rn. 51 ff.).[6]

---

[1] Vgl. zB BSG FamRZ 1985, 1035 und Gernhuber, Der Richter und das Unterhaltsrecht, FamRZ 1983, 1069 (1070); Bedenken bei Schwackenberg FS Groß, 2003, S. 229 ff.

[2] BGH FamRZ 2001, 986 = NJW 2001, 2254.

[3] BGH FamRZ 2001, 986 (990) = NJW 2001, 2254; FamRZ 1982, 894 = NJW 1982, 2442; BGH FamRZ 1986, 783 (785) = NJW 1987, 58.

[4] Vgl. BGH NJW 2007, 839 = FamRZ 2007, 200 (mAnm Büttner).

[5] BGH FamRZ 2009, 411 = NJW 2009, 588, Rn. 24; FamRZ 2010, 802 = NJW 2010, 1665, Rn. 17.

[6] BGH FamRZ 2012, 281 = NJW 2012, 384, Rn. 16, 17.

148   Bei **Heirat im Rentenalter** ist die Auffassung vertreten worden, dass dadurch keine Änderung der bis dahin erworbenen Lebensstellung mehr eintreten kann. Dem war schon nach der herkömmlichen Definition ehelicher Lebensverhältnisse nicht zu folgen, da das Gesetz nicht darauf abstellt, dass die Lebensstellung gemeinsam erarbeitet worden ist.[7]

149   Beim **Kindesunterhalt ist zwischen abgeleiteter und selbstständiger Lebensstellung** des Kindes zu unterscheiden. Wenn das Kind noch keine selbstständige Lebensstellung hat, ist die Lebensstellung des Verpflichteten mit der des Bedürftigen identisch. Im Allgemeinen wird man bei Kindern von einer selbstständigen Lebensstellung erst sprechen können, wenn sie ihre Ausbildung beendet haben und damit die Voraussetzungen für eine wirtschaftliche Unabhängigkeit erfüllen. Zu den Grenzen der Unterhaltszumessung bei abgeleiteter Lebensstellung → Rn. 175 ff.

2. Allgemeines zur Unterhaltsbemessung bei Ehegatten

a) Ehegatten in häuslicher Gemeinschaft

150   Nach § 1360a S. 1 BGB sind die Ehegatten einander verpflichtet, die Familie angemessen durch ihre Arbeit und ihr Vermögen zu unterhalten. Dieser sogenannte **Familienunterhalt** ist ein grundsätzlich wechselseitiger Anspruch unter Ehegatten bei bestehender Lebensgemeinschaft.[8] Der Anspruch auf Familienunterhalt umfasst gem. § 1360a BGB alles, was für Haushaltsführung und persönliche Bedürfnisse der Familie erforderlich ist; sein Maß bestimmt sich nach den ehelichen Lebensverhältnissen, wobei der BGH § 1578 BGB als Orientierungshilfe heranzieht.[9] Ein Antrag auf Zahlung des Familienunterhalts in Geld setzt dabei voraus, dass schlüssig dargetan wird, wie die Lebensgemeinschaft gestaltet ist, was den gesamten Bedarf ausmacht und welcher Teil davon einem Ehepartner unter Berücksichtigung seiner Eigeneinkünfte zukommt.[10]

Der Ehegatte, der gemäß Vereinbarung unter den Ehegatten den Haushalt führt, kommt dadurch in der Regel seiner Pflicht nach, durch Arbeit zum Unterhalt der Familie beizutragen (§ 1360 S. 2 BGB). Dabei wird die Haushaltsführung als ein der Erwerbstätigkeit gleichwertiger Beitrag zur Existenzsicherung der Familie angesehen.[11] Ausgleichsansprüche wegen finanzieller Mehrleistungen eines Ehepartners sind daher grundsätzlich nicht gegeben (§ 1360b BGB).[12] Vgl. weiter → Rn. 431.

Bei Ansprüchen Dritter (Kinder, Eltern) ist die Deckung des Bedarfs durch den Familienunterhaltsanspruch bei hinreichender Leistungsfähigkeit des Ehepartners zu berücksichtigen und kann mit einem Geldbetrag veranschlagt werden.[13] Bei der Einsatzpflicht des Eigeneinkommens ist diese Deckung zu berücksichtigen. → Rn. 218 ff. zum Elternunterhalt.

---

[7] BGH FamRZ 1983, 150; anders OLG Zweibrücken FamRZ 1978, 773 bei sehr unterschiedlich hohen Renten.

[8] BGH FamRZ 2016, 1142 = NJW 2016, 2122 Rn. 10 mAnm Reinken.

[9] BGH FamRZ 2016, 1142 = NJW 2016, 2122 Rn. 17 mAnm Reinken.

[10] BGH FamRZ 2004, 24 = NJW 2003, 3770; OLG Bamberg FamRZ 1999, 849 (Berücksichtigung der Nutzungsentschädigung, die Ehefrau von ihren leistungsfähigen volljährigen Kindern verlangen kann); vgl. auch BGH FamRZ 1998, 608 = NJW 1998, 1593 und OLG Nürnberg FamRZ 1999, 505.

[11] BVerfG FamRZ 1999, 285 (288) = NJW 1999, 557; BGH FamRZ 2001, 986 (989) = NJW 2001, 2254; zum Umfang der Leistung vgl. BGH FamRZ 1995, 537 = NJW 1995, 1486.

[12] BGH FamRZ 1983, 794 = NJW 1984, 1845; OLG Düsseldorf AnwBl. 1988, 184 (jeder hat für die Steuern auf seine Einkünfte selbst aufzukommen); BGH FamRZ 1992, 300 = NJW 1992, 564; FamRZ 1995, 537 = NJW 1995, 1486; vgl. aber OLG Celle FamRZ 1999, 162, das bei unfreiwilliger Mehrleistung einen Ausgleichsanspruch bejaht.

[13] BGH NJW 2016, 2122 = FamRZ 2016, 1142 mAnm Maurer FamRZ 2016, 1220; FamRZ 2004, 24; FamRZ 2004, 186 = NJW-RR 2004, 364; auch OLG Celle FamRZ 2016, 824 mAnm Frank FamRB 2016, 133.

Bei **stationärer Pflege** des Unterhaltsberechtigten ist der Familienunterhalt als Barunterhalt zu leisten; da der Bedarf in diesem Fall unabweisbar und damit dem Mindestbedarf vergleichbar ist, ist vom Halbteilungsgrundsatz abzuweichen und der Bedarf nach den Heim- und Pflegekosten zuzüglich eines Barbetrags für die Bedürfnisse des täglichen Lebens zu bemessen.[14] Der Selbstbehalt des verpflichteten Ehegatten entspricht grundsätzlich dem eheangemessenen Selbstbehalt wie beim Trennungsunterhalt (→ Rn. 41) und kann bei eigener Pflegebedürftigkeit entsprechend erhöht sein.[15]

Der **wirtschaftsführende Ehegatte haftet dem anderen nicht nach Auftragsrecht;**[16] er muss den Partner nur in groben Zügen über die Verwendung des Familieneinkommens unterrichten. Der haushaltsführende Teil muss daher das Haushaltsgeld nicht im Einzelnen abrechnen.

b) Getrennt lebende Ehegatten

Nach § 1361 Abs. 1 S. 1 Hs. 1 BGB kann ein Ehegatte von dem anderen unter der **151** Voraussetzung des ehelichen **Getrenntlebens** den nach den Lebensverhältnissen und den Erwerbs- und Vermögensverhältnissen der Ehegatten angemessenen Unterhalt verlangen. Von Getrenntleben ist auszugehen, wenn keine häusliche Gemeinschaft mehr besteht und jedenfalls ein Ehepartner sie ablehnt (§ 1567 BGB). Es kommt nicht darauf an, ob die Ehegatten jemals zusammengelebt oder eine wirtschaftliche Einheit gebildet haben.[17] Unwesentliche[18] oder kinderbedingte[19] Gemeinsamkeiten stehen der Trennung nicht entgegen. In der Ehewohnung ist ein Getrenntleben möglich.[20] Ein Versöhnungsversuch (bis etwa drei Monate) unterbricht das Getrenntleben auch unterhaltsrechtlich nicht.

Bei **langjähriger Trennung, kurzem Zusammenleben** und beiderseitiger wirtschaftlicher Selbständigkeit soll kein Trennungsunterhalt mehr geschuldet werden.[21] Das kann aber nur im Einzelfall nach § 1579 Nr. 8 BGB gelten (näher → Rn. 1163 ff.).

Geschuldet wird der der nach den Lebensverhältnissen und den Erwerbs- und Vermögensverhältnissen **angemessene Unterhalt.** Für die Bestimmung dieses Unterhaltsbedarfs kommt es gem. § 1361 Abs. 1 S. 1 BGB jeweils auf den aktuellen Stand der wirtschaftlichen Verhältnisse an, an deren Entwicklung die Ehegatten bis zur Scheidung gemeinschaftlich teilhaben; daher beeinflussen alle positiven und negativen wirtschaftlichen und persönlichen Entwicklungen der Ehegatten die ehelichen Lebensverhältnisse.[22] Hiervon ausgenommen sind Veränderungen, die auf einer unerwarteten und vom Normalverlauf erheblich abweichenden Entwicklung beruhen.[23] Zur genaueren Bestimmung und Fortschreibung der Lebensverhältnisse nach der Trennung → Rn. 51 ff.; zur Erwerbsobliegenheit in Abgrenzung zu den nachehelichen Unterhaltstatbeständen → Rn. 453–457.

---

[14] BGH FamRZ 2016, 1142 = NJW 2016, 2122 Rn. 17 mAnm Reinken; OLG Celle FamRZ 2016, 824 mAnm Frank FamRB 2016, 133; OLG Düsseldorf FamRZ 2003, 886 (Ls.) = NJW 2002, 1353.

[15] BGH FamRZ 2016, 1142 = NJW 2016, 2122 Rn. 22 mAnm Reinken; OLG Celle FamRZ 2016, 824 mAnm Frank FamRB 2016, 133.

[16] BGH FamRZ 2001, 23 =NJW 2000, 3199.

[17] BGH FamRZ 2020, 918 = NJW 2020, 1674 mAnm Born, Rn. 14.

[18] OLG Zweibrücken NJW-RR 2000, 1388; OLG Jena FamRZ 2002, 99.

[19] OLG Köln FamRZ 2002, 1341; aA wohl OLG München FamRZ 2001, 1457 (1458).

[20] OLG Bremen FamRZ 2000, 1417.

[21] OLG Brandenburg FamRZ 2020, 1092 (Ls.) = NZFam 2020, 345 mAnm Graba; OLG Saarbrücken FamRZ 2020, 1260 = NZFam 2019, 690 mAnm Obermann; OLG Bamberg FamRZ 2014, 1707 = NZFam 2014, 1095 mAnm Niederl (10-jährige Trennung); OLG Frankfurt FamRZ 2004, 1574 = FPR 2004, 25: mehr als 10-jährige Trennung.

[22] BGH FamRZ 1994, 87 = NJW 1994, 190 (191); OLG Koblenz FamRZ 2021, 1019.

[23] BGH FamRZ 1994, 87 = NJW 1994, 190 (191); OLG Koblenz FamRZ 2021, 1019.

152   Zum **Vorwegabzug** des Kindesunterhaltes → Rn. 18.

153   **Vertragliche Regelungen** sind möglich.[24] Sie bedürfen keiner Form und können auch durch konkludentes Verhalten zustande kommen, etwa durch regelmäßige Unterhaltszahlungen über einen längeren Zeitraum.[25] Sie sind aber nicht schon dann gegeben, wenn ein Partner den Unterhaltsanspruch wegen Abtrags der Schulden durch den anderen nicht geltend macht.[26] Normalerweise gelten vertragliche Regelungen nur für diese Trennung, verlieren also mit dauerhaftem Wiederzusammenleben ihre Gültigkeit und leben bei erneuter Trennung nicht wieder auf.[27] Treten wesentliche Veränderungen der für die Unterhaltsbemessung maßgeblichen Umstände ein, ist eine Abänderung über die Grundsätze des Wegfalls der Geschäftsgrundlage gem. § 313 BGB vorzunehmen. Dies scheidet allerdings aus, wenn die Grundlagen weder durch Auslegung noch auf sonstige Weise festzustellen sind; in diesem Fall ist der Unterhalt wie bei einer Erstfestsetzung neu zu berechnen.[28] Unterhaltsvereinbarungen, die gegen die **guten Sitten** verstoßen, sind unwirksam gem. **§ 138 Abs. 1 BGB.** Dies ist jedoch nicht bereits dann der Fall, wenn der Verpflichtete Unterhaltszahlungen leistet, die sein Leistungsvermögen überschreiten, da es dem Verpflichteten auf der Grundlage der Privatautonomie und der Vertragsfreiheit gestattet sein muss, die Grenzen seiner Leistungsfähigkeit selbst zu bestimmen.[29] Maßgeblich ist vielmehr eine Gesamtwürdigung der Vereinbarung.

Auf den **Trennungsunterhalt** können die Parteien gem. §§ 1360a Abs. 3, 1361 Abs. 4 S. 4, 1614 Abs. 1 nicht verzichten, ein **Verzicht – auch teilweiser – ist unwirksam.** Insofern ist lediglich – im Rahmen des Angemessenen – eine Regelung zur Höhe möglich.[30] Der BGH hat zur Auslegung von § 1614 I BGB klargestellt, dass die Wirksamkeit einer vertraglichen Regelung des Trennungsunterhalts nicht im Rahmen von Vereinbarungen zu anderen Gegenständen, sondern isoliert zu betrachten ist.[31] Im Gesetz finde sich auch keine Einschränkung, dass ein Verzicht bis zur Grenze der Sozialhilfebedürftigkeit zulässig ist, sondern das Verbot gelte uneingeschränkt.[32] Die Beurteilung, ob ein unwirksamer Verzicht auf künftigen Trennungsunterhalt vorliegt, setzt zunächst die Feststellung der Höhe des angemessenen Unterhaltsanspruchs im hierfür erforderlichen Umfang voraus.[33] Angesichts einer notwendigen Einzelfallprüfung gibt es allerdings keinen generellen Maßstab, von welcher exakten prozentualen Unterschreitung des rechnerisch geschuldeten Unterhalts an ein unwirksamer Unterhaltsverzicht vorliege. Für die grobe Einschätzung – so der BGH – erscheine eine Unterschreitung von 20 % als noch grundsätzlich angemessen; 33 % dagegen nicht mehr.[34] Auch der Ausschluss der Abänderbarkeit eines Titels gem. § 238 FamFG ist ein Teilverzicht, sobald der geschuldete Unterhalt deshalb um mehr als 1/3 unterschritten wird.

Da ein gemäß § 1614 BGB unwirksamer Verzicht auf künftigen Trennungsunterhalt damit auch gemäß § 134 BGB nichtig ist, um zu verhindern, dass ein Ehegatte sich bereits während noch bestehender Ehe seiner Lebensgrundlage begibt, darf dieses **gesetzliche Verbot** nicht durch eine Vereinbarung, den Trennungsunterhalt nicht geltend zu machen,

---

[24] BGH FamRZ 2005, 1236 = NJW 2005, 2307; BGH FamRZ 2003, 741 = NJW 2003, 1743: Die Auslegung ist Sache des Tatrichters, muss aber interessengerecht sein.

[25] OLG Brandenburg NZFam 2021, 465 (Frank).

[26] BGH FamRZ 2005, 1236 = NJW 2005, 2307.

[27] OLG Karlsruhe FamRZ 2003, 1104 mAnm Bergschneider.

[28] OLG Brandenburg NZFam 2021, 465 (Frank).

[29] OLG Brandenburg NZFam 2021, 465 (Frank).

[30] OLG Hamm FamRZ 2007, 732 mAnm Bergschneider.

[31] BGH FamRZ 2015, 2131 = NJW 2015, 3715 = NZFam 2015, 1152, Rn. 18.

[32] BGH FamRZ 2015, 2131 = NJW 2015, 3715 = NZFam 2015, 1152, Rn. 19.

[33] BGH FamRZ 2015, 2131 = NJW 2015, 3715 = NZFam 2015, 1152, Rn. 17.

[34] BGH FamRZ 2015, 2131 = NJW 2015, 3715 = NZFam 2015, 1152, Rn. 22.

umgangen werden (sog. pactum de non petendo).[35] Ob im Einzelfall eine solche Vereinbarung getroffen worden ist oder eine lediglich unverbindliche Absichtserklärung bzw. Mitteilung einer Geschäftsgrundlage gemeint war, muss das Tatgericht durch Auslegung ermitteln; im Falle der Unwirksamkeit ist weiter zu prüfen, ob damit der gesamte Ehevertrag nichtig ist oder nur eine Teilunwirksamkeit eintritt (§ 139 BGB).[36]

Keine Identität besteht zwischen dem **Getrenntlebensunterhaltsanspruch** aus § 1361 **154** BGB und dem **Familienunterhaltsanspruch** aus § 1360, 1360a BGB[37] sowie dem Anspruch auf **nachehelichen Unterhalt**.[38] Das hat zur Folge, dass der Anspruch auf Trennungsunterhalt erlischt, wenn die eheliche Lebensgemeinschaft dauerhaft wiederhergestellt wird oder wenn die Scheidung rechtskräftig wird; dies gilt auch, wenn der Anspruch tituliert ist.[39] Gegen die Zwangsvollstreckung aus diesem Titel kann im Wege der Vollstreckungsgegenklage vorgegangen werden.[40] Entsprechend § 1567 Abs. 2 BGB führt ein Zusammenleben über kürzere Zeit (ca. 3 Monate) aber nicht zum Erlöschen des Anspruchs.[41] Ist der titulierte Anspruch nach dieser Maßgabe erloschen, lebt er auch nach erneuter Trennung nicht wieder auf, sondern muss neu bemessen und tituliert werden.[42] Das OLG Celle[43] hat darüber hinaus entschieden, dass aus einem Titel über den Barunterhaltsanspruch des minderjährigen Kindes gegenüber seinem damals nichtehelichen Vater nach Heirat der Eltern und mehrjährigem Zusammenleben mit Leistung von Familienunterhalt nach §§ 1360, 1360a BGB nicht erneut vollstreckt werden kann. Auch eine bereits nach ausländischem Recht zugesprochene nacheheliche Entschädigungsleistung kann den in Deutschland begehrten Anspruch auf Trennungsunterhalt nicht mindern.[44]

Bei Gütergemeinschaft zwischen den Ehegatten oder Lebenspartnern gehört zur ord- **155** nungsgemäßen Verwaltung des Gesamtguts auch die Leistung des aus dem Gesamtgut zu erbringenden Unterhalts.[45] Ein Zahlungsanspruch besteht daher nur, wenn für den Unterhalt (auch) Sondergut zu verwenden ist.

Bei Tod der getrennt lebenden Berechtigten oder des Verpflichteten erlischt der **156** Unterhaltsanspruch gem. §§ 1361 Abs. 4 S. 4, 1360a Abs. 3, 1615 BGB, soweit er nicht auf fällige Leistungen, Erfüllung oder Schadensersatz wegen Nichterfüllung für die Vergangenheit gerichtet ist. Fraglich ist, ob ein noch nicht vollständig erfüllter Anspruch auf eine **Abfindung** vererbbar ist.[46]

[Derzeit nicht besetzt.] **157**

Verfahrensrechtliches: **158**

Auch bei freiwilligen Unterhaltszahlungen besteht wegen § 258 ZPO ein **Titulierungsinteresse**,[47] der Verpflichtete gibt aber in diesem Fall keinen Anlass zur gerichtlichen Geltendmachung iSv § 243 Nr. 4 FamFG, so dass der Berechtigte den Verpflichteten

[35] BGH FamRZ 2014, 629 = NJW 2014, 1101, Rn. 48; ebenso bereits Deisenhofer FamRZ 2000, 1368.

[36] BGH FamRZ 2014, 629 = NJW 2014, 1101, Rn. 48.

[37] OLG Düsseldorf FamRZ 1992, 943.

[38] StRspr seit BGH FamRZ 1981, 242 = NJW 1981, 978.

[39] OLG Stuttgart FamRZ 2020, 752; OLG Hamm NJW-RR 2011, 1015; bei Vergleichen kann das im Einzelfall anders sein: OLG Karlsruhe FamRZ 2003, 1104.

[40] Vgl. OLG Hamm NJW-RR 2011, 1015.

[41] OLG Stuttgart FamRZ 2020, 752.

[42] OLG Hamm NJW-RR 2011, 1015.

[43] OLG Celle FamRZ 2015, 57 = NJW 2014, 3165.

[44] OLG Stuttgart FamRZ 2020, 1260 = NZFam 2019, 600 (Majer).

[45] BGH FamRZ 1990, 851 = NJW 1990, 2252; vgl. aber OLG Düsseldorf FamRZ 1999, 1348 zur unmittelbaren Zahlungsklage bei klaren Verhältnissen.

[46] Vgl. Wendl/Dose UnterhaltsR/Wönne § 6 Rn. 668; ablehnend OLG Hamburg FamRZ 2002, 234.

[47] BGH FamRZ 2010, 195 = NJW 2010, 238; FamRZ 1998, 1165 = NJW 1998, 3116.

jedenfalls zunächst zur außergerichtlichen Tituliering auffordern muss.[48] Klageveranlassung gibt er aber, wenn er erfolglos zur Errichtung einer Jugendamtsurkunde aufgefordert worden ist.[49] Ein darüber hinausgehendes Angebot des Berechtigten, auch die Kosten der außergerichtlichen Tituliering zu übernehmen, verlangt der BGH (aaO) allerdings nicht, obwohl es – anders als nach §§ 59, 60 SGB VIII iVm § 64 SGB X beim Unterhalt für Kinder bis 21 Jahren – bei Ehegatten keine Möglichkeit kostenloser Tituliering gibt. Das OLG Karlsruhe[50] nimmt deswegen mit guten Gründen bei einem bisher immer pünktlich zahlenden Schuldner, der keinerlei Anlass gibt, seine künftige Zahlungswilligkeit zu bezweifeln, keine Verpflichtung zur Tituliering des Trennungsunterhaltes auf seine Kosten an.

Entrichtet der Pflichtige **freiwillige Teilleistungen** auf den Unterhaltsanspruch, steht es dem Berechtigten auch frei, im Wege einer offenen Teilklage nur einen darüber hinausgehenden **Spitzenbetrag** geltend zu machen; festgestellt wird allerdings nur der Spitzenbetrag, so dass auch nur dieser an der Rechtskraft der Entscheidung teilnimmt.[51]

Bei lediglich freiwillig gezahltem **Unterhaltssockelbetrag** gibt der Unterhaltsschuldner dagegen immer Veranlassung für einen **Antrag auf den gesamten Unterhalt,** und zwar sogar ungeachtet einer vorherigen Aufforderung zur außergerichtlichen Tituliering, weil – abgesehen von der damit einhergehenden zeitlichen Verzögerung – ein danach regelmäßig folgendes zweigleisiges Verfahren mit unterschiedlichen Folgen für spätere Abänderungen der zwei Titel dem Unterhaltsgläubiger nicht zuzumuten ist.[52]

c) Geschiedene Ehegatten

159   **Für die Unterhaltsberechtigung kommt es seit 1.7.1977 nicht mehr auf die Scheidungsschuld an,** sondern darauf, dass einer der Unterhaltstatbestände der §§ 1570–1576 BGB erfüllt ist. Ausgehend vom Prinzip der Eigenverantwortung nach der Scheidung versucht der Gesetzgeber mit diesen Unterhaltstatbeständen dem gleichzeitig geltenden Grundsatz der nachwirkenden Mitverantwortung (der **nachehelichen Solidarität**)[53] Rechnung zu tragen. Daran hat sich grundsätzlich auch unter noch stärkerer Berücksichtigung der Eigenverantwortung im Unterhaltsrechtsreformgesetz seit 1.1.2008 nichts geändert.[54]

Die §§ 1570–1576 BGB gelten bei jedem Güterstand.[55]

160   **Vertragliche Regelung des nachehelichen Unterhalts und Verzicht.** Vertragliche Regelungen und der Unterhaltsverzicht sind gemäß § 1585c BGB zulässig. Eine Unterhaltsvereinbarung bedarf vor der Rechtskraft der Scheidung nach § 1585c S. 2 und 3 BGB der **notariellen Beurkundung oder der Form eines gerichtlich protokollierten Vergleichs,** wobei auf einen **gerichtlich festgestellten Vergleich nach § 278 Abs. 6 ZPO, § 127a BGB** entsprechende Anwendung findet.[56] Eine Anpassung des vertraglich geregelten Unterhalts ist gem. §§ 242, 157 BGB bei veränderten Verhältnissen möglich.[57] Al-

---

[48] BGH FamRZ 2010, 195 = NJW 2010, 238, Rn. 16; vgl. auch OLG Düsseldorf FamRZ 1994, 1484 (kein Kostenangebot nötig); OLG Stuttgart FamRZ 1990, 1368 (zum Inhalt einer Tituliierungsaufforderung).

[49] OLG Hamm FamRZ 2016, 1483.

[50] OLG Karlsruhe FamRZ 2003, 1763 = NJW 2003, 2922.

[51] BGH FamRZ 1995, 729; OLG Saarbrücken FamRZ 2014, 484 (485) = NJW 2014, 559 (insoweit nur Ls.).

[52] BGH FamRZ 2010, 195 = NJW 2010, 238; **anders** bis zur 10. Auflage, ferner OLG Oldenburg FamRZ 2003, 1575; OLG Köln FamRZ 1997, 822 mwN; vgl. auch A. Grün FF 2003, 235.

[53] Zum Verhältnis und Zusammenspiel der Prinzipien van Els FamRZ 1992, 625.

[54] BGH FamRZ 2012, 1040 = NJW 2012, 1868, Rn. 47; FamRZ 2009, 1207 = NJW 2009, 2450.

[55] OLG München FamRZ 1988, 1276.

[56] BGH FamRZ 2017, 603 mAnm Bergschneider S. 607.

[57] BGH FamRZ 1995, 726 = NJW-RR 1995, 833; FamRZ 1986, 458 (460).

lerdings ist zu prüfen, ob nicht auf bestimmte Unterhaltsteile (zB Vorsorgeunterhalt) verzichtet worden ist. Auch eine einverständliche Abänderung des durch notarielle Urkunde titulierten Unterhalts nach langjähriger Entgegennahme niedrigeren Unterhalts (stillschweigend durch Übung) ist bejaht worden.[58] Umgekehrt kann die vertragliche Regelung auch bedeuten, dass der Unterhalt entgegen § 1586 BGB noch über die Wiederverheiratung hinaus zu zahlen ist.[59] Wenn die Beteiligten **eine lebenslange Unterhaltsverpflichtung** vereinbart haben, ermöglicht eine Änderung der Rechtslage auch die Abänderung des Ehevertrages. Maßgebend sind die **Grundsätze über die Störung der Geschäftsgrundlage.** Diese erfordern eine Anpassung des ursprünglichen Vertrages an die geänderten Bedingungen mit der Folge, dass es zB bei der Nichtberücksichtigung eigener Erwerbseinkünfte der Unterhaltsberechtigten zu verbleiben hat.[60] Haben die Eheleute allerdings vereinbart, dass im Übrigen auf das Recht zur Abänderung verzichtet wird, kann sich der Unterhaltspflichtige nicht auf eine Störung der Geschäftsgrundlage wegen der gesetzlichen Neuregelungen zur Begrenzung und Befristung des nachehelichen Unterhalts berufen.[61]

Ein Unterhaltsverzicht muss **eindeutig vereinbart** werden, die bloße Nichtgeltendmachung eines Anspruchs genügt nicht zur Annahme eines Verzichtswillens.[62] Eine einseitige Erklärung ist unzureichend, es muss vielmehr ein Erlassvertrag geschlossen werden.[63] Auch aus der bloßen Rücknahme eines Unterhaltsantrages kann ein Verzichtswille nicht zwingend gefolgert werden.[64]

Fälle des Verzichts:

- Begrenzung des Unterhalts auf zwei Jahre.[65]
- Bei einer Einigung, dass der Verpflichtete ab einem bestimmten Zeitpunkt keinen Unterhalt mehr zu zahlen habe, kommt es darauf an, ob die Parteien ab diesem Zeitpunkt von einem Wegfall der Unterhaltspflicht oder nur von einem vorübergehenden Wegfall der Bedürftigkeit (zB Aufnahme eines befristeten Arbeitsverhältnisses) ausgegangen[66] sind.

Nicht als Verzicht anzusehen:

- „Ruhenlassen" des Unterhalts während des Zusammenlebens mit einem Partner.[67]
- Vereinbarung, zu – teilweiser[68] – eigener Erwerbstätigkeit verpflichtet zu sein.[69]

Es empfiehlt sich bei fester Vereinbarung der Unterhaltshöhe (in einer Vereinbarung oder einem gerichtlichen Vergleich) für eine bestimmte Zeit eindeutig klarzustellen, ob für die Zeit danach auf Unterhalt verzichtet werden soll, der Unterhaltsanspruch bei neuer Titulierungsmöglichkeit für die Zeit danach enden soll oder ob der vereinbarte Unterhalt mit Abänderungsmöglichkeit für beide Seiten weitergelten soll.[70]

---

[58] OLG Hamm FamRZ 1999, 1665.
[59] OLG Koblenz FamRZ 2002, 1040 („Leibrente bis Tod").
[60] BGH FamRZ 2015, 824 = NJW 2015, 1380 = NZFam 2015, 456, Rn. 22, 29.
[61] BGH FamRZ 2015, 734 = NJW 2015, 594, Rn. 15, 25; s. auch OLG Saarbrücken NZFam 2015, 1015.
[62] OLG Stuttgart OLGR 1999, 411.
[63] OLG Stuttgart FamRZ 1999, 1136.
[64] OLG Koblenz FamRZ 2020, 1262 mAnm Borth.
[65] OLG München OLGR 2001, 231.
[66] BGH FamRZ 2001, 1140 (1142).
[67] OLG Köln FamRZ 2001, 1618 (Ls.).
[68] BGH FamRZ 2007, 974 mAnm Bergschneider = NJW 2007, 2848.
[69] OLG Schleswig FamRZ 1993, 78.
[70] Bsp. zu unterschiedlichen Formulierungen eines Vergleichs: BGH FamRZ 2012, 1483 = NJW 2012, 3434, Rn. 17 ff.

Zu beachten: Die Wirksamkeit einer in einem Ehevertrag getroffenen Regelung zum nachehelichen Unterhalt ist im jeweiligen Rechtsstreit inzidenter zu prüfen, ggf. im Wege eines Zwischenfeststellungsantrages.[71] Ein isolierter Antrag, die Unwirksamkeit eines Ehevertrags festzustellen, wird mangels Rechtsschutzinteresse als unzulässig angesehen.[72]

160a   **Auswirkungen des Verzichts auf den Versorgungsausgleich.** Durch einen Unterhaltsverzicht entfällt die Möglichkeit, die **Aussetzung der Kürzung** einer bereits laufenden Altersversorgung (im Sinne des § 32 VersAusglG) infolge eines Versorgungsausgleichs gemäß § 33 VersAusglG (sog. **Unterhaltsprivileg**) beim Familiengericht (§ 34 VersAusglG) zu verlangen.[73] Anders liegt es bei einer Abfindung des nach Zeit und Höhe genau konkretisierten Unterhaltsanspruchs.[74] Auch eine Vereinbarung der Eheleute über die Höhe des Unterhalts hindert die Anwendung des § 33 VersAusglG nicht; es ist allerdings nicht auf den vereinbarten, sondern auf den fiktiven gesetzlichen Unterhaltsanspruch abzustellen.[75] Liegt dagegen ein Unterhaltstitel auf der Grundlage der ungekürzten Versorgung vor, ist nach der Rechtsprechung des BGH bei der Prüfung der Voraussetzungen des § 33 Abs. 3 VersAusglG von diesem Titel auszugehen.[76]

161   **Grenzen der Vertragsfreiheit nach § 1585c BGB** sind dort zu ziehen, wo die freie Selbstbestimmung eines Vertragspartners nicht mehr gegeben ist.[77] Im Einzelfall kann die **Wirksamkeitskontrolle** zum Ergebnis der **Nichtigkeit** des Unterhaltsverzichts führen oder es kann **nur eine Anpassung nach § 242 BGB (Ausübungskontrolle)** geboten sein.[78]

Ob aufgrund der Wirksamkeitskontrolle eine Nichtigkeit nach § 138 BGB anzunehmen ist oder im Wege der Ausübungskontrolle nur eine Anpassung nach § 242 BGB nötig ist, richtet sich nach der Schwere der Benachteiligung.

Selbst wenn die ehevertraglichen Einzelregelungen zu den Scheidungsfolgen jeweils für sich genommen den Vorwurf der Sittenwidrigkeit nicht zu rechtfertigen vermögen, kann sich ein Ehevertrag im Rahmen einer Gesamtwürdigung als insgesamt sittenwidrig erweisen, wenn das **Zusammenwirken** aller in dem Vertrag enthaltenen Regelungen **erkennbar auf die einseitige Benachteiligung** eines Ehegatten abzielt.[79] In **subjektiver** Hinsicht kann sich die für die Annahme der Sittenwidrigkeit des Ehevertrages **notwendige Imparität** durch **Ausnutzung der sozialen und wirtschaftlichen Abhängigkeit** der Ehefrau ergeben, zB durch die äußeren Umstände des Abschlusses des Ehevertrags: Entscheidend war, dass die Ehefrau keinen Einfluss auf bzw. sogar gar keinen Zugang zu einem Entwurf des Ehevertrags bis zum Notartermin hatte. Auch nutzte der Ehemann

---

[71] BGH FamRZ 2019, 953, Rn. 18.

[72] OLG Frankfurt NJW-RR 2007, 289; anders teilweise OLG Düsseldorf FamRZ 2005, 282 = NJW-RR 2005, 1.

[73] So zu § 5 VAHRG BGH FamRZ 1994, 1171 = NJW 1994, 2481; Überblick dazu: Schwamb NJW 2011, 1648 ff. mwN.

[74] Siehe dazu diff. BGH FamRZ 2013, 1364 = NJW-RR 2013, 1091; OLG Celle FamRZ 2012, 1812; siehe auch → Rn. 162.; anders noch zu § 5 VAHRG BGH FamRZ 1994, 1171 = NJW 1994, 2481.

[75] BGH FamRZ 2016, 1438 = NJW 2016, 2321 Rn. 9.

[76] BGH FamRZ 2017, 1662 = NJW-RR 2017, 1409 Rn. 20; FamRZ 2012, 853 = NJW 2012, 1661, Rn. 25; OLG Hamm FamRZ 2011, 815 = NJW 2011, 1681 mAnm Schwamb NJW 2011, 1648 ff. (1650).

[77] BVerfG FamRZ 2001, 343 mAnm Schwab und FamRZ 2001, 985 = NJW 2001, 957 und NJW 2001, 2248 anders als die frühere BGH-Rechtsprechung (zB FamRZ 1997, 156).

[78] Grundlegend dazu BGH FamRZ 2004, 601 mAnm Borth = NJW 2004, 930.

[79] BGH FamRZ 2017, 884 mAnm Bergschneider S. 888 = NJW 2017, 1893.

die zeitliche Drucksituation mit dem gerade geborenen Kind bewusst aus, sodass die Ehefrau widerstandslos Folge leistete.[80]

Im Fall eines Ehevertrags mit Ausschluss von Unterhalt und Versorgungsausgleich kann die Gesamtwürdigung nur dann eine Sittenwidrigkeit ergeben, wenn eine unterlegene Verhandlungsposition des benachteiligten Ehegatten konkret festgestellt worden ist. Das folgt regelmäßig noch nicht allein aus der Unausgewogenheit des Vertragsinhalts; in Betracht kommt aber die Anpassung an geänderte Verhältnisse im Rahmen der Ausübungskontrolle.[81]

Nach diesen Maßstäben führt die Vertragsgestaltung dann zur Nichtigkeit oder Notwendigkeit einer Anpassung, wenn der Kernbereich des gesetzlichen Scheidungsfolgensystems durch den Vertrag ohne Kompensation oder besondere Umstände aufgehoben wird, also der Kinderbetreuungsunterhalt (der an erster Stelle steht),[82] der Krankheitsunterhalt oder der Altersunterhalt und der Altersvorsorgeunterhalt[83] **(Kernbereich).**[84] Für die anderen Unterhaltsansprüche gilt eine abgeschwächte Vertragsfreiheit und den – isolierten – Zugewinnausgleich die volle Vertragsfreiheit.

Eine Anpassung nach § 242 BGB kann erforderlich sein, wenn zB bei Vertragsschluss die Geburt eines Kindes nicht absehbar und der Vertrag damals nicht unangemessen war. So kann der Ausschluss des Unterhalts der Wirksamkeits- und Ausübungskontrolle standhalten, wenn die Parteien im Vertragszeitpunkt in einem Alter waren, in dem mit Kindern nicht mehr zu rechnen ist.[85] In den Fällen der bloßen Anpassung nach § 242 BGB wird oft nicht der volle angemessene Unterhalt nach den ehelichen Lebensverhältnissen, sondern nur der notwendige bzw. der durch das Kindeswohl erforderte Unterhalt zuzusprechen sein.[86]

Obwohl der Verzicht auf Trennungsunterhalt gemäß § 1614 BGB unwirksam ist (→ Rn. 153), kann bei **gleichzeitigem Verzicht auf Trennungs- und nachehelichen Unterhalt** der Verzicht auf den nachehelichen Unterhalt dennoch gültig sein;[87] es ist ggf. im Einzelfall zu prüfen, ob der gesamte Vertrag nichtig ist oder nur eine **Teilunwirksamkeit** eintritt (§ 139 BGB).[88] Für nur teilweise Unwirksamkeit spräche, wenn Anhaltspunkte vorliegen, dass die Eheleute den Vertrag im Übrigen auch in Kenntnis der Unwirksamkeit des Verzichts auf Trennungsunterhalt geschlossen hätten; dagegen spräche, wenn der unwirksame Ausschluss von Trennungsunterhalt durch Leistungen ausgeglichen werden sollte, die dem berechtigten Ehegatten im Rahmen der Auseinandersetzung über die Scheidungsfolgen zugesagt worden sind.[89]

Beurteilungszeitpunkt für die Frage der Nichtigkeit ist der Zeitpunkt des Vertragsschlusses.[90]

---

[80] BGH FamRZ 2017, 884 Rn. 43 mAnm Bergschneider S. 888 = NJW 2017, 1893.

[81] BGH FamRZ 2014, 629 = NJW 2014, 1101; FamRZ 2013, 195 = NJW 2013, 380 Rn. 17 ff.; dazu Anm. Bergschneider FamRZ 2013, 201.

[82] BGH FamRZ 2007, 1310 mAnm Bergschneider = NJW 2007, 2851 mAnm Kesseler (am Ende des Betreuungsunterhalts mit 6 Jahren zulässig mit Kompensation); FamRZ 2006, 1359 mAnm Bergschneider = NJW 2006, 3142; BGH FamRZ 2005, 1449 mAnm Bergschneider = NJW 2005, 2391; vgl. aber ab 1.1.2008 § 1570 BGB.

[83] BGH FamRZ 2005, 1449 mAnm Bergschneider = NJW 2005, 2391.

[84] BGH FamRZ 2005, 26 = NJW 2005, 137 = FF 2005, 43 mAnm Büttner; FamRZ 2004, 601 mAnm Borth = NJW 2004, 930.

[85] BGH FamRZ 2005, 691 mAnm Bergschneider = NJW 2005, 1370; OLG Koblenz FamRZ 2006, 1447.

[86] BGH FamRZ 1995, 291 = NJW 1995, 1148; FamRZ 1992, 1403 (1405) = NJW 1992, 3164.

[87] So OLG Koblenz NJW 2007, 2052; OLG Frankfurt OLGR 2007, 748.

[88] BGH FamRZ 2014, 629 = NJW 2014, 1101, Rn. 50.

[89] BGH FamRZ 2014, 629 = NJW 2014, 1101, Rn. 50.

[90] BGH FamRZ 2004, 601 mAnm Borth = NJW 2004, 930; AK 22 des 15. DFGT FamRZ 2003, 1906; OLG Hamm FamRZ 1996, 116; OLG Düsseldorf FamRZ 1996, 734.

162 **Gemäß § 138 BGB (Wirksamkeitskontrolle)** kann ein Verzicht **nichtig** sein, wenn
* er seinem objektiven Gehalt nach zu Lasten des Sozialhilfeträgers geschlossen wurde, falls es sich um ehebedingte Risiken handelt.[91] Es kommt zusätzlich darauf an, dass dies absehbar war oder jedenfalls billigend in Kauf genommen wurde;[92]
* die elterliche Sorge oder Umgangsrecht zum „Handelsobjekt" gemacht wurden;[93]
* eine **Zwangslage** ausgenutzt wurde,[94] dies auf der eindeutigen Dominanz[95] eines Partners beruhte, insbesondere kann das beim Verzicht auf Kinderbetreuungsunterhalt[96] oder sonstigen elementaren Ansprüchen der Fall sein, dazu → Rn. 161. Indiz für eine unangemessene Benachteiligung kann das Bestehen einer Schwangerschaft sein (ohne angemessene Kompensation).[97] Das gilt sowohl bei Verträgen, in denen ein Vertragspartner im Innenverhältnis vom Kindesunterhalt freigestellt wird als auch bei Verträgen, durch die auf Betreuungsunterhalt verzichtet wird.
* Bei **Abfindungsvergleichen** ist in der Regel eine endgültige Regelung Vertragsinhalt geworden, so dass nur bei Täuschung über die alsbaldige Absicht der Wiederverheiratung ein Schadensersatzanspruch nach § 826 BGB in Betracht kommt. Der Abfindungsvergleich lässt grundsätzlich die Möglichkeit bestehen, das sog **Unterhaltsprivileg** nach § 33 VersAusglG in Anspruch zu nehmen (s. dazu → Rn. 160a).
* Sonst nach dem Gesamtcharakter der Vereinbarung (Inhalt, Beweggrund, Zweck, Zeitpunkt) die Vereinbarung gegen die guten Sitten verstößt, dh dem Anstandsgefühl aller billig und gerecht Denkenden zuwiderläuft.[98] Die Nichtigkeit erfasst dann den gesamten Vertrag. Das ist jedoch nicht der Fall, wenn der Ehevertrag ohne Berücksichtigung künftiger Einkommenssteigerungen geschlossen wurde.[99]
* Nichtigkeit kommt auch im Falle eines Unterhaltsverzichtes bei **ausländischen Ehepartnern** in Betracht, wenn sie wegen der Ehe ihr Heimatland verlassen haben.[100] Auch wenn das Ansinnen eines Ehegatten, eine Ehe nur unter der Bedingung eines Ehevertrags eingehen zu wollen, für sich genommen auch bei Vorliegen eines Einkommens- und Vermögensgefälles für den anderen Ehegatten in der Regel **noch keine (Zwangs-)Lage** begründet, aus der ohne Weiteres auf eine gestörte Vertragsparität geschlossen werden kann, so gilt aber ausnahmsweise dann etwas anderes, wenn der

---

[91] BGH BGH FamRZ 2017, 884 Rn. 28, 38; 2007, 197 mAnm Bergschneider = NJW 2007, 904 = DNotZ 2007, 128 mAnm Grziwotz; einschränkend für Lebensrisiken, die nicht ehebedingt sind; vgl. aber BGH FamRZ 2007, 450 = NJW 2007, 907; OLG Koblenz FamRZ 2001, 227 (nicht wenn Unterhaltsbedürftigkeit erst ein Jahr nach Vergleichsabschluss auftritt).

[92] BGH FamRZ 2007, 974 mAnm Bergschneider = NJW 2007, 2848; OLG Karlsruhe FamRZ 2001, 1217 (Ls.) = OLGR 2001, 174.

[93] BGH FamRZ 1984, 778 = NJW 1984, 1951; FamRZ 1986, 444 = NJW 1986, 1167; OLG Karlsruhe NJWE-FER 2001, 6 (Vereinbarung, durch die ein Ehepartner davon abgehalten werden soll, die Kinder zu sich zu nehmen).

[94] BGH FamRZ 2005, 1444 = NJW 2005, 2386; BGH NJW 2004, 930 = FamRZ 2004, 601 mAnm Borth; Dauner-Lieb FF 2004, 65.

[95] OLG Hamm NJW-RR 2003, 1629: Keine Nichtigkeit ohne Dominanz eines Ehepartners.

[96] BGH FamRZ 2006, 1359 = NJW 2006, 3142; NJW 2004, 930 = FamRZ 2004, 601 mAnm Borth; BVerfG NJW 2001, 957 mAnm Röthel (1334) = FamRZ 2001, 343 mAnm Schwab = FF 2001, 59 mAnm Büttner; BVerfG NJW 2001, 2248 = FamRZ 2001, 985 = FF 2001, 128 mAnm Dauner-Lieb; vgl. weiter Bergschneider FamRZ 2001, 1337 ff.; Dauner-Lieb/Sanders FF 2003, 117; Wachter ZNotP 2003, 408.

[97] BGH FamRZ 2006, 1359 mAnm Bergschneider 1437 = NJW 2006, 3142; BGH FamRZ 2005, 1444 = NJW 2005, 2386; OLG Hamm FamRZ 2014, 1635 (Ls.) = NJW 2014, 2880.

[98] BGH FamRZ 2006, 1097 mAnm Bergschneider = NJW 2006, 2331; BGH NJW 1997, 192.

[99] BGH FamRZ 2007, 974 mAnm Bergschneider = NJW 2007, 2848.

[100] BGH FamRZ 2007, 450 mkritAnm Bergschneider und FamRZ 2007, 1157 (Anhörungsrüge) = NJW 2007, 907 (Vorinstanz OLG Koblenz OLGR 2005, 355 = DNotZ 2007, 302 mkritAnm Grziwotz).

mit dem Verlangen nach dem Abschluss eines Ehevertrags konfrontierte Ehegatte erkennbar **in einem besonderen Maße auf die Eheschließung angewiesen** ist.[101] Die **ausländerrechtliche Komponente** gewinnt hier an Bedeutung,[102] wenn die Ehefrau von der Ausweisung bedroht ist. Es liegt auf der Hand, dass sich ein ausländischer Vertragspartner bei der Aushandlung eines Ehevertrags in einer deutlich schlechteren Verhandlungsposition befindet, wenn er seinen Lebensplan, dauerhaft unter Verbesserung seiner Lebensverhältnisse in Deutschland ansässig und erwerbstätig zu werden, nur unter der dem anderen Vertragspartner bekannten Voraussetzung der Eheschließung verwirklichen kann. Je dringlicher dieser Wunsch – etwa mit Blick auf drohende ausländerrechtliche Maßnahmen – erscheint, desto eher hat es der andere Vertragspartner in der Hand, sich die Verwirklichung dieses Wunsches durch ehevertraliche Zugeständnisse „abkaufen" zu lassen.[103]

* Bei **Globalverzichten** (Unterhalt, Zugewinn, Versorgungsausgleich, sonstigen vermögensrechtlichen Ansprüchen) liegt Unwirksamkeit nahe, ist aber nicht zwangsläufig zu bejahen. Es kommt nicht nur auf den objektiven Geschäftsinhalt an, sondern die Motive und Absichten der Parteien sind zusätzlich zu berücksichtigen.[104]

Eine **Ausübungskontrolle** findet nach der Rechtsprechung des BGH dagegen mit der Fragestellung statt, ob und inwieweit es einem Ehegatten nach Treu und Glauben unter dem Gesichtspunkt des Rechtsmissbrauchs (§ 242 BGB) verwehrt ist, sich auf eine ihn begünstigende Regelung zu berufen, wobei es insoweit maßgeblich ist, ob sich im Zeitpunkt des Scheiterns der Ehe aus dem vereinbarten Ausschluss der Scheidungsfolge eine evident einseitige, unzumutbare Lastenverteilung ergibt.[105] Hierbei finden auch die Grundsätze des Wegfalls der Geschäftsgrundlage Anwendung. Hält die Vereinbarung der Ausübungskontrolle nicht stand, ist eine **Vertragsanpassung** erforderlich.[106] Schließen die Eheleute die Scheidungsfolgenvereinbarung erst in der **Trennungsphase,** ist für eine Ausübungskontrolle kein Raum.[107]

Eine Anpassung ist etwa erforderlich, wenn die Eheleute sowohl Unterhalt als auch Versorgungsausgleich ausgeschlossen haben, die Ehefrau allerdings während der Ehe ihre Erwerbstätigkeit zugunsten der ehelichen Kinder eingeschränkt hat und im Zeitpunkt der Scheidung erwerbsunfähig erkrankt ist.[108]

Ergibt bereits die **Gesamtwürdigung eines Ehevertrags,** dessen Inhalt **für eine Partei ausnahmslos nachteilig** ist und dessen Einzelregelungen durch keine berechtigten Belange der anderen Partei gerechtfertigt werden, dessen Sittenwidrigkeit, so erfasst die Nichtigkeitsfolge notwendig den gesamten Vertrag; für eine Teilnichtigkeit bleibt in einem solchen Fall kein Raum.[109] **Bei Nichtigkeit nur einzelner Klauseln** des Ehevertrags schon im Zeitpunkt seines Zustandekommens nach § 138 Abs. 1 BGB ist zwar in der Regel nach § 139 BGB auch der gesamte Ehevertrag nichtig; aus anderweitigen

---

[101] BGH FamRZ 2014, 629 Rn. 41 und BGH FamRZ 2013, 269 Rn. 28.

[102] BGH FamRZ 2006, 1097, 1098 und BGH FamRZ 2007, 450, 451 f.

[103] BGH NJW 2018, 1015 = FamRZ 2018, 577 mAnm Bergschneider S. 580.

[104] BGH FamRZ 2006, 1097 mAnm Bergschneider = NJW 2006, 2331; NJW 1997, 126 und 192; OLG Bremen OLGR 2007, 52 (Plan Kinder zu haben); OLG Frankfurt FF 2001, 172; OLG Oldenburg FamRZ 2004, 545; nach AK 22 des 15. DFGT FamRZ 2003, 1906 wird bei Globalverzichten Vorliegen der subjektiven Voraussetzungen für Inhaltskontrolle widerlegbar vermutet.

[105] So BGH FamRZ 2018, 1415 = NJW 2018, 2871 Rn. 20

[106] BGH FamRZ 2013, 195 = NJW 2013, 380 Rn. 35.

[107] BGH FamRZ 2020, 1347 = NJW 2020, 3243 Rn. 41.

[108] BGH FamRZ 2013, 195 = NJW 2013, 380 Rn. 36 f.

[109] BGH FamRZ 2013, 195 = NJW 2013, 380 Rn. 22; FamRZ 2013, 269; BGH FamRZ 2006, 1097 mAnm Bergschneider = NJW 2006, 2331.

Parteivereinbarungen, zB salvatorischen Klauseln, kann sich dann aber ergeben, dass er auch ohne die nichtigen Klauseln geschlossen sein würde.[110]

163   **Zu den bis 30.6.1977 geschiedene Ehegatten** siehe die 13. Aufl. Rn. 163.

164   Auch für den Nachehelichenunterhalt gelten die zum Trennungsunterhalt dargestellten Grundsätze zum **Titulierungsinteresse** bei freiwilliger Zahlung (→ Rn. 158).

d) Unterhalt nach Eheaufhebung

165   **Der in Bezug auf die in § 1318 Abs. 2 S. 1 Nr. 1 BGB genannten Eheaufhebungsgründe gutgläubige Ehegatte** kann wie nach einer Scheidung Unterhalt verlangen.[111] Nach § 1318 Abs. 2 S. 1 Nr. 2 BGB gilt das – außer bei Doppelehe – auch bei beiderseitiger Kenntnis und ferner bei Betreuung eines gemeinschaftlichen Kindes, wenn die Versagung im Hinblick auf die Belange des Kindes grob unbillig wäre.

166   **Nach Aufhebung einer Scheinehe** besteht kein Anspruch, da § 1314 Abs. 2 Nr. 5 BGB in § 1318 Abs. 2 BGB nicht erwähnt ist.[112]

e) Wiederverheiratung (§ 1586 BGB)

167   Mit der Wiederverheiratung erlischt der Unterhaltsanspruch für die Zukunft (§ 1586 Abs. 1 BGB). Das gilt auch entsprechend für den Anspruch auf Betreuungsunterhalt aus § 1615l BGB.[113] Für die Vergangenheit und den Heiratsmonat bleibt der Anspruch bestehen (§ 1586 Abs. 2 BGB). § 1586 BGB ist abdingbar, so dass vertraglich auch für den Fall der Wiederverheiratung Unterhalt vereinbart werden kann.[114] Dazu bedarf es aber einer eindeutigen Regelung, da der Unterhaltsanspruch damit auf eine selbstständige vom gesetzlichen Unterhaltsanspruch losgelöste Grundlage gestellt wird.

f) Anspruch nach Scheidung der 2. Ehe (§ 1586a BGB)

168   **Nach Scheidung oder sonstiger Auflösung der Zweitehe** kann gegen den Ehegatten der Erstehe (erneut) ein Unterhaltsanspruch entstehen, wenn der Geschiedene ein Kind aus der ersten Ehe betreut (§ 1570 BGB).[115] Es muss also nach Auflösung der zweiten Ehe ein Unterhaltsanspruch gegen den ersten Ehegatten nach § 1570 BGB bestehen. Der wieder auflebende Anspruch gemäß § 1586a Abs. 1 BGB ist mit dem früheren Anspruch nicht identisch,[116] es muss also neu tituliert werden.[117] Ein Vorausantrag gegen den nach § 1586a Abs. 2 BGB vorrangig haftenden zweiten Ehemann ist nicht erforderlich, denn

---

[110] BGH FamRZ 2013, 269; BGH FamRZ 2005, 1444; OLG Frankfurt FamRZ 2006, 339 = NJW-RR 2005, 1597 Rn. 15.

[111] Dazu Bergerfurth FF 1999, 136 ff.; auch nach rechtskräftiger Scheidung kann noch Aufhebung beantragt werden: BGH FamRZ 1996, 1209 = NJW 1996, 2727.

[112] Krit. Wolf FamRZ 1998, 1487; Eisfeld AcP 2001, 662 ff. hält § 1318 Abs. 2 Nr. 5 BGB für verfassungswidrig.

[113] BGH FamRZ 2016, 892 = NZFam 2016, 460 mAnm Graba Rn. 16, 17; BGH FamRZ 2005, 347 mAnm Schilling/Graba NJW 2005, 503.

[114] OLG Koblenz FamRZ 2002, 1040; OLG Bamberg FamRZ 1999, 1278 = NJW-RR 1999, 1095.

[115] BGH FamRZ 2008, 1739 = NJW 2008, 3125, Rn. 47: vergleichende Betrachtung zu § 1579 Nr. 2 BGB.

[116] BGH FamRZ 1988, 46 = NJW 1988, 557; OLG Karlsruhe FamRZ 1989, 184 (keine vorbeugende negative Feststellungsklage).

[117] Dass der Parteiwille bei einer Unterhaltsvereinbarung auch den Anspruch nach § 1586a BGB umfasst, dürfte eine praktisch nicht vorkommende Ausnahme sein.

der Vorrang kann inzidenter geklärt werden.[118] Der Anspruch kann auch teilweise gegen den ersten, teilweise gegen den zweiten Ehemann bestehen (zB wenn nach zweiter Ehe nur teilweise Erwerbsunfähigkeit, wegen Kindesbetreuung des erstehelichen Kindes aber volle Erwerbsunfähigkeit).

g) Tod des Berechtigten

Der Tod des Berechtigten führt gem. § 1586 Abs. 1 BGB zum Erlöschen des Unter- **169**
haltsanspruchs, das gilt nach § 1586 Abs. 2 BGB aber nicht für den beim Tod fälligen Monatsbetrag und für Ansprüche auf Erfüllung oder Schadensersatz für die Vergangenheit. Dies gilt auch bei einer Abfindung.[119]

h) Anspruch gegen den Erben (§ 1586b BGB)

Der Tod des Verpflichteten führt gemäß § 1586b BGB (anders als im Verwandten- **170**
unterhalt gem. § 1615 BGB) nicht zum Erlöschen des Unterhaltsanspruchs, sondern die gesetzliche **Unterhaltspflicht geht auf den Erben als Nachlassverbindlichkeit über.**[120]
Das gilt auch für vertragliche Unterhaltsansprüche, die einen gesetzlichen Anspruch ausgestalten und für – seltene – rein vertragliche Unterhaltsansprüche, die nach dem Parteiwillen auch gegenüber den Erben gelten sollen.[121]

Auf eine Verwirkung nach § 1579 BGB kann sich der Erbe erstmals berufen, falls der Verpflichtete nicht ausdrücklich oder stillschweigend auf den Verwirkungseinwand verzichtet hat.[122]

Der Erbe kann die Haftung nach §§ 1975 ff. BGB beschränken, und er haftet gemäß § 1586b Abs. 1 S. 3 BGB nur mit dem **fiktiven Pflichtteil** – der Güterstand ist dafür ohne Bedeutung. Im Übrigen schuldet er aber den vollen Unterhalt,[123] die Beschränkungen nach § 1581 BGB fallen weg, da der angemessene Unterhalt des Verstorbenen nicht mehr gefährdet sein kann.

Fiktive Pflichtteilergänzungsansprüche sind in die Berechnung der Haftungsgrenze einzubeziehen, damit kein Anreiz besteht, den Nachlass durch Schenkungen unter Lebenden zu vermindern.[124] Auch ein Pflichtteilsverzicht des unterhaltsberechtigten Ehegatten lässt die Haftung des Erben nicht entfallen.[125]

Der Anspruch gegen den Erben muss nicht neu tituliert werden, eine Umschreibung des alten Titels ist möglich, da es dem Willen des Gesetzgebers entspricht, dem Unterhaltsberechtigten eine dauerhafte Sicherung über den Tod des Pflichtigen hinaus zu geben.[126]

---

[118] OLG Hamm FamRZ 1986, 364.

[119] BGH FamRZ 2005, 1662 = NJW 2005, 3282.

[120] BGH FamRZ 2019, 1234 = NJW 2019, 2392 mAnm Löhnig, Rn. 26.

[121] OLG Koblenz FamRZ 2003, 261 = NJW 2003, 439 (Revision trotz Zulassung nicht eingelegt); dazu Bergschneider FamRZ 2003, 1049; Schindler FamRZ 2004, 1527 und Haußleiter NJW-Spezial 2005, 535.

[122] BGH FamRZ 2004, 614 mAnm Büttner = NJW 2004, 1326; BGH FamRZ 2003, 521 = FPR 2003, 201 (keine Geltendmachung der Verwirkung durch Erblasser, um in den Genuss der Auswirkungen des § 5 VAHRG zu kommen).

[123] OLG Celle FamRZ 1987, 1038; vgl. weiter Schindler FamRZ 2004, 1527 und AK 22 des 16. DFGT, S. 166 (Umgestaltung in pflichtteilsähnlichen Geldanspruch).

[124] BGH NJW 2007, 3207 = FamRZ 2007, 1800; NJW 2003, 1769; Bestätigung von NJW 2001, 828 = FamRZ 2001, 282.

[125] Für Verlust: Frenz MittRhNotK 1995, 227 ff.; Dieckmann FamRZ 1999, 1029 ff. und 1992, 633; gegen Verlust: Grziwotz FamRZ 1991, 1258; Pentz FamRZ 1998, 1344 und 1999, 489; Schmitz FamRZ 1999, 1569.

[126] So BGH FamRZ 2004, 1546 mAnm Bergschneider = NJW 2004, 2896 wie OLG Koblenz FamRZ 2004, 557 mAnm Diener; OLG Zweibrücken OLGR 2007, 406.

Über den Einwand der auf den Nachlass beschränkten Erbenhaftung ist vom Familiengericht zu entscheiden, wenn dieser spruchreif ist, sonst muss es den Vorbehalt der beschränkten Erbenhaftung in den Tenor aufnehmen.[127]

i) Ansprüche gegen Dritte bei anfechtbaren Rechtshandlungen

171　　Hat der Verpflichtete sein Vermögen durch anfechtbare Rechtshandlung auf einen **Dritten** (meist seinen Lebensgefährten) **übertragen** und wird dadurch die Durchsetzung von Unterhaltsansprüchen vereitelt, besteht gem. § 11 AnfG ein Duldungsanspruch gegen den Dritten, um dem Berechtigten seine Befriedigungsmöglichkeiten wieder zu eröffnen.[128]

　　Ein Anspruch aus § 826 BGB gegen den Dritten zur Vollstreckung in dessen eigenes Vermögen kann bestehen, wenn zu dem die Anfechtung begründenden Umstand weitere Umstände hinzutreten, die zum Sittenwidrigkeitsurteil führen, zB bei aktivem Zusammenwirken mit dem Verpflichteten zum Schaden des Berechtigten.[129]

j) Getrenntlebens- und Geschiedenenunterhalt in den neuen Bundesländern (Art. 234 §§ 1 u. 5 EGBGB)

172　　**Für den Ehegattenunterhalt gilt ab 3.10.1990 das BGB.** Das gilt auch für vor dem Beitritt geschlossene Ehen. **Das FGB der DDR** – und zwar in der zum 1.10.1990 geänderten Fassung[130] – gilt, wenn die Scheidung im Beitrittsgebiet vor dem 3.10.1990 verkündet[131] worden ist.[132] Der BGH hat jedoch Art. 18 Abs. 5 EGBGB in der bis 17.6.2011 geltenden Fassung für entsprechend anwendbar erklärt, so dass sich bei Übersiedlung des Verpflichteten nach dem 1.9.1986 und vor dem 3.10.1990 in das Gebiet der alten Bundesrepublik der Unterhaltsanspruch nach §§ 1569 ff. BGB richtet.[133]

3. Allgemeines zur Unterhaltzumessung bei Kindern

a) Minderjährige unverheiratete Kinder

173　　**aa) Allgemeines. Minderjährige unverheiratete Kinder** erhalten gemäß §§ 1601 ff. BGB[134] nach Bestimmung der Eltern (§ 1612 Abs. 2 BGB) Unterhalt in der Regel teils in Geld, teils in Natur. Maßgeblich für das von § 1601 BGB vorausgesetzte Verwandtschaftsverhältnis in gerader Linie ist dabei alleine die **rechtliche Abstammung** gem. §§ 1589 ff. BGB, nicht dagegen die leibliche oder soziale Elternschaft.[135]

　　Ein aus **heterologer Insemination** hervorgegangenes Kind ist wie ein eheliches Kind zu behandeln, denn in der Zustimmung des Mannes lag eine vertraglich begründete Pflicht, für das Kind wie ein ehelicher Vater zu sorgen.[136] Nach § 1600 Abs. 4 BGB

---

[127] OLG Schleswig OLGR 1998, 282; er kann aber als Einrede in der Berufungsinstanz nachgeholt werden: OLG Zweibrücken OLGR 2007, 406.

[128] OLG Schleswig OLGR 2004, 226 zum Kollisionsrecht.

[129] BGH (VI.) FamRZ 2001, 86 mAnm Gerhardt = NJW 2000, 3138 = FF 2000, 212 mAnm Büttner – nicht nur, wenn § 826 BGB in „besonderer Weise" verwirklicht ist.

[130] 1. FamRÄndG vom 20.7.1990 – GBl. DDR I 1038; BGH FamRZ 1993, 43 = NJW-RR 1992, 1474; vgl. weiter Eberhardt FamRZ 1990, 917.

[131] Vgl. BGH FamRZ 1979, 906 (907) zum 1. EheRG.

[132] BVerfG FamRZ 2003, 1261 = FPR 2003, 593 (dann auch bei Scheidung vor dem 1.7.1977 ohne Witwen- oder Witwerrente nach § 243 SGB VI).

[133] BGH FamRZ 1994, 160 = NJW 1994, 382 und FamRZ 1994, 1582; BVerfG FamRZ 1994, 1453.

[134] BGH FamRZ 1997, 281 = NJW 1997, 735: der Anspruch folgt auch bei Zusammenleben der Eltern nicht aus §§ 1360, 1360a BGB, sondern aus §§ 1601 ff. BGB.

[135] BGH FamRZ 2020, 577 = NJW 2020, 925 Rn. 27.

[136] BGH FamRZ 1995, 861 = NJW 1995, 2028; FamRZ 1995, 865 = NJW 1995, 2031; LG Chemnitz NJW 1995, 787; dazu Roth FamRZ 1996, 769 ff.

können die leiblichen Eltern bei konsentierter Insemination die Vaterschaft nicht mehr anfechten; wenn dagegen das Kind die Ehelichkeit anficht, kann dadurch die Geschäftsgrundlage der Unterhaltszusage entfallen. Der BGH hat diese für ehelich geborene Kinder begründete Rechtsprechung nun auf die von **nicht verheirateten Wuscheltern** vereinbarte Zeugung eines Kindes durch heterologe Insemination übertragen.[137] Die Vereinbarung über die heterologe Insemination enthält regelmäßig zugleich einen von familienrechtlichen Besonderheiten geprägten Vertrag (§ 328 Abs. 1 BGB),[138] aus dem sich für den Mann, der nicht der leibliche Kindesvater ist, die Unterhaltspflicht gegenüber dem Kind ergibt. Die gegenüber der Frau zu erklärende Einwilligung des Mannes setzt voraus, dass er mit entsprechendem Rechtsbindungswillen die Stellung als Vater übernehmen will und bedarf keiner besonderen Form.[139] Bei **gleichgeschlechtlicher Partnerschaft** hat das durch heterologe Insemination gezeugte Kind ebenfalls keinen gesetzlichen Unterhaltsanspruch gegen die Partnerin der Mutter; die vorgenannten Grundsätze eines Anspruches des Kindes aus einem Vertrag zugunsten Dritter gem. § 328 Abs. 1 BGB, der sich hier gegen die getrennt lebende Partnerin der Kindesmutter richtet, gelten jedoch auch in diesem Fall.[140]

Bei **korrekter Adoption** haftet der Annehmende vor den leiblichen Eltern (§ 1770 Abs. 3 BGB). Das Kind muss die Leistungsunfähigkeit des Annehmenden im Prozess gegen die nachrangig Unterhaltsverpflichteten darlegen und beweisen.[141] Wird eine **inkorrekte Adoption** vorgenommen, liegt darin gleichfalls eine vertragliche Verpflichtung, dem Kind Unterhalt wie einem „ehelichen" Kind zu gewähren.[142]

Bei **scheidungsakzessorischem Statuswechsel** durch privatautonome Erklärung gem. § 1599 Abs. 2 BGB ist zu beachten, dass der Statuswechsel gem. § 1599 Abs. 2 S. 3 BGB erst mit der Rechtskraft des Scheidungsurteils eintritt, obwohl schon mit der Abgabe der Erklärungen unzweifelhaft ist, dass der anerkennende Dritte für das Kind Unterhalt zu leisten hat.

Gesteigerte Unterhaltspflicht. Gemäß § 1603 Abs. 2 BGB besteht eine erweiterte 174 Unterhaltspflicht der Eltern, denn es sind alle verfügbaren Mittel mit den Kindern zu teilen. Näher hierzu → Rn. 717 ff.[143]

Das Maß des Unterhalts richtet sich nach der Lebensstellung des Kindes (§ 1610 175 Abs. 1 BGB).[144] Sein Bedarf umfasst gem. § 1610 Abs. 2 BGB den gesamten Lebensbedarf. Mitumfasst ist als Bestandteil des angemessenen Lebensbedarfes auch der angemessene Kranken- und Pflegeversicherungsschutz, der folglich weder Mehr- noch Sonderbedarf ist.[145]

Das unterhaltsbedürftige minderjährige Kind hat allerdings noch keine eigene, sondern eine von der Lebensstellung beider Eltern abgeleitete Lebensstellung.[146] Sie ist damit zum einen nicht statisch, sondern dem Wandel der elterlichen Lebensstellung unterworfen.[147]

---

[137] BGH FamRZ 2015, 2134 = NJW 2015, 3434 = NZFam 2015, 1055.
[138] BGH FamRZ 2015, 2134 = NJW 2015, 3434 = NZFam 2015, 1055, Rn. 9.
[139] BGH FamRZ 2015, 2134 = NJW 2015, 3434 = NZFam 2015, 1055, Rn. 13.
[140] OLG Brandenburg FamRZ 2021, 1196 = NJW 2021, 1889.
[141] KG OLGR 2007, 441.
[142] BGH FamRZ 1995, 995 = NJW-RR 1995, 1089.
[143] AG Ribnitz-Damgarten FamRZ 2004, 302; Baumgärtel/Laumen, Handbuch der Beweislast, 2. Aufl. 1999, BGB § 1603 Rn. 18; **anders** OLG Karlsruhe FPR 2003, 28.
[144] BGH FamRZ 2021, 1965 = NJW 2022, 621 Rn. 32.
[145] OLG Frankfurt a. M. FamRZ 2020, 1916 = NZFam 2020, 446 (Hachenberg); OLG Oldenburg FamRZ 2018, 188 (Ls.) = NJOZ 2018, 365.
[146] BGH FamRZ 2021, 1965 = NJW 2022, 621 Rn. 32; FamRZ 2021, 28 = NJW 2020, 3721 Rn. 14; FamRZ 1993, 1304 (1306) = NJW-RR 1993, 1283 (es kommt nicht auf die Lebensstellung zurzeit der Scheidung an.
[147] OLG Frankfurt a. M. FamRZ 2020, 1916 = NZFam 2020, 446 (Hachenberg).

Zum anderen ist nach der neueren Rechtsprechung des BGH bei der **Ermittlung des Barunterhaltsbedarfs** auch des minderjährigen Kindes von dem **zusammengerechneten Einkommen** der Kindeseltern auszugehen,[148] nicht mehr nur nach demjenigen des barunterhaltspflichtigen Elternteils.[149] Die Unterhaltspflicht des Barunterhaltspflichtigen ist allerdings auf den Betrag begrenzt, der sich aus seinem Einkommen ergibt.[150] Da hiernach der Kindesbedarf bei beiderseitiger Erwerbstätigkeit in der Regel nicht vollständig durch die Zahlung des Barunterhaltspflichtigen gedeckt sein wird, bleibt ein Rest, der nach dem BGH vom Betreuungselternteil als Naturalunterhalt geleistet und bei der Berechnung des Ehegattenunterhaltes von dessen Einkommen abgezogen wird.[151]

Für die Eingruppierung nach der Düsseldorfer Tabelle ist dabei grundsätzlich auch das durch Ehegattensplitting erhöhte Einkommen des Barunterhaltspflichtigen zu Grunde zu legen.[152] Die weitere Unterhaltslast ist aber zu berücksichtigen. Sofern der Barunterhaltspflichtige verheiratet ist und sein Ehegatte (mit der Steuerklasse V) ebenfalls berufstätig ist, muss dessen Steuernachteil vom Splittingvorteil in Abzug gebracht werden.[153] Der Splittingvorteil ist dann insoweit zulasten des Kindes auf den Unterhaltspflichtigen und seinen Ehegatten in Anlehnung an § 270 AO nach dem Maßstab einer fiktiven Einzelveranlagung zu verteilen.[154] Die **Altersvorsorge** ist nicht zu berücksichtigen, solange nicht der Mindestbedarf gezahlt wird.[155]

Der betreuende Elternteil erfüllt grundsätzlich durch Pflege und Erziehung des Kindes seine Verpflichtung, zum Unterhalt des minderjährigen unverheirateten Kindes beizutragen, § 1606 Abs. 3 S. 2 BGB (bei Betreuung im paritätischen Wechselmodell → Rn. 175a). In diesem Fall ist der andere Elternteil alleine zum Barunterhalt verpflichtet; zudem bleibt es bei der hälftigen Kindergeldanrechnung (§ 1612b I S. 1 Nr. 1, S. 2 BGB). Auch bei **gemeinsamem Sorgerecht** steht dem Elternteil das Recht zu, für das Kind den vollen Barunterhalt zu fordern, der die Betreuung voll (oder überwiegend) leistet.[156] Dies gilt auch dann, wenn der betreuende Elternteil erwerbstätig ist und das Kind deswegen zeitweise durch Dritte betreuen lässt.[157]

Als **Ausnahmen** (dazu eingehend → Rn. 38 und 962 ff.) sind anzusehen:[158]

- wenn der Barunterhaltspflichtige nach Erfüllung der Barunterhaltspflicht **weniger als den angemessenen Selbstbehalt** hat (→ Rn. 38),[159]
- wenn der Betreuende ein **wesentlich höheres Einkommen** als der Barunterhaltspflichtige hat. Dazu ist aber etwa zwei- bis dreifach höheres Einkommen des Betreuenden

---

[148] BGH FamRZ 2021, 1965 = NJW 2022, 621 Rn. 33; FamRZ 2021, 28 = NJW 2020, 3721 Rn. 14.

[149] So die bisherige Rechtsprechung und Literatur, vgl. BGH FamRZ 2014, 917 = NJW 2014, 1958 Rn. 26.

[150] BGH FamRZ 2021, 28 = NJW 2020, 3721 Rn. 14.

[151] Zur Kritik vgl. Götz/Seiler FamRZ 2022, 1338; Schwamb FamRB 2022, 342; Duderstadt FamRZ 2022, 1775; befürwortend dagegen Gutdeutsch FamRZ 2022, 1757; Borth FamRZ 2022, 1758.

[152] BGH FamRZ 2021, 186 mAnm Seiler = NJW 2021, 697 Rn. 40; FamRZ 2008, 2189 = NJW 2008, 3562; FamRZ 2008, 968, 973; FamRZ 2005, 1817; OLG Nürnberg FamRZ 2015, 940 (Ls.) = FF 2015, 211 mAnm Bömelburg.

[153] BGH FamRZ 2008, 2189 = NJW 2008, 3562, Rn. 31 – 33; FamRZ 2010, 1318 mAnm Schürmann = NJW 2010, 2515, Rn. 23; OLG Nürnberg FamRZ 2015, 940 (Ls.) = FF 2015, 211 mAnm Bömelburg.

[154] BGH FamRZ 2021, 186 mAnm Seiler = NJW 2021, 697 Rn. 40; FamRZ 2013, 1563 = NJW 2013, 2900, Rn. 15; s. auch BGH FamRZ 2015, 1594 = NJW 2015, 2577, Rn. 51 (ebenso beim Elternunterhalt).

[155] OLG Düsseldorf FamRZ 2006, 1685.

[156] Dazu näher OLG Düsseldorf NJW-RR 2000, 74.

[157] OLG Koblenz FamRZ 2023, 128.

[158] BGH FamRZ 2013, 1558 = NJW 2013, 2897; FamRZ 2002, 742 mAnm Büttner = NJW 2002, 1646; vgl. Scholz FamRZ 2006, 1728.

[159] BGH FamRZ 2011, 1041 = NJW 2011, 1874, Rn. 41; FamRZ 2008, 137 = NJW 2008, 227.

erforderlich (näher → Rn. 955).[160] Abzustellen ist auf das Einkommen des Barunterhaltspflichtigen, das er bei gehöriger Erfüllung seiner gesteigerten Erwerbsobliegenheit erzielen könnte.[161]

Auch dann erlischt die Barunterhaltspflicht allerdings nicht ganz, sondern wird nur im ersten Ausnahmefall durch den angemessenen Selbstbehalt eingeschränkt bzw. im zweiten Fall – je nach dem Mehrverdienst – reduziert.

Ein Rollentausch nach Wiederverheiratung ist nur zu akzeptieren, wenn erkennbar ein wirtschaftlicher Vorteil damit verbunden ist, wobei eine (fiktive) Kontrollberechnung, wie es sich bei Fortsetzung der Berufstätigkeit gestaltet hätte, beim berechtigten Rollentausch allerdings nicht stattzufinden hat.[162] Nach den Grundsätzen der sog. **Hausmannrechtsprechung** des BGH (→ Rn. 750)[163] entfällt aber die Erwerbsobliegenheit des gegenüber minderjährigen unverheirateten Kindern zum Unterhalt Verpflichteten nicht ohne weiteres dadurch, dass er die Betreuung eines weiteren Kindes oder in einer neuen Ehe die Haushaltsführung übernommen hat.[164] Diese Rollenverteilung kann unterhaltsrechtlich nur hingenommen werden, wenn sie im Einzelfall durch wirtschaftliche Gesichtspunkte oder sonstige Gründe von gleichem Gewicht gerechtfertigt ist. Die unterhaltsberechtigten Kinder müssen eine Einschränkung ihrer Unterhaltsansprüche nur hinnehmen, wenn die Interessen des Unterhaltspflichtigen und diejenigen seiner neuen Familie ihr eigenes Interesse am Beibehalten der bisherigen Unterhaltssicherung deutlich überwiegen.[165] Ist die Rollenwahl hinzunehmen, besteht die Obliegenheit, ggfls. durch eine Nebentätigkeit zum Unterhalt der vom anderen Elternteil betreuten Kinder beizutragen.[166] Liegt zwar **kein Rollentausch** vor, betreut der barunterhaltspflichtige aber weitere Kinder, entfällt die gesteigerte Erwerbsobliegenheit deswegen grundsätzlich nicht. Zumutbare Fremdbetreuungsmöglichkeiten sind für die beim Unterhaltspflichtigen lebenden Kinder in Anspruch zu nehmen.[167] Die Betreuung der im eigenen Haushalt lebenden Kinder wird dann allerdings die Aufnahme einer Nebenbeschäftigung unzumutbar erscheinen lassen.[168]

In Fällen des Betreuungswechsels wechselt allerdings die Aktivlegitimation, auch für Unterhaltsrückstände.[169] Der bisher Betreuende kann in diesem Fall aber seinen Antrag wegen der Rückstände sachdienlich in eine solche auf einen eigenen **familienrechtlichen Ausgleichsanspruch** ändern (hierzu → Rn. 1206 ff.).[170] Der jetzt Betreuende kann für das

---

[160] BGH FamRZ 2013, 1558 = NJW 2013, 2897, Rn. 27 „wenige, besondere Ausnahmefälle", Rn. 29 „etwa das Dreifache"; OLG Frankfurt a. M. FamRZ 2020, 584 (Ls.) = NZFam 2019, 1054 mAnm Schwamb; OLG Dresden FamRZ 2016, 1172; OLG Brandenburg NZFam 2015, 1013 (bespr. v. Müller) und FamRZ 2006, 1780 = NJW 2007, 85 „mehr als doppelt so hoch"; Frankfurter Unterhaltsgrundsätze Nr. 12.3. zum 1.1.2016 „etwa dreifach". Die meisten anderen Leitlinien sprechen allgemeiner von „bedeutend" oder „wesentlich" höher; OLG Hamm FamRZ 2003, 1964: 20 % höheres Einkommen des Betreuenden reicht nicht.

[161] OLG Hamm OLGR 2006, 645 (auch Schätzungsmöglichkeit); OLG Köln OLGR 2003, 340.

[162] BGH FamRZ 2006, 1827 mAnm Strohal = NJW 2007, 139 = JZ 2007, 587 mAnm Singer.

[163] BGH FamRZ 2015, 738 = NJW 2015, 1178 = NZFam 2015, 359; FamRZ 2006, 1827 = NJW 2007, 139.

[164] Siehe hierzu umfassend: Seiler FF 2017, 355: Unterhaltsrechtliche Fragen im Zusammenhang mit Patchworkfamilien mwN.

[165] BGH FamRZ 2015, 738 = NJW 2015, 1178 = NZFam 2015, 359, Rn. 16.

[166] BGH FamRZ 2015, 738 = NJW 2015, 1178 = NZFam 2015, 359, Rn. 18.

[167] OLG Schleswig NJW 2015, 1538 = NZFam 2015, 364 (mAnm Schäfer), Rn. 21.

[168] OLG Schleswig NJW 2015, 1538 = NZFam 2015, 364 (mAnm Schäfer), Rn. 31.

[169] BGH FamRZ 2006, 1015 mAnm Luthin = NJW 2006, 2258; OLG Brandenburg FamRZ 2012, 1819; OLG München NJW-RR 2003, 1010; OLG Nürnberg OLGR 2001, 280.

[170] OLG Frankfurt FamRZ 2007, 909; ebenso Gießler FamRZ 2003, 1846 (abl. Anm. zur aA des OLG Rostock FamRZ 2003, 933). Grunds. zum isolierten Kindergeldausgleich im Wechselmodell als familienrechtlicher Ausgleichsanspruch: BGH 20.4.2016 XII ZB 45/15, NJW 2016, 1956.

Kind den laufenden Barunterhaltsanspruch gegen den bisher Betreuenden geltend machen. Das OLG Nürnberg hat einem Elternteil nach Übernahme der Betreuung der Kinder einen familienrechtlichen Ausgleichsanspruch zuerkannt, auch wenn seine Verpflichtung zur Leistung von Barunterhalt noch in einer nicht geänderten Jugendamtsurkunde, gegen die er aber mit dem Vollstreckungsabwehrantrag vorgehen könne, festgelegt war.[171]

Nach dem Tode eines Elternteils haftet der andere auf den doppelten Barunterhalt, wenn das Kind von Dritten betreut wird. Dabei ist der Betreuungsanteil pauschal dem Barunterhaltsanteil gleichzusetzen.[172] Im Ausnahmefall kann ein abweichender Betreuungsbedarf darlegt werden. Kindergeld und Halbwaisenrente sind als bedarfsdeckend anzurechnen.

Ein nicht in Schul- oder Berufsausbildung befindliches minderjähriges Kind kann eine **Erwerbsobliegenheit** treffen.[173] Das kommt aber nur für das Alter zwischen 16 und 18 Jahren in Betracht, und auch dann wird eine fiktive Zurechnung von Einkünften allenfalls teilweise (vgl. Rechtsgedanken des § 1611 Abs. 2 BGB) in Betracht kommen.

175a   **bb) Paritätisches Wechselmodell.** Derjenige Elternteil, der die **Hauptverantwortung** für ein minderjähriges Kind trägt, erfüllt **seine Unterhaltspflicht** im Sinne des § 1606 Abs. 3 Satz 2 BGB bereits **durch Erziehung und Pflege,** so dass dieser Elternteil von der Verpflichtung zu Barunterhaltszahlungen befreit ist. Hiermit verbunden ist auch die Berechtigung, den Unterhalt für das Kind gemäß § 1629 Abs. 2 S. 2 BGB in Verfahrensstandschaft bzw. im Namen des Kindes geltend zu machen.[174] Im Umkehrschluss aus § 1606 Abs. 3 S. 2 BGB bleiben dagegen **beide Elternteile barunterhaltspflichtig,** wenn keiner die Hauptverantwortung trägt;[175] § 1606 Abs. 3 S. 2 BGB ist hier nicht anwendbar, ebensowenig die Vertretungsregel des § 1629 Abs. 2 S. 2 BGB.[176] Dies ist die Lage beim sogenannten **paritätischen oder echten Wechselmodell.**

Ein solches paritätisches Wechselmodell wird angenommen bei einer exakten oder nahezu exakten Halbteilung der Betreuung.[177] Der **zeitlichen Komponente** der Betreuung kommt allerdings lediglich eine **Indizwirkung** zu, ohne dass sich die Beurteilung allein hierauf zu beschränken braucht; maßgeblich sind vielmehr die Gesamtumstände.[178] Eine Aufteilung der Betreuungsleistungen von 45:55[179] oder 42:58[180] wurde allerdings nicht mehr als echtes Wechselmodell gewertet, dagegen schon eine Betreuung von 52,5:47,5.[181]

Der **Unterhaltsbedarf des Kindes** bemisst sich im echten Wechselmodell – wie beim Volljährigenunterhalt – nach dem **zusammengerechneten Einkommen** beider Eltern,

---

[171] OLG Nürnberg FamRZ 2013, 796 = NJW 2013, 1101 = JAmt 2012, 612.

[172] BGH FamRZ 2006, 1597 mAnm Born = NJW 2006, 3421; in diesem Sinne auch BGH FamRZ 2007, 126 mAnm Born = NJW 2007, 989 m. Aufsatz Mörsdorf-Schulte NJW 2007, 964.

[173] OLG Rostock FamRZ 2007, 1267 (Teilerwerbstätigkeit); OLG Brandenburg MDR 2005, 340; OLG Koblenz JAmt 2004, 153; OLG Köln FuR 2005, 570; OLG Düsseldorf FamRZ 1990, 194 = NJW 1990, 1798: auch das minderjährige Kind muss nach grundlosem Ausbildungsabbruch jedwede Arbeit annehmen – in dieser Entscheidung wird die Anwendung des Rechtsgedankens des § 1611 Abs. 2 BGB generell abgelehnt.

[174] BGH FamRZ 2014, 917 = NJW 2014, 1958, Rn. 16.

[175] BGH FamRZ 2015, 236 = NJW 2015, 331, Rn. 17, 18.

[176] BGH FamRZ 2016, 1053.

[177] BGH FamRZ 2014, 917 = NJW 2014, 1958, Rn. 16.

[178] BGH FamRZ 2015, 236 = NJW 2015, 331, Rn. 21; OLG Frankfurt FamRZ 2014, 46 = FamFR 2013, 287, nur wenn neben etwa gleichen zeitlichen Anteilen auch die Verantwortung für die Sicherstellung der Betreuung bei beiden Eltern liegt.

[179] OLG Zweibrücken NJW-RR 2021, 520; KG NZFam 2019, 496.

[180] OLG Köln NZFam 2016, 1046.

[181] OLG Nürnberg NZFam 2017, 257.

umfasst aber außerdem die infolge des Wechselmodells entstehenden **Mehrkosten**.[182] Letztere sind insbesondere erhöhte Wohnkosten, da das Kind bei beiden Elternteilen Wohnbedarf hat, aber auch Kosten für Fahrten zwischen den Elternteilen. Hinzu kommen evtl. noch weitere – nicht durch das Wechselmodell verursachte – Mehrkosten für das Kind, die auch bei Betreuung durch nur einen Elternteil nach § 1606 Abs. 3 S. 1 BGB aufzuteilen wären (→ Rn. 134),[183] so dass auch diese Kosten ggfls. in die Berechnung der Haftungsanteile nach § 1606 Abs. 3 BGB für den Gesamtbedarf einzubeziehen sind. Kosten einer Nachmittagsbetreuung, die es dem Betreuenden ermöglicht, seiner Erwerbstätigkeit nachzugehen, gehören aber nicht dazu.[184] Der dem Kind von einem Elternteil während dessen Betreuungszeiten im Wechselmodell geleistete Naturalunterhalt führt nicht dazu, dass ein Barunterhaltsanspruch nicht geltend gemacht werden kann. Der geleistete Naturalunterhalt ist vielmehr nur als (teilweise) Erfüllung des Unterhaltsanspruchs zu berücksichtigen.[185]

Die **Haftungsanteile der Eltern** sind bei beiderseitiger Leistungsfähigkeit für den höheren Gesamtbedarf nach § 1606 Abs. 3 S. 1 BGB aufzuteilen.[186] Die Haftungsanteile der Eltern bemessen sich unter Vorwegabzug des angemessenen Eigenbedarfs[187] nach der jeweiligen Leistungsfähigkeit und sind jeweils auf den Betrag begrenzt, den der Unterhaltspflichtige bei alleiniger Unterhaltshaftung auf der Grundlage seines Einkommens zu zahlen hätte.[188]

Das staatliche **Kindergeld** kann trotz der pariätischen Betreuung nur von einem Elternteil bezogen werden. Zwar spräche nach dem Wortlaut von § 1612b Abs. 1 BGB zunächst einiges dafür, dass § 1612b Abs. 1 S. 1 Nr. 2 BGB den Abzug des vollen Kindergeldes nach sich zieht, weil ein Fall der Nr. 1 (Betreuung durch einen Elternteil, der nach § 1606 Abs. 3 S. 2 BGB allein damit seine Unterhaltsverpflichtung erfüllt) gerade nicht vorliegt[189] und der Einwand, damit werde der Bedarf des Kindes zu sehr reduziert,[190] angesichts dessen Bemessung aus dem zusammengerechneten beiderseitigen Einkommen der Eltern jedenfalls bei deren beider Leistungsfähigkeit nicht greift. Zutreffend ist aber, dass in diesen Fällen Betreuung für das Kind durch die Eltern geleistet wird. Deswegen erfolgt die **Aufteilung des Kindergeldes** in

- einen den Barbedarf deckenden und
- einen der Betreuung unterfallenden Anteil.

Diese Aufteilung führt nach der Rechtsprechung des BGH zu einer dem Wechselmodell besser angepassten Verteilungsgerechtigkeit.[191]

---

[182] BGH FamRZ 2017, 437 = NJW 2017, 1676 mAnm Graba, Rn 20; BGH FamRZ 2015, 236 = NJW 2015, 331, Rn. 18; ebenso OLG Dresden FamRZ 2016, 470 = NZFam 2016, 34; OLG Düsseldorf FamRZ 2016, 142.

[183] BGH FamRZ 2013, 1563 = NJW 2013, 2900, Rn. 12; FamRZ 2009, 962 = NJW 2009, 1816 Rn. 32.

[184] OLG Dresden FamRZ 2016, 470 = NZFam 2016, 34 (nachfolgend BGH NJW 2017, 1676).

[185] BGH FamRZ 2017, 437 = NJW 2017, 1676 mAnm Graba; Rn 21.

[186] BGH FamRZ 2015, 236 = NJW 2015, 331, Rn. 18, 19; FamRZ 2007, 707; FamRZ 2006, 1015 = NJW 2006, 2258; ausführlich dazu mit Rechenbeispielen Seiler FamRZ 2015, 1845 (1847, 1856); OLG Brandenburg 8.11.2022 – 13 UF 24/21, BeckRS 2022, 32064 Rn. 25.

[187] BGH FamRZ 2017, 437 = NJW 2017, 1676 mAnm Graba, Rn. 41.

[188] BGH FamRZ 2017, 437 = NJW 2017, 1676 mAnm Graba, Rn. 24.

[189] OLG Schleswig FamRZ 2015, 965; OLG Düsseldorf FamRZ 2014, 567 (569) = FamFR 2013, 588 mkritAnm Finke = JAmt 2014, 287 mkritAnm Knittel; zu weiteren Varianten dieser Ansicht vgl. auch Wohlgemuth FamRZ 2015, 808.

[190] Seiler FamRZ 2015, 1845 (1848).

[191] BGH FamRZ 2016, 1053 = NJW 2016, 1956, Rn. 25 ff.; OLG Dresden FamRZ 2016, 470 = NZFam 2016, 34 = MDR 2015, 1368; Seiler FamRZ 2015, 1845 (1848 f.), zurückgehend auf Bausch/Gutdeutsch/Seiler FamRZ 2012, 258 m. erläuternden Beispielen.

Die nicht auf den Barbedarf anzurechnende Kindergeldhälfte ist mit ihrer Hälfte (also einem Viertel des Kindergeldes) vom beziehenden Elternteil entweder auszukehren oder im Rahmen eines Gesamtausgleichs der wechselseitigen Ansprüche zu verrechnen. Möglich ist sogar ein isolierter Kindergeldausgleich beim Wechselmodell. Dieser erfolgt im Rahmen eines **familienrechtlichen Ausgleichsanspruchs** und kann allenfalls in Höhe von einem Viertel des jeweils ausgezahlten Kindergelds bestehen. Zugrunde liegt der Gedanke, dass der auf die Betreuung fallende Teil des Kindergeldes grundsätzlich unabhängig von den Einkommensverhältnissen bei dem Elternteil verbleiben soll, der den Betreuungsunterhalt leistet. Dies sind beim Wechselmodell beide Elternteile, so dass diese Hälfte des Kindergeldes je hälftig zuzurechnen sind (½ x ½ = ¼).[192]

Die auf den Barunterhalt entfallende zweite Hälfte des Kindergeldes lässt sich dagegen nur einkommensbezogen im Rahmen einer unterhaltsrechtlichen Gesamtabrechnung der Haftungsanteile (§ 1606 Abs. 3 S. 1 BGB) am Bedarf des Kindes ermitteln.[193] Hieraus ergibt sich der monatliche Ausgleichsbetrag, den das Kind nach der auf den geringerverdienenden Elternteil entfallenden Quote von diesem nicht erhalten kann und den deshalb der andere Elternteil über nachgewiesene Leistungen und Naturalunterhalt hinaus noch an das Kind zu Händen zu Händen des ersten Elternteils auskehren muss, damit das Kind während der Zeit bei diesem denselben Lebensstandard hat wie in der Zeit beim höherverdienenden Elternteil.[194]

Der BGH hat weiter entschieden, dass der Unterhaltsanspruch in zulässiger Weise **vom Kind gegen den besser verdienenden Elternteil** geltend gemacht werden kann. Dass er sich auf den Ausgleich der nach Abzug von den Eltern erbrachter Leistungen verbleibenden Unterhaltsspitze richtet, macht ihn **nicht** zu einem – nur zwischen den Eltern bestehenden – **familienrechtlichen Ausgleichsanspruch.**[195]

Das OLG Celle hat zur Zuordnung des Kindergeldes beim Wechselmodell entschieden,[196] dass im Rahmen der Ermessensentscheidung derjenige Elternteil als Bezugsberechtigter zu bestimmen ist, der Gewähr dafür bietet, dass das Kindergeld zum Wohl des Kindes verwendet wird. Maßgeblich ist hierfür das Verhalten jedes Elternteils vor Entstehen des Streits um die Zuordnung.[197]

Verfahrensrechtlich führt das paritätische Wechselmodell zur Frage des Vertretungsrechtes: In diesem Fall befindet sich ein Kind **nicht mehr in der Obhut** eines Elternteils iSd **§ 1629 Abs. 2 S. 2 BGB.**[198] Der Elternteil, der für das Kind Ansprüche gegen den anderen geltend machen will, muss entweder die Bestellung eines Ergänzungspflegers für das Kind zur Vertretung bei der Geltendmachung des Unterhaltsanspruchs herbeiführen oder beim Familiengericht beantragen, ihm gemäß § 1628 BGB die Entscheidung zur Geltendmachung von Kindesunterhalt allein zu übertragen.[199] Gerade letztere Lösung hat

---

[192] Wendl/Dose UnterhaltsR/Klinkhammer § 2 Rn. 447 ff. (450); Seiler FamRZ 2015, 1845 (1848 f.).

[193] BGH FamRZ 2016, 1053 = NJW 2016, 1956 Rn. 29.

[194] Vgl. mit Berechnung BGH BGH FamRZ 2017, 437 = NJW 2017, 1676 mAnm Graba; FamRZ 2016, 1053 m zust. Anm Seiler; OLG Dresden FamRZ 2016, 470 = NZFam 2016, 34, nachfolgend BGH FamRZ 2017, 437 = NJW 2017, 1676; Seiler FamRZ 2015, 1845 (1848 f.) mwN. Zum isolierten Kindergeldausgleich s. BGH FamRZ 2016, 1053 = NJW 2016, 1956.

[195] BGH FamRZ 2017, 437 = NJW 2017, 1676 mAnm Graba, Rn 44.

[196] OLG Celle FamRZ 2019, 31.

[197] OLG Celle FamRZ 2019, 31: zu beachten ist weiter, dass wegen der Änderung von § 66 Abs. 3 EstG zum 1.1.2018 rückständige Beträge nur noch für die Dauer von sechs Monate geltend gemacht werden können.

[198] Ausführlich dazu Seiler FamRZ 2015, 1845 (1849 f.); aA Sünderhauf NZFam 2014, 585 (586); Spangenberg FamRZ 2015, 1210, der § 1629 Abs. 3 S. 1 BGB entsprechend heranziehen will.

[199] BGH FamRZ 2014, 917 = NJW 2014, 1958, Rn. 16; FamRZ 2006, 1015 = NJW 2006, 2258; OLG Celle FamRZ 2015, 590; OLG Hamburg FamRZ 2015, 591 = NJW 2015, 416.

der BGH für zulässig erachtet.[200] Gegen die Anwendung von § 1628 BGB bestehen zwar dogmatische Bedenken wegen eines möglichen Interessenwiderstreits, weil der antragstellende Elternteil damit auch seine Unterhaltsverpflichtung absenken wolle.[201] Ein abstrakter Interessenkonflikt müsste allerdings auch in den Regelfällen der Betreuung durch einen Elternteil praktisch immer vorliegen, wenn gleichzeitig Trennungs- oder nachehelicher Ehegattenunterhalt verlangt werden.[202] Insoweit sieht der Gesetzgeber aber ausdrücklich nur einen ausnahmsweisen Entzug der Vertretungsbefugnis im Einzelfall nach § 1796 BGB vor (§ 1629 Abs. 2 S. 3 BGB). Daher wird man § 1628 BGB jedenfalls als zulässige Möglichkeit ansehen müssen.[203]

Bei der Inanspruchnahme von **Verfahrenskostenhilfe** ist ungeachtet des § 115 Abs. 1 S. 9 ZPO, der bei paritätischen Wechselmodell keine Anwendung finden soll, neben den Barunterhaltszahlungen auch ein hälftiger Kinderfreibetrag vom Einkommen des Bedürftigen abzusetzen.[204]

cc) Sonderformen der Betreuung.　　　175b

Liegt kein paritätisches Wechselmodell vor, kann aber der hiernach allein barunterhaltpflichtige Elternteil ein **weit über das übliche Maß hinaus gehendes Umgangsrecht** wahrnehmen, das eine gesonderte Behandlung erfordert. Außergewöhnlich hohe Aufwendungen des Barunterhaltpflichtigen, die dem Kindesunterhaltsanspruch nicht als bedarfsdeckend entgegengehalten werden können (insbes. Fahrt- und Unterbringungskosten), können Veranlassung geben, den Barunterhaltsbedarf des Kindes **um eine oder mehrere Einkommensgruppen** der Düsseldorfer Tabelle **herabzustufen**.[205] Eine weitergehende Minderung kommt in diesen Fällen (nur) in Betracht, wenn der barunterhaltpflichtige Elternteil dem Kind im Zuge seines erweiterten Umgangsrechts tatsächlich bedarfsdeckende Leistungen erbringt.[206]

Bei **Heimunterbringung** des Kindes richtet sich der Unterhaltsanspruch nach den tatsächlich entstehenden Kosten.[207] Dazu können auch Besuchskosten des sorgeberechtigten Elternteils gehören, die Bedarf des Kindes sind.[208] Soweit allerdings der Sozialhilfeträger die Kosten aufzubringen hat und nicht erstattet verlangen kann, ist der Bedarf gedeckt.[209]

dd) Unterhaltsvereinbarungen. Unterhaltsvereinbarungen zwischen den Eltern　　　175d
über den Kindesunterhalt sind nach § 1614 BGB nichtig, wenn die vereinbarte Leistung weit hinter den gesetzlichen Ansprüchen des Kindes zurückbleibt; dem gesetzlichen Vertreter des Kindes wird ein Spielraum für eine Unterschreitung jedenfalls bis zu 20 %, in

---

[200] BGH FamRZ 2017, 532 Rn 19 = NJW 2017, 1815.

[201] Seiler FamRZ 2015, 1845 (1850); Götz FF 2015, 146 ff.

[202] OLG Brandenburg FamRZ 2022, 1929 = NZFam 2022, 1138 (Hausleiter).

[203] BGH FamRZ 2017, 532 Rn 19 = NJW 2017, 1815; OLG Brandenburg FamRZ 2022, 1929 = NZFam 2022, 1138 (Hausleiter).

[204] BGH FamRZ 2022, 707 = NZFam 2022, 354 mAnm Christl.

[205] BGH FamRZ 2014, 917 = NJW 2014, 1958, Rn. 37; OLG Koblenz FamRZ 2021, 1798 (Ls.) = NZFam 2021, 689 mAnm Reinken.

[206] BGH FamRZ 2014, 917 = NJW 2014, 1958, Rn. 38; weitergehend OLG Düsseldorf NZFam 2016, 268 (mAnm Niederl) für zusätzliche Minderung um einen pauschalen Verpflegungsmehraufwand.

[207] BGH FamRZ 1986, 48 (49) = NJW-RR 1986, 66; OLG Oldenburg FamRZ 1996, 625 (bedenklich, soweit Anrechnung von Vergütung in Behindertenwerkstatt abgelehnt wird); OLG Schleswig DAVorm 1984, 191; OLG Frankfurt DAVorm 1983, 516; OLG Celle DAVorm 1982, 571; OLG Hamm FamRZ 1987, 742.

[208] OLG Bremen FamRZ 2001, 1300.

[209] OLG Schleswig OLGR 2001, 322 (§ 94 Abs. 3 S. 2 SGB VIII); OLG Oldenburg FamRZ 1996, 625 (zu § 91 Abs. 2 S. 2 Hs. 2 BSHG); OLG Koblenz OLGR 2002, 154.

der Regel aber nicht mehr bei einer Unterschreitung von 33 % des in Wahrheit geschuldeten Unterhalts zuzubilligen sein.[210] Damit sind auch grundsätzlich zulässigen **Freistellungsabreden** (→ Rn. 238) zwischen beiden Elternteilen enge Grenzen gesetzt, denn nur wenn dem sorgenden Elternteil ein Einkommen verbleibt, das den angemessenen Lebensunterhalt des Kindes, den eigenen Unterhalt und die Betreuungskosten deckt, ist eine durch die Freistellungsabrede eintretende Beeinträchtigung der Kindesinteressen auszuschließen.[211] Wird dagegen nicht berücksichtigt, ob die Mutter den Unterhaltsanspruch des Kindes ohne übermäßige Anstrengungen oder erhebliches Absinken des familiären Lebensstandards erfüllen kann, ist der Umfang und die Bedeutung des Schutzes durch Art 6. Abs. 2 GG vor verantwortungsloser Ausübung des Elternrechts zu Lasten des Kindeswohls verkannt.[212]

An einer Unterhaltsvereinbarung kann der Unterhaltsgläubiger nur festgehalten werden, wenn sie den Unterhaltsanspruch im Wesentlichen zutreffend festlegt. Der Unterhaltsgläubiger muss nicht dartun, dass zum jetzigen Zeitpunkt die Voraussetzungen des § 1614 Abs. 1 BGB vorlägen.[213]

176   Das Kind ist für die Höhe des Bedarfs **darlegungs- und beweispflichtig**, es sei denn, es wird nur der Mindestbedarf verlangt, denn nur insoweit regelt das Gesetz hinreichend eindeutig, dass das Kind bis zum (steuerlichen) Existenzminimum von der Darlegung und dem Beweis befreit sein soll.[214] Eine erzieherische Einflussnahme des nicht sorgeberechtigten Barunterhaltspflichtigen durch beschränkte Mittelzuweisung kommt nicht in Betracht.[215]

177   **In Ost-West-Fällen für Zeiträume bis 31.12.2007** siehe 13. Auflage Rn. 177.

b) Privilegiert volljährige Kinder

178   **aa) Umfang der Gleichstellung.**

Gem. § 1603 Abs. 2 S. 2 BGB stehen volljährige unverheiratete Kinder bis zur Vollendung des 21. Lebensjahrs minderjährigen Kindern gleich, solange sie im Haushalt der Eltern oder eines Elternteils leben und sich in der allgemeinen Schulausbildung befinden. Dies gilt nicht, wenn die Kinder bei Großeltern oder nahen Verwandten leben,[216] wohl aber bei Internataufenthalt.[217]

Diese **Gleichstellung** gilt für die gesteigerte Unterhaltspflicht[218] – **es gilt also der notwendige Selbstbehalt** – und den **Rang**, nicht aber für § 1606 Abs. 3 S. 2 BGB (Betreuung),[219] § 1606 Abs. 2 BGB (Vermögenseinsatz) und § 850d Abs. 2 ZPO (Rang in Vollstreckung).[220] Die Gleichstellung gilt nicht für behinderte Kinder, die die genannten

---

[210] Vgl. BGH FamRZ 2015, 2131 = NJW 2015, 3715, Rn. 22 (zum Trennungsunterhalt) mAnm Born; vgl. ferner OLG Karlsruhe NJW-RR 2006, 1586; OLG Brandenburg FamRZ 2004, 558; OLG Naumburg NJW-RR 2003, 1089.

[211] BVerfG FamRZ 2001, 343 = NJW 2001, 957.

[212] BVerfG FamRZ 2001, 343 = NJW 2001, 957.

[213] OLG Karlsruhe NJW-RR 2006, 1586.

[214] BGH FamRZ 2019, 1415 = NJW 2019, 3783 Rn. 15; OLG Oldenburg FamRZ 2020, 697 = NJOZ 2020, 523.

[215] BGH FamRZ 1983, 48 = NJW 1983, 393; FamRZ 1983, 473 = NJW 1983, 1429.

[216] OLG Stuttgart FamRZ 2006, 1706; OLG Hamm NJW-RR 2005, 1669 AG Heidenheim FamRZ 2006, 1707; aM OLG Dresden FamRZ 2002, 695.

[217] KG FamRZ 2016, 1469 (Ls.); OLG Brandenburg FamRZ 2005, 2094 (streitig).

[218] Vgl. nur BGH FamRZ 2019, 1415 = NJW 2019, 3783 Rn. 31.

[219] OLG Hamburg FamRZ 2003, 180; OLG Hamm FamRZ 1999, 1018; OLG Bremen FamRZ 1999, 1529; nicht zutreffend dagegen OLG Naumburg FamRZ 2001, 371.

[220] BGH FamRZ 2003, 1176 = NJW 2003, 2832.

Voraussetzungen nicht erfüllen, und bei Schulausbildung über das 21. Lebensjahr hinaus, mag die Fortdauer der Ausbildung auch unverschuldet sein.

bb) Allgemeine Schulausbildung. 179

Der BGH[221] hat dafür drei Kriterien aufgestellt:

- Ziel des Schulbesuchs muss der **Erwerb eines allgemeinen Schulabschlusses** sein. Der Besuch einer Berufsschule oder eine sonstige auf ein konkretes Berufsfeld bezogene Ausbildung gehört nicht dazu, auch nicht im „Berufsgrundbildungsjahr“.[222] Da eine berufsvorbereitende Bildungsmaßnahme nach § 51 SGB III nicht der Vorbereitung auf einen Schulabschluss dient, sondern der allgemeinen Verbesserung vorhandener Fähigkeiten, ist diese Maßnahme nicht einer allgemeinen Schulausbildung iSd § 1603 II 2 BGB gleichzusetzen.[223] Wohl zu bejahen ist es dagegen, wenn die Schule zwar auf ein konkretes Berufsziel ausgerichtet ist, aber dennoch einen allgemeinen Schulabschluss (Hauptschulabschluss, Fachhochschulreife) vermittelt.[224]
- **Zeitliche Voraussetzungen.** Der Schulbesuch muss die Arbeitskraft des Kindes mindestens überwiegend in Anspruch nehmen, so zB bei 20 Wochenstunden Unterricht.[225]
- Teilnahme an kontrolliertem Unterricht. Die Teilnahme darf nicht der Entscheidung des Schülers überlassen sein.

cc) Bedarf und Haftung der Eltern: 180

Der **Bedarf** bestimmt sich grundsätzlich nach dem **zusammengerechneten Einkommen der Elternteile**.[226] Der Unterhalt für **Kinder ab 18 Jahren, die noch im Haushalt der Eltern oder eines Elternteils leben,** bestimmt sich nach der **vierten Altersstufe** der Düsseldorfer Tabelle.[227].[228] Wenn für das Kind jahrelang ein niedrigerer als der geschuldete Unterhalt gezahlt worden ist, rechtfertigt das nicht, das Kind daran festzuhalten, denn der Unterhalt in der abgeleiteten Lebensstellung richtet sich nach den objektiven Einkommensverhältnissen.[229]

Anteilige Haftung beider Elternteile. Auch bei „Hauskindern“ haften die Eltern anteilig auf Barunterhalt, da eine Betreuung nicht mehr geschuldet ist.[230] Die anteilige Haftung errechnet sich nach dem Verhältnis der beiderseitigen Einkünfte nach Vorwegabzug des angemessenen Selbstbehalts, sofern kein Mangelfall vorliegt (→ Rn. 134).[231] Die Haftungsquote eines Elternteils beschränkt sich aber immer auf den Betrag, der sich allein nach seinem Einkommen ergäbe.

---

[221] BGH FamRZ 2001, 1068 = NJW 2001, 2633 und FamRZ 2002, 815 – (Höhere Handelsschule); OLG Bremen FamRZ 1999, 879 (allgemeine Fachhochschulreife).

[222] OLG Zweibrücken FamRZ 2001, 1479 (Ls. – Orientierung an § 2 BAföG) und NJWE-FER 2000, 53; KG OLGR 2002, 113; OLG Koblenz OLGR 1999, 284; **anders** OLG Dresden FamRZ 2004, 301 (Ls.); OLG Hamm FamRZ 1999, 1528 für Berufsfachschule, deren Abschluss Zugangsvoraussetzung für den Besuch einer Fachhochschule ist; dagegen OLG Koblenz NJWE-FER 2001, 176 (höhere Berufsfachschule Fachrichtung Betriebswirtschaft keine allgemeine Schulausbildung).

[223] OLG Hamm NJW-RR 2015, 452 = FamRZ 2015, 939.

[224] Für Gleichstellung: OLG Dresden FamRZ 2004, 301; OLG Celle FamRZ 2004, 301 (Vermittlung des Hauptschulabschlusses); OLG Köln FamRZ 2003, 179; dagegen: OLG Dresden OLGR 2005, 467; KG FamRZ 2003, 178.

[225] Nicht bei Abendschule: OLG Köln FamRZ 2006, 504; anders OLG Hamm FamRZ 2007, 497.

[226] BGH FamRZ 2017, 711 = NJW 2017, 1881 Rn. 11..

[227] Leitlinien/Unterhaltsgrundsätze aller Oberlandesgerichte unter Nr. 13.1..

[228] Düsseldorfer Tabelle 1.1.2023 Anm 2, 2. Absatz.

[229] **Anders** OLG Bamberg OLGR 2000, 38: Kind soll Änderungen der bisherigen „Lebensstellung“ dartun müssen – das überzeugt nicht.

[230] BGH FamRZ 2008, 137 = NJW 2008, 227, Rn. 18; FamRZ 2006, 99 = NJW 2006, 57, Rn. 13;.

[231] BGH FamRZ 2011, 454 = NJW 2011, 670 (mAnm Born), Rn. 36, 37 (auch zum bisherigen Streitstand zur Frage, ob der angemessene oder der notwendige Selbstbehalt vorher abzuziehen ist).

Bei Zusammentreffen von minderjährigen und privilegiert volljährigen Kindern ist umstritten, ob auch noch ein Vorwegabzug des Unterhalts für das minderjährige Kind vorzunehmen ist.[232] → Rn. 134.

Bei bloß fiktiven Einkünften eines Elternteils kann der andere auf den vollen Unterhalt in Anspruch genommen werden.[233]

181   **dd) Verfahrensrechtliches:**

Ein **Titulierungsinteresse** besteht für einen unbefristeten und dynamischen Titel,[234] und zwar auch dann, wenn der Schuldner den Unterhalt bisher regelmäßig und rechtzeitig gezahlt hat.[235]

Die **Titulierung** des Minderjährigenunterhalts, aber auch des Unterhalts junger Volljähriger bis 21 Jahre ist gemäß §§ 59, 60 SGB VIII vor dem Jugendamt **kostenfrei möglich,** aber auch eine notarielle Beurkundung solcher Unterhaltsverpflichtungen ist gem. § 55a KostO iVm §§ 141, 143 KostO gebührenfrei.[236]

Kommt der Unterhaltsschuldner der **Aufforderung zur kostenfreien Titulierung** nicht nach, gibt er Veranlassung zum gerichtlichen Verfahren.[237] Bei einer Zusatzforderung, zB auch auf einen unbefristeten oder dynamischen Titel, kommt ein Wahlrecht zwischen Erstantrag und Abänderungsantrag in Betracht.[238]

Das **Jugendamt** hat gem. § 18 Abs. 1 SGB VIII die Amtspflicht, alleinsorgende Elternteile bei der Geltendmachung von Kindesunterhaltsansprüchen zu beraten und zu unterstützen.[239] Eine Amtspflichtverletzung kann zu Schadensersatzansprüchen führen.[240] Wenn ein Jugendamt im Rahmen seiner Beistandschaft Unterhaltsansprüche für minderjährige Kinder geltend zu machen hat, haftet das Land für Pflichtverletzungen, die in jedem Verstoß gegen das Gebot treuer und gewissenhafter Amtsführung liegen können, gemäß § 839 Abs. 1 S. 1 BGB, Art. 34 GG bzw. aus §§ 1716 S. 2, 1833 Abs. 1 S. 1, 1915 BGB.[241] Sofern kein dynamischer Titel besteht, muss das Jugendamt darauf hinwirken, dass die sich aus Veränderungen der Altersstufe oder der Düsseldorfer Tabelle ergebenden höheren Beträge gezahlt werden.[242]

Die **Darlegungs- und Beweislast** für den Fortbestand seines Unterhaltsanspruchs in der titulierten Höhe trifft das privilegiert volljährige Kind.[243]

c) Volljährige und verheiratete Kinder

182   **Geschuldet wird der angemessene Unterhalt.** Die gesteigerte Unterhaltspflicht nach § 1603 Abs. 2 BGB besteht nicht mehr, so dass den Eltern der angemessene Selbstbehalt

---

[232] → Rn. 134. Verneinend OLG Stuttgart FamRZ 2007, 75; bejahend Spangenberg FamRZ 2007, 672 in Anm. zu dieser Entscheidung und OLG Saarbrücken FamRZ 2007, 1763; im Mangelfall bestehen gegen den Vorwegabzug Bedenken, vgl. BGH FamRZ 2002, 815, dann anteilige Berücksichtigung.

[233] OLG Hamm NJW-RR 2005, 509; OLG Nürnberg MDR 2000, 34; OLG Hamm OLGR 2000, 63.

[234] OLG Bamberg FamRZ 2019, 30 = NZFam 2018, 998; OLG Hamm FamRZ 2012, 993, besprochen v. Niepmann FamRZ 2012, 129.

[235] BGH FamRZ 1998, 1165 = NJW 1998, 3116; OLG Oldenburg FamRZ 2003, 1575.

[236] OLG Hamm FamRZ 1996, 1562; eine einseitige Titulierung seitens des Unterhaltspflichtigen entfaltet aber keine Bindung für das Kind: OLG Köln FamRZ 2001, 1716.

[237] OLG Köln NJW-RR 1998, 1703 und FamRZ 1997, 177; OLG Bremen OLGR 1996, 106 (108); OLG Hamm FamRZ 1992, 831.

[238] OLG Zweibrücken FamRZ 2011, 1529 mwN.

[239] KG OLGR 2001, 361; OLG Celle NJW-RR 1997, 135; Oberloskamp DAVorm 1997, 65.

[240] OLG Hamm OLGR 2001, 14.

[241] BGH FamRZ 2014, 290 = NJW 2014, 692, Rn. 10.

[242] BGH FamRZ 2014, 290 = NJW 2014, 692, Rn. 20 ff.

[243] BGH FamRZ 2017, 370 mAnm Knittel = NZFam 2017, 111 mAnm Graba.

verbleiben muss.[244] Eine Einkommenserhöhung die auf dem Splittingvorteil der neuen Ehe beruht, kommt grundsätzlich auch den Kindern aus früherer Ehe zugute,[245] soweit nicht ein dadurch eintretender Steuernachteil des berufstätigen Ehegatten des Unterhaltspflichtigen vorher abzuziehen ist,[246] was mittels fiktiver Einzelveranlagung zu geschehen hat, → Rn. 176.[247]

Die Eltern haften anteilig nach ihren Erwerbs- und Vermögensverhältnissen (§ 1606 Abs. 3 BGB). **Ist ein Elternteil nur fiktiv leistungsfähig,** kann der andere auf den vollen Bedarf in Anspruch genommen werden, auf ihn geht der Anspruch des Kindes aber über (§ 1607 Abs. 2 BGB).

Körperlich oder geistig behinderte Kinder, die nicht erwerbsfähig sind, stehen min- **183** derjährigen Kindern nicht gleich.[248] Auch für sie gilt grundsätzlich der Nachrang (§ 1609 Nr. 4 BGB) und der angemessene Selbstbehalt der Eltern.

Die **Identität der Unterhaltsansprüche** minderjähriger und volljähriger Kinder ist **184** ungeachtet der unterschiedlichen Ausprägung der Ansprüche zu bejahen,[249] so dass ein Unterhaltstitel auch nach Eintritt der Volljährigkeit fortwirkt[250] und Änderungen über § 238 FamFG geltend gemacht werden müssen. Die Tatsache, dass das Kind volljährig geworden ist oder geheiratet hat, kann daher nicht mit dem Vollstreckungsabwehrantrag nach § 120 Abs. 1 FamFG iVm § 767 ZPO geltend gemacht werden.[251]

Der **Eintritt der Volljährigkeit im laufenden Verfahren** ist allerdings von Amts wegen zu beachten.[252] Der BGH hat jedoch seine frühere Auffassung, es trete damit auch ein automatischer Beteiligtenwechsel ein,[253] aufgegeben und lässt nun ein Kind, dessen Unterhaltsanspruch zunächst nach § 1629 Abs. 3 BGB in Verfahrensstandschaft geltend gemacht worden ist, mit Eintritt der Volljährigkeit nur im Wege des **gewillkürten** Beteiligungswechsels in das Verfahren eintreten, ohne dass es dafür der Zustimmung des Antragsgegners bedarf.[254] Damit wird jetzt nicht nur dem Selbstbestimmungsrecht des jungen Volljährigen, der das Verfahren evtl. nicht weiterführen will, Rechnung getragen, sondern auch dem bisher in Verfahrensstandschaft aktiv beteiligten Elternteil die Fortsetzung ermöglicht, um auf einen familienrechtlichen Ausgleichsanspruch umzustellen.[255]

Der **Unterhaltsanspruch volljähriger Kinder** ist **nicht auf den Ausbildungsunter-** **185** **halt beschränkt.** § 1610 Abs. 2 BGB stellt lediglich klar, dass der Unterhaltsbedarf auch die Erziehungs- und Ausbildungskosten umfasst, besagt aber nichts über eine Beschränkung der Unterhaltspflicht zwischen Verwandten.[256]

---

[244] BGH FamRZ 1989, 272 = NJW 1989, 523.

[245] BGH FamRZ 2008, 2189 = NJW 2008, 3562; FamRZ 2005, 1817; vgl. auch OLG Nürnberg FamRZ 2015, 940 (Ls.) = FF 2015, 211 mAnm Bömelburg; aA OLG Oldenburg FamRZ 2006, 1127 und 1223.

[246] BGH FamRZ 2008, 2189 = NJW 2008, 3562, Rn. 31 – 33; FamRZ 2010, 1318 (mAnm Schürmann) = NJW 2010, 2515, Rn. 23; OLG Nürnberg FamRZ 2015, 940 (Ls.) = FF 2015, 211 (mAnm Bömelburg).

[247] BGH FamRZ 2013, 1563 = NJW 2013, 2900, Rn. 15; s. auch BGH FamRZ 2015, 1594 = NJW 2015, 2577, Rn. 51 (beim Elternunterhalt).

[248] BGH FamRZ 1984, 683 = NJW 1984, 1813; vgl. weiter → Rn. 956.

[249] BGH FamRZ 2006, 99 mAnm Niefheus = NJW 2006, 57; FamRZ 1994, 696 = NJW 1994, 1530; OLG Koblenz NJW-RR 2007, 438.

[250] OLG München NZFam 2016, 418; OLG Karlsruhe FamRZ 2016, 380.

[251] OLG Koblenz NJW-RR 2007, 438.

[252] OLG Brandenburg FamRZ 2012, 1819; OLG Koblenz FamRZ 2002, 965; OLG Naumburg FamRZ 2001, 1319.

[253] So zuletzt noch OLG Brandenburg FamRZ 2012, 1819 mwN.

[254] BGH FamRZ 2013, 1378 = NJW 2013, 2595, Rn. 8 – 11.

[255] Dazu OLG Nürnberg, NJW-Spezial 2013, 5 = JAmt 2012, 612; OLG Frankfurt FamRZ 2007, 909; ebenso Gießler FamRZ 2003, 1846. → Rn. 175.

[256] BSG FamRZ 1985, 1251 mwN; OLG Köln NJW 2000, 1201.

186   **Bei Nichtaufnahme einer Ausbildung, Ausbildungsabbruch oder nach Abschluss der Ausbildung** trifft das volljährige Kind eine umfassende Erwerbsobliegenheit. Für die Nutzung seiner Arbeitskraft gelten ähnliche Maßstäbe wie für den barunterhaltspflichtigen Elternteil im Verhältnis zum minderjährigen Kind.[257]

    Bei Verlust der Arbeit oder sonstigem Wiedereintritt der Bedürftigkeit gelten entsprechende Maßstäbe.[258]

187   **Für die Arbeitsplatzsuche im erlernten Beruf** ist eine Zeit von etwa 3 Monaten zuzubilligen,[259] danach muss Arbeit jeder Art,[260] auch unterhalb des Ausbildungsniveaus[261] und an jedem Ort Deutschlands aufgenommen werden, falls nicht ausnahmsweise örtliche Bindungen zu berücksichtigen sind. Auch bei Teilnahme an einem einjährigen Volkshochschulkurs wird eine Geringverdienertätigkeit zumutbar sein.[262]

188   **Zwischen Abitur und Ausbildungs- oder Studienbeginn** besteht in einer Übergangszeit von etwa drei Monaten ebenfalls keine Erwerbsobliegenheit, sondern im Regelfall der Anspruch auf eine gewisse Orientierungs- und Erholungsphase.[263] Die Länge der zuzubilligenden Orientierungsphase bestimmt sich aber nach den Umständen des Einzelfalls; maßgeblich sind insbesondere Alter, Entwicklungsstand und die gesamten Lebensumstände des Auszubildenden.[264]

189   Dagegen soll schon bei einer Pause von zwei Monaten **zwischen Zivildienst bzw. freiwilligem sozialen Jahr und Beginn einer Ausbildung** der Unterhalt durch Aufnahme einer Aushilfstätigkeit selbst gedeckt werden.[265] Diese Differenzierung überzeugt jedenfalls dann nicht, wenn der Abiturient den Zivildienst oder das freiwillige soziale Jahr unmittelbar nach der Schulzeit ohne eine Erholungsphase angetreten hat und danach etwas Zeit zur Neuorientierung benötigt.

    Eine Unterhaltsberechtigung besteht fort, wenn vor der Ausbildung ein vorgeschriebenes, **nicht vergütetes Praktikum** absolviert wird.[266] Der auf Ausbildungsunterhalt gerichtete Anspruch eines volljährigen Kindes entfällt auch nicht bereits dann, wenn es aufgrund eines notenschwachen Schulabschlusses erst nach drei Jahren vorgeschalteter **Berufsorientierungspraktika** und ungelernter Aushilfstätigkeiten einen Ausbildungsplatz erlangt.[267]

190   **Volljährige Kinder, die ihrerseits minderjährige Kinder betreuen,** trifft zwar im Verhältnis zu den Eltern grundsätzlich eine Erwerbsobliegenheit.[268] Der Anspruch auf Ausbildungsunterhalt gegen die Eltern geht aber nicht deshalb verloren, weil die Unterhaltsberechtigte infolge Schwangerschaft und anschließender Kinderbetreuung mit der Ausbildung verzögert beginnt, sofern sie die Ausbildung nach Vollendung des

---

[257] BGH FamRZ 1985, 1245; FamRZ 1987, 930 = NJW-RR 1987, 706; OLG Celle OLGR 2004, 210.

[258] OLG Karlsruhe FamRZ 1999, 1532 (dann Elternunterhaltsselbstbehalt); → Rn. 192; BGH NJW 2012, 2883 = FamRZ 2012, 1553.

[259] OLG Hamm FamRZ 1990, 904 = NJW-RR 1990, 1228; OLG Saarbrücken NJW-RR 1986, 295; KG FamRZ 1985, 419 (etwas großzügiger).

[260] Überblick zu den Anforderungen bei AG Kerpen NJW-RR 2000, 75.

[261] OLG Frankfurt DAVorm 1992, 875 (877); FamRZ 1987, 188 u. 408; OLG Hamm FamRZ 1987, 411; BSG FamRZ 1985, 1251 (Eltern tragen nicht das Anstellungsrisiko); zum Selbstbehalt ggü. dem wieder bedürftig werdenden vollj. Kind: BGH NJW 2012, 2883 = FamRZ 2012, 1553.

[262] OLG Köln FamRZ 2006, 504.

[263] OLG Koblenz FamRZ 2020, 1093; OLG Karlsruhe NJW 2012, 1599; OLG Hamm NJW-RR 2006, 509.

[264] BGH FamRZ 2001, 757 = NJW 2001, 2170 (2172).

[265] OLG Karlsruhe NJW 2012, 1599; OLG Zweibrücken NJW-RR 2006, 1660.

[266] OLG Frankfurt FamRZ 2007, 1839.

[267] BGH FamRZ 2013, 1375 = NJW 2013, 2751 Rn. 20.

[268] BGH FamRZ 1985, 273 = NJW 1985, 806; vgl. auch OLG Frankfurt FamRZ 2006, 566.

dritten Lebensjahres ihres Kindes und evtl. angemessener weiterer Übergangszeit aufnimmt.[269] Für einen Anspruch auf **Ausbildungsunterhalt** hat das OLG Jena[270] die
Erfolgsaussicht bejaht, obwohl zwischen Realschulabschluss und Aufnahme der Ausbildung sieben Jahre lagen, denn zwischenzeitlich hatte die Unterhaltsberechtigte vier
Kinder bekommen und diese nach der Geburt betreut.

Die **Höhe des Unterhalts richtet sich nach der Lebensstellung** des volljährigen 191
Kindes. Es kommt daher auf das Einkommen der Eltern an, solange das Kind noch eine
von ihnen abgeleitete Lebensstellung hat. Wesentlich dafür ist, ob das Kind noch keine
wirtschaftliche Selbstständigkeit erreicht hat.[271] Solange es noch **bei den Eltern oder
einem Elternteil wohnt,** ist deswegen die **4. Altersstufe der Düsseldorfer Tabelle** anwendbar.[272] Die Anknüpfung an die Lebensstellung der Eltern endet auch, wenn nach
Abschluss der Ausbildung keine Berufstätigkeit aufgenommen wird.[273]

Ob **noch eine abgeleitete oder schon eine selbstständige Lebensstellung** anzunehmen 192
ist, kann für folgende Fallgruppen zweifelhaft sein:

- **Arbeitslose** volljährige Kinder behalten die vorher erreichte selbstständige Lebensstellung, die aber durch die Arbeitslosigkeit absinken kann. Das gilt auch, wenn die
  Ausbildungspläne endgültig gescheitert sind. Das Kind erwirbt dann die einfache
  Lebensstellung eines Arbeitslosen.[274] Verliert das Kind – zB krankheitsbedingt – die
  wirtschaftliche Selbstständigkeit, ist den Eltern der nach der Düsseldorfer Tabelle und
  den unterhaltsrechtlichen Leitlinien für den Elternunterhalt vorgesehene Selbstbehalt
  zu belassen.[275]
- **Auszubildende, wenn sie ausgezogen sind:** Siehe Studenten, andernfalls aber 193
  → Rn. 191.
- **Behinderte** können nach entsprechender Verselbstständigung (zB dauerhafte Arbeit in 194
  Behindertenwerkstatt) ebenfalls eine selbstständige Lebensstellung erreichen.[276] Ihr
  Bedarf entspricht dem notwendigen Selbstbehalt. Das Entgelt von einer Behindertenwerkstatt ist anrechenbares Arbeitseinkommen.[277]
- **Inhaftierte Kinder**[278] bleiben unterhaltsbedürftig, wenn sie vor der Inhaftierung unter- 195
  haltsberechtigt waren, denn die Durchsetzung des staatlichen Strafanspruchs dient
  nicht der Entlastung Unterhaltspflichtiger. Weitere Voraussetzung ist aber, dass ihnen
  auch weiterhin keine fiktiven Einkünfte zuzurechnen sind. Bei der Höhe des Bedarfs
  ist die Inhaftierung zu berücksichtigen.[279]
- **Studenten** haben keine selbstständige Lebensstellung, wenn sie noch keine wirt- 196
  schaftliche Selbstständigkeit erreicht haben.[280] Es wird jedoch inzwischen eine typisier-
  te Bedarfssituation mit derzeit 930 EUR (Düsseldorfer Tabelle zum 1.1.2023) – etwa

---

[269] BGH, NJW 2011, 2884 = FamRZ 2011, 1560, Rn. 19. Ausführlich dazu: Götz FamRZ 2012, 1610 ff.

[270] OLG Jena MDR 2015, 400 = NZFam 2015, 512.

[271] BGH FamRZ 1997, 281 (283) = NJW 1997, 735; OLG Hamm FamRZ 2003, 1685; OLG Bamberg OLGR 2000, 38.

[272] → Rn. 180; Leitlinien/Unterhaltsgrundsätze Nr. 13.1.

[273] BGH FamRZ 1985, 371 (373) = NJW 1985, 1340; OLG Bamberg FamRZ 1994, 255 = NJW-RR 1993, 1093.

[274] OLG Bamberg FamRZ 1994, 255 = NJW-RR 1993, 1093 („Umstände des Einzelfalls").

[275] BGH NJW 2012, 2883, Rn. 16 = FamRZ 2012, 1553 mAnm Hauß FamRZ 2012, 1628.

[276] OLG Karlsruhe FamRZ 1986, 496.

[277] OLG Brandenburg FPR 2004, 474.

[278] Dazu DIV-Gutachten DAVorm 1988, 389.

[279] AG Stuttgart FamRZ 1996, 955 geht von Deckung des Bedarfs durch die Versorgungsleistungen des Staates aus; ähnlich OLG Karlsruhe NJW 2004, 519 für inhaftierte Ehegatten.

[280] BGH FamRZ 1987, 58; FamRZ 1986, 151; OLG Stuttgart FamRZ 1988, 1086; anders OLG
Düsseldorf FamRZ 1986, 950 bei Studenten mit eigenem Haushalt.

in Höhe des BAföG-Höchstsatzes – angenommen. Bei wirtschaftlich guten Verhältnissen der Eltern ist jedoch auf die bisherige Lebensstellung abzustellen.[281] Bei Studenten des 2. Bildungsweges bleibt die schon erreichte selbstständige Lebensstellung erhalten.

197　• **Verheiratete Kinder** haben eine eigene Lebensstellung. Gemäß § 1584 BGB haftet der geschiedene Ehegatte vor den Verwandten, solange er leistungsfähig ist.[282]

198　• **Wehrpflichtige** (siehe 13. Auflage Rn. 198, 199).

199　• Während **Bundesfreiwilligendienstes** (sog. „Bufdi") oder der Ableistung eines **freiwilligen sozialen Jahres** können unter Berücksichtigung dort erhaltener Bezüge ebenfalls ergänzende Unterhaltsansprüche bestehen.[283] Für die Dauer eines freiwilligen sozialen Jahres schulden leistungsfähige Eltern ihrem Kind jedenfalls dann Ausbildungsunterhalt, wenn das freiwillige soziale Jahr der Berufsfindung im weitesten Sinne dient und somit als Abschnitt einer angemessenen Ausbildung und das Kind dieses noch zur Zeit der Minderjährigkeit im Einverständnis der Eltern begonnen hat;[284] vor diesem Hintergrund dürfte die Finanzierung (auch) dieses Abschnittes und der damit unter Umständen verbundenen Verlängerung der Gesamtausbildung für den Unterhaltspflichtigen zumutbar sein.[285] Nach einer weitergehenden Ansicht bestehe während des freiwillig sozialen Jahres ein Kindesunterhaltsanspruch, da sich um eine zulässige Orientierungsphase handele.[286]

d) Unterhaltshöhe und Sättigungsgrenze

200　**Höherer Bedarf.** Einen über die Höchstsätze der Düsseldorfer Tabelle hinausgehenden Bedarf muss das volljährige Kind darlegen und beweisen. Der Verpflichtete kann ihm aber nicht entgegenhalten, in der Zeit der Minderjährigkeit habe er einen geringeren Unterhalt gezahlt und eine Änderung sei seitdem nicht eingetreten,[287] denn das jetzt volljährige Kind ist nicht daran gebunden, dass der bisher Sorgeberechtigte zu wenig Unterhalt verlangt hat.

Für volljährige Kinder ergibt sich teilweise eine Diskrepanz zu den Studentenbedarfssätzen, denn die vierte Altersstufe weist bereits ab der 9. Einkommensgruppe (4.701 - 5.100 EUR, DT ab 1.1.2023) einen Bedarfssatz von 955 EUR aus, während mit dem Studentenbedarfssatz von 930 EUR neben den Wohnkosten auch die studienbedingten Ausgaben (nicht jedoch die Studiengebühren) zu finanzieren sind.[288] Dies bedeutet, dass schon in der Einkommensgruppe 1 (bis 1.900 EUR) der Betrag für ein bei einem Elternteil wohnendes volljähriges Kind mit 628 EUR (bei einem darin enthaltenen Wohnanteil von 20 %) effektiv den Studentenbedarf fast erreicht, denn das auswärts wohnende Kind muss aus dem Studentenbedarfsbetrag von 930 EUR immerhin ca. 300 EUR für Wohnkosten aufbringen.[289] Die Düsseldorfer Tabelle sieht daher vor, dass im Einzelfall mit

---

[281] → Rn. 200; OLG Frankfurt FamRZ 1987, 1179.

[282] OLG Schleswig OLGR 1996, 123.

[283] OLG Hamm NZFam 2014, 232 (mkritAnm Schmitz gegen die Einschränkungen dem Grunde nach) für den „Bufdi"; OLG Stuttgart FamRZ 2007, 1353; OLG München OLGR 2002, 142 für freiwilliges soziales Jahr → Rn. 369.

[284] OLG Frankfurt/M FamRZ 2018, 1314 = NZFam 2018, 572.

[285] OLG Düsseldorf FamRZ 2019, 1136 = NJW 2019, 2480.

[286] AG Waldshut-Tiengen NZFAm 18, 755 = NJW-Spezial 2018, 518 mit Hinweis auf BGH NJW 2011, 2884 Rn. 23.

[287] Anders aber OLG Bamberg NJWE-FER 2001, 228.

[288] OLG Düsseldorf FamRZ 2012, 1654 (Ls.); OLG Hamm NJW-RR 2010, 577.

[289] Vgl. zB Kölner Leitlinien, Süddeutsche Leitlinien, Frankfurter Unterhaltsgrds. Nr. 13.1.2: In 930 EUR Studentenbedarf ist Warmmiete von 410 EUR enthalten.

Rücksicht auf die Lebensstellung der Eltern bei guten Verhältnissen der Studentenbedarf angehoben wird.[290]

Die für den Bedarf eines Studenten veranschlagten Beträge, die auch den durch- 201 schnittlichen ausbildungsbedingten Mehrbedarf umfassen,[291] zeigen seit 2008 keine Un- terschiede mehr.

Für nicht studierende Kinder außerhalb des Elternhauses werden ebenfalls die 202 Beträge des Studentenbedarfs angesetzt. Der Bedarf eines volljährigen Kindes, das bei seiner Großmutter und deren Ehemann lebt, beläuft sich auf die Höhe des Bedarfs eines volljährigen Kindes mit eigenem Hausstand (zurzeit 930 EUR); dort gewährte Verpfle- gung und Unterkunft sind freiwillige Leistungen Dritter und vermindern nicht den Unterhaltsbedarf.[292]

Eine Steigerung dieser Beträge kommt bei besonders günstigen Einkommensverhält- 203 nissen der Eltern in Betracht,[293] allerdings nicht in Form einer schematischen Fortschrei- bung der Werte der Düsseldorfer Tabelle. Zu berücksichtigen ist, dass nur der tatsäch- liche Unterhaltsbedarf zu decken ist.[294]

Eine Sättigungsgrenze allgemeiner Art ist jedoch weder für den Unterhalt minder- 204 jähriger noch volljähriger Kinder zu fixieren.[295] Kinder getrennt lebender oder geschie- dener Ehen sollen am Lebensstandard der Eltern ebenso teilhaben wie Kinder in „intakten" Ehen, anzuknüpfen ist also an das, was das Kind nach vernünftigen Maßstä- ben unter Berücksichtigung der bisherigen Gestaltung des Lebenszuschnitts braucht. Wesentlich kann daher sein, ob der Mehrbedarf auf dem Lebensstandard des Eltern- hauses beruhte.[296]

Andererseits ist die Lebensstellung des minderjährigen Kindes während der Schul- 205 und Ausbildungszeit in erster Linie durch sein **„Kindsein"** geprägt. Auch wenn es für den Bedarf des Kindes **keine Sättigungsgrenze** gibt, so kann das Kind **keine bloße Teilhabe am Luxus verlangen.**[297] **Daher** wird dem Kind auch bei **sehr guten wirt- schaftlichen** Verhältnissen nicht das geschuldet, was es wünscht, sondern was es braucht. Zu den Voraussetzungen einer konkreten Bedarfsberechnung bei der Bestimmung des Kindesunterhalts siehe OLG Düsseldorf.[298]

Die **Darlegungs- und Beweislast** für über die Höchstsätze der Düsseldorfer Tabelle 206 hinausgehenden Bedarf trifft den Unterhaltsberechtigten, wobei Schätzungen zu Einzel- positionen möglich sind.[299]

---

[290] Düsseldorfer Tabelle (Stand 1.1.2023) Anm. 7; Leitlinien und Unterhaltsgrundsätze Nr. 13.1.2., zB Hamm oder Frankfurt.

[291] OLG Düsseldorf FamRZ 1986, 1242; ausgenommen sind aber die Studiengebühren (Leitlinien und Unterhaltsgrds. Nr. 13.1.2), OLG Koblenz NJW-RR 2009, 1153; OLG Hamm NJW-RR 2010, 577 (aber nicht die sog. Semestergebühren); s. dazu auch OLG Düsseldorf FamRZ 2012, 1654 (Ls.).

[292] OLG Hamm FamRZ 2014, 222 = NJW-RR 2014, 5 = FamFR 2013, 344.

[293] BGH FamRZ 2001, 1603 = NJWE-FER 2001, 253; das entspricht BGH FamRZ 1987, 58 (60); FamRZ 1988, 37 = NJW-RR 1988, 66; OLG Stuttgart FamRZ 1988, 1086.

[294] BGH FamRZ 1987, 58 (60); OLG Brandenburg FamRZ 2006, 1781; OLG Schleswig FuR 2001, 417; KG FamRZ 1998, 1386.

[295] BGH FamRZ 2000, 358 mAnm Deisenhofer = NJW 2000, 954; OLG Koblenz FamRZ 1992, 1217; OLG Düsseldorf NJW-RR 1992, 1029 (1031) und FamRZ 1991, 806.

[296] OLG Düsseldorf FamRZ 1999, 1452.

[297] BGH FamRZ 2021, 28 = NJW 2020, 3721 mAnm Born, Rn. 21.

[298] OLG Düsseldorf FamRZ 2017, 113 = FF 2018, 123.

[299] BGH FamRZ 2001, 1603 (1604) = NJWE-FER 2001, 253; BGH FamRZ 2000, 358 mAnm Deisenhofer = NJW 2000, 954; FamRZ 1983, 473 = NJW 1983, 1429; OLG Bamberg FamRZ 2000, 312.

4. Vereinfachtes Unterhaltsverfahren; weitere Unterhaltsrechtsverhältnisse

a) Vereinfachtes Verfahren bis zum 1,2-fachen Mindestunterhalt und Mindestunterhalt bei Feststellung der Vaterschaft

207   **aa) Vereinfachtes Verfahren (§§ 249–260 FamFG).**[300] Bis zum 1,2-fachen des Mindestunterhalts kann „der Unterhalt eines minderjährigen Kindes" (es kommt dabei auf die Art des zu titulierenden Unterhaltsanspruchs als Minderjährigenunterhalt an, nicht auf das Alter des Antragstellers während des Verfahrens)[301] in einem vereinfachten Verfahren nach §§ 249–260 FamFG gegen den Elternteil, mit dem es nicht zusammen in einem Haushalt lebt, tituliert werden.[302]

207a   Mit dem **Gesetz zur Änderung des Unterhaltsrechts und des Unterhaltsverfahrensrechts sowie zur Änderung der ZPO und kostenrechtlicher Vorschriften vom 20.11.2015**[303] wurde das vereinfachte Verfahren über den Unterhalt Minderjähriger teilweise neu geregelt.[304] Das vereinfachte Verfahren ist **nur zulässig für die Erstfestsetzung** des Unterhalts (§ 249 Abs. 2 FamFG).[305] Das Verfahren ist daher nicht mehr statthaft, wenn bereits eine gerichtliche Entscheidung „über den Unterhaltsanspruch" des Kindes vorliegt oder ein zur Zwangsvollstreckung geeigneter Schuldtitel errichtet worden ist; eine erst nach Antragstellung errichtete Jugendamtsurkunde steht demnach nicht entgegen.[306] Es ist auch unzulässig, wenn über den Unterhaltsanspruch ein anderes gerichtliches Verfahren anhängig ist unabhängig davon, ob die jeweiligen Streitgegenstände identisch sind;[307] dies gilt auch für ein nicht weiterbetriebenes VKH-Prüfungsverfahren.[308]

207b   Das vereinfachte Verfahren ist **unzulässig**, wenn das Kind bei keinem Elternteil lebt und daher beide Eltern barunterhaltspflichtig sind, da es nicht geeignet ist, die anteilige Haftung der Eltern gemäß § 1606 Abs. 3 S. 1 BGB nach ihren Erwerbs- und Vermögensverhältnissen zu klären.[309] Dies gilt ebenso bei bei Kindesbetreuung im **paritätischen Wechselmodell,** bei dem die Abgrenzung zwischen Barunterhalt und in Betracht kommenden Naturalunterhaltsleistungen im vereinfachten Verfahren nicht möglich ist, weil es für wertende Beurteilungen keinen Raum lässt.[310] Unzulässig ist das vereinfachte Verfahren auch dann, wenn die Eltern über das Vorliegen eines echten Wechselmodells streiten.[311]

---

[300] Gesamtüberblick zum bis 31.12.2016 geltenden Recht: Lucht FuR 2010, 197 ff.; zum ab 1.1.2017 geltenden Recht: Bömelburg FamRB 2016, 27 ff.

[301] BGH FamRZ 2006, 402 = NJW-RR 2006, 582, Rn. 19–21, entscheidet damit den früheren Streit: OLG Koblenz OLGR 2006, 632 (bereits ähnlich wie BGH), anders ua OLG Brandenburg FamRZ 2002, 1346, wonach es auf das Alter des Antragstellers im Zeitpunkt der Beschlussfassung ankommen sollte (ebenso bis zur 10. Auflage). Für die **Vollstreckung durch den Volljährigen** tritt nun § 244 FamFG an die Stelle des bisherigen § 798a ZPO.

[302] Alttitel, die das 1,5-fache des früheren Regelbetrags überschreiten, können gleichwohl dynamisiert werden: OLG Düsseldorf DAVorm 2000, 63 und OLG Karlsruhe DAVorm 2000, 62.

[303] BGBl. 2015 I 2018; BT-Drs. 18/5918 (Regierungsentwurf), 18/6287 (Bundesrat), 18/6380 (Beschlussvorlage); speziell dazu Bömelburg FamRB 2016, 27; ferner Borth FamRZ 2015, 2013.

[304] Zur Reform siehe: Herrmann FuR 2017, 587u 644; Hütter Rpfleger 2016, 449; Többen NJW 2016, 273; Bömelburg FamRB 2016, 27; Burghart NZFam 2015, 946; Borth FamRZ 2015, 1154u 2013; ders FamRZ 2017, 274 Nickel MDR 2015, 1389.

[305] OLG Naumburg FamRZ 2002, 1045.

[306] OLG Stuttgart FamRZ 2021, 1137= NJW-RR 2021, 1013; OLG München FamRZ 2001, 1076.

[307] OLG Brandenburg FamRZ 2021, 616 (Mahnverfahren); OLG Oldenburg FamRZ 2020, 1644 = NZFam 2020, 544 (Benner) zum Stufenantrag.

[308] OLG Frankfurt a. M. FamRZ 2021, 531 = NJOZ 2020, 1382.

[309] OLG Stuttgart FamRZ 2014, 1473 = NZFam 2014, 566 mAnm Bruns.

[310] OLG Brandenburg FamRZ 2021, 615; OLG Celle FamRZ 2003, 1475 = OLGR Celle 2004, 15.

[311] OLG Dresden FamRZ 2020, 112 = NJOZ 2019, 1655.

Liegt nur ein nicht paritätisches Wechselmodell vor, steht dies der Zulässigkeit des vereinfachten Verfahrens nicht entgegen.[312] Das Verfahren ist schließlich auch nicht zulässig, wenn der Unterhaltsschuldner schlüssig darlegt, dass das Kind mit ihm in einem Haushalt lebt.[313]

Im vereinfachten Verfahren können **gesetzliche Verzugszinsen** ab dem Zeitpunkt der **207c** Zustellung des Festsetzungsantrages auf den zu dieser Zeit rückständigen Unterhalt festgesetzt werden; die Festsetzung künftiger Verzugszinsen ist ausgeschlossen.[314] Auch der Antrag auf Festsetzung eines den Regelbetrag unterschreitenden Unterhalts ist möglich.[315] Zweckmäßigerweise sollte der Unterhalt im vereinfachten Verfahren hinsichtlich der laufenden Beträge immer als **dynamisierter Unterhalt** verlangt werden.[316]

Der **Beistand Jugendamt** kann den Unterhalt für das Kind im vereinfachten Verfahren geltend machen.[317] Die Bedeutung dieser Möglichkeit ist gestiegen, nachdem der BGH entschieden hat, dass § 1629 BGB auch bei getrenntlebenden, verheirateten und gemeinsam sorgeberechtigten Eltern einer Vertretung des Kindes durch das Jugendamt als Beistand zur gerichtlichen Geltendmachung von Kindesunterhalt nicht entgegensteht.[318] Wenn ein Jugendamt im Rahmen seiner Beistandschaft Unterhaltsansprüche für minderjährige Kinder geltend zu machen hat, haftet das Land auf Schadensersatz für Pflichtverletzungen, die in jedem Verstoß gegen das Gebot treuer und gewissenhafter Amtsführung liegen können, gemäß § 839 Abs. 1 S. 1 BGB, Art. 34 GG bzw. aus §§ 1716 S. 2, 1813 Abs. 1, 1794 BGB in der ab dem 1.1.2023 gültigen Fassung.[319] Sofern kein dynamischer Titel besteht, muss das Jugendamt darauf hinwirken, dass die sich aus Veränderungen der Altersstufe oder der Düsseldorfer Tabelle ergebenden höheren Beträge gezahlt werden.[320]

Die **Kostenentscheidung** richtet sich nach § 243 FamFG, wobei sowohl das prozessuale Vorgehen des Antragstellers als auch ein etwaiges Aufklärungsverschulden des Antragsgegners zu berücksichtigen ist.[321]

Auch das **Kindergeld** kann dynamisiert werden.[322] **Die Dynamisierung von Alttiteln** **208** **nach Art. 5 § 3 Abs. 2 KindUG** ist nicht auf das 1,2-fache des Mindestunterhalts beschränkt.[323] Der Mindestunterhalt einer höheren Altersstufe kann aber mit dieser Dynamisierung nicht tituliert werden,[324] ebenso kann ein zeitlich begrenzter Alttitel nicht in einen zeitlich unbegrenzten Titel umgewandelt werden.[325]

Nach § 252 FamFG kann der Antragsgegner im Verfahren **Einwendungen** erheben; **209** die Norm differenziert zwischen Einwendungen, die sich gegen die Zulässigkeit des Verfahrens (Abs. 1), und anderen Einwendungen, die sich gegen den Unterhalts-

---

[312] OLG Frankfurt a. M. FamRZ 2020, 838 = NJW-RR 2020, 518.

[313] OLG Nürnberg FamRZ 2018, 697.

[314] BGH FamRZ 2008, 1428 = NJW 2008, 2710.

[315] OLG Naumburg FamRZ 2007, 1027 mAnm van Els FamRZ 2007, 1660.

[316] Aber so weit wie möglich zu beziffern: OLG Brandenburg FamRZ 2007, 71 (Ls.); vgl. Miesen FamRZ 1999, 1397.

[317] OLG Stuttgart JA 2007, 40 mAnm Knittel.

[318] BGH FamRZ 2015, 130 = NJW 2015, 232, krit. Anm. Schwamb FamRB 2015, 5; ebenso OLG Schleswig FamRZ 2014, 1712; aA OLG Oldenburg (Vorinstanz) FamRZ 2014, 1652; OLG Celle FamRZ 2013, 53 und NJW-RR 2012, 1409.

[319] BGH FamRZ 2014, 290 = NJW 2014, 692, Rn. 10.

[320] BGH FamRZ 2014, 290 = NJW 2014, 692, Rn. 20 ff.

[321] OLG Köln FamRZ 2012, 1164.

[322] OLG Düsseldorf FamRZ 2002, 1046 (aufgrund Änderung des § 647 Abs. 1 S. 2 Nr. 1c ZPO = jetzt § 251 Abs. 1 S. 2 Nr. 1c FamFG); Keidel/Giers FamFG § 251 Rn. 7.

[323] BVerfG FamRZ 2001, 754 = NJW 2001, 2160.

[324] OLG Nürnberg NJW 2001, 3346.

[325] OLG Stuttgart FamRZ 2002, 550.

anspruch richten (Abs. 2–4). Zu den **formellen Einwendungen** zählen etwa die Behauptung, kein Kind mit diesem Geburtsdatum zu haben,[326] die Trennung von der Kindesmutter zu einem späteren Zeitpunkt,[327] der Einwand des Unterhaltsverpflichteten, er lebe mit der Kindesmutter zusammen,[328] oder die infolge fehlender Sorgeberechtigung fehlende Vertretungsmacht.[329] **Materielle Einwendungen** können nur unter den Voraussetzungen des § 252 Abs. 2–4 FamFG erhoben werden. Abs. 2 umfasst alle Einwendungen, die nicht unter Abs. 1 fallen wie etwa das Bestreiten der Vaterschaft.[330] Abs. 3 und 4 enthalten ergänzende Regelungen für den Einwand der Erfüllung und der fehlenden Leistungsfähigkeit. Beim Einwand eingeschränkter oder fehlender Leistungsfähigkeit ist der Unterhaltsschuldner nach Abs. 4 insbesondere zur Auskunft über seine Einkünfte und sein Vermögen verpflichtet.[331] Lässt der Antragsgegner durch seine nach §§ 133, 157 BGB auszulegende Erklärung mit hinreichender Deutlichkeit erkennen, nicht leistungsfähig zu sein, muss er entgegen dem Wortlaut des § 252 Abs. 2 FamFG nicht noch einen konkreten Unterhaltsbetrag nennen, zu dessen Leistung er bereit sei.[332]

Alle Einwendungen können nur **bis zum Erlass des Festsetzungsbeschlusses gem. § 252 Abs. 5 FamFG** (Wortlaut angepasst an § 38 Abs. 3 S. 3 FamFG) erhoben werden.

Bei nicht zurückzuweisenden Einwänden nach § 252 Abs. 1 FamFG oder zulässigen Einwendungen nach § 252 Abs. 2–4 FamFG ist gem. §§ 254, 255 FamFG zu verfahren; auf Antrag ist in das streitige Verfahren überzugehen.

209a   § 256 Satz 1 FamFG enthält einen Katalog von möglichen Beschwerdegründen. Soweit nun auch ausdrücklich Einwendungen gegen die Unzulässigkeit des vereinfachten Verfahrens genannt sind, ist das auch nur eine Klarstellung.[333] Auch wenn die Unzulässigkeit nicht im erstinstanzlichen Verfahren geltend gemacht wurde, kann sich der Unterhaltsschuldner im Beschwerdeverfahren darauf berufen.[334]

Soweit die **Beschwerde zulässig** ist, richtet sie sich – außer gegen die Kostenentscheidung und Kostenfestsetzung → Rn. 209b – nach **§§ 58 ff. FamFG.**

Die **Beschwerde kann nicht gestützt werden** (§ 256 Satz 2 FamFG) auf nicht rechtzeitig vor Erlass des Festsetzungsbeschlusses erhobene Einwendungen nach § 252 Abs. 2 FamFG (→ Rn. 209), dh insbesondere nicht auf verspätete Einwendungen mangelnder Leistungsfähigkeit und den Einwand der Erfüllung.[335] Eine Ausnahme kann sich dann ergeben, wenn der Vortrag zu der Annahme führt, die nach §§ 250 FamFG von Antragstellerseite vorgelegten Erklärungen seien unrichtig, das Verfahren mithin unzulässig.[336] Die Beschwerde ist in den Fällen der verspäteten Erhebung von Einwendungen nach § 252 Abs. 2–4 FamFG bereits **unzulässig.** Enthält die Beschwerde des Unterhaltsschuldners zulässige und unzulässige Beschwerdegründe, ergeht über die zulässigen eine Sachentscheidung, während über die unzulässigen nur ausgeführt wird, diese könnten nicht

---

[326] OLG Brandenburg FamRZ 2002, 1345.
[327] OLG Frankfurt a. M. FamRZ 2022, 876 = NZFam 2022, 312 (Benner).
[328] OLG Saarbrücken FamFR 2012, 493; KG FamRZ 2009, 1847.
[329] OLG Celle FamRZ 2020, 424 = NZFam 2020, 131.
[330] OLG Hamm FamRZ 2021, 616 = NJW-RR 2021, 10.
[331] Vgl. OLG Dresden FamRZ 2022, 542 = NZFam 2021, 173 (Benner); OLG Hamburg FamRZ 2020, 1094.
[332] OLG Brandenburg FamRZ 2022, 543 = NZFam 2021, 561 (Benner).
[333] Vgl. OLG Frankfurt FamRZ 2012, 1821.
[334] OLG Nürnberg FamRZ 2018, 697.
[335] OLG Hamm FamRB 2011, 377 = FamRZ 2011, 1414 (Ls.).
[336] OLG Frankfurt a. M. FamRZ 2022, 876 = NZFam 2022, 312 (Benner).

vorgebracht werden.[337] Unzulässige Einwendungen können nur im Wege der Abänderung nach § 240 FamFG geltend gemacht werden.[338]

Die Frage, nach welchen Vorschriften sich die Anfechtbarkeit von – auch in vereinfachten Unterhaltsverfahren vorkommenden – **isolierten Kostenentscheidungen** richtet, hat der BGH[339] im Sinne der hM entschieden, dass insoweit für Unterhaltssachen als Familienstreitsachen nach § 113 FamFG die Vorschriften der ZPO über die sofortige Beschwerde (§§ 567 ff. ZPO) maßgeblich sind (zB in den Fällen der §§ 91a, 99 Abs. 2, 269 Abs. 3, 5 ZPO), während § 243 FamFG nur die Kostenverteilung selbst betrifft.

209b

Wahlfreiheit zwischen vereinfachtem und streitigem Verfahren besteht in allen Fällen, in denen mit dem Einwand fehlender Leistungsfähigkeit oder sonstiger Nichtverpflichtung zur Unterhaltsleistung auf Grund materieller Einwendungen zu rechnen ist.[340]

210

Verfahrenskostenhilfe (gemäß § 113 Abs. 1 FamFG weiterhin nach §§ 114 ff. ZPO): Dem unterhaltsberechtigten minderjährigen Kind steht es frei, zur Geltendmachung seines Unterhaltsanspruchs gegen den barunterhaltsverpflichteten Elternteil das vereinfachte Verfahren oder das Antragsverfahren zu betreiben, weshalb ihm für beide Verfahrensarten ein Anspruch auf Bewilligung von Verfahrenskostenhilfe zusteht.[341] Nach der Abschaffung des Formularzwanges kann nicht mehr davon ausgegangen werden, dass dem Antragsgegner grundsätzlich ein **Anwalt im Rahmen der Verfahrenskostenhilfe** beizuordnen ist; dies ist vielmehr eine Frage des Einzelfalls, § 121 Abs. 2 ZPO.[342] Die Beiordnung eines Rechtsanwalts für die Antragstellerseite ist jedenfalls dann angezeigt, wenn das Einkommen des Antragsgegners aus selbständiger Tätigkeit geschätzt werden muss.[343]

Abänderungsantrag (Korrekturantrag) gegen eine Festsetzung im vereinfachten Verfahren kann gemäß § 240 FamFG ohne die Einschränkungen nach § 238 FamFG erhoben werden,[344] da der Beschluss ohne inhaltliche Sachprüfung ergangen ist.[345] Allerdings kann es bei der Prüfung von Verfahrenskostenhilfe als mutwillig im Sinne von § 114 ZPO beurteilt werden, wenn die Einwendung, die eine Unterhaltsfestsetzung hätte verhindern können, ohne triftigen Grund nicht rechtzeitig erhoben worden ist.[346]

211

Daneben bleibt aber auch für den **Vollstreckungsabwehrantrag nach § 767 ZPO** ein Anwendungsbereich.[347] Da sich die Vollstreckung gemäß § 120 FamFG nach den Vorschriften der ZPO richtet, kann gegen einen Beschluss im vereinfachten Verfahren auch weiterhin der Vollstreckungsabwehrantrag gemäß § 767 ZPO gegeben sein.[348]

---

[337] OLG Karlsruhe FamRZ 2021, 1987 = NZFam 2021, 747 (Benner).

[338] OLG Dresden FamRZ 2017, 466 mAnm Bömelburg; OLG Jena NZFam 2015, 519 mAnm Ansgar Fischer; aA (Rechtspflegererinnerung) OLG Frankfurt FamRZ 2015, 1993 (insoweit abl. Anm. Bömelburg FamRB 2015, 372).

[339] BGH NJW 2011, 3654.

[340] OLG Rostock FamRZ 2006, 1394; OLG Naumburg OLGR 2007, 486 (statischer und dynamischer Unterhalt nicht identisch).

[341] OLG Bremen FamRZ 2018, 1589 = FamRB 2019, 7 (Bömelburg).

[342] OLG Celle FamRZ 2020, 765; aA die ältere Rechtsprechung OLG Oldenburg FamRZ 2011, 917; OLG Hamm FamRZ 2011, 1745; OLG Frankfurt FamRZ 2008, 420; OLG Schleswig NJW-RR 2007, 774.

[343] OLG Hamm MDR 2013, 1355 (mwN zum Streitstand) = FamFR 2013, 543.

[344] BGH FamRZ 2003, 1095 = FPR 2003, 490; vgl. ferner OLG Brandenburg OLGR 2007, 908.

[345] OLG Celle FamFR 2013, 200.

[346] OLG Celle FamRZ 2013, 1592 = FamFR 2013, 355 (insbesondere auch für den Fall des § 243 S. 2 Nr. 2 FamFG, der die Verletzung der Auskunftspflicht im Rahmen der Kostenentscheidung sanktioniert).

[347] Johannsen/Henrich/Brudermüller Familienrecht, 6. Aufl. 2015, FamFG § 240 Rn. 4.

[348] OLG Brandenburg FamRZ 2012, 1223.

212 **bb) Mindestunterhalt bei Feststellung der Vaterschaft (§ 237 FamFG).** Bei Anhängigkeit einer Abstammungssache auf Feststellung der Vaterschaft kann ein Mann gemäß § 237 FamFG bereits auf Mindestunterhalt (hier nicht des 1,2-fachen) für das minderjährige Kind in Anspruch genommen werden. Mit einem solchen Verfahren auf Feststellung der Vaterschaft kann gemäß § 179 FamFG die Unterhaltssache nach § 237 FamFG auch verbunden werden.

Eine Prüfung der Leistungsfähigkeit findet in diesen Verfahren nicht statt, sondern der Vater wird auf das Abänderungsverfahren nach § 240 FamFG (Korrekturantrag)[349] verwiesen; ebenso kann der Einwand der Erfüllung oder der Erbringung von UVG-Leistungen nicht erhoben werden.[350] Eine Ausnahme erwägt der BGH jedoch für den Fall, dass diese Einwände unstreitig sind.[351]

Der **Einwendungsausschluss** bleibt nach § 237 Abs. 3 FamFG auch dann bestehen, wenn **im Verlauf des Verfahrens** die Vaterschaft wirksam anerkannt wird.[352] Dafür spricht, dass der Gesetzgeber die Möglichkeit eines Anerkenntnisses im Verfahren nach § 237 FamFG gesehen hat (Abs. 4), daran aber für Abs. 3, der im Zusammenhang mit der Vaterschaftsfeststellung die unkomplizierte rasche Schaffung eines Unterhaltstitels ermöglichen soll, keine Konsequenzen geknüpft hat.[353] Außerdem hätte es der Unterhaltsverpflichtete andernfalls in der Hand, sogar noch in der zweiten Instanz, nachdem die Vaterschaft in der Regel nach Einholung eines Sachverständigengutachtens zweifelsfrei geklärt ist, durch Bestreiten seiner Leistungsfähigkeit das Unterhaltsverfahren entgegen der gesetzlichen Intention, dem Kind unkompliziert einen Titel über Mindestunterhalt zu verschaffen, in die Länge zu ziehen.[354] Was einen ausreichenden Schutz des Unterhaltsverpflichteten durch die erleichterte Möglichkeit der Abänderung nach § 240 FamFG (im konkreten Fall in den USA nach einem Hinweis des OLG) angeht, weist der BGH darauf hin, es sei zwar unwahrscheinlich, nach § 240 FamFG vor den Gerichten der USA vorgehen zu können, eine Notzuständigkeit der deutschen Gerichte bestehe dann aber nach Art. 7 EuUnthVO.[355]

b) Unterhalt aus Anlass der Geburt und wegen Betreuung eines Kindes nicht miteinander verheirateter Eltern (§ 1615l BGB)

213 **aa) Anlass der Geburt.** Anlässlich der Geburt hat die Mutter des Kindes einen Unterhaltsanspruch gem. § 1615l Abs. 1 S. 1 BGB für die Dauer von 6 Wochen vor und 8 Wochen nach der Geburt. Praktisch hat der Anspruch keine große Bedeutung wegen vorgehender Lohnfortzahlung bzw. versicherungsrechtlicher Ansprüche.

Schwangerschafts- und Entbindungskosten sind der Mutter vom Vater des Kindes gem. § 1615l Abs. 1 S. 2 BGB zu ersetzen, zB Schwangerschaftsbekleidung bei Nachweis der Anschaffung[356] und Kosten der Hebamme.[357] Es handelt sich um einen Sonderbe-

---

[349] Keine nachträgliche wesentliche Veränderung erforderlich, da der Beschluss ohne inhaltliche Sachprüfung ergangen ist: OLG Celle FamFR 2013, 200.

[350] BGH FamRZ 2003, 1095 = FPR 2003; OLG Naumburg FamRZ 2006, 1395; OLG Brandenburg FuR 2001, 521; DIJuF-Stellungnahme JAmt 2001, 85.

[351] BGH FamRZ 2003, 1095.

[352] OLG Hamm NJW-RR 2015, 1029 = NZFam 2015, 725 mablAnm Alberts; aA OLG Hamm FamRZ 2012, 146 (Ls.) = NJOZ 2012, 123.

[353] OLG Hamm NJW-RR 2015, 1029 Rn. 8 = NZFam 2015, 725; Niepmann/Schwamb NJW 2015, 2622 (2625).

[354] OLG Frankfurt BeckRS 2015, 18964; Verfahrenskostenhilfe für die dagegen zugelassene Rechtsbeschwerde wurde nicht bewilligt: BGH FamRZ 2016, 115 = NZFam 2016, 46 (Rieck).

[355] BGH FamRZ 2016, 115 = NZFam 2016, 46 (Rieck).

[356] KG FamRZ 2007, 77.

[357] OLG Naumburg FamRZ 2007, 580 (Ls.).

darfsanspruch, der anders als der weggefallene frühere § 1615k BGB Bedürftigkeit und Leistungsfähigkeit voraussetzt. Vorgehende – versicherungsrechtliche – Ansprüche sind zunächst zu prüfen.

Schwangerschafts- bzw. entbindungsbedingte Krankheit. Der nichtehelichen Mutter steht in diesen Fällen ein Krankheitsunterhalt nach § 1615l Abs. 2 S. 1 BGB zu. Der Anspruch ist wie der Betreuungsunterhaltsanspruch zeitlich beschränkt (vgl. dazu → Rn. 214), kann aber auch schon vier Monate vor der Geburt des Kindes einsetzen (§ 1615l Abs. 2 S. 3 BGB). Mindestens Mitursächlichkeit für die Erwerbslosigkeit ist bei diesem Anspruch erforderlich (anders als beim Anspruch wegen Betreuung des Kindes).[358]

bb) Betreuung des Kindes. Unterhalt wegen Betreuung des Kindes (dazu auch **214** → Rn. 467 ff.).

Kann wegen der Betreuung des Kindes eine Erwerbstätigkeit nicht erwartet werden, steht der Mutter (§ 1615l Abs. 2 nF BGB) ebenso wie dem Vater (§ 1615l Abs. 5 BGB)[359] ein Betreuungsunterhaltsanspruch für mindestens 3 Jahre zu.[360] Für die Geltendmachung des Anspruchs ist es erforderlich, dass die Vaterschaft entweder nach den §§ 1592 Nr. 3, 1600d Abs. 1 und 2 BGB rechtskräftig festgestellt oder nach dne §§ 1592 Nr. 2, 1594 ff. BGB anerkannt ist.[361]

Für den Antrag auf über die Vollendung des dritten Lebensjahres des Kindes hinausgehenden Betreuungsunterhalt gemäß § 1615l BGB gilt, dass auch dieser Anspruch für die Zukunft nur dann abzuweisen ist, wenn schon im Zeitpunkt der Entscheidung für die Zeit nach Vollendung des dritten Lebensjahres absehbar keine kind- und elternbezogenen Verlängerungsgründe mehr vorliegen.[362] Bedenklich erscheint eine Tendenz in der Rechtsprechung,[363] dem betreuenden Elternteil keine „Karenzzeit" für die Aufnahme einer geeigneten (Teil-)Erwerbstätigkeit unmittelbar nach Vollendung des 3. Lebensjahres des Kindes einzuräumen.[364]

Auch ein nacheheliches gemeinsames Kind früher verheirateter Eltern löst nur einen Anspruch nach § 1615l BGB aus.[365]

Eingeschränkte Kausalität. Kausal für die Nichterwerbstätigkeit muss die Betreuung in den ersten drei Jahren nicht sein, auch von einer bisher Nichterwerbstätigen (zB studierende Mutter) kann eine Erwerbstätigkeit nicht erwartet werden, wenn sie das Kind tatsächlich betreut. Die Worte „nicht erwartet werden kann" sind nicht anders zu verstehen als in § 1570 BGB. Es kommt nicht darauf an, ob Fremdbetreuungsmöglichkeiten bestehen, sondern der betreuende Elternteil kann sich wie nach § 1570 BGB in den ersten drei Jahren frei für die Betreuung entscheiden.[366]

Keine rückwirkende Geltendmachung ohne Verzug. Die Geltendmachung von Unterhalt für die Betreuung eines nicht aus einer Ehe hervorgegangenen Kindes gemäß § 1615l BGB für die Vergangenheit setzt grundsätzlich voraus, dass der Unterhaltspflich-

---

[358] BGH FamRZ 1998, 541 = NJW 1998, 1309, Rn. 21.
[359] Dazu eingehend Büdenbender FamRZ 1998, 129 ff.
[360] Überblick über die Neuregelung: Wever FamRZ 2008, 553 ff.
[361] OLG Oldenburg FamRZ 2018, 1511 = NZFam 2018, 702 (Biermann).
[362] BGH FamRZ 2013, 1958 = NJW 2013, 3578 (mAnm Born), Rn. 20 im Anschluss an BGH FamRZ 2009, 770 = NJW 2009, 1876 zu § 1570 BGB.
[363] OLG Saarbrücken FamRZ 2014, 484 = NJW 2014, 559.
[364] Aber Karenz gebilligt beim Ausbildungsunterhalt: BGH FamRZ 2011, 1560 = NJW 2011, 2884, Rn. 24.
[365] BGH FamRZ 1998, 426 = NJW 1998, 1065 (keine Anwendung der §§ 1570, 1576 BGB).
[366] BGH FamRZ 1998, 541 (543) = NJW 1998, 1309; vgl. weiter Wever/Schilling FamRZ 2002, 581 (582).

tige rechtzeitig zur Auskunft aufgefordert bzw. in Verzug gesetzt worden ist, denn § 1615l Abs. 3 BGB enthält eine Rechtsgrundverweisung auf § 1613 BGB.[367]

Das **Rechtsschutzbedürfnis** für einen Leistungsantrag aus Anlass der Geburt eines Kindes besteht regelmäßig schon bei Nichterfüllung einer fälligen Forderung.[368] Der Anspruch kann aus kind- wie elternbezogenen Gründen – wie beim ehelichen Kind → Rn. 467 ff. – verlängert werden.[369]

Der BGH[370] dehnt dabei seine seit 18. April 2012[371] wieder deutlich flexiblere Rechtsprechung zur Verlängerung des Betreuungsunterhalts ab dem vollendeten dritten Lebensjahr eines Kindes ausdrücklich auf § 1615l BGB aus. So sei im konkreten Fall bei den **kindbezogenen** Gründen erheblich, dass die Kindesmutter angesichts der erheblichen Anzahl von Krankheitstagen des schwerbehinderten Kindes ständig mit der Notwendigkeit einer persönlichen Betreuung rechnen muss. Darüber hinaus müsse sie das Kind während der vierteljährlich stattfindenden Therapiewoche begleiten, andere Therapietermine wahrnehmen und täglich Übungen durchführen. Unter diesen Umständen sei schon die Annahme nicht gerechtfertigt, sie könne durch 25 Wochenstunden Erwerbstätigkeit ihren Bedarf decken.[372] Bei den auch für Ansprüche aus § 1615l BGB möglichen **elternbezogenen** Gründen sei zwar nicht die Belastung des betreuenden Elternteils durch Wiederaufnahme eines anlässlich der Geburt eines Kindes unterbrochenen Studiums maßgeblich. Es könne allerdings, auch soweit die Betreuung des Kindes auf andere Weise sichergestellt oder in einer kindgerechten Einrichtung möglich ist, einer Erwerbsobliegenheit des betreuenden Elternteils entgegenstehen, dass die von ihm daneben zu leistende Betreuung und Erziehung des Kindes zu einer überobligationsmäßigen Belastung führt, wenn am Morgen oder am späten Nachmittag und Abend regelmäßig weitere Erziehungs- und Betreuungsleistungen zu erbringen sind.[373] Im Rahmen der Billigkeitsabwägung ist dabei auch zu berücksichtigen, ob der baruntalpflichtige Elternteil Umgang wahrnimmt und so zu einer Entlastung des Berechtigten beiträgt.[374] Interessant ist allerdings, dass der BGH[375] nun bei einem Anspruch auf Elternunterhalt gegen den Partner einer nichtehelichen Lebensgemeinschaft dessen vorrangige weitere Unterhaltsverpflichtung gegenüber seinem ein gemeinsames[376] Kind betreuenden Lebensgefährten aus § 1615l BGB über drei Jahre hinaus aus elternbezogenen Gründen bejaht, wenn die Lebensgefährten aufgrund **gemeinsamen Entschlusses** das **Recht auf persönliche Erziehung des Kindes** wahrnehmen wollen. Ein solches auf Art. 6 GG gegründetes Elternrecht wird dem Alleinerziehenden im Streit mit seinem ehemaligen Lebensgefährten oder Ehepartner als elternbezogener Grund verwehrt → Rn. 467 ff.

Ein Ende des Unterhaltsanspruchs analog § 1586 BGB ist gegeben mit Verheiratung der nichtehelichen Mutter, da die nichteheliche Mutter mit der wiederverheirateten Mutter gleichzustellen ist.[377]

---

[367] BGH FamRZ 2013, 1958 = NJW 2013, 3578, Rn. 11 ff.

[368] BGH NJW 2011, 70 = FamRZ 2011, 97, Rn. 14 ff.

[369] Dazu bisher BGH FamRZ 2010, 357 = NJW 2010, 937; FamRZ 2010, 444 = NJW 2010, 1138; FamRZ 2008, 1739 = NJW 2008, 3125.

[370] BGH FamRZ 2015, 1369 (mAnm Seiler) = NJW 2015, 2257 = FF 2016, 28 (mAnm Wever).

[371] BGH FamRZ 2012, 1040 = NJW 2012, 1868; FamRZ 2014, 1987 = NJW 2014, 3649.

[372] BGH FamRZ 2015, 1369 = NJW 2015, 2257, Rn. 21.

[373] BGH FamRZ 2015, 1369 = NJW 2015, 2257, Rn. 30, 31 mit Schilderung der anfallenden Tätigkeiten.

[374] OLG Köln FamRZ 2021, 1373.

[375] BGH FamRZ 2016, 887 = NJW 2016, 1511, Rn. 25.

[376] Zum Erfordernis der Gemeinschaftlichkeit auch weiterer Kinder: BGH FamRZ 2016, 887 mAnm Seiler = NJW 2016, 1511, Rn. 30.

[377] BGH FamRZ 2016, 892 = NZFam 2016, 460 Rn. 16, 17; BGH FamRZ 2005, 347 = NJW 2005, 503; so auch schon OLG München OLGR 2002, 144.

Für die Höhe des Anspruchs nach § 1615l BGB (Bedarf) kommt es auf die **Lebens-** **215** **stellung des Betreuenden** an, also auf dessen (nachhaltigen) Einkommensausfall.[378] Entscheidender Gesichtspunkt für die Annahme eines nachhaltig erzielten Einkommens ist weniger die tatsächliche Dauer der Tätigkeit, sondern vielmehr, ob angenommen werden kann, dass das Einkommen aus dieser Tätigkeit mit hoher Wahrscheinlichkeit auf Dauer erzielt werden kann bzw. ohne die Geburt des Kindes mit hoher Wahrscheinlichkeit erlangt worden wäre.[379] Bei Erwerbstätigkeit vor der Geburt des Kindes kommt es auf das dabei erzielte Einkommen des Betreuenden an.[380] Unter ausdrücklicher teilweiser Aufgabe seiner zwischenzeitlichen Rechtsprechung[381] führt der BGH aus, die Lebensstellung der nach §§ 1615l Abs. 2, 1610 Abs. 1 BGB Unterhaltsberechtigten richte sich nach den Einkünften, die sie ohne die Geburt und die Betreuung des gemeinsamen Kindes hätte und sei deshalb **nicht auf den Zeitpunkt der Geburt** des Kindes festgeschrieben; es könne sich später ein höherer Bedarf ergeben.[382] Von einem **nachhaltig erwirtschafteten, dauerhaft gesicherten Erwerbseinkommen** ist auch dann auszugehen, wenn die betreuende Mutter nach erfolgreichem Abschluss ihrer Hochschulausbildung und der Beendigung einer fachlichen Weiterbildung ihre erste Stelle im erlernten Beruf antritt, soweit es sich dabei um eine unbefristete Stelle handelt und sie sich nicht mehr in der arbeitsrechtlichen Probezeit befindet.[383] Dabei bleibt es auch dann, wenn sie bei Antritt der Stelle bereits mit dem zu betreuenden Kind schwanger ist und sie aufgrund von Krankheit und eines schwangerschaftsbedingten Beschäftigungsverbots bis zum Beginn der Elternzeit effektiv nur eine Woche erwerbstätig sein kann.[384] Entscheidender Gesichtspunkt für die Frage, ob das erzielte Einkommen **nachhaltig** ist, ist **weniger die tatsächliche Dauer** der Tätigkeit, sondern maßgeblich ist vielmehr, **ob erwartet werden kann,** dass die Tätigkeit, aus der das zuletzt bezogene Einkommen generiert wurde, vom Berechtigten prognostisch **mit hoher Wahrscheinlichkeit auf Dauer ausgeübt werden kann** bzw. ohne die Geburt des zu betreuenden Kindes mit großer Wahrscheinlichkeit hätte weiter ausgeübt werden können.[385] **Vermögenseinkünfte** des betreuenden Elternteils mindern seine Bedürftigkeit nicht; der Betreuungsunterhalt dient alleine dem Ausgleich des betreuungsbedingten Einkommensverlustes.[386]

Jedenfalls ist aber ein **Mindestbedarf** in Höhe des notwendigen Selbstbehalts (von derzeit 1.120 EUR, DT Stand 1.1.2023) für Nichterwerbstätige anzuerkennen.[387] Auch bei langjährigem Zusammenleben mit einem begüterten Vater kann der Bedarf nicht an diesen wirtschaftlichen Verhältnissen ausgerichtet werden, an denen die Mutter vor Geburt des ersten Kindes nur auf Grund freiwilliger Leistungen teilgehabt hat.[388] Eigeneinkünfte durch zumutbare Arbeit (zB Versorgung eines Partners) sind anzurech-

---

[378] BGH FamRZ 2008, 1739 = NJW 2008, 3125, Rn. 24, 32; FamRZ 2005, 442 = NJW 2005, 818.

[379] OLG Koblenz, FamRZ 2021, 1369; KG FamRZ 2019, 529.

[380] OLG Hamm NJW 2005, 297; OLG Köln FamRZ 2001, 1322; OLG Naumburg FamRZ 2001, 1321; OLG Celle OLGR 2002, 19 will aber Einkommenssteigerungen nach der Geburt berücksichtigen.

[381] BGH FamRZ 2010, 357= NJW 2010, 937, Rn. 54 f.; FamRZ 2010, 444 = NJW 2010, 1138, Rn. 15, 19 f.

[382] BGH FamRZ 2015, 1369 (mAnm Seiler) = NJW 2015, 2257, Rn. 34; Anm. Wever FF 2016, 33; auch OLG Koblenz, FamRZ 2021, 1369.

[383] KG FamRZ 2019, 529 = NJW 2019, 608.

[384] KG FamRZ 2019, 529 = NJW 2019, 608.

[385] KG FamRZ 2019, 529 = NJW 2019, 608.

[386] OLG Koblenz FamRZ 2021, 1371.

[387] BGH FamRZ 2010, 357 = NJW 2010, 937, Rn. 28, 38; FamRZ 2010, 444 = NJW 2010, 1138 Rn. 16 f.

[388] BGH FamRZ 2010, 357 = NJW 2010, 937, Rn. 21; FamRZ 2008, 1739 = NJW 2008, 3125, Rn. 32.

nen.[389] Ob und in welchem Umfang überobligatorisches Einkommen (insbesondere aus Erwerbstätigkeit in den ersten drei Lebensjahren des Kindes) anzurechnen ist, richtet sich nach den Grundsätzen des entsprechend anwendbaren § 1577 Abs. 2 BGB.[390] Eigeneinkommen aus Mutterschaftsgeld, Krankenkassenleistungen usw. ist – soweit nicht zweckgebunden – zu berücksichtigen.[391] Fiktives Einkommen ist wie sonst auch anzusetzen.[392] Auch der Vermögensstamm muss ggf. eingesetzt werden.[393] Elterngeld ist nach § 11 Satz 1 BEEG nicht zu berücksichtigen, soweit die Zahlung den Sockelbetrag von 300 EUR monatlich nicht übersteigt und kein Ausnahmefall (§ 11 S. 2–4 BEEG) vorliegt.[394]

Der Halbteilungsgrundsatz gilt auch hier. Es wird also insgesamt nicht mehr als die Hälfte des Einkommens (ggf. vermindert um einen Erwerbstätigenbonus) des Verpflichteten unabhängig vom Bedarf des Berechtigten geschuldet.[395]

Der Bedarf der nichtehelichen Mutter, die vor der Geburt des Kindes ein **überdurchschnittlich hohes Erwerbseinkommen** erzielt hat, erfolgt **nicht über den konkreten Bedarf**. Anzuknüpfen ist an das vor der Geburt erzielte Einkommen der Mutter. Der so bestimmte Bedarf ist ggfs. durch den Halbteilungsgrundsatz begrenzt.[396]

Altersvorsorgeunterhalt wird nicht geschuldet, da die Mutter in der gesetzlichen Rentenversicherung für die ersten drei Jahre versichert ist.[397] Ansonsten wird aber eine angemessene Altersversorgung geschuldet.[398]

Dem Verpflichteten ist der **billige Selbstbehalt** (→ Rn. 42) zu belassen, wie sich aus der weitgehenden Angleichung an die Unterhaltsansprüche geschiedener Ehegatten ergibt.[399] Seine Leistungsunfähigkeit muss der Unterhaltsverpflichtete darlegen und beweisen.[400]

Das steuerliche Realsplitting kann bei Unterhaltszahlungen an den betreuenden Elternteil nach § 1615l BGB nicht in Anspruch genommen werden.[401] Vorteile des **Ehegattensplittings** sollen im Verhältnis zu **vorrangigen** Ansprüchen gem. § 1615l Abs. 2 BGB der neuen Ehe verbleiben.[402] In Fällen des Gleichrangs der Ansprüche, in denen wie bei zwei Ehegatten auf der Leistungsebene weiterhin die Dreiteilung möglich bleibt, ist aber das gesamte unterhaltsrelevante Einkommen des Unterhaltspflichtigen und der Unterhaltsberechtigten einzubeziehen, darunter auch der Splittingvorteil.[403]

---

[389] OLG Hamm FamRZ 2011, 1600 = NJW-RR 2011, 868; OLG Bremen OLGR 1999, 368; OLG Koblenz OLGR 2000, 144.

[390] BGH FamRZ 2005, 442 = NJW 2005, 818 – Rn. 23; OLG Hamm FamRZ 2011, 1600 = NJW-RR 2011, 868; Kosten der überobligatorischen Tätigkeit sind abziehbar: OLG München FamRB 2006, 235.

[391] BVerfG FamRZ 2000, 1149 = NJW-RR 2000, 1529; OLG München OLGR 2002, 144 zur Wiederverheiratung.

[392] OLG Koblenz NJW-RR 2005, 1457.

[393] KG FPR 2003, 671 (nicht bei notwendiger Alterssicherung); zu weitgehend LG Würzburg FF 2001, 98 mit zu Recht krit. Anm. von Wever FF 2001, 101.

[394] BGH FamRZ 2011, 97 = NJW 2011, 70, Rn. 29; Unterhaltsleitlinien der OLGe Nr. 2.5.

[395] BGH FamRZ 2005, 442 = NJW 2005, 818.

[396] OLG Köln FamRZ 2017, 1309.

[397] OLG München FamRB 2006, 235.

[398] Empfehlung des Vorstands des 16. DFGT, S. 176.

[399] BGH FamRZ 2005, 347 (354) und (357) mAnm Schilling (351) und Graba (353) = NJW 2005, 503, (500).

[400] OLG Stuttgart OLGR 2001, 419.

[401] Kritisch dazu Benkelberg FuR 1999, 301, der darin einen Verstoß gegen Art. 6 GG sieht.

[402] BGH FamRZ 2008, 1739, 1746 Rn. 72; unter Bezugnahme auf FamRZ 2005, 1817 (mAnm Büttner [1899]) = NJW 2005, 3277 und BVerfG FamRZ 2003, 1821 = NJW 2003, 3466.

[403] BGH FamRZ 2012, 281 = NJW 2012, 384 Rn. 47.

Mehrere Unterhaltpflichtige (zB mehrere Väter nichtehelicher Kinder) haften für den Unterhalt der Mutter anteilig nach ihren Erwerbs- und Einkommensverhältnissen entsprechend § 1606 Abs. 3 S. 1 BGB.[404]

Der Rang des Anspruchs aus § 1615l BGB ergibt sich aus § 1609 Nr. 2 BGB, danach   216 ergibt sich kein Unterschied zwischen ehelichen und nichtehelichen Kindern.[405]

Nachrangig sind die volljährigen Kinder und die übrigen Verwandten der Mutter/des Vaters.[406]

Konkurrenzen. Wenn der Anspruch mit ehelichen oder nachehelichen Ansprüchen der Mutter zusammentrifft, kommt es zu einer anteiligen Haftung der Unterhaltspflichtigen entsprechend der Unterhaltslast und den Einkommensverhältnissen gemäß § 1606 Abs. 3 S. 1 BGB analog,[407] auch wenn aus der Ehe keine Kinder hervorgegangen sind.[408] Der Anspruch auf Leistung von Familienunterhalt gegen den Ehemann geht dem Anspruch auf Zahlung von Betreuungsunterhalt gegen den Erzeuger des nichtehelichen Kindes **nicht** vor.[409] Beide Ansprüche stehen vielmehr gleichberechtigt nebeneinander. Hatte sich die Kindsmutter vorübergehend vom Ehemann getrennt und lebte sie mit dem Kindsvater zusammen, so erlischt der Anspruch nach § 1615l BGB nicht in entsprechender Anwendung des § 1586 Abs. 1 BGB, wenn die Kindsmutter (wieder) mit ihrem Ehemann zusammenzieht. Es liegt auch kein Verwirkungsgrund im Sinne von § 1579 Nr. 2 BGB vor.[410]

Ansprüche gegen die Großeltern des Kindes. Wenn der Kindesvater leistungsunfähig   217 ist oder die Rechtsverfolgung gegen ihn erschwert oder ausgeschlossen ist,[411] kann nach §§ 1607, 1601 BGB ein Unterhaltsanspruch gegen dessen Eltern bestehen. Im Verhältnis zu ihren Eltern kann sich die Kindsmutter nicht ohne weiteres auf die Betreuungsbedürftigkeit des Kindes berufen, etwa iSv § 1570 BGB, sondern sie muss – wie im Verhältnis zu anderen minderjährigen Kindern – alle Erwerbsmöglichkeiten ausschöpfen, sobald das Alter des Kindes und die sonstigen Umstände Fremdbetreuung erlauben[412] → Rn. 114; 223.

c) Eltern

Eltern haben gemäß §§ 1601 ff. BGB Unterhaltsansprüche gegen ihre Kinder.[413]   218 **Bedürftigkeit.** Pflegebedarf und Heimkosten sind wesentliche Teile des Unterhaltsbedarfs.[414] Der BGH bemisst den Unterhaltsbedarf eines im Pflegeheim untergebrachten

---

[404] BGH FamRZ 2007, 1303 = NJW 2007, 409; FamRZ 2005, 357 = NJW 2005, 502.

[405] BT-Drs. 16/1830, S. 24.

[406] Zum Verhältnis zum Elternunterhalt: BGH BeckRS 2016, 06283.

[407] KG FF 2015, 498.

[408] OLG Jena FamRZ 2006, 1205; OLG Bremen FamRZ 2006, 1207; vgl. auch BGH FamRZ 1998, 541 = NJW 1998, 1309; OLG Zweibrücken FamRZ 2001, 29; KG FamRZ 2001, 29; ebenso AK 3 des 15. DFGT FamRZ 2003, 1906; anders teilweise OLG Koblenz FamRZ 2001, 227, das den nicht ehelichen Vater bei Unterhaltsverzicht der Mutter gegen den Ehemann voll haften lassen will. Den Verzicht wird sie aber dem nicht ehelichen Vater nicht entgegenhalten können.

[409] OLG Stuttgart NJW 2016, 1104 = FamRZ 2016, 907 mAnm Borth FamRZ 2016, 907 (909) = NZFam 2016, 176; ähnlich KG FF 2015, 498.

[410] OLG Stuttgart NJW 2016, 1104 = FamRZ 2016, 907 mAnm Borth FamRZ 2016, 907 (909).

[411] OLG Brandenburg NJW-RR 2003, 1515.

[412] BGH FamRZ 1985, 1245; OLG München FamRZ 1999, 1166 mAnm Finger FamRZ 1999, 1298; OLG Hamm FamRZ 1996, 1104; OLG Schleswig OLGR 2001, 323 (auch Drittbetreuung der Kinder).

[413] Übersichten: Schürmann FF 2015, 392; Weinreich FuR 2015, 190; Dose FamRZ 2013, 993; Brudermüller NJW 2004, 633.

[414] BGH FamRZ 2015, 2138 = NJW 2015, 3569; FamRZ 2013, 203 (mAnm Hauß) = NJW 2013, 301; FamRZ 1993, 411.

Elternteils regelmäßig nach den notwendigen Heimkosten zuzüglich eines Barbetrags für die Bedürfnisse des täglichen Lebens, wobei ein Elternteil, der im Alter sozialhilfebedürftig geworden ist, in der Regel auf das Existenzminimum beschränkt ist.[415] Es steht ihm zwar ein Entscheidungsspielraum zu, soweit er die Wahl zwischen mehreren Heimen im unteren Preissegment hat. Außerhalb dessen muss er aber besondere Gründe dafür vortragen, weshalb die Wahl eines günstigeren Heims nicht zumutbar war.[416] Die Unterbringung der sozialhilfebedürftigen Unterhaltsberechtigten in einem psychiatrischen Fachpflegeheim aus dem obersten Preissegment muss der Unterhaltspflichtige nicht bereits deswegen hinnehmen, weil die Unterhaltsberechtigte an einer Psychose erkrankt ist.[417] Auch hier genügt der Unterhaltspflichtige seiner Obliegenheit zum substantiierten Bestreiten dadurch, dass er konkrete, kostengünstigere Heime mit einer gerontopsychiatrischen Abteilung und die dafür anfallenden Kosten benennt oder darlegt, dass ein konkretes, kostengünstigeres einfaches Pflegeheim die Unterhaltsberechtigte trotz ihres Krankheitsbildes aufgenommen hätte.[418] In Höhe des den berechtigten Eltern sozialrechtlich gewährten angemessenen Barbetrags nach § 27b Abs. 2 S. 1 SGB XII sowie des Zusatzbarbetrags gemäß § 133a SGB XII ist auch unterhaltsrechtlich ein Bedarf anzuerkennen, denn ein im Heim lebender Unterhaltsberechtigter ist darauf angewiesen, für seine persönlichen, von den Leistungen der Einrichtung nicht erfassten Bedürfnisse über bare Mittel verfügen zu können.[419] Der Unterhaltsbedarf eines im Pflegeheim Lebenden umfasst auch Mehrkosten wegen der Unterbringung des hörbehinderten Elternteils in einer Gehörlosenwohngruppe.[420] Allerdings sind diese Mehrkosten im Rahmen des Übergangs des Anspruchs nach § 94 Abs. 3 SGB XII nicht vom Angehörigen zu leisten,[421] da die (verstärkte) Sozialhilfebedürftigkeit der Hilfeempfängerin hiernach auf eine dem staatlichen Handeln zuzurechnende Rechtslage zurückzuführen ist, die den besonderen Belangen hörbehinderter Menschen in der vollstationären Pflege nicht ausreichend Rechnung trägt. Nach Ansicht des BGH erscheint es sozial ungerechtfertigt, wenn gehörlose Senioren nur deshalb von einer behinderungsgerechten Heimunterbringung Abstand nehmen würden, weil sie wegen der damit verbundenen höheren Heimkosten einen Rückgriff des Sozialhilfeträgers auf ihre Kinder befürchten müssten.[422]

Leistungen der **Pflegeversicherung** (§ 33 SGB XI)[423] und der **Grundsicherung** nach §§ 41–43 SGB XII[424] müssen in Anspruch genommen werden; ebenso kann die Bedürftigkeit durch **eigenes Vermögen** entfallen,[425] das Schonvermögen iSd § 90 Abs. 2 Nr. 9 SGB XII muss der Bedürftige aber nicht einsetzen.[426] Zum Vermögen gehört auch der Anspruch des Schenkers auf Rückgabe des Geschenks wegen Verarmung aus § 528 BGB

---

[415] BGH FamRZ 2015, 2138 = NJW 2015, 3569, Rn. 14; FamRZ 2013, 203 = NJW 2013, 301, Rn. 16–18.

[416] BGH FamRZ 2015, 2138 = NJW 2015, 3569, Rn. 20.

[417] OLG Celle NJW-RR 2018, 965 = FamRB 2018, 348 = NZFam 2018, 752.

[418] OLG Celle NJW-RR 2018, 965 = NZFam 2018, 752.

[419] BGH FamRZ 2013, 1554 = NJW 2013, 3024, Rn. 16; FamRZ 2010, 1535 = NJW 2010, 3161, Rn. 16.

[420] OLG Düsseldorf FamRZ 2018, 103.

[421] BGH FamRZ 2018, 1903 Rn. 33 mAnm Schürmann FamRZ 2018, 1907.

[422] BGH FamRZ 2018, 1903 Rn. 33 mAnm Schürmann FamRZ 2018, 1907.

[423] BGH FamRZ 2015, 1594 (mAnm Borth) = NJW 2015, 2577: Etwaigem fiktiven Einkommen wegen einer nicht abgeschlossenen Pflegeversicherung sind aber bedarfserhöhend die fiktiven Beiträge für diese Versicherung entgegenzusetzen: Rn. 38.

[424] BGH FamRZ 2015, 1467 = NJW 2015, 2655; BGH FamRZ 2007, 1158, Rn. 14; OLG Bremen FamRZ 2005, 801; OLG Hamm NJW 2004, 1602; OLG Oldenburg FamRZ 2004, 295; s. auch Leitlinien der OLGe Nr. 2.9.

[425] BGH FamRZ 2006, 935 = NJW 2006, 2037; dazu Günther FF 1999, 174 (175); → Rn. 582.

[426] Anders OLG Köln FamRZ 2001, 437 mablAnm Paletta (1639).

gegen das Kind, wenn der Elternteil dem Kind seine Eigentumswohnung geschenkt hat und nunmehr sozialhilfebedürftig wird.[427] Zwar kann das beschenkte Kind grundsätzlich bei einer Gefährdung seines eigenen angemessenen Unterhalts die Rückgabe des Geschenks verweigern, wenn es bei Erfüllung des Rückforderungsanspruchs seinerseits Sozialhilfe von dem betreffenden Träger beanspruchen könnte. Dem Beschenkten ist jedoch die Notbedarfseinrede (§ 529 Abs. 2 BGB) nach Treu und Glauben verwehrt, wenn der Schenker dem Beschenkten einen Vermögensgegenstand zuwendet, den er zur Deckung seines Unterhaltsbedarfs benötigt, dieser Unterhaltsbedarf deshalb vom Sozialhilfeträger befriedigt werden muss und der Beschenkte annehmen muss, den zugewendeten Gegenstand mit der Schenkung einer Verwertung zur Deckung des Unterhaltsbedarfs des Schenkers zu entziehen. Wer noch nicht das Rentenalter erreicht hat, muss darlegen, weshalb er seinen Bedarf nicht aus eigener Erwerbstätigkeit decken kann.[428] Es ist zweifelhaft, ob die Eltern, wenn sie aufgrund ihres Alters und der Irreversibilität ihrer Erkrankung nicht mehr in das geschützte Haus zurückkehren können, dieses nicht einsetzen müssen.[429] So hat der BGH auch entschieden, dass die Teilhabe an einer ungeteilten Erbengemeinschaft vor Inanspruchnahme der Kinder genutzt werden muss.[430]

Leistungsfähigkeit. Es kommt auf die **gegenwärtige** Leistungsfähigkeit der Kinder an,   **219** eine bloß zukünftige reicht nicht aus.[431] Bei selbst unterhaltsberechtigten Verpflichteten ist zu berücksichtigen, dass ihr Bedarf (teilweise) durch ihren Unterhaltsanspruch gedeckt ist. Einkünfte unterhalb des Selbstbehaltes hat das unterhaltspflichtige Kind für den Elternunterhalt einzusetzen, wenn es durch seinen Ehepartner angemessen unterhalten wird.[432]

Selbstbehalt. Die Kinder können sich auf einen Selbstbehalt berufen, der über dem angemessenen Selbstbehalt liegt (zur Höhe vgl. → Rn. 40).[433]

Das verbleibende Einkommen ist nur zu 50 % einsatzpflichtig, um eine Nivellierung zu vermeiden.[434] Wenn schon hohe Belastungen berücksichtigt sind, ist das einzuschränken.[435]

Für den **Ehegatten des unterhaltspflichtigen Kindes** ist zwar nicht von vornherein ein bestimmter Mindestbetrag anzusetzen, sondern der nach den ehelichen Lebensverhältnissen höhere Unterhalt – die Unterhaltslast gegen die Eltern kann die ehelichen Lebensverhältnisse aber bestimmt haben.[436]

Abzugsposten sind **vorrangige Unterhaltslasten.**[437] Unterhaltsberechtigte Kinder des Pflichtigen sind entsprechend der DT mit dem Zahlbetrag anzusetzen.[438] Im Rahmen der Prüfung der Leistungsfähigkeit für den Elternunterhalt ist **der vom Unterhaltsschuldner an sein minderjähriges Kind geleistete Betreuungsunterhalt nicht** zu **monetarisieren.**[439]

---

[427] BGH FamRZ 2019, 701= NJW 2019, 1229; Vorinstanz: OLG Hamm FamRZ 2019, 531.
[428] OLG Oldenburg FamRZ 2006, 1292 = NJW-RR 2006, 797(auch der Sozialhilfeträger).
[429] So schon OLG Köln FamRZ 1995, 1408; aM aber OLG Koblenz FamRZ 2007, 1652.
[430] BGH FamRZ 2006, 935 = NJW 2006, 2037.
[431] BVerfG FamRZ 2005, 1051 = NJW 2005, 1917.
[432] BGH FamRZ 2010, 1535 = NJW 2010, 3161; FamRZ 2004, 366 = NJW 2004, 674; FamRZ 2004, 795 = NJW 2004, 769;.
[433] Einzelheiten → Rn. 40.
[434] BGH FamRZ 2002, 1698 mAnm Klinkhammer = NJW 2003, 128; FamRZ 2003, 1179 = NJW 2003, 2306; so auch alle Leitlinien. Die Frage war früher umstritten.
[435] OLG Köln NJW-RR 2002, 74 = OLGR 2001, 416.
[436] BGH FamRZ 2004, 186 = NJW-RR 2004, 217; FamRZ 2003, 860 = NJW 2003, 1660; OLG Oldenburg FamRZ 2004, 295.
[437] BGH FamRZ 2004, 792; FA-FamR/Gerhardt, Kap. 6, Rn. 211.
[438] In diesem Sinne auch Holzer NZFam 15, 744.
[439] BGH FamRZ 2017, 711 Rn. 9 = NJW 2017, 1881.

Die Leistungsfähigkeit ist jedoch um dasjenige gemindert, was der Unterhaltsschuldner an sein minderjähriges Kind **neben der Betreuungsleistung als Barunterhalt** in der **Form von Naturalunterhalt** erbringt. Dieser errechnet sich nach dem Tabellenunterhalt aus dem gemeinsamen Einkommen beider Elternteile unter Abzug des halben Kindergelds und des vom anderen Elternteil geleisteten Barunterhalts.[440] Das dem betreuenden Elternteil zustehende hälftige Kindergeld ist kein unterhaltsrelevantes Einkommen.[441] Trifft die Kinderbetreuung mit einer Erwerbstätigkeit des betreuenden Elternteils zusammen, ist **nicht ein pauschaler Betreuungsbonus** zu gewähren, sondern hängt es von den besonderen Umständen des Einzelfalls ab, inwieweit das erzielte Einkommen ganz oder teilweise als überobligatorisch unberücksichtigt bleibt.[442]

Auch **nicht miteinander verheiratete Lebensgefährten,** deren Gesamteinkünfte den Betrag des nur für Ehegatten geltenden „Familienselbstbehalts"[443] nicht überschreiten, müssen sich keine zusätzliche, die Leistungsfähigkeit erhöhende Haushaltsersparnis (Synergie) zurechnen lassen. Das hat allerdings entgegen eines Teils der Gründe des BGH nichts damit zu tun, dass auch diesem Personenkreis gegenüber der Inanspruchnahme auf Elternunterhalt der Lebensstandard bewahrt werden soll,[444] sondern trägt allein der bereits vollständig berücksichtigten Synergie beim Familienselbstbehalt Rechnung,[445] der aus Vereinfachungsgründen nur bei einem Ehegatten um die 2 x 10 % gekürzt wird. **Anstelle des Familienselbstbehalts** tritt aber bei nicht miteinander verheirateten Lebensgefährten neben den Selbstbehalt des Pflichtigen ein vorrangig zu berücksichtigender Anspruch nach § 1615l BGB des ein gemeinsames Kind betreuenden Partners, für den sogar weitergehende elternbezogene Gründe reklamiert werden können.[446]

Der BGH[447] hat für den Fall, dass der **Unterhaltspflichtige über höhere Einkünfte verfügt als sein Ehegatte,** die Leistungsfähigkeit wie folgt ermittelt:

Vom zusammengerechneten Einkommen der Ehegatten (Familieneinkommen) wird der Familienselbstbehalt (bis zur Einführung des Angehörigen-Entlastungsgesetzes vom 10.12.2021 2.000 EUR + 1.600 EUR = 3.600 EUR, → Rn. 40) abgezogen. Das verbleibende Einkommen wird zur Ermittlung des für den individuellen Familienbedarf benötigten Betrages um eine in der Regel mit zehn Prozent zu bemessende Haushaltsersparnis vermindert.[448] Die Hälfte des sich dann ergebenden Betrages kommt zuzüglich des Familienselbstbehalts dem Familienunterhalt zugute. Zu dem so bemessenen **individuellen Familienbedarf** hat der Unterhaltspflichtige entsprechend dem Verhältnis der Einkünfte der Ehegatten beizutragen. Für den Elternunterhalt kann der Unterhaltspflichtige dann die Differenz zwischen seinem Einkommen und seinem Anteil am Familienunterhalt einsetzen. Vereinfachend kann dieser individuelle Familienbedarf auch durch **Addition des Familienselbstbehalts (3.240 EUR) mit 45 % des um den Familienselbstbehalt bereinigten Gesamteinkommens der Ehegatten** errechnet werden.[449]

---

[440] BGH FamRZ 2017, 711 Rn. 14 = NJW 2017, 1881.

[441] BGH FamRZ 2017, 711 Rn. 15 = NJW 2017, 1881.

[442] BGH FamRZ 2017, 711 Rn. 19 = NJW 2017, 1881; OLG Hamm OLG Report 2002, 69 zum Ehepartner.

[443] So ausdrücklich BGH FamRZ 2016, 887 Rn. 20 f = NJW 2016, 1511 mAnm Löhnig S. 1487: Unterhaltsrecht der faktischen Partnerschaft.

[444] BGH FamRZ 2013, 868 = NJW 2013, 1305, Rn. 25.

[445] ... worauf der BGH FamRZ 2013, 868 = NJW 2013, 1305, Rn. 25, aber auch hinweist.

[446] BGH FamRZ 2016, 887 Rn. 20 f, 23 = NJW 2016, 1511 mAnm Löhnig NJW 2016, 1487.

[447] BGH FamRZ 2010, 1535 = NJW 2010, 3125, Rn. 39, 40 mit Berechnungsbeispiel Rn. 41. Vgl. ferner die Berechnung des OLG Düsseldorf FamRZ 2012, 1651.

[448] S. hierzu Seiler FF 2014, 136 ff.

[449] BGH FamRZ 2010, 1535 = NJW 2010, 3125, Rn. 42.

Dasselbe Rechenmodell wendet der BGH nun auch zur Bestimmung der Leistungsfähigkeit an, wenn der gegenüber seinen Eltern verpflichtete Ehegatte **über die geringeren Einkünfte** in der Ehe verfügt.[450]

Alle Einkünfte, auch aus **Überstunden**, sind zu berücksichtigen.[451] Eine Darlehensaufnahme kann nicht verlangt werden,[452] denn es kommt auf die gegenwärtige Leistungsfähigkeit an → Rn. 219. Aus dem **Haushaltsgeld** ist kein Unterhalt zu zahlen, da es nur treuhänderisch überlassen wird. **Fiktives Einkommen** ist nur in Ausnahmefällen anzusetzen,[453] die Grundsätze der Hausmann-Rechtsprechung gelten nicht.[454] **Zinsen** aus Vermögen, sofern sie nicht zur geschützten Altersvorsorge dazugehören, sind ebenfalls einzusetzen.[455] **219a**

Die gewählte **Steuerklasse** ist derart zu korrigieren, dass eine fiktive Einzelveranlagung entsprechend § 270 AO vorzunehmen ist und der sich daraus ergebende Anteil der Ehegatten am Maßstab der tatsächlichen Steuerlast bei Zusammenveranlagung zugrunde gelegt wird.[456]

Taschengeld. Das grundsätzlich auch für Elternunterhalt heranzuziehende Taschengeld eines Ehegatten, der seinerseits vom Familienunterhalt seines Gatten lebt, ist im Ausgangspunkt lange Zeit mit 5–7 % des zusammengerechneten Einkommens der Ehegatten (Familieneinkommen) veranschlagt worden.[457] Der BGH hat aber inzwischen gebilligt, dass im Regelfall nur von pauschal 5 % ausgegangen wird; eine insoweit einheitliche Größe diene auch der Rechtssicherheit.[458] Davon muss dem Verpflichteten aber auch sein Selbstbehalt bleiben (5 % des Familienselbstbehalts als Sockelbetrag zuzüglich die Hälfte von 5 % des den Familienselbstbehalt übersteigenden Familieneinkommens). Nur in Höhe des restlichen Betrages kommt eine Verpflichtung zum Elternunterhalt aus Taschengeld in Betracht.[459] **219b**

Bei geringfügigem, den höchstmöglichen Taschengeldanspruch nicht erreichenden Eigeneinkommen der zum Unterhalt verpflichteten Tochter ändert sich an der Berechnung des Elternunterhalts grundsätzlich nichts, weil die Verpflichtung aus dem höchstmöglichen Taschengeldanspruch bleibt; erst wenn das Eigeneinkommen die 5 % des Familieneinkommens erreicht, entfällt jeglicher Taschengeldanspruch und ist mit dem Eigeneinkommen zu rechnen.[460]

Wohnwert: Mietfreies Wohnen ist als Einkommen zu berücksichtigen, richtet sich aber beim Elternunterhalt nicht nach der objektiven Marktmiete, sondern nach den ersparten individuellen Mehraufwendungen.[461] Soweit bei einer Gegenüberstellung der ersparten Wohnkosten und der zu berücksichtigenden Belastung der Nutzungswert eines Eigenheims den Aufwand übersteigt, ist die Differenz dem Einkommen des Unterhaltspflichti- **219c**

---

[450] BGH FamRZ 2014, 538 = NJW 2014, 1173, Rn. 22, 26.
[451] BGH FamRZ 2004, 186 = NJW-RR 2004, 217.
[452] OLG Köln FamRZ 2001, 1475.
[453] OLG Köln FamRZ 2002, 572 = NJW-RR 2002, 74; 17..
[454] OLG Köln OLGR 2000, 67 mwN.
[455] BGH FamRZ 2015, 1172 = NJW 2015, 1877, Rn. 20.
[456] BGH FamRZ 2015, 1594 = NJW 2015, 2577, Rn. 51; bestätigt BGH FamRZ 2017, 519 Rn. 51.
[457] BGH FamRZ 2013, 363 = NJW 2013, 686, Rn. 26.
[458] BGH FamRZ 2014, 1990 = NJW 2014, 3514, Rn. 14.
[459] BGH FamRZ 2014, 1990 = NJW 2014, 3514, Rn. 12 ff.; FamRZ 2014, 538 = NJW 2014, 1173; BGH FamRZ 2013, 363 = NJW 2013, 686, Rn. 43 ff. (jedoch noch missverständlich hinsichtlich des Anknüpfungspunkts für den Selbstbehalt); dazu (korrigierend) auch Dose FamRZ 2013, 993 (1000).
[460] BGH FamRZ 2014, 1540 = NJW 2014, 2570 = NZFam 2014, 986 (Günther), Rn. 13; FamRZ 2014, 538 = NJW 2014, 1173, Rn. 29.
[461] BGH FamRZ 2015, 1172 = NJW 2015, 1877, Rn. 19, 20; FamRZ 2013, 1554 = NJW 2013, 3024; FamRZ 2013, 868 = NJW 2013, 1305, Rn. 19; FamRZ 2013, 363 = NJW 2013, 686, Rn. 22, 38; FamRZ 2004, 186 (mAnm Schürmann); FamRZ 2003, 1179 = NJW 2003, 2306.

gen hinzuzurechnen.[462] Daraus einsetzbare Mittel nimmt der BGH allerdings für den ansonsten mittellosen Unterhaltspflichtigen nur an, wenn er ein in seinem Alleineigentum stehendes Anwesen bewohnt, denn bei gemeinsamem Eigentum flössen ihm durch das Mitbewohnen keine über den gemeinsamen Familienunterhalt hinausgehenden baren Mittel zu, aus denen er etwas zahlen könnte.[463] Nicht zu Unrecht weist Hauß[464] darauf hin, dass es sich bei Alleineigentum insoweit nicht anders verhält, es sei denn man stellt dann nicht auf das eigene mietfreie Wohnen ab, sondern fingiert ein eigenes Einkommen aus der Nutzung der „zweiten Grundbesitzhälfte" durch den Ehegatten (statt des nicht unmittelbar einzusetzenden Anteils am Familienunterhalt).

Vom **angemessenen Wohnwert** sind die **geleisteten Zinszahlungen für die Immobilie in Abzug** zu bringen. Verbleibt dann immer noch ein Wohnwert, so sind **auch die Tilgungsleistungen** in Abzug zu bringen. Danach muss geprüft werden, ob noch ein Wohnwert verbleibt:[465]

- Ist dies der Fall, so ist dieser Wohnwert den Einkünften des unterhaltspflichtigen Kindes hinzuzurechnen. Darüber hinaus kann das Kind dann noch sekundäre Altersvorsorge in Höhe von 5 % des Bruttoeinkommens betreiben (→ Rn. 219d). Diese Altersvorsorge ist, sofern sie tatsächlich geleistet wird, vom Einkommen als Verbindlichkeit abzuziehen.
- Ist dies nicht der Fall, so sind die Tilgungsleistungen bis zur Höhe des Wohnwerts in Abzug zu bringen. Die darüberhinausgehenden Tilgungsleistungen werden dann der sekundären Altersvorsorge bis zu einer Höhe von 5 % des Bruttoeinkommens hinzugerechnet und können vom Einkommen als Verbindlichkeit abgezogen werden. Verbleiben dann noch immer Tilgungsleistungen, so können diese nicht mehr als Abzugsposten abgezogen werden.

Die **Vermögenssubstanz** kann einsatzpflichtig sein, wobei für den Berechtigten mindestens die Schongrenzen der §§ 90 SGB XII, 12 Abs. 3 SGB II zu beachten sind,[466] beim Verpflichteten zum Elternunterhalt aber regelmäßig ein großzügigerer Maßstab anzulegen ist.[467] Als **„Notgroschen"** hat der BGH bei Ablehnung einer Pauschalierung und in Auseinandersetzung mit der Literatur, in der ein Rahmen von 10.000 EUR bis etwa 25.000 EUR im Einzelfall für unvorhergesehenen Sonderbedarf befürwortet wird, schließlich im Fall eines alleinstehenden, kinderlosen Unterhaltsschuldners, der über ein Erwerbseinkommen unterhalb des Selbstbehalts verfügte, einen „Notgroschen" von 10.000 EUR „als ausreichend" gebilligt[468] und darauf in einer weiteren Entscheidung Bezug genommen.[469]

Eine Verwertung des Vermögensstamms kann jedenfalls nicht verlangt werden kann, wenn sie den Schuldner von laufenden Einkünften abschneidet, die er zur Bestreitung seines eigenen Unterhalts benötigt.[470] Nicht zu verwerten ist zudem angemessener **selbstgenutzter Immobilienbesitz**, wobei der Wert sogar regelmäßig bei der Bemessung des nötigen Altersvorsorgevermögens außen vor bleibt.[471]

---

[462] BGH XII ZB 118/16 FamRZ 2017, 519 Rn. 23.

[463] BGH FamRZ 2015, 1172 (mkritAnm Hauß) = NJW 2015, 1877, Rn. 19, 20 einerseits und FamRZ 2013, 363 = NJW 2013, 686, Rn. 22 andererseits.

[464] Hauß Anm. zu BGH FamRZ 2015, 1172 (1175 f.).

[465] BGH FamRZ 2017, 519 = NJW 2017, 1169 mAnm Reinken (zum Elternunterhalt); vgl. iÜ → Rn. 386.

[466] BGH FamRZ 2013, 1554 = NJW 2013, 3024, Rn. 36, im Anschluss an BGH FamRZ 2004, 370 (371).

[467] BGH FamRZ 2013, 1554 = NJW 2013, 3024, Rn. 37.

[468] BGH FamRZ 2013, 1554 = NJW 2013, 3024, Rn. 37 am Ende.

[469] BGH FamRZ 2015, 1172 = NJW 2015, 1877, Rn. 29.

[470] BGH FamRZ 2015, 1172 (mAnm Hauß) = NJW 2015, 1877 (mAnm Born), Rn. 24.

[471] BGH NJW 2013, 3024, Rn. 39.

Das **Altersvorsorgevermögen,** das während des Arbeitslebens aus der Anlage von 5 % des Jahresbruttoeinkommens bei einer durchschnittlichen jährlichen Rendite von 4 % gebildet worden ist, braucht bis zum Bezug der Altersversorgung regelmäßig nicht für Elternunterhalt eingesetzt zu werden.[472]

Das gilt aber auch, wenn Sparvermögen bzw. Kapitalanlagen bis zum Renteneintritt diesen Betrag ergeben.[473] Im konkreten Fall hat der BGH gebilligt, dass Vermögen von 84.094,55 EUR unangetastet und die Eigentumswohnung für diese Beurteilung außer Betracht geblieben ist.[474]

Das Altersvorsorgevermögen wird mit **Eintritt in den Ruhestand** mit den allgemeinen Sterbetafeln[475] in eine Monatsrente umgerechnet und steht dann als mtl. Einkommen für Unterhaltszwecke zur Verfügung.[476]

Allerdings hat der BGH seine Rechtsprechung einschränkend modifiziert und einem zum Elternunterhalt verpflichteten **verheirateten Kind,** das **kein eigenes Erwerbseinkommen** erzielt, grundsätzlich kein Bedürfnis für die Bildung eigenen Altersvorsorgevermögens zugebilligt;[477] weil es auch im Alter durch die primäre und sekundäre Altersvorsorge seines Ehegatten unterhalten werde.[478] Etwas anderes gelte nur, wenn sein Ehegatte selbst nicht ausreichend für sein Alter Vorsorge getroffen hat, nämlich weder über eine ausreichende primäre Altersversorgung verfügt noch sonstiges Altersvorsorgevermögen gebildet hat.[479]

Sofern eine Verwertung geboten ist, kommt es nicht darauf an, ob diese gemäß § 1365 BGB von der Zustimmung des Ehepartners abhängt, denn das ist keine Frage der Leistungsfähigkeit und der daraus folgenden Verpflichtung.[480]

Auch beim unterhaltspflichtigen Kind gehört ein Rückforderungsanspruch nach § 528 Abs. 1 BGB zum einzusetzenden Vermögen.[481] Verschenkt der zum Elternunterhalt Verpflichtete eine selbst genutzte, unterhaltsrechtlich als Vermögen **nicht** einsetzbare Eigentumswohnung und behält er sich daran einen lebenslangen Nießbrauch vor, so kann sich seine unterhaltsrechtliche Leistungsfähigkeit dadurch nicht erhöhen, da die Schenkung zu keiner Beeinträchtigung der unterhaltsrechtlichen Leistungsfähigkeit des Kindes führt.[482]

Für seine **Altersversorgung** kann ein nicht sozialversicherungspflichtig Beschäftigter (aber nicht Beamte) zunächst bis zu 19 % (derzeit genau 18,6 %) seines Bruttoeinkommens aufwenden und ggf. abziehen.[483] Für eine **zusätzliche Altersversorgung** – neben der primären – sind weitere 5 % des Bruttoeinkommens (insoweit auch bei Beamten) **219d**

---

[472] BGH FamRZ 2015, 1172 (mAnm Hauß) = NJW 2015, 1877 (mAnm Born), Rn. 26 f.; FamRZ 2013, 1554 = NJW 2013, 3024, Rn. 29.

[473] BGH FamRZ 2006, 1511 mAnm Klinkhammer = NJW 2006, 3344 mAnm Koritz NJW 2007, 270.

[474] BGH FamRZ 2013, 1554 = NJW 2013, 3024, Rn. 38, 39.

[475] BGH FamRZ 2013, 203 = NJW 2013, 301, Rn. 33, 38; OLG Karlsruhe FamRZ 2004, 292 = NJW 2004, 296.

[476] BGH FamRZ 2015, 1172 = NJW 2015, 1877 mAnm Born,Rn. 28.

[477] BGH FamRZ 2015, 1172 = NJW 2015, 1877, Rn. 35, in Abgrenzung zu BGH FamRZ 2006, 1511 und FamRZ 2013, 1554.

[478] Mit guten Gründen kritisch dazu Hauß FamRZ 2015, 1175; zustimmend Born NJW 2015, 1880.

[479] BGH FamRZ 2015, 1172 = NJW 2015, 1877, Rn. 37.

[480] **Anders** LG Heidelberg FamRZ 1998, 164 = NJW 1998, 3502 und Schibel NJW 1998, 3449 (3453); dagegen Büttner NDV 1999, 292 (295) und Günther FF 1999, 174 (175).

[481] BGH XII ZB 364/18 FamRZ 2019, 698 mAnm Seiler FamRZ 2019, 698 (700) = NJW 2019, 1074.

[482] BGH XII ZB 364/18 FamRZ 2019, 698 = NJW 2019, 1074 Rn. 20 ff.

[483] BGH FamRZ 2003, 860 (mAnm Klinkhammer) = NJW 2003, 1660.

abziehbar.[484] Daneben sind eine **Sparquote**, die in Deutschland mit durchschnittlich 10 % des verfügbaren Einkommens angesetzt werden kann, bzw. die **Tilgung** von Hausdarlehen nicht ohne weiteres vor dem Zugriff für Elternunterhalt geschützt, es sei denn, die Mittel werden zur Finanzierung eines angemessenen Eigenheims (mit dessen in die Berechnung einfließenden Wohnwert) benötigt.[485]

Vorwegabzug von Schulden. Vor Beginn der Unterhaltsbedürftigkeit begründete Schulden, die die Lebensstellung geprägt haben, sind auch dann zu berücksichtigen, wenn sie nach allgemeinen Maßstäben nicht berücksichtigungsfähig wären.[486] Für spätere – in Kenntnis der Unterhaltsschuld – eingegangene Verbindlichkeit gilt ein strengerer Maßstab: Wird ein neuer PKW angeschafft, ohne dass es einen konkreten Anlass für die Neuanschaffung des Pkw gab, kann auch nicht davon ausgegangen werden, dass der Pflichtige auf ein Neufahrzeug angewiesen war; die Schulden sind daher nicht zu berücksichtigen, weil zu dieser Zeit bereits eine Inanspruchnahme wegen Elternunterhalt erfolgt war.[487]

Aufwendungen, die für die **Haltung eines Tieres** entstehen, das nicht dem Zwecke der Einkommenserzielung dient, sind auch bei der Inanspruchnahme auf Elternunterhalt grundsätzlich von dem dem Unterhaltsschuldner zu belassenden Selbstbehalt zu bestreiten.[488]

Rücklagen für Hausrat oder Reparaturen sind nur bei absehbarer Notwendigkeit zu berücksichtigen.[489]

Aufwendungen für eine **Hausrats- und Haftpflichtversicherung** sind allerdings auch bei der Inanspruchnahme auf Elternunterhalt nicht als vorweg abziehbare Verbindlichkeiten zu behandeln.[490]

Fahrtkosten zu den Eltern sind abzugsfähig und nicht aus dem Selbstbehalt zu finanzieren.[491] Das muss bei getrennt lebenden Eltern auch für Besuche beim nicht unterhaltsbedürftigen anderen Elternteil gelten.[492]

220   **Anspruchsbeschränkungen.** Für eine **Verwirkung** ist § 1611 BGB maßgebend. Sie kommt insbesondere in Betracht, wenn die Eltern früher ihre Unterhaltspflicht gegenüber dem Kind verletzt hatten.[493] Die Verwirkung wegen einer schweren Verfehlung setzt allerdings ein Verschulden des Unterhaltsberechtigten voraus. Es genügt nicht, wenn er nur in einem natürlichen Sinne vorsätzlich gehandelt hat.[494] Eine schwere Verfehlung gemäß § 1611 Abs. 1 S. 1 Alt. 3 BGB darf regelmäßig nur bei einer tiefgreifenden Beein-

---

[484] BGH FamRZ 2013, 868 = NJW 2013, 1305, Rn. 17; FamRZ 2010, 1535 = NJW 2010, 3161, Rn. 25 ff.; FamRZ 2006, 1511 (mAnm Klinkhammer) = NJW 2006, 3344 (mAnm Koritz NJW 2007, 270).

[485] BGH FamRZ 2013, 868 = NJW 2013, 1305, Rn. 17; aA OLG Hamm FamRZ 2015, 1974 = NJW 2015, 3458 (das aber unzutreffend annimmt, der vorgenannten BGH-Entscheidung lasse sich eine Überschreitung der 5 %-Grenze nicht entnehmen, was jedoch nach zit. Vorinstanz OLG Düsseldorf FamRZ 2011, 1657 der Fall war).

[486] OLG Hamm NJW-RR 2005, 588 nach Aufhebung durch den BGH NJW 2004, 769; Empfehlungen des Vorstands des 16. DFGT, S. 172.

[487] OLG Hamm FamRZ 2013, 1146; bestätigt durch BGH FamRZ 2014, 538 Rn 44 mAnm Seiler FamRZ 2014, 538 (636).

[488] OLG Hamm FamRZ 2013, 1146 (Rn. 60); bestätigt BGH FamRZ 2014, 538 mAnm Seiler FamRZ 2014, 538 (636) Rn. 45 bis 47.

[489] BGH FamRZ 2004, 792 mAnm Borth; **anders** OLG Oldenburg FamRZ 2000, 1174 (1176); weitergehend Empfehlungen des Vorstands des 16. DFGT, S. 172.

[490] BGH FamRZ 2010, 1535 = NJW 2010, 3161, Rn. 22; Reinken NJW 2013, 2993 (2997).

[491] BGH FamRZ 2013, 868 (mAnm Hauß) = NJW 2013, 1305, Rn. 30; OLG Köln NJW-RR 2002, 74.

[492] Hauß, Elternunterhalt, 5. Aufl. 2015, Rn. 509.

[493] BGH FamRZ 2004, 1559 mAnm Born = NJW 2004, 3109; OLG Koblenz OLGR 2000, 254.

[494] BGH FamRZ 2010, 1888 = NJW 2010, 3714, Rn. 40, 41.

trächtigung schutzwürdiger wirtschaftlicher Interessen oder persönlicher Belange des Pflichtigen angenommen werden.[495] Zwar stellt ein vom unterhaltsberechtigten Elternteil ausgehender Kontaktabbruch regelmäßig eine Verfehlung dar; es bedarf jedoch für die Verwirkung des Elternunterhalts weiterer Umstände, die das Verhalten des Unterhaltsberechtigten ausnahmsweise auch als eine schwere Verfehlung erscheinen lassen.[496] Wenn die einzelnen Verfehlungen für sich genommen nicht besonders schwer wiegen, kann jedoch eine Gesamtschau dennoch zeigen, dass sich der Unterhaltsberechtigte in besonders vorzuwerfender Weise aus der familiären Solidarität gelöst und damit eine schwere Verfehlung begangen hat.[497]

Eine Beschränkung des Anspruchs auf Elternunterhalt kann sich gemäß § 1611 BGB ergeben, wegen früherer Verletzung der elterlichen Pflicht zu Schutz und Beistand für ein in den 60er Jahren zum Opfer einer innerfamiliären Vergewaltigung gewordenes Mädchen.[498] Gleiches gilt für eine gröbliche Vernachlässigung der Unterhaltspflicht, die sich auch auf die Gewährung von Naturalunterhalt beziehen kann sowie eine vorsätzlich schwere Verfehlung durch die Mutter. Diese lag vor, weil diese über einen längeren Zeitraum nicht nur elementare Bedürfnisse ihrer Kinder nach Versorgung mit Nahrung und Hygiene, sondern auch deren körperliche und sexuelle Integrität missachtet hat.[499]

Auch ohne die Voraussetzungen des § 1611 BGB kann der Unterhalt zu einer **unbilligen Härte nach § 94 Abs. 3 S. 1 Nr. 2 SGB XII** führen.[500] Es muss dann aber auch ein erkennbarer Bezug zum Sozialhilferecht, insbesondere ein kausaler Zusammenhang zu einem Handeln des Staates oder seiner Organe, vorliegen, während eine Störung familiärer Beziehungen im Sinne des § 1611 BGB grundsätzlich nicht genügt, um eine unbillige Härte im Sinne des § 94 Abs. 3 S. 1 Nr. 2 SGB XII zu begründen und damit den Anspruchsübergang auf den Träger der Sozialhilfe auszuschließen.[501] Ausschlaggebend für den Ausschluss des Anspruchsübergangs nach § 94 Abs. 3 S. 1 Nr. 2 SGB XII kann aber auch sein, dass in Anbetracht der sozialen und wirtschaftlichen Lage die Heranziehung zu einer nachhaltigen und unzumutbaren Beeinträchtigung des Unterhaltspflichtigen und der übrigen Familienmitglieder führen würde, ferner wenn die Zielsetzung der Hilfe infolge des Übergangs gefährdet erscheint oder der Unterhaltspflichtige den Sozialhilfeempfänger bereits vor Eintritt der Sozialhilfe über das Maß einer zumutbaren Unterhaltsverpflichtung hinaus betreut oder gepflegt hat.[502]

Eine Verwirkung aufgrund verspäteter Geltendmachung (§ 242 BGB) kommt nur in Betracht, wenn **Zeit- und Umstandsmoment** erfüllt sind. Für das **Zeitmoment** ist darauf hinzuweisen, dass von einem Unterhaltsgläubiger, der auf laufende Unterhaltszahlungen angewiesen ist, eher als von einem Gläubiger anderer Forderungen erwartet werden muss, dass er sich zeitnah um die Durchsetzung des Anspruchs bemüht. Das Zeitmoment ist daher regelmäßig bereits für Zeitabschnitte, die bei Untätigkeit des Unterhaltsgläubigers mehr als ein Jahr vor dem erneuten Tätigwerden zurückliegen, zu bejahen. Dieselben Anforderungen gelten, wenn die aus übergegangenem Recht klagende Behörde tätig wird. Eine Rechtswahrungsanzeige der Behörde, auf die der Unterhaltsanspruch übergegangen

---

[495] BGH FamRZ 2014, 541 = NJW 2014, 1177, Rn. 14.

[496] BGH FamRZ 2014, 541 = NJW 2014, 1177, Rn. 16.

[497] BGH FamRZ 2014, 541 = NJW 2014, 1177, Rn. 15.

[498] OLG Karlsruhe FamRZ 2016, 171.

[499] OLG Frankfurt/M FamRZ 2016, 1855.

[500] BGH FamRZ 2004, 1097 = NJW-RR 2004, 1288.

[501] BGH FamRZ 2010, 1888 = NJW 2010, 3714, Rn. 44, 45. Vgl. zur unbilligen Härte iSd § 94 Abs. 3 Nr. 2 SGB XII auch BGH FamRZ 2010, 1418 = NJW 2010, 2957.

[502] BGH NJW 2010, 3714 = FamRZ 2010, 1888, Rn. 46; NJW 2010, 2957 = FamRZ 2010, 1418, Rn. 33, 34.

ist, reicht allein nicht aus, um dem **Umstandsmoment** der Verwirkung dauerhaft begegnen zu können.[503]

Verbleibt trotz Pflegeversicherung eine objektive Überforderung, kann auch an eine Unterhaltsbeschränkung analog § 1579 Nr. 8 BGB gedacht werden. § 94 Abs. 2 SGB XII (behinderte Kinder) ist nicht entsprechend anwendbar.[504]

221   **Die Eltern sind gem. § 1609 Nr. 6 BGB nachrangig** berechtigt, so dass vorrangige Unterhaltspflichten zu beachten sind.[505] Der geschiedene Ehegatte des Pflegebedürftigen haftet gem. § 1584 BGB vor den Kindern, solange nicht sein eigener angemessener Unterhalt gefährdet ist.[506]

Mehrere Geschwister haften gem. § 1606 Abs. 3 S. 1 BGB anteilig und gleichrangig.[507] Dies hat insbesondere zur Folge, dass im Leistungsantrag die Haftungsanteile der einzelnen Geschwister dargelegt werden müssen, andernfalls der Antrag unschlüssig bleibt.[508] Den Unterhaltspflichtigen trifft im Gegenzug die Darlegungs- und Beweislast für die Leistungsunfähigkeit seiner Geschwister.[509] Die Verweisung auf fiktive Einkünfte eines Mitverpflichteten ist nicht möglich, es gilt aber § 1607 Abs. 2 BGB. Die Geschwister untereinander sind nach § 242 BGB einander zur **Auskunft** verpflichtet, nicht aber unmittelbar die Ehegatten der Geschwister.[510]

d) Grundsicherung nach §§ 41–43 SGB XII

222   Die Grundsicherung nach §§ 41–43 SGB XII, die aus dem Grundsicherungsgesetz[511] zum 1.1.2005 folgt, ist eine **eigenständige Sozialleistung** für **ältere Menschen (ab 65 Jahren) und aus medizinischen Gründen voll Erwerbsgeminderte ab 18 Jahren** (im Gegensatz zum **Arbeitslosengeld II** als Grundsicherung **für Arbeitsuchende** nach §§ 19 ff. SGB II).[512]

Anspruchsberechtigung. Diese nicht dem Arbeitsmarkt zur Verfügung stehenden Personen müssen im Sinne der Sozialhilfe bedürftig sein. Dem kann tatsächlich geleisteter Unterhalt entgegenstehen, nicht aber ein bloßer Unterhaltsanspruch, auch wenn er tituliert ist.[513] Keinen Anspruch auf Leistungen haben Personen, die in den letzten zehn Jahren ihre Bedürftigkeit vorsätzlich oder grob fahrlässig herbeigeführt haben (§ 41 Abs. 3 SGB XII). Der unterhaltsberechtigte Elternteil ist grundsätzlich gehalten, Grundsicherung zu beantragen; die Leistungen sind gegenüber dem Elternunterhalt nicht nachrangig.[514]. Verletzt er diese Obliegenheit, sind ihm entsprechende fiktive Einkünfte zuzurechnen.[515] Wird ein entsprechender Antrag abgelehnt, besteht allerdings nur bei

---

[503] OLG München NZFam 2017, 308 mAnm Wache.

[504] BVerwG FamRZ 1995, 803.

[505] LG Bielefeld FamRZ 1998, 49.

[506] Darlegungspflichtig für die fehlende Unterhaltspflicht des Ehegatten ist der Berechtigte: OLG Hamm FamRZ 1996, 116.

[507] BGH FamRZ 1986, 153 = NJW-RR 1986, 293; OLG Köln FamRZ 2019, 1143 = NZFam 2019, 222 (Günther).

[508] Vgl. BGH FamRZ 2003, 1836 = NJW 2003, 3624.

[509] BGH FamRZ 2013, 203 = NJW 2013, 301 Rn. 44.

[510] BGH FamRZ 2003, 1836 mAnm Strohal = NJW 2003, 3624.

[511] BGBl. 2001 I 1310 (1335); dazu Klinkhammer FamRZ 2002, 997 und FuR 2003, 640 sowie Günther FF 2003, 10.

[512] Dazu Scholz FamRZ 2006, 1417.

[513] BGH FamRZ 2007, 1158 mAnm Scholz.

[514] BGH FamRZ 2015, 1467 = NJW 2015, 2655, Rn. 11, Anschluss an FamRZ 2007, 1158 Rn. 14.

[515] BGH FamRZ 2015, 1467 = NJW 2015, 2655, Rn. 11; OLG Naumburg, FamRZ 2009, 701; OLG Oldenburg NJW-RR 2004, 364; OLG Zweibrücken NJW-RR 2003, 1299.

Vorliegen hinreichender Erfolgsaussichten eine unterhaltsrechtliche Obliegenheit, Rechtsbehelfe dagegen einzulegen.[516]

- **Umfang der Leistungen.** Die Grundsicherung umfasst den für den Antragsteller maßgebenden Sozialhilferegelsatz für Haushaltsvorstände nach § 28 SGB XII, die Kosten für Unterkunft und Heizung, Kranken – und Pflegeversicherungsbeiträge (nach § 32 SGB XII), Schuldübernahme nach § 34 SGB XII und ggf. der Mehrbedarf nach §§ 30, 31 SGB XII. Ein Bedarf der Berechtigten, auch ergänzende Sozialhilfeansprüche, kann daher vor allem bleiben, wenn sie stationär untergebracht sind.[517]

- **Rückgriffseinschränkung.** Gegenüber unterhaltspflichtigen Eltern und Kindern, deren Jahreseinkommen im Sinne des Einkommensteuerrechts unter 100.000 EUR liegt, findet nach § 94 Abs. 1a SGB XII kein Rückgriff des Grundsicherungsträgers statt.[518] Dabei ist das Einkommen der Kinder oder Eltern gesondert zu betrachten.[519] Sofern die Bewilligung von bedarfsdeckenden Leistungen der Grundsicherung für den unterhaltsberechtigten Elternteil nach § 43 SGB XII nur deswegen ausscheidet, weil eines von mehreren anteilig haftenden unterhaltspflichtigen Kindern über steuerliche Gesamteinkünfte von 100.000 EUR oder mehr verfügt, wäre die Inanspruchnahme eines weniger als 100.000 EUR verdienenden Kindes eine unbillige Härte (§ 94 Abs. 3 S. 1 Nr. 2 SGB XII).[520] Letzteres kann seiner Inanspruchnahme dann den Einwand der unzulässigen Rechtsausübung (§ 242 BGB) entgegenhalten, ohne dass deshalb das leistungsfähigere Kind über seinen Haftungsanteil gemäß § 1606 Abs. 3 S. 1 BGB hinaus belastet werden darf.[521]

- Das gilt auch für **entferntere Verwandte**, die schon nach § 94 Abs. 2 SGB XII privilegiert sind. Sinn der **Rückgriffseinschränkung** ist die (allerdings nur in Höhe der Leistungen gegebene) eigenständige Sicherung des Bedürftigen (Vermeidung der „verschämten" Armut).[522] Für die höheren Bereiche des Elternunterhalts bleibt ein von der Grundsicherung nicht gedeckter Teil des Bedarfs übrig. Ansprüche gegen den Ehepartner (oder Partner einer eingetragenen Partnerschaft) werden dagegen berücksichtigt.[523] Wenn die Unterhaltsansprüche nicht realisierbar sind, besteht aber ein Grundsicherungsanspruch.[524] Bei einem unterhaltsberechtigten Volljährigen, der Grundsicherungsrente erhält, ist Regress gegenüber den Eltern nach § 94 Abs. 1 S. 3 2. Alt. SGB XII ausgeschlossen.[525]

e) Großeltern/Enkelkinder

Die Ansprüche der Enkelkinder gegen die Großeltern sind von erheblich größerer   223
praktischer Bedeutung als die nach § 1601 BGB ebenfalls bestehenden Ansprüche der Großeltern gegen die Enkelkinder (da wegen des Alterssicherungssystems Großeltern seltener bedürftig sind). Die Großeltern haften allerdings nur, wenn vorrangig Verpflich-

[516] BGH FamRZ 2015, 1467 = NJW 2015, 2655, Rn. 12.
[517] Dazu Klinkhammer FamRZ 2003, 1793.
[518] BGH FamRZ 2007, 1158 mAnm Scholz; OLG Saarbrücken OLGR 2005, 88.
[519] Zutreffend Günther FF 2003, 10 mwN.
[520] BGH FamRZ 2015, 1467 = NJW 2015, 2655, Rn. 47.
[521] BGH FamRZ 2015, 1467 = NJW 2015, 2655, Rn. 48.
[522] Vgl. zum Ganzen Klinkhammer FamRZ 2003, 1793.
[523] Scholz in Anm. zu BGH FamRZ 2007, 1158; Süddeutsche Leitlinien und Düsseldorfer Leitlinien jeweils 2.9.
[524] VG Aachen ZfSH/SGB 2005, 169.
[525] OLG Oldenburg ZFE 2004, 59.

tete nicht leistungsfähig sind (§ 1607 Abs. 1 BGB)[526] bzw. trotz Titulierung gegen sie nicht vollstreckt werden kann (§ 1607 Abs. 2 S. 1 BGB).[527]

Es gehört daher die Darlegung der (teilweisen) Leistungsunfähigkeit der Eltern (bzw. Vollstreckungsunmöglichkeit) und die der anderen Großelternteile zu den Voraussetzungen des Anspruchs.[528] Auch die Eltern des betreuenden Elternteils sind einzubeziehen, wenn dieser nicht zusätzlich den Barunterhalt leistet, da der Betreuende in dieser Situation allein durch die Betreuung seiner Unterhaltspflicht nicht nachkommt.[529]

Nach dem OLG Dresden[530] sind **Leistungen nach dem UVG im Rahmen eines Unterhaltsanspruchs des minderjährigen Kindes gegen seine Großeltern bedarfsdeckend.**

Der Unterhaltsbedarf des Kindes richtet sich bei der Großelternhaftung gem. § 1607 Abs. 1 BGB nach dem Mindestunterhalt[531], weil sich die Lebensstellung nach der der Eltern richtet. Im Fall des § 1607 Abs. 2 BGB richtet sich der Unterhaltsbedarf nach dem Titel gegen die Eltern, kann also eventuell auch höher liegen.

Großeltern können sich auf den **erhöhten angemessenen Selbstbehalt** (→ Rn. 40) berufen, und die Hälfte des überschießenden Einkommens ist ihnen ebenfalls zuzubilligen.[532] Vorrangig sind die Ansprüche auf Familienunterhalt (zB der Großmutter gem. §§ 1360, 1360a BGB). Auch Verbindlichkeiten der Großeltern, die diese vor Inanspruchnahme durch den Enkel eingegangen sind, mindern ihre Leistungsfähigkeit.[533] Sie brauchen keine dauerhafte und spürbare Senkung ihres einkommenstypischen Unterhaltsniveaus hinzunehmen, soweit sie keinen unangemessenen Aufwand betreiben.[534]

224   **Eine cessio legis von Unterhaltsansprüchen gegen Großeltern** ist nach § 94 Abs. 1 S. 3 SGB XII nicht möglich. Fraglich ist, ob wegen des grundsätzlichen Vorrangs der privatrechtlichen Hilfsquelle nach § 19 SGB XII gleichwohl Sozialhilfe wegen eines „ohne weiteres realisierbaren Anspruchs" gegen die Großeltern verweigert werden kann.[535] Wenn auch wegen § 19 SGB XII von einer „Wahlfreiheit" des Hilfsbedürftigen, Sozialhilfe oder die Großeltern in Anspruch zu nehmen, nicht gesprochen werden kann, ist nicht zu leugnen, dass der Sachwiderspruch zwischen Vorrang- und Rückgriffsregelung im praktischen Ergebnis dazu führen kann.[536] Zweifelhaft ist, ob die Verweisung auf einen durchsetzbaren Anspruch für die Zukunft (bei Sozialhilfekürzung gem. §§ 26, 39 SGB XII) in Betracht kommt oder ob darin eine Umgehung des § 94 Abs. 1 S. 3 SGB XII zu sehen ist. Die uneingeschränkte Gewährung des zivilrechtlichen Anspruchs spricht dafür, für die Zukunft eine Verweisung auf die Inanspruchnahme von Sozialhilfemitteln nicht für zulässig zu halten.[537]

---

[526] BGH NJW FamRZ 2022, 180 = NJW 2022, 331 Rn. 17; OLG Köln OLGR 2004, 166 (begrenzt auf den Unterhaltsanspruch gegen die Eltern).

[527] OLG Karlsruhe FamRZ 2015, 1507; OLG München MDR 2000, 457 (auch bei Unterhaltsvorschussansprüchen).

[528] OLG Hamm NJW-RR 2006, 871; OLG Jena NJW-RR 2005, 1670; OLG Dresden NJW-RR 2006, 221.

[529] OLG Frankfurt FamRZ 2004, 1745; aM OLG Schleswig FamRZ 2004, 1058 mAnm Luthin.

[530] OLG Dresden FamRZ 2010, 736; FamRZ 2006, 569 ff.

[531] OLG Saarbrücken OLGR 2007, 526 (nicht nur auf Stamm des ausgefallenen Elternvermögens); OLG Köln FamRZ 2005, 38.

[532] BGH FamRZ 2006, 26 mAnm Duderstadt = NJW 2006, 142 = FF 2006, 49 mAnm Luthin.

[533] OLG Dresden FamRZ 2006, 569.

[534] BGH FamRZ 2007, 375 = NJW-RR 2007, 433.

[535] Ausführlich DIV-Gutachten DAVorm 1987, 953 ff.

[536] Eine Hilfeverweigerung wegen eines „ohne weiteres realisierbaren Anspruchs" wird entgegen DIV-Gutachten DAVorm 1987, 953 ff. jedenfalls dann Schwierigkeiten bereiten, wenn die Beteiligten die Rechtslage kennen und sich einig sind; kritisch dazu auch Herlan DAVorm 1989, 67 f.

[537] Vgl. LPK-SGB XII/Wolfgang Conradis § 94 Rn. 82 f.

f) Eheschließung für Personen gleichen Geschlechts und eingetragene Lebenspartner

Das am 1.10.2017 in Kraft getretene Gesetz zur Einführung des Rechts auf Eheschlie- **225**
ßung für Personen gleichen Geschlechts[538] hat zur Folge, dass die gesetzlichen Unter-
haltätbestände des BGB nunmehr für alle Eheleute – auch die gleichen Geschlechts –
gelten; auch für Lebenspartner, die gemäß § 20a LPartG die Lebenspartnerschaft in eine
Ehe umwandeln lassen. Sofern sie dies nicht möchten, gilt der folgende Absatz weiter.
Neue Lebenspartnerschaften können nach dem Inkrafttreten des Gesetzes gemäß dessen
Art. 3 Abs. 3 ab 1.10.2017 nicht mehr geschlossen werden.[539]

Das Lebenspartnerschaftsgesetz (LPartG) gibt eingetragenen gleichgeschlechtlichen
Lebenspartnern Unterhaltsansprüche. Durch das Lebenspartnerschaftsüberarbeitungs-
gesetz[540] wurde das Unterhaltsrecht an das eheliche Unterhaltsrecht zum 1.1.2005 angeglichen und zum 1.1.2008 überarbeitet, wobei der Wortlaut von § 16 LPartG dem des
§ 1569 angeglichen wurde und die Einschränkungen des § 12 LPartG gegenüber § 1361
BGB entfielen; auch die §§ 1582, 1609 BGB sind anwendbar.[541] Rechtsprechung gibt es
nur wenig.[542] Es sollen hier nur kurz die Grundlagen der gesetzlichen Unterhaltsregelung
dargestellt werden.[543]

aa) Vor Trennung der Lebenspartnerschaft. Gem. § 5 LPartG sind die §§ 1360 S. 2, **226**
1360a, 1360b, 1609 BGB entsprechend anwendbar. Insoweit ist auch ein Taschengeldanspruch und Verfahrenskostenvorschussanspruch des nicht erwerbstätigen Lebenspartners wie bei Ehepartnern zu bejahen.[544]

bb) Nach Trennung der Lebenspartnerschaft. § 12 LPartG gibt einen Unterhalts- **227**
anspruch nach dem Maßstab der lebenspartnerschaftlichen Lebensverhältnisse. Diese
können sich ebenso wie die ehelichen Lebensverhältnisse bis zur Auflösung der Lebenspartnerschaft weiterentwickeln. §§ 1361 und 1609 BGB gelten entsprechend.[545]

cc) Nach Aufhebung der Lebenspartnerschaft. Nach § 16 LPartG gelten für den **228**
nachpartnerschaftlichen Unterhaltsanspruch die §§ 1570–1586b und § 1609 BGB entsprechend. Aus § 16 Abs. 2 LPartG ergibt sich, dass die Lebenspartner allen anderen gesetzlich Unterhaltsberechtigten nachgehen. In Konkurrenz mit einem neuen Lebenspartner
geht der alte vor.

g) Nichteheliche Lebenspartner

Eine gesetzliche Unterhaltspflicht besteht weder während des Zusammenlebens noch für **229**
die Zeit nach der Trennung,[546] ausgenommen den Fall des § 1615l BGB (dazu → Rn. 213 ff.
und → Rn. 467 ff.). Eheliche Unterhaltsansprüche können auch nicht analog angewandt
werden. Es besteht aber die Möglichkeit, vertragliche Unterhaltsansprüche zu begründen.[547]

---

[538] BGBl. 2017 I 2787.

[539] BGBl. 2017 I 2788; siehe insgesamt dazu Schwab FamRZ 2017, 1284 und Schmidt NJW 2017,
2225.

[540] Vom 15.12.2004 (BGBl. I 3396).

[541] Wellenhofer NJW 2005, 705; Stüber FamRZ 2005, 574.

[542] OLG Bremen FamRZ 2003, 1280; OLG Düsseldorf FamRZ 2006, 335 zu dem inzwischen
überholten § 12 Abs. 2 LPartG aF; vgl. weiter Übersicht über Zweifelsfragen Roller FamRZ 2003,
1424.

[543] Zu kollisionsrechtlichen Fragen des Unterhalts Henrich FamRZ 2002, 137 (139, 141).

[544] Büttner FamRZ 2001, 1105 (1106).

[545] OLG Düsseldorf FamRZ 2006, 335 ist deswegen weitgehend überholt.

[546] BGH FamRZ 1984, 976; OLG Hamm FamRZ 1983, 273; Grziwotz FamRZ 2003, 1422 und
FamRZ 2006, 1069.

[547] Dazu näher Busche JZ 1998, 387 (395 f.).

h) Unterhalt für ein Tier

230   Der „Unterhalt" für einen Hund soll nur – als Vereinbarung und damit Dauerschuld-
verhältnis – bei einem wichtigen Grund gekündigt werden können.[548] Die Frage ist
jedoch, ob es sich wegen der Unwesentlichkeit nicht nur um eine unverbindliche Erklärung handelt, die jederzeit beendet werden kann. Ist der Hund aber vom Unterhaltsschuldner für ein Kind angeschafft worden, kann es sich bei den Tierhaltungskosten um
Mehrbedarf des Kindes handeln. Solche Tierhaltungskosten sind nämlich nicht in den
gewöhnlichen Unterhaltssätzen enthalten.[549] Nach der Trennung der Eheleute kann der
unterhaltspflichtige Elternteil grundsätzlich auch den Mehrbedarf zu tragen haben, der
durch die Intensivierung einer Sportausübung des gemeinsamen Kindes entsteht, die auf
einer ursprünglich gemeinsamen Entscheidung der Eltern beruht (im konkreten Fall
Kosten für die Haltung zweier Pferde für Turniersport).[550]

5. Art der Unterhaltsgewährung

a) Geldrente

231   **Grundsätzlich ist Unterhalt durch Zahlung einer Geldrente zu leisten,**
§§ 1612 Abs. 1, 1585 Abs. 1 BGB. Ausnahmen ergeben sich durch das sogenannte
„Schuldnerprivileg" in § 1612 Abs. 1 S. 2 BGB (→ Rn. 233) und nach § 1612 Abs. 2 BGB
bei elterlicher Unterhaltsbestimmung (→ Rn. 639 ff.).

Der Unterhalt ist **monatlich im Voraus zu entrichten,** §§ 1612 Abs. 3, 1585 Abs. 1
S. 2 BGB. „Monatlich im Voraus" ist nicht mit „jeweils am 1. des Monats" identisch,
sondern die monatliche Unterhaltsperiode kann an jedem beliebigen Tag des Monats
einsetzen. Maßgebend ist das Entstehen des Unterhaltsanspruchs bzw. die Regelung im
maßgebenden Titel.[551] Es entspricht aber praktischen Bedürfnissen, den Unterhalt kalen-
dermonatlich zuzusprechen bzw. vertraglich zu regeln. Das gilt auch, wenn der Unterhaltsschuldner sein Geld erst zum 15. eines Monats bekommt.[552]

Die in der Praxis häufige Formulierung „ab dem 3. Werktag eines jeden Monats im
Voraus" bedeutet, dass der Kalendermonat die Unterhaltsperiode ist, mag auch die
Unterhaltspflicht zu einem anderen Zeitpunkt im Laufe eines Monats begonnen
haben.

Gemäß §§ 760 Abs. 3 (Leibrente), 1585 Abs. 1 S. 3 (Wiederheirat oder Tod) und 1612
Abs. 3 S. 2 BGB (Tod) ist der volle Monatsbetrag auch dann zu zahlen, wenn der Unterhaltsanspruch im Laufe eines Monats erlischt. § 1613 Abs. 1 S. 2 BGB regelt für den
rückständigen Unterhalt, dass er für den vollen Monat geschuldet ist, auch wenn der
Unterhaltsanspruch erst im Laufe des Monats entstanden ist. Ebenso ist nach § 1612a
Abs. 3 BGB der Mindestunterhalt der höheren Altersstufe ab Beginn des Monats, in dem
das Kind die höhere Altersstufe erreicht, zu zahlen. Leider hat der BGH diese Vorschriften bisher nicht entsprechend auf den Getrenntlebensunterhalt und den Minderjährigenunterhalt angewandt, wenn diese im Laufe des Monats durch Scheidungsrechtskraft
bzw. Eintritt der Volljährigkeit enden.[553] Das ist schon deshalb unpraktisch, weil den

---

[548] So OLG Zweibrücken FamRZ 2007, 137 = NJW-RR 2007, 1.
[549] OLG Bremen FamRZ 2011, 43.
[550] OLG Frankfurt FamRZ 2014, 1787 (Ls.) = NJW-RR 2015, 260.
[551] KG FamRZ 1984, 1131 (1134); OLG Bamberg FamRZ 1980, 916.
[552] OLG Karlsruhe FamRZ 2005, 378.
[553] BGH FamRZ 1988, 370 (Getrenntlebensunterhalt); FamRZ 1988, 604 (Minderjährigenunterhalt) = NJW 1988, 2799. Mit §§ 1613 Abs. 1 S. 2, 1612a Abs. 3 BGB hat sich der BGH hinsichtlich
der Ableitung eines allgemeinen Willens des Gesetzgebers noch nicht auseinandergesetzt.

Beteiligten das genaue Datum der Scheidungsrechtskraft oft unklar ist und die Aufteilung auf Tage zu einer kleinlichen Rechnerei führt.[554]

Die Kontoüberweisung ist die heute übliche Erfüllungsart der Geldrente. Vorausset- **232** zung ist aber, dass der Berechtigte sich mit der Zahlung auf ein bestimmtes Konto einverstanden erklärt, sonst handelt es sich nur um eine Leistung an Erfüllungs Statt.[555]

Für die Rechtzeitigkeit der Leistung von Unterhaltsgeldschulden kommt es auf die Absendung (Einzahlung bei der Post, Überweisungsauftrag an Bank) an,[556] nicht auf den Zeitpunkt der Gutschrift. Aus einer Vereinbarung in einem Prozessvergleich, nach der bis zu einem bestimmten Datum zu zahlen ist, ergibt sich als solcher nicht, dass das Geld bis zu diesem Zeitpunkt beim Gläubiger eingegangen sein muss.

b) Andere Art der Unterhaltsgewährung

Nur wenn „besondere Gründe" es rechtfertigen, kann der Verpflichtete verlangen, **233** dass ihm eine andere Art der Unterhaltsgewährung als die Zahlung einer Geldrente gestattet wird (§ 1612 Abs. 1 S. 2 BGB). Mit dieser Ausnahmeregelung will das Gesetz das Selbstbestimmungsrecht des Bedürftigen schützen und eine steuernde Einflussnahme auf die Lebensführung des Berechtigten ausschließen.[557]

Gegenüber unverheirateten Kindern haben die Eltern dagegen ein Bestimmungsrecht über die Art der Unterhaltsgewährung gemäß § 1612 Abs. 2 BGB; dazu näher → Rn. 239 ff.

c) Kapitalabfindung und Freistellungsvereinbarung

Eine Abfindung ist im Rahmen einer Unterhaltsgewährung gemäß den §§ 1601 ff. **234** BGB wegen des Verbots eines Verzichts auf künftigen Unterhalt (§ 1614 BGB, → Rn. 175d) rechtlich nicht möglich. Der Zahlung eines Abfindungsbetrages kommt keine Erfüllungswirkung zu.[558] In der Abfindungsvereinbarung kann daher allenfalls eine Freistellungsvereinbarung (→ Rn. 238) gesehen werden.[559]

Etwas anderes gilt für den Unterhalt zwischen **geschiedenen Eheleuten,** die vor der Rechtskraft der Scheidung formbedürftige Unterhaltsvereinbarungen nach § 1585c BGB auch in Form einer Abfindungsvereinbarung schließen können; der Berechtigte[560] hat nach § 1585 Abs. 2 BGB aus wichtigen Gründen das Recht, eine Abfindung zu verlangen. Die Form des § 127a BGB ersetzt bei einer vor Rechtskraft der Ehescheidung geschlossenen Vereinbarung zum nachehelichen Unterhalt auch dann die notarielle Beurkundung, wenn die Protokollierung in einem anderen Verfahren als der Ehesache erfolgt, so dass der nacheheliche Unterhalt insbesondere im Verfahren über den Trennungsunterhalt formwirksam geregelt werden kann.[561]

Der Anspruch auf Kapitalabfindung ist nur ein Anspruch auf Geldzahlung, nicht auf Leistung eines bestimmten Gegenstandes (etwa eines Grundstücks oder von Wertpapie-

---

[554] Vgl. zur Kritik näher Luthin FamRZ 1985, 262 (263) und Schmitz FamRZ 1988, 700.
[555] OLG Hamm NJW 1988, 2115.
[556] OLG Karlsruhe FamRZ 2003, 1763 = NJW 2003, 2922; OLG Köln FamRZ 1990, 1243.
[557] BSG FamRZ 1985, 1031; andere Arten der Unterhaltsgewährung können vereinbart werden, zB Wohnungsgewährung statt Barleistung: OLG Karlsruhe NJW-RR 1995, 709 (bei Änderungswunsch Abänderungsklage erforderlich!).
[558] OLG Brandenburg NZFam 2022, 220 (Härtl).
[559] OLG Brandenburg NZFam 2022, 220 (Härtl).
[560] BGH FamRZ 1993, 1186 = NJW 1993, 2105: aber nicht der Verpflichtete.
[561] BGH FamRZ 2014, 728 = NJW 2014, 1231, Rn. 11.

ren).[562] Verlangen kann der Berechtigte eine Abfindung in Kapital, wenn ein wichtiger Grund vorliegt und der Verpflichtete dadurch nicht unbillig belastet wird, § 1585 Abs. 2 BGB.

235   **Ein „wichtiger Grund" für eine Kapitalabfindung** zwischen geschiedenen Eheleuten kann etwa die Absicht sein, ein Erwerbsgeschäft aufzubauen, berufliche Ausbildung oder auch pflichtwidriges, den laufenden Unterhaltsanspruch gefährdendes Verhalten des Pflichtigen (schuldhafter Verlust der Arbeitsstelle mit der Folge wesentlicher Einkommensreduzierung in Verbindung mit Anstalten, Grundvermögen zu veräußern).

Für die Bemessung der Abfindung ist als Grundlage der gegenwärtige Unterhaltsanspruch heranzuziehen (künftige Erhöhungen sind naturgemäß ungewiss) unter Berücksichtigung der Lebenserwartung des Berechtigten, der Aussicht auf eine Wiederverheiratung und des Alters der zu versorgenden Kinder, zudem ist der Zins- und Zinseszinsgewinn einzukalkulieren.

Bei Abfindungsvereinbarungen nach § 1585c BGB ist zu berücksichtigen, dass sie bei grobem Missverhältnis nichtig sein können.[563]

236   **Besoldungsrechtliche Nachteile für Beamte** können durch die Vereinbarung einer einmaligen Abfindung entstehen, da diese danach als geschiedene Beamte ohne monatliche Unterhaltsverpflichtung aus der Ehe keinen Anspruch auf Familienzuschlag der Stufe 1 haben.[564]

Steuerrechtliche Nachteile können dadurch entstehen, dass der Betrag in aller Regel nicht als außergewöhnliche Belastung zu berücksichtigen ist[565] und die Geltendmachung des Realsplittings für die Zukunft entfällt.

Mit der Vereinbarung einer **Abfindung des Ehegattenunterhaltsanspruchs** kann ein Unterhaltspflichtiger (anders als bei einem bloßen Unterhaltsverzicht) unter den weiteren Voraussetzungen des **§ 33 VersAusglG** eine vorzeitige **Kürzung seiner Versorgungsbezüge** vermeiden, solange die Unterhaltsberechtigung des noch keine Versorgung beziehenden früheren Ehegatten ohne die Abfindung fortbestanden hätte.[566] Siehe dazu → Rn. 160a.

Zwar sind die Voraussetzungen für eine Aussetzung der Kürzung einschränkend neu geregelt, insbesondere an konkrete Unterhaltsleistungen geknüpft worden.[567] Allerdings haben auch bisher die drei obersten Gerichtshöfe, die je nach Versorgungsart gem. § 5 VAHRG zur Entscheidung berufen waren, die Voraussetzung des Fortbestands der Unterhaltsverpflichtung in den Fällen der Abfindung nur fingiert und insbesondere vor dem Hintergrund der verfassungsrechtlichen Problematik[568] darauf abgestellt, ob dem Berechtigten ohne die Berücksichtigung bereits erfolgter Zahlungen ein Unterhaltsanspruch gegen den Verpflichteten zustehen würde, weshalb es nun weiterhin wichtig ist, die Zeitdauer des abgefundenen Unterhaltsanspruchs und damit auch seine monatliche Höhe festzulegen.[569]

---

[562] AG Glückstadt FamRZ 1978, 781 – soweit ersichtlich ist das die Einzige dazu veröffentlichte Entscheidung. In der gerichtlichen Praxis spielt die Regelung eine sehr unbedeutende Rolle.

[563] BGH NJW 2001, 2324 zur „Erlassfalle" im Mietrecht.

[564] BVerwG NJW 2003, 886; OVG Münster MDR 2002, 342.

[565] BGH NJWE-FER 1998, 211.

[566] Zur Vorgängernorm des § 5 VAHRG: BGH FamRZ 1994, 1171; BVerwG NJW-RR 2000, 145; BSG NJW-RR 1996, 899; diff. zu § 33 VersAusglG BGH FamRZ 2013, 1364 = NJW-RR 2013, 1091.

[567] BGH FamRZ 2012, 853 = NJW 2012, 661; Schwamb FamRZ 2011, 1648 ff.

[568] Dazu näher BGH FamRZ 1994, 1171 (1172 unter 2b).

[569] Siehe dazu BGH FamRZ 2013, 1364 = NJW-RR 2013, 1091; OLG Celle FamRZ 2012, 1812.

Unterhaltsabfindungen für Kindesunterhalt, die bei Ausreise aus der DDR verein- 237
bart wurden, sind unwirksam.[570] Die Zulässigkeit von Abfindungsvereinbarungen nach
ausländischem Recht kann anders zu beurteilen sein.[571]

Freistellungsvereinbarungen im Verhältnis der Elternteile untereinander sind recht- 238
lich möglich, lassen aber den Anspruch des Kindes unberührt,[572] falls er nicht im konkreten Fall vom freistellenden Elternteil erfüllt wird.[573] Allerdings kann aus einer gegenüber dem Kind unwirksamen Unterhaltsbegrenzung nicht ohne Weiteres auf eine Freistellungsvereinbarung zu Lasten des betreuenden Elternteils geschlossen werden.[574] Der
freigestellte Elternteil hat einen Schadensersatzanspruch, wenn er vom Kind in Anspruch
genommen wird.[575] Auch eine Freistellungsvereinbarung vor der Eheschließung kann
wirksam sein,[576] sie ist aber sittenwidrig, wenn das Wohl des Kindes missachtet wird oder
das Umgangsrecht zum Handelsobjekt gemacht wird[577] → Rn. 175d. Auch ein Wegfall
der Geschäftsgrundlage kommt in Betracht.[578]

d) Bestimmungsrecht der Eltern unverheirateter Kinder

aa) Bestimmungsberechtigte. Eltern unverheirateter Kinder – auch volljähriger 239
Kinder[579] **– können bestimmen,** in welcher Art und für welche Zeit im Voraus
Unterhalt gewährt werden soll, sofern sie auf die Belange des Kindes die gebotene
Rücksicht nehmen, § 1612 Abs. 2 BGB. Das Bestimmungsrecht betrifft nicht nur die
Naturalunterhaltsgewährung, sondern erstreckt sich zB auch auf die Versicherungs-
wahl.[580]

Bei minderjährigen Kindern hat **nur** der **Sorgeberechtigte das Bestimmungsrecht.**[581] 240
Der nicht Sorgeberechtigte kann nicht über § 1612 Abs. 2 BGB erreichen, dass das Kind
zu ihm ziehen muss, wie sich ohne weiteres aus § 1612 Abs. 2 S. 2 BGB ergibt.[582]

Bei **gemeinsamem Sorgerecht** wird das Bestimmungsrecht gemeinsam ausgeübt. Können die Eltern sich nicht einigen, müssen sie das Familiengericht anrufen.[583]

Gegen den Obhutsinhaber kann vorher keine Unterhaltsbestimmung getroffen werden, denn diese Unterhaltsbestimmung wäre für das berechtigte Kind unerreichbar, wie

---

[570] OLG Koblenz FamRZ 1994, 1195; OLG Düsseldorf FamRZ 1994, 1344; OLG Hamm DA-
Vorm 1992, 362; DIV-Gutachten DAVorm 1992, 955 u. ZfJ 1992, 539 ff.
[571] OLG Braunschweig FamRZ 1996, 965 (unklar).
[572] BGH FamRZ 1986, 444 = NJW 1986, 1167; OLG Brandenburg NZFam 2022, 220 (Härtl);
OLG Stuttgart FamRZ 2006, 866 = NJW-RR 2007, 151; OLG Naumburg FamRZ 2007, 1903; OLG
Brandenburg FamRZ 2003, 1965 – die Auslegung kann auch nur eine Teilfreistellung ergeben.
[573] OLG Naumburg OLGR 2007, 686.
[574] BGH FamRZ 2009, 768.
[575] OLG Zweibrücken NJW-RR 2000, 150 (Familiensache).
[576] OLG Stuttgart FamRZ 1992, 715 = NJW-RR 1993, 133.
[577] BVerfG FamRZ 2001, 343 (348). BGH FamRZ 1989, 499; FamRZ 1984, 778 = NJW 1984,
1951.
[578] OLG Köln NJW-RR 1995, 1474.
[579] BGH (VI.) FamRZ 2006, 1108 mkritAnm Luthin; BGH FamRZ 1996, 798 = NJW 1996, 1817;
FamRZ 1988, 831 = NJW 1988, 1974; KG FamRZ 2006, 60. Dazu zählen auch volljährige Kinder, die
in freier Lebensgemeinschaft leben: LG Lübeck FamRZ 1987, 1296. Umgekehrt haben volljährige
Kinder keinen Anspruch auf Naturalunterhaltsgewährung durch die Eltern: LG Kleve FamRZ 1992,
103.
[580] OLG Düsseldorf FamRZ 1994, 396.
[581] OLG Brandenburg ZFE 2011, 269; OLG Saarbrücken FamRZ 2010, 219;
[582] OLG Brandenburg JAmt 2003, 616 = FamRZ 2004, 900; OLG Köln NJW 1998, 320 (auch bei
Verstoß gegen Aufenthaltsbestimmungsrecht).
[583] BGH FamRZ 1983, 892 (894) = NJW 1983, 2200 (bis Volljährigkeit).

sich im Übrigen auch aus der Neufassung des § 1612 Abs. 2 S. 2 BGB (ab 1.1.2008) ergibt.[584]

Bei Übersiedlung von minderjährigen Kindern zum anderen Elternteil wird bei minderjährigen Kindern der bisher betreuende Elternteil barunterhaltspflichtig, wenn er nicht durch Vornahme einer Unterhaltsbestimmung eine Rückkehr des Kindes herbeiführen will.[585] Der ehemals Betreuende ist deshalb mit dem Aufenthaltswechsel gehalten, sich um eine vollschichtige Erwerbstätigkeit zu bemühen. Dabei ist ihm eine Übergangszeit für das Auffinden einer Arbeitsstelle einzuräumen, die zwischen drei bis sechs Monaten liegen soll.[586]

Bei Übersiedlung von volljährigen Kindern zum anderen Elternteil muss der bisher Naturalunterhalt Leistende zunächst eine wirksame Unterhaltsbestimmung treffen, sonst wird er barunterhaltspflichtig.[587]

241   **Bei volljährigen Kindern ist der Grund für das Bestimmungsrecht der Eltern** nicht mehr in einem Erziehungs-, Kontroll- oder Überwachungsrecht zu sehen.[588] Das Unterhaltsrechtsverhältnis ist aber durch wechselseitige Pflichten zur Rücksichtnahme und Information geprägt, wie § 1618a BGB ausdrücklich besagt.

Da die Eltern bei Unterhaltsforderungen volljähriger Kinder in häufig überdurchschnittlichem Umfang finanziell belastet werden, was durch den höheren Selbstbehalt gegenüber volljährigen Kindern nur in geringem Maße abgemildert wird, kann die Bestimmung, dass der Unterhalt im Wesentlichen in Naturalleistungen erbracht wird (insbesondere: Wohnen im Elternhaus), zu einer merklichen finanziellen Entlastung der Eltern führen, so dass die Rücksichtnahme auf die Interessen der Eltern gebietet, den Wunsch, eine eigene Wohnung zu bewohnen, zurückzustellen.

242   Ein **einseitiges Bestimmungsrecht** des Elternteils, der vollständig oder überwiegend den Unterhalt leistet, ist daher bei volljährigen Kindern zu bejahen.[589] Die wirksame Ausübung des einseitigen Bestimmungsrechts setzt aber voraus, dass auf die schutzwürdigen Belange des anderen Elternteils angemessen Rücksicht genommen worden ist. Solche schutzwürdigen Belange können insbesondere sein: langjährige Bindungen des anderen Elternteils zum Kind, Besuchs- und Betreuungsmöglichkeiten, besondere Belastung des anderen Elternteils durch dann von ihm zu erbringende Barleistungen.[590] Die Möglichkeit, dass die Ausübung des Bestimmungsrechts durch den überwiegend den Unterhalt Leistenden zu einem Ausgleichsanspruch gegen den anderen Elternteil führt, steht als solche der wirksamen Bestimmung nicht entgegen.[591] So kann der den überwiegenden Unterhalt leistende Vater den Umzug des Kindes zu ihm und Naturalunterhaltsleistung bestimmen, wenn der Mutter, die bisher nur geringe Naturalleistungen erbrachte, eine entsprechend geringe Barleistung zumutbar ist.

Bei nur überwiegender Unterhaltsleistung, zB wenn das Kind beim nicht barunterhaltspflichtigen Elternteil wohnt, der damit eine Naturalleistung erbringt, wird ein Umzug des Kindes aber in aller Regel nicht über die Ausübung des Bestimmungsrechts

---

[584] BGH FamRZ 1992, 426 = NJW 1992, 974 (dies folgt entgegen OLG Stuttgart FamRZ 1991, 595 nicht schon aus § 1629 Abs. 2 S. 2 BGB, da sich dieser Bestimmung über die Art des zu gewährenden Unterhalts nichts entnehmen lässt).

[585] OLG Köln FuR 2001, 415.

[586] OLG Brandenburg FamRZ 2013, 1137 (1138) = NJW-RR 2013, 1095.

[587] OLG Schleswig NJW-RR 1998, 580.

[588] BGH FamRZ 1984, 37 (38) = NJW 1984, 305.

[589] BGH FamRZ 1988, 831 = NJW 1988, 1974.

[590] BGH FamRZ 1988, 831 = NJW 1988, 1974; FamRZ 1984, 37 = NJW 1984, 305; OLG Hamm FamRZ 1988, 1089.

[591] BGH FamRZ 1988, 831 = NJW 1988, 1974.

erzwungen werden können, weil darin meist eine Nichtbeachtung der schützenswerten Bindungen und Interessen des anderen Elternteils liegen wird.[592]

Unabhängig vom Umfang seiner Unterhaltsleistung hat der auf Unterhalt in Anspruch Genommene das Bestimmungsrecht, wenn die Interessen des anderen Elternteils nicht berührt werden[593] (Beispiel: Vater leistet schon immer Barunterhalt, Kind will jetzt bei Mutter ausziehen und sie ebenfalls auf Barunterhalt in Anspruch nehmen).

bb) Wirksame Ausübung. Die wirksame Ausübung des Bestimmungsrechts setzt **243** voraus:

(1) Rücksichtnahme auf die Belange des Kindes. Die Ergänzung des § 1612 Abs. 2 BGB zum 1.1.2008 betont die Belange des Kindes und damit sein Recht auf selbstständige Entscheidung über die Art seiner Lebensführung.[594] Schon vor dem 1.7.2007 hat das OLG Celle[595] bei tiefgreifenden Differenzen die Unwirksamkeit der Bestimmung angenommen. Unwirksam ist die Bestimmung daher bei Verstößen gegen die Belange des Kindes,[596] sonst muss Abänderung der Bestimmung beantragt werden. Bloße Spannungen, die sich bei gutem Willen aus der Welt schaffen lassen, genügen für eine Abänderung zwar nicht.[597] Nach neuer Rechtslage seit 1.1.2008 ist aber den Entscheidungen nicht zuzustimmen,[598] die jeweils einer Volljährigen nach Vornahme von Abwägungen unter Berücksichtigung der Schilderungen nicht ganz unerheblicher Konflikte in der Familie dennoch nicht einmal Prozesskostenhilfe für ihre angestrebte Klage bzw. Verfahrenskostenhilfe für eine Beschwerde gewährt haben.[599]

(2) Deckung des gesamten Lebensbedarfs. Wird die Unterhaltpflicht grundsätzlich geleugnet oder wird nur eine Teilleistung angeboten (zB Wohnen ohne Versorgung und ergänzende Barleistungen), ist das keine wirksame Ausübung.[600] Die Berufung auf die Bestimmung einer bloßen Teilleistung ist aber arglistig, wenn der Unterhaltsbestimmung aus anderen Gründen nicht gefolgt wird.[601] Unwirksam ist die Ausübung auch dann, wenn die Bestimmung undurchführbar oder offensichtlich missbräuchlich ist.[602]

(3) Erreichbarkeit der Bestimmung. Die Bestimmung ist unwirksam, wenn sie für das Kind ohne dessen Verschulden unerreichbar ist,[603] zB bei Bestimmung entgegen Studienplatzzuweisung durch die ZVS.

---

[592] OLG Hamm FamRZ 1988, 1089; LG Berlin FamRZ 1988, 977 (unter Hinweis auf § 1671 Abs. 3 S. 2 BGB).

[593] BayObLG NJW-RR 1988, 1474.

[594] OLG Schleswig FamRZ 1998, 1195 und OLGR 1999, 401; insoweit ist OLG Hamm FamRZ 1999, 404 (noch zum alten Recht) überholt.

[595] OLG Celle NJW-RR 2006, 1304 = FF 2007, 63.

[596] OLG Karlsruhe FamRZ 2004, 655 (täglicher Zeitaufwand von 4 Stunden für Fahrt unzumutbar); OLG Frankfurt FamRZ 2001, 116 (Eltern haben den Auszug des Kindes zwei Jahre hingenommen und Barunterhalt gezahlt).

[597] KG BeckRS 2005, 09093.

[598] OLG Karlsruhe FamRZ 2015, 1507 = NZFam 2015, 467 mAnm Niepmann; OLG Brandenburg FamRZ 2009, 236 = NJW 2008, 2722.

[599] Niepmann/Schwamb NJW 2015, 2622 (2623).

[600] BGH FamRZ 1993, 417 (420) = NJW-RR 1993, 322; FamRZ 1984, 37 = NJW 1984, 305; OLG Karlsruhe FamRZ 2006, 1783 (Ls.); OLG Brandenburg FuR 2006, 314; OLG Celle NJW-RR 2006, 1304 = FF 2007, 63; OLG Brandenburg FuR 2006, 314.

[601] OLG Köln NJW-RR 2001, 1442.

[602] BayObLG FamRZ 1990, 905; OLG Zweibrücken FamRZ 1988, 204; OLG Köln FamRZ 1985, 829.

[603] BGH FamRZ 1996, 798 = NJW 1996, 1817 (Bestimmung entgegen ZVS-Studienplatzzuweisung); BGH FamRZ 1992, 426 = NJW 1992, 974; FamRZ 1988, 386 = NJW-RR 1988, 582.

In all diesen Fällen ist die Unwirksamkeit der Bestimmung schon im Unterhaltsprozess ohne Notwendigkeit einer Abänderung (durch den Rechtspfleger) zu beachten.[604]

244   **Einer bestimmten Form** unterliegt die elterliche Bestimmung der Art des Unterhalts nicht. Sie wird durch rechtsgeschäftliche empfangsbedürftige Willenserklärung getroffen, die auch konkludent erfolgen kann,[605] zB dadurch, dass für das Kind im Haus ein Zimmer eingerichtet und ihm die Versorgung dort angeboten wird. Umgekehrt kann auch im Einverständnis mit dem Bezug einer auswärtigen Wohnung eine elterliche Bestimmung liegen. Die Bestimmung muss stets einheitlich erfolgen, es kann also nicht bei Einverständnis mit der auswärtigen Wohnung gegenüber dem Ausbildungsförderungsträger Naturalunterhalt angeboten werden.[606]

245   **Durch Veränderung der Verhältnisse** kann eine wirksame Bestimmung enden, wie zB mit dem Beginn des Wehrdienstes, und sie muss danach neu ausgeübt werden.[607]

246   Die **bloße Abänderbarkeit gemäß § 1612 Abs. 2 S. 1 BGB,** weil auf die Belange des Kindes nicht die gebotene Rücksicht genommen worden ist, führt dagegen nicht zur Unwirksamkeit der Bestimmung, sondern nur zur Abänderungsmöglichkeit durch das Familiengericht.

247   **cc) Änderung der Bestimmung.** Nach dem bis zum 1.1.2008 geltenden § 1612 Abs. 2 S. 2 BGB konnte das Familiengericht aus „besonderen Gründen" die Bestimmung der Eltern ändern. Nach dem ersatzlosen Wegfall dieser Norm steht es dem Kind nun frei, seinen Barunterhaltsanspruch unmittelbar im Unterhaltsverfahren geltend zu machen, in dessen Rahmen die elterliche Unterhaltsbestimmung als **Vorfrage** zu prüfen ist.

248   Das Familiengericht ist an die Unterhaltsbestimmung der Eltern gebunden, wenn eine Interessenabwägung deren Wirksamkeit ergibt. Hierbei kann auch auf die Maßstäbe des § 1612 Abs. 2 S. 2 BGB in der bis zum 31.12.2007 geltenden Fassung abgestellt werden, mithin auf die dort genannten **„besonderen Gründe".** Dies sind Umstände, die im Einzelfall schwerer wiegen als die Gründe, um derentwillen das Gesetz den Eltern das Bestimmungsrecht gewährt hat.[608] Zur Inhaltsbestimmung wird auch auf die Rechtsgedanken des § 1618a BGB verwiesen.[609] In der Sache geht es dabei stets um die richtige Abwägung zwischen dem Selbstständigkeitsinteresse des Kindes und den Interessen der Unterhaltspflichtigen.[610]

Da das Bestimmungsrecht nicht als verlängertes Erziehungsrecht anzusehen ist, sondern seinen Grund im unterhaltsrechtlichen Gegenseitigkeitsverhältnis hat, kann ein Änderungsgrund darin liegen, dass die Eltern in unzulässiger Weise die Selbstständigkeit des Kindes einschränken und ihr Erziehungsrecht weiter ausüben wollen. Das gilt zB dann, wenn in guten wirtschaftlichen Verhältnissen mit der Gewährung von Barunterhalt (zB zum auswärtigen Studium statt Studium am Wohnort) keine Einschränkung der eigenen Lebensführung der Eltern verbunden ist. Die Bestimmung kann nicht allgemein

---

[604] BGH FamRZ 1996, 798 = NJW 1996, 1817; BayObLG FamRZ 1989, 1222 = NJW-RR 1989, 1487; FamRZ 1990, 905.

[605] BGH FamRZ 1983, 369 = NJW 1983, 2198; OLG Brandenburg FamRZ 2004, 900. Umgekehrt kann auch die Aufforderung zum Auszug oder das „Hinauswerfen" eine Bestimmung (der Barunterhaltsleistung) sein; OLG Celle NJW-RR 2006, 1304 (auch im PKH-Verfahren).

[606] OLG Köln FamRZ 1988, 1089 und FamRZ 1985, 829.

[607] OLG Hamm FamRZ 1990, 1389; zur Veränderung der Verhältnisse auch BGH FamRZ 1994, 1102 = NJW 1994, 2234 (keine Bestimmung gegen Titel ohne dessen Änderung).

[608] BayObLG NJW-RR 1998, 318; FamRZ 1986, 936 u. 1987, 1289; OLG Düsseldorf FamRZ 1996, 235.

[609] BayObLG NJW-RR 1998, 318; FamRZ 1991, 1224.

[610] KG FamRZ 2006, 60; OLG Karlsruhe OLGR 2004, 175; OLG Hamm FamRZ 2000, 255; OLG Schleswig FamRZ 1998, 1195; OLG Düsseldorf NJW-RR 1991, 1028; BayObLG NJW-RR 1998, 318 stellt noch auf familienrechtliche Bindung ab.

„zur Wahrung des Familienzusammenhalts" erfolgen,[611] denn dieser lässt sich durch ökonomischen Zwang kaum wirklich stärken.

Fallgruppen „besonderer Gründe". 249

(1) Objektiv eingetretene tiefgreifende Entfremdung. Diese Fälle werden in der Praxis uneinheitlich beurteilt, wenn nämlich die Entfremdungsursache nicht eindeutig bei dem einen oder anderen Teil liegt.[612] Nach der Neufassung des Gesetzes wird wegen der stärkeren Betonung der Eigenständigkeitsinteressen eine Änderung beim volljährigen Kind nur dann abzulehnen sein, wenn die Entfremdung durch eigenes Verhalten des Kindes, das nicht von den Eltern, insbesondere durch die Kindheitsgeschichte, veranlasst worden ist, herbeigeführt worden ist.[613]

Bei der Abwägung der Eltern- und Kindesinteressen wird auch zu berücksichtigen sein, ob mit der Aufnahme in den Haushalt überhaupt eine nennenswerte Erleichterung der Unterhaltslast verbunden ist.[614]

(2) Besondere Bindung an den bisherigen Lebensmittelpunkt, insbesondere an den (früher betreuenden) anderen Elternteil kann ein Abänderungsgrund sein.[615]

(3) Missbräuchlich kann die Bestimmung sein, wenn die objektiven Wohnverhältnisse für ein Wohnen des Kindes im Elternhaus nicht ausreichen[616] oder die Persönlichkeitsrechte des Kindes verletzt werden.

(4) Ausbildungsbedingte Gründe. Besondere Gründe können sich aus der Notwendigkeit ergeben, das Studium an einem bestimmten Ort fortzusetzen,[617] auch wenn die Bestimmung nicht schon wegen Unerreichbarkeit unwirksam ist.

Eine tägliche Fahrzeit zum Ausbildungsort von 3 Stunden ist nicht mehr zumutbar.[618]

Für Kinder nicht miteinander verheirateter Eltern sind keine geringeren Anforderungen an die „besonderen Gründe" zu stellen,[619] denn zerrüttete oder fehlende persönliche Beziehungen legen die Änderung bei ehelichen wie nichtehelichen Kindern gleichermaßen nahe. 250

[derzeit nicht besetzt] 251

Die Eltern können ihre Bestimmung aus verständigen Gründen selbst abändern, sie sind an die einmal getroffene Bestimmung nicht ein für allemal gebunden.[620] Andererseits ist eine Vereinbarung zwischen getrennt lebenden oder geschiedenen Eltern für 252

---

611 So LG Freiburg FamRZ 1984, 1255.
612 BayObLG NJW-RR 1995, 1093 (Entfremdung durch Zeitablauf kein Änderungsgrund); NJW-RR 1992, 1219: Feststellungslast hinsichtlich der Ursächlichkeit des Elternverhaltens für die tiefgreifende Entfremdung liegt beim antragstellenden Kind. Dagegen KG FamRZ 1990, 791 = NJW-RR 1990, 643; OLG Brandenburg FuR 2006, 314; OLG Dresden NJW-RR 2005, 735: tiefgreifende Entfremdung Änderungsgrund, falls nicht vom Kind provoziert; OLG Köln FamRZ 1996, 963 (Gewalt); BayObLG NJW-RR 1988, 1474; OLG Celle FamRZ 1997, 966.
613 OLG Brandenburg FuR 2006, 314 (fehlende Akzeptanz des Freundes der erwachsenen Tochter); OLG Koblenz NJWE-FER 2000, 81 (Streit nach Einzug neuer Lebensgefährtin); OLG Düsseldorf FamRZ 1996, 235; KG FamRZ 1990, 791; BayObLG NJW-RR 1992, 1219.
614 Vgl. OLG Düsseldorf NJW-RR 1991, 1028.
615 KG FamRZ 2006, 60; OLG Hamm FamRZ 2000, 255.
616 OLG Düsseldorf FamRZ 1994, 1194.
617 BayObLG FamRZ 1987, 1298; OLG Hamburg FamRZ 1987, 1183; zur ZVS-Zuweisung vgl. BGH FamRZ 1996, 798 = NJW 1996, 1817.
618 OLG Karlsruhe OLGR 2004, 175; OLG Celle FamRZ 2001, 116.
619 So aber noch BayObLG FamRZ 1991, 597.
620 OLG Zweibrücken DAVorm 1987, 911; OLG Düsseldorf FamRZ 1984, 610; OLG Hamburg FamRZ 1982, 628; dennoch wird eine Änderung kritischer zu werten sein, vgl. zB OLG Schleswig FamRZ 1984, 194.

diese untereinander bindend.[621] Die Änderung der Bestimmung, dass nach längerer Geldunterhaltsleistung (zB an Studenten bis zum 25. Lebensjahr) jetzt Naturalunterhalt geleistet werden soll, wird nur bei schwerwiegenden Gründen Bestand haben können.[622]

253   **Wird der wirksamen Bestimmung nicht Folge geleistet,** kann gegen die Eltern ein Restbaranspruch in der Höhe bestehen, in der auch bei Naturalleistung Baraufwendungen nötig gewesen wären.[623]

254   Auch bei **cessio legis des Unterhaltsanspruchs nach § 37 BAföG** ist der Träger der Ausbildungsförderung an die wirksam ausgeübte Bestimmung gebunden.[624] Gleiches gilt für § 332 SGB III.[625]

e) Abzweigungen

255   Nach §§ 48 Abs. 1 SGB I, 74 EStG können **laufende Sozialleistungen** für den Verpflichteten, die zur Sicherung des Lebensunterhalts bestimmt sind, an Ehegatten oder Kinder ausgezahlt werden, wenn der Verpflichtete ihnen gegenüber seiner gesetzlichen Unterhaltspflicht nicht nachkommt. Fälle zB: Kindergeld (§§ 62 ff. EStG),[626] Arbeitslosengeld (§§ 136 ff. SGB III), Renten wegen Berufsunfähigkeit und Altersrente (§§ 35 ff., 43 ff. SGB VI). Grund der Vorschrift ist, dass die Familienangehörigen keinen eigenen Anspruch gegen den Sozialleistungsträger haben. Der Leistungsträger muss nach seinem **Ermessen** entscheiden; ein **Antrag** ist nach dem Gesetz nicht erforderlich, allerdings die Regel.[627] Maßstab für den Betrag, der dem Verpflichteten verbleiben muss, wird der Betrag sein, der ihm auch nach § 850d ZPO verbleiben muss, beim Kindergeld aber unabhängig davon (§ 48 Abs. 1 S. 3 SGB I). Auch das Sozialamt, auf das der Anspruch übergegangen ist, kann beim Sozialleistungsträger ohne vorherige Titulierung oder Pfändung einen Abzweigungsantrag stellen (§ 48 Abs. 1 S. 4 SGB I).

6. Unterhalt für die Vergangenheit

a) Überblick

256   **aa) Allgemeines:** Für die Vergangenheit kann grundsätzlich kein Unterhalt verlangt werden, da der Unterhalt der Befriedigung des laufenden gegenwärtigen Lebensbedarfs dient.

Nach **§ 1613 Abs. 1 S. 1 BGB** (Verwandtenunterhalt; gilt gem. §§ 1360a Abs. 3, 1361 Abs. 4 BGB auch für den Trennungsunterhalt) sowie nach **§ 1585b Abs. 2 BGB** (nachehelicher Unterhalt) kann ausnahmsweise Unterhalt für die Vergangenheit ab dem Zeitpunkt gefordert werden, in welchem

- der Verpflichtete zur Auskunft aufgefordert wurde (→ Rn. 257),
- der Unterhaltsanspruch rechtshängig geworden ist (→ Rn. 258), oder
- der Verpflichtete in Verzug gesetzt worden ist (→ Rn. 259 f.).

Diese Grundsätze gelten innerhalb des Unterhaltsrechtsverhältnisses auch für Ansprüche aus positiver Vertragsverletzung, ungerechtfertigter Bereicherung und Geschäftsfüh-

---

[621] BGH FamRZ 1983, 892 (895) = NJW 1983, 2200; OLG Hamburg FamRZ 1984, 505 – gemeinsame Änderung bleibt möglich.

[622] OLG Düsseldorf FamRZ 1996, 235; KG NJW 1969, 2241.

[623] OLG Köln FamRZ 1985, 830; anders aber BGH FamRZ 1981, 250.

[624] BGH FamRZ 1981, 250 = NJW 1981, 574.

[625] OLG Bremen FamRZ 1986, 931.

[626] BFH/NV 2009, 164 (25.9.2008 – III R 16/06).

[627] BSG BSGE 53, 260 = NJW 1984, 256 (Ls.).

rung ohne Auftrag[628] und für familienrechtliche Ausgleichsansprüche,[629] nicht aber für sonstige Schadensersatzansprüche.[630] Für **Sonderbedarf** oder im Falle der **Verhinderung** an der Geltendmachung des Unterhaltsanspruchs gelten gem. § 1613 Abs. 2 BGB Besonderheiten (→ Rn. 265 f.).

bb) Übergegangene Ansprüche: Unabhängig von den Voraussetzungen des § 1613 BGB eröffnet bei übergegangenen Ansprüchen auch die **schriftliche Mitteilung der Hilfegewährung ("Rechtswahrungsanzeige")** die Möglichkeit der Inanspruchnahme für die Vergangenheit bei

- Arbeitslosengeld II, § 33 Abs. 2 S. 1 SGB II (näher hierzu → Rn. 545 ff.)
- Unterhaltsvorschuss, § 7 Abs. 2 UVG (näher hierzu → Rn. 643 ff),
- Sozialhilfe, §§ 94 Abs. 4 SGB XII (näher hierzu → Rn. 649 ff.)
- BaföG, § 37 Abs. 4 BAföG (näher hierzu → Rn. 661 ff.).[631]

b) Ab Auskunftsbegehren (alle Unterhaltsrechtverhältnisse)

Ab Zugang des Auskunftsbegehrens kann gem. § 1613 Abs. 1 S. 1 BGB bei Unterhaltsansprüchen im Verwandtenunterhalt und nach §§ 1360a, 1361, 1615l BGB rückständiger Unterhalt verlangt werden. Der Gesetzgeber sieht den Verpflichteten von diesem Zeitpunkt an nicht mehr für schutzwürdig an, da dieser seine Einkommensverhältnisse kennt und ggf. Rücklagen bilden muss.[632] Wenn die Auskunft vor Ablauf der Sperrfrist des § 1605 Abs. 2 BGB verlangt wird, muss dargetan werden, dass dieses Verlangen wegen höherer Einkünfte/Vermögen gerechtfertigt war.[633] Werden Unterlagen zur mangelnden Leistungsfähigkeit erst im Verfahren vorgelegt, trifft die Kostenlast nach § 243 S. 2 Nr. 2 FamFG den Unterhaltsschuldner.[634]

Eine Ausnahme hiervon gilt dann, wenn der Gläubiger seinen Anspruch beziffert, ohne sich eine Erhöhung nach weiterer Auskunftserteilung vorzubehalten; diese **Bezifferung** begründet das Vertrauen des Schuldners, nur noch in der bezifferten Höhe in Anspruch genommen zu werden.[635] Hat der Schuldner allerdings eine **falsche Auskunft** erteilt, ist seine Berufung auf die Schutzwirkung des § 1613 BGB rechtsmissbräuchlich; in diesem Fall schuldet er rückwirkend auf den Zeitpunkt des Auskunftsbegehrens den höheren Unterhaltsbetrag (näher zur Auskunftspflichtverletzung → Rn. 269).[636]

c) Ab Rechtshängigkeit (alle Unterhaltsrechtsverhältnisse)

Rechtshängig ist der Unterhaltsanspruch schon mit der Zustellung eines **Stufenantrags** auf Auskunft und Zahlung, auch wenn der Zahlungsanspruch zunächst unbeziffert ist.[637]

Da es das Ziel eines Stufenantrages ist, auch den Zahlungsanspruch sogleich rechtshängig werden zu lassen, erstreckt sich auch die Bewilligung von Verfahrenskostenhilfe für einen Stufenantrag auf sämtliche Stufen, jedoch mit einer **immanenten Beschrän-**

257

258

---

[628] BGH FamRZ 1988, 834 = NJW 1988, 2375; FamRZ 1984, 775 = NJW 1984, 2158.
[629] BGH FamRZ 1989, 850 (852) = NJW 1989, 2816; OLG Koblenz FamRZ 2019, 115 (Ls).
[630] BGH FamRZ 2004, 526 (§ 844 BGB).
[631] Vgl. weiter → Rn. 655.
[632] BT-Drs. 13/7338, S. 31; BGH FamRZ 2013, 109 = NJW 2013, 161 mAnm Born, Rn. 42.
[633] OLG Köln FamRZ 2003, 1960 = NJW-RR 2004, 6; vgl. auch OLG Brandenburg FamRZ 2018, 346 (Änderung der Wohnverhältnisse).
[634] OLG Schleswig FamRZ 2014, 963; vgl. aber auch OLG Frankfurt a. M. FamRZ 2018, 1929.
[635] BGH FamRZ 2013, 109 = NJW 2013, 161 mAnm Born, Rn. 42.
[636] OLG Zweibrücken FamRZ 2022, 1926 = NZFam 2022, 804 (Born).
[637] BGH FamRZ 2012, 1296 = NJW 2012, 2180, Rn. 18; FamRZ 1990, 283 (285) = NJW-RR 1990, 323.

kung für die Zahlungsstufe auf dasjenige, was von den in den vorangegangenen Stufen erreichten Auskünften gedeckt wird.[638] Rechtshängigkeit tritt auch dann ein, wenn die Antragsbegründung zunächst unschlüssig ist.[639] Der Zugang des VKH -Gesuchs begründet zwar keine Rechtshängigkeit,[640] darin ist aber eine verzugsbegründende Mahnung zu sehen.[641] Der Streit, ob § 167 ZPO für den Zustellungszeitpunkt zu beachten ist,[642] spielt deswegen erst im Rahmen der Anwendung von § 1585b Abs. 3 eine Rolle, s. dazu → Rn. 267.

Wenn (zB aus prozessualen Gründen) zunächst nur eine geringere Forderung gerichtlich geltend gemacht wird (Teilforderung), endet der Verzug für den höheren Betrag mit der Zustellung der reduzierten Forderung noch nicht.[643] Nicht zulässig ist aber bei Rechtshängigkeit des vollen Unterhalts zunächst nur eine Teilentscheidung über einen Mindestbetrag anzustreben (sog. horizontale Teilentscheidung). Eine Teilentscheidung für einen abgeschlossenen Zeitabschnitt (sog. vertikale Teilentscheidung) ist dann unzulässig, wenn eine rechtliche Frage für das weitere Verfahren von Bedeutung bleibt und somit die Gefahr einander widersprechender Entscheidungen besteht.[644] Ein Verstoß führt zur Aufhebung der Teilentscheidung und Zurückverweisung von Amts wegen (§§ 117 Abs. 2 S. 1 FamFG, 538 ZPO).

d) Ab Verzug (alle Unterhaltsrechtsverhältnisse)

259   **Der Eintritt des Verzuges** setzt zunächst eine **Mahnung durch den Berechtigten** oder seinen gesetzlichen Vertreter voraus.[645] Sie ist nicht formgebunden, kann also auch mündlich erklärt werden.[646] Das Fehlen der Vollmacht für die Mahnung muss beanstandet werden (§ 180 BGB).[647] Die **Mahnung des Jugendamts** begründet Verzug, ohne dass das Kind den Unterhaltsschuldner nochmals in Verzug setzen muss.[648]

Die Aufforderung, sich zur Leistungsbereitschaft zu erklären, ist noch keine Mahnung.[649] Nach Eintritt der Volljährigkeit gilt das aber nicht mehr.[650] **Die Einleitung eines Strafverfahrens** wegen Unterhaltspflichtverletzung (§ 170 StGB) ist ebenfalls keine Mahnung, da keine Erklärung des Gläubigers gegenüber dem Schuldner abgegeben wird.[651] Keine Mahnung stellt auch die Aufforderung dar, eigene Erwerbsbemühungen zu entfalten und nachzuweisen.[652]

---

[638] OLG Jena FamRZ 2015, 1812 (Ls.) = NZFam 2015, 512 (Riegner); OLG Köln FamRZ 2011, 1604.

[639] BGH FamRZ 2012, 1296 = NJW 2012, 2180, Rn. 19 (zum Zugewinnausgleich).

[640] … und auch noch keine Anhängigkeit iSv § 137 Abs. 2 FamFG bzw. Art. 9 EuUnthVO, dazu OLG Frankfurt BeckRS 2015, 18964 im Anschluss an BGH FamRZ 2012, 783.

[641] BGH FamRZ 1992, 920 = NJW 1992, 1956; OLG Köln NJW-RR 2004, 6; OLG Brandenburg NJW-RR 2003, 1515.

[642] Bejahend: OLG Schleswig FamRZ 2002, 1635; OLG Düsseldorf FamRZ 2002, 327; verneinend: OLG Hamm FamRZ 1986, 386 mwN; vgl. auch Maurer FamRZ 1988, 445 ff.

[643] KG FamRZ 2005, 1854; s. weiter → Rn. 264; aA bis 10. Auflage.

[644] OLG Düsseldorf FamRZ 2020, 1090 = NJW-RR 2020, 5; OLG Celle FamRZ 2013, 1752 = NJW-RR 2013, 838.

[645] OLG Brandenburg FamRZ 2007, 75 (nicht Jugendamt für volljähriges Kind); OLG Düsseldorf FamRZ 2000, 442; OLG Bamberg FamRZ 1990, 1235 zur Vollmachtsvorlage gem. § 174 S. 1 BGB.

[646] BGH FamRZ 1993, 1055 = NJW 1993, 1974.

[647] OLG Celle ZFE 2003, 377 (Mahnung durch Jugendamt).

[648] KG NJW-RR 2005, 155.

[649] OLG Brandenburg NJW-RR 2003, 1515 = FamRZ 2004, 560.

[650] OLG Brandenburg FamRZ 2006, 1782 = NJW-RR 2007, 75.

[651] BGH FamRZ 1987, 472 (475) = NJW 1987, 1549.

[652] OLG Hamm FamRZ 2010, 383.

Verzug tritt nur in der Höhe des bezifferten Betrages ein.[653] **Die Höhe der geforderten** 260
Leistung muss daher durch die Mahnung genau bezeichnet werden,[654] wenn das auch
nicht ausnahmslos ziffernmäßige Angabe bedeutet. Eine Bezifferung nach zwei Jahren
reicht nicht aus.[655] Dem Verpflichteten muss aber nach dem Inhalt der Mahnung und den
gesamten Umständen klar sein, welcher genaue Unterhaltsbetrag gefordert wird.[656] Es
genügt nicht, dass der Verpflichtete den Unterhalt (zB nach Tabellenkindesunterhalt und
eigenem Nettoeinkommen) errechnen könnte. Eine Zuvielforderung schadet nicht, wenn
der Verpflichtete die berechtigte Forderung errechnen kann.[657]

Eine **Stufenmahnung,** dh ein Aufforderungsschreiben, das neben dem Auskunftsver- 261
langen auch die unbezifferte Aufforderung enthält, den sich aus der Auskunft ergebenden
Unterhalt zu zahlen, hat verzugsbegründende Wirkung in Höhe des sich aus der Auskunft ergebenden Unterhaltsbetrages. Der Unterhaltsschuldner darf keine Vorteile daraus
ziehen, dass der Berechtigte die Forderung ohne die Auskunft nicht beziffern kann.[658]

e) Entbehrlichkeit der Mahnung

§ 286 Abs. 2 BGB zählt in vier Ziffern auf, wann es der Mahnung **nicht** bedarf. 262
(1) Kalenderfälligkeit (Nr. 1). Einer Mahnung bedarf es nicht, wenn für die Leistung
eine Zeit nach dem Kalender bestimmt ist. Das kommt auch für Unterhaltsforderungen in
Betracht, es genügt aber nicht, dass sie nur kalendermäßig berechenbar sind.

(2) Berechenbare Kalenderfälligkeit (Nr. 2),[659] dabei muss der Leistung ein Ereignis
vorauszugehen haben und gleichzeitig eine angemessene Zeit für die Leistung in der
Weise bestimmt sein, dass sie sich von dem Ereignis an nach dem Kalender berechnen
lässt. Der Regelung aus § 1612 Abs. 3 BGB kann allerdings keine Kalenderfälligkeit
entnommen werden.[660]

(3) Bei ernsthafter und endgültiger Unterhaltsverweigerung (Nr. 3) tritt Verzug
ohne Mahnung ein.[661] Eine eindeutige und endgültige Erfüllungsverweigerung kann auch
darin zu sehen sein, dass der Unterhaltsschuldner bisher regelmäßig erbrachte Unterhaltszahlungen unvermittelt einstellt;[662] es wird aber verlangt, dass Grund und Höhe des
Anspruchs bekannt waren.[663] Wird der Unterhalt mangels Auskunft des Unterhaltsgläubigers nicht gezahlt, liegt darin keine ernsthafte und endgültige Leistungsverweigerung;[664]
die bloße Nichtzahlung ist keine Unterhaltsverweigerung.[665]

---

[653] BGH FamRZ 2013, 109 = NJW 2013, 161 mAnm Born, Rn. 42.

[654] BGH FamRZ 1984, 163 = NJW 1984, 868; FamRZ 1982, 887 (890) = NJW 1982, 1938 und
FamRZ 1985, 155 (157) = NJW 1985, 486; OLG Brandenburg FamRZ 2006, 1784; OLG Hamm
FamRZ 2001, 1395 (Ls.): bezogen auf den Endbetrag, nicht auf die einzelnen Berechnungselemente.

[655] OLG Karlsruhe FamRZ 2006, 1605.

[656] Das gilt auch bei einer Mahnung unter einer Bedingung: OLG Hamm OLGR 2000, 72. Eine
Fristsetzung oder ein besonderer Hinweis auf die Folgen der Nichterfüllung sind darüber hinaus
nicht erforderlich: OLG Bamberg FamRZ 1988, 1083 (1084).

[657] OLG Braunschweig FamRZ 1999, 1453.

[658] BGH FamRZ 1990, 283 (285) = NJW 1990, 323; OLG Schleswig SchlHA 2002, 186.

[659] BGH FamRZ 1987, 472 (475) = NJW 1987, 1549; enger OLG München FamRZ 1997, 513.

[660] OLG Karlsruhe FamRZ 1981, 384.

[661] BGH FamRZ 1993, 1055 = NJW 1993, 1974; BGH FamRZ 1985, 155 (157) = NJW 1985, 486
(allerdings nicht für vor der Verweigerung liegende vergangene Zeit); OLG Brandenburg FamRZ
2002, 960; nach LG Trier FamRZ 1996, 693 Verzug des nichtehelichen Vaters ab Kenntnis der
Vaterschaft, wenn er zunächst gezahlt hat.

[662] OLG Saarbrücken MDR 2010, 815.

[663] OLG Brandenburg FamRZ 2002, 960 (Ls.) = NJW-RR 2002, 870.

[664] OLG Hamm FamRZ 2001, 1616.

[665] BGH FamRZ 1983, 352 = NJW 1983, 2318 (2320).

(4) Besondere Gründe (Nr. 4) unter Abwägung der beiderseitigen Interessen können den sofortigen Eintritt des Verzuges rechtfertigen. Damit soll nach der Gesetzesbegründung[666] die bisherige Rechtsprechung erfasst werden, so die Fälle, in denen sich der Schuldner der Mahnung entzieht[667] und die Fälle der Selbstmahnung. **Eine Selbstmahnung** kann angenommen werden, wenn der Verpflichtete von sich aus die Bereitschaft zu Zahlungen (in bestimmter Höhe) erklärt.[668]

Mahnungswiederholung ist auch bei wiederkehrenden Unterhaltsleistungen nicht erforderlich, solange die anspruchsbegründenden Voraussetzungen fortbestehen.[669] Auch bei zwischenzeitlicher Zahlung von Rückständen erfordert der Schuldnerschutz sie jedenfalls nicht, wenn die fortbestehende Bedürftigkeit bekannt ist.[670] Bei wesentlicher Veränderung der Verhältnisse, auf Grund derer der Unterhaltsschuldner darauf vertrauen durfte, keinen Unterhalt mehr zu schulden, kann allerdings eine Mahnungswiederholung erforderlich sein,[671] zB auch, wenn nach zwischenzeitlicher Versöhnung erneut Trennungsunterhalt begehrt wird. Wenn Eheleute nach einer Trennung für einen nicht nur vorübergehenden Zeitraum wieder in ehelicher Gemeinschaft zusammenleben, verliert ein Trennungsunterhaltstitel seine Wirkung; es besteht wieder ein Anspruch auf Familienunterhalt nach §§ 1360, 1360a BGB. Nach erneuter Trennung der Eheleute bedarf es einer neuen Titulierung des Trennungsunterhalts.[672]

f) Weitere Mahnungswirkungen

263   **(1) Datum des Eintritts der Mahnungswirkungen ist der Erste des Monats,** in dem das Auskunftsverlangen oder die Mahnung zugeht bzw. die Rechtshängigkeit eintritt (§ 1613 Abs. 1 S. 2 BGB).

(2) Wenn der Gläubiger eine **Zahlungsfrist** setzt, kann sich dadurch der Verzugseintritt bis zum Ablauf dieser Frist verschieben.[673]

(3) Die Mahnung für den nachehelichen Unterhalt ist erst ab Rechtskraft der Scheidung möglich, da eine Mahnung vor Entstehung des Anspruchs nicht möglich ist.[674] Durch die Geltendmachung des nachehelichen Unterhalts im Scheidungsverbund können Lücken zwischen Scheidungsrechtskraft und Mahnung vermieden werden.[675] Eine Bezugnahme nach Rechtskraft auf eine vor Rechtskraft der Scheidung ausgesprochene und deswegen zunächst unwirksame Mahnung sollte aber ausreichen.[676]

(4) Verzugszinsen für Unterhaltsrückstände können gestaffelt nach Fälligkeitszeitpunkten verlangt werden. Die früher vertretene Meinung,[677] Unterhaltsschulden seien nur bei Inanspruchnahme von Bankkrediten zu verzinsen, ist als überholt anzusehen,

---

[666] BT-Drs. 14/6040, S. 146.

[667] OLG Köln NJW-RR 1999, 4.

[668] OLG Köln NJW-RR 2000, 73 (Zusage höheren Kindesunterhalts); AG Itzehoe FamRZ 2004, 58 (Einlassen auf Mediation über Unterhaltshöhe); OLG Frankfurt FamRZ 2000, 113 (Erklärung der grundsätzlichen Bereitschaft reicht nicht – zweifelhaft).

[669] BGH FamRZ 1988, 370 mAnm Schmitz (700) = NJW 1988, 1137.

[670] Offengelassen von BGH FamRZ 1988, 370 = NJW 1988, 1137.

[671] OLG Bamberg FamRZ 1990, 1235 = NJW-RR 1990, 903.

[672] OLG Hamm, NJW-RR 2011, 1015 = FamFR 2011, 202 = FamRZ 2011, 1234 (Ls.).

[673] OLG Köln FamRZ 1997, 822.

[674] BGH FamRZ 1992, 920 = NJW 1992, 1956; OLG Hamm FamRZ 2007, 1468. Die Lösung ist unbefriedigend. De lege ferenda wird eine gesetzliche Regelung gefordert, nach der der nachweisliche Unterhalt schon während des Scheidungsverfahrens angemahnt werden kann: Empfehlungen des 13. DFGT FamRZ 2000, 273 (B I 2).

[675] Vgl. BGH FamRZ 2007, 453 = NJW 2007, 1273.

[676] Anders OLG Hamm NJW-RR 2001, 433; krit. dazu Büttner/Niepmann NJW 2001, 2215 (2221).

[677] OLG Celle FamRZ 1983, 525 mAnm Brüggemann.

denn § 288 Abs. 1 BGB enthält die gesetzliche unwiderlegliche Vermutung eines Mindestschadens und Unterhaltsforderungen sind unzweifelhaft Geldforderungen.[678] Auf den konkreten Schadensnachweis kommt es nach dem Gesetz nicht an. Auch bei sonstigen Schulden sind die geschuldeten Beträge häufig nicht zur zinsbringenden Anlage bestimmt gewesen, ohne dass sich der Schuldner auf diesen Umstand berufen könnte. Auch gegenüber Zinsansprüchen gilt das Aufrechnungsverbot gem. §§ 394 BGB, 850b ZPO.[679]

g) Einschränkung und Rücknahme der Mahnung

(1) **Durch eine neue eingeschränkte Mahnung** können die Verzugswirkungen eingeschränkt werden, falls sich daraus ein Verzichtswille ergibt und darin nicht nur der Versuch liegt, wenigstens etwas zu erhalten.[680]   **264**

(2) **Die Mahnungswirkungen enden** ebenso wie die Wirkungen der Erhebung des gerichtlichen Antrags mit dessen **Rücknahme.** Wenn allerdings (zB aus prozessualen Gründen) zunächst nur eine **geringere Forderung** gerichtlich geltend gemacht wird, endet der Verzug für den höheren Betrag mit der Zustellung der reduzierten Forderung noch nicht; es ist aber (evtl. teilweise) Verwirkung des Anspruchs zu prüfen.[681] Dabei ist zu beachten, dass nicht der Schuldnerverzug als solcher verwirkt werden kann, sondern nur die jeweils rückständige Forderung, hinsichtlich derer er besteht.[682]

Eine **Rücknahme der Mahnung** erfolgt durch Erlassvertrag, also nicht einseitig.[683] Zu prüfen ist in diesem Zusammenhang aber ebenfalls, ob eine Verwirkung des Anspruchs in Betracht kommt.[684]

h) Sonderbedarf

Rückständiger Sonderbedarf (vgl. dazu → Rn. 317 ff.) kann bei allen Unterhaltstatbeständen gem. §§ 1613 Abs. 2 Nr. 1, 1585b Abs. 1 BGB ohne die Voraussetzungen des § 1613 Abs. 1 BGB verlangt werden, ab Ablauf eines Jahres nach Entstehen aber nur bei vorherigem Verzug oder Rechtshängigkeit.   **265**

i) Hinderung an der Geltendmachung

(1) **Aus rechtlichen Gründen** – zB fehlende rechtskräftige Feststellung der Vaterschaft – kann der Berechtigte an der Geltendmachung des Unterhaltsanspruchs gehindert sein. Gem. § 1613 Abs. 2 Nr. 2a BGB kann dann ohne die Voraussetzungen des § 1613 Abs. 1 BGB rückständiger Unterhalt verlangt werden. Diese Bestimmung gilt auch für ersatzweise haftende Verwandte (Großeltern).[685]   **266**

(2) **Aus tatsächlichen Gründen,** die in den Verantwortungsbereich des Unterhaltsschuldners fallen, kann gem. § 1613 Abs. 2 Nr. 2b BGB einschränkungslos rückständiger Unterhalt verlangt werden. Das gilt zB für den Unterhaltsschuldner, der sich der Unterhaltspflicht entzieht (zB durch Umzug an einen unbekannten Ort). Auch wenn der Unterhaltsschuldner eine wesentliche Gehaltserhöhung verschweigt, kann Nr. 2b zu

---

[678] Runge JAmt 2001, 323; so schon BGH NJW 1979, 540.
[679] OLG Hamm FamRZ 1988, 952.
[680] OLG Hamm FamRZ 1990, 520.
[681] KG FamRZ 2005, 1854 (aA bis 10. Auflage).
[682] BGH FamRZ 2007, 453 = NJW 2007, 1273 Rn. 26.
[683] BGH FamRZ 1988, 478 und FamRZ 1987, 40 = NJW 1987, 1546; BGH FamRZ 1995, 725 = NJW 1995, 1671 (auch nicht, wenn nach Abweisung einer einstweiligen Anordnung nicht alsbald Leistungsklage erhoben wird); OLG Hamm FamRZ 1989, 310 (auch stillschweigende Einigung).
[684] Dazu BGH FamRZ 1996, 1067 (1068); BGH FamRZ 1988, 370 = NJW 1988, 1137.
[685] BGH FamRZ 2004, 800 mAnm Luthin = NJW 2004, 1735.

bejahen sein.[686] Ebenso wird es als Verstoß gegen § 242 BGB gewertet, wenn der Pflichtige den Berechtigten davon abhält, rechtzeitig zu mahnen.[687]

(3) Billigkeitseinschränkung. Gem. § 1613 Abs. 3 BGB kann in den Fällen des § 1613 Abs. 2 Nr. 2a und b BGB Stundung, Teilerlass oder Erlass gewährt werden, wenn die volle oder sofortige Erfüllung der rückständigen Unterhaltsforderung eine **unbillige Härte** begründen würde (Rechtsgedanke des § 1615 Abs. 1 BGB aF). Entscheidendes Kriterium für diese Unbilligkeit ist, ob ein möglicher Kindesvater mit seiner Inanspruchnahme auf Kindesunterhalt rechnen musste oder er aufgrund der Erklärungen der Kindesmutter nicht damit rechnen musste.[688] War etwa die Vaterschaft zunächst von einem Dritten anerkannt, dann aber erfolgreich angefochten worden, kann der danach festgestellte leibliche Vater die Erfüllung des rückständigen Unterhalts verweigern, wenn er bis zur Feststellung seiner Vaterschaft nicht davon ausgehen konnte, auf Unterhalt in Anspruch genommen zu werden (vgl. auch zum Scheinvaterregress → Rn. 286).[689]

Der familienrechtliche **Ausgleichsanspruch** kann wegen § 1613 Abs. 2 Nr. 2a BGB auch für die Zeit vor wirksamer Anerkennung der Vaterschaft ohne die Beschränkungen des § 1613 Abs. 1 BGB rückwirkend geltend gemacht werden, wobei die Verjährung frühestens mit der rechtskräftigen Vaterschaftsfeststellung beginnt.[690] Das OLG Nürnberg[691] hat einem Elternteil nach Übernahme der Betreuung der Kinder einen familienrechtlichen Ausgleichsanspruch zuerkannt, auch wenn seine Verpflichtung zur Leistung von Barunterhalt noch in einer nicht geänderten Jugendamtsurkunde festgelegt war, gegen die er aber mit dem Vollstreckungsabwehrantrag vorgehen könne.

j) Jahresgrenze nach § 1585b Abs. 3 BGB

267   **Eingeschränkt sind die Mahnungswirkungen für den nachehelichen Unterhalt** gemäß § 1585b Abs. 3 BGB. Für eine mehr als 1 Jahr vor der Rechtshängigkeit liegende Zeit kann Erfüllung oder Schadensersatz wegen Nichterfüllung nur verlangt werden, wenn anzunehmen ist, dass der Verpflichtete sich der Leistung absichtlich entzogen hat. Dies gilt auch bei Übergang des Unterhaltsanspruchs auf einen Sozialleistungsträger.[692] Für die nach § 1585b Abs. 3 BGB geforderte Rechtshängigkeit genügt die Zustellung eines VKH-Gesuchs nicht.[693] Auf die Jahresfrist ist § 167 ZPO anwendbar – es kommt auf den Eingang des Antrags an, wenn die Zustellung demnächst erfolgt.[694] Die Berufung auf § 1585b Abs. 3 BGB ist auch dann nicht rechtsmissbräuchlich, wenn der Unterhaltsberechtigte auf eine außergerichtliche Einigung gehofft hat.[695] Bei durch gerichtliche Entscheidung titulierten Ansprüchen gelten für Abänderungsanträge außerdem die Einschränkungen nach § 238 Abs. 3 FamFG, insbesondere auch das absolute Rückwirkungsverbot nach § 238 Abs. 3 S. 4 FamFG.

---

[686] Str., so aber OLG Bremen OLGR 1999, 150 (nimmt Schadensersatzpflicht nach § 826 BGB an).

[687] OLG Hamm FamRZ 2007, 1468.

[688] OLG Oldenburg FamRZ 2006, 1561.

[689] OLG Brandenburg FamRZ 2021, 1039.

[690] OLG Frankfurt FamRZ 2011, 228.

[691] OLG Nürnberg NJW-Spezial 2013, 5 = JAmt 2012, 612.

[692] BGH FamRZ 1987, 1014 = NJW-RR 1987, 1220.

[693] OLG Naumburg FuR 2005, 423, anders aber, wenn Gericht nicht entscheidet: OLG Hamm FamRZ 2007, 1468.

[694] OLG Frankfurt a. M. FamRZ 2021, 1030 (Ls.) = NJW 2020, 2644.

[695] So OLG Hamburg FamRZ 2001, 1217 (Ls.) – es wird aber darauf ankommen, ob der Verpflichtete das Vertrauen darauf begründet hat, der Anspruch könne bei Nichteinigung noch geltend gemacht werden.

Absichtlich entzogen hat sich der Schuldner nur dann, wenn er durch sein zweckgerichtetes Verhalten eine zeitnahe Durchsetzung des Unterhaltsanspruchs verhindert oder erschwert hat. Dazu genügt die bloße Zahlungseinstellung nicht.[696]

Auf den **Anspruch auf Freistellung von Steuernachteilen** ist § 1585b Abs. 3 BGB nicht anwendbar.[697]

k) Vertragliche Regelung

Bei vertraglicher Regelung des Unterhalts sind §§ 1613, 1585b Abs. 2 BGB nicht **268** anwendbar, denn der Unterhaltsschuldner, der seine Verpflichtung kennt, bedarf des Schutzes vor unerwarteter Inanspruchnahme nicht.[698] Unter den Beteiligten ist durch Vertrag klargestellt, dass und in welcher Höhe Unterhalt zu zahlen ist, so dass es weder der Mahnung noch der Erörterung im Rechtsstreit bedarf, um den Schuldner auf seine Leistungspflicht hinzuweisen. Die Einschränkung des § 1585b Abs. 3 BGB (für mehr als ein Jahr vor Rechtshängigkeit liegende Zeit) gilt aber auch bei vertraglicher Regelung. Der Gläubiger muss um zeitnahe Verwirklichung besorgt sein, um nicht beim Schuldner übergroße Schuldenlast anwachsen zu lassen. **Wertsicherungsklauseln,** die auf einen vom Statistischen Bundesamt ermittelten Preisindex abstellen, sind hinreichend bestimmt und vollstreckbar.[699]

l) Schadensersatzansprüche bei Verletzung der Auskunftspflicht

Für Schadensersatzansprüche bei Auskunftspflichtverletzung (Verzug, falsche Aus- **269** kunft) ist umstritten, ob die Beschränkungen der §§ 1585b Abs. 2, 1613 Abs. 1 BGB (zu letzterem → Rn. 257) nicht gelten,[700] oder ob sich umgekehrt aus diesen Schutzgedanken ergibt, dass jedenfalls bei bloßer Nichterteilung der Auskunft der entgangene Unterhalt nicht als Schaden geltend gemacht werden kann.[701] Für die Fälle falscher Auskunftserteilung ist der Auffassung des BGH unzweifelhaft zu folgen.

Zweifelhaft ist es, wenn die Fehlvorstellung nur auf **ungefragter Information** beruht. Gemäß einer Entscheidung des BGH[702] besteht für den Berechtigten eine Wahrheitspflicht während und außerhalb des Prozesses. Die Gerechtigkeit dürfte jedoch fordern, dass Berechtigter und Verpflichteter bei der Wahrheitspflicht gleichbehandelt werden, so kann der Berechtigte eine aufgenommene Arbeit nicht offenbaren, während der Verpflichtete eine Einkommenssteigerung nicht anzeigt. Zwischen Beschlüssen und Vergleichen wird dabei nicht zu unterscheiden sein, denn die Wahrheitspflicht besteht unabhängig von der Form des vorangegangenen Aktes. Einer „Evidenz" bedarf es entgegen der Rechtsprechung des BGH[703] nicht. Der Verstoß gegen die Wahrheitspflicht muss aber gem. § 238 Abs. 1 FamFG eine „wesentliche Veränderung" ergeben, wenn sie mitgeteilt werden muss.

---

[696] OLG Köln FamRZ 1997, 426.

[697] BGH FamRZ 2005, 1162 = NJW 2005, 2223.

[698] BGH FamRZ 1989, 150 = NJW 1989, 526; BGH FamRZ 1987, 472 = NJW 1987, 1549 (1551); OLG Schleswig OLGR 1996, 91; OLG Bremen FamRZ 1996, 886 (Ls.).

[699] BGH FamRZ 2004, 531 = NJW-RR 2004, 649; zur Verwirkung → Rn. 272.

[700] So BGH FamRZ 1985, 155 (157) = NJW 1985, 486; vgl. auch OLG Karlsruhe NJW-RR 2004, 145.

[701] Insbesondere OLG Bamberg FamRZ 1990, 1235 (1238) = NJW-RR 1990, 903; OLG Frankfurt FamRZ 1985, 732; OLG Hamm FamRZ 1986, 1111.

[702] BGH FamRZ 2000, 153 = NJW 1999, 2804.

[703] BGH FamRZ 1986, 450 = NJW 1986, 1751.

7. Verjährung und Verwirkung von Unterhaltsforderungen

270   a) **Verjährung** Unterhaltsansprüche – soweit sie nicht unter § 197 Abs. 1 Nr. 3–5 BGB (titulierte) fallen – verjähren unmittelbar gemäß § 195 BGB in drei Jahren mit dem Schluss des Jahres, in dem der Anspruch entstanden ist und der Gläubiger von den den Anspruch begründenden Tatsachen und der Person des Schuldners Kenntnis erlangt hat oder ohne grobe Fahrlässigkeit hätte erlangen müssen (§ 199 Abs. 1 BGB).[704] Der dies bis 31.12.2009 ebenso regelnde § 197 Abs. 2 BGB hat aber noch Bedeutung für die bereits titulierten Ansprüche, s. dazu → Rn. 271.

Wenn durch die vereinbarte Verpflichtung zu einer **einmaligen Abfindung** die für eine Unterhaltsschuld charakteristische Erbringung der Leistung in zeitlicher Wiederkehr und für bestimmte Zeitabschnitte entfällt und ihr damit die **Eigenschaft einer wiederkehrenden Leistung iSv § 197 Abs. 2 BGB verloren** geht, gilt für einen darüber geschlossenen vollstreckbaren Vergleich gemäß § 197 Abs. 1 Nr. 4 BGB die 30-jährige Verjährungsfrist.[705]

Verjährungshemmungen gemäß §§ 203, 204 BGB und besonders auch § 207 BGB sind zu beachten. Ein Antrag auf Zahlung von Unterhalt hemmt die Verjährung allerdings nur, wenn er vom Berechtigten gestellt wird; die Berechtigung fehlt, wenn der Anspruch zuvor übergegangen ist.[706] Die Rechtshängigkeit eines Stufenantrags führt zur Hemmung der Verjährung des noch nicht bezifferten Leistungsanspruchs in jeder Höhe.[707] Nach § 204 Abs. 1 Nr. 14 BGB hemmt auch die Einreichung eines **VKH-Antrages** die Verjährung. Das gilt auch für verspätete Auslandszustellung, da solche Verzögerungen nicht dem Antragsteller anzulasten sind.[708] Nach § 207 BGB ist die Verjährung für Ansprüche zwischen Ehegatten und damit auch auf Ehegattenunterhalt während des Bestehens der Ehe gehemmt, entsprechend auch Ansprüche zwischen Lebenspartnern.

Bei Ansprüchen zwischen **Kind und Eltern** und damit insbesondere auch auf Kindesunterhalt wird die Verjährung gemäß § 207 Abs. 1 S. 2 Nr. 2 BGB für die Zeit **bis zur Vollendung des 21. Lebensjahres des Kindes** gehemmt. Verwirkung ist allerdings dennoch möglich, → Rn. 272–274.[709]

Der Neubeginn der Verjährung nach § 212 BGB betrifft die Fälle des Anerkenntnisses[710] und der Vollstreckungsanträge bzw. -maßnahmen. Vollstreckungshandlungen sind alle die Vollstreckung fördernden Maßnahmen. Sie sind zum Neubeginn der Verjährung auch dann erforderlich, wenn die Vollstreckung im konkreten Fall aussichtslos ist.[711] Die Zustellung des Titels oder der Antrag auf Umschreibung des Titels reichen nicht aus.[712]

271   **Verjährung titulierter Unterhaltsansprüche:** Nach § 197 Abs. 1 Nr. 3–5, Abs. 2 BGB gilt für die zukünftigen Ansprüche nach Rechtskraft (Nr. 3) bzw. sonstiger Titulierung (Nr. 4, 5) die dreijährige Regelverjährung, für die Ansprüche bis zur Rechtskraft bzw. Titulierung die dreißigjährige Verjährung.

---

[704] OLG Dresden FamRZ 2006, 1530 (Ls.); zu weiteren Einzelheiten wird auf Büttner FamRZ 2002, 361 ff. und Mansel NJW 2002, 89 ff. verwiesen.

[705] BGH FamRZ 2014, 1622 = NJW 2014, 2637, Rn. 13, 17.

[706] OLG Frankfurt a. M. FamRZ 2021, 1030 (Ls.) = NZFam 2020, 291 mAnm Niepmann NZFam 2020, 297.

[707] BGH FamRZ 1999, 571 = NJW 1999, 1101; FamRZ 1995, 797 = NJW-RR 1995, 770; OLG Celle NJW-RR 1995, 1411 (Auskunftsklage genügt nicht); OLG Brandenburg NJW-RR 2002, 362 (§ 204 BGB gilt nicht bei cessio legis).

[708] AG Köln FamRZ 2004, 468.

[709] OLG Frankfurt OLGR 2007, 320 = FamRB 2007, 293 (red. Ls.).

[710] Die Erteilung einer Auskunft ist noch kein Anerkenntnis: OLG Karlsruhe OLGR 2001, 198.

[711] OLG Dresden FamRZ 2006, 1530 (Ls.).

[712] OLG Brandenburg NJW-RR 2002, 362.

Übergangsregelungen. Bei Dauerschuldverhältnissen, die vor dem 1.1.2002 entstanden sind, gilt das damals geänderte Recht ab 1.1.2003.

b) Verwirkung: Rückständiger Unterhalt kann vor Ablauf der Verjährungsfrist verwirkt sein, wenn besondere Zeit- und Umstandsmomente erfüllt sind.[713]   272

Zeitmoment. Eine generelle Aussage, dass an das Zeitmoment im Unterhaltsrecht keine strengen Anforderungen zu stellen seien, erscheint nicht richtig,[714] auch nach dem neuen Verjährungsrecht,[715] auch wenn das jetzt nach der höchstrichterlichen Rechtsprechung feststehen dürfte. Bei einer vorangehenden Verjährungshemmung gilt nichts anderes.[716] Für sich genommen reicht das Zeitmoment nicht aus, denn bei bloßem Zeitablauf gelten ausschließlich die gesetzlichen Verjährungsfristen.[717] Zeit- und Umstandsmomente können sich wechselseitig beeinflussen, dh bei relativ kurzer Zeit müssen strengere Anforderungen an die Erfüllung der Umstandsmomente gestellt werden.[718]

Umstandsmoment. Es kommt darauf an, ob der Berechtigte dem Verpflichteten Anlass gegeben hat, darauf zu vertrauen, der Anspruch werde nicht mehr geltend gemacht. Durch das Verhalten des Berechtigten muss beim Verpflichteten ein schützenswertes Vertrauen geschaffen worden sein, dieser werde den Unterhalt nicht in Anspruch nehmen.[719] Grundsätzlich kann das Umstandsmoment daher nicht als erfüllt angesehen werden, solange der Anspruch noch nicht geltend gemacht werden konnte, zB gegen den Vater gem. § 1613 Abs. 2 Nr. 2a BGB.[720]

Dagegen kann der nun bis zur Vollendung des 21. Lebensjahres des Kindes in der Verjährung gehemmte Anspruch gegen die Eltern verwirkt sein, wenn sowohl Zeit- als auch Umstandsmoment erfüllt sind.[721]

Rechtshängigen und titulierten Forderungen kann nur ausnahmsweise der Verwirkungseinwand entgegengehalten werden. Es überzeugt nicht, mit dem Argument, ein titulierter Anspruch könne leicht durchgesetzt werden, geringere Anforderungen als bei nicht titulierten Ansprüchen zu stellen.[722] Entscheidend ist, dass der Verpflichtete nicht   273

---

[713] BGH (XII.) FamRZ 2007, 453 mAnm Büttner; BGH (XII.) FamRZ 2002, 1698; BGH (VII.) NJW 2003, 824 = FamRZ 2003, 449 mAnm Büttner; OLG Stuttgart FamRZ 2006, 1757; OLG Hamm OLGR 2007, 411.

[714] So BGH FamRZ 2007, 453 mAnm Büttner = NJW 2007, 1273; BGH FamRZ 2002, 1698 mAnm Klinkhammer = NJW 2003, 128 und FamRZ 2004, 531; OLG Jena FPR 2003, 137; OLG Brandenburg NJW-RR 2002, 362; OLG Hamm OLGR 2004, 20; NJW-RR 2007, 726 und OLG Schleswig NJWE-FER 2000, 27 (schon ab 1 Jahr); OLG Hamm NJW-RR 1998, 510 (fünf Jahre); OLG Frankfurt FamRZ 1999, 1163 (sieben Jahre).

[715] So auch BGH (VII.) NJW 2003, 824 = FamRZ 2003, 449 mAnm Büttner. Näher Büttner FamRZ 2002, 361 (365).

[716] BGH FamRZ 2004, 531 (Umstandsmoment nicht erfüllt); OLG Brandenburg FamRZ 2004, 558; **anders** OLG Schleswig FamRZ 2001, 1707 mkritAnm Baastrup.

[717] So auch BGH (VII.) FamRZ 2003, 449 mAnm Büttner NJW 2003, 824; anders aber BGH FamRZ 2007, 453 mAnm Büttner und BGH FamRZ 2002, 1698 mAnm Klinkhammer; OLG Brandenburg FamRZ 2002, 960 und OLG München FamRZ 2002, 1039.

[718] OLG Brandenburg KuJ 2006, 258.

[719] BGH (VII.) NJW 2003, 824 = FamRZ 2003, 449 mAnm Büttner; so auch BGH (XII) FamRZ 2004, 531 (nicht bei 13.000 DM Nettoeinkommen monatlich); zB durch die Erklärung, eine Adoption sei beabsichtigt: OLG Hamm FamRZ 1998, 1189; OLG Hamm OLGR 2004, 20 (bloße Nichtweiterverfolgung?).

[720] OLG Brandenburg FuR 2001, 521: Keine Verwirkung vor rechtskräftiger Feststellung der Vaterschaft.

[721] OLG Frankfurt OLGR 2007, 320. = FamRB 2007, 293 (red. Ls.); vgl. auch BGH FamRZ 1999, 1422.

[722] So aber BGH FamRZ 1999, 1422; KG FamRZ 2006, 1292 (Ls.); OLG Hamm NJW-RR 2007, 726; OLG Brandenburg JAmt 2001, 376 (377); OLG München OLG Report 2002, 68 (Zeitmoment bei Titulierung 1 Jahr nach Rechtsgedanken der §§ 1585b Abs. 3, 1613 Abs. 2 BGB); wie hier OLG Stuttgart FamRZ 1999, 859 und FamRZ 2006, 1757; OLG Hamburg OLGR 2001, 348.

darauf vertrauen darf, trotz der Titulierung seine Verpflichtung nicht erfüllen zu müssen. Das Gesetz geht von der freiwilligen sofortigen Erfüllung aus und gibt dem Berechtigten nur die Zwangsvollstreckungsmöglichkeit, wenn das nicht geschieht. Aus nicht erfolgter Zwangsvollstreckung kann daher ein Vertrauensschutz nicht hergeleitet werden, sonst stünde der rechtsuntreue Schuldner besser als derjenige, der titulierte Forderungen freiwillig erfüllt. Der Berechtigte muss daher über die unterlassene Zwangsvollstreckung hinaus durch sein Verhalten in dem Verpflichteten das schützenswerte Vertrauen begründet haben, er werde die Forderung trotz Rechtshängigkeit oder Titulierung nicht geltend machen.[723]

Jedoch ist eine **Verwirkung ab Rechtshängigkeit nach § 242 BGB** zu prüfen, wenn der Schuldner mit so hohen Forderungen aus der Vergangenheit belastet wird, dass es ihm unmöglich wird, diese Schulden zu tilgen und daneben seinen laufenden Verpflichtungen nachzukommen.[724]

274   **Umfang der Verwirkung.** Es kommt darauf an, bis zu welchem Zeitpunkt die Zeit- und Umstandsmomente erfüllt sind. Unrichtig erscheint die Auffassung, die Verwirkung, einmal eingetreten, erfasse auch zukünftige Ansprüche bis zu einer erneuten Inverzugsetzung oder Mahnung.[725]

Ein Jahr vor der Bezifferung gilt das nicht, denn § 1585b Abs. 3 BGB schützt insoweit.[726]

8. Rückforderung überzahlten Unterhalts[727]

a) Freiwillige Mehrleistungen

275   **(1) Beim Familien- und Trennungsunterhalt** können sie nur nach Maßgabe der §§ 1360b, 1361 Abs. 4 S. 4 BGB zurückgefordert werden;[728] der Leistende muss beweisen, dass er beabsichtigte, Ersatz zu verlangen.

(2) Beim nachehelichen Unterhalt können sie nach §§ 812 ff. BGB zurückgefordert werden, soweit dem nicht § 814 BGB entgegensteht, insbesondere wenn der Berechtigte auf die Einrede der Entreicherung verzichtet hat.[729] Bei überhöhter Zahlung auf Zahlungsaufforderung der öffentlichen Hand nach cessio legis kann der Rückforderungsanspruch trotz § 814 BGB wegen des Vertrauens auf die Rechtmäßigkeit des Verwaltungshandelns begründet sein.[730]

(3) Beim Verwandtenunterhalt ist eine Rückforderung wie beim nachehelichen Unterhalt möglich, da eine entsprechende Anwendung des § 1360b BGB nicht vorgesehen ist. Die Rückforderung des Kindergeldes von einem Elternteil ist nicht möglich, das volljährige Kind muss sich vielmehr an die Familienkasse halten.[731]

---

[723] BGH FamRZ 2002, 1698 und 1999, 1422 = NJWE-FER 1999, 269 (Vertrauenstatbestand ergibt sich aber aus dem mitgeteilten Sachverhalt nicht hinreichend); OLG Hamm FamRZ 1999, 1665 bejahte stillschweigende Abänderung, da über zwei Jahre geringerer Unterhalt als tituliert entgegengenommen; OLG Hamm FamRZ 2002, 230 und OLG Hamburg FamRZ 2002, 327 mit Recht einschränkend.

[724] OLG Stuttgart FamRZ 2006, 1757 unter Hinweis auf BGH FamRZ 1999, 843 (847).

[725] So aber OLG Düsseldorf OLGR 1998, 205.

[726] BGH FamRZ 2007, 453 mAnm Büttner; anders aber OLG Celle FF 2007, 152 mAnm Büttner.

[727] Vgl. Büte FuR 2006, 93 und DIJuF-Rechtsgutachten JAmt 2007, 301.

[728] Dazu eingehend OLG Karlsruhe FamRZ 1990, 744; OLG Koblenz FamRZ 1999, 162 (zum Ausgleichsanspruch).

[729] OLG Brandenburg FamRZ 2007, 42 (auch zur überzahlten Steuererstattung); AG Hamburg FamRZ 2007, 1017; OLG Hamm FamRZ 1996, 1406.

[730] KG FamRZ 2002, 1357.

[731] OLG Naumburg NJW-RR 2006, 1154.

b) Zahlungen unter Vorbehalt

Eine Zahlung unter Vorbehalt schließt nur die Anwendung der §§ 212 Abs. 1 Nr. 1, **276** 814 BGB aus. § 820 BGB ist dagegen für Unterhaltsforderungen unanwendbar, da der Empfänger sie zur Deckung des laufenden Lebensbedarfs benötigt. Eine verschärfte Bereicherungshaftung des Empfängers kann daher nicht durch die Erklärung, nur unter Vorbehalt zu zahlen, erreicht werden.[732]

c) Unfreiwillige Mehrleistungen in Unkenntnis der Nichtschuld

(1) Bei titulierten Unterhaltsforderungen ist zunächst zu beachten, dass dem **Rück-** **277** **forderungsantrag** nicht vor einer Abänderung des Titels entsprochen werden kann.[733] Diese Abänderung ist bei Prozessvergleichen und notariellen Urkunden auch rückwirkend möglich[734] (§ 239 FamFG). Nach § 238 FamFG kann unter den Voraussetzungen des § 238 Abs. 3 S. 3 FamFG auch für die Zeit bis ein Jahr vor Rechtshängigkeit (§ 238 Abs. 3 S. 4 FamFG) eine Herabsetzung erfolgen. Der deshalb nötige Abänderungsantrag gemäß § 238 FamFG/§ 239 FamFG muss allerdings nach **§ 241 FamFG** nicht mehr sogleich mit dem Rückforderungsantrag verbunden werden, um die verschärfte Haftung nach § 818 Abs. 4 BGB herbeizuführen.

Bei Zahlungen auf Grund eines Urteils konnte unter der Geltung von § 323 Abs. 3 **278** ZPO für die vor Zustellung der Abänderungsklage geleisteten Zahlungen ein Rückforderungsanspruch nur gemäß § 826 BGB bestehen.[735]

Bei Zahlungen auf Grund einstweiliger Anordnung (§§ 246, 49 ff.) bzw. (nicht **279** endgültigen) Vergleichen, die nur zum Abschluss dieser EA-Verfahren geschlossen worden sind, kann unmittelbar die Rückzahlung – in einem Hauptverfahren der Gegenseite sogar in Form eines bezifferten Eventualwiderantrags – betrieben werden,[736] ohne dass es insoweit der Abänderung bedarf, denn diese Anordnungen stellen keinen Rechtsgrund iSv § 812 BGB dar.[737]

Andererseits gilt § 241 FamFG insoweit nicht entsprechend, so dass dem Gläubiger die Einrede des Wegfalls der Bereicherung nicht durch § 818 Abs. 4 ZPO verwehrt ist, wenn vom Zahlenden zunächst nur die Abänderung begehrt wird.[738] Grund für die fehlende Erstreckung von § 241 FamFG auf die einstweiligen Anordnungen war ua die beabsichtigte Stärkung dieses Rechtsinstituts, das deshalb nicht (durch analoge Anwendung von § 241 FamFG) verwässert werden sollte.[739]

(2) Bei nicht titulierten Unterhaltsforderungen kann eine Rückforderung gem. **280** §§ 812 ff. BGB geltend gemacht werden.

(3) Dem Bereicherungsanspruch gemäß § 812 Abs. 1 S. 2 1. Alt. BGB kann der – **281** dafür beweispflichtige – Bereicherte den Einwand des Bereicherungswegfalls (§ 818 Abs. 3 BGB) entgegenhalten, wenn ihm kein Vermögensvorteil verblieben ist. Das gilt insbesondere, wenn der Empfänger die zu Unrecht geleisteten Beträge für den laufenden

---

[732] BGH FamRZ 1998, 951 (953) = NJW 1998, 2433 und BGH NJW-RR 2000, 740 (741).

[733] BGH FamRZ 1991, 1175 = NJW-RR 1991, 1154 (abgesehen von Vergleichen im Einstweiligen Anordnungsverfahren, wenn nur summarisch-vorläufige Regelung); OLG Celle NJW-RR 1992, 1412 anders noch OLG Köln NJW 1988, 1185.

[734] StRspr seit BGH – GS – FamRZ 1983, 22 = NJW 1983, 228. Zur Rückforderung des auf Einstweilige Anordnung Geleisteten vgl. Kohler FamRZ 1988, 1005.

[735] Vgl. dazu insbesondere BGH FamRZ 1988, 270 = NJW 1988, 1965; FamRZ 1986, 794 = NJW 1986, 2047; OLG Braunschweig FamRZ 1999, 1058.

[736] OLG Köln NJW-RR 2003, 1228.

[737] BGH FamRZ 1991, 1175 = NJW-RR 1991, 1154.

[738] Str., so aber OLG Karlsruhe NJW 2014, 1744; Götz NJW 2010, 897 (900).

[739] OLG Karlsruhe NJW 2014, 1744; Götz NJW 2010, 897 (900).

Bedarf verbraucht hat oder damit Schulden getilgt hat, die er auch sonst getilgt hätte.[740] Dafür spricht bei unteren und mittleren Einkommen eine tatsächliche Vermutung,[741] auch wenn der Stamm des Vermögens angegriffen werden könnte. Das gilt nicht für Vorsorgeaufwendungen, soweit hier der Vorteil verbleibt.[742] Durch ein deklaratorisches Anerkenntnis wird der Bereicherungseinwand ausgeschlossen.[743]

282   **Eine verschärfte Haftung** kann nach §§ 818 Abs. 4, 819 BGB eingreifen, die gemäß § 241 FamFG bereits mit der Rechtshängigkeit eines Abänderungsantrags nach §§ 238–240 FamFG ausgelöst wird, s. dazu → Rn. 277. Für Kenntnis des Mangels des rechtlichen Grundes gem. § 819 Abs. 1 BGB genügt nicht, dass der Berechtigte die dafür maßgebenden Tatsachen kennt, sondern er muss den Mangel des rechtlichen Grundes selbst positiv kennen.[744]

§ 820 BGB ist auf Unterhaltsvereinbarungen nicht anwendbar.[745]

283   **Schadensersatz bei Vollstreckung aus gem. § 116 FamFG für sofort wirksam erklärtem Beschluss.** Für die Zwangsvollstreckung aus Unterhaltstiteln finden gemäß § 120 Abs. 1 FamFG grundsätzlich die §§ 704–915h ZPO Anwendung, jedoch mit Ausnahme der §§ 708 ff. ZPO über die vorläufige Vollstreckbarkeit, an deren Stelle § 120 Abs. 2 S. 1 FamFG iVm § 116 Abs. 2, 3 FamFG tritt. Auf die hiernach gemäß § 116 Abs. 3 S. 3 FamFG in der Regel für sofort wirksam erklärten Endentscheidungen über Unterhalt ist nach § 120 Abs. 1 FamFG die Vorschrift **§ 717 Abs. 2 ZPO** für den **Schadensersatz** bei Vollstreckung aus vorläufig vollstreckbaren Urteilen entsprechend anwendbar.[746] Der Schuldner muss dann darlegen, dass er konkret zur Abwendung der drohenden Zwangsvollstreckung aus einer für sofort wirksam erklärten Endentscheidung geleistet hat.[747]

Die Entreicherungseinrede kann hier nicht erhoben werden, da es sich um einen verschuldensunabhängigen Schadensersatzanspruch außerhalb des Bereicherungsrechts handelt. Auf gerichtliche Vergleiche und einstweilige Anordnungen ist § 717 Abs. 2 ZPO nicht anwendbar.[748]

Jedoch ist **§ 717 Abs. 3 S. 2 ZPO** über die Herausgabe des Geleisteten bei **Aufhebung einer zweitinstanzlichen Entscheidung** entsprechend anwendbar, führt allerdings regelmäßig zur Zurückverweisung wegen neuen oder ungeklärten Tatsachenvortrags.[749]

283a   Nur noch zur Vermeidung eines **nicht zu ersetzenden Nachteils infolge der Vollstreckung** kann der Schuldner vor Eintritt der Rechtskraft einer für sofort wirksam erklärten Entscheidung, der ja bereits eine Ermessensprüfung vorausgegangen sein muss, nach § 120 Abs. 2 S. 2 FamFG eine Einstellung oder Beschränkung der Zwangsvollstreckung erlangen.[750] Der Verpflichtete muss den nicht zu ersetzenden Nachteil gemäß § 120 Abs. 2 S. 2 FamFG iVm § 294 ZPO glaubhaft machen. Das gilt gemäß § 120 Abs. 2 S. 3 FamFG ausdrücklich auch in den Fällen des § 707 Abs. 1 ZPO, dh bei Anträgen auf Wiedereinsetzung in den vorigen Stand, Wiederaufnahme des Verfahrens bzw. bei der Anhörungsrüge oder bei Fortsetzung des Verfahrens nach einem Vorbehaltsbeschluss,

---

[740] BGH FamRZ 1992, 1152 = NJW 1992, 2415; OLG Hamm FamRZ 1996, 1406; zur Bereicherungshaftung bei Rückforderung von Ehegattenunterhalt vgl. weiter Mertens FamRZ 1994, 601 ff. und M. Schwab FamRZ 1994, 1567 ff.
[741] BGH FamRZ 2000, 751 = NJW 2000, 740 (741).
[742] OLG Düsseldorf FamRZ 1999, 1059.
[743] OLG Düsseldorf FamRZ 1999, 1059.
[744] OLGR Hamm 1998, 174.
[745] BGH FamRZ 1998, 951 = NJW 1998, 2433.
[746] OLG Karlsruhe NJW 2018, 1409.
[747] BGH NJW 2000, 740 (741); OLG Zweibrücken FamRZ 1998, 834; OLG Schleswig SchlHA 1998, 185.
[748] BGH NJW 2000, 740 (741); OLG Schleswig SchlHA 1998, 185 mwN.
[749] BGH FamRZ 2013, 109 = NJW 2013, 161, Rn. 59.
[750] OLG Frankfurt FamRZ 2016, 76; OLG Hamm FamRZ 2012, 730; FamRZ 2011, 589.

ferner in den Fällen des § 719 ZPO, dh wenn Einspruch gegen einen für sofort wirksam erklärten Versäumnisbeschluss eingelegt wird oder im Fall der Beschwerde (dazu aber Rn. 283b) gegen eine für sofort wirksam erklärte streitige Endentscheidung. Für die Annahme eines nicht zu ersetzenden Nachteils reicht bei der Verpflichtung zu laufendem Unterhalt die Aussichtslosigkeit der etwaigen Rückforderung zu viel gezahlten Unterhalts allein nicht aus.[751] Dagegen ist bei Unterhaltsrückständen die Aussichtslosigkeit der Rückforderung ausschlaggebend.[752]

Ob ein Antrag auf **Vollstreckungsschutz** nach § 120 Abs. 2 FamFG **in der Rechts-** **283b** **mittelinstanz** noch in Betracht kommt, sofern er zumutbar mit denselben Gründen bereits in der Vorinstanz hätte gestellt werden können, ist streitig, wird aber vom BGH jedenfalls für die Rechtsbeschwerdeinstanz unter Hinweis auf die unverändert anzuwendenden Grundsätze des nach vorheriger Rechtslage geltenden § 712 ZPO verneint.[753] Da Sinn und Zweck des § 116 Abs. 3 S. 3 ZPO gerade die Stärkung der Unterhaltsgläubiger ist, kann die generelle Verlagerung der Entscheidungen über den Vollstreckungsschutz an den Beginn der zweiten Instanz ebenso wenig befürwortet werden.[754] Die Gegenauffassung[755] widerspricht dieser Einschränkung für die zweite Tatsacheninstanz, kann sich dafür aber nicht auf den BGH stützen, der nämlich nur auf die unstreitig bestehende Möglichkeit eines beim OLG zu stellenden Vollstreckungsschutzantrags gegenüber der dort anstehenden eigenen Entscheidung abstellt und nicht etwa auf die Einstellung der Zwangsvollstreckung gegenüber der erstinstanzlichen Entscheidung.[756] Da es in gleicher Weise um die antragsabhängige Prüfung eines glaubhaft zu machenden nicht zu ersetzenden Nachteils geht, überzeugt die Gegenauffassung auch mit ihrer Differenzierung zwischen Tatsachen- und Rechtsbeschwerdeinstanz nicht.[757] Die Berücksichtigung neuer Gründe wird allerdings in der Tatsacheninstanz häufiger in Betracht kommen;[758] insoweit ist § 120 Abs. 2 Satz 3 FamFG mit dem Verweis auf §§ 707, 719 ZPO also weder generell ausgeschlossen, noch läuft er leer (→ Rn. 283a zu den weiteren Anwendungsfällen).

d) Aufrechnung, Abtretung und Zurückbehaltungsrecht

Aufrechnung bei Überzahlungen. Über diesen Weg ist ein weitergehender Ausgleich **284** grundsätzlich nicht erreichbar, denn es gilt das Aufrechnungsverbot gem. §§ 394 BGB, 850b Abs. 1 Nr. 2 BGB.[759] Bei Abfindungen auf vertraglicher Grundlage, die an die Stelle

---

[751] OLG Brandenburg FamRZ 2014, 866 = NZFam 2014, 558 (mAnm Griesche); weitergehend OLG Koblenz FamRZ 2005, 468; aA OLG Düsseldorf FamRZ 2014, 870, OLG Frankfurt (2. FamS) FamRZ 2010, 1370.

[752] OLG Brandenburg FamRZ 2014, 866 = NZFam 2014, 558 (mAnm Griesche); ebenso wie bei sonstigen Ansprüchen, vgl. BGH NJW-RR 2007, 1138.

[753] BGH FamRZ 2013, 1299 mwN.

[754] OLG Frankfurt (6. FamS) FamRZ 2016, 76; FamRZ 2015, 1223; (3. FamS) FamRZ 2012, 576 = NJW-RR 2011, 1303; OLG Hamm FamRZ 2011, 1678.

[755] OLG Karlsruhe FamRZ 2020, 1935; OLG Frankfurt (4. FamS) FamRZ 2016, 162 (Ls.) = MDR 2015, 1078; OLG Düsseldorf FamRZ 2014, 870; OLG Brandenburg FamRZ 2014, 866 = NZFam 2014, 558 (mAnm Griesche).

[756] BGH FamRZ 2013, 1299; zu dieser Unterscheidung auch BGH NJW-RR 2014, 969; missverständlich insoweit OLG Brandenburg FamRZ 2014, 866 = NZFam 2014, 558 (mAnm Giesche).

[757] Ausführlich dazu OLG Frankfurt FamRZ 2016, 76; FamRZ 2012, 576.

[758] Vgl. OLG Frankfurt FamRZ 2016, 76; FamRZ 2015, 1223, dazu differenzierend Spieker NzFam 2015, 241.

[759] BGH FamRZ 2003, 1086 = NJW-RR 2003, 1155 (im Fall einer formalen hälftigen Auszahlung aufgrund des früheren § 6 VAHRG nach bereits geleistetem Unterhalt); OLG Bremen FamRZ 2002, 1189; zustimmend DIJuF-Rechtsgutachten JAmt 2007, 301 (305); **anders** OLG Naumburg FamRZ 1999, 437 und OLG Hamm FamRZ 1999, 436; dagegen mit Recht Vollkommer FamRZ 1999, 1423

gesetzlicher Unterhaltsansprüche treten, gilt das Pfändungs- und damit das Aufrechnungsverbot nicht.[760] Unabhängig hiervon scheidet eine Aufrechnung gegen den Anspruch auf Trennungsunterhalt mit einer Forderung aus überzahltem Kindesunterhalt schon deswegen aus, weil es an der **Gegenseitigkeit der Forderungen** auch dann fehlt, wenn Ehegatten- und Kindesunterhalt von dem betreuenden Elternteil geltend gemacht werden.[761]

Eine Aufrechnung gegen übergegangene Ansprüche (zB auf Sozialhilfeträger) ist ebenfalls unzulässig.[762] Die Träger öffentlicher Sozialleistungen, auf die ein Unterhaltsanspruch wegen Gewährung von Sozialhilfe oder Leistungen zur Sicherung des Lebensunterhalts übergegangen ist, dürfen sich gegenüber dem Unterhaltsschuldner auf das Aufrechnungsverbot des § 394 BGB iVm § 850b Abs. 1 Nr. 2 ZPO berufen, weil dieses zumindest auch dem Schutz der öffentlichen Kassen dient.[763]

Zulässig ist die Aufrechnung nur dann, wenn im Unterhaltsrechtsverhältnis eine **vorsätzliche unerlaubte Handlung** begangen wurde, wobei das Existenzminimum des Unterhaltsgläubigers zu wahren ist und für die Zukunft nur drei Monate (gem. §§ 1614 II, 1361 Abs. 4, 1360a Abs. 3 BGB im Trennungs- und Kindesunterhalt) und für sechs Monate (im nachehelichen Unterhalt)[764] aufgerechnet werden kann.

Unterhalt ist stets zeitbezogen geltend zu machen, wodurch auch der Verfahrensgegenstand festgelegt wird.[765] Das hat allerdings die praktisch wichtige Konsequenz, dass für bestimmte Zeiträume zu viel geforderter Unterhalt immer abzuweisen ist und nicht etwa mit anderen Zeiträumen verrechnet werden darf, in denen der Unterhaltsberechtigte weniger verlangt, als ihm zusteht (§§ 113 Abs. 1 S. 2 FamFG, 308 Abs. 1 S. 1 ZPO).[766]

285   Eine **Abtretung** oder Pfändung von Unterhaltsansprüchen, auch für die Vergangenheit, scheidet gem. §§ 400, 1274 Abs. 2 BGB, 850b ZPO aus. Eine **Ausnahme** ergibt sich für Unterhaltsrückstände dann, wenn der Unterhalt vom Zessionar vollständig geleistet worden ist.[767] Eine tatsächliche Vermutung für die vollständige Deckung des Barbedarfs in Höhe des Unterhaltsanspruches ist gegeben, wenn das unterhaltsberechtigte Kind bei einem Elternteil gelebt hat,[768] es sei denn, dieser habe sich durchgehend in prekären Verhältnissen befunden.[769] Ein **Zurückbehaltungsrecht** kann wegen des Zwecks der laufenden Lebensbedarfsdeckung ebenfalls nicht geltend gemacht werden.[770]

---

und Ludwig FamRZ 1999, 1659; anders nach OLG Hamm NJW-RR 2004, 437, wenn Unterhaltsgläubiger selbst Grundlagen für Überzahlung geschaffen hat (durch nachträgliche Änderung der Steuerklasse).

[760] BGH FamRZ 2002, 1179 = NJW-RR 2002, 1513: anders nur bei rein vertraglicher Grundlage.
[761] OLG Düsseldorf FamRZ 2020, 687.
[762] OLG Düsseldorf FamRZ 2006, 1532.
[763] BGH FamRZ 2013, 1202 = NJW 2013, 2592, Rn. 15, 25.
[764] BGH FamRZ 1993, 1186 = NJW 1993, 2105.
[765] BGH FamRZ 2016, 199 = NJW 2016, 322, Rn. 24.
[766] BGH FamRZ 2016, 199 = NJW 2016, 322, Rn. 24.
[767] BGH FamRZ 2013, 1202 mAnm Schürmann FamRZ 2013, 1205 = NJW 2013, 2592 Rn. 25; OLG Bremen FamRZ 2002, 1189 = NJW-RR 2002, 361; Sonderfall OLG Brandenburg FamRZ 2004, 702.
[768] OLG Bremen FamRZ 2002, 1189 = NJW-RR 2002, 361.
[769] OLG Köln FamRZ 2021, 1530 = NJOZ 2021, 1223.
[770] OLG Bremen FamRZ 2002, 1189 = NJW-RR 2002, 361; OLG Hamm FamRZ 1996, 49 (50); OLG Stuttgart FamRZ 2001, 1370: Gegenüber dem Anspruch auf Zustimmung zum Realsplitting kann auch der Unterhaltsberechtigte kein ZBR geltend machen, wenn der Verpflichtete für die entsprechende Zeit seine Unterhaltsverpflichtung erfüllt hat.

9. Scheinvaterregress

Ficht ein rechtlicher Vater die Vaterschaft erfolgreich an, entfällt seine Vaterschaft **286**
mit Wirkung ex tunc; hatte er vor der Vaterschaft Unterhalt an sein vermeintliches
Kind gezahlt, war die Leistung auf eine Nichtschuld erfolgt.[771] Gegen den wirklichen
Vater besteht in diesem Fall ein **Regressanspruch;** dieser folgt aus § 1607 Abs. 3 S. 2
BGB.[772] Diesen Anspruch kann der Scheinvater zwar wegen § 1600d Abs. 5 BGB
grundsätzlich erst dann gegen den leiblichen Vater durchsetzen, wenn dessen Vaterschaft durch Anerkenntnis oder im Statusprozess mit Wirkung für und gegen alle
festgestellt ist.[773] Der Scheinvater ist allerdings nicht berechtigt, selbst die Feststellung
des leiblichen Vaters zu beantragen, zudem scheidet nach der Abschaffung der gesetzlichen Amtspflegschaft für nichteheliche Kinder zum 1.7.1998 eine amtswegige Vaterschaftsfeststellung aus.

In besonders gelagerten Einzelfällen kann aber dennoch im Regressprozess des Scheinvaters gegen den mutmaßlichen Erzeuger des Kindes die Rechtsausübungssperre des
§ 1600d Abs. 5 BGB durchbrochen und die Vaterschaft des Antragsgegners nur zu
diesem Zweck inzident im Regressverfahren – also ohne Statuswirkung – festgestellt
werden.[774] Zur Begründung verweist der BGH darauf, dass der Scheinvater andernfalls
rechtlos gestellt wäre, wenn weder die Kindesmutter noch der mutmaßliche Erzeuger
bereit sind, dessen Vaterschaft gerichtlich feststellen zu lassen.[775] Ein solcher Einzelfall
kommt nach dem BGH[776] in Betracht, wenn davon auszugehen ist, dass ein Vaterschafts-
feststellungsverfahren auf längere Zeit nicht stattfinden wird, weil die dazu Befugten dies
ausdrücklich ablehnen oder von einer solchen Möglichkeit seit längerer Zeit (hier:
1 3/4 Jahre) keinen Gebrauch gemacht haben.

Kennt der Anspruchsberechtigte allerdings den **Namen des leiblichen Vaters** nicht, ist
ihm die Geltendmachung etwa übergegangener Ansprüche gem. §§ 1607 Abs. 3, 1601 ff.,
1615l Abs. 3 S. 1, Abs. 1 u. Abs. 2 BGB auch ungeachtet des § 1600d Abs. 5 BGB nicht
möglich. Der BGH[777] nahm vor diesem Hintergrund eine dahingehende **Auskunfts-**
pflicht der Kindesmutter dem Scheinvater gegenüber aus Treu und Glauben (§ 242 BGB)
an, da der Anspruchsberechtigte in entschuldbarer Weise über das Bestehen oder den
Umfang seines Rechts im Ungewissen ist und die Verpflichtete in der Lage ist, unschwer
die zur Beseitigung dieser Ungewissheit erforderlichen Auskünfte zu erteilen. Der BGH
verkannte nicht, dass damit in das allgemeine Persönlichkeitsrecht der Kindesmutter nach
Art. 2 Abs. 1 iVm Art. 1 Abs. 1 GG eingegriffen wird, weist aber zugleich darauf hin,
dass dieses nicht schrankenlos gewährleistet ist, sondern ausdrücklich nur insoweit, als
dadurch nicht die Rechte anderer verletzt werden.[778] Das **BVerfG** hat jedoch am
24.2.2015 entschieden, dass dieser Grundrechtseingriff einer spezialgesetzlichen Regelung
bedarf und **nicht aus § 242 BGB** gerechtfertigt werden kann.[779] Die nunmehr notwendige

---

[771] BGH FamRZ 81, 764 = NJW 1981, 2183.
[772] BGH FamRZ 2019, 112 = NJW 2018, 3648 Rn. 22.
[773] BGH FamRZ 2017, 900 = NJW 2017, 1954 Rn. 16.
[774] BGH FamRZ 2012, 437 = NJW 2012, 852, Rn. 31, 32; FamRZ 2012, 200 = NJW 2012, 450;
FamRZ 2009, 32 = NJW-RR 2009, 505; FamRZ 2008, 1424 = NJW 2008, 2433; Huber FamRZ 2004,
145.
[775] BGH FamRZ 2009, 32 = NJW-RR 2009, 505.
[776] BGH FamRZ 2009, 32 = NJW-RR 2009, 505.
[777] BGH FamRZ 2012, 200 = NJW 2012, 450, Rn. 20 ff.; BGH FamRZ 2014, 1440; auch OLG
Schleswig FamRZ 2009, 1924.
[778] BGH FamRZ 2012, 200 = NJW 2012, 450, Rn. 24.
[779] BVerfG FamRZ 2015, 729 = NJW 2015, 1506.

Regelung des Gesetzgebers steht noch aus. In Einzelfällen kann sich ein Anspruch allerdings aus § 826 BGB ergeben.[780]

Bei Leistungen des Scheinvaters an die Mutter (den Vater) des nichtehelichen Kindes nach § 1615l BGB ist gegen den wirklichen biologischen Vater entsprechend § 1607 Abs. 3 BGB auch ein Regressanspruch anzunehmen.[781] Das sieht wohl auch das OLG Schleswig[782] so, das in der oben zitierten Entscheidung den Bezug zu § 1607 Abs. 3 BGB über § 1615l Abs. 3 S. 1 BGB herstellt.

§ 1607 Abs. 3 BGB soll auch die Bereitschaft Dritter fördern, statt des „eigentlich Verpflichteten" vorläufig den Unterhalt von Mutter und Kind zu sichern. Deshalb steht dem Anspruchsübergang nicht allein entgegen, dass der Scheinvater in Kenntnis seiner Nichtvaterschaft bis zur Rechtskraft der Vaterschaftsanfechtung Unterhalt geleistet hat.[783] Der Regressanspruch gem. § 1607 Abs. 3 BGB ist allerdings begrenzt und bemisst sich nach der Höhe der Unterhaltsansprüche gegen den Verpflichteten, für welche dessen Einkommens- und Vermögensverhältnisse maßgebend sind.[784]

Bei dem zur **Klärung der leiblichen Abstammung des Kindes** gemäß § 1598a BGB dienenden Verfahren auf Ersetzung der Einwilligung in eine genetische Abstammungsuntersuchung und Anordnung der Duldung einer Probeentnahme nach § 169 Nr. 2 FamFG[785] kommt es noch nicht zu einer Lösung des rechtlichen Bandes zu dem Kind, so dass dann ein Regressanspruch nicht gegeben sein kann.

Kosten des Vaterschaftsanfechtungsverfahrens kann der Scheinvater grundsätzlich auch verlangen, nicht jedoch, wenn er die Vaterschaft freiwillig anerkannt hatte.[786]

Gem. § 1613 Abs. 3 BGB kann der Erstattungsanspruch des Scheinvaters gegen den leiblichen Vater herabgesetzt oder gestundet werden (→ Rn. 266).[787]

Gegen die Mutter können zwar Schadensersatzansprüche in Täuschungsfällen bestehen.[788] Eine Ehefrau ist nach einem Ehebruch und anschließendem bloßen Verschweigen der daraus folgenden möglichen Nichtvaterschaft ihres Mannes diesem gegenüber aber nicht zum Schadensersatz wegen des von ihm geleisteten Unterhalts für das scheineheliche Kind verpflichtet, weil solche Ehestörungen nicht unter den Schutzzweck deliktischer Haftungsnormen fallen (anders jedoch bei Vorliegen der Voraussetzungen von § 826 BGB); es besteht aber ein Auskunftsanspruch gegen die Ehefrau über den Erzeuger nach erfolgreicher Anfechtung der Vaterschaft.[789]

Den Scheinvater trifft die **Darlegungs- und Beweislast** für die anspruchsbegründenden Voraussetzungen des übergegangenen Unterhaltsanspruchs des Kindes gegen den leiblichen Vater sowie für die von ihm dem Kind erbrachten Unterhaltsleistungen.[790] Der jeweilige gesetzliche Mindestbedarf minderjähriger Kinder muss auch vom neuen Gläubi-

---

[780] OLG Bamberg FamRZ 2004, 562 = FPR 2003, 602; OLG Oldenburg FamRZ 1994, 651; LG Heilbronn FamRZ 2005, 474.

[781] So mit Recht Löhnig FamRZ 2003, 1354.

[782] OLG Schleswig FamRZ 2009, 1924.

[783] So überzeugend LG Bielefeld FamRZ 2006, 1149.

[784] KG FamRZ 2000, 441; OLG München FamRZ 2001, 251 (Anspruch ferner nur bis zur Höhe des geleisteten Unterhalts).

[785] Die Einführung des Anspruchs und des Verfahrens beruhen auf BVerfG FamRZ 2007, 441 mAnm Balthasar = NJW 2007, 753; vgl. dazu im Anschluss BVerfG FamRZ 2008, 2257 = NJW 2009, 423 mAnm Zimmermann.

[786] OLG Celle FamRZ 2005, 1853; OLG Jena FamRZ 2006, 1148 = NJW-RR 2005, 1671.

[787] Dazu näher OLG Schleswig NJW-RR 2007, 1017.

[788] OLG Köln NJW-RR 1999, 1673 (Nichtmitteilung des Mehrverkehrs genügt nicht).

[789] BGH, FamRZ 2013, 939 = NJW 2013, 2108, Rn. 13 ff. (in Abgrenzung zu BGH FamRZ 2012, 779 u. 1363).

[790] BGH NJW 2018, 3648 = FamRB 2019, 19 mAnm Siede.

ger nicht dargelegt werden. Der Schuldner hat eine etwa aufgehobene oder eingeschränkte unterhaltsrechtliche Leistungsfähigkeit darzulegen und zu beweisen.[791]

10. Schadensersatzansprüche gegen Dritte

Ein Schadensersatzanspruch gegen Dritte kann bestehen, wenn der Unterhaltsschuld- **287** ner bei tituliertem Unterhaltsanspruch Vermögensverschiebungen zugunsten eines Drit- ten vornimmt (meist: der neue Lebensgefährte), welche die Vollstreckung des Unter- haltstitels beeinträchtigen.[792] Diese Möglichkeit, die den Zugriff nicht nur auf das ver- schobene Vermögen wie die Anfechtung nach § 11 AnfG möglich macht, besteht aber nur, wenn über den Anfechtungstatbestand hinausgehende Umstände das Sittenwidrig- keitsurteil nach § 826 BGB tragen, zB beim arglistigen Zusammenwirken des Unter- haltsschuldners mit dem Dritten, um den Zugriff des Unterhaltsgläubigers zu vereiteln → Rn. 171.

Zur möglichen Schadensersatzpflicht des jeweiligen Landes bei Pflichtverletzungen des Jugendamtes → Rn. 181 und 207.[793]

11. Unterhalt im Einstweiligen Rechtsschutz

a) Arrest gemäß §§ 119 Abs. 2 FamFG, 916–934 ZPO und 943–945 ZPO

Ein Arrestgrund (§ 917 ZPO) kommt bei Unterhaltsforderungen in Betracht, wenn **288** der Schuldner Anstalten macht, sein Vermögen zu verschieben oder zu verschleudern und deshalb die Vollstreckung künftiger Unterhaltsforderungen in Gefahr ist.[794] Eine allgemein schlechte Vermögenslage des Schuldners, die Konkurrenz mit anderen Gläu- bigern oder ein Umzug ins Ausland bei Immobiliarvermögen im Inland[795] reicht allerdings als Arrestgrund nicht aus.[796] Gemäß § 917 Abs. 2 ZPO ist die Notwendigkeit der Vollstreckung im Ausland nur außerhalb des Anwendungsbereichs des EuGVVO, EuGVÜ oder LGVÜ bzw. jetzt der EuUnthVO ein besonderer Arrestgrund. Aller- dings können auch dann, wenn § 917 Abs. 2 ZPO wegen verbürgter Gegenseitigkeit nicht eingreift, rechtliche oder tatsächliche Schwierigkeiten bei einer Auslandsvollstre- ckung im Rahmen der allgemeinen Regelung des § 917 Abs. 1 ZPO berücksichtigt werden.[797]

Die Dauer der Sicherung richtet sich nach den Einzelfallumständen. Beim Kindes- **289** unterhalt ist die Unterhaltssumme für 5 Jahre und mehr gewährt worden.[798] Beim mate- riellen Anspruch auf Sicherheitsleistung nach § 1585a BGB soll der Betrag den einfachen Jahresbetrag der Unterhaltsrente nicht übersteigen.[799]

---

[791] BGH NJW 2018, 3648 = FamRB 2019, 19 mAnm Siede.

[792] BGH FamRZ 2001, 86 mAnm Gerhardt = FF 2000, 212 mAnm Büttner; ebenso nach Zurück- verweisung OLG Koblenz FF 2004, 26 mAnm Büttner.

[793] BGH FamRZ 2014, 290 = NJW 2014, 692.

[794] Vgl. OLG Hamm FamRZ 2012, 579 (Ls.) = FamFR 2011, 522 (Besprechung von Bruns).

[795] OLG Stuttgart NJW-RR 1996, 775.

[796] So die hM: BGH MDR 1996, 356; OLG Köln FamRZ 1983, 1259; Menne FamRZ 2004, 6 (8).

[797] OLG Hamm FamRZ 2012, 579 (Ls.) = FamFR 2011, 522 (bei gemeinsamem Konto in der Schweiz).

[798] OLG Zweibrücken FamRZ 2000, 966; OLG Düsseldorf FamRZ 1994, 111; weiter Menne FamRZ 2004, 6 (10).

[799] Vgl. Löhnig FamRZ 2004, 503 (506).

b) Einstweilige Anordnung

290   Die **einstweilige Anordnung in Unterhaltssachen nach §§ 49–57, 246–248 FamFG ist ein selbständiges Verfahren,** auch wenn eine Hauptsache anhängig ist (§ 51 Abs. 3 S. 1 FamFG). **Zuständig** ist gemäß § 50 Abs. 1 S. 1 FamFG das Gericht, das für die Hauptsache im ersten Rechtszug zuständig wäre.

291   [nicht belegt]

292   Gemäß § 246 FamFG kann nur die Verpflichtung zur Zahlung von Unterhalt oder eines Kostenvorschusses für ein gerichtliches Verfahren durch einstweilige Anordnung, **nicht** aber ein **Auskunftsanspruch** durchgesetzt werden.[800]

293   Wegen der Selbständigkeit der einstweiligen Anordnung hat sich die (wegen der früheren Akzessorietät zu einem Hauptsacheverfahren) schwierige Frage, ob **im Rahmen des vereinfachten Verfahrens (§ 249 FamFG)** eine EA ergehen kann, erledigt.[801] Das vereinfachte Verfahren kann im Sinne des § 52 Abs. 2 FamFG auch „Hauptsache" sein.

294   § 247 FamFG als Sondervorschrift zu § 246 FamFG ermöglicht systemkonform eine **einstweilige Anordnung vor der Geburt des Kindes** zur Sicherung des Unterhalts für das nichteheliche Kind in den ersten drei Monaten nach der Geburt sowie des Unterhaltsanspruchs der Mutter nach § 1615l BGB. Die Vaterschaft des in Anspruch Genommenen muss anerkannt sein oder nach § 1600d Abs. 2 BGB vermutet werden.[802]

295   § 248 FamFG ist eine weitere, dem § 246 FamFG vorgehende **Sondervorschrift** für einstweilige Anordnungen bei Anhängigkeit eines **Vaterschaftsfeststellungsverfahrens.** Obwohl für § 248 FamFG die Anhängigkeit eines Vaterschaftsfeststellungsverfahrens (oder jedenfalls eines diesbezüglichen VKH-Antrags[803]) Voraussetzung ist, ist auch dieses EA-Verfahren selbständig gem. § 51 Abs. 3 FamFG.[804]

Eine Notwendigkeit einer einstweiligen Anordnung besteht nicht, wenn die Mutter sich und ihr Kind aus eigenem Einkommen/Vermögen unterhalten kann.[805]

296   **Eine Dringlichkeit der Regelung** ist nach § 246 FamFG (in Abweichung von § 49 Abs. 1 FamFG) nicht Voraussetzung für den Erlass einer einstweiligen Anordnung, es genügt, dass überhaupt ein schutzwürdiges Interesse an der Erlangung eines Unterhaltstitels besteht.[806] Ein Regelungsbedürfnis fehlt, wenn wenn der Unterhalt freiwillig gezahlt wird und hiervon auch weiter auszugehen ist, während sich das Regelungsbedürfnis im Eilverfahren nicht mit einem Titulierungsinteresse begründen lässt.[807]

297   Die einstweilige Anordnung kann für **unbestimmte Zeit und in voller Höhe** des Unterhaltsanspruchs ergehen, da der Gesetzgeber eine vereinfachte vorläufige Regelung des Anspruchs selbst schaffen wollte.[808] Wenn der Anspruch (noch) nicht in voller Höhe glaubhaft gemacht ist, können aber entsprechende Abschläge vorgenommen werden. Es ist auch eine zeitliche Befristung möglich (s. § 56 Abs. 1 S. 1 Hs 2 FamFG). Eine solche Einschränkung sollte ggf. vom Antragsgegner beantragt werden.

Eine **Erfüllungswirkung** haben Unterhaltszahlungen aufgrund einer einstweiligen Anordnung **in der Regel nicht,** wenn nicht der Unterhaltspflichtige seine Zahlungspflicht

---

[800] Keidel/Giers FamFG § 246 Rn. 2; vgl. zum bisherigen Recht OLG Hamm FamRZ 2000, 362 = NJW-RR 2000, 139; Niepmann FF 1999, 164 (168).

[801] Keidel/Giers FamFG § 249 Rn. 4.

[802] OLG Schleswig MDR 2000, 397 m. zustim mAnm Born, das eine vorgeburtliche Klage zur Hauptsache für möglich hält, erscheint daher zweifelhaft.

[803] Keidel/Giers FamFG § 248 Rn. 3.

[804] Keidel/Giers FamFG § 248 Rn. 1.

[805] OLG Koblenz FamRZ 2006, 1137.

[806] BVerfG FamRZ 2016, 30, Rn. 18; OLG Naumburg FamRZ 2004, 478.

[807] OLG Zweibrücken FamRZ 2022, 546 = NZFam 2022, 82 (Dürbeck).

[808] Schürmann FamRB 2009, 375 (378).

endgültig akzeptiert.[809] Leistet der Antragsgegner seine laufenden Unterhaltszahlungen lediglich zur Abwendung der Zwangsvollstreckung aus der einstweiligen Anordnung bzw. aus dem nicht rechtskräftigen, aber sofort wirksamen Beschluss erster Instanz, folgt hieraus, dass die Unterhaltsforderung nicht im Sinne des § 362 Abs. 1 BGB erloschen ist.[810]

Unanfechtbarkeit/Abänderung/Aufhebung. Die einstweiligen Anordnungen in Un- **298** terhaltssachen sind gemäß § 57 S. 1 FamFG nicht mit der Beschwerde angreifbar.[811] Das gilt dann auch für **Nebenentscheidungen,** seien es solche über die Versagung von Verfahrenskostenhilfe **mangels Erfolgsaussicht**[812] deren Anforderungen allerdings auch nicht überspannt werden dürfen,[813] oder nachgehende isolierte **Kostenentscheidungen.**[814]

Möglich sind deshalb nur

(1) ein Antrag auf Durchführung einer **mündlichen Verhandlung** nach § 54 Abs. 2 FamFG, wenn diese nicht – wie nach § 246 Abs. 2 FamFG jetzt wohl in der Regel – bereits vor Erlass der Anordnung stattgefunden hat,

(2) ein **Abänderungsantrag** nach § 54 Abs. 1 FamFG,

(3) weiterhin **die Durchführung eines (eigenen) selbstständigen Hauptverfahrens** auf Zahlung (nach Zurückweisung), Rückzahlung wegen ungerechtfertigter Bereicherung oder negative Feststellung, und zwar auch für die zurückliegende Zeit.[815] Nach dem Erlass einstweiliger Anordnungen gem. § 246 FamFG gilt für deren Abänderung zwar grundsätzlich § 54 FamFG; zulässig ist aber auch der negative Feststellungsantrag als Hauptsacheverfahren.[816]

(4) **oder gemäß § 52 Abs. 2 FamFG der Antrag,** dem Beteiligten, der die EA auf Unterhalt erwirkt hat, aufzugeben, ein Hauptsacheverfahren (bzw. VKH-Verfahren dafür) binnen zu bestimmender Frist einzuleiten mit der Folge, dass die einstweilige Anordnung bei Nichteinhaltung dieses Gebots gemäß § 52 Abs. 2 S. 3 FamFG **aufzuheben ist.**

(5) **Schließlich** ist jedoch ausdrücklich abweichend von allen vorgenannten Varianten mit § 54 Abs. 1 S. 3 FamFG für den Sonderfall einer **fehlenden notwendigen Anhörung** eine **antragsunabhängige Aufhebung oder Abänderung** möglich.

Bis zur Entscheidung in den Fällen (1), (2) und (5) nach § 54 FamFG kann die Vollstreckbarkeit der einstweiligen Anordnung **gemäß § 55 FamFG ausgesetzt oder beschränkt** werden. Im Fall (3.) bei einem negativen Feststellungsantrag oder dem Vollstreckungsabwehrantrag kann auch ein Einstellungsantrag nach § 769 ZPO (analog bzw. iVm § 120 Abs. 1 FamFG) gestellt werden.

Außer-Kraft-Treten. Die einstweilige Anordnung tritt gemäß § 56 FamFG bei Wirk- **299** samwerden einer anderweitigen Regelung, ferner bei Rücknahme oder Abweisung des Hauptsacheantrags bzw. Erledigung der Hauptsache außer Kraft. Mit § 56 Abs. 1 S. 2 FamFG ist klar gestellt worden, dass es für die Wirksamkeit einer anderweitigen Rege-

---

[809] OLG Bamberg FamRZ 2006, 965.

[810] BGH FamRZ 2014, 917 = NJW 2014, 1958 Rn. 44.

[811] OLG Zweibrücken FamRZ 2022, 546 = NZFam 2022, 82 (Dürbeck).

[812] BGH FamRZ 2011, 1138 = NJW 2011, 2434, Rn. 14, 15; dies gilt aber nicht für Beschwerden betreffend die pers. und wirtschaftl. Verhältnisse, die Annahme von Mutwilligkeit oder gegen Ablehnung der Beiordnung eines Anwalts: Rn. 16 ff.

[813] BVerfG FamRZ 2016, 30, Rn. 13 ff. (zu einer begründeten Verfassungsbeschwerde, weil über schwierige Rechtsfragen im Prozesskostenhilfeverfahren entschieden wurde).

[814] OLG Celle FamRZ 2012, 1080; OLG Zweibrücken FamRZ 2012, 50; OLG Düsseldorf FamRZ 2011, 496; KG FamRZ 2011, 577.

[815] Vgl. BGH FamRZ 2000, 751 (753) = NJW 2000, 740; OLG Karlsruhe FamRZ 2004, 470; OLG Naumburg NJWE-FER 2001, 240.

[816] OLG Frankfurt NJW-RR 2015, 326 = AGS 2015, 26 (mAnm Thiel); OLG Jena FamRZ 2012, 54.

lung in diesem Sinne auf die **Rechtskraft der Hauptsacheentscheidung** ankommt (soweit die Wirksamkeit nicht noch später eintritt) und deswegen die bloße Anordnung der sofortigen Wirksamkeit nach § 116 Abs. 3 S. 2 FamFG insoweit noch nicht ausreicht.

Mangels einer anderweitigen Regelung führt die **Rechtskraft der Scheidung** – wie bisher – noch nicht zum Außerkrafttreten der einstweiligen Anordnung.[817]

Das hat folgende Konsequenzen:

(1) Ist das Hauptsacheverfahren zum Trennungsunterhalt vor Rechtskraft der Scheidung abgeschlossen, ist die EA gem. § 56 FamFG bereits außer Kraft getreten.
Diese Wirkung ist auf Antrag gem. § 56 Abs. 3 FamFG auszusprechen. Dagegen gibt es gem. § 56 Abs. 3 S. 2 FamFG abweichend von § 57 FamFG auch in Unterhaltssachen die Beschwerde nach §§ 58 ff. FamFG (Beschwerdefrist: 1 Monat, denn diese Beschwerde richtet sich nicht „gegen eine einstweilige Anordnung").

(2) Wird die Scheidung vor Abschluss des Hauptsacheverfahrens zum Trennungsunterhalt rechtskräftig (und kommt nachehelicher Unterhalt entweder gar nicht mehr in Betracht oder ist bereits abschließend geregelt), tritt die über den Trennungsunterhalt erlassene EA zwar nicht außer Kraft, aber es entfällt ihre Grundlage für die Zukunft. In diesem Fall ist für die Zeit nach der Scheidung entweder auf Antrag die einstweilige Anordnung wegen Erlöschens des Anspruchs auf Trennungsunterhalt gemäß § 54 Abs. 2 FamFG aufzuheben[818] oder – jedenfalls bei Ablehnung der Aufhebung nach § 54 FamFG – mit derselben Begründung den Vollstreckungsabwehrantrag nach § 120 Abs. 1 FamFG iVm § 767 ZPO gegeben.[819]

(3) Kommt im Fall (2) aber noch ein nicht geregelter Anspruch auf nachehelichen Unterhalt in Betracht, ist es denkbar, dass die EA im Wege einer Entscheidung nach § 54 FamFG auf den neuen Anspruchsgrund erweitert wird.

Schadensersatzansprüche gem. §§ 717 Abs. 2, 945 ZPO bestehen für einstweilige Anordnungen nach §§ 246, 247 FamFG nicht, denn in § 119 Abs. 1 S. 2 FamFG ist für die einstweiligen Anordnungen in Unterhaltssachen § 945 ZPO ausdrücklich ausgenommen. Eine Ausnahme existiert für die einstweiligen Anordnungen nach § 248 FamFG während des Vaterschaftsfeststellungsverfahrens, und zwar für den Ersatz des Schadens im Fall der Rücknahme oder rechtskräftigen Zurückweisung des Antrags auf Feststellung der Vaterschaft (§ 248 Abs. 5 S. 2 FamFG).

c) Einstweilige Verfügung

300   Für einstweilige Verfügungen besteht nach dem FamFG kein Raum. Das folgt bereits aus § 119 Abs. 1 FamFG, der in Abs. 1 für die Familienstreitsachen die Anwendung der Vorschriften über die einstweilige Anordnung vorschreibt und in Abs. 2 die entsprechende Anwendung von §§ 935–942 ZPO ausnimmt.[820]

12. Wahrheitspflicht im Unterhaltsprozess

301   Den Berechtigten trifft im Unterhaltsprozess die Pflicht, Umstände, die sich auf seine Bedürftigkeit auswirken können, ungefragt zu offenbaren, insbesondere also eine Erwerbstätigkeit. Selbst eine nicht anrechenbare freiwillige Zuwendung Dritter dürfe nicht verschwiegen werden, da der Berechtigte die Entscheidung darüber, ob und in welchem

---

[817] BT-Drs. 16/6308, S. 202.
[818] AG Rosenheim FamRZ 2012, 1823.
[819] Keidel/Giers FamFG § 246 Rn. 10; OLG Frankfurt FamRZ 2006, 1687; OLG Koblenz FamRZ 2001, 1625 (Vollstreckungsgegenklage auch sonst bei nachträglichen rechtshemmenden oder rechtsvernichtenden Einwendungen).
[820] So ausdrücklich auch die Begründung des Gesetzentwurfs: BT-Drs. 16/6308, S. 226.

Umfang sich die Zuwendung auf die Bedürftigkeit auswirke, dem Gericht überlassen müsse.[821] Auch ein Probearbeitsverhältnis ist zu offenbaren.[822] Unwahre Angaben führen zur Anfechtbarkeit eines Vergleichs und zu materiell-rechtlichen Sanktionen (dazu → Rn. 542). Bedenken sind gegen eine Ungleichbehandlung des Berechtigten und des Verpflichteten zu erheben, da bei diesem nur ein evident unredliches Verhalten zur Schadensersatzpflicht führen soll.[823]

13. Unterhaltsbemessung bei Auslandsberührung

a) Zuständigkeit und anwendbares Recht

Am 18.6.2011 ist das **Gesetz zur Durchführung der Verordnung (EG) Nr. 4/2009** **302** **und zur Neuordnung bestehender Aus- und Durchführungsbestimmungen auf dem Gebiet des internationalen Unterhaltsverfahrensrechts vom 23.5.2011**[824] in Kraft getreten und mit ihm die Verordnung (EG) Nr. 4/2009 vom 18.12.2008 (EuUnthVO) über die Zuständigkeit, das anwendbare Recht, die Anerkennung und Vollstreckung von Entscheidungen und die Zusammenarbeit in Unterhaltssachen anwendbar geworden.[825] Zentrale Regelung des deutschen Durchführungsgesetzes ist der darin enthaltene Art. 1 mit dem Gesetz zur Geltendmachung von Unterhaltsansprüchen im Verkehr mit ausländischen Staaten (Auslandsunterhaltsgesetz – AUG). Das FamFG (ua § 105 iVm § 232 FamFG) gilt in Fällen mit Auslandsberührung nur, soweit im AUG nichts anderes geregelt ist (§ 2 AUG, s. auch § 97 FamFG).

Die **internationale Zuständigkeit** für Unterhaltssachen, die seit dem 18.6.2011 anhän- **302a** gig geworden sind,[826] richtet sich unter den Mitgliedsstaaten nach der **Verordnung (EG) Nr. 4/2009** des Rates vom 18.12.2008 (EuUnthVO).[827] Danach ist gemäß Art. 3 (neben weiteren Gerichtsständen) in erster Linie das Gericht des Ortes zuständig, „an dem der Beklagte seinen gewöhnlichen Aufenthalt hat", und in zweiter Linie des Ortes, „an dem die berechtigte Person ihren gewöhnlichen Aufenthalt hat".[828] Die Bestimmungen des gewöhnlichen Aufenthaltes ist auch dann nach Maßgabe des Art. 3 EuUntVO festzustellen, wenn das Kind widerrechtlich in einen anderen Staat verbracht worden ist und ein Gericht des Herkunftslandes angeordnet hat.[829]

Im Verhältnis zu Dänemark, Island, Norwegen und Schweiz (insoweit galt früher das **Lugano-Übereinkommen** vom 16.9.1988[830]) ist am 30.10.2007 ein neues Luganer Abkommen mit den (übrigen) Staaten der EG geschlossen worden; die Zuständigkeit für Unterhaltssachen ist in Art. 5 Nr. 2 LugÜ geregelt.[831] Nur außerhalb der Geltungsbereiche der Abkommen sind die §§ 105, 232 FamFG heranzuziehen.

---

[821] So BGH FamRZ 2000, 153 = NJW 1999, 2804; vgl. auch → Rn. 269.
[822] OLG Koblenz FamRZ 2002, 325 (Ls.).
[823] Nach OLG Bremen FamRZ 2000, 256 Schadensersatzpflicht nur bei evident unredlichem Verhalten des Verpflichteten.
[824] Gesetz vom 23.5.2011, BGBl. I 898.
[825] Überblicke dazu: Hau FamRZ 2010, 516; Finger FuR 2011, 254; Motzer FamRBint 2011, 56; Niethammer-Jürgens FamRBint 2011, 60; Conti/Bißmaier FamRBint 2011, 62; Coester-Waltjen IPrax 2012, 528.
[826] Ein isoliertes VKH-Verfahren bewirkt die Anhängigkeit bzw. Einleitung des Verfahrens nach Art. 9 EuUnthVO noch nicht: OLG Frankfurt BeckRS 2015, 18964 im Anschluss an BGH FamRZ 2012, 783.
[827] Vgl. Saenger EuUnthVO Art. 3 Rn. 1
[828] Vgl. OLG Stuttgart FamRZ 2021, 1466 = NJW-RR 2021, 727; MüKoFamFG/Lipp EG-UntVO Art. 3 Rn. 5.
[829] EuGH ECLI:EU:C:2022:371 = FamRZ 2022, 1029 = NJW-RR 2022, 937.
[830] OLG Dresden NJW 2007, 446 (Schweiz).
[831] Vgl. OLG Brandenburg FamRZ 2022, 449 (Ls.) = NJOZ 2022, 261.

302b   Die örtliche Zuständigkeit folgt für grenzüberschreitende Unterhaltsverfahren ebenfalls aus Art. 3–7 EuUnthVO.[832]

Der deutsche Gesetzgeber hat mit § 28 AUG eine Konzentrationsregel erlassen, wonach im Anwendungsbereich des Art. 3 lit. a und b EuUntVO das Amtsgericht am Sitz des Oberlandesgerichts örtlich zuständig ist, in dessen Bezirk der im Inland lebende Beteiligte seinen gewöhnlichen Aufenthalt hat.[833] Das Verhältnis dieser Normen zueinander ist umstritten; maßgebend ist der Einzelfall unter Berücksichtigung insbesondere der höheren Sachkunde des Konzentrationsgerichts.[834] Hat der Antragsgegner seinen gewöhnlichen Aufenthalt nicht in der Bundesrepublik Deutschland, ist § 28 AUG nicht einschlägig.[835]

302c   Sofern ein in Deutschland zum Unterhalt Verpflichteter ein **Abänderungsverfahren** (insbesondere auch gem. § 240 FamFG, zB nach einem Verfahren auf Zahlung von Mindestunterhalt gem. § 237 FamFG) gegen sein unterhaltsberechtigtes Kind im Ausland anstrengen muss, weist der BGH darauf hin, es sei zwar unwahrscheinlich, nach § 240 FamFG vor den Gerichten der USA vorgehen zu können, dann bestehe aber eine **Notzuständigkeit der deutschen Gerichte** (Art. 7 EuUnthVO).[836] Die Auffang- und Notzuständigkeiten nach Art. 6, 7 EuUnthVO, die bisher allein beim Amtsgericht Pankow/Weißensee bestanden, sind mit einer Änderung des **§ 27 AUG** nun weitgehend dem § 28 AUG angeglichen worden.[837]

303   Das **anwendbare Recht ist in der Regel das Recht des gewöhnlichen Aufenthalts**[838] **des Unterhaltsberechtigten.** Die auf EU-Ebene getroffene **Neuregelung** des für Unterhaltspflichten anzuwendenden Rechts gemäß Art. 15 VO (EG) Nr. 4/2009 iVm dem am 30.11.2009 angenommenen „Haager Protokoll von 2007" (HUP) ist gemäß Art. 76 der VO (EG) Nr. 4/2009 seit **18.6.2011** anzuwenden.[839] Im Grundsatz bleibt es gemäß **Art. 3 Haager Unterhaltsprotokoll** vom 23.11.2007 **(HUP)** danach dabei, dass das Recht des Staates maßgebend ist, in dem die berechtigte Person ihren gewöhnlichen Aufenthalt hat;[840] eine Ausnahme kann sich dabei aus Art. 5 HUP ergeben.[841] Die Anwendbarkeit des HUP hängt nicht davon ab, dass auch der Aufenthaltsstaat Vertragsstaat des HUP ist.[842]

304   **Bei der Ermittlung ausländischen Rechts** darf sich das Gericht nicht auf die Heranziehung der Rechtsquellen beschränken, sondern muss unter Ausschöpfung der ihm zugänglichen Erkenntnismöglichkeiten auch die konkrete Ausgestaltung des Rechts in der ausländischen Rechtspraxis, insbesondere die ausländische Rechtsprechung berücksichtigen.[843] Dann kann die Einholung eines Gutachtens eines Instituts für internationales Privatrecht erforderlich sein.

---

[832] EuGH FamRZ 2015, 639 = NJW 2015, 683 Rn. 31; OLG Stuttgart FamRZ 2021, 1466 = NJW-RR 2021, 727; OLG Düsseldorf FamRZ 2014, 583.

[833] OLG Koblenz FamRZ 2020, 933.

[834] Vgl. OLG Stuttgart FamRZ 2021, 1466 = NJW-RR 2021, 727; OLG Jena FamRZ 2021, 623.

[835] OLG Koblenz FamRZ 2020, 933.

[836] BGH FamRZ 2016, 115 = NZFam 2016, 46 (Rieck).

[837] BGBl. 2015 I 2018 (2020), Artikel 5; BT-Drs. 18/5918, S. 23.

[838] OLG Köln NJW-RR 2005, 876; zum Begriff des gewöhnlichen Aufenthalts, vgl. BGH FamRZ 1993, 798 = NJW 1993, 2047; OLG Düsseldorf NJW-RR 1995, 903 (Rückkehr in die Türkei in Besuchsabsicht, dann Verbleiben); insbesondere von Ausländern in Deutschland, vgl. OLG Karlsruhe NJW-RR 1992, 1094 und OLG Hamm FamRZ 1992, 673 (675); kroatischer Kindesunterhalt: BGH NJW-RR 2005, 1593.

[839] Siehe aber → Rn. 302 zum Übergangsrecht in Altfällen (vor dem 18.6.2011 eingeleitet).

[840] OLG Nürnberg FamRZ 2012, 1500 (Ls.) = IPrax 2012, 551 m. ausführl. Bespr. Coester-Waltjen IPrax 2012, 528 ff.; OLG Frankfurt FamRZ 2012, 1501; OLG Köln FamRZ 2012, 1509.

[841] BGH FamRZ 2022, 1278 = NJW 2022, 2403 Rn. 18 f.

[842] BGH FamRZ 2022, 1278 = NJW 2022, 2403 Rn. 15.

[843] BGH FamRZ 2003, 1549.

Beim **nachehelichen Unterhalt in den bis 17.6.2011 eingeleiteten Verfahren** kommt   305
es nach dem insoweit noch anzuwendenden Art. 18 Abs. 4 EGBGBauf das auf die
Ehescheidung angewandte Recht an;[844] allerdings ist dann auch nach Art. 18 Abs. 5
EGBGB das deutsche Recht anwendbar, wenn beide Ehegatten Deutsche sind und der
Unterhaltspflichtige in Deutschland lebt.[845] Verstößt das Scheidungsstatut gegen den
ordre public, ist Unterhalt nach deutschem Recht zuzuerkennen.[846] Das berufene Sachrecht bestimmte gemäß Art. 18 Abs. 6 EGBGB auch über die Höhe des Unterhalts.

Bei Abänderungsanträgen gem. §§ 238 ff. FamFG ist das dem abzuändernden Titel   306
zugrundeliegende Sachrecht grundsätzlich nicht austauschbar.[847] Das gilt auch, wenn ein
im Ausland erwirkter Unterhaltstitel in Deutschland abgeändert werden soll. Etwas ande-
res gilt nur dann, wenn es zu einem echten Statutenwechsel gekommen ist.[848] Ein solcher
Statutenwechsel findet statt, wenn sich der Aufenthaltsort des Berechtigten verändert hat.
Maßgebend ist insoweit – so der BGH – Art 3 Abs. 2 des Haager Unterhaltsprotokolls
(HUP) für nach dem 18.6.2011 eingeleitete Verfahren und zwar – bei Beteiligung von EU-
Staaten – auch, wenn das Verfahren Zeiträume vor dem 18.6.2011 umfasst.[849]

b) Unterhaltshöhe bei Auslandsaufenthalt des Berechtigten und Anwendung deutschen Rechts

Lebt der Unterhaltsberechtigte im Ausland, so sind für die Höhe des Unterhalts-   307
anspruchs die Geldbeträge maßgebend, die er an seinem Aufenthaltsort aufwenden muss,
um den ihm gebührenden Lebensstandard aufrechtzuerhalten.[850] Die Frage, welche Mittel
dazu benötigt werden, ist eine Frage nach dem unterschiedlichen Verbraucherpreisniveau,
der **Verbrauchergeldparität.** Lebt der Unterhaltspflichtige im Ausland und erzielt dort
Einkünfte, hat ebenfalls eine Kaufkraftbereinigung zu erfolgen.[851] Wenn sich allerdings
die Kaufkraft des Euro in den einzelnen Staaten nur geringfügig unterscheidet, wie zB bei
nur um 4,4 % erhöhten Lebenshaltungskosten in den Niederlanden, ist ein Kaufkraftausgleich regelmäßig nicht geboten.[852] Das OLG Karlsruhe trägt diesem Problem dagegen
nicht durch eine kaufkraftbezogene Bereinigung des Einkommens eines der Beteiligten
Rechnung, sondern durch eine nach Kaufkraft gewichtete Aufteilung des zur Verfügung
stehenden Gesamtbetrags.[853]

---

[844] OLG Stuttgart FamRZ 2007, 290 (auch Verjährung nach inländischem Scheidungsurteil); OLG
Hamm FamRZ 1993, 189; vgl. aber AG Kerpen FamRZ 2001, 1526 zum dt.-iran. Niederlassungsabkommen; zu deutsch-deutschen Fällen → Rn. 172.

[845] BGH FamRZ 1991, 925 (926); OLG Düsseldorf FamRZ 1995, 885 (danach anwendbares
ausländisches Recht kann bei Unterhaltsausschluss gegen ordre public verstoßen); OLG Hamm
FamRZ 2001, 918 mAnm Steinbach (1525) auch für nach russischem Recht geschiedene Deutsche
nach Übersiedlung in die Bundesrepublik.

[846] OLG Koblenz FamRZ 2004, 1877 (zu kurze zeitliche Beschränkung des nachehelichen Betreuungsunterhalts); OLG Zweibrücken FamRZ 2000, 32 (Algerien): Aber nur Härtevermeidung, keine
völlige Gleichstellung mit Inlandsfall und FamRZ 1997, 1404.

[847] BGH FamRZ 2012, 281 = NJW 2012, 384, Rn. 15, unter Festhaltung an FamRZ 1992, 1060
(1062) = NJW-RR 1993, 5; welcher Rechtsordnung Abänderbarkeit und Abänderungsregelung zu
entnehmen sind, hat der BGH offen gelassen; vgl. auch OLG Bremen FamRZ 2017, 614 = NJOZ
2017, 1501.

[848] BGH NJW 2015, 694 = FamRZ 2015, 479 (mAnm Heiderhoff), Rn. 25.

[849] BGH NJW 2015, 694 = FamRZ 2015, 479, Rn. 22.

[850] BGH FamRZ 1987, 682 = NJW-RR 1987, 1474; KG FamRZ 2002, 1057; dazu weiter Krause
FamRZ 2002, 145 ff.; OLG Frankfurt FamRZ 2012, 1501.

[851] BGH FamRZ 2014, 1536 = NJW 2014, 2785.

[852] BGH FamRZ 2013, 1375 = NJW 2013, 2751, Rn. 29.

[853] OLG Karlsruhe FamRZ 2020, 93.

308   **Die Verbrauchergeldparität** wurde bis 2009 überwiegend durch Heranziehung der Ermittlungen des Statistischen Bundesamtes[854] festgestellt, das jedoch die Veröffentlichung eingestellt hat. Zur Ermittlung des Kaufkraftunterschiedes billigt der BGH nun die Heranziehung der vom Statistischen Amt der Europäischen Union (Eurostat) ermittelten „vergleichenden Preisniveaus des Endverbrauchs der privaten Haushalte einschließlich indirekter Steuern",[855] für die sich das OLG Stuttgart als Vorinstanz nach Abwägung der Vor- und Nachteile gegenüber der Ländergruppeneinteilung des Bundesfinanzministeriums und der Korrektur mittels Teuerungsziffern entschieden hatte.[856] Anzupassen ist das Einkommen selbst und nicht die in der Düsseldorfer Tabelle enthaltenen Bedarfssätze.[857]

309   Beim **Ehegattenunterhalt** ist zu berücksichtigen, dass es auf die ehelichen Lebensverhältnisse ankommt. Wurde die Ehe in der Bundesrepublik geführt, kommt daher eine Verweisung auf den niedrigeren oder auch Geltendmachung des höheren Lebensstandards entsprechender Berufsgruppen im neuen Aufenthaltsstaat nicht in Betracht.[858] Wenn durch den Wechsel des Berechtigten ins Ausland mit höherem Lebenshaltungskostenniveau infolge der Verbrauchergeldparität höhere Aufwendungen nötig werden, hat der Verpflichtete dafür nur bei zwingender Notwendigkeit des Umzugs aufzukommen.[859]

310   Beim **Kindesunterhalt** ist zu berücksichtigen, dass ein Kind ohne eigene Lebensstellung die Lebensstellung der Eltern teilt. Lebt der Barunterhaltsverpflichtete unter wesentlich besseren Lebensbedingungen in der Bundesrepublik, muss er dem Kind eine Teilhabe an diesem Lebensstandard ermöglichen, indem der Unterhalt so bemessen wird, dass auch nur mit Devisen zu beschaffende Güter eingekauft werden können.[860]

Für die Leistungsfähigkeit kommt es auf die Verhältnisse am Aufenthaltsort des Verpflichteten an.[861]

c) Unterhaltshöhe bei Anwendung ausländischen Rechts

311   **Das Unterhaltsstatut[862] bestimmt auch über die Höhe des Unterhalts** und damit darüber, ob bestimmte Beträge, ein bestimmter Bruchteil des Einkommens oder indexier-

---

[854] Int. Vergleich der Verbraucherpreise für 2008: FamRZ 2010, 98; ferner Statistisches Bundesamt, Preise, Fachserie 17, Reihe 10, Int. Vergleich der Preise für die Lebenshaltung nach deutschen Verbrauchsgewohnheiten – Heranziehung gebilligt von BGH FamRZ 1987, 682; BGH FamRZ 1992, 1060 (1063); vgl. weiter Gutdeutsch/Zieroth FamRZ 1993, 1152 ff.

[855] BGH FamRZ 2014, 1536 (mAnm Unger/Unger) = NJW 2014, 2785, Rn. 33 bis 36.

[856] OLG Stuttgart FamRZ 2014, 850 (851 f.); vgl. ferner Unger FPR 2013, 19 ff.; Empf. des DFGT, FamRZ 2011, 1921; teilweise abweichend bei Berücksichtigung unterschiedlicher Wechselkurse: Többens FamRZ 2016, 597 mit Beispielen.

[857] BGH FamRZ 2014, 1536 = NJW 2014, 2785, Rn. 36; aA OLG Brandenburg FamRZ 2008, 1279.

[858] BGH FamRZ 1987, 682 = NJW-RR 1987, 1474.

[859] → Rn. 1174, 1175 zur Anwendung von § 1579 BGB im Einzelfall.

[860] Dazu näher → Rn. 312; zu Kindergeld im Ausland DIV-Gutachten DAVorm 2000, 145; offengelassen von OLG Koblenz FamRZ 2007, 1592.

[861] Coester-Waltjen IPrax 2012, 528 ff. (530); bereits früher: OLG Hamm FamRZ 1992, 573 (575) – deutsches Renteneinkommen und Aufenthalt in Marokko; KG IPrax 1986, 305 mAnm Henrich.

[862] 729 Dazu näher Coester-Waltjen IPrax 2012, 528 ff. (530). Die laufend im ZfJ und JAmt (früher DAVorm) veröffentlichten Gutachten informieren über das materielle ausländische Recht. Zur Ermittlung des ausländischen Rechts vgl. Hetger FamRZ 1995, 654. Zur Unterhaltsrealisierung im Ausland vgl. JAmt 2007, 126 und folgende Hinweise:
Algerien: JA 2007, 24 (insgesamt zu Maghreb-Staaten); OLG Zweibrücken FamRZ 2000, 32 (ordre public).
Belgien: Pintens FamRZ 2006, 1312 u. FamRZ 2007, 1491 (1494); OLG Düsseldorf FamRZ 1995, 885.

te Beträge zu zahlen sind. Ebenso ist das Unterhaltsstatut dafür maßgebend, ob voller oder nur notdürftiger Unterhalt verlangt werden kann (s. jetzt auch ergänzend Art. 14 HUP).

Wenn das ausländische Recht die Unterhaltsbemessung in das Ermessen des Richters stellt oder allgemein auf Bedürftigkeit und Leistungsfähigkeit abstellt, können zur konkreten Ausfüllung die deutschen Leitlinien zur Unterhaltshöhe herangezogen werden.[863] Dabei ist aber die Verbrauchergeldparität zu beachten.[864]

Grundsätzlich sind für die **Höhe des Unterhaltsanspruchs** des Unterhaltsberechtigten **312** die Geldbeträge maßgebend, die er an seinem Aufenthaltsort aufwenden muss, um den ihm gebührenden Lebensstandard aufrecht zu erhalten.[865] Beim **Kindesunterhalt** ist bei unselbstständiger Lebensstellung des Kindes die Berücksichtigung des Lebensstandards des in der Bundesrepublik lebenden Barunterhaltsverpflichteten besonders problematisch, da sie zu Unterhaltsbeträgen führen kann, die über den Erwerbseinkommen im Aufenthaltsland liegen.[866] Wenn aber nur so eine Teilhabe des Kindes am Lebensstandard des Vaters (durch Beschaffung nur mit Devisen erhältlicher Güter) möglich ist, werden

---

Frankreich: Ferrand FamRZ 2006, 1316 und FamRZ 2007, 1499 (1501); Völker FamRBInt 2006, 93; Menne FuR 2006, 1; OLG Karlsruhe FamRZ 1992, 58 und NJW-RR 1994, 1286; Reinhart ZVerglRWiss 1988, 92; DIV-Gutachten ZfJ 1988, 371 f.
Griechenland: OLG Zweibrücken OLGR 2007, 241; OLG Frankfurt IPrax 1986, 388 mAnmHenrich.
Iran: OLG Stuttgart FamRZ 2004, 25 (Scheidungsgrund der Unterhaltsverweigerung); BGH FamRZ 2010, 533; OLG Zweibrücken NJWE-FER 2001, 175 und FamRZ 2007, 1555 (Morgengabe); AG Kerpen FamRZ 2001, 1526 (deutsch-iranisches Niederlassungsabkommen).
Italien: Gabrielli FamRZ 2007, 1505 (1507); Patti FamRZ 2006, 1321; OLG Karlsruhe NJW-RR 2007, 656; OLG Bamberg FamRZ 2005, 1682; OLG Stuttgart OLGR 2004, 193.
Jugoslawien: AG Singen FamRZ 2002, 113 mAnm Jessel-Holst.
Marokko: OLG Frankfurt 28.11.2008 – 5 UF 289/06, bei www.hefam.de.
Niederlande: JAmt 2007, 240 (Überblick); Boele-Woelki FamRZ 2005, 1632; OLG Düsseldorf FamRZ 1994, 111.
Österreich: OLG Bremen FamRZ 1997, 1403; DAVorm 1988, 756 mwN.
Polen: OLG Hamm FamRZ 2006, 967 mAnm Gottwald, FamRZ 2006, 968; OLG Hamm FamRZ 2005, 369; OLG Stuttgart FamRZ 2006, 1403; KG FamRZ 2002, 1057 (Bedarf in Polen 80 % der Beträge der Düsseldorfer Tabelle); AG Leverkusen FamRZ 2004, 727 (2/3); OLG Hamm FamRZ 2000, 29 sowie OLGR 2000, 59.
Russland: AG Wiesbaden FamRZ 2006, 562; OLG Zweibrücken FamRZ 2004, 729.
Schweiz: DAVorm 1988, 751 ff.; Obergericht Aargau DAVorm 1989, 326; Stettler, Zeitschrift des Bernischen Juristenvereins 1992, 133.
Spanien: Martin-Casals/Ribot FamRZ 2006, 1331; OLG Köln NJW-RR 1996, 326; AG Groß-Gerau FamRZ 2004, 197 und 203.
Slowenien: BGH NJW-RR 2007, 722.
Türkei: Zum neuen türkischen Familienrecht ab 1.1.2002 vgl. Özen und Odendahl FamRB 2010, 33; Odendahl FamRZ 2002, 234 und Rausch FF 2003, 165; OLG Hamm FamRZ 2006, 1387; AG Bayreuth FamRZ 2003, 1669; OLG Stuttgart NJW-RR 2004, 583; OLG Köln FamRZ 1999, 860; OLG Düsseldorf FamRZ 2001, 919; OLG Hamm FamRZ 2000, 31 und FamRZ 2006, 124 (1/3 in Türkei ermäßigt).
Entwicklungsländer: Für die Gesamtheit der Entwicklungsländer muss angemerkt werden, dass Rechtsverfolgung und Vollstreckung oft aussichtslos sind, wie praktische Erfahrungen ergeben; vgl. laufende Berichte im JAmt und ZfJ.

[863] BGH FamRZ 2003, 1549 (zur Ermittlung ausländischen Rechts); OLG München FamRZ 2002, 55.
[864] → Rn. 308.
[865] BGH FamRZ 1987, 682 = NJW-RR 1987, 1474 (Ehegattenunterhalt); OLG Stuttgart FamRZ 2017, 282 (Ls.); OLG Oldenburg FamRZ 2013, 891.
[866] OLG Düsseldorf FamRZ 1987, 195 und FamRZ 1987, 1183; vgl. auch AG Köln IPRax 1988, 30 mAnm Henrich IPRax 1988, 21 (22).

Erwägungen, die auf eine Gleichbehandlung mit anderen Unterhaltsberechtigten im Aufenthaltsstaat hinauslaufen, zurückzutreten haben, denn insoweit ist eine gleiche Sachlage gerade nicht gegeben.[867] Das heißt nicht, dass die deutschen Unterhaltsbeträge zu zahlen sind, es werden vielmehr Mischwerte anzusetzen sein.[868]

313   Für die **Leistungsfähigkeit des Verpflichteten** kommt es auf die Verhältnisse an seinem Aufenthaltsort an, auch wenn das Unterhaltsstatut zB einen geringeren Selbstbehalt vorsieht.[869]

d) Währungsfragen bei Titulierung und Erfüllung des Unterhaltsanspruchs

314   **In welcher Währung eine Unterhaltsrente zu zahlen ist, kann zweifelhaft sein,** wenn Gläubiger und Schuldner in verschiedenen Währungsgebieten leben. Als Geldwertschulden sind sie währungsrechtlich neutral, so dass der Berechtigte grundsätzlich die Wahl hat, in welcher Währung er die Titulierung beantragt.[870] Das Wahlrecht unterliegt Einschränkungen unter dem Gesichtspunkt der gegenseitigen Rücksichtnahme, wenn der Verpflichtete ein schützenswertes Interesse daran hat, in Fremdwährung zu leisten (zB durch Verwertung dort befindlichen Vermögens).[871] Diese Rücksichtnahme findet aber wiederum ihre Grenze in schützenswerten Interessen des Berechtigten, wozu insbesondere die Beachtung devisenrechtlicher Beschränkungen gehört,[872] so dass bei solchen Beschränkungen Titulierung in Euro verlangt werden kann.

Ferner kann bei sonstiger Unzumutbarkeit der Titulierung in Auslandswährung, zB wegen raschen Wertverfalls der Auslandswährung, die Titulierung in Euro verlangt werden.[873]

315   Auch bei der **Erfüllung des Unterhaltsanspruchs** ist, selbst wenn die Titulierung auf Fremdwährung lautet, den devisenrechtlichen Beschränkungen Rechnung zu tragen.[874] So kann weder eine Erfüllung zum Schwarzmarktkurs erfolgen noch eine Erfüllung durch Leistung der titulierten Beträge durch zB Verwandte im Aufenthaltsstaat. Es muss grundsätzlich der normale Übermittlungsweg eingehalten werden, mögen auch im Einzelfall kursgünstigere Einzelzuwendungen (zB durch Warenbons) möglich sein.[875]

e) Anerkennung und Vollstreckung ausländischer Entscheidungen

316   Das **AUG 2011** regelt in Unterhaltssachen – insoweit unter Ablösung des **Anerkennungs- und Vollstreckungsausführungsgesetzes** (AVAG in der Fassung vom 3.12.2009)

---

[867] OLG Celle OLGR 1998, 149; OLG Nürnberg FamRZ 1997, 1355 (Herabsetzung der Sätze der Düsseldorfer Tabelle um 1/3 bei Polen); OLG München FamRZ 2002, 55 (Herabsetzung um 1/3 bei Aufenthalt in der Türkei – weniger als früher); OLG Koblenz FamRZ 2002, 56 (bei Russland – Aufenthalt Herabsetzung um 2/3).

[868] Vgl. Henrich IPRax 1988, 22; OLG Nürnberg FamRZ 1997, 1355; OLG Koblenz FamRZ 2002, 56 (Russland).

[869] OLG Stuttgart FamRZ 2006, 1403; KG IPrax 1986, 305 mAnm Henrich.

[870] BGH IPrax 1994, 366 (der Richter ist aber an den Klageantrag gebunden); OLG Koblenz FamRZ 1992, 1428; KG IPrax 1986, 305 mAnm Henrich.

[871] BGH FamRZ 1992, 1060 (1063); FamRZ 1990, 992 (993) = NJW 1990, 2197; OLG Köln IPrax 1989, 23 mAnm Henrich.

[872] Vgl. BGH FamRZ 1992, 1060 (1063).

[873] Vgl. dazu (noch für DM): Bytomski/Bytomski FamRZ 1991, 783; Buseva FamRZ 1997, 264 (265).

[874] So mit Recht BGH FamRZ 1992, 1060 (1063) unter Hinweis auf LG Rottweil DAVorm 1988, 195.

[875] Nach BGH FamRZ 1987, 682 kann der normale Übermittlungsweg gewählt werden. Dazu Bytomski/Bytomski FamRZ 1991, 783 für ehemalige Ostblockstaaten.

– die Anerkennung und Vollstreckung aus zwischenstaatlichen Verträgen, wobei die Bestimmungen der Verträge Vorrang haben.[876]

Für den **Bereich der EU** (ohne Dänemark) richten sich die Anerkennungs- und Vollstreckungsverfahren in Unterhaltsachen nun nach der VO (EG) Nr. 4/2009 vom 18.12.2008, sofern das Verfahren ab 18.6.2011 eingeleitet worden ist,[877] und zwar nach einem Beschluss des Rates vom 30.11.2009 (abweichend von Art. 22 HUP) auch dann, wenn es um Unterhaltsansprüche aus der Zeit vor dem 18.6.2011 geht.[878]

Für vorhergehende Anträge gilt noch die **EG-Verordnung Nr. 44/2001** über die gerichtliche Zuständigkeit und die Anerkennung und Vollstreckung von Entscheidungen in Zivil- und Handelssachen (EuGVVO = Brüssel I-VO).[879] Nach deren Art. 45 Abs. 1 darf die zu vollstreckende Entscheidung keinesfalls in der Sache selbst nachgeprüft werden; eine Einstellung der Zwangsvollstreckung nach § 22 Abs. 2 AVAG (idF bis 31.12.2009) ist ausgeschlossen, wenn für das Rechtsmittel keine Erfolgsaussicht besteht, weil keine Gründe nach Art. 34, 35 Brüssel I-VO vorliegen, die Vollstreckbarkeit zu versagen, insbesondere im konkreten Fall auch kein Verstoß gegen den ordre public.[880] Der IX. Zivilsenat des BGH[881] hat im Anschluss an eine Entscheidung des EuGH[882] ebenfalls ausgeführt, der Schuldner werde im Verfahren der Vollstreckbarerklärung nach der Verordnung mit nachträglich entstandenen materiell-rechtlichen Einwendungen gegen den titulierten Anspruch, die weder unstreitig noch rechtskräftig festgestellt sind, nicht gehört. Ob § 12 AVAG deswegen generell als gemeinschaftswidrige Norm unanwendbar ist, hat er offen gelassen. Der XII. Zivilsenat des BGH[883] hat allerdings im Jahr 2011 vor Inkrafttreten der EuUnthVO noch entschieden, mit einer Beschwerde gegen die Zulassung der Zwangsvollstreckung aus einem ausländischen Unterhaltstitel nach Art. 4 ff. HUVÜ 73 könne nach § 12 Abs. 1 AVAG auch ein gesetzlicher Forderungsübergang geltend gemacht werden, soweit dem unstreitige Zahlungen des Sozialhilfeträgers nach Erlass der zu vollstreckenden Entscheidung zugrunde liegen.

Auch im Verfahren der **Vollstreckbarerklärung** exequaturbedürftiger Unterhaltstitel nach Kapitel IV Abschnitt 2 der **EuUnthVO** haben die mit einem Rechtsbehelf nach Art. 32 oder Art. 33 EuUnthVO befassten Gerichte bis zum rechtskräftigen Abschluss des Exequaturverfahrens uneingeschränkt zu prüfen, ob und gegebenenfalls inwieweit die ausländische Entscheidung im Ursprungsstaat bereits aufgehoben oder abgeändert worden ist,[884] nicht jedoch, ob Erfüllung eingetreten ist, selbst wenn diese unstreitig oder durch Urkunden bewiesen ist – insoweit unter teilweiser Aufgabe der bisherigen Rechtsprechung des BGH.[885]

Die Anerkennung und Vollsteckbarkeitserklärung einer ausländischen (slowenischen) Entscheidung erfolgt in Anwendung von §§ 328, 722, 723 ZPO, wenn keine der vorrangigen internationalen Verordnungen eingegriffen haben (zB der Titel älter ist als die

---

[876] Zur Rechtslage nach dem AVAG: BGH NJW 2012, 2663; FamRZ 2011, 802; OLG Düsseldorf OLGR 2006, 644; Zöller/Geimer, 26. Aufl., Anh. III.

[877] OLG Stuttgart FamRZ 2012, 1510; OLG Stuttgart FamRZ 2012, 1512.

[878] Heger/Selg FamRZ 2011, 1101 (1107) unter b).

[879] Siehe dazu auch → Rn. 302. Zur Rechtslage bis 31.12.2009; Hohloch FPR 2006, 244; FPR 2004, 315; vgl. ferner OLG Düsseldorf FamRZ 2001, 1019 (Niederlande); JM Baden-Württemberg FamRZ 2001, 1015 mAnm Gottwald (Tunesien).

[880] BGH FamRZ 2009, 1402 = NJW-RR 2009, 1300 Rn. 9 (Österreich).

[881] BGH NJW 2012, 2663.

[882] EuGH NJW 2011, 3506.

[883] BGH FamRZ 2011, 802 mAnm Heiderhoff (804).

[884] BGH FamRZ 2015, 2144 = NJW 2016, 248, Rn. 9 (mAnm Ülker-Can NZFam 2015, 1080); insoweit Festhaltung an BGH FamRZ 2007, 989, Rn. 15; FamRZ 2011, 802, Rn. 14.

[885] BGH FamRZ 2015, 2144 = NJW 2016, 248, Rn. 20 (mAnm Ülker-Can NZFam 2015, 1080); insoweit unter Aufgabe von BGH FamRZ 2007, 989, Rn. 26 ff.

Brüssel I-VO und das Herkunftsland des Titels nicht Vertragsstaat früherer Abkommen war).[886]

Es bedarf keiner vorherigen Anerkennung der Scheidung durch die Landesjustizverwaltung nach Art. 7 § 1 FamRÄndG, wenn – wie beim Kindesunterhalt – der Anspruch vom Ausspruch der Scheidung unabhängig besteht.[887]

II. Der Umfang des Bedarfs des Berechtigten

1. Laufender Lebensbedarf, Mehrbedarf und Sonderbedarf

a) Begriffe

317   **Nach §§ 1578 Abs. 1 S. 2 und 1610 Abs. 2 BGB umfasst der Unterhalt den „gesamten Lebensbedarf".**

Der gesamte Lebensbedarf setzt sich zusammen aus

* dem **laufenden Bedarf** (→ Rn. 321)
* und dem **Sonderbedarf** (→ Rn. 325),
* während der sogenannte **Mehrbedarf** Teil des laufenden Bedarfes ist (→ Rn. 322).

Nach der Legaldefinition des § 1613 Abs. 2 BGB ist unter **Sonderbedarf** ein „unregelmäßiger außergewöhnlich hoher Bedarf" zu verstehen. Nach der Rechtsprechung des BGH handelt es sich um einen überraschend und der Höhe nach nicht abschätzbaren Bedarf, so dass er bei der Bemessung der laufenden Unterhaltsrente nicht berücksichtigt werden konnte.[888] Der Bedarf ist hiernach „unregelmäßig", wenn er nicht mit Wahrscheinlichkeit vorhersehbar und daher zur Bemessung der konkreten Unterhaltshöhe nicht heranziehbar war, während sich die „außergewöhnliche" Höhe nach den Umständen des Einzelfalls und der im Rahmen einer Gesamtbetrachtung zu prüfenden Zumutbarkeit eigener Bedarfsdeckung bemisst, wobei neben der Unterhaltshöhe auch die sonstigen Einkünfte des Berechtigten, der Lebenszuschnitt der Beteiligten sowie Anlass und Umfang der besonderen Aufwendungen zu berücksichtigen sind.[889]

Mehrbedarf ist dagegen der Teil des Lebensbedarfs, der regelmäßig während eines längeren Zeitraums anfällt und das Übliche derart übersteigt, dass er mit den Regelsätzen nicht erfasst werden kann, andererseits aber kalkulierbar ist und deshalb bei der Bemessung des laufenden Unterhalts berücksichtigt werden kann.[890]

318   Die **praktische Schwierigkeit** liegt darin, dass der laufende Bedarf meist nicht konkret unter Berücksichtigung aller vorhersehbaren Bedürfnisse bestimmt wird, sondern schematisiert nach Tabellen, Quoten oder Schlüsseln. Der BGH[891] weist dabei mit Recht darauf hin, dass dadurch eine angemessene Verteilung der zur Verfügung stehenden Mittel herbeigeführt wird, diese angemessene Relation aber nicht gewahrt bliebe, wenn der Verpflichtete unbeschränkt allein zur Deckung des Sonderbedarfs herangezogen würde. Zu berücksichtigen ist außerdem, dass der Verpflichtete auch wegen des Sonderbedarfs nur bis zur Grenze seiner Leistungsfähigkeit (Selbstbehalt)[892] in Anspruch genommen werden kann.

---

[886] BGH FamRZ 2007, 717 = NJW-RR 2007, 722.
[887] BGH FamRZ 2007, 717 = NJW-RR 2007, 722.
[888] BGH FamRZ 2022, 1366 = NZFam 2022, 833 Rn. 45 mAnm Niepmann.
[889] BGH FamRZ 2022, 1366 = NZFam 2022, 833 Rn. 45 mAnm Niepmann.
[890] So BGH FamRZ 2022, 1366 = NZFam 2022, 833 Rn. 43 mAnm Niepmann; FamRZ 2007, 882 mAnm Born = NJW 2007, 1969.
[891] BGH FamRZ 1982, 145 (147) = NJW 1982, 328.
[892] → Rn. 33 ff.

Dennoch bleibt die Abgrenzungsfrage von großer praktischer Bedeutung, denn **319** mit der Zuordnung zum „laufenden Bedarf" ist häufig auch die Frage entschieden, ob der Bedarf überhaupt zusätzlich zu decken ist.[893] Das gilt einmal, weil nur bei Sonderbedarf Erfüllung für die Vergangenheit ohne Verzug oder Rechtshängigkeit verlangt werden kann (für ein Jahr nach der Entstehung – § 1613 Abs. 2 S. 1 BGB). Praktisch noch wesentlicher ist jedoch, dass ein Mehr an laufendem Bedarf nur über den Abänderungsantrag (§ 238 FamFG) verlangt werden kann, die den Einschränkungen nach § 238 Abs. 2 und Abs. 3 FamFG unterliegt. So hat zB das OLG Hamm entschieden, dass es bei einem Englandaustausch ebenso wie für eine Klassenfahrt als Bestandteil des regelmäßigen Schulprogramms der jeweiligen Klassenstufe am Merkmal des überraschenden Auftretens als Voraussetzung eines Sonderbedarfs fehle, und als Mehrbedarf waren die Kosten für den Englandaustausch im konkreten Fall nicht rechtzeitig geltend gemacht worden.[894]

Diese **Abgrenzung zwischen „laufendem Bedarf" und „Sonderbedarf" gilt für alle** **320** **Unterhaltsrechtsverhältnisse,** da die §§ 1360a Abs. 3, 1361 Abs. 4, 1585b Abs. 1 BGB den § 1613 Abs. 2 BGB für entsprechend anwendbar erklären und in der Vorschrift ein allgemeiner Rechtsgedanke zu sehen ist.[895]

b) Laufender Lebensbedarf

Der Umfang des allgemeinen Lebensbedarfs richtet sich nach den jeweiligen Normal- **321** verhältnissen des Einzelfalls. Es ist der angemessene Bedarf entsprechend den Lebensverhältnissen (bei Getrenntleben: „nach den Lebensverhältnissen und den Erwerbs- und Vermögensverhältnissen" – § 1361 Abs. 1 S. 1 BGB; nach Scheidung: „nach den ehelichen Lebensverhältnissen" – § 1578 Abs. 1 S. 1 BGB) oder der Lebensstellung („nach der Lebensstellung des Bedürftigen" – § 1610 Abs. 1 BGB).

Aus der aus § 1613 Abs. 2 BGB folgenden Zweiteilung ergibt sich zunächst, dass das Gesetz davon ausgeht, dass der laufende Unterhalt so zu bemessen ist, dass daraus alle nicht „unregelmäßigen außergewöhnlich hohen" Bedürfnisse befriedigt werden können. Für das konkrete **Maß des Bedarfs** kommt es auf individuelle Faktoren wie Alter, Gesundheitszustand, Ausbildung, Unterbringung usw. an. Der Bedarf des getrennt lebenden Ehegatten deckt sich mit den durch seine erforderliche Aufnahme in betreute Wohnmöglichkeiten anfallenden Kosten; diese können den Bedarf konkret bestimmen.[896] Ein Wechsel zur gesetzlichen KV kann nur verlangt werden, wenn mit privater Zusatzversicherung Nachteile beim Versicherungsschutz aufgefangen werden können.[897] Das Geschlecht begründet für sich genommen in der Regel keinen unterschiedlichen Bedarf.[898]

---

[893] Vgl. beispielhaft die Änderung der Rechtsprechung des BGH zu den Kindergartenbeiträgen: BGH FamRZ 2009, 962 = NJW 2009, 1816 Rn. 17 ff. (Mehrbedarf) gegenüber zuvor BGH FamRZ 2009, 1152 Rn. 24 ff. (ca. 50 EUR für „halbtags" in 135 % des Regelbetrags enthalten, nur darüber hinaus Mehrbedarf).

[894] OLG Hamm NJW 2011, 1087 = FamRZ 2011, 1067 (Ls.).

[895] BGH FamRZ 1983, 29 = NJW 1983, 224.

[896] OLG Hamm NJW-Spezial 2017, 677 = FamRZ 2018, 259 (Ls.): er hat die ehelichen Lebensverhältnisse geprägt, wenn das Zusammenleben der Eheleute bereits vor der Trennung durch die Arbeitsunfähigkeit und die Hilfebedürftigkeit des einen Ehegatten bestimmt und das betreute Wohnen damit keine unerwartete Entwicklung war.

[897] OLG Frankfurt a. M. NJW-Spezial 2012, 548 = FamRZ 2013, 138.

[898] Vgl. OLG Stuttgart FamRZ 1978, 271; aA noch BSG FamRZ 1972, 634 für Rentner.

c) Mehrbedarf

322　**Mehrbedarf** ist bei der Bemessung des laufenden Bedarfs zu berücksichtigen.[899] Da bei einer Nichtberücksichtigung häufig die Schranken nach § 238 Abs. 2, Abs. 3 FamFG einem Abänderungsantrag entgegenstehen, ist dringend geraten, alle voraussehbaren Mehrbedürfnisse in die Erörterungen bei Vergleich oder streitiger Entscheidung des Unterhaltsanspruchs einzubringen, was angesichts dieses Mehrbedarfs zu einer von den üblichen Quoten und Tabellensätzen abweichenden Unterhaltsbemessung führen kann. Nicht zu verkennen ist allerdings, dass das in vielen Fällen an der üblichen schematisierten Zumessung nichts ändern wird, weil davon ausgegangen wird, dass der zugemessene schematisierte Unterhalt Spielraum zur Bildung von Rücklagen lässt.

323　**Eine Schätzung von Mehrbedarfspositionen** nach § 287 ZPO ist möglich und kann vom Revisionsgericht nur auf Verfahrensfehler überprüft werden.[900] Mehrbedarf für ein **minderjähriges Kind** kann allerdings nur dann als berechtigt angesehen werden, wenn die zu einer Mehrbedarfsposition führende Entscheidung – etwa die Anmeldung an einer Privatschule – von dem oder den **sorgeberechtigten Elternteilen** getroffen worden ist; war dies nicht der Fall, scheidet die Haftung des zu Unrecht an der Entscheidung nicht Beteiligten aus.[901]

324　**Umgangskosten** können auch für den Unterhaltsberechtigten Mehrbedarf begründen (→ Rn. 449). Durch **Ersparnisse** infolge Ausübung des Umgangsrechts[902] oder durch **Ferienaufenthalte** beim Verpflichteten ermäßigt sich der laufende Lebensbedarf eines Kindes in der Regel nicht. Der BGH[903] hat insoweit § 1613 Abs. 2 S. 1 BGB aF spiegelbildlich angewandt und daher eine Ermäßigung bei vorhersehbaren Bedarfsminderungen und solchen, die gegenüber der laufenden Unterhaltsrente nicht ins Gewicht fallen, mit Recht abgelehnt.

d) Sonderbedarf

325　**Es muss sich um die Deckung notwendiger Lebensbedürfnisse handeln,**[904] nicht anders als beim laufenden Bedarf, obwohl der Sonderbedarf einmalig, aber zeitlich begrenzt ist. Die Notwendigkeit ist aus der Sicht eines objektiven Betrachters unter Berücksichtigung der konkreten Lebensumstände zu beurteilen.[905]

326　Tatbestandlich setzt „Sonderbedarf" voraus, dass der Bedarf

1. **unregelmäßig** (näher → Rn. 327) und zugleich
2. **außergewöhnlich hoch** ist (näher → Rn. 331). Als ungeschriebenes Tatbestandsmerkmal ist weiter zu prüfen, ob die Inanspruchnahme zu
3. **angemessener Lastenverteilung** zwischen Verpflichtetem und Berechtigtem führt (näher → Rn. 332).

---

[899] BGH FamRZ 2001, 1603 = NJWE-FER 2001, 253; OLG Hamm FamRZ 1994, 1281.

[900] BGH FamRZ 2001, 1603 = NJWE-FER 2001, 253 (Mehrkosten der Ausbildung zum Konzertpianisten neben der Schule).

[901] OLG Koblenz FamRZ 2021, 1199.

[902] Dazu insgesamt Weychardt FPR 2006, 333 (krit. zu BGH FamRZ 2005, 706) und weiter → Rn. 1037.

[903] BGH FamRZ 1984, 470 (472) = NJW 1984, 2826; KG FamRZ 1979, 327 bejahte dagegen bei einer mehrwöchigen Ferienreise einen Bereicherungsanspruch des Barunterhaltspflichtigen in Höhe von 2/3 des laufenden Unterhalts.

[904] OLG Hamm NJW 2011, 1087 = FamRZ 2011, 1067 (Ls.) verneint das für einen „deutlich über eine Schulveranstaltung hinausgehenden „Schüleraustausch mit China.

[905] OLG Naumburg OLGR 1999, 421; OLG Karlsruhe OLGR 1998, 164.

Zu 1.: Maßgebend für die Unregelmäßigkeit des Bedarfs ist, ob die Ausgaben aus der 327
Sicht der Parteien bei objektiver Betrachtungsweise hätten einkalkuliert werden können
und nicht, ob die Parteien sie tatsächlich vorausgesehen haben und sie Gegenstand der
Erörterung im Rechtsstreit oder bei Vergleichsabschluss waren.[906] Maßgebend ist damit
zugleich, dass nach der Art dieses Bedarfs eine vorausschauende Bedarfsplanung und die
Bildung von Rücklagen aus dem laufenden Unterhalt nicht möglich waren.

So ist danach unterschieden worden, dass Sonderkosten durch die „üblichen" Infekti-
onskinderkrankheiten voraussehbar seien, nicht dagegen Kosten für eine kieferorthopä-
dische Behandlung.[907] Man hat aber auch versucht, bei kieferorthopädischen Behand-
lungen, die zudem zahnmedizinisch indiziert oder zwischen den Eltern abgesprochen sein
müssen,[908] danach zu unterscheiden, ob die Kosten vorausschauend kalkulierbar seien
oder plötzlich und unvorhersehbar auftreten.[909] Bei solchen Differenzierungen kann man
jedoch leicht aus dem Auge verlieren, dass es nicht um eine formale, sondern um eine
materiell gerechte Abgrenzung und Lastenverteilung geht. Selbst in den mittleren Berei-
chen der Düsseldorfer Tabelle ist der Unterhalt nicht so bemessen, dass von der Krankenversicherung uU nicht gedeckte Zahnarztkosten von einigen tausend Euro durch Rücklagen aus dem laufenden Unterhalt finanziert werden könnten. Ob der Barunterhaltspflichtige dafür in Anspruch genommen werden kann, sollte von der Höhe der Kosten
und seiner Leistungsfähigkeit abhängen,[910] nicht aber davon, dass – vielleicht nach Sachverständigengutachten! – die vorausschauende Kalkulierbarkeit so oder so beurteilt wird,
so dass bei Versäumung des rechtzeitigen Abänderungsantrags der Berechtigte leer ausgeht. Mit Recht hat der BGH auch entschieden,[911] dass ein unregelmäßig aufgetretener
Bedarf nicht „fiktiv" auf einen längeren Zeitraum umgelegt und so zu einem regelmäßigen
gemacht werden kann.

Rechtzeitige Information des Verpflichteten gehört immer dann zu den aus dem 328
Unterhaltsrechtsverhältnis folgenden Obliegenheiten des Berechtigten, wenn er den Be-
darf so zeitig voraussehen kann, dass der Verpflichtete sich noch darauf einstellen kann.[912]
Die Verletzung der Obliegenheit kann den Anspruchsverlust zur Folge haben, wenn der
Verpflichtete deshalb nicht rechtzeitig Rücklagen bilden konnte.

Wann ein plötzlich aufgetretener Bedarf „regelmäßig" zu werden beginnt, ist oft 329
schwer exakt zu beantworten.

Im Grundsatz kann man sich dahin orientieren, dass nur im Fall eines überraschend
auftretenden Bedarfs das Interesse des Unterhaltsgläubigers Vorrang vor dem Vertrauen
des Unterhaltsschuldners hat.

Altenpflegekosten[913] sind jedenfalls dann nicht als unregelmäßiger Bedarf anzusehen, 330
wenn es sich um einen altersbedingten Dauerzustand handelt. Die **erstmalige Betreuer-**

---

[906] Vgl. BT-Drs. V/2370, S. 42; OLG Karlsruhe OLGR 1998, 164; OLG Bremen FamRB 2003,
74; OLG Hamm NJW 2004, 858 (Computer).

[907] LG Bad Kreuznach DAVorm 1974, 516; OLG Düsseldorf FamRZ 1981, 76.

[908] OLG Frankfurt FamRZ 2011, 570.

[909] OLG Düsseldorf FamRZ 1981, 76 darauf abstellend, dass im Streitfall die einzelnen Behand-
lungsmaßnahmen nicht von vornherein hätten festgelegt werden können. Anders AG Bad Cannstatt
DAVorm 1984, 487 (bei Jugendlichen Reifungsprozess generell nicht hinreichend exakt vorhersehbar).

[910] Vgl. dazu auch BVerfG FamRZ 1999, 1342 (Fall einer Säuglingserstausstattung).

[911] BGH FamRZ 1982, 145 = NJW 1982, 328.

[912] OLG Hamm FamRZ 1994, 1281; OLG Hamburg FamRZ 1991, 109 mAnm Henrich, der die
mangelnde Information mit Recht als Obliegenheitsverletzung einstuft, während das OLG die rechtzeitige Information zur zusätzlichen Anspruchsvoraussetzung machen will.

[913] LG Hagen FamRZ 1989, 1330; AG Hamburg FamRZ 1991, 1086; aM; AG Hagen FamRZ
1988, 755.

vergütung nach plötzlicher Notwendigkeit einer Betreuerbestellung kann aber Sonderbedarf sein.[914]

Auslandsstudium begründet keinen Sonderbedarf, da es sich um die voraussehbare zeitweise Erhöhung des laufenden Bedarfs handelt.[915] Das gilt auch für eine Ausbildung zum Konzertpianisten neben der Schule.[916] Zum möglichen Mehrbedarf → Rn. 360.

Fahrstunden sind ebenfalls voraussehbar, da heute fast jeder Jugendliche den Führerschein macht.[917]

Kindergartenbeiträge[918] begründen ebenfalls keinen Sonderbedarf, weil sie regelmäßig anfallen.

Für **Kommunion und Konfirmation** (und Konfirmationsfahrt) hat der BGH[919] entschieden, dass die Kosten für eine Konfirmation spätestens seit Beginn des Konfirmandenunterrichts (des Kommunionunterrichts) absehbar sind und deswegen nicht überraschend i. S. von § 1613 Abs. 2 Nr. 1 BGB, dh also kein Sonderbedarf sind. Es ist nun allerdings die Frage zu beantworten, wie diese absehbare Bedarfssteigerung des Kindes auf den laufenden Unterhalt umzulegen ist. Es kann jedenfalls nicht mehr richtig sein, bei der Unterhaltsbemessung solche Zusatzkosten als noch nicht hinreichend feststehend unberücksichtigt zu lassen. In der Praxis empfiehlt es sich deshalb, alsbald Mehrbedarf geltend zu machen und die geschätzten Zusatzkosten für eine begrenzte Zeit auf den laufenden Unterhalt zu verteilen.

Bei **Nachhilfestunden**[920] kommt es darauf an, ob es sich um die Überbrückung einer plötzlich aufgetretenen Notlage (evtl. Sonderbedarf) oder einen absehbaren Dauerzustand (Mehrbedarf) handelt. Siehe → Rn. 335, 358.

Schüleraustauschkosten für mehrmonatigen Auslandsaufenthalt, sofern notwendig, werden aus denselben Gründen ebenfalls als voraussehbare zeitweise Erhöhung des laufenden Bedarfs anzusehen sein.[921]

Schulfahrten[922] (Klassenfahrten, Abiturfahrten) hängen in manchen Bundesländern[923] von der Durchführung von Entscheidungen im jeweiligen Schuljahr ab und stehen dann nicht längere Zeit im Voraus fest; in diesen Fällen können die Kosten als Sonderbedarf anzusehen sein.[924] Sofern solche Fahrten nach einem festen Fahrtenprogramm der Schule ablaufen, kommt nur Mehrbedarf je nach Einzelfall in Betracht.[925]

---

[914] OLG Nürnberg NJWE-FER 1999, 293.

[915] OLG Dresden ZFE 2006, 474 (Beteiligung nur, wenn sachlich begründet und wirtschaftlich zumutbar); OLG Naumburg OLGR 2004, 78 (Ls.); OLG Hamm FamRZ 1994, 1281 = NJW 1994, 2627 und weiter → Rn. 360.

[916] BGH FamRZ 2001, 1603 = NJWE-FER 2001, 253.

[917] KG ZFE 2004, 184: jedenfalls einkalkulieren.

[918] BGH FamRZ 2009, 962 = NJW 2009, 1816 Rn. 18, FamRZ 2009, 1152 Rn. 24.

[919] BGH FamRZ 2006, 612 mAnm Luthin = NJW 2006, 1509.

[920] BGH FamRZ 2013, 1563 = NJW 2013, 2900 (Förderunterricht); OLG Düsseldorf NJW-RR 2005, 1509; OLG Köln NJW 1999, 295 (Sonderbedarf bei vorübergehender Inanspruchnahme).

[921] OLG Hamm NJW 2011, 1087 = FamRZ 2011, 1067 (Ls.); OLG Schleswig NJW 2006, 1601; OLG Naumburg FamRZ 2000, 444 bezweifelt ausbildungsbedingte Notwendigkeit.

[922] Vgl. Übersicht → Rn. 335 „Ausbildungsbereich"; sozialhilferechtlich sind Klassenfahrtkosten einmaliger nicht durch die Regelsatzleistung abgegoltener Bedarf (BVerwG NJW 1995, 2369); Übersicht DIV-Gutachten DAVorm 2000, 244.

[923] In NW abhängig von einer Abstimmung der Eltern und der Bereitschaft der Lehrer, da diese uU auf Reisekostenersatz verzichten müssen (A 2.4. und 3.3. des Runderlasses des Kultusministeriums vom 19.3.1997, GABl. NW I 101).

[924] OLG Hamm FamRZ 2003, 1585 (Ls.); OLG Köln FamRZ 1999, 531 (Ls.) = NJW 1999, 295 mwN, aA OLG Hamm FamRZ 2001, 444; OLG Jena FamRZ 1997, 448.

[925] OLG Hamm NJW 2011, 1087 = FamRZ 2011, 1067 (Ls.).

Bei **Studienfahrten** im Rahmen eines Hochschulstudiums[926] liegt ebenfalls kein Sonderbedarf vor, wenn sie zum typischen Studienprogramm gehören.

Umgangskosten fallen in der Regel ebenfalls regelmäßig und nicht überraschend an, so dass sie keinen Sonderbedarf darstellen.[927]

Zu 2.: Wann ein Bedarf „außergewöhnlich hoch" ist, ist ebenfalls zweifelhaft. Da damit eine Relation angesprochen ist, kommt es auf das Verhältnis der Aufwendungen zu den Mitteln an, die für den laufenden Bedarf zur Verfügung stehen.[928] Es kommt also darauf an, ob der Berechtigte den Mehraufwand zumutbarerweise aus dem laufenden Unterhalt bestreiten kann. Bei gehobenem Lebenszuschnitt werden auch zusätzliche unregelmäßige Aufwendungen aus dem laufenden Unterhalt bestritten werden müssen.[929] In den unteren Gruppen der Düsseldorfer Tabelle reicht der Barunterhalt dagegen anerkanntermaßen nur für den Grundbedarf, so dass schon relativ kleine Zusatzausgaben nicht mehr durch Rücklagen gedeckt werden können. Die Inanspruchnahme wird allerdings bei diesen Verhältnissen oft an mangelnder Leistungsfähigkeit scheitern. Eine Festlegung auf bestimmte Werte (höher als ein Monatsbetrag der Unterhaltsrente oder Differenz zwischen Monatsrente und notwendigem Bedarf)[930] dürfte als zu starr nicht zu befürworten sein. 331

Zu 3.: Vor der Zubilligung von Sonderbedarf ist weiter zu prüfen, ob dies nicht zu einer unbilligen Lastenverteilung zwischen Berechtigtem und Verpflichtetem führt. Es liegt auf der Hand, dass nicht verlangt werden kann, dass der Unterhaltspflichtige sich wegen des Sonderbedarfs für längere Zeit auf den notwendigen Eigenbedarf beschränkt, während dem Berechtigten ein höherer Betrag ungeschmälert verbleibt. Der BGH[931] hat daher mit Recht darauf hingewiesen, dass die angemessene Relation gewahrt bleiben muss und der Berechtigte in solchen Fällen einen Teil des Sonderbedarfs selbst tragen muss. 332

Andererseits kann eine solche Einschränkung dann nicht Platz greifen, wenn der Verpflichtete Teile seines Einkommens zur Vermögensbildung verwendet. Nicht anders als in Notlagen während des Zusammenlebens der Ehegatten muss für die Zeiten erhöhten Bedarfs zunächst die Vermögensbildung eingeschränkt werden. Auch insoweit sind die ehelichen Lebensverhältnisse sinnvoll fortzuschreiben und nicht auf den Zeitpunkt der Trennung oder Scheidung starr zu fixieren.

Entstehungszeitpunkt des Sonderbedarfsanspruchs soll der Zeitpunkt sein, in dem der Gläubiger seinerseits verpflichtet ist, die Vergütung für die Leistung zu zahlen.[932] Diese Auffassung erscheint zu eng, denn dann wäre eine wirksame Mahnung erst möglich, wenn die Leistung schon erbracht ist, der Berechtigte müsste also oft vorfinanzieren. Es muss daher genügen, dass die Grundlage für den Bedarf feststeht und er sich der Höhe nach beziffern lässt, denn der Schuldner muss schon bei der Information über den bevorstehenden Sonderbedarf Rücklagen machen. 333

Leistungsfähig muss der Verpflichtete im Entstehungszeitpunkt oder Fälligkeitszeitpunkt sein. Jedenfalls bei rechtzeitiger Information sollte schon der Entstehungszeitpunkt

---

[926] LG Kleve DAVorm 1973, 311 (Geographiestudium).

[927] Zur Frage etwaigen **Mehr**bedarfs und der sozialrechtlichen Beurteilung → Rn. 324 mwN.

[928] BVerfG FamRZ 1999, 1342 (Regelunterhalt unter Existenzminimum, daher Säuglingserstausstattung nicht enthalten); BGH FamRZ 1982, 145 = NJW 1982, 328; OLG Hamm FamRZ 1993, 995 „höherer Prozentsatz des monatlichen Unterhalts"; OLG Karlsruhe FamRZ 1992, 1317 (37,50 DM ungedeckte Arztrechnung bei 660 DM Monatsunterhalt geringfügig); NJW-RR 1993, 905 und OLGR 1998, 164.

[929] BGH FamRZ 2006, 612 mAnm Luthin = NJW 2006, 1509; OLG Karlsruhe OLGR 2000, 10.

[930] OLG Düsseldorf FamRZ 1981, 75; OLG Düsseldorf FamRZ 1982, 1068.

[931] BGH FamRZ 1982, 145 (147) = NJW 1982, 328; vgl. auch OLG Stuttgart FamRZ 1988, 207; OLG Karlsruhe FamRZ 1988, 202 (laufende PKH-Raten vermindern Leistungsfähigkeit).

[932] OLG Karlsruhe FamRZ 1990, 88 (89); FamRZ 1992, 1317; FamRZ 2000, 1166.

maßgebend sein, es sollte aber genügen, wenn der Verpflichtete bis zum Fälligkeitszeitpunkt leistungsfähig wird. Es entsteht keine Nachzahlungspflicht, wenn er erst später leistungsfähig wird.[933]

334 **Verjährung** des Sonderbedarfsanspruchs tritt nach Wegfall von § 197 Abs. 1 Nr. 2 BGB zum 1.1.2010 unmittelbar gemäß § 195 BGB und für ab 1.1.2002 entstandene Ansprüche nach § 197 Abs. 2 BGB in der ab 1.1.2002 bis 31.12.2009 geltenden Fassung **nach drei Jahren** mit dem Schluss des Entstehungsjahrs beginnend (§ 199 Abs. 1 BGB) ein.[934] Für vor dem 1.1.2002 entstandene Ansprüche auf Sonderbedarf gilt noch die alte 30-jährige Verjährungsfrist.[935]

335 **Übersicht über die Kasuistik zum Sonderbedarf:**

Sonderbedarf ja	Sonderbedarf nein
Gesundheitsbereich:	
– Allergie (OLG Karlsruhe FamRZ 1992, 850) – unvorhergesehene Arzt- und Arzneikosten (BGH FamRZ 1982, 145; OLG Karlsruhe FamRZ 1981, 146 L – aber Durchschnittsbelastung maßgebend)	– Allergie (OLG Schleswig OLGR 1996, 201 bei dauerhafter Lebensmittelunverträglichkeit) – Altenpflegekosten (LG Hagen FamRZ 1989, 1330; AG Hamburg FamRZ 1991, 1086; aM AG Hagen FamRZ 1988, 755)
– Behindertenbedarf (OLG Köln FamRZ 1990, 310)	– Brille (KG ZFE 2007, 316: Sehschärfenkorrektur bei Kindern nicht überraschend; OLG Brandenburg FamFR 2012, 7: aber evtl. Mehrbedarf hins. Eigenanteilen)
– Betreuervergütung, erstmalige bei Einweisung in psych. Krankenhaus (OLG Nürnberg NJWE-FER 1999, 293) – Diät (OLG Karlsruhe FamRZ 1998, 1435 bei konkreter Darlegung unter Berücksichtigung der Ersparnisse; LG Osnabrück DAVorm 1989, 163)	
– heilpädagogische Behandlung (OLG Hamm DAVorm 1978, 746)	– psychologische Einzeltherapie (AG Saarbrücken FamRZ 1987, 96 nach erfolgloser vorheriger Behandlung)
– Heimunterbringung (OLG Hamm DAVorm 1988, 913)	– längere psychotherapeutische Behandlung (OLG Düsseldorf FamRZ 2001, 444)

---

[933] KG FamRZ 1993, 501 = NJW-RR 1993, 1223.
[934] Vgl. näher Büttner FamRZ 2002, 361, im Übrigen → Rn. 270 ff.
[935] BGH FamRZ 1988, 387 (390) = NJW 1988, 2604.

Sonderbedarf ja	Sonderbedarf nein
– kieferorthopäd. Behandlung (KG FamRZ 2017, 2017, 1309 (Ls.) = FF 2017, 214; OLG Frankfurt FamRZ 2011, 570; OLG Köln, FamFR 2010, 321 = ZFE 2011, 31)	– normale Kinderkrankheiten (vgl. DIV-Gutachten DAVorm 1987, 632)
– Krankheitskosten bei notleidendem Krankenversicherungsvertrag (OLG Schleswig SchlHA 1982, 151 – ev. auch Schadensersatz)	– Besuchskosten bei apallischem Syndrom (OLG Bremen FamRZ 2001, 1300)
– Kur (OLG Köln FamRZ 1986, 593; OLG Frankfurt NJW-RR 1989, 1353)	– Kur (AG Bad Cannstatt DAVorm 1984, 487, da hier Erholungsurlaub gleichzustellen)
– Operationskosten, unvorhergesehene (erwähnt von BGH FamRZ 1983, 29; vgl. auch DIV-Gutachten DA-Vorm 1987, 632), und kosmetische Operationen (BGH FamRZ 2012, 514, Rn. 23; dazu Born, FamFR 2012, 145).	
– orthopädische Hilfsmittel (BGH FamRZ 1982, 145).	
– Privatbehandlungskosten (eines Kassenpatienten bei Suizidgefahr, OLG Saarbrücken FamRZ 1989, 1225)	– Privatbehandlungskosten (wenn gesetzliche Krankenversicherung besteht: AG Michelstadt FamRZ 2005, 1118)
– Kosten der Schwangerschaft und Entbindung (KG FamRZ 2007, 77, aber konkret entstandener Kostenaufwand darzulegen)	
– Zahnersatz (OLG Schleswig SchHA 1979, 222)	– Zahnbehandlung (OLG Zweibrücken FamRZ 1984, 169, längerfristige Behandlung)
– Kieferorthopädische Behandlung: sofern die Kosten angemessen sind und ihre Finanzierung aus dem laufenden Unterhalt unzumutbar ist[936]	

---

[936] BGH FamRZ 2022, 1366 = NJW 2022, 2470 Rn. 45.

Sonderbedarf ja	Sonderbedarf nein

Wohnungskosten:

– Umzugskosten (BGH FamRZ 1983, 29 zur Erlangung einer Arbeit; OLG Düsseldorf FamRZ 1982, 1068, wenn nicht rechtzeitig vorhersehbar)	– Umzugskosten (OLG Köln FamRZ 1986, 163 zur Ermöglichung des Getrenntlebens, wenn Getrenntleben im Haus zumutbar; OLG Koblenz 6.1.2003 – 13 UF 761/01: allgemeine Lebenshaltungskosten, in Raten ansparbar)
– Renovierungskosten (OLG Köln DAVorm 1981, 225, soweit nicht turnusmäßig)	– Einrichtung eines Kinder- und Jugendzimmers (OLG Koblenz FamRZ 1982, 424; KG ZFE 2007, 316)
	– eigene Wohnung Studentin (AG Köln FamRZ 1983, 829 in Abgrenzung zum Aussteuer- und Ausstattungsanspruch)
	– Renovierungskosten (AG Düren DAVorm 1980, 730 (736)

Kleidungskosten:

– Säuglingserstausstattung (BVerfG FamRZ 1999, 1342 [nicht im Regelunterhalt enthalten]; OLG Koblenz FamRZ 2009, 2098 [Pauschalsumme 1000 EUR]; OLG Celle FamRZ 2009, 704 [Anspruch des Kindes]; OLG Oldenburg FamRZ 1999, 1685 = NJW-RR 1999, 1163; OLG Nürnberg FamRZ 1993, 995 = NJW-RR 1993, 1095 mwN zum früheren Streit bei den Landgerichten)	– Winterkleidung (OLG Hamm 19.1.1978, 3 WF 93/78)

Ausbildungsbereich:

	– Behindertenfreizeit (BGH FamRZ 1983, 689)
	– Behindertensonderunterricht (BGH FamRZ 1983, 689)
– Klassenfahrt (OLG Köln NJW 1999, 295; OLG Hamm FamRZ 2003, 1585; NJW-RR 2004, 1446; FamRZ 1992, 346; OLG Hamburg NJW-RR 1992, 4 (teilweise); OLG Hamburg FamRZ 1991, 109 (bei	– Klassenfahrt OLG Hamm NJW 2011, 1087; BGH FamRZ 2006, 612; OLG Jena FamRZ 1997, 448; OLG Stuttgart DAVorm 1984, 485 (Schullandheim); OLG Braunschweig FamRZ 1995, 1010 (übli-

Sonderbedarf ja

Sonderbedarf nein

vorheriger Information); OLG Braun-
schweig FamRZ 1995, 1010 (nur beson-
dere erhöhte Kosten); AG Detmold
FamRZ 2000, 1435 (Ls.); OLG Koblenz
OLGR 2003, 32 (wenn aus laufendem
Unterhalt nicht zu finanzieren)

che kleinere jährliche Fahrten); OLG
Zweibrücken FamRZ 2001, 444 (Ls.);
OLG Hamm FamRZ 2001, 444 (Ls.)
und FamRZ 2007, 77 (außer im Ausnahmefall);

– Musikunterricht/Geige-, Klavierunter-
richt
(OLG Frankfurt NJW-RR 2015, 260;
OLG Hamm FamRZ 2013, 139; AG
Karlsruhe FamRZ 1988, 207)
– Ausbildung zum Konzertpianisten ne-
ben der Schule
(BGH FamRZ 2001, 1603)
– Kindergarten
(OLG Stuttgart FamRZ 2006, 1282 und
2004, 1063; OLG Celle FamRZ 2003,
323: aber uU Mehrbedarf; nicht wenn
200 % Regelbetrag: OLG Frankfurt
OLGR 2006, 590; s. jetzt BGH FamRZ
2009, 962: Mehrbedarf; → Rn. 350
– Reitunterricht/Reitsport
(OLG Hamm FamRZ 2013, 139; OLG
Frankfurt FamRZ 2014, 1787 Ls. =
NJW-RR 2015, 260)

– Nachhilfestunden
(OLG Köln NJW 1999, 295 bei vorübergehender Inanspruchnahme; OLG
Hamm FamRZ 2007, 77 ausnahmsweise
bei Unvoraussehbarkeit)

– Nachhilfestunden
(BGH FamRZ 2013, 1563 = NJW 2013,
2900; OLG Hamm FamRZ 2007, 77 –
außer im Ausnahmefall; OLG Düsseldorf FamRZ 1981, 75 – kommt darauf
an; OLG Frankfurt FamRZ 1983, 941;
OLG Hamm FamRZ 1991, 857; OLG
Zweibrücken FamRZ 1994, 770: länger-
fristig nur Mehrbedarf; OLG Schleswig
FamRZ 2012, 990: mtl. 100 EUR Mehrbedarf).

– Schüleraustausch/Schuljahr im Ausland
(OLG Hamm NJW 2011, 1087 – teil-
weise; OLG Karlsruhe FamRZ 1988,
1091 – teilweise; OLG Naumburg
FamRZ 2000, 444 bezweifelt Bedarf;
OLG Schleswig FamRZ 2006, 888;
OLG Dresden ZFE 2006, 474)
– Studienreise
(LG Kleve DAVorm 1973, 311)

– Schulbücher
(OLG Koblenz 9.7.2003 – 9 UF 9/03;
Schleswig SchlHA 1979, 222)

Sonderbedarf ja	Sonderbedarf nein
– Computer-Kosten bei Lernschwierig-keiten (OLG Hamm NJW 2004, 858 = FamRZ 2004, 830)	
Besondere Ereignisse:	
	– Führerscheinerwerb (AG Würzburg FamRZ 2019, 291: wegen Vorhersehbarkeit Mehrbedarf)
– Konfirmation, Kommunion (KG FamRZ 2003, 1584; OLG Bremen FamRZ 2003, 1585; OLG Dresden FuR 2000, 122; OLG Köln FamRZ 1990, 89; OLG Düsseldorf FamRZ 1990, 1144; OLG Karlsruhe FamRZ 1991, 1349; OLG Hamm FamRZ 1993, 995 – differenzierend)	– Konfirmation, Kommunion (BGH FamRZ 2006, 612 = NJW 2006, 1509; OLG Karlsruhe FamRZ 1995, 1009 (5.); KG FamRZ 1987, 306; OLG Hamm FamRZ 1989, 311; OLG München OLG-Report 1992, 59; OLG Hamm FamRZ 1991, 1332; OLG Karlsruhe NJW-RR 1991, 1348)
	– Namensänderung (OLG Hamburg FamRZ 1992, 212 (nicht notwendig)
– Prozesskostenvorschuss (BGH FamRZ 2010, 452 Rn. 19; FPR 2004, 624; OLG Köln FamRZ 1994, 1409; LG Koblenz FamRZ 1996, 44; OLG München FamRZ 1990, 312)	– Prozesskostenvorschuss (Sonderregelung in § 1360a Abs. 4: OLG Köln FamRZ 1986, 1031)
– Rechtsberatung, außergerichtliche (OLG München FamRZ 1990, 312); OLG Koblenz FamRZ 2020, 2004	– Reisen: (i. d. R.: KG FamRZ 2003, 1584) – Urlaub (OLG Frankfurt FamRZ 90, 436 = NJW-RR 1989, 1353)
– Titulierungskosten (OLG Karlsruhe FamRZ 1984, 584; OLG Düsseldorf FamRZ 1994, 1484)	– Titulierungskosten (OLG Schleswig FamRZ 1983, 828 (829); OLG Bremen OLG-Report 1996, 107; OLG Hamm FamRZ 1992, 831; OLG Braunschweig OLG-Report 1996, 68)

2. Einzelheiten zum Umfang des Bedarfs

Spezielle Fragen zum Unterhaltsbedarf eröffnen sich bei

a) Erziehung und Ausbildung (→ Rn. 336 ff.)
b) Wohnen (Miete) (→ Rn. 384 ff.)
c) Kranken- und Pflegevorsorge sowie Krankenbedarf (→ Rn. 393 ff.)
d) Altersvorsorge und Altersbedarf (→ Rn. 406 ff.) und
e) bei sonstigem Bedarf (näher → Rn. 431 ff.).

a) Erziehung und Ausbildung

aa) Allgemeine Ausbildungskosten. Die Unterhaltspflicht erstreckt sich beim Ver- 336
wandtenunterhalt gemäß § 1610 Abs. 2 BGB **auf die Ausbildungs- und Erziehungs-**
kosten („Kosten einer angemessenen Vorbildung zu einem Beruf, bei einer der Erziehung
bedürftigen Person auch die Kosten der Erziehung").

Für den Geschiedenenunterhalt findet sich eine Regelung über Ausbildungskosten in 337
§ 1578 Abs. 2 BGB („Kosten einer Schul- und Berufsausbildung, einer Fortbildung oder
einer Umschulung nach den §§ 1574, 1575 BGB"). Nach dem Wortlaut besteht insoweit
kein allgemeiner Ausbildungsfinanzierungsanspruch, sondern ein Anspruch nur insoweit,
als sich aus §§ 1574, 1575 BGB eine Pflicht zur Ausbildungsfinanzierung ergibt.

Außer in diesen Fällen der Ausbildung, Fortbildung oder Umschulung zur Vorbereitung auf eine angemessene Erwerbstätigkeit (§ 1574 Abs. 3 BGB) oder zum Ausgleich
ehebedingter Nachteile (§ 1575 BGB)[937] kann ein Ausbildungsfinanzierungsanspruch
dann bestehen, wenn ein während (oder schon vor) der Ehe einverständlich begonnenes
Studium (oder eine sonstige Ausbildung) nach der Scheidung fortgesetzt und abgeschlossen werden soll, da das den ehelichen Lebensverhältnissen entspricht.[938] Weitere (allgemeine) Voraussetzung ist, dass das Studium planvoll betrieben wird und eine Beendigung in absehbarer Zeit zu erwarten ist.[939]

Beim Getrenntlebensunterhalt, bei dem der Berechtigte nicht schlechter stehen darf 338
als beim nach ehelichen Unterhalt, ist ein **Ausbildungsfinanzierungsanspruch** unter
folgenden Voraussetzungen zu bejahen:[940]

- Soweit er sich nach den Kriterien des § 1573 Abs. 1 BGB iVm § 1574 Abs. 3 BGB
  begründen lässt (schon jetzt Ausbildung zur Erlangung einer angemessenen Erwerbstätigkeit erforderlich).
- Im Vorgriff auf die Voraussetzungen des § 1575 BGB (Ausgleich ehebedingter Nachteile) ausnahmsweise, wenn schon jetzt das Scheitern der Ehe feststeht.
- Bei – auch konkludenter – vertraglicher Vereinbarung. Das entspricht der Rechtsprechung des BGH[941] zum Ausbildungsunterhalt der Kinder. So hat das OLG Stuttgart[942]
  einen Anspruch gegen den Ehegatten bejaht, wenn der Berechtigte bereits vor Eheschließung sein Studium begonnen hatte, da jedenfalls dann die Durchführung des
  Studiums in den gemeinsamen Lebensplan als aufgenommen anzusehen sei.

Ohne die Voraussetzungen der §§ 1574 Abs. 3, 1575 BGB ist dagegen ein Ausbildungs- 339
finanzierungsanspruch abzulehnen, denn für die einseitige Gestaltung der Lebensverhältnisse nach der Trennung hat der Ehepartner nicht mehr einzustehen.[943] Das gilt zB in den
Fällen, in denen eine früher ohne Berufsausbildung erwerbstätige Frau ohne ehebedingte
Nachteile jetzt eine Ausbildung aufnehmen möchte.[944] In solchen Fällen können ggf.
(insbesondere nach Anspruchsübergang) die Eltern des Ehepartners (noch) in Anspruch
genommen werden.[945]

---

[937] Dazu weiter → Rn. 518 ff.
[938] BGH FamRZ 2001, 1601 = NJW 2002, zur vertraglichen Abrede beim Kindesunterhalt;
FamRZ 1980, 126 = NJW 1980, 393; OLG Hamm FamRZ 1980, 1123.
[939] Das Ausbildungsinteresse bildet aber keinen ehebezogenen Grund iSd § 1570 Abs. 2 BGB für
einen verlängerten Anspruch auf Betreuungsunterhalt: BGH FamRZ 2012, 1624.
[940] BGH FamRZ 2001, 350 = NJW 2001, 973.
[941] BGH FamRZ 2001, 1601 = NJW-RR 2002, 1.
[942] OLG Stuttgart FamRZ 1983, 1030.
[943] BGH FamRZ 1984, 561 (563) = NJW 1984, 1685: Die Tatsache allein, dass das Studium bei
noch bestehender Ehe aufgenommen wurde, reicht nicht, da kein Einfluss des Verpflichteten auf
Studienaufnahme.
[944] OLG Karlsruhe FamRZ 2009, 120.
[945] Vgl. BVerwG FamRZ 1982, 1042.

340   **Beim Kindesunterhalt** richtet sich der **Umfang der nach § 1610 Abs. 2 BGB zu gewährenden Ausbildung** sich nach der Begabung und den Fähigkeiten, dem Leistungswillen und den beachtenswerten Neigungen des Kindes.[946]

Die **Eignung zu einer Ausbildung/Studium** ist nach den bisherigen Leistungen und erkennbaren Fähigkeiten, also aus der Sicht zu Beginn der Ausbildung zu beurteilen.[947] Die wirtschaftlichen Verhältnisse der Eltern wirken sich nur auf die Höhe des zu zahlenden Unterhalts aus.[948] Das Bestehen des Abiturs, dh die formale Studiumszugangsberechtigung, macht nicht zwangsläufig eine Studiumsfinanzierung zur Pflicht, sondern es kommt auch hier auf die Fähigkeiten und den Leistungswillen an.[949] Eine Verweigerung wegen mangelnder Berufschancen trotz Begabung und Fleiß ist aber nicht gerechtfertigt, denn Prognosen über den künftigen Arbeitsmarkt sind mit vielen Unsicherheiten behaftet.[950]

Hinsichtlich der Inanspruchnahme des Barunterhaltspflichtigen wegen der **Mehrkosten** durch die Ausbildung des Kindes muss nach der Rechtsprechung des BGH[951] geprüft werden, ob nach den konkreten Umständen des Einzelfalls die verursachten Mehrkosten zu Lasten des Unterhaltspflichtigen als angemessene Bildungskosten anzuerkennen sind, weil gewichtige Gründe für den Besuch einer teureren Bildungseinrichtung bestehen. Der Sorgeberechtigte muss sich zudem bei der Kostenverursachung so verhalten, wie er sich verhalten würde, wenn nicht ein anderer, sondern er selbst die Kosten zu tragen hätte (Rechtsgedanken aus §§ 254 Abs. 3, 242 BGB; aber auch Rechtsgedanke der „Mutwilligkeit" bei § 114 ZPO).[952] Dabei kommt es darauf an, ob nach den Lebensverhältnissen der Eltern ein „verständiger" Grund für die konkrete Schul- oder Ausbildungswahl gegeben ist; zu prüfen ist auch, ob nicht qualitativ gleichwertige, aber günstigere Möglichkeiten bestehen.[953]

341   **Beim minderjährigen Kind** ergibt sich aus § 1631a BGB, dass der Sorgeberechtigte die Berufswahl mit Rücksicht auf Eignung und Neigung desKindes zu treffen hat.[954]

342   **Das volljährige Kind** trifft die Berufswahlentscheidung selbst,[955] hat sie aber mit den Eltern zu besprechen und auch auf die Belange des Familienverbandes Rücksicht zu nehmen – vgl. §§ 1618a, 1631a BGB. Bei guten wirtschaftlichen Verhältnissen der Eltern spielen die Kosten aber keine Rolle mehr.[956]

343   Das Kind trifft die **Obliegenheit, die Ausbildung mit Fleiß und Zielstrebigkeit zu betreiben,** damit sie innerhalb angemessener und üblicher Zeit beendet werden kann.[957] Die Voraussetzungen einer **Verwirkung** nach § 1611 BGB müssen nicht erfüllt sein, um

---

[946] StRspr seit BGH FamRZ 1977, 629 = NJW 1977, 1775; BGH FamRZ 2000, 420; FamRZ 1998, 671; FamRZ 1995, 416 = NJW 1995, 718.

[947] BGH FamRZ 1991, 322 = NJW-RR 1991, 194; OLG Köln FamRZ 1986, 382; OLG Frankfurt FamRZ 1997, 694 (Fortsetzung des Studiums bei Erkenntnis der Nichteignung, um Ärger mit Mutter und Stiefvater zu vermeiden).

[948] OLG Karlsruhe NJWE-FER 1998, 148.

[949] BGH FamRZ 2000, 420 mwN = NJW-RR 2000, 593.

[950] BGH FamRZ 2000, 420 (422) = NJW-RR 2000, 593; OLG Hamburg FamRZ 1983, 523.

[951] BGH FamRZ 1983, 48 = NJW 1983, 393; vgl. auch AG Köln FamRZ 2002, 482.

[952] Vgl. Wortlaut des § 114 Abs. 2 ZPO und Dürbeck/Gottschalk PKH/VKH Rn. 525 ff.

[953] BGH FamRZ 2013, 1563 = NJW 2013, 2900 Rn. 10.

[954] OLG Nürnberg FamRZ 1993, 837; BVerwG FamRZ 1980, 1167; OVG Bremen NJW-RR 1986, 430 und FamRZ 1988, 551.

[955] BGH FamRZ 1996, 798 = NJW 1996, 1817.

[956] OLG Köln FamRZ 2003, 1409.

[957] BGH FamRZ 2013, 1375 = NJW 2013, 2751 Rn. 14; NJW 2011, 2884 = FamRZ 2011, 1560, Rn. 15, 16; FamRZ 1998, 671 = NJW 1998, 1555; FamRZ 1984, 777 = NJW 1984, 1961; vgl. weiter → Rn. 343.

den Anspruch zu versagen; die Unterhaltpflicht der Eltern entfällt, wenn das Kind seine Obliegenheiten verletzt.[958]

Diese Obliegenheit ergibt sich aus dem unterhaltsrechtlichen Gegenseitigkeitsverhältnis.[959] Dazu gehört zB der im Wesentlichen regelmäßige Besuch der Studienveranstaltungen.[960] Dem widerspricht nicht, dass das Kind innerhalb eines zielstrebigen Studiums einen Spielraum des eigenverantwortlichen Studienaufbaus hat.[961] Letztlich wird es immer der Einzelfallbeurteilung der Tatgerichte unterliegen, was unter „planvoller und zielstrebiger" Ausbildung zu verstehen ist (s. auch → Rn. 365). Der Anspruch auf Ausbildungsunterhalt eines volljährigen Kindes entfällt nicht bereits dann, wenn es aufgrund eines notenschwachen Schulabschlusses erst nach drei Jahren vorgeschalteter **Berufsorientierungspraktika** und ungelernter Aushilfstätigkeiten einen Ausbildungsplatz erlangt.[962]

Die Unterhaltpflichtigen können die Zahlungen nicht abrupt einstellen, sie müssen die zielstrebige Durchführung des Studiums anmahnen, insbesondere, wenn sie zunächst ein „Bummelstudium" hingenommen haben.[963] Eine Unterbrechung wegen Krankheit oder Schwangerschaft ist unschädlich,[964] ebenso ein Ausbildungsabbruch wegen einer Überforderung infolge einer Entwicklungsverzögerung.[965] Der Anspruch auf Ausbildungsunterhalt gegen die Eltern geht nicht deshalb verloren, weil die Unterhaltsberechtigte infolge Schwangerschaft und anschließender Kinderbetreuung mit der Ausbildung verzögert beginnt; das gilt jedenfalls, wenn sie die Ausbildung nach Vollendung des dritten Lebensjahres ihres Kindes und evtl. angemessener weiterer Übergangszeit aufnimmt.[966] Siehe auch → Rn. 190.[967]

Eine zielstrebige Ausbildung ist auch von minderjährigen Kindern (Schülern) zu verlangen. Bei Minderjährigen kann mangelnder Leistungswille aber nicht zum Anspruchsverlust führen, da es gleichzeitig Aufgabe des Sorgeberechtigten ist, erzieherisch diesen Leistungswillen herbeizuführen[968] (vgl. auch Rechtsgedanken des § 1611 Abs. 2 BGB und → Rn. 359). So besteht weiter Anspruch auf Unterhalt nach erfolgloser Beendigung der Hauptschule, wenn das Kind an einer berufsvorbereitenden Maßnahme teilnimmt.[969] **Prüfungswiederholung.** Bei zweimaliger Prüfungswiederholung kann ein Ausbildungsanspruch noch bestehen.[970] Entscheidend ist aber, ob trotz der verlängerten Ausbildungszeit noch eine positive Erfolgsprognose gestellt werden kann.

Zur **Begabungsfehleinschätzung** → Rn. 377 ff.

---

[958] BGH FamRZ 2013, 1375 = NJW 2013, 2751 Rn. 14 mwN; KG FamRZ 2016, 240 (Ls.) = JAmt 2015, 410.

[959] BGH NJW 2011, 2884 = FamRZ 2011, 1560, Rn. 15; Götz FamRZ 2012, 1610 (1611).

[960] OLG Köln FamRZ 1986, 382; OVG Bremen FamRZ 1985, 431.

[961] BGH FamRZ 1992, 1064 = NJW-RR 1992, 1026; nach OLG Celle FamRZ 2007, 929 soll es genügen, dass das Kind „etwas Soziales" bzw. „etwas mit Kindern" machen will; OLG Schleswig FamRZ 2003, 1409 (Ls.) = SchlHA 2003, 90.

[962] BGH FamRZ 2013, 1375 = NJW 2013, 2751, Rn. 20.

[963] OLG Köln FamRZ 1999, 1162 erwähnt diesen Aspekt nicht.

[964] OLG Koblenz OLGR 2004, 58.

[965] OLG Brandenburg FamRZ 2022, 1284 (Ls.). = NZFam 2022, 174 (Grandke).

[966] BGH NJW 2011, 2884 = FamRZ 2011, 1560, Rn. 19. Ausführlich dazu Götz FamRZ 2012, 1610 ff.

[967] OLG Jena MDR 2015, 400 = NZFam 2015, 512.

[968] OLG Koblenz FamRZ 2005, 300; OLG Schleswig FamRZ 1986, 201.

[969] OLG Brandenburg NJW-RR 2003, 1515 = FamRZ 2004, 560; OLG Düsseldorf FamRZ 2001, 1723; OLG Hamm OLGR 2004, 85 (auch bei weiterer Berufsförderung, wenn kein Ausbildungsplatz).

[970] BGH FamRZ 2006, 1100 (1103) mAnm Luthin = NJW 2006, 2984; OLG Köln FamRZ 2005, 2016; OLG Jena FamRZ 2005, 1585.

344   **Auskunft und Belege über den Fortgang des Studiums** können die Unterhaltspflichtigen verlangen.[971] Das alles sind Ausprägungen des Gegenseitigkeitsprinzips (Opfer der Eltern gegen Anstrengungen des Kindes).

345   **Für die Promotionszeit** besteht eine Unterhaltpflicht, wenn die Promotion Regelabschluss des Studiums ist oder praktische Vorbedingung für die Berufsausübung.[972] Hervorragende Begabung, die eine Hochschullaufbahn aussichtsreich macht, begründet für sich genommen keinen Anspruch,[973] denn die Eltern sind nicht zur Finanzierung besonders hochgesteckter Ziele verpflichtet, wenn nach Studienabschluss eine angemessene Berufstätigkeit an sich möglich wäre. Für die Promotionszeit ist in aller Regel auch eine Teilzeitarbeit zumutbar.

346   **Die Höhe des Anspruchs** bestimmt sich nach allgemeinen Grundsätzen,[974] wird aber zusätzlich durch seine Funktion, eine angemessene Ausbildung zu ermöglichen, begrenzt.[975] Zum Ausbildungsunterhalt und Kindergeld → Rn. 625.

347   **Ausbildungsbedingter Mehrbedarf** ist in den Studentenbedarfssätzen bereits enthalten.[976] **Studiengebühren** sind – anders als die sog. Semestergebühren – im Studentenbedarfssatz von 930 EUR nicht enthalten.[977]

       Bei **Auszubildenden** wird vielfach[978] eine **Pauschale** für ausbildungsbedingten Mehrbedarf von 100, EUR angesetzt. Der Gesamtbedarf kann sich allerdings erhöhen, wenn konkret dargelegt wird, dass höhere als die durchschnittlichen Aufwendungen entstehen.

348   **Die Titulierung kann auf die Ausbildungsdauer beschränkt werden,** wenn sich diese zuverlässig abschätzen lässt.[979]

349   **bb) Kinderfrau/Tagesmutter.** Beim Einsatz einer Kinderfrau (stundenweise) oder einer Tagesmutter steht nicht der pädagogische Zweck, sondern der Beaufsichtigungs- und Entlastungseffekt im Vordergrund.

       Ausnahmsweise Sonderbedarf des Kindes (je nach Sachlage auch erhöhter laufender Bedarf) sind solche Kosten, wenn der Einsatz etwa wegen Krankheit des Betreuenden oder des Kindes und dadurch bedingter Überforderung des Betreuenden geboten ist.[980]

       Kein Sonderbedarf des Kindes sind die Kosten, wenn sie wegen der Erwerbstätigkeit des Betreuenden entstehen. Er kann den Betreuungsaufwand jedoch von seinem Einkommen absetzen, wenn ihn an sich keine oder nur eine Erwerbstätigkeitsobliegenheit in geringerem Umfang als die ausgeübte trifft.[981] Nicht absetzbar sind die Kosten hingegen,

---

[971] OLG Zweibrücken FamRZ 1995, 1006 (Student muss Fortgang des Studiums darlegen); OLG Düsseldorf FuR 2000, 38.

[972] OLG Hamm FamRZ 1990, 904: AG Königstein FamRZ 1992, 594, vgl. auch BSG FamRZ 1985, 1251.

[973] Großzügiger OLG Karlsruhe OLGZ 1980, 209.

[974] → Rn. 200 ff.

[975] BGH FamRZ 1987, 58 (60); vgl. auch AG Köln FamRZ 2002, 483.

[976] Vgl. dazu → Rn. 558 f. und Empfehlungen des 9. DFGT A I 3.1b (FamRZ 1992, 144), die damals 70 DM bei damaligem Studentenbedarfssatz von 850 DM veranschlagten.

[977] Leitlinien und Unterhaltsgrds. Nr. 13.1.2, OLG Düsseldorf FamRZ 2012, 1654 (Ls.); OLG Koblenz NJW-RR 2009, 1153; OLG Hamm NJW-RR 2010, 577 (aber nicht die sog. Semestergebühren).

[978] Vgl. dazu → Rn. 559.

[979] OLG Frankfurt FamRZ 1989, 83, vgl. auch → Rn. 522.

[980] BGH FamRZ 1983, 689 = NJW 1983, 2082; KG FamRZ 1988, 310 (Betreuungskosten wegen Haft der Mutter); ebenso schon OLG Hamm DAVorm 1978, 746; AG Bad Schwalbach DAVorm 1977, 43.

[981] BGH FamRZ 1982, 779 (780) = NJW 1982, 2664 – für Verpflichteten unter Hinweis auf Gleichlagerung beim Berechtigten, vgl. BGH FamRZ 1979, 210 (211); FamRZ 1980, 771 (772); BGH FamRZ 1991, 182 (184) = NJW 1991, 697; Süddeutsche und Düsseldorfer Leitlinien jeweils Nr. 10.3.

wenn sie nur die geschuldete persönliche Betreuung ersetzen,[982] zB die Mutter eines 14-jährigen Kindes, die nur stundenweise arbeitet, aber zusätzlich eine Kinderfrau beschäftigt.

cc) Kindergarten. Unumstritten ist heute, dass der Kindergarten eine eigenständige **350** Bildungsaufgabe hat.[983]

Für den Besuch eines Kindergartens entstehende Beiträge bzw. vergleichbare Aufwendungen für die Betreuung eines Kindes in einer kindgerechten Einrichtung sind – **mit Ausnahme von Essenskosten – zusätzlicher Bedarf des Kindes,** der nicht im Tabellenunterhalt enthalten ist, unabhängig von der sich im Einzelfall ergebenden Höhe.[984] Der BGH hat damit seine eigene frühere Rechtsprechung, wonach Kosten von ca. 50 EUR für einen halbtägigen Besuch des Kindergartens in den seinerzeitigen 135 % des Regelbetrags bzw. auch im neuen Mindestunterhalt enthalten seien,[985] ausdrücklich aufgegeben und dies ausführlich damit begründet, dass solche Kosten weder dem Existenzminimum nach den sozialhilferechtlichen Vorschriften noch dem so genannten „sächlichen Existenzminimum" des § 32 Abs. 6 S. 1 EStG als neuer Grundlage des Mindestunterhalts innewohnen. Danach ist es auch konsequent, dies bei höheren Einkommensgruppen, in denen ein gesteigerter Bedarf erfüllt werden soll, genauso zu beurteilen.[986] In den Beiträgen etwa enthaltene Essenskosten, mit denen eigene Aufwendungen erspart werden, sind dagegen in den Tabellenbeträgen enthalten.

Sonderbedarf stellen die Kindergartenbeiträge nicht dar, weil es sich jedenfalls unter den heutigen Verhältnissen um Bedarf handelt, der im Alter von drei bis sechs Jahren typisch und vorhersehbar ist.[987] Für den **Mehrbedarf** des Kindes haben beide Elternteile anteilig nach ihren Einkommensverhältnissen aufzukommen, und zwar im Verhältnis ihres über dem angemessenen Selbstbehalt liegenden Einkommens (→ Rn. 134).[988]

Beim Besuch eines Kinderhorts (zB nach dem Schulunterricht) **oder bei Unterbrin-** **351** **gung in einer Tagespflegestelle** kommt es darauf an, ob die Unterbringung aus in der Person des Kindes liegenden Gründen erfolgt.[989] Dann können diese Kosten ebenso Mehrbedarf des Kindes sein. Erfolgt die Unterbringung aber **weniger aus pädagogischen Gründen,** sondern **hauptsächlich** infolge der **Berufstätigkeit** des betreuenden Elternteils, stellen die Betreuungskosten keinen Mehrbedarf des Kindes dar, sondern gehören zur allgemeinen Betreuung, die vom betreuenden Elternteil im Gegenzug zur Barunterhaltspflicht des anderen allein zu leisten ist. Dafür entstehende Betreuungskosten können mithin lediglich als berufsbedingte Aufwendungen des betreuenden Elternteils Berück-

---

[982] BGH FamRZ 1985, 908 (910) = NJW-RR 1986, 68.

[983] BVerfG ZfJ 2000, 21 (24 f.) mAnm Wiesner: Bestandteil des Bildungssystems; vgl. auch § 2 des Kindergartengesetzes von Nordrhein-Westfalen: „Der Kindergarten hat im Elementarbereich des Bildungssystems einen eigenständigen Bildungsauftrag der Kindergarten ergänzt und unterstützt dadurch die Erziehung des Kindes in der Familie."

[984] BGH FamRZ 2009, 962 = NJW 2009, 1816 Rn. 20 ff.

[985] Teilweise Aufgabe von BGH FamRZ 2009, 1152 (1154) und BGH FamRZ 2007, 882 (mAnm Born = NJW 2007, 1669).

[986] BGH FamRZ 2009, 962 = NJW 2009, 1816 Rn. 25; aA früher OLG Frankfurt NJW-RR 2006, 1303 (kein Mehrbedarf des Kindes bei 200 % Regelbetrag), vgl. auch Maurer FamRZ 2006, 663 ff.

[987] Vgl. dazu näher → Rn. 325 ff.

[988] BGH FamRZ 2013, 1563 = NJW 2013, 2900, Rn. 12; FamRZ 2009, 962 (mAnm Born) = NJW 2009, 1816 Rn. 32; FamRZ 2008, 1152 (1154).

[989] AG Konstanz FamRZ 2006, 1709; OLG Karlsruhe NJW-RR 1999, 4 = FamRZ 1999, 859 (Ls.); OLG Köln FamRZ 1984, 1108 (1110) – Hortunterbringung erfolgt meist wegen Arbeitstätigkeit, indiziert aber nicht immer deren Zumutbarkeit; OLG Hamm OLGR 1995, 274 (nicht, wenn nur das jüngere Kind im Hort ist); ferner OLG Frankfurt FamRZ 1980, 183; OLG Celle DAVorm 1986, 435.

sichtigung finden.[990] Auch die durch den Besuch eines sogenannten **„pädagogischen Mittagstisches"** durch ein Schulkind entstehenden Aufwendungen stellen **keinen** unterhaltsrechtlichen **Mehrbedarf** des Kindes dar, wenn sich die pädagogische Förderung auf den **Erwerb sozialer Kompetenzen** beschränkt, da deren Vermittlung üblicherweise zu den **ureigenen Elternaufgaben** gehören.[991]

352   **dd) Internatsunterbringung.** Durch **Internatsunterbringung oder Heimunterbringung** eines Kindes entstehen sehr erhebliche Mehrkosten. Sie können als Mehrbedarf[992] anzusehen sein, als Sonderbedarf hingegen nur, wenn es sich um vorübergehende Internatsunterbringung wegen plötzlicher Erkrankung des Betreuenden handelt.

Erforderlich werden kann die Internatsunterbringung durch in der Person des Kindes und/oder in der Person des Betreuenden liegende Gründe. In der Person des Kindes liegende Gründe können sein: Erziehungsschwierigkeiten, Lernschwierigkeiten, Behinderungen körperlicher Art.[993] Die Entscheidung darüber, ob aus solchen Gründen eine Internatsunterbringung erforderlich ist, trifft der Sorgeberechtigte, denn zum Inhalt des Erziehungsrechts gehört auch die Bestimmung des Bildungswegs und der Schule, die das Kind besucht. Dabei können auch Privatschulen gewählt werden, wie der BGH[994] unter Berufung auf Art. 7 Abs. 4 S. 1 GG hervorgehoben hat. Der Lebensbedarf umfasst dann auch die dort entstehenden Mehrkosten[995] (Schulgeld, Lernmittel). Die Entscheidung des Sorgeberechtigten ist für den anderen Elternteil verbindlich. Bei einem Missbrauch hat das Familiengericht nach §§ 1666, 1666a, 1696 BGB einzuschreiten.

Die durch die gewählte Bildungsform entstehenden **Mehrkosten** sind als angemessene Bildungskosten anzuerkennen, wenn nach den Umständen des Einzelfalls gewichtige Gründe für den Besuch der teureren Bildungseinrichtung bestehen (näher → Rn. 340).[996]

353   Auch **wenn der betreuende Sorgeberechtigte sich aus verständlichen, in seiner Person liegenden Gründen** – vor allem: Berufstätigkeit, evtl. Krankheit – zur Internatsunterbringung des Kindes entscheidet, ist die Entscheidung als solche nur durch das Familiengericht überprüfbar.[997]

354   **Der Lebensbedarf des Kindes muss entsprechend den Einkommensverhältnissen beider Elternteile auf diese verteilt werden,**[998] weil bei einer Internatsunterbringung der Sorgeberechtigte, sei er nun berufstätig oder nicht, die geschuldete Pflege und Erziehung im Wesentlichen nicht mehr leistet.[999]

Diskutabel ist, ob aufseiten eines Elternteils ein gewisser Abschlag vorzunehmen ist, wenn er die verbleibenden Sorgeleistungen (Wochenendbesuche, Ferien) mangels Beteiligung des anderen Elternteils überwiegend erbringen muss.

---

[990] BGH FamRZ 2018, 23 Rn. 13 mAnm Born FamRZ 2018, 26 = NJW 2017, 3786 = NZFam 2017, 1101; mkritAnm Löhnig: „Pädagogisierung der Kinderbetreuung."
[991] OLG Bremen FamRZ 2018, 685 = NZFam 2018, 135 = NJW-Spezial 2018, 228 = FamRB 2018, 178.
[992] BGH FamRZ 1999, 992 = NJW 1999, 1718; OLG Karlsruhe FamRZ 2019, 1859 = NJW-RR 2019, 1092; → Rn. 175, 180.
[993] OLG Oldenburg FamRZ 1996, 625.
[994] BGH FamRZ 1983, 48 = NJW 1983, 393; vgl. auch OLG Nürnberg FamRZ 1993, 837.
[995] OLG Karlsruhe FamRZ 2008, 1209; OLG Oldenburg FamRZ 1996, 625; OLG Celle DAVorm 1982, 572 ff. u. DAVorm 1986, 435 (Tagespflegestelle); OLG Köln DAVorm 1985, 988; zum Restbedarf bei von dritter Seite finanzierter Internatsunterbringung vgl. OLG Frankfurt FamRZ 1993, 98 (99).
[996] BGH FamRZ 1983, 48 = NJW 1983, 393; vgl. auch AG Köln FamRZ 2002, 482.
[997] OLG Nürnberg FamRZ 1993, 837.
[998] OLG Hamburg OLGR 2001, 322; OLG Nürnberg FamRZ 1993, 837; OLG Köln DAVorm 1985, 988; DIV-Gutachten DAVorm 2000, 242.
[999] OLG Brandenburg FamRZ 2016, 246 (Ls.) = NZFam 2015, 1175.

Wenn die **Internatsunterbringung nur zur Erreichung eines bestimmten Ausbil- 355 dungsziels** (zB Abitur) erfolgt, besteht eine besondere Sachlage. Unbeschadet der Zuständigkeit des Familiengerichts für eine Überprüfung der Sorgeentscheidung wird hier unterhaltsrechtlich geltend gemacht werden können, dass sich der Anspruch nach § 1610 Abs. 2 BGB nur im Rahmen der Begabung, der Fähigkeiten und des Leistungswillens des Kindes bewegt. Hier sind allerdings auch die Einkommens- und sonstigen Lebensverhältnisse zu berücksichtigen. Zur bloßen Erreichung des **Hauptschulabschlusses** sind den Eltern besondere Opfer zumutbar.[1000]

Heimerziehung. Bei Unterbringung in Jugendhilfeeinrichtungen nach §§ 27, 34 356 SGB VIII können die Kinder und jungen Volljährigen, deren Ehegatten und die getrennt heranzuziehenden Elternteile gem. §§ 92–94 SGB VIII zu den Kosten herangezogen werden. Der Unterhaltsanspruch des Kindes geht also nicht auf den Träger der Jugendhilfe über,[1001] sondern der Kostenträger muss die öffentlich-rechtliche Heranziehung durch Kostenbeitrag aussprechen (§§ 92–94 SGB VIII).

Erst der Kostenbeitrag stellt den Nachrang durch den Zugriff im Umfang der gesetzlich geregelten Eigenbeteiligung wieder her. Die Höhe des Kostenbeitrags ist häufig geringer (geregelt in der Kostenbeitragsverordnung vom 1.10.2005[1002]) als sie nach bürgerlichem Recht wäre, kann im Einzelfall aber auch höher sein als der dem Kind zivilrechtlich geschuldete Unterhalt.[1003]

ee) Privatschulbesuch, Nachhilfeunterricht und andere Mehrkosten einer laufen- 357 den Ausbildung. Für Privatschulbesuch, der Zusatzkosten verursacht, gilt Ähnliches wie für Internatsunterbringung (näher → Rn. 340).[1004] Mehrbedarf für den Besuch einer kostenverursachenden Privatschule kann nur verlangt werden, wenn die Entscheidung für den Schulbesuch entweder von beiden sorgeberechtigten Elternteilen einvernehmlich gemeinschaftlich getroffen worden ist oder ein sachlicher Grund besteht, warum das Kind statt einer kostenfreien staatlichen Schule eine mit Mehrkosten verbundene Privatschule besucht; gerade bei beengten finanziellen Verhältnissen bedarf es einer besonderen Rechtfertigung.[1005] War der nicht betreuende Elternteil mit der konkreten Schul- oder Berufswahl einverstanden, kann er dem geltend gemachten Mehrbedarf nicht das Fehlen sachlicher Gründe entgegenhalten.[1006] Wählt das volljährige Kind eine teurere als die übliche Ausbildung, muss dafür ein berechtigter Anlass bestehen.[1007] **Studiengebühren** für den Besuch einer **privaten Hochschule** sind jedenfalls dann anzuerkennen, wenn der Unterhaltspflichtige mit dieser kostenverursachenden Maßnahme und den folgenden Mehrkosten **einverstanden** war,[1008] nicht dagegen, wenn die Eltern nur über durchschnittliche Einkünfte verfügen, § 1618a BGB (Gebot der Rücksichtnahme).[1009]

[1000] OLG Hamburg FamRZ 1986, 1033.
[1001] BGH FamRZ 2007, 377 mAnm Doering-Striening/Schellhorn FuR 2006, 490.
[1002] BGBl. 2005 I 2907.
[1003] OVG Lüneburg FamRZ 2011, 70 = NJW 2010, 2970 (Ls.).
[1004] OLG Karlsruhe FamRZ 2008, 1209 (Schulgeld als Mehrbedarf) AG Köln FamRZ 2002, 482 (Studium in USA); OLG Hamm NJW-RR 1996, 4 (Privatschule in Thailand); OLG Hamburg FamRZ 1986, 1033 u. 1986, 382; OLG Schleswig FamRZ 1986, 201; OLG Frankfurt FamRZ 1985, 1167; OLG Zweibrücken FamRZ 1985, 1282.
[1005] OLG Brandenburg NJW 2023, 86; OLG Frankfurt a. M. FamRZ 2021, 191; OLG Oldenburg NZFam 2019, 38 (Sarres); vgl. auch OLG Koblenz FamRZ 2021, 1199.
[1006] OLG Frankfurt a. M. FamRZ 2021, 191.
[1007] OLG Koblenz FamRZ 1992, 1217 (1218).
[1008] OLG Brandenburg FamRZ 2014, 847.
[1009] OLG Düsseldorf FamRZ 2014, 565.

358	**Nachhilfeunterricht** stellt grds. Mehrbedarf dar (insbesondere bei mehrstündigem Nachhilfeunterricht pro Woche oder länger dauerndem einstündigem Nachhilfeunterricht), da die Kosten regelmäßig so hoch sind, dass sie nicht mehr als vom laufenden Unterhalt gedeckt angesehen werden können. Die Kosten für den längerfristigen Besuch von Förderunterricht bei einem privaten Lehrinstitut zur Therapie einer Lese-Rechtschreib-Schwäche können unterhaltsrechtlichen Mehrbedarf begründen.[1010]

Als sachliche Voraussetzung der Belastung des Barunterhaltspflichtigen wird man ansehen können, dass der Unterricht nach vernünftiger Betrachtungsweise erforderlich und geeignet sein muss, das jeweilige Schulziel zu erreichen.[1011] Auch wenn der Sorgeberechtigte die Nachhilfeleistung selbst erbringen könnte, kann die Entscheidung, kostenpflichtigen Unterricht in Anspruch zu nehmen, aus pädagogischen Gründen zu akzeptieren sein.[1012] Für einen den üblichen Nachhilfeunterricht überschreitenden Bedarf zur Finanzierung einer sog. **Lerntherapie** bedarf es einer besonderen Indikation.[1013]

Sonderbedarf ist Nachhilfeunterricht nur, wenn die Notwendigkeit plötzlich auftritt und es sich um einen vorübergehenden Bedarf handelt.[1014]

359	[Derzeit nicht besetzt]

360	**Mehrkosten durch ein Auslandsstudium** sind Zusatzbedarf, wenn es fachliche Qualifikation und Berufsaussichten fördert.[1015] Sofern für die Berufsausbildung ein Auslandssemester sinnvoll ist, haben es die Eltern bei guten Einkommensverhältnissen auch bei Verlängerung der Studienzeit zu finanzieren.[1016] Allerdings muss sich die Finanzierung in den Grenzen der wirtschaftlichen Leistungsfähigkeit des Verpflichteten halten. Ein Anspruch des Kindes darauf, dass ihm die Eltern im Rahmen des Ausbildungsunterhalts Ausbildungsabschnitte im Ausland beispielsweise in Form von **Auslandssemestern, zeitweiligen Auslandsaufenthalten oder Auslandssprachkursen** finanzieren, besteht außerhalb einer entsprechenden Absprache zwischen Eltern und Kind **nur,** wenn die damit einhergehende finanzielle Mehrbelastung den Eltern bzw. dem Elternteil **wirtschaftlich zumutbar** ist, der Auslandsaufenthalt sachlich begründet und sinnvoll ist, um das angestrebte Ausbildungsziel zu erreichen und dieser Unterhaltsbedarf unter Berücksichtigung aller Umstände des Einzelfalles insgesamt **angemessen** erscheint.[1017]

361	**Mehrkosten zur schnelleren oder besseren Erreichung des Ausbildungsziels** gegenüber der bloßen Teilnahme an der üblichen Ausbildung braucht der Unterhaltspflichtige in aller Regel nicht zu tragen.[1018]

362	**ff) Mehrkosten durch Ausbildungsverzögerung. Mehrkosten durch Ausbildungsverzögerung** können entstehen durch Wiederholung von Klassen in der Schule, Nichtbestehen von Prüfungen oder einStudium über die gewöhnliche Studiendauer hinaus (zur Obliegenheit zielstrebiger Ausbildung → Rn. 343). Bei Minderjährigen steht die Verantwortung des Sorgeberechtigten im Vordergrund, so dass bei Mehrkosten auch ein famili-

---

[1010] BGH FamRZ 2013, 1563 = NJW 2013, 2900, Rn. 7, im Anschluss an BGH FamRZ 2009, 962.

[1011] OLG Schleswig FamRZ 2012, 990 (hat mtl. 100 EUR anerkannt und mtl. 205 EUR im konkreten Fall für überhöht gehalten); OLG Zweibrücken FamRZ 1994, 770; OLG Hamm FamRZ 1978, 446 zum Schulversagen (3. Versuch, die mittlere Reife zu machen).

[1012] Anders insoweit OLG Zweibrücken FamRZ 1994, 770 („aus pädagogischen Gründen").

[1013] OLG Brandenburg FamRZ 2012, 1399.

[1014] OLG Köln OLGR 2001, 80 und NJW 1999, 295; vgl. dazu → Rn. 335.

[1015] BGH FamRZ 1992, 1064 = NJW-RR 1992, 1026 für juristisches Auslandsstudium in Genf; AG Köln FamRZ 2002, 482 (Studium in USA); OLG Naumburg OLGR 2004, 78.

[1016] OLG Karlsruhe FamRZ 2011, 1303 = NJW-Spezial 2011, 229 = FamFR 2011, 174.

[1017] MDR 2013, 602 = FamRZ 2013, 1407.

[1018] LG Kleve DAVorm 1973, 311 (Besuch privater Schule zur Vorbereitung auf Friseurgehilfenprüfung).

enrechtlicher Ausgleichsanspruch in Betracht zu ziehen ist. Ob der Unterhaltspflichtige Mehrkosten einer Verzögerung tragen muss, hängt zum einen von Gründen (zB bei Schwangerschaft der Berechtigten,[1019] Krankheit, schwierigen häusliche Verhältnisse) und Umfang der Verzögerung ab, zum anderen von seinen Einkommens- und Vermögensverhältnissen.[1020] Der Anspruch auf Ausbildungsunterhalt gegen die Eltern geht nicht deshalb verloren, weil die Unterhaltsberechtigte **infolge Schwangerschaft** und anschließender Kinderbetreuung mit der Ausbildung verzögert beginnt; das gilt jedenfalls, wenn sie die Ausbildung nach Vollendung des dritten Lebensjahres ihres Kindes und evtl. angemessener weiterer Übergangszeit aufnimmt.[1021] Siehe auch → Rn. 190.[1022]

Bei der bloßen Wiederholung einer Schulklasse, aber auch bei **einmaligem Prüfungs-** **363** **versagen** (Abschlussprüfung, Abitur, Staatsexamen) wird die Finanzierungspflicht stets bestehen, da eine solche Verzögerung in aller Regel noch nicht gegen Eignung und Erreichbarkeit des Ziels spricht.[1023]

Der auf Ausbildungsunterhalt gerichtete Anspruch eines volljährigen Kindes entfällt auch nicht bereits dann, wenn es aufgrund eines notenschwachen Schulabschlusses erst nach drei Jahren vorgeschalteter **Berufsorientierungspraktika** und ungelernter Aushilfstätigkeiten einen Ausbildungsplatz erlangt.[1024]

gg) Studium. Die Regelstudienzeit (Förderungshöchstdauer nach BAföG) begrenzt **364** den Unterhaltsanspruch als solchen nicht, denn die Vorschriften der staatlichen Ausbildungsförderung regeln nicht den privatrechtlichen Unterhaltsanspruch.[1025]

Unterhaltsrechtlich besteht aber die Pflicht, die Ausbildung mit Fleiß und Zielstrebigkeit zu betreiben, damit sie nach angemessener und üblicher Dauer – die ist nicht mit der Mindeststudienzeit gleichzusetzen – beendet werden kann.[1026]

Die übliche Studiendauer (für die die Regelstudienzeit ein Anhaltspunkt ist) ist daher **365** der grundsätzliche Maßstab für die Dauer der Ausbildungsunterhaltspflicht,[1027] wobei Examenssemester hinzukommen können.[1028] Ein gewisser Freiraum für die selbstständige Studiengestaltung muss dem Studenten verbleiben, und im Rahmen einer sinnvollen Gestaltung muss auch eine Verlängerung der Gesamtdauer in Kauf genommen werden.[1029] So ist ein 10-semestriges Studium für einen Jurastudenten nach zwei Auslands-

---

[1019] OLG Koblenz FamRZ 2004, 1892.

[1020] OLG Köln FamRZ 2005, 301.

[1021] BGH NJW 2011, 2884 = FamRZ 2011, 1560, Rn. 19. Ausführlich dazu Götz FamRZ 2012, 1610 ff.

[1022] OLG Jena MDR 2015, 400 = NZFam 2015, 512.

[1023] BGH FamRZ 2000, 420 (421); NJW 1994, 2362 (betriebliche Sprachprüfung); FamRZ 1987, 470 = NJW 1987, 1557 („leichteres Versagen"); OLG Köln FamRZ 2005, 2016 (bei mehrmaligem Versagen kommt es auf den Einzelfall an; Ausland); OLG Hamm NJW-RR 1998, 726; anders bei zweimaligem Versagen (aber von AG Hainichen FamRZ 2002, 484 bei Berufsausbildung auch hingenommen).

[1024] BGH FamRZ 2013, 1375 = NJW 2013, 2751, Rn. 20.

[1025] OLG Hamm FamRZ 1999, 886; OLG Koblenz 12.4.2001 – 9 WF 196/01; **anders** OLG Hamm NJW-RR 1994, 1342; auch OLG Stuttgart FamRZ 1996, 1434 und LG Hamburg FamRZ 1997, 1421 geht von der Regelstudienzeit aus, die überschritten werden kann, wenn das Kind die Verzögerung nicht zu verantworten hat.

[1026] BGH NJW 2011, 2884 = FamRZ 2011, 1560, Rn. 15, 16; FamRZ 1998, 671 = NJW 1998, 1555; FamRZ 1992, 1064 = NJW-RR 1992, 1026.

[1027] OLG Koblenz OLG Report 2001, 57 (Überschreitung der Regelstudienzeit um 1 Jahr bei abgeschlossener Berufsausbildung); OLG Hamm FamRZ 1992, 469; OLG Düsseldorf OLGR 1993, 8.

[1028] OLG Schleswig FamRZ 1996, 814 (Ls.) = SchlHA 1996, 72; OLG Köln NJW-RR 1990, 714; OLG Hamm FamRZ 1982, 1099.

[1029] BGH FamRZ 1992, 1064 (1065) = NJW-RR 1992, 1026.

semestern mit Recht nicht als unnötig lang angesehen worden.[1030] Die **Verlängerung der Regelstudienzeit** infolge der **Corona-Pandemie** entlastet den unterhaltsberechtigten Studenten nicht von der Obliegenheit zur detaillierten Darlegung konkreter pandemiebedingter Erschwernisse.[1031]

Informationspflicht und Informationsrecht. Bei drohender Studienzeitverlängerung ist der Studierende verpflichtet, die Eltern über die Gründe zu informieren.[1032] Andererseits haben die Eltern ein Informationsrecht und können bei Gleichgültigkeit gegenüber der Studiendauer die Unterhaltszahlung nicht abrupt einstellen, sondern müssen vorher Studienbelege fordern und klarstellen, dass sie auf eine zügige Studienbeendigung Wert legen.[1033]

Verzögerter Studienbeginn steht der Unterhaltspflicht nicht entgegen, wenn das Studium noch Aussicht auf Erfolg hat, mit der Aufnahme des Studiums noch zu rechnen war und die Eltern keine schutzwürdigen anderen Dispositionen getroffen haben.[1034] Eine **feste Altersgrenze** für den Beginn besteht jedenfalls nicht.[1035]

Lange Wartezeiten zwischen Ausbildungsabschnitten können nach diesen Maßstäben zum Ende der Unterhaltspflicht führen.[1036]

Nach dem Abschluss eines **Bachelor-Studiengangs** ist häufig der **Masterabschluss** für einen Berufseinstieg erforderlich, so dass dem Kind weiterer Ausbildungsunterhalt geschuldet wird.[1037]

366   Ein **Studienwechsel (Fachrichtungswechsel/Ausbildungswechsel)** nach einer **Orientierungsphase**[1038] von in der Regel bis zu zwei Semestern kann aus diesen Gründen ebenfalls hinzunehmen sein.[1039] Konkret hängt die Länge von den gesamten Lebensumständen des Auszubildenden ab, insbesondere können familiäre Schwierigkeiten eine Rolle spielen. Ein Gleichlauf mit den öffentlich-rechtlichen Bestimmungen zum Fachrichtungswechsel besteht nicht.[1040] Ebenso ist die Aufnahme eines Studiums nach Abbruch einer praktischen Ausbildung hinzunehmen,[1041] da diese dem Fachrichtungswechsel gleichkommt. Im Einzelfall kann auch nach Abbruch der Ausbildung nach der Hälfte der Ausbildungszeit ein Anspruch auf Ausbildungsunterhalt für eine danach begonnene Zweitausbildung gegeben sein.[1042]

367   **Krankheitsbedingte oder familiär bedingte Studienverzögerungen** rechtfertigen eine Überschreitung der üblichen Studienzeit, denn die bemisst sich nach der Studiendauer im Normalfall.[1043]

[1030] OLG Schleswig FamRZ 2003, 1409 = SchlHA 2003, 90.

[1031] OLG Köln FamRZ 2022, 1773 = NZFam 2022, 1039 (Langeheine).

[1032] OLG Düsseldorf FuR 2000, 38; OLG Schleswig OLGR 1998, 160.

[1033] OLG Köln FamRZ 1999, 1162 (Ende der Unterhaltspflicht nach 15 Semestern, erörtert diesen Gesichtspunkt nicht).

[1034] OLG Stuttgart FamRZ 1996, 181 = NJW-RR 1996, 2 (Studienbeginn mit 24 Jahren; das OLG stellt auf die Grenze nach § 10 Abs. 3 BAföG – 30 Jahre – ab); OLG Hamm FamRZ 1995, 1007; OLG Düsseldorf FamRZ 1994, 1546 (Zurückstellung des Studiums wegen Unterhaltskonkurrenz).

[1035] BGH FamRZ 2011, 1560 Rn. 17.

[1036] OLG Frankfurt FamRZ 1994, 1611 (31 Monate); vgl. auch BGH FamRZ 1995, 416 = NJW 1995, 1225.

[1037] OLG Brandenburg NJW-RR 2011, 725 = FamRZ 2011, 1067; vgl. auch OLG Celle NJW-RR 2010, 1229 = FamRZ 2010, 1456.

[1038] BGH NJW 2011, 2884 = FamRZ 2011, 1560, Rn. 16.

[1039] BGH FamRZ 2001, 757 = NJW 2001, 2170; BGH FamRZ 1987, 470 = NJW 1987, 1557 (drei Semester aber zu lang); OLG Brandenburg NZFam 2018, 660 (2 Semester).

[1040] Vgl. BVerwG FamRZ 1992, 1109.

[1041] BGH FamRZ 2001, 757 = NJW 2001, 2170.

[1042] OLG Brandenburg FamRZ 14, 1786 = NZFam 14, 857.

[1043] BGH FamRZ 2006, 1100 = NJW 2006, 2984; OLG Koblenz FuR 2001, 471; OLG Hamm FamRZ 1990, 904 = NJW-RR 1990, 1228; aber nicht, wenn geltend gemacht wird, wegen des Unter-

Werkstudenten können die übliche Studienzeit überschreiten, wenn sie durch ihre **368** Arbeit die Eltern entlastet haben.[1044]

Durch Studienwartezeit oder Parkstudium bedingte Ausbildungsverzögerungen ver- **369** längern die Unterhaltspflicht grundsätzlich nicht, der Berechtigte muss während dieser Zeit einer Erwerbstätigkeit jeder Art nachgehen.[1045] Bei fachverwandtem Parkstudium kann es anders sein, wenn eine Verkürzung des späteren Fachstudiums anzunehmen ist.[1046] Die Absolvierung eines **freiwilligen sozialen Jahres** wird vom BGH als Orientierungsphase zugestanden.[1047] Das OLG Celle[1048] hat überzeugend begründet, dass jedenfalls nach Einführung des Gesetzes zur Förderung von Jugendfreiwilligendiensten (JFGD) auch während der Dauer des freiwilligen sozialen Jahres, unabhängig von der beabsichtigten späteren Ausbildung, grundsätzlich ein Unterhaltsanspruch besteht, weil es geeignet ist, die Bildungsfähigkeit Jugendlicher zu fördern und ihre späteren Chancen auf dem Arbeitsmarkt zu verbessern. Dem trägt die Ansicht,[1049] wonach für diese Zeit kein Unterhaltsanspruch bestehe, wenn das freiwillige soziale Jahr keinen Zusammenhang mit der späteren Ausbildung habe, zu wenig Rechnung.

Kurze Übergangszeiten (ca. drei Monate) vor Studienbeginn (Orientierungsphase) **370** und nach Studienende (Berufswahlphase) bis zur Anstellung fallen in die Unterhaltspflicht.[1050] Danach muss sich der Berechtigte darauf verweisen lassen, seinen Bedarf durch Erwerbstätigkeit zu decken.[1051] Nach einer Entscheidung des OLG Karlsruhe[1052] besteht zwar in der Übergangszeit zwischen Abschluss der Schule und Beginn der weiterführenden Ausbildung oder des Studiums keine Erwerbsobliegenheit, sondern im Regelfall der Anspruch auf eine gewisse Erholungsphase. Gleiches gelte aber nicht für eine zweimonatige Pause zwischen einem abgeleisteten freiwilligen sozialen Jahr und dem Beginn der Berufsausbildung. Ebenso soll zwischen Beendigung des Zivildienstes und Beginn einer Ausbildung das Kind seinen Unterhalt selbst decken müssen.[1053] Diese Differenzierung überzeugt jedenfalls dann nicht, wenn der Abiturient das freiwillige soziale Jahr oder den neuen Bundesfreiwilligendienst nach der Schulzeit ohne eine nennenswerte Erholungsphase angetreten hat und danach eine gewisse Zeit zur Neuorientierung benötigt.

Ein **nicht vergütetes Praktikum** vor Beginn einer Ausbildung soll den Ausbildungsunterhalt nur dann auslösen, wenn und soweit es für die Ausbildung vorgeschrieben ist.[1054] Es fragt sich, ob hier nicht auch noch eine Übergangszeit zu berücksichtigen ist

---

haltsstreits könne man sich nicht konzentriert auf die Prüfung vorbereiten: OLG Hamm NJW-RR 1998, 726.

[1044] OLG Hamm FamRZ 1992, 469.

[1045] OLG Naumburg NJW-RR 2007, 1380; OLG Koblenz FamRZ 1991, 108 = NJW 1991, 300; OLG Frankfurt FamRZ 1990, 789.

[1046] OLG Celle FamRZ 1981, 584; OLG Köln FamRZ 1981, 809; OLG Düsseldorf FamRZ 1984, 924 (Banklehre vor Betriebswirtschaftsstudium erspart Praktikum).

[1047] BGH NJW 2011, 2884 = FamRZ 2011, 1560 Rn. 24.

[1048] OLG Celle NJW 2012, 82 = FamRZ 2012, 995; so auch OLG Düsseldorf FamRZ 2019, 1136 = NJW 2019, 2480; OLG Hamm FamRZ 2015, 1200.

[1049] OLG Naumburg NJW-RR 2007, 1380; OLG Schleswig OLGR 2008, 196; OLG München FamRZ 2002, 1425 (Ls.); OLG Stuttgart FamRZ 2007, 1353, stellt auf Einverständnis der Eltern ab.

[1050] BGH FamRZ 1998, 671 = NJW 1998, 1555; OLG Koblenz FamRZ 2020, 1093; OLG Karlsruhe FamRZ 2012, 1648 = NJW 2012, 1599; OLG Naumburg NJW-RR 2007, 1380 (vgl. weiter → Rn. 187 f.).

[1051] OLG Frankfurt NJW 2009, 235.

[1052] OLG Karlsruhe NJW 2012, 1599.

[1053] OLG Zweibrücken NJW-RR 2006, 1660 = FamRZ 2007, 165 (Ls.) = OLGReport 2006, 916.

[1054] OLG Zweibrücken NJW-RR 2006, 1660 = FamRZ 2007, 165 (Ls.) = OLGReport 2006, 916; OLG Frankfurt FamRZ 2007, 1839.

(→ Rn. 370). Für ein **Berufsgrundbildungsjahr** (in Niedersachsen allerdings abgeschafft, in Hessen umgestaltet) wird ebenfalls Ausbildungsunterhalt geschuldet, weil es zur Verkürzung der Lehrzeit führt und die Chancen auf einen Ausbildungsplatz verbessert.[1055] Das in Nordrhein-Westfalen angebotene **Berufsorientierungsjahr** dient der Vorbereitung für eine Berufsausbildung und führt nach erfolgreicher Absolvierung auch zum Hauptschulabschluss, weshalb es sogar noch als allgemeine Schulausbildung iSd § 1603 Abs. 2 S. 2 BGB gelten kann.[1056]

Bei Ausbildungsabbruch muss – jedenfalls nach einer Übergangszeit – jede Arbeit angenommen werden.[1057] Allerdings gilt auch hier, dass nicht (rückwirkend) die Zahlungen für die Zeit einer später abgebrochenen ersten Ausbildung nebst Orientierungsphasen verweigert werden dürfen, denn einem Jugendlichen muss zugebilligt werden, dass er sich über seine Fähigkeiten irrt oder falsche Vorstellungen über die von ihm gewählte Ausbildung hat.[1058]

371   **hh) Ausbildungsumwege (Abitur – Lehre-Studium – Fälle).** Grundsätzlich schulden die Eltern ihrem Kind **nur eine Berufsausbildung.**[1059] Die Kosten einer weiteren Ausbildung (Zweitausbildung) zu tragen, sind sie nur in den in → Rn. 373 erörterten Fällen verpflichtet.

Unter vier Voraussetzungen sind die Eltern bei Ausbildungsumwegen – es handelt sich dann trotz der Umwege um eine Ausbildung – zur Finanzierung verpflichtet:

372   **(1) Sachlicher Zusammenhang.** Den sachlichen Zusammenhang hat der BGH[1060] für **Abitur-Lehre-Studium-Fälle** auf Grund des geänderten Ausbildungsverhaltens bejaht, wenn Lehre und Studium einen Sachzusammenhang aufweisen. Das ist zB für Banklehre und anschließendes Jurastudium bejaht,[1061] aber bei einem Jurastudium nach vorangegangener Lehre zum Speditionskaufmann verneint worden.[1062] Es muss sich nicht um dieselbe Berufssparte handeln, sondern es genügt, dass die praktische Ausbildung als sinnvolle und nützliche Vorbereitung auf das Studium angesehen werden kann; es darf kein Wesensunterschied zwischen den Ausbildungsarten bestehen. Nach diesen Maßstäben ist ein Zusammenhang zwischen Industriekaufmannsausbildung und Medizinstudium verneint worden.[1063] In der Behindertenausbildung wird ein sachlicher Zusammenhang meist zu bejahen sein, wenn der Wechsel dem Ziel dient, sich für den Arbeitsmarkt überhaupt zu qualifizieren.[1064]

(2) Zeitlicher Zusammenhang. Zudem ist zwar ist wegen des aus § 1610 Abs. 2 BGB abzuleitenden Merkmals der Einheitlichkeit des Ausbildungsgangs auch in sogenannten

---

[1055] OLG Braunschweig FamRZ 2011, 119; aber anders für Praktika und Berufsfindungsmaßnahme: OLG Braunschweig FamRZ 2011, 1067 (Ls.).

[1056] OLG Köln FamRZ 2012, 1576 (Ls.).

[1057] OLG Naumburg NJWE-FER 2001, 177.

[1058] OLG Karlsruhe FamRZ 2012, 1573 (1574).

[1059] BGH FamRZ 2001, 1601 = NJW-RR 2002, 1.

[1060] BGH FamRZ 1989, 853 = NJW 1989, 2253; BGH FamRZ 1993, 1057 = NJW 1993, 2238.

[1061] BGH FamRZ 1992, 170 = NJW 1992, 501; ebenso OLG Köln FamRZ 2003, 1409 für Ausbildung Grafik-Design und anschließendem Lehramtsstudium mit Schwerpunkt Kunst und OLG Bremen FamRZ 1989, 892 für Betriebswirtschaftsstudium nach Banklehre.

[1062] BGH FamRZ 1992, 1407 = NJW-RR 1992, 1090 – bestätigendes Urteil zu OLG Stuttgart FamRZ 1991, 1472: andersartige Wissensvermittlung.

[1063] BGH FamRZ 1991, 1045 = NJW 1991, 1156; BGH FamRZ 1993, 1057 = NJW 1993, 2238 (verneint für Industriekaufmann – Maschinenbaustudium); BGH FamRZ 2001, 1601 = NJW-RR 2002, 1 (verneint für Fremdspracheninstitut und anschließendes Volkswirtschaftsstudium); OLG Stuttgart OLG Report 2001, 256 (verneint bei Realschule – Lehre – Fachoberschule – Fachhochschule).

[1064] AG Kerpen FamRZ 2001, 1723.

Abitur-Lehre-Studium-Fällen erforderlich, dass die einzelnen Ausbildungsabschnitte in engem **zeitlichen und sachlichen Zusammenhang** stehen und die praktische Ausbildung und das Studium sich jedenfalls sinnvoll ergänzen müssen. Es **reicht jedoch** aus, dass der **Studienentschluss nicht von vornherein,** sondern **erst nach Beendigung der Lehre** gefasst wird, weil es gerade der Eigenart des vom herkömmlichen Bild abweichenden Ausbildungsverhaltens entspricht, dass sich der Abiturient bei Aufnahme der praktischen Ausbildung vielfach noch nicht über ein anschließendes Studium schlüssig ist.[1065]

Folgen dem **Realschulabschluss Lehre, Fachoberschule und schließlich Fachhochschule bzw. Studium,** sind die einzelnen Ausbildungsabschnitte hingegen nur dann als einheitliche, von den Eltern zu finanzierende Berufsausbildung anzusehen, wenn **schon bei Beginn der praktischen Ausbildung** erkennbar eine Weiterbildung einschließlich des späteren **Studiums** angestrebt wurde.[1066] Hinter dieser Differenzierung steht der Gedanke, dass die Unterhaltpflicht der Eltern von der Frage mitbestimmt wird, inwieweit sie damit rechnen müssen, dass ihr Kind nach einem Schulabschluss und einer zu Ende geführten, in sich geschlossenen Berufsausbildung noch eine berufsqualifizierende Ausbildung – gegebenenfalls über weitere Ausbildungsstufen hinweg – anstrebt.[1067] Ein Anspruch wird allerdings auch dann bejaht, wenn der Ausbildungsplan – obwohl „untypisch" – erkennbar war oder zunächst eine **Fehleinschätzung** der Begabung des Kindes vorgelegen hat (auch Spätentwickler).[1068]

Der **zeitliche** Zusammenhang wird ab einer Unterbrechung von mehr als 2 Jahren oft zu verneinen sein.[1069] Folgte der Lehre eine längere Tätigkeit im erlernten Beruf, ist der Zusammenhang regelmäßig unterbrochen,[1070] falls die Eltern nicht eine Mitverantwortung an dieser Ausbildungsverzögerung trifft.[1071] Es kommt darauf an, dass die weitere Ausbildung zum frühestmöglichen nächsten Studienbeginn begonnen hat.[1072] Dies ist dagegen nicht der Fall, wenn sich das Kind jedes Semester wieder neu für das Studium beworben hat, allerdings keinen Studienplatz erhalten hat.[1073] Auf den Zeitpunkt des Entschlusses für die weitere Ausbildung kommt es nicht an. Ist der Zusammenhang gegeben, kommt es ebenso nicht darauf an, ob die Absicht, die Ausbildung weiterzuführen, dem Verpflichteten rechtzeitig bekannt gegeben worden ist;[1074] ist dies nicht erfüllt, dann kann die Leistung von Ausbildungsunterhalt für ein Studium des Kindes einem Elternteil unzumutbar sein, wenn das Kind bei Studienbeginn bereits das 25. Lebensjahr vollendet

---

[1065] BGH FamRZ 2017, 799 Rn 17.

[1066] BGH FamRZ 2006, 1100 = NJW 2006, 2984 Rn. 17; OLG Bremen FamRZ 2022, 526 = NJW-Spezial 2022, 101 besprochen von Hausleiter/Schramm.

[1067] BGH FamRZ 2006, 1100 = NJW 2006, 2984 Rn. 17; OLG Stuttgart FamRZ 2019, 963 = NZFam 2019, 177 mzustAnm Niepmann.

[1068] BGH FamRZ 2006, 1100 = NJW 2006, 2984 Rn. 21 f.; näher dazu unten folgend unter (c) und → Rn. 377.

[1069] BGH FamRZ 2001, 1601 = NJW-RR 2002, 1 (kein zeitlicher Zusammenhang bei zweijähriger Tätigkeit als Sekretärin); OLG Hamm FamRZ 1994, 259; OLG Karlsruhe FamRZ 1994, 260; zu eng OLG Koblenz NJW-RR 1995, 583 (1 Jahr); **aA** sehr weitgehend Thüringer OLG, NJW-RR 2009, 651 = MDR 2009, 868 (4 Jahre, davon 1 Jahr krank wegen Verkehrsunfall); OLG Brandenburg 4.3.2008 – 10 UF 132/07 (gewährt zwischen Ausbildungsabschluss und Studienbeginn bis zu 1 Jahr Orientierungsphase).

[1070] OVG Münster FuR 1992, 235; OLG Schleswig FamRZ 1992, 593 (Weiterstudium nur wegen fehlgeschlagener Bewerbungen).

[1071] BGH FamRZ 2000, 420 = NJW-RR 2000, 593; OLG Bremen FamRZ 2022, 526 = NJW-Spezial 2022, 101 besprochen von Hausleiter/Schramm.

[1072] OLG Köln FamRZ 2003, 1409.

[1073] BGH FamRZ 2017, 1132 mAnm Seiler NJW 2017, 1135 = NJW 2017, 2278 mAnm Löhnig NJW 2017, 2234; ähnlich OLG Hamm NJW-RR 2012, 970.

[1074] Beides war aber im o. g. Fall des OLG Hamm NJW-RR 2012, 970 = MDR 2012, 920 auch erfüllt; auch Koblenz FamRZ 2017, 2018.

und den Elternteil nach dem Abitur nicht über seine Ausbildungspläne informiert hat, so dass der Elternteil nicht mehr damit rechnen musste, noch auf Ausbildungsunterhalt in Anspruch genommen zu werden.[1075]

(3) Gemeinsamer Ausbildungsplan. Einzelne Ausbildungsabschnitte können sich aber nach dem erkennbaren Ausbildungsplan als einheitliche Berufsausbildung darstellen, wenn dies auch anders als nach dem Abitur nicht typischerweise zu erwarten ist (sog. Lehre – Fachoberschule mit Fachhochschulreife – Fachhochschulstudium – Fälle).[1076] Ein auf eine solche Ausbildungsplanung gegründeter Unterhaltsanspruch verlangt, dass dies für den Verpflichteten erkennbar geworden sein muss (anders als bei den Abitur-Lehre-Studium-Fällen, wo auf das typischerweise geänderte Ausbildungsverhalten abgestellt wird).[1077] Für die Praxis kann eine rechtzeitige schriftliche Information nur in allen Fällen angeraten werden, um Abgrenzungs- und Nachweisschwierigkeiten zu entgehen. Ein einheitlicher Ausbildungswille ist auch dann zu bejahen, wenn der Auszubildende sich dahin äußert, dass er „etwas Soziales", „etwas mit Kindern" machen will.[1078]

(4) Die Zumutbarkeit der Finanzierung. Die wirtschaftliche Zumutbarkeit gewinnt in den Fällen der Ausbildungsumwege besonderes Gewicht, weil sich die Gesamtdauer der Ausbildung dadurch verlängern kann und weil sich die Eltern schon auf ein Ende der Unterhaltspflicht eingestellt und entsprechende Dispositionen getroffen haben können.[1079]

373 **ii) Zweitausbildung, Weiterbildung, Fortbildung. Zweitausbildung** ist die Ausbildung zu einem zweiten, andersartigen Beruf (s. dazu → Rn. 375).

Weiterbildung ist die Ausbildung zu einer höheren Qualifikationsstufe innerhalb derselben Berufssparte (zB früher vom Dipl.-Ing. (FH) zum Dipl.-Ing. (TH); es werden also bereits erworbene Kenntnisse und Fähigkeiten ausgebaut und vertieft, um dadurch bessere Aufstiegs- und Erwerbschancen zu erlangen.[1080] Die **Weiterbildung zum Meister**[1081] kann von den Eltern zu finanzieren sein, wenn erst das als begabungsgerechte Ausschöpfung der Möglichkeiten des Kindes anzusehen ist.

Ebenso ist nach dem Abschluss eines **Bachelor-Studiengangs** häufig der **Masterabschluss** für den Berufseinstieg erforderlich, so dass dem Kind weiterer Ausbildungsunterhalt geschuldet wird.[1082]

Fortbildung ist eine berufsbegleitende Weiterbildung, die naturgemäß auch zu einer höheren Qualifikationsstufe innerhalb des Berufes führen kann. Soweit ausnahmsweise durch berufsbegleitende Fortbildung Kosten entstehen, hat der Unterhaltspflichtige dafür nicht aufzukommen.[1083]

[1075] BGH FamRZ 2017, 1132 mAnm Seiler S. 1135 = NJW 2017, 2278 mAnm. Löhnig NJW 2017, 2234.

[1076] BGH FamRZ 2006, 1100 mAnm Luthin = NJW 2006, 2984; OLG Köln FamRZ 2013, 793; OLG Koblenz FamRZ 2001, 1164; OLG Bamberg NJW-RR 1998, 290; OLG Düsseldorf FamRZ 1990, 1387 = NJW-RR 1990, 1227 stellt das allerdings den Abitur-Lehre-Studium-Fällen gleich.

[1077] BGH FamRZ 1991, 320 (321) = NJW-RR 1991, 195; FamRZ 2001, 1601 = NJW-RR 2002, 1 (Vertrauensschutz; vertragliche Abrede); OLG Bamberg NJW-RR 1998, 290; OLG Köln FamRZ 1999, 1451: diese Anforderung gilt nicht für die Abitur-Lehre-Studium-Fälle, vgl. BGH FamRZ 1992, 170 (171) = NJW 1992, 501.

[1078] OLG Celle FamRZ 2007, 929.

[1079] BGH FamRZ 2017, 1132 = NJW 2017, 2278 mAnm Löhnig NJW 2017, 2234; BGH FamRZ 2006, 1100 = NJW 2006, 2984; BGH FamRZ 1989, 853 (855) = NJW 1989, 2253.

[1080] BGH FamRZ 1992, 1407 = NJW-RR 1992, 1090.

[1081] OLG Stuttgart FamRZ 1996, 1434.

[1082] OLG Brandenburg NJW-RR 2011, 725 = FamRZ 2011, 1067; vgl. auch OLG Celle NJW-RR 2010, 1229 = FamRZ 2010, 1456.

[1083] OLG Koblenz OLGR 2000, 15: Krankenhausinterne Fortbildung zur Diätköchin ist keine Berufsausbildung.

Fach- und berufsbezogene Ausbildungsgänge sind einer nur schulischen Ausbildung 374
gleichzustellen, wenn sie zur allgemeinen oder beschränkten Hochschulreife führen, so
dass die Fortsetzung der Ausbildung danach nicht anders zu beurteilen ist als der Beginn
des Studiums nach dem Abitur.[1084]

Zweitausbildungsvoraussetzungen. Der BGH[1085] hat in einer grundlegenden und 375
späteren ergänzenden Entscheidung[1086] folgende Grundsätze zur Unterhaltpflicht für
eine Zweitausbildung aufgestellt:

(1) Haben Eltern ihre Pflicht, ihrem Kind eine angemessene Berufsausbildung zu gewähren, in rechter Weise erfüllt, so sind sie im Allgemeinen nicht verpflichtet, die Kosten
für eine weitere Ausbildung zu tragen.[1087]

(2) Ausnahmsweise ist die Zweitausbildung zu finanzieren:

    (a) wenn sich die Notwendigkeit des Berufswechsels aus gesundheitlichen Gründen
oder deshalb ergibt, weil der zunächst erlernte Beruf keine Lebensgrundlage mehr
bietet,

    (b) wenn sich herausstellt, dass die erste Ausbildung auf einer deutlichen Fehlein-
schätzung der Begabung des Kindes beruhte[1088] oder das Kind von den Eltern in
einen unbefriedigenden, seiner Begabung nicht hinreichend Rechnung tragenden
Beruf gedrängt worden war,

    (c) wenn die gemeinsame Planung die weitere Ausbildung umfasste (vertragliche
Abrede).

Folgende Abgrenzungen und Zweifelsfragen sind dazu zu beachten: 376

1. **Bei Berufswechsel aus gesundheitlichen Gründen**[1089] muss die neue Ausbildung
nicht auf demselben Niveau erfolgen, sondern bei Eignung kann zB zunächst eine wei-
terführende Schule besucht werden.

2. **Beurteilungszeitpunkt für die Begabungsfehleinschätzung** durch die Eltern[1090] ist 377
nach der Rechtsprechung[1091] zwar grundsätzlich der Ausbildungsbeginn, davon werden
aber Ausnahmen bei Spätentwicklern[1092] gemacht, bei denen auf das Ende der Erstausbildung oder erst den Beginn der Zweitausbildung abgestellt werden kann. Praktisch läuft
dies auf einen weitgehenden Gleichlauf mit der verwaltungsgerichtlichen Rechtsprechung[1093] hinaus, die von einer ergänzenden ex-post-Betrachtung ausgeht, denn die hier
interessierenden Fälle sind gerade die Fälle der Spätentwickler, andernfalls kann von einer
Begabungsfehleinschätzung, die erst später hervortritt, nicht die Rede sein.

3. **Das Ausmaß der finanziellen Belastung** der Eltern durch die Erstausbildung ist 378
grundsätzlich nicht maßgebend dafür, ob eine Zweitausbildung geschuldet wird.[1094]
Jedenfalls wird der Gesichtspunkt der fehlenden finanziellen Belastung durch die Erst-

---

[1084] OLG Frankfurt FamRZ 1987, 1069.

[1085] BGH FamRZ 1977, 669 = NJW 1977, 1774 und ständig, zB FamRZ 2001, 1601 = NJW-RR
2002, 1.

[1086] BGH FamRZ 2006, 1100 mAnm Luthin = NJW 2006, 2984; FamRZ 2000, 420 = NJW 2000,
593; FamRZ 1989, 853 = NJW 1989, 2253.

[1087] Bestätigt: OLG Hamm NJW 2018, 2272 = FamRZ 2018, 1586.

[1088] BGH FamRZ 2006, 1100 mAnm Luthin = NJW 2006, 2984; OLG Stuttgart OLG Report
2001, 256 (nicht bei mäßigen Realschulleistungen).

[1089] OLG Frankfurt FamRZ 1994, 257 (aber Vorrang sozialversicherungsrechtlicher Umschu-
lungsansprüche zu prüfen); OLG Karlsruhe FamRZ 1990, 555 (Mehlstauballergie).

[1090] BGH FamRZ 1992, 1407 = NJW-RR 1992, 1090 (1091).

[1091] BGH FamRZ 1991, 322 (323) und FamRZ 1991, 931 (932) = NJW-RR 1991, 194 und 770;
OLG Bamberg FamRZ 1990, 790.

[1092] BGH FamRZ 2000, 420 (421).

[1093] BVerwG NJW 1988, 154.

[1094] BGH FamRZ 1981, 437 (439), bestätigt durch BGH FamRZ 1990, 149 (150) = NJW-RR 1990,
327; auch OLG Hamm NHW 2018, 2272 = FamRZ 2018, 1586 = NZFam 2018, 604 (Born): der

ausbildung dann eine Rolle spielen, wenn eine ergänzende Zumutbarkeitsprüfung vorzunehmen ist.

379   **4. Eine vertragliche Abrede** kann die Verpflichtung zur Finanzierung einer Zweitausbildung begründen.[1095] Eine solche kann aber nicht in nur vagen oder bedingten Unterhaltszusagen gesehen werden.

380   **5. Treu und Glauben** können fehlende Tatbestandsmerkmale eines Unterhaltsanspruchs nicht ersetzen. Nach § 1618a BGB kann sich aber die Pflicht zur Fortsetzung von nicht geschuldeten Zahlungen für einen begrenzten Zeitraum ergeben, wenn in Vertrauen auf diese Zahlungen Dispositionen getroffen wurden.[1096]

381   **6. Wehrdienst oder Zeitsoldatendienst auf 2 Jahre** sind keine Berufsausbildung, so dass die anschließende Ausbildung als Erstausbildung anzusehen ist.[1097]

382   **7. Das Anstellungsrisiko** hinsichtlich des erlernten Berufes haben nicht die Eltern zu tragen,[1098] falls das Kind nicht in den Beruf gedrängt worden ist. Anders als in Fällen, in denen der erlernte Beruf keine Lebensgrundlage mehr bietet, kann also nicht deshalb eine Zweitausbildung beansprucht werden, weil im erlernten Beruf keine Anstellung gefunden werden kann.

383   **8. Nicht ausreichend für die Begründung einer Finanzierungspflicht** für die Zweitausbildung sind: bloßer Neigungswechsel[1099] nach abgeschlossener Ausbildung, Erreichbarkeit einer besseren gesellschaftlichen Stellung,[1100] Ausnutzung einer (bloß) formellen Berechtigung.[1101]

b) Wohnen (Miete)

384   Die **Kosten für Unterkunft und Wohnung gehören zum allgemeinen Lebensbedarf** (§§ 1578 Abs. 1 S. 2, 1610 Abs. 2 BGB), nicht anders als die Kosten für Ernährung und Kleidung. Nach diesem Ausgangspunkt kann die konkrete Höhe der Miete für die Unterhaltsbemessung grundsätzlich keine Rolle spielen. Vielmehr entspricht der Wohnbedarf dem, was der Unterhaltsberechtigte als Mieter (einschließlich Nebenkosten) für eine dem Standard der Ehewohnung entsprechende und angemessen große Wohnung aufzubringen hätte.[1102] Wie der Unterhaltsberechtigte tatsächlich den ihm zustehenden Unterhalt verbraucht, ob er besonderen Wert auf Kleidung, Essen oder Wohnung legt, ist seine Sache. Eine Herabsetzung des Selbstbehalts kommt nicht in Betracht, wenn der Unterhaltsschuldner die ihm verbleibenden Mittel anders nutzt.[1103] Beim **Zusammenleben mit einem Partner** kommt dagegen nach der Rechtsprechung des BGH in der Regel eine **Herabsetzung des Selbstbehalts** wegen Ersparnis aus einer gemeinsamen Lebensführung mit einem leistungsfähigen Partner in Betracht (→ Rn. 36).[1104]

---

kritisch anmerkt, dass das Gegenseitigkeitsprinzip und das Problem der „Spätentwickler" nicht ausreichend berücksichtigt wird.

[1095] BGH FamRZ 2001, 1601 = NJW-RR 2002, 1.

[1096] BGH FamRZ 2001, 1601 = NJW-RR 2002, 1.

[1097] BGH FamRZ 1992, 170 = NJW 1992, 501; bestätigend OLG Hamm FamRZ 1991, 477.

[1098] BSG FamRZ 1985, 1251 (1253); vgl. auch OLG Stuttgart OLG Report 2001, 256.

[1099] OLG München OLGZ 1976, 216; OLG Frankfurt FamRZ 1982, 1097 (Apothekenhelferin, Kosmetikerin).

[1100] So BGH FamRZ 1977, 669 = NJW 1977, 1774.

[1101] BGH FamRZ 2000, 420 = NJW-RR 2000, 513; FamRZ 1977, 669 = NJW 1977, 1774; OLG Hamm FamRZ 1988, 425 (426).

[1102] BGH FamRZ 2021, 1965 = NZFam 2021, 1008 mAnm Niepmann, Rn. 25.

[1103] BGH FamRZ 2006, 1664 mAnm Schürmann = NJW 2006, 3561; anders aber OLG Hamm FamRZ 2006, 1704 und OLG Braunschweig FamRZ 2006, 1759 jeweils zum Kindesunterhalt.

[1104] BGH FamRZ 2009, 762 = NJW 2009, 1742; FamRZ 2008, 594 (597) = NJW 2008, 1373 mAnm Born; krit. Anm. Weychardt FamRZ 2008, 778 und Schwamb FF 2008, 160.

In den Regelbeträgen der Düsseldorfer Tabelle (für Kindesunterhalt und angemessenen Mindestbedarf des Unterhaltsberechtigten) sowie der Leitlinien der Oberlandesgerichte sind die auf den Lebensbedarf entfallenden Wohnungskosten daher enthalten. Stellt der baruntertaltspflichtige Elternteil dem Betreuungselternteil Wohneigentum zur unentgeltlichen Nutzung zur Verfügung, bleibt der Barbedarf des Kindes vollumfänglich bestehen, da das Kind, das ohnehin mietfrei beim Betreuungselternteil lebt, durch die Wohnraumüberlassung zwischen den Eltern keinen weiteren Vorteil hat.[1105] Der Ausgleich ist im elterlichen Verhältnis zu suchen. Daher kann beim **Ehegattenunterhalt** ein höherer Wert des mietfreien Wohnens vorliegen, wenn auch ein gemeinsames Kind in dem Wohnobjekt lebt, das vom Pflichtigen Unterhalt bezieht.[1106]

Wohnkosten sind für die Bedarfsberechnung in folgenden Fällen von Bedeutung:[1107]   **385**

(1) Mehrbedarf beim Selbstbehalt/Studentenbedarf. Hier ist zu prüfen, ob je nach den persönlichen (Gesundheitszustand, Alter) und örtlichen (Mietniveau, freier Wohnraum) Verhältnissen höhere als die in den Selbstbehaltssätzen enthaltenen Mietaufwendungen unvermeidbar sind und für welchen Zeitraum das anzunehmen ist. Die Mehraufwendungen sind dann den Selbstbehalts- bzw. Studentenbedarfssätzen zuzuschlagen.[1108] Andererseits kann dem Studenten im Einzelfall aber auch zuzumuten sein, zur Vermeidung hoher Fahrtkosten umzuziehen.[1109]

(2) Minderbedarf bei „freiem" Wohnen. Wohnt der Berechtigte lastenfrei im eigenen   **386**
Haus (der eigenen Wohnung), sind die Nutzungsvorteile grundsätzlich Einkommen des Berechtigten in Höhe der Marktmiete[1110] (zur Begrenzung s. → Rn. 387). Auf die Kostenmiete kommt es bei preisgebundenen Wohnungen an.[1111] Lastenfrei wohnt der Berechtigte, soweit der Mietwert die Hausschulden und die nicht üblicherweise auf einen Mieter umzulegenden Grundstücksunkosten[1112] übersteigt, dh soweit er als Eigentümer billiger wohnt als ein Mieter.

Abzüge sind daher:

- **Kosten, mit denen ein Mieter üblicherweise nicht belastet wird.** Dagegen können Kosten, die auch der Mieter zu tragen hat (zB Schornsteinfeger, Müllabfuhr, umlagefähige Versicherungsbeiträge – soweit notwendig – und Grundsteuer) nicht vom Wohnwert abgezogen werden. Abgestellt werden kann ua auf die Umlagefähigkeit

---

[1105] BGH FamRZ 2022, 1366 = NJW 2022, 2470 Rn. 38; OLG Frankfurt a. M. FamRZ 2021, 191; OLG Koblenz FamRZ 2009, 891.

[1106] BGH BGH FamRZ 2022, 1366 = NJW 2022, 2470 Rn. 38; FamRZ 2013, 191 = NJW 2013, 461, Rn. 26.

[1107] Nr. 5 der Leitlinien und Unterhaltsgrds. aller Oberlandesgerichte; vgl. ferner Übersicht bei Schürmann FuR 2006, 385 und 440, allerdings unter Berücksichtigung der folgend dargestellten Änderungen der Rspr. des BGH: FamRZ 2008, 963 mAnm Büttner FamRZ 2008, 967 = NJW 2008, 1946, BGH FamRZ 2009, 23 = NJW 2009, 145; FamRZ 2009, 1300 = NJW 2009, 2523 Rn. 25 ff.

[1108] OLG Brandenburg FamRZ 2006, 1781; Düsseldorfer Tabelle A5 (360 EUR im kleinen und 450 EUR im großen Selbstbehalt); ebenso Süddeutsche, Bremer, Hamburger, Kölner Leitlinien Nr. 21.2, 21.3. und 21.4; im Familienbedarf beim Elternunterhalt nach 22.3 sind es 800 EUR; Frankfurter Unterhaltsgrundsätze Nr. 21.2/21.3. bis 290 EUR Kaltmiete + 90 EUR Nebenkosten und Heizung; großer Selbstbehalt 370 EUR + 110 EUR); bei Studenten 280 EUR Wohnanteil (Nr. 13.1.2 der Leitlinien).

[1109] BGH FamRZ 2009, 762 = NJW 2009, 1742.

[1110] BGH FamRZ 2009, 23 = NJW 2009, 145; FamRZ 2008, 963 = NJW 2008, FamRZ 1995, 869 = NJW-RR 1995, 835; FamRZ 1992, 1045 (1049) = NJW 1992, 2477.

[1111] BGH FamRZ 1994, 822 = NJW 1994, 1721.

[1112] BGH FamRZ 2009, 1300 = NJW 2009, 2523 Rn. 29 ff., unter Aufgabe der bisher nicht differenzierten Abzugsfähigkeit von verbrauchsunabhängigen Kosten seit BGH FamRZ 2000, 351.

nach § 27 Abs. 1 der 2. Berechnungsverordnung.[1113] Die Differenzierung zwischen „verbrauchsunabhängigen" und „verbrauchsabhängigen" Kosten ist daher als Unterscheidungsmerkmal nicht geeignet.[1114]

- **Instandhaltungsrücklage** für unaufschiebbar notwendige Instandhaltungsmaßnahmen, da die Erhaltung des Gebrauchswerts für den Wohnwert erforderlich ist. Rücklagen für Wertverbesserungen und allgemeine Instandhaltungsrücklage ohne konkrete Instandhaltungsnotwendigkeiten sind dagegen nicht abziehbar.[1115]

- **Zinsaufwand.** Dieser ist vom Wohnwert abzuziehen, da er – wie der Mietaufwand – das Wohnen erst ermöglicht.[1116] Allerdings gelten beim Unterhalt für minderjährige Kinder besondere Anforderungen an die Darlegungs- und Beweislast, soweit es darum geht, ob die Darlehensraten gestreckt werden können, um den Mindestunterhalt zu sichern.[1117] Wird das ursprüngliche Grundstück veräußert und mit dem Erlös ein neues erworben, an dem sich der Wohnwert grundsätzlich fortsetzt, der dann aber wegen zusätzlich für den Erwerb aufgenommener Kredite tatsächlich nicht zum Tragen kommt, ist zu prüfen, ob eine Obliegenheit zur Vermögensumschichtung besteht.[1118] Es sind dann alle Umstände des Einzelfalls, ua auch die früheren Wohnverhältnisse und die Dringlichkeit des Unterhaltsbedarfs abzuwägen. Dabei ist dem Vermögensinhaber ein gewisser Entscheidungsspielraum zu belassen. Die tatsächliche Anlage des Vermögens muss sich als eindeutig unwirtschaftlich darstellen, ehe der betreffende Ehegatte auf eine andere Anlageform verwiesen werden kann.[1119]

- **Tilgungsaufwand.** Bislang wurde vertreten, dass Tilgungsleistungen nur noch solange vom Wohnwert in Abzug zu bringen sind, wie beide Eheleute entweder als Miteigentümer oder im Zugewinnausgleich davon profitieren können. Bei Gütertrennung war deswegen der Tilgungsanteil des Alleineigentümers während der Trennungszeit grundsätzlich überhaupt nicht mehr vom Wohnwert abzuziehen.[1120] Nach neuerer Rechtsprechung des BGH[1121] können neben den Zinsen nunmehr auch die **Tilgungsleistungen bis zur Höhe des Wohnvorteils** vom Einkommen des Unterhaltspflichtigen abgezogen werden, ohne dass dies seine Befugnis zur Bildung eines zusätzlichen Altersvorsorgevermögens schmälert. Der BGH führt hierzu aus, dass gegen die frühere Auffassung spricht, dass es an einer Vermögensbildung „zu Lasten" des Unterhaltsberechtigten fehlt, wenn und soweit den Tilgungsanteilen noch ein einkommenserhöhender Wohnvorteil auf Seiten des Unterhaltspflichtigen gegenübersteht. Denn ohne die Zins- und Tilgungsleistung gäbe es den Wohnvorteil in Form einer ersparten Miete nicht. Daraus folgt, dass die über den Zinsanteil hinausgehende Tilgungsleistungen bis zur Höhe des Wohnwerts anzurechnen sind, ohne dass dies die Befugnis des Pflichtigen zur Bildung eines zusätzlichen Altersvorsorgevermögens schmälert.[1122] Soweit dann noch ein den Wohnvorteil übersteigender Tilgungsanteil vorhanden ist, ist dieser

---

[1113] BGH FamRZ 2009, 1300 = NJW 2009, 2523 Rn. 29 ff.; OLG Braunschweig OLGR 1996, 140.

[1114] So jetzt auch BGH FamRZ 2009, 1300 = NJW 2009, 2523 Rn. 29 ff.; bereits früher Quack FamRZ 2000, 665 und die OLG-Leitlinien und Unterhaltsgrds. Unter Nr. 5.

[1115] BGH FamRZ 2000, 351 = NJW 2000, 284; OLG Hamm FamRZ 2001, 102.

[1116] BGH FamRZ 2000, 950 = NJW 2000, 2349.

[1117] BGH FamRZ 2014, 923 = NJW 2014, 1531 Rn. 25, 26.

[1118] BGH FamRZ 2009, 23 = NJW 2009, 145.

[1119] BGH FamRZ 2009, 23 = NJW 2009, 145 Rn. 19; BGH FamRZ 2006, 387 (391) = NJW 2006, 1794.

[1120] BGH FamRZ 2008, 963 = NJW 2008, 1946 Rn. 18–20.

[1121] BGH FamRZ 2022, 781 = NJW 2022, 1386 mAnm Graba, Rn. 13 (Kindesunterhalt); FamRZ 2022, 434 = NZFam 2022, 208, Rn. 29, mAnm Niepmann (Ehegattenunterhalt); FamRZ 2017, 519 Rn. 31 = NJW 2017, 1169 (Elternunterhalt).

[1122] BGH FamRZ 2017, 519 Rn. 33 = NJW 2017, 1169.

als Vermögensbildung zu Lasten des Unterhaltsberechtigten im Rahmen der sekundären Altersvorsorge (grundsätzlich 4 %, beim Elternunterhalt 5 % des Bruttoeinkommens) zu berücksichtigen.[1123]

Auch wenn ein Ehepartner den Hälfteanteil des anderen erworben hat, sind dem Veräußerer unterhaltsrechtlich die Erlöserträge, dem Erwerber der volle Wohnwert anzurechnen, der um die Zinsen des ursprünglich prägenden Darlehens und die Zinsen der aus der Erwerbsfinanzierung eingegangenen Verbindlichkeit zu mindern ist.[1124]

(3) Persönlicher Gebrauchswert. Begrenzt wird die Berücksichtigung des Wohnwertes **387** durch den persönlichen Gebrauchswert, solange der zurück gebliebene Bewohner das nach der Trennung zu große Haus bzw. die zu große Wohnung nicht mit dem vollen Marktwert nutzen kann und auch (noch) nicht auf einen Umzug in eine billigere Wohnung verwiesen werden kann. Die Leitlinien und Unterhaltsgrundsätze der Oberlandesgerichte[1125] nennen im Anschluss an die Rechtsprechung des BGH[1126] keinen Höchstbetrag von 1/3 der Unterhaltsquote bzw. der Summe aus Eigeneinkommen und Unterhalt mehr, sondern setzen nun **die ersparte Miete für eine angemessene kleinere Wohnung auf dem örtlichen Wohnungsmarkt** an.[1127] Bei engen finanziellen Verhältnissen kann zur Orientierung auch auf die in den Selbstbehalten angegebenen Kaltmietanteile zurückgegriffen werden.

Die Begrenzung auf den persönlichen Gebrauchswert des Verpflichteten gilt generell **387a** für den am schwächsten ausgestalteten **Elternunterhalt**;[1128] im Regelfall **aber nicht** für die Leistungsfähigkeit beim **Kindesunterhalt**, jedenfalls nicht gegenüber Minderjährigen[1129] und konsequent auch den privilegiert Volljährigen,[1130] bei denen grundsätzlich der objektive Mietwert einzusetzen ist. Das hat seinen Grund in der gesteigerten Unterhaltspflicht nach § 1603 Abs. 2 BGB.[1131]

Im **Einzelfall** kann jedoch gleichwohl auch gegenüber einem Minderjährigen nur die ersparte angemessene Miete des Verpflichteten zu akzeptieren sein, zB wenn wegen der geplanten Veräußerung des Objekts eine Obliegenheit zur Vermietung nicht besteht.[1132] In Anwendung dieses Gedankens bemisst sich auch gegenüber minderjährigen Kindes der Wohnvorteil nur nach dem angemessenen Mietzins, wenn im Verhältnis zu dem Ehegatten eine Obliegenheit zur anderweitigen Verwertung nicht anzunehmen ist, sei es, weil die Ehe nach Trennung noch nicht endgültig gescheitert ist, sei es, weil – beim Unterhalt des nichtehelichen Kindes – die Immobilie Familienheim der „anderen" Familie des Pflichtigen ist.[1133]

[1123] BGH FamRZ 2017, 519 Rn. 34 = NJW 2017, 1169.
[1124] BGH FamRZ 2005, 1159 = NJW 2005, 2077 und BGH FamRZ 2005, 1817 mAnm Büttner 1899 und Anm. Maurer FamRZ 2006, 258 = NJW 2005, 3277.
[1125] Leitlinien und Unterhaltsgrundsätze Nr. 5.
[1126] BGH FamRZ 2007, 879 = NJW 2007, 1974; BGH FamRZ 2001, 1140 (1143) = NJW 2001, 2259; FamRZ 2000, 950 = NJW 2000, 2349; FamRZ 1998, 899 = NJW 1998, 2821; OLG Hamm FamRZ 2002, 885.
[1127] OLG Frankfurt a. M. FamRZ 2022, 1274 = NJW-RR 2022, 583; OLG Bremen FamRZ 2010, 1980 = NJW-RR 2010, 1227.
[1128] BGH FamRZ 2014, 538 (mAnm Seiler FamRZ 2014, 636) = NJW 2014, 1173 Rn. 34; ebenso bereits BGH FamRZ 2013, 1554 = NJW 2013, 3024, Rn. 20.
[1129] BGH FamRZ 2014, 923 (mAnm Götz) = NJW 2014, 1531, Rn. 19; FamRZ 2013, 1563 = NJW 2013, 2900, Rn. 16; anders (für die Trennungszeit) bis zur 12. Auflage und OLG Koblenz FPR 2002, 66.
[1130] Vgl. auch BGH FamRZ 2006, 1101 (1104) für den Ausbildungsunterhalt eines Studenten.
[1131] BGH FamRZ 2014, 923 = NJW 2014, 1531 Rn. 19.
[1132] BGH FamRZ 2014, 923 = NJW 2014, 1531 Rn. 20 f.
[1133] So auch Götz FamRZ 2014, 926.

387b   **Die Zurechnung des vollen Nutzungswertes beginnt,** wenn dem Berechtigten die Reduzierung der Wohnkosten (durch Umzug oder Teilvermietung) zumutbar und möglich ist. Das bedeutet:

* **Trennungsunterhalt:** Während der Bundesgerichtshof lange Zeit für die **gesamte** Trennungszeit bis zur Scheidung auf den persönlichen Gebrauchswert abgestellt hat,[1134] hat er seine Rechtsprechung auch insoweit modifiziert. Zwar sei der Vorteil mietfreien Wohnens nach der Trennung regelmäßig zunächst nur im Umfang des persönlichen Gebrauchswerts zu berücksichtigen; sofern jedoch eine Wiederherstellung der ehelichen Lebensgemeinschaft nicht mehr zu erwarten sei, etwa wenn ein Scheidungsantrag rechtshängig ist oder die Ehegatten die vermögensrechtlichen Folgen ihrer Ehe abschließend geregelt haben, stehe der Gesichtspunkt der Wiederherstellung der ehelichen Lebensgemeinschaft einer Berücksichtigung des vollen Wohnwerts nicht mehr entgegen, und zwar im konkret entschiedenen Fall sogar schon unmittelbar nach der Trennung.[1135] Diese Modifikation ist problematisch, zumindest in dieser allgemein gehaltenen Formulierung und in der **Erstreckung auf das erste Trennungsjahr.** Selbst wenn die Parteien bereits vor der Trennung die vermögensrechtlichen Folgen ihrer Ehe abschließend geregelt haben – so wie viele Eheleute sogar bereits vor einer Krise – kann eine Wiederherstellung der ehelichen Lebensgemeinschaft während des ersten **Trennungsjahres** (mit Ausnahme der Scheidung in Härtefällen) dennoch nicht ausgeschlossen werden.[1136] Der Gesichtspunkt der Erhaltung der Wiederherstellungchance der Ehe muss grundsätzlich auch **nach Ablauf des ersten Trennungsjahres** – ungeachtet der wirtschaftlichen Auseinandersetzung oder auch nur der Rechtshängigkeit des Scheidungsantrags – noch gelten, weil solche Chancen nach der gesetzlichen Regelung jedenfalls bis zu drei Jahren nicht ohne weiteres auszuschließen sind.[1137] Eine lediglich rückblickende negative Beurteilung dieses Umstandes bei einer Dauer des Trennungsunterhaltsverfahrens bis zur Scheidung erscheint nicht gerechtfertigt.[1138]
* Steht das **endgültige Scheitern nach langer Trennung aber nahezu sicher fest,** kommt es – wie auch nach der Scheidung – darauf an, ob eine Teilvermietung nach den Umständen möglich ist oder ob ein Umzug (auch unter Berücksichtigung von Kindesinteressen) zumutbar und nach der Marktlage sinnvoll ist.[1139] Eine Teilvermietung kann allerdings bei einer beabsichtigten Veräußerung an Dritte sogar hinderlich sein. Es bedarf immer der Abwägung im Einzelfall (s. auch unten unter nachehelicher Unterhalt).
* **Nachehelicher Unterhalt.** Hier ist zwar im Regelfall auf den vollen Wohnwert abzustellen.[1140] Andererseits kann auch hier von der Berücksichtigung des vollen Werts abzusehen sein, wenn das Objekt nur eingeschränkt nutzbar ist und eine Verwertung entweder nicht möglich oder nicht zumutbar ist („totes Kapital").[1141] Insbesondere wenn die Geschiedenen noch Miteigentümer sind und eine gemeinsame Veräußerung oder Vermietung nicht zustande kommt, kann der volle Marktwert nicht zum Nachteil

---

[1134] BGH FamRZ 2007, 879 = NJW 2007, 1974; FamRZ 2000, 351 = NJW 2000, 284; FamRZ 1989, 1160; vgl. ferner Hahne FF 1999, 99 (100).
[1135] BGH FamRZ 2008, 963 = NJW 2008, 1946 Rn. 16.
[1136] BGH FamRZ 2000, 351; FamRZ 1989, 1160; Hahne FF 1999, 99 (100).
[1137] BGH FamRZ 2000, 351 = NJW 2000, 284; OLG Zweibrücken NJW-RR 2007, 222.
[1138] Anders OLG Hamm FamRZ 2005, 367, das nach Ablauf des Trennungsjahrs bei zügig durchgeführtem Scheidungsverfahren von objektivem Marktwert ausgehen will.
[1139] BGH FamRZ 2012, 514 Rn. 29, 30.
[1140] BGH FamRZ 2012, 517 = NJW 2012, 1144 Rn. 44, 49 ff.; FamRZ 2000, 950 = NJW 2000, 2349; OLG Hamm FamRZ 2000, 26 (Ls.) = NJWE-FER 1999, 291; OLG Koblenz NJW-RR 2002, 364 (anders, wenn Umzug oder Teilvermietung nicht zumutbar); vgl. auch BGH FamRZ 1994, 1100 (1102).
[1141] BGH FamRZ 2009, 1300 = NJW 2009, 2523 Rn. 25 ff.

eines Ehegatten berücksichtigt werden, dem kein (alleiniges) Verschulden zur Last fällt.[1142] Gleiches kann auch gelten, wenn sonstige Gründe für die zeitweise Beibehaltung des Zustandes vor der Scheidung sprechen.[1143]

(4) Sonstige Fälle des „freien" Wohnens. Bei Wohnen im Eigentum des Verpflichteten kann man von einer Naturaldeckung des Wohnbedarfs durch diesen sprechen. Der nach obigen Maßstäben begrenzte Wohnwert ist direkt vom Unterhalt abzuziehen.[1144] War eine solche Naturaldeckung vereinbart und veräußert der Verpflichtete anschließend das Haus, muss er den Berechtigten so stellen, als könne er es weiter entgeltfrei nutzen.[1145] Entsprechendes gilt, wenn der Verpflichtete bei einer Mietwohnung allein die Wohnkosten trägt.[1146]

388

Bei „freiem" Wohnen des Berechtigten im gemeinsamen Eigentum nach Auszug des Verpflichteten müssen im Rahmen eines Neuregelungsverlangens[1147] nach § 745 Abs. 2 BGB die genannten Maßstäbe ebenfalls berücksichtigt werden.[1148] Ebenso kann der weichende Miteigentümer nur nach billigem Ermessen Nutzungsentgelt im Rahmen eines Verfahrens nach § 1361b BGB während des Getrenntlebens verlangen,[1149] so dass auch hier die Wohnwertbegrenzung nach den genannten Maßstäben gilt.[1150] Der BGH[1151] hatte in den **Miteigentum**sfällen früher offen gelassen, ob während des **Getrenntlebens** § 745 Abs. 2 BGB durch § 1361b Abs. 3 S. 2 BGB verdrängt wird. Inzwischen hat er jedoch entschieden, dass § 1361b Abs. 3 S. 2 BGB in diesen Fällen die **speziellere Vorschrift** ist.[1152] Für die Zeit nach Rechtskraft der Scheidung gilt § 745 Abs. 2 BGB (und entsprechende Anwendung von § 745 Abs. 2 BGB bei dinglichem **Mitbenutzungsrecht**), so dass § 266 FamFG anzuwenden ist.[1153] Konsequenz dieser Rechtsprechung des BGH und der hM ist, dass für die Dauer des Getrenntlebens und für die Zeit nach der Scheidung zwei verschiedene Verfahren geführt werden, denn die Auffassung, dass der zivilrechtliche Anspruch nach § 745 Abs. 2 BGB auch nach der Scheidung im Verfahren der freiwilligen Gerichtsbarkeit nach § 200 FamFG geltend gemacht werden kann,[1154] ist mit der gesetzlichen Regelung nicht vereinbar.[1155]

[1142] BGH FamRZ 2009, 1300 = NJW 2009, 2523 Rn. 27.

[1143] OLG Hamm FamRZ 2001, 103 (Ls.) = NJWE-FER 2000, 273 (Suche nach behindertengerechter Wohnung).

[1144] BGH FamRZ 1985, 358 = NJW 1985, 909; OLG München FamRZ 1987, 169; OLG Karlsruhe FamRZ 1988, 1272; Empfehlungen des 9. DFGT A I 3a (Teilerfüllung der Barunterhaltspflicht).

[1145] BGH FamRZ 1997, 484 = NJW 1997, 731.

[1146] OLG Schleswig OLGR 1999, 311.

[1147] OLG Brandenburg FamRZ 2002, 396 = FPR 2002, 145; OLG Köln FamRZ 1992, 440 (das Neuregelungsverlangen muss klar und eindeutig ausgesprochen werden); OLG Oldenburg FamRZ 1991, 1057 (auch stillschweigende Neuregelung). Zur möglichen Anwaltshaftung in diesen Fällen s. OLG Düsseldorf FamRZ 2010, 1851 (Ls.).

[1148] OLG Saarbrücken FamRZ 2010, 1981 (1983) zur notwendigen Berücksichtigung einer bestehenden Unterhaltsregelung für die Bemessung einer Nutzungsentschädigung.

[1149] BGH FamRZ 1982, 355 und 1986, 436 = NJW 1986, 1339; OLG Brandenburg FamRZ 2002, 396 = FPR 2002, 145 (Nutzungsentschädigung entspricht nicht der Billigkeit, wenn der verbleibende Ehegatte wegen Versorgung eines kleinen Kindes nicht leistungsfähig ist); OLG München OLGR 1992, 185.

[1150] OLG Bamberg FamRZ 1992, 560.

[1151] BGH FamRZ 2006, 930 = NJW-RR 2006, 1081.

[1152] BGH FamRZ 2017, 693 Rn. 36; FamRZ 2014, 460 = NJW 2014, 462 mwN zum bisherigen Streitstand.

[1153] BGH FamRZ 2017, 693 Rn. 40 mAnm Wever S. 696.

[1154] OLG Hamm FamRZ 2013, 1821.

[1155] OLG Brandenburg NJW 2013, 3794; OLG Zweibrücken FamRZ 2012, 1410.

Bei freiem Wohnen in einer von dritter Seite gestellten Wohnung gelten die Grundsätze der Zurechnung freiwilliger Leistungen Dritter.[1156] Es ist also kein Wohnwert anzurechnen, wenn zB die Eltern die getrennt lebende Tochter durch Stellung einer Wohnung zusätzlich unterstützen wollen.[1157] Anders ist es, wenn es sich dabei um Entgelt für Mithilfe handelt.

Bei Wohnen in einer Mietwohnung, für deren Miete nur der Verpflichtete in Anspruch genommen wird, kann es gerechtfertigt sein, die Mietkosten vor der Quotenbildung vom Einkommen des Verpflichteten abzuziehen.[1158]

389   **(5) Minderbedarf bei ungenutzter Wohnmöglichkeit.** Bei wirksamer Unterhaltsbestimmung nach § 1612 Abs. 2 BGB[1159] kann der Unterhaltsanspruch jedenfalls um die Wohnkosten gekürzt werden.[1160]

390   **(6) Mehrbedarf bei „aufgedrängtem" Wohnen.** Wohnt der Berechtigte nach Auszug des Verpflichteten in einer zu großen Mietwohnung, können die Mietkosten als Familienlast anzusehen sein, die vor Quotenbildung vom Einkommen des Verpflichteten abgezogen wird.[1161] Entsprechend ist es bei aufgedrängter Alleinnutzung unbillig, dass der verbleibende Ehegatte die Hausbelastungen allein trägt.[1162] Diese Berechnung gilt aber – nach obigen Maßstäben – grundsätzlich nur solange eine Chance auf Wiederherstellung der Ehe besteht.

391   **(7) Aufteilung des Wohnwerts auf mehrere Bewohner.** Der Wohnwert ist den Bewohnern quotenmäßig zuzurechnen,[1163] wobei der unterschiedlich hohe Wohnbedarf zu berücksichtigen ist. Zwischen einem Ehepartner und den bei ihm wohnenden Kindern wurde früher eine Verteilung im Verhältnis 2:1:1 angenommen.[1164] Ein starrer Verteilungsschlüssel nach Kopfzahl[1165] auch bei Kindern entspricht allerdings nicht der individuellen Unterhaltszumessung im privaten Unterhaltsrecht. Inzwischen hat sich die Auffassung durchgesetzt, wonach bei Kindern ein Anteil von 20 % ihres Anspruchs auf Barunterhalt als Wohnanteil vorgesehen ist.[1166] Zur Frage, ob eine Kürzung des Kindesunterhalts vorgenommen werden darf, wenn die Kinder mietfrei im gemeinsamen Eigentum wohnen → Rn. 384 und 867. Der BGH[1167] hat auch eine Gewährung von Naturalunterhalt angenommen, die jedenfalls den Wohnwert bei der Berechnung des Trennungsunterhalts des betreuenden Elternteils erhöht.

392   **(8) Differenzmethode für Wohnwert und das Wohnwertsurrogat.** Der Wohnwert findet sein Surrogat in den Nutzungen, die der geschiedene Ehegatte aus dem Erlös des

---

[1156] OLG Hamm FamRZ 2000, 428 und weiter → Rn. 603 f.

[1157] BGH FamRZ 1992, 1045 (1049) = NJW 1992, 2477; OLG Koblenz FamRZ 2003, 534 (Nießbrauchrecht für Eltern); OLG Schleswig FamRZ 2003, 603; zu allgemein Anrechnung bejahend OLG Köln DAVorm 1984, 698.

[1158] OLG Köln FamRZ 2002, 98.

[1159] Vgl. dazu → Rn. 253.

[1160] OLG Hamburg NJW-RR 1991, 1028.

[1161] OLG Celle OLGR 1996, 93; OLG Hamm FamRZ 1994, 1029; OLG Frankfurt FamRZ 1994, 1031; OLG Koblenz FamRZ 1991, 1187 (1188); OLG Düsseldorf FamRZ 1989, 278; OLG Zweibrücken FamRZ 1982, 269 u. 919.

[1162] OLG Hamm FamRZ 1996, 1476.

[1163] BGH FamRZ 1992, 423 (424) = NJW 1992, 1044 lässt die Berechnungsmethode offen; OLG Hamm FamRZ 2005, 214 (3/5 des Wohnwerts für die Ehefrau, bei zwei mit ihr wohnenden Kindern); AG Landau FamRZ 2007, 1018 (bei einem Gesamtwohnwert von 760 EUR ein geschätzter Abzug von insgesamt 250 EUR für 2 erw. Kinder im Haus).

[1164] So BGH FamRZ 1988, 921 (925) = NJW 1988, 2365.

[1165] So BVerwG NJW 1989, 313 im Sozialhilferecht; OVG Hamburg DAVorm 1989, 107 u. 418.

[1166] BGH FamRZ 2021, 1965 = NJW 2022, 621 Rn. 33; FamRZ 2016, 887 Rn. 19 = NJW 2016, 1511; Süddeutsche und Kölner Leitlinien Nr. 21.5.2.

[1167] BGH FamRZ 2013, 191, Rn. 26 mAnm Born, S. 194.

Miteigentums bzw. Miteigentumsanteils erzielt. Die Surrogate sind als die ehelichen Lebensverhältnisse bestimmendes Einkommen anzusehen und im Wege der Differenzmethode zu berücksichtigen.[1168]

(9) Wohnwert bei konkreter Bedarfsberechnung. Wenn der Unterhaltsanspruch des berechtigten Ehegatten nicht quotal, sondern – bei gehobenen Einkommensverhältnissen – nach dem konkreten Bedarf ermittelt wird, ist bei der Bewertung des Wohnvorteils zu differenzieren: Der konkrete Wohnbedarf entspricht zunächst dem Mietzins, der für eine dem ehelichen Lebensstandard entsprechende Mietwohnung für eine Person zu zahlen wäre.[1169] Bleibt der unterhaltsberechtigte Ehegatte nach endgültigem Scheitern der Ehe aber weiterhin in dem ehemaligen Familienheim, ist grundsätzlich der volle Mietwert, der aus der Vermietung des gesamten Objekts zu erzielen wäre, als bedarfsdeckendes Einkommen einzusetzen. In diesen Fällen übersteigt der Wohnwert den Wohnbedarf und der Ehegatte, der in der – infolge Trennung – zu groß gewordenen Immobilie wohnt, muss den Wohnwert als fiktives Einkommen zur Deckung seines über den Wohnbedarf hinausgehenden sonstigen unterhaltsrechtlichen (konkreten) Bedarfs verwenden.[1170]

c) Kranken- und Pflegevorsorge sowie Krankenbedarf

aa) Krankenversicherung (Krankenvorsorgeunterhalt). Nach § 1578 Abs. 2 BGB gehören zum Lebensbedarf auch die Kosten einer angemessenen Versicherung für den Fall der Krankheit.[1171] Der Krankheitsvorsorgeunterhalt ist wie der Altersvorsorgeunterhalt zweckgebunden und im Quotenunterhalt nicht enthalten.[1172] 393

§ 1578 Abs. 2 BGB dient aber insoweit nur der Klarstellung, denn die Krankheitsvorsorge gehört auch darüber hinaus generell zum allgemeinen Lebensbedarf beim Unterhalt Getrenntlebender sowie beim Verwandtenunterhalt, für den eine besondere gesetzliche Regelung fehlt, weil davon ausgegangen wird, dass die Krankheitsvorsorge bereits auf andere Weise, zB durch Mitversicherung des Ehegatten und der Kinder (§ 10 SGB V), sichergestellt ist.[1173] Zum angemessenen Unterhalt eines seit Geburt privat krankenversicherten Kindes gehören auch die Kosten hierfür. Ein Wechsel zur gesetzlichen Krankenversicherung kann nur verlangt werden, wenn mit einer privaten Zusatzversicherung Nachteile beim Versicherungsschutz aufgefangen werden können.[1174]

Die **Höhe der Beiträge** richtet sich nach den Beitragssätzen der jeweiligen Krankenversicherung; im Wege der Annäherungsrechnung ist der entsprechende Krankenvorsorgeunterhalt zu ermitteln → Rn. 395.[1175] Wird **Realsplitting** in Anspruch genommen, ist der gezahlte Unterhalt in diesem Sinne nach einer Entscheidung des BSG[1176] als Einkommen anzusehen. Es muss dann genau gerechnet werden, bis zu welchen Beträgen sich die Inanspruchnahme des Realsplittings lohnt.[1177]

[1168] BGH FamRZ 2001, 1140 (1143) = NJW 2001, 2259; zT krit. Finke FF 2002, 114.
[1169] BGH FamRZ 2021, 1965 = NJW 2022, 621 Rn. 25; FamRZ 2012, 517 = NJW 2012, 1144, Rn. 44 ff.
[1170] BGH FamRZ 2012, 517 = NJW 2012, 1144, Rn. 44 ff.
[1171] BGH FamRZ 2007, 1532 = NJW 2008, 57 Rn. 51.
[1172] BGH FamRZ 1983, 676 = NJW 1983, 1552 (1554).
[1173] BGH FamRZ 1983, 676 = NJW 1983, 1552 und ständig – die Entscheidungen betreffen noch § 205 RVO; OLG Naumburg OLGR 1999, 230. Vgl. zu Einzelheiten der ehelichen Versicherungssituation Husheer FamRZ 1991, 264 ff.
[1174] OLG Frankfurt a. M. FamRZ 2013, 138 = NJW-Spezial 2012, 548
[1175] Vgl. für freiwillig in der GKV versicherte Unterhaltsberechtigte: BSG FamRZ 2016, 304; ausführlich zur Berechnung: Gutdeutsch „Vorsorgeunterhalt und Drittelmethode" FamRZ 2016, 184. Weil FamRZ 2016, 684.
[1176] BSG FamRZ 1994, 1239 = NJW-RR 1994, 1090 mAnm Weychardt FamRZ 1994, 1239.
[1177] L. Müller FPR 2003, 160 (162); Böhmel FamRZ 1995, 270.

394   **In der Trennungszeit** endet die Mitversicherung des Unterhaltsberechtigten in der gesetzlichen Krankenversicherung gem. § 10 Abs. 1 Nr. 5 SGB V, wenn die Eigeneinkünfte ein Siebtel der monatlichen Bezugsgröße des § 18 SGB IV (ab 1.1.2023 beläuft sich dieser Betrag auf 485 EUR) bzw. für geringfügig Beschäftigte die am Mindestlohn orientierte Geringfügigkeitsgrenze gem. § 8 Abs. 1 SGB IV (ab 1.10.2022: 520 EUR mtl.) übersteigen.[1178]

Die Mitversicherung endet auch mit der **Rechtskraft der Scheidung.** Der nicht selbstständig versicherte Ehegatte hat aber die Möglichkeit, innerhalb einer Frist von drei Monaten als freiwilliges Mitglied einer gesetzlichen Krankenversicherung – gegen Beitragsentrichtung – beizutreten (§§ 9 Abs. 1 Nr. 2 1. Alt. 188 SGB V).[1179] Angemessen ist grundsätzlich der Versicherungsschutz, der dem während der Ehe bestehenden entspricht. Die – oft erheblichen – zusätzlichen Versicherungskosten sind – wie die eigenen Versicherungskosten des Verpflichteten – nicht in der Unterhaltsquote enthalten, sondern sie sind vor der Bildung der Quote vom anrechnungsfähigen Einkommen abzusetzen, weil sich sonst ein Ungleichgewicht der für die allgemeine Lebenshaltung beider Ehegatten zur Verfügung stehenden Mittel ergäbe.[1180]

Im öffentlichen Dienst entfällt mit der Scheidungsrechtskraft die Beihilfeberechtigung für Aufwendungen des geschiedenen Ehegatten.[1181] Die ergänzende private Krankenversicherung muss dann entsprechend aufgestockt werden.[1182]

Der Unterhaltspflichtige muss den Berechtigten über ein Ende des Krankenversicherungsschutzes nach § 10 SGB V (zB durch Aufgabe der abhängigen Arbeit) unterrichten, sonst können Schadensersatzansprüche entstehen.[1183]

395   **Soweit die Versicherung in einer gesetzlichen Krankenkasse erfolgt,** ist der Krankenvorsorgeunterhalt durch Multiplikation des Grundunterhalts mit dem Versicherungssatz der jeweiligen Krankenkasse zu ermitteln.[1184] Dabei ergeben sich Berechnungsschwierigkeiten wie beim Altersvorsorgeunterhalt,[1185] → Rn. 410 (Beitragssatz schwankt je nach Kasse).

396   **Bei beiderseitigem Erwerbseinkommen** ist im Allgemeinen davon auszugehen, dass die beiderseitige Krankenvorsorge dadurch ausreichend gesichert ist. Sowohl bei Anwendung von Abzugs- als auch Differenzmethode[1186] sind die Krankenversicherungskosten beiderseits vorweg abzuziehen, bevor der laufende (Aufstockungs-)Unterhalt berechnet wird.

Was die **Aufrechterhaltung der Versicherung im bisherigen Umfang** angeht, kann für die Frage der Aufrechterhaltung von Zusatzversicherungen uU von Bedeutung sein, dass der Lebensstandard infolge der Scheidung sinkt und für eine unterschiedliche Be-

---

[1178] OLG Hamm OLGR 2007, 649 (bis dahin Anspruch auf Bevollmächtigung, Krankheitskosten eigenständig abzurechnen).

[1179] Vgl. zur gesetzlichen Krankenversicherung nach der Scheidung L. Müller FPR 2003, 160.

[1180] Vgl. BGH FamRZ 1985, 357 = NJW 1985, 909; OLG Hamm FamRZ 1982, 172 (174); OLG Düsseldorf FamRZ 1986, 814; OLG Saarbrücken FF 2001, 23 will dagegen bei den ehelichen Lebensverhältnissen zum Ausgleich für den fortgefallenen Beihilfeanspruch einen fiktiv erhöhten Krankenversicherungsbeitrag berücksichtigen.

[1181] ZB §§ 1, 2 BeihilfeVO Nordrhein-Westfalen (GV NW 1975, 332 mit zahlreichen späteren Ergänzungen) – es kommt auf die Regelung in den jeweiligen landesrechtlichen (bzw. bundesrechtlichen) Vorschriften an.

[1182] BGH FamRZ 1989, 483 = NJW-RR 1989, 386; OLG Koblenz NJW-RR 2004, 1012.

[1183] OLG Köln FamRZ 1985, 926.

[1184] Zum Verteilungsschlüssel im Quotenfall Maier FamRZ 1992, 1259 (1261 f.).

[1185] Vgl. für freiwillig in der GKV versicherte Unterhaltsberechtigte: BSG FamRZ 2016, 304; ausführlich zur Berechnung: Gutdeutsch „Vorsorgeunterhalt und Drittelmethode" FamRZ 2016, 184, Weil FamRZ 2016, 684.

[1186] BGH FamRZ 1983, 676 = NJW 1983, 1552; OLG Hamburg FamRZ 1985, 394.

handlung der Ehegatten kein Anlass besteht.[1187] Das OLG Hamm hat aber zu Recht entschieden, dass eine erwerbsunfähige frühere Beamtengattin, die sich nach der Scheidung zunächst zu 100 % privat neu versichern musste, auch nach dem Erhalt einer Rente noch einen ehebedingten Nachteil in Form von Beiträgen zu einer ihr früheres Niveau erhaltenden privaten Krankenversicherung hat, den der Ehemann weiterhin ausgleichen muss, wenn sie andernfalls nur noch weniger als den Ehegattenselbstbehalt für sich behält.[1188]

Wird fiktives Einkommen zugerechnet, kann auch der Krankenvorsorgebedarf ganz **397** oder teilweise als gedeckt anzusehen sein.[1189] Nach den Einzelfallumständen kann die Wirkung der Fiktion aus Gründen der nachehelichen Solidarität wegen der elementaren Bedeutung des Versicherungsschutzes einzuschränken sein.[1190]

Von einem Vorrang des laufenden Unterhalts kann hier, anders als beim Altersvor- **398** sorgeunterhalt, nicht ausgegangen werden, denn die Versicherung gegen Krankheit ist Teil des dringenden gegenwärtigen Unterhaltsbedürfnisses.[1191]

Krankenvorsorgeunterhalt kann – aus denselben Gründen wie Altersvorsorgeunterhalt (→ Rn. 422) – **für die Vergangenheit ab dem Zeitpunkt des Auskunftsersuchens verlangt** werden. Es ist nicht nötig, dass er darin zur Inverzugsetzung ausdrücklich geltend gemacht worden ist, denn auch der Krankenvorsorgeunterhalt gehört einheitlich zum Lebensbedarf (§ 1578 Abs. 2 BGB).[1192] Ist Auskunft erteilt, muss er allerdings gesondert beziffert werden als unselbstständiger Bestandteil des Gesamtunterhalts. Der BGH[1193] betont, dass der Unterhaltsberechtigte, der seinen Unterhaltsanspruch bereits beziffert hat, nachdem er zuvor Auskunft gemäß § 1613 Abs. 1 BGB verlangt hat, nicht rückwirkend höheren Unterhalt verlangen kann, wenn der Pflichtige nach der erstmaligen Bezifferung nicht mit einer Erhöhung zu rechnen brauchte – das muss auch für zunächst nicht begehrten Krankenvorsorgeunterhalt gelten.

Im Beschluss wird der Krankenvorsorgeunterhalt gesondert auszuweisen sein, **399** jedenfalls, wenn das beantragt wird, denn es gelten die gleichen Argumente wie beim Altersvorsorgeunterhalt.[1194] Ist dies nicht der Fall, kann das auch im Wege des Abänderungsantrags geschehen, wenn der Krankenvorsorgebedarf nicht vorhergesehen worden ist.[1195] Der Unterhaltsverpflichtete kann aber nicht Leistung direkt an die Krankenversicherung verlangen; der Verpflichtete ist bei nicht bestimmungsgemäßer Verwendung dadurch geschützt, dass der Berechtigte so behandelt wird, als bestehe eine entsprechende Versicherung. Ausnahmen kommen in Betracht, wenn das Verlangen der Zahlung an sich selbst als Verstoß gegen Treu und Glauben erscheint.[1196]

Bei der vertraglichen Regelung von Unterhaltsansprüchen sollte immer klargestellt **400** werden, ob sie so bemessen sind, dass die Krankenversicherungskosten darin enthalten sind oder ob die Krankenversicherung als zusätzliche Leistung zu gewähren ist.[1197] Zur

---

[1187] Zu Zusatzversicherungen vgl. näher Husheer FamRZ 1991, 264 (267).
[1188] OLG Hamm FamRZ 2009, 2098 (Ls.) = OLG Hamm NJW-RR 2010, 577.
[1189] OLG Köln FamRZ 1993, 711; OLG Hamm FamRZ 1994, 107; OLG Düsseldorf FamRZ 1986, 814.
[1190] OLG Frankfurt FamRZ 1992, 823 (825).
[1191] BGH FamRZ 1989, 483 (485) = NJW-RR 1989, 386 lehnt Parallele zum Altersvorsorgeunterhalt mit Recht ab; OLG Koblenz NJW-RR 2004, 1012.
[1192] Borth FamRZ 2007, 196 in zust. Anm. zu BGH FamRZ 2007, 193 = NJW 2007, 511 (dort zum Altersvorsorgeunterhalt). AA bis zur 10. Auflage und früher OLGR Hamm 1999, 157.
[1193] BGH NJW 2013, 161 = FamRZ 2013, 109 Rn. 41 mAnm Finke.
[1194] → Rn. 425.
[1195] OLG Frankfurt FamRZ 2007, 217.
[1196] BGH FamRZ 1982, 1187 (1188) = NJW 1983, 1547.
[1197] OLG Köln FamRZ 1986, 577; zur Nachforderung von Vorsorgeunterhalt vgl. aber auch BGH FamRZ 1984, 353.

Ermittlung der sehr unterschiedlichen Höhe der zB nach Scheidung entstehenden Kosten ist eine vorherige Information bei der zuständigen Krankenkasse oder dem Versicherungsträger anzuraten.

401   **Einen Freistellungsanspruch gegen den Verpflichteten in Bezug auf entstandene Krankheitskosten** hat der Berechtigte. Der Versicherungsnehmer oder Beihilfeberechtigte ist also nicht nur verpflichtet, die Kostenrechnungen vorzulegen und die Erstattungsbeträge an den Berechtigten weiterzuleiten.[1198] **Erstattungslücken** muss der Berechtigte selbst tragen, wenn er – wie meistens – keinen Mehrbedarf verlangen kann, denn grundsätzlich ist die Unterhaltspflicht mit der Tragung der Versicherungskosten erfüllt.

402   **bb) Pflegevorsorge.** Die **Beiträge zur gesetzlichen oder privaten Pflegeversicherung** gehören ebenso wie die Krankenversicherungsbeiträge zum allgemeinen Lebensbedarf.[1199]

403   **cc) Berufs- und Erwerbsunfähigkeitsversicherung. Die Kosten einer angemessenen Versicherung für Berufs- und Erwerbsunfähigkeit** gehören zum Lebensbedarf (§§ 1361 Abs. 1 S. 2, 1578 Abs. 3 BGB).

Im System der gesetzlichen Rentenversicherung (vgl. § 33 SGB VI) gewährt die Versicherung als Rentenleistung sowohl Renten wegen Berufs- oder Erwerbsunfähigkeit als auch Altersruhegeld. Mit der Beitragszahlung wird also gleichzeitig Vorsorge für alle drei Bedarfsfälle erreicht. Da somit in aller Regel eine gesonderte Versicherung der Berufs- und Erwerbsunfähigkeit nicht in Betracht kommt, wird insgesamt auf die Erörterungen zur Altersversicherung (Altersvorsorgeunterhalt) verwiesen.[1200]

404   **dd) Diäternährung. Wer Diätkosten als Sonder- oder Zusatzbedarf** (je nach Sachlage) geltend macht, muss die ärztliche Notwendigkeit und die dadurch entstehenden höheren Kosten konkret nachweisen und sich ggf. auch Einsparungen gegenüber der Normalkost anrechnen lassen.[1201] Nicht jede Diät führt zu Mehraufwendungen. Der Ansatz von Pauschbeträgen ist nach § 287 ZPO nur dann angebracht, wenn nach der jeweiligen Diätart Mehrkosten in bestimmter Höhe typischerweise entstehen.

405   **ee) Pflegebedarf.** Der Pflegebedarf wird durch die tatsächlichen Pflegekosten (entsprechend den Pflegesätzen) zuzüglich eines Taschengeldes bestimmt.[1202] Das gilt auch für zusammenlebende Ehegatten, wenn stationäre Pflege in einem Heim in Anspruch genommen werden muss. Auch während der Heimunterbringung fallen Kosten für den persönlichen Bedarf an, die nicht durch die Pflegesätze abgedeckt sind.

d) Altersvorsorge und Altersbedarf

406   **aa) Altersvorsorgeunterhalt (Altersversicherung).** Der Altersvorsorgeunterhalt gem. §§ 1361 Abs. 1 S. 2, 1578 Abs. 3 BGB ist nach der Rechtsprechung des BGH ein zweckgebundener, in der Entscheidung besonders auszuweisender Bestandteil des Unterhalts, den der Berechtigte für eine entsprechende Versicherung zu verwenden hat.[1203]

[1198] In diesem Sinne OLG Düsseldorf FamRZ 1991, 437; OLG Hamm NJW-RR 2007, 1234 bejaht aber einen Anspruch auf Bevollmächtigung des Berechtigten. Dafür spricht auch BGH (VI) NJW 2006, 1434.

[1199] OLG Schleswig OLGR 1999, 222 und FamRZ 1996, 217; OLG Zweibrücken NJW-RR 1993, 1218; Gutdeutsch FamRZ 1994, 878; Büttner FamRZ 1995, 193 ff.

[1200] BGH FamRZ 2007, 193 mwN; s. auch → Rn. 406.

[1201] OLG Hamm FamRZ 2006, 124; OLG Schleswig OLGR 1996, 201 (Lebensmittelunverträglichkeit); LG Osnabrück DAVorm 1989, 162 (zur Darlegung der Mehrkosten „tatsächlichen Kostenaufwand zumindest über einige Monate darstellen").

[1202] OLG Düsseldorf NJW 2002, 1353.

[1203] BGH FamRZ 2021, 1878 = NJW 2021, 3530 Rn. 23; FamRZ 2020, 171 = NJW 2020, 238 Rn. 35.

Anders als bei der Krankenversicherung hat der Gesetzgeber mit § 1361 Abs. 1 S. 2 BGB auch eine Regelung für getrennt lebende Ehegatten ab Rechtshängigkeit eines Scheidungsverfahrens geschaffen, da der Versorgungsausgleich gem. § 3 Abs. 1 Vers-AusglG nur die Zeit bis zum Ende des Monats vor Rechtshängigkeit[1204] erfasst und § 1578 Abs. 3 BGB erst ab Rechtskraft der Scheidung eingreift. Die Regelung soll für eine lückenlose „soziale Biographie" sorgen.[1205] Der Altersvorsorgeunterhalt – als Teil des einheitlichen, den gesamten Lebensbedarf umfassenden Unterhaltsanspruchs – ist dazu bestimmt, die Nachteile auszugleichen, die dem unterhaltsberechtigten Ehegatten aus der ehebedingten Behinderung seiner Erwerbstätigkeit erwachsen.[1206]

Vorsorgeunterhalt und Elementarunterhalt hängen in dreifacher Weise voneinan-   407
der ab, wie der BGH[1207] **grundlegend entschieden hat:**

1. Der an sich zu zahlende Elementarunterhalt (= Quote vom bereinigten Nettoeinkommen) ist die Bemessungsgrundlage. Dieser Betrag wird als (fiktives) Nettoeinkommen des Berechtigten angesehen, das durch Zuschlag (fiktiver) Lohnsteuern (nach Steuerklasse I) und des Arbeitnehmeranteils der Sozialabgaben (aber ohne Krankenversicherung) auf ein Bruttoeinkommen hochgerechnet wird (entsprechend der Regelung bei Nettolohnvereinbarungen gemäß § 14 Abs. 2 SGB IV). Um die Errechnung der Höhe dieser Zuschläge zu erleichtern, hat das OLG Bremen[1208] – dessen Berechnungsmethode („Bremer Tabelle") der BGH im Kern gefolgt ist[1209] – eine Tabelle entwickelt, die wegen Änderung der Beitragssätze in der Sozialversicherung und der Beitragsbemessungsgrenzen immer wieder auf den neuesten Stand gebracht werden muss.[1210] 2022 stellten 22,6 % des so errechneten Bruttobetrages den Vorsorgeunterhalt dar.

2. Bei der Berechnung des wirklich zu zahlenden Elementarunterhalts ist nun zu berücksichtigen, dass diese Vorsorgeleistungen wie die Vorsorgeleistungen für den Verpflichteten selbst vom unterhaltspflichtigen Einkommen abzuziehen sind, bevor vom bereinigten Nettoeinkommen die Quote für den laufenden Lebensbedarf gebildet wird.

3. In Mangelfällen geht der Elementarunterhalt vor,[1211] so dass der Vorsorgeunterhalt bei Unterschreitung der entsprechenden Selbstbehaltsgrenzen gekürzt werden muss oder sogar ganz entfällt (§ 1609 BGB).

Berechnungsbeispiel: 408

1.	Bereinigtes Nettoeinkommen des Verpflichteten:	3.450,00 EUR
	Davon Quotenunterhalt von 45 % an sich:	1.552,50 EUR

[1204] Altersvorsorgeunterhalt daher ab Beginn des Rechtshängigkeitsmonats: BGH FamRZ 1981, 442 (445) = NJW 1981, 1556 (1559).

[1205] BGH FamRZ 2007, 1532 (1537); BGH FamRZ 2007, 193 mAnm Borth = NJW 2007, 511.

[1206] BGH FamRZ 2007, 193 mAnm Borth = NJW 2007, 511; FamRZ 1988, 145 mwN = NJW-RR 1988, 514; OLG Koblenz FF 2003, 138.

[1207] BGH FamRZ 1999, 372 = NJW-RR 1999, 372; FamRZ 1981, 442 = NJW 1981, 1556; FamRZ 1983, 888 = NJW 1983, 2937; FamRZ 1985, 471 = NJW 1985, 1347, stRspr; vgl. BGH FamRZ 1988, 145 = NJW 1988, 514.

[1208] OLG Bremen FamRZ 1979, 121; fortgeführt von W. Gutdeutsch OLG München, zuletzt FamRZ 2010, 260 ff.

[1209] Zuletzt BGH FamRZ 2010, 1637 = NJW 2010, 3372, Rn. 36.

[1210] Vgl. → Rn. 427.

[1211] Vgl. → Rn. 424; BGH FamRZ 1982, 887 (890) = NJW 1982, 1983 (1985); FamRZ 1990, 1095 (1097) = NJW-RR 1990, 1410; Empfehlung des Vorstands des 16. DFGT, S. 171; OLG Düsseldorf FamRZ 2006, 1685.

Die 1.552,50 EUR sind (per 1.1.2022) nach der Bremer Tabelle um 21 % auf brutto hochzurechnen: 21 % von 1.552,50 EUR = 326,03 EUR + 1.552,50 EUR	= 1.878,52 EUR
Davon 18,6 % Vorsorgeunterhalt für 2022	= 349,41 EUR

2. Bereinigtes Nettoeinkommen ..... 3.450,00 EUR

    Abzüglich Vorsorgeunterhalt ..... – 349,41 EUR

                                          3.100,59 EUR

    Davon 45 % als wirklicher (Elementar-)Quotenunterhalt ..... 1.395,27 EUR

3. Insgesamt sind also zu zahlen:
    1.395,27 EUR + 349,41 EUR = 1.736,68 EUR, auf
    volle EUR abgerundet 1.737 EUR.

Es bedarf keiner Korrektur, da dem Verpflichteten 1.713 EUR (3.450 – 1.727), also der sog. eheangemessene Selbstbehalt, verbleiben und auch der Mindestbedarf des Berechtigten gedeckt ist.

Das praktische Ergebnis zeigt, dass die zusätzliche Errechnung des Altersvorsorgeunterhalts nahezu auf eine Halbierung des bereinigten Nettoeinkommens hinausläuft.[1212] Das Beispiel zeigt weiter, dass selbst bei relativ guten Einkommensverhältnissen die Selbstbehaltsgrenze und damit Kappungsgrenze für den Vorsorgeunterhalt schnell erreicht ist, was sicher auch ein Grund für seine beschränkte praktische Anwendung ist.

409 **Bei besonders günstigen wirtschaftlichen Verhältnissen kann die zweistufige Berechnungsweise entfallen,** in Fällen nämlich, in denen der Vorsorgebedarf neben dem (vollen) laufenden Bedarf befriedigt werden kann,[1213] insbesondere also, wenn nicht das volle laufende Einkommen dem Unterhalt dient, sondern Teile zur Vermögensbildung eingesetzt werden.

Der Vorsorgebedarf kann dann ohne Verletzung der Halbteilung neben dem (ungekürzten) Elementarunterhalt geleistet werden. Der BGH[1214] verweist insoweit auf **drei Fallkonstellationen:**

*   wenn der Elementarunterhaltsbedarf nicht nach einer Quote, sondern konkret ermittelt wird,[1215]
*   wenn der Altersvorsorgeunterhalt aus früher zur Vermögensbildung verwendeten Einkünften aufgebracht werden kann,
*   wenn die errechnete Unterhaltsquote letztlich nicht geschuldet wird und deshalb in Höhe der Differenz zwischen Quote und Anspruch bereits eine Entlastung des Pflichtigen eintritt. Soweit ausnahmsweise noch **im Wege der Anrechnungsmethode** nichtprägende Einkünfte von der Unterhaltsquote abzuziehen sind, kann der Verpflichtete (je nach Höhe der Anrechnung) den Vorsorgebedarf ohne Beeinträchtigung seiner eigenen Bedürfnisse neben dem laufenden Unterhalt decken. Auch in diesem Fall kann daher eine einstufige Berechnung vorgenommen werden.[1216]

[1212] Siehe auch das Berechnungsbeispiel Gutdeutsch „Vorsorgeunterhalt und Drittelmethode" FamRZ 2016, 184.

[1213] BGH FamRZ 2007, 117 = NJW 2007, 144; FamRZ 1999, 372 (374); BGH FamRZ 1988, 1145 (1148) = NJW-RR 1988, 1282; OLG Hamm NJW-RR 1995, 1283; OLG München FamRZ 1994, 1459; OLG Koblenz FamRZ 1993, 199 (201).

[1214] BGH NJW 2012, 1581 = FamRZ 2012, 945 Rn. 9.

[1215] BGH FamRZ 2010, 1637 = NJW 2010, 3372 Rn. 37.

[1216] BGH FamRZ 1999, 372 (374) = NJW-RR 1999, 297; OLG München FamRZ 1994, 1459 und 1992, 1310 im Anschluss an Gutdeutsch FamRZ 1989, 451 ff.

Sofern der Unterhaltsberechtigte den Elementarunterhalt aber auf einen Betrag beschränkt, der noch keine konkrete Bedarfsbemessung erfordert und nur unter Berücksichtigung des Altersvorsorgebedarfs einen darüber hinausgehenden Gesamtbedarf geltend macht, braucht er diesen Gesamtbedarf gleichwohl nicht konkret darzulegen. Dann ist der Altersvorsorgeunterhalt vielmehr auf der Basis des ermittelten Elementarunterhalts zu berechnen.[1217]

Die Beitragsbemessungsgrenze der gesetzlichen Rentenversicherung bietet bei besonders günstigen Verhältnissen keine Grenze für die Bemessung des Altersvorsorgeunterhalts.[1218]

Bei Einkünften aus einer geringfügigen Beschäftigung ist zu berücksichtigen, dass seit dem 1.1.2013 gem. § 5 Abs. 2 SGB VI eine Versicherungspflicht in der gesetzlichen Rentenversicherung gilt; das vormalige Optionsmodell ist hierdurch abgelöst worden.

Einkünfte, die nicht aus Erwerbseinkommen stammen (Wohnvorteil, Kapitaleinkünfte) sind bei der Bemessung des Altersvorsorgeunterhalts außer Betracht zu lassen.[1219]

Zur Frage, dass die auf der Zahlung des Altersvorsorgeunterhalts beruhenden Renten die ehelichen Lebensverhältnisse geprägt haben, siehe BGH[1220] → Rn. 514 und 618.

bb) Weitere Einzelfragen zu Altersvorsorge und Altersvorsorgeunterhalt:

(1) **Zusätzliche Altersvorsorge:** Vom Altersvorsorgeunterhalt ist die zusätzliche Altersvorsorge zu unterscheiden. Sowohl der Verpflichtete als auch der Berechtigte dürfen grundsätzlich selbst zusätzliche Altersvorsorge von bis zu 4 % des Bruttoeinkommens,[1221] beim Elternunterhalt 5 %,[1222] neben der gesetzlichen Altersvorsorge betreiben. Das gilt auch für Beamte.[1223] Soweit der BGH ausführt, die Berücksichtigungsfähigkeit hänge im Übrigen davon ab, „ob der als vorrangig anzusehende Elementarunterhalt und der der primären Altersversorgung dienende Altersvorsorgeunterhalt aufgebracht werden können",[1224] bedeutet dies, dass im Mangelfall kein Abzug erfolgen kann. Die Bemessung des danach ermittelten Unterhalts obliegt außerdem auch diesbezüglich immer noch einer abschließenden Angemessenheitsprüfung.[1225] Andererseits ist aber auch diese zusätzliche Altersvorsorge nicht auf die Beitragsbemessungsgrenze der gesetzlichen Rentenversicherung beschränkt, sondern anhand des gesamten Bruttoeinkommens zu berechnen.[1226] Der Verpflichtete wie der Berechtigte sind in der Wahl der zusätzlichen Altersversorgung frei, sie kann zB auch in einem Hauserwerb bestehen.[1227] Ein fiktiver Abzug kommt aber nicht

410

[1217] BGH NJW 2012, 1578 = FamRZ 2012, 947 Rn. 34; NJW 2012, 1581 = FamRZ 2012, 945 Rn. 18.

[1218] BGH FamRZ 2010, 1637 = NJW 2010, 3372 Rn. 36; FamRZ 2007, 117 = NJW 2007, 144.

[1219] BGH NJW 2000, 284; OLG Hamm NJW-RR 2003, 1084.

[1220] BGH FamRZ 2014, 1276, Rn. 21 f.; s. auch Wendl/Dose UnterhaltsR § 1 Rn. 647.

[1221] BGH FamRZ 2020, 21 = NJW 2019, 3570, Rn. 46; FamRZ 2009, 1207 = NJW 2009, 2450, Rn. 30; FamRZ 2008, 963; FamRZ 2005, 1817 = NJW 2005, 3277; OLG Brandenburg NJW-RR 2006, 1301.

[1222] BGH FamRZ 2006, 1511 (1514); FamRZ 2004, 792 (793).

[1223] BGH FamRZ 2009, 1391 = NJW 2009, 2592, Rn. 38.

[1224] BGH FamRZ 2005, 1817 = NJW 2005, 3277, Rn. 43. Beim Kindesunterhalt scheiden zusätzliche Altersversorgung und Krankenzusatzversicherung aus, wenn der Mindestunterhalt nicht aufgebracht wird: BGH FamRZ 2013, 616 = NJW 2013, 1005, Rn. 20–22.

[1225] BGH FamRZ 2005, 1817 = NJW 2005, 3277, Rn. 43.

[1226] BGH FamRZ 2009, 1300 = NJW 2009, 2523, Rn. 60.

[1227] BGH FamRZ 2007, 793 mAnm Büttner = NJW 2007, 1961; BGH FamRZ 2007, 193 mAnm Borth = NJW 2007, 511; zur zusätzlichen privaten Altersvorsorge vgl. Griesche FPR 2006, 337 und Büttner FamRZ 2004, 1918.

in Betracht.[1228] Auf der Seite des Verpflichteten stellt sich die zusätzliche Altersvorsorge als Element der Leistungsfähigkeit dar (→ Rn. 1029).

411   (2) Diese **Aufwendungen für die zusätzliche Altersversorgung, insbesondere auch sog. Riester-Renten,**[1229] beeinflussen – abgesehen von der oben dargelegten Berücksichtigung bei der Einkommensberechnung – den Vorsorgeunterhalt an sich nicht, da er schematisch berechnet wird.

412   (3) **Zusätzlicher Altersvorsorgeunterhalt.** Insbesondere im Falle einer konkreten Berechnung des Unterhaltsbedarfs bei guten wirtschaftlichen Verhältnissen kann aber noch eine zusätzliche Altersvorsorge angemessen sein, vor allem wenn die Höhe des Versorgungsausgleichs noch nicht feststeht.[1230] Aber auch dann, wenn der Unterhaltspflichtige eine zusätzliche Altersvorsorge in entsprechender Höhe betreibt, ist es nach dem BGH geboten, auch dem Unterhaltsberechtigten eine entsprechende **Erhöhung des Altersvorsorgeunterhaltes** zu ermöglichen, mithin einen Zuschlag von 4 Prozentpunkten zum Beitragssatz der gesetzlichen Rentenversicherung vorzunehmen.[1231] Im Unterschied zu oben unter (1), → Rn. 410, bedeutet dies dann eine Erhöhung des Altersvorsorgeanspruchs und nicht nur eine anzuerkennende Belastung des Eigeneinkommens, was aber nicht zu doppelter Berücksichtigung führen darf. Der geschuldete Altersvorsorgeunterhalt ist nicht auf die Beitragsbemessungsgrenze beschränkt.[1232]

413   (4) **Bei der Berechnungsmethode für den Altersvorsorgeunterhalt war anfangs umstritten, ob der Krankenversicherungsbeitrag** bei der Hochrechnung um die Sozialabgaben außer Betracht bleiben kann[1233] und ob es richtig ist, bei der Errechnung des Vorsorgeunterhalts von einem fiktiven Unterhalt auszugehen, der über dem nachher wirklich zu zahlenden Unterhalt liegt.[1234] Inzwischen hat sich die Berechnung durchgesetzt, wonach zunächst der Krankenvorsorgeunterhalt, der bei einer freiwilligen Versicherung in der GKV durch Annäherung zu ermitteln ist, abzuziehen und danach der nachrangige Altersvorsorgeunterhalt aus dem sich dann ergebenden Elementarunterhalt mittels Bremer Tabelle (→ Rn. 427) zu errechnen ist.[1235]

414   (5) Im Rahmen der **Leistungsfähigkeit** gelten für Vorsorge- und Elementarunterhalt dieselben Selbstbehaltsgrenzen.[1236] Der Wohnvorteil ist aber bei der Ermittlung des Altersvorsorgeunterhalts außer Betracht zu lassen, denn diese Einkünfte stehen dem Erwerbseinkommen, der Grundlage der Altersversorgung ist, nicht gleich.[1237]

415   (6) **Auch beim Aufstockungsunterhalt** ist der Vorsorgeunterhalt in der beschriebenen Weise zu errechnen. Zwar kann der Berechtigte, der im Rahmen seiner Tätigkeit Pflichtbeiträge an die gesetzliche Rentenversicherung leistet, weitere Beiträge nur noch zur Höherversicherung leisten, aus der keine dynamischen Versorgungsansprüche erwachsen; der BGH[1238] weist aber mit Recht darauf hin, dass andere ergänzende Vorsorgemöglichkeiten in Betracht kommen.

[1228] BGH FamRZ 2009, 1391 = NJW 2009, 2592, Rn. 38.
[1229] Vgl. dazu Bergschneider FamRZ 2003, 1609 (1615).
[1230] OLG Hamm FamRZ 2006, 1603.
[1231] BGH FamRZ 2020, 21 = NJW 2019, 3570, Rn. 47 f.
[1232] BGH FamRZ 2010, 1637 = NJW 2010, 3372, Rn. 36; FamRZ 2007, 117 = NJW 2007, 144.
[1233] Eingehend dazu Gutdeutsch FamRZ 1989, 451 ff.; Maier FamRZ 1992, 1259 ff.; Christl/Sprinz FamRZ 1989, 347 ff.
[1234] Vgl. dazu Gutdeutsch FamRZ 1989, 451 ff.
[1235] Siehe Berechnungsbeispiel Gutdeutsch „Vorsorgeunterhalt und Drittelmethode" FamRZ 2016, 184 (185).
[1236] BGH FamRZ 1982, 890 = NJW 1982, 2438.
[1237] BGH FamRZ 2000, 351 = NJW 2000, 284; OLG Hamm NJW-RR 2003, 1084.
[1238] BGH FamRZ 2007, 117 = NJW 2007, 144; FamRZ 1988, 145 = NJW-RR 1988, 1282; 1982, 255 = NJW 1982, 1873; OLG Düsseldorf FamRZ 1983, 400 mAnm Luthin FamRZ 1983, 928; ferner OLG Köln NJW-RR 1992, 1155 (1158).

(7) Einkünfte aus unzumutbarer Arbeit, die nach § 1577 Abs. 2 BGB nicht ange- **416** rechnet werden,[1239] berühren auch hinsichtlich der durch sie erlangten Altersvorsorge den Vorsorgeunterhalt nicht, der dem Berechtigten also zusätzlich verbleibt.[1240]

(8) Ein isolierter Vorsorgeunterhalt kommt in Betracht, wenn der Elementarunter- **417** halt durch anderweitige Leistungen ohne Versorgungsbegründung (zB Naturalunterhaltsgewährung durch neuen Partner) gedeckt ist.[1241] Es ist dann als Bemessungsgrundlage der hypothetische Unterhalt zu errechnen, der ohne die anderweitige Deckung zu zahlen wäre. Daraus ergibt sich,[1242] dass auch dann eine hypothetische Bemessungsgrundlage ohne Berücksichtigung des Eigenverdienstes zu wählen ist.

(9) Wenn eine **eigene Altersversicherung mittels Vorsorgeunterhalt nicht mehr** **418** **erreicht** werden kann, ist gleichwohl Vorsorgeunterhalt zu zahlen, da noch andere Alterssicherungen möglich sind.[1243] Das Gesetz stellt auf typische Lebenssachverhalte ab, so dass auch bei Erwartung einer eigenen Beamtenversorgung Vorsorgeunterhalt zu zahlen ist, wenn nur die Möglichkeit besteht, dass es zu einer Schlechterstellung in der Endversorgung kommt.[1244]

(10) Eine anderweitige Sicherung der Altersversorgung kann durch eine hohe Ver- **419** mögenssubstanz gegeben sein, so dass dann die Kosten einer Altersversicherung nicht zum Lebensbedarf gehören.[1245] Gleiches gilt, wenn der Berechtigte eine Altersversorgung zu erwarten hat, die diejenige des Verpflichteten erreicht.[1246]

Miet- und Vermögenseinkünfte des Berechtigten stehen auch im Alter zur Verfügung und sind deshalb sowohl in der ersten Berechnungsstufe zur Ermittlung der Bemessungsgrundlage für den Altersvorsorgeunterhalt als auch in der 3. Stufe bei Errechnung des endgültigen Elementarunterhalts in die Differenzrechnung einzustellen.[1247] Nur so kann erreicht werden, dass diese Einkünfte den Altersvorsorgeunterhalt nicht erhöhen.

Bloße vorhandene oder noch zu erwartende Anwartschaften sollen dagegen wegen der Prognoseunsicherheit nicht zu berücksichtigen sein, sondern es bleibt bei der Anknüpfung des Vorsorgeunterhalts an den laufenden Unterhalt.[1248] Das erscheint angesichts der Vorsorgeförderung[1249] und jedenfalls dann zweifelhaft, wenn es sich um unverfallbare Anwartschaften handelt.

Ausnahmsweise kann die Zahlung von Altersvorsorgebeiträgen durch den Sozialhilfeträger erfolgen (§ 7 SGB VI). Das gilt insbesondere wenn nur wenige Monate an der Wartezeit fehlen.[1250] Sie steht im pflichtgemäßen Ermessen des Sozialhilfeträgers.[1251]

(11) Die Vollendung des 65. Lebensjahrs (bzw. ab dem Jahr 2012 + 1 Monat, 2013 + **420** 2 Monate gemäß der Übergangsregelung gem. § 235 SGB VI) des Berechtigten schließt

---

[1239] → Rn. 535.
[1240] BGH FamRZ 1988, 145 = NJW-RR 1988, 514.
[1241] BGH FamRZ 1982, 679 = NJW 1982, 1987; OLG Koblenz FamRZ 1995, 1577.
[1242] BGH FamRZ 1999, 372 (374) = NJW-RR 1999, 297.
[1243] BGH FamRZ 1982, 1187 = NJW 1983, 1547.
[1244] BGH FamRZ 1988, 145 = NJW-RR 1988, 1282 (Höhe des angemessenen Lebensbedarfs im Zeitpunkt des Versicherungsfalls nicht zuverlässig zu beurteilen); OLG Köln FamRZ 1987, 1257.
[1245] BGH FamRZ 1992, 423 (425) = NJW 1992, 1044; OLG Hamm FamRZ 1992, 1175 (1176).
[1246] BGH FamRZ 2000, 351 = NJW 2000, 284; BGH FamRZ 1988, 1145 (1148) = NJW-RR 1988, 1282; OLG Köln NJW-RR 1992, 1155 (1158).
[1247] BGH FamRZ 2000, 351 (355) = NJW 2000, 284; OLG Hamm NJW-RR 2003, 1084; OLG Stuttgart NJWE-FER 2001, 225 unter Bezug auf BGH FamRZ 1999, 372 = NJW-RR 1999, 297.
[1248] BGH FamRZ 1981, 442 (444) = NJW 1981, 1556; FamRZ 1988, 145 (150) = NJW-RR 1988, 514.
[1249] Dazu Strohal FamRZ 2002, 277 (281).
[1250] Vgl. Horndasch ZFE 2007, 167 ff.
[1251] VGH Bayern FEVS 42, 48.

im Allgemeinen einen Altersvorsorgeunterhalt aus;[1252] nur in Sonderfällen kann (ergänzender) Sicherungsbedarf nach den ehelichen Lebensverhältnissen bestehen.

Sofern bereits eine Erwerbsunfähigkeitsrente bezogen wird, steht dem Berechtigten dennoch bis zum allgemeinen Renteneintrittsalter der Altersvorsorgeunterhalt zu.[1253]

Wenn der Berechtigte allerdings eine Altersversorgung zu erwarten hat, die derjenigen des Verpflichteten gleicht, ist kein Altersvorsorgeunterhalt mehr zu zahlen.[1254]

421   **(12) Wenn der Unterhaltsgläubiger Arbeitslosengeld bezieht** und die Voraussetzungen für die Anerkennung der Arbeitslosigkeit als Ausfallzeit gegeben sind, kann – insoweit – der Anspruch auf Vorsorgeunterhalt entfallen.[1255]

422   **(13) Altersvorsorgeunterhalt kann für die Vergangenheit ab dem Zeitpunkt des Auskunftsersuchens verlangt** werden: Es ist nicht nötig, dass er darin zur Inverzugsetzung ausdrücklich geltend gemacht worden ist, denn auch der Altersvorsorgeunterhalt gehört einheitlich zum Lebensbedarf (§§ 1361 Abs. 1 S. 2, 1578 Abs. 3 BGB).[1256] Ist Auskunft erteilt, muss er allerdings gesondert beziffert werden. Der BGH[1257] betont, dass der Unterhaltsberechtigte, der seinen Unterhaltsanspruch bereits beziffert hat, nachdem er zuvor Auskunft gemäß § 1613 Abs. 1 BGB verlangt hat, nicht rückwirkend höheren Unterhalt, zB auch zunächst nicht begehrten Altersvorsorgeunterhalt, verlangen kann, wenn der Pflichtige nach der erstmaligen Bezifferung nicht mit einer Erhöhung zu rechnen brauchte. Auch wenn nach der Aufforderung zur Auskunft, die hinfällig wird, nachdem der Antragsgegner sich für unbeschränkt leistungsfähig erklärt hat, der Unterhalt daraufhin mit konkreter Bedarfsberechnung beziffert wird, besteht regelmäßig die Vermutung, dass der Unterhalt in voller Höhe und nicht nur als Teilforderung geltend gemacht wird. Dies gilt auch für einen nicht mehrstufig zu berechnenden Altersvorsorgeunterhalt, wenn sich der Unterhaltsgläubiger nicht die Geltendmachung eines derartigen Anspruchs vorbehalten hat oder andere deutliche Anzeichen für eine bloße Teilforderung auf Elementarunterhalt vorliegen.[1258]

Zur Nachforderung, wenn im Ausgangsverfahren Altersvorsorgeunterhalt weder geltend gemacht noch tituliert worden ist → Rn. 425.[1259]

423   **(14)** Der Altersvorsorgeunterhalt ist **zweckgebunden** und steht nicht für den allgemeinen Lebensunterhalt zur Verfügung (→ Rn. 406). Der Berechtigte ist allerdings in der **Wahl der Anlage- und Leistungsform** nicht gebunden; ihm steht es frei, den Vorsorgeunterhalt als freiwillige Leistung in die gesetzliche Rentenversicherung einzuzahlen oder aber auf eine private Kapitallebensversicherung mit oder ohne Rentenwahlrecht auszuweichen; auch der Erwerb von Immobilien, Wertpapieren oder Fondsbeteiligungen kommt in Betracht.[1260] Bei der Auswahlentscheidung ist er nicht gehalten, auf steuerliche Belange des Verpflichteten Rücksicht zu nehmen.[1261] Bei **zweckwidriger Verwendung** von Altersvorsorgeunterhalt muss sich der Berechtigte so behandeln lassen, als habe er mit den Mitteln für eine Alterssicherung gesorgt.[1262] Im Übrigen führt sie nur unter den Voraussetzungen

[1252] BGH FamRZ 2000, 351 = NJW 2000, 284; OLG Frankfurt FamRZ 1990, 1363.

[1253] BGH FamRZ 2000, 351 (354) = NJW 2000, 284.

[1254] BGH FamRZ 2000, 351 (354) = NJW 2000, 284 unter Bezug auf BGH FamRZ 1981, 442 (445).

[1255] OLG Frankfurt FamRZ 1987, 1245.

[1256] BGH FamRZ 2007, 193 mAnm Borth (196) = NJW 2007, 511.

[1257] BGH FamRZ 2013, 109 = NJW 2013, 161 Rn. 41, dazu Anm. Finke FamRZ 2013, 114.

[1258] KG FamRZ 2014, 219 (Ls.); FuR 2014, 50, im Anschluss an BGH FamRZ 2013, 109 (112/f. für dasselbe Problem beim Quotenunterhalt).

[1259] BGH FamRZ 2015, 309 = NJW 2015, 334 = NZFam 2015, 119 Rn. 15, 27.

[1260] BGH FamRZ 2021, 1878 mAnm Langeheine = NJW 2021, 3530 Rn. 24; OLG Düsseldorf FamRZ 2021, 355 mAnm Borth.

[1261] OLG Düsseldorf FamRZ 2021, 355 mAnm Borth.

[1262] BGH FamRZ 2021, 1878 = NJW 2021, 3530 Rn. 23; FamRZ 2020, 171 = NJW 2020, 238 Rn. 35.

des § 1579 Nr. 3 BGB zu unterhaltsrechtlichen Nachteilen.[1263] Bei voller oder teilweiser **Verwirkung** des Elementarunterhalts ist auch der Vorsorgeunterhalt entsprechend zu kürzen.[1264] Der Vorsorgeunterhalt ist wegen seiner Zweckbindung schließlich auch kein **Einkommen iSd § 115 Abs. 1 S. 1 ZPO**.[1265]

(15) **Vorrang des Elementarunterhalts** bedeutet nur, dass aufseiten beider Ehegatten   **424** der Mindestbedarf gedeckt sein muss, ehe ein gesonderter Vorsorgeunterhalt in Betracht kommt. Maßgebend sollten dabei die Selbstbehalts- und Mindestbedarfssätze[1266] sein. Das heißt aber nicht, dass in diesen Fällen schlicht die Quote als Elementarunterhalt zugesprochen werden darf, sondern es ist zu errechnen, was Vorsorge- und Elementarunterhalt zusammen ergeben, und erst dann ist zu prüfen, ob der Vorsorgeunterhalt zugunsten des Elementarunterhalts zu kürzen ist. Sonst ergäbe sich eine ungerechtfertigte Schlechterstellung in allen Fällen, in denen zwar der Berechtigte den Mindestbedarf nicht erreicht, beim Verpflichteten aber noch Verteilungsmasse frei ist. Die Rangbestimmung verhindert dann lediglich, dass der Berechtigte genötigt ist, vom nicht einmal den Mindestbedarf deckenden Unterhalt auf Verlangen des Unterhaltsschuldners Teile zum Vorsorgeunterhalt zu verwenden.

(16) **Verfahrensrechtliche Fragen** können sich auf den Vorsorgeunterhalt auswirken.   **425** Einerseits hält der BGH daran fest, dass der Vorsorgeunterhalt **unselbstständiger Teil des einheitlichen Unterhaltsanspruchs** ist.[1267] Er wird aber im Verfahren nicht von Amts wegen zugesprochen, sondern muss betragsmäßig geltend gemacht werden.[1268] Insoweit verhält es sich anders als bei der Inverzugsetzung und besteht kein Widerspruch zur möglichen Inverzugsetzung durch bloßes Auskunftsersuchen (→ Rn. 422). Das hat wichtige Konsequenzen, weil sich daraus ergibt, dass der „vergessene" Vorsorgeunterhalt nicht über Zusatz- oder Abänderungsantrag nachgefordert werden kann.[1269] Ist im Ausgangsverfahren Altersvorsorgeunterhalt weder geltend gemacht noch tituliert worden, kommt eine Nachforderung im Wege eines neuen Leistungsantrages nur in Betracht, wenn die Geltendmachung von Altersvorsorgeunterhalt ausdrücklich vorbehalten wurde. Ohne einen solchen Vorbehalt kommt nur ein Abänderungsantrag in Betracht, der jedoch häufig an der fehlenden Änderung der Verhältnisse scheitern wird.[1270] Nur wenn aus anderen Gründen der Abänderungsantrag eröffnet ist, kann dann auch Altersvorsorgeunterhalt verlangt werden.[1271]

Andererseits ist er wegen seiner Zweckgebundenheit ein im Beschluss gesondert auszuweisender Bestandteil.[1272] Obwohl er betragsmäßig geltend gemacht werden muss und nicht von Amts wegen zugesprochen werden kann, soll eine parteiinterne Regelung über die Verteilung auf Elementar- und Vorsorgeunterhalt nicht bindend sein.[1273]

[1263] BGH FamRZ 2003, 848 (853) mAnm Hoppenz = NJW 2003, 1796 und Büttner FF 2005, 97; OLG Bamberg FamRZ 2003, 762.
[1264] OLG Frankfurt FamRZ 1987, 590.
[1265] OLG Stuttgart FamRZ 2006, 1282.
[1266] Vgl. dazu BGH FamRZ 1999, 367 (370) = NJW 1999, 717 und → Rn. 33 ff.
[1267] BGH NJW 2012, 1581 = FamRZ 2012, 945 Rn. 8; FamRZ 1982, 255, 465, 1187 = NJW 1982, 1873 (1875) und (1983), 1547; OLG Koblenz FF 2003, 138.
[1268] BGH FamRZ 1985, 690 = NJW 1985, 1701; OLG Hamm OLGR 1999, 157.
[1269] Vgl. BGH NJW 2013, 161 = FamRZ 2013, 109, Rn. 41; KG FamRZ 2014, 219 (Ls.); FuR 2014, 50 auch bei konkreter Bedarfsberechnung; → Rn. 422.
[1270] BGH FamRZ 2015, 309 = NJW 2015, 334 = NZFam 2015, 119 Rn. 15, 27.
[1271] BGH FamRZ 2015, 309 = NJW 2015, 334, Rn. 24; FamRZ 1985, 690 = NJW 1985, 1701.
[1272] BGH FamRZ 1987, 684 = NJW 1987, 2229.
[1273] BGH FamRZ 1985, 913 = NJW 1985, 2713 („es würde zu Unzuträglichkeiten führen, insbesondere in Abänderungsfällen, wenn der Richter an eine nicht sachgerechte Verteilung gebunden wäre"); OLG Koblenz FamRZ 1989, 59.

426 (17) Zur **Zahlungsweise und Sicherung der bestimmungsgemäßen Verwendung** obliegt es der freien Disposition des Unterhaltsschuldners, auf welche Weise er für sein Alter vorsorgt. Jede Art von langfristiger, der Alterssicherung dienender Geldanlage ist anzuerkennen. Das gilt für den Erwerb von Immobilien, Wertpapieren oder Fondsbeteiligungen ebenso wie für Lebensversicherungen.[1274] Nur in einem Ausnahmefall ist entschieden worden, dass eine Leistung direkt an den Versicherungsträger nur verlangt werden kann, wenn dazu besonderer Anlass besteht.[1275] Das ist zB der Fall, wenn der Vorsorgeunterhalt in der Vergangenheit nicht bestimmungsgemäß verwendet wurde.

Wenn die laufenden Zahlungen den Elementarunterhaltsbedarf nicht decken, kann der gezahlte Vorsorgeunterhalt dafür verwendet werden, ohne dass von einer bestimmungswidrigen Verwendung gesprochen werden könnte.[1276] Eine Änderung der Zahlungsweise kann auch bei bestimmungswidriger Verwendung nur im Wege des Abänderungsantrags erreicht werden.

Umstritten ist, ob dem Berechtigten bei nicht bestimmungsgemäßer Verwendung die so erlangbare Alterssicherung fiktiv zuzurechnen ist[1277] oder ob eine (teilweise) Verwirkung nur nach den Maßstäben von § 1579 Nr. 4 BGB in Betracht kommt.[1278]

427 **Bremer Tabelle zur Berechnung des Altersvorsorgeunterhalts:**

Um die Hochrechnung vom fiktiven Nettounterhalt auf die Bruttobemessungsgrundlage zu erleichtern, hat das OLG Bremen eine vom BGH gebilligte[1279] Tabelle mit prozentualen Zuschlägen entwickelt, die von Gutdeutsch[1280] fortgeführt worden ist und in der Praxis so gut wie überall angewandt wird.

Die Tabellenwerte zum 1.1.2023[1281] lauten:

Nettobemessungsgrundlage in Euro	Zuschlag in Prozent zur Berechnung der Bruttobemessungsgrundlage
1 – 1.255	13 %
1.256 – 1.310	14 %
1.311 – 1.365	15 %
1.366 – 1.420	16 %
1.421 – 1.475	17 %
1.476 – 1.535	18 %
1.536 – 1.600	19 %
1.601 – 1.665	20 %
1.666 – 1.735	21 %

[1274] OLG Stuttgart FamRZ 2018, 1081 Rn. 16 = NJW-RR 2018, 772.

[1275] BGH FamRZ 1990, 1095 (1097) = NJW-RR 1990, 1410 unter Bezugnahme auf BGH FamRZ 1982, 1187 = NJW 1983, 1547 und FamRZ 1987, 684 (688) mAnm Weychardt (1130) = NJW 1987, 2229.

[1276] BGH FamRZ 1990, 1095 (1097) = NJW-RR 1990, 1410.

[1277] OLG Hamm FamRZ 1987, 829; OLG Düsseldorf NJW 1982, 831 (833) und auch BGH FamRZ 1982, 1187 (1189); weitere Nachweise bei Weychardt FamRZ 1987, 1130.

[1278] BGH FamRZ 1987, 684 = NJW 1987, 2229 mablAnm Weychardt FamRZ 1987, 1130; wie BGH OLG Hamm NJW-RR 1992, 261.

[1279] BGH FamRZ 1999, 372 = NJW-RR 1999, 297; FamRZ 1982, 255 u. 1187 = NJW 1982, 1873.

[1280] Zum 1.1.2023: Gutdeutsch FamRZ 2023, 341; zum 1.1.2022: FamRZ 2022, 1262.

[1281] Berechnet unter Berücksichtigung von Beitragssätzen von 18,6 % für die Rentenversicherung und 2,6 % für die Arbeitslosenversicherung und Lohnsteuer der Klasse 1 nach dem amtlichen Programmablaufplan 2023 ohne Kinderfreibeträge und ohne Vorsorgepauschale für den Kinderlosenzuschlag zur Pflegeversicherung und mit Solidaritätszuschlag. Zur Anwendung vgl. BGH NJW 1981, 1556 (1558 f.) = FamRZ 1981, 442 (444 f.); BGH NJW 1983, 2937 (2938 f.) = FamRZ 1983, 888 (889 f.); s. auch BGH NJW 1985, 1347 L = FamRZ 1985, 471 (472 f.).

Nettobemessungsgrundlage in Euro	Zuschlag in Prozent zur Berechnung der Bruttobemessungsgrundlage
1.736 – 1.810	22 %
1.811 – 1.890	23 %
1.891 – 1.975	24 %
1.976 – 2.060	25 %
2.061 – 2.155	26 %
2.156 – 2.250	27 %
2.251 – 2.350	28 %
2.351 – 2.455	29 %
2.456 – 2.565	30 %
2.566 – 2.675	31 %
2.676 – 2.790	32 %
2.791 – 2.910	33 %
2.911 – 3.030	34 %
3.031 – 3.155	35 %
3.156 – 3.280	36 %
3.281 – 3.410	37 %
3.411 – 3.540	38 %
3.541 – 3.650	39 %
3.651 – 3.745	40 %
3.746 – 3.840	41 %
3.841 – 3.935	42 %
3.936 – 4.025	43 %
4.026 – 4.120	44 %
4.121 – 4.215	45 %
4.216 – 4.305	46 %
4.306 – 4.395	47 %
4.396 – 4.490	48 %
4.491 – 4.560	49 %
4.561 – 4.630	50 %
4.631 – 4.705	51 %[1282]
4.706 – 4.780	52 %[1283]
4.781 – 4.915	53 %
4.916 – 5.060	54 %
5.061 – 5.210	55 %
5.211 – 5.370	56 %
5.371 – 5.545	57 %
5.546 – 5.730	58 %
5.731 – 5.925	59 %
5.926 – 6.170	60 %

[1282] **[Amtl. Anm.:]** In den neuen Bundesländern wird bei einer Beitragsbemessungsgrenze von 7.100 € mit einer Nettobemessungsgrundlage von 4.691,91 € und einem Zuschlag von 51,32 % der höchstmögliche Einzahlungsbetrag in die gesetzliche Rentenversicherung von 1.320 € erreicht.

[1283] **[Amtl. Anm.:]** In den alten Bundesländern wird bei einer Beitragsbemessungsgrenze von 7.300 € mit einer Nettobemessungsgrundlage von 4.785,38 € und einem Zuschlag von 52,55 % der höchstmögliche Einzahlungsbetrag in die gesetzliche Rentenversicherung von 1.357 € erreicht. Nach BGH v. 25.10.2006 – XII ZR 141/04, FamRZ 2007, 117 = FamRB 2007, 33 ist aber auch ein Vorsorgeunterhalt jenseits der Beitragsbemessungsgrenze nach den Grundsätzen der Bremer Tabelle zu berechnen.

Nettobemessungsgrundlage in Euro	Zuschlag in Prozent zur Berechnung der Bruttobemessungsgrundlage
6.171 – 6.515	61 %
6.516 – 6.895	62 %
6.896 – 7.325	63 %
7.326 – 7.810	64 %
7.811 – 8.365	65 %
8.366 – 9.005	66 %
9.006 – 9.750	67 %
9.751 – 10.635	68 %
10.636 – 11.690	69 %
11.691 – 12.980	70 %
12.981 – 14.390	71 %
14.391 – 15.195	72 %
15.196 – 16.095	73 %
16.096 – 17.105	74 %
ab 17.106	75 %

428   **Eine tabellarische Übersicht zur Berechnung des Altersvorsorgeunterhalts** beim Differenzunterhalt haben Gutdeutsch und Hampel[1284] entwickelt.

429   **cc) Altersbedarf.** Bei der Bemessung des Bedarfs alter Menschen (jedenfalls ab Erreichen der maßgeblichen Altersgrenze) kann unabhängig von krankheitsbedingten Mehrbedürfnissen zu berücksichtigen sein, dass sie auf Grund ihres Alters einen Mehrbedarf haben. § 30 Abs. 1 Nr. 1 und Nr. 2 SGB XII geht bei der Hilfe zum Lebensunterhalt ab Erreichen der Altersgrenze und bei voll Erwerbsgeminderten im Sinne der gesetzlichen Rentenversicherung unter 65 Jahren von einem Mehrbedarf von 17 % des Regelsatzes aus, wobei weiter ein Schwerbehindertenausweis mit dem Merkzeichen G erforderlich ist.[1285] Solche sozialrechtlichen Pauschalierungen[1286] lassen sich jedoch nicht ohne weiteres auf das private Unterhaltsrecht (Ansprüche aus § 1571 oder § 1572 BGB) übertragen. Bei altersbedingter Pflegebedürftigkeit bedarf es vielmehr grundsätzlich der konkreten Darlegung im Einzelfall,[1287] wobei für Grund und Höhe Schätzungen nach § 287 ZPO in Betracht kommen.

Bei Alterseinkünften (Renten, Pensionen) ist ansonsten grundsätzlich eine **Quotenaufteilung von 1/2 : 1/2** anerkannt.[1288] Diese Quotierung schließt aber die Berücksichtigung besonderer Umstände nicht aus. So hat das OLG Köln[1289] entschieden, dass ein 80-jähriger Mann nach langjähriger Ehe der wesentlich jüngeren Frau entgegenhalten kann, dass er für die Haushaltsversorgung eine Haushaltshilfe benötigt, weil ihm eine Umstellung nach langer Zeit der Gewöhnung in diesem Alter nicht mehr zumutbar ist.

430   **dd) Grundsicherung.** Der unterhaltsberechtigte Elternteil ist grundsätzlich gehalten, Leistungen der Grundsicherung im Alter und bei Erwerbsminderung (§§ 41 ff. SGB XII),

---

[1284] FamRZ 2019, 276 ff.; 2018, 326 ff. (fortgeführt von W. Gutdeutsch getrennt nach 3/7-Quote und 45 %-Quote).

[1285] Nach § 30 Abs. 1 SGB XII ist eine Abweichung von der Pauschale nach oben und unten möglich. Der Gesetzgeber hat damit unter Beifügung einer Besitzstandsklausel die Altersgrenze von 60 auf 65 Jahre abgehoben. Vgl. weiter die Einzelheiten bei § 30 Abs. 1–6 SGB XII.

[1286] Vgl. insbesondere die Pflegegeldpauschalen nach dem PflegeVG (SGB XI); dazu Büttner FamRZ 1995, 193 ff.

[1287] OLG Düsseldorf NJW 2002, 1353.

[1288] BGH FamRZ 1982, 894 = NJW 1982, 2442; Düsseldorfer Tabelle B I 2 und alle Leitlinien.

[1289] OLG Köln FamRZ 1980, 1006.

die gegenüber dem Elternunterhalt nicht nachrangig sind,[1290] zu beantragen. Verletzt er diese Obliegenheit, sind ihm entsprechende fiktive Einkünfte zuzurechnen.[1291] → Rn. 222.

e) Sonstiger Bedarf

Besondere Bedarfspositionen ergeben sich bei

aa) Wirtschaftsgeld und Haushaltsgeld (→ Rn. 431f),
bb) Taschengeld (→ Rn. 433),
cc) Verfahrenskostenvorschuss (→ Rn. 435)
dd) Außergerichtliche Rechtsberatung (→ Rn. 444)
ee) Schulden (→ Rn. 445)
ff) Trennungsbedingter Mehrbedarf (→ Rn. 447 f.) und
gg) Umgangskosten (→ Rn. 449)

aa) Wirtschaftsgeld und Haushaltsgeld. Die Zahlung von Wirtschaftsgeld und 431 **Haushaltsgeld** nach §§ 1360, 1360a BGB ist eine Form der Bedarfsdeckung bei häuslicher Gemeinschaft der Ehegatten.

Der Begriffsklarheit[1292] halber sollte man unterscheiden zwischen dem **Gesamtunterhalt** nach § 1360a BGB, der auch außergewöhnliche Ausgaben für Krankheiten, Ferienreisen usw. umfasst, und dem **Wirtschaftsgeld,** das neben der Deckung des täglichen Bedarfs auch sonstige Ausgaben für die allgemeine Wirtschaftsführung (Autokosten, laufende Versicherungsbeiträge, Anschaffung von Kleidung) umfasst, und schließlich dem **Haushaltsgeld,** das nur dazu dient, die laufenden Haushaltskosten, insbesondere Ernährung, Pflegemittel usw., zu bestreiten. Das Wirtschaftsgeld ist treuhänderisch überlassen und bestimmungsgemäß zu verwenden; ein Rest geht nicht in das Vermögen des haushaltsführenden Ehegatten über.[1293] Die Abgrenzung ist wichtig für die Frage, inwieweit neben den laufend gezahlten Beträgen zusätzliche Kosten vom Unterhaltspflichtigen aufzubringen sind und inwieweit der Ehegatte, der die Haushaltsführung übernommen hat, darauf verwiesen werden kann, die laufend gezahlten Beträge so einzuteilen, dass auch Sonderkosten aus Rücklagen bezahlt werden können.[1294] Dabei wird es allerdings in erster Linie auf eine Auslegung der zwischen den Ehegatten getroffenen Vereinbarungen ankommen.[1295]

Die **Unterhaltsansprüche nach § 1360a und § 1361 BGB sind nicht identisch;** nach 432 (endgültiger) Trennung kann also aus einem Titel über Wirtschaftsgeld nicht weiter vollstreckt werden.[1296]

Auch wenn schon ein **Scheidungsverfahren anhängig** ist, kann noch Wirtschaftsgeld verlangt werden, solange die Parteien noch zusammen leben und gemeinsam wirtschaften.[1297]

Da § 1360a BGB auf § 1613 Abs. 1 BGB verweist, kann auch rückständiges Wirtschaftsgeld verlangt werden, wenn zB zur Bedarfsdeckung auf Ersparnisse oder Darlehen

---

[1290] BGH FamRZ 2015, 1467 = NJW 2015, 2655 Rn. 11, Anschluss an FamRZ 2007, 1158 Rn. 14.
[1291] BGH FamRZ 2015, 1467 = NJW 2015, 2655, Rn. 11; OLG Naumburg FamRZ 2009, 701; OLG Oldenburg NJW-RR 2004, 364; OLG Zweibrücken NJW-RR 2003, 1299.
[1292] Zur Abgrenzung vgl. OLG Köln FamRZ 1984, 1089; OLG Celle FamRZ 1978, 589.
[1293] BGH FamRZ 1986, 668 = NJW 1986, 1869; OLG Hamm FamRZ 1988, 947.
[1294] KG FamRZ 1979, 427: Kosten für Erholungsreisen, Umzüge, Arztkosten gehören nicht zum Wirtschaftsgeld; ebenso OLG Hamburg FamRZ 1984, 583.
[1295] OLG Köln FamRZ 1984, 1089; OLG München FamRZ 1982, 801.
[1296] OLG Hamm FamRZ 1999, 30; OLG München FamRZ 1981, 450; OLG Düsseldorf FamRZ 1992, 943.
[1297] AG Kleve FamRZ 1996, 1408.

zurückgegriffen wurde,[1298] nicht aber, wenn mit dem zu geringen Betrag ausgekommen wurde.

Die **Rechenschaftspflicht** des Ehegatten, der im Einvernehmen beider Ehegatten die Wirtschaftsführung übernommen hat, richtet sich nicht nach Auftragsrecht und ergibt sich auch nicht aus einem eigenständigen familienrechtlichen Anspruch. Aus der ehelichen Lebensgemeinschaft folgt vielmehr, dass der andere Ehegatte nur in groben Zügen über die Verwendung des Familieneinkommens unterrichtet werden muss,[1299] wenn nicht ausdrücklich etwas anderes vereinbart ist. Die Verwendung des Haushaltsgeldes muss also nicht im Einzelnen nachgewiesen werden und es ergeben sich keine Schadensersatzansprüche, wenn der Einzelnachweis nicht erbracht werden kann.

433　　**bb) Taschengeld. Das Taschengeld, das frei für persönliche Zwecke** verwandt werden kann,[1300] gehört bei älteren Kindern und bei Erwachsenen zum Bedarf des Unterhaltsberechtigten. Es handelt sich nicht um Mehrbedarf, sondern um einen Bestandteil des allgemeinen Lebensbedarfs, es ist daher in den allgemeinen Unterhaltssätzen enthalten.

Bei Eheleuten wird es normalerweise mit dem Haushalts- und Wirtschaftsgeld (§ 1360a Abs. 2 S. 2 BGB) gezahlt, wenn es auch selbstständiger, gesondert berechneter Bestandteil ist, der nicht von einem Organisationsakt oder einer Vereinbarung der Ehegatten abhängt.[1301] Verdienender und nicht verdienender Ehepartner sind bei der Bemessung gleichzubehandeln.

Für die Gerichtspraxis bedeutsam wird der Anspruch, wenn er ausnahmsweise als Barbetrag vom haushaltsführenden Ehegatten geltend gemacht wird. Das heißt natürlich nicht, dass das Taschengeld ein „Entgelt" für die Haushaltsführung ist. Der Anspruch besteht – bei sonstiger Bedürftigkeit – auch dann, wenn keine Haushaltsführungsleistungen erbracht werden.[1302]

Zwischen nicht verheirateten Eltern wird ein Taschengeldanspruch auch dann zu verneinen sein, wenn ein Anspruch aus § 1615l BGB besteht,[1303] denn § 1360a BGB bezieht sich nur auf Verheiratete.

Der Höhe nach ist der Anspruch mit 5 % des Nettoeinkommens zu bemessen.[1304] Ist der notwendige Bedarf – auch durch den Naturalunterhaltsanspruch[1305] – nicht gedeckt, besteht kein Taschengeldanspruch;[1306] ebenso nicht, wenn die Eigeneinkünfte des Berechtigten höher als der Taschengeldanspruch sind, denn dann ist dieser Bedarf aus den Eigeneinkünften zu decken.[1307]

Eine haushaltsführende Ehefrau muss den Taschengeldanspruch zur Finanzierung der Unterhaltsansprüche ihrer Kinder aus erster Ehe einsetzen,[1308] aber auch für den Elternunterhalt, dazu → Rn. 219b.[1309]

[1298] OLG Köln FamRZ 1984, 1089; OLG Hamm FamRZ 1988, 947.

[1299] BGH FamRZ 2001, 23 (24) = NJW 2000, 3199.

[1300] OLG Hamm FamRZ 1986, 437 mwN und FamRZ 1988, 947 (948).

[1301] BGH FamRZ 1998, 608 = NJW 1998, 1553; BVerfG FamRZ 1985, 143 (146) und 1986, 668 = NJW 1985, 1211 und 1986, 1869.

[1302] OLG München FamRZ 1981, 449; OLG Brandenburg NZFam 2019, 352.

[1303] **Anders** LG Tübingen FamRZ 2002, 556 mzustAnm Ernst.

[1304] BGH FamRZ 2014, 1990 (mAnm Hauß) = NJW 2014, 3514 unter ausdrücklicher Abkehr von der variablen Größe von 5 – 7 % (zB noch BGH FamRZ 2013, 363 = NJW 2013, 686; OLG Frankfurt FamRZ 2009, 703; Haumer FamRZ 1996, 193 u. Braun NJW 2000, 97 lehnten den Taschengeldanspruch noch ab.

[1305] BGH FamRZ 2002, 742.

[1306] OLG Hamm FamRZ 1986, 437.

[1307] BGH FamRZ 2014, 1540 = NJW 2014, 2570, Rn. 13; KG NJW-RR 1992, 707.

[1308] BVerfG FamRZ 1985, 143 (146) = NJW 1985, 1211; BGH FamRZ 2002, 742; OLG Frankfurt 2014, 1927 (Ls.) = NZFam 2015, 223; OLG Köln FamRZ 2007, 1904.

[1309] BGH FamRZ 2014, 1990 = NJW 2014, 3514; FamRZ 2013, 363 = NJW 2013, 686.

Der Anspruch ist gemäß §§ 850b Abs. 1 Nr. 2, Abs. 2 ZPO **bedingt pfändbar.**[1310]

Der Taschengeldanspruch der Kinder richtet sich nach ihrem Alter und dem Ein- **434** kommen der Unterhaltpflichtigen, wobei jedoch vor allem erzieherische Gesichtspunkte berücksichtigt werden müssen, so dass eine schematische Bemessung, orientiert an den Sätzen der Düsseldorfer Tabelle, nicht zu befürworten ist.[1311]

cc) Verfahrenskostenvorschuss.[1312] **(1) Allgemeines.** Sowohl der Familienunterhalt als **435** auch der Kindesunterhalt erstrecken sich unter den nachfolgenden Bedingungen auch auf die Leistung eines Verfahrenskostenvorschusses. Dieser dient zwar einerseits den Interessen des Anspruchsstellers, allerdings auch denjenigen der Allgemeinheit; hieraus folgt insbesondere, dass ein Verfahrenskostenvorschuss vorrangig gegenüber einem Anspruch auf Bewilligung von Verfahrenskostenhilfe ist.[1313]

Der Anspruch setzt zunächst voraus, dass der Anspruchsteller ein Verfahren oder einen Prozess über eine **persönliche Angelegenheit** führt. Familienrechtliche Verfahren betreffen in der Regel persönliche Angelegenheiten; auch arbeitsrechtliche Bestandsstreitigkeiten sind persönliche Angelegenheiten.[1314] Das Insolvenzverfahren ist dann nicht als persönliche Angelegenheit anzusehen, wenn die Schulden nicht zum Aufbau der wirtschaftlichen Existenz der Eheleute eingegangen worden sind.[1315]

Die Leistung muss außerdem der Billigkeit entsprechen, vgl. § 1360a Abs. 4 BGB. Die Leistungsfähigkeit des auf die Zahlung von Verfahrenskostenvorschuss in Anspruch Genommenen bemisst sich nicht nach den für die Bewilligung von Verfahrenskostenhilfe geltenden Anforderungen, sondern nach unterhaltsrechtlichen Maßstäben.[1316] Hieraus folgt, dass sich der Verpflichtete gegenüber diesem Anspruch im Verhältnis zu minderjährigen Kindern auf den notwendigen Selbstbehalt, im Verhältnis zu sonstigen Berechtigten aber auf den angemessenen Selbstbehalt berufen darf.[1317] Auch ein Vorschussanspruch für das Scheidungsverfahren entspricht der Billigkeit.[1318] Ein Vorschussanspruch kommt auch in Betracht, wenn der Verpflichtete selbst einen hypothetischen Anspruch auf ratenweise Verfahrenskostenhilfe hätte.[1319] Jedoch dürfte es in der Praxis nicht viele Fälle geben, in denen bei eigener Bedürftigkeit ausreichende Leistungsfähigkeit (angemessener Selbstbehalt) für einen Vorschuss in Betracht kommt. Solange der Vorschusspflichtige allerdings nicht selbst um Verfahrenskostenhilfe nachsucht, wird die Auferlegung eines Vorschusses nicht nur wegen seines hypothetischen Anspruchs unbillig erscheinen;[1320] dagegen kann der Beteiligte, der bereits selbst VKH-Raten zahlt, nicht auch noch dem Gegner Vorschuss in Raten erbringen.[1321]

Der Vermögensstamm muss zur Finanzierung nicht angegriffen werden.[1322]

[1310] BGH FamRZ 2004, 1784 u. 1279 = NJW 2004, 2450 u. 2452; BGH FamRZ 1998, 608 = NJW 1998, 1553; BVerfG FamRZ 1986, 773; OLG Frankfurt FamRZ 2009, 703; Büttner FamRZ 1994, 1433 (1439 f.).

[1311] So aber der Vorschlag von Kunz DAVorm 1989, 813. OLG Hamm DAVorm 1978, 187 (189).

[1312] Zum Ganzen: Caspary NJW 2005, 2577.

[1313] OLG Bremen FamRZ 2022, 1362 = NJW 2022, 3090.

[1314] BAG FamRZ 2006, 1117 = NZA 2006, 694.

[1315] BGH FamRZ 2003, 1651 = NJW 2003, 2910.

[1316] OLG Bremen FamRZ 2021, 614 = NZFam 2021, 180 (Grandke).

[1317] BGH FamRZ 2004, 1633 = NJW-RR 2004, 1662; OLG München NJW-RR 2006, 792: generell bei durchschnittlichen Einkünften nicht.

[1318] KG OLGR 2003, 352 gegen KG FamRZ 1995, 680.

[1319] BGH NJW-RR 2004, 1662; OLG Dresden FamRZ 2013, 1597; OLG Brandenburg FamRZ 2003, 1933; OLG Köln OLGReport 2002, 77.

[1320] OLG Celle FamRZ 2014, 783.

[1321] OLG Celle FamRZ 2010, 53 = NJW-RR 2010, 871; Dürbeck/Gottschalk PKH/VKH Rn. 372.

[1322] Dürbeck/Gottschalk PKH/VKH Rn. 371; OLG Köln FamRZ 1984, 1256.

Hinreichende Erfolgsaussicht der Prozessführung ist wie bei der Verfahrenskostenhilfe gemäß § 114 ZPO Voraussetzung für das Bestehen des Anspruchs.[1323]

Der Verfahrenskostenvorschuss kann auch in Raten zu zahlen sein.[1324] Das OLG Celle[1325] bekräftigt für diesen Fall zu Recht, dass dann aber dem Vorschussberechtigten zugleich Verfahrenskostenhilfe mit entsprechender Ratenzahlungsanordnung zu bewilligen und für den Beginn dieser Ratenzahlungen der Realisierbarkeit des Vorschussanspruchs Rechnung zu tragen ist.

Nach Beendigung des Verfahrens kann der Anspruch nicht mehr verlangt werden, wenn er nicht rechtzeitig vorher geltend gemacht worden ist.[1326]

Der Vorrang des Verfahrenskostenvorschussanspruchs vor der **Verfahrenskostenhilfe** endet daher, wenn der Anspruch nicht mehr geltend gemacht werden kann. Allerdings ist zu prüfen, ob er rechtzeitig hätte geltend gemacht werden können.[1327] Es kann aber nicht verlangt werden, **Folgesachen** im Verbund geltend zu machen, weil das weniger Kosten verursache; abgesehen davon, dass dies häufig nicht zutrifft, haben bedürftige wie bemittelte Beteiligte das gleiche Recht, ein schnelles Scheidungsverfahren ohne eine komplizierte Folgesache durchzuführen.[1328]

Die erforderlichen Mittel sind **Sonderbedarf,** wenn nicht die Notwendigkeit der Verfahrensführung (hinreichend lange) voraussehbar ist oder die erforderlichen Mittel so gering sind, dass sie aus dem laufenden Unterhalt gedeckt werden können.[1329]

Ein Rückforderungsanspruch besteht angesichts des Vorschusscharakters der Leistung nach Billigkeitsgrundsätzen,[1330] insbesondere, wenn die Voraussetzungen nicht vorgelegen haben sowie bei späterer Besserung der wirtschaftlichen Verhältnisse.

Im **Kostenfestsetzungsverfahren** kann der geleistete Verfahrenskostenvorschuss nur berücksichtigt werden, wenn über die Zahlung kein Streit besteht. Lange war umstritten, ob er dann auch im Fall einer Kostenquotelung zu berücksichtigen ist,[1331] und ob eine Anrechnung erst erfolgt, wenn die Summe an Erstattungsbetrag und Vorschuss den Gesamtbetrag der den Vorschussempfänger treffenden Kosten übersteigt.[1332] Der BGH[1333] hat die Frage im zuletzt genannten Sinn entschieden, denn der Vorschuss nach § 1360a BGB gewährt einen unterhaltsrechtlichen Sonderbedarf und dient damit auch zur Deckung der Kosten, die der Berechtigte anderweitig nicht ersetzt erhält, weil sie wegen der Kostenverteilung im Verfahren von seinem Kostenerstattungsanspruch nicht umfasst werden. Es muss lediglich vermieden werden, dass der Empfänger letztlich aus dem

---

[1323] BGH FamRZ 2001, 1363 = NJW 2001, 1646.

[1324] BGH FamRZ 2005, 1164 (1167); FamRZ 2004, 1633 = NJW-RR 2004, 1662; OLG Naumburg FamRZ 2005, 2001.

[1325] OLG Celle FamRZ 2014, 783 = NZFam 2014, 42; Dürbeck/Gottschalk PKH/VKH Rn. 372.

[1326] BGH FamRZ 1985, 902; OLG Nürnberg FamRZ 1998, 489; OLG Karlsruhe NJWE-FER 1999, 267; es gibt daher keine Prozesskostennachschusspflicht über § 120 Abs. 4 ZPO, vgl. OLG Celle FamRZ 1992, 702; allerdings können Schadensersatzansprüche bei Nichterfüllung eines begründeten Anspruchs bestehen: OLG Köln FamRZ 1991, 843 mablAnm Knops.

[1327] Anders teilweise OLG Rostock OLG Report 2001, 560; vgl. dazu Weisbrodt FF 2003, 237.

[1328] BGH FamRZ 2005, 786 und 788 = NJW 2005, 1497 und 1498 mwN; OLG Köln FamRZ 2003, 102.

[1329] BGH FamRZ 1984, 148 = NJW 1984, 291.

[1330] BGH FamRZ 1990, 491 = NJW 1990, 1476; OLG Hamm FamRZ 1992, 672 = NJW-RR 1992, 582.

[1331] Zum Streitstand im Einzelnen: OLG München FamRZ 1994, 1605; OLG Düsseldorf OLGR 1996, 146; vgl. weiter OLG Frankfurt FuR 2001, 523 und OLGR Frankfurt 2005, 278.

[1332] OLGR Frankfurt 2005, 278 (und zwar nur der notwendigen Kosten iSd § 91 ZPO); OLGR Köln 2002, 143; KG NJW-RR 2002, 140.

[1333] BGH FamRZ 2010, 452.

Vorschuss und der Erstattung einen seine tatsächlichen Kosten übersteigenden Gewinn erzielt.

(2) Nicht geschiedene Ehegatten. Für **Ehegatten in ehelicher Gemeinschaft** (§ 1360a **436** Abs. 4 BGB) und für **getrennt lebende Ehegatten** (§ 1361 Abs. 4 S. 4 BGB) ist die Verfahrenskostenvorschusspflicht ausdrücklich gesetzlich geregelt. Dabei handelt es sich um eine abschließende Regelung, die einen weiteren Rückgriff auf Pflichten aus der ehelichen Lebensgemeinschaft ausschließt.[1334]

Der Anspruch hat unterhaltsrechtlichen Charakter und setzt darüber hinaus eine besondere Verantwortung des Verpflichteten für den Berechtigten voraus, die das Gesetz für diese Unterhaltsrechtsverhältnisse ausdrücklich bejaht.[1335] Der neue Ehegatte ist daher für ein Verfahren seines Ehepartners gegen dessen geschiedenen Ehegatten grundsätzlich vorschusspflichtig, wenn es sich um eine persönliche Angelegenheit (zB Zugewinnausgleich) handelt.[1336] Im Einzelfall, wenn zB aus sachfremden Erwägungen prozessiert wird, und die Inanspruchnahme unzumutbar wäre, soll dem mit dem Tatbestandsmerkmal der Billigkeit Rechnung getragen werden.[1337]

Wird der gerichtlich geltend gemachte Anspruch des **Trennungsunterhalts nach Quoten bemessen,** scheidet ein Anspruch des Ehegatten auf Verfahrenskostenvorschuss regelmäßig aus, sodass die Bedürftigkeit des Verfahrenskostenhilfe begehrenden Ehegatten im Sinne der §§ 114, 115 ZPO nicht unter Verweis auf einen Verfahrenskostenvorschussanspruch verneint werden kann. Wenn unter den Voraussetzungen des Quotenunterhalts im Ergebnis dem unterhaltspflichtigen Ehegatten nur noch die Hälfte des gemeinsamen Einkommens der Ehegatten verbliebe, kann dieser nicht mehr zusätzlich zu seinen eigenen Verfahrenskosten auch die Verfahrenskosten des Ehegatten finanzieren. Der Anspruch kommt daher nur in Betracht, wenn der Halbteilungsgrundsatz gewahrt werden kann, mithin wenn der Unterhaltspflichtige über nicht prägende Einkünfte oder hohes Vermögen verfügt oder der Unterhalt konkret zu berechnen ist.[1338] Eine weitere Ausnahme wird dann angenommen, wenn noch kein Unterhalt als Quotenunterhalt gezahlt wird; in diesem Fall ist der geleistete Verfahrenskostenvorschuss auf einen angemessenen Zeitraum vom Einkommen des Unterhaltspflichtigen abzuziehen.[1339]

Bei völliger Verwirkung des Unterhaltsanspruchs wird auch ein Verfahrenskostenvorschussanspruch zu versagen sein, da er Ausfluss eines bestehenden Unterhaltsanspruchs ist.[1340]

(3) Geschiedene Ehegatten. Zwischen **geschiedenen Ehegatten** besteht kein An- **437** **spruch auf Verfahrenskostenvorschuss,** weil angesichts der abgeschwächten Verantwortung füreinander nach Scheidung die für eine Analogie zu fordernde Ähnlichkeit der Sachlage zu verneinen ist.[1341] Für eine abgetrennte Folgesache kann ein Vorschuss-

---

[1334] BGH NJW 1964, 1129 mwN.

[1335] BGH FamRZ 1990, 491 = NJW 1990, 1476; FamRZ 1986, 40 (42); FamRZ 1984, 148 = NJW 1984, 291; damit verträgt sich nicht, den Anspruch im Fall des Quotenunterhalts nicht zu geben (gegen AG Weilburg FamRZ 2003, 1564).

[1336] BGH FamRZ 2010, 189 = NJW 2010, 372; OLG Hamm FamRZ 1989, 277; OLG Frankfurt FamRZ 1983, 588; anders bisher OLG Düsseldorf FamRZ 1984, 388.

[1337] BGH FamRZ 2010, 189 = NJW 2010, 372 Rn. 11.

[1338] Vgl. OLG Düsseldorf FamRZ 2019, 992 = NZFam 2019, 271 (Schuldei); OLG Karlsruhe FamRZ 2016, 1279 = NZFam 2016, 520 (Bruns).

[1339] OLG Bremen FamRZ 2022, 1362 = NZFam 2022, 743 mAnm Christl.

[1340] OLG Koblenz FPR 2002, 545; **anders** OLG Zweibrücken FamRZ 2001, 1149.

[1341] StRspr seit BGH FamRZ 1984, 148 = NJW 1984, 291; vgl. auch BGH FamRZ 2017, 1052 = NJW 2017, 1960.

anspruch noch bestehen, denn dieser ist schon vor Rechtskraft der Scheidung begründet worden.[1342]

438 **(4) Nichteheliche Mutter (Vater).** Wenn eine Unterhaltpflicht nach § 1615l BGB besteht, wird dem Berechtigten gegen den Verpflichteten dennoch kein Verfahrenskostenvorschussanspruch zuzubilligen sein, da nicht verheiratete Eltern nicht stärker miteinander verbunden sind als geschiedene Ehegatten.[1343]

439 **(5) Nichteheliche Lebensgemeinschaften.** Auf nichteheliche Lebensgemeinschaften sind die Vorschriften der §§ 1360a Abs. 4, 1361 Abs. 4 S. 4 BGB nicht entsprechend anwendbar, denn es fehlt an einem Unterhaltsanspruch, so dass auch ein daraus folgender Nebenanspruch nicht besteht; auch aus §§ §§ 20, 39 SGB XII bzw. § 7 Abs. 3, Abs. 3a SGB II kann ein Anspruch nicht hergeleitet werden.[1344]

440 **(6) Minderjährige Kinder.** Gegenüber minderjährigen unverheirateten Kindern wird eine Verfahrenskostenvorschusspflicht allgemein bejaht, da eine gesteigerte unterhaltsrechtliche Verantwortlichkeit besteht[1345] und die Kinder den verheirateten Ehegatten gemäß § 1609 BGB vorgehen.

Auch der das Kind betreuende Ehegatte kann vorschusspflichtig sein, insoweit gilt nicht der Grundsatz der Gleichwertigkeit von Barunterhalt und Betreuung, sondern diese Zusatzlast muss im Rahmen der wechselseitigen Leistungsfähigkeit angemessen verteilt werden.[1346]

Gegenüber Kindern nicht miteinander verheirateter Eltern besteht in gleicher Weise eine Verfahrenskostenvorschusspflicht.[1347]

441 **(7) Volljährige Kinder.** Gegenüber gem. § 1603 Abs. 2 S. 2 BGB den minderjährigen Kindern gleichgestellten volljährigen Kindern ist die Interessenlage nicht anders als bei minderjährigen Kindern, so dass eine Vorschusspflicht zu bejahen ist.[1348]

Gegenüber anderen volljährigen Kindern besteht eine Vorschusspflicht, solange sie noch keine selbstständige Lebensstellung erreicht haben.[1349] Das soll auch mit 38 Jahren noch der Fall sein können.[1350]

Wenn das **volljährige Kind eine selbstständige Lebensstellung erreicht hat,** soll nach ganz überwiegender Meinung[1351] der Anspruch entfallen, weil dann die Intensität der unterhaltsrechtlichen Verbindung nicht mehr derjenigen zwischen Ehegatten vergleichbar ist.

In der Praxis hat sich diese Unterscheidung durchgesetzt, denn der Billigkeitsanspruch setzt eine enge unterhaltsrechtliche Beziehung voraus, wobei die Rechtsgrundlage des Verfahrenskostenvorschussanspruchs im Verwandtenunterhaltsrecht in einer Analogie zu § 1360a Abs. 4 BGB zu sehen ist.[1352] Das ist keine Frage des Alters, sondern der konkreten Lebensumstände, so dass auch eine 38-Jährige noch einen Verfahrenskostenvor-

---

[1342] OLG Koblenz OLGR 1999, 356; OLG Nürnberg FamRZ 1990, 421.

[1343] **Anders** OLG München FamRZ 2002, 1219.

[1344] ArbG Heilbronn NZFam 2017, 770, auch wenn sie eine Bedarfsgemeinschaft darstellen iSv §§ 20, 39 SGB XII; aA OLG Koblenz NJW-RR 1992, 1348.

[1345] OLG Brandenburg FamRZ 2019, 962; OLG Dresden FamRZ 2013, 1597.

[1346] BGH FamRZ 2002, 742; zuletzt OLG Brandenburg FamRZ 2019, 962.

[1347] Da das Gesetz seit dem 1.7.1998 keine „nicht ehelichen Kinder" mehr kennt, sollte das selbstverständlich sein – so schon OLG Koblenz FamRZ 1996, 44.

[1348] OLG Hamm NJW 1999, 798.

[1349] BGH FamRZ 2005, 883 mAnm Borth = NJW 2005, 1722; OVG Hamburg FamRZ 2006, 1615; BVerwG FamRZ 1974, 370; BSG NJW 1970, 352.

[1350] OLG München NJW-RR 2007, 657.

[1351] BGH FamRZ 2005, 883 mAnm Borth = NJW 2005, 1722; OLG Hamburg OLGR 2001, 321; OLG Braunschweig OLGR 1999, 307; OVG Münster NJW-RR 1998, 1235 und FamRZ 2000, 21 (Ls.).

[1352] BGH FamRZ 2005, 883 = NJW 2005, 1722; für Analogie zu § 1360a Abs. 4 BGB schon: OLG Hamm FamRZ 2000, 255.

schussanspruch haben kann.[1353] Dem volljährigen Kind, das schon eine selbstständige Lebensstellung erreicht hatte, ist bei wiederauftretender Bedürftigkeit daher kein Verfahrenskostenvorschussanspruch mehr zuzubilligen.

(8) Sonstige Verwandte. Eltern haben gegen ihre Kinder nur ausnahmsweise einen   442
Verfahrenskostenvorschussanspruch, da die unterhaltsrechtliche Verantwortung abgeschwächt ist.[1354]

Für weiter **entfernte Verwandte** in gerader Linie (Großeltern, Enkelkinder) scheidet eine Vorschusspflicht ebenfalls aus, da die Verfahrenskostenhilfe eine Sozialhilfeleistung ist und nach § 94 Abs. 1 SGB XII der Rückgriff insoweit ausgeschlossen ist, so dass kein Vorrang der privaten Hilfe besteht.[1355]

(9) Auf Grund eines aus § 94 Abs. 5 S. 2 SGB XII (ebenso nach § 33 Abs. 4 S. 2   443
SGB II und § 7 Abs. 4 S. 3 UVG) **gegen den Leistungsträger hergeleiteten Anspruchs auf Verfahrenskostenvorschuss** zur **Geltendmachung rückübertragener Unterhaltsansprüche** ist dem Empfänger der öffentlichen Leistungen **insoweit keine Verfahrenskostenhilfe** zu bewilligen.[1356] Der BGH hat damit in dem Streit, ob die zitierten Vorschriften dem Unterhaltsgläubiger einen Vorschussanspruch oder lediglich einen späteren Freistellungsanspruch gewähren, der zuerst genannten Auffassung den Vorzug gegeben, zumal sich die jeweilige Formulierung „belastet wird" gerade auf die Gegenwart bezieht und auf vor dem Verfahrensabschluss anfallende Kosten.

Der Unterhaltsgläubiger ist damit aber nicht gehindert, selbst seine **laufenden** Ansprüche geltend zu machen; dafür ist ihm – bei Vorliegen der Voraussetzungen im Übrigen – auch Verfahrenskostenhilfe zu bewilligen, eventuell auch mit Rückständen, die sich kostenrechtlich nicht (wesentlich) auswirken.

dd) Außergerichtliche Rechtsberatung. Außergerichtliche Rechtsberatungskosten   444
können gleichfalls zum (Sonder-)Bedarf gehören.[1357] Wegen der Rechtsähnlichkeit der Bedarfslage müssen dafür die Billigkeitseinschränkungen, die für den Verfahrenskostenvorschuss gelten, ebenfalls angewendet werden.[1358]

**ee) Schulden. Welchen Einfluss Schulden, die abgetragen werden müssen, auf die   445
Höhe des Unterhaltsbedarfs haben** und ob Schuldentilgungsmittel eventuell als Mehrbedarf geltend gemacht werden können, sind Fragen, die sich wie bei der Leistungsfähigkeit[1359] auch bei der Bedürftigkeit stellen.

Dem pauschalen Grundsatz, Schuldentilgung gehöre nicht zum Lebensbedarf im unterhaltsrechtlichen Sinne, kann nicht gefolgt werden. Es muss danach differenziert werden, wann und aus welchen Gründen die Schulden entstanden sind.[1360]

Sind die Schulden vor Beginn der Unterhaltspflicht entstanden, kann der Unterhaltspflichtige nicht mit der Abtragung belastet werden, da dies auf eine Vorverlegung der Unterhaltspflicht hinausliefe. Nach Beginn der Unterhaltspflicht entstandene Schulden

---

[1353] OLG München FamRZ 2007, 911 = NJW-RR 2007, 657.

[1354] LG Duisburg NJW 2004, 299: Kein Vorrang vor Verfahrenskostenstundung; OLG Oldenburg OLGR 1997, 157; vgl. weiter Dürbeck/Gottschalk PKH/VKH Rn. 435 zum Streitstand.

[1355] Anders OLG Düsseldorf DAVorm 1990, 80, das Anspruch gegen Urgroßmutter bejahte sowie OLG Koblenz MDR 1997, 65 (gegen Großeltern).

[1356] BGH FamRZ 2008, 1159 mAnm F. Günther FamRZ 2008, 1162 = NJW 2008, 1950; OLG Düsseldorf OLGR 2009, 412 = FamRZ 2009, 530 (Ls.).; OLG Oldenburg FamRZ 2003, 1761 = NJW-RR 2003, 1227; OLG Karlsruhe FamRZ 1999, 1508; OLG Koblenz FamRZ 1997, 1086.

[1357] OLG München FamRZ 1990, 312.

[1358] Einzelheiten bei Kleinwegener FamRZ 1992, 755; allerdings ist entgegen Kleinwegener nicht von einer doppelten Anspruchsgrundlage (§ 1613 Abs. 2 und 1360a Abs. 4 BGB) auszugehen.

[1359] Dazu näher Hoppenz FamRZ 1987, 324 ff.; → Rn. 1039 ff.

[1360] BGH FamRZ 1985, 902 = NJW 1985, 2265 zu Schulden aus Prozesskosten, wenn Anspruch erst nach Prozessende geltend gemacht wird.

können dem Unterhaltspflichtigen dann entgegengehalten werden, wenn eine Kreditaufnahme den laufenden geschuldeten Unterhaltsbedarf abgedeckt hat oder wenn die Schulden zur Deckung von Sonderbedarf gemacht worden sind. Beides ist im Grunde selbstverständlich, da es sich nur um die Nachfinanzierung ohnehin geschuldeter Unterhaltsleistungen handelt. Wenn aber eine Verpflichtung zur Finanzierung des Sonderbedarfs nicht bestand oder der Sonderbedarf nicht rechtzeitig geltend gemacht worden ist, besteht auch keine Verpflichtung, diese Schulden zu tilgen.[1361]

Das gilt zB für Schulden, die durch Aufwendungen entstanden sind, die nicht zum Lebensbedarf gehören oder aus den laufenden Bezügen zu decken waren.

446   **Nicht zum Lebensbedarf des Unterhaltsberechtigten gehören die Unterhaltspflichten, die er gegenüber Dritten hat.**[1362] Deren Berücksichtigung liefe auf eine Verlagerung der Unterhaltspflicht auf einen nicht Unterhaltspflichtigen hinaus.

Eine andere Frage ist, inwieweit dem Berechtigten zufließende Unterhaltsbeträge, die an sich zur Deckung seines angemessenen Bedarfs bestimmt sind, Leistungsfähigkeit gegenüber Personen begründen, denen der Berechtigte unterhaltspflichtig ist.[1363]

447   **ff) Trennungsbedingter Mehrbedarf.** Der „trennungsbedingte Mehrbedarf" ist nur eine relative Bedarfsgröße. Er soll den Mehrbedarf gegenüber dem laufenden Lebensbedarf vor der Trennung bei Aufrechterhaltung des gleichen Lebensstandards bezeichnen. Soweit die Differenzmethode angewendet wird,[1364] spielt diese Bedarfsgröße keine wesentliche Rolle, weil die Quotierung die angemessene Gesamtverteilung des Einkommens vorgibt und zugleich begrenzt. Das gilt grundsätzlich auch für Mangelfälle, da davon auszugehen ist, dass nach der Trennung auf beiden Seiten trennungsbedingter Mehrbedarf entsteht.[1365] Bedeutsam ist der trennungsbedingte Mehrbedarf dagegen noch in den Fällen, in denen er im Einzelfall aus zusätzlichen nicht prägenden Einkünften befriedigt werden kann[1366] oder ausnahmsweise noch die Anrechnungsmethode anzuwenden ist, bei der zunächst der Gesamtbedarf des Berechtigten ermittelt wird, von dem das hinzutretende Einkommen abzuziehen ist.

448   Der **trennungsbedingte Mehrbedarf muss konkret dargelegt** werden; nur auf dieser Grundlage ist dem Tatrichter eine Schätzung nach § 287 ZPO möglich.[1367] Zur hinreichenden Konkretisierung ist auch die Darlegung erforderlich, dass die einzelnen Positionen tatsächlich zu Mehrbedarf führen, und dieser Mehrbedarf muss möglichst exakt erfasst werden (zB Anteil Mietbetrag für die Ehewohnung im Verhältnis zur Miete für Einzelwohnung nach Getrenntleben; entsprechend für Mietnebenkosten, Grundgebühren; Lebenshaltungskosten). Der vielfach vertretenen Pauschalierung[1368] ist der BGH entgegengetreten. Auf die Übersicht zum trennungsbedingten Mehrbedarf → Rn. 56–58 wird verwiesen.

[1361] BGH FamRZ 1964, 558; vgl. auch BGH FamRZ 1992, 423 = NJW 1992, 1044; ferner LG Dortmund NJW 1958, 1593 (Befreiung von einer Kostenverbindlichkeit – keine Erweiterung der Unterhaltspflicht über § 1360a Abs. 4 BGB hinaus). Anders eventuell, wenn der Pflichtige die Schulden des Berechtigten (mit-)veranlasst hat. Einzelheiten → Rn. 1039 ff.

[1362] BGH FamRZ 1985, 273 (275) = NJW 1985, 807; FamRZ 1980, 555 = NJW 1980, 934; KG-Report 1995, 201.

[1363] BGH FamRZ 1986, 668 = NJW 1986, 1869 (Einsatz des Taschengeldes); FamRZ 1985, 273 (275) = NJW 1985, 807.

[1364] Dazu → Rn. 51.

[1365] BGH FamRZ 1984, 358 = NJW 1984, 1237; BGH FamRZ 1984, 772 (774).

[1366] Hammer Leitlinien Nr. 15.6.

[1367] BGH FamRZ 1995, 346 = NJW 1995, 963; FamRZ 1991, 670 (671) = NJW 1991, 1290; FamRZ 1990, 1085 (1088) = NJW 1990, 2886 und ständig.

[1368] Vgl. Hampel FamRZ 1984, 621 (626 f.); die Praxis folgt inzwischen der BGH-Rechtsprechung.

gg) Umgangskosten. Durch die Ausübung des Umgangsrechts entstehende Mehr- 449 **kosten** begründen auch für den umgangs- und unterhaltsberechtigten Ehepartner ausnahmsweise Mehrbedarf. **Diese Kosten** werden zwar meistens nur in Überforderungsfällen (hohe Kosten infolge unverschuldet weiter Entfernung, soweit sie über die Entlastung durch Kindergeld hinausgehen) bei der Leistungsfähigkeit des Verpflichteten erörtert.[1369] Sie können aber auch **Mehrbedarf** des Unterhaltsberechtigten sein, wenn die Kinder beim Verpflichteten aufwachsen.[1370]

Die Frage muss spiegelbildlich zur Frage entschieden werden, ob der Unterhaltspflichtige ihm entstehende Umgangskosten vom unterhaltspflichtigen Einkommen abziehen kann[1371] (s. dazu auch Nr. 10.7 der Unterhaltsleitlinien bzw. -grundsätze der Oberlandesgerichte). Danach sind zwar die üblichen Umgangskosten im verbleibenden Anteil des Kindergeldes und in der Unterhaltsquote enthalten. Bei höheren Kosten (zB für weite Reisen, die durch einen Umzug des Unterhaltspflichtigen für den Umgangsberechtigten nötig geworden sind) muss jedoch etwas anderes gelten.[1372] Allerdings ist der Umgangsberechtigte gehalten, die Umgangskosten so niedrig wie möglich zu halten.[1373] Die Kosten sind **konkret vorzutragen;** auf dieser Grundlage können sie **geschätzt** werden (§ 287 ZPO).[1374]

III. Die Anrechenbarkeit von Arbeitseinkünften des Berechtigten

1. Zumutbarkeit der Erwerbstätigkeit

a) Gruppen

Für die Zumutbarkeit der Erwerbstätigkeit ist – bei Gleichbehandlung von Män- 450 **nern und Frauen –** zwischen folgenden Fallgruppen zu unterscheiden:

aa) Erwerbstätigkeit während des Zusammenlebens (§ 1360 BGB),

bb) Erwerbstätigkeit bei Getrenntleben (§ 1361 Abs. 1–3 BGB, → Rn. 453 ff.),

cc) Erwerbstätigkeit nach Scheidung (§§ 1569–1576 BGB; bei vor dem 1.7.1977 geschiedenen Ehen: §§ 58, 61 EheG), ferner gemäß § 1615l BGB aus Anlass der Geburt eines Kindes. Die einzelnen Ansprüche werden nachfolgend dargestellt:

- § 1570 BGB (→ Rn. 466 ff.)
- § 1572 BGB (→ Rn. 492 ff.)
- § 1573 Abs. 1 und 3 BGB (→ Rn. 499 ff.)
- § 1573 Abs. 2 BGB (→ Rn. 510 ff.)
- § 1575 BGB (→ Rn. 518 ff.)
- § 1576 BGB (→ Rn. 526 ff.).

[1369] Vgl. weiter → Rn. 1037 und Nr. 10.7 der Leitlinien; zur Berücksichtigung von Umgangskosten bei der Leistungsfähigkeit vgl. BGH FamRZ 2009, 1300 = NJW 2009, 2523, Rn. 57; FamRZ 2009, 1391 = NJW 2009, 2592; FamRZ 2005, 1477; FamRZ 2005, 706 (708) – nur ausnahmsweise – und FamRZ 1995, 215 = NJW 1995, 717 mablAnm Weychardt FamRZ 1995, 539.

[1370] BVerfG FamRZ 1995, 86 = NJW 1995, 1345 lehnt sozialhilferechtlich die Beschränkung auf einen Besuch im Monat ab. Nach BSG FamRZ 2007, 465 erhöht die Wahrnehmung des Umgangsrechts nicht die Regelleistungen des ALG II (§§ 20 ff. SGB II); aus verfassungsrechtlichen Gründen (Art. 6 GG) sei aber bei „atypischen Bedarfslagen" ausnahmsweise die Anwendung des ansonsten verschlossenen § 73 SGB XII geboten.

[1371] → Rn. 324 und 1037.

[1372] Vgl. zur Berücksichtigung von Umgangskosten bei der Leistungsfähigkeit: BGH FamRZ 2009, 1300 = NJW 2009, 2523, Rn. 57; FamRZ 2009, 1391 = NJW 2009, 2592; FamRZ 2009, 1477; FamRZ 2005, 706 (708) = NJW-RR 2005, 729; OLG Brandenburg FamRZ 2020, 1640 (Ls.) = NJW-RR 2020, 325.

[1373] OLG Brandenburg FamRZ 2020, 1640 (Ls.) = NJW-RR 2020, 325.

[1374] OLG Brandenburg FamRZ 2020, 1640 (Ls.) = NJW-RR 2020, 325.

451   **aa) In häuslicher Gemeinschaft lebende Ehegatten. Nach § 1360 BGB sind die Ehegatten einander verpflichtet, durch Arbeit** (und mit ihrem Vermögen) **die Familie angemessen zu unterhalten.** Wenn nach der Vereinbarung der Ehegatten einem die Haushaltsführung überlassen ist, so erfüllt er seine Verpflichtung in der Regel durch die Haushaltsführung.

Ob die mit ihrem zweiten Ehemann zusammenlebende Frau zu einer Erwerbstätigkeit verpflichtet ist, ist daher regelmäßig kein Problem ihrer Bedürftigkeit. Die Frage stellt sich vielmehr bei ihrer Leistungsfähigkeit, wenn zB ein anderweitig versorgtes Kind aus erster Ehe Barunterhalt von der Mutter verlangt.[1375] Entsprechendes gilt für den Fall, dass ein gegenüber Dritten unterhaltspflichtiger Mann die **Hausmannsrolle** übernommen hat.[1376]

452   Ein anderes Problem stellt sich im Hinblick auf die nun häufigere **Unterhaltskonkurrenz von geschiedenem und neuem Ehegatten** bei Anwendung der Drittelmethode (auf der Leistungsebene).[1377] Hier ist den gesetzlichen Wertungen Rechnung zu tragen, dass die Rollenverteilung der zweiten Ehe im Fall des Zusammentreffens mit Ansprüchen auf Geschiedenenunterhalt nicht ausschlaggebend sein darf.[1378] Der BGH weist in dem zitierten Urteil vom 18.11.2009 darauf hin, dass schon nach § 1582 BGB aF im Rahmen des Vergleichs der beiden Unterhaltsansprüche aus erster und zweiter Ehe beim neuen Ehegatten **nicht auf den Familienunterhalt abzustellen** war, sondern darauf, ob der neue Ehegatte bei entsprechender Anwendung der §§ 1569 bis 1574, 1576 BGB und des § 1577 Abs. 1 BGB unterhaltsberechtigt wäre. Hintergrund dieser Regelung war, dass der Gesetzgeber es für unbillig hielt, allein den geschiedenen Ehegatten auf eine Erwerbstätigkeit zu verweisen, sondern erwartet werden müsse, dass der Ehegatte des Verpflichteten seine Möglichkeiten in gleichem Maße ausschöpfe, wie es dem Geschiedenen obliege.[1379] Auf Seiten des neuen Ehegatten kommt es deshalb bei einer solchen Unterhaltsbemessung nicht auf dessen Anspruch auf Familienunterhalt nach § 1360 BGB an, sondern auf den **hypothetischen Unterhaltsanspruch im Fall einer Scheidung,** wobei dann aber im Fall des § 1570 BGB die elternbezogenen Gründe nach § 1570 Abs. 2 BGB aus der neuen Ehe bei Beurteilung der Erwerbsverpflichtung keine Rolle spielen dürfen, um die Gleichbewertung der Erwerbsobliegenheiten von geschiedenem und neuem Ehegatten nicht wieder aufzulösen.[1380]

453   **bb) Getrennt lebende Ehegatten.** In § 1361 Abs. 1 BGB heißt es sehr allgemein: „Leben die Ehegatten getrennt, so kann ein Ehegatte von dem anderen den nach den Lebensverhältnissen und den Erwerbs- und Vermögensverhältnissen angemessenen Unterhalt verlangen."

Der Begriff des Getrenntlebens entspricht dem in § 1567 BGB. Es kommt daher darauf an, dass ein Ehegatte die häusliche Gemeinschaft erkennbar nicht herstellen will. Beim Getrenntleben innerhalb der Wohnung müssen die räumlichen Bereiche bis auf unvermeidbare oder kinderbedingte Gemeinsamkeiten getrennt sein.[1381] Wenn Eheleute

---

[1375] → Rn. 175 und 750 ff.

[1376] BGH FamRZ 2015, 738 = NJW 2015, 1178 = NZFam 2015, 359; FamRZ 2006, 1827 = NJW 2007, 139.

[1377] 1. Teil → Rn. 52–52 c.

[1378] BGH FamRZ 2010, 111 = NJW 2010, 365, Rn. 49 ff.; bestätigt durch BGH FamRZ 2012, 281 = NJW 2012, 384 Rn. 49.

[1379] BGH FamRZ 2010, 111 = NJW 2010, 365, Rn. 49 unter Hinweis auf BT-Drs. 7/650, 142 f. sowie darauf, dass sich an dieser Wertung im Konkurrenzfall auch nach § 1609 Nr. 2 BGB nF nichts geändert hat.

[1380] BGH FamRZ 2010, 111 = NJW 2010, 365 Rn. 54.

[1381] OLG München FamRZ 2001, 1457 verneint aber Trennung, wenn kinderbedingte Gemeinsamkeiten bleiben. Das ist mit § 1671 BGB unvereinbar.

nach einer Trennung für einen nicht nur vorübergehenden Zeitraum wieder in ehelicher Gemeinschaft zusammenleben, verliert ein Trennungsunterhaltstitel seine Wirkung; es besteht wieder ein Anspruch auf Familienunterhalt nach §§ 1360, 1360a BGB. Nach erneuter Trennung der Eheleute bedarf es einer neuen Titulierung des Trennungsunterhalts.[1382]

Nach § 1361 Abs. 2 BGB kann der nicht erwerbstätige Ehegatte „nur darauf verwiesen werden, seinen Unterhalt durch eine Erwerbstätigkeit selbst zu verdienen, wenn dies von ihm nach seinen persönlichen Verhältnissen insbesondere wegen einer früheren Erwerbstätigkeit unter Berücksichtigung der Dauer der Ehe und nach den wirtschaftlichen Verhältnissen beider Ehegatten erwartet werden kann". Für den Trennungsunterhalt gelten **großzügigere Anforderungen** hinsichtlich einer Erwerbsobliegenheit als sie in § 1574 BGB für den nachehelichen Unterhalt bestimmt sind, weil die bestehenden Verhältnisse geschützt werden sollen, um die Wiederherstellung der ehelichen Lebensgemeinschaft nicht zu erschweren.[1383] Deshalb sind auch an die Voraussetzungen einer **Verwertung des Vermögensstammes** während der Trennungszeit höhere Anforderungen zu stellen als beim nachehelichen Unterhalt.[1384]

Auf die Trennungsschuld kommt es nicht an.[1385] Billigkeitsgründe können aber gemäß § 1361 Abs. 3 BGB entsprechend § 1579 BGB zu einer Herabsetzung des Unterhaltsanspruchs führen.

Von besonderer praktischer Bedeutung ist hier die Anwendung des § 1579 Nr. 7 und 8 BGB auf Fälle, in denen ein Ehegatte die Familie verlassen hat und mit einem anderen Partner zusammenlebt. Soweit aus diesem Grunde – wegen der für den neuen Partner erbrachten Betreuungsleistungen – nicht schon die Bedürftigkeit zu verneinen ist,[1386] stellt sich die Frage der groben Unbilligkeit.[1387] Dagegen ist die **Dauer der Ehe nur nach Maßgabe des § 1361 Abs. 2 BGB** zu berücksichtigen, denn **§ 1579 Nr. 1 BGB ist von der entsprechenden Anwendung ausgenommen.**[1388]

Im Übrigen kommt es bei Getrenntleben nicht anders als nach der Scheidung darauf an, ...   454

1. ...ob überhaupt eine Selbstunterhaltungs- und damit Erwerbsobliegenheit besteht. Dazu erkennt der BGH an, dass anders als in § 1570 BGB für den nachehelichen Unterhalt die Voraussetzungen, unter denen Trennungsunterhalt wegen Betreuung eines Kindes verlangt werden kann, in § 1361 BGB nicht konkretisiert sind und deswegen großzügigere Anforderungen hinsichtlich einer Erwerbsobliegenheit bestehen.[1389] Die Gedanken der Unterhaltstatbestände nach §§ 1570 ff. BGB sind aber mit zunehmender Verfestigung der Trennung vermehrt zu berücksichtigen;[1390] für eine großzügigere Beurteilung der Erwerbsobliegenheit besteht in der Regel kein Grund mehr, wenn die Scheidung nur noch eine Frage der Zeit ist.[1391]

2. ...ob sich bei Bestehen der Erwerbsobliegenheit dem Grunde nach inhaltlich eine angemessene Erwerbstätigkeit finden lässt – hier gelten die Gedanken des § 1574 BGB.

[1382] OLG Hamm NJW-RR 2011, 1015 = FamFR 2011, 202 = FamRZ 2011, 1234 (Ls.).
[1383] BGH FamRZ 2012, 1201 = NJW 2012, 2190 Rn. 18.
[1384] BGH FamRZ 2012, 514 Rn. 36.
[1385] BVerfG FamRZ 1981, 745 (748) = NJW 1981, 1771; BGH FamRZ 1979, 569 = NJW 1979, 1348.
[1386] → Rn. 563 f.
[1387] → Rn. 1138 f.
[1388] BGH NJW 1979, 1348 u. 1452; OLG Schleswig SchlHA 1979, 37.
[1389] BGH FamRZ 2012, 1201 = NJW 2012, 2190 Rn. 18.
[1390] BGH FamRZ 1990, 283 (286) = NJW-RR 1990, 323; FamRZ 1985, 782 = NJW 1985, 1695; FamRZ 1980, 981 = NJW 1980, 2247.
[1391] BGH FamRZ 2012, 1201 = NJW 2012, 2190 Rn. 18.

Bei beiden Prüfungen ist zu beachten, dass die eheliche Beistands- und Fürsorgepflicht noch besteht und die Grenzen auch deshalb enger zu ziehen sind, weil die endgültige Trennung nicht faktisch präjudiziert werden soll.[1392] Dass der Blickwinkel des Gesetzes ein anderer ist, zeigen schon die Worte in § 1361 Abs. 2 BGB „kann nur dann darauf verwiesen werden", während die Unterhaltstatbestände nach der Scheidung als Ausnahme vom Grundsatz der Eigenverantwortung formuliert sind.

455   Zu den „**persönlichen Verhältnissen**", die iSd § 1361 Abs. 2 BGB für das Ob und den Zeitpunkt der Zumutbarkeit der Aufnahme einer Erwerbstätigkeit (bzw. ihrer Fortsetzung) maßgebend sind, gehören insbesondere:

- **Dauer der Ehe:** Bei langer Ehe (mehr als 15 Jahre) wird eine längere Übergangszeit oft angemessen sein.[1393]

- **Dauer der Trennung.** Im ersten Trennungsjahr besteht – schon wegen § 1565 Abs. 2 BGB – in der Regel keine Obliegenheit zur Aufnahme oder Ausweitung einer Erwerbstätigkeit.[1394] Ausnahmen können sich bei außergewöhnlichen Umständen ergeben wie bei einem sehr kurzen ehelichen Zusammenleben, Kinderlosigkeit un geringem Lebensalter des Bedürftigen.[1395] Mit zunehmender Dauer der Trennung werden die Anforderungen an eine ernsthafte Arbeitssuche immer strenger, wobei es für den Einzelfall auf das Gewicht der anderen Faktoren der persönlichen Verhältnisse ankommt. Nach zweijähriger Trennung wird in aller Regel mit intensiver Arbeitssuche begonnen werden müssen, falls die sonstigen Voraussetzungen der Erwerbsobliegenheit zu bejahen sind.[1396] Bei langjähriger Trennung und wirtschaftlicher Selbstständigkeit beider Partner besteht kein Anspruch auf Trennungsunterhalt.[1397]

- **Frühere Erwerbstätigkeit,** die ebenfalls im Gesetzeswortlaut hervorgehoben ist, ist nicht nur eine schon vor der Trennung ausgeübte Arbeit, sondern kann auch eine schon einige Zeit zurückliegende Erwerbstätigkeit sein. Entscheidend ist, ob dadurch die Zumutbarkeit der Wiedereingliederung in das Erwerbsleben indiziert ist.[1398] So kann eine trotz Kinderbetreuung vor der Trennung ausgeübte Arbeit nach der Trennung unzumutbar werden, wenn die Doppelbelastung bisher nur durch die Mithilfe des Ehepartners bewältigt werden konnte.[1399]

[1392] BGH FamRZ 2012, 1201 = NJW 2012, 2190 Rn. 18; FamRZ 2001, 350 = NJW 2001, 973; FamRZ 1991, 416 (418) = NJW 1991, 1049.

[1393] BGH FamRZ 2006, 769 = NJW 2006, 1967 (bei widerspruchsloser Zahlung des Trennungsunterhalts); OLG Köln FamRZ 2002, 1627 (Ls.); OLG München FamRZ 2001, 1618 (nach 20-jähriger Ehe ist 53-jährige Frau erst zwei Jahre nach der Trennung zur Ausweitung ihrer Berufstätigkeit verpflichtet); OLG Schleswig SchlHA 1992, 215 = NJW-RR 1993, 391 (unmittelbar nach Trennungsjahr bei 2-jähriger Ehe).

[1394] BGH FamRZ 2001, 350 = NJW 2001, 973 (auch zu den Voraussetzungen der Ausnahmen); BGH FamRZ 1990, 283 (286) = NJW-RR 1990, 323; zuletzt OLG Düsseldorf FamRZ 2022, 1609 = NZFam 2022, 849 (Hölzl); vgl. ferner Unterhaltsleitlinien und -grundsätze Nr. 17.2.; grundsätzlich auch OLG München OLGR 2007, 706 (verkürzt aber auf 9 Monate, weil Kläger vor Trennung 3 Jahre „nur Hausmann" war und die unterhaltspflichtige Beklagte auch das gemeinsame Kind versorgte).

[1395] OLG Düsseldorf FamRZ 2022, 1609 = NZFam 2022, 849 (Hölzl).

[1396] BGH FamRZ 2001, 350 = NJW 2001, 973; FamRZ 1990, 283 (286) = NJW-RR 1990, 323; FamRZ 1985, 782 (784) = NJW 1985, 1695; OLG Koblenz FamRZ 1993, 199 (200); zu Verzögerungen im Scheidungsverfahren vgl. OLG Brandenburg FamRZ 1996, 751.

[1397] OLG Frankfurt FPR 2004, 25.

[1398] BGH FamRZ 1990, 283 (286) = NJW-RR 1990, 323: Trennungsjahrschutz für „längere Zeit" nicht erwerbstätig gewesenen Ehegatten; OLG Hamm FamRZ 1994, 1029 (gelernte Direktrice und 10-jähriger Berufserfahrung vor der Ehe).

[1399] Dieser Gesichtspunkt wird in der Entscheidung BGH FamRZ 1981, 1159 = NJW 1981, 2804 (Lehrerin mit 1/2-Stundenzahl und Kindern im Alter von 8 und 12 Jahren) nicht erörtert. Im hier

- **Hinnahme der Nichterwerbstätigkeit** bei freiwilliger Unterhaltszahlung ohne Aufforderung, erwerbstätig zu werden, begründet einen Vertrauenstatbestand, der den Zeitpunkt des Beginns der Arbeitssuche hinausschiebt.[1400]
- **Wirtschaftliche Verhältnisse** beider Ehegatten, ebenfalls im Gesetzestext hervorgehoben, wirken sich vor allem in Mangelfällen auf eine Vorverlegung der Erwerbsobliegenheit aus.[1401] Bei sehr guten wirtschaftlichen Verhältnissen können sie zu einer Verlängerung der Übergangsfrist führen, nicht aber zu einer übermäßigen, da auch in besten Verhältnissen nach Scheitern der Ehe eigene Erwerbsaktivitäten zumutbar sind.[1402] Auch den im Sinne des Sozialhilferechts voll Erwerbsunfähigen kann innerhalb der ihm verbleibenden Möglichkeiten eine unterhaltsrechtliche Erwerbsobliegenheit treffen.[1403]
- **Betreuung nicht gemeinschaftlicher Kinder** (vorehelicher, erstehelicher oder Enkel- bzw. Pflegekinder),[1404] wenn ihre Betreuung der Ehegestaltung entsprach: Das folgt aus der stärkeren Verantwortung füreinander vor der Scheidung und gehört zu den persönlichen Verhältnissen nach § 1361 Abs. 2 BGB, sofern ihre Aufnahme und Betreuung in der ehelichen Lebensgemeinschaft auf dem gemeinschaftlichen Willen der Ehepartner beruht.
- **Betreuung nicht vom Ehemann abstammender Kinder.** Hier tritt der Trennungsunterhaltsanspruch gegenüber dem aus § 1615l BGB zurück.[1405] Es kommt auch der Ansatz eines fiktiven Einkommens in Betracht.[1406] Sofern der getrennt lebende Ehemann aber nach § 1592 Nr. 1 BGB (noch) **rechtlicher Vater** eines Kindes ist, ist es unerheblich, dass er unstreitig nicht der biologische Vater des Kindes ist,[1407] denn für den Ehegattenunterhalt ist die fortbestehende Vaterschaft dort zu berücksichtigen, wo der Unterhalt des Ehegatten an die gemeinsame Elternschaft anknüpft oder diese ansonsten für die Bemessung des Unterhalts bedeutsam ist.[1408] Solange die rechtliche Vaterschaft besteht, kommt es für die Frage einer Erwerbsobliegenheit der Mutter auf die Betreuungsbedürftigkeit des Kindes an.[1409]
- **Sonstige Faktoren (Betreuung gemeinschaftlicher Kinder, Alter, Gesundheit**[1410] usw.), die nach §§ 1569 ff. für die Zumutbarkeit der Erwerbstätigkeit nach der Scheidung maßgebend sind (dazu → Rn. 458 ff., insbes. → Rn. 466 ff. zu §§ 1615l, 1570 BGB), sind auch hier stets zu beachten in dem Sinne, dass nach der Scheidung die Erwerbstätigkeit wegen der Abschwächung der Verantwortung immer eher zu-

---

vertretenen Sinne: OLG Düsseldorf FamRZ 1985, 1039; im Hinblick auf § 1570 BGB nF s. aber OLG Düsseldorf FamRZ 2010, 646.

[1400] BGH FamRZ 2006, 769 = NJW 2006, 1967 (zu § 1587c BGB); OLG Köln FamRZ 1999, 853 = NJWE-FER 1999, 201; OLG Hamm FamRZ 1995, 1580.

[1401] OLG Koblenz FamRZ 1994, 1253 und 755; OLG Bamberg NJW 1993, 601 (besondere Anstrengungen bei hoher Verschuldung).

[1402] Anders in Ausnahmefällen zB BGH FamRZ 1987, 691 = NJW 1987, 2739.

[1403] OLG Zweibrücken NJW-RR 2007, 222.

[1404] BGH FamRZ 1979, 569 = NJW 1979, 1348; FamRZ 1979, 571 = NJW 1979, 1452; FamRZ 1981, 17 = NJW 1981, 448; FamRZ 1981, 752 = NJW 1981, 1782; FamRZ 1982, 463 = NJW 1982, 1461.

[1405] OLG Bremen NJW 2004, 1601.

[1406] OLG Köln NJW-RR 2006, 218; OLG Koblenz FamRZ 2005, 804; aA OLG Jena NJW-RR 2006, 584.

[1407] BGH FamRZ 2012, 1201 = NJW 2012, 2190 Rn. 19.

[1408] FamRZ 2012, 1201 = NJW 2012, 2190 Rn. 19, unter Bezugnahme auf BGH FamRZ 2012, 779 = NJW 2012, 1443 Rn. 32.

[1409] BGH FamRZ 2012, 1201 = NJW 2012, 2190 Rn. 19 (im konkreten Fall war das Kind im maßgeblichen Zeitraum noch nicht drei Jahre alt).

[1410] Vgl. OLG Brandenburg FamRZ 2022, 1608 = NZFam 2022, 703 (Maaß).

mutbar ist als noch in der Trennungszeit (bei gleichartigen Verhältnissen).[1411] Auch der Zeitpunkt der Aufforderung zur Berufstätigkeit ist von Bedeutung (Vertrauensschutz).[1412]

456 **Für die Ausweitung einer Teilzeitarbeit** nach der Trennung gelten ähnliche Maßstäbe.[1413] Auch hier muss dem Trennungsjahr die Zeit der notwendigen Suche nach einem Vollzeitarbeitsplatz hinzugerechnet werden.[1414]

Ein teilzeitbeschäftigter Ehegatte muss sich grundsätzlich um eine Ausweitung seiner Tätigkeit bei seinem bisherigen Arbeitgeber oder um eine vollschichtige Tätigkeit bei einem anderen Arbeitgeber bemühen.[1415]

Die Aufgabe einer krisensicheren Teilzeitstelle für eine noch unsichere Vollzeitarbeit kann allerdings einem Unterhaltsbedürftigen nicht angesonnen werden, sofern der Verpflichtete nicht erklärt, das Risiko mitzutragen, dass die Vollzeitstelle alsbald wieder verloren geht und in die Teilzeitstelle nicht zurückgekehrt werden kann.[1416]

Sofern danach ein teilschichtig beschäftigter Ehegatte nicht zur Aufgabe seines Teilzeitarbeitsplatzes verpflichtet ist, kann aber grundsätzlich verlangt werden, dass er zur Sicherung seines Unterhalts eine **weitere Teilzeittätigkeit** aufnimmt, weil auch die Übernahme zweier Teilzeitbeschäftigungen eine „angemessene" Erwerbstätigkeit im Sinne der §§ 1573 Abs. 1, 1574 BGB sein kann.[1417]

Gleichzeitiger Bezug von Arbeitslosengeld II (SGB II-Leistungen) und Behauptung vollständiger Erwerbsunfähigkeit ist widersprüchlich.[1418]

Die **Aufgabe selbstständiger Tätigkeit** kann erforderlich werden, wenn diese nach längerer Anlaufphase defizitär bleibt.[1419]

457 **Ein Anspruch auf Ausbildung, Fortbildung oder Weiterbildung** zur Vorbereitung auf eine angemessene Tätigkeit kann der Aufnahme einer Erwerbstätigkeit ebenfalls entgegenstehen. Den Berechtigten kann dabei – nach der Übergangszeit – sogar die Obliegenheit treffen, mit der Ausbildung schon in der Trennungszeit zu beginnen, wenn er keine angemessene Erwerbstätigkeit zu finden vermag; insoweit gilt § 1574 Abs. 3 BGB entsprechend.[1420] Es kommt dann insoweit auch ein Anspruch auf Ausbildungsunterhalt nach den Kriterien des § 1573 Abs. 1 iVm § 1574 Abs. 3 BGB in Betracht. Dagegen scheidet ein Unterhaltsanspruch nach den Maßstäben des § 1575 BGB während der Trennungszeit der Eheleute an sich aus, kann aber ausnahmsweise doch einmal in Frage kommen, wenn ein Ehegatte die Ausbildung „im Vorgriff auf die Voraussetzungen des § 1575 BGB" aufnimmt, nachdem das endgültige Scheitern der Ehe feststeht.[1421] Zum

---

[1411] Beispielhaft auch zur Entwicklung in der Trennungszeit: OLG Düsseldorf FamRZ 2010, 646 = NJW-RR 2010, 1082; Bespr. Pfeil FamFR 2010, 13.
[1412] OLG Hamm OLGR 2004, 138.
[1413] OLG Düsseldorf FamRZ 2010, 646 = NJW-RR 2010, 1082 mit Bespr. Pfeil FamFR 2010, 13.
[1414] OLG Frankfurt FamRZ 2000, 25 = NJWE-FER 1999, 289; OLG München FamRZ 2001, 1618; OLG München OLGR 1992, 216 will schon für die fiktive Zurechnung auf den Beginn des auf den Ablauf des Trennungsjahrs folgenden Monats abstellen – das setzt aber voraus, dass die Ausweitung ohne weiteres möglich war.
[1415] BGH FamRZ 2012, 1483 = NJW 2012, 3434 Rn. 22.
[1416] Vgl. zur entspr. Problematik beim Unterhaltspflichtigen: OLG Schleswig OLGR 2007, 325 = FamRB 2007, 197 mAnm Heinle.
[1417] BGH FamRZ 2012, 1483 = NJW 2012, 3434 Rn. 24; FamRZ 2007, 200, 202 unter 3.; OLG Schleswig OLGR 2007, 325 = FamRB 2007, 197 mAnm Heinle; OLG Frankfurt FamRZ 2000, 25 = NJWE-FER 1999, 289; OLG Oldenburg FamRZ 1996, 672.
[1418] OLG Brandenburg NJW-Spezial 2007, 533.
[1419] OLG Hamm NJW-RR 1995, 1283.
[1420] BGH FamRZ 2001, 350 = NJW 2001, 973; FamRZ 1986, 553 = NJW 1986, 985.
[1421] BGH FamRZ 2001, 350 = NJW 2001, 973.

Anspruch auf Ausbildungsunterhalt in der Trennungszeit in entsprechender Anwendung von § 1575 BGB → Rn. 524.[1422]

cc) Geschiedene Ehegatten und Mütter/Väter aus Anlass der Geburt eines Kindes. 458

(1) Maßgeblich ist nach § 1569 S. 1 BGB die **Eigenverantwortung geschiedener Ehegatten.** Seine wesentliche Ausprägung findet das in § 1574 BGB,[1423] der grundsätzlich regelt, dass dies **in erster Linie durch Ausübung einer angemessenen Erwerbstätigkeit** erfolgen soll, dazu im Folgenden unter b).[1424]

(2) In § 1569 S. 2 BGB heißt es jedoch: „Ist er dazu außerstande, hat er gegen den anderen Ehegatten einen Anspruch auf Unterhalt nur nach den folgenden Vorschriften."

Damit kommt der Grundsatz der **nachwirkenden Mitverantwortung** zum Ausdruck, der in den einzelnen Unterhaltstatbeständen nach §§ 1570 ff. BGB seine Ausprägung findet, dazu im Folgenden unter c–i.[1425] Dabei ist der Ausschluss und das Wiedereinsetzen einer Erwerbsobliegenheit bei Ansprüchen aus § 1615l BGB wegen ihrer Nähe zu § 1570 BGB[1426] gemeinsam zu erörtern.

b) Allgemeines zur Angemessenheit nach § 1574 BGB

Die in § 1574 Abs. 1 BGB zum Ausdruck kommende Voraussetzung der Angemessen- 459
heit einer Erwerbstätigkeit findet ihre Beschränkung in den in §§ 1570 ff. BGB normierten Ausnahmen. Zudem wird der Grundsatz der Eigenverantwortung durch das in § 1574 Abs. 2 BGB aufgenommene Prinzip der nachwirkenden Mitverantwortung einge-schränkt.[1427] Der BGH[1428] weist besonders darauf hin, dass die ehelichen Lebensverhält-nisse im Gegensatz zur früheren Rechtslage nur noch insoweit zum Tragen kommen, als die Tätigkeit nicht mehr angemessen ist, soweit sie nach den ehelichen Lebensverhält-nissen **unbillig** wäre. Das Merkmal der ehelichen Lebensverhältnisse sei demnach **kein „gleichberechtigtes" Merkmal** zur Prüfung der Angemessenheit mehr, sondern habe nur noch die Funktion eines Billigkeitskorrektivs.[1429]

Wenn auf Grund der Umstände des Falles aber nur berufliche Tätigkeiten in Betracht kommen, die nach § 1574 Abs. 2 BGB als nicht angemessen anzusehen sind, kann von dem geschiedenen Ehegatten eine Erwerbstätigkeit nicht erwartet werden.[1430] Daran hat sich nichts geändert, auch wenn ein Unterhaltsanspruch die Ausnahme und nicht mehr die Regel ist.[1431] Genügt der Unterhaltsberechtigte seiner aktuellen Erwerbsobliegenheit, kann ihm nach der Rechtsprechung des BGH nicht für die Vergangenheit vorgehalten werden, er hätte konkrete Bewerbungsbemühungen entfalten müssen, um einen einge-tretenen ehebedingten Nachteil zu kompensieren.[1432]

§ 1574 Abs. 2 BGB erwähnt folgende Kriterien für die Beurteilung der Angemessenheit:

[1422] FamRZ 1986, 1085 (1086) = NJW-RR 1987, 196; BGH NJW 1986, 722 (724); OLG Hamm OLGR 1998, 176; FamRZ 1995, 170 (beschränkt auf planvolles Studium und Regelstudiendauer); OLG Hamburg FamRZ 1991, 1298.

[1423] Zur grundsätzlich veränderten Betrachtungsweise seit 1.1.2008: BGH FamRZ 2012, 517 = NJW 2012, 1144 Rn. 28.

[1424] → Rn. 459 ff.

[1425] → Rn. 466 ff.

[1426] Vgl. BVerfG FamRZ 2007, 965 = NJW 2007, 1735.

[1427] BT-Drs. 16/1830, S. 16.

[1428] BGH FamRZ 2012, 517 = NJW 2012, 1144 Rn. 28.

[1429] BGH FamRZ 2012, 517 = NJW 2012, 1144 Rn. 28, unter Hinweis auf BT-Drs. 16/1830, S. 17.

[1430] BGH FamRZ 1983, 144 = NJW 1983, 1483.

[1431] BT-Drs. 16/1830, S. 16.

[1432] BGH FamRZ 2013, 274 mAnm Viefhues.

460   **aa) Ausbildung.** Eine Erwerbstätigkeit in dem Beruf, für den man ausgebildet ist, ist in Bezug auf dieses Kriterium stets angemessen. Gleichwohl kann im Ergebnis unter Berücksichtigung der anderen Kriterien die Angemessenheit zu verneinen sein. Insbesondere können gute eheliche Lebensverhältnisse nach langer Ehedauer der Angemessenheit der Rückkehr in einen einfachen Beruf (Bankdirektorsfrau wieder Schuhverkäuferin) entgegenstehen.[1433] In § 1574 Abs. 2 BGB heißt es jetzt „soweit eine solche Tätigkeit nicht nach den ehelichen Lebensverhältnissen unbillig wäre". Andererseits kann eine Tätigkeit unterhalb des Ausbildungsniveaus angemessen sein, wenn sich die Tätigkeit auf qualitativ gleicher Ebene bewegt.[1434]

Außerdem besteht auch für den Berechtigten die Berufsausübungsfreiheit, so dass er sich – zumal bei lang zurückliegender Ausbildung – für eine andere angemessene Tätigkeit entscheiden kann.[1435] In der heutigen Arbeitswelt muss eine gewisse Flexibilität erwartet werden, und der Berechtigte ist gemäß § 1574 Abs. 3 BGB zur Ausbildung, Fortbildung und Umschulung verpflichtet, soweit das zur Aufnahme einer angemessenen Erwerbstätigkeit erforderlich ist und Erfolg verspricht. Dementsprechend gibt § 1575 BGB einen Ausbildungsfinanzierungsanspruch.

Sind solche Maßnahmen nicht mehr möglich, kann die Verweisung einer Person mit qualifizierter Ausbildung auf eine „ungelernte" Arbeit unangemessen sein.

461   **bb) Fähigkeiten.** Unabhängig von einer im Zeitpunkt der Scheidung vorhandenen Ausbildung kann nach den (zB künstlerischen) Fähigkeiten eines Ehegatten die Aufnahme einer Berufstätigkeit angemessen sein.[1436]

Eine Tätigkeit kann dagegen unangemessen sein, wenn sie zwar materiell ausreichen würde, aber keine angemessene Entfaltung der Kenntnisse und Fähigkeiten ermöglicht.[1437]

462   **cc) Frühere Erwerbstätigkeit.** Die Erwerbstätigkeit in einem Beruf, der früher ausgeübt wurde, ist grundsätzlich immer angemessen. Ein Ehegatte kann auch nicht unter Hinweis auf seine höhere Berufsqualifikation deshalb Unterhalt fordern, wenn er im Lauf der Ehe eine geringer qualifizierte Tätigkeit ausgeübt hat.[1438]

463   **dd) Alter.** Dieses Kriterium ist in den Fällen zu beachten, in denen zwar das Alter nicht generell die Erwerbstätigkeit ausschließt, in denen aber zweifelhaft ist, ob die konkret in Aussicht genommene Arbeit noch altersangemessen ist. Das kommt vor allem bei Berufen in Betracht, die typischerweise nur in jüngeren Lebensjahren verrichtet werden können (Beispiele etwa: Taucher, Fußballspieler).

Von Bedeutung kann auch sein, ob es sich um eine erstmalige Berufsausübung oder um die Wiederaufnahme eines bereits früher ausgeübten Berufs handelt. Wegen der Umstellungsschwierigkeiten kann bei erstmaliger Berufsausübung die Altersgrenze niedriger anzusetzen sein.[1439]

[1433] → Rn. 465.

[1434] BGH FamRZ 2005, 23 = NJW 2005, 61 (Tatrichter); FamRZ 1991, 416 = NJW 1991, 1049 und NJW-RR 1992, 1282 (zweites Revisionsurteil): Tätigkeit einer ausgebildeten Kindergärtnerin in gehobenem Einrichtungshaus, aber nicht bei untergeordneter Hilfstätigkeit; OLG Koblenz FamRZ 1993, 199 (200); vgl. auch OLG Brandenburg MDR 2009, 270 f.; OLG Hamm 3.3.2010 – 5 UF 145/09, unter 1b); OLG Karlsruhe FamRZ 2009, 120 mablAnm Drebold (790).

[1435] BGH FamRZ 2005, 23 = NJW 2005, 61; NJW-RR 1992, 1282 (offen gelassen bei 50-jähriger Kindergärtnerin), FamRZ 1986, 1085 = NJW-RR 1987, 196; FamRZ 1986, 553 (555) = NJW 1986, 985; OLG München OLGR 2004, 131 (bei angemessener Tätigkeit kein Wechsel in besser bezahlte ungelernte Arbeit).

[1436] OLG Karlsruhe FamRZ 2002, 1566 (gute Fremdsprachenkenntnisse).

[1437] BGH FamRZ 1984, 988 (Arbeitsmöglichkeiten einer Russisch-Dozentin), → Rn. 460.

[1438] BGH FamRZ 2005, 23 = NJW 2005, 61; OLG Stuttgart FamRZ 2009, 785.

[1439] Vgl. OLG Zweibrücken FamRZ 1983, 1138.

Bei **Frauen ab Mitte 50** kann zwar nicht generell davon ausgegangen werden, dass sie keine angemessene Arbeit mehr finden können.[1440] Die besonderen Schwierigkeiten auf dem heutigen Arbeitsmarkt dürfen aber auch nicht verkannt werden.[1441] Sofern allerdings in jüngeren Jahren eine bestehende Erwerbsobliegenheit schuldhaft verletzt worden ist, kann man sich in späteren Jahren nicht darauf berufen, jetzt keine angemessene Erwerbstätigkeit mehr zu finden.[1442] Gleiches muss dann auch gelten, wenn eine angemessene Erwerbstätigkeit **mutwillig** aufgegeben worden ist und nicht geltend gemacht werden kann, dass die frühere Arbeitsstelle ohnehin verloren gegangen wäre.[1443]

Auch zusammen mit alterstypischen Verschleißerscheinungen kann jedenfalls eine Tätigkeit im **Geringverdienerbereich** noch angemessen sein.[1444] Es kommt aber immer auf die Einzelfallumstände an.[1445]

ee) Gesundheitszustand. Hier geht es darum, in Fällen, in denen nicht schon nach   **464**
§ 1572 BGB eine Erwerbstätigkeit überhaupt nicht erwartet werden kann, weiter zu prüfen, ob die konkret in Betracht kommende Berufstätigkeit gesundheitlich bewältigt werden kann.[1446] Soweit das OLG Hamm[1447] in diesem Zusammenhang für eine unter **Depressionen** leidende Unterhaltsberechtigte ausführt, diese treffe die Obliegenheit, alle zumutbaren Mitwirkungshandlungen zu unternehmen, um die Krankheit behandeln zu lassen und sich dafür unmittelbar in die Behandlung eines Therapeuten zu begeben, wird aber zu beachten sein, dass nicht ausreichende Bemühungen um eine Behandlung gerade Ausdruck der Depression sein können und deshalb eventuell nicht vorwerfbar sind. Bezieht der Unterhaltsschuldner aber Leistungen nach dem SGB II, sind an seine Behauptung, er sei aufgrund von Depressionen arbeitsunfähig, hohe Anforderungen zu stellen. Denn Voraussetzung für eine Gewährung von Arbeitslosengeld II ist, dass der Empfänger auf absehbare Zeit mindestens drei Stunden täglich arbeiten kann. Aus diesem Grunde müsse er – so das Kammergericht – substantiiert, schlüssig und konsistent zu den behaupteten gesundheitlichen Beeinträchtigungen und ihren Auswirkungen auf die Erwerbsfähigkeit vortragen.[1448]

Soweit nur stundenweise leichte Tätigkeiten ausgeübt werden können, kommen vor allem Arbeiten im Haushalt und in der Kinderbetreuung in Betracht. Es ist dabei zu bedenken, dass solche Stellen fast ausschließlich im Bereich der Geringverdienereinkommen angeboten werden und nach der Neuregelung zum 1.1.2013 für den Arbeitnehmer (nach der Erhöhung zum 1.10.2022) bis 520 EUR keine Beitrags- und Steuerpflicht besteht. Für den Bereich zwischen 520 EUR und (ab dem 1.1.2023) 2.000 EUR (Gleitzone, § 20 Abs. 2 SGB IV) gilt das nur teilweise; eine Beschäftigung in diesem Einkommenssektor (sog. **Midi-Job**) kann sich auch durch Zusammenrechnung der Arbeitsentgelte aus zwei geringfügigen Tätigkeiten ergeben.[1449]

[1440] BGH FamRZ 2011, 1851 = NJW 2011, 3577, Rn. 15 unter Hinweis auf Kaiser/Dahm NZA 2010, 473.

[1441] BGH FamRZ 2012, 517 = NJW 2012, 1144, Rn. 30 f.; FamRZ 2008, 2104 = NJW 2008, 3635, Rn. 22; OLG Hamm FamRZ 2010, 1914 (für eine Textilverkäuferin).

[1442] BGH FamRZ 2008, 2104 = NJW 2008, 3635, Rn. 23; FamRZ 2008, 872 = NJW 2008, 1525.

[1443] Vgl. BGH FamRZ 2008, 872 = NJW 2008, 1525 (allerdings für einen unterhaltspflichtigen Abänderungskläger entschieden).

[1444] BGH FamRZ 2012, 517 = NJW 2012, 1144, Rn. 33 ff.; OLG Hamm FamRZ 1999, 1275 (Ls.); zur Neuregelung der Geringverdienerarbeit ab 1.4.2003: Büttner FF 2003, 192 und Christl FamRZ 2003, 1215.

[1445] BGH FamRZ 2011, 1851 = NJW 2011, 3577 Rn. 15.

[1446] BGH FamRZ 1986, 1085 = NJW-RR 1987, 196.

[1447] OLG Hamm FamRZ 2012, 1732.

[1448] KG NZFam 2015, 766 (Viefhues).

[1449] BGH FamRZ 2012, 517 = NJW 2012, 1144 Rn. 35 mwN Zur Neuregelung geringfügiger Beschäftigung ab 1.4.2003: Büttner FF 2003, 192; vgl. auch bereits BAG FamRZ 1993, 1429 (Ls.).

Neben dem Bezug einer Rente beträgt die Hinzuverdienstgrenze nach § 34 Abs. 2 SGB VI in der bis zum 31.12.2022 geltenden Fassung 6.300,00 EUR.[1450] Ab dem 1.1.2023 besteht nach der Neufassung des § 34 SGB VI keine Hinzuverdienstgrenze mehr (Gesetz vom 20.12.2022, BGBl. I 2759).

465 **ff) Eheliche Lebensverhältnisse.** Es handelt sich um eine Generalklausel, die dazu bestimmt ist, das unbillige Ergebnis eines unangemessenen sozialen Abstiegs zu verhindern.[1451] Die beispielhaft genannten Faktoren **Dauer der Ehe** und **Dauer der Pflege oder Erziehung eines gemeinschaftlichen Kindes** weisen beide das Element des Vertrauensschutzes auf. Der Unterhaltpflichtige muss die Konsequenzen aus einem langjährigen,[1452] von ihm mitverantworteten und genutzten Zustand für die Zukunft mittragen. Dabei kommt es nicht darauf an, durch wessen Erwerbstätigkeit der gemeinsame soziale Status geschaffen worden ist,[1453] er gilt stets als von beiden Ehepartnern geschaffen. Es kommt auch nicht nur auf die Einkommensverhältnisse an, sondern auf den in der Ehe erreichten qualitativen beruflichen und sozialen Status.[1454] Bei guten Verhältnissen ist eine Verweisung des Bedürftigen auf eine seit Jahren nicht ausgeübte und erheblich unter dem Lebenszuschnitt der Ehe liegende Tätigkeit unangemessen.[1455] Wesentliches Merkmal für die Angemessenheit ist, ob die Tätigkeit Selbstständigkeit und Gestaltungsmöglichkeiten bietet, die dem erreichten sozialen Status entsprechen.[1456]

Der BGH hat nach neuem Unterhaltsrecht den Verweis einer „Unternehmergattin" auf eine Tätigkeit als Verkäuferin im gehobenen Bereich im Einzelhandel (in Abgrenzung zu einer Kassiererin im Supermarkt) oder im Bürobereich als angemessen iSd § 1574 Abs. 2 BGB gebilligt.[1457]

Nach den ehelichen Lebensverhältnissen kann weiter dann nicht auf den erlernten Beruf verwiesen werden, wenn während der Ehe eine qualifiziertere Ausbildung erreicht worden ist.[1458]

Umgekehrt können sehr einfache eheliche Lebensverhältnisse die Übernahme von einfachen Hilfstätigkeiten zumutbar machen, auch wenn der Berechtigte eine Berufsausbildung hat, in seinem Beruf aber keine Arbeit finden kann.[1459]

[1450] OLG Koblenz NJWE-FER 2000, 108 (noch zur Rechtslage vor 1.4.2003).

[1451] → Rn. 459. BGH FamRZ 2012, 517 = NJW 2012, 1144, Rn. 28 (nur noch Billigkeitskorrektiv).

[1452] BGH FamRZ 1983, 144; dagegen bei kurzer Ehedauer Rückkehr in früher ausgeübten Beruf angemessen: OLG Hamm FamRZ 1980, 258; nach 6-jähriger Ehe aber keine Verweisung der Frau eines Fabrikanten auf ungelernte oder angelernte Arbeit: OLG Schleswig FamRZ 1982, 703; OLG München FamRZ 2004, 1208 (kein Berufswechsel zum Zweck höheren Verdienstes).

[1453] BGH NJW-RR 1992, 1282.

[1454] Empfehlungen des 9. DFGT A I 2.1a (FamRZ 1992, 144).

[1455] BGH NJW-RR 1992, 1282 (keine Verweisung einer Kindergärtnerin nach 23-jähriger Ehe auf Tätigkeit als Verkaufshilfe); BGH FamRZ 1988, 1145 = NJW-RR 1988, 1282 (keine Verweisung der Ehefrau eines Bäckermeisters mit mehreren Filialen auf Angestelltentätigkeit); OLG Hamm FamRZ 1983, 181 (keine „leichte Frauenarbeit" für Oberarztehefrau nach 20-jähriger Ehe); OLG Koblenz FamRZ 1990, 751 (Erzieherin nach 22-jähriger Ehe nicht als Telefonistin).

[1456] Zumutbar daher: BGH FamRZ 1991, 416 = NJW 1991, 1049 (selbstständige Verkaufstätigkeit in gehobenem Einrichtungshaus für ausgebildete Kindergärtnerin); BGH NJW 1986, 985 (Dolmetschen für Ehefrau Oberstudiendirektor); OLG Koblenz FamRZ 1993, 199 (200) (eigenständige gehobene Tätigkeit für ehemalige Bankangestellte).

[1457] BGH FamRZ 2012, 517 = NJW 2012, 1144 Rn. 29.

[1458] BGH FamRZ 1980, 126 = NJW 1980, 393 = JR 1980, 200 mAnm Mutschler; BGH FamRZ 1981, 439; OLG Hamm FamRZ 1980, 1123 (Fortsetzung des ohne vorherige Ausbildung in der Ehe begonnenen Psychologiestudiums kurz vor dessen Ende).

[1459] OLG Hamm FamRZ 1988, 840.

Unabhängig vom sozialen Status in der Ehe ist die Fortsetzung einer Erwerbstätigkeit, die auch während der Ehe trotz guter Verhältnisse ausgeübt wurde, stets zumutbar.[1460]

c) Kinderbetreuung (§ 1570 BGB und § 1615l BGB)

**aa) Rechtslage für Unterhaltszeiträume bis 31.12.2007 und die Abänderung von   466
Alttiteln. Für Unterhaltszeiträume bis 31.12.2007** (gemäß § 36 Nr. 7 EGZPO) und mit
Einschränkungen (Stichwort: Zumutbarkeit, § 36 Nr. 1 EGZPO) **auch für Abänderungen eines Titels aus dieser Zeit** siehe die 13. Auflage Rn. 466.

bb) Rechtslage für den Betreuungsunterhalt seit 1.1.2008. (1) Allgemeines: Der   467
Unterhalt wegen Betreuung eines gemeinschaftlichen Kindes folgt für geschiedene
Ehegatten aus § 1570 BGB und für die Mutter eines außerhalb der Ehe geborenen Kindes
aus § 1615l Abs. 2 S. 2–5 BGB.

(1) Dieser Unterhalt kann gemäß §§ 1570 Abs. 1 S. 1, 1615l Abs. 2 S. 2 und 3 BGB für   467a
mindestens drei Jahre nach Geburt des Kindes verlangt werden.
Der Anspruch **verlängert sich billigerweise** über drei Jahre hinaus gemäß §§ 1570
Abs. 1 S. 2 und 3, 1615l Abs. 2 S. 4 und 5 BGB aus **kindbezogenen** bzw. gemäß § 1570
Abs. 2 BGB und, mittelbar hergeleitet, nach § 1615l Abs. 2 S. 5 BGB auch aus **elternbezogenen** Gründen. Das frühere Altersphasenmodell hat der BGH ausdrücklich aufgegeben.[1461]

(2) **Verfassungsrechtliche Grundlage:** Diese Angleichung der beiden Vorschriften   468
beruht zum Teil auf der Entscheidung des Bundesverfassungsgerichts – 1. Senat – vom
28.2.2007,[1462] wonach die früher unterschiedlichen Regelungen des Betreuungsunterhalts
wegen der damit verbundenen mittelbar unterschiedlichen Behandlung von ehelichen
Kindern und Kindern, deren Eltern nicht miteinander verheiratet sind oder waren, gegen
Art. 6 Abs. 5 GG verstieß. Zudem findet sich in der Entscheidung aber auch der – in
dieser Allgemeinheit äußerst bedenkliche – Hinweis an den Gesetzgeber, eine zeitliche
Begrenzung des Betreuungsunterhaltsanspruchs auf in der Regel drei Jahre sei „im Lichte
des Art. 6 Abs. 2 GG nicht zu beanstanden."[1463]

Es ist nicht auszuschließen, dass insoweit fiskalische Erwägungen eine Rolle gespielt   469
haben, denn aus den ursprünglichen Betreuungs**angeboten** des SGB VIII haben sich
mittlerweile in §§ 10 Abs. 1 Nr. 3 SGB II, 11 Abs. 4 SGB XII Verpflichtungen, solche
Betreuungen über die Schulpflicht hinaus anzunehmen, entwickelt. Demgegenüber hatte
der **2. Senat des Bundesverfassungsgerichts**[1464] nur wenige Jahre zuvor im Zusammenhang mit der **steuerlichen Freistellung auch des Betreuungsbedarfs** als Bestandteil des
Existenzminimums noch ausgeführt, Art. 6 Abs. 1 GG garantiere als Abwehrrecht die
Freiheit, über die Art und Weise der Gestaltung des ehelichen und familiären Zusammenlebens selbst zu entscheiden. Demgemäß dürften die Eltern ihr familiäres Leben nach
ihren Vorstellungen planen und verwirklichen und insbesondere in ihrer Erziehungsverantwortung entscheiden, ob und in welchem Entwicklungsstadium das Kind überwiegend
von einem Elternteil allein, von beiden Eltern in wechselseitiger Ergänzung oder von
einem Dritten betreut werden soll. Die Eltern bestimmten, vorbehaltlich des Art. 7 GG,
in **eigener Verantwortung insbesondere, ob und inwieweit sie andere zur Erfüllung**

[1460] OLG Celle FamRZ 1980, 581; OLG Köln FamRZ 1980, 1006; vgl. auch BGH FamRZ 1981,
1159 = NJW 1981, 2804.
[1461] Grundlegend: BGH FamRZ 2009, 770 = NJW 2009, 1876.
[1462] BVerfG FamRZ 2007, 965 = NJW 2007, 1735.
[1463] BVerfG FamRZ 2007, 965 = NJW 2007, 1735 Rn. 73.
[1464] BVerfG FamRZ 1999, 285 (287).

ihres Erziehungsauftrags heranziehen wollten. Das Wächteramt des Staates (Art. 6 Abs. 2 S. 2 GG) berechtige den Staat nicht, die Eltern zu einer bestimmten Art und Weise der Erziehung ihrer Kinder zu drängen. Die primäre Entscheidungsverantwortlichkeit der Eltern beruhe auf der Erwägung, dass die Interessen des Kindes in aller Regel am besten von den Eltern wahrgenommen werden. Übereinstimmend damit hat der BGH[1465] nun auch bei einem Anspruch auf Elternunterhalt gegen den Partner einer nichtehelichen Lebensgemeinschaft dessen vorrangige weitere Unterhaltsverpflichtung gegenüber seinem ein gemeinsames Kind betreuenden Lebensgefährten aus § 1615l BGB über drei Jahre hinaus aus elternbezogenen Gründen bejaht, wenn die Lebensgefährten aufgrund **gemeinsamen Entschlusses** das **Recht auf persönliche Erziehung des Kindes** wahrnehmen wollen. Ein solches auf Art. 6 GG gegründetes Elternrecht wird jedoch dem Alleinerziehenden im Streit mit seinem ehemaligen Lebensgefährten oder Ehepartner verwehrt. Zur Frage der Vereinheitlichung der Regelungen von § 1570 BGB und § 1516l BGB, siehe Götz.[1466]

470   **(3) Motive des Gesetzgebers:** Ungeachtet dieser verfassungsrechtlichen Diskussion war allerdings vom Gesetzgeber bereits vor der Gesetzesänderung beabsichtigt, den Betreuungsunterhalt gemäß § 1570 BGB für eheliche Kinder einzuschränken, allerdings zunächst nur durch den Satz: „Dabei sind auch die bestehenden Möglichkeiten der Kinderbetreuung zu berücksichtigen."[1467] Anstelle der bisherigen, häufig sehr schematisierenden Betrachtungsweise sei anhand des tradierten „Altersphasenmodells" stärker auf den konkreten Einzelfall und tatsächlich bestehende, verlässliche Möglichkeiten der Kinderbetreuung abzustellen. Bedeutung erlange dies weniger bei Kleinkindern, dafür aber grundsätzlich bei den über dreijährigen Kindern. Bei der Auslegung von § 1570 BGB werde dies dazu führen, das bisherige „Altersphasenmodell" neu **zu überdenken und zu korrigieren.**[1468] Ausdrücklich klargestellt wurde aber auch, dass der betreuende Elternteil sich nur dann auf eine Fremdbetreuungsmöglichkeit verweisen lassen muss, wenn dies mit den Kindesbelangen vereinbar ist. Die Belange des Kindes könnten beispielsweise dann einer Fremdbetreuung entgegenstehen, wenn das Kind **unter der Trennung besonders leidet** und daher der persönlichen Betreuung durch einen Elternteil bedarf. Ausweislich der Motive enthält das Gesetz aber **keine ausdrückliche Vorgabe zu der Frage, in welchem Umfang der betreuende Elternteil bei einer bestehenden Betreuungsmöglichkeit auf eine eigene Erwerbstätigkeit** verwiesen werden kann.[1469]

Mit den Worten „soweit und solange" werde nach dem Willen des Gesetzgebers jedoch deutlich gemacht, dass es auch hier auf die Verhältnisse des Einzelfalls ankommt. Sofern zunächst eine Teilzeittätigkeit möglich sei, sei daneben – je nach Bedürftigkeit – auch weiterhin Betreuungsunterhalt zu zahlen.

Es folgte der seither in Nr. 17.1[1470] einiger Leitlinien und Unterhaltsgrundsätze sowie auch vom BGH[1471] am häufigsten zitierte Satz der Gesetzesbegründung: „**Die Neuregelung verlangt also keineswegs einen abrupten, übergangslosen Wechsel von der elterlichen Betreuung zu Vollzeiterwerbstätigkeit. Im Interesse des Kindeswohls wird vielmehr auch künftig ein gestufter, an den Kriterien von § 1570 Abs. 1 BGB-E orientierter Übergang möglich sein.**"

[1465] BGH FamRZ 2016, 887 Rn. 25 und 40 mAnm Seiler FamRZ 2016, 891 = NZFam 2016, 410 (Zwißler).

[1466] Götz FamRZ 2018, 1474.

[1467] BT-Drs. 16/1830, S. 7.

[1468] BT-Drs. 16/1830, S. 16, 17.

[1469] BT-Drs. 16/6980, S. 9.

[1470] Nr. 17. 1 der Süddt., Kölner, KG, Koblenzer LL, Frankfurter Unterhaltsgrds.

[1471] BGH FamRZ 2009, 770 = NJW 2009, 1876; FamRZ 2009, 1124 = NJW 2009, 1956.

Außer den kindbezogenen Aspekten wird aber auch aus **Gründen der nachehelichen Solidarität** eine Verlängerung des Unterhaltsanspruchs gewährt und damit ausdrücklich auch eine Erwägung des Bundesverfassungsgerichts in seinem Beschluss vom 28.2.2007 aufgegriffen.[1472] Deswegen sehe **§ 1570 Abs. 2 BGB** vor, den Betreuungsunterhalt im Einzelfall zusätzlich aus Gründen zu verlängern, die ihre **Rechtfertigung allein in der Ehe finden,** wobei das in der Ehe gewachsene Vertrauen in die vereinbarte und praktizierte Rollenverteilung und die gemeinsame Ausgestaltung der Kinderbetreuung maßgeblich sein soll.[1473] Entsprechend handele es sich bei dem Anspruch nach § 1570 Abs. 2 nicht um einen selbständigen Unterhaltstatbestand, sondern um eine ehespezifische Ausprägung des Betreuungsunterhaltsanspruchs, eine Art „Annexanspruch" zum Anspruch nach § 1570 Abs. 1 BGB.

Und schließlich wird noch ausdrücklich ausgeführt, die Dauer des Anspruchs wegen der Betreuung des Kindes nach § 1615l BGB richte sich künftig **nach denselben Grundsätzen wie beim ehelichen Kind** und sei gleich lang ausgestaltet. Neben den kindbezogenen Gründen könnten im Einzelfall zusätzlich auch andere Gründe, namentlich **elternbezogene Gründe,** berücksichtigt werden. Das werde **durch das Wort „insbesondere" klargestellt.**

(4) **Entwicklung der Rechtsprechung zur Verlängerung des Betreuungsunterhalts.**[1474] Nach der Rechtsprechung des Bundesgerichtshofs zu den Voraussetzungen des Unterhalts wegen Betreuung eines Kindes gemäß § 1570 BGB[1475] bzw. § 1615l BGB[1476] kann Unterhalt wegen Betreuung von Kindern, die das 3. Lebensjahr vollendet haben, nur bei ausdrücklicher Darlegung von kind- oder elternbezogenen Gründen gewährt werden. Der BGH hatte zwar zunächst mit seiner Entscheidung vom 16.7.2008[1477] zu § 1615l BGB auf den ersten Blick den Eindruck erweckt, ein verändertes Altersphasenmodell mit gewissen Pauschalisierungen könne wieder seine Billigung finden und zu einer Vereinheitlichung der Rechtsprechung beitragen. Entsprechend ergingen zahlreiche OLG-Entscheidungen,[1478] die zwar in Abkehr vom früheren Altersphasenmodell zu **Erwerbsverpflichtungen betreuender Elternteile in unterschiedlichem Umfang** kamen, **eine Vollerwerbsverpflichtung jedenfalls bei Kindern im Grundschulalter aber grundsätzlich noch nicht annahmen.** Mit der ersten Entscheidung zu § 1570 BGB nF vom 18.3.2009[1479] führte der BGH jedoch unmissverständlich aus, dass eine altersabhän-

471

[1472] FamRZ 2007, 965 = NJW 2007, 1735 Rn. 58.

[1473] BT-Drs. 16/6980, S. 9.

[1474] Überblick: Dose FPR 2012, 129; Heiderhoff FamRZ 2012, 1604; Kerscher NJW 2012, 1910; Schilling FuR 2012, 454; Menne FF 2012, 487 (Rechtsvergleich mit der Schweiz).

[1475] BGH FamRZ 2009, 770 = NJW 2009, 1876; FamRZ 2009, 1124 = NJW 2009, 1956; FamRZ 2009, 1391 = NJW 2009, 2592; FamRZ 2010, 802 = NJW 2010, 1665; FamRZ 2010, 1050 = NJW 2010, 2277; FamRZ 2010, 1880 = NJW 2010, 3369; FamRZ 2011, 1209 = NJW 2011, 2430; FamRZ 2011, 791 = NJW 2011, 1582; FamRZ 2011, 1375 = NJW 2011, 2646; FamRZ 2012, 1040 = NJW 2012, 1868; FamRZ 2012, 1624 = NJW 2012, 3037; kritisch zur Gesamtentwicklung: Löhnig/Preisner FamRZ 2011, 1537; Erbarth FamRZ 2012, 340; Hütter FamRZ 2011, 1772; Norpoth FamRZ 2011, 874; Maurer NJW 2011, 1586; Götz FPR 2011, 149; Schwamb FamRB 2010, 358 (359 f.) und FamRB 2011, 165 (166); Niepmann/Schwamb NJW 2011, 2404 (2407) und → Rn. 472.

[1476] BGH FamRZ 2008, 1739 = NJW 2009, 3125; FamRZ 2010, 357 = NJW 2010, 937; FamRZ 2010, 444 = NJW 2010, 1138.

[1477] BGH FamRZ 2008, 1739 (1748 f.) = NJW 2009, 3125 – Rn. 103.

[1478] OLG München FamRZ 2008, 1945 (1946); KG FamRZ 2008, 1942 (aufgehoben durch die Grundsatzentscheidung BGH FamRZ 2009, 770); KG FamRZ 2009, 336 = NJW 2008, 3793 und FamRZ 2009, 981 (Ls.) = FF 2009, 165; OLG Düsseldorf FamRZ 2009, 522 = NJW 2009, 600 und FamRZ 2008, 1861 = NJW 2008, 2658; OLG Celle FF 2009, 81; anders aber OLG Köln FamRZ 2008, 2119.

[1479] BGH FamRZ 2009, 770 = NJW 2009, 1876.

gige Verlängerung des Betreuungsunterhalts „im Hinblick auf den eindeutigen Willen des Gesetzgebers nicht haltbar" sei.[1480] Mit der folgenden Entscheidung vom 6.5.2009[1481] wurde endgültig deutlich, dass es für kindbezogene Verlängerungsgründe **praktisch keinerlei Möglichkeiten zur Pauschalisierung mehr** gibt, während nach der weiteren Entscheidung vom 17.6.2009[1482] allenfalls bei zeitlich eingeschränkt bestehenden Betreuungsmöglichkeiten durch öffentliche Einrichtungen für die dann offenen Zeiten erwogen wird, ob altersabhängig unterschiedlich hohe Pflichten zur Beaufsichtigung und Betreuung des Kindes eventuell eine gewisse Pauschalisierung aus kind- und elternbezogenen Gründen erlauben.[1483] Auch für Kinder im Kindergarten- und Grundschulalter wird aber jedenfalls ein **Vorrang der elterlichen Betreuung vor der Inanspruchnahme öffentlicher Einrichtungen als grundsätzlich nicht mehr mit § 1570 BGB nF vereinbar angesehen.**[1484]

Mit Entscheidungen vom 15.9.2010 und 1.6.2011 hat der BGH[1485] diese Grundsätze gegen die bis dahin hM[1486] auf Fremdbetreuungsmöglichkeiten durch den barunterhaltspflichtigen anderen Elternteil ausgedehnt. Dabei heißt es im Urteil vom 1.6.2011 zur Frage, ob das „ernsthafte und verlässliche" Betreuungsangebot des barunterhaltspflichtigen Elternteils zu berücksichtigen sei, zwar zunächst noch, eine am Kindeswohl orientierte abschließende **Umgangsregelung sei grundsätzlich vorgreiflich,**[1487] um jedoch im folgenden Satz auszuführen, „durchgreifende Umstände gegen eine Umgestaltung des Umgangsrechts … habe das Berufungsgericht nicht festgestellt."[1488] Sodann wird, soweit ersichtlich erstmals in einem Unterhaltsverfahren, ausdrücklich nahegelegt, dass das Umgangsrecht „umgestaltet" wird.[1489] Dagegen warnte Schilling[1490] kurz zuvor noch vor auf der Hand liegenden Gefahren durch etwaige Streitigkeiten, die allein in ein Umgangsverfahren gehören, und wollte dagegen einen Riegel vorgeschoben wissen.

Zur **Darlegungslast** eines Anspruchstellers wird in einem Urteil vom 16.12.2009[1491] ausgeführt, mangels Vortrags zu kind- oder elternbezogenen Gründen für eine Verlängerung des Betreuungsunterhalts könnten solche Gründe **nur berücksichtigt werden, als sie „auf der Grundlage des sonst festgestellten Sachverhalts auf der Hand liegen."** Da solche konkreten „auf der Hand liegenden" Umstände in dieser Entscheidung aber selbst bei einer an Multipler Sklerose erkrankten Mutter, die Unterhalt wegen Betreuung eines 6½ Jahre alten Kindes gemäß § 1615l BGB verlangte, nicht angenommen wurden, wäre sie „sogar zu einer Erwerbstätigkeit verpflichtet, die **deutlich über eine halbschichtige**

[1480] Ausführlicher in Auseinandersetzung mit damals noch anders lautenden OLG-Leitlinien: BGH FamRZ 2011, 1209 = NJW 2011, 2430 Rn. 27.

[1481] BGH FamRZ 2009, 1124 = NJW 2009, 1956 – Rn. 32 ff. (Der Vortrag der 25–30 Wochenstunden arbeitenden Kl. mit 2 Kindern zu der ADS-Störung des älteren Sohnes (15 J.) – Rn. 14 – sei nicht ausreichend).

[1482] BGH FamRZ 2009, 1391 = NJW 2009, 2592.

[1483] BGH FamRZ 2009, 1391. = NJW 2009, 2592 Rn. 30 u. 32 f.

[1484] BGH FamRZ 2009, 770 = NJW 2009, 1876; FamRZ 2009, 1124 = NJW 2009, 1956.

[1485] BGH FamRZ 2010, 1880 = NJW 2010, 3369; FamRZ 2011, 1209 = NJW 2011, 2430; vgl. auch OLG Saarbrücken ZFE 2010, 113 = FamRZ 2010, 1251 (Ls.).

[1486] Vgl. OLG Celle NJW 2008, 3441 = FamRZ 2009, 975; OLG Hamm FamRZ 2009, 2093; OLG Frankfurt OLGR 2009, 176 = FamRB 2009, 69; s. neuerdings auch OLG Hamm NJW-RR 2012, 67 = FPR 2012, 233 (keine Ausweitung der Betreuungszeit des Unterhaltspflichtigen, der nur schriftlich zu kommunizieren bereit ist.

[1487] BGH FamRZ 2011, 1209 = NJW 2011, 2430 Rn. 24.

[1488] BGH FamRZ 2011, 1209 = NJW 2011, 2430 Rn. 25.

[1489] BGH FamRZ 2011, 1209 = NJW 2011, 2430 Rn. 26.

[1490] Schilling FPR 2011, 145 (146); s. auch Heilmann ZKJ 2011, 115; und ausführlich argumentierend: Heiderhoff FamRZ 2012, 1604 (1609); Schlünder FF 2013, 92 (101–104).

[1491] BGH FamRZ 2010, 357 = NJW 2010, 937 Rn. 53; ferner BGH FamRZ 2010, 444 = NJW 2010, 1138.

Tätigkeit hinausginge." Den Höhepunkt dieser Entwicklung bildete das Urteil des BGH vom 15.6.2011,[1492] in dem der Vortrag, ein erst seit zwei Jahren aus der Unterbringung in einer Pflegefamilie zurückgekehrtes Kind im 3. Grundschuljahr benötige noch besondere persönliche Zuwendung, keine Anerkennung als ein auf der Hand liegender kindbezogener Grund fand.[1493]

Mit einem **Urteil vom 18.4.2012** hat der BGH[1494] auf die verbreitete Kritik[1495] an der vorgenannten Entscheidung reagiert, dabei zwar weiter an den Grundsätzen der früheren Entscheidungen festgehalten, aber mit dem Leitsatz b): „An die für eine Verlängerung des Betreuungsunterhalts insbesondere aus kindbezogenen Gründen erforderlichen Darlegungen seien keine überzogenen Anforderungen zu stellen", auch erstmals eine vielfach geforderte Lockerung signalisiert. Im konkreten Fall ließ der BGH eine 30-stündige Erwerbstätigkeit der Kindesmutter ausreichen und akzeptierte ihren Vortrag, dass die beiden Söhne wegen unzureichenden Nahverkehrs von ihr zur Ausübung der sportlichen Aktivitäten gefahren werden müssten. Auch die Akzeptanz der vorgetragenen Hausaufgabenbetreuung für den zwölfjährigen Sohn nach dessen Rückkehr aus der Schule sei nicht zu beanstanden. Schließlich falle auch die besondere Belastung der Kindesmutter mit einer Erwerbstätigkeit von 30 Wochenstunden neben der Betreuung von drei Kindern trotz des Alters der Kinder ins Gewicht.[1496]

Der BGH hat diese **Weiterentwicklung** seiner Rechtsprechung[1497] in der Folgezeit bestätigt, insbesondere wiederholt betont, es komme nach Maßgabe der im Gesetz geregelten Verlängerungsgründe ein gestufter Übergang bis zu einer Vollerwerbstätigkeit in Betracht.[1498]

Jedenfalls ist die Erfolgsaussicht für Verfahrenskostenhilfe zur Verteidigung gegen die Abänderung eines auf § 1570 BGB gestützten Titels zu bejahen, wenn der betreuende Elternteil vorträgt, dass neben einer Teilzeittätigkeit noch erhebliche Betreuungsleistungen für mehrere Kinder zu erbringen sind, weil deren Fremdbetreuung nicht ganztägig gewährleistet sei, und auch eine ungleiche Lastenverteilung drohe.[1499] Für die Erfolgsaussicht des Verteidigungsvorbringens zur Erlangung von Verfahrenskostenhilfe gegen die Abänderung eines solchen Titels darf kein strengerer Maßstab angelegt werden, zumal das Gericht im Hauptverfahren noch **Hinweise zur weiteren Substantiierung** zu erteilen hätte.[1500]

(5) Kritik. Kritikwürdig und mit den Interessen des gemeinsamen Kindes nur schwerlich vereinbar ist insbesondere die grundsätzliche Nachrangigkeit kindlicher Interessen an einer durch seine innerfamiliäre Betreuung geprägten Kontinuität des häuslichen Umfeldes, das bei über 3 Jahre alten Kindern nur in Ausnahmefällen die rein finanziellen Interessen des unterhaltspflichtigen Elternteils zu durchbrechen vermag. Diesem Missverhältnis kann in der Rechtsprechung alleine durch eine stärkere Berücksichtigung der

472

[1492] BGH FamRZ 2011, 1375 = NJW 2011, 2646.

[1493] BGH FamRZ 2011, 1375 = NJW 2011, 2646 Rn. 20. Nachgehend hierzu (nun sehr streng, ua die Einholung eines Gutachtens ablehnend): OLG Düsseldorf FamFR 2012, 10 (Bespr. Poppen).

[1494] BGH NJW 2012, 1868 = FamRZ 2012, 1040 mAnm Borth 1046 und Pauling FamFR 2012, 289.

[1495] → Rn. 472.

[1496] BGH NJW 2012, 1868 = FamRZ 2012, 1040 Rn. 28, 29, 33. Zum nunmehr erforderlichen Vortrag der Beteiligten aus anwaltlicher Sicht: Elden FamFR 2012, 291.

[1497] BGH FamRZ 2015, 1369 (mAnm Seiler) = NJW 2015, 2257; FamRZ 2014, 1987 = NJW 2014, 3649 Rn. 19 – 22 im Anschluss an BGH FamRZ 2012, 1040.

[1498] BGH FamRZ 2016, 887 = NJW 2016, 1511 Rn. 25 (zu § 1615l BGB); FamRZ 2015, 1369 = NJW 2015, 2257 Rn. 13.

[1499] OLG Frankfurt BeckRS 2013, 14558 (6 WF 55/13) = FamFR 2013, 441 = FamRB 2013, 384.

[1500] Siehe dazu ferner 20. DFGT 2013, Empfehlungen des Vorstands unter A I. 2. (Arbeitskreise 3 und 16), FamRZ 2013, 1948.

kindbezogenen Gründe nach § 1570 Abs. 1 BGB und damit des Kindeswohls begegnet werden (→ Rn. 473), wenngleich dem durch den Wortlaut der Norm Grenzen gesetzt sind und insbesondere keine Umkehr der Beweislast und des gesetzlich vorgegebenen Regel-Ausnahmeverhältnisses[1501] erfolgen kann.[1502]

Zur Kritik von Schwamb an einer anfänglich zu frühen Erwerbspflicht siehe die 13. Auflage Rn. 472.

473 **(6) Kindbezogene Gründe** entfalten im Rahmen der Billigkeitsentscheidung das stärkste Gewicht und sind deswegen **stets vorrangig** zu prüfen.[1503]

Soweit früher auf **Kindergartenbesuch** nicht verwiesen werden konnte, weil ein Recht auf persönliche Betreuung bestand,[1504] kann daran nicht festgehalten werden, weil das Gesetz jetzt ausdrücklich „die bestehenden Möglichkeiten der Kinderbetreuung" hervorhebt. Wenn allerdings „die Belange des Kindes" der Inanspruchnahme des Kindergartens im Einzelfall entgegenstehen, wird man anders zu entscheiden haben.[1505] Kosten, Entfernung und Verkehrsanbindung können für die Zumutbarkeit der Inanspruchnahme auch eine Rolle spielen.[1506]

Kindbezogene Gründe, die eine Verlängerung des Betreuungsunterhalts unabhängig davon gebieten, ob das Kind ehelich oder nichtehelich geboren ist, liegen nach der Rechtsprechung des BGH[1507] insbesondere dann vor, wenn die **notwendige Betreuung des Kindes auch unter Berücksichtigung staatlicher Hilfen nicht gesichert** ist und der unterhaltsberechtigte Elternteil deswegen dem Kind wenigstens zeitweise weiterhin zur Verfügung stehen muss. Ob dieser im Einzelfall zu prüfende Gesichtspunkt mit der zunehmenden **Ausweitung der Vollzeitbetreuung** in Kindergärten und Ganztagsschulen nach der Prognose des BGH künftig tatsächlich an Bedeutung verlieren wird, bleibt allerdings abzuwarten, insbesondere nach den Untersuchungen des von Becker-Stoll geleiteten Instituts für Frühpädagogik.[1508]

Umfasst etwa die **Betreuung von Schulkindern in einem Hort** auch die Hausaufgabenbetreuung, bleibt nach Auffassung des BGH[1509] auch insoweit für eine persönliche Betreuung durch einen Elternteil kein unterhaltsrechtlich zu berücksichtigender Bedarf.

Sofern dafür geeignete **Großeltern** die Mitbetreuung der Kinder tatsächlich übernommen haben, lässt das die kindbezogenen Gründe möglicherweise entfallen (bei den elternbezogenen Gründen, → Rn. 474, ist aber zu prüfen, ob die freiwillige Leistung der Großeltern auch zur Entlastung des Unterhaltspflichtigen gedacht ist oder eine freiwillige Zuwendung an den unterhaltsberechtigten Elternteil darstellt). Ob der Unterhaltsberechtigte im Streitfall **verpflichtet ist, Angehörige oder Bekannte** zu Hilfe zu nehmen, wurde bisher nicht einheitlich beantwortet.[1510]

Besonders problematisch bleibt in diesem Zusammenhang die dargestellte Rechtsprechung des BGH, das „ernst gemeinte, zuverlässige" **Betreuungsangebot des barunter-**

[1501] Hierzu OLG Brandenburg FamRZ 2022, 939 = NZFam 2022, 754 (Bruske).

[1502] Vgl. Erbarth FamRZ 2012, 340 (343); Kerscher NJW 2012, 1910; Löhnig/Preisner FamRZ 2011, 1537

[1503] BGH FamRZ 2011, 791 = NJW 2011, 1582, Rn. 27; FamRZ 2009, 1391 = NJW 2009, 2592 Rn. 21 – unter Hinweis auf BT-Drs. 16/6980, S. 9.

[1504] BGH FamRZ 1983, 456 = NJW 1983, 1427; OLG Stuttgart FamRZ 1984, 610.

[1505] Dabei wird man auch die von Becker-Stoll FamRZ 2010, 77 ff., festgestellten „Qualitätsmängel" der Betreuungseinrichtungen nicht außer Acht lassen können.

[1506] Gerhardt FuR 2010, 61 (62).

[1507] BGH FamRZ 2008, 1739 (1748) – Rn. 101.

[1508] Becker-Stoll, „Kindeswohl und Fremdbetreuung" FamRZ 2010, 77.

[1509] BGH FamRZ 2011, 791 = NJW 2011, 1582 Rn. 27 ff.; FamRZ 2009, 1391 = NJW 2009, 2592 Rn. 23.

[1510] Ablehnend zB OLG München FamRZ 2008, 1945; aA wohl OLG Düsseldorf NJW 2008, 3005 f.; vgl. ferner Fallbeispiele bei Viefhues FamRZ 2010, 249 (251).

haltspflichtigen Elternteils** müsse grundsätzlich auch angenommen werden.[1511] Zwar hält der BGH eine am Kindeswohl orientierte abschließende **Umgangsregelung grundsätzlich für vorgreiflich,**[1512] schließt aber eine „Umgestaltung" des Umgangsrechts in einem Unterhaltsverfahren nicht nur nicht aus, sondern fordert sogar ausdrücklich eine Überprüfung.[1513] Abgesehen davon, dass die Verlässlichkeit eines solchen Angebots einer sehr kritischen Prüfung unterzogen werden müsste,[1514] spricht dagegen nach wie vor, dass damit über das Unterhaltsrecht jedenfalls mittelbar in die Regelung des Umgangs, evtl. sogar des Sorgerechts eingegriffen würde.[1515] Allenfalls wenn der Umgang schon geregelt ist und vollkommen unproblematisch funktioniert, könnte in den bereits feststehenden Zeiten an eine Erwerbsobliegenheit gedacht werden, keinesfalls aber umgekehrt.[1516]

Soweit auch **individuelle Umstände auf Seiten des Kindes,** zB eine **Behinderung** [1517] oder **schwere Erkrankung,** eine Fortdauer des Betreuungsbedarfs begründen können, muss nach der Auffassung des BGH[1518] allerdings auch feststehen, dass diese einer möglichen Fremdbetreuung entgegenstehen (Fall einer ADS-Erkrankung). Für den Fall einer – durch ein ärztliches Attest – nachgewiesenen **Glutenunverträglichkeit des Kindes**[1519] obliege der Anspruchstellerin die Darlegungs- und Beweislast dafür, dass eine evtl. vorhandene vollzeitige Betreuungseinrichtung nicht auf diese Erkrankung der gemeinsamen Tochter ausgelegt ist. Unabhängig davon durfte sich der Anspruchsgegner, der nach wie vor das gemeinsame Sorgerecht für die Tochter ausübt, aber nicht auf ein bloßes Bestreiten der Erkrankung mit Nichtwissen beschränken.

Betreuungsbedürftigkeit liegt vor, wenn **zwei Kinder** an der **Nierenerkrankung** Nephrokalzinose leiden, die eine fortwährende medizinische Überwachung und intensive Betreuung der Kinder erfordere, ihnen regelmäßig Medikamente verabreicht, eine dem Krankheitsbild angemessene Verpflegung zur Verfügung gestellt werden muss und sie regelmäßig zu Kontrolluntersuchungen in eine Universitätsklinik gebracht werden.[1520]

Diese Grundsätze gelten auch bei Betreuung eines **volljährigen behinderten Kindes.**[1521]

Das OLG München[1522] hat einer Mutter Betreuungsunterhalt gemäß § 1615l Abs. 2 S. 3 und 4 BGB zugesprochen, weil der Sohn an einer **Störung des Sozialverhaltens** leidet und jedenfalls für eine Übergangszeit nach dem **mit Verlust der Hortbetreuung verbundenen Wechsel zum Gymnasium** der mütterlichen Betreuung am Nachmittag bedurfte. Das die Lebensstellung der Mutter bestimmende Erwerbseinkommen vor Geburt des Kindes hat das OLG mit Hilfe des allgemeinen Verbraucherpreisindexes bis zum jeweiligen Unterhaltszeitraum aktualisiert.

[1511] → Rn. 471. BGH FamRZ 2011, 1209 = NJW 2011, 2430; FamRZ 2010, 1880 = NJW 2010, 3369 (ablehnende Besprechungen: Schwamb FamRB 2010, 358 (360); Heilmann ZKJ 2011, 115; vgl. auch OLG Saarbrücken ZFE 2010, 113 = FamRZ 2010, 1251 (Ls.). Grundsätzlich befürwortend Viefhues FamRZ 2010, 249 (251); kritisch Heiderhoff FamRZ 2012, 1604 (1609).

[1512] BGH FamRZ 2011, 1209 = NJW 2011, 2430 Rn. 24.

[1513] BGH FamRZ 2011, 1209 = NJW 2011, 2430 Rn. 25, 26.

[1514] Vgl. OLG Celle FamRZ 2009, 975.

[1515] OLG Frankfurt OLGR 2009, 176 = FamRB 2009, 69; OLG Celle FamRZ 2009, 975; KG FamRZ 2009, 981 (Ls.) = FF 2009, 165; Schwamb FamRB 2010, 358 (360); Heilmann ZKJ 2011, 115. Ausführliche Kritik dazu: Schlünder FF 2013, 92 (101–104).

[1516] Vgl. bei fehlendem Umgang OLG Köln FamRZ 2021, 1373.

[1517] BGH FamRZ 2015, 1369 (mAnm Seiler) = NJW 2015, 2257.

[1518] BGH FamRZ 2009, 1124 = NJW 2009, 1956.

[1519] BGH FamRZ 2009, 1391 = NJW 2009, 2592 Rn. 29.

[1520] BGH FamRZ 2014, 1987 = NJW 2014, 3649 Rn. 19.

[1521] BGH FamRZ 2010, 802 = NJW 2010, 1665 Rn. 11.

[1522] OLG München FamRZ 2012, 558.

Die erst zwei Jahre zurückliegende **Rückkehr** eines Kindes im 3. Grundschuljahr **aus der Unterbringung in einer Pflegefamilie** reicht nach Auffassung des BGH[1523] für sich genommen nicht als Grund aus, eine besondere persönliche Zuwendung durch den betreuenden Elternteil als einen auf der Hand liegenden kindbezogenen Grund anzuerkennen.[1524]

Der BGH[1525] hat aber den Vortrag einer Kindesmutter, dass die beiden Söhne wegen **unzureichenden Nahverkehrs** von ihr **zur Ausübung der sportlichen Aktivitäten gefahren werden müssten** als kindbezogenen Grund anerkannt und eine 30-stündige Erwerbstätigkeit der Kindesmutter ausreichen lassen. Ebenso akzeptierte er in derselben Entscheidung, die vorgetragene **Hausaufgabenbetreuung** für den zwölfjährigen Sohn **nach dessen Rückkehr aus der Schule**[1526] und führte zur Begründung aus, es treffe jedenfalls als Erfahrungssatz nicht zu, dass ein zwölfjähriger Junge – wie die Revision meinte – in den Nachmittagsstunden nach Rückkehr aus der Schule nach der Lebenserfahrung die Hausaufgaben selbständig erledigen könne oder von den älteren Geschwistern Hilfe zu erwarten habe. Vielmehr sei es revisionsrechtlich nicht zu beanstanden, dass das Berufungsgericht insoweit dem Vortrag der Kindesmutter gefolgt sei. Das ist als Folge einer in dieser Entscheidung vom 18.4.2012 veränderten Linie des BGH anzusehen, die in dem Leitsatz b): „An die für eine Verlängerung des Betreuungsunterhalts insbesondere aus kindbezogenen Gründen erforderlichen Darlegungen seien keine überzogenen Anforderungen zu stellen", ihren Ausdruck findet. Das OLG Hamm hat im Rahmen eines Trennungsunterhaltsanspruchs dagegen bereits nach Ablauf des ersten Trennungsjahres eine volle Erwerbsobliegenheit einer mit 112,66 Std. monatlich beschäftigten Mutter zweier Schulkinder gefordert, weil sie nicht dargelegt habe, dass „über das übliche Maß hinausgehende Betreuungsleistungen – etwa bei einer besonderen musischen Begabung oder bei bestehenden Lernschwierigkeiten" – bestünden.[1527]

Betreuungsunterbrechungen (durch Krankenhausaufenthalt des Kindes, Ferienaufenthalte, Internat) können bei absehbar längerer Dauer (ab mehr als 3 Monate etwa) die Aufnahme einer Erwerbstätigkeit zumutbar machen, auch wenn eine Wiederaufnahme der Betreuung in Betracht kommt. Das gilt jedenfalls für Aushilfstätigkeiten, falls nicht, zB bei Krankenhausaufenthalt, Betreuung durch laufende Besuche geleistet werden muss. **Bei einem schwerstbehinderten Kind,** das nur an den Wochenenden betreut wird, ist eine Freistellung von der Erwerbsobliegenheit nicht angebracht.[1528] Dagegen liegt Betreuungsbedürftigkeit vor, wenn für das behinderte Kind morgens zur **Vorbereitung auf die Kindertagesstätte** etwa eine Stunde benötigt wird, weil es zB nicht selbständig essen kann, für das **Bringen** zu und das **Abholen** von der Betreuungseinrichtung jeweils ebenfalls eine Stunde benötigt wird und darüber hinaus **Therapietermine** wahrzunehmen und mehrfach täglich **Übungen mit dem Kind** zu absolvieren sind.[1529] Angesichts der erheblichen Anzahl von **Krankheitstagen** des Kindes von 60 Werktagen in einem Jahr,

---

[1523] BGH FamRZ 2011, 1375 = NJW 2011, 2646.

[1524] BGH FamRZ 2011, 1375 = NJW 2011, 2646 Rn. 20. Nachgehend hierzu (nun sehr streng, ua die Einholung eines Gutachtens ablehnend): OLG Düsseldorf 7.11.2011 – 2 UF 128/08 = FamFR 2012, 10 (Bespr. Poppen).

[1525] BGH NJW 2012, 1868 = FamRZ 2012, 1040 Rn. 28, mAnm Borth (1046) und Pauling FamFR 2012, 289; ähnlich BGH FamRZ 2014, 1987 = NJW 2014, 3649 Rn. 19, für Fahrdienste der Mutter zu Schwimmtraining, Musik- und Tennisstunden zweier Töchter.

[1526] BGH FamRZ 2012, 1040 = NJW 2012, 1868 Rn. 29. Zum erforderlichen Vortrag der Beteiligten aus anwaltlicher Sicht: Elden FamFR 2012, 291.

[1527] OLG Hamm FamRZ 2013, 959 mkritAnm Borth FamRZ 2013, 961, der zu Recht weiterhin eine Klarstellung des Gesetzgebers anregt; ebenfalls kritische Würdigung der Praxis: Schlünder FF 2013, 92.

[1528] BGH FamRZ 2006, 846 = NJW 2006, 2181; aA OLG Zweibrücken NJW-RR 2006, 513.

[1529] BGH FamRZ 2015, 1369 = NJW 2015, 2257 Rn. 21, 31.

die ständig damit rechnen lassen müssen, dass eine persönliche Betreuung notwendig wird, sowie der notwendigen Begleitung des Kindes während einer vierteljährlich statt-findenden Therapiewoche und verschiedenen anderen Therapieterminen sei schon die Annahme nicht gerechtfertigt, die Mutter könne durch eine Erwerbstätigkeit im Umfang von 25 Wochenstunden ihren Bedarf decken.[1530]

Sofern allerdings **tatsächlich keine zumutbaren Betreuungsangebote** bestehen, spielt das **Alter des Kindes ausnahmsweise** auch nach Auffassung des BGH noch eine wesent-liche Rolle.[1531] Selbst wenn nämlich in einem solchen Fall das gemeinsame Kind im Hinblick auf sein Alter von sieben Jahren nicht mehr „auf Schritt und Tritt" kontrolliert werden müsse,[1532] stehe dies einer Verlängerung des Betreuungsunterhalts aus kindbezo-genen Gründen nicht entgegen. Auch wenn Kinder in diesem Alter nicht mehr ununter-brochen beaufsichtigt werden müssten, sei eine regelmäßige Kontrolle in kürzeren Zeit-abschnitten erforderlich, was einer Erwerbstätigkeit aus kindbezogenen Gründen dann entgegenstehe.

Hier **mischen sich kind- und** im Folgenden dargestellte **elternbezogene Gründe**, denn der Umfang der elterlichen Kontrolle, der auch von der individuellen Entwicklung des Kindes abhängt, ist im Rahmen der elternbezogenen Verlängerungsgründe bei der Be-messung einer überobligationsmäßigen Belastung zu berücksichtigen.[1533]

(7) **Elternbezogene Gründe.** Die regelmäßig mit **geringerem Gewicht** zu wertenden 474 elternbezogenen Gründe stellen sich als Ausnahme dar, die aus der ehelichen Solidarität heraus zu begründen ist.[1534] Sie können für eine Verlängerung des Betreuungsunterhalts sprechen, wenn die geschiedene Ehe oder die gelebte Familie einen **besonderen Vertrau-enstatbestand** für den Unterhaltsberechtigten geschaffen hat. Solches kann nach Auf-fassung des BGH insbesondere dann vorliegen, wenn **ein oder mehrere gemeinsame Kinder im Hinblick auf eine gemeinsame Verantwortung beider Eltern gezeugt wurden,** was auch nach Auflösung der Ehe oder der Familie für eine Fortdauer der Verantwortung des nicht betreuenden Elternteils sprechen könne.[1535] Insoweit sei also regelmäßig auf die individuellen Umstände der Eltern und das Maß ihrer Bindung abzustellen.

Gewichtige elternbezogene Gründe für einen längeren Unterhaltsanspruch lägen zum Beispiel vor, wenn die Eltern in einer dauerhaften Lebensgemeinschaft mit einem gemein-samen Kinderwunsch gelebt und sich hierauf eingestellt hätten.[1536] So sei es etwa von Bedeutung, wenn ein Elternteil zum Zweck der Kindesbetreuung einvernehmlich seine Erwerbstätigkeit aufgegeben hat oder wenn ein Elternteil mehrere gemeinsame Kinder betreut. Auch die Dauer der Lebensgemeinschaft könne ein Gradmesser für gegenseitiges Vertrauen und Füreinander-Einstehen-Wollen sein.

Elternbezogene Gründe können sich auch aus der Planung der Ehegatten ergeben, keine Doppelverdienerehe, sondern eine Hausfrauenehe zu führen;[1537] den die Kinder betreuenden Elternteil treffe dann nicht die Obliegenheit, unmittelbar nach Vollendung

---

[1530] BGH FamRZ 2015, 1369 = NJW 2015, 2257 Rn. 21.

[1531] BGH FamRZ 2009, 1391 = NJW 2009, 2592 Rn. 30.

[1532] Insoweit weist der XII. Senat auf Entscheidungen des VI. Senats hin: BGH WUM 2009, 296 Rn. 14 und WuM 2009, 298 Rn. 12.

[1533] BGH FamRZ 2009, 1391 = NJW 2009, 2592 Rn. 30; FamRZ 2014, 1987 = NJW 2014, 3649 Rn. 22 → Rn. 474.

[1534] BGH FamRZ 2012, 1624 = NJW 2012, 3037 Rn. 21; FamRZ 2008, 1739 (1748) Rn. 102; OLG Brandenburg FamRZ 2022, 939 = NZFam 2022, 754 (Bruske).

[1535] BGH FamRZ 2008, 1739 (1748) Rn. 102, unter Bezugnahme auf BT-Drs. 16/6980, S. 10; BGH FamRZ 2010, 1050 = NJW 2010, 2277 Rn. 31, 32.

[1536] BT-Drs. 16/6980, S. 10 zu § 1615l BGB unter Hinweis auf FamRZ 2006, 1362.

[1537] OLG Hamm FamRZ 2012, 1571 (1572).

des dritten Lebensjahres des jüngsten Kindes eine Vollerwerbsverpflichtung aufzunehmen; 30 Stunden seien aber bei guter Betreuungssituation zumutbar.[1538]

Wesentlich ist, dass der Gesetzgeber mit dem unscheinbaren Wort **„insbesondere"** (vor
der Erwähnung der kindbezogenen Gründe) in § 1615l BGB definitiv zum Ausdruck
bringen wollte, dass auch insoweit elternbezogene Gründe eine Verlängerung rechtfertigen können,[1539] wenn die Eltern in einer **dauerhaften Lebensgemeinschaft** mit einem
gemeinsamen Kinderwunsch gelebt und sich hierauf eingestellt hätten. Übereinstimmend
damit hat der BGH[1540] bei einem Anspruch auf Elternunterhalt gegen den Partner einer
nichtehelichen Lebensgemeinschaft dessen vorrangige weitere Unterhaltsverpflichtung
gegenüber seinem ein gemeinsames Kind betreuenden Lebensgefährten aus § 1615l BGB
über drei Jahre hinaus aus elternbezogenen Gründen bejaht, allerdings nur, wenn die
Lebensgefährten aufgrund **gemeinsamen Entschlusses** das **Recht auf persönliche Erziehung des Kindes** wahrnehmen wollen.

Für die Betreuung ehelicher Kinder ist das in § 1570 Abs. 2 BGB mit **an die Ehe
anknüpfenden Verlängerungsgründen** ausdrücklich geregelt. Ausschlaggebendes Gewicht wird hierbei den elternbezogenen Gründen in „Überforderungsfällen" beigemessen, dh wenn bestehende Fremdbetreuungsmöglichkeiten und berufliche Verpflichtung
des betreuenden Elternteils nicht in zumutbarer Weise zu vereinbaren sind.[1541] Übernehmen im Einzelfall Großeltern tatsächlich die Betreuung, ist zu prüfen, ob die freiwillige Leistung der Großeltern auch zur Entlastung des Unterhaltspflichtigen gedacht ist
oder eine freiwillige Zuwendung an den unterhaltsberechtigten Elternteil darstellt. Die
Kindesmutter, die ein 8jähriges Kind betreut, ist allerdings nicht zur Inanspruchnahme
der Großeltern verpflichtet; ebensowenig ist es ihr zumutbar, das Kind von der Schule
zum Vater zu bringen, um früher mit der Arbeit beginnen zu können.[1542] Infolge der
Belastungen, die die Maßnahmen gegen die **Corona-Pandemie** mit sich brachten, erach-
tete das OLG Celle die nur halbschschichtige Tätigkeit der Mutter zweier schulpflichti-
ger, 2006 und 2013 geborener Kinder als ausreichend, da wegen der genannten Einschränkungen eine durchgehende schulpräsente Betreuung nicht gewährleistet sei und
zum Entscheidungszeitpunkt im Februar 2021 zudem die weitere Entwicklung nicht habe
abgeschätzt werden können.[1543]

Auch falle die besondere Belastung der Kindesmutter mit einer Erwerbstätigkeit von
30 Wochenstunden neben der Betreuung von **drei Kindern** trotz des Alters der Kinder
(17, 15 und 12 Jahre) ins Gewicht,[1544] dh der **Anzahl der gemeinschaftlichen**[1545] **Kinder**
wird besonderes Gewicht beigemessen.

In diesem Zusammenhang hat der BGH bei der Prüfung der **gerechten Lastenverteilung** für den als ausreichend erkannten Umfang der Erwerbsobliegenheit der betreuenden
Kindesmutter zu Recht auch berücksichtigt, dass **mit deren Befreiung vom Barunterhalt** gegenüber den Kindern gleichwohl ihre zusätzliche **Belastung durch Betreuungsleistungen** am Morgen, späten Nachmittag und Abend nur unzureichend aufgewogen

---

[1538] OLG Hamm FamRZ 2012, 1571 (1572 f.).

[1539] BT-Drs. 16/6980, S. 10 zu § 1615l BGB; → Rn. 470.

[1540] BGH FamRZ 2016, 887 Rn. 25 und 40 mAnm Seiler FamRZ 2016, 891 = NZFam 2016, 410
(Zwißler).

[1541] BGH FamRZ 2014, 1987 = NJW 2014, 3649, Rn. 22; FamRZ 2012, 1040 = NJW 2012, 1868;
FamRZ 2009, 1391 = NJW 2009, 2592 (zu § 1570 BGB); FamRZ 2015, 1369 = NJW 2015, 2257
Rn. 30; FamRZ 2008, 1739 (zu § 1615l BGB).

[1542] OLG Düsseldorf FamRZ 2021, 1620.

[1543] OLG Celle FamRZ 2021, 1367.

[1544] BGH FamRZ 2012, 1040 = NJW 2012, 1868, Rn. 33.

[1545] Zum Erfordernis der Gemeinschaftlichkeit der Kinder: BGH FamRZ 2016, 887 Rn. 30 mAnm
Seiler S. 891 = NZFam 2016, 410 (Zwißler).

wird, weil sie wegen der **Bemessung des Ehegattenunterhalts nach Quoten** infolge des **Vorwegabzugs des Barunterhalts** bei der Berechnung ihres Bedarfs im wirtschaftlichen Ergebnis auch den Barbedarf der Kinder teilweise mitzutragen habe.[1546]

Ob es sich um die Fortsetzung einer schon vor Trennung/Scheidung ausgeübten Arbeit handelt, kann vor allem in Grenzfällen auch nach neuem Recht von Bedeutung sein. In Ergänzung seiner früheren Rechtsprechung[1547] hat der BGH dazu mit Recht hervorgehoben,[1548] dass es darauf ankommt, ob der Betreuende die Mehrbelastung auffangen kann, denn solange in der Ehe die Betreuungsaufgaben unter zwei berufstätigen Partnern aufgeteilt werden, ist die Belastung wesentlich geringer als nach der Trennung. Dass die Fortsetzung einer Vollzeitarbeit in der Regel nicht zumutbar ist,[1549] wird man nach neuem Recht nicht mehr ohne weiteres sagen können. Die Fortsetzung einer schon früher unzumutbaren Arbeit ist aber weiterhin nicht zumutbar.[1550] Ob eine nach allgemeinen Maßstäben unzumutbare Arbeit, die längere Zeit ausgeübt wurde, im Einzelfall gleichwohl als zumutbar angesehen werden kann,[1551] hängt dann von den Umständen ab.

Soweit bei einer Lehrertätigkeit die Zumutbarkeit der Berufstätigkeit im Hinblick auf die notwendigen Vorbereitungszeiten nicht anders zu beurteilen sein sollte als sonst,[1552] hat dies der BGH in der Grundsatzentscheidung vom 18.3.2009[1553] zum neuen Recht aber anders beurteilt.

Kein elternbezogener Grund für die Verlängerung von Betreuungsunterhalt ist es, wenn die Belastung des betreuenden Elternteils auf beruflichen **Ausbildungs-, Fortbildungs- oder Qualifizierungsmaßnahmen** (zB Studium oder Habilitationsverfahren) beruht, denn dann dienten sein zeitlicher Aufwand und Einsatz, der ihn von einer Erwerbstätigkeit absehen lasse, eigenen beruflichen Interessen und nicht denjenigen des Kindes;[1554] jedoch könnten diese Umstände für die Prüfung einer angemessenen Erwerbstätigkeit im Rahmen von § 1574 BGB oder für Ausbildungsunterhalt gemäß § 1575 BGB bedeutsam sein.[1555]

(8) Prüfungskriterien im Einzelnen. Zur besseren Übersichtlichkeit der wesentlichsten Prüfungspunkte werden verschiedentlich Checklisten vorgeschlagen.[1556] Gerhardt schlägt zB folgende Prüfungskriterien vor: **475**

- Alter und der sich daraus ergebende Betreuungsumfang;
- Anzahl der Kinder;

[1546] BGH FamRZ 2012, 1040 = NJW 2012, 1868, Rn. 24 und 33.

[1547] BGH FamRZ 1981, 1159 = NJW 1981, 2804; FamRZ 1982, 148 = NJW 1982, 326; FamRZ 1983, 569 = NJW 1983, 1548; OLG Köln FamRZ 1999, 113 berücksichtigt den Mitbetreuungsfortfall nicht hinreichend; zutreffend OLG Naumburg FamRZ 1998, 552.

[1548] BGH FamRZ 1988, 145 = NJW-RR 1988, 514.

[1549] Offen gelassen von BGH FamRZ 1983, 569 = NJW 1983, 1548; Zum alten Recht: OLG Koblenz FamRZ 1984, 1225: Wenn der Trennung trotz Betreuung von 3 Kindern (8, 10, 15 Jahre) Mitarbeit im Familienbetrieb, so deshalb nach Trennung Teilzeitarbeit im Fremdbetrieb. Ebenso OLG Koblenz OLGR 2003, 245 bei noch nicht schulpflichtigem Kind. OLG Hamm NJW-RR 2003, 1297 = FamRZ 2004, 375 (Ls.) wollte dagegen schon früher die Fortsetzung der vollschichtigen Arbeit nach Geburt eines Kindes nicht für überobligatorisch halten.

[1550] OLG Stuttgart FamRZ 1980, 1003; abzulehnen OLG Hamm FamRZ 2001, 627 – Fortsetzung früherer Arbeit auch bei drei Kindern.

[1551] OLG Bamberg FamRZ 1996, 1076.

[1552] OLG Köln FamRZ 2004, 376.

[1553] BGH FamRZ 2009, 770 (für eine zu ca. 70 % der Normalarbeitszeit berufstätige Lehrerin).

[1554] BGH FamRZ 2015, 1369 = NJW 2015, 2257 Rn. 27; FamRZ 2012, 1624 = NJW 2012, 3037 Rn. 24.

[1555] BGH FamRZ 2012, 1624 = NJW 2012, 3037 Rn. 24.

[1556] Vgl. Gerhardt FuR 2010, 61 ff. (63 f.), eine ähnliche Liste in FA – FamR/Maier (8. Aufl.), 6. Kap. Rn. 491 unter Bezugnahme auf eine „Checkliste" der Ständigen Fachkonferenz 3 des DIJuF.

- individuelle Umstände wie gesundheitliche Beeinträchtigung, Erkrankung oder Behinderung des Kindes;[1557]
- Entwicklungsstand, Neigungen und Begabungen des Kindes;
- konkrete Betreuungssituation und kindgerechte Betreuungsmöglichkeit;
- Art und Umfang der Berufstätigkeit des betreuenden Elternteils;
- vereinbarte und/oder praktizierte Rollenverteilung in der Ehe und Ausgestaltung der Kinderbetreuung;
- verbleibender Betreuungsanteil neben der Unterbringung des Kindes in einer Tageseinrichtung;
- Beteiligung des Pflichtigen an der Kindesbetreuung durch eine geregelte Ausübung des Umgangsrechts.[1558]

Ergänzend dürfte noch aus Gründen des Kindeswohls ein Vertrauen und Bedürfnis des Kindes nach Kontinuität in seinem häuslichen Umfeld zu berücksichtigen sein.

476   **(9) Darlegungs- und Beweislast für die Verlängerungsgründe.** Die Darlegungs- und Beweislast für die Verlängerung des Unterhaltsanspruchs als anspruchsbegründendem Merkmal obliegt demjenigen, der den Unterhalt verlangt. Dies hat der BGH in allen seinen Entscheidungen zur Verlängerung aus kind- oder elternbezogenen Gründen immer hervorgehoben.[1559] Wenn die **Erkrankung eines Kindes** als kindbezogener Hinderungsgrund für eine Erwerbstätigkeit behauptet wird, muss auch dargelegt und bewiesen werden, dass eine evtl. für die Betreuung vorhandene vollzeitige Einrichtung nicht auf diese Erkrankung des Kindes ausgelegt ist. Allerdings darf sich dann die Gegenseite, die nach wie vor das gemeinsame Sorgerecht für das Kind ausübt, nicht auf ein bloßes Bestreiten der Erkrankung mit Nichtwissen beschränken.[1560]

Soweit der BGH in der zitierten Entscheidung vom 16.12.2009[1561] ausführt, wenn der Unterhaltsberechtigte keine kind- oder elternbezogenen Gründe für eine Verlängerung des Betreuungsunterhalts über die Vollendung des dritten Lebensjahres des Kindes hinaus vorgetragen habe, könnten solche nur insoweit berücksichtigt werden, als sie auf der **Grundlage des sonst festgestellten Sachverhalts auf der Hand liegen**,[1562] kann das von der Praxis bisher nicht als Fingerzeig verstanden werden, dass damit eventuell doch die Hinwendung zu einer Vereinfachung der kompliziert gewordenen Sachverhaltsfeststellung angedeutet wird, denn gerade für den entschiedenen Fall werden die Anforderungen an die Darlegungslast der Anspruchstellerin sehr hoch gesetzt.[1563] Heiderhoff[1564] schlägt demgegenüber unter grundsätzlicher Anerkennung einer Einzelfallrechtsprechung mit beachtlichen Gründen vor, zur notwendigen Vereinfachung und Vereinheitlichung von Fällen, in denen mit hoher Wahrscheinlichkeit keine Vollzeitbeschäftigung neben Kindesbetreuung ausgeübt werden kann, das **Institut des Anscheinsbeweises für typische Konstellationen** nutzbar zu machen.

[1557] → Rn. 473: Diese müssen, so der BGH, einer Fremdbetreuung auch entgegenstehen.

[1558] Zu diesem problematischen Kriterium → Rn. 471 und 473 (das Kriterium ist hier wohl so zu verstehen, dass der Umgang bereits zuvor unproblematisch geregelt ist; gleichwohl birgt auch diese Konstellation Konfliktpotenzial, wenn zB einmal Terminprobleme bestehen oä; außerdem liegen die üblichen Umgangszeiten selten in günstigen Arbeitszeiten für Berechtigte).

[1559] Vgl. nur BGH FamRZ 2012, 1040 = NJW 2012, 1868; FamRZ 2011, 1375 = NJW 2011, 2646; FamRZ 2010, 357 = NJW 2009, 937 jeweils mwN; OLG Brandenburg FamRZ 2022, 939 = NZFam 2022, 754 (Bruske)

[1560] BGH FamRZ 2009, 1391 = NJW 2009, 2592 Rn. 29.

[1561] FamRZ 2010, 357 = NJW 2009, 937.

[1562] BGH FamRZ 2010, 357 = NJW 2009, 937.

[1563] → Rn. 472.

[1564] → FamRZ 2012, 1604 (1610).

Halten die Eltern **übereinstimmend eine persönliche Betreuung des Kindes für erforderlich** ist von der Notwendigkeit auszugehen und über deren Umfang bei der Bemessung einer Erwerbspflicht des betreuenden Elternteils zu befinden.[1565]

(10) Befristung und Begrenzung des Betreuungsunterhalts. Sofern der Anspruch auf Betreuungsunterhalt noch besteht, ist eine Befristung in der Regel nicht auszusprechen, denn dieser Anspruch wird **mindestens** für die drei ersten Lebensjahre des Kindes gewährt und setzt sich bei Vorliegen von Verlängerungsgründen, deren Ende dann nicht zuverlässig absehbar ist, als **einheitlicher** Unterhaltsanspruch fort.[1566] Allerdings gilt das nur für den auf § 1570 BGB beruhenden Anteil des Unterhalts und zumindest theoretisch nicht für einen etwaigen Anteil von Aufstockungsunterhalt,[1567] → Rn. 1072. Im Einzelfall kann jedoch eine Begrenzung des Betreuungsunterhalts gem. § 1578b Abs. 1 S. 1 BGB auf den angemessenen Unterhalt in Betracht kommen.[1568]

(11) Folgerungen aus unzumutbarer Erwerbstätigkeit (auch in den ersten drei Jahren). Grundsätzlich steht fest, dass sich der betreuende Elternteil in den ersten drei Jahren nach Geburt des Kindes frei entscheiden darf und **keinerlei Erwerbstätigkeit aufnehmen muss**; das folgt unmittelbar aus der gesetzlichen Regelung der §§ 1570, 1615l BGB und ist unstreitig.

Sofern gleichwohl (überobligatorische) Erwerbstätigkeit ausgeübt wird, gelten die Grundsätze zu § 1577 Abs. 2 BGB, → Rn. 535 ff.[1569] Überobligatorische Arbeit muss nicht fortgesetzt werden. Eine Erwerbstätigkeit ist unterhaltsrechtlich als überobligatorisch zu bewerten, wenn der betreuende Elternteil erwerbstätig ist, obwohl ein Erwerbshindernis in Form der Kinderbetreuung besteht. Über die Anrechnung ist deshalb nach Treu und Glauben unter Beachtung der Umstände des Einzelfalls zu entscheiden.[1570] Wenn allerdings das alsbaldige Ende der Betreuungsbedürftigkeit ausnahmsweise bereits sicher abzusehen ist, darf die überobligatorische Tätigkeit nicht kurz zuvor noch aufgegeben werden.[1571]

Der Beginn der Obliegenheit zur Arbeitssuche kann schon vor dem Ende der Betreuungsphase liegen, wenn bei einem gesunden Kind das Ende der Betreuungsbedürftigkeit klar absehbar ist.[1572]

(12) Weitere Einzelheiten des Tatbestandes: Gemeinschaftlich ist auch das **gemeinschaftlich adoptierte Kind, nicht** jedoch ein **Pflegekind** oder das **voreheliche Kind** eines Ehepartners.[1573] Auch wenn sich die Eltern darüber „einig" sind, dass ein in der Ehe geborenes Kind kein gemeinschaftliches ist, gilt es wegen § 1600d Abs. 4 BGB bis zur rechtskräftigen Feststellung der Vaterschaft als gemeinschaftliches, denn diese Vorschrift und auch die Unterhaltsberechtigung nach § 1570 BGB dienen dem Schutz des Kindes.[1574]

[1565] BGH FamRZ 2010, 802 = NJW 2009, 1665 Rn. 12.

[1566] BGH FamRZ 2009, 770 = NJW 2009, 1876 Rn. 40 ff.; FamRZ 2009, 1124 = NJW 2009, 1956 Rn. 55; BGH FamRZ 2009, 1391 = NJW 2009, 2592 Rn. 48; FamRZ 2012, 1040 = NJW 2012, 1868 Rn. 46; aM: Weil FamRB 2009, 51.

[1567] BGH FamRZ 2012, 1040 = NJW 2012, 1868 Rn. 47.

[1568] BGH FamRZ 2009, 1124 = NJW 2009, 1956 Rn. 57; FamRZ 2009, 1391 = NJW 2009, 2592 Rn. 50.

[1569] Vgl. dazu auch BGH FamRZ 2009, 1391 = NJW 2009, 2592 Rn. 30.

[1570] BGH FamRZ 2017, 711 Rn. 20 = NJW 2017, 1881.

[1571] So aber OLG Stuttgart FamRZ 2007, 400; ähnlich OLG Karlsruhe FamRZ 2007, 413.

[1572] BGH FamRZ 1995, 871 (872) = NJW 1995, 3391.

[1573] BGH FamRZ 1984, 361 = NJW 1984, 1538.

[1574] BGH FamRZ 2012, 1201 = NJW 2012, 2190 Rn. 19, zum Trennungsunterhalt unter Bezugnahme auf BGH FamRZ 2012, 779 = NJW 2012, 1443 Rn. 32. Früher bereits BGH FamRZ 1985, 51

477

478

479

Gemeinschaftliche „nicht eheliche" Kinder (nach Rechtskraft der Scheidung geborene gemeinschaftliche Kinder – § 1592 Nr. 1 BGB) sind nicht „gemeinschaftlich" i. S. des § 1570 BGB, denn der BGH stellt formal auf den Status der „Ehelichkeit" ab; es gilt dann aber § 1615l BGB.[1575]

Bei gleichzeitiger Betreuung von gemeinschaftlichen und nicht gemeinschaftlichen Kindern haften der Ehemann (nach § 1570 BGB) und der nichteheliche Vater (nach § 1615l BGB) anteilig.[1576]

Ein früheres Zusammenleben der Eheleute setzt der Kinderbetreuungsunterhalt nicht voraus, und der Anspruch ist auch bei einer nur sehr kurzen Ehezeit, wenn er wegen der Belange des Kindes nicht nach § 1579 Nr. 1 BGB ausgeschlossen werden darf, nach der Differenzmethode zu berechnen.[1577]

Betreuen beide Ehegatten Kinder (beiderseitige Kinderbetreuung) nach Trennung/ Scheidung, spielt das für die Anspruchsberechtigung als solche keine Rolle.[1578] Allerdings kann im Ergebnis nur einer der Elternteile einen aktuellen Unterhaltsanspruch nach § 1570 BGB haben. Ändern sich die Umstände, kann auch die Anspruchsberechtigung nach § 1570 BGB wechseln.[1579]

Eine Fortsetzung der Unterhaltszahlungen nach Wegfall der Voraussetzungen des § 1570 BGB kann den Einsatzzeitpunkt des Anschlusstatbestandes nach §§ 1572 Nr. 4, 1573 Abs. 1 BGB verschieben, wenn der Berechtigte darauf vertrauen konnte, der Verpflichtete verlange von ihm noch keine Erwerbsbemühungen.[1580]

Anspruchsgrund bei zumutbarer Teilerwerbstätigkeit ist § 1570 BGB nur bis zur Höhe des Mehreinkommens, das bei Vollerwerbstätigkeit erzielt werden könnte, im Übrigen ist § 1573 Abs. 2 BGB Anspruchsgrund,[1581] so dass die Privilegierungen des Anspruchs aus § 1570 BGB nur für den darauf beruhenden Teil des Unterhaltsanspruchs gelten.[1582]

480   (13) Nach vollem Ende der Betreuungsbedürftigkeit muss sich der bisher teilzeitbeschäftigte Betreuende um eine Vollzeitarbeit bemühen.[1583]

Eine vertragliche Regelung des Beginns der Erwerbsobliegenheit kann die allgemeinen Zumutbarkeitsgrenzen verschieben.[1584]

Ein fiktives Einkommen des Unterhaltsberechtigten ist im Wege der Differenzmethode in die Berechnung des nachehelichen Unterhalts einzubeziehen.

481   (14) Ein Verzicht auf den Anspruch aus § 1570 BGB ist nach § 138 BGB nichtig, wenn damit bewusst die Sozialhilfebedürftigkeit herbeigeführt wird. Ferner kann er nichtig sein, wenn die Unterlegenheit eines Vertragspartners ausgenutzt wurde;[1585] es kommt aber auch eine bloße Anpassung nach § 242 BGB in Betracht, wenn der Vertrag

---

(52): auch wenn die Mutter den Scheinvater treuwidrig von der Ehelichkeitsanfechtung abgehalten hat.

[1575] BGH FamRZ 1998, 426 = NJW 1998, 1065.
[1576] BGH FamRZ 1998, 541 = NJW 1998, 1309; ebenso OLG Koblenz OLGR 1999, 182.
[1577] BGH NJW 2005, 3639 = FF 2006, 45 mAnm Bosch.
[1578] BGH FamRZ 1983, 569 = NJW 1983, 1548; KG FamRZ 1982, 386 mwN.
[1579] Vgl. BGH FamRZ 2016, 199 = NJW 2016, 322 Rn. 16.
[1580] BGH FamRZ 1990, 496 (498) = NJW 1990, 2752; OLG Köln FamRZ 1999, 853 f.
[1581] BGH FamRZ 2012, 1040 = NJW 2012, 1868 Rn. 15.
[1582] BGH FamRZ 2010, 869 Rn. 15; FamRZ 2009, 406 Rn. 20 ff.; zum alten Recht bereits BGH FamRZ 1999, 708 = NJW 1999, 1547; FamRZ 1990, 492 = NJW 1990, 1847 und FamRZ 1991, 305 = NJW-RR 1991, 132.
[1583] OLG Celle NJW-RR 1994, 1354 (offen bleibt, wer das Risiko trägt, wenn die gesicherte Teilzeitarbeit aufgegeben wird und anschließend die Vollzeitarbeit verloren geht).
[1584] BGH FamRZ 1989, 150 (zu § 58 EheG).
[1585] → Rn. 161; BGH FamRZ 2004, 601 = NJW 2004, 930.

zunächst wirksam war, dann aber Kinder geboren werden, deren überwiegende schutzwürdige Interessen eine Anpassung verlangen.

(15) Im Rahmen der Billigkeitsabwägung nach § 1579 BGB sind die Kindesbelange 482 zu wahren (→ Rn. 1178 ff.).

d) Alter (§ 1571 BGB)

Nach § 1571 BGB besteht ein Unterhaltsanspruch, soweit wegen des Alters eine 483 **Erwerbstätigkeit nicht mehr erwartet werden kann.** Der Unterhalt eines altersbedingt nicht mehr erwerbstätigen Unterhaltsberechtigten für den durch seine Rente nicht gedeckten Bedarf richtet sich nur nach § 1571 BGB (Altersunterhalt).[1586]
Maßgebender Zeitpunkt für die Bestimmung des Alters:
1. Scheidung (= Tag der Rechtskraft der Ehescheidung).[1587]
2. Beendigung der Pflege oder Erziehung eines gemeinschaftlichen Kindes.
3. Wegfall der Voraussetzungen eines Unterhaltsanspruchs nach den §§ 1572, 1573 BGB.

Anschlussunterhalt wird danach nur geschuldet, wenn die einzelnen Unterhaltsansprüche ohne zeitliche Lücken aneinander anschließen. Besteht danach ein lückenlos anschließender Anspruch, kommt es nicht darauf an, ob der vom Verpflichteten auch erfüllt werden konnte oder mangels **Leistungsfähigkeit** nicht,[1588] denn dieser im Bereich des Verpflichteten liegende Umstand kann dem Berechtigten nicht zum Nachteil gereichen. Dagegen ist es nicht gerechtfertigt, den Anschlussunterhalt auch zu gewähren, wenn nur die sonstigen Tatbestandsvoraussetzungen, aber nicht die **Bedürftigkeit** des Berechtigten im Einsatzzeitpunkt gegeben war,[1589] es sei denn, dies war nur vorübergehend nicht der Fall.[1590] Bei dieser Sachlage ist es ein Umstand aus dem Bereich des Berechtigten, der schon die Geltendmachung eines Anspruchs ausschließt. Der Gesetzgeber hat die nacheheliche Solidarität bewusst durch die Einführung der Einsatzzeitpunkte beschränkt. Das gilt allerdings nicht, wenn schon im Einsatzzeitpunkt absehbar war, dass die Bedürftigkeit demnächst wieder bestehen werde, zB bei fehlender Bedürftigkeit wegen Anrechnung eines aus überobligatorischer Arbeit stammenden Einkommens. Es kommt auf die Sicht eines objektiven Betrachters zum Einsatzzeitpunkt an.

Im Übrigen setzt der Unterhaltsanspruch nach § 1571 BGB nicht voraus, dass das die Erwerbsunfähigkeit begründende Alter erst im Laufe der Ehe erreicht worden ist („ehebedingt" ist), sondern er besteht auch, wenn der Bedürftige schon bei der Eheschließung wegen Alters erwerbsunfähig war.[1591]

Anschlussunterhalt ist nur als **Teilunterhalt** geschuldet, wenn bei Beginn des Anschlussunterhalts nach § 1571 Nr. 3 BGB nur ein Anspruch auf einen Teil des vollen Bedarfs nach den §§ 1572, 1573 BGB bestand, wie sich – wie bei § 1572 BGB – aus der Verwendung des Wortes „soweit" ergibt.[1592]

Das Gesetz nennt kein bestimmtes Alter wegen der ganz unterschiedlichen Verhält- 484 nisse im Einzelfall. Ab Erreichen der **allgemeinen gesetzlichen Altersgrenze** von 65 Jah-

---

[1586] BGH FamRZ 2012, 951 mAnm Finke (955) = NJW 2012, 2028 Rn. 19 (auch zur Abgrenzung zu § 1573 Abs. 2 BGB bei noch teilweiser Erwerbstätigkeit), dazu Niepmann FamFR 2012, 265 (unter III.).

[1587] OLG Köln FamRZ 2002, 326.

[1588] So jetzt auch für den Aufstockungsunterhalt BGH FamRZ 2016, 203 = NJW 2016, 153.

[1589] Offengelassen von BGH FamRZ 2005, 1817 mAnm Büttner (1899) = NJW 2005, 3277; so aber OLG München FamRZ 1993, 564 und OLG Schleswig OLGR 2006, 487 – sehr umstritten.

[1590] BGH FamRZ 2016, 203 = NJW 2016, 153 Rn. 17.

[1591] BGH FamRZ 1983, 151 = NJW 1983, 683; FamRZ 1982, 28 = NJW 1982, 929; FamRZ 1981, 1163 (1165) = NJW 1982, 40; FamRZ 1980, 981 = NJW 1980, 2247.

[1592] BGH FamRZ 2001, 1291 (1294) = NJW 2001, 3260 zu § 1572 Nr. 4 BGB.

ren (ab 2012 schrittweise Erhöhung auf 67 Jahre gem. § 235 SGB VI) kann eine Erwerbs-tätigkeit aber generell nicht mehr erwartet werden.[1593] Gleichwohl erzieltes Einkommen kann aber nach den Umständen des Einzelfalls gem. § 242 BGB herangezogen bzw. (beim Berechtigten) nach § 1577 Abs. 2 BGB berücksichtigt werden, → Rn. 535 ff.

Soweit der Berechtigte in einem freien Beruf tätig war, der eine allgemeine Altersgrenze nicht kennt, soll nach Auffassung von einigen Oberlandesgerichten noch auf die Umstände des Einzelfalls abzustellen sein.[1594] Auch hier kann man aber bei Leistungsfähigkeit des Verpflichteten nicht verlangen, dass der Berechtigte „bis zum Umfallen" weiterarbeitet. Ist ein bisher Unterhaltspflichtiger auch im 78. Lebensjahr noch selbständig als Bau-ingenieur tätig, sind seine daraus erzielten Einkünfte deshalb insgesamt unterhaltsrecht-lich unbeachtlich.[1595]

485 Bei **vorgezogenen Altersgrenzen**[1596] ist zu berücksichtigen, dass sie teilweise aus anderen Gründen als die allgemeine Altersgrenze bestehen. Diese Gründe (insbesondere Schutz der Allgemeinheit bei gefährlichen Berufen, Entlastung des Arbeitsmarktes, **Vor-ruhestand**)[1597] schlagen nicht ohne weiteres auf das private Unterhaltsrecht durch, ins-besondere sofern für einen Vorruhestand keine betrieblichen, persönlichen oder gesund-heitlichen Gründe beim Verpflichteten bestehen und der Bedarf des Unterhaltsberechtig-ten nicht anderweitig auf einem relativ hohen Niveau gesichert ist.[1598]. Hier ist daher zusätzlich zu prüfen, ob nicht eine (anderweitige) Weiterbeschäftigung (auch im Gering-verdienerbereich) in Betracht kommt und ob die Inanspruchnahme einer vorgezogenen Altersrente auch im Verhältnis zum Unterhaltsverpflichteten angemessen ist.[1599] Zu be-achten ist, dass der Berechtigte gem. § 34 Abs. 3 Nr. 1 SGB VI neben der Rente anrech-nungsfrei Einkünfte bis (seit der Erhöhung der Geringverdienergrenze zum 1.10.2022) 520 EUR aus einem geringfügigen Beschäftigungsverhältnis erzielen darf, so dass auch die Zumutbarkeit der Übernahme einer solchen zusätzlichen Tätigkeit zu prüfen ist.

Umgekehrt kann eine Obliegenheit zur Inanspruchnahme des vorgezogenen Alters-ruhegeldes bestehen, wenn der Berechtigte, der bisher nach § 1573 BGB anspruchs-berechtigt war, dadurch seinen Bedarf teilweise oder ganz selbst decken kann.

Altersteilzeitvereinbarungen sind nach den gleichen Maßstäben zu beurteilen; die freiwillige (Teil-) Beendigung eines Arbeitsverhältnisses kann gegen die unterhaltsrecht-liche Erwerbsobliegenheit verstoßen.[1600] Zu den insoweit vergleichbaren Maßstäben beim Verpflichteten hat der BGH[1601] entschieden, dass die Vereinbarung von Altersteilzeit dann gerechtfertigt sein kann, wenn sich der Unterhaltspflichtige dafür auf betriebliche,

---

[1593] BGH FamRZ 2013, 191, Rn. 16 (für den Pflichtigen); FamRZ 2011, 454, Rn. 19; FamRZ 1999, 708 = NJW 1999, 1547 mwN, 1547; OLG Schleswig OLGR 2003, 536; OLG Köln FamRZ 1984, 269 mAnm Büttner.
[1594] OLG Dresden OLGR 2003, 102 (Weiterarbeit bei gesteigerter Unterhaltspflicht); OLG Köln FF 2007, 117 (problematisch).
[1595] OLG Koblenz FamRZ 2014, 2005 (Ls.) = NJW-Spezial 2014, 453.
[1596] ZB Polizeivollzugsbeamte ab 60 (§ 5 Bundespolizeibeamtengesetz); Bergleute ab 50 (§ 45 Abs. 1 Nr. 2 RKnG); Soldaten zu unterschiedlichen Zeitpunkten, zB Unteroffiziere mit 53; Strahlen-flugzeugführer schon mit 41, vgl. § 45 Soldatengesetz; dazu ferner Borth FamRZ 2016, 99 für vorgezogene Altersgrenzen bei Soldaten oder Polizeibeamten.
[1597] Zum Vorruhestand eingehend Strohal FamRZ 1996, 197 ff. und Viefhues FF 2006, 103.
[1598] BGH FamRZ 2012, 1483 = NJW 2012, 3434 Rn. 29 ff.
[1599] BGH NJW-RR 2004, 505 = FamRZ 2004, 254 mAnm Borth (360); FamRZ 1999, 708 = NJW 1999, 1547; OLG Saarbrücken NJW 2007, 520 mAnm Eschenbruch; OLG Koblenz NJWE-FER 2000, 108 und 7.3.2001 – 9 UF 526/00; OLG Hamm FamRZ 1999, 1078 = NJW 1999, 2976 für den Verpflichteten.
[1600] BGH FamRZ 2012, 1483 = NJW 2012, 3434 Rn. 28 f. (für den Verpflichteten entschieden); OLG Hamm FamRZ 1999, 1078 und 1079.
[1601] BGH FamRZ 2012, 1483 = NJW 2012, 3434 Rn. 30.

persönliche oder gesundheitliche Gründe berufen kann, die bei einer Gesamtabwägung aller Umstände eine mit der Reduzierung seines Einkommens verbundene Einschränkung seiner Erwerbstätigkeit auch gegenüber dem Unterhaltsberechtigten als angemessen erscheinen lässt.

Bei vorzeitiger Pensionierung aus Gesundheitsgründen durch einen öffentlich-rechtlichen Dienstherrn hat der BGH[1602] entschieden, dass der Berechtigte diese Einkommensminderung des Pflichtigen ohne Nachprüfung der Gesundheitsgründe hinnehmen muss, jedenfalls wenn die Versorgungsbezüge für eine angemessene Lebensführung ausreichen. Das gilt auch für den Berechtigten. In der Praxis werden bei diesen Sachlagen in aller Regel aber Gesundheitsgründe auch attestiert werden oder einer Neu- oder Wiederaufnahme der Arbeit wird die Arbeitsmarktlage entgegenstehen, so dass eine isolierte Alterserwerbsunfähigkeit selten ist.[1603] **486**

Von welchem Alter an ansonsten eine Erwerbstätigkeit wegen Alters nicht mehr zumutbar ist, lässt sich nicht allgemein sagen. Es kommt ganz auf die Art der Tätigkeit und die sonstigen subjektiven Voraussetzungen an. Wegen der zu unterschiedlichen Einzelfallumstände kann auch für Frauen nach langer Tätigkeit im Haushalt keine allgemeine Altersgrenze unterhalb von 65 Jahren bestimmt werden.[1604] **487**
Gleichwohl sind im gewerblichen Bereich neue Arbeitsplätze ab einem Alter von 60 Jahren praktisch kaum zu finden.[1605]
Der Anspruch aus § 1571 BGB besteht, wenn typischerweise in diesem Alter und in der in Betracht kommenden Berufssparte keine angemessene Arbeit mehr gefunden werden kann,[1606] während § 1573 Abs. 1 BGB eingreift, wenn wegen der konkreten Einzelfallumstände auf Grund des Alters keine angemessene Arbeit gefunden werden kann.[1607]

Die **Dauer der Ehe** kann außer über § 1579 Nr. 1 BGB[1608] für die Höhe des Anspruchs nach § 1578b BGB von Bedeutung sein.[1609] Unbillige Ergebnisse bei relativ kurzen Altersehen können so vermieden werden. **488**

Rentenzahlung auf Grund des Versorgungsausgleichs in altersverschobener Ehe wird im Wege der Differenzmethode berücksichtigt.[1610] Eine von der Unterhaltsberechtigten bezogene Privatrente mindert grundsätzlich gemäß § 1577 Abs. 1 BGB ihre Bedürftigkeit.[1611] **489**
Wenn die Bedürftigkeit erst nach Durchführung des Versorgungsausgleichs eingetreten ist und der ausgleichspflichtige Ehegatte es unterlassen hat, eine Kürzung des Versor-

---

[1602] BGH FamRZ 1984, 662 (664) = NJW 1984, 2358 (Sparkassendirektor: Dienstbezüge 9000 DM netto, Versorgungsbezüge 6400 DM).

[1603] Vgl. auch OLG Zweibrücken FamRZ 1983, 144 (58-jährige Frau).

[1604] BGH FamRZ 2012, 1483 = NJW 2012, 3434 Rn. 30 ff. für den Verpflichteten; FamRZ 1999, 708 = NJW 1999, 1547; OLG Schleswig NJWE-FER 1998, 266 und OLGR 1999, 424: aber keine angemessene Tätigkeit für Frau Ende 50 nach knapp 30-jähriger Ehe mit sehr gut verdienendem Ehemann; OLG Koblenz NJWE-FER 2000, 108.

[1605] OLG Oldenburg FamRZ 1996, 672; aber uU geringfügige Beschäftigung: OLG Koblenz NJWE-FER 2000, 108.

[1606] OLG Hamburg FamRZ 1991, 445 (Altersunterhalt für 53-jährige nach 20-jähriger Ehe); dagegen OLG Bamberg FamRZ 1992, 1305; OLG Koblenz FamRZ 1992, 950; OLG Köln FamRZ 1980, 1006, die für Frauen zwischen 53 und 56 Jahren auch nach langer Ehe Erwerbstätigkeit aus Altersgründen nicht für unzumutbar halten.

[1607] Vgl. dazu BGH FamRZ 1987, 691 = NJW 1987, 2739.

[1608] → Rn. 1103 ff.

[1609] → Rn. 1071.

[1610] BGH FamRZ 2003, 848 mAnm Hoppenz = NJW 2003, 1796; aA AG Düsseldorf FamRZ 2005, 34.

[1611] BGH FamRZ 2014, 1276 = NJW 2014, 2192 Rn. 23.

gungsausgleichs (jetzt nach § 33 VersAusglG) zur Vermeidung seiner sonst eintretenden Bedürftigkeit zu beantragen, besteht kein Anspruch auf Altersunterhalt.[1612]

490   Nach § 1578b BGB bezieht sich die Begrenzungsmöglichkeit auch auf diesen Unterhaltstatbestand,[1613] → Rn. 1074. Der Maßstab des angemessenen Lebensbedarfs bestimmt sich nach den Grundsätzen zu § 1578b BGB,[1614] dh nach der eigenen Lebensstellung, die der Unterhaltsberechtigte ohne die Ehe und damit verbundene Erwerbsnachteile erlangt hätte; auf die – besseren – Verhältnisse des anderen Ehegatten komme es insoweit nicht an.[1615]

491   **Darlegungs- und Beweislast.** Sie trifft denjenigen, der sich vor dem Alter von 65 Jahren (bzw. ab 2012 zunächst jährlich ein Monat mehr) auf das „Alter" als Einschränkung der Erwerbsobliegenheit beruft.[1616]

e) Krankheit und andere Gesundheitseinschränkungen (§ 1572 BGB)

492   Auch dieser Unterhaltstatbestand ist in besonderer Weise Ausdruck nachehelicher Solidarität.[1617]

Krankheitsunterhalt kann nach § 1572 BGB verlangt werden, solange und soweit wegen Krankheit[1618] oder anderer Gebrechen oder Schwäche der körperlichen oder geistigen Kräfte eine Erwerbstätigkeit nicht erwartet werden kann. „Geringe Vitalität und Belastbarkeit" wird in der Regel nicht als „andere Gebrechen oder Schwäche" anzusehen sein, weil damit fast jeder krank wäre, der angibt, sich krank zu fühlen.[1619] Soweit Erwerbsunfähigkeitsrente wegen voller Erwerbsminderung bis zur Vollendung des 65. Lebensjahres bezogen wird, kann der Unterhaltsberechtigte ausschließlich Krankheitsunterhalt nach § 1572 BGB verlangen.[1620] Bezieht der Unterhaltpflichtige eine Rente wegen voller Erwerbsminderung gemäß § 43 Abs. 2 S. 1 Nr. 1 SGB VI, so setzt dies grundsätzlich voraus, dass er wegen Krankheit oder Behinderung auf nicht absehbare Zeit außerstande ist, unter den üblichen Bedingungen des allgemeinen Arbeitsmarktes mindestens drei Stunden täglich erwerbstätig zu sein (§ 43 Abs. 2 S. 2 SGB VI). Eine vollständige Unfähigkeit für sämtliche Tätigkeiten, etwa im Geringverdienerbereich, ergibt sich daraus indessen noch nicht. Das stimmt mit der vom Gesetz für Renten wegen voller Erwerbsminderung in voller Höhe vorgesehenen Hinzuverdienstgrenze nach § 96a Abs. 2 Nr. 2 SGB VI (entsprechend der Geringverdienertätigkeit nach § 8 Abs. 1 Nr. 1 SGB IV; derzeit 520 EUR) überein.[1621] Der Bezug einer solchen Rente indiziert allerdings die tatsächliche Erwerbsunfähigkeit.[1622]

Partnerversorgung und ein dafür anzurechnendes Entgelt ist durch Krankheit, die die Erwerbstätigkeit hindert, nicht ausgeschlossen.[1623]

[1612] OLG Celle FamRZ 2006, 1544 = NJW 2006, 922.

[1613] Büttner FamRZ 2007, 773.

[1614] BGH NJW 2010, 3097 = FamRZ 2010, 1633; NJW 2011, 300 = FamRZ 2011, 188.

[1615] BGH NJW 2011, 303 = FamRZ 2011, 192, Rn. 35, 36; NJW 2010, 3097 = FamRZ 2010, 1633.

[1616] BGH FamRZ 2006, 683 mAnm Büttner (765) = NJW 2006, 1654 (auch mit 63 keine freiwillige Reduzierung).

[1617] BGH FamRZ 2009, 1207 = NJW 2009, 2450 – Rn. 37; BGH FamRZ 2009, 406 (409).

[1618] Der Krankheitsbegriff entspricht dem sozialversicherungsrechtlichen (BT-Drs. 7/650, S. 124). OLG Bamberg FamRZ 2000, 231: Auch persönlichkeitsimmanente Schwächen wie geringe Ausdauer und Belastbarkeit.

[1619] **Anders** aber OLG Bamberg FamRZ 2000, 231.

[1620] BGH FamRZ 2012, 772 = NJW 2012, 1807 Rn. 23.

[1621] BGH FamRZ 2017, 109 Rn. 22, 23 = NJW-RR 2017, 449.

[1622] OLG Brandenburg FamRZ 2021, 1023 (Ls.).

[1623] BGH FamRZ 2001, 1693 = NJW 2001, 3779.

Konkrete Darlegung der Krankheit im Einzelnen und ihrer Auswirkung auf die Erwerbsfähigkeit sowie ihres Bestehens zum Einsatzzeitpunkt ist erforderlich, es genügt nicht, sich generell auf eine Erwerbsunfähigkeit i. S. des § 1572 BGB zu berufen.[1624] Der unterhaltspflichtige Ehegatte muss dann die Genesung des Berechtigten von einer schweren Erkrankung darlegen. Bezieht der seinem minderjährigen Kind baruntertaltspflichtige Elternteil eine Rente wegen voller Erwerbsminderung und beruft er sich auf eine krankheitsbedingte Einschränkung seiner Erwerbsfähigkeit, muss er grundsätzlich Art und Umfang der behaupteten gesundheitlichen Beeinträchtigungen oder Leiden angeben, und er hat ferner darzulegen, inwieweit die behaupteten gesundheitlichen Störungen sich auf die Erwerbsfähigkeit auswirken.[1625]

Mehrbedarf wegen sachgerechter Heilungsmaßnahmen, die nicht von der Krankenversicherung übernommen werden, wird von § 1572 BGB erfasst.[1626]

Einsatzzeitpunkte sind:

1. Scheidung (= Tag der Rechtskraft der Ehescheidung).
2. Ende der Betreuung eines gemeinschaftlichen Kindes.
3. Ende der Ausbildung, Fortbildung oder Umschulung.
4. Wegfall der Voraussetzungen für den Anspruch nach § 1573 BGB.

Der **Anschlussunterhalt** verlangt auch hier, dass sich die Unterhaltstatbestände lückenlos aneinander reihen.[1627] Der Anschlussunterhalt wird nur als **Teilunterhalt** geschuldet, wenn bei Beginn des Anschlussunterhalts auf Grund des weggefallenen früheren Anspruchsgrundes (nach §§ 1570, 1573, 1575 BGB) nur ein Anspruch auf einen Teil des vollen Bedarfs bestand,[1628] es entsteht also kein umfassender neuer Anspruch.

Krankheiten, die nach den Einsatzzeitpunkten auftreten, begründen keinen An- **493** spruch.

Latente Krankheiten, die **nicht in nahem** (unter zwei Jahre dürfte die Grenze sein) **zeitlichem Zusammenhang** mit dem Einsatzzeitpunkt ausgebrochen sind und in diesem Zeitpunkt daher keine Erwerbsunfähigkeit begründet haben, begründen keinen Unterhaltsanspruch, da es sich dann um schicksalsbedingte Ereignisse handelt, die nicht zu Lasten des Unterhaltspflichtigen gehen.[1629] Dem ist zuzustimmen, denn nach moderner medizinischer Diagnostik können latente Krankheiten, zB auf Grund genetischer Analyse, uU schon Jahre vor ihrem Ausbruch erkannt werden. Krankheiten, die schon vorhanden waren, die sich aber nach dem Einsatzzeitpunkt verschlimmert haben und dann zur Erwerbsunfähigkeit geführt haben, sollen dagegen latenten Krankheiten nicht gleichzustellen sein.[1630]

Latente Krankheiten, die in nahem zeitlichem Zusammenhang mit dem Einsatzzeitpunkt ausbrechen,[1631] lösen dagegen einen Anspruch aus, da es nicht darauf ankom-

---

[1624] BGH NJW-RR 2005, 1450 = FF 2005, 316 mAnm Büttner; FamRZ 2001, 1291 (1292) = NJW 2001, 3260.

[1625] BGH FamRZ 2017, 109 Rn. 21 = NJW-RR 2017, 449 unter Bezug auf BGH FamRZ 2013, 1558 Rn. 21.

[1626] OLG Hamm FamRZ 1997, 296 = NJWE-FER 1997, 76.

[1627] OLG Brandenburg FamRZ 2007, 288 = NJW-RR 2007, 150; OLG Düsseldorf OLGR 1999, 188 und FamRZ 1994, 965 sowie OLG Karlsruhe FamRZ 2000, 233; → Rn. 483.

[1628] BGH FamRZ 2001, 1291 (294) = NJW 2001, 3260 und OLG Hamm FamRZ 1999, 231 und NJW-RR 1999, 1096 für § 1573 BGB.

[1629] BGH FamRZ 2001, 1291 (1293) = NJW 2001, 3260 (23 Monate); OLG Schleswig FuR 2006, 283; OLG Koblenz FuR 2006, 45 (21 Monate).

[1630] OLG Koblenz NJW-RR 2006, 151; KG FamRZ 2002, 460 (es kommt aber wohl darauf an, ob mit einer baldigen Verschlimmerung zu rechnen war).

[1631] So OLG Düsseldorf FamRZ 2003, 683; OLG Hamm FamRZ 2002, 1564; offen gelassen von BGH FamRZ 2001, 1291 = NJW 2001, 3260, der OLG Karlsruhe FamRZ 2000, 233 aufgehoben hat, das nachhaltige Sicherung erst nach zwei Jahren annahm.

men kann, ob der Berechtigte besonders leichtsinnig Warnzeichen außer Acht gelassen hat. Als naher zeitlicher Zusammenhang wird ein Zeitraum von unter zwei Jahren gelten können.

Krankheiten, die im Einsatzzeitpunkt schon ausgebrochen sind, aber noch **nicht zur Erwerbsunfähigkeit** führen (zB Multiple Sklerose), werden ähnlich zu behandeln sein. Es kommt also darauf an, ob sie in nahem zeitlichen Zusammenhang ganz oder teilweise zur Erwerbsunfähigkeit führen.

Bei Fortzahlung des Unterhalts an den Berechtigten nach Auslaufen eines Anspruchs, der den Berechtigten von rechtzeitigen Erwerbsbemühungen abgehalten hat, kann der Einsatzzeitpunkt gewahrt sein, wenn die Krankheit nach dem „eigentlichen" Einsatzzeitpunkt ausbricht.[1632]

494   Auf die **Ehebedingtheit der Krankheit** kommt es bei § 1572 BGB nicht an.[1633] Auch bei Eheschließung schon vorhandene, selbst unerkannte Krankheiten werden erfasst.[1634] Bei einer Befristung oder Begrenzung ist ua ein anderes Maß an nachehelicher Solidarität zu berücksichtigen.[1635]

495   **Alkoholsucht und Medikamentenabhängigkeit**[1636] können als Krankheit im Sinne des § 1572 BGB anzusehen sein. Das kann auch für **erhebliches Übergewicht**[1637] oder andere durch die eigene Lebensführung herbeigeführte Krankheiten gelten, denn es kommt nicht darauf an, ob die Krankheit verschuldet ist. Zu Fragen einer Unterhaltsversagung gemäß § 1579 Nr. 4 oder Nr. 8 BGB in diesen Fällen wird auf → Rn. 1129, 1174 verwiesen.

Bei Renten- oder Unterhaltsneurosen kommt es darauf an, ob sie echten Krankheitswert haben oder ob davon auszugehen ist, dass sie bei Aberkennung des Unterhaltsanspruchs überwunden werden. Wenn Willens- und Steuerungsfähigkeit krankheitsbedingt eingeschränkt sind, ist eine Überwindbarkeit zu verneinen.[1638] Soweit das OLG Hamm[1639] in diesem Zusammenhang für eine unter **Depressionen** leidende Unterhaltsberechtigte ausführt, diese treffe die Obliegenheit, alle zumutbaren Mitwirkungshandlungen zu unternehmen, um die Krankheit behandeln zu lassen und sich dafür unmittelbar in die Behandlung eines Therapeuten zu begeben, wird aber zu beachten sein, dass nicht ausreichende Bemühungen um eine Behandlung gerade Ausdruck der Depression sein können und deshalb eventuell nicht vorwerfbar sind. Bezieht der Unterhaltsschuldner staatliche Transferleistungen nach dem SGB II, sind an seine Behauptung, er sei aufgrund von Depressionen arbeitsunfähig, hohe Anforderungen zu stellen. Denn Voraussetzung für eine Gewährung von Arbeitslosengeld II ist, dass der Empfänger auf absehbare Zeit mindestens drei Stunden täglich arbeiten kann. Aus diesem Grunde müsse

---

[1632] BGH FamRZ 2006, 769 = NJW 2006, 1967; FamRZ 1990, 260 = NJW 1990, 1172; FamRZ 1990, 496 (498) = NJW 1990, 2752; so auch OLG Schleswig OLGR 2003, 536 (für Altersunterhalt).
[1633] OLG Koblenz FamRZ 2020, 1262 mAnm Borth.
[1634] BGH (IX.) FamRZ 2004, 779; BGH NJW-RR 1995, 449 = FamRZ 1995, 1405; FamRZ 1994, 566 = NJW 1994, 1286; FamRZ 1981, 1163 = NJW 1982, 40 (Multiple Sklerose); anders aber in der Tendenz OLG Brandenburg FamRZ 1996, 866 (Pflichtiger betreut Kleinkind); OLG Hamm FamRZ 1995, 1417 (im Mangelfall); – bei Verschweigen bei Eheschließung kommt aber § 1579 BGB in Betracht –; OLG Hamm FamRZ 1987, 1151 (von Geburt an bestehende Körperbehinderung); → Rn. 1174.
[1635] BGH FamRZ 2010, 869 Rn. 42 ff.
[1636] OLG Schleswig OLG Report 2001, 248; OLG Hamm FamRZ 1989, 631.
[1637] OLG Köln FamRZ 1992, 65 (66).
[1638] BGH FamRZ 1988, 375 = NJW 1988, 1147; FamRZ 1984, 660 = NJW 1984, 1816; OLG Düsseldorf FamRZ 1990, 68 (die Anwendung von § 1579 Nr. 7 bei nicht behandelbaren Neurosen ist bedenklich); OLG Hamm FamRZ 1995, 996 (zu psychischen Belastungen durch Trennung und Scheidung).
[1639] OLG Hamm FamRZ 2012, 1732.

er – so das Kammergericht – substantiiert, schlüssig und konsistent zu den behaupteten gesundheitlichen Beeinträchtigungen und ihren Auswirkungen auf die Erwerbsfähigkeit vortragen.[1640]

Letztlich geht es in diesen Fällen um die richtige Abgrenzung zwischen Simulation und wirklicher Krankheit, allerdings kann es auch echte „Schwellenangst" vor dem Wiederbeginn der Erwerbstätigkeit geben. Um richtig abzugrenzen, ist auch zu erwägen, den Unterhalt zeitweise auszusetzen.

Den **Unterhaltsberechtigten trifft die Obliegenheit, die Krankheit behandeln zu** **496** **lassen.** Bei Alkohol- und Tablettenabhängigkeit oder anderen Suchtkrankheiten müssen daher Entziehungskuren gemacht werden. Wird das unterlassen, kann § 1579 Nr. 4 BGB eingreifen.[1641] insoweit einschränkend, → Rn. 495 (zur Depression).

Bei Operationen, die zur Besserung der Krankheit nötig sind, dürften ähnliche Grundsätze wie im Schadensersatzrecht anzuwenden sein, die Operation muss also gefahrlos und hinreichend aussichtsreich sein.[1642]

Zu den Obliegenheiten beim Krankheitsunterhalt gehört schließlich, den Verpflichteten ausreichend über den Krankheitsstand und die Behandlung zu unterrichten.[1643]

Anspruchsgrundlage und Begrenzungsmöglichkeit. Der Anspruch aus § 1572 BGB **497** besteht auch, wenn wegen der Krankheit keine reale Beschäftigungschance besteht.[1644] Das kann auch der Fall sein, wenn auf dem Arbeitsmarkt konkret nur noch eine Geringverdiener-Arbeit gefunden werden kann.[1645] **Bei vorübergehender Krankheit** beruht der Anspruch ebenfalls auf § 1572 BGB.[1646]

Schließt die Krankheit nur bestimmte Tätigkeiten aus, sind die noch möglichen aber nicht angemessen iSv § 1574 BGB, ist Anspruchsgrundlage § 1573 Abs. 1 und 3 BGB.[1647]

Ein Anspruch auf Teilunterhalt nach § 1572 BGB kommt hingegen in Betracht, wenn der Berechtigte wegen der gesundheitlichen Beeinträchtigungen nur einer Teilzeitbeschäftigung nachgehen kann.[1648] Der restliche Unterhaltsanspruch kann dann auf § 1573 Abs. 2 BGB beruhen und evtl. eher nach § 1578b BGB begrenzt werden.[1649]

Eine Höhebegrenzung nach § 1578b BGB kommt stets in Betracht. Auch beim Krankheitsunterhalt bestimmt sich der Maßstab des angemessenen Lebensbedarfs nach den Grundsätzen zu § 1578b BGB,[1650] dh nach der eigenen Lebensstellung, die der Unterhaltsberechtigte ohne die Ehe und damit verbundene Erwerbsnachteile erlangt hätte; auf die – besseren – Verhältnisse des anderen Ehegatten komme es insoweit nicht an.[1651]

[1640] KG NZFam 2015, 766 (Viefhues).

[1641] 1483 BGH FamRZ 1988, 375 = NJW 1988, 1147; FamRZ 1981, 1042 = NJW 1981, 2805; OLG Schleswig OLGR 2001, 248; OLG Düsseldorf FamRZ 1987, 1262.

[1642] BGH VersR 1961, 1125; OLG Hamm FamRZ 1996, 863.

[1643] OLG Schleswig FamRZ 1982, 1018.

[1644] OLG Brandenburg FamRZ 1996, 866; OLG Frankfurt FamRZ 1994, 1265.

[1645] OLG Stuttgart NJWE-FER 2001, 225.

[1646] OLG Nürnberg FamRZ 1992, 682; ebenso bei Mischeinkünften aus EWU-Rente und Wohneinkünften: OLG München FamRZ 1997, 295.

[1647] BGH FamRZ 1995, 869 = NJW-RR 1995, 835; FamRZ 1991, 170 = NJW 1991, 224; OLG München OLGR 1997, 7 (nicht bei Mischeinkünften).

[1648] BGH FamRZ 2014, 823 = NJW 2014, 1302 = NZFam 2014, 593 (mAnm Niepmann), Rn. 10; BGH FamRZ 1991, 170 = NJW 1991, 224.

[1649] BGH FamRZ 2014, 823 = NJW 2014, 1302 = NZFam 2014, 593 (mAnm Niepmann), Rn. 10; BGH FamRZ 1993, 789 = NJW-RR 1993, 898.

[1650] BGH NJW 2010, 3097 = FamRZ 2010, 1633; NJW 2011, 300 = FamRZ 2011, 188.

[1651] BGH NJW 2011, 303 = FamRZ 2011, 192, Rn. 35, 36; NJW 2010, 3097 = FamRZ 2010, 1633.

Nach § 1578b BGB bezieht sich die **Befristungsmöglichkeit – anders als früher –** auch auf § 1572 BGB,[1652] allerdings bei diesem Tatbestand unter besonderer Berücksichtigung der Billigkeit,[1653] → Rn. 1073.

498 **Wenn ein Rentenantrag wegen krankheitsbedingter Arbeitsunfähigkeit noch nicht beschieden** ist, kann der Verpflichtete ein zins- und tilgungsfreies Darlehen gegen Abtretung des Anspruchs auf Rentennachzahlung anbieten.[1654] Bei rückwirkender Bewilligung kann ein Unterhaltsvergleich rückwirkend abgeändert werden.[1655]

Der **Bezug einer Erwerbsunfähigkeitsrente** indiziert, dass der Berechtigte krank ist.[1656]

f) Arbeitslosigkeit (§ 1573 Abs. 1 und 3 BGB)

499 **Soweit kein Anspruch nach §§ 1570–1572 BGB besteht, kann nach § 1573 Abs. 1 BGB Unterhalt verlangt werden,** solange und soweit der Berechtigte nach der Scheidung keine angemessene Erwerbstätigkeit zu finden vermag.

Voraussetzung dafür ist, dass der Berechtigte bei Rechtskraft der Scheidung nicht oder nur teilweise in angemessener Weise erwerbstätig war.[1657]

Nach § 1573 Abs. 3 BGB besteht der Anspruch – unter diesen Voraussetzungen – auch dann, wenn zunächst nach §§ 1570–1572 BGB Unterhalt zu zahlen war, die Voraussetzungen dafür aber weggefallen sind. Wie schon bei §§ 1571, 1572 BGB besteht der Anschlussunterhaltsanspruch nur im Umfang des weggefallenen Teilanspruchs. Dementsprechend ist § 1573 Abs. 1 BGB für den restlichen Unterhaltsanspruch Anspruchsgrundlage, wenn wegen der Arbeitsmarktlage nur eine Teilzeitarbeit gefunden werden konnte.[1658]

500 **Bedürftigkeit zu den im Gesetz genannten Einsatzzeitpunkten** ist wie bei §§ 1571, 1572 BGB Voraussetzung für den Anspruch aus § 1573 BGB.[1659]

Der Ehepartner trägt also nur dann das **Arbeitsplatzrisiko,** wenn es sich im Zusammenhang mit der Ehe verwirklicht, nicht dagegen das allgemeine Arbeitsplatzrisiko. Andererseits muss die Unmöglichkeit, nach der Scheidung einen angemessenen Arbeitsplatz finden zu können, nicht ehebedingt sein. In den meisten Fällen ist das – oft langjährige – Ausscheiden aus dem Berufsleben allerdings eine maßgebliche Ursache für die Schwierigkeiten bei der Wiedereingliederung. Man könnte sagen, dass der Gesetzgeber wegen dieser typischen Sachlage die Ehebedingtheit fingiert und den Beweis, dass der Berechtigte auch ohne die Ehe keine angemessene Arbeit finden könnte, abschneidet. Mit der Verweisung auf eine angemessene Erwerbstätigkeit knüpft das Gesetz an § 1574 Abs. 2 BGB an und gibt einen Unterhaltsanspruch, wenn sich die an sich gegebene Verpflichtung zu einer angemessenen Erwerbstätigkeit angesichts des Arbeitsmarktes nicht verwirklichen lässt.

[1652] Büttner FamRZ 2007, 773.

[1653] BGH FamRZ 2009, 1207 = NJW 2009, 2450 Rn. 37; FamRZ 2009, 406 (409); FamRZ 2010, 869 Rn. 45.

[1654] BGH FamRZ 1983, 574 = NJW 1983, 1481.

[1655] OLG Koblenz OLGR 1998, 328.

[1656] OLG Brandenburg FamRZ 1996, 866; OLG Nürnberg FamRZ 1992, 682.

[1657] BGH FamRZ 1985, 53 (55) = NJW 1985, 430.

[1658] BGH FamRZ 2001, 1291 = NJW 2001, 3260 zu § 1572 BGB; FamRZ 1988, 265 = NJW 1988, 2369; OLG Stuttgart FamRZ 1983, 501.

[1659] OLG Bamberg FamRZ 1984, 897. Im Verbundverfahren ist der Zeitpunkt der letzten mündlichen Verhandlung maßgebend, vgl. BGH FamRZ 1984, 988 (989). Anders (für § 1570 BGB) OLG München OLGR 1992, 203, wonach ausreichen soll, dass die Tatbestandsvoraussetzungen vorliegen.

Zur **inhaltlichen Bestimmung** dessen, was konkret als angemessene Erwerbstätigkeit anzusehen ist, wird auf die Erörterungen zu § 1574 Abs. 2 BGB verwiesen (→ Rn. 459 ff.).

Ab Erreichen der Altersgrenze ist der Unterhaltsanspruch aus § 1571 BGB herzuleiten.[1660]

Die Obliegenheit zur Arbeitssuche, also die Verweisung auf eine angemessene Berufs- **501** tätigkeit iSd § 1574 Abs. 2 BGB, besteht auch nach langjähriger Hausfrauenehe in gehobenen Verhältnissen.[1661] Bleibt die nächste angebotene Stelle deutlich hinter den eigenen Fähigkeiten zurück, genügt der Unterhaltsberechtigte seinen Verpflichtungen mit der Aufnahme dieser Arbeitstätigkeit nur dann, wenn anderweitige intensive Bemühungen erfolglos geblieben sind.[1662]

Der Anspruch aus § 1573 Abs. 1 BGB erfordert das Bemühen des berechtigten Ehegatten um eine angemessene Tätigkeit unter Einsatz aller zumutbaren und möglichen Mittel, wozu die bloße Meldung beim Arbeitsamt nicht genügt.[1663] Eine Beweiserleichterung nach § 287 Abs. 2 ZPO kommt ihm insoweit nicht zugute. Eine nur mangelhafte Arbeitssuche muss aber für die Arbeitslosigkeit auch ursächlich sein, was nicht der Fall ist, wenn nach den tatsächlichen Gegebenheiten des Arbeitsmarktes sowie den persönlichen Eigenschaften und Fähigkeiten des Unterhalt begehrenden Ehegatten für ihn keine reale Beschäftigungschance besteht. Nach einer weiteren Entscheidung des BGH[1664] trägt der wegen Erwerbslosigkeit Unterhalt verlangende Ehegatte aber die Darlegungs- und Beweislast nicht nur dafür, dass er keine reale Chance auf eine Vollzeitarbeitsstelle hat, sondern auch dafür, dass dies auf eine geringfügige Beschäftigung (sog. Mini-Job) und eine Erwerbstätigkeit im Rahmen der Gleitzone nach § 20 Abs. 2 SGB IV (sog. Midi-Job) zutrifft. Als angemessene Erwerbstätigkeit kann auch die Ausübung von zwei Teilzeitbeschäftigungen gesehen werden.[1665] Die Obliegenheit zur Arbeitssuche richtet sich im Übrigen auch nach den Maßstäben, die für den Verpflichteten gelten, so dass für Art und Intensität der Bemühungen ergänzend auf → Rn. 711 verwiesen wird.

Nur bei nachhaltiger Unterhaltssicherung (→ Rn. 507) geht gemäß § 1573 Abs. 4 **502** BGB der Unterhaltsanspruch endgültig verloren. Es kann also wieder Unterhalt verlangt werden, wenn der Ehegatte zwar zunächst eine angemessene Tätigkeit gefunden hat, diese Arbeit aber später wieder verloren hat und es ihm trotz seiner Bemühungen nicht gelungen ist, den Unterhalt durch Erwerbstätigkeit nachhaltig zu sichern. Ist nachhaltige Sicherung nur teilweise gelungen, kann Ergänzungsunterhalt verlangt werden (§ 1573 Abs. 4 S. 2 BGB).

Fällt der nachhaltig gesicherte Teil im Lauf der Zeit wieder fort, kann der Unterhaltsanspruch insoweit wieder aufleben, so dass weiterhin nur Ergänzungsunterhalt geschuldet ist.

Folgende **Einzelfragen des Arbeitslosigkeitsunterhalts** sind hervorzuheben: **503**

(1) Beginn der Obliegenheit zur Arbeitssuche ist nicht erst der Scheidungszeitpunkt.[1666] Wenn der Arbeitsaufnahme keine anderen Hindernisse entgegenstehen, muss

---

[1660] BGH FamRZ 2012, 951 = NJW 2012, 2028, Rn. 19; Niepmann FamRZ 2012, 265 unter III; FamRZ 1988, 817 = NJW 1988, 2101.
[1661] BGH FamRZ 2012, 1483 = NJW 2012, 3434, Rn. 33 f.; FamRZ 1991, 416 (419) = NJW 1991, 1049; OLG Bamberg FamRZ 2002, 101 (Volljuristin).
[1662] OLG Düsseldorf FamRZ 2006, 1871.
[1663] BGH FamRZ 2011, 1851 = NJW 2011, 3577 Rn. 13.
[1664] BGH FamRZ 2012, 517 = NJW 2012, 1144 Rn. 30, 34.
[1665] OLG Brandenburg FamRZ 2021, 357 (Ls.) = NZFam 2020, 874 mAnm Graba.
[1666] OLG Hamm FamRZ 1991, 1310; OLG Karlsruhe FamRZ 1984, 1018; aA OLG Schleswig FamRZ 1981, 148.

jedenfalls ein Jahr nach der Trennung mit der Arbeitssuche begonnen werden. Endet ein Unterhaltsanspruch nach § 1570 BGB und steht der Zeitpunkt des Auslaufens schon vorher fest, muss auch schon in der letzten Phase der Kinderbetreuung mit der Arbeitssuche begonnen werden.[1667] Andererseits kann es, wenn die genannten Voraussetzungen nicht vorliegen, auch ausreichend sein, dass erst eine gewisse Zeit[1668] nach der Scheidung mit der Arbeitssuche begonnen wird, denn das Gesetz („nach der Scheidung") stellt nicht exakt auf den Scheidungszeitpunkt ab.

Der Zeitpunkt für den Beginn der Erwerbsobliegenheit kann auch dadurch herausgeschoben werden, dass der Verpflichtete einen Vertrauenstatbestand durch freiwillige Unterhaltszahlung bei erkennbar fehlender Erwerbsbemühung schafft.[1669]

Eine Obliegenheitsverletzung kann zu verneinen sein, wenn der Berechtigte, der eine günstige Teilzeitstelle hat, nicht bereit ist, diese gegen eine unsichere Vollzeitstelle aufzugeben,[1670] allerdings muss er sich weiter um eine Vollzeitarbeit bemühen.

504 **(2)** Die **Ausbildungs-, Fortbildungs- und Umschulungsobliegenheit** nach § 1574 Abs. 3 BGB gehört zur Obliegenheit, alles zu tun, um eine angemessene Erwerbstätigkeit zu finden. Das – in der Praxis oft belanglose – Verhältnis zum Anspruch aus § 1575 BGB ist dadurch gekennzeichnet, dass die §§ 1573 Abs. 1, 1574 Abs. 3 BGB eine Ausbildungs**obliegenheit** begründen, bei deren Verletzung der Anspruch aus § 1573 BGB wegfallen kann,[1671] während § 1575 BGB einen Ausbildungs**anspruch** gibt, weil insoweit ein ehebedingter Nachteil auszugleichen ist.[1672] Für die Zeit, die die zur Erlangung der angemessenen Erwerbstätigkeit erforderliche Ausbildung beansprucht, besteht ein Anspruch aus § 1573 Abs. 1 BGB.[1673] Fallen Ausgleich des ehebedingten Nachteils nach § 1575 Abs. 1 BGB und Ausbildung zur Erlangung einer angemessenen Erwerbstätigkeit zusammen, werden die Ansprüche deckungsgleich.

Ebenso wie der Anspruch nach § 1575 BGB besteht die Obliegenheit nach § 1574 Abs. 3 BGB nur dann, wenn ein erfolgreicher Abschluss der Ausbildung zu erwarten ist.[1674] Der nach § 1575 Abs. 1 BGB Berechtigte braucht sich also der Mühe der Ausbildung ohne Anspruchsverlust nicht mehr zu unterziehen, wenn der erfolgreiche Abschluss nicht mehr zu erwarten ist. Die Obliegenheit nach § 1574 Abs. 3 BGB gilt nach längerer Trennungszeit entsprechend für Getrenntlebende[1675] und nach dem Zweck der Vorschrift nicht nur dann, wenn Ausbildungsmängel es erfordern, sondern auch dann,

---

[1667] OLG Karlsruhe FamRZ 2002, 1566; OLG Hamm FamRZ 1988, 1280 (1282) konzediert Übergangszeit von etwa 6 Monaten nach gescheiterter Ausbildung.

[1668] Ein Zeitraum von 11/2 Jahren ist aber zu lang: BGH FamRZ 1987, 684 (687) = NJW 1987, 2229; OLG Karlsruhe FamRZ 1991, 1449 (nicht weil zwei Jahre nach Scheidung infolge Übersiedlung aus Polen in Deutschland kein Arbeitsplatz gefunden werden kann); OLG Düsseldorf FamRZ 1991, 193 (5 1/2 Monate).

[1669] OLG Hamm FamRZ 1995, 1580.

[1670] OLG Düsseldorf FamRZ 1991, 194 (bei nur geringem Mehreinkommen durch Vollzeitarbeit).

[1671] BGH FamRZ 1986, 553 u. 1085 = NJW 1986, 985 u. NJW-RR 1987, 196; FamRZ 1980, 126 = NJW 1980, 393; OLG Schleswig FamRZ 1982, 703.

[1672] Von KG FamRZ 1984, 898 wird das Verhältnis der Vorschriften zueinander offen gelassen; ebenso OLG Hamm FamRZ 1983, 181.

[1673] BGH FamRZ 1987, 795 (797) = NJW 1987, 2233; BGH FamRZ 1984, 561 (563) = NJW 1984, 1685 unter Hinweis darauf, dass analoge Anwendung von § 1575 BGB zu keinem anderen Ergebnis führt.

[1674] Ob das bei Aufnahme eines Studiums im Alter von 45 Jahren noch zu erwarten ist, erscheint unter heutigen Verhältnissen sehr zweifelhaft, so aber OLG Hamm FamRZ 1983, 181 (Betriebswirtschaft) und OLG Schleswig FamRZ 1982, 703 (med.-techn. Assistentin). BGH FamRZ 1984, 561 = NJW 1984, 1685 stellt zutreffend darauf ab, dass die Dauer der Ausbildung im rechten Verhältnis zum Lebensalter stehen muss.

[1675] → Rn. 457; BGH FamRZ 1986, 553 = NJW 1986, 985; OLG Karlsruhe FamRZ 1984, 1018; aA OLG Schleswig FamRZ 1982, 704.

wenn die Arbeitsmarktlage es erfordert.[1676] Wird die Ausbildung entgegen der Obliegenheit nicht aufgenommen, muss der Berechtigte eine unterqualifizierte Arbeit annehmen.[1677] Wird die Ausbildungsfinanzierung verweigert, entfällt die Obliegenheit.[1678]

(3) Die **Darlegungs- und Beweislast für die Erfüllung der Obliegenheit** trifft den   505
Berechtigten.[1679] Er muss in nachprüfbarer Weise dartun, was er getan hat, um einen Arbeitsplatz zu finden oder der Ausbildung nachzukommen. Ihm obliegt aber nur die Suche nach einer ihm angemessenen Arbeit.[1680] Genügt der Unterhaltsberechtigte seiner aktuellen Erwerbsobliegenheit, kann ihm nach der Rechtsprechung des BGH nicht für die Vergangenheit vorgehalten werden, er hätte konkrete Bewerbungsbemühungen entfalten müssen, um den eingetretenen ehebedingten Nachteil zu kompensieren.[1681]

(4) Die **Folgen der Obliegenheitsverletzung** sind nicht ohne weiteres der Anspruchs-   506
verlust. Zunächst muss geprüft werden, ob die Obliegenheitsverletzung ursächlich dafür geworden ist, dass keine angemessene Arbeit gefunden wurde. Dazu muss objektiv eine reale Beschäftigungschance bestanden haben,[1682] also nicht eine unrealistische oder nur theoretische. Dafür trifft den, der Unterhalt beansprucht, allerdings ebenfalls die Darlegungs- und Beweislast.[1683] Vgl. auch → Rn. 667.

Zweifelhaft ist, ob für einen vollen oder teilweisen Anspruchsverlust ferner die Voraussetzungen des § 1579 Nr. 4 BGB (mutwillige Herbeiführung der Bedürftigkeit) erfüllt sein müssen.[1684] Dagegen spricht, dass die bloße Arbeitssuche keine gefahrgeneigte Tätigkeit ist und es bei Nichterfüllung der Obliegenheit an der Unterhaltsbedürftigkeit fehlt, so dass ein – etwa verwirkter – Anspruch schon nicht besteht.[1685]

Ein für die Zeit der Obliegenheitsverletzung nicht bestehender Anspruch lebt im Einzelfall also wieder auf, wenn der Verpflichtete der Obliegenheit nunmehr nachkommt,[1686] falls nicht infolge der fiktiven Zurechnung von nachhaltiger Unterhaltssicherung auszugehen ist (→ Rn. 507). Ein fiktives Einkommen eines Ehepartners muss er sich als prägend anrechnen lassen, falls die Ursächlichkeit fortwirkt.[1687]

(5) Eine **nachhaltige Unterhaltssicherung,** die den Anspruch nach § 1573 Abs. 4   507
BGB ausschließt, ist zu bejahen, wenn nach Ablauf der üblichen Probezeit bei objektiver Betrachtungsweise ein Dauerarbeitsplatz erreicht ist.[1688] Dabei kommt es darauf an, ob im

---

[1676] Offen gelassen von OLG Karlsruhe FamRZ 1984, 1018 – richtig lehnt das OLG aber überspannte Anforderungen ab, so Unterlassen der Promotion als Obliegenheitsverletzung.

[1677] BGH FamRZ 1986, 553 = NJW 1986, 985; OLG Hamburg FamRZ 1985, 1260.

[1678] OLG Hamburg FamRZ 1985, 1260.

[1679] BGH FamRZ 2011, 1851 = NJW 2011, 3577, Rn. 13 mwN; FamRZ 1993, 789 (791) = NJW-RR 1993, 898; FamRZ 1986, 244 u. 1085 = NJW 1986, 718 u. NJW-RR 1987, 196; FamRZ 1987, 912 = NJW-RR 1987, 962; OLG

[1680] BGH FamRZ 1993, 789 (791) = NJW-RR 1993, 898; FamRZ 1987, 144 = NJW 1987, 898.

[1681] BGH FamRZ 2013, 274 Rn. 21 mAnm Viefhues (276).

[1682] BGH FamRZ 2012, 517 = NJW 2012, 1144, Rn. 30; FamRZ 2011, 1851 = NJW 2011, 3577 Rn. 14; FamRZ 2007, 1532 (1535); BGH FamRZ 2003, 1734 mAnm Büttner (1830) = NJW 2003, 3481; BGH FamRZ 1986, 885; FamRZ 1987, 912 = NJW-RR 1987, 962; ebenso OLG Karlsruhe FamRZ 2002, 1566; OLG Dresden FamRZ 1996, 1236; OLG Celle FamRZ 1992, 570.

[1683] BGH FamRZ 2012, 517 = NJW 2012, 1144 Rn. 30; Übersicht: Viefhues FF 2012, 481 ff.

[1684] So BGH FamRZ 1986, 553, 555 = NJW 1986, 985 für nicht aufgenommene Ausbildung, vgl. ferner Hoppenz FamRZ 1988, 151 zu BGH FamRZ 1988, 145 = NJW-RR 1988, 514 und → Rn. 1127 ff.

[1685] → Rn. 708 ff., 711 f., 1127 ff. Der BGH FamRZ 2007, 1532 (1536) fordert unterhaltsbezogene Leichtfertigkeit.

[1686] → Rn. 1190 ff., 1196; s. aber auch BGH FamRZ 2008, 2104 Rn. 23, 24 zu späten Nachwirkungen einer Obliegenheitsverletzung.

[1687] Offengelassen von BGH FamRZ 2005, 23 (25) = NJW 2005, 61.

[1688] BGH FamRZ 1988, 701 = NJW 1988, 2034; FamRZ 1985, 1234 = NJW 1986, 375 (so bei unerwartetem Konkurs (Insolvenz) des Arbeitgebers); FamRZ 1985, 791 = NJW 1985, 1699; OLG

Zeitpunkt des Ablaufs der Probezeit nach objektiven Maßstäben und allgemeiner Lebenserfahrung der Arbeitsplatz als dauerhaft angesehen werden konnte (eingeschränkte ex-ante-Betrachtung). Das entspricht dem Gesetzeszweck, denn nach § 1573 Abs. 4 BGB soll der Unterhaltsberechtigte geschützt werden, der den ernsthaften, aber im Ergebnis erfolglosen Versuch macht, sich durch eigene Arbeit zu unterhalten,[1689] die Risikofreudigkeit soll gestärkt werden, was auch dem Verpflichteten zugutekommt. Andererseits soll damit die Bindung an die Einsatzzeitpunkte, die die Belastung für den Verpflichteten kalkulierbar machen soll, nicht völlig gelöst werden. Betriebsbedingte Arbeitsplatzrisiken und krankheitsbedingte Risiken außerhalb der Einsatzzeitpunkte hat daher nicht der Unterhaltspflichtige zu tragen.[1690]

Auch nach Ablauf der Probezeit kann es an einer nachhaltigen Sicherung fehlen, weil der Berechtigte zB von Anfang an seine Kräfte überschätzt hatte.[1691]

Die **Darlegungs- und Beweislast** dafür, dass eine nachhaltige Sicherung nicht zu erreichen war, trifft den Berechtigten. Risiken, die einer nachhaltigen Sicherung entgegenstehen, aber für die Beteiligten noch nicht erkennbar waren, sind aber zu berücksichtigen.[1692]

Folgende **Einzelfälle** sind hervorzuheben:

- **ABM-Arbeitsplätze** (Arbeitsplätze im Rahmen einer öffentlichen Arbeitsbeschaffungsmaßnahme) begründen keine nachhaltige Unterhaltssicherung.[1693]
- **Altersarbeitsplätze** begründen auch bei mehrjähriger Tätigkeit keine nachhaltige Sicherung, wenn von vornherein klar war, dass eine Alterssicherung unerreichbar war.[1694]
- **Arbeitsmarktverhältnisse** sind ebenso zu berücksichtigen wie konkrete Vermittlungsschwierigkeiten aufgrund des Alters oder fehlender Berufsausbildung.[1695]
- **Befristete Arbeitsverhältnisse** sprechen in der Regel gegen eine nachhaltige Sicherung, es kommt aber auf Dauer und Intention der Beteiligten an (s. Kettenarbeitsverträge).
- **Fiktive Arbeitseinkünfte** können zu einer (ebenfalls fiktiven) nachhaltigen Sicherung führen, sonst käme es zu einer ungerechtfertigten Besserstellung derjenigen, die ihre Erwerbsobliegenheit verletzen.[1696] Es muss genau begründet werden, warum bei hinreichender Arbeitsbemühung eine Sicherung zu erreichen gewesen wäre.[1697]
- **Fortsetzung einer schon in der Ehe ausgeübten Arbeit** nach der Scheidung begründet i.d.R. (teilweise) nachhaltige Unterhaltssicherung. Der BGH[1698] hebt aber mit Recht hervor, dass etwas anderes gilt, wenn der Verlust des Arbeitsplatzes schon bei der Scheidung wahrscheinlich oder vorhersehbar war.
- **Kettenarbeitsverträge** können eine nachhaltige Unterhaltssicherung begründen, wenn sie im Einzelfall einem Dauerarbeitsplatz gleichzustellen sind.

Karlsruhe OLGR 1999, 338 nimmt nachhaltige Sicherung in der Regel nach etwa zwei Jahren an. Das übersteigt die übliche Probezeit bei weitem.

[1689] OLG Celle FamRZ 1983, 717: keine nachhaltige Sicherung bei Überschätzung der Kräfte (schon vor Scheidung drohte krankheitsbedingte teilweise Arbeitsunfähigkeit); ähnlich OLG Hamm FamRZ 1997, 26.

[1690] BGH FamRZ 2003, 1734 = NJW 2003, 3481; OLG Köln FamRZ 1998, 1434 = NJWE-FER 1998, 218 (betriebsbedingte Kündigung); OLG Düsseldorf FamRZ 1998, 1519 (krankheitsbedingter Arbeitsplatzverlust).

[1691] OLG Hamm FamRZ 1997, 26.

[1692] BGH FamRZ 2003, 1734 mAnm Büttner (1830) = NJW 2003, 3481.

[1693] OLG Frankfurt FamRZ 1987, 1042.

[1694] OLG Koblenz FamRZ 1986, 471 = NJW-RR 1986, 555.

[1695] BGH FamRZ 2003, 1734 mAnm Büttner 1830 = NJW 2003, 3481.

[1696] OLG Bamberg FamRZ 1984, 897.

[1697] BGH FamRZ 2003, 1734 mAnm Büttner 1830 = NJW 2003, 3481.

[1698] BGH FamRZ 1985, 53 (55) = NJW 1985, 430.

- **Arbeitsplätze in Krisenbranchen** stellen keine nachhaltige Sicherung dar, wenn sie schon bei Antritt verlustbedroht sind.[1699]
- **Partnerversorgung** gewährt keine nachhaltige Unterhaltssicherung,[1700] da das Gesetz auf Unterhaltssicherung durch Erwerbstätigkeit abstellt. Das Unterlassen von Arbeitsbemühungen in dieser Zeit kann aber (s. fiktive Arbeitseinkünfte) zum Anspruchsverlust führen.
- **Gesicherte Teilzeitarbeit,** die auf Verlangen des Verpflichteten zugunsten einer Vollzeitarbeit aufgegeben wird, ist als nachhaltige Sicherung nicht mehr zu berücksichtigen, wenn der Vollzeitarbeitsplatz alsbald wieder verloren geht und eine Rückkehr in die (vorher) gesicherte Teilzeitarbeit nicht mehr möglich ist.
- **Keine Anwendung beim Trennungsunterhalt.** Eine entsprechende Anwendung des § 1573 Abs. 4 BGB auf den Trennungsunterhalt – der keine Einsatzzeitpunkte kennt – muss ausscheiden.[1701]

(6) Der **Arbeitslosigkeitsunterhalt kann auf den Zeitraum der voraussichtlichen** 508 **Dauer der Arbeitslosigkeit** beschränkt werden. Der BGH[1702] hat für die Entscheidung über den nachehelichen Unterhalt im Verbundverfahren mit Recht darauf abgestellt, dass die gegenwärtig bestehenden Verhältnisse zugrunde zu legen sind und es den Parteien überlassen bleibt, bei anderweitiger Entwicklung Abänderungsantrag nach § 238 FamFG zu erheben. Das dürfte jedoch eine zeitlich begrenzte Unterhaltszumessung dann nicht ausschließen, wenn hinreichend sicher ist, dass bei ordnungsgemäßer Suche ein Arbeitsplatz gefunden werden kann. Dabei ist auch zu berücksichtigen, dass es angemessen sein kann, den Berechtigten mit der „Last" des Abänderungsantrags zu belasten, weil es seine Sache ist, die erfolglose intensive Arbeitssuche darzulegen und zu beweisen.

(7) Zur **zeitlichen Beschränkung** des Anspruchs gemäß § 1578b BGB wird auf 509 → Rn. 1067 ff. verwiesen.

g) Aufstockungsunterhalt (§ 1573 Abs. 2 BGB)

Bei **unterschiedlich hohen Einkünften beider Ehepartner** in der Trennungszeit oder 510 nach der Scheidung stellt sich die Frage, ob und wie der Unterschied im Wege einer „Aufstockung" auszugleichen ist. Zum nachehelichen Unterhalt bestimmt dazu § 1573 Abs. 2 BGB: „Reichen die Einkünfte aus einer angemessenen Erwerbstätigkeit zum vollen Unterhalt (§ 1578) nicht aus, kann … den Unterschiedsbetrag zwischen den Einkünften und dem vollen Unterhalt verlangen". Das BVerfG[1703] hat dazu ausgeführt, dass diese verfassungskonforme Regelung Ausdruck der Einschränkung der wirtschaftlichen Eigenverantwortung nach der Scheidung durch die nachwirkende Mitverantwortung ist. Der Gesetzgeber will mit der Anknüpfung an die ehelichen Lebensverhältnisse den sozialen Abstieg eines Partners verhindern, weil das erreichte Lebensniveau als Leistung beider Ehegatten anzusehen ist, gleichermaßen auch desjenigen, der in der Ehe auf eine Erwerbstätigkeit verzichtet hat.[1704]

Zum **Verhältnis zwischen Aufstockungsunterhalt** aus § 1573 Abs. 2 BGB **und Betreuungsunterhalt** hat der BGH[1705] mehrfach verdeutlicht, dass der Anspruch nur insoweit unter § 1570 BGB fällt, als die Kinderbetreuung die Erzielung von Einkommen

---

[1699] BGH RzW 58, 267.
[1700] BGH FamRZ 1987, 689 = NJW 1987, 3129.
[1701] BGH FamRZ 1986, 244 = NJW 1986, 718.
[1702] BGH FamRZ 1984, 988 (989).
[1703] BVerfG FamRZ 1981, 745 (750 f.) = NJW 1981, 1771.
[1704] OLG Stuttgart FamRZ 2006, 1680 mwN.
[1705] BGH FamRZ 2014, 823 = NJW 2014, 1302 = NZFam 2014, 593 Rn. 10 (mAnm Niepmann); BGH FamRZ 2012, 1040 = NJW 2012, 1868, Rn. 15.

aus Erwerbstätigkeit **teilweise** hindert, während er sich im Übrigen, dh bis zur Höhe nach den ehelichen Lebensverhältnissen, aus § 1573 Abs. 2 BGB ergibt. Das gilt auch dann, wenn der Unterhaltsberechtigte – an sich durch Betreuung eines Kindes teilweise gehindert – überobligatorisch Einkünfte erzielt, soweit diese nicht berücksichtigt werden und deshalb teilweise Betreuungsunterhalt anfällt.[1706] Neu ist in diesem Zusammenhang aber die ausdrückliche Feststellung des BGH, dass ein solcher zwar auf unterschiedlichen Tatbeständen beruhender Anspruch dennoch **einheitlich in den Rang des § 1609 Nr. 2 BGB** fällt, dessen Formulierung „Elternteile, die wegen der Betreuung eines Kindes unterhaltsberechtigt sind" nämlich allein auf die Person des Unterhaltsberechtigten abstellt.[1707]

Dagegen sind für den **vollständig** an einer Erwerbstätigkeit gehinderten Unterhaltsberechtigten die Anspruchsgrundlagen §§ 1570–1572 BGB bezüglich seines Gesamtbedarfs nach den ehelichen Lebensverhältnissen einschlägig, dh auch bezüglich des nicht durch das Erwerbshindernis verursachten Bedarfsanteils.[1708] Diese Unterscheidung gewinnt an Bedeutung, wenn für den Aufstockungsunterhalt bereits eine Befristung in Frage käme, die für den Betreuungsunterhalt nicht zulässig ist.[1709]

Zur **Abgrenzung zwischen Aufstockungsunterhalt** aus § 1573 Abs. 2 BGB und **Erwerbslosigkeitsunterhalt** nach § 1573 Abs. 1 BGB hat der BGH[1710] darauf abgestellt, dass ein umfassender Anspruch auf Aufstockungsunterhalt nur besteht, wenn der Unterhaltsberechtigte eine vollschichtige angemessene Erwerbstätigkeit ausübt oder ihn eine entsprechende Obliegenheit trifft; sofern der Unterhaltsberechtigte dagegen eine solche nach Art und Weise angemessene Tätigkeit iSd § 1574 BGB nicht erlangen könne, ergibt sich der Anspruch zum Teil aus § 1573 Abs. 1 BGB.

Teilweise werden **Grenzen des Aufstockungsunterhalts** gezogen, wenn die Einkommensdifferenz weniger als 10 % des Gesamteinkommens beträgt, denn der Aufstockungsunterhalt soll nicht dazu dienen, geringfügige Einkommensdifferenzen auszugleichen.[1711] Eine Bagatellgrenze wird vielfach bei 50 Euro gesehen.[1712] Bei sehr engen finanziellen Verhältnissen besteht der Anspruch auch unterhalb dieses Betrages, nicht aber, wenn das Einkommen des Bedürftigen über dem notwendigen Selbstbehalt liegt.[1713]

Die **Einsatzzeitpunkte** müssen auch beim Aufstockungsunterhalt erfüllt sein. Dies ergibt sich ohne ausdrückliche Regelung im Gesetzeswortlaut aus der Rechtsnatur der Anspruchsgrundlage.[1714] Der Berechtigte muss die Voraussetzungen dafür darlegen und beweisen.[1715] Allerdings wird die erforderliche „Unterhaltskette" beim Aufstockungsunterhalt nach § 1573 Abs. 2 BGB nicht unterbrochen, wenn die Einkünfte des Unterhaltspflichtigen infolge vorübergehender Arbeitslosigkeit so weit absinken, dass sich zeitweilig kein Unterschiedsbetrag mehr zwischen dem vollen Unterhalt nach den ehelichen Lebensverhältnissen und den anrechenbaren Einkünften des Unterhaltsberechtig-

---

[1706] BGH FamRZ 2014, 1987 = NJW 2014, 3649, Rn. 18.

[1707] BGH FamRZ 2014, 1987 = NJW 2014, 3649, Rn. 23 mwN (auch zu den bisherigen Gegenmeinungen).

[1708] BGH FamRZ 2014, 823 = NJW 2014, 1302 = NZFam 2014, 593 (mAnm Niepmann) Rn. 10, im Anschluss an BGH FamRZ 2009, 406 und FamRZ 2010, 1050.

[1709] Niepmann NZFam 2014, 595.

[1710] BGH FamRZ 2011, 192 = NJW 2011, 303 Rn. 15 bis 17.

[1711] Krumm FamRZ 2012, 1781 mwN; OLG Karlsruhe FamRZ 2010, 1082; OLG Koblenz NJW-RR 2006, 151; OLG Düsseldorf FamRZ 1996, 947; OLG München FamRZ 1997, 425 und OLGR 2004, 131; AG Besigheim FamRZ 2004, 546; vgl. auch Haußleiter NJW-Spezial 2006, 247.

[1712] OLG Karlsruhe FamRZ 2010, 1082 mwN.

[1713] Derzeit: 1.080 Euro – OLG Brandenburg FamRZ 2019, 792.

[1714] BGH NJW 2016, 153 = FamRZ 2016, 203 Rn. 17; OLG Zweibrücken FamRZ 2002, 1565; OLG Hamm FamRZ 1994, 1392; aA OLG Jena FamRZ 2004, 1207 mablAnm Schröder (1756).

[1715] OLG Hamm FamRZ 2004, 375 = FPR 2004, 220.

ten ergibt.[1716] Dazu weist der BGH[1717] darauf hin, dass es für die Wahrung der Einsatzzeitpunkte beim Aufstockungsunterhalt (nur) auf das Vorliegen eines Einkommensgefäl-
les zwischen den Ehegatten ankommt, nicht aber darauf, ob sich dieses im Einsatzzeitpunkt bereits in einem Anspruch auf Aufstockungsunterhalt niedergeschlagen hat, zB
wenn der Verpflichtete zunächst noch später wegfallende eheprägende Verbindlichkeiten
erfüllt. Begehrt ein Antragsteller erst über zehn Jahre nach der rechtskräftigen Scheidung
nachehelichen Unterhalt, so muss er substanziiert darlegen, dass die Voraussetzungen
eines Anspruchs auf Unterhalt wegen Krankheit oder auf Aufstockungsunterhalt bereits
im Zeitpunkt der Scheidung sowie auch in der Folgezeit grundsätzlich ohne zeitliche
Lücke vorgelegen haben. Lediglich vorübergehende Unterbrechungen der Unterhaltskette aufgrund fehlender Bedürftigkeit des Unterhaltsberechtigten oder mangelnder Leistungsfähigkeit des Unterhaltspflichtigen stehen Unterhaltsansprüchen in der Zeit nach
der Wiederherstellung von Bedürftigkeit und Leistungsfähigkeit nicht zwingend entgegen.[1718] Eine bloße Verweisung auf ein knapp einhundertseitiges Anlagenkonvolut
ersetzt keinen konkreten Sachvortrag.[1719]

Nach Rechtskraft der Scheidung kann ein Anspruch auf Aufstockungsunterhalt bestehen, auch wenn er nicht geltend gemacht wurde.[1720] Hieran kann sich ein Krankheitsunterhalt anschließen, der sich aber auf die Höhe des weggefallenen Aufstockungsunterhalts beschränkt.[1721]

Zur Herabsetzung und zeitlichen Begrenzung nach § 1578b BGB wird auf   **511**
→ Rn. 1067ff., 1075 verwiesen.

Zum Abzug des Kindesbarunterhalts beim Aufstockungsunterhalt → Rn. 1051.

**Die ehelichen Lebensverhältnisse werden nicht nur durch die Einkünfte des er-   512
werbstätigen Ehegatten, sondern auch durch die Leistungen des anderen Ehegatten
im Haushalt (Kinderbetreuung) mitbestimmt.** Der BGH hat mit der Entscheidung
vom 13.6.2001[1722] die der früheren Anrechnungsmethode zugrunde liegende Auffassung
von der alleinigen Maßgeblichkeit der in der Ehe vorhandenen Einkünfte des Berechtigten aufgegeben und ist zur Differenzmethode übergegangen. Er folgte damit dem
BVerfG,[1723] und das BVerfG hat diese Änderung anschließend bestätigt (→ Rn. 51ff.).[1724]

Bei Wiederaufnahme der Berufstätigkeit ist das Einkommen des bisher nicht (oder
nur teilweise) berufstätigen Ehegatten als **Surrogat** der bisherigen Familienarbeit anzusehen.

Der Erwerbstätigenbonus von 1/10 ist vom anrechnungsfähigen Erwerbseinkommen   **513**
abzuziehen.[1725] Belastungen durch Kindesunterhalt oder Schulden sind dabei vorweg
abzuziehen, der Bonus von 1/10 bezieht sich also nur auf das Resteinkommen.[1726] Zur
Frage, ob berufsbedingte Unkosten pauschal mit 5 % vorab vom anrechnungsfähigen
Einkommen abgezogen werden können, 1. Teil → Rn. 13.

[1716] BGH NJW 2016, 153 = FamRZ 2016, 203 (mAnm Finke); OLG Frankfurt a. M. FamRZ 2021,
1030 (Ls.) = NJW 2020, 2644.
[1717] BGH NJW 2016, 153 = FamRZ 2016, 203 Rn. 21.
[1718] OLG Koblenz FamRZ 2016, 1460 Rn. 9.
[1719] OLG Koblenz FamRZ 2016, 1460 Rn. 11.
[1720] BGH FamRZ 2005, 1817 mAnm Büttner (1899) = NJW 2005, 3277.
[1721] OLG Koblenz FuR 2006, 45.
[1722] BGH FamRZ 2001, 986 = NJW 2001, 2254.
[1723] BVerfG FamRZ 1999, 285 = NJW 1999, 557.
[1724] BVerfG FamRZ 2002, 527 = NJW 2002, 1185.
[1725] 1. Teil → Rn. 14.
[1726] Für Vorabzug des Kindesunterhalts und anderweitiger Zahlungsverpflichtungen: OLG Karlsruhe FamRZ 1996, 350; FamRZ 1992, 1438; OLG Düsseldorf FamRZ 1994, 1049; anders OLG
Hamburg FamRZ 1991, 953.

Der Erwerbstätigenbonus ist aber **nicht abzuziehen** vom Arbeitslosengeld, Kranken-geld oder von einer vom Arbeitgeber gezahlten Abfindung;[1727] ferner nicht im (auch nur relativen) Mangelfall auf der Leistungsfähigkeitsebene.[1728]

514   **Übersicht zum Einkommen, das nach der Differenzmethode zu behandeln ist:**

- Erwerbseinkommen, das auch schon vor der Trennung erzielt wurde, auch das aus unzumutbarer Arbeit.
- Erwerbseinkommen aus einer zwischen Trennung und Scheidung aufgenommenen Arbeit, auch das aus unzumutbarer Arbeit.[1729] Dabei wird differenziert zwischen dem unterhaltsrelevanten Teil, der im Wege der Differenzmethode berücksichtigt wird und dem nicht unterhaltsrelevanten Teil, der bei der Unterhaltsermittlung vollständig unbe-rücksichtigt bleibt.[1730]
- Erwerbseinkommen aus einer nach der Scheidung aufgenommenen Arbeit, auch einer unzumutbaren.
- Vermögenseinkommen, auch aus mietfreiem Wohnen im gemeinschaftlichen Haus,[1731] das schon vor Trennung bzw. Scheidung bezogen wurde.
- Vermögenseinkommen nach Durchführung des Zugewinnausgleichs,[1732] das sich als Surrogat des schon in der Ehe vorhandenen Vermögens darstellt. Ebenso überschie-ßender Zinsvorteil nach Veräußerung des Familienheims.
- Vermögenseinkommen nach Übertragung des Miteigentumsanteils an der früheren Ehewohnung auf einen Ehepartner. Hypothetisch ist beiden der anteilige Veräuße-rungserlös zuzurechnen.[1733]
- Renteneinkommen, das an Stelle des Erwerbseinkommens in der Ehe getreten ist,[1734] auch wenn die Anwartschaften schon vor der Ehe verdient wurden oder wenn die Rente aus dem Versorgungsausgleich stammt.[1735] Das soll nach der neueren Recht-sprechung des BGH wohl auch für Renteneinkommen gelten, das mit Hilfe des Alters-vorsorgeunterhalts erzielt wird.[1736]
- Einkommen aus Partnerversorgung (Haushaltsführung für Dritte).[1737]

[1727] BGH NJW 2007, 2249 = FamRZ 2007, 983 mAnm Schürmann. BGH FamRZ 2009, 307 = NJW-RR 2009, 289 für das Krankengeld beim Unterhaltspflichtigen.

[1728] BGH FamRZ 2014, 912 = NJW 2014, 1590 Rn. 39; grundlegend neu BGH FamRZ 2013, 1366 = NJW 2013, 2662, Rn. 87.

[1729] BGH FamRZ 2005, 1154 = NJW 2005, 2145; **anders noch** BGH FamRZ 2003, 518 mablAnm Büttner und zustimmende Anm. Gutdeutsch FamRZ 2003, 1002 = NJW 2003, 1181; OLG Karlsruhe NJW 2004, 859; OLG Hamburg FamRZ 2003, 245 (aber nicht ungünstiger als nach Differenzmetho-de); wie hier OLG Köln FamRZ 2002, 463 = NJW 2001, 3716; OLG Hamm FamRZ 2002, 1708 und NJW-RR 2003, 1226; OLG Karlsruhe NJW 2002, 900; Scholz FamRZ 2003, 265; Büttner FamRZ 2003, 641; Soyka FuR 2003, 193; krit. Borth FamRZ 2002, 133.

[1730] OLG Saarbrücken NJW-RR 2006, 869.

[1731] BGH FamRZ 2012, 517 mAnm Born (523) = NJW 2012, 1144, Rn. 44 ff.; FamRZ 1986, 437 = NJW 1986, 1343; OLG Hamm FamRZ 1994, 248 (auch freies Wohnen beim Betrieb einer Pension); FamRZ 1988, 290; FamRZ 1987, 710.

[1732] BGH FamRZ 2002, 88 = NJW 2002, 436; ebenso OLG Hamm FamRZ 2007, 215; OLG Saarbrücken FamRZ 2003, 685 und NJW-RR 2005, 1454.

[1733] OLG Karlsruhe NJW 2004, 859; OLG Hamm NJW-RR 2003, 511; Gerhardt FamRZ 2003, 414.

[1734] OLG Koblenz FamRZ 2003, 1106 (Unfallrente, die Erwerbseinkommen nicht übersteigt).

[1735] BGH FamRZ 2002, 88 = NJW 2002, 436; KG FamRZ 2003, 1107; OLG Koblenz OLGR 2002, 9; KG (13.) OLGR 2004, 88; **anders** aber KG (3.) FamRZ 2002, 460.

[1736] BGH FamRZ 2014, 1276 = NJW 2014, 2192 Rn. 21 f.; anders noch FamRZ 2003, 848 = NJW 2003, 1796, zust. Krause FamRZ 2003, 1617.

[1737] BGH FamRZ 2012, 1201 = NJW 2012, 2190 – Rn. 16 unter Bestätigung von BGH FamRZ 2004, 1170, 1171 f.; ferner BGH FamRZ 2004, 1173 = NJW 2004, 2305 (unter Aufhebung von OLG Oldenburg FamRZ 2002, 1488); BGH FamRZ 2001, 1693 mAnm Büttner = NJW 2001, 3779.

- Einkommen aus einer Erwerbsarbeit, die nach Trennung oder Scheidung anstelle einer ertraglosen Arbeit getreten ist.[1738]
- Einkommen aus einer schon zuvor in den Lebenszuschnitt eingeflossenen erwarteten Erbschaft oder Schenkung nach der Trennung oder Scheidung.[1739]
- Einkommen aus Schwarzarbeit oder Schwarzgeld,[1740] auf Dauer allerdings nur vermindert um gesetzliche Abzüge.
- Fiktives Einkommen an Stelle der obigen Einkommensquellen.[1741]

Übersicht zum Einkommen, das nach der Anrechnungsmethode zu behandeln ist:

- Mehreinkommen nach Karrieresprung nach Trennung oder Scheidung.[1742] Dieses Einkommen ist abzugrenzen von der Regelbeförderung, die eben noch keinen „Sprung" darstellt, darunter auch eine Beförderung von der Besoldungsgruppe A 8 nach A 9, die sich innerhalb des mittleren Dienstes vollzogen hat, selbst wenn damit die Besoldungsendstufe des mittleren Dienstes vor Vollendung des 42. Lebensjahres erreicht wurde.[1743]
- Einkommen aus einer unerwarteten oder allenfalls erhofften Erbschaft oder Schenkung nach der Trennung oder Scheidung.[1744]
- Einkommen aus einem Lottogewinn nach der Trennung oder Scheidung.[1745]
- Vermögenseinkommen, das während des Zusammenlebens nicht zum Konsum verbraucht worden ist[1746] und nach durchschnittlichen Maßstäben auch nicht verwendet werden musste. Bei weit überdurchschnittlichem Einkommen ist zu berücksichtigen, dass Teile des Einkommens oft zur Vermögensbildung dienen. Die Quotenmethoden sind dann auf den Bedarfsdeckungsteil einzuschränken.[1747]
- **Aber: Nicht mehr** das mit Hilfe des Altersvorsorgeunterhalts aufgebaute Renteneinkommen[1748] → Rn. 53 und → Rn. 618.

[1738] BGH FamRZ 2005, 23 (25) = NJW 2005, 61 verweist insoweit auf die „beachtlichen Gründe" von Büttner FamRZ 2003, 641 (643), lässt die Frage aber offen; **anders** zuvor OLG Frankfurt FamRZ 2002, 885 (vom BGH in der zit. Entscheidung aufgehoben).

[1739] BGH FamRZ 2012, 1483 = NJW 2012, 3434; BGH NJW 2006, 1794 = FamRZ 2006, 387 mAnm Büttner; OLG Hamm FamRZ 1992, 1184. 1. Teil → Rn. 53.

[1740] OLG Brandenburg, NJW 2012, 3186 (3188); OLG Zweibrücken OLGR 2002, 149.

[1741] BGH FamRZ 2004, 254 (256); FamRZ 2003, 434 = FPR 2003, 245.

[1742] BGH FamRZ 2007, 793 = NJW 2007, 1961; BGH FamRZ 2001, 986 = NJW 2001, 2254; OLG Köln FamRZ 2001, 1374 und NJW-RR 2004, 297 (andere Funktion u. 20 % mehr); OLG Koblenz NJW 2003, 1877 (4 % jährliche Einkommenssteigerung noch kein Karrieresprung); OLG Koblenz FamRZ 2003, 1109 (Karrieresprung bei Fortbildung nach Trennung); OLG Schleswig NJW-RR 2004, 147 (Einkommenssteigerung von 1/3); OLG Nürnberg NJW-RR 2004, 436 (Hauptschullehrer zum Konrektor).

[1743] BGH FamRZ 2016, 199 mAnm Witt NJW 2016, 322 Rn. 19.

[1744] BGH FamRZ 2012, 1483 = NJW 2012, 3434; BGH NJW 2006, 1794 = FamRZ 2006, 387 mAnm Büttner; OLG Hamm FamRZ 1992, 1184. 1. Teil → Rn. 53.

[1745] OLG Brandenburg FamRZ 2009, 1837 (1839).

[1746] BGH FamRZ 2007, 1532 (1535) mAnm Maurer.

[1747] OLG Köln FamRZ 2012, 1731 (1732) will (vermeintlich gestützt auf den BGH) einen Quotenunterhalt von derzeit bis zu 5.100 EUR zulassen; der BGH meint aber nur einen Quotenunterhalt, berechnet aus einem Einkommen von derzeit 5.100 EUR, wie sein Beispiel in FamRZ 2012, 945 = NJW 2012, 1581, Rn. 18 zeigt. Vgl. ferner Frankfurter Unterhaltsgrundsätze Nr. 15. 3 und Jenaer Leitlinien Nr. 15.3: 2500 EUR; OLG Koblenz FPR 2002, 63: bis 4.000 EUR als Quotenunterhalt; OLG Koblenz FuR 2003, 128; OLG Bamberg FamRZ 2002, 101; OLG Hamm FamRZ 2003, 1109 (auch bei Unterhalt bis 8.000 DM noch Quote). 1. Teil → Rn. 29–32.

[1748] BGH FamRZ 2014, 1276, Rn. 21 f.; s. auch Wendl/Dose UnterhaltsR § 1 Rn. 647.

515   **Berechnungsweise bei Anwendung der Anrechnungsmethode:**

(1) Trotz des Halbteilungsgrundsatzes ist nach der Rechtsprechung des BGH,[1749] der die Praxis folgt, schon auf der Bedarfsebene nur von einer 45 %-Quote des Berechtigten auszugehen.

(2) Trennungsbedingter Mehrbedarf[1750] ist – nur bei Anwendung der Anrechnungsmethode – vor Abzug des hinzutretenden Einkommens dem Bedarf nach den ehelichen Lebensverhältnissen hinzuzurechnen, denn nur so kann der eheliche Lebensstandard aufrechterhalten werden. Etwaiger trennungsbedingter Mehrbedarf des Verpflichteten ist im Rahmen seiner Leistungsfähigkeit zu berücksichtigen.

(3) Hinzutretendes nicht prägendes Einkommen ist von der Unterhaltsquote abzuziehen; allerdings um den Erwerbstätigenbonus vermindert, wenn es sich um hinzutretendes Erwerbseinkommen handelt, denn der Anreizanteil muss auf beiden Seiten verbleiben.[1751]

Berechnungsbeispiel:

Einkommen des Mannes: 3.000 EUR aus Erwerbstätigkeit

Anzurechnendes Einkommen der Frau nach der Trennung: 1.000 EUR Zinserträge aus Erbschaft.

Bedarf der F: 3.000 EUR, davon 45 % = 1.350 EUR + 100 EUR trennungsbedingter Mehrbedarf = 1.450 EUR – 1.000 EUR (kein Erwerbseinkommen) = 450 EUR.

516   **Berechnungsweise bei Anwendung der Differenzmethode:**

(1) Die Differenzmethode ergibt stets den Höchstwert des Unterhalts.[1752]

(2) Die Differenzmethode soll nicht dazu dienen, geringfügige Einkommensunterschiede auszugleichen.[1753] Als geringfügig wird man im Anschluss an die Rechtsprechung zu § 323 ZPO eine Einkommensdifferenz ansehen können, die weniger als 10 % des Gesamteinkommens beträgt.[1754]

(3) Anwendung des § 1578b BGB. Diese Vorschrift soll die Teilhabe am ehelichen Lebensstandard begrenzen, bietet also eine Korrekturmöglichkeit, wenn eine dauerhafte Beteiligung an den ehelichen Lebensverhältnissen unbillig wird.[1755]

(4) Die Höhe des Aufstockungsunterhalts wird in der Regel von der Höhe des Kindesunterhalts abhängen, den der Unterhaltspflichtige zu zahlen hat.

Berechnungsbeispiel: Einkommen   des   Mannes: 3.200 EUR,   Kindesunterhalt: 334 EUR.

Einkommen der Frau (Arbeitsaufnahme nach der Scheidung): 1.000 EUR

3.200 EUR – 334 EUR – 1.000, EUR = 1.866 EUR, davon 45 % = 840 EUR (aufgerundet).

517   **Übergangsfälle zur früheren Anrechnungsmethode. In laufenden Rechtsstreitigkeiten** ist die Rechtsprechung für den gesamten streitigen Unterhaltszeitraum anzuwenden, auch wenn dieser teilweise vor dem 13.6.2001 – dem Tag der Rechtsprechungsänderung des BGH – liegt.

Bei Prozessvergleichen oder notariellen Urkunden soll eine Abänderung wegen Wegfalls der Geschäftsgrundlage in der Regel erst frühestens ab 13.6.2001 in Betracht

---

[1749] → Rn. 9 ff., → Rn. 51.

[1750] Eingehend → Rn. 56 ff.

[1751] BGH FamRZ 1988, 256 (259); 701 (704) = NJW-RR 1988, 519 und NJW 1988, 2034.

[1752] OLG Düsseldorf FamRZ 1987, 70; Weychardt NJW 1984, 2328 (2330); OLG Hamburg FamRZ 1992, 1308.

[1753] OLG Karlsruhe FamRZ 2010, 1082; OLG Koblenz NJW-RR 2006, 151; OLG Düsseldorf FamRZ 1996, 947 und OLG München OLGR 1996, 254 (mindestens 100 DM); OLG Hamburg FamRZ 1986, 1001; OLG Saarbrücken FamRZ 1982, 269; umstritten, vgl. FamGB/Griesche § 1573 Rn. 25 f.

[1754] Krumm FamRZ 2012, 1781 mwN.

[1755] BGH FamRZ 2001, 986 (989) = NJW 2001, 2254 (2258); Brudermüller FamRZ 1998, 649 ff.

kommen, wenn nämlich der Fortbestand der bisherigen Rechtsprechung des BGH Geschäftsgrundlage war.[1756]

h) Ausbildung, Fortbildung und Umschulung (§ 1575 BGB)

Der **Regelungsbereich dieses Unterhaltsanspruchs** erfasst folgende Fälle: 518

- Wenn in Erwartung der Ehe oder während der Ehe eine Schul- oder Berufsausbildung nicht aufgenommen wurde oder abgebrochen wurde, soll der Ehegatte nach Scheitern der Ehe die Chance erhalten, das Versäumte nachzuholen und sich damit auf eigene Füße zu stellen (§ 1575 Abs. 1 BGB).
- Fortbildung oder Umschulung können nach einer gescheiterten Ehe erforderlich sein, um ehebedingte Nachteile im beruflichen Wettbewerb auszugleichen (§ 1575 Abs. 2 BGB).
- Das Verhältnis zum Anspruch aus § 1573 Abs. 1 BGB iVm der Obliegenheit aus § 1574 Abs. 3 BGB ist dadurch gekennzeichnet, dass sich die Ansprüche entsprechen können, aber nicht müssen.

Auch wenn eine nach § 1573 Abs. 1 BGB angemessene Tätigkeit möglich wäre, kann der Berechtigte zum Ausgleich ehebedingter Nachteile die Ansprüche aus § 1575 BGB geltend machen.[1757] Dagegen besteht kein Anspruch aus § 1575 BGB, sondern nur eine Obliegenheit nach § 1574 Abs. 3 BGB, wenn eine vollständige Berufsausbildung vorliegt und nur die Berufsausübung nicht mehr angemessen im Sinne der §§ 1573 Abs. 1, 1574 Abs. 2 BGB ist.[1758]

Die Voraussetzungen des Anspruchs lassen sich wie folgt erfassen: 519
(1) Ehebedingte Ausbildungsnachteile müssen auszugleichen sein:

- Bei Ausbildungsabbruch vor der Ehe muss nachgewiesen werden, dass dies wegen der Ehe geschah[1759] („in Erwartung").
- An den Nachweis der ehebedingten Nichtaufnahme eines Studiums sind strenge Anforderungen zu stellen; es müssen konkrete Pläne für die Ausbildungsdurchführung vorgelegen haben, sonst wäre der missbräuchlichen Berufung auf solche Wünsche keine Grenze gesetzt.[1760]
- Bei Ausbildungsabbruch in der Ehe bedarf es dieses Nachweises nicht. Hier genügt also auch Ausbildungsabbruch wegen Krankheit oder wegen Unzufriedenheit mit der Ausbildung.[1761]
- Bei Ausbildungsaufnahme in der Ehe auf Grund eines einverständlichen Plans besteht ein Anspruch auf Finanzierung der Fortsetzung,[1762] nicht dagegen, wenn auf einseitigen Entschluss nach der Trennung zB ein Studium aufgenommen wird[1763] (der Anspruch kann sich dann nur aus §§ 1573 Abs. 1, 1574 Abs. 3 BGB ergeben).
- Bei der Ausbildung muss es sich um dieselbe oder eine entsprechende wie die abgebrochene (nicht aufgenommene) handeln. Das folgt aus der Zielsetzung des Ausgleichs ehebedingter Nachteile. Daher müssen die Ausbildungsgänge hinsichtlich der sozialen

---

[1756] BGH FamRZ 2001, 1687 mAnm Gottwald = NJW 2001, 3618; ebenso BGH FamRZ 2003, 518 und 848 = NJW 2003, 1181 und 1796.
[1757] BGH FamRZ 1987, 795 = NJW 1987, 2233; FamRZ 1985, 782 (784) = NJW 1985, 1695; OLG Düsseldorf FamRZ 1980, 585 (587).
[1758] OLG Frankfurt FamRZ 1979, 591 (Tätigkeit in einem Reisebüro nach Mittlerer Reife); OLG Bamberg FamRZ 1981, 150 (nicht dazu da, höherwertige Zweitausbildung zu gewähren).
[1759] OLG Frankfurt FamRZ 1979, 591.
[1760] OLG Bamberg FamRZ 1981, 150.
[1761] BGH FamRZ 1980, 126 = NJW 1980, 393; FamRZ 1985, 782 = NJW 1985, 1695.
[1762] BGH FamRZ 1981, 439.
[1763] BGH FamRZ 1984, 561 = NJW 1984, 1685.

Einordnung des Berufsziels und des Niveaus einander gleichwertig sein;[1764] eine fachliche Einheit ist nicht erforderlich.

- Bei der Wahl der Ausbildung darf der Berechtigte im Übrigen seinen Neigungen folgen, muss aber gleichzeitig auf die Belange des Verpflichteten Rücksicht nehmen. Er kann keine optimale Berufserfüllung beanspruchen, braucht sich aber auch nicht in einen ihn unbefriedigenden Beruf drängen zu lassen.[1765]

520 **(2) Alsbaldige Aufnahme der Ausbildung/Fortbildung** setzt voraus:

- Es muss sich um eine anerkannte Ausbildung handeln, die Ausübung einer selbstständigen Tätigkeit reicht auch dann nicht, wenn danach eine Prüfung abgelegt werden kann.[1766]
- Eine Zweitausbildung oder weitere Ausbildung zur Verbesserung der Chancen auf dem Arbeitsmarkt ist nicht zu finanzieren, wenn die vorhandene Berufsausbildung eine angemessene Erwerbstätigkeit nach den ehelichen Lebensverhältnissen ermöglicht.[1767]
- Fortbildungsunterhalt kann der Berechtigte nur verlangen, wenn er bereits eine abgeschlossene Berufsausbildung hat, der BGH[1768] knüpft dabei an die Bestimmungen des SGB III an. Die Teilnahme an einzelnen Fortbildungsveranstaltungen reicht nicht aus.
- Umschulungsunterhalt setzt voraus, dass wegen der Weiterentwicklung des Arbeitsmarktes im bisherigen Beruf keine angemessene Tätigkeit mehr zu finden ist (aussterbende Branchen).
- Ehebedingte Ausbildungsnachteile können insbesondere dann bestehen, wenn infolge der Nichtausübung des Berufs während der Ehe der Anschluss an die Weiterentwicklung durch Fortbildung gesucht werden muss.[1769]
- Die Ausbildung muss „so bald wie möglich" nach der Scheidung aufgenommen werden. Allerdings sind gewisse Überlegungsfristen zuzubilligen, und die Zeiten, in denen zB wegen Kinderversorgung die Ausbildung nicht beginnen kann, sind hinzuzurechnen.[1770]

521 **(3) Die Erwartung eines erfolgreichen Abschlusses mit daraus folgender Unterhaltssicherung** ist nach den Einzelfallumständen zu beurteilen, wenn bei Fortsetzung oder Neubeginn der Ausbildung der Berechtigte schon 40 oder 45 Jahre alt ist. Bei dieser Beurteilung muss den gewandelten wirtschaftlichen Verhältnissen Rechnung getragen werden. Es genügt nicht, dass abstrakt die Möglichkeit besteht, dass die 50-jährige Absolventin eines Studiums der Archäologie irgendwo eine Stelle findet,[1771] sondern es

---

[1764] OLG Köln FamRZ 1996, 867 (Rechtsanwaltsgehilfin und Krankenschwester gleichwertig); OLG Koblenz OLGR 2000, 15 (keine Gleichwertigkeit einer hausinternen Ausbildung mit einem Ausbildungsberuf); OLG Frankfurt FamRZ 1995, 879 (Medizinstudium für Steuergehilfin nicht gleichwertig); ähnlich OLG Schleswig SchlHA 1984, 163 (nur Ausgleich, nicht Persönlichkeitsentwicklung auf Kosten des früheren Ehegatten; offen gelassen, ob Teilalimentation einer zu „hohen" Ausbildung verlangt werden könnte).

[1765] BGH FamRZ 1984, 561 = NJW 1984, 1685; FamRZ 1984, 988.

[1766] BGH FamRZ 1987, 795 = NJW 1987, 2233; OLG Koblenz OLGR 2000, 15 (hausinterne Ausbildung zur Diätköchin keine allgemein anerkannte Ausbildung).

[1767] BGH FamRZ 1985, 782 (785) = NJW 1985, 1695; OLG Düsseldorf FamRZ 1987, 708 (keine Finanzierung einer Promotion); s. auch OLG Karlsruhe FamRZ 2009, 120 mablAnm Drebold (790).

[1768] BGH FamRZ 1987, 795 = NJW 1987, 2233.

[1769] BGH FamRZ 1995, 869 = NJW-RR 1995, 835.

[1770] OLG Köln FamRZ 1996, 867; OLG Hamm FamRZ 1983, 181.

[1771] OLG Düsseldorf FamRZ 1991, 76 = NJW-RR 1991, 1283 (keine Weiterbildung für 48-jährige approbierte Ärztin zur Fachärztin für Psychoanalyse); OLG Hamm FamRZ 1983, 181 (Ausbildung einer 45-jährigen Steuerbevollmächtigten aussichtsreich – Ehemann Oberarzt); OLG Schleswig SchlHA 1984, 72 (Referendarausbildung zur Realschullehrerin aussichtsreich trotz Stellenlage, da damit erst Ausbildungsabschluss und außerschulische Chancen).

müssen konkrete Ermittlungen über die Berufsaussichten angestellt werden.[1772] Voraussichtliche Dauer der beabsichtigten Ausbildung und Lebensalter müssen ins Verhältnis gesetzt werden. Bei Aussichtslosigkeit der Fortsetzung der früher unterbrochenen Ausbildung (zB Lehrerstudiengänge) wird auch die Verweisung auf nicht-akademische noch aussichtsreiche Ausbildungen in Betracht kommen. Schließlich kann ein längeres erfolgloses Studium gegen die Erwartung des erfolgreichen Abschlusses sprechen, so dass der Unterhaltsanspruch dann vor (formaler) Beendigung des Studiums erlöschen kann.[1773]

Eine **zeitliche Beschränkung** des Unterhalts für die voraussichtliche Ausbildungsdauer **522** ist möglich;[1774] allerdings schließt sich typischerweise ein Anspruch nach §§ 1575 Abs. 3, 1573 Abs. 1 BGB an, da nur ausnahmsweise nach Beendigung der Ausbildung ohne zeitliche Unterbrechung eine Erwerbstätigkeit aufgenommen werden kann.[1775]

Die **Höhe des Ausbildungsunterhalts** richtet sich nach den ehelichen Lebensverhält- **523** nissen. Durch die Ausbildung wird eine Niveausteigerung gegenüber den ehelichen Lebensverhältnissen möglich. Der geschiedene Ehegatte trägt aber gemäß § 1575 Abs. 3 BGB nicht das Risiko der Arbeitslosigkeit nach Ende der Ausbildung, es bleibt dann beim bisherigen Niveau. Nach Ende der Ausbildung darf für etwa ein Jahr ein Zugang zum Beruf mit dem erreichten Ausbildungsniveau gesucht werden,[1776] danach muss auf dem bisherigen Niveau Arbeit gesucht werden, wenn das den ehelichen Lebensverhältnissen entspricht.

Für den **Getrenntlebensunterhalt** (§ 1361 BGB) ist § 1575 BGB entsprechend an- **524** wendbar, wenn der Anspruch auf einer Vereinbarung der Ausbildung während der Ehe beruht oder wenn nach längerer Trennung die Scheidung nur noch eine Frage der Zeit ist.[1777] Nicht anwendbar – wegen des provisorischen Charakters des Trennungsunterhalts – ist die Vorschrift, wenn ohne diese Voraussetzungen allgemein der Ausgleich ehebedingter Nachteile verlangt wird.[1778]

Altersvorsorgeunterhalt ist gemäß § 1578 Abs. 3 BGB für den Ausbildungs- und **525** Fortbildungsunterhalt nach §§ 1574 Abs. 3, 1575 BGB nicht zu zahlen. Da § 1361 BGB diese Einschränkung nicht enthält, hat der BGH[1779] ihn für die Fälle, in denen § 1361 BGB ausnahmsweise eine ausbildungsbedingte Bedürftigkeit erfasst, zuerkannt.

i) Unterhalt aus Billigkeitsgründen (§ 1576 BGB)

Die Norm ist ein subsidiärer Unterhaltstatbestand, dazu bestimmt, Ungerechtig- **526** keiten zu vermeiden, die sich in Grenzfällen angesichts der Enumeration der Unterhaltstatbestände in §§ 1570 bis 1575 BGB ergeben können. Die Versagung des Unterhalts muss grob unbillig sein, dh die Ablehnung muss dem Gerechtigkeitsempfinden grob widersprechen.[1780] § 1576 BGB kann also erst eingreifen, wenn andere Unterhaltstat-

---

[1772] BGH FamRZ 1986, 553 (555) = NJW 1986, 985; BGH FamRZ 1985, 782 u. FamRZ 1987, 795 – kein Studium zum Vergnügen –; OLG Frankfurt FamRZ 1985, 712 (713).
[1773] OLG Hamm FamRZ 1988, 1280 (nach vier Semestern fälliges Vordiplom nach 9 Semestern noch nicht abgelegt).
[1774] BGH FamRZ 1986, 553 (555) = NJW 1986, 985; ebenso OLG Frankfurt FamRZ 1989, 83 (zu § 1610 Abs. 2); → Rn. 348.
[1775] BGH FamRZ 1995, 869 = NJW-RR 1995, 835; Büttner FamRZ 2007, 773.
[1776] OLG Düsseldorf FamRZ 1987, 708.
[1777] BGH FamRZ 1985, 782 (784) = NJW 1985, 1695; OLG Hamm FamRZ 1995, 170 (planvolles Studium, dessen Beendigung absehbar ist); vgl. auch OLG Hamburg FamRZ 1989, 95; OLG Düsseldorf FamRZ 1991, 76 = NJW-RR 1991, 1283.
[1778] BGH FamRZ 1985, 782 (784) = NJW 1985, 1695.
[1779] BGH FamRZ 1988, 1145 (1148) = NJW-RR 1988, 1282 mwN.
[1780] BGH FamRZ 1983, 800 unter Hinweis auf BGH FamRZ 1980, 877.

bestände zu verneinen sind; bestehen sie teilweise (zB aus § 1570 BGB), muss dieser Teil beziffert werden.[1781]

527   **Keinen Einsatzzeitpunkt** nennt § 1576 BGB seinem Wortlaut nach. Ein solcher ist auch nicht in entsprechender Anwendung der Normen mit Einsatzzeitpunkt zu bejahen, denn das Merkmal der groben Unbilligkeit macht den Einsatzzeitpunkt entbehrlich. Aus dem Merkmal der groben Unbilligkeit ist aber zu folgern, dass der nach der Scheidung mit einem Unterhaltsanspruch nicht Belastete mit fortschreitender Dauer immer weniger mit einer Inanspruchnahme auf Unterhalt zu rechnen braucht. Auch wenn der Unterhaltsanspruch am Einsatzzeitpunkt scheitert, ist daher § 1576 BGB zu prüfen, aber mit zunehmender Entfernung von der Scheidung immer seltener zu bejahen.[1782]

528   **Ehebedingt müssen Bedürfnislage und grobe Unbilligkeit dagegen nicht sein.**[1783] Es kommen daher – bei Wahrung des Einsatzzeitpunktes – auch an Erwerbstätigkeit hindernde Umstände in Betracht, die nicht in Zusammenhang mit der Ehe stehen. Das ändert aber nichts daran, dass die ausnahmsweise Ausdehnung der nachehelichen Solidaritätspflicht jedenfalls mittelbar an in der Ehe begründete Vertrauenstatbestände anknüpft.

529   **Umstände zur Feststellung der groben Unbilligkeit** können sein:
- Besondere Leistungen des Berechtigten in der Ehe (Aufgabe der Arbeit, Vermögensopfer, Pflege von Angehörigen des Verpflichteten, Ausbildungsfinanzierung).
- Schaffung eines Vertrauenstatbestandes durch den Pflichtigen.
- Ehedauer, wirtschaftliche Verhältnisse.
- Die Betreuung nicht gemeinschaftlicher Kinder nach der Scheidung reicht als solche noch nicht dafür aus, die Versagung von Unterhalt als grob unbillig anzusehen, selbst wenn die Kinder in den ehelichen Haushalt aufgenommen waren. Denn ungeachtet dieser typischen Sachlage beschränkt das Gesetz den Anspruch auf die Versorgung gemeinschaftlicher Kinder.[1784] Es müssen also weitere Umstände hinzukommen.

530   Bei **Stiefkindern** liegen solche nahe, weil es sich dann um eine besondere Leistung für den Verpflichteten handelt.[1785] Das muss erst recht gelten, wenn das Stiefkind ein natürliches Kind des Ehemanns ist.[1786] Anders als bei nach der Ehe geborenen Kindern war in diesen Fällen schon die Ehe durch die Kinderversorgung geprägt.[1787]

Bei **Pflegekindern** ist ein besonderer Vertrauenstatbestand jedenfalls dann gegeben, wenn sie gemeinschaftlich aufgenommen wurden.[1788] Bei Aufnahme durch den Bedürftigen nur mit Zustimmung des Verpflichteten soll je nach Sachlage etwas anderes gelten.[1789]

[1781] BGH FamRZ 2003, 1734 mAnm Büttner (1830) = NJW 2003, 3481; BGH FamRZ 1984, 361 und 769 = NJW 1984, 1538 u. 2355; OLG Zweibrücken FuR 2001, 418 (423).

[1782] BGH FamRZ 2003, 1734 mAnm Büttner (1830) = NJW 2003, 3481; wie BGH: OLG Köln FamRZ 2004, 1725 = NJOZ 2004, 3049.

[1783] BGH FamRZ 1983, 800 (801) unter Berücksichtigung der Entstehungsgeschichte; anders OLG Karlsruhe FamRZ 1991, 1449 (1450), aber ohne Auseinandersetzung mit dem Problem und Erwähnung der BGH-Entscheidung.

[1784] BGH FamRZ 1983, 800; OLG Bremen OLGR 2001, 468. Anders bei Unterhalt nach § 58 EheG, da es sich auch insoweit um einen nach billigem Ermessen zu würdigenden Umstand in der Person des Berechtigten handelt: BGH FamRZ 1982, 365 = NJW 1982, 1050.

[1785] OLG Bamberg FamRZ 1980, 587; OLG Köln FamRZ 1980, 886; OLG Stuttgart FamRZ 1983, 503.

[1786] OLG Düsseldorf FamRZ 1999, 1274.

[1787] OLG Koblenz NJW-RR 2005, 803.

[1788] BGH FamRZ 1984, 361 = NJW 1984, 1538; OLG Düsseldorf FamRZ 1987, 1254; entgegen OLG Hamm FamRZ 1996, 1417 muss das auch dann gelten, wenn kurz vor der Trennung ein Kind gemeinsam aufgenommen wurde.

[1789] So BGH FamRZ 1984, 769 (771) = NJW 1984, 2355 und ähnlich OLG Hamm FamRZ 1996, 1417 ohne überzeugende Begründung.

Eine unterschiedliche Behandlung erscheint aber dann nicht berechtigt, wenn es ohne die Zustimmung nicht zur Aufnahme des Pflegekindes gekommen wäre. Die sonst mit Recht betonte Berücksichtigung der schützenswerten Interessen des Kindes an einer kontinuierlichen Betreuung sollte auch hier ein entscheidender Gesichtspunkt sein.

Die Unterhaltsversagung kann auch grob unbillig sein, wenn die Zustimmung zur Betreuung des Pflegekindes treuwidrig versagt wird.[1790]

Bei gemeinschaftlichen nachehelichen Kindern hat der BGH[1791] eine Anwendung des § 1576 BGB (ebenso wie des § 1570 BGB) abgelehnt und nur einen Anspruch nach § 1615l Abs. 1 BGB zugebilligt, den er als abschließende Regelung des Unterhaltsanspruchs betreuender Mütter und Väter auffasst.

Bei Abstammung des vor der Ehe geborenen nicht (formal) als gemeinschaftliches Kind geltenden Kindes vom geschiedenen Ehemann ist die Anwendung des § 1576 BGB mit Recht bejaht worden.[1792]

Bei nicht gemeinschaftlichen Kindern kommt ein Unterhaltsanspruch nach § 1576 BGB nur in Betracht, wenn gewichtige besondere Umstände hinzutreten, weil das Gesetz grundsätzlich nur bei Betreuung gemeinschaftlicher Kinder (nach § 1570 BGB) einen Unterhaltsanspruch gewährt. Es kann daher richtig sein, solche Ansprüche in einem Ehevertrag auszuschließen.[1793]

Bei **Ehebruchskindern** kann die grobe Unbilligkeit der Unterhaltsversagung dagegen   531
zu verneinen sein, denn ein ehezerstörendes Verhalten ist bei der Billigkeitsprüfung zu berücksichtigen. Andererseits kann auch bei Ehebruchskindern die Versagung grob unbillig sein, wenn der Ehemann sich zunächst damit längere Zeit abgefunden hatte und die Ehefrau wegen des Kindes ihre Berufstätigkeit aufgegeben hatte.[1794]

Einer Korrektur des § 1576 BGB durch Anwendung des § 1579 BGB bedarf es   532
nicht,[1795] da der Anspruch von vorneherein nur nach Billigkeit gewährt wird und die Erwägungen nach § 1579 BGB daher schon in die positive Billigkeitsprüfung einzubeziehen sind.

Streitig ist, ob bei § 1576 BGB strengere Anforderungen an die Zumutbarkeit der   533
Erwerbstätigkeit zu stellen sind. Zwar sind gemeinschaftliche und nicht gemeinschaftliche Kinder nicht unterschiedlich betreuungsbedürftig,[1796] der Haftungsgrund des Verpflichteten ist aber schwächer. Auch sonst werden bei bloßen Billigkeitsansprüchen an die Eigenanstrengungen des Berechtigten größere Anforderungen gestellt.[1797] Grob unbillig ist die Unterhaltsversagung nur dann, wenn sich der Berechtigte auch bei besonderer Anstrengung nicht selbst unterhalten kann.[1798]

Höhe und Dauer des Anspruchs können nach Billigkeitsgesichtspunkten einge-   534
schränkt werden. Die Voraussetzungen des § 1578b BGB müssen nicht erfüllt sein, denn diese Norm ist wie § 1579 BGB nicht isoliert anzuwenden. Auch der Mindestbedarf der

---

[1790] So mit Recht AG Herne-Wanne FamRZ 1996, 1016 bei Aufnahme des Enkelkindes, das die Tochter krankheitsbedingt nicht versorgen kann.

[1791] BGH FamRZ 1998, 426 = NJW 1998, 1065.

[1792] OLG Düsseldorf FamRZ 1999, 1274 (Revision BGH XII ZR 245/98 wurde zurückgenommen).

[1793] OLG Koblenz FF 2005, 273 mAnm Prehn.

[1794] OLG Frankfurt FamRZ 1982, 299 = NJW 1981, 2069 wendet sich gegen ein Messen mit zweierlei Maß. Die Tatsache, dass aus einem Ehebruch ein Kind hervorgehe, mache die Handlung nicht verwerflicher.

[1795] BGH FamRZ 1984, 361 = NJW 1984, 1538.

[1796] Darauf stellt OLG Düsseldorf (6.) FamRZ 1981, 1070 ab; zustimmend OLG Stuttgart FamRZ 1983, 503.

[1797] OLG Düsseldorf FamRZ 1980, 56; für § 1581 BGB auch BGH FamRZ 1983, 569.

[1798] So OLG Düsseldorf (3.) FamRZ 1980, 56.

Berechtigten kann unterschritten werden oder dem Verpflichteten kann ein höherer Selbstbehalt zu belassen sein.[1799]

2. Anrechenbarkeit der Einkünfte aus unzumutbarer Arbeit

535　　**Grundzüge der Anrechnung.** Die unklare gesetzliche Regelung zur Anrechnung und Nichtanrechnung von Einkünften des Berechtigten ist durch die Rechtsprechung des BGH[1800] zu § 1577 BGB in ihren Grundzügen für die Praxis geklärt, allerdings bleiben noch offene Zweifelsfragen. Folgende Grundzüge gelten:

(1) Einkünfte aus zumutbarer Arbeit unterfallen nicht § 1577 Abs. 2 BGB. Sie sind im Wege der Differenz- oder ausnahmsweise noch der Anrechnungsmethode zu berücksichtigen.[1801]

(2) Einkünfte aus unzumutbarer Arbeit verbleiben dem Berechtigten anrechnungsfrei, soweit sie zusammen mit dem Eigeneinkommen aus zumutbarer Arbeit und dem geschuldeten Unterhalt den vollen Unterhalt nicht übersteigen (§ 1577 Abs. 2 S. 1 BGB).

Wenn die Obliegenheit zu vollschichtiger Tätigkeit (nach den üblichen Altersstufen) bereits absehbar ist, kann eine kurz vorher ausgeübte Tätigkeit nicht mehr als unzumutbar angesehen werden.[1802] Die Frage, ob eine überobligatorische Tätigkeit vorliegt, ist nach objektiven Kriterien (zB der Behinderung der Kinder) zu beurteilen.[1803]

(3) Hat der Berechtigte aus geschuldetem Unterhalt und Einkünften aus zumutbarer Arbeit zuzüglich der Einkünfte aus unzumutbarer Arbeit mehr als den vollen Unterhalt, ist der Mehrbetrag nach Billigkeit auf den geschuldeten Unterhalt anzurechnen (§ 1577 Abs. 2 S. 2 BGB). Ob dieses Einkommen zu berücksichtigen ist, hängt von den besonderen Umständen des Einzelfalls ab.[1804]

536　　Vom **Einkommen aus unzumutbarer Erwerbstätigkeit** sind zunächst 1/10 als Arbeitsanreiz abzuziehen, so dass sich nur für den Restbetrag die Anrechnungsfrage stellt. Es besteht kein Grund, den Anreizanteil hier anders zu bemessen als bei zumutbarer Arbeit.[1805]

537　　Der „volle Unterhalt" nach § 1577 Abs. 2 BGB ist der Gesamtbedarf nach den ehelichen Lebensverhältnissen zuzüglich des trennungsbedingten Mehrbedarfs. Für die Anrechnung erhebt sich die Frage, ob der Gesamtbedarf dabei nach dem Halbteilungsgrundsatz zu bestimmen ist[1806] oder ob wie sonst nur nach der 45 %-Quote. Letzteres ist zu befürworten, da für eine andere Bemessung des ehelichen Lebensniveaus kein Anlass besteht.[1807]

Auch vor der Trennung erzielte Einkünfte aus unzumutbarer Arbeit prägen u. E. die ehelichen Lebensverhältnisse. Jedenfalls darf der Berechtigte nicht schlechter stehen als bei Leistung zumutbarer Arbeit.[1808]

538　　Der **Zweck der Anrechnungsfreiheit** ist darin zu sehen, dass dem Berechtigten die Möglichkeit gegeben werden soll, durch überobligationsmäßige Anstrengungen jedenfalls den Lebensstandard zu erreichen, den er vor der Trennung/Scheidung hatte. So-

---

[1799] OLG Düsseldorf FamRZ 1980, 56.

[1800] BGH FamRZ 1983, 146 = NJW 1983, 933 und seitdem allgemeine Rechtsprechung.

[1801] Zur Abgrenzung → Rn. 51.

[1802] OLG Stuttgart FamRZ 2007, 400.

[1803] BGH FamRZ 2006, 846 mAnm Born NJW 2006, 2182.

[1804] BGH FamRZ 2005, 442 mAnm Schilling und FamRZ 2005, 967 = NJW 2005, 818 und NJW-RR 2005, 945; OLG Stuttgart FamRZ 2007, 150; OLG Düsseldorf FamRZ 2007, 1817 (Rentner).

[1805] OLG Hamm FamRZ 1992, 1428; → Rn. 515.

[1806] So OLG Hamm FamRZ 1992, 1428; vgl. weiter Born FamRZ 1997, 129 ff.

[1807] Wie hier OLG Hamburg FamRZ 1992, 1308.

[1808] Das ist u. E. eine Folge der Änderung der Rechtsprechung des BGH, vgl. weiter OLG Köln OLGR 2003, 371 und zur Problematik → Rn. 514.

lange der Berechtigte durch unzumutbare Arbeit nicht mehr als das erreicht, besteht kein berechtigter Grund, den Verpflichteten von der unzumutbaren Arbeit profitieren zu lassen.

Es kommt daher nicht darauf an, ob der Verpflichtete den nach diesem Maßstab geschuldeten Unterhalt noch tatsächlich leisten kann (so dass der konkret geschuldete Unterhalt niedriger ist).[1809]

Auch darauf, ob der geschuldete Unterhalt gezahlt wird oder nicht, kommt es nicht an. § 1577 Abs. 2 BGB ist nicht als Strafvorschrift zu Lasten des säumigen Unterhaltsschuldners, sondern als Schutzvorschrift für alle Berechtigten aufzufassen.[1810] Wenn der Verpflichtete sich seiner Leistungspflicht entzieht und der Berechtigte aus diesem Grunde zur Aufnahme der unzumutbaren Arbeit gezwungen ist, kann der säumige Unterhaltsschuldner dadurch nur dann profitieren, wenn die in Betracht kommende Teilanrechnung der Billigkeit entspricht, was oft zu verneinen sein wird.

Wann und in welcher Höhe die Anrechnung des Mehrbetrages der Billigkeit entspricht, ist schwierig zu bestimmen. Im Rahmen der Billigkeitsprüfung kann nicht erneut eine Zumutbarkeitsprüfung vorgenommen werden, weil sonst die zweistufige Prüfung unterlaufen wird,[1811] wenngleich man bei der Zumutbarkeitsprüfung natürlich zu dem Ergebnis kommen kann, dass die Arbeit teilweise zumutbar ist. Soweit die Unzumutbarkeit aber zu bejahen ist, kann eine Teilanrechnung nur aus anderen Gründen der Billigkeit entsprechen. Die Billigkeitsgründe werden im Grundsatz denen entsprechen, die auch beim Verpflichteten gelten.[1812] Von besonderer Bedeutung ist der Fall, dass dem Verpflichteten, der tatsächlich Unterhalt leistet, weniger als der angemessene Selbstbehalt verbleibt, während der Berechtigte durch die unzumutbare Arbeit mehr hat. Für den Fall der Unterschreitung des angemessenen Selbstbehalts des Verpflichteten schreibt ja auch § 1581 BGB eine Billigkeitskorrektur vor. Über § 1581 BGB können aber nur unter § 1577 Abs. 2 S. 2 BGB fallende Einkünfte erfasst werden, nicht dagegen die unter § 1577 Abs. 2 S. 1 BGB fallenden, denn insoweit regelt das Gesetz gerade, dass eine Berücksichtigung nicht der Billigkeit entspricht.[1813] 539

Weitere Billigkeitsgründe können sein: Besondere Leistungen oder Belastungen des Verpflichteten aus der Ehezeit, die besondere Anstrengungen des Berechtigten auch im Verhältnis zu ihm billig erscheinen lassen. Ein Verschweigen der Einkünfte kann gegen die Billigkeit der Nichtanrechnung sprechen.[1814]

Dass der Berechtigte durch die unzumutbare Arbeit im Ergebnis mehr hat als der Verpflichtete, erfordert für sich genommen keine Billigkeitskorrektur, denn bei besonderen Leistungen kann das durchaus dem Gerechtigkeitsempfinden entsprechen,[1815] falls nicht der Berechtigte im Ergebnis in deutlich besseren wirtschaftlichen Verhältnissen lebt.[1816]

[1809] OLG Frankfurt FamRZ 1984, 798 (800), das mit Recht auch BGH FamRZ 1983, 146 (149) so interpretiert; ebenso OLG Koblenz FamRZ 1980, 583; OLG Stuttgart FamRZ 1980, 1003; OLG Frankfurt FamRZ 1982, 818 (820); OLG Zweibrücken FamRZ 1983, 719; aA in der Rechtsprechung wohl nur OLG Nürnberg MDR 1980, 401.

[1810] BGH FamRZ 1983, 146 (149) = NJW 1983, 933; ihm folgend OLG Schleswig FamRZ 1983, 719 jeweils unter Hinweis auf jetzt überholte frühere gegenteilige Entscheidungen.

[1811] OLG Köln FamRZ 1984, 269 und 1108 (1110); eine Vermischung der Gesichtspunkte findet sich bei OLG München FamRZ 1982, 802 und vielleicht auch BGH FamRZ 1983, 153; vgl. weiter Born FamRZ 1997, 129 ff.

[1812] → Rn. 821.

[1813] Offen gelassen von BGH FamRZ 1983, 146 (150); dafür wohl Hampel FamRZ 1984, 621(629).

[1814] So OLG Hamm FamRZ 1994, 1035.

[1815] AG Groß-Gerau FPR 2002, 149; OLG Düsseldorf FamRZ 1986, 170.

[1816] BGH FamRZ 1995, 343 = NJW 1995, 962.

Eine pauschale Beteiligung des Verpflichteten mit 50 % (weil das mangels anderer Anhaltspunkte der Billigkeit entspreche),[1817] erscheint nicht gerechtfertigt, denn ohne konkrete Gründe entspricht es gerade nicht der Billigkeit, einen anderen im gleichen Umfang an einem Sonderopfer an Kraft und Gesundheit zu beteiligen.

540   Für die **Berechnungsweise bei unzumutbarer Arbeit trotz Kinderbetreuung** gilt Folgendes:

Die Betreuung eines **noch nicht drei Jahre alten Kindes** ist stets überobligatorisch, sowohl bei Ansprüchen aus § 1570 als auch bei § 1615l BGB.[1818] Es besteht von Haus aus ein Anspruch auf persönliche Betreuung des Kindes, selbst dann, wenn in der Ehe zuvor dennoch gearbeitet wurde oder eine entsprechende Betreuungsmöglichkeit vorhanden wäre. Bei der Betreuung eines **über drei Jahre alten Kindes** kann nach Ansicht des BGH im Einzelfall teilweise eine überobligatorische Tätigkeit vorliegen, wenn bei Ganztagsbetreuung des Kindes einer vollschichtigen Erwerbstätigkeit nachgegangen wird und noch eine erhebliche persönliche Restbetreuung besteht.[1819]

Die Betreuungskosten – auch geschätzte –, deren Aufwand die Arbeit erst ermöglicht, müssen als Erwerbsunkosten vorweg vom Einkommen abgezogen werden, der Rest ist nach § 1577 Abs. 2 BGB anzurechnen.[1820] Der BGH befürwortet eine Kürzung des Einkommens nach § 1577 Abs. 2 BGB und lässt **daneben keinen Betreuungsbonus** zu.[1821]

Bei der Anrechnung gemäß § 1577 Abs. 2 BGB können die besonderen Erschwernisse im Rahmen der Billigkeitswertung, die sich einer Schematisierung entzieht,[1822] berücksichtigt werden; das schlägt sich in der Höhe der Billigkeitsanrechnung des erzielten unzumutbaren Einkommens nieder. Darüber hinaus kommt ein zusätzlicher Bonus nur noch für nicht bezifferbare Aufwendungen in Frage, um Abzug von Aufwand und Höhe der Billigkeitsanrechnung klar voneinander abzugrenzen.

Für den Getrenntlebensunterhalt (§ 1361 BGB) folgt die Anrechnung des Einkommens aus unzumutbarer Arbeit den gleichen Grundsätzen,[1823] ebenso für den Unterhalt nach § 1615l BGB.[1824] Die Altersvorsorge, die durch die unzumutbare Tätigkeit erreicht wird, ist gleichfalls nur nach den Grundsätzen des § 1577 Abs. 2 BGB anrechenbar.[1825]

Überobligationsmäßige Versorgungsleistungen neben einer Vollzeitarbeit sind nach § 1577 Abs. 2 BGB zu beurteilen. Es müssen aber nähere Feststellungen zu Art und

---

[1817] Für 1/2 Anrechnung OLG Braunschweig OLGR 1996, 150; OLG Hamm OLGR 2000, 97; NJW-RR 2004, 438 und FamRZ 2004, 376 mkritAnm Kofler (808); dagegen OLG Stuttgart FamRZ 1990, 753 und OLG Karlsruhe NJW 2004, 859 (1/3) und FamRZ 1996, 1487; OLG Köln FamRZ 1993, 1115 (1110); der BGH NJW-RR 1992, 1282 (1283) hat auch die Anrechnung zu 2/3 als im tatrichterlichen Ermessen liegend nicht beanstandet; in FamRZ 1995, 343 = NJW 1995, 962 aber betont, dass jede Schematisierung zu vermeiden ist, es aber nur in seltenen Ausnahmefällen zur völligen Anrechnungsfreiheit kommt; FamRZ 2000, 1492 (1494) = NJW 2000, 3140 hat er pauschale Anrechnung zu 1/2 nicht beanstandet.

[1818] BGH FamRZ 2010, 1880; 2010, 357; 2009, 1124; 2009, 770.

[1819] BGH FamRZ 2017, 711 Rn. 19 = NJW 2017, 1881; FamRZ 2016, 199 Rn. 17= NJW 2016, 322; 2014, 1987 Rn. 18 = NJW 2014, 3649.

[1820] Siehe Nr. 10.3 der Unterhaltsleitlinien/-grundsätze der Oberlandesgerichte.

[1821] BGH FamRZ 2010, 1050 = NJW 2010, 2277, Rn. 37; FamRZ 2005, 442 = NJW 2005, 818; FamRZ 2005, 1151 = NJW 2005, 2145; FamRZ 2006, 848 = NJW 2006, 2182; anders teilweise OLG Stuttgart FamRZ 2007, 150 mAnm Spangenberg 1022.

[1822] Vgl. BGH FamRZ 2005, 442 (444 aE) = NJW 2005, 818; FamRZ 2005, 1154 = NJW 2005, 2145.

[1823] BGH FamRZ 1995, 343 = NJW 1995, 962; FamRZ 1983, 146 (148) = NJW 1983, 933.

[1824] BGH FamRZ 2005, 442 = NJW 2005, 818, Rn. 23; OLG Hamm FamRZ 2011, 1600 = NJW-RR 2011, 868.

[1825] BGH FamRZ 1988, 145 (151) = NJW-RR 1988, 514.

Umfang der Versorgungsleistungen und der Erwerbsarbeit getroffen werden, um die Einstufung solcher Arbeiten als unzumutbar zu rechtfertigen.[1826]

Kinderbetreuung durch den bisher Erwerbstätigen. Wird der bisher wegen der Kinderbetreuung nicht erwerbstätige Ehepartner erwerbstätig, und übernimmt der bisher erwerbstätige Ehepartner allein die Kinderbetreuung bei Fortsetzung seiner Erwerbstätigkeit, so kann die bisher zumutbare Arbeit dadurch unzumutbar werden. Bei der Beurteilung seiner Leistungsfähigkeit sind die Einkünfte dann ebenfalls nur nach Billigkeit anrechenbar[1827] und der Berechnung des Ehegattenunterhalts zugrunde zu legen.

Arbeitslosengeld I, das nach Verlust eines Arbeitsplatzes mit unzumutbarer Arbeit   **541** gezahlt wird, beruht nicht mehr unmittelbar auf überobligationsmäßiger Anstrengung, sondern ist eine Sozialleistung. Das spricht dafür, es wie Einkommen aus zumutbarer Arbeit zu behandeln.[1828] Das frühere Übergangsgeld nach § 24 SGB II war keine subsidiäre Sozialleistung und daher unterhaltsrechtliches Einkommen des Bedürftigen.[1829]

Eine **Abfindung** auf Grund einer unzumutbaren Tätigkeit wird wie Einkommen aus einer zumutbaren Arbeit zu behandeln sein, da sie nicht wegen einer fortdauernden unzumutbaren Anstrengung verdient ist, sondern wie Vermögenseinkommen anzusehen ist.[1830]

Einkünfte aus einer Ehegatteninnengesellschaft sind in Bezug auf laufende Einkünfte aus Mitarbeit nach § 1577 Abs. 2 BGB zu behandeln; das Auseinandersetzungsguthaben wirkt sich aber unabhängig davon auf die Bedürftigkeit aus.[1831]

Wahrheitspflicht. Einkünfte aus unzumutbarer Arbeit müssen im Rechtsstreit auf   **542** Grund der prozessualen Wahrheitspflicht (§ 138 Abs. 1 ZPO) stets angegeben werden; die Prüfung der Anrechnung ist dem Gericht zu überlassen.[1832] Bei Verschweigen solcher Einkünfte kann ein Vergleich nach § 123 BGB angefochten werden und es drohen Sanktionen nach § 1579 BGB. Diese Rechtsprechung steht in einem Widerspruch dazu, dass falsche Angaben des Verpflichteten über sein Einkommen nur in Fällen evidenter Unredlichkeit – nur dann Pflicht zur ungefragten Information – Anfechtung eines Vergleichs bzw. Schadensersatzansprüche eröffnen.[1833] Es erscheint nicht gerechtfertigt, unterschiedliche Maßstäbe für die Wahrheitspflicht bei Verpflichtetem und Berechtigtem anzulegen.

3. Erwerbsarten

a) Arbeitseinkommen allgemein

Unterhaltsbedürftig ist nur, wer außerstande ist, sich selbst zu unterhalten (vgl.   **543** §§ 1602 Abs. 1, 1577 Abs. 1 BGB). Bedürftigkeit ist nur zu bejahen, wenn der Lebensbedarf nicht in zumutbarer Weise aus eigenen Kräften und Mitteln gedeckt werden kann.

[1826] BGH FamRZ 1995, 343 = NJW 1995, 962; OLG Koblenz 30.5.2001 – 9 WF 309/01.

[1827] OLG Koblenz OLGR 1998, 349 und FamRZ 1999, 1275 setzen 50 % an; OLG Koblenz 23.1.2001 – 15 UF 131/00 setzt doppelten Tabellenbetrag des Kindesunterhalts vom Einkommen ab.

[1828] So OLG Hamburg FamRZ 1992, 1308 (1309); OLG Köln NJW-RR 2006, 361; **anders** OLG Köln FamRZ 2001, 625 und OLG Karlsruhe NJW 2004, 859.

[1829] OLG München FamRZ 2006, 1125 = NJW-RR 2006, 439 (440); OLG Celle FamRZ 2006, 1203.

[1830] OLG Koblenz FamRZ 2002, 325.

[1831] BGH FamRZ 1999, 1580 = NJW 1999, 2962 zur Abgrenzung zu ehebezogenen Zuwendungen. Zum Ausgleichsanspruch OLG Schleswig 17.2.2004 – 8 U 3/03.

[1832] BGH FamRZ 2000, 153 = NJW 1999, 2804 und schon BGH FamRZ 1997, 483 = NJW 1997, 1439; vgl. auch OLG Koblenz FamRZ 2002, 325 (Ls.).

[1833] BGH FamRZ 1988, 270 = NJW 1988, 1965; OLG Schleswig OLGR 2000, 8; OLG Bamberg FamRZ 1997, 1178.

Der Unterhaltsbedürftige ist daher zum Einsatz seiner Arbeitskraft verpflichtet, soweit ihm dies zumutbar ist. Einkünfte aus eigener zumutbarer Arbeitstätigkeit sind voll anrechenbar. Zur Berechnung der anrechenbaren Höhe des Arbeitseinkommens wird auf die Erläuterungen zur Leistungsfähigkeit (→ Rn. 782 ff.) verwiesen.

Wenn wegen **erhöhter Erwerbsobliegenheit** Zusatztätigkeit verlangt werden kann, ist zu beachten, dass neben einer Hauptarbeit ein Minijob bis 520 EUR übernommen werden kann.[1834]

b) Arbeitslosengeld (I)

544 Arbeitslosengeld (I), das der Berechtigte bezieht, ist wie Arbeitseinkommen zu behandeln,[1835] da es Lohnersatzfunktion hat (§§ 117 ff. SGB III).

Allerdings kann für das Arbeitslosengeld I (Leistungen nach dem SGB III) **kein Erwerbstätigenbonus** in Ansatz gebracht werden, weil die Bezieher damit „für eine längere Zeit" aus dem Erwerbsleben ausgeschieden sind.[1836]

Der Teil des Arbeitslosengeldes, der auf der Wiederverheiratung beruht, hat bei der **Bedarfsbemessung des nachehelichen Unterhalts** außer Betracht zu bleiben. Der Teil, der wegen eines leiblichen Kindes (nicht aber Stiefkind, das unterhaltsrechtlich nicht zu berücksichtigen ist[1837]) gezahlt wird, ist einzurechnen, wenn das Kind die ehelichen Lebensverhältnisse noch geprägt hat.[1838]

c) Arbeitslosenhilfe (Arbeitslosengeld II)

545 Das Arbeitslosengeld II ist im Gegensatz zum Arbeitslosengeld I eine Sozialleistung nach dem SGB II. Es trat ab 1.1.2005 an die Stelle der früheren Arbeitslosenhilfe (§§ 19 ff. SGB II). Leistungsberechtigte sind § 7 Abs. 1 Nr. 1 iVm § 7a SGB II erwerbsfähige Hilfebedürftige oder Personen, die mit ihnen in Bedarfsgemeinschaft leben. Der Bezug von Leistungen nach dem SGB II spricht indiziell für eine tatsächlich bestehende Erwerbsfähigkeit.[1839]

Das Arbeitslosengeld II gemäß §§ 19 ff. SGB II ist nicht als Einkommen zu berücksichtigen und somit **nicht bedarfsdeckend** anzurechnen.[1840] Der Anspruch ist vielmehr von der Bedürftigkeit des Berechtigten abhängig und hat daher keine Lohnersatzfunktion.[1841] Auch der Wohnkostenanteil im Arbeitslosengeld II ist nicht auf den Unterhaltsbedarf anzurechnen.[1842] Eine Anrechung auf den Unterhaltsanspruch kann allerdings dann in Betracht kommen, wenn ein Unterhaltsberechtigter in einem zurückliegenden Unterhaltszeitraum nicht rückzahlbare Sozialleistungen bezogen hat.[1843] Das Einstiegs-

---

[1834] → Rn. 463.

[1835] BGH FamRZ 1996, 1067; Süddeutsche und Düsseldorfer Leitlinien Nr. 2.1; BSG FamRZ 1987, 274.

[1836] BGH FamRZ 2007, 983 (987); bestätigend und ebenso für Krankengeld: FamRZ 2009, 307 = NJW-RR 2009, 289 – Rn. 15.

[1837] BGH NJW 2005, 3277 = FamRZ 2005, 1817; NJW 2007, 1961 = FamRZ 2007, 793.

[1838] BGH NJW 2012, 384 = FamRZ 2012, 281.

[1839] BGH FamRZ 2017, 109 mAnm Schürmann S. 111 = NJW-RR 2017, 449; OLG Brandenburg FamRZ 2007, 72.

[1840] BGH FamRZ 2009, 307 = NJW-RR 2009, 289 Rn. 20.

[1841] OLG Bremen NJW-RR 2007, 511 = FamRZ 2007, 1037 jedenfalls bei Umverteilung innerhalb der Bedarfsgemeinschaft; aber doch, wenn Nichtberücksichtigung der Leistungen treuwidrig: OLG Celle OLGR 2007, 188; AK 18 des 16. DFGT S. 161.

[1842] OLG Celle FamRZ 2006, 1203.

[1843] BGH FamRZ 2020, 991 = NJW 2020, 1881 Rn. 20; OLG Hamm FamRZ 2022, 1850 = NZFam 2022, 897 (Schürmann).

geld (bei Aufnahme einer Erwerbstätigkeit) nach § 16b SGB II hat dagegen Lohnersatzfunktion und ist daher wie Arbeitslohn des Berechtigten zu behandeln.[1844]

Maßgebend ist das Einkommen der **Bedarfsgemeinschaft.** Bei nicht miteinander verhei- 546
rateten, in einem gemeinsamen Haushalt zusammenlebenden Personen wird ein in diesen
Fällen die Bedarfsgemeinschaft begründender wechselseitiger Wille, Verantwortung füreinander zu tragen und füreinander einzustehen, unter den Voraussetzungen des § 7 Abs. 3a
SGB II vermutet. Während des Aufenthalts eines Kindes bei einem sozialhilfebedürftigen
umgangsberechtigten Elternteil besteht dort eine **zeitweise** Bedarfsgemeinschaft mit
einem Anspruch von 1/30 des Regelbedarfs für jeden Tag mit mehr als zwölfstündigem
Aufenthalt des Kindes.[1845] Die Ansprüche des umgangsberechtigten und des überwiegend
betreuenden Elternteils können unterschiedlich hoch sein und schließen sich zeitlich aus.
Inwieweit daraus Erstattungsansprüche gegen die leistungsbeziehende hauptsächliche Be-
treuungsperson entstehen, hat das BSG[1846] nur angedeutet, aber nicht entscheiden müssen.

Die Zumutbarkeitsanforderungen an die Arbeitsaufnahme nach § 10 SGB II (Zumutbarkeit jeder Erwerbstätigkeit) sind auf das private Unterhaltsrecht übertragbar.[1847]

Haben Leistungsempfänger Unterhaltsansprüche gegen Dritte, gehen diese auf den 547
Leistungsträger kraft Gesetzes über gem. 33 Abs. 1 SGB II.[1848] Eine Leistungsanzeige
gegen den Verpflichteten ist damit keine Voraussetzung eines Anspruchsübergangs. Die
Träger der Grundsicherung können also zur Deckung ihrer Aufwendungen wieder ohne
Überleitung auf Unterhaltsansprüche zurückgreifen; die Geltendmachung rückständigen
Unterhalts ist allerdings von weiteren Voraussetzungen abhängig (näher → Rn. 256). Die
Norm sichert den Grundsatz des Nachranges der Grundsicherung.[1849]

Voraussetzung für einen gesetzlichen Forderungsübergang auf den Sozialleistungsträger ist eine **zeitliche Deckungsgleichheit** des Sozialleistungsbezugs und der Unterhaltsberechtigung des Sozialleistungsempfängers.[1850] Der Übergang setzt zudem eine **Persone-
nidentität** zwischen dem Anspruchsinhaber und dem Leistungsempfänger voraus; gewährt das Jobcenter einer nach § 1615l BGB unterhaltsberechtigten Frau und den mit ihr
in Bedarfsgemeinschaft lebenden Kindern Leistungen zur Sicherung des Lebensunterhal-
tes, gehen die Unterhaltsansprüche der Frau nur in derjenigen Höhe auf das leistende
Jobcenter über, als gerade ihr die Leistungen gewährt worden sind.[1851]

Der Anspruch geht auch über, soweit ein Kind als Anspruchsinhaber aufgrund der
Anrechnung des von ihm zur Sicherung des Lebensunterhalts benötigten Kindergeldes
nicht hilfebedürftig ist, das Kindergeld zu seiner Bedarfsdeckung bei rechtzeitiger Leistung des Unterhalts jedoch nicht mehr benötigt hätte und es daher zur Bedarfsdeckung
eines anderen Mitglieds der Bedarfsgemeinschaft hätte herangezogen werden können.[1852]
Dagegen besteht nach den Vorgaben des § 33 Abs. 1 S. 2 SGB II keine gesetzliche
Grundlage für einen darüber hinausgehenden Forderungsübergang in Höhe des tatsächlich geschuldeten Unterhalts.[1853]

[1844] OLG Celle FamRZ 2006, 1203; Klinkhammer FamRZ 2006, 1171.
[1845] BSG FamRZ 2014, 124 mAnm Schürmann = BeckRS 2013, 73815.
[1846] BSG FamRZ 2014, 124 = BeckRS 2013, 73815, Rn. 21.
[1847] Griesche FPR 2005, 442.
[1848] OLG Naumburg OLGR 2007, 485: Nach dem 1.8.2006 besteht Rückübertragungsmöglich-
keit; Klinkhammer FamRZ 2006, 1171; Scholz FamRZ 2006, 1417; der Titel wird auf die nach SGB II
errichtete ARGE (§ 44b Abs. 1 SGB II) umgeschrieben: OLG Zweibrücken NJW 2007, 2779; zur
früheren Rechtslage Hußmann FPR 2004, 541; Fn. 1146.
[1849] BSG FamRZ 2016, 1854 (Ls.) = NJW 2017, 590, Rn. 27.
[1850] OLG Koblenz FamRZ 2016, 500.
[1851] OLG Frankfurt a. M. FamRZ 2022, 355 = NZFam 2021, 803 (Bülow).
[1852] BGH FamRZ 2012, 956 = NJW-RR 2012, 898 Rn. 32–35; OLG Frankfurt FamRZ 2015, 1143.
[1853] OLG Frankfurt FamRZ 2015, 1143 (1144); offen gel. BGH FamRZ 2012, 956 = NJW-RR
2012, 898 Rn. 36.

Ein Anspruchsübergang findet gem. § 33 Abs. 2 SGB II in den nachfolgenden Fällen nicht statt:

(1) Gegenüber einem Unterhaltspflichtigen, der mit dem Unterhaltsberechtigten in einer **Bedarfsgemeinschaft** lebt, geht der Unterhaltsanspruch nicht über (§ 33 Abs. 2 Nr. 1 SGB II).

(2) Gegenüber **Verwandten** (nicht beim Ehegattenunterhalt), gegen die der Unterhaltsanspruch nicht geltend gemacht wurde, ist der Übergang ausgeschlossen, **außer** es handelt sich um Unterhaltsansprüche gegen die Eltern a) bei minderjährigen Hilfsbedürftigen b) bei unter 25-jährigen Hilfsbedürftigen, deren Erstausbildung noch nicht abgeschlossen ist (§ 33 Abs. 2 Nr. 2 SGB II).[1854]

(3) Gegenüber **Eltern ist der Übergang des Unterhaltsanspruchs generell ausgeschlossen** bei Schwangeren oder Kindern, die ihr leibliches Kind bis zur Vollendung des 6. Lebensjahrs betreuen (§ 33 Abs. 2 Nr. 3 SGB II).

(4) Nach **§ 33 Abs. 2 S. 3 SGB II soll verhindert werden, dass der Unterhaltsschuldner bedürftig** im Sinne des SGB II wird, deshalb müssen die Grenzen der §§ 11, 12 SGB II gewahrt werden. Hinzuverdientes Einkommen, das neben Sozialhilfe behalten werden darf, kann zwar zur Unterhaltspflicht führen; in diesem Fall ist aber auch ein erhöhter gemischter Selbstbehalt (zwischen dem für Nichterwerbstätige und Erwerbstätige)zu beachten.[1855] Die zuvor streitige Frage, wie sich der Bezug von **lediglich aufgrund eines Unterhaltstitels erhöhter Sozialhilfe** (§ 11b Abs. 1 Satz 1 Nr. 7 SGB II) auf die Unterhaltsverpflichtung selbst auswirkt, ist durch den BGH dahingehend entschieden, dass die Unterhaltspflicht nach § 1601 ff., 1603 BGB **separat** zu bestimmen ist, also ohne eine etwaige Rechnung mit einer **erhöhten** Grundsicherung nur wegen eines bereits bestehenden oder gar erst noch zu errichtenden Unterhaltstitels[1856]

(5) **Weitere Einschränkungen:** Beruft sich ein Träger der Sozialhilfe gegenüber dem unterhaltspflichtigen Elternteil eines volljährigen Kindes darauf, dass dieses Kind krankheits- oder behinderungsbedingt nicht erwerbsfähig ist, dann kann er nicht gleichzeitig für den Anspruchsübergang gemäß § 33 SGB II geltend machen, dass das Kind Leistungen erhalten hat oder erhält, die nur für erwerbsfähige Leistungsbezieher vorgesehen sind.[1857]

Folgen des Anspruchsüberganges: Besteht ein Unterhaltsanspruch, können die Leistungen gemäß § 33 SGB II zurückgefordert werden. Die Subsidiarität des Arbeitslosengeldes II, die insoweit besteht, hat zur Folge, dass sie in diesem Umfang nicht als Einkommen angesehen werden kann.[1858] Ob allerdings ein Unterhaltsanspruch besteht, richtet sich ausschließlich nach bürgerlichem Recht. Insbesondere wegen der unterschiedlichen Zumutbarkeitsgrenzen für die Arbeitsaufnahme kann es Fälle geben, in denen zwar ein Anspruch auf Arbeitslosengeld II, aber wegen mangelnder Bedürftigkeit kein zivilrechtlicher Unterhaltsanspruch besteht.[1859] In die im Rahmen der Prüfung eines Anspruchsüberganges nach § 33 Abs. 2 S. 3 SGB II anzustellende grundsicherungsrechtliche Vergleichsberechnung sind unabhängig vom Bestehen oder vom Rang bürgerlich-rechtlicher Unterhaltspflichten auch die Angehörigen der Bedarfsgemeinschaft einzubeziehen, in der die unterhaltspflichtige Person lebt.[1860]

[1854] BSG FamRZ 1992, 932.

[1855] BGH FamRZ 2013, 1378 = NJW 2013, 2595; vgl. dazu auch Diehl FPR 2013, 143 ff.

[1856] BGH FamRZ 2013, 1378 = NJW 2013, 2595 Rn. 27 – 31.

[1857] OLG Frankfurt (2 UF 78/11) RdLH 2012, 137 (Kurzwiedergabe). Vgl. zu weiteren Einschränkungen der Subsidiarität: Heßmann FPR 2007, 954.

[1858] BGH FamRZ 1996, 1067 (1070); FamRZ 1987, 456 = NJW 1987, 1551; das ergibt sich auch aus BVerfG FamRZ 1993, 164; OLG Koblenz 16.10.2002 – 9 UF 671/01.

[1859] BSG FamRZ 1992, 932.

[1860] BGH FamRZ 2013, 1962, Rn. 14 ff.; Überblick zu den Folgen des ges. Forderungsübergangs für die Geltendmachung von Kindesunterhalt: Diehl ZKJ 2013 (Heft 10), 396.

Ist der Unterhaltsanspruch auf den Leistungsträger übergegangen, fehlt dem Leistungsempfänger insoweit die Aktivlegitimation zur Geltendmachung dieses Anspruchs. Die **Rückübertragung** von gem. § 33 SGB II übergegangenen Unterhaltsansprüchen ist vertraglich möglich, §§ 33 Abs. 4 S. 1, 38 Abs. 1 S. 1 SGB II. Ein unterhaltsberechtigtes Kind kann allerdings beim Vertragsschluss nicht gem. § 1629 Abs. 2 S. 2 BGB alleine von dem Betreuungselternteil vertreten werden, wenn beide Elternteile sorgeberechtigt sind.[1861] Der Betreuungselternteil kann in diesem Fall seinen Antrag auf Leistung des übergegangenen Unterhalts an den Leistungsträger umstellen, §§ 113 Abs. 1 S. 2 FamFG iVm § 265 Abs. 2 S. 2 ZPO.[1862]

d) Krankengeld

Krankengeld, das der Berechtigte bezieht (§§ 44 ff. SGB V), ist zwar grundsätzlich wie Arbeitseinkommen zu behandeln. Das gilt ohne die Einschränkungen nach § 1577 Abs. 2 BGB auch dann, wenn die vorangegangene Erwerbstätigkeit unzumutbar war.[1863] Allerdings hat der BGH[1864] auch für die **Bezieher von Krankengeld**, wie bereits zuvor bei Arbeitslosengeld I (Leistungen nach dem SGB III),[1865] entschieden, dass diese als Verpflichtete ebenfalls **keinen Erwerbstätigenbonus** in Ansatz bringen können, weil sie „für eine längere Zeit" aus dem Erwerbsleben ausgeschieden sind und es insoweit nicht darauf ankommt, dass die Höhe des Krankengeldes vom früheren Einkommen abgeleitet wird. Für den Unterhaltsberechtigten kann insoweit nichts anderes gelten, so dass auch für ihn kein Erwerbstätigenbonus beim Bezug von Krankengeld zu berücksichtigen ist.

548

e) Werkstudentenarbeit

aa) Zumutbarkeit. Eine allgemeine Verpflichtung des Studenten, durch eigene Erwerbstätigkeit zu seinem Unterhalt beizutragen, besteht nicht, da das Studium selbst als volle Arbeitstätigkeit anzusehen ist, der sich der Student mit ganzer Kraft widmen muss.[1866] Diese Wertung entspricht den öffentlich-rechtlichen Förderungsbestimmungen, die bei voller Förderung davon ausgehen, dass die Förderung den Lebensbedarf deckt.[1867]

549

Für die Zeit der Semesterferien gilt das auch, da diese neben der notwendigen Erholung dem Selbststudium und der Wiederholung und Vertiefung des Stoffes dienen.[1868] Ausnahmefälle[1869] sind nur noch selten zu bejahen, einmal wegen der Intensivierung des Studiums in den Anfangssemestern, zum anderen wegen der Bestimmungen

550

[1861] BGH FamRZ 2020, 991 = NJW 2020, 1881 mAnm Graba NJW 2020, 1885; OLG Brandenburg FamRZ 2022, 30 (Ls.).

[1862] Vgl. BGH FamRZ 2012, 1793 = NJW 2012, 3642.

[1863] OLG Hamburg FamRZ 1992, 1308 (1309) – allerdings kann die Krankheit im Einzelfall zB die Betreuung eines Kleinkindes unmöglich machen, so dass das Krankengeld zunächst für Betreuungskosten einzusetzen ist.

[1864] BGH FamRZ 2009, 307 = NJW-RR 2009, 289 Rn. 15.

[1865] Vgl. dazu BGH FamRZ 2007, 983 (987).

[1866] BGH FamRZ 1995, 475 (477) = NJW 1995, 1215; OLG Düsseldorf OLGR 1993, 8; OLG Celle FamRZ 2001, 1640 (1641).

[1867] Vgl. § 11 Abs. 1 BAföG: „Ausbildungsförderung wird für den Lebensunterhalt und die Ausbildung geleistet (Bedarf)".

[1868] BGH FamRZ 1995, 475 (477) = NJW 1995, 1215.

[1869] ZB bei Mithilfe im elterlichen Betrieb. Andere Maßstäbe gelten bei Unterhaltspflicht des Studierenden gegenüber minderjährigen Kindern, aber auch dann keine Nebentätigkeit in der Examensphase (OLG Hamm FamRZ 1992, 469).

des Bundesausbildungsförderungsgesetzes (BAföG), die zu einer Entlastung von Eltern in schwierigen wirtschaftlichen Verhältnissen führen.

551　　**Nebenarbeit während des Studiums** kann jedoch ganz oder teilweise zumutbar sein, wenn es sich zB um studienbegleitende Praktika oder sonst studienfördernde Nebenarbeit im Studienfach handelt[1870] (Zeitungsmitarbeit der Journalistikstudenten).

552　　**Zwischen Abitur und Studienbeginn** ist dem bisherigen Schüler eine Erholungszeit/ Orientierungsphase von etwa drei Monaten zuzubilligen.[1871] Dagegen soll schon bei einer Pause von zwei Monaten **zwischen Zivildienst bzw. freiwilligem sozialen Jahr und Beginn einer Ausbildung** der Unterhalt durch Aufnahme einer Aushilfstätigkeit selbst gedeckt werden.[1872] Diese Differenzierung überzeugt jedenfalls dann nicht, wenn der Abiturient den Zivildienst oder das freiwillige soziale Jahr unmittelbar nach der Schulzeit ohne eine Erholungsphase angetreten hat und danach etwas Zeit zur Neuorientierung benötigt. Verzögert sich der Beginn der weiteren Ausbildung allerdings darüber hinaus, ist dem Berechtigten Arbeit für die Übergangszeit zumutbar, wobei auch einfache Hilfsarbeiten nicht als unangemessen anzusehen sein werden.

553　　**Schülerarbeit** ist generell als unzumutbar anzusehen.[1873]

554　　**bb) Anrechenbarkeit.** Soweit die **Werkstudentenarbeit ausnahmsweise** als ganz oder teilweise **zumutbar** anzusehen ist, sind die Einkünfte anzurechnen, weil Einkünfte aus zumutbarer Arbeit grundsätzlich anzurechnen sind, wie sich aus §§ 1602, 1577 Abs. 1 BGB ergibt.[1874] Bei geringfügigen Einkünften wird eine Anrechnung aber ungeachtet der Zumutbarkeit der Arbeit zu verneinen sein, weil insoweit mit einer pauschalen Taschengelderhöhung oder Unkostenabgeltung zu rechnen ist.[1875]

555　　Bei **unzumutbarer Werkstudentenarbeit** sind – auch im Verwandtenunterhalt – die Rechtsgedanken des § 1577 Abs. 2 BGB entsprechend anzuwenden.[1876] Die Einkünfte verbleiben danach dem Berechtigten, soweit nicht der volle Studentenbedarf nach den üblichen Maßstäben (930 EUR)[1877] mit der Summe von Unterhalt und Einkommen aus unzumutbarer Arbeit erreicht wird. Wird dieser Betrag überschritten, gilt insoweit die Billigkeitsanrechnung nach § 1577 Abs. 2 S. 2 BGB. Es kann dabei auf die Höhe der Einkünfte ankommen.[1878] Bei der Billigkeitsabwägung wird ferner zu berücksichtigen sein, ob es nicht durch die Werkstudentenarbeit zu einer Verlängerung des Studiums kommen kann. Soweit dann die Eltern länger unterhaltpflichtig sind,[1879] spricht das für eine (teilweise) Anrechnung der Einkünfte. Der Umstand, dass sich der Student mit dem Zusatzeinkommen besondere Wünsche erfüllt (zB Urlaubsreise), spricht nicht für eine

---

[1870] OLG Hamm FamRZ 1988, 425 (Musikunterricht durch Musikstudenten); OLG Düsseldorf FamRZ 1986, 590 (591); weitergehend OLG Schleswig SchlHA 1996, 72 = FamRZ 1996, 814 (Ls.) (zumutbar bis 4. Semester bei vorangegangener Ausbildung).

[1871] → Rn. 188 ff.; OLG Karlsruhe NJW 2012, 1599; OLG Hamm NJW-RR 2006, 509; KG FamRZ 1985, 962.

[1872] OLG Karlsruhe NJW 2012, 1599; OLG Zweibrücken NJW-RR 2006, 1660.

[1873] OLG Köln FamRZ 1996, 1101 = NJW-RR 1996, 707; OLG Köln FamRZ 1995, 55 = NJW-RR 1995, 1027; KG FamRZ 2014, 1645 Rn. 5 = NZFam 2014, 659.

[1874] OLG Düsseldorf FamRZ 1986, 590.

[1875] OLG Düsseldorf FamRZ 1986, 590.

[1876] BGH FamRZ 1995, 475 (477) = NJW 1995, 1215; OLG Hamm NJW-RR 1998, 726; und 1997, 705 sowie FamRZ 1997, 232; OLG Karlsruhe OLGR 1998, 46; generelle Billigkeitsabwägungen dagegen bei OLG Koblenz FamRZ 1989, 1219; OLG München OLGR 1993, 132.

[1877] → Rn. 200.

[1878] OLG Celle FamRZ 2001, 1640 (1641) für Anrechnung bei hohen Einkünften (damals 16 000 DM jährlich); OLG Hamm NJW-RR 1998, 726 im Anschluss an BGH FamRZ 1995, 475 = NJW 1995, 1215 lässt Zusatzverdienst in Höhe von damals 350 DM monatlich anrechnungsfrei; OLG Schleswig FamRZ 1996, 814 lässt damals 600 DM frei.

[1879] → Rn. 368.

Billigkeitsanrechnung.[1880] Bei Schülereinkünften muss der Verpflichtete die Vorausset-zungen für eine – ausnahmsweise – Billigkeitsanrechnung dartun.[1881]

Feste Beträge für die Billigkeitsanrechnung lassen sich nicht festsetzen, da es immer auf die Einzelfallumstände (zB Dauer und Grad der Einschränkung der Verpflichteten durch die Unterhaltslast) ankommt.[1882]

f) Ausbildungsvergütungen

Ausbildungsvergütungen sind als **Arbeitseinkommen** anzusehen und bedarfsmindernd anzurechnen.[1883]   **556**

Das gilt auch dann, wenn die regelmäßigen Bezüge Lehrlingsbeihilfe, Berufsausbil-dungsbeihilfe, Erziehungsbeihilfe o. Ä. genannt werden. Die Vergütung ist unter den heutigen Verhältnissen primär Entgelt für geleistete Arbeit, was sich auch daraus ergibt, dass die Vergütung unabhängig vom Lebensalter mit der Lehrzeitdauer steigt. Nichts anderes gilt für Anwärterbezüge im öffentlichen Dienst, deren Höhe – rechtlich bedenk-lich – teilweise immer noch vom Lebensalter abhängig ist, die aber zur Deckung des gesamten Lebensbedarfs bestimmt sind.

Nach § 32 Abs. 4 EStG bestehen seit dem 1.1.2012 keine **Einkommensgrenzen mehr**   **557** **für arbeitssuchende Kinder unter 21 Jahren und in Berufsausbildung befindliche Kinder unter 25 Jahren.** Das bis dahin erörterte Problem eines Teilverzichtes auf die Ausbildungsvergütung zugunsten des Erhaltes des Kindergeldes ist damit gegenstandlos geworden.

Berufsbedingte Aufwendungen sowie die Kosten eines sonstigen (im Verhältnis zu   **558** gleichaltrigen Schülern gegebenen) erhöhten Bedarfs sind vorweg von der Ausbildungs-vergütung abzuziehen. Es kommt auf die Verhältnisse des Einzelfalls an, aber es können „Richtsätze, die auf die gegebenen Verhältnisse abgestellt sind und der Lebenserfahrung entsprechen, als Anhalt dienen, soweit nicht im Einzelfall besondere Umstände eine Abweichung bedingen."[1884]

Die **Rechtsprechung zur Pauschalierung** der Aufwendungen zeigt einige Unterschie-   **559** de:

(1) Überwiegend wird eine Pauschale von 100 EUR angesetzt.[1885] Das OLG Schleswig hebt hervor, dass darin die Fahrtkosten nicht enthalten sind.[1886] Das OLG Frankfurt setzt 5 % pauschal an.[1887]

Nach der Düsseldorfer Tabelle (A8) wird die Pauschale nur gewährt, wenn das Kind keinen eigenen Hausstand hat, nicht aber, wenn sein Bedarf bei eigenem Hausstand mit 930 EUR angesetzt wird.[1888]

[1880] BGH FamRZ 1995, 475 (478) = NJW 1995, 1215; OLG Köln FamRZ 1996, 1101 = NJW-RR 1996, 707 (Verwendung für Auto, Motorrad).

[1881] OLG Zweibrücken FamRZ 2001, 103.

[1882] OLG Karlsruhe OLGR 1998, 46 (48): im Einzelfall 75 %; OLG Hamm FamRZ 1994, 1279 (keine Anrechnung bei hohem Elterneinkommen); OLG Schleswig SchlHA 1996, 72 will dagegen einen Freibetrag von damals 600 DM festsetzen; OLG Karlsruhe FamRZ 1994, 1278 setzt (damals) 350 DM an; OLG Köln FamRZ 1995, 55 = NJW-RR 1995, 1027 will nur großzügiges Taschengeld freilassen.

[1883] Ständige Rechtspr. seit BGH FamRZ 1981, 541 = NJW 1981, 2462; vgl. auch OLG Koblenz OLGR 2004, 89.

[1884] BGH FamRZ 1981, 541 = NJW 1981, 2462 und seitdem stRspr.

[1885] SüdL Nr. 10.2.3; Oldenburger Leitlinien Nr. 10.2.3.

[1886] Schleswiger Leitlinien Nr. 10.2.3.

[1887] Frankfurter Leitlinien Nr. 10.2.3 (Pauschale von 5 %).

[1888] OLG Düsseldorf FamRZ 1994, 1610; ebenso Hammer Leitlinien Nr. 13.1.2.

(2) Andere[1889] Leitlinien verzichten auf jede Bezifferung einer Pauschale.

(3) In Sonderfällen, wenn keine berufstypischen Aufwendungen anfallen, kann die Pauschale geringer sein.[1890]

560 **Der Pauschalierung auf 100 EUR ist zuzustimmen,** auch wenn der Betrag von 100 EUR den Betrag der sonst angewandten Pauschale von 5 % des Einkommens übersteigt. Da bei den Aufwendungen ein von der Einkommenshöhe unabhängiger Grundbetrag zu berücksichtigen ist, ist die Besserstellung gegenüber anderen Arbeitnehmern mit in aller Regel höheren Einkünften gerechtfertigt. Im Verhältnis zu Schülern und Studenten ist die Funktion des Arbeitsanreizes außerdem zu berücksichtigen. Bei eigenem Hausstand ist zu berücksichtigen, dass sich durch die Versagung der Pauschale keine Schlechterstellung gegenüber dem in Eltern(teil)haushalt lebenden Kind ergeben darf.

561 **Bei der Auswirkung der Anrechnung auf die Höhe des Barunterhalts ist zu unterscheiden:**

(1) Bei minderjährigen Kindern vermindert sich der Barunterhalt nur um die Hälfte der anrechenbaren Ausbildungsvergütung, da die Betreuungsleistung gemäß § 1606 Abs. 3 S. 2 BGB eine gleichwertige Unterhaltsleistung ist und daher auch der Betreuende anteilig entlastet werden muss.[1891] Bei beiderseitiger Barunterhaltspflicht gegenüber dem minderjährigen Kind (zB bei auswärtiger Unterbringung) wird die Ausbildungsvergütung den Eltern daher im Verhältnis ihrer Leistungen gutgebracht. Ist ein Elternteil Betreuender und leistet zusätzlich (teilweise) Barunterhalt, ist er entsprechend dem Gesamtprozentsatz seiner Leistung zu entlasten.[1892]

Bereits mit dem Beginn der Arbeitsaufnahme vermindert sich Unterhaltsanspruch, auch wenn die Vergütung erst im Folgemonat ausgezahlt wird.[1893]

562 (2) Bei **volljährigen Kindern** ist die Ausbildungsvergütung nach dem Verhältnis des Wertes der beiderseitigen Unterhaltsleistungen anzurechnen. Wenn ein Elternteil nur Naturalleistungen (Wohnungsgewährung, Versorgung) erbringt, ist deren Wert zu schätzen und ins Verhältnis zur Barunterhaltsleistung zu setzen.[1894] Die Mutter, die wegen der geringen Höhe ihres Eigeneinkommens gegenüber dem volljährigen Kind nicht barunterhaltspflichtig ist, aber gleichwohl Naturalunterhaltsleistungen erbringt, ist nach deren Wert zu entlasten, denn sie deckt einen entsprechenden Teil des Gesamtbedarfs des Kindes.

g) Versorgungs- und Betreuungsleistungen

563 Versorgungs- und Betreuungsleistungen des Unterhaltsberechtigten für

- Verwandte (Kinder, Eltern, Geschwister)
- einen neuen Partner (ehe- oder partnerschaftsähnliche Gemeinschaft)
- Dritte (Wohngemeinschaften ohne Partnerschaft)

sind in Bezug auf die wirtschaftliche Bewertung als Eigeneinkünfte des Berechtigten grundsätzlich gleich zu behandeln.

[1889] Hamburger Leitlinien Nr. 10.2.3 (nur konkret); Dresdner Leitlinien Nr. 10.2.3.

[1890] OLG Düsseldorf FamRZ 2001, 1723 bei berufsvorbereitenden Bildungsmaßnahmen nur Fahrkostenpauschale von (damals) 60 DM.

[1891] BGH FamRZ 1988, 159 = NJW 1988, 2371; OLG Hamm FamRZ 1987, 411; DIV-Gutachten DAVorm 1987, 956 gegen unveröff. Entscheidung eines Kölner Senats; kritisch Spangenberg FamRZ 1987, 1222.

[1892] BGH FamRZ 1988, 159 = NJW 1988, 2371.

[1893] AG Weiden FamRZ 2006, 565 mablAnm Nickel (887).

[1894] OLG Düsseldorf FamRZ 1997, 1106 will zu schematisch 2/5 dem Naturalunterhalt Leistenden und 3/5 dem Barunterhalt Leistenden gutbringen.

Der Wert haushälterischer Versorgungsleistungen für einen neuen Partner ist weiterhin **im Wege der Differenzmethode** in die Unterhaltsberechnung einzubeziehen.[1895]

Die Voraussetzungen für den Ansatz von Vergütungen für solche Leistungen sind wie folgt zu prüfen:

(1) Art und Umfang der erbrachten Leistungen. Bei Verwandten handelt es sich **564** nicht um vergütungspflichtige Leistungen, wenn der Berechtigte damit seiner eigenen Unterhaltspflicht gegenüber minderjährigen Kindern, aber auch leistungsunfähigen volljährigen Kindern oder Eltern nachkommt. Es ist allerdings zu prüfen, ob der Betreuende, der vorrangig für seinen eigenen Unterhalt zu sorgen hat, nicht einer Erwerbstätigkeit nachgehen könnte, so dass entsprechendes fiktives Einkommen anzusetzen ist.[1896]

Der Umfang der erbrachten Versorgungs- und Betreuungsleistungen kann nur unter Berücksichtigung der Einzelfallumstände festgestellt werden.[1897] Die pauschale Gleichsetzung mit vollschichtig tätigen Haushaltshilfen ist nicht gerechtfertigt. Es muss vielmehr geprüft werden, in welchem Umfang der Betreute objektiv der Versorgung bedarf. Bei volljährigen Kindern wird sich die Versorgung meist auf das Wäschewaschen und gelegentliche Zubereitung von Mahlzeiten beschränken.[1898]

Bei alten Eltern kommt es darauf an, ob diese hilfsbedürftig sind oder ob sie etwa die Tochter in deren Interesse in ihren Haushalt aufgenommen haben. Wenn kein echter Bedarf der Eltern gedeckt wird, sondern die Aufnahme zur psychischen Unterstützung des Kindes (und der Enkelkinder) erfolgt, muss der Ansatz eines fiktiven Betreuungseinkommens nach § 850h Abs. 2 ZPO ausscheiden. Zwar hat der BGH[1899] an sich zu Recht ausgeführt, dass selbst familienrechtliche Mitarbeitspflichten (§ 1619 BGB) nicht hindern, von einer Vergütungspflicht im Verhältnis zum Unterhaltsverpflichteten auszugehen. Voraussetzung ist aber stets, dass solche Leistungen den Umständen nach von den Eltern benötigt oder jedenfalls tatsächlich beansprucht werden.[1900] Bei einer Tochter, die mit kleinen Kindern in den Haushalt der Eltern zieht, wird das regelmäßig nicht der Fall sein. Gelegentliche Mithilfe im Rahmen der üblichen Familienhilfe kann nicht als entgeltlich angesehen werden.

Bei **Lebensgemeinschaften** kommt es darauf an, ob beide berufstätig sind oder ob der Berechtigte die Haushaltsführung in vollem Umfang übernommen hat. Dafür kann auch wichtig sein, ob der Berechtigte eigene Kinder innerhalb der neuen Verbindung betreut oder ob er Kinder des Partners versorgt. Auch in gleichgeschlechtlichen Partnerschaften können Versorgungsleistungen erbracht werden.[1901] Auch eine Studentin, die die Haushaltsführung übernimmt, erbringt geldwerte Versorgungsleistungen.[1902]

Bei voller beiderseitiger Berufstätigkeit entspricht es nicht der Gleichbehandlung der Geschlechter, davon auszugehen, dass Frauen zusätzlich Versorgungsleistungen erbringen, mag das im Einzelfall auch geschehen und dann nach den Maßstäben für unzumut-

---

[1895] BGH FamRZ 2012, 1201 Rn. 16, unter Bestätigung von BGH FamRZ 2004, 1170 (1171 f.).

[1896] Vgl. auch § 13 Abs. 6 SGB XI idF v. 1.8.1999; dazu Büttner FamRZ 2000, 596 f.; BGH NJW 2006, 2182 = FamRZ 2006, 846 (848); näher → Rn. 634.

[1897] BGH FamRZ 2007, 1532 (1536).

[1898] OLG Koblenz FamRZ 1997, 1079 setzte damals 200 DM monatlich an; OLG Düsseldorf FamRZ 1985, 1262 hat für die Teilversorgung volljähriger Kinder je 100 DM angesetzt; OLG Düsseldorf FamRZ 1978, 348 ist von 10 % des Einkommens ausgegangen. Unzweifelhaft muss für Sachleistungen, zB Wohnungsgewährung, vom volljährigen Kind eine angemessene Zahlung verlangt werden, vgl. BGH FamRZ 1990, 269 (271) = NJW 1990, 709.

[1899] BGH FamRZ 1980, 665 (668) = NJW 1980, 1686; zu § 1619 BGB vgl. weiter OLG Saarbrücken FamRZ 1989, 180.

[1900] OLG Frankfurt FamRZ 2007, 213.

[1901] BGH FamRZ 1995, 344 (346) = NJW 1995, 655.

[1902] Leistungen des Partners können dann nicht als freiwillige Leistungen Dritter angesehen werden: So aber wohl OLG Hamm NJW-RR 1998, 726.

bare Arbeit anzurechnen sein.[1903] Ebenso kann bei Teilerwerbstätigkeit nicht von einer zusätzlichen vollen Haushaltsführungsleistung ausgegangen werden.[1904]

Wenn diese Voraussetzungen vorliegen, ist umstritten, ob es sich um eine Vergütung (entsprechend einer Haushälterin)[1905] oder um ersparte Aufwendungen handelt und ob diese Einkünfte prägend sind oder nicht.[1906] Es spricht mehr für die Auffassung des BGH, wenn die Erwerbstätigkeit nicht ganz das Maß einer vollen Erwerbstätigkeit erreicht.[1907] Bei **Wohngemeinschaften von Studenten** handelt es sich im Zweifel nicht um Lebensgemeinschaften, wenn beide gleicherweise studieren.[1908]

565   **(2) Leistungsfähigkeit des Empfängers.** Die Anrechnung von Einkünften aus Versorgung und Betreuung setzt voraus, dass der Empfänger leistungsfähig ist.[1909] Grenze für die Leistungsfähigkeit werden hier Einkünfte in der Größenordnung des notwendigen Selbstbehalts sein,[1910] darüber hinaus die Beträge, die er aus dem notwendigen Selbstbehalt ohne die Mithilfe zusätzlich finanzieren müsste.

566   **(3) Bedürftigkeit des Berechtigten.** Das Existenzminimum des Berechtigten ist mit 1.120 EUR seit 1.1.2023 zu veranschlagen, da die Haushaltsführung für den Partner nicht einer Erwerbstätigkeit auf dem Arbeitsmarkt gleichzustellen ist.[1911]

567   **(4) Bewertung der zu zahlenden Vergütung.** Dazu bedarf es zunächst der Feststellung, ob es sich um eine Vollzeit- Teilzeit- oder nur stundenweise Tätigkeit handelt. Eine bloße Wochenendversorgung ist mit geringeren Werten anzusetzen.[1912] Nach dem Umfang der Leistung ist entsprechend dem Rechtsgedanken des § 850h Abs. 2 ZPO die üblicherweise geschuldete Vergütung anzusetzen.[1913] Für die Vergütungshöhe ist aber weiter zu berücksichtigen, dass der Ansatz von Vergütungen für Haushaltsfachkräfte in der Regel aus zwei Gründen nicht gerechtfertigt ist. Zum einen handelt es sich meist nicht um Fachkräfte in diesem Sinne. Zum anderen muss auf den Umfang der sozialüblichen Aufwendungen in den Fällen abgestellt werden, in denen von der Ersparnis einer Fremdkraft nicht die Rede sein kann, weil eine solche nach den Umständen nicht eingestellt worden wäre. Ungeeignet ist auch ein Bewertungsmaßstab, der sich an den Beträgen orientiert, die bei Tötung und Verletzung von Hausfrauen gezahlt werden.[1914] Die Schadensersatzrechtsprechung hat eine andere Funktion, nämlich den geschädigten Ehemann wenigstens hinsichtlich der Versorgung so zu stellen, wie er vorher stand, was regelmäßig

---

[1903] BGH FamRZ 1995, 343 = NJW 1995, 962; AK 17 des 15. DFGT FamRZ 2003, 1906; → Rn. 568.

[1904] So auch OLG Koblenz OLGR 2003, 245 (kein Entgelt für Betreuung eines Lebensgefährten bei Halbtagstätigkeit und Betreuung eines 6-jährigen Kindes). Nicht überzeugend OLG Hamm FamRZ 1995, 1152 (1154), das zurechnen will, weil die Leistungen am Wochenende erbracht werden; OLG Hamm FamRZ 1984, 498 (500) rechnete bei Teilberufstätigkeit (3 Stunden täglich) außerdem 700 DM für Haushaltsführung an.

[1905] So BGH FamRZ 2004, 1170 und 1173 mAnm Gerhardt (1545) = NJW 2004, 2303 und 2305.

[1906] So OLG München FamRZ 2006, 1535 und 2005, 713.

[1907] BGH FamRZ 2005, 697 = NJW-RR 2005, 730.

[1908] So mit Recht Wendl/Dose UnterhaltsR/Klinkhammer § 2 Rn. 111.

[1909] BGH FamRZ 1989, 487 = NJW 1989, 1083; OLG Hamm FamRZ 1997, 1080.

[1910] BGH FamRZ 1987, 1011 (1014) = NJW-RR 1987, 1282; FamRZ 1989, 487 (488) = NJW 1989, 1083.

[1911] OLG Hamm FamRZ 2006, 1538 = NJW-RR 2006, 1514.

[1912] OLG Koblenz 23.5.2000 – 15 UF 536/99 – setzte für Wochenendversorgung 300,– DM an.

[1913] BGH FamRZ 1989, 487 = NJW 1989, 1083; FamRZ 1983, 150 (152) = NJW 1983, 685; nicht überzeugend OLG Celle FamRZ 1993, 352 (freiwillige Leistung des Lebenspartners).

[1914] So aber BGH FamRZ 1984, 662 (663) unter Hinweis darauf, dass das Richtsätze sein könnten; dem folgend OLG Frankfurt FamRZ 1987, 588 und OLG Koblenz FamRZ 1991, 944 (945) = NJW 1991, 183; anders aber BGH FamRZ 2001, 1693 = NJW 2001, 3779.

nur durch Beschäftigung von Fachkräften möglich ist. Ohne einen derartigen Ersatzanspruch werden Aufwendungen in diesem Umfang aber in aller Regel nicht getätigt.

Praxisnahe Richtwerte werden von den Leitlinien verschiedener Oberlandesgerichte
in einer Größenordnung von 200,– EUR bis 550 EUR bei Vollversorgung angesetzt.[1915]
Es erfolgt eine Schätzung nach § 287 Abs. 2 ZPO nach tatrichterlicher Bewertung.[1916]
Von diesen Werten wird kein Erwerbstätigenbonus abzuziehen sein, denn sie stellen
Endbeträge dar.[1917]

Die berechtigten Interessen des Verpflichteten sind im Übrigen dadurch geschützt, dass
dem Unterhaltsgläubiger jedenfalls das angerechnet werden kann, was er bei zumutbarer
Verwertung seiner Arbeitskraft auf dem Arbeitsmarkt erzielen könnte. Fehlt – wegen
§ 1570 BGB – eine solche Erwerbspflicht, geht es nicht an, sie über an Erwerbsarbeits-
erträgen orientierte Bewertung von Haushaltstätigkeiten praktisch doch wieder herzustellen.

(5) Anrechnung bei unzumutbaren Leistungen. Betreuungs- und Versorgungsleis-   **568**
tungen sind nicht immer schon dann als unzumutbar anzusehen, wenn nach sonstigen
Maßstäben eine Erwerbstätigkeit, zB wegen Kinderbetreuung oder Alters, unzumutbar
ist. Das ist darauf zurückzuführen, dass Haushaltsarbeit anders als externe Berufstätigkeit
zB mit Kinderbetreuung vereinbar ist.[1918] Die Anrechnungsregel nach § 1577 Abs. 2
BGB[1919] greift daher nur dann ein, wenn es sich im Einzelfall um eine unzumutbare
Leistung handelt, zB Betreuung in nicht unerheblichem Umfang neben vollschichtiger
Erwerbsarbeit geleistet wird.[1920]

(6) Anrechnung von Haushaltsersparnissen. Auch wenn nach dem Gesagten keine   **569**
oder nur geringe Vergütungen anzusetzen sind, kann der Bedarf des Berechtigten deshalb
geringer sein, weil der Berechtigte sich Haushaltsersparnisse durch das gemeinsame Wirtschaften mit einem neuen Partner entgegenhalten lassen muss. In der Rechtsprechung des
BGH werden diese Ersparnisse inzwischen je Partner generell mit 10 % (20 % für beide)
der Lebenshaltungskosten bewertet.[1921]

**(7) Anrechnung freiwilliger Leistungen Dritter ohne Versorgungs- und Betreu-   570
ungsleistungen.** Zum Teil wird die Auffassung vertreten, dass bei Haushaltsgemeinschaf-
ten Beträge, die ohne Versorgungsleistungen vom Partner freiwillig zugewendet werden,
als Einkünfte anzusehen sind.[1922] Wenn es sich um freiwillige Leistungen Dritter handelt,

---

[1915] Süddeutsche Leitlinien Nr. 6: 200 bis 550 EUR bei Haushaltsführung durch einen Nichterwerbstätigen; ebenso KG, Kölner u. Bremer Leitlinien Nr. 6; Thüringer Leitlinien Nr. 6: idR
450 EUR; Düsseldorfer und Koblenzer Leitlinien Nr. 6: 350 EUR; OLG Frankfurt (Unterhaltsgrundsätze Nr. 6): 450 EUR; Hammer Leitlinien Nr. 6.1 setzen bei Vollversorgung 250–500 EUR
an; Oldenburger Leitlinien Nr. 6: in der Regel 500 EUR als fiktives Betreuungsentgelt; Herabsetzung
aber bei Leistungsbeschränkung durch gleichzeitige Kinderversorgung: OLG Oldenburg FamRZ
1992, 443 = NJW-RR 1992, 515; OLG Celle FamRZ 2008, 997 (400 EUR).
[1916] BGH FamRZ 2001, 1693 mAnm Büttner = NJW 2001, 3779 beanstandete Ansatz mit 400 DM
bei geringfügiger Arbeit einer teilweise kranken Frau nicht.
[1917] So auch BGH FamRZ 2001, 1693 = NJW 2001, 3779 und OLG Hamm FamRZ 2006, 1538 =
NJW-RR 2006, 1514; OLG Hamm FamRZ 2001, 228 (Ls.), dieses aber mit dem Argument, die
Einkünfte stammten nicht aus Erwerbstätigkeit.
[1918] BGH FamRZ 1995, 343 = NJW 1995, 962; BGH FamRZ 1988, 259 (263) = NJW 1988, 2376;
FamRZ 1987, 1011 (1013) = NJW-RR 1987, 1282.
[1919] → Rn. 535 ff.
[1920] OLG Hamm NJW-RR 1991, 134 (136).
[1921] BGH FamRZ 2013, 616 = NJW 2013, 1005, Rn. 23; BGH NJW 2012, 384 = FamRZ 2012, 281,
Rn. 46; FamRZ 2010, 1535, Rn. 45; FamRZ 2009, 762 = NJW 2009, 1742, Rn. 53; FamRZ 1995, 344
(346) = NJW 1995, 655.
[1922] Insbesondere BGH FamRZ 1989, 487 (488) = NJW 1989, 1083.

ist dies mit der Rechtsprechung zur Anrechnung der Leistung nur nach Zweckbestimmung des Dritten[1923] nicht vereinbar.

571   **(8) Vom Verwirkungstatbestand des § 1579 Nr. 7 und Nr. 8 BGB ist die wirtschaftliche Bewertung von Versorgungsleistungen scharf zu trennen.**[1924] Wenn der BGH[1925] davon spricht, dass das Zusammenleben mit einem anderen Partner eine besondere anderweitige Deckung des Lebensbedarfs sei, so ist dies so zu verstehen, dass auch bei voller Bedarfsdeckung nach den obigen Maßstäben anders als bei fiktiven Erwerbseinkünften Krankheits- und Altersvorsorgeansprüche bestehen können. Unbilligkeits- und Verwirkungsfragen sind ausschließlich nach § 1579 BGB zu beurteilen,[1926] sie haben mit der richtigen wirtschaftlichen Bewertung der Haushaltsarbeit nichts zu tun.

572   **(9) Darlegungs- und beweisbelastet** für seine Bedürftigkeit ist der Unterhaltsberechtigte. Falls er Versorgungsleistungen erbringt, die vergütungswürdig sein können, muss er dartun, dass und warum dafür im konkreten Fall keine Vergütung angesetzt werden kann.[1927] Bei Aufnahme des Partners in die eigene Wohnung muss er auch die Höhe des Entgelts für die Wohnungsgewährung und sonstige Aufwendungen beweisen. Wenn nach Titulierung des Unterhaltsanspruchs Versorgungsleistungen aufgenommen werden, kann die Pflicht zur ungefragten Information des Verpflichteten bestehen.[1928]
        Die Beweislast trifft den Berechtigten auch für die Leistungsfähigkeit des neuen Partners.[1929]

IV. Anrechenbarkeit von sonstigem Einkommen

1. Einkommen aus Vermögen

a) Erträge

573   Der Unterhaltsbedürftige muss sich Erträge seines eigenen Vermögens anrechnen lassen. Für das minderjährige unverheiratete Kind ergibt sich das aus §§ 1602 Abs. 2, 1603 Abs. 2, 1649 Abs. 1 BGB, für geschiedene Ehegatten aus § 1577 Abs. 1 und 2 BGB. Allgemein folgt es aus dem Prinzip, dass unterhaltsbedürftig nur derjenige ist, der sich nicht selbst unterhalten kann. In Höhe der Erträge aus eigenem Vermögen ist ein Unterhaltsbedarf zu verneinen.

574   Auf die **Herkunft des Vermögens** kommt es nicht an. Auch Erträge aus einer Leibrente (einschließlich des Tilgungsanteils),[1930] einem Zugewinnausgleichsvermögen[1931] und der Abfindung nach Auflösung einer stillen Gesellschaft[1932] sind zu berücksichtigen. Auch bei **Gleichwertigkeit** der Vermögenserträge vor der Auseinandersetzung können

---

[1923] → Rn. 603 ff.

[1924] LG Hamm FamRZ 2006, 1538; vgl. Büttner FamRZ 1996, 136 ff. mwN und Anm. zu BGH FamRZ 2001, 1693 (1695).

[1925] BGH FamRZ 1987, 1011 = NJW-RR 1987, 1282 und FamRZ 1988, 259 (263) = NJW 1988, 2376.

[1926] → Rn. 1098 ff., → Rn. 1115 f.; OLG Hamm FamRZ 2006, 1538 und AG Kamen FamRZ 2006, 1537.

[1927] BGH FamRZ 1995, 291 = NJW 1995, 717; BGH FamRZ 1983, 150 (152) = NJW 1983, 683.

[1928] OLG Koblenz FamRZ 1987, 1156.

[1929] BGH FamRZ 1989, 487 (488) = NJW 1989, 1083.

[1930] BGH FamRZ 1994, 228 = NJW 1994, 935.

[1931] BGH FamRZ 1987, 912 = NJW-RR 1987, 962 und FamRZ 1985, 354 und 582 = NJW 1985, 1343; OLG Hamm FamRZ 2007, 215; OLG Köln NJW 1998, 1500 (Aufteilung einer Lebensversicherung nach Trennung); OLG Bamberg FamRZ 1992, 1305 (1306).

[1932] Dazu BGH (II. ZS) FamRZ 2001, 1290 = NJW 2001, 3777; für Anrechnung OLG Karlsruhe OLGR 2002, 108, das zwischen Kapitalabfindung und monatlicher Rentenzahlung unterscheidet.

sie für die Bedarfsermittlung nicht außer Betracht bleiben. Sollte der Bedürftige eine unwirtschaftliche Geldanlage wählen, ist ihm dies nur im Rahmen der fiktiven Zurechnung von Vermögenserträgen entgegenzuhalten (→ Rn. 579).[1933]

Für Zinseinkünfte aus der Anlage von Schmerzensgeld wird unter Berücksichtigung 575 des Rechtsgedankens des § 1610a BGB etwas anderes zu gelten haben, soweit ein immaterieller Mehrbedarf besteht, zu dessen Ausgleich die Leistung gerade bestimmt ist.[1934]

Zur **Verwendung von Erträgen des Kindesvermögens** zum eigenen Unterhalt gemäß 576 § 1649 Abs. 2 BGB wird der Berechtigte nur in Ausnahmefällen genötigt sein, da ein solcher Einsatz der Billigkeit entsprechen muss. Bei Vorrang der Verpflichtung des Unterhaltpflichtigen wird das nur dann der Fall sein, wenn dessen angemessener Selbstbehalt gefährdet ist.[1935]

Bei Gütergemeinschaft sind nach § 1420 BGB für den Unterhalt in erster Linie die 577 Einkünfte des Gesamtgutes (und dessen Stamm) zu verwenden. Der getrenntlebende Ehegatte kann daher vom anderen nicht Zahlung gemäß § 1361 Abs. 4 S. 1 BGB verlangen, sondern nur Mitwirkung an den Maßregeln, die zur ordnungsgemäßen Verwendung des Gesamtgutes für den Unterhalt erforderlich sind.[1936] Nach Sinn und Zweck des § 1420 BGB kann sich bei einfach gelagerten Verhältnissen der Antrag eines Gesamthänders gegen den anderen aber unmittelbar auf Zahlung richten.[1937]

Zumutbare Maßnahmen zur Einziehung des Vermögens müssen ergriffen werden. 578 Dazu kann auch gehören, dass zB Darlehensforderungen gerichtlich geltend gemacht werden.[1938]

Bei **thesaurierenden Fonds** und bei **Vermögensverschleuderung** sind fiktive Zinserträge anzusetzen.[1939]

Ein **Pflichtteilsanspruch** muss geltend gemacht werden, wenn das nach den Maßstäben des § 1577 Abs. 3 BGB zumutbar ist.[1940] Andernfalls ist er unterhaltsrechtlich so zu behandeln, als sei die Obliegenheit erfüllt.[1941] Unwirtschaftlich kann das insbesondere sein, wenn dadurch eine Einsetzung zum Schlusserben entfällt ("Berliner Testament", § 2269 BGB). Die Unterhaltsberechtigten können aber gegen einen pflichtteilsberechtigten Unterhaltsschuldner nicht darauf klagen, dass er den Pflichtteil geltend macht.[1942]

Das **Vermögen ist so gut wie möglich zu nutzen** und ertragreich anzulegen,[1943] ohne 579 dass dabei Risiken eingegangen werden müssen (zB keine Anlage in höherverzinslichen Auslandswährungen). Auch auf noch vertretbare herkömmliche Nutzungsarten ist Rücksicht zu nehmen, insbesondere wenn sie schon die ehelichen Lebensverhältnisse bestimmt

---

[1933] **Anders** OLG Koblenz (11.) FamRZ 2002, 1407 und OLG Koblenz 17.9.2003 – 9 UF 239/03.

[1934] Anders BGH FamRZ 1988, 1031 = NJW-RR 1988, 1096; BGH FamRZ 1989, 172 = NJW 1989, 524 weist für Verpflichteten aber auf die Möglichkeit der Bedarfsanhebung hin – das wird auch für den Berechtigten zu gelten haben. Wie hier: BVerwG FamRZ 1995, 1348 (Einsatz von Schmerzensgeld Härte iSv § 88 Abs. 3 BSHG); BSG FamRZ 1992, 810 (811).

[1935] OLG Celle FamRZ 1987, 1039 (offen lassend).

[1936] BGH FamRZ 1990, 851 = NJW 1990, 2252; BayObLG FamRZ 1997, 422 mkritAnm Kleinle.

[1937] So zutreffend OLG Düsseldorf FamRZ 1999, 1348; → Rn. 155.

[1938] BGH FamRZ 1993, 1065 = NJW 1993, 1920; OLG Düsseldorf FamRZ 1988, 284.

[1939] BGH FamRZ 2007, 1532 (1535) mAnm Maurer = NJW Spezial 2007, 500; OLG Hamm NJW-RR 1998, 724.

[1940] BGH FamRZ 2013, 278 = NJW 2013, 530, Rn. 20; FamRZ 1993, 1065 = NJW 1993, 1920; anders noch FamRZ 1982, 996 (nein, wenn auch nach ehelichen Lebensverhältnissen nicht geltend gemacht).

[1941] BGH FamRZ 2013, 278 (mAnm Maurer) = NJW 2013, 530, Rn. 21.

[1942] BGH FamRZ 2013, 278 (mAnm Maurer) = NJW 2013, 530, Rn. 21.

[1943] Allgemeine Meinung, vgl. nur BGH FamRZ 1988, 145 (149) u. 604 = NJW-RR 1988, 514 u. NJW 1988, 2799; OLG Oldenburg NJW-RR 1995, 453; OLG Hamm NJW-RR 1998, 724.

haben (zB Anlage in Wohneigentum). Der Verpflichtete kann dem Berechtigten keine bestimmte Anlageform vorschreiben.[1944]

Eine **Vermögensumschichtung** zur Ertragssteigerung kann daher nur ausnahmsweise verlangt werden, wenn die erzielten Erträge offenbar unter den üblich erzielbaren liegen[1945] und auch sonst kein schutzwürdiges Interesse an der gewählten Anlageform besteht. Insbesondere bei Wohneigentum verbleibt dem Vermögensinhaber ein gewisser Entscheidungsspielraum, die tatsächliche Anlage muss sich als eindeutig unwirtschaftlich erweisen, ehe eine Verweisung auf eine andere Anlageform in Betracht kommt.[1946] Das Vorhandensein erheblicher Barmittel begründet auch in Zeiten geringer Kapitalerträge keine Obliegenheit zum Immobilienerwerb zum Zwecke der Steigerung der Erträge aus dem vorhandenen Kapital,[1947] vor allem dann nicht, wenn derzeit ein äußerst hohes Preisniveau auf dem Immobilienmarkt vorliegt, welches sich alsbald als Fehlentscheidung erweisen könnte und eine solche Vermögensumschichtung sich daher als spekulativ darstellen kann.

Der Unterhaltsberechtigte darf das Vermögen nicht so umschichten, dass ein erheblicher Einkommensverlust eintritt.[1948]

Die Höhe der erzielbaren Erträge richtet sich nach der Marktsituation im (fiktiven) Anlagezeitpunkt.[1949] Zu berücksichtigen ist, dass Teile des Kapitals für notwendige Aufwendungen bzw. als Notgroschen von der längerfristigen Anlage ausgenommen werden dürfen. Es kann ein durchschnittlicher Anlagezeitraum gewählt werden,[1950] wenn nicht besondere Umstände für eine kürzere oder längere Anlage sprechen.

Ungenutztes Vermögen (zB leerstehendes Haus, Goldbarren) muss angelegt werden. Geschieht das nicht, sind fiktive Erträge zuzurechnen.[1951] Bei Verlust des Vermögensstamms wegen Verschwendung oder Fehlspekulation ist eine entsprechende Unterhaltsreduzierung aber nur über § 1579 Nr. 4 BGB vorzunehmen.[1952]

580 **Der Nutzungswert der eigenen Wohnung** gehört zu den Vermögenserträgen. Zu den Einzelheiten → Rn. 386 ff.

581 **Anrechenbar sind nur die Nettoeinkünfte,** abzuziehen also die Steuern,[1953] notwendige Werbungs- und Erhaltungskosten, nicht dagegen Aufwendungen zur Wertverbesserung. Ein pauschaler Abzug von Unkosten wird in aller Regel nicht in Betracht kommen, da sich die Unkosten in diesen Fällen im Allgemeinen exakt ermitteln lassen und eine allgemeine Verwendung von Pauschbeträgen dem privaten Unterhaltsrecht fremd ist.

Auch bei nachträglicher Zinszahlung sind die Zinsen als laufende monatliche Einkünfte anzusehen[1954] (vgl. Weihnachtsgeld).

[1944] OLG Stuttgart FamRZ 2016, 638 Rn. 19 = NJW 2016, 575; OLG Saarbrücken FamRZ 1985, 477 und Arbeitskreis 12 des 6. DFGT FamRZ 1986, 130; vgl. auch BGH FamRZ 1982, 1187 ff. (1189).

[1945] BGH FamRZ 1992, 423 = NJW 1992, 1044; FamRZ 1986, 439, 441 u. 560 (Zumutbarkeitsgesichtspunkte); vgl. auch BGH FamRZ 1986, 48 (50) = NJW-RR 1986, 66 (Veräußerung eines Ferienhauses); OLG München FamRZ 2000, 26; OLG Stuttgart FamRZ 1993, 559.

[1946] BGH FamRZ 2001, 1140 (1143) = NJW 2001, 2259.

[1947] OLG Stuttgart FamRZ 2016, 638 Rn. 19 = NJW 2016, 575.

[1948] OLG Hamm FamRZ 1999, 724.

[1949] OLG Düsseldorf FamRZ 1996, 734 (736) rechnet für 1993 mit 6%; OLG Oldenburg NJW-RR 1995, 453 mit 5,75% für 1992; OLG Braunschweig OLGR 1996, 117 mit 5% für 1993.

[1950] OLG Oldenburg NJW-RR 1995, 453 (4 Jahre).

[1951] BGH FamRZ 1986, 434 = NJW 1986, 1340 (Möglichkeit der Nutzung genügt); OLG Schleswig SchlHA 1978, 66 unterstellt eine Verzinsung von 5% – es kommt auf die Kapitalmarktlage an.

[1952] Insoweit überzeugend BGH FamRZ 1988, 145 = NJW-RR 1988, 514 mablAnm Hoppenz FamRZ 1988, 151.

[1953] BGH FamRZ 1998, 87 = NJW 1998, 753; entgegen OLG München FamRZ 1994, 1459 nicht pauschal Zinsabschlagsteuer von 30%.

[1954] BGH FamRZ 1988, 1145 = NJW-RR 1988, 1282.

Ein Inflationsausgleich kann (zur Erhaltung der Kapitalsubstanz) von den Erträgen nicht abgezogen werden.[1955]

b) Vermögensstamm

Ob der Unterhaltsbedürftige auch den Stamm seines Vermögens angreifen muss, 582
regelt das Gesetz in den §§ 1602 Abs. 2, 1603 Abs. 2 S. 3 BGB für das minderjährige unverheiratete Kind. Das Kind braucht den Stamm seines Vermögens nur anzugreifen, wenn der Leistungsverpflichtete (die Eltern) außerstande ist, ohne Gefährdung des eigenen angemessenen Unterhalts den Unterhalt zu leisten.

Sofern Eltern das **Sparguthaben** ihrer minderjährigen Kinder hiernach **widerrechtlich für Unterhaltszwecke verwenden,** sind sie gegebenenfalls gemäß § 1664 BGB verpflichtet, die verwendeten Gelder an die Kinder zurückzuzahlen.[1956]

Nach § 1577 BGB hat der geschiedene Ehegatte dagegen grundsätzlich auch den Stamm seines Vermögens zu verwerten. Nach § 1577 Abs. 3 BGB braucht er das allerdings nicht, soweit die Verwertung unwirtschaftlich oder unter Berücksichtigung der beiderseitigen wirtschaftlichen Verhältnisse unbillig wäre.[1957]

Aus dieser ausdrücklichen gesetzlichen Regelung ist im **Umkehrschluss aus § 1602 Abs. 2 BGB** zu folgern, dass andere Unterhaltsberechtigte (volljährige Kinder,[1958] entferntere Verwandte, vor Inanspruchnahme der Unterhaltsleistung die Substanz aufzehren müssen, denn das Gesetz bezweckt eine Besserstellung der minderjährigen Kinder. Ein **volljähriges, studierendes Kind** muss deshalb jegliches zu seiner freien Verfügung vorhandenes Vermögen, ungeachtet der Herkunft und etwaiger mit der Zuwendung verbundener Vorstellungen des Zuwendenden, sukzessive zur Deckung seines Lebensbedarfs einsetzen; lediglich ein sog. Notgroschen ist ihm zu belassen.[1959] Wird gegen die Obliegenheit, das Vermögen nicht anderweit zu verbrauchen, verstoßen, besteht keine Unterhaltsbedürftigkeit, denn es wird fingiert, das Vermögen sei noch vorhanden.[1960]

Ob unterhaltsberechtigte getrennt lebende Ehegatten den Vermögensstamm an- 583
greifen müssen, regelt § 1361 BGB nicht.

Ein Gleichlauf mit § 1577 BGB ist nicht ohne weiteres anzunehmen, denn gerade ein Angreifen des Vermögensstammes wird in vielen Fällen dem vorläufigen Charakter der Unterhaltsregelung nach § 1361 BGB widersprechen, da es den bisherigen Status nachteilig verändert und die Spannungen zwischen den Parteien vertiefen wird. Aus der stärkeren Verantwortung der noch nicht geschiedenen Ehegatten füreinander ergibt sich eine Pflicht zu stärkerer Rücksichtnahme, was je nach Sachlage eher die Schonung des Vermögensstamms verlangen kann.[1961]

Kommt die **Verwertung des Vermögensstamms nach diesen Maßstäben in Betracht,** 584
ist **zusätzlich zu prüfen, ob die Verwertung im Einzelfall unwirtschaftlich oder unbil-**

[1955] BGH FamRZ 1992, 423 = NJW 1992, 1044; FamRZ 1986, 441 gegen OLG Stuttgart FamRZ 1985, 607 und OLG Saarbrücken FamRZ 1985, 477.

[1956] OLG Frankfurt FamRZ 2016, 147 = NJW-RR 2015, 1027, Rn. 12; OLG Bremen FamRZ 2015, 861 = NJW 2015, 564, Rn. 11.

[1957] BGH FamRZ 2007, 1532 (1537) mAnm Maurer (im konkreten Fall bejahend).

[1958] BGH FamRZ 1998, 369 = NJW 1998, 978; OLG Bamberg FamRZ 1999, 877; OLG Düsseldorf FamRZ 1990, 1137; OLG Köln FamRZ 1999, 1277; OLG Schleswig MDR 2000, 163; anders bei Zahlungsverpflichtung unabhängig vom Einkommen des Berechtigten: AG Hainichen FamRZ 2002, 484.

[1959] OLG Zweibrücken NJW 2016, 329 = NZFam 2016, 33.

[1960] OLG Zweibrücken NJW 2016, 329 = NZFam 2016, 33.

[1961] BGH FamRZ 2012, 514, Rn. 36 = NJW-Spezial 2012, 292; FamRZ 1986, 556 (zum Verpflichteten); FamRZ 1986, 439 und FamRZ 1985, 360 = NJW 1985, 907; OLG Düsseldorf FamRZ 1987, 833; OLG Köln FamRZ 1982, 1018; OLG Stuttgart FamRZ 1978, 681.

lig wäre (§ 1577 Abs. 3 BGB). Beim Verwandtenunterhalt (§ 1603 Abs. 1 BGB) normiert das Gesetz diese Billigkeitsgrenze nicht, sondern es kommt nur auf die Wahrung des angemessenen Unterhalts an, auch insoweit ist eine Verwertung aber nicht zumutbar, wenn aus den Stammerträgen der laufende Bedarf gedeckt wird oder die Veräußerung zu unvertretbaren wirtschaftlichen Nachteilen führen würde.[1962]

Für das volljährige Kind ist die Grenze der Unzumutbarkeit etwas enger als bei § 1577 Abs. 3 BGB zu ziehen, angenähert dem Begriff der groben Unbilligkeit.[1963]

Für die unterhaltsrechtliche Rechtsprechung zu den Kriterien „unwirtschaftliche" oder „unbillige" Verwertung eigenen Vermögens können Parallelen zum Prozesskostenhilferecht (§ 115 Abs. 3 ZPO) und zum Sozialrecht (§§ 11, 12, 33 Abs. 2 SGB II; § 90 Abs. 2 SGB XII[1964]) unter Beachtung des Umstandes gezogen werden, dass die Zumutbarkeitsgrenzen bei der Inanspruchnahme öffentlicher Mittel und der Inanspruchnahme des Verpflichteten unterschiedlich zu ziehen sein können, und zwar je nach Sachlage enger oder weiter, wobei die Berücksichtigung der beiderseitigen wirtschaftlichen Verhältnisse von besonderer Bedeutung ist. Auf die Dauer der Ehe stellt das Gesetz hingegen nicht ab.[1965]

585   **Unwirtschaftlich** ist die Verwertung der Vermögenssubstanz insbesondere dann, wenn der Berechtigte damit die Basis für eine langfristige, wenn auch nur teilweise Unterhaltssicherung aus eigenen Mitteln aufgeben müsste.[1966] Das gilt – im Sinne einer „Waffengleichheit" – allerdings dann nicht, wenn der Verpflichtete zur Bestreitung des Unterhalts selbst seinen Vermögensstamm angreifen müsste. Ausnahmen für einen sehr großen Vermögensstamm sind auf beiden Seiten ohne praktische Relevanz, da dann mit entsprechenden (ggf. fiktiven) Erträgen daraus zu rechnen ist.

Unwirtschaftlich ist die Verwertung weiter dann, wenn die – gegenwärtige – Veräußerung zu erheblichen Zins- oder Substanzeinbußen führen würde, wie zB der Verkauf oder die Beleihung eines Miteigentumsanteils an Stelle seiner Verwertung im Wege der Aufhebung der Gemeinschaft durch Verkauf oder Zwangsversteigerung.[1967]

Von unwirtschaftlicher Verwertung kann in der Regel keine Rede sein, wenn bisher ertragloses Vermögen lediglich in zinsbringendes umgewandelt werden soll. So hat der BGH[1968] die Verwertung einer Münzsammlung für zumutbar angesehen, ohne ein Affektionsinteresse anzuerkennen. Die Fragen berühren sich allerdings mit der Problematik, wann die Verwertung als unbillig anzusehen ist.

Unbillig iSd § 1577 Abs. 3 BGB wird die Verwertung insbesondere sein bei:

586   • **Verwertung eines kleinen Hausgrundstücks,** das dem Berechtigten allein oder zusammen mit Familienangehörigen als Wohnung dient (Rechtsgedanke des §§ 12 Abs. 3

[1962] BGH FamRZ 1986, 48 (50) = NJW-RR 1986, 66 (Veräußerung eines Ferienhauses aber zumutbar).

[1963] BGH FamRZ 1998, 369 = NJW 1998, 978; OLG Karlsruhe FamRZ 2012, 1573 f. (kein Einsatz von 5114 EUR Sparguthaben, davon 2.046 EUR für Führerschein ausgegeben); OLG Frankfurt OLGR 2007, 285; OLG Hamm FamRZ 2007, 929 = NJW 2007, 1217 (Sparvermögen 15.000 EUR; Unterhaltsbedarf in den nächsten zwei Jahren 4.000 EUR); OLG Köln FamRZ 1999, 1277 (Einsatz von ca. 100.000 DM Vermögen auch bei einem Jahreseinkommen der Eltern von ca. 200.000 DM).

[1964] Sterbegeldversicherung zählt zu Schonvermögen: OLG Schleswig OLGR 2007, 444.

[1965] OLG Köln FamRZ 1982, 1018.

[1966] BGH FamRZ 1998, 369 = NJW 1998, 978 (Umlage auf voraussichtliche Ausbildungsdauer); OLG München FamRZ 1994, 1459; OLG Köln FamRZ 1999, 1277.

[1967] BGH FamRZ 1984, 662 (663) = NJW 1984, 2358; OLG Frankfurt FamRZ 1987, 1179 (Verkauf gebrauchter Gegenstände unwirtschaftlich); Arbeitskreis 12 des 6. DFGT FamRZ 1986, 130; zu § 115 Abs. 3 ZPO differenzierend Dürbeck/Gottschalk PKH/VKH Rn. 381; aA VG Schleswig FamRZ 1981, 504: Auflösung ungeteilter Erbengemeinschaft zumutbar.

[1968] BGH FamRZ 1986, 439 (440) unter Hinweis auf nicht veröff. 29.6.1983 – IV b ZR 395/81. Für das Sozialrecht s. jetzt BSG BeckRS 2012, 7235.

Nr. 4 SGB II, 90 Abs. 2 Nr. 8 SGB XII), selbst wenn bei zinsgünstiger Anlage eines Veräußerungserlöses ein wesentlich höherer Betrag als der anzurechnende Mietwert zu erzielen wäre. Bis zu welcher Größe und welchem Wert ein Hausgrundstück als „klein" in diesem Sinne anzusehen ist, hängt von der (Rest-)Familiengröße und den örtlichen Verhältnissen ab.[1969] Die sozialrechtlichen Abgrenzungskriterien sind aber im privaten Unterhaltsrecht nur mit Einschränkungen verwertbar, denn das Billigkeitsurteil wird wesentlich durch die Verhältnisse beim Verpflichteten bestimmt. Zweifelhaft ist auch, ob der Schutz des Hausgrundstücks mit dem wesentlich geringeren Schutz von sonstigem Barvermögen, das der **Alterssicherung** dient, vereinbar ist.[1970]

- **Verwertung eines Notgroschens** (Rechtsgedanke des § 90 Abs. 2 Nr. 9 SGB XII),[1971]   587
  wobei die Maßstäbe in der Regel nicht so eng zu ziehen sein werden wie bei der Sozialhilfe.[1972] Zu berücksichtigen ist dabei auch, dass anlässlich Trennung und Scheidung besonderer Bedarf entsteht, für den vorhandenes Vermögen (teilweise) eingesetzt werden kann.[1973]
- **Verwertung einer Lebensversicherung.** Sie ist nur mit dem Ertrag zu **berücksichti-**   588
  gen, es sei denn, die Lebensversicherung sollte mit dem Vermögensstamm den laufenden Bedarf im Alter decken.[1974] Im Rahmen der Anwendung des § 115 ZPO wird vielfach auch auf die Wirtschaftlichkeit und besondere Zumutbarkeit des Einsatzes einer Lebensversicherung abgestellt. Soweit die Altersversorgung im Vordergrund steht, ist der Einsatz der Lebensversicherung in der Regel abzulehnen[1975]
- **Verwertung von Kindesvermögen, das zur Ausbildungssicherung angelegt** wurde,   589
  ist in der Regel nicht unbillig,[1976] anders kann es sein, wenn die künftige Ausbildungsfinanzierung gefährdet ist, weil der jetzt leistungsfähige Verpflichtete leistungsunfähig zu werden droht. Das Kapital ist in angemessenen Raten aufzubrauchen. In der Praxis wird zu beachten sein, dass zur **Ausschöpfung** der Freibeträge bei Kapitaleinkünften (Zinsabschlagssteuer) für minderjährige Kinder oft Konten angelegt werden. Mit Volljährigkeit können die Kinder auf den Verbrauch dieses Kapitals verwiesen werden. Auch dem Kind hat aber ein angemessener Schonbetrag zu verbleiben, insbesondere bei guten Einkommensverhältnissen des Verpflichteten.[1977]
- Eine **Leibrente (Zins- und Tilgungsanteil)** zu berücksichtigen, ist nicht **unbillig.**[1978]   590
- **Verwertung von Hausrat** wird, wenn nicht schon **unwirtschaftlich,** in aller Regel   591
  unbillig sein. Etwas anderes kann bei wertvollem Hausrat (Antiquitäten) gelten.[1979]

[1969] OLG Köln FamRZ 1992, 55 (56) (Bungalow von 148 qm für alleinstehende Person nicht klein); der Veräußerungserlös ist nicht allein maßgebend, denn in Ballungsgebieten werden für kleine Einfamilienhäuser 250.000 EUR und mehr verlangt.

[1970] Dazu BSG FamRZ 1999, 1655 mAnm Büttner (1658).

[1971] OLG Hamm NJW-RR 2012, 970 = MDR 2012, 920; OLG Karlsruhe FamRZ 2012, 1573.

[1972] BGH FamRZ 1998, 369 = NJW 1998, 978 (auch bei Studenten entsprechend sozialhilferechtlichen Schonbeträgen); 1985, 360 = NJW 1985, 907; OLG Düsseldorf FamRZ 1985, 1281 (Notgroschen 10.000 DM). Für volljähriges Kind aber nur 4000–4500 DM: OLG Düsseldorf FamRZ 1990, 1137 und OLGR 1993, 8.

[1973] OLG Hamm NJW-RR 1998, 724 (Kosten Wohnungsneueinrichtung und des Scheidungsverfahrens); OLG Saarbrücken FamRZ 1985, 477 (30.000 DM bei 470.000 DM Vermögen); offen gelassen von BGH FamRZ 1986, 437 (439).

[1974] So OLG Hamm FamRZ 2000, 1286.

[1975] Vgl. OLG Frankfurt FamRZ 2006, 962 und 135; OLGR Frankfurt 2005, 562.

[1976] OLG Düsseldorf OLGR 1993, 8.

[1977] OLG Hamm NJW-RR 2012, 970 = MDR 2012, 920; OLG Karlsruhe FamRZ 2012, 1573; OLG Celle FamRZ 2001, 47.

[1978] BGH FamRZ 1994, 228 = NJW 1994, 935; OLG München OLGR 1992, 122; OLG Köln FamRZ 1983, 463.

[1979] OLG Köln FamRZ 1982, 1018.

592   •   **Verwertung eines Schmerzensgeldes** ist unbillig, da es dem Ausgleich des immateriellen Schadens dient und zur beliebigen Verwendung des Empfängers bestimmt ist.[1980]

593   •   **Unter Berücksichtigung der beiderseitigen wirtschaftlichen Verhältnisse** können die Maßstäbe nach oben oder unten zu verschieben sein. Insbesondere bei großem Vermögen des Verpflichteten kann der Einsatz des Vermögensstamms auch ohne die genannten **Voraussetzungen** als unbillig anzusehen sein.[1981] Gleiches gilt bei beiderseits gleich großem Vermögensstamm, wenn der Verpflichtete den Unterhalt ohne weiteres aus seinen laufenden Einkünften aufbringen kann.[1982] Anders ist es, wenn der Anspruchsberechtigte erhebliche Vermögen hat, während der Verpflichtete der Grenze der Leistungsunfähigkeit nahe käme.[1983] Den Parteien ist ein gleich hoher Freibetrag zuzubilligen.

594   **Der Vermögensstamm darf in angemessenen Raten** verbraucht werden, wenn er einsatzpflichtig ist. Maßgebend dafür ist der Bedarfszeitraum (zB die Ausbildungsdauer),[1984] bei unbegrenzter Bedürftigkeit die voraussichtliche Lebensdauer.[1985] Der Verpflichtete kann also einen Teil des Bedarfs laufend weiter decken müssen und nicht auf dem alsbaldigen Verbrauch des Vermögensstamms bestehen, das kann aber an Grenzen stoßen, weil dem Berechtigten, zB bei einer Wiederheirat, dann viel mehr Kapital als angemessen verbleibt.[1986]

In § 90 Abs. 3 SGB XII ist aber nur der gegenwärtige Lebensbedarf (für etwa 3 Monate) gemeint.[1987]

595   Eine **Verwertung durch Kreditaufnahme** kann zumutbar sein, wenn eine Zeitspanne bis zur ordnungsgemäßen wirtschaftlichen Verwertung überbrückt werden muss,[1988] → Rn. 602.

c) Sonderfall: Erträge und Stamm eines Zugewinnausgleichsvermögens

596   **Vermögen aus Zugewinnausgleich,** das dem Berechtigten nach der Scheidung (§§ 1372 ff. BGB) oder durch vorzeitigen Zugewinnausgleich (§§ 1385 ff. BGB) zufließt, ist durch die Besonderheit gekennzeichnet, dass es sich nur um eine **Umschichtung schon vorher vorhandenen Vermögens** handelt.

Die ehelichen Lebensverhältnisse sind regelmäßig schon durch dieses Vermögen mitgeprägt worden, sei es durch Zinserträge oder mietfreies (bzw. bei Belastungen teilweise mietfreies) Wohnen im eigenen Haus.[1989] Bei der Unterhaltsbemessung nach Quoten (zB beim Getrenntlebensunterhalt) gehören diese Einkommensteile in die Verteilungsmasse. Durch die Durchführung des Zugewinnausgleichs braucht keine Änderung einzutreten

---

[1980] BGH FamRZ 1988, 1031 = NJW-RR 1988, 1096; BVerwG FamRZ 1995, 1348; vgl. aber BGH FamRZ 1989, 172 = NJW 1989, 525.

[1981] OLG Köln FamRZ 1999, 1277; vgl. auch BGH FamRZ 1985, 357 (360) = NJW 1985, 909.

[1982] KG FamRZ 1985, 485; anders aber, wenn der Verpflichtete kein eigenes Vermögen hat: BGH FamRZ 1984, 364 (367).

[1983] OLG Hamm FamRZ 2006, 1680.

[1984] BGH FamRZ 1998, 369 = NJW 1998, 978.

[1985] OLG Saarbrücken NJW-RR 2007, 1377; OLG Frankfurt FamRZ 1987, 1179; Arbeitskreis 12 des 6. DFGT FamRZ 1986, 130.

[1986] OLG Hamm FamRZ 2006, 1680.

[1987] OLG Köln OLGR 2007, 249.

[1988] BGH FamRZ 1982, 678 = NJW 1982, 1641; mit Recht einschränkend aber BGH FamRZ 1984, 662 = NJW 1984, 2358 bei schon laufender Verwertung nach § 753 BGB; OLG Bamberg FamRZ 1999, 876.

[1989] BGH FamRZ 2007, 1532 (1536) mAnm Maurer FamRZ 1990, 269 (272) = NJW 1990, 709; FamRZ 1985, 357 (359) = NJW 1985, 909 (911); OLG Hamm OLGR 1995, 114; OLG Hamm FamRZ 2007, 215.

(Modellfall: Aufteilung des zweistöckigen Hauses in zwei Eigentumswohnungen), so dass dann der Barunterhalt ohne Rücksicht auf den Zugewinnausgleich wie vorher bemessen werden kann.[1990]

Die Verhältnisse liegen aber meistens anders, so dass nicht generell gesagt werden kann, dass der Zugewinn unterhaltsrechtlich neutral sei,[1991] sondern die Einkommenssituation vor und nach der Scheidung zu prüfen ist.

Wenn ein Ehepartner das gemeinsame Haus übernimmt und der andere sich mit der 597 Ausgleichszahlung eine Eigentumswohnung kauft, tritt insoweit keine Änderung ein, als der Wohnbedarf nach wie vor unter Einsatz des eigenen Vermögens gedeckt wird. Das verstößt nicht gegen den Grundsatz, dass Vermögenserträge nach §§ 1569, 1577 Abs. 1 BGB bedarfsmindernd wirken, sondern die Wohnbedarfsdeckung erfolgt vorher wie nachher aus dem „eigenen Vermögen" der Frau (insoweit ist auch die Hausfrau „Doppelverdienerin"!).

Wiederanlage in Wohneigentum. Hinsichtlich dieser Ausführungen siehe 13. Auflage Rn. 597. Da die zitierte Rechtsprechung aus einer Zeit stammt, in der die Kapitalanlagen noch sehr gute Renditen erzielt haben, sind die dortigen Fragen aktuell weniger interessant. Andererseits ist auch zu beachten, dass nach Veräußerung (Übertragung des Miteigentums auf einen Ehegatten) der Immobilie bei dem weichenden Ehegatten der Vorteil mietfreien Wohnens entfällt; an diese Stelle treten die Zinseinkünfte aus dem Erlös als Surrogat.[1992] Beim verbleibenden Ehegatten verbleibt es beim (nunmehr) gesamten Wohnvorteil der Immobilie, gemindert um die unterhaltsrechtlich zu berücksichtigenden Belastungen durch den Erwerb des Miteigentumsanteils.[1993] Setzt der aus der Ehewohnung gewichene Ehegatte den Verkaufserlös aus seinem früheren Miteigentumsanteil an der Ehewohnung für den Erwerb einer neuen Wohnung ein, tritt der Wohnvorteil der neuen Wohnung an die Stelle eines Zinses aus dem Erlös[1994] und prägt damit das Einkommen.[1995]

Erwerbslasten zum Erwerb des Volleigentums durch den Berechtigten begründen 598 keinen erhöhten Unterhaltsbedarf. Gleichermaßen setzen für den Verpflichteten solche Erwerbslasten nicht die Leistungsfähigkeit hinab,[1996] da es sich in beiden Fällen um Vermögensbildung handelt und der Mietbedarf durch die üblichen Quoten berücksichtigt ist.

Wenn der Zugewinnausgleich wegen seiner geringen Höhe nicht ausreicht, um 599 **wieder Wohneigentum anzuschaffen** (oder den Anteil des anderen zu übernehmen) oder die Verwendung zu Wohnzwecken aus anderen Gründen nicht beabsichtigt ist, ist ein Überschuss des jetzt erzielten Zinsertrages gegenüber dem Wohnwert im Wege der Differenzmethode zu berücksichtigen, weil es sich um ein Surrogat schon in der Ehe vorhandenen Vermögens handelt.[1997]

[1990] OLG Karlsruhe FamRZ 1983, 506 (nur Verschiebung der die ehelichen Lebensverhältnisse bestimmenden Faktoren); vgl. auch OLG Hamm FamRZ 1983, 924 und KG FamRZ 1985, 457.

[1991] BGH FamRZ 1990, 269 (272) = NJW 1990, 709; FamRZ 1986, 437 u. 441 = NJW 1986, 383 u. 1342; überholt OLG Köln FamRZ 1983, 750 (753) und OLG Frankfurt FamRZ 1984, 178 u. 487, die Zugewinnausgleich außer Betracht lassen wollten.

[1992] BGH FamRZ 2014, 1098 = NJW 2014, 1733 mkritAnm Graba FF 2014, 342; Bestätigung von BGH FamRZ 2009, 23.

[1993] BGH FamRZ 2014, 1098 Rn. 11; bereits BGH FamRZ 2008, 963.

[1994] BGH FamRZ 2014, 1098 Rn. 12; bereits BGH FamRZ 2009, 23; kritisch Graba FF 2014, 342, der die Notwendigkeit eines Surrogats nicht sieht; die mit der Auflösung des gemeinsamen Wohneigentums verbundenen Änderungen entsprechen gerade nicht den ehelichen Lebensverhältnissen.

[1995] Kritik von Graba FF 2014, 342; siehe zuWohnwert und Unterhaltsrecht Hachenberg NZFam 2014, 938.

[1996] BGH FamRZ 1992, 423 (425) = NJW 1992, 1044; OLG Hamm OLGR 1995, 114.

[1997] BGH FamRZ 2001, 1140 (1143) = NJW 2001, 2259; anders noch (Abzugsmethode) BGH FamRZ 1987, 912 = NJW-RR 1987, 962.

Zur **Tilgung von Schulden** und zur **Finanzierung notwendiger Anschaffungen** kann der Zugewinnausgleich eingesetzt werden, soweit das angemessen ist. Nur der Restbetrag ist dann verzinslich anzulegen.[1998] Nach der neueren Rechtsprechung des BGH kann aber von fiktiven Zinseinkünften eines schuldhaft nicht mehr vorhandenen Vermögens nur ausgegangen werden, wenn der Verbrauch des Verkaufserlöses aus einer gemeinsamen Eigentumswohnung als unterhaltsrechtlich vorwerfbares Verhalten angesehen werden kann, wobei der Vortrag über die seitherige Verwendung des Verkaufserlöses geprüft werden müsse.[1999]

600 **Es gilt das Verbot der Doppelverwertung.** Unstreitig ist das für die Aktivposten, zB Abfindungen.[2000] Wenn Hausverbindlichkeiten – Schulden – bereits im Zugewinnausgleichverfahren berücksichtigt worden sind, können sie gleichfalls nicht erneut bei der Unterhaltsberechnung berücksichtigt werden.[2001] Das gilt nur für die Tilgung des Darlehens, nicht für die Zinsen, da letztere den Zugewinn nicht beeinflussen.[2002] Der Betrieb eines Selbstständigen muss im Zugewinnausgleich berücksichtigt werden, auch wenn aus den Einkünften des Betriebes Unterhalt zu zahlen ist,[2003] allerdings ist ab dem Zugewinnausgleich der Vermögenszuwachs des Berechtigten zu berücksichtigen.

601 **Ausschluss des Zugewinnausgleichs durch unterhaltsrechtliche Regelung.** Durch die Einbeziehung eines Zugewinnausgleichsertrags in eine (dauerhafte) unterhaltsrechtliche Regelung ist eine nochmalige Berücksichtigung dieser Erträge – beiderseits – ausgeschlossen.[2004] Ob und inwieweit der Zugewinnausgleich hinsichtlich des Vermögensstamms damit ausgeschlossen ist, ist eine andere Frage. Es muss daher bei der unterhaltsrechtlichen Regelung darauf geachtet werden, die beiderseitigen Erträge richtig zu berücksichtigen. Es muss sowohl das Ergebnis vermieden werden, dass dem Ausgleichspflichtigen vom Zugewinnausgleich weniger als die Hälfte verbleibt als auch das Ergebnis, dass der Berechtigte über die Anrechnung eines Unterhaltsrückstandes als Zugewinnausgleichsposten seinen eigenen Unterhalt teilweise zahlt.

2. Darlehensaufnahme

602 Die **Bedürftigkeit durch Darlehensaufnahme zu beheben,** ist der Unterhaltsberechtigte grundsätzlich nicht verpflichtet,[2005] denn der Unterhalt ist grundsätzlich eine endgültige, nicht nur vorschussweise Leistung.

Ausnahmsweise gilt etwas anderes

- wenn günstige öffentlich-rechtliche Darlehensaufnahme möglich ist (BAföG-Darlehen),[2006] nicht jedoch bei lediglich verzinslich angebotenem Darlehen nach § 17 Abs. 3 BAföG,[2007]

[1998] BGH FamRZ 1995, 540 (541) = NJW-RR 1994, 1154.
[1999] BGH FamRZ 2010, 629 Rn. 19–21.
[2000] BGH FamRZ 2004, 1352 = NJW 2004, 2675; FamRZ 2003, 432 = NJW 2003, 1396.
[2001] OLG München FamRZ 2005, 453; OLG Saarbrücken NJW 2006, 1438; weiter Niepmann FF 2005, 131; Jakobs NJW 2007, 2885; Gerhardt/Schulz FamRZ 2005, 317; Münch FamRZ 2006, 1164; Schulz FamRZ 2006, 1237; Hoppenz FamRZ 2006, 1242; Schmitz FamRZ 2006, 1811; Grziwotz FPR 2006, 485; Hermes FamRZ 2007, 184 und Wohlgemuth FamRZ 2007, 187.
[2002] OLG München FamRZ 2005, 459.
[2003] AA OLG Oldenburg FamRZ 2006, 1031 mablAnm Hoppenz.
[2004] BGH FamRZ 2003, 432 mAnm Schröder und Kogel (1645) sowie BGH FamRZ 2003, 1544 (1546).
[2005] Graba FamRZ 1985, 118 ff. mwN.
[2006] BGH FamRZ 1985, 916 = NJW 1985, 2331; FamRZ 1989, 499 (500) = NJW-RR 1989, 578.
[2007] OLG Karlsruhe FamRZ 2011, 1303 unter II. 2. d). → Rn. 663.

- wenn es sich um die Überbrückung von Zeiten handelt, in denen die Bedürftigkeit wegen anderweitiger Ansprüche (zB Rente) nicht mehr besteht und sich nur die Auszahlung dieser Leistungen verzögert,[2008]
- wenn vorhandenes Vermögen schon jetzt einsatzpflichtig ist, sich seine Verwertung aber verzögert oder aus nicht zu berücksichtigenden Gründen von der Verwertung abgesehen wird.[2009] Vor Aufhebung der Miteigentumsgemeinschaft und überhaupt vor Scheidungsrechtskraft wird die Inanspruchnahme von Darlehen aber in aller Regel nicht zumutbar sein.[2010]

3. Freiwillige Zuwendungen Dritter

Ohne Rechtsanspruch gewährte, freiwillige Zuwendungen Dritter kommen **grundsätzlich nur dem Zuwendungsempfänger allein zugute** und wirken sich nicht auf ein Unterhaltsrechtsverhältnis aus, es sei denn, dem Willen des Zuwendenden lässt sich anderes entnehmen.[2011] Soll die Leistung allerdings gerade zur **Entlastung des Verpflichteten** dienen, ist sie zu behandeln wie die Leistung des Verpflichteten selbst, die dem Berechtigten nur mittels eines Dritten zugewandt wird. Auch bei der Zuwendung von größeren Geldbeträgen an einen Ehegatten während des ehelichen Zusammenlebens kann nicht davon ausgegangen werden, die Kapitalerträge sollten nur dem Zuwendungsempfänger alleine zugutekommen.[2012] Eine freiwillige Leistung liegt auch nicht vor, wenn sie als Entgelt für bspw. eine Haushaltstätigkeit des Zuwendungsempfängers erfolgt.[2013] 603

Soll die Leistung nur dem Berechtigten zugutekommen, ist sie grundsätzlich nicht anrechenbar, denn die Zweckbestimmung des Dritten darf nicht missachtet werden. Der Dritte kann nicht indirekt zur Unterhaltsleistung herangezogen werden.[2014] Im Rechtsstreit muss auch eine solche Zuwendung offenbart werden, damit das Gericht eine etwaige Anrechnung prüfen kann.[2015] 604

Bei Leistungen aus dem Familienkreis spricht eine tatsächliche Vermutung dafür, dass die Leistung dem begünstigten Familienangehörigen allein zugutekommen soll.[2016] Bei Zuwendungen von Großeltern an Enkelkinder wird daher meist eine Entlastung des von den Großeltern abstammenden Elternteils beabsichtigt sein. 605

Wenn ein Rechtsanspruch auf Teilleistungen besteht, weil dieser mit der freiwilligen Zuwendung begründet worden ist (zB freiwillige Zuwendung einer privaten Stiftung zur laufenden Studienfinanzierung in Form eines monatlichen **Büchergeldes**) wird der Zu- 606

[2008] BGH FamRZ 1992, 1152 (1155) = NJW 1992, 2415 (vom Unterhaltsschuldner angebotenes Darlehen); BGH FamRZ 1982, 470 = NJW 1982, 1147; FamRZ 1983, 574 = NJW 1983, 1481.
[2009] OLG Bamberg FamRZ 1999, 876 (Überbrückung der Zeit bis zum Eintritt in das Erwerbsleben durch Kredit auf 4-Familien-Haus).
[2010] BGH FamRZ 1988, 259 (263) = NJW 1988, 2376 und BGH FamRZ 1984, 662 = NJW 1984, 2358.
[2011] BGH FamRZ 2005, 967 = NJW-RR 2005, 945; FamRZ 1995, 537 = NJW 1995, 1486; FamRZ 1993, 417 (419) = NJW-RR 1993, 322. So auch die Leitlinien der OLG, zB Süddeutsche, Kölner, Celler, Frankfurter Unterhaltsgrds. Nr. 8; vgl. auch Büttner FamRZ 2002, 1445.
[2012] OLG Saarbrücken FamRZ 2020, 422 (Ls.) = NJOZ 2020, 194; OLG Köln FamRZ 1993, 711.
[2013] OLG Köln FamRZ 2021, 1529 (Ls.).
[2014] BGH FamRZ 1992, 1045 (1049) = NJW 1992, 2477; BGH NJW-RR 1989, 196; NJW 1988, 2377; OLG Frankfurt OLGR 2007, 767.
[2015] BGH FamRZ 2000, 213 = NJW 1999, 2804.
[2016] BGH FamRZ 2005, 967 = NJW-RR 2005, 945; FamRZ 1995, 537 = NJW 1995, 1486 (aus den Beziehungen zu erschließen); NJW-RR 1990, 578 (580); FamRZ 1988, 159 (162) = NJW 1988, 2371; OLG Düsseldorf FamRZ 2007, 1039 (Stundung Kostgeldanspruch durch Pflegeeltern).

wendungswille ebenfalls zu beachten sein.[2017] Es kann nicht entscheidend sein, ob die freiwillige Zuwendung in Raten erfolgt oder in einer Summe,[2018] und der Zuwendungswille des Dritten ist auch nicht deshalb unbeachtlich, weil er eine bindende Zusage gemacht hat. Der verfolgte Zweck – zusätzlicher Studienanreiz – würde mit der Anrechnung auf das Eigeneinkommen und damit den Unterhaltsanspruch verfehlt.

Anrechenbar sind dagegen Einkünfte, die der Berechtigte **aus eigenem Recht** zieht, mag auch der Gegenstand oder das Kapital schenkweise zugewandt worden sein.[2019] Wenn die Schenkung rückgängig gemacht wird, ohne dass Gründe nach §§ 525 ff. BGB vorlagen, wird ein entsprechendes Einkommen aus der Nutzung des Gegenstandes fiktiv anzurechnen sein.

607 **Freiwillige Zuwendungen, die in Sachleistungen bestehen,** sind nicht anders zu behandeln.[2020]

Allerdings wird in der Rechtsprechung verbreitet angenommen, dass die freiwillige Mitbetreuung von Kindern des Berechtigten durch Großeltern, die den Berechtigten entlasten soll, jedenfalls in den Fällen des § 1579 BGB die Aufnahme einer Erwerbstätigkeit zumutbar macht.[2021] Eine Begründung dafür, warum der Wille des Dritten bei dieser Sachlage unbeachtlich sein soll, fehlt jedoch.[2022]

Im **Mangelfall** wird ebenfalls eine Berücksichtigung freiwilliger Leistungen Dritter entgegen dem Zuwendungswillen nach Billigkeit befürwortet.[2023] Auch dafür fehlt eine überzeugende Begründung.[2024]

608 **Von versteckten Entgelten für Mitarbeit**[2025] **und Zuwendungen im Rahmen einer Lebensgemeinschaft**[2026] ist die freiwillige Zuwendung Dritter scharf abzugrenzen. In diesen Fällen gelten die in → Rn. 563 ff. erörterten Anrechnungsregeln. Ebenso sind vorweggenommene Erbzuwendungen keine freiwilligen Leistungen Dritter.[2027]

4. Versicherungen

609 **Leistungen aus privaten Versicherungen,** die der Berechtigte bezieht (Kranken- und Krankenhaustagegeldversicherung, Lebensversicherungen, sonstige Versicherungen) und für die er während der Ehe Beiträge erbracht hat, mindern regelmäßig seine Bedürftigkeit,[2028] soweit sie nicht für konkret darzulegende Mehrkosten auf Grund des Versiche-

---

[2017] So jetzt auch die steuerliche Regelung bei der Berechnung der Einkommensgrenze für das Kindergeld, → Rn. 557; anders noch OLG Koblenz NJW-RR 1992, 389 und OLG Bamberg FamRZ 1986, 1028.

[2018] BGH FamRZ 2005, 967 = NJW-RR 2005, 945 (Verzicht der Eltern auf Zinsen für ein dem Sohn gewährtes Darlehen).

[2019] OLG München FamRZ 1996, 1433.

[2020] So auch eindeutig BGH FamRZ 1995, 537 = NJW 1995, 1486; FamRZ 1992, 1045 (1049) = NJW 1992, 2477 für mietfreies Wohnen der Tochter im Haus der Eltern; AG Lehrte FamRZ 2003, 1958; (aber Mithaftung der Großeltern?); OLG Frankfurt OLGR 2007, 767; **anders** aber BVerwG FamRZ 1997, 814 = NJW 1997, 2831 für unentgeltliche Pflege von Großeltern, die dem Anspruch auf Hilfe zur Erziehung in Vollzeitpflege (§ 27 SGB VIII) entgegenstehen soll.

[2021] BGH FamRZ 1989, 1279 (1280) = NJW 1990, 253; so auch OLG Karlsruhe FamRZ 1993, 1353.

[2022] Näher dazu Büttner FamRZ 2002, 1445.

[2023] Wendl/Dose UnterhaltsR/Klinkhammer § 2 Rn. 122 unter Hinweis auf BGH FamRZ 2009, 843 (847).

[2024] Büttner FamRZ 2002, 1445 (1448).

[2025] OLG München FamRZ 1995, 1069 (Freiwillige Leistungen des Arbeitgebers regelmäßig Entlohnung).

[2026] OLG Koblenz FamRZ 1991, 1469.

[2027] OLG Frankfurt FamRZ 1987, 1179.

[2028] BGH FamRZ 2013, 191 Rn. 36, mAnm Born.

rungsfalls benötigt werden.[2029] Zahlungen aus Kapitallebensversicherungen sind auf die voraussichtliche Lebensdauer umzurechnen.

5. Renten

a) Allgemeines

Laufende Einkünfte aus Renten, Pensionen oder sonstigen Versorgungen sind   610
grundsätzlich als Einkommen des Berechtigten zu berücksichtigen.[2030] Der Berechtigte ist verpflichtet, einen entsprechenden Leistungsantrag zu stellen, sobald die Voraussetzungen für die Leistungsgewährung vorliegen und ihm die Antragstellung zumutbar ist.[2031] Erhöhungsanträge müssen ggf. gestellt werden, aber nicht, wenn den Berechtigten nur die Obliegenheit zu einer Aushilfstätigkeit traf.[2032]

Wenn Renten oder Zulagen zu Renten zum Ausgleich besonderer Belastungen (materieller oder immaterieller Art) oder Aufwendungen dienen, sind die folgenden Gesichtspunkte zu berücksichtigen.

b) Versehrtenrenten

Versehrtenrenten sind vor allem Renten im Rahmen der Kriegsopferversorgung   611
(§§ 31 ff. BVG), der gesetzlichen Unfallversicherung (SGB VII) und der gesetzlichen Rentenversicherung (§§ 33 ff. SGB VI), aber auch Renten nach dem Gesetz über die Erhaltung einer Stiftung „Hilfswerk für behinderte Kinder".[2033] Die **Opferrente nach § 17a StrRehaG,** die wegen einer zu Unrecht erlittenen Haft gezahlt wird, ist unterhaltsrechtliches Einkommen. Sie richtet sich nach dem Grad der Erwerbsminderung und kompensiert damit Einkommenseinbußen.[2034]

Grundsätzlich sind bei der Bedürftigkeit alle Einkünfte ohne Rücksicht auf die   612
öffentlich-rechtliche Zweckbestimmung zu berücksichtigen[2035] (§§ 1577 Abs. 1, 1602 Abs. 1 BGB), nicht anders als bei der Leistungsfähigkeit.

Nach §§ 1578a, 1610a BGB wird aber gesetzlich vermutet, dass die Kosten der Aufwendungen infolge der Schädigung nicht geringer sind als die dafür bestimmten Zuwendungen in Gestalt von Sozialleistungen.

Wegen aller Einzelheiten wird auf → Rn. 886 ff. verwiesen, denn die Anrechnungsgrundsätze gelten für Berechtigte und Verpflichtete gleichermaßen.

Wenn beim Ehegattenunterhalt die Verletzung, wegen derer die Rente gezahlt   613
wird, erst nach der Trennung oder Scheidung erlitten wurde, ist zu berücksichtigen, dass weder Mehrbedarf noch Zusatzeinkommen die ehelichen Lebensverhältnisse geprägt haben. Auf der Seite des Verpflichteten ist das Einkommen daher nicht zu berücksichtigen. Die Gleichbehandlung dürfte fordern, es dann auch nicht auf der Seite des Berechtigten zu berücksichtigen, weil sich die Lage des Verpflichteten nicht durch den Schaden des Berechtigten verbessern soll. Das gilt vor allem für Renten, die immaterielle Schäden

---

[2029] BGH FamRZ 1987, 36 = NJW-RR 1987, 194.

[2030] OLG Bremen NJW-RR 2007, 511.

[2031] ZB Antragstellung nach §§ 19 S. 1 SGB IV, 115 Abs. 1 S. 1 SGB VI. Unzumutbar kann sie im Einzelfall sein, wenn der Antragsteller damit erhebliche Nachteile in Kauf nehmen muss, zB für ein bestehendes Arbeitsverhältnis, vgl. dazu näher Greßmann/Klattenhoff FuR 1996, 137 ff. und Müller DAVorm 1993, 125 ff.

[2032] BGH NJWE-FER 1998, 241.

[2033] BGBl. 1971 I 2018. § 21 Abs. 2 S. 1 StiftG bestimmt, dass Leistungen nach diesem Gesetz bei der Ermittlung von Einkommen und Vermögen nach anderen Gesetzen außer Betracht bleiben; dazu BVerwG FamRZ 1993, 181.

[2034] OLG Hamm FamRZ 2016, 64 (65 f.).

[2035] BGH FamRZ 1983, 574 = NJW 1983, 1481; BGH FamRZ 1988, 1031 = NJW-RR 1988, 1096.

ausgleichen, denn von einem „Mitleiden" des Verpflichteten kann hier keine Rede sein. Anders kann es sein, wenn die Unfallrente zwar erst nach der Scheidung bezogen wird, das Gesamteinkommen aber nicht höher ist als vorher.[2036] Das gilt jedenfalls dann, wenn materiell § 1578a BGB nicht eingreift.

614   Solange über einen **Antrag auf Erwerbsunfähigkeitsrente** für den Berechtigten **noch nicht entschieden** ist, weist der BGH[2037] auf folgenden Lösungsweg hin: Der Verpflichtete kann ein zins- und tilgungsfreies Darlehen anbieten und sich zur Sicherung des Rückzahlungsanspruchs den Anspruch auf Rentennachzahlung gemäß § 53 Abs. 2 S. 1 SGB I abtreten lassen. Gegen die vom OLG Düsseldorf[2038] vorgeschlagene Zug-um-Zug-Verurteilung hat der BGH aus § 53 Abs. 2 Nr. 1 und 2 SGB I Bedenken erhoben.

615   **Bei Rentennachzahlungen nach rückwirkender Rentengewährung** für den Berechtigten besteht ein Erstattungsanspruch des Verpflichteten, dessen Rechtsgrundlage in dem auch das gesetzliche Unterhaltsschuldverhältnis beherrschenden Grundsatz von Treu und Glauben zu sehen ist.[2039] Entsprechendes gilt, wenn der Unterhaltsberechtigte nachträglich eine höhere Rente erhält.[2040]

c) Waisenrenten

616   Waisenrenten sind Einkünfte des Kindes (Waisenrenten in der gesetzlichen Unfallversicherung (§§ 67 f. SGB VII) und in der gesetzlichen Rentenversicherung (§§ 33 ff. SGB VI) sowie nach dem Bundesversorgungsgesetz (§ 60 BVG) und nach dem Opferentschädigungsgesetz (§ 1 Abs. 1, 5)[2041] und daher bei seiner Bedürftigkeit zu berücksichtigen.

Zu beachten ist dabei, dass die Tabellensätze den hälftigen Lebensbedarf wiedergeben (da die andere Hälfte durch Betreuung naturaliter gedeckt wird).

617   Bei **Gewährung einer (Halb)waisenrente nach dem Tode eines Elternteils** richtet sich der Unterhaltsanspruch in Höhe des vollen Bedarfs (= doppelter Tabellensatz: Bar- und Betreuungsunterhalt)[2042] gegen den überlebenden Elternteil, so dass diesem auch die Minderung der Unterhaltsbedürftigkeit voll zugutekommt.[2043] Die Halbwaisenrente und das Kindergeld sind demzufolge in voller Höhe als Bedarfsdeckung abzuziehen.

Durch eine dem Kind nach dem Tode des Stiefvaters gewährte Waisenrente (§§ 48, 97 SGB VI) werden die Eltern von ihrer Unterhaltpflicht im Verhältnis ihrer Haftungsanteile entlastet, wie der BGH[2044] für minderjährige Kinder mit eingehender Begründung entschieden hat.

Eigenes Einkommen des Kindes (zB aus studentischer Nebentätigkeit) neben der Halbwaisenrente[2045] ist – im Rahmen des § 1577 Abs. 2 BGB – zu berücksichtigen.

[2036] OLG Koblenz FamRZ 2003, 1106.

[2037] BGH FamRZ 1983, 574 = NJW 1983, 1481.

[2038] OLG Düsseldorf FamRZ 1982, 821.

[2039] BGH FamRZ 1989, 718 (720) = NJW 1989, 1990 (bestätigendes Revisionsurteil zu OLG Hamm FamRZ 1988, 732); BGH FamRZ 1990, 269 (272) = NJW 1990, 709.

[2040] OLG Frankfurt OLG Report 2001, 276 zu erhöter Versorgungsausgleichsrente aus früherer Ehe.

[2041] Dazu BSG NJW 1987, 2894.

[2042] BGH FamRZ 2006, 1597 mAnm Born = NJW 2006, 3431.

[2043] BGH FamRZ 2006, 1597 mAnm Born = NJW 2006, 3431; BGH FamRZ 1980, 1109 (1111) = NJW 1981, 168 mit Nachweisen zu den früher vertretenen Auffassungen; OLG Stuttgart FamRZ 2001, 1241; OLG Koblenz 27.8.2003 – 13 WF 596/03.

[2044] BGH FamRZ 1980, 1109 (1112) = NJW 1981, 168; FamRZ 1981, 541 = NJW 1981, 2462; ebenso OLG Düsseldorf FamRZ 1986, 587; zur Geltendmachung durch Abänderungs- oder Vollstreckungsgegenklage vgl. BGH FamRZ 1989, 159 (161).

[2045] BGH NJW 2006, 3421 und OLG Hamm NJW Spezial 2007, 500.

d) Versorgungsausgleich

Auf **Durchführung des Versorgungsausgleichs beruhende Renten** oder Teile von   618
Renten sind nach der Rechtsprechung des BGH[2046] im Wege der Differenzmethode zu
berücksichtigen. Wenn sich der Versorgungsausgleich auf die Rente des früher haushaltsführenden Ehegatten auswirkt, ist das eheprägend, weil er Surrogat für die früheren
Haushaltstätigkeiten ist.

Dies gilt auch für die mit Hilfe des **Altersvorsorgeunterhalts** erworbenen Rentenanwartschaften; auch für diese Fälle ist die Differenzmethode anwenden;[2047] → Rn. 53
und → Rn. 514.

**Wenn die Rente des Berechtigten ausschließlich auf dem Versorgungsausgleich
beruht und die Rente des Verpflichteten entsprechend gekürzt wird,** kann der Unterhaltsanspruch durch Addition der Renten und anschließende Halbteilung errechnet werden.[2048]

Wenn der ungekürzte Versorgungsausgleich zwischen Ehegatten, die beide schon
Altersversorgungen beziehen, zu einem Unterhaltsanspruch des Ausgleichspflichtigen
gegen den Ausgleichsberechtigten führt, kann das ein Grund für die Kürzung des Versorgungsausgleichs nach § 27 VersAusglG (früher § 1587c Nr. 1 BGB[2049]) sein.

e) Wiederauflebende Witwenrenten

Wiederauflebende Witwenrenten haben **keine Unterhaltsersatzfunktion** in Bezug auf   619
die neue Ehe,[2050] so dass gemäß §§ 44 Abs. 2 BVG, 46 Abs. 3, 90, 107, 243, 269 Abs. 2–4
SGB VI bzw. 61 Abs. 3 BeamtVG nach Scheidung der Zweitehe wiederauflebende Witwenrenten bei der Bemessung des Unterhaltsanspruchs gegen den geschiedenen Ehegatten außer Betracht bleiben. Der Unterhaltsanspruch ist also auf eine wiederauflebende
Witwenrente anzurechnen.[2051]

Bedenken gegen die absolute Subsidiarität der wiederauflebenden Witwenrente kön-   620
nen bestehen, wenn

- nur Billigkeitsunterhalt geschuldet wird[2052]
- dem Berechtigten aus Unterhalt und dem überschießenden Teil der wiederauflebenden
  Witwenrente mehr verbleibt als dem Verpflichteten.[2053]
- in Unbilligkeitsfällen nach § 1579 BGB.[2054]

[2046] BGH FamRZ 2002, 88 = NJW 2002, 436; FamRZ 2003, 848 mAnm Hoppenz = NJW 2003,
1796.
[2047] Vgl. jetzt BGH FamRZ 2014, 1276, Rn. 21 f.
[2048] BGH FamRZ 1989, 159 (161) = NJW-RR 1989, 322; OLG Nürnberg FamRZ 1992, 683.
[2049] BGH FamRZ 1987, 255 = NJW-RR 1987, 325; OVG Münster MDR 2002, 341.
[2050] BVerfG FamRZ 1975, 157 (160) noch für altes Recht.
[2051] BGH FamRZ 1986, 889; BSG FamRZ 1983, 603; OLG Düsseldorf FamRZ 1998, 743; LSG
Niedersachsen NdsRpfl. 1993, 18 = NJW-RR 1993, 326; OLG Hamm NJW-RR 1995, 578; OLG
Düsseldorf FamRZ 1996, 947; eingehend zur Problematik Dieckmann FamRZ 1987, 231 ff. mwN
und krit. zu dieser Rspr.
[2052] Auch dann Subsidiarität bejahend: BGH FamR 1979, 470; BSG FamRZ 1970, 314 (zu § 60
EheG); OLG Düsseldorf FamRZ 1978, 597 (695) (zu § 61 Abs. 2 EheG).
[2053] So auch OLG Düsseldorf FamRZ 1998, 743 und 1996, 947 (948); zu den Lösungsansätzen für
eine Berücksichtigung bei zwei voneinander abhängigen Größen vgl. Dieckmann FamRZ 1987, 231 ff.
und schon Petermann Rpfl 1972, 157 f. und Gloede MDR 1971, 807 ff. – mathematisch aber allesamt
unbefriedigend; es müsste eine integrierte Berechnung vorgenommen werden, vgl. zur ähnlichen
Problematik beim Altersversorgungsunterhalt Jacob FamRZ 1988, 997 (998).
[2054] BGH FamRZ 1986, 889; OLG Hamm NJW-RR 2006, 651 geht bei kurzer Ehe und fehlendem
Anspruch wegen § 1579 Nr. 1 BGB von Wiederaufleben der Witwenrente aus.

Der Rechtsprechung des BGH ist nach der Gesetzeslage zuzustimmen,[2055] denn der Nachrang der wiederauflebenden Rente kann nicht relativiert werden. Eine Besserstellung des Berechtigten beruht auf der in Form der Witwenrente fortbestehenden Solidarität nach der ersten Ehe, die nacheheliche Solidarität nach der zweiten Ehe wird dadurch nicht berührt (wie auch nach Scheidung der zweiten Ehe gemäß § 1586a Abs. 2 BGB der Ehegatte der später aufgelösten Ehe vor dem Ehegatten der früher aufgelösten Ehe haftet). Eine Entlastung des zweiten Ehegatten bei Heirat einer Witwe erscheint nicht gerechtfertigt, weil die Witwenrente nur das Substrat des Unterhaltsanspruchs nach der ersten Ehe ist.

Für Ausnahmefälle hat der BGH eine andere Lösung mit Recht offen gelassen, aber noch nicht näher bezeichnet, wann solche zu bejahen sind.[2056] Daran wird zu denken sein, wenn dem Verpflichteten weniger als der angemessene Bedarf verbleibt, der Berechtigte aber mehr hat.[2057]

621   Für **Unterhaltsverzichte nach Scheidung der zweiten Ehe** ist zu beachten, dass sie für die Zahlung der wiederauflebenden Witwenrente nur dann berücksichtigt werden, wenn sie auf einem verständigen Grund beruhen. Der geschiedenen Ehefrau ist grundsätzlich zuzumuten, bestehende Unterhaltsansprüche zu realisieren, wenn nicht besondere Gründe entgegenstehen.[2058]

6. Sozialstaatliche Zuwendungen

a) Kindergeld

622   **aa) Minderjährige Kinder als Unterhaltsberechtigte.** Seit 1.1.2008 ist das Kindergeld gemäß § 1612b Abs. 1 Nr. 1 BGB zur Hälfte zur Deckung des Barbedarfs (= **bedarfsmindernder Vorwegabzug**) des minderjährigen Kindes einzusetzen, wenn ein Elternteil seine Unterhaltpflicht durch Betreuung des Kindes erfüllt, jedoch voll, wenn das Kind volljährig ist (§ 1612b Abs. 1 Nr. 2 BGB).[2059]

Wegen der Aufteilung des Kindergeldes unter den Eltern, der Verrechnung zwischen ihnen und der Berücksichtigung bei ihrer Leistungsfähigkeit wird auf → Rn. 892 ff. verwiesen.[2060]

Das zweite und dritte „Corona-Steuerhilfegesetz" vom 29.6.2020[2061] und vom 10.3.2021[2062] gewährten Kinderboni als je eimaliges **besonderes Kindergeld („Corona-Bonus").** Die Auszahlung des Kinderbonus' im Jahr 2020 von 300 EUR erfolgt in zwei Teilen für kindergeldberechtigte Kinder im September 2020 mit 200 EUR und im Oktober 2020 mit 100 EUR, für 2021 mit 150 EUR im Mai 2021 (§ 6 Abs. 3 BKKG nF). Der „Corona-Bonus" ist – als Kindergeld – hälftig zur Deckung des Barbedarfes des minderjährigen, zur Gänze auf den des volljährigen Kindes zu verwenden.[2063] Im Juli

---

[2055] OLG Koblenz FamRZ 1987, 1154 will § 242 BGB schon anwenden, wenn Berechtigter erheblich mehr hat; vgl. auch OLG Hamm FamRZ 1985, 604 f.

[2056] BGH FamRZ 1986, 889.

[2057] OLG Düsseldorf FamRZ 1996, 947 (948) lässt Disparität genügen; vgl. auch AG Saarbrücken FamRZ 1991, 1197 und Künkel FamRZ 1991, 14 (19).

[2058] Eingehend BSG FamRZ 1983, 583; BSG FamRZ 1985, 1127; LSG Berlin FamRZ 1985, 1139; LSG Essen NJW 1985, 2288.

[2059] BGH FamRZ 2016, 1053 = NJW 2016, 1956 Rn. 23.

[2060] Zur Bestimmung des Kindergeldberechtigten durch das Familiengericht analog § 64 Abs. 2 EStG bei Betreuung des Kindes in annähernd gleichem Umfang in beiden Haushalten der Elternteile: OLG Celle FF 2012, 332.

[2061] BGBl. 2020 I 1512.

[2062] BGBl. 2021 I 330.

[2063] OLG Koblenz FamRZ 2021, 1034 mAnm Borth = NJW 2021, 1545 (Ls.); FamRZ 2021, 1798 (Ls.) = NZFam 2021, 689 mAnm Reinken NZFam 2021, 695; OLG Saarbrücken FamRZ 2022, 186 (Ls.); AG Bergheim FamRZ 2021, 102 mAnm Borth = besprochen von Hausleiter/Schramm NJW-

2022 ist ein weiterer Kinderbonus in Höhe von 100 EUR je Kind gezahlt worden, der unterhaltsrechtlich in gleicher Weise zu behandeln ist.[2064]

Nach **§ 6a Abs. 1 BKGG**[2065] erhalten Personen in den dort genannten Fällen für in ihrem Haushalt lebende unverheiratete oder nicht verpartnerte Kinder, die noch nicht das 25. Lebensjahr vollendet haben, einen **Kinderzuschlag**, u. a. nach Nr. 1 wenn für diese Kinder ein Anspruch auf Kindergeld besteht. Nach dem BGH ist der Kinderzuschlag unterhaltsrechtlich Einkommen des Kindes, das in dem gesamten Umfang seiner Zahlung einem Unterhaltsanspruch entgegensteht, ohne dass eine Aufteilung in einen Barunterhalts- und einen Betreuungsanteil stattfindet.[2066] Nach § 6d BKGG erhielt einen Kinderfreizeitbonus, wer im August 2021 Sozialhilfe, Wohngeld oder einen Kinderzuschlag nach § 6a BKGG bezog. Nach **§ 6c BKGG** werden Unterhaltspflichten durch den Kinderzuschlag nicht berührt.

Die unveränderte Möglichkeit der Abzweigung nach §§ 48 Abs. 1 SGB I, 74 EStG (→ Rn. 255) gewährleistet, dass das Kindergeld in jedem Fall für die Unterhaltsansprüche des Kindes zur Verfügung zu stellen ist. Wird diese Abzweigung bewirkt oder wird das Kind durch Pfändung und Überweisung wegen des Anspruchs des Kindes auf Erfüllung einer gesetzlichen Unterhaltspflicht gemäß §§ 76 EStG, 54 Abs. 5 SGB I durch cessio legis selbst Anspruchsinhaber, ist sein Unterhaltsbedarf insoweit gedeckt.

Ob auch bei fehlender Bedürftigkeit des Kindes (zB Einkünfte aus eigenem Ver- **623** mögen) ein Unterhaltsanspruch jedenfalls in Höhe des Kindesgeldes besteht, ist fraglich. Der primäre sozialpolitische Zweck ist bei mangelnder Bedürftigkeit des Kindes nicht mehr erreichbar, da es einer Entlastung hier nicht bedarf. Da das Kindergeld auf Grund der schematischen Regel des EStG bzw. BKGG den Eltern gewährt wird, spricht viel dafür, es ihnen in diesen Fällen zu belassen.

Für das Jahr 2015 besteht die Besonderheit, dass die Anrechnung in Abweichung von **624** § 1612b BGB kraft gesetzlicher Übergangsregelung[2067] weiter auf der Basis der bis 2014 geltenden Kindergeldbeträge vorzunehmen ist, obwohl das Kindergeld rückwirkend ab 1.1.2015 um monatlich 4 Euro je Kind erhöht worden ist. Ab 1.1.2016 greifen wieder die normalen Anrechnungsregeln nach § 1612b BGB ein, → Rn. 2.

bb) Volljährige Kinder als Unterhaltsberechtigte. Zum 1.1.2012 ist die Berücksich- **625** tigung von Kindern und damit auch die Kindergeldberechtigung mit der Änderung des § 32 Abs. 4 EStG durch den Wegfall der Einkommensgrenzen für arbeitsuchende Kinder unter 21 Jahren und in Berufsausbildung befindliche Kinder unter 25 Jahren (ggf. verlängert um die Zeiten im neu gefassten Absatz 5) ausgeweitet worden.

Das staatliche Kindergeld ist sowohl nach § 1612b Abs. 1 Nr. 2 BGB als auch nach der Rechtsprechung des BGH auf den Unterhaltsanspruch des volljährigen Kindes in voller Höhe anzurechnen; dies gilt auch dann, wenn das Kind noch im Haushalt eines Elternteils lebt, der mangels Leistungsfähigkeit nicht unterhaltspflichtig ist.[2068]

cc) Betreuende als Unterhaltsberechtigte. Kindergeld ist auch nicht als Einkommen **626** **des Betreuenden** bei der Berechnung von dessen Unterhaltsansprüchen anzusehen.

Spezial 2020, 709; vgl. auch Niepmann NZFam 2020, 606; anders noch OLG Koblenz FamRZ 2021, 1037 = NJW 2021, 1545 (Ls.).

[2064] § 66 Abs. 1 und 2 EStG idF des Steuerentlastungsgesetzes v. 27.5.2022, BR-Drs. 205/22.
[2065] Neu geregelt durch das „Starke-Familien-Gesetz", BGBl. 2019 I 530.
[2066] BGH FamRZ 2021, 181 = NJW 2021, 472, Rn. 25 ff.
[2067] Art. 8 Abs. 3 des Gesetzes zur Anhebung des Grundfreibetrags pp., BGBl. 2015 I 1202; BT-Drs. 18/5244 (Beschlussvorlage) und 18/4649 (Regierungsentwurf).
[2068] BGH FamRZ 2006, 99 mAnm Viefhues und Scholz = NJW 2006, 57; BGH FamRZ 2007, 542 mAnm Schürmann = NJW 2007, 1747 mAnm Graba.

Es kann insoweit nichts anderes gelten als für den Verpflichteten.[2069] Nicht zuletzt die gesetzlichen Neuregelungen zur Pfändbarkeit des Kindergeldes gem. §§ 76 EStG, 54 Abs. 4 SGB I haben zweifelsfrei klar gemacht, dass das Kindergeld nur für die Bedarfsdeckung des Kindes einzusetzen ist (daher nur wegen der Unterhaltsansprüche des Kindes gepfändet werden kann).[2070]

627   **Steuervorteile** infolge der Kinderfreibeträge sind als Einkommen des unterhaltsberechtigten Ehepartners anzusehen, wenn sie ihm zufließen.[2071]

b) Kinderzuschüsse, Kinderzulagen

628   **Auch nach der Neuregelung des Kindergeldes gibt es noch zahlreiche Leistungen für Kinder, die nicht auf den §§ 62 ff. EStG bzw. dem BKGG beruhen,** sondern auf anderen gesetzlichen oder betrieblichen Vorschriften.

Unter diesen Leistungen sind von besonderer Bedeutung: Kinderzulagen aus der gesetzlichen Unfallversicherung (§ 583 RVO iVm § 217 Abs. 3 SGB VII), Kinderzulagen auf Grund von Tarifverträgen, Kinderzuschüsse zum Altersruhegeld in den gesetzlichen Rentenversicherungen (§§ 35 ff., 270 SGB VI) und Kinderzuschläge gemäß §§ 269 Abs. 2, 301, 301a LAG.

629   **Behandlung wie Kindergeld.** Solche **anderen kindbezogenen Leistungen** sind gemäß § 1612c BGB wie Kindergeld (§ 1612b BGB) zu behandeln, soweit sie den Anspruch auf Kindergeld ausschließen.

630   Ob **das Kindergeld übersteigende Beträge als Einkommen des unterhaltsberechtigten Betreuenden** anzusehen sind, ist eine andere, vom BGH[2072] bejahte, Frage. Entscheidend ist, ob man auch insoweit wie beim Kindergeld die sozialpolitische Zielsetzung auf das Unterhaltsrecht durchschlagen lässt oder sie wie bei anderen Sozialleistungen zunächst unberücksichtigt lässt und dem Berechtigten lediglich die Möglichkeit eröffnet, darzutun und zu beweisen, dass der Mehrbetrag durch tatsächlichen – ggf. nach § 287 ZPO zu schätzenden – Mehraufwand aufgezehrt wird. Die „Nähe" zum Kindergeld zeigt die Problematik der unterschiedlichen Lösungen besonders deutlich.

Nach Art. 11 des Zweiten Corona-Steuerhilfegesetzes sowie nach § 5 des Dritten Corona-Steuerhilfegesetzes werden die **Corona-Boni** (→ Rn. 622) nicht als Einkommen berücksichtigt und mindern daher insbesondere Sozialleistungen nicht.

c) Familienzuschlag (früher Ortszuschlag) und sonstige kindbezogene Einkommensbestandteile

631   Soweit der betreuende Elternteil eigenes Einkommen hat und in diesem Einkommen **kindbezogene Steigerungsbeträge zum Familienzuschlag,** etwa nach §§ 39 ff. BBesG, enthalten sind, sind diese Einkommensteile auf den **Barunterhaltsanspruch des Kindes** weder ganz noch teilweise anzurechnen. Es handelt sich nicht um Sozialleistungen, die dem Familienlastenausgleich dienen, sondern um Teile des Gesamtgehaltes des (teilweise) Erwerbstätigen.[2073] Das gilt selbstverständlich auch, wenn der Stiefvater wegen des unterhaltsberechtigten Kindes einen erhöhten Ortszuschlag erhält.[2074]

[2069] → Rn. 892 ff.

[2070] BGH FamRZ 1988, 607 (610) = NJW 1988, 1720.

[2071] BGH FamRZ 1988, 607 (610) = NJW 1988, 1720 (Steuervorteile).

[2072] BGH FamRZ 2007, 882 mAnm Born = NJW 2007, 1969.

[2073] BVerfG FamRZ 2004, 524 = NJW 2004, 1099 (Ls.); BGH FamRZ 1989, 172 = NJW 1989, 1033; OLG Köln FamRZ 1983, 750 (753).

[2074] So schon OLG Hamm DAVorm 1978, 358; KG FamRZ 1978, 937 u. OLG Oldenburg FamRZ 1979, 333.

Sind **beide geschiedenen Ehegatte im öffentlichen Dienst** tätig, kann ein Streit über den Ausgleich des Kinderzuschlages entstehen. Der Kinderzuschlag wird nach § 40 Abs. 5 BBesG dem betreuenden Elternteil gewährt (nicht zu verwechseln mit dem Kinderzuschlag nach § 6a Abs. 1 BKGG, vgl. hierzu → Rn. 622). Teilweise wurde vor diesem Hintergrund ein **familienrechtlicher Ausgleichsanspruch** des den Barunterhalt für die Kinder leistenden geschiedenen Ehegatten gegen den den Kinderzuschlag beziehenden Elternteil angenommen, wenn kein Ausgleich über einen Betreuungsunterhalt erfolgt.[2075] Nach der Rechtsprechung des BGH sind kindbezogene Besoldungsbestandteile allerdings nicht wie das Kindergeld zwischen den Eltern auszugleichen, denn diese Gehaltsbestandteile werden nicht wie das Kindergeld als sozialstaatliche Leistung zugunsten der Eltern ausgezahlt, sondern folgen alleine aus dem Beamtenverhältnis.[2076] Dies ist auch in Ansehung der Art. 6 Abs. 2 und 33 Abs. 5 GG verfassungsgemäß.[2077]

Auch **Steuerprogressionsvorteile oder sonstige kinderbezogene Steuervorteile** des **632** Betreuenden sind auf den Kindesunterhalt nicht anzurechnen,[2078] da die öffentlich-rechtliche Zweckbestimmung nicht auf das private Unterhaltsrecht durchschlägt. Aus den zum Ortszuschlag erwähnten Gründen sind sie bei eigenen Ansprüchen des verdienenden Berechtigten zu 50 % zu berücksichtigen.

d) Pflegegeld

Verschiedene Fallgestaltungen sind zu unterscheiden: **633**
- Pflegegeld nach Pflegeversicherungsgesetz (§ 37 SGB XI),[2079]
- Pflegegeld nach § 39 SGB VIII (KJHG) bei Aufnahme fremder Kinder,
- Pflegezulagen nach §§ 35 BVG,[2080] 132 SGB V, 269 Abs. 1 LAG (Lastenausgleichsgesetz).

Der Pflegebedürftige ist Anspruchsinhaber. Für die Anrechnung der Leistungen auf seinen Bedarf ist die – widerlegliche – Vermutung der §§ 1610a, 1578a BGB zu beachten, dass die Kosten der Aufwendungen nicht geringer sind als die Höhe der Sozialleistungen.[2081] Das gilt auch insoweit, als das Pflegegeld nach §§ 8 Abs. 2, 37 SGB XI dazu dient, nicht unmittelbar den Pflegebedarf zu decken, sondern dazu, die Pflegebereitschaft nahe stehender Personen zu erhalten, denn auch die Finanzierung dieser Bereitschaft ist behinderungsbedingter Bedarf.

Für den Pflegenden ist das an ihn weitergeleitete **Pflegegeld nach § 37 SGB XI nur 634 ausnahmsweise Einkommen** (§ 13 Abs. 6 SGB XI).[2082] Es gelten die Grundsätze wie nach § 11 S. 4 BEEG: Grundsätzlich bleibt ein weitergeleitetes Pflegegeld bei der Ermittlung von Unterhaltsansprüchen und Unterhaltsverpflichtungen der Pflegeperson unberücksichtigt.[2083] Das gilt aber nach § 13 Abs. 6 Nr. 1 SGB XI nicht in den Fällen der

---

[2075] So etwa OLG Oldenburg FamRZ 2012, 1876.

[2076] BGH FamRZ 2018, 681 = NJW-RR 2018, 579 Rn. 29.

[2077] BVerfG FamRZ 2020, 755 = NZFam 2020, 288 mAnm Keuter.

[2078] BGH FamRZ 1989, 172 (174); OLG Köln FamRZ 1983, 750 (753).

[2079] §§ 33 ff. SGB XI; vgl. Roller PflR 2003, 335 und Büttner FamRZ 1995, 193 ff. und BVerwG FamRZ 2004, 194 (Ls.) zur Anrechnung des Pflegegeldes nach SGB XI auf das nach §§ 69a ff. BSHG zu beanspruchende Pflegegeld.

[2080] BGH (VI.) FamRZ 1993, 411 (zu § 35 BVG).

[2081] BGH (VI.) FamRZ 2006, 1108 = NJW 2006, 2327; OLG Hamm FamRZ 2003, 1771; OLG Hamburg FamRZ 1992, 444 = NJW-RR 1992, 1351; nicht überzeugend OLG Brandenburg FamRZ 1996, 866 (867); → Rn. 889 zu § 1610a BGB; zur Anrechnung auf die Sozialhilfe vgl. Büttner FamRZ 1995, 193 (195).

[2082] BGBl. 1999 I 1656; BGH NJW 2006, 2182 = FamRZ 2006, 846 (848); zuletzt OLG Stuttgart FamRZ 2018, 27 = NJW-RR 2017, 1153.

[2083] OLG Stuttgart FamRZ 2018, 27 = NJW-RR 2017, 1153.

§§ 1361 Abs. 3, 1579, 1603 Abs. 2 und 1611 Abs. 1 BGB und nach § 13 Abs. 6 Nr. 2 SGB XI nicht für Unterhaltsansprüche der Pflegeperson, wenn erwartet werden kann, dass sie ihren Unterhaltsbedarf ganz oder teilweise durch eigene Einkünfte deckt und der Pflegebedürftige mit dem Unterhaltspflichtigen nicht in gerader Linie verwandt ist. Der Gesetzgeber hat damit seine Intention umgesetzt, die Pflegebereitschaft naher Angehöriger zu stärken. Die Schätzung der Höhe des in den genannten Fällen anrechenbaren Vergütungsanteils hängt davon ab, wie viel vom Pflegegeld für den behinderungsbedingten Mehrbedarf des Pflegebedürftigen anzusetzen ist.[2084]

635 **Pflegegeld für Kinder** gem. § 39 SGB VIII ist **Einkommen der Pflegeperson**, soweit es nicht für den Bar- und Betreuungsunterhaltsbedarf der betreuten Kinder benötigt, sondern als Entgelt für die Übernahme der Betreuung („Erziehungsbeitrag") gezahlt wird.[2085] Bei der Bemessung des Vergütungsanteils begegnet daher insbesondere die Pauschalierung mit 1/3 des Pflegegeldes Bedenken.[2086]

e) Blindenhilfe und Blindengeld

636 Neben der **Blindenhilfe** als sozialhilferechtlicher Leistung steht das **Blindengeld** nach den Landesblindengesetzen der Bundesländer im Rahmen allgemeiner sozialer Förderung. Im Unterschied zur Blindenhilfe wird das Blindengeld einkommens- und vermögensunabhängig gewährt. Die gem. § 72 Abs. 1 S. 1 SGB XII der Blindenhilfe „gleichartige" Leistungen durch die Landesblindengesetze werden durch die Blindenhilfe ergänzt, wenn diese höher ist. Leistungen der häuslichen Pflege nach dem SGB XI werden nach Maßgabe des § 72 Abs. 1 S 2 SGB XII angerechnet.
Das Blindengeld ist Einkommen des Blinden. Für seine Anrechnung gilt die – widerlegliche – Vermutung des § 1610a BGB.[2087]

f) Eingliederungshilfe für Behinderte

637 Nach §§ 53 ff. SGB XII ist es Aufgabe der Eingliederungshilfe, eine drohende Behinderung zu verhüten oder eine Behinderung und deren Folgen zu beseitigen oder zu mildern. Damit ist eine Entlastung des Unterhaltspflichtigen nicht bezweckt, so dass diese Leistungen an den Berechtigten für seine Bedürftigkeit außer Betracht bleiben.[2088]

g) Ausbildungsgeld

638 **Ausbildungsgeld als Behindertenbeihilfe nach §§ 122 ff. SGB III (AFG)** wird unabhängig vom Unterhaltsanspruch gewährt, und ein Rechtsübergang ist nur eingeschränkt vorgesehen, denn es gelten Einkommensfreigrenzen § 126 SGB III und erst mit der Anzeige der Förderung an die Eltern kann der Anspruch übergehen. Auch insoweit kommt eine Anrechnung auf den zivilrechtlichen Unterhaltsanspruch nur nach Maßgabe des § 1610a BGB in Betracht.[2089]

[2084] Dazu weiter Büttner FamRZ 2000, 596 ff.; die Regelung in § 69 Abs. 2 S. 2 BSHG aF, nach der der Sozialhilfeträger Kosten einer Pflegeperson, die dem Pflegebedürftigen nahesteht, nicht zu übernehmen hat, war verfassungskonform: BVerfG FamRZ 2001, 1686.

[2085] OLG Koblenz FamRZ 2019, 197.

[2086] OLG Koblenz FamRZ 2019, 197.

[2087] OLG Hamm FamRZ 2003, 1771; OLG Schleswig FamRZ 1992, 471 mwN; → Rn. 889 zu § 1610a BGB.

[2088] OLG Zweibrücken NJW-RR 2003, 1299.

[2089] Anders aber OLG München FamRZ 1992, 213 (im Rahmen einer Abänderungsklage für Zahlungszeiträume vor In-Kraft-Treten des § 1610a BGB).

h) Leistungen aus der Stiftung Mutter und Kind

Nach dem Gesetz zur Errichtung der Stiftung Mutter und Kind (idF vom 19.3.1993   **639**
BGBl. I 406) werden Mittel für die Erstausstattung des Kindes, die Weiterführung des
Haushalts, Wohnung und Einrichtung und die Betreuung des Kleinkindes (§ 4) gewährt.
Diese Leistungen dienen dem Schutz des ungeborenen Lebens und sollen die Bereitschaft
zu Bejahung des Kindes fördern. Es findet keine Anrechnung auf andere Sozialleistungen
statt, und die Leistungen sind unpfändbar.[2090] Das alles spricht dafür, sie (wie freiwillige
Leistungen Dritter) außer Betracht zu lassen, da sie nicht der Entlastung Unterhaltspflichtiger dienen sollen und ihren Zweck verfehlten, wenn die erwünschte Besserstellung
der Mutter unterhaltsrechtlich unterlaufen würde.

i) Erziehungsgeld (bis 31.12.2008)

Erziehungsgeld nach dem BErzGG (für bis 31.12.2006 geb. Kinder)[2091] wurde für   **640**
24 Monate nach der Geburt, somit maximal noch bis zum 31.12.2008 gezahlt und ist vom
Elterngeld abgelöst worden, → Rn. 640 der 12. Auflage.

j) Elterngeld (ab 1.1.2007)

Seit 1.1.2007 ist das Erziehungsgeld durch das Elterngeld nach dem BEEG[2092] ersetzt,   **641**
das nur für ab 1.1.2007 geborene Kinder gilt. Es ist eine steuer- und abgabenfreie Ein-
kommensersatzleistung bis zu 1800 EUR (67 % des früheren Nettoeinkommens); bis zur
Höhe von 300 EUR (bzw. 150 EUR Elterngeld Plus bei doppelter Bezugsdauer) trägt es
aber die Züge einer Sozialleistung, weil es bis zu dieser Höhe auf andere Sozialleistungen
nicht anrechenbar ist.[2093] Dementsprechend werden nach § 11 S. 1 BEEG Unterhaltspflichten durch das Elterngeld grundsätzlich nur insoweit berührt, als die Zahlung
300 EUR (bzw. 150 EUR bei Inanspruchnahme von Elterngeld Plus für die doppelte
Bezugsdauer nach § 4 Abs. 3 BEEG) übersteigt.[2094] Der Sockelbetrag ist allerdings bei
gesteigerter Unterhaltspflicht (§ 1603 Abs. 2 BGB) für Unterhaltszwecke einzusetzen,
§ 11 S. 4 BEEG.[2095]

Nach § 11 S. 4 BEEG gilt das nicht in den Fällen der §§ 1361 Abs. 3, 1603 Abs. 2 und
1611 Abs. 1 BGB, eine Regelung. In diesen Fällen steht daher das Elterngeld in vollem
Umfang zur Verfügung; bei dem Verpflichteten im Falle des § 1603 Abs. 2 BGB aber nur,
wenn er mehr als seinen notwendigen Selbstbehalt hat.[2096]

Für den Sockelbetrag des **Betreuungsgeldes** nach § 4a BEEG gilt dasselbe, soweit es
trotz Nichtigkeit des Gesetzes aus Gründen des Vertrauensschutzes **übergangsweise
weitergewährt** wird.[2097]

Nach § 1 Abs. 1 BEEG hängt die Anspruchsberechtigung davon ab, 1) Wohnsitz oder
gewöhnlicher Aufenthalt in Deutschland, 2) Wohnung mit dem Kind in einem Haushalt,
3) Selbstbetreuung dieses Kindes 4) keine oder keine volle Erwerbstätigkeit. Eine Person
ist nicht voll erwerbstätig, wenn die wöchentliche Arbeitszeit 30 Wochenstunden nicht
übersteigt (§ 1 Abs. VI BEEG). Bei Teilerwerbstätigkeit beträgt das Elterngeld 67 % der

---

[2090] Vgl. SGB-Änderungsgesetz v. 20.7.1988 (BGBl. 1988 I 1046) – Änderung § 5 StiftungsG.
[2091] Neufassung BErzGG v. 17.2.2004 (BGBl. 2004 I 207 ff.).
[2092] Bundeselterngeld- und Bundeselternzeitgesetz; BGBl. 2006 I 2748.
[2093] Näher dazu Scholz FamRZ 2007, 8; Brosius-Gersdorf NJW 2007, 177 und FPR 2007, 334 und
Büttner FF 2007, 86.
[2094] BGH FamRZ 2012, 1201 = NJW 2012, 2190 Rn. 14.
[2095] OLG Frankfurt a. M. FamRZ 2014, 848 = NJOZ 2014, 1561.
[2096] BGH FamRZ 2006, 1010 mAnm Borth und 1182 mAnm Luthin = NJW 2006, 2404 und NJW-
RR 2006, 1225.
[2097] Vgl. BVerfG FamRZ 2015, 1459 = NJW 2015, 2399, Rn. 73.

Differenz zum früheren Einkommen, wobei das Einkommen höchstens mit 2700 EUR angenommen werden darf (§ 2 Abs. 3 BEEG). Grundsätzlich wird das Elterngeld nur 12 Monate lang gezahlt. Bei Partnermonaten (§ 4 BEEG) verlängert sich die Bezugsdauer aber auf 14 Monate.

Der BGH[2098] hat einem grundsätzlich zum Minderjährigenunterhalt verpflichteten Elternteil gestattet, sich bei einer im Einzelfall zu respektierenden Rollenwahl jedenfalls für die ersten beiden Lebensjahre eines weiteren Kindes dessen Betreuung zu widmen und auch die **Bezugsdauer des (dann nur halbierten) Elterngelds zu verdoppeln,** selbst wenn er deswegen keine für den Unterhalt des älteren Kindes ausreichenden Einkünfte hat. Endet der Elterngeldbezug, soll die Mutter, die ein noch nicht dreijähriges Kind betreut, im Verhältnis zu ihren barunterhaltsberechtigten Kindern gehalten sein, einer Halbtagsbeschäftigung nachzugehen. In Bayern wurde zum 1.9.2018 das bayerische **Landeserziehungsgeld** durch das **bayerische Familiengeld abgelöst.** Es folgt folgt **unmittelbar auf das Elterngeld.** Als **Anschlussleistung** beginnt der Anspruch zwingend nach dem Lebensmonat, für den letztmals Elterngeld für beide Elternteile gezahlt wurde, jedoch frühestens ab dem 13. Lebensmonat des Kindes. Eine wesentliche **Voraussetzung** ist der Nachweis über die Durchführung der Früherkennungsuntersuchung U 6 oder U 7, je nach Leistungsbeginn.[2099]

k) Leistungen nach dem Kindererziehungsleistungsgesetz

642 Leistungen, die **unterhaltsberechtigte Mütter** der Geburtsjahrgänge vor 1921 nach dem Kindererziehungsleistungsgesetz[2100] erhalten, sind ebenso wie Rentensteigerungen nach dem Hinterbliebenenrenten- und Erziehungszeitengesetz (HEZG) für Geburtsjahrgänge ab 1921 rentenähnliche Leistungen, die wie andere Renten auf den Bedarf anzurechnen sind.[2101]

l) Leistungen nach dem Unterhaltsvorschussgesetz

643 (1) **Leistungen nach dem Unterhaltsvorschussgesetz (UVG)** werden für Kinder bis zur Vollendung des 12. Lebensjahres in Höhe des Mindestunterhalts abzüglich des gesamten Kindergeldes erbracht,[2102] wenn die Eltern ledig, verwitwet, geschieden[2103] sind oder getrennt leben[2104] und der Unterhaltspflichtige nicht den Mindestunterhalt zahlt. Wird ein Kind im asymmetrischen Wechselmodell betreut, ist § 1 Abs. 1 Nr. 2 UVG nicht erfüllt, da die Betreuungsleistung des anderen Elternteils dazu führt, dass der Betreuungselternteil nicht als Alleinerziehender angesehen wird.[2105] Für Kinder nach Vollendung des 12. Lebensjahres ist zusätzlich Voraussetzung, dass sie nicht auf Leistungen nach dem Zweiten Buch Sozialgesetzbuch (SGB II) angewiesen sind oder dass der alleinerziehende Elternteil im SGB II-Bezug mindestens 600 Euro brutto verdient. § 1 Abs. 1 setzt nicht voraus, dass die Unterhaltszahlung planwidrig ausgefallen oder dass der alleinerziehende

---

[2098] BGH NJW 2015, 1178 = NZFam 2015, 359 = FamRZ 2015, 738, Rn. 19 (im Anschluss an BGH FamRZ 2006, 1010).

[2099] Hinsichtlich bayerischer Besonderheiten siehe auch Zentrum Bayern für Familie und Soziales.

[2100] BGBl. 1987 I 585.

[2101] BGH FamRZ 1992, 162 = NJW 1992, 364 mit eingehender überzeugender Begründung.

[2102] UVG-Neufassung zum 17.7.2017 (BGBl. 2007 I 1466). Der Unterhaltsvorschuss ist auch für Kinder zu zahlen, die in anderen EG-Staaten leben: EuGH FamRZ 2002, 449.

[2103] Mögen sie auch in nichtehelicher Lebensgemeinschaft leben: Dazu krit. Rixe FPR 2004, 92 f.

[2104] OVG Münster NJW 2002, 3564 (anders als Getrenntleben nach § 1567 Abs. 1 S. 1 BGB).

[2105] OVG Münster FamRZ 2022, 1687 = NJW 2022, 2947; FamRZ 2016, 1016 = BeckRS 2016, 40941; VGH München BeckRS 2009, 38168.

Elternteil die prekäre Lage nicht selbst herbeigeführt hat.[2106] Das in § 1 Abs. 1 Nr. 2 UVG enthaltene Erfordernis eines inländischen Wohnsitzes ist im Hinblick auf den Vorrang der in Art 7 Abs. 2 VO (EWG) Nr. 1612/68 und Art 45 Abs. 2 AEUV gewährleisteten Arbeitnehmerfreizügigkeit nicht anzuwenden, wenn der alleinerziehende Elternteil in der Bundesrepublik Deutschland als Arbeitnehmer mehr als nur geringfügig beschäftigt ist und mit dem Kind in einem anderen Mitgliedstaat der Europäischen Union wohnt.[2107]

Wegen **verweigerter Mitwirkung bei der Vaterschaftsfeststellung** können die Leistungen gemäß § 1 Abs. 3 UVG versagt werden,[2108] allerdings nicht, wenn der Mutter eine Mitwirkung nicht zuzumuten ist.[2109] Dies bedeutet, dass es der Kindesmutter obliegt, im Fall einer Empfängnis beim Geschlechtsverkehr mit einem Unbekannten zeitnah nach Bekanntwerden der Schwangerschaft Nachforschungen zu dessen Person anzustellen, sofern sie keine Angaben zur Identifizierung des Kindesvaters machen kann.[2110] Eine analoge Anwendung von § 1 Abs. 3 Alt. 2 UVG kommt in Fällen des Geschlechtsverkehrs zwischen Unbekannten nur in Betracht, wenn die Kindesmutter absichtlich schwanger werden und die Feststellung des Kindesvaters verhindern wollte.[2111] Eine Weigerung der Kindesmutter i. S. v. § 1 Abs. 3, 2. Alt. UVG, bei der Feststellung der Vaterschaft mitzuwirken, liegt auch dann vor, wenn sie den angeblichen Verlauf der Zeugung des Kindes detailarm und pauschal schildert sowie widersprüchliche Angaben macht, so dass ihre Aussage unglaubhaft ist, zum Kindesvater keine weiteren Angaben machen zu können.[2112]

(2) Rechtsübergang. Die Leistungen führen gemäß § 7 UVG in dieser Höhe zum Übergang des Unterhaltsanspruchs und des unterhaltsrechtlichen Auskunftsanspruchs kraft Gesetzes auf das Land, unter den Voraussetzungen des § 7 Abs. 4 S. 1 UVG auch des künftigen Unterhalts, den die Unterhaltsvorschusskasse auch in dynamisierter Form geltend machen kann.[2113] Der **Berechtigte** kann zukünftige Ansprüche weiter selbst geltend machen. Für die **Vergangenheit** kann der Verpflichtete unter den Voraussetzungen des § 7 Abs. 2 UVG in Anspruch genommen werden. Vollstreckt der Berechtigte trotz des Anspruchsüberganges aus einem früher errichteten Titel rückständigen Unterhalt in voller Höhe, setzt er sich der Vollstreckungsgegenklage aus und hat auch im Fall eines Anerkenntnisses die Kosten insoweit zu tragen, § 243 S. 1 FamFG.[2114]

Die Leistungen nach dem UVG sind grundsätzlich nicht als bedarfsdeckendes Einkommen des Kindes zu sehen, sie sind vielmehr **subsidiär**.[2115] Bedarfsdeckend sind allerdings Leistungen nach dem UVG im Rahmen eines Unterhaltsanspruchs **des minderjährigen Kindes gegen seine Großeltern**.[2116] Gem. § 2 Abs. 3 UVG sind dem Kind – auch durch Pfändung – zufließende Unterhaltsbeträge als Einkommen im jeweiligen Monat des Zuflusses zuzurechnen. Hierzu zählen sowohl die Leistung von Taschengeld als auch von Unterhalt, der nicht der Befriedigung des monatlichen Mindestunterhaltes

644

[2106] VG Sigmaringen NZFam 2018, 574 (Benner).

[2107] BVerwG FamRZ 2018, 917 = NVwZ-RR 2018, 434.

[2108] OVG Koblenz FamRZ 2019, 448 = NZFam 2018, 999; dazu DIV-Gutachten DAVorm 2000, 306.

[2109] VG Stuttgart FamRZ 2006, 1637 (Gefahr der Entführung).

[2110] OVG Koblenz FamRZ 2019, 448 = NZFam 2018, 999.

[2111] VGH Mannheim FamRZ 2019, 930 = NZFam 2019, 39 (Benner).

[2112] OVG Bremen FamRZ 2022, 1687 (Ls.) = NZFam 2022, 1051 (Benner); VGH Mannheim FamRZ 2019, 930 = NZFam 2019, 39 (Benner).

[2113] OLG Koblenz FamRZ 2011, 409.

[2114] OLG Koblenz FamRZ 2022, 44.

[2115] Vgl. hierzu Knittel FamRZ 2020, 1891.

[2116] OLG Dresden FamRZ 2010, 736, vgl. dazu BGH NJW-RR 2012, 516 = FamRZ 2012, 785; OLG Dresden FamRZ 2006, 569 ff.

dient.[2117] Nicht hierunter fällt dagegen die Tilgung von Verbindlichkeiten für ein Familieneigenheim, in dem die unterhaltsberechtigten Kinder mietfrei wohnen.[2118]

Im Verhältnis des Regressanspruchs zu laufendem Unterhalt ergibt sich aus § 7 Abs. 3 S. 2 UVG, dass das Verbot der Benachteiligung des Unterhaltsberechtigten beim laufenden Unterhalt erst in der Zwangsvollstreckung zu beachten ist.[2119]

Nach Einstellung der Zahlung des Unterhaltsvorschusses kann ein für das Land gem. § 7 Abs. 4 UVG ergangener Titel in analoger Anwendung von § 727 ZPO auf das unterhaltsberechtigte Kind **umgeschrieben** werden.[2120] Damit ist zwar ein jahrelanger Streit entschieden; jedoch sind die Konsequenzen daraus nach wie vor ungeklärt, wenn das Kind seinen Mindestunterhalt (ohne Abzug des gesamten Kindergeldes) titulieren lassen möchte. Bei Einreichung eines Abänderungsantrags nach § 238 f. FamFG trägt es die Beweislast auch für die Leistungsfähigkeit des Antragsgegners auf Zahlung des Mindestunterhalts.[2121] Verlangt es dagegen zur Vermeidung dieses prozessualen Nachteils lediglich als Ergänzung die über den bereits titulierten Betrag hinausgehende Spitze bis zum Mindestunterhalt als „Erstantrag", müsste die Vollstreckung künftig aus zwei Titeln betrieben werden.[2122] Der BGH lässt aber wohl sogar zu, dass das Kind die mit der nun möglichen Umschreibung des bestehenden Titels verbundenen Vorteile nicht nutzt und unabhängig davon ein neues Verfahren zur Erlangung eines vollständig neuen Titels einleitet;[2123] indes erscheint das Rechtsschutzbedürfnis für diesen Weg nun problematisch. Sofern ein Titel für den Sozialleistungsträger besteht und dieser auch noch Leistungen erbringt, kann das Kind jedenfalls nicht ohne weiteres selbst die Unterhaltsverfolgung in die Hand nehmen.[2124]

Eine Rückübertragung ist nach § 7 Abs. 3 S. 3 UVG möglich; für die **Rückübertragung** übergegangener Ansprüche gilt das zu Rn. 547 aF (→ Rn. 547) Ausgeführte. Für die Geltendmachung rückübertragener Ansprüche wird im Regelfall keine Verfahrenskostenhilfe bewilligt wird, weil dem Anspruchsinhaber ein **Kostenvorschuss vom Leistungsträger** zusteht.[2125]

645   **(3)** Auch **Fiktives Einkommen** ist für den Unterhaltsvorschuss im Rahmen des Anspruchsübergangs nach § 7 Abs. 1 S. 1 UVG zu berücksichtigen, da das UVG keine besonderen Schutzvorschriften wie § 33 Abs. 2 S. 3 SGB II enthält.[2126]

Eine **öffentlich-rechtliche Vergleichsberechnung** – mithin die Prüfung, ob der Verpflichtete durch die Erfüllung des Unterhaltsanspruchs selbst bedürftig würde – ist demgemäß gleichfalls nicht vorzunehmen, wenn auch der Forderungsübergang nichts daran ändert, dass jede Unterhaltspflicht dort ihre Grenze findet, wo dem Verpflichteten nicht die Mittel für den eigenen notwendigen Selbstbehalt verbleiben.[2127]

[2117] VG Augsburg FamRZ 2022, 94 = JAmt 2022, 507.

[2118] BVerwG FamRZ 2005, 1245 = NJW 2005, 2027.

[2119] BGH FamRZ 2006, 1664 mAnm Schürmann = NJW 2006, 3561= FamRB 2006, 364 mAnm Krause; ebenso OLG Celle NJW-RR 2006, 1520.

[2120] BGH FamRZ 2015, 2150 mzustAnm Seiler S. 2152 = NJW 2015, 3659, Rn. 11.

[2121] OLG Brandenburg FamRZ 2005, 815; OLG Naumburg FamRZ 2007, 1342 jeweils noch zu § 323 ZPO aF.

[2122] Knittel JAmt 2015, 636 (637).

[2123] So jedenfalls interpretiert Knittel JAmt 2015, 636 (637) die Entscheidung des BGH FamRZ 2015, 2150.

[2124] OLG Bamberg FamRZ 2014, 2006, mittelbar gebilligt vom BGH, 23.9.2015 – XII ZB 72/14, durch Zurückweisung von VKH für die Rechtsbeschwerde, dazu krit. Bespr. Knittel JAmt 2016, 64 (67 f.).

[2125] BGH FamRZ 2008, 1159.

[2126] BGH FamRZ 2001, 619 = NJW-RR 2001, 1081; OLG Brandenburg FamRZ 2021, 1137 (Ls.) = NZFam 2021, 425 (Benner).

[2127] BGH FamRZ 2001, 619 = NJW-RR 2001, 1081; OLG Saarbrücken OLGR 1999, 267; OLG Köln FamRZ 1998, 175 (177).

(4) Verzugszinsen können bei der Geltendmachung nach § 7 UVG übergegangener **646** Unterhaltsansprüche wie auch sonst verlangt werden.[2128]

Die **Verjährung und Verwirkung** nach § 7 UVG übergegangener Ansprüche richten sich ebenfalls nach den allgemeinen Vorschriften, aber die Hemmung der Verjährung nach § 207 BGB endet mit dem Anspruchsübergang und beginnt wieder mit der Rückübertragung.[2129]

m) Wohngeld

An den Berechtigten gezahltes Wohngeld[2130] ist zunächst auf einen erhöhten Wohn- **647** kostenbedarf anzurechnen, denn – so der BGH[2131] – soweit im Allgemeinen anzunehmen sei, dass den Wohngeldempfänger Wohnkosten treffen, die unterhaltsrechtlich als erhöht zu bezeichnen sind, dient das Wohngeld dem Ausgleich des unvermeidbar erhöhten Aufwands. Nur mit einem dafür **nicht verbrauchten Teilbetrag** ist Wohngeld **als Einkommen zu berücksichtigen.**[2132] Es bleibt also außer Betracht, wenn ihm ein entsprechend erhöhter Wohnkostenbedarf gegenübersteht. Maßstab dafür kann der Wohnkostenanteil im Selbstbehalt sein.[2133] Im Übrigen wird auf die Erläuterungen beim Verpflichteten verwiesen,[2134] denn für den Berechtigten gilt nichts Abweichendes.

n) Leistungen nach SGB VIII (Heimunterbringung)

Zum Unterhaltsanspruch von Kindern, die zwangsweise in einem Heim unter- **648** **gebracht** sind, ist generell der öffentlich-rechtliche Kostenbeitrag vorgesehen,[2135] der sich nach der Kostenbeitragsverordnung vom 1.10.2005 richtet, §§ 92 Abs. 2, 94 SGB VIII.[2136]

o) Sozialhilfe

Sozialhilfe ist seit 1.1.2005 im **SGB XII** geregelt.[2137] Sozialhilfe erhält der, der das **649** 15. Lebensjahr noch nicht vollendet oder das 65. Lebensjahr vollendet hat sowie die, die dauerhaft voll erwerbsgemindert sind und ihren Lebensunterhalt nicht aus eigenen Mitteln und Kräften bestreiten können (§ 19 SGB XII). Die 15–65-Jährigen, die erwerbsfähig sind, erhalten das Arbeitslosengeld II nach dem SGB II, wobei es auf die Hilfsbedürftigkeit der Bedarfsgemeinschaft ankommt.[2138]

Die Sozialhilfe ist unverändert nachrangig, denn nach § 2 Abs. 2 SGB XII werden Verpflichtungen anderer, insbesondere Unterhaltspflichtiger oder von Trägern anderer Sozialleistungen, durch dieses Gesetz nicht berührt.[2139] Daher ist Sozialhilfe dem Unter-

---

[2128] Eingehend dazu Runge JAmt 2001, 323 ff.
[2129] OLG Brandenburg JAmt 2001, 376.
[2130] Wohngeldgesetz vom 24. September 2008, BGBl. I S. 1856.
[2131] BGH FamRZ 2012, 1201 = NJW 2012, 2190 Rn. 15.
[2132] BGH FamRZ 2012, 1201 = NJW 2012, 2190 Rn. 15; Beispiel dafür: OLG Hamm FamRZ 2011, 1600 = NJW-RR 2011, 868 – unter II. 4.
[2133] OLG Frankfurt NJW-RR 1988, 1475; aA bis 10. Auflage und OLG Schleswig FamRZ 1985, 714; → Rn. 386. Zur vollen Wohngeldanrechnung kommt OLG Düsseldorf FamRZ 1989, 57 (59) bei einer Unterhaltsnachzahlung.
[2134] → Rn. 903 f.
[2135] BGH FamRZ 2007, 377 mAnm Doering-Striening NJW 2007, 555.
[2136] BGBl. 2005 I 2907; → Rn. 356.
[2137] BGBl. 2003 I 3023; dazu Scholz FamRZ 2004, 751.
[2138] → Rn. 546.
[2139] Näheres zum Verhältnis Unterhalt und Sozialhilfe Hampel FamRZ 1996, 513 ff.

haltsanspruch gegenüber subsidiär, und der Unterhaltsanspruch erlischt nicht dadurch, dass Sozialhilfe gewährt wird.[2140]

Höhe der Sozialhilfe. Die Sozialhilfesätze werden zum 1.1. eines jeden Jahres neu festgesetzt.[2141]

Im Verhältnis zwischen Unterhalt und Sozialhilfe[2142] sind insbesondere folgende Gesichtspunkte zu beachten:

650   **(1) Eine cessio legis** in Bezug auf Unterhaltsansprüche erfolgt gemäß § 94 Abs. 1 SGB XII für Zeit und Höhe der Hilfegewährung durch den Sozialhilfeträger. Das gilt auch dann, wenn die Hilfe nur als Darlehen erbracht worden ist.[2143] Nicht zulässig ist es dagegen, ein gegenüber seinen Eltern unterhaltspflichtiges Kind zu verpflichten, die auf den Sozialhilfeträger übergegangenen Ansprüche durch Annahme von dessen Darlehensangebot zu erfüllen; der BGH lässt gegen den Anspruch auf Rückzahlung dieses Darlehens den Einwand des Rechtsmissbrauchs zu, weil das BVerfG in einem anderen Fall diese frühere Praxis als verfassungswidrig beanstandet hat.[2144]

Ist der Unterhaltsanspruch bereits tituliert, soll der Sozialhilfeträger den Übergang durch öffentliche Urkunden nach § 727 ZPO nachweisen müssen und dabei auch eine öffentlich-rechtliche Vergleichsberechnung vorlegen müssen.[2145]

Rückübertragung auf den Hilfeempfänger und Abtretung an den Sozialhilfeträger sind nach § 94 Abs. 5 S. 1 SGB XII möglich, allerdings muss der Sozialhilfeträger die Kosten übernehmen, mit denen der Hilfeempfänger dadurch selbst belastet wird. Für die Vertretung minderjähriger Kinder bei einer Rückübertragungsvereinbarung gilt das in → Rn. 547 Ausgeführte.

Eine gewillkürte Verfahrensstandschaft ist als unzulässig anzusehen,[2146] denn die gesetzliche Regelung ist als abschließende Regelung aufzufassen.

Verfahrenskostenhilfegewährung an den Hilfeempfänger nach Rückübertragung ist durch § 94 SGB XII in der Regel ausgeschlossen, denn der Hilfeempfänger hat nicht nur einen Freistellungsanspruch, sondern einen **Verfahrenskostenvorschussanspruch** gegen den Sozialhilfeträger.[2147] Der BGH hat die frühere Streitfrage in diesem Sinne entschieden. Für künftige und überschießende Ansprüche muss aber Verfahrenskostenhilfe geleistet werden.

Eine gesetzliche Verfahrensstandschaft ist gemäß § 265 Abs. 2 ZPO gegeben, wenn nach Rechtshängigkeit Sozialhilfe in Anspruch genommen wird. In diesem Fall muss lediglich der Antrag (insoweit) auf Zahlung an den Sozialhilfeträger umgestellt werden.[2148]

[2140] BVerwG NJW 1992, 3113 (3114); BGH FamRZ 1992, 41 = NJW 1992, 115; BGH FamRZ 1985, 1245; OLG Brandenburg FamRZ 2004, 560.

[2141] Sie betragen gemäß § 28 SGB XII ab 1.1.2019 gemäß der Regelbedarfsstufen-Fortschreibungsverordnung RBSFV 2019 (BGBl. 2018 I 1766) für den erwachsenen Haushaltsvorstand (Regelbedarfsstufe 1) 424 Euro, mit im Haushalt lebende Ehegatten oder Lebenspartner (Stufe 2) 382 Euro, Berechtigte über 18 Jahre (Stufe 3) 339 Euro, Kinder 15 bis 18 Jahre (Stufe 4) 322 Euro, Kinder 7 bis 14 Jahre (Stufe 5) 302 Euro und Kinder 0 bis 6 Jahre (Stufe 6) 245 Euro.

[2142] Vgl. dazu Scholz FamRZ 2004, 751.

[2143] OLG Celle FamRZ 2008, 928 (zu § 33 Abs. 1 SGB II); OLG Hamm FamRZ 2001, 1237.

[2144] BGH FamRZ 2013, 1022 = NJW 2013, 1676, Rn. 17 ff. unter Bezug auf BVerfG FamRZ 2005, 1051.

[2145] So OLG Stuttgart NJW-RR 2001, 868 und OLG Karlsruhe OLG Report 2000, 219; krit. dazu Büttner NDV 2001, 368 (369).

[2146] So auch BGH FamRZ 1996, 1207 vor der gesetzlichen Neuregelung; offen gelassen von OLG Düsseldorf NJW 1997, 137.

[2147] BGH FamRZ 2008, 1159; aM bis 10. Auflage und die früher hM.

[2148] BGH NJW 2012, 3642 = FamRZ 2012 1793, Rn. 8 (endet aber zunächst mit Tod des Hilfeempf.: Rn. 9 ff.); BGH FamRZ 1995, 1131 = NJW-RR 1995, 1217; OLG Karlsruhe NJW-RR 1995, 1285.

(2) Einschränkungen der cessio legis gelten, ... 651

- wenn der Unterhaltspflichtige laufend leistet (§ 94 Abs. 1 S. 2 SGB XII) oder wenn der Unterhaltspflichtige derzeit nicht leistungsfähig ist, denn ein Unterhaltsanspruch besteht nur bei gegenwärtiger Leistungsfähigkeit; Sozialhilfeleistungen und Unterhaltsanspruch müssen also deckungsgleich sein,
- wenn der Unterhaltspflichtige selbst sozialhilfebedürftig würde (§ 94 Abs. 3 S. 1 Nr. 1 SGB XII)[2149] das richtet sich nach SGB II,[2150]
- wenn der Unterhaltspflichtige mit dem Hilfeempfänger im zweiten oder entfernteren Grade verwandt ist (§ 94 Abs. 1 S. 3 SGB XII),
- gegenüber Eltern und Kindern bei Leistungen der Grundsicherung (§ 94 Abs. 1 S. 3 SGB XII),
- bei Schwangeren und Müttern, die ihr leibliches Kind bis zum 6. Lebensjahr betreuen (§ 94 Abs. 1 S. 3 SGB XII),[2151]
- wenn der Übergang eine unbillige Härte nach § 94 Abs. 3 S. 1 Nr. 2 SGB XII bedeuten würde.[2152] Der begrenzte pauschalierte Anspruchsübergang nach § 94 Abs. 2 SGB XII zunächst in Höhe von je nach Leistungsart bis monatlich 20,– EUR bzw. 26,– EUR ab 1.1.2005 ist nicht vom Bezug von Kindergeld der unterhaltspflichtigen Eltern für das behinderte oder pflegebedürftige Kind abhängig.[2153]
- unter den Voraussetzungen des § 94 Abs. 1a SGB XII im Rahmen des Elternunterhaltes.[2154]

(3) Beim Großeltern- und Enkelunterhalt ist zu beachten, dass § 94 Abs. 1 S. 3 652
SGB XII die bürgerlich-rechtliche Unterhaltspflicht nicht einschränkt, denn das Gesetz schließt nur die cessio legis aus, die §§ 1601, 1607 BGB gelten unverändert.[2155]
Trotz des Ausschlusses der cessio legis wird man daher nicht sagen können, dass der Hilfsbedürftige die Wahl habe, ob er Sozialhilfe beanspruchen oder die Großeltern in Anspruch nehmen wolle, denn bei ohne weiteres realisierbaren Ansprüchen besteht keine Hilfsbedürftigkeit. Der Hilfsbedürftige kann auch wegen der höheren Ansprüche gegen die Großeltern ein Interesse daran haben, sie in Anspruch zu nehmen. Geschieht das, können diese sich nicht auf die Existenz nicht übergehender Sozialhilfeansprüche berufen[2156] und den Unterhaltsberechtigten darauf verweisen.

(4) Die öffentlich-rechtliche Vergleichsberechnung, die nach § 94 Abs. 3 SGB XII 653
zur Einschränkung des Forderungsübergangs führt, besagt, dass geprüft werden muss, ob der Unterhaltspflichtige sozialhilferechtlich nur mit einem geringeren Betrag zum Unterhalt des Hilfeempfängers herangezogen werden kann als nach dem bürgerlich-rechtlichen Unterhaltsanspruch.[2157]

[2149] Dazu Hampel FamRZ 1996, 513 ff.; OLG Koblenz NJWE-FER 1996, 2.

[2150] AK 8 des 16. DFGT, S. 144/Empfehlung des Vorstands S. 173.

[2151] OLG Brandenburg FamRZ 2004, 560.

[2152] BGH NJW 2010, 2957 = FamRZ 2010, 1418, Rn. 33, 34; OLG Koblenz FamRZ 2001, 1227 (Ausschluss nach 40-jähriger Pflege eines behinderten Kindes).

[2153] BGH NJW 2010, 2957 = FamRZ 2010, 1418, Rn. 26 ff.

[2154] Abs. 1a eingeführt durch das Angehörigen-Entlastungsgesetz v. 10.12.2019, BGBl. I 2135.

[2155] BGH FamRZ 2004, 1097 = NJW-RR 2004, 1298; (VI. Zivilsenat) FamRZ 1992, 41 = NJW 1992, 115; Paletta FamRZ 2002, 415 (Anm. zu OLG Naumburg FamRZ 2001, 1321); BVerwGE 58, 209 (212); LG Offenburg FamRZ 1984, 306 mAnm Bosch; aM OLG Hamm FamRZ 1987, 742; → Rn. 224.

[2156] DIV-Gutachten DAVorm 1987, 953 ff. und 1988, 793, 891; OVG Hamburg NJW 1990, 532; VG Bremen NJW 1990, 533; aM Schwenzer FamRZ 1989, 685 (688) und Künkel DAVorm 1991, 357 (363).

[2157] OLG Saarbrücken FamRZ 1999, 1024 und OLG Koblenz OLGR 1999, 326 (Darlegung gehört zur Schlüssigkeit); OLG Karlsruhe NJW-RR 1995, 1285 und OLGR 2004, 47. Auch nach dem 1.1.2005 erforderlich: AK 8 des 16. DFGT, S. 144.

Fiktives Einkommen, das im Sozialhilferecht nicht angerechnet wird, soll auch bei der öffentlich-rechtlichen Vergleichsberechnung unberücksichtigt bleiben,[2158] um zu gewährleisten, dass der Unterhaltspflichtige sozialhilferechtlich den gleichen Schutz hinsichtlich des Einkommens und Vermögens genießt, den er hätte, wenn er selbst Hilfeempfänger der konkreten Hilfe wäre. Das Ergebnis ist teilweise unbefriedigend, soweit es im Einzelfall auch einen arbeitsunwilligen Unterhaltsschuldner bevorzugt, der den Berechtigten zur Inanspruchnahme der Sozialhilfe nötigt.[2159] weiter → Rn. 656.

654 **(5) Die Härteregelung** nach § 94 Abs. 2 SGB XII soll insbesondere die Eltern behinderter Kinder vor lebenslanger Inanspruchnahme schützen. Bei einer sehr guten Einkommens- und Vermögenslage der Verpflichteten kann eine Heranziehung auch über das 18. Lebensjahr hinaus gerechtfertigt sein.[2160] Ab 1.1.2005 ist generell nur ein Anspruchsübergang in Höhe von monatlich 26,- EUR/20,- EUR vorgesehen; diese beiden Beträge erhöhen sich im gleichen Umfang wie das Kindergeld.

655 **(6) Für die Vergangenheit** kann der Träger der Sozialhilfe gemäß § 94 Abs. 4 SGB XII den übergegangenen Anspruch unter den allgemeinen Voraussetzungen des BGB sowie ab schriftlicher Mitteilung der Sozialhilfegewährung geltend machen.[2161]

656 **(7) Bei Nichtübergang des Unterhaltsanspruchs trotz geleisteter Sozialhilfe** (→ Rn. 651 ff.) ist die Sozialhilfe wegen ihrer Subsidiarität gleichwohl nicht als bedarfsdeckend anzusehen, so dass ein privater Unterhaltsanspruch, zB auch gestützt auf sozialhilferechtlich irrelevantes fiktives Einkommen, grundsätzlich zusätzlich geltend gemacht werden könnte.[2162] Die Sozialhilfe wirkt dann wie eine freiwillige Leistung Dritter nicht bedarfsdeckend.[2163] Für Unterhaltsrückstände vor Antragzustellung kann sich der Unterhaltsschuldner aber im Einzelfall nach § 242 BGB auf unzulässige Rechtsausübung des Gläubigers berufen.[2164] Im Fall der Sozialhilfeleistung auf Grund (nur) fiktiven Einkommens können so unbillige Ergebnisse vermieden werden, insbesondere bei hohen Rückständen vor Rechtshängigkeit. Aber auch in den übrigen o. g. Fällen eines Ausschlusses des Übergangs kann unter Berücksichtigung einer ggf. sozialpolitischen Zweckrichtung zugunsten des Verpflichteten[2165] zwar nicht generell, aber bei Abwägung hinzukommender Umstände des Einzelfalls ein **Ausschluss des Unterhaltsanspruchs nach § 242 BGB** in Betracht kommen.[2166] Dabei hält es der BGH nun unter besonderen Umständen sogar für geboten, die entwickelten Grundsätze zu § 242 BGB auch auf den künftig fällig werdenden Unterhalt zu erstrecken.[2167] Im konkreten Fall konnte der Unterhaltsverpflichtete die berechtigte Antragstellerin nämlich nur deshalb nicht auf die Grundsicherungsleistungen verweisen, weil er einen einkommensstärkeren Bruder hatte, dessen Bruttoeinkünfte den Grenzbetrag nach § 43 Abs. 3 Satz 1 SGB XII überschritten. Darin

---

[2158] BGH FamRZ 1998, 818 = NJW 1998, 2219.

[2159] Kalthoener/Büttner NJW 1998, 2012 (2016) und Büttner NJW 1999, 2315 (2321).

[2160] BVerwG FamRZ 1994, 33 = NJW 1994, 66; OLG Köln NJW 2000, 1201; OLG Koblenz OLGR 1999, 284; OLG Zweibrücken NJW-RR 2001, 436; krit. AG Bergheim FamRZ 1999, 1025.

[2161] Dazu OLG Hamburg NJW 1994, 2903; OLG Oldenburg FamRZ 1994, 1557.

[2162] BGH FamRZ 2015, 1467 = NJW 2015, 2655, Rn. 42; FamRZ 1999, 843 (847) = NJW 1999, 2365 (2368); an der hier bis zur 12. Auflage, ua bezugnehmend auf Hampel FamRZ 1996, 513 (521) mwN, grundsätzlichen Kritik daran wird nicht festgehalten unter Berücksichtigung der erweiterten Anwendung von § 242 BGB im Einzelfall durch den BGH FamRZ 2015, 1467.

[2163] BGH FamRZ 2015, 1467 = NJW 2015, 2655, Rn. 45; FamRZ 1999, 843 (847) = NJW 1999, 2365 (2368) unter 5. b) bb).

[2164] BGH FamRZ 1999, 843 (847) = NJW 1999, 2365 (2368); FamRZ 2001, 619 (620); FamRZ 1993, 417 (419); vgl. auch Unterhaltsgrundsätze OLG Frankfurt Nr. 2.2 und 2.11.

[2165] Zur Kritik an dem bis zur 12. Aufl. ohne diese Präzisierung zu weiten Anwendungsbereich dieser Grundsätze: MAH FamR/Günther, 4. Aufl. 2014, Rn. 86.

[2166] Vgl. BGH FamRZ 2015, 1467 = NJW 2015, 2655, Rn. 45 ff.

[2167] BGH FamRZ 2015, 1467 = NJW 2015, 2655 Rn. 46.

erkannte der BGH zu Recht sowohl aus dem Blickwinkel des Sozialhilferechts eine systemwidrige Härte als auch unterhaltsrechtlich unter den gegebenen Umständen eine besondere Belastung, die die Durchsetzung des Unterhaltsanspruchs unbillig werden lässt.[2168]

(8) Ein **erhöhter Selbstbehalt** gilt auch nach Übergang auf den Sozialhilfeträger.[2169] **657**

(9) **Ein Unterhaltsverzicht,** der zu Lasten des Trägers der Sozialhilfe geht, ist unwirk- **658** sam,[2170] wenn die Sozialhilfebedürftigkeit bewusst herbeigeführt wurde, auch wenn eine Schädigung des Sozialhilfeträgers nicht beabsichtigt war.

(10) **Erbenhaftung** (§ 102 SGB XII) gilt für die Kosten der Sozialhilfe, wenn der Wert **659** des Nachlasses bestimmte Grenzen überschreitet.[2171]

(11) **Einheitlich vor dem Familiengericht** ist über die Ansprüche nach § 94 Abs. 5 **660** SGB XII zu entscheiden, auch über die öffentlich-rechtlichen Vorfragen.[2172]

Zukünftige Unterhaltsansprüche kann der Berechtigte selbst geltend machen. Er kann nicht darauf verwiesen werden, dass er weiterhin Sozialhilfe beziehen könnte.[2173]

Gemäß § 94 Abs. 4 S. 2 SGB XII kann aber der Sozialhilfeträger auf künftige Leistungen antragen, wenn die Hilfe voraussichtlich auf längere Zeit gewährt werden muss.[2174]

p) Ausbildungsförderung

Staatliche Ausbildungsbeihilfen werden nach zahlreichen gesetzlichen Vorschriften **661** gewährt, neben den Bestimmungen zur Förderung bestimmter Personengruppen (zB Erziehungsbeihilfe gem. § 27 BVG, Ausbildungsbeihilfen gem. §§ 302, 323 Abs. 4 und 8 LAG) gibt es als allgemeine Förderungsbestimmungen vor allem die §§ 33 ff. SGB III[2175] (berufliche Ausbildung, Fortbildung, Umschulung) und die Bestimmungen des Bundesausbildungsförderungsgesetzes (BAföG),[2176] das die Förderung des Besuches weiterführender Schulen, Akademien, Hochschulen usw. regelt.

Die BAföG-Bestimmungen sind in der Praxis von besonderer Bedeutung.

Nach § 10 Abs. 3 S. 1 BAföG wird die **Altersgrenze auf 30 Jahre** festgelegt, von der es allerdings bei familiären oder persönlichen Gründen Ausnahmen gibt.[2177]

Die Eltern trifft eine Mitwirkungspflicht im BAföG-Bewilligungsverfahren.[2178]

Die **Subsidiarität der BAföG-Förderung** ist wie folgt ausgestaltet: **662**

- Subsidiär ist die Förderung gemäß §§ 1, 11 Abs. 2 BAföG gegenüber Unterhaltsansprüchen gegen Eltern und nicht dauernd getrennt lebenden Ehegatten.

[2168] BGH FamRZ 2015, 1467 = NJW 2015, 2655 Rn. 47.

[2169] OLG Düsseldorf FamRZ 2001, 1724 (Erhöhung bei wieder bedürftig werdendem volljährigem Kind).

[2170] BVerfG FamRZ 2001, 343 (344) = NJW 2001, 957; BGH FamRZ 1992, 1403 = NJW 1992, 3164; FamRZ 1991, 306 = NJW 1991, 913; FamRZ 1987, 40 = NJW 1987, 1546; OLG Naumburg FamRZ 2002, 456; vgl. weiter Heß FamRZ 1996, 981 ff., der sich für Inhaltskontrolle nach § 242 BGB und gegen die Anwendung von § 138 Abs. 1 BGB ausspricht.

[2171] Vgl. weiter BVerwG FamRZ 2004, 455.

[2172] BGH FamRZ 1993, 417 (420) = NJW-RR 1993, 322, der überzeugend die Bindung der Zivilgerichte an bestandskräftige Entscheidungen der Verwaltungsbehörde zu § 91 Abs. 3 BSHG begründete, dürfte damit überholt sein; Klatt ZFE 2006, 167.

[2173] BGH FamRZ 1992, 41 = NJW 1992, 115; OLG Stuttgart OLGR 1999, 427.

[2174] OLG Karlsruhe FamRZ 1995, 615 (617); OLG Koblenz NJW-RR 1998, 694 und FamRZ 1996, 756.

[2175] Umfassende Neuordnung des SGB III seit 1.4.2012, zuletzt geändert am 20.12.2012 (BGBl. I 2781).

[2176] BAföG idF der Bekanntmachung v. 6.6.1983 (BGBl. I 645), zuletzt geändert durch das Gesetz vom 22.9.2005 (BGBl. I 2809).

[2177] VGH Baden-Württemberg FamRZ 2006, 1487; dazu Finger FamRZ 2006, 1427.

[2178] OLG Koblenz OLGR 2007, 580.

- Nicht subsidiär wird die Förderung gegenüber sonstigen Ehegatten und allen sonstigen Unterhaltsverpflichteten gewährt.[2179] Nichteheliche Lebensgemeinschaften berühren den Anspruch gleichfalls nicht.
- Einschränkungen der Subsidiarität gelten auch für Eltern und nicht dauernd getrennt lebende Ehegatten, insbesondere bei Zweit- und Spätausbildungen gem. § 11 Abs. 3 BAföG.[2180] Ferner bestehen pauschale Einkommensfreigrenzen,[2181] die Mehrbeträge sind gemäß § 25 Abs. 4 BAföG zu 50 % anrechnungsfrei (+ 5 % für jedes Kind), und es ist ein gesetzlicher Anspruchsübergang gemäß §§ 36, 37 BAföG vorgesehen.
- Das **anzurechnende Einkommen** der Eltern richtet sich nach den Bestimmungen des BAföG.[2182] Nach § 37 Abs. 1 S. 1 BAföG kann der Unterhaltsanspruch, den ein Auszubildender für die Zeit, für die er Ausbildungsförderung erhält, gegen seine Eltern hat, bis zur Höhe der geleisteten Aufwendungen auf das Land übergehen. Der Anspruchsübergang wird jedoch nicht nur durch den Betrag der Aufwendungen und den nach bürgerlichem Recht geschuldeten Unterhalt begrenzt, sondern auch durch das nach dem BAföG anzurechnende Einkommen der Eltern. Die Rechtmäßigkeit des Bewilligungsbescheids ist im Unterhaltsverfahren vor dem Familiengericht im Hinblick auf die Anrechnung des Einkommens der Eltern in vollem Umfang zu überprüfen.[2183] Dazu gehört auch die Überprüfung, ob nach § 25 Abs. 6 BAföG ein weiterer Einkommensteil zur Vermeidung unbilliger Härten anrechnungsfrei bleiben muss. Wenn es dem insoweit darlegungs- und beweispflichtigen Unterhaltspflichtigen aber zB nicht gelingt, die Voraussetzungen für eine Ermessensreduzierung hinsichtlich des Härtefreibetrages darzulegen, ist von der Rechtmäßigkeit des Freibetrags und des behördlich zugrunde gelegten einsetzbaren Elterneinkommens auszugehen.[2184]

663   Für die **BAföG-Anrechnung als Einkommen des Berechtigten** gilt:

- Bloße Vorausleistung nach § 36 BAföG sind nicht als Einkommen anzusehen.[2185] Der für die Vorausleistung von Ausbildungsförderung erforderliche Antrag (§ 36 Abs. 1 HS 2 BAföG) muss im Bewilligungszeitraum durch erkennbare Willensbekundung gestellt werden, die erkennen lässt, dass der Auszubildende gerade diese außerordentliche Zusatzleistung des Staates in Anspruch nehmen will.[2186]
- Endgültige Zuschüsse (für Schüler in voller Förderungshöhe, im Übrigen gemäß § 17 Abs. 2 BAföG zur Hälfte) sind als Einkommen des Berechtigten voll anzurechnen.[2187] Der Unterhaltpflichtige kann den Berechtigten darauf verweisen, bestehende BAföG-Ansprüche dieser Art geltend zu machen.
- Darlehen (50 % der Förderung gemäß § 17 Abs. 2 BAföG) sind anrechenbares Einkommen nach Billigkeitsgesichtspunkten. Der BGH[2188] hat das überzeugend damit

---

[2179] BGH FamRZ 1980, 126 = NJW 1980, 393; OLG Schleswig, SchlHA 1984, 163; keine Anrechnung tatsächlich erbrachter Unterhaltsleistungen der Großeltern: OVG Münster NJW 1990, 2640.
[2180] Vgl. OLG Stuttgart NJW-RR 1996, 2; Ramsauer/Stallbaum BAföG § 11 Rn. 32 ff.
[2181] Zu allen Einzelheiten wird auf die Kommentierung des BAföG verwiesen, zB Ramsauer/Stallbaum BAföG §§ 21 ff.
[2182] BGH MDR 2000, 214 (zu Freibeträgen für Stiefkinder nach § 25 BAföG).
[2183] BGH FamRZ 2013, 1644 = NJW-RR 2013, 1345 Rn. 14, 15, im Anschluss an BGH FamRZ 2000, 640.
[2184] BGH FamRZ 2013, 1644 = NJW-RR 2013, 1345, Rn. 23.
[2185] BGH FamRZ 1985, 916 = NJW 1985, 2331; OLG Köln FamRZ 1985, 1166; OLG Hamm FamRZ 1987, 91.
[2186] OVG Lüneburg NZFam 2018, 467 (Conradis).
[2187] OLG Nürnberg FamRZ 2003, 1025; OLG Hamm FamRZ 1995, 1422; alle Leitlinien, zB Hamm, Frankfurt, Süddeutsche Leitlinien jeweils Nr. 2.4.
[2188] BGH FamRZ 1985, 916 = NJW 1985, 2331; ebenso die gesamte OLG-Rechtsprechung, wie aus Nr. 2.4 der Leitlinien ersichtlich.

begründet, dass die BAföG-Darlehen wegen ihrer Zinsfreiheit, den Rückzahlungs-modalitäten und den Teilerlassmöglichkeiten so günstig sind, dass es dem Studenten angesichts seiner Zukunftsperspektiven zumutbar ist, sie zur Entlastung der Eltern, die schon erhebliche Leistungen für das Kind erbracht haben, in Anspruch zu nehmen. Dagegen musste das **verzinsliche Volldarlehen nach § 17 Abs. 3 BAföG a. F. nicht** aufgenommen werden, das im Wesentlichen einem auf dem freien Markt erhältlichen Bankdarlehen entsprach.[2189] Billigkeitsgesichtspunkte, die im Einzelfall für die Nicht-anrechnung auf den Unterhaltsanspruch sprechen, können auch zu bejahen sein, wenn Darlehen und Unterhaltsanspruch zusammen nicht den Mindestbedarf de-cken.[2190]

Wenn der Darlehensempfänger (ausnahmsweise) noch minderjährig ist, dürfte eine Verweisung auf das Darlehen ebenfalls ausscheiden.[2191]

Fiktives Einkommen. Unterlässt das Kind bewusst die Stellung eines BAföG-Antra-ges, ist die Anrechnung eines fiktiven Einkommens gerechtfertigt.[2192] Ein studierendes volljähriges Kind muss dartun und belegen, dass ihm bei rechtzeitiger Antragstellung keine Ausbildungsförderung gewährt worden wäre. Eine nicht von vornherein aussichts-lose Antragstellung ist auch zumutbar, wenn die BAföG-Leistungen zu günstigen Darle-hensbedingungen erlangt werden können.[2193]

Ist eine **Erwerbstätigkeit unzumutbar** (zB wegen Kinderbetreuung), sollen Einkünfte aus BAföG gleichwohl voll anrechenbar sein, weil Studium oder Schulbesuch keiner überobligatorischen Erwerbstätigkeit gleichzusetzen seien.[2194] Jedenfalls werden bei die-ser Sachlage aber Kinderbetreuungskosten von diesen Einkünften absetzbar sein.

Berufsausbildungsbeihilfen nach §§ 56, 68 ff. SGB III sind Lohnersatzleistungen und   **664**
nur subsidiär, wenn sie als Vorauszahlungen gemäß § 68 SGB III ohne Rücksicht auf bestehende Unterhaltsansprüche gewährt werden.[2195] Für Zeiträume der Gewährung, die vor dem Rechtsübergang nach § 68 Abs. 2 SGB III liegen, ist eine Rückforderung aus-geschlossen, → Rn. 909. Die Ausbildungsbeihilfe kann durch die **Anrechnung von El-terneinkommen** gemindert werden, § 67 Abs. 5 SGB II, es sei denn, der Unterhalts-anspruch bestehe nicht oder sei verwirkt, § 67 Abs. 5 S. 2 SGB II. Ob dies der Fall ist, kann jedenfalls in eindeutigen Fällen – etwa einer offensichtlichen Verwirkung – auch von den Sozialgerichten festgestellt werden.[2196]

Zum Ausbildungsgeld für Behinderte gemäß § 122 SGB III → Rn. 638. Betriebsgebun-dene Ausbildungsbeihilfen sind nach den Regeln für Ausbildungsvergütungen zu behan-deln.[2197]

Sonstige Stipendien (zB Studienstipendien von kirchlichen Trägern oder Stiftungen)   **665**
sind den Ausbildungsförderungen vergleichbar, wenn der Empfänger einen rechtlich gesicherten Anspruch hat. Allerdings kann auch dann die besondere Zweckbestimmung

---

[2189] OLG Karlsruhe FamRZ 2011, 1303 unter II. 2. d).

[2190] OLG Köln FamRZ 1985, 1166.

[2191] OLG Hamm FamRZ 1987, 91, da BGH FamRZ 1985, 916 auf bis zur Volljährigkeit schon erbrachte Leistungen abstellte.

[2192] OLG Schleswig FamRZ 2006, 571.

[2193] OLG Hamm FamRZ 2014, 565 = NJW 2014, 396 = FamFR 2013, 536.

[2194] OLG Hamm FamRZ 1995, 1422; OLG Schleswig OLGR 1999, 245 sieht BAföG-Leistungen zu einem wesentlichen Teil als Ausgleich studienbedingter Mehrkosten an.

[2195] BGH FamRZ 1986, 151 = NJW-RR 1986, 426; OLG Schleswig SchlHA 1988, 53; OLG Oldenburg FamRZ 1989, 531.

[2196] LSG Mecklenburg-Vorpommern FamRZ 2022, 791 = besprochen von Schürmann NZFam 2022, 763.

[2197] → Rn. 556 ff.

zu beachten sein, wenn es sich der Sache nach um eine freiwillige Zuwendung Dritter handelt.[2198]

666   Der **Familienzuschlag** nach § 40 Abs. 1 BBesG wird nur gezahlt, wenn der geschiedene Ehegatte Ehegattenunterhalt in einer bestimmten Mindesthöhe zu zahlen hat; im Übrigen aber auch, wenn er aufgrund einer zweiten Ehe zum Unterhalt verpflichtet ist. → Rn. 631.

V. Fiktives Einkommen

667   Fiktives Einkommen kann zuzurechnen sein, wenn der Berechtigte einer zumutbaren Erwerbstätigkeit nicht nachgeht, obwohl er es könnte. Dann ist er nicht anders zu behandeln als der Verpflichtete im spiegelbildlichen Fall. Auf die Ausführungen dazu und die Ausführungen zur mutwilligen Herbeiführung der Bedürftigkeit ist daher zu verweisen.[2199] Der selbständig Tätige, der aus seinen Einkünften weder seinen Lebensunterhalt bestreiten noch den Unterhalt des minderjährigen Kindes leisten kann, ist unterhaltsrechtlich verpflichtet, seine selbständige Tätigkeit zugunsten einer solchen im Angestelltenverhältnis aufzugeben.[2200]

Der verbreiteten Auffassung, bei fiktiver Zurechnung eines Erwerbseinkommens sei davon auszugehen, dass bei vollschichtiger Erwerbstätigkeit auch ohne Berufsausbildung der nach durchschnittlichen Verhältnissen angemessene Lebensbedarf verdient werden könne, ist in dieser allgemeinen Form nicht zuzustimmen.[2201] Es sind stets konkrete Feststellungen nach den Umständen des Einzelfalls nötig.[2202]

Der BGH[2203] weist in diesem Zusammenhang zu Recht darauf hin, dass die Anzahl der vom Anspruchsteller vorgetragenen Bewerbungen nur ein Indiz für seine dem Grundsatz der Eigenverantwortung entsprechenden Arbeitsbemühungen ist, nicht aber deren alleiniges Merkmal. Vielmehr könne auch bei nachgewiesenen Bewerbungen in großer Zahl die Arbeitsmotivation nur eine vorgeschobene sein, während andererseits bei realistischer Einschätzung der Arbeitsmarktlage auch Bewerbungen in geringerer Zahl ausreichend sein könnten, wenn etwa nur geringe Chancen für einen Wiedereintritt in das betreffende Berufsfeld bestehen.

Einen unterhaltsberechtigten Elternteil trifft die Obliegenheit, Leistungen der **Grundsicherung** in Anspruch zu nehmen. Unterlässt er dies, obwohl die gesetzlichen Voraussetzungen vorliegen, sind ihm entsprechend hohe fiktive Einkünfte zuzurechnen.[2204] Ein fiktives **Pflegegeld** ist zu berücksichtigen, wenn er den Abschluss einer Pflegeversicherung unterlassen hat.[2205] Etwaigem fiktiven Einkommen wegen einer nicht abgeschlossenen Pflegeversicherung sind aber bedarfserhöhend die fiktiven Beiträge für diese Versicherung entgegenzusetzen.[2206]

[2198] → Rn. 606 (Büchergeld der Studienstiftung des Deutschen Volkes).

[2199] Vgl. BGH FamRZ 2008, 2104.

[2200] OLG Hamm NJW 2018, 2575 = FamRZ 2018, 1311; OLG Brandenburg NZFam 2018, 659 (Niepmann).

[2201] BGH FamRZ 2011, 1851 = NJW 2011, 3577 Rn. 13–17. Zur verfassungsrechtlichen Problematik beim Verpflichteten, die teilweise beim Anspruchsteller gleich gelagert ist: BVerfG mit drei stattgebenden Kammerbeschlüssen vom 18.6.2012 – 1 BvR 774/10 = NJW 2012, 2420; 1 BvR 1530/11 = FamRZ 2012, 1283 und 1 BvR 2867/11 = NJW-Spezial 2012, 517.

[2202] → Rn. 459–465 und 506 mwN, BGH FamRZ 2011, 1851 = NJW 2011, 3577, Rn. 13–17; BGH FamRZ 2012, 517 = NJW 2012, 1144, Rn. 30–38; s. auch OLG Hamm FamRZ 2010, 1914 (Ls.) = FamR 2010, 178 (Kurzwiedergabe); OLG Brandenburg MDR 2009, 270 f.

[2203] BGH FamRZ 2011, 1851 = NJW 2011, 3577 Rn. 15.

[2204] BGH NJW 2015, 2655 = FamRZ 2015, 1467 mAnm Schürmann FamRZ 2015, 1600.

[2205] BGH FamRZ 2015, 1594 (mAnm Borth) = NJW 2015, 2577 Rn. 31.

[2206] BGH FamRZ 2015, 1594 (mAnm Borth) = NJW 2015, 2577 Rn. 38.

Zu Bedarfsprägung bei fiktiven Einkünften → Rn. 53; zum Erwerbstätigenbonus
→ Rn. 14.

B. Die Leistungsfähigkeit des Verpflichteten

I. Allgemeines

1. Faktoren, die die Leistungsfähigkeit beeinflussen

a) Leistungsfähigkeit

Die **Leistungsfähigkeit des Verpflichteten** ist neben der Bedürftigkeit des Berechtig- **668**
ten weitere Voraussetzung für Grund und Höhe des Unterhaltsanspruchs, §§ 1603,
1581 BGB.
Der Inanspruchgenommene muss in der Lage sein, außer seinen eigenen Bedürfnissen
mit den tatsächlich verfügbaren oder zumutbar erzielbaren Geldmitteln auch den anerkennenswerten Bedarf des Berechtigten zu befriedigen. Die Leistungsfähigkeit wird
demnach im Wesentlichen von drei Faktoren beeinflusst:
a) den Mitteln, die für Unterhaltszwecke zur Verfügung stehen, nämlich:
  – die tatsächlichen Einkünfte (→ Rn. 782 ff.) und das tatsächlich vorhandene Ver-
    mögen (→ Rn. 847 ff.)
  – die Einkünfte, die der Pflichtige unterhaltsrechtlich zumutbar erzielen könnte
    (→ Rn. 724 ff.)
  – ermäßigt um die unterhaltsrechtlich beachtlichen Verbindlichkeiten des Pflichtigen.
    (→ Rn. 978 ff.)
b) dem Eigenbedarf (Selbstbehalt) des Verpflichteten (→ Rn. 975); über diesen hinaus
  entfällt jede Unterhaltspflicht. Denn der Unterhaltsschuldner muss in der Lage bleiben, seine eigene Existenz zu sichern[2207] und darf durch die Leistung von Unterhalt
  nicht seinerseits sozialhilfebedürftig werden.[2208] Als notwendiger Selbstbehalt muss
  ihm jedenfalls der Betrag belassen werden, der seinen eigenen Lebensbedarf nach
  sozialhilferechtlichen Grundsätzen abdeckt.[2209]
c) der Stärke der Unterhaltspflicht. Die gesteigerte Unterhaltspflicht gegenüber minderjährigen, unverheirateten Kindern und den ihnen gleichgestellten, im Haushalt eines
  Elternteils lebenden volljährigen Schülern folgt aus § 1603 Abs. 2 S. 1 und S. 2 BGB.
  Im Übrigen ergibt sich die Stärke der Unterhaltspflicht aus der Rangstelle des Berechtigten (§ 1609 BGB).

Leistungsfähig ist der Verpflichtete, der über die zur Unterhaltszahlung nötigen Mittel **669**
tatsächlich verfügt oder sie unter Berücksichtigung von Vorbildung, Fähigkeiten, Arbeitsmarktlage – und ggf. durch Vermögenseinsatz – bei gutem Willen in zumutbarer Weise
beschaffen könnte.[2210] Die Beachtlichkeit fiktiver Einkünfte ist gesetzlich nicht geregelt.
Sie entspricht gleichwohl allgemeiner Auffassung und ist verfassungsrechtlich nicht zu
beanstanden.[2211] Eingehend zur Problematik → Rn. 675, → Rn. 724 ff.

[2207] BVerfG FamRZ 2001, 1685.
[2208] BGH FamRZ 1990, 849 (850); FamRZ 2006, 683 (684) = NJW 2006, 1654 Rn. 16; FamRZ
2006, 1010 (1012) = NJW 2006, 2404 Rn. 19.
[2209] BGH FamRZ 2006, 683 = NJW 2006, 1654 Rn. 16; FamRZ 2006, 1010 (1012) = NJW 2006,
2404 Rn. 19.
[2210] BVerfG FamRZ 2003, 661; FamRZ 2007, 273f; FamRZ 2010, 626 (628); BGH FamRZ 2003,
1471 (1473); FamRZ 2009, 314 (316); → Rn. 724–748.
[2211] Zuletzt BVerfG FamRZ 2021, 274 Rn. 12 mAnm Siede = NZFam 2021, 74 mAnm Niepmann.

Keine Rolle spielt die Leistungsfähigkeit, wenn bei bestehender häuslicher Lebensgemeinschaft Familienunterhalt nach § 1360 BGB geschuldet ist. Ein Partner kann seinen Beitrag zum Familienunterhalt nicht mit dem Hinweis darauf verweigern, er gefährde durch den Beitrag seinen eigenen Lebensbedarf.[2212] Besteht allerdings die häusliche Gemeinschaft nicht mehr, weil ein Ehegatte in einem Pflegeheim untergebracht ist, muss dem anderen der eigene angemessene Unterhalt verbleiben. Ihm steht der gleiche Selbstbehalt zu wie dem getrenntlebenden Ehegatten (→ Rn. 977).

b) Minderung der Leistungsfähigkeit

670   **Kurzfristige Minderungen der Leistungsfähigkeit** können unbeachtlich sein, wenn sie voraussehbar sind und deshalb für ihre Dauer finanzielle Vorsorge getroffen werden kann,[2213] etwa bei vorhersehbar kurzer Arbeitslosigkeit,[2214] zur Überbrückung von sonstigen zeitweisen Einkommensminderungen.[2215] Fehlt es an der Vorhersehbarkeit oder war der Unterhaltsschuldner aus wirtschaftlichen Gründen nicht in der Lage, Rücklagen zu bilden, können Minderung oder Verlust der Leistungsfähigkeit unterhaltsrechtlich beachtlich sein. Zu prüfen ist allerdings, ob die Aufrechterhaltung der Leistungsunfähigkeit als Obliegenheitsverletzung zu werten ist (→ Rn. 711 ff.). Ist eine solche Obliegenheitsverletzung zu verneinen, hat der Unterhaltsberechtigte einen Verlust oder eine Reduzierung seines Unterhaltsanspruches hinzunehmen. Der Unterhaltsschuldner hat für den fraglichen Zeitraum auch bei wiedergewonnener Leistungsfähigkeit keine Nachzahlungen zu leisten. Erforderlich ist nämlich eine Gleichzeitigkeit von Bedürftigkeit und unterhaltsrechtlicher Leistungsfähigkeit.[2216]

671   **aa) Kreditaufnahme. Kreditaufnahme** zur Beschaffung von Unterhaltsmitteln kann zumutbar sein,[2217] jedoch nur, wenn der Kredit in absehbarer Zeit aus Eigenmitteln in einer maßvollen Zeitspanne zurückgezahlt werden kann. Wer also ohnehin überschuldet ist, ohne die Schulden zurückführen zu können, dem kann schwerlich zugemutet werden, weiteren Kredit aufzunehmen.[2218] Dies gilt selbst dann, wenn während des Zusammenlebens der Unterhalt durch Kontoüberziehungen oder Elternzuwendungen finanziert wurde.[2219]

[2212] BGH FamRZ 2016, 1142 = NZFam 2016, 648 Rn. 19.
[2213] OLG Hamburg FamRZ 1989, 303 (304); OLG Köln FamRZ 2003, 601 vgl. auch § 1615h Abs. 1 S. 2 BGB aF: „Vorübergehende Umstände können nicht zu einer Herabsetzung (des Unterhalts) führen".
[2214] OLG Brandenburg FamRZ 1995, 1220 (1221); OLG Hamm FamRZ 1996, 863 (864).
[2215] BGH FamRZ 1982, 365 (366) und FamRZ 1988, 145 (147) und FamRZ 1988, 256 = NJW-RR 1988, 519; BGH FamRZ 1982, 678 = NJW 1982, 1641; FamRZ 1983, 140 (141) = NJW 1982, 814: Kredit bei Zweitausbildung; FamRZ 1988, 145 (147); OLG Brandenburg BeckRS 2023, 2547: unbeachtlich die 2-monatige Minderung des Ruhegehalts durch Rückzahlungen; OLG Düsseldorf FamRZ 1988, 67 (70): Kreditaufnahme bei Berufswechsel in selbstständige Tätigkeit; OLG Köln FamRZ 2006, 1756 (Ls.).
[2216] BVerfG FamRZ 2005, 1051 (1053) mAnm Klinkhammer und Anm. Graba FamRZ 2005, 1149; BGH FamRZ 2019, 698 mAnm Seiler = NZFam 2019, 303 mAnm Burschel Rn. 26; OLG Dresden FamRZ 2014, 1471.
[2217] BGH FamRZ 1982, 365 (366); BGH FamRZ 1982, 678 = NJW 1982, 1641; FamRZ 1983, 140 (141) = NJW 1982, 814: Kredit bei Zweitausbildung; FamRZ 1988, 145 (147) und FamRZ 1987, 145 (147) und FamRZ 1987 256 = NJW-RR 1988, 519; OLG Düsseldorf FamRZ 1988, 67 (70): Kreditaufnahme bei Berufswechsel in selbstständige Tätigkeit; ebenso OLG Köln FamRZ 2006, 1756 (Ls.).
[2218] BGH FamRZ 1982, 678 (679) = NJW 1982, 1641.
[2219] OLG München FamRZ 1993, 62 (Rechtsanwalt); auch OLG Köln FamRZ 2001, 1475 für den Elternunterhalt.

bb) Vermögensverwertung. Vermögen des Unterhaltsschuldners muss ggf. zur Stei- 672
gerung oder Erhaltung der Leistungsfähigkeit eingesetzt werden. Dies gilt für Erträge
und unter Umständen auch für den Stamm des Vermögens. Die Verpflichtung zu dessen
Verwertung ist abhängig von der Qualität der Unterhaltsverpflichtung. Der Grundgedanke des § 1581 S. 2 BGB, wonach der Berechtigte nicht zu unwirtschaftlicher oder unbilliger Vermögensverwertung verpflichtet ist, gilt auch für den Unterhaltsschuldner. Im
Einzelnen → Rn. 847 ff.

c) Gesetzwidrig erlangte Mittel

Gesetzwidrig erlangte Mittel sind im Prinzip, da alles Einkommen für die Erfüllung 673
von Unterhaltspflichten heranzuziehen ist, bei der Beurteilung der Leistungsfähigkeit zu
berücksichtigen. Praktisch bedeutsam sind hier die **Einkünfte aus Schwarzarbeit,** auf die
Steuern und Sozialabgaben nicht gezahlt werden sowie die **Einkünfte eines Selbständigen,** der den Straftatbestand der Steuerhinterziehung erfüllt. Da der Erwerbsvorgang als
solcher unbedenklich ist, sind die Einkünfte, die tatsächlich erzielt werden und nachweisbar sind, für Unterhaltszwecke zu verwenden.[2220] Der Unterhaltspflichtige kann
allerdings nicht gezwungen werden, den ungesetzlichen Erwerb fortzusetzen, so dass
allein rückständiger Unterhalt, nicht aber die künftigen Zahlungen auf „schwarz" erzieltes Einkommen gestützt werden können.[2221]

Ist der Erwerb als solcher in Ordnung, fehlen nur förmliche Voraussetzungen wie etwa
die Eintragung in die Handwerksrolle, der Gewerbeschein, die Konzession usw., ist die
Verwendung der so erlangten Mittel für Unterhalt selbstverständlich.

Ungesetzliche Einkünfte, also solche aus Straftaten, können zu Unterhaltszwecken
verwendet werden, wenn dies nicht gegen die guten Sitten verstößt oder dadurch die
berechtigten Interessen eines durch den Erwerbsvorgang Geschädigten verletzt werden.
Letzteres wird man bei Einkünften aus schweren Straftaten wie Erpressung, Raub etc.
annehmen können. Allerdings sind diese Überlegungen theoretisch. Ein Unterhaltsrechtsstreit über die Beute aus einem Raubüberfall ist nicht vorstellbar, so dass es keinerlei
veröffentlichte Entscheidungen zu diesem Problem gibt.

d) Schuldhaft herbeigeführte Leistungsunfähigkeit

Schuldhaft herbeigeführte Leistungsunfähigkeit oder Leistungseinschränkung[2222] sind 674
grundsätzlich beachtlich.[2223] Anders als bei „mutwillig" herbeigeführter Bedürftigkeit
(§ 1579 Nr. 4 BGB) enthält das Gesetz für schuldhaft herbeigeführte Leistungsunfähigkeit keine besondere Regelung. Eine Berufung auf Leistungsunfähigkeit muss jedoch
dann verwehrt sein, wenn sie gegen den das ganze Recht beherrschenden Grundsatz von
Treu und Glauben verstößt.[2224]

Das ist der Fall, wenn das Verhalten, das zur Leistungsunfähigkeit des Pflichtigen führt,
selbst eine Verletzung der Unterhaltspflicht darstellt, wenn dem Unterhaltsschuldner der
Vorwurf einer unterhaltsbezogenen Mutwilligkeit zu machen ist, der vorsätzliches und

---

[2220] OLG Brandenburg FamRZ 2013, 631 f. = NJW 2012, 3186 (3187 f.); OLG Nürnberg EzFamR
aktuell 1997, 339; AG Viechtach FamRZ 1990, 1139 hält Schwarzarbeitslohn für nicht unterhaltspflichtiges Einkommen.

[2221] OLG Brandenburg FamRZ 2013, 631 (632) = NJW 2012, 3186 (3188).

[2222] Für sie gelten gleiche Grundsätze: BGH FamRZ 1987, 372 (374).

[2223] BGH FamRZ 1982, 692 (794) = NJW 1982, 1812; BGH FamRZ 2000, 815 ff. = NJW 2000,
2351 f.; BGH FamRZ 2002, 813 ff. = NJW 2002, 1799 f.; FamRZ 2003, 1471 (1473) mAnm Luthin.

[2224] BGH FamRZ 2003, 1471 (1473) mAnm Luthin; FamRZ 1982, 792 (794) u. FamRZ 1982, 913
(914); FamRZ 1985, 158 (159 f.); OLG Hamburg NJW-RR 1991, 773.

absichtliches, aber auch leichtfertiges Verhalten umfasst.[2225] Die Feststellung eines unterhaltsbezogenen Fehlverhaltens erfordert eine eingehende Würdigung aller objektiven und subjektiven Umstände des Einzelfalles.[2226] Dabei ist die bloße Vorhersehbarkeit der Leistungsunfähigkeit als Folge des Fehlverhaltens nicht ausreichend. Die Vorstellungen und Antriebe des Pflichtigen müssen sich gerade auf die dadurch verursachte Minderung seiner Leistungsfähigkeit erstrecken.[2227] Er muss sie als mögliche Folge seines Handelns erkennen und sich über sie – wenn auch im Vertrauen auf ihren Nichteintritt – in Verantwortungs- und Rücksichtslosigkeit gegen den Unterhaltsgläubiger hinwegsetzen.[2228] Ist die Leistungsunfähigkeit unverschuldet, kann der Pflichtige gleichwohl gehalten sein, sich so schnell wie möglich um eine Wiederherstellung der Leistungsfähigkeit zu bemühen. Es gelten die dargestellten Grundsätze → Rn. 708 ff.

675, 676   [einstweilen frei]

e) Darlegungs- und Beweislast

677   Die Leistungsfähigkeit des Unterhaltsschuldners gehört grundsätzlich zur Begründung des Anspruchs, so dass es Sache des Berechtigten wäre, diese darzulegen und zu beweisen. § 1603 Abs. 1 BGB kehrt allerdings aus Gründen der Praktikabilität die Darlegungs- und Beweislast um. Der Unterhaltpflichtige, der sich auf eine Einschränkung seiner Leistungsfähigkeit beruft, hat hierzu vorzutragen. Er trägt die Darlegungs- und Beweislast für die Voraussetzungen einer Einschränkung seiner Leistungsfähigkeit und hat insoweit die seine Lebensstellung bildenden Faktoren, sein Einkommen und Vermögen sowie die einkommensmindernden Abzugspositionen darzulegen und zu beweisen.[2229]

Wird Elternunterhalt geltend gemacht, hat das unterhaltpflichtige Kind neben seinem eigenen Einkommen auch das Einkommen der übrigen Familienmitglieder, den vollständigen Bedarf der Familie und seinen eigenen Beitrag dazu substantiiert vorzutragen.[2230]

Bei schuldhaft herbeigeführter Leistungsunfähigkeit muss der Berechtigte die Verantwortungslosigkeit bzw. Leichtfertigkeit des Verpflichteten darlegen, wobei der Vortrag genügt, die Arbeit sei ohne hinreichenden Grund aufgegeben worden. Der Pflichtige muss diese Angaben des Berechtigten substantiiert bestreiten, und dem Berechtigten obliegt es, zu beweisen, dass die vom Schuldner genannten Gründe nicht zutreffen.[2231] Bei Verschuldung des Unterhaltpflichtigen muss dieser also den Zweck der Schulden, Art ihrer Entstehung, deren Zeitpunkt sowie seine Bemühungen um eine Wiederherstellung seiner Leistungsfähigkeit darlegen.[2232]

[2225] BGH FamRZ 1981, 1042 (1044 f.); FamRZ 1984, 364 (367 f.); FamRZ 2000, 815 (817); OLG Naumburg FamRZ 2010, 572 (573 f.).
[2226] BGH FamRZ 1993, 1055 (1056 f.); FamRZ 1994, 240 (241); FamRZ 2000, 815 (816); OLG Naumburg FamRZ 2010, 572 (573 f.).
[2227] BGH FamRZ 1993, 1055 (1056 f.); FamRZ 1994, 240 (241); FamRZ 2000, 815 (816); OLG Naumburg FamRZ 2010, 572 (573 f.).
[2228] BGH FamRZ 1981, 1042 (1044 f.); FamRZ 1984, 364 (367 f.); FamRZ 2000, 815 (817); OLG Naumburg FamRZ 2010, 572 (573 f.).
[2229] BGH FamRZ 2019, 112 = NJW 2018, 3648 Rn. 24; OLG Schleswig FamRZ 2022, 1283 = NZFam 2022, 702 (Köhler).
[2230] OLG Hamm FamRZ 2013, 1541.
[2231] OLG Düsseldorf NJW-RR 1994, 1097 = FamRZ 1994, 926; vgl. auch Baumgärtel/Laumen/Dehmer, Handbuch der Beweislast im Privatrecht, 5. Aufl. 2023, BGB § 1603 Rn. 9 und 10.
[2232] OLG Hamm FamRZ 1996, 959.

f) Berechnung Einkommen

Die Endsummen der Unterhaltsberechnung sollten auf volle Euro-Beträge gerundet   **678**
werden, wie es die unterhaltsrechtlichen Leitlinien nahezu aller Oberlandesgerichte vor-
sehen.[2233]
Bei schwankendem Einkommen ist das über einen längeren Zeitraum bezogene Durchschnittseinkommen für die Unterhaltsbemessung maßgebend. Für die Berechnung rückständigen Unterhalts ist von den tatsächlichen erzielten Einkünften in dem fraglichen
Zeitraum auszugehen, für die aus Gründen der Vereinfachung ein Jahresdurchschnitt zu
bilden ist.[2234] Dies gilt grundsätzlich für jede Art von Einkünften.
Für den aufgrund einer Einkommensprognose zu ermittelnden laufenden Unterhalt ist
zu unterscheiden:
Für **Einkommen aus unselbstständiger Arbeit** wird das durchschnittliche monatliche   **679**
Nettoeinkommen nach den Bezügen des letzten vollen Kalenderjahres der Unterhaltsberechnung zugrunde gelegt,[2235] es sei denn, das Einkommen hätte sich im laufenden
Kalenderjahr mit Sicherheit dauerhaft unterhaltserheblich geändert.[2236] Jährlich einmal
gezahlte Sonderzuwendungen (zB Weihnachtsgeld, Urlaubsgeld) sind, auf den Monat
umgelegt, einzubeziehen.[2237] Zeiten von Krankheit oder Arbeitslosigkeit werden einbezogen und die in diesen Zeiträumen erhaltenen Beträge (Lohnfortzahlung, Krankengeld)[2238]
hinzugerechnet. Weniger geeignet erscheint als Ermittlungsgrundlage das noch nicht
abgeschlossene, laufende Kalenderjahr, weil Jahresverdienstbescheinigungen mit allen
Sonderzuwendungen auf das volle Kalenderjahr abgestellt sind. Bei jährlichen Zuwendungen ist zu beachten, dass sich dadurch das Einkommen für das ganze Jahr erhöht mit
der Folge einer insgesamt progressiven Steuerquote.[2239]
Einkommen aus selbstständiger Arbeit und aus Kapitalvermögen ist zur Berech-   **680**
nung des künftigen Unterhalts regelmäßig als Durchschnittseinkommen aus dem Gewinn
der drei dem jeweiligen Unterhaltszeitraum vorausgehenden Kalenderjahre zu ermitteln.[2240] Denn wegen der regelmäßig schwankenden Einkünfte des Selbständigen ermöglicht nur der Blick auf einen längeren Zeitraum eine zuverlässige Prognose künftigen
Gewinns. Im Einzelfall kann allerdings auch eine längere oder kürzere Zeitspanne zugrunde gelegt werden, wenn dies erforderlich ist, um ein Bild von den durchschnittlichen
Gewinnen zu erlangen[2241], zB wenn der Dreijahreszeitraum durch ungewöhnliche Ereignisse oder steuerrechtliche Besonderheiten geprägt wird und deshalb eine zuverlässige
Prognose über die künftige Einkommensentwicklung nicht zulässt.[2242] Wenn zB in den

---

[2233] Nr. 25 der Oldenburgischen Leitlinien sieht eine Rundung auf 5 EUR vor; Nr. 25 der übrigen
Leitlinien.
[2234] BGH FamRZ 2007, 1532 (1534) mAnm Maurer; OLG Dresden, FamRZ 2014, 1471; aA wohl
OLG Brandenburg FamRZ 2014, 219 (220).
[2235] BGH FamRZ 1983, 996 = NJW 1983, 2243; OLG Frankfurt FamRZ 1989, 1300; OLG Hamm
FamRZ 1986, 1102; KG FamRZ 1988, 720.
[2236] OLG Dresden FamRZ 2014, 378: bei Verbesserung der Leistungsfähigkeit durch die Aufnahme einer Erwerbstätigkeit erhöht sich die Leistungsfähigkeit von Beginn des Monats der Arbeitsaufnahme an; KG FamRZ 1988, 720 (721); OLG München FamRZ 1984, 173 (174); OLG Zweibrücken FamRZ 2000, 112.
[2237] BGH FamRZ 1991, 416 (418).
[2238] BGH FamRZ 1987, 36 (38); FamRZ 2013, 191 Rn. 36 f.: Krankengeld und Krankenhaustagegeld.
[2239] BGH FamRZ 1991, 416 (418).
[2240] BGH FamRZ 1982, 151 (152) = NJW 1982, 1645; 1985, 357 (358); 1983, 996; FamRZ 2004,
1177 (1178) mAnm Engels FamRZ 2004, 1355 = NJW-RR 2004, 1227 (1228); BFH NZFam 2016,
1049 (Stumpe).
[2241] BVerfG FamRZ 1993, 169 (170); BGH FamRZ 1985, 357 (358).
[2242] BGH FamRZ 2004, 1177 (1178) mAnm Engels FamRZ 2004, 1355 = NJW-RR 2004,1227 (1228).

Zeitraum eine Anlauf- und eine Konsolidierungsphase fallen, ist nur letztere maßgebend.[2243] Liegt nur ein abgeschlossenes Geschäftsjahr der unternehmerischen Tätigkeit vor, ist auf dieses abzustellen.[2244]

Wird dagegen Unterhalt lediglich für einen in der Vergangenheit liegenden Zeitraum geltend gemacht, ist keine Einkommensprognose erforderlich. Maßgebend sind daher allein die Einkünfte, die der Unterhaltsschuldner in dem fraglichen Zeitraum erzielt hat.[2245]

Steuern sind abzusetzen, soweit sie in dem fraglichen Zeitraum tatsächlich angefallen sind (Inprinzip).[2246] Im Regelfall ist nicht entscheidend, auf welchen Zeitraum sich die Steuerlast bezieht (Fürprinzip).[2247] Allerdings ist es die Aufgabe des Tatrichters, für den jeweiligen Einzelfall eine geeignete Methode für eine möglichst zuverlässige Berechnung des unterhaltsrechtlich relevanten Einkommens zu finden.[2248] So kann es gerechtfertigt sein, die Steuerlast nach dem sog. „Fürprinzip" zu ermitteln, wenn in dem fraglichen Zeitraum eine Steuernachzahlung angefallen ist, die einen lange zurückliegenden Zeitraum betrifft.[2249] Gleiches gilt, wenn die Steuererklärung verspätet abgegeben wurde oder eine Verzögerung durch unrichtige oder unvollständige Angaben des Steuerpflichtigen eingetreten ist. Werden aus diesem Grund in einem Jahr Rückzahlungen oder Erstattungen für mehrere Zeiträume fällig, sind sie für das Jahr zu berücksichtigen, in dem sie bei ordnungsgemäßen Vorgehen erfolgt werden.[2250] Denkbar ist auch, die im maßgeblichen Dreijahreszeitraum geleisteten durchschnittlichen Steuerzahlungen zu ermitteln und vom „Durchschnittseinkommen" des streitigen Jahres abzusetzen.[2251]

Vorsorgeaufwendungen sind ebenfalls für den Zeitraum in Abzug zu bringen, in dem sie tatsächlich entstanden sind. Sie unterliegen regelmäßig keinen starken Schwankungen, so dass eine Durchschnittsbildung für eine zuverlässige Schätzung des aktuellen Einkommens nicht notwendig erscheint.[2252]

Liegen zuverlässige Kenntnisse über die Einkünfte der drei zurückliegenden Kalenderjahre nicht vor, können Indizien für die Berechnung des Einkommens die Einnahmen des Selbständigen sein[2253] oder auch seine Privatentnahmen.[2254] Die Einkünfte des geschäftsführenden Gesellschafters einer GmbH sind nach einem Dreijahresdurchschnitt zu ermitteln, wenn sein Gehalt vom jeweiligen Gewinn abhängig ist[2255] oder die Gewinn-

---

[2243] BGH FamRZ 1985, 471 (472); OLG Düsseldorf DAVorm 1981, 293 (295); OLG Köln NJW-RR 1995, 1157 (1158); NJW-RR 1996, 324.

[2244] BGH FamRZ 2011, 1851 (1852) mAnm Schürmann = NJW 2011, 3577 (3578) = MDR 2011, 1359 (1360); OLG Brandenburg NZFam 2018, 659 (Niepmann);

[2245] BGH FamRZ 2007, 1532 (1534) mAnm Maurer; OLG Brandenburg NZFam 2018, 659 (Niepmann); OLG Dresden FamRZ 2014, 1471.

[2246] BFH FamRZ 2016, 1584 = NZFam 2016, 1049 (Stumpe); OLG Brandenburg NZFam 2018, 660 (Graba).

[2247] So noch BGH FamRZ 1985, 357 (358); BFH NZFam 2016, 1049 (Stumpe).

[2248] BGH FamRZ 2011, 1851 (1852) mAnm Schürmann = NJW 2011, 3577 (3578) = MDR 2011, 1359 (1360).

[2249] BGH FamRZ 2011, 1851 (1852) mAnm Schürmann = NJW 2011, 3577 (3578) = MDR 2011, 1359 (1360).

[2250] BGH FamRZ 1366 mAnm Langeheine = NJW 2022, 2470 mAnm Obermann Rn. 30; OLG Brandenburg NZFam 2018, 659 (Niepmann).

[2251] BFH FamRZ 2016, 1584 = NZFam 2016, 1049 (Stumpe).

[2252] OLG Koblenz FamRZ 2018, 259 (260).

[2253] OLG Hamm FamRZ 2005, 216.

[2254] OLG Hamm FamRZ 1996, 1216; ähnlich OLG Köln FamRZ 1993, 64: die zur Finanzierung des Lebensstandards notwendigen Ausgaben: Schürmann FamRB 2006, 149 ff., 183 ff., 215 f. will die Privatentnahmen regelmäßig zur Bemessungsgrundlage des Einkommens Selbständiger machen.

[2255] OLG Hamm NJW-Spezial 2008, 325; Köln FamRZ 2006, 1756 = NJW-RR 2007, 941; AG Flensburg FamRZ 2010, 570 (Ls.).

einkünfte in der GmbH thesauriert sind.[2256] Ist der Unterhaltspflichtige nur Mitgesellschafter, soll sein Einkommen wie das eines Selbständigen berechnet werden, wenn er
aufgrund seines Anteils maßgebenden Einfluss auf die Geschäftsentwicklung hat.[2257]

Bei **Einkommen aus Kapital- und Immobilienvermögen** ist wegen der auch bei ihm   **681**
nicht seltenen Schwankungen (Zinsänderungen, Kursänderungen, Leerstände in Miet-
wohnungen[2258]) für den laufenden Unterhalt die Berechnung nach einem Dreijahresdurchschnitt unter Berücksichtigung der mit einiger Sicherheit voraussehbaren Zukunfts-
entwicklung vorzunehmen.[2259] Für rückständigen Unterhalt ist auf die Einkünfte in dem
betreffenden Zeitraum abzustellen. Es gelten die gleichen Erwägungen bis bei Einkünften
aus selbständiger Tätigkeit (→ Rn. 680)

2. Ermittlung des Einkommens

a) Auskunftsanspruch

aa) Allgemeines. Der Auskunftsanspruch ist das Mittel, Einblick in die wirtschaftlichen,   **682**
die Leistungsfähigkeit des Verpflichteten und die Bedürftigkeit des Berechtigten bestimmenden Verhältnisse zu erlangen. Er soll die Beteiligten in die Lage versetzen, einen Rechtsstreit zu vermeiden oder in ihm die Forderungen richtig zu berechnen, begründete Einwendungen vorzubringen[2260] und unabhängig von der Darlegungs- und Beweislast das Ver-
fahrensrisiko verlässlich einzuschätzen.[2261] Der Auskunftsanspruch erstreckt sich auf alle
Umstände, die erforderlich sind, um die Bestimmtheit des Leistungsanspruchs herbeizuführen. So kann der Verpflichtete zB vom Berechtigten Auskunft über die Verwendung des
Zugewinns verlangen, um einen Abänderungsantrag auf Herabsetzung des Unterhalts vor-
zubereiten.[2262] Der Auskunftsanspruch umfasst nicht Informationen über Gegenansprüche,
die der Kläger bei der Berechnung seines Zahlungsanspruchs berücksichtigen möchte.[2263]

bb) Rechtsgrundlagen und Beteiligte des familienrechtlichen Auskunftsverhältnis-   **683**
ses. Gesetzlich einander im Rahmen eines Unterhaltsrechtsverhältnisses zur Auskunft
verpflichtet sind:

1. Verwandte in gerader Linie § 1605 BGB
2. Getrenntlebende Eheleute § 1361 Abs. 4 S. 4 iVm § 1605 BGB
3. Geschiedene Eheleute § 1580 BGB iVm § 1605 BGB
4. Getrenntlebende Lebenspartner § 12 S. 2 LPartG iVm § 1605 BGB
5. Geschiedene Lebenspartner § 16 LPartG iVm §§ 1580, 1605 BGB
6. die Eltern eines nichtehelichen Kindes im Rahmen des Betreuungsunterhalt § 1615l
   Abs. 3 BGB iVm § 1605 BGB.

Gemäß § 1605 BGB, der im Wege der Verweisung für sämtliche Unterhaltsrechtsver-
hältnisse gilt, sind auf Verlangen des Auskunftsberechtigten Belege über die Höhe der
Einkünfte vorzulegen. Auch die Abgabe einer eidesstattlichen Versicherung nach § 261
BGB kann verlangt werden.

Auskunftsanspruch aus § 242 BGB. Über die gesetzlich geregelten Fälle hinaus   **684**
besteht ein Auskunftsanspruch aus § 242 BGB auch im Familienrecht, wenn zwischen

---

[2256] OLG Brandenburg FamRZ 2014, 219 (220).
[2257] OLG Brandenburg FamRZ 2014, 219 (220).
[2258] OLG Hamm FamRZ 2007, 73 = NJOZ 2006, 3861.
[2259] BGH FamRZ 1984, 39 (41); vorausgesetzt in BGH FamRZ 2022, 434 mAnm Witt = NZFam
2022, 208 mAnm Niepmann Rn. 15; OLG München FamRZ 1996, 738.
[2260] BGH FamRZ 2011, 21 (21 f.) mAnm Graba = NJW 2011, 226 (227) = MDR 2010, 1466.
[2261] BGH FamRZ 2018, 260 mAnm Seiler = NJW 2018, 468 mAnm Born Rn. 13.
[2262] OLG Karlsruhe NJW-RR 1990, 712 = FamRZ 1990, 756.
[2263] OLG Zweibrücken FamRZ 2005, 379.

den Beteiligten besondere rechtliche Beziehungen vorhanden sind, die es mit sich bringen, dass der Auskunftsbegehrende entschuldbar über den Bestand oder den Umfang eines Rechts im Unklaren und deshalb auf die Auskunft des Pflichtigen angewiesen ist, während dieser die Auskunft unschwer erteilen kann und dadurch nicht unbillig belastet wird.[2264] **Eltern untereinander** schulden nach diesen Grundsätzen Auskunft über die Höhe ihres Einkommens, wenn ein Elternteil von einem volljährigen Kind auf Unterhalt in Anspruch genommen wird und sich Gewissheit verschaffen will, wie hoch sein Haftungsanteil ist.[2265] Gleiches gilt, wenn sich der dem minderjährigen Kind barunterhaltspflichtige Elternteil vergewissern will, ob nicht der Betreuende selbst barunterhaltspflichtig ist. Der auf Unterhalt in Anspruch genommene Elternteil darf das Kind durch Zurückweisen des Begehrens nicht dazu zwingen, den anderen Elternteil selbst auf Auskunft zu verklagen.[2266] Ein Auskunftsanspruch der Eltern untereinander besteht auch, wenn ein familienrechtlicher Ausgleichsanspruch nicht Betracht kommt.[2267] Leistet allerdings ein Elternteil freiwillig und vorbehaltlos den vollen Kindesunterhalt, ohne Rückgriff auf den anderen Elternteil nehmen zu wollen, kommt ein Auskunftsanspruch nicht in Betracht.[2268] **Geschwister** sind ebenfalls einander zur Auskunftserteilung verpflichtet, wenn sie Elternunterhalt zahlen sollen.[2269] Kein Auskunftsanspruch besteht gegenüber dem Ehegatten des Unterhaltsschuldners, da es insoweit an einer rechtlichen Beziehung fehlt, der Ehegatte vielmehr außerhalb des jeweiligen Unterhaltsrechtsverhältnisses steht.[2270] Gleichwohl sind seine finanziellen Verhältnisse bedeutsam für den Unterhaltsanspruch. Dies gilt für das Kind, das den nicht leistungsfähigen, wiederverheirateten Unterhaltspflichtigen in Anspruch nimmt, für Geschwister, die Elternunterhalt leisten sollen[2271], für den geschiedenen Ehegatten im Verhältnis zu einem weiteren unterhaltsberechtigten Ehegatten oder einem nichtehelichen Elternteil sowie für das unterhaltspflichtige Kind, das den Taschengeldanspruch gegen seinen Ehegatten für Unterhaltszwecke einzusetzen hat.[2272] – In diesen Fällen kann der Unterhaltsberechtigte die notwendige Kenntnis nur erlangen, wenn er den ihm zum Unterhalt Verpflichteten auf Auskunft in Anspruch nimmt. Der Unterhaltspflichtige ist im Rahmen dieser Auskunftspflicht gehalten, Angaben zu den Einkommens- und Vermögensverhältnissen seines Ehegatten zu machen. Dem Geheimhaltungsinteresse des Ehegatten wird ausreichend dadurch Rechnung getragen, dass er in den zu überreichenden Belegen die Angaben schwärzen kann, die vom Auskunftsanspruch nicht umfasst werden.[2273]

685   **Kraft Gesetzes auf den Träger der Leistungen** geht der Auskunftsanspruch mit dem Unterhaltsanspruch über, wenn der Unterhaltsberechtigte Bürgergeld (§ 33 Abs. 1 S. 4 SGB II) oder Hilfe zum Leben (§ 94 Abs. 1 S. 1 SGB XII) bezieht; letzterer kann den

---

[2264] BGH FamRZ 1986, 450 (453) = NJW 1986, 1751; FamRZ 1988, 268 (269) = NJW 1988, 1906; FamRZ 2003, 1836 = NJW 2003, 3624 (3625); FamRZ 2013, 1027 mAnm Langheim = NJW 2013, 1740 Rn. 7.

[2265] BGH FamRZ 1988, 268 (269); FamRZ 2013, 1027 mAnm Langheim = NJW 2013, 1740 Rn. 6; OLG Schleswig OLGR 2001, 373 (374); aA OLG Karlsruhe NJW Spezial 2009, 757 für den Fall, dass das Kind die Darlegungs- und Beweislast für den Haftungsanteil des Inanspruchgenommenen hat.

[2266] BGH FamRZ 1988, 268 (269); anders (Auskunftsklage Kind): OLG Frankfurt FamRZ 1987, 839; OLG Hamm FamRZ 1987, 744 u. 745.

[2267] BGH FamRZ 2013, 1027 mAnm Langheim = NJW 2013, 1740 Rn. 8.

[2268] BGH FamRZ 2013, 1027 mAnm Langheim = NJW 2013, 1740 Rn. 9 bis 11.

[2269] BGH FamRZ 2003, 1836 = NJW 2003, 3624; OLG München FamRZ 2002, 50.

[2270] Vgl. BGH FamRZ 2003, 1836 (1838).

[2271] BGH FamRZ 1988, 268 (269); FamRZ 2003, 1836 (1837).

[2272] OLG Frankfurt/M. FamRZ 2014, 1927 (Ls.).

[2273] BGH FamRZ 2011, 21 (22 f.) mAnm Graba = NJW 2011, 226 (227) = MDR 2010, 1466; Hoppenz, Gegenseitige Auskunftspflicht mehrerer Unterhaltsgläubiger oder mehrerer Unterhaltsschuldner, FamRZ 2008, 733 (734 f.).

Unterhaltspflichtigen nicht nur zivilrechtlich, sondern auch im Wege des Verwaltungsaktes nach § 117 SGB XII in Anspruch nehmen.

Der Berechtigte kann neben dem öffentlich-rechtlichen Leistungsträger Auskunft verlangen, da er für die Zukunft Inhaber des Unterhaltsanspruches bleibt und zudem uU einen über der Transferleistung liegenden Unterhalt beanspruchen kann.

cc) Auskunft und Familienunterhalt. Die Auskunft soll in erster Linie den Barunterhaltsanspruch vorbereiten. Eine Auskunftspflicht besteht aber auch im Rahmen des Familienunterhalts. Die Ehegatten sind einander nach § 1353 Abs. 1 S. 2 BGB verpflichtet, Auskunft zu erteilen über die für die Höhe des Familienunterhalts und des Taschengeldanspruchs maßgebenden Verhältnisse. Die Unterrichtung hat nicht nur in groben Zügen[2274] zu erfolgen, sondern in dem Umfange wie es zur Feststellung des Unterhaltsanspruchs erforderlich ist. Die Vorlage von Belegen oder eine eidesstattliche Versicherung der Richtigkeit und Vollständigkeit der Angaben ist dagegen nicht geschuldet.[2275]   **686**

dd) Entfallen des Auskunftsanspruchs. Der im Grundsatz uneingeschränkte **Auskunftsanspruch entfällt,** wenn feststeht, dass die Auskunft den Unterhaltsanspruch oder die Unterhaltsverpflichtung unter keinem Gesichtspunkt beeinflussen kann.[2276] Diese Ausnahme ist nur dann gegeben, wenn der Unterhaltsanspruch unabhängig von den Einkommens- und Vermögensverhältnissen des Schuldners ausgeschlossen ist,[2277] wenn also zB der Anspruch auf Zahlung von Alters- oder Krankenunterhalt schon wegen des nicht gewahrten Einsatzzeitpunktes ausscheidet.[2278] Gleiches gilt, wenn bereits zuvor rechtskräftig festgestellt wurde, dass ein Unterhaltsanspruch dem Grunde nach nicht besteht.[2279] Demgegenüber kann Auskunft auch verlangt werden, wenn sich der Inanspruchgenommene für uneingeschränkt leistungsfähig erklärt. Durch diese Erklärung verzichtet der Unterhaltsschuldner auf den Einwand fehlender oder eingeschränkter Leistungsfähigkeit. Da aber noch nicht feststeht, ob auch der Bedarf unabhängig von der Höhe von Einkommen und Vermögen ermittelt werden kann, wird ungeachtet der Erklärung uneingeschränkter Leistungsfähigkeit eine Auskunftsverpflichtung bejaht.[2280] Die nahezu uneingeschränkte Auskunftsverpflichtung gilt auch für den Kindesunterhalt, da für die Errechnung des kindlichen Bedarfs die Kenntnis der Einkommens- und Vermögensverhältnisse des Schuldners erforderlich ist, selbst wenn sich dieser für „uneingeschränkt leistungsfähig" erklärt.[2281]   **687**

Erhebt der Unterhaltsschuldner den **Einwand der Verwirkung (§ 1579 oder § 1611 BGB),** so bleibt er in der Regel zur Auskunftserteilung verpflichtet, da seine wirtschaftlichen Verhältnisse für die notwendige Billigkeitsabwägung von Bedeutung sind.[2282] Glei-   **687a**

[2274] So noch BGH FamRZ 2001, 23 (25).

[2275] BGH FamRZ 2011, 21 (23) mAnm Graba = NJW 2011, 226 (227) = MDR 2010, 1466.

[2276] BGH FamRZ 1982, 996 u. 1189 (1192) = NJW 1982, 2771 u. 1983, 279; FamRZ 1983, 473 u. 996 = NJW 1983, 2243; FamRZ 1994, 28; FamRZ 2018, 260 Rn. 13 mAnm Seiler = NJW 2018, 468 mAnm Born; BGH FamRZ 2021, 28 Rn. 10 mAnm Borth = NJW 2020, 3721 mAnm Born.

[2277] BGH FamRZ 2018, 260 Rn. 14 mAnm Seiler = NJW 2018, 468 mAnm Born; OLG Bamberg FamRZ 1981, 668; OLG Düsseldorf FamRZ 1998, 1191; für den Fall der vollständigen Bedarfsdeckung bei Heimunterbringung eines Kindes: OLG Bremen FamRZ 2012, 316.

[2278] BGH FamRZ 2018, 260 Rn. 12 mAnm Seiler = NJW 2018, 468 mAnm Born N.

[2279] OLG Bamberg FamRZ 1986, 685.

[2280] BGH FamRZ 2018, 260 mAnm Seiler = NJW 2018, 468 mAnm Born Rn. 15; BGH FamRZ 2021, 28 mAnm Borth= NJW 2020, 3721 mAnm Born Rn. 13.

[2281] BGH FamRZ 2021, 28 mAnm Borth = NZFam 2020, 1062 mAnm Löhnig Rn. 12 f.; aA noch die Voraufl.

[2282] BGH FamRZ 1983, 996; OLG Bamberg FamRZ 2006, 344; OLG Frankfurt FamRZ 1988, 62; OLG Hamm FamRZ 2007, 165 (166 f.); OLG Karlsruhe OLGR 2001, 327; KG FamRZ 2014, 1707; OLG München FamRZ 1998, 741; OLG Zweibrücken FamRZ 2011, 1066.

ches gilt, wenn bei zugestandener Leistungsfähigkeit eine Befristung oder Beschränkung des Unterhaltsanspruchs in Betracht kommt.[2283] Die Auskunftspflicht entfällt in diesen Fällen nur, wenn besondere Umstände vorliegen, die ohne Berücksichtigung der Einkommens- und Vermögensverhältnisse den Unterhaltsanspruch zweifelsfrei entfallen lassen.[2284]

687b   Nach allgemeinen Rechtsgrundsätzen entfällt die Auskunftspflicht, wenn der Berechtigte bereits **ausreichende Kenntnisse** über die Einkommens- und Vermögensverhältnisse des Verpflichteten hat. Ob sich der zur Auskunft Verpflichtete darauf berufen kann, er habe ein berechtigtes Interesse, die Auskunft zu verweigern,[2285] erscheint wegen der durch die aktuelle Rechtsprechung des Bundesgerichtshofs noch einmal hervor gehobenen besonderen Bedeutung der Auskunft für die Belange des Berechtigten[2286] mehr als fraglich.

688   **ee) Ungefragte Auskunft. Ungefragte Auskunft unter Beteiligten eines Unterhaltsrechtsverhältnisses** ist als Ausprägung des Grundsatzes von Treu und Glauben unter besonderen Umständen sowohl vom Berechtigten wie vom Verpflichteten zu erteilen, und zwar dann, wenn eine Veränderung der Verhältnisse iSd §§ 238, 239 FamFG eingetreten ist und das Schweigen über eine grundlegende Änderung der Verhältnisse evident unredlich erscheint.[2287] Evident unredlich ist die Nichtoffenbarung, wenn der andere Beteiligte des Unterhaltsrechtsverhältnisses auf Grund vorangegangenen Tuns keinen Anlass hatte, sich einer Änderung der unterhaltsrechtlichen Umstände durch eine Auskunft zu vergewissern,[2288] zB weil die Parteien in einem gerichtlichen Vergleich bestimmte Einkünfte zur Grundlage der Unterhaltsberechnung gemacht haben.[2289] Tritt eine nicht unwesentliche Steigerung dieses Einkommens ein, ist sie zu offenbaren, wobei es auf die Frage, wie sich die Einkommenssteigerung auf den Unterhalt auswirkt, nicht ankommt.[2290]Eine Obliegenheit des unterhaltsbedürftigen geschiedenen Ehegatten, Beziehungen zu einem neuen Partner dem Unterhaltsverpflichteten zu offenbaren, besteht nicht, es sei denn, es ginge um eine Sicherstellung der Versorgung des Bedürftigen durch den Partner.[2291] Dass ein eheähnliches Verhältnis allgemein geeignet sein kann, die Unterhaltsbedürftigkeit zu beeinflussen, genügt nicht,[2292] die Bedarfslage muss im konkreten Fall durch die neue Situation betroffen sein können. Während eines laufenden Unterhaltsprozesses besteht wechselseitig die Obliegenheit zur Anzeige aller den Unterhaltsanspruch beeinflussenden Änderungen der rechtserheblichen Umstände.[2293]

[2283] OLG Rostock FamRZ 2009, 2014.

[2284] BGH FamRZ 1983, 996 = NJW 1983, 2243; BGH FamRZ 2018, 260 Rn. 12 mAnm Seiler= NJW 2018, 468 mAnm Born; KG FamRZ 2014, 1707.

[2285] BGH NJW 1988, 1906 (1907).

[2286] BGH FamRZ 2018, 260 mAnm Seiler = NJW 2018, 468 mAnm Born Rn 12 und 13; Borth FamRZ 2021, 31 = NJW 2020, 3721 mAnm Born Rn. 11 und 12.

[2287] Für Unterhaltsschuldner: BGH FamRZ 1988, 270 (271) = NJW 1988, 1965; für Unterhaltsberechtigten: BGH FamRZ 1986, 450 = DAVorm 1986, 642; FamRZ 1986, 794 (796) = NJW 1986, 2047 = MDR 1986, 1008; FamRZ 1988, 270 = NJW 1988, 1965 = DAVorm 1988, 259; FamRZ 2000, 150 (153); OLG Bamberg NJW-RR 1994, 454 (455) = FamRZ 1994, 1178: Wegfall Belastung; OLG Bremen FamRZ 2000, 256 f.; OLG Düsseldorf FamRZ 1988, 841 (842); OLG Hamburg FamRZ 1987, 1044; OLG Koblenz FamRZ 1987, 481 = NJW-RR 1987, 391 u. 1156; allgemein siehe: Hoppenz FamRZ 1989, 337.

[2288] BGH FamRZ 1986, 450 (453) u. 794 (796); FamRZ 1988, 270 (271); OLG Bremen FamRZ 2000, 256 f.; OLG Düsseldorf FamRZ 1988, 841 (842).

[2289] BGH FamRZ 1997, 483 (484); FamRZ 2008, 1325; OLG Koblenz FamRZ 2016, 66 (Ls.).

[2290] OLG Koblenz FamRZ 2016, 66 (Ls.).

[2291] BGH FamRZ 1986, 1082 (1085).

[2292] So aber: OLG Koblenz FamRZ 1987, 1156 = NJW-RR 1988, 1033.

[2293] BGH FamRZ 2000, 153 (154); OLG Hamburg FamRZ 1987, 1044.

Verstöße gegen die Obliegenheit, ungefragt Auskunft zu erteilen, können auf Seiten des Pflichtigen Schadensersatzansprüche auslösen,[2294] auf Seiten des Berechtigten zu einer Verwirkung der Unterhaltsansprüche nach § 1579 Nr. 5 und Nr. 7 BGB führen (→ Rn. 1123 und → Rn. 1156).

Ein im Unterhaltsrechtsstreit oder außergerichtlich geschlossener Vergleich kann nach § 123 BGB angefochten werden.[2295]

ff) Art der Auskunftserteilung. Form: eine schriftliche Wissenserklärung die vom **689** Auskunftspflichtigen persönlich zu unterschreiben ist, und zwar in „einer", nicht mehreren Erklärungen.[2296] Die Auskunft muss nicht der Form des § 260 Abs. 1 BGB genügen; sie kann durch einen Boten, zB durch einen Rechtsanwalt übermittelt werden.[2297]

Inhalt: eine systematische konkrete Aufstellung über Einkommen und Vermögen ist **690** zwecks Auskunftserteilung dem Auskunftsberechtigten vorzulegen. Sie muss so beschaffen sein, dass sie dem Berechtigten ohne übermäßigen Arbeitsaufwand die Berechnung des Unterhaltsanspruchs ermöglicht.[2298] Das erfordert in der Regel, aber nicht notwendigerweise die Vorlage einer geschlossenen Aufstellung eines lückenlosen Gesamtverzeichnisses. Denkbar ist vielmehr auch eine Mehrheit von Teilauskünften, wenn diese nach dem Willen des Auskunftsschuldners zusammengenommen die Auskunft in dem verlangten Umfange darstellen. Eine vollständige Auskunft erfordert dann zusätzlich dessen Erklärung, weitere als die von den Einzelauskünften erfassten Einkünfte bestünden nicht.[2299]

Die Auskunft betrifft grundsätzlich nur den „Jetztzeitpunkt", so dass über den Verbleib früheren Vermögens keine Auskunft verlangt werden kann,[2300] soweit nicht fiktives Einkommen in Betracht kommt.

Bei **Lohn- und Gehaltsempfängern** sind also anzugeben das gesamte Bruttoeinkom- **691** men (alle Bezüge gleich welcher Art, auch Sachbezüge), nach Monaten getrennt (nur so kann die ausreichende Ausnutzung der Arbeitskraft beurteilt werden),[2301] Art und Höhe aller Abzüge gesetzlicher Art und das sich daraus ergebende Nettoeinkommen.[2302] Fehlt es an einer dergestalt äußerlich ordnungsgemäßen Aufstellung, ist die Auskunftspflicht auch nicht teilweise erfüllt, so dass für ein Verfahren auf Abgabe einer eidesstattlichen Versicherung (§§ 1605 Abs. 1 S. 3, 260 Abs. 2 BGB) noch kein Platz ist.[2303] So genügt beispielsweise nicht die bloße Angabe des zu versteuernden Jahreseinkommens[2304] oder die Übergabe nur der Lohnsteuerkarte und der Einkommensteuererklärung.[2305]

Selbständige sind gehalten, Auskunft zu erteilen über ihre Einnahmen und Ausgaben, **692** aus denen sich ihr unternehmerischer Gewinn ergibt. Dies geschieht in der Regel dadurch, dass letzterer mitgeteilt wird und der bilanzierende Unterhaltsschuldner auf die Gewinn- und Verlustrechnungen als Teil der unternehmerischen Bilanz verweist, der Freiberufler und Kleinunternehmer auf die Einnahmenüberschussrechnung nach § 4

[2294] BGH NJW 1988, 1565 (1566); OLG Bremen FamRZ 2000, 256 f.
[2295] BGH FamRZ 2000, 150 (154).
[2296] OLG Köln FamRZ 2003, 236; OLG München FamRZ 1995, 737; 1996, 738.
[2297] BGH MDR 2008, 391.
[2298] BGH FamRZ 1983, 996 (998) = NJW 1983, 2243; BGH FamRZ 2015, 127 = NJW 2014, 3647 Rn. 16; OLG Hamm FamRZ 1983, 1232; OLGR 2004, 85; OLG Koblenz FamRZ 1982, 992; OLG München FamRZ 1996, 738 (739); AG Biedenkopf FamRZ 1996, 963.
[2299] BGH FamRZ 2015, 127 = NJW 2014, 3647 Rn. 17 und 18.
[2300] OLG Karlsruhe FamRZ 1990, 533 (534); OLG Rostock FamRZ 2015, 422 (Ls.).
[2301] OLG Bamberg FamRZ 1986, 492; OLG Köln, FamRZ 2003, 236.
[2302] BGH FamRZ 1983, 996 (998) = NJW 1983, 2243; OLG München FamRZ 1996, 738.
[2303] BGH FamRZ 1983, 996 (998) = NJW 1983, 2243; OLG Köln FamRZ 2001, 423 (424).
[2304] OLG Koblenz DAVorm 1981, 478 (479); OLG Köln, FamRZ 2003, 236.
[2305] OLG Düsseldorf FamRZ 1981, 42; OLG Frankfurt FamRZ 1987, 1056; OLG Köln FamRZ 2003, 236.

Abs. 3 EStG. Eine ordnungsgemäße Auskunft erfordert zwar eine schriftliche Wissenserklärung, das bloße Abschreiben steuerlicher Unterlagen wird in der Praxis allerdings – zu Recht – nicht verlangt. Beim selbständigen Unternehmer gehen daher Auskunfts- und Belegvorlagepflicht ineinander über. **Gewinn- und Verlustrechnung bzw. Einnahmenüberschussrechnung** enthalten die Einnahmen des Selbständigen geordnet nach den einzelnen Einnahmearten sowie die auf diese entfallenen Beträge. Entsprechende gilt für die Ausgabenseite. Daher erfüllt der selbständige Unternehmer seine Auskunftsverpflichtung zunächst durch die Vorlage der entsprechenden Unterlagen.[2306] Auf Verlangen hat er darüber hinaus weitere Einzelheiten mitzuteilen und zB die den Einnahmen zugrundeliegenden Buchungskonten vorzulegen oder Angaben zu seiner Steuerlast zu machen durch Vorlagen von Steuererklärungen und Steuerbescheiden.

In gleicher Weise wie Selbständige sind zur Auskunft verpflichtet beherrschende Gesellschafter einer GmbH und Mitgesellschafter einer Personengesellschaft, nicht dagegen die übrigen Gesellschafter oder Aktionäre einer Kapitalgesellschaft, die über ihre Ausschüttungen Auskunft erteilen müssen.[2307]

693   **Über Einkünfte aus Vermögen** ist in vergleichbarer Weise Auskunft zu erteilen. Mitzuteilen sind in geordneter Form die Einnahmen aus Vermögen, also zB Zins- oder Mieterträge und die entstandenen und von den Einkünften abzusetzenden Ausgaben wie zB Werbungskosten, Depotgebühren; bei Einnahmen aus Vermietung und Verpachtung sind beispielsweise die Kosten der Verwaltung, von Reparaturen sowie die Finanzierungskosten mitzuteilen. Auf die entsprechenden Belege kann Bezug genommen werden. Sie sind jedenfalls auf Verlangen vorzulegen wie auch die jeweiligen steuerlichen Unterlagen.

694   Der **Zeitraum,** auf den sich die Auskunft zu erstrecken hat, umfasst bei Einkommen aus selbstständiger Tätigkeit und Kapitalvermögen zur Errechnung des künftig zu zahlenden Unterhalts regelmäßig drei Jahre.[2308] Bei Lohn- und Gehaltsempfängern ist zur Prognostizierung künftigen Einkommens Auskunft zu erteilen über die Einkommensverhältnisse des vorangegangenen Kalenderjahres.[2309]

695   **gg) Auskunft über nicht wirtschaftliche Tatsachen.** Auskunft über nicht wirtschaftliche Tatsachen kann ggf. nach Treu und Glauben (§ 242 BGB) als Nebenpflicht aus dem gesetzlichen Unterhaltsrechtsverhältnis geschuldet werden, und zwar, wenn dies zur richtigen Beurteilung der Leistungsfähigkeit notwendig ist, etwa über die Fortentwicklung einer Gesundheitsbeeinträchtigung, die bisher zu nur eingeschränkter Zahlungsverurteilung geführt hat,[2310] eine Wiederverheiratung und daraus resultierende neue Unterhaltspflichten,[2311] Bemühungen der unterhaltsberechtigten geschiedenen Ehefrau um Arbeit.[2312] Dabei ist auf das Persönlichkeitsrecht der Auskunftspflichtigen (Intimbereich) angemessen Rücksicht zu nehmen.

696   **hh) Ergänzende Auskunft.** Ein Anspruch auf ergänzende Auskunft besteht, wenn anzunehmen ist, dass die Auskunft infolge **unverschuldeter** Unkenntnis oder eines entschuldbaren Irrtums des Verpflichteten unvollständig oder unrichtig ist.[2313]

697   **ii) Eidesstattliche Versicherung.** Die eidesstattliche Versicherung (§§ 1605 Abs. 1 S. 3, 1580 2, 260 Abs. 2 BGB) kann verlangt werden, wenn Grund zu der Annahme besteht,

---

[2306] Instruktiv OLG Dresden FamRZ 2020, 249 (251).
[2307] OLG Dresden FamRZ 2020, 249 (251).
[2308] → s. Rn. 680.
[2309] BGH FamRZ 1982, 680 (681); FamRZ 1983, 996.
[2310] OLG Schleswig FamRZ 1982, 1018.
[2311] OLG Bamberg FamRZ 1986, 271.
[2312] OLG Braunschweig FamRZ 1987, 284.
[2313] BGH FamRZ 1984, 144 (146 f.) = NJW 1984, 484 (485 f.); OLG Düsseldorf OLGR 1998, 304.

die in der Auskunft enthaltenen Angaben seien nicht mit der erforderlichen Sorgfalt erstellt worden. Anhaltspunkte können eine angenommene Unvollständigkeit oder Unrichtigkeit des Verzeichnisses sein, wenn sie auf **schuldhafter** Unsorgfalt beruhen, so dass bei Anwendung der erforderlichen Sorgfalt die Mängel vermieden worden wären.[2314] Angaben, die nicht gemacht worden sind, können nicht Gegenstand einer eidesstattlichen Versicherung sein.[2315] Sie kann ebenfalls nicht verlangt werden, wenn die Auskunft nach Ansicht beider Parteien unvollständig ist.[2316] Im Rahmen des Anspruchs auf Familienunterhalt nach § 1360 BGB ist die Abgabe einer eidesstattlichen Versicherung nicht geschuldet.[2317]

jj) Vorlage Belege. Belege sind über die Höhe der Einkünfte – nicht über Vermögen – **698** auf Verlangen vorzulegen (§ 1605 Abs. 1 S. 2 BGB), es sei denn, die Auskunft wird zum Familienunterhalt (§ 1360 BGB) verlangt.[2318] Auskunft und Vorlage von Belegen[2319] sind zwei getrennte Ansprüche, die auch einzeln geltend gemacht werden können.[2320] Vorzulegen sind der Arbeitsvertrag,[2321] wenn eine Verdienstbescheinigung fehlt,[2322] auch bei Arbeit im Ausland,[2323] Verdienstbescheinigungen des Arbeitgebers, die möglichst ein volles Jahr (Kalenderjahr) umfassen sollen und nach Brutto- und Nettobezügen geordnet konkret alle Abzüge nach Art und Höhe aufzulisten haben, um aussagekräftig zu sein. Die Verdienstbescheinigungen können ersetzt werden durch die Vorlage eines Ausdrucks des elektronisch ermittelten Entgeltnachweises.[2324] Weitgehende Einigkeit besteht darüber, dass auch Steuerbescheide vorzulegen sind,[2325] insbesondere natürlich von Selbstständigen, aber auch von angestellt Beschäftigten, da Steuerbescheide Auskunft über mögliche Steuererstattungen geben.[2326] Das Steuergeheimnis wird dadurch nicht verletzt. Es besteht nur im Verhältnis der Finanzbehörde zum Steuerpflichtigen.[2327] Der Steuerbescheid ist jedenfalls geeignet, ein Mindesteinkommen als Grundlage der Unterhaltsbemessung zu belegen.[2328] Kassenärztliche Belege (Abrechnungen) sind als interne Vorgänge zwischen Arzt und Krankenkasse nicht vorzulegen, ganz abgesehen von Datenschutzinteressen der einzelnen Patienten.[2329] Die Vorlagepflicht wird auch durch die Hingabe von Belegen in fremder Sprache erfüllt. Aufgabe des Gläubigers ist es dann, im Rahmen der Bezifferung Übersetzungen in deutscher Gerichtssprache beizubringen.[2330]

[2314] BGH FamRZ 1984, 144 (146 f.) = NJW 1984, 484 (485 f.).

[2315] BGH NJW-RR 1992, 450 = FamRZ 1992, 536.

[2316] OLG Köln FamRZ 2001, 423 (424).

[2317] BGH FamRZ 2011, 21 (23) mAnm Graba = NJW 2011, 226 (227) = MDR 2010, 1466.

[2318] BGH FamRZ 2011, 21 (23) mAnm Graba= NJW 2011, 226 (227) = MDR 2010, 1466.

[2319] BGH NJW 1993, 3262 (3263): der Begriff „Beleg" ist im Gesetz nicht erläutert; OLG Köln FamRZ 2003, 236.

[2320] OLG München FamRZ 1993, 202.

[2321] OLG Stuttgart FamRZ 2010, 299 (300): Vorlagepflicht jedenfalls dann, wenn die insgesamt bezogenen Einkünfte durch andere Unterlagen nicht belegt werden können; OLG München FamRZ 1993, 202.

[2322] BGH NJW 1993, 3262 (3263).

[2323] BGH NJW 1993, 3262 (3263).

[2324] BGH FamRZ 2014, 1542 Rn. 12.

[2325] BGH FamRZ 1982, 151 (152) = NJW 1982, 1624; OLG Düsseldorf FamRZ 1980, 260; OLG Frankfurt FamRZ 1982, 725 (726); KG FamRZ 1981, 1099 (1100); OLG Schleswig FamRZ 1981, 53 (54); OLG Hamm FamRZ 2007, 73 für Einnahmen aus Vermietung und Verpachtung; AG Ludwigsburg FamRZ 2000, 1221 f.; vgl. zusammenfassend zur Vorlage von Steuerunterlagen Arens FamRZ 1985, 121 ff.

[2326] Anders wohl AG Ludwigsburg FamRZ 2000, 1221.

[2327] BGH FamRZ 1982, 151 (152) = NJW 1982, 1624; KG FamRZ 1981, 1099 (1100).

[2328] BGH FamRZ 1982, 151 (152) = NJW 1982, 1624.

[2329] OLG Hamm FamRZ 1990, 657 (658); OLG Karlsruhe FamRZ 1993, 1481.

[2330] BGH FamRZ 2016, 1681 Rn. 11 = NZFam 2016, 884.

699   **Bei gemeinsamer Veranlagung des Unterhaltspflichtigen mit dem neuen Ehepartner** ist nach herrschender Ansicht ebenfalls der Steuerbescheid vorzulegen, jedoch unter
Fortlassung oder Verdeckung der zusammengefassten, beide Eheleute betreffenden Feststellungen und der nur den anderen Ehepartner betreffenden Tatsachen.[2331] In einem
gemeinsamen Steuerbescheid sind auch die jeden Ehepartner betreffenden Steuerfakten
sichtbar gemacht,[2332] so dass die nur teilweise Offenlegung des Bescheids für den Unterhaltsberechtigten von Auskunftsnutzen ist.

700   **Steuererklärungen** können neben Steuerbescheiden aufschlussreich sein. Sie sind deshalb in der Regel neben dem Steuerbescheid vorzulegen.[2333] Die Steuererklärung kann
unterhaltsrelevante Einzeltatsachen enthalten, die dem Steuerbescheid nicht mehr zu
entnehmen sind. Eine Notwendigkeit, neben den Einkommensteuerunterlagen und Um-
satzsteuererklärungen auch Umsatzsteuerbescheide vorzulegen, besteht in der Regel
nicht.[2334]

701   **Bilanzen sowie Gewinn- und Verlustrechnungen oder Einnahme-Überschussrech-
nungen nach § 4 Abs. 3 EStG** sind von Selbstständigen vorzulegen,[2335] ebenso Sachkon-
tenbelege, um eine Überprüfung der Betriebskosten zu ermöglichen. Weitere Nachweise,
wie die Vorlage von Geschäftsbüchern, kann der Berechtigte in der Regel nicht verlangen.
Etwas anderes gilt nur in Ausnahmefällen, wenn weitere Angaben zur Errechnung des
Unterhaltsanspruchs erforderlich sind.[2336] Im Regelfall wird dies nicht notwendig sein,
weil der Inhalt der Geschäftsbücher durchweg nur für die Richtigkeit der Auskunft von
Bedeutung sein wird, sich dieser zu vergewissern aber das Verfahren der eidesstattlichen
Versicherung (§§ 1605 Abs. 1 S. 3, 1580, S. 2, 261 BGB) dient. Ist der Unterhaltspflichti-
ge Mitglied einer Abschreibungsgesellschaft, kann in der Regel nur die Vorlage eines
Bescheids über die gesonderte Feststellung des Gewinns oder Verlusts durch das Betriebs-
finanzamt verlangt werden.[2337] Der zur Ermittlung des Erwerbseinkommens erforderliche
Jahresabschluss ist innerhalb von 6 Monaten nach Abschluss des Geschäftsjahres mit ggf.
notwendigen Erläuterungen allen Auskunftsberechtigten vorzulegen.[2338]

702   **kk) Frist erneute Auskunft.** Nach **§ 1605 Abs. 2 BGB** kann eine erneute Auskunft
vor Ablauf von zwei Jahren nicht verlangt werden.

Die Zweijahresfrist beginnt mit Abschluss der letzten mündlichen Verhandlung im
Vorprozess[2339] oder – wenn im schriftlichen Verfahren entschieden wurde – mit Ablauf
der den Beteiligten gesetzten letzten Frist,[2340] bei einem Vergleich mit dessen Abschluss.[2341] Denn durch die getroffenen Regelungen wird der geschuldete Unterhalt bis zu
einer Änderung der tatsächlichen Verhältnisse festgeschrieben. Diese stabilisierende Wirkung entfiele, knüpfte man die Zweijahresfrist an die vorangegangene Auskunft.[2342]

[2331] BGH FamRZ 2003, 1836 (1838) = NJW 2003, 3624 (3626); FamRZ 2011, 21 (23) mAnm
Graba= NJW 2011, 226 (227) = MDR 2010, 1466; OLG Frankfurt FamRZ 1982, 725 (727); auch: KG
FamRZ 1981, 1099 (1100).
[2332] BGH FamRZ 1983, 681 (682) = NJW 1983, 1554.
[2333] BGH FamRZ 1982, 680 = NJW 1982, 1642; OLG Schleswig FamRZ 1981, 52 (54).
[2334] OLG München FamRZ 1989, 284 = NJW-RR 1988, 1285.
[2335] BGH FamRZ 1982, 680 = NJW 1982, 1642; OLG Hamm FamRZ 1980, 455; OLG München
FamRZ 1989, 284 = NJW-RR 1988, 1285; OLG Schleswig FamRZ 1981, 53 (54).
[2336] OLG Schleswig FamRZ 1981, 53 (54).
[2337] OLG Bamberg FamRZ 2006, 344.
[2338] OLG Bamberg FamRZ 1989, 423.
[2339] OLG Hamburg FamRZ 1984, 1142; OLG München FamRZ 2010, 816 (817).
[2340] AG Essen FamRZ 1993, 593.
[2341] OLG Düsseldorf NJW 1993, 1080; OLG Karlsruhe FamRZ 1991, 1470; OLG München
FamRZ 2010, 816 (817).
[2342] OLG München FamRZ 2010, 816; Wendl/Dose UnterhaltsR/Dose § 1 Rn. 1172.

Unabhängig von der Zweijahresfrist kann über den Wortlaut des § 1605 BGB hinaus – Glaubhaftmachung wesentlich höheren Einkommens oder weiteren Vermögens – Auskunft verlangt werden, wenn eine atypische Einkommensentwicklung zB durch Wegfall hoher Schulden behauptet wird.[2343] Auch die Wiederverheiratung des einem minderjährigen Kinde Unterhaltspflichtigen begründet ein erneutes Auskunftsverlangen.[2344]

§ 1605 Abs. 2 BGB gilt nicht, wenn die vorhergehende Auskunft zur Ermittlung des Getrenntlebensunterhalts erteilt wurde, und nunmehr der mit diesem nicht identische nacheheliche Unterhalt ermittelt werden soll.[2345] Auch das Kind, das nach Ablauf des bis zur Volljährigkeit befristeten Vergleichs erneut Unterhalt verlangt, ist an die Frist des § 1605 Abs. 2 BGB nicht gebunden.[2346]

ll) Keine Zurückbehaltung gegen Auskunftsanspruch. Ein **Zurückbehaltungsrecht gegenüber einem Auskunftsanspruch** besteht nicht.[2347] § 273 BGB bezweckt, den Schuldner bei gegenseitiger Leistungspflicht vor einseitiger Vorleistung zu schützen. Bei familienrechtlichen Auskunftspflichten besteht jedoch keine wechselseitige Zug-um-Zug-Auskunftspflicht, kein Abhängigkeitsverhältnis der beiderseitigen Auskunftspflichten.[2348]   703

mm) Verzug. Verzug mit der Auskunft kann einen Schadensersatzanspruch begründen.[2349] Der Schaden kann insbesondere darin liegen, dass der Berechtigte zur Überbrückung einen Kredit aufnehmen und Zinsen und Gebühren entrichten musste.   704

Zu einem Verlust des Unterhaltsanspruchs für die Vergangenheit führt die verzögerte Auskunft für den Kindes- und Getrenntlebensunterhalt nach §§ 1613 Abs. 1, 1361 Abs. 4, 1360a Abs. 3 BGB nicht. Auf den nachehelichen Unterhalt findet § 1613 Abs. 1 BGB keine Anwendung, so dass der berechtigte Ehegatte insoweit seinen Unterhaltsanspruch verlieren kann. Zur Vermeidung dieses Schadens wird allerdings zumindest für die anwaltlich vertretene Partei die Obliegenheit bestehen, den Unterhalt durch eine so genannte „Stufenmahnung" geltend zu machen (→ Rn. 269).

Der Stufenantrag der §§ 113 Abs. 1 FamFG, 254 ZPO wird dem Berechtigten, dem durch § 243 Nr. 2 und 3 FamFG das Kostenrisiko weitgehend genommen ist, im Rahmen seiner Schadensminderungspflicht grundsätzlich zuzumuten sein.

nn) Gerichtliche Geltendmachung. Als **isolierter Antrag** kann der Auskunftsantrag geltend gemacht werden.   705

In den meisten Fällen vorzugswürdig ist die Verbindung mit dem Antrag auf Abgabe der eidesstattlichen Versicherung und dem noch unbezifferten Zahlungsantrag (Stufenantrag, §§ 113 Abs. 1 FamFG, 254 ZPO), zumal nur dieser **Stufenantrag,** mit dem der noch unbezifferte Leistungsantrag auflösend bedingt rechtshängig wird, verjährungshemmende Wirkung hat.[2350]

[2343] OLG Hamm FamRZ 1991, 594; OLG Karlsruhe FamRZ 2000, 1179 (Ls.) = NJWE-FER 2000, 143.
[2344] OLG Brandenburg FamRZ 2003, 1684 (Ls.) = NJW-RR 2003, 147.
[2345] OLG Düsseldorf FamRZ 2002, 1038 f.; OLG Hamm FamRZ 2004, 377; OLG Brandenburg FamRZ 2015, 1200 (Ls.); OLG München FamRZ 2015, 2069; aA KG OLGR 2004, 192.
[2346] OLG Hamm FamRZ 1990, 657.
[2347] 2133 OLG Bamberg FamRZ 1985, 610 (611); OLG Köln FamRZ 1987, 714; Müller DAVorm 1996, 866 ff.
[2348] OLG Bamberg FamRZ 1985, 610 (611).
[2349] BGH FamRZ 1984, 163 f.; FamRZ 1985, 155 (157).
[2350] BGH FamRZ 2012, 1296 (1298) = NJW 2012, 2180 (2181).

Im Scheidungsverbund ist nur der Stufenantrag zulässig.[2351] Der reine Auskunftsantrag ist allerdings nicht als unzulässig abzuweisen, sondern nach §§ 113 Abs. 1 FamFG, 145 ZPO abzutrennen und als isoliertes Verfahren fortzuführen.[2352]

Ausreichend bestimmt muss der Auskunftsantrag sein. Erforderlich sind die Angabe des Gegenstandes der Auskunft (Einkommen, Vermögen) und des Zeitraums, für den sie begehrt wird.[2353] Die geforderten Belege sind genau zu bezeichnen Die Bitte um Vorlage „entsprechender Beweisurkunden" oder „der erforderlichen Belege" ist nicht ausreichend.[2354] **Das notwendige Rechtsschutzinteresse** fehlt dem Auskunftsantrag, wenn der auf Auskunft in Anspruch Genommene im Rahmen seiner prozessualen Darlegungslast ohnehin gehalten ist, die verlangten Auskünfte zu erteilen.[2355] Der Auskunftswiderantrag des Pflichtigen gegen den klagenden Unterhaltsberechtigten ist daher idR unzulässig, da der Berechtigte seine Bedürftigkeit ohnehin darlegen muss.

Der Beschluss, durch den – auch als Teilbeschluss – der Antragsgegner zur Auskunftserteilung verpflichtet wird, ist als Endentscheidung nach § 116 Abs. 3 S. 1 FamFG mit der Rechtskraft wirksam. Gemäß § 116 Abs. 3 S. 2 FamFG kann das Gericht die sofortige Wirksamkeit anordnen. Geschieht dies, kann der Antragsgegner einen Antrag nach § 120 Abs. 2 S. 2 FamFG stellen. Er wird allerdings im Regelfall nicht darlegen können, dass ihm die Vollstreckung aus dem Auskunftstitel einen nicht zu ersetzenden Nachteil bringen würde. **Bei der Kostenentscheidung** ist die Vorschrift des § 243 Nr. 2 FamFG zu beachten: dem obsiegenden Unterhaltsschuldner können die Kosten des Verfahrens ganz oder teilweise auferlegt werden, wenn er durch Nichterfüllung seiner Auskunftspflicht zum Verfahren Anlass gegeben hat.[2356]

Zu den vom Auskunftspflichtigen zu tragenden Kosten gehören auch diejenigen für eine Übersetzung der Auskunft.[2357]

Ist in der Rechtsmittelinstanz nur der Auskunftsanspruch anhängig, kann das Rechtsmittelgericht den Antrag insgesamt abweisen, auch wenn der Hauptanspruch inzwischen beziffert anderweitig geltend gemacht und rechtskräftig aberkannt wird.[2358] **Die Vollstreckung des Auskunftstitels** erfolgt nach §§ 120 FamFG, 888 ZPO. Die Erteilung der Auskunft ist eine unvertretbare Handlung, die durch die Festsetzung von Zwangsgeld und/oder Zwangshaft vollstreckt wird. Erforderlich ist ein ausreichend bestimmter Titel. Es gelten dieselben Anforderungen wie für den Antrag.

Die Verpflichtung zur Vorlage von Belegen stellt eine vertretbare Handlung dar, die nach §§ 120 FamFG, 883 ZPO durch Wegnahme seitens des Gerichtsvollziehers vollstreckt wird. Der Titel auf Belegvorlage ist vollstreckbar nur, wenn die Belege im Tenor des Beschlusses oder zumindest in seinen Gründen genau bezeichnet sind, und zwar so genau, „dass sie vom Gerichtsvollzieher aus den Unterlagen des Auskunftspflichtigen ausgesondert und dem Berechtigten übergeben werden können"[2359] Genannt werden müssen die Art der vorzulegenden Belege und der Zeitraum, auf den sich die Vorlagepflicht bezieht.[2360]

[2351] BGH FamRZ 1997, 811 = NJW 1997, 2176; OLG Hamm FamRZ 1996, 736 (737).

[2352] BGH FamRZ 1997, 811 = NJW 1997, 2176.

[2353] Zu weitgehend OLG Düsseldorf FamRZ 2001, 836, das verlangt, die die Auskunft begehrende Partei müsse „Punkt für Punkt festlegen, welche Angaben sie braucht".

[2354] OLG Frankfurt FamRZ 1991, 1334; *Büttner* FamRZ 1992, 629 ff.

[2355] OLG Frankfurt FamRZ 1987, 839.

[2356] OLG München FamRZ 1990, 84.

[2357] OLG Koblenz FamRZ 1990, 79.

[2358] BGH FamRZ 1990, 863.

[2359] So ausdrücklich und instruktiv BGH FamRZ 2019, 1442 mAnm *Borth* = NJW-RR 2019, 961; FamRZ 2022, 649 = NZFam 2022, 314 (*Kohlenberg*) Rn. 15.

[2360] BGH FamRZ 2019, 1442 mAnm *Borth* = NJW-RR 2019, 961.

oo) **Verfahrenswert.** Der **Verfahrenswert der Auskunft** beträgt nur einen Bruchteil   **706**
des Leistungsinteresses (in der Regel) und ist gemäß §§ 113 Abs. 1 FamFG, 3 ZPO
festzusetzen.[2361] Maßgebend ist das wirtschaftliche Auskunftsinteresse, das anhand des
Tatsachenvortrags des Antragstellers zu schätzen ist.[2362] Je mehr der Auskunftbegehrende
über die maßgebenden wirtschaftlichen Verhältnisse des Pflichtigen weiß, umso geringer
ist sein Auskunftsinteresse.[2363] Im Regelfall dürften 1/10 bis 1/4 des beabsichtigten Leis-
tungswertes angemessen sein.[2364]

Das Auskunftsinteresse ist nicht identisch mit dem Verteidigungsinteresse des An-
spruchsgegners.[2365] Dieses und damit **die Beschwer** des zur Auskunft verpflichteten
Antragsgegners richtet sich nach seinem Interesse, die Auskunft nicht erteilen zu müssen,
somit nach dem für eine sorgfältige Auskunftserteilung erforderlichen Aufwand an Zeit
und Kosten,[2366] der unterschiedlich sein kann, je nachdem, ob der Schuldner zur Erstellung der Unterlagen oder nur zu ihrer Vorlage verpflichtet werden sollte.[2367] Im Rahmen
einer solchen Belegvorlagepflicht können notwendige Kopierkosten die Beschwer erhöhen.[2368] Die Kosten für die Hinzuziehung von sachkündigen Hilfspersonen bleiben außer
Betracht, es sei denn der Auskunftspflichtige ist zu einer sachgerechten Auskunftserteilung selbst nicht in der Lage.[2369] Die Kosten für die Inanspruchnahme eines Rechtsanwalts können daher Berücksichtigung finden, wenn die Erfüllung des Auskunftsanspruchs Rechtskenntnisse voraussetzt oder der gestellte Antrag unbestimmt ist, so dass
Zweifel über Inhalt und Umfang des Auskunftsanspruches bestehen.[2370] Die durch die
notwendige Beauftragung eines Steuerberaters anfallenden Gebühren sind zu berücksichtigen, selbst wenn sie bei einer späteren Steuererklärung ohnehin entstanden wären.[2371] Die Kosten eines Vollstreckungsverfahrens fließen in die Bemessung der Beschwer ein, wenn der Titel fehlerhaft war, insbesondere keinen vollstreckungsfähigen
Inhalt hatte, und daher eine unberechtigte Zwangsvollstreckung abzuwehren war.[2372]

[2361] BGH FamRZ 1982, 787 = NJW 1082, 1651; NJW-RR 1988, 836 (837): betr. Zugewinnausgleich; FamRZ 1993, 45 (46); BGH FamRZ 1999, 1497: nicht maßgebend. Bruchteil des Unterschieds-
betrages zum Trennungsunterhalt.

[2362] BGH FamRZ 2011, 1929; FamRZ 2012, 24 (25) = NJW 2011, 3790; FamRZ 2012, 204 (205);
BGH FamRZ 2016, 454 = NJW-RR 2016 Rn. 13 zum Güterrecht.

[2363] BGH FamRZ 2003, 557; FamRZ 2011, 1929 (1930).

[2364] BGH FamRZ 2006, 619; FamRZ 2011, 1929 (1930).

[2365] BGH FamRZ 1986, 796; OLG Düsseldorf FamRZ 1987, 172 (173); OLG Zweibrücken
FamRZ 1987, 393.

[2366] Ständige Rechtsprechung des Bundesgerichtshofes; BGH NJW-RR 2002, 145 f.; FamRZ 2003,
856 und 1922 f.; FamRZ 2016, 698 Rn. 11 = NJW-RR 2016, 1287; FamRZ 2016, 1348 Rn. 7; FamRZ
2016, 1648 = NZFam 2016, 884; FamRZ 2017, 368 Rn. 8; NZFam 2017, 157 mAnm Niepmann;
FamRZ 2017, 368 Rn. 8 = MDR 2017, 539; FamRZ 2017, 1947 Rn. 9 = MDR 2017, 1185; FamRZ
2018, 1529 Rn. 6 = MDR 2018, 1073 (Ls.); BGH FamRZ 2019, 464 Rn. 2 = NJW 2019, 604 = MDR
2019, 306.

[2367] BGH FamRZ 2015, 2142 mAnm Maurer = MDR 2015, 1438 Rn. 14f; FamRZ 2018, 1762
Rn. 12 mAnm Müther.

[2368] BGH FamRZ 2019, 464 Rn. 5 = NJW 2019, 604 = MDR 2019, 306.

[2369] BGH FamRZ 2012, 1555; FamRZ 2013, 105 Rn. 5 und 8; FamRZ 2014, 1286 Rn. 14; FamRZ
2015,838 Rn. 14; FamRZ 2016, 116 Rn. 13; FamRZ 2016, 1348 Rn. 10; FamRZ 2019, 1340 Rn. 4;
OLG Düsseldorf FamRZ 2020, 494 für den Fall, dass der Unterhaltsschuldner Auskunft erteilen
muss über seinen Anspruch auf Familienunterhalt gegen seinen Ehegatten.

[2370] BGH FamRZ 2013, 783 Rn. 15 für die eidesstattliche Versicherung.

[2371] BGH FamRZ 1993, 306 = NJW-RR 1992, 1474.

[2372] BGH FamRZ 2015, 2142 = MDR 2015, 1438 Rn. 17; FamRZ 2016, 1348 Rn. 14; FamRZ 2016,
1448 Rn. 16 = NJW-RR 2016, 1287 = MDR 2016, 899; NZFam 2017, 157 Rn. 2; FamRZ 2018, 1762
Rn. 15 mAnm Müther: keine Erhöhung, wenn die Auslegung des Titels keine Zweifel aufwirft;
FamRZ 2020, 777 Rn. 11 = NJW 2020, 1370; FamRZ 2021, 770 Rn 12; FamRZ 2022, 649 Rn. 14 =
NJW-RR 2022, 433.

Allein die Einleitung des Zwangsvollstreckungsverfahrens erhöht dagegen die Beschwer nicht.[2373] Hat der Schuldner über die Einkommensverhältnisse eines Dritten Auskunft zu erteilen, sind in die Beschwer die möglichen Kosten eines Verfahrens, das der Pflichtige gegen den Dritten zu führen hat, einzubeziehen.[2374] Übersetzungskosten erhöhen die Beschwer in der Regel nicht, da die Auskunft nicht zwingend in deutscher Sprache zu verfassen ist. Etwas anderes kann nur gelten, wenn der Berechtigte eine Übersetzung der in ausländischer Sprache verfassten Auskünfte und Belege benötigt.[2375]

Das Interesse, die Hauptleistung nicht erbringen zu müssen, bleibt außer Betracht.[2376]

Ein Geheimhaltungsinteresse des Schuldners ist nur dann zusätzlich zu bewerten, wenn im Einzelfall gerade in der Person des Auskunftsempfängers die Gefahr begründet ist, dieser könne mithilfe der offenbarten Tatsachen wirtschaftliche Interessen des Pflichtigen gefährden.[2377]

Der Zeitaufwand ist zu bemessen in Anlehnung an den Stundensatz des Zeugen nach dem JVEG, wenn er mit der Auskunft weder eine berufstypische Leistung erbringt noch einen Verdienstausfall erleidet.[2378] Ein solcher Verdienstausfall wird regelmäßig nicht eintreten, denn es ist, solange Gegenteiliges nicht vorgebracht ist, davon auszugehen, dass die Auskunftserteilung in der Freizeit erfolgt.[2379]

Die gerichtliche Entscheidung zur Höhe des Abwehrinteresses ist zu begründen. Die fehlende Begründung stellt einen Verfahrensfehler dar, der zur Aufhebung führt.[2380]

„Steckengebliebener Stufenantrag". Kommt es im Rahmen des Stufenantrags nicht zu einer Bezifferung des Zahlungsantrags, insbesondere bei negativer Auskunft, bestimmt sich der Verfahrenswert nach dem höchsten Wert der geltend gemachten Ansprüche, in der Regel also nach dem Wert des noch nicht bezifferten Zahlungsantrags bei Einreichung des Antrags[2381]. Er ist nach §§ 113 Abs. 1 FamFG, 3 ZPO zu schätzen aufgrund der Vorstellungen des Klägers zu diesem Zeitpunkt.[2382] Anhaltspunkte hierfür kann die Höhe der außergerichtlich geltend gemachten Forderung sein.[2383]

Diese Grundsätze gelten auch für die **eidesstattliche Versicherung.**[2384]

b) Gerichtliche Einkommensermittlung

707   **Auskunftsrecht des Gerichts.** In laufenden Unterhaltsverfahren kann das Gericht den Beteiligten aufgeben, Auskunft über ihre Einkommens- und Vermögensverhältnisse zu erteilen und entsprechende Belege vorzulegen (§ 235 FamFG). Kommt ein Beteiligter der Aufforderung zur Auskunftserteilung nicht nach, so kann sich das Gericht unmittelbar

---

[2373] BGH FamRZ 2016, 116 Rn. 20.

[2374] BGH FamRZ 2011, 1929 f.; FamRZ 2012, 24 (25) = NJW 2011, 3790; FamRZ 2019, 1078 Rn 7 = NJW 2019, 1752 mAnm Born Rn. 10 f.

[2375] BGH FamRZ 2020, 1108 = NJW-RR 2020, 705 Rn. 8 und 9.

[2376] BGH FamRZ 1991, 316 (317); BGH FamRZ 2017, 368 = MDR 2017, 539 Rn. 8; FamRZ 2018, 1529 = MDR 2018, 1073 (Ls.) Rn. 7.

[2377] BGH FamRZ 1991, 791; FamRZ 1993, 45; FamRZ 2005, 1986 f. = NJW 2005, 3349 f. = MDR 2006, 267 f.; FamRZ 2012, 204 (205); FamRZ 2017, 368 Rn. 6 = MDR 2017, 539; FamRZ 2018, 1529 Rn. 6 = MDR 2018, 1073 (Ls.).

[2378] BGH FamRZ 2013, 105 ff. Rn. 10; FamRZ 2015, 838 Rn. 16; FamRZ 2016, 1348 Rn. 9; FamRZ 2017, 1947 Rn. 11 = MDR 2017, 1185; FamRZ 2018, 1529 Rn. 6 = MDR 2018, 1073 (Ls.).

[2379] BGH FamRZ 2015, 838 Rn. 17.

[2380] BGH FamRZ 1991, 316 (317).

[2381] OLG Schleswig FamFR 2013, 546 (Schneider).

[2382] KG FamRZ 2007, 69 (70); OLG Bamberg FamRZ 2007, 71.

[2383] OLG Stuttgart FamRZ 2012, 393 (394).

[2384] BGH FamRZ 2013, 783 Rn. 14; ausführlich OLG Düsseldorf FamRZ 1987, 172; OLG Zweibrücken FamRZ 1987, 393.

an den Arbeitgeber, an Sozialleistungsträger, Versicherungsunternehmen oder das zuständige Finanzamt wenden (§ 236 FamFG). Auf Antrag des anderen Beteiligten ist das Gericht nach § 236 Abs. 2 FamFG verpflichtet, die entsprechenden Auskünfte einzuholen.

3. Obliegenheit zur Ausnutzung, Erhaltung und Wiederherstellung der unterhaltsrechtlichen Leistungsfähigkeit

a) Allgemeines

Die Leistungsfähigkeit des Unterhaltsschuldners ist Grundvoraussetzung jedes Unterhaltsanspruchs. In Ausprägung des Grundsatzes der Verhältnismäßigkeit ist nach § 1603 Abs. 1 BGB nicht unterhaltspflichtig, wer unter Berücksichtigung seiner sonstigen Verpflichtungen nicht in der Lage ist, ohne Gefährdung seines eigenen Bedarfs Unterhalt zu gewähren. Der Unterhaltspflichtige, der sich in dieser Lage befindet, ist nach § 1603 Abs. 2 BGB minderjährigen und den ihnen gleichgestellten privilegierten volljährigen Kindern gegenüber gehalten, alle verfügbaren Mittel gleichmäßig für den eigenen und den Unterhalt der Kinder einzusetzen. Zu diesen Mitteln gehören **das tatsächlich vorhandene Einkommen und Vermögen, aber auch die eigene Arbeitskraft:** der Unterhaltsschuldner ist nach Art. 6 Abs. 2 GG, § 1603 Abs. 2 BGB verpflichtet, seine Arbeitskraft entsprechend seiner Vorbildung, seinen Fähigkeiten und der Arbeitsmarktlage in zumutbarer Weise bestmöglichst einzusetzen. Der gesteigert Unterhaltspflichtige muss jede ihm mögliche und zumutbare Erwerbstätigkeit ausüben. Ist er arbeitslos, muss er sich um die Aufnahme einer solchen Tätigkeit bemühen (→ Rn. 711–723). Sind seine Erwerbsbemühungen nicht ausreichend, ist es verfassungsrechtlich unbedenklich, seine Leistungsfähigkeit auf fiktive Einkünfte zu stützen, dh auf solche, die er unter Berücksichtigung von Alter, Ausbildung, Berufserfahrung und Gesundheitszustand sowie angesichts der objektiven Situation am Arbeitsmarkt erzielen kann -reale Beschaftigungschance.[2385]

708

Obliegenheit zur gewinnbringenden Vermögensanlage. Die unterhaltsrechtlichen Obliegenheiten des Schuldners schließen neben seiner Arbeitskraft auch sein Vermögen ein. Vermögen, dessen Erträge unterhaltsrechtlich erheblich sind oder sein können, ist so ertragreich wie möglich anzulegen.[2386] In diesem Rahmen liegt die Art der Vermögensanlage im Ermessen des Unterhaltspflichtigen. Er kann zB auf optimale Erträge zugunsten einer sicheren Anlage verzichten.

709

Die Obliegenheit, einmal angelegtes Vermögen zum Zwecke der Erwirtschaftung höherer Erträge **umzuschichten,** besteht nur im Rahmen der Zumutbarkeit. Die tatsächliche Anlage muss sich als eindeutig unwirtschaftlich darstellen.[2387] An diesem Maßstab ist auch der Erwerb einer Immobilie zu messen: erweist er sich als unwirtschaftlich, so besteht– jedenfalls nach Scheidung der Ehe – eine Obliegenheit zur Veräußerung.[2388] Sind liquide Barmittel vorhanden, besteht auch in Niedrigzinsphasen keine Obliegenheit, zur Steigerung der Rendite aus diesen Mitteln Immobilien zu erwerben, da eine solche Vermögensumschichtung spekulativen Charakter hat.[2389]

[2385] Zuletzt BVerfG FamRZ 2021, 274 = NZFam 2021, 74 mAnm Niepmann; BGH FamRZ 2009, 314 (316) = NJW 2009, 1410 (1411) = MDR 2009, 385; FamRZ 2014, 637 = NJW 2014, 932 Rn. 9; FamRZ 2014, 1992 mAnm Wolf = NJW 2014, 3784 Rn. 18.

[2386] BGH FamRZ 1986, 439 (449); FamRZ 1986, 560 (561); FamRZ 1988, 145 (149) = NJW-RR 1988, 514; FamRZ 1998, 87 (89) – jew. für Berechtigten –.

[2387] BGH FamRZ 1992, 423 (425); FamRZ 1998, 87 (89); FamRZ 2013, 278 = NJW 2013, 530 = MDR 2013, 93 Rn. 20 f.

[2388] BGH FamRZ 1998, 87 (89).

[2389] OLG Stuttgart FamRZ 2016, 638 (639).

710   **Die Stärke der unterhaltsrechtlichen Obliegenheiten** ist abhängig von dem konkreten Unterhaltsrechtsverhältnis.[2390] Diese hat der Gesetzgeber durch die Rangordnung des § 1609 BGB bewertet: den höchsten Stellenwert – damit auch die strengsten Obliegenheiten – hat das Unterhaltsrechtsverhältnis zwischen Eltern und ihren minderjährigen bzw. den ihnen gleichgestellten privilegierten volljährigen Kindern (§ 1609 Nr. 1 BGB), während zB der Elternunterhalt (§ 1609 Nr. 6 BGB) schwach ausgestaltet ist.[2391] Dementsprechend treffen die im folgenden dargestellten Obliegenheiten in erster Linie denjenigen Unterhaltsschuldner, der minderjährigen und privilegierten volljährigen Kindern zum Unterhalt verpflichtet, aber nicht in der Lage ist, den angemessenen (nicht den Mindest-)[2392] Unterhalt sicherzustellen.

b) Bemühen um Arbeit

711   **Ausreichende Bemühungen** um Arbeit muss der erwerbslose Unterhaltspflichtige unternehmen.[2393] Frühzeitig haben diese Bemühungen zu beginnen. Ist dem Unterhaltsschuldner der Verlust des Arbeitsplatzes bekannt, darf er nicht die Beendigung des Arbeitsverhältnisses abwarten, sondern hat unverzüglich nach Erhalt der Kündigung oder Abschluss des Aufhebungsvertrages, frühestens drei Monate vor dem Ende des Arbeitsverhältnisses mit der Arbeitsplatzsuche zu beginnen.[2394] § 38 Abs. 1 SGB III, der eine Anzeigepflicht für den Arbeitssuchenden festschreibt, gibt den Maßstab auch für die unterhaltsrechtliche Obliegenheit.[2395] Innerhalb dieser drei Monate sollte eine Anstellung gefunden sein, jedenfalls, wenn der Unterhaltspflichtige vor der Kündigung längere Zeit in einem gängigen Beruf beschäftigt war. Eine Verlängerung kann in Betracht kommen, wenn in die Dreimonatsfrist eine längere Krankschreibung fällt, eine berufliche Neuorientierung notwendig wird[2396] oder ein Wechsel in der Betreuungssituation des Kindes eintritt.[2397]

712   **Zu Art und Umfang** der notwendigen Arbeitssuche hat sich eine gefestigte Rechtsprechung herausgebildet.[2398] Die von ihr postulierten Anforderungen umschreiben die besonderen Anstrengungen, die der Unterhaltspflichtige **im Regelfall** unternehmen muss, um eine Anstellung zu finden. Sie beruhen nicht auf einer Missachtung der jeweiligen Lage auf dem Arbeitsmarkt oder auf mangelndem Verständnis für die problematische Situation Arbeitssuchender. Die Aufrechterhaltung der strengen Vorgaben ist vielmehr erforderlich, um der absoluten Priorität Rechnung zu tragen, die dem Unterhalt insbesondere minderjähriger Kinder zukommt.[2399]

713   **Bei der Agentur für Arbeit** zu melden hat sich der Arbeitslose zunächst und die angebotenen Vermittlungen wahrzunehmen. Darüber hinaus hat er sich – je nach den Umständen des Einzelfalls – an eine auf die Betreuung und Vermittlung besonderer Problemfälle spezialisierte Organisation zu wenden.[2400]

[2390] BGH MDR 2009, 332 (333).

[2391] BVerfG FamRZ 2005, 1051 (1055).

[2392] BGH FamRZ 2000, 1358 (1359); FamRZ 2003, 1471 (1473).

[2393] Zusammengefasst zB bei OLG Köln FamRZ 1997, 1104 (1105) und zuletzt bei OLG Karlsruhe FamRZ 2017, 1575 (1576) = NZFam 2017, 1091 Rn. 17 mit Anm Obermann.; siehe auch Raiser NJW 1986, 1919.

[2394] Bauer/Krets NJW 2003, 541 f.

[2395] Büttner FF 2003, 192.

[2396] OLG Brandenburg NJW-Spezial 2015, 133.

[2397] OLG Dresden FamRZ 2016, 470 (471).

[2398] Zuletzt zusammengefasst bei OLG Brandenburg FamRZ 2020, 1264 (1265); OLG Dresden NJW-RR 2008, 960 (961 f.).

[2399] OLG Brandenburg FamRZ 2006, 1297 (1298) = NJW 2006, 3286 (3287); OLG Hamm FamRZ 2005, 297.

[2400] OLG Köln FamRZ 2009, 1920 (1921) für den Fall des arbeitslosen ehemaligen Strafgefangenen.

Die Stellensuche über die Agentur für Arbeit oder andere mit der Unterstützung Arbeitsuchender befasste Institutionen ist erforderlich, aber nicht ausreichend.[2401]

Interesse und Eigenbemühungen[2402] werden darüber hinaus erwartet, und zwar in Form des regelmäßigen Besuchs stellenanbietender Plattformen im Internet, der wöchentlichen Lektüre der örtlichen Zeitungen und sonstigen Werbeträger. Zu bewerben hat sich der Unterhaltsschuldner auf alle Annoncen, die für Stellensuchende in Betracht kommen und einen für den Bewerber günstigen Tätigkeitsbereich haben.[2403] Je nach den Umständen des Einzelfalles, insbesondere bei der Suche nach einer qualifizierten Anstellung können auch Eigeninserate in den genannten Medien erforderlich sein.[2404]

Die notwendige Form der Bewerbung ergibt sich häufig aus dem Inhalt der Stellen-   **714** anzeige. In Betracht kommen die Verwendung von online-Bewerbungsformularen oder auch einer Email. In vielen Fällen wird die Bewerbung schriftlich vorzunehmen sein.

Telefonate sind ausreichend, wenn schriftliche Bewerbungen unüblich sind, wenn zB eine Stellung in einem Privathaushalt angeboten wird. Sie können im Einzelfall auch bei Bewerbungen um eine Hilfsarbeiterstelle[2405] oder eine Beschäftigung als Handwerker genügen.[2406] Im Regelfall wird allerdings ein gewerblicher Arbeitgeber in erster Linie schriftliche Bewerbungen in die engere Wahl ziehen.[2407]

Die Bewerbungsschreiben dürfen nicht so abgefasst sein, dass sie den Eindruck der mangelnden Eignung oder Arbeitsunlust erwecken.[2408] Sie müssen erkennen lassen, welchen konkreten Bezug der Bewerber zur angebotenen Stelle hat[2409] und ggf. auf eine absolvierte Fortbildung hinweisen.[2410] Bei großer Entfernung zur angebotenen Stelle sollte der Bewerber darlegen, wie er die Fahrt zur Arbeit zuverlässig zu meistern gedenkt.[2411] Ungünstige Tatsachen sollten zunächst unerwähnt bleiben, auch wenn sie in einem Vorstellungsgespräch offenbart werden müssten.[2412] Dies gilt beispielsweise für das Alter des zu betreuenden Kindes, das möglicherweise potentielle Arbeitgeber abschreckt.[2413] Bewerbungen, die wegen des Anforderungsprofils an den Stelleninhaber von vornherein aussichtslos erscheinen, können einerseits nicht verlangt werden,[2414] sind aber

---

[2401] BGH FamRZ 2011, 1851 (1852) mAnm Schürmann = NJW 2011, 3577 = MDR 2011, 1856; FamRZ 2014, 637 = NJW 2014, 932 Rn. 17; OLG Bamberg FamRZ 1988, 725 (726) u. 974 (975); OLG Brandenburg NJW-RR 2008, 11 (12); OLG Bremen FamRZ 1996, 957; OLG Dresden FamRZ 1996, 1236 (1237); OLG Düsseldorf FamRZ 1998, 852; OLG Frankfurt NJWE-FER 1999, 289 (290); FamRZ 2001, 624 (625); OLG Hamburg FamRZ 1984, 924; OLG Hamm FamRZ 1985, 483 (484); OLG Karlsruhe FamRZ 2002, 1567; OLG Köln FamRZ 1997, 1104 (1105); OLG München FamRZ 1981, 461; OLG Naumburg FamRZ 2003, 1022 (1023); OLG Oldenburg FamRZ 1988, 724.

[2402] BGH FamRZ 2000, 1358 (1359); OLG Brandenburg FamRZ 2001, 372 – Ls. – = NJWE-FER 2001, 8; OLG Hamm FamRZ 1985, 483 (484); OLG Karlsruhe FamRZ 2002, 1567; OLG Koblenz FamRZ 2000, 313 (314) OLG Saarbrücken DAVorm 1989, 873 (874); OLG Zweibrücken NJWE-FER 2001, 139 (141) für Berechtigten; van Els DAVorm 1989, 397.

[2403] OLG Brandenburg NJW 2006, 3286 (3287) = FamRZ 2006, 1297 (1298); OLG Hamm FamRZ 1986, 1108 (1109); FamRZ 1992, 63; OLG München FamRZ 1981, 461; OLG Oldenburg FamRZ 1988, 724; OLG Schleswig SchlHA 1984, 183.

[2404] OLG Bamberg FamRZ 1988, 725 (726); OLG Brandenburg NJWE-FER 2001, 70 (71); vgl. auch: OLG Hamm FamRZ 1987, 948 (949).

[2405] AG Hanau FamRZ 2000, 306.

[2406] Gottwald, Anmerkung zu OLG Naumburg, FamRZ 2003, 1022 (1024 f.).

[2407] OLG Brandenburg NJW 2006, 3286 (3287) = FamRZ 2006, 1297 (1298).

[2408] OLG Bamberg FamRZ 1988, 725 (726); OLG Hamm FamRZ 1992, 63; FamRZ 2012, 1734 (Ls.).

[2409] OLG Hamm FamRZ 2017, 617 (618).

[2410] OLG Hamm FamRZ 1992, 63.

[2411] OLG Hamm FamRZ 1992, 63.

[2412] OLG Bamberg FamRZ 1998, 289 hält ihre Erwähnung für unschädlich.

[2413] OLG Stuttgart FamRZ 2015, 935.

[2414] OLG Karlsruhe FamRZ 2001, 1615 f.

andererseits zur Erfüllung der Erwerbsobliegenheit ebenso wenig ausreichend wie Bewerbungen mit grammatikalischen Fehlern, Schreibfehlern, fehlerhaften Angaben des Arbeitgebers oder wiederholte Absendungen an denselben Arbeitgeber[2415] oder der Betonung einer jahrzehntelangen Familienphase.[2416] Gleiches gilt für Blindbewerbungen", also solche, die abgegeben werden ohne Anhaltspunkte dafür, dass der Arbeitgeber überhaupt eine Arbeitskraft sucht,[2417] Sie können aber zusammen mit zielgerichteten Bewerbungen in die Beurteilung einbezogen werden.[2418] **Die Anzahl der notwendigen Bewerbungen** hängt von den Gegebenheiten des Arbeitsmarktes, insbesondere der Anzahl der angebotenen Stellen ab. 20 bis 30 Bewerbungen pro Monat können im Einzelfall zumutbar sein;[2419] vielfach wird aber auch eine geringere Anzahl ausreichen,[2420] etwa, wenn nur geringe Chancen auf eine Anstellung in einem bestimmten Beruf bestehen.[2421] Grundsätzlich gilt, dass die Anzahl der Bewerbungen nur ein Indiz für die notwendigen Arbeitsbemühungen ist, nicht aber ihr alleiniges Merkmal.[2422] Die Kosten, die aussagekräftige Bewerbungen verursachen, können bei der Beurteilung der Zumutbarkeit nicht – mehr – herangezogen werden.[2423] Denn nach § 45 SGB III können für die Kosten einer Bewerbung unterstützende Leistungen der Agentur für Arbeit in Anspruch genommen werden.

Der zeitliche Umfang der Arbeitsplatzsuche entspricht dem einer vollschichtigen Erwerbstätigkeit.[2424]

715   Die Arbeitsplatzsuche ist grundsätzlich fortzusetzen, bis eine Stelle gefunden ist[2425] oder bis die Feststellung getroffen werden kann, dass eine reale Beschäftigungschance nicht besteht (→ Rn. 716).

c) Reale Beschäftigungschance

716   **Unzureichende Arbeitsuche bei fehlender realer Beschäftigungschance** ist unschädlich;[2426] die mangelnde Arbeitssuche muss vielmehr ursächlich für die Arbeitslosigkeit

---

[2415] OLG Hamm FamRZ 2017, 617 (618).

[2416] OLG Hamm FamRZ 2012, 173 (Ls.): OLG Stuttgart FamRZ 2015, 935.

[2417] OLG Hamm FamRZ 2017, 617 (618); OLG Zweibrücken FamRZ 1986, 811 (812).

[2418] OLG Hamm FamRZ 1996, 1017 = NJW-RR 1996, 963.

[2419] OLG Brandenburg FamRZ 2006, 1701 (Ls.); OLG Koblenz FamRZ 2000, 313 f.; OLG Naumburg FamRZ 2003, 1022 (1023); OLG Jena NJW-RR 2004, 76 (77).

[2420] OLG Bamberg FamRZ 1998, 289: ausreichend 40 Bewerbungsschreiben und 2 Inserate in 7 Monaten bei 47-jähriger Arztehefrau nach 18 Jahren familiärer Tätigkeit (Unterhaltsb.); OLG Dresden FamRZ 1997, 836 (837) ausreichend 23 Bewerbungen in 6 Monaten bei Wohnumfeld mit schlechter Arbeitsmarktlage; OLG Hamm FamRZ 2017, 617 (618): nicht ausreichend: 44 Bewerbungen für ein Jahr; OLG Karlsruhe FamRZ 2002, 1567: ausreichend 350 Bewerbungen in vier Jahren; OLG Stuttgart FamRZ 2015, 935: nicht ausreichend 26 schriftliche Bewerbungen in zweieinhalb Monaten.

[2421] OLG Hamm FamRZ 2010, 1941.

[2422] BGH FamRZ 2011, 1851 (1852) = NJW 2011, 3577 = MDR 2011, 1359.

[2423] **Anders** Gottwald, Anmerkung zu OLG Naumburg FamRZ 2003, 1022 (1024).

[2424] OLG Brandenburg NJWE-FER 2001, 70 (71); NJW 2006, 3286 (3287) = FamRZ 2006, 1297 (1298). OLG Hamm FamRZ 1996, 629; FamRZ 1996, 1218; OLG Koblenz FamRZ 2000, 313 f.; OLG Köln FamRZ 1997, 1104 (1105); OLG Naumburg FamRZ 1997, 311; auch: OLG Oldenburg FamRZ 1988, 724.

[2425] Vgl. aber: OLG Hamm FamRZ 1987, 948 (949): über einen gewissen Zeitraum hinweg; OLG Bamberg FamRZ 1988, 725 (726): Eigeninserate über längeren Zeitraum.

[2426] BGH FamRZ 1986, 668; FamRZ 1987, 691 (693); FamRZ 1987, 912 = NJW-RR 1987, 962; MDR 2009, 323; OLG Brandenburg NJW-RR 2009, 871; OLG Dresden FamRZ 1996, 1236 (1237); OLG Frankfurt NJWE-FER 1999, 289 (290); FamRZ 2001, 624 (625); 2002, 1566; OLG Hamm FamRZ 2003, 177 OLG Karlsruhe FamRZ 1985, 1045.

sein.[2427] Ob der Arbeitsuchende bei ausreichenden Bemühungen eine bezahlte Anstellung gefunden hätte, hängt von den objektiven Verhältnissen des Arbeitsmarktes und seinen subjektiven Eigenschaften ab.[2428] Hindernisse können sein fehlende berufliche Qualifikation,[2429] Sprachschwierigkeiten,[2430] Alter, Geschlecht, Krankheit,[2431] Schwangerschaft,[2432] Prüfung erst vor wenigen Tagen,[2433] Insolvenz und ein Ermittlungsverfahren wegen Untreue.[2434]

Anzulegen sind strenge Maßstäbe. Nach Auffassung des Bundesgerichtshofs gibt es für Arbeitnehmer im mittleren Erwerbsalter auch in Zeiten hoher Arbeitslosigkeit keinen Erfahrungssatz dahin, dass sie nicht in eine Vollerwerbstätigkeit zu vermitteln sind.[2435] Allerdings darf die Leistungsfähigkeit des Unterhaltsschuldners auch nicht überspannt, Unmögliches von ihm nicht verlangt werden.[2436]

d) Darlegungs- und Beweislast

Die Darlegungs- und Beweislast für erfolglose Arbeitsuche trifft den Pflichtigen. Er **717** muss in nachprüfbarer Weise vortragen und ggf. beweisen, welche konkreten Bemühungen er in welchem zeitlichen Abstand entfaltet hat, Arbeit zu finden.[2437] Es empfiehlt sich, die unternommenen Schritte zu dokumentieren, zB durch eine nachprüfbare Auflistung auch der telefonischen Bewerbungen,[2438] Bewerbungsschreiben und schriftliche Absagen vorzulegen und zB bei Vorstellungsgesprächen vom Arbeitgeber eine schriftliche Bestätigung der Absage zu erbitten.[2439] Die so umschriebene Darlegungs- und Beweislast bezieht sich nicht nur auf die Hauptbeschäftigung. Sie gilt in gleicher Weise, wenn der Unterhaltspflichtige die Zumutbarkeit einer Nebenbeschäftigung in Frage

---

[2427] BGH FamRZ 2011, 1851 (1852) mAnm Schürmann = NJW 2011, 3577 = MDR 2011, 1856; FamRZ 2014, 637 = NJW 2014, 932 Rn. 9.

[2428] BVerfG FamRZ 2010, 626 (628) mAnm Borth = FamFR 2010, 202 (Schürmann); NJW 2012, 2420 (2421); FamRZ 2012, 1283; BGH FamRZ 1987, 912 (913) = NJW-RR 1987, 922; FamRZ 1996, 345 (346) = NJW 1996, 517 (518); FamRZ 2011, 1851 (1852) mAnm Schürmann = NJW 2011, 3577 = MDR 2011, 1359.

[2429] OLG Köln FamRZ 1986, 167.

[2430] OLG Oldenburg FamRZ 1988, 170 (171): Türkin – Ungewandtheit und Sprachprobleme.

[2431] OLG Dresden FamRZ 1996, 1236 (1237): keine reale Erwerbschance für 36-jährigen alkoholabhängigen Epileptiker; OLG Hamm FamRZ 1996, 1017 = NJW-RR 1996, 963 (964); FamRZ 1997, 27; OLG Frankfurt FamRZ 2001, 624 (625): keine reale Beschäftigungschance für ungelernten Arbeiter, der gesundheitsbedingt keine körperlichen Arbeiten verrichten darf.

[2432] OLG Schleswig FamRZ 1989, 997 (999).

[2433] OLG Celle FamRZ 1992, 569 (570).

[2434] OLG Celle FamRZ 2010, 128.

[2435] BGH FamRZ 2014, 637 = NJW 2014, 932 Rn. 13.

[2436] BVerfG FamRZ 2021, 274 = NZFm 2021, 74 mAnm Niepmann Rn. 15; ob der Unterhaltsschuldner, der eine Förderschule nach der 10. Klasse verlassen hat und nur leichte bis mittelschwere Arbeiten verrichten kann, mehr als den gesetzlichen Mindestlohn erzielen kann (so OLG Brandenburg FamRZ 2020, 1264 (1265)), erscheint mehr als fraglich.

[2437] BVerfG FamRZ 2021, 274 = NZFm 2020, 74 mAnm Niepmann Rn. 15; BGH FamRZ 1986, 244 (246) = NJW 1986, 718; NJW 1996, 517 (518); FamRZ 2000, 1358 (1359); FamRZ 2011, 1852 (1853) mAnm Schürmann FamRZ 2011, 1853 = NJW 2011, 3755 (3756) = MDR 2011, 1356 (die dort aufgestellten Grundsätze geltend auch für den Pflichtigen); OLG Brandenburg FamRZ 2021, 1; OLG Hamm FamRZ 2018, 1811 = NJW 2018, 1575 Rn. 18; OLG Karlsruhe NZFam 2017, 1091 Rn. 17.

[2438] OLG Düsseldorf DAVorm 1985, 588 (591); OLG Köln FamRZ 1997, 1104 (1105); KG FamRZ 2016, 832 Rn. 13 = NZFam 2016, 264 mAnm Reinken.; OLG Karlsruhe NZFam 2017, 1091 Rn. 17.

[2439] OLG Köln FamRZ 1997, 1104 (1105).

stellt[2440] oder sich auf eine gesundheitsbedingte Einschränkung seiner Erwerbsfähigkeit beruft[2441] (→ Rn. 780).

Die aktuelle Situation am Arbeitsmarkt (2023) ist geprägt von großem Fachkräftemangel und dem Fehlen auch ungelernter Kräfte, zB in der Gastronomie. An die Darlegungen des Schuldners zum Fehlen einer realen Beschäftigungschance sind daher hohe Anforderungen zu stellen. Ob die im Folgenden zitierte ältere Rechtsprechung noch uneingeschränkt Gültigkeit hat, mag daher angezweifelt werden.

Nicht ausreichend sind die pauschale Behauptung einer alters- und gesundheitsbedingten Unvermittelbarkeit[2442] oder allgemeine Hinweise auf die schlechte Arbeitsmarktlage, die Schwierigkeiten berufsungeübter Frauen mittleren Alters, eine Anstellung zu finden, den Bezug von Leistungen nach dem SGB II (Bürgergeld)[2443] oder die Beschäftigung in einem untertariflich entlohnten Leiharbeitsverhältnis.[2444] Allgemeine Erfahrungssätze sind jedoch zu beachten.[2445] So kann zB angenommen werden, dass eine 54jährige Frau ohne Berufsausbildung, die bisher 4 bis 5 Stunden pro Tag gearbeitet hat, keine Vollzeitstelle finden kann.[2446] Einen Erfahrungssatz, dass eine ältere Arbeitssuchende nicht jedenfalls einen Minijob oder einen Midijob (§ 20 Abs. 2 SGB IV) bekommen kann, gibt es dagegen nicht.[2447] Ebenso wenig kann allgemein angenommen werden, dass Aussiedler oder ausländische Mitbewohner mit Sprachschwierigkeiten,[2448] ungelernte Kräfte bei schlechter Arbeitsmarktlage[2449] oder Langzeitarbeitslose[2450] nicht vermittelbar sind.

Älteren Arbeitsuchenden ist das Finden einer neuen Anstellung erschwert, da Arbeitgeber bei Bewerbern ab Ende Vierzig oder Anfang Fünfzig eine Anstellung scheuen,[2451] gleichwohl kann auch hier ohne hinreichende Bemühungen nur in Ausnahmefällen vom Fehlen jeder Beschäftigungschance ausgegangen werden.[2452]

Zur Darlegungs- und Beweislast bei fiktiven Einkünften (→ Rn. 780)

718 **§§ 113 FamFG, 287 Abs. 2 ZPO sind nicht anwendbar,** denn die Frage ausreichender Bemühung um Arbeit (ggf. Zurechnung fiktiven Einkommens) betrifft den Grund der Unterhaltspflicht.[2453] Jeder ernsthafte Zweifel geht zu Lasten des Unterhaltsverpflichte-

---

[2440] OLG Bremen NZFam 2017, 369 (Opitz).
[2441] BGH FamRZ 2017, 109 mAnm Schürmann = NZFam 2017, 61 mAnm Graba Rn. 19.
[2442] BGH FamRZ 2007, 1532 (1536).
[2443] OLG Brandenburg NJW-RR 2008, 960 (961); FamRZ 2008, 2304.
[2444] OLG Hamm FamRZ 2010, 1740 (Ls.).
[2445] zB BGH FamRZ 1986, 244 (246) = NJW 1986, 718: Arbeitslosenquote von 20 % besonders ungünstig für weibliche Arbeitsuchende über 50 Jahre.
[2446] BGH FamRZ 2012, 517 (520) mAnm Born FamRZ 2012, 523 f. = NJW 2012, 1144 (1145) mAnm Börger NJW 2012, 1149 = MDR 2012, 348.
[2447] BGH FamRZ 2012, 517 (520) mAnm Born FamRZ 2012, 523 f. = NJW 2012, 1144 (1145) mAnm Börger NJW 2012, 1149 = MDR 2012, 348.
[2448] BGH FamRZ 2014, 637 = NJW 2014, 932 Rn. 14; OLG Hamm FamRZ 2002, 1427 (1428).
[2449] BGH FamRZ 2014, 637 = NJW 2014, 932 Rn. 14; OLG Karlsruhe NJWE-FER 1998, 246.
[2450] OLG Brandenburg NJWE-FER 2001, 70 (71); OLG Dresden FamRZ 2000, 1176 – Ls. – = NJWE-FER 2000, 230.
[2451] OLG Hamm FamRZ 1996, 1017 = NJW-RR 1996, 963 (964); OLG Karlsruhe FamRZ 2002, 1566 (1567).
[2452] BGH FamRZ 2014, 637 = NJW 2014, 932 Rn. 14; OLG Brandenburg NJW 2006, 3286, 3287 = FamRZ 2006, 1297, 1298.; OLG Hamm FamRZ 1997, 1076: 51-jährige Ehefrau, 15 J. nicht erwerbstätig, ist vermittelbar; NJW-RR 1998, 724: fast 60-jähriger, krankheitsbedingt belasteter Unterhaltsschuldner ist ohne reale Beschäftigungschance; FamRZ 1999, 1011 = NJWE-FER 1999, 32: 43-jährige Ehefrau, die ihren minderjährigen Kindern gegenüber zum Unterhalt verpflichtet ist und sich innerhalb ihres Wohnortes und außerhalb des erlernten Berufes als Schlosserin beworben hat, ist nicht unvermittelbar; OLG Köln FamRZ 2007, 1475; OLG Schleswig FamRZ 2007, 1474.
[2453] BGH FamRZ 1986, 885 (886) = NJW 1986, 3080 – Unt.Ber.

ten.[2454] Bei Beurteilung einer Erkrankung des Schuldners muss das Gericht ausreichende eigene Sachkunde darlegen oder einen Sachverständigen zuziehen.[2455]

e) Auskunft der Agentur für Arbeit

Die **Einholung einer Auskunft der Agentur für Arbeit** auf Antrag zum Beweis für 719 das Fehlen einer ausreichenden Arbeitschance kann prozessual geboten sein,[2456] ersetzt aber im Regelfall den Nachweis intensiver privater Bemühungen nicht.

f) Umschulung

Die Bewilligung einer Umschulung durch die Agentur für Arbeit ist lediglich ein Indiz 720 dafür, dass der Unterhaltsschuldner von dort nicht mehr zu vermitteln ist.[2457] Die Umschulung entbindet ihn nicht von seiner Obliegenheit, sich auf dem freien Arbeitsmarkt um eine Anstellung zu bemühen.[2458] Das Unterhaltsinteresse hat grundsätzlich Vorrang gegenüber dem Interesse des Pflichtigen an einer Weiterbildung.[2459] Etwas anderes mag dann gelten, wenn ohne die Fortbildung die Vermittlung in ein Arbeitsverhältnis aussichtslos wäre[2460] oder die vorhandene Ausbildung wertlos und die Umschulung bereits weit fortgeschritten ist.[2461]

Zu den Auswirkungen einer laufenden Umschulungsmaßnahme auf die Leistungsfähigkeit des Verpflichteten → Rn. 748.

g) Wechsel Arbeit oder Wohnort

Ein Wechsel des Arbeitsplatzes, des Berufes oder des Wohnortes kann im Rahmen der 721 Obliegenheit des Unterhaltsschuldners zum bestmöglichen Einsatz der Arbeitskraft zumutbar sein.[2462]

Zur Beurteilung dieser Zumutbarkeit sind alle Umstände des Einzelfalles eingehend zu würdigen. Hierzu gehören das Ausmaß der Bedürftigkeit des Berechtigten (Existenzminimum oder Erhöhung des angemessenen Unterhalts) und die Art der Unterhaltspflicht (gesteigerte Verpflichtung gegenüber minderjährigen Kindern, volljährigen Schü-

---

[2454] BGH FamRZ 1986, 885 (886) – Unt.Ber.; OLG Brandenburg NJW 2006, 3286, 3287 = FamRZ 2006, 1297, 1298; OLG Hamm FamRZ 2005, 297.

[2455] BVerfG FamRZ 2010, 626 (628) mAnm Borth = FamFR 2010, 202 (Schürmann); OLG Zweibrücken FamRZ 1993, 440 (442).

[2456] BGH FamRZ 1987, 912 = NJW-RR 1987, 962; FamRZ 2012, 517 (520) = NJW 2012, 1144 (1146) = MDR 2012, 348 (349).

[2457] OLG Hamm FamRZ 1994, 372 (374); OLG Bremen FamRZ 1996, 957.

[2458] OLG Brandenburg FamRZ 2003, 1960 (Ls.); OLG Bremen FamRZ 1996, 957: Verpflichtung zur Arbeitsplatzsuche trotz bewilligter Umschulung für arbeitslosen Dreher, der 5 mj. Kindern ggü zum Unterhalt verpflichtet ist: OLG Dresden FamRZ 2003, 1206 = NJW-RR 2003, 512; OLG Hamm OLGR 2003, 173; 2004, 134 f.; OLG Jena OLGR 2004, 164 (165 f.): knapp 30-j. ehem. Soldat ohne Berufsausbildung muss Umschulung zur Sicherung des Kindesunterhalts zurückstellen.

[2459] OLG Karlsruhe FamRZ 2010, 1342 (1343).

[2460] OLG Dresden FamRZ 2003, 1206 = NJW-RR 2003, 512; **anders** OLG Karlsruhe FamRZ 2010, 1342 (1343); → Rn. 746.

[2461] OLG Dresden FamRZ 2015, 936.

[2462] BGH FamRZ 2003, 1471 (1473); FamRZ 1980, 1113 = NJW 1980, 2414; FamRZ 1981, 539 (540) = NJW 1981, 1609; FamRZ 1982, 792 (794) = NJW 1982, 1812; OLG Brandenburg NJWE-FER 2001, 70 (71); OLG Dresden FamRZ 1997, 836 (837); OLG Hamm FamRZ 1997, 356 = NJWE-FER 1997, 200; FamRZ 1998, 42 = NJW-RR 1998, 219; OLG Karlsruhe FamRZ 2017, 1575 = NZFam 2017, 1091 Rn. 16 mAnm Obermann; OLG Köln FamRZ 1997, 1104 (1105); NJWE-FER 1999, 84 (85); OLG Zweibrücken FamRZ 2000, 308 (309).

lern und dem betreuenden Ehegatten oder regelmäßige Verpflichtung gegenüber dem geschiedenen Ehegatten oder nicht privilegierten Volljährigen).[2463]

Zu Gunsten des Unterhaltsverpflichteten sind das Recht auf freie Entfaltung der Persönlichkeit, freie Berufswahl und freie Berufsausübung sowie bestehende und ausgeübte Umgangsrechte[2464] zu berücksichtigen.

722   In Anwendung dieser Grundsätze hat die Rechtsprechung die Arbeitsbemühungen des Schuldners insbesondere gegenüber privilegierten Unterhaltsberechtigten konkretisiert:

Der arbeitslose Unterhaltsschuldner, der innerhalb angemessener Zeit an seinem Wohnort keine Anstellung gefunden hat, kann verpflichtet sein, die Stellensuche über den örtlichen Bereich hinaus auszudehnen und ggf. einen **Wohnortwechsel** vorzunehmen.[2465] Die in § 140 Abs. 4 SGB III statuierte Verpflichtung des Arbeitslosen zu bundesweiter Arbeitssuche ist allerdings unterhaltsrechtlich auf ihre Zumutbarkeit zu überprüfen. Dabei sind die persönlichen Bindungen des Unterhaltspflichtigen, insbesondere das Umgangsrecht zu seinen Kindern, die Kosten des Umgangsrechts und auch die Kosten für einen Umzug, die die Leistungsfähigkeit des Unterhaltsschuldners mindern können, zu berücksichtigen.[2466] Gegen die Zumutbarkeit des Ortswechsels können darüber hinaus schulische Interessen auch nicht gemeinschaftlicher Kinder[2467] oder ein gesicherter Arbeitsplatz des neuen Ehegatten[2468] oder Lebenspartners[2469] sprechen. Gleiches gilt, wenn der Unterhaltsschuldner selbst über einen **gesicherten Teilzeitarbeitsplatz** verfügt.[2470]

Stehen persönliche Umstände einem Ortswechsel nicht entgegen, kann als Maßstab für diese Obliegenheit die Vorschrift des § 140 Abs. 4 SGB III herangezogen werden. Bei voller Erwerbstätigkeit sind danach jedenfalls Pendelzeiten von 2½ Stunden täglich zumutbar[2471], wenn nicht in der Region längere Pendelzeiten üblich sind. Ab dem vierten Monat der Erwerbslosigkeit ist dem Arbeitslosen und damit auch dem Unterhaltsschuldner ein Wohnortwechsel zumutbar.

Der vollschichtig erwerbstätige Unterhaltsschuldner, dessen Einkünfte zur Deckung des Bedarfs der Berechtigten nicht ausreichen, ist nur in Ausnahmefällen verpflichtet, einen Ortswechsel vorzunehmen. Die aufgezeigten persönlichen Bindungen sind besonders zu berücksichtigen. Ist er entsprechend seinen Kenntnissen und Fähigkeiten Vollzeit beschäftigt, ist er in der Regel nicht verpflichtet, sich um eine besser bezahlte Stelle an einem entfernteren Ort oder gar im Ausland zu bemühen,[2472] vor allem dann nicht, wenn aus dem erzielten Einkommen bislang der Bedarf der Familie bestritten wurde.[2473] Etwas

---

[2463] BGH FamRZ 1980, 1113 (1114) = NJW 1980, 2414; FamRZ 1981, 341 (344); FamRZ 1981, 539 (540) = NJW 1981, 1609; FamRZ 1983, 140 = NJW 1983, 814; FamRZ 1987, 930 (933); OLG Hamburg FamRZ 1982, 412; 1984, 924; OLG Karlsruhe DAVorm 1987, 673 (676); OLG Köln FamRZ 1987, 853 (854); OLG Naumburg OLG Report 1997, 25.

[2464] OLG Schleswig FamFR 2010, 371 (Beger-Oelschlegel).

[2465] BGH FamRZ 1980, 1113 = NJW 1980, 2414; FamRZ 1981, 539 (540) = NJW 1981, 1609; FamRZ 1982, 792 (794) = NJW 1982, 1812; OLG Brandenburg NJWE-FER 2001, 70 (71); OLG Dresden FamRZ 2008, 173 (174); OLG Hamm FamRZ 1997, 356 = NJWE-FER 1997, 200; FamRZ 1998, 42 = NJW-RR 1998, 219; OLG Köln FamRZ 1997, 1104, 1105; NJWE-FER 1999, 84 (85); OLG Zweibrücken FamRZ 2000, 308 (309).

[2466] BVerfG NJW 2006, 2317 ff. = FamRZ 2006, 469; FamRZ 2007, 273 (274).

[2467] OLG Bamberg FamRZ 1998, 289 (290 f.) Berechtigte; OLG Hamm FamRZ 1999, 165 (166).

[2468] OLG Hamm FamRZ 1999, 165 (166).

[2469] OLG Jena OLGR 2003, 353.

[2470] OLG Schleswig NJW 2009, 3732.

[2471] Ohne Bedeutung soll sein, dass während der Ehe kürzere Fahrtzeiten zurückgelegt wurden. OLG Brandenburg NZFam 2018, 611 (Bruske).

[2472] OLG Frankfurt/M. OLGR 2005, 300 (301); OLG Thüringen FamRZ 2010, 216.

[2473] OLG Thüringen FamRZ 2010, 216.

anders mag gelten, wenn er nicht in seinem erlernten Beruf tätig ist[2474] oder aber nach der Trennung ohne anerkennenswerte Gründe in die neuen Länder umgesiedelt ist. Zumutbar kann ein Wohnungswechsel zur Ersparnis von Fahrtkosten sein, wenn der Betrieb des Unterhaltsschuldners dauerhaft verlegt war und gleichwohl ein Eigenheim in der Nähe der alten Arbeitsstätte erworben wurde.[2475]

Der Wechsel in ein lukrativeres Arbeitsverhältnis kann mit den dargestellten Einschränkungen zumutbar sein, wenn über Jahre kein den Kindesunterhalt sicherndes Einkommen erzielt wurde.[2476]

Anstellungen außerhalb des erlernten Berufes sind vom Unterhaltsschuldner anzunehmen, auch wenn diese unterhalb seines Ausbildungsniveaus liegen oder schlechter bezahlt sind. Auch Gelegenheits- und Aushilfsarbeiten müssen übernommen und Überstunden geleistet werden.[2477] Der gesunde ungelernte Arbeiter muss auch körperlich anstrengende Tätigkeiten etwa im Straßenbau oder als Lagerarbeiter annehmen.[2478] Der Arbeitsuchende hat darüber hinaus alles ihm Mögliche und Zumutbare zur Steigerung der Vermittlungsfähigkeit zu tun.[2479] Er hat sich zB intensiv um eine Verbesserung der Sprachkenntnisse zu bemühen[2480] oder an Fortbildungsmaßnahmen der Agentur für Arbeit teil zu nehmen.

Der teilzeitbeschäftigte Unterhaltsschuldner, der nicht einmal 40 Stunden pro Woche arbeitet, genügt seiner Erwerbsobliegenheit nicht, und zwar auch dann nicht, wenn er ein erweitertes Umgangsrecht ausübt.[2481] Er hat sich vielmehr an der Höchstgrenze der regelmäßigen Arbeitszeit – 40 Stunden pro Woche –[2482] zu orientieren. Ist der Teilzeitarbeitsplatz sicher, ist es zunächst ausreichend, sich auf eine weitere Teilzeitstelle zu bemühen[2483] oder – wenn die Regelarbeitszeit geringfügig unterschritten ist – um eine Nebenbeschäftigung.[2484] Gelingt es ihm allerdings nicht, eine solche innerhalb angemessener Zeit zu finden, muss er sich um eine Vollzeitbeschäftigung unter Aufgabe des gesicherten Teilzeitarbeitsplatzes bemühen.[2485]

[2474] OLG Naumburg NJW-RR 2009, 873 = FamRZ 2009, 889 (Ls.); OLG Brandenburg FamRZ 2011, 732 (Ls.); wohl für eine grundsätzliche Pflicht zum Wohnsitzwechsel: OLG Dresden FamRZ 2008, 173 (174).

[2475] OLG Brandenburg NZFam 2015, 720 (Hambitzer).

[2476] OLG Brandenburg NZFam 2017, 422 (Szantay): der Schuldner erzielte als kaufmännischer Angestellter 436 EUR p.M.

[2477] BGH FamRZ 1994, 372 (374); FamRZ 2000, 1358 (1359); OLG Bamberg FamRZ 1989, 392 (393); OLG Brandenburg NJWE-FER 2001, 70 (71); OLG Celle FamRZ 1983, 704 (Gehaltskürzung um 10 % zumutbar); OLG Hamm FamRZ 1995, 438, 756 = NJW-RR 1995, 1476; FamRZ 1996, 957 (958); OLG Koblenz FamRZ 2006, 1447 (1448), OLG Köln FamRZ 2002, 1426; OLG Zweibrücken FamRZ 2000, 308 (309); LG Kiel FamRZ 1995, 1029 (1030): Langzeitarbeitsloser Arzt als Hilfsarbeiter; LG Stuttgart FamRZ 1992, 1356: Kaufm. Angestellten bei Unterhalt für Frau und vier Kinder Arbeit als Hilfsarbeiter zumutbar.

[2478] OLG Hamm FamFR 2011, 513 (Huber).

[2479] OLG Hamm FamRZ 1992, 63.

[2480] OLG Brandenburg FamRZ 2008, 2304 (2305 f.) = NJW-RR 2008, 960 (62); OLG Celle FamRZ 1999, 1165.

[2481] KG FamRZ 2016, 832 = NZFam 2016, 264 (265).

[2482] BGH FamRZ 2009, 314 (316) = FF 2009, 122 (125 f.); FamRZ 2011, 1041 (1043) = NJW 2011, 1874 (1876) = MDR 2011, 728 (729).

[2483] BGH FamRZ 2012, 1483 = NJW 2012, 3434 mAnm Maurer; OLG Hamm FamRZ 2008, 1271 (1272); OLG Koblenz NZFam 2019, 220 (Leipold); OLG Saarbrücken NJW-RR 2009, 942 = MDR 2009, 868; NJW-RR 2010, 219 (220); OLG Schleswig FamFR 2009, 92 (Poppen).

[2484] OLG Brandenburg FamFR 2011, 393 (Griesche) für den Fall der Kurzarbeit; OLG Koblenz FamRZ 2018, 1584 OLG Köln FamRZ 2012, 315 (316) für eine reguläre Wochenarbeitszeit von 35 Std. mit Beisp. für denkbare Nebentätigkeiten.

[2485] BGH FamRZ 2012, 1483 = NJW 2012, 3434 mAnm Maurer Rn. 22, 24; OLG Hamm FamRZ 2008, 1271 (1272).

Nebenbeschäftigung. Der vollschichtig erwerbstätige Unterhaltspflichtige, dessen Einkommen nicht ausreicht, um den Mindestbedarf gesteigert Unterhaltsberechtigter zu decken, ist grundsätzlich verpflichtet, eine Nebentätigkeit auszuüben,[2486] soweit die Arbeitsschutzvorschriften dies zulassen, vor Allem die Höchstbeschäftigungsdauer von 48 Stunden pro Woche nicht überschritten wird.[2487] Im Übrigen ist die Zumutbarkeit anhand der Umstände des Einzelfalles zu überprüfen.[2488] Die Aufnahme einer Nebenbeschäftigung kann daher unzumutbar sein, wenn der Arbeitgeber sie nicht duldet[2489] oder wenn der Unterhaltspflichtige sich um bei ihm lebende volljährige,[2490] – vor Allem aber minderjährige – Kinder zu kümmern hat.[2491] Einschränkungen können sich darüber hinaus ergeben aus dem Umgangsrecht des Unterhaltsschuldners oder dem Zeitaufwand zur Erreichung des weit entfernt liegenden Arbeitsplatzes,[2492] so dass in derartigen Fällen nur eine geringfügige Nebenbeschäftigung an den umgangsfreien Wochenenden oder während der sonstigen freien Zeit verlangt werden kann. Unzumutbar ist eine Nebenbeschäftigung auch, wenn der Unterhaltspflichtige bereits 200 Stunden im Monat arbeitet,[2493] wenn er keine regelmäßigen Arbeitszeiten hat und teilweise auch samstags arbeiten muss.[2494] Verbietet der Arbeitsvertrag dem Schuldner die Aufnahme einer Nebentätigkeit, dürfte eine arbeitsgerichtliche Klage gegen dieses Verbot nicht zumutbar sein.[2495] Ist der Mindestunterhalt gesichert, besteht keine Obliegenheit, das Einkommen durch eine Nebentätigkeit zu erhöhen, um die Lebensstellung der Kinder zu verbessern.[2496]

Der **arbeitslose Unterhaltsschuldner** ist allerdings zumindest verpflichtet, im Rahmen der Zuverdienstgrenze Nebentätigkeiten aufzunehmen.[2497] Gleiches gilt für denjenigen, der nur einer Teilzeitbeschäftigung nachgeht.

Die Obliegenheit beschränkt sich nicht auf die Aufnahme eines 520-Euro-Jobs (Minijob). Der Unterhaltsschuldner ist in gleicher Weise gehalten, seine Einkünfte durch ergänzende Gelegenheits- und Aushilfstätigkeiten zu verbessern.[2498]

723   Die **Aufgabe einer selbstständigen Existenz zugunsten einer besser bezahlten abhängigen Arbeit** kann dem Unterhaltspflichtigen unter Umständen zumutbar sein.[2499]

[2486] BGH FamRZ 2014, 1992 mAnm Wolf = NJW 2014, 3784 Rn. 19; OLG Bremen NZFam 2017, 369 (Opitz); OLG Karlsruhe FamRZ 2017, 1575 (1576) = NZFam 2017, 1091 mAnm Obermann Rn. 16.

[2487] BVerfG FamRZ 2007, 273 (274); BGH FamRZ 2009, 314 (316) = FF 2009, 122 (125 f.); die Obliegenheit zur Aufnahme einer Nebentätigkeit bejaht, auch wenn 48 Stunden überschritten werden: OLG Naumburg FamRZ 2010, 127.

[2488] BGH FamRZ 2009, 314 (316) = FF 2009, 122 (125 f.); BGH FamRZ 2014, 1992 mAnm Wolf = NJW 2014, 3784 Rn. 19; OLG Koblenz FamRZ 2008, 173.

[2489] OLG Köln FamRZ 2012, 314 (315); **anders** OLG Koblenz FamRZ 2021, 1036 (1037) für den Fall, dass ein arbeitsrechtlicher Anspruch auf Genehmigung der Nebentätigkeit besteht.

[2490] OLG Bremen FamRB 2010, 203 (Bißmaier).

[2491] OLG Schleswig FamRZ 2015, 937 (939) = NJW 2015, 1538 (1539); das bloße Zusammenleben mit Kindern soll die Nebentätigkeit nicht als unzumutbar erscheinen lassen: OLG Brandenburg NZFam 2018, 1095 (Bruske).

[2492] OLG Brandenburg NZFam 2018, 224 mAnm Elden Rn. 35: vor Allem, wenn der Arbeitsplatz mit öffentlichen Verkehrsmitteln erreicht werden muss; OLG Rostock FamRZ 2015, 937 (Ls.).

[2493] OLG Bamberg OLGR 2005, 240.

[2494] OLG Brandenburg NZFam 2018, 224 mAnm Elden Rn. 35.

[2495] OLG Hamm FamRZ 2005, 649; **aA:** OLG Dresden FamRZ 2005, 1584 = NJW-RR 2005, 1381 f. = MDR 2005, 756; nach OLG Naumburg FamRZ 2007, 1038 darf die Nebentätigkeit vom Arbeitgeber nicht verboten werden.

[2496] OLG Frankfurt/M. FamRZ 2022, 1376 (1377).

[2497] OLG Köln FamRZ 2005, 458 (Ls.); anders OLG Schleswig FamRZ 1999, 1524.

[2498] OLG Karlsruhe FamRZ 2017, 1575 (1576) = NZFam 2017, 1091 mAnm Obermann Rn. 16.

[2499] OLG Köln FamRZ 1983, 87 (89/90); OLG Hamm NJW-RR 1990, 964 f.: Aufgabe bei Scheitern; OLG Zweibrücken NJW 1992, 1902 (1904): Aufgabe unrentabler Gaststätte zugunsten abhängiger Arbeit für 43-Jährigen, aber erst nach Ablauf Trennungsjahr; anders OLG Stuttgart,

Sind die Einkünfte aus dieser Tätigkeit nicht ausreichend, den Mindestbedarf der Berechtigten zu decken, ist zunächst eine Karenzzeit zuzubilligen, die bis zu zwei Jahren betragen kann,[2500] da bloße Gründungs- und Übergangsschwierigkeiten nicht zu einem Berufswechsel nötigen. Auch ist zu prüfen, ob nicht andere Maßnahmen (zB Modernisierung) die Ertragslage verbessern,[2501] denn mit der Aufgabe eines Betriebs steht auch der Unternehmenswert auf dem Spiel. Zu beachten sind ferner das Alter des Betroffenen, Vor- und Ausbildung, Arbeitsmarktlage und konkrete Aussichten, eine besser bezahlte abhängige Arbeit zu finden.[2502] Wirft selbständige Tätigkeit allerdings nach der Karenzzeit keinen ausreichenden Gewinn ab, so ist sie als reine Liebhaberei zu betrachten und regelmäßig zu Gunsten einer angestellten Beschäftigung aufzugeben.[2503]

Ist der Mindestbedarf der Berechtigten gedeckt, kommt den Interessen des Unterhaltsschuldners eine größere Bedeutung zu. Man wird von ihm zur Zahlung höheren Unterhalts insbesondere bei angespannter Arbeitsmarktlage kaum einen Stellenwechsel, die Aufgabe einer selbständigen Tätigkeit oder die Aufnahme einer Nebentätigkeit verlangen können,[2504] insbesondere, wenn er eine seiner Ausbildung entsprechende Tätigkeit mit tarifgemäßer Entlohnung ausübt.[2505] Geht er gleichwohl einer Nebentätigkeit nach, sind die daraus resultierenden Einkünfte überobligatorisch[2506] und nur teilweise für Unterhaltszwecke einzusetzen, zumal wenn die Nebentätigkeit erst nach der Trennung oder Scheidung aufgenommen wurde.[2507]

4. Fiktives Einkommen[2508]

a) Allgemeine Voraussetzungen

Der Verstoß gegen unterhaltsrechtliche Obliegenheiten kann für den Unterhaltsschuldner – wie für den Berechtigten, → Rn. 667 – zur Zurechnung fiktiver Einkünfte führen. Zwar sind, je nach der Art des Obliegenheitsverstoßes, die fiktive Zurechnung eines Vermögensstammes oder von Vermögenserträgen denkbar[2509] oder auch von Versicherungsleistungen, wenn unter Verstoß gegen unterhaltsrechtliche Obliegenheiten zB der Abschluss einer Pflegeversicherung unterblieben ist.[2510] Hauptanwendungsfall ist allerdings die fiktive Zurechnung von Erwerbseinkommen. Denn die Leistungsfähigkeit

724

FamRZ 2003, 176: keine Verpflichtung zur Aufgabe eines Handwerksbetriebes bei Betreuung zweier 10 und 12 Jahre alter Kinder.

[2500] OLG Dresden FamRZ 2016, 1172 (1173) = NZFam 2016, 119 Rn. 33.

[2501] OLG Bamberg FamRZ 1989, 392 f.; OLG Hamm NJW-RR 1993, 776 (778); OLG Zweibrücken NJW 1992, 1902 (1904).

[2502] Vgl. zu allem: OLG Köln FamRZ 1983, 87 (89/90); AG Besigheim FamRZ 2000, 1429 für unrentable Mitarbeit im landwirtschaftlichen Betrieb der Eltern.

[2503] OLG Brandenburg FamRZ 2020, 753 (754); OLG Dresden NZFam 2016, 119 (121); OLG Düsseldorf FamRZ 1997, 1078 – jeweils 2 Jahre –; OLG Frankfurt/M. FamRZ 2004, 298 (299): Karenzzeit nicht länger als drei Jahre; OLG Hamm FamRZ 2018, 1811 = NJW 2018, 2525 Rn. 29; OLG Koblenz FamRZ 2000, 288 (289): Verluste v. d. Gründung 1993 bis Ende 1996; FamRZ 2009, 1921 (1922): Obliegenheit bejaht nach 7 Jahren erfolgreicher Tätigkeit; OLG Naumburg FamRZ 2008, 2230 (Ls.) = NJW-RR 2008, 1389; OLG Schleswig OLGR 2002, 25; FamFR 2010, 371 (Beger-Oelschlegel).

[2504] OLG Brandenburg FamRZ 2021, 1039 mAnm Borth; OLG Bamberg FamRZ 1999, 883; OLG Naumburg FamRZ 1997, 31: OLG Zweibrücken NJW 1997, 2390 (2391).

[2505] OLG Naumburg OLGR 2001, 294.

[2506] OLG Brandenburg FamRZ 2021, 1039 mAnm Borth.

[2507] OLG Koblenz FamRZ 2016, 1873 (Ls.) = NJW-Spezial 2016, 709.

[2508] Vgl. allgemein: Graba, Fiktives Einkommen im Unterhaltsrecht, FamRZ 2001, 1257 ff. und FamRZ 2002, 6 ff.; Tiedemann NJW 1988, 729 (733) (Leistungsunfähigkeit infolge Aids).

[2509] BGH MDR 2013, 93 Rn. 20 f.

[2510] BGH FamRZ 2015, 1594 mAnm Borth = NJW 2015, 2577 Rn. 31.

des Unterhaltsschuldners wird in verfassungsrechtlich zulässiger Weise nicht nur durch sein tatsächlich erzieltes Einkommen, sondern auch durch seine Erwerbsfähigkeit und seine Erwerbsmöglichkeiten bestimmt.[2511] Unterlässt er eine ihm mögliche und zumutbare Erwerbstätigkeit, werden ihm die aus dieser Tätigkeit erzielbaren Einnahmen fiktiv zugerechnet.[2512]

Liegt ein unterhaltsrechtliches Fehlverhalten nicht vor, hat der Schuldner also seine Leistungsunfähigkeit nicht zu vertreten, führt dies – je nach den Umständen des Einzelfalles- zu einer vollständigen oder zumindest teilweisen Befreiung von der Unterhaltspflicht.

725   **Die selbst herbeigeführte Leistungsunfähigkeit** unterliegt denselben Grundsätzen. Entscheidend ist nicht die Tatsache, dass der Unterhaltsschuldner sie durch sein eigenes Verhalten verursacht hat. Das Verhalten des Schuldners ist vielmehr unterhaltsrechtlich zu bewerten. Stellt es keine Obliegenheitsverletzung dar, entfällt die Unterhaltsverpflichtung ganz oder teilweise.[2513]

Etwas anderes gilt, wenn der Pflichtige schuldhaft handelt, nämlich wenn ihn ein verantwortungsloses, zumindest leichtfertiges unterhaltsbezogenes Fehlverhalten trifft.[2514] Eine solche gegen Treu und Glauben verstoßende unterhaltsrechtliche Mutwilligkeit liegt vor, wenn der Schuldner die Möglichkeit des Eintritts der Leistungsunfähigkeit als Folge seines Handelns erkennt und im Bewusstsein dieser Möglichkeit, wenn auch im Vertrauen auf den Nichteintritt dieser Folge handelt.[2515] **Die Darlegungs- und Beweislast** für diese unterhaltsbezogene Leichtfertigkeit liegt beim Unterhaltsberechtigten. Trägt er vor, der Unterhaltspflichtige habe durch vorwerfbares Verhalten seine bisherige Arbeitsstelle aufgegeben, ist dieser Vortrag vom Unterhaltspflichtigen substantiiert zu bestreiten.[2516]

726   **Die Höhe der fiktiven Einkünfte** hängt von den Umständen des Einzelfalles ab. Maßgebend ist dabei zum einen die **Art des unterhaltsrechtlichen Verschuldens.** Ist dem Unterhaltsschuldner vorzuwerfen, eine gut besoldete zugunsten einer schlechter dotierten Anstellung aufgegeben oder durch ein unterhaltsrechtlich leichtfertiges Verhalten verloren zu haben[2517], so ist das bisher erzielte Einkommen fiktiv fortzuschreiben.[2518] Gleiches gilt zB, wenn der Unterhaltsschuldner vorwerfbar in den Vorruhestand gewechselt ist (→ Rn. 749). Übt der Pflichtige eine **Teilzeitbeschäftigung** aus, lassen sich die Einkünfte aus der zumutbaren Vollzeitbeschäftigung nicht durch Hochrechnung ermitteln; es bedarf vielmehr des konkreten Nachweises von Erwerbsbemühungen betreffend eine Vollzeitarbeit.[2519]

[2511] Zuletzt BVerfG FamRZ 2021, 274 mAnm Siede = NZFam 2021, 74 mAnm Niepmann Rn. 12.

[2512] BGH FamRZ 2011, 1041 (1043) mAnm Hoppenz und Anm. Volmer FamRZ 2011, 1647 = NJW 2011, 1874 (1876) = MDR 2011, 728 (729).

[2513] BGH FamRZ 2002, 813 (814).

[2514] BGH FamRZ 1985, 158 (160); FamRZ 2000, 815 ff. = NJW 2000, 2351 f.; OLG Bamberg FamRZ 1989, 392; OLG Frankfurt FamRZ 1993, 203 (204); OLG Hamburg NJW-RR 1991, 773; OLG Hamm NJW-RR 1990, 964; FamRZ 1997, 1405 (1406); OLG Naumburg FamRZ 2010, 572 (573 f.).

[2515] BGH FamRZ 2000, 815 (816) = NJW 2000, 2351 f.; OLG Bamberg FamRZ 1989, 392; OLG Frankfurt FamRZ 1993, 203 (204); OLG Hamburg NJW-RR 1991, 773; OLG Hamm NJW-RR 1990, 964; FamRZ 1997, 1405 (1406); OLG Naumburg FamRZ 2010, 572 (573 f.).

[2516] OLG Hamburg NZFam 2015, 924 (Heiß).

[2517] Die unterhaltsrechtliche Vorwerfbarkeit ist auf schwere Fälle zu beschränken OLG Hamburg NZFam 2015, 924 (Heiß) Rn. 725.

[2518] OLG Hamm FamRZ 1995, 1203; OLG Karlsruhe NJWE-FER 2000, 73 (74) = OLGR 2000, 47: fiktive Einkünfte in bisheriger Höhe bei willkürlich betriebener Entlassung aus dem Beamtenverhältnis; OLG Schleswig OLGR 2001, 181 (182).

[2519] OLG Köln OLGR 2005, 123.

Ist der Verlust des Arbeitsplatzes dagegen unterhaltsrechtlich unbedenklich, wie im Falle **727**
einer berechtigten betriebsbedingten Kündigung, ist das bisherige Einkommen nicht weiter
zuzurechnen. Der Vorwurf, der dem Unterhaltsschuldner zu machen ist, ist, dass er sich
nicht ausreichend um eine ihm zumutbare[2520] Erwerbstätigkeit bemüht hat. Fehlt es also an
den notwendigen subjektiven Erwerbsbemühungen des Schuldners, sind ihm die objektiv
erzielbaren Einkünfte zuzurechnen.[2521] **Die Höhe des Einkommens** wird durch verschiedene Faktoren bestimmt, wie die berufliche Qualifikation, den Gesundheitszustand, das
Alter und die bisherige Erwerbsbiographie des Pflichtigen[2522] sowie die objektive Lage auf
dem Arbeitsmarkt,[2523] nämlich das Vorhandensein entsprechender Arbeitsstellen.

Die ältere Rechtsprechung hat das im Einzelfall erzielbare Einkommen weitgehend
ohne nähere Prüfung festgelegt, wobei sie in der Regel an das vor dem Verlust des
Arbeitsplatzes erzielte Einkommen angeknüpft hat. Weder diese Methode noch der Hinweis auf die allgemein als erzielbar betrachteten Einkünfte[2524] können heute noch Gültigkeit beanspruchen. Denn das Bundesverfassungsgericht hat den zur Errechnung fiktiver
Einkünfte einzuschlagenden Weg vorgegeben.[2525]

Danach ist zunächst das Einkommen zu errechnen, das der Unterhaltsschuldner erzielen müsste, um – nach Abzug von 5 % berufsbedingten Aufwendungen und unter
Berücksichtigung der jeweils geltenden Selbstbehaltssätze – seine Unterhaltsverpflichtung
erfüllen zu können. In einem zweiten Schritt verlangt das BVerfG eine tragfähige Begründung, dass dieses Einkommen nach den subjektiven Voraussetzungen des Unterhaltsschuldners und den objektiven Gegebenheiten des Arbeitsmarktes überhaupt erzielbar
ist. Hierfür hat der Tatrichter auf eventuell vorhandene Tarifverträge[2526], das Arbeitneh-
merentsendegesetz und die dortigen Mindestlöhne[2527] zurückzugreifen oder Erkundigun-
gen bei der Agentur für Arbeit einzuholen über die in der jeweiligen Region für die
entsprechende Tätigkeit erzielbaren Durchschnittslöhne.[2528] Erkenntnisquelle kann auch
das Internet sein, dem Gehaltsvergleichsdaten für die verschiedenen Berufe zu entnehmen
sind (nettolohn.de).[2529]

Führt die unterhaltsrechtliche Obliegenheitsverletzung lediglich zu einer Zurechnung
von Einkünften aus einer ungelernten Tätigkeit, ist das Gesetz zur Regelung des allgemeinen Mindestlohns (MiLoG)[2530] zu beachten. Nach § 1 Abs. 2 MiLoG beträgt der
allgemeine Mindestlohn derzeit (2023) 12,00 EUR pro Stunde. Dieser Betrag ist dem
arbeitsfähigen Unterhaltsschuldner, der realistischer Weise Zugang zum „ersten Arbeitsmarkt" hat,[2531] als fiktives Einkommen zuzurechnen. Er kann daher bei einer 40 Stunden
Woche als Untergrenze ein Bruttoeinkommen von 2.064 EUR pro Monat verdienen,[2532]
was in Steuerklasse I bei einem halben Kinderfreibetrag 1.483 EUR netto entspricht. Bei
dem derzeitigen Mindestselbstbehalt von 1.370 EUR ist der Unterhaltsschuldner, dem als

---

[2520] OLG Zweibrücken FamRZ 2001, 115 – Ls. –.

[2521] BGH FamRZ 2012, 1483 (1485f) = NJW 2012, 3434 (3434) mAnm Maurer.

[2522] KG FamRZ 2015, 1972 (Ls.); OLG Stuttgart FamRZ 2018, 187 (188) = MDR 2017, 1307.

[2523] BVerfG FamRZ 2012, 1283; NJW 2012, 2420 (2421).

[2524] Vergl. zu ihnen die 13. Auflage.

[2525] BVerfG FamRZ 2012, 1283; NJW 2012, 2420 (2421); FamRZ 2010, 626 (628); 2007, 273 f

[2526] zB OLG Hamm NJW 2018, 2575 Rn. 31: Tarifregister NRW, WSI.Tarifarchiv der Hans-
Böckler-Stiftung.

[2527] OLG Schleswig FamRZ 2015, 937 (938) = NJW 2015, 1538 (1539).

[2528] BVerfG NJW 2012, 2420 (2421).

[2529] KG NZFam 2014, 758 (Pfeil); OLG Naumburg FamRZ 2014, 133: ob der ermittelte Durch-
schnittslohn um 10 % zu erhöhen ist, weil sich der Schuldner auch auf Stellen mit überdurchschnitt-
licher Vergütung bewerben kann, ist fraglich.

[2530] Gesetz vom 11.8.2014, BGBl. 2014 I 1348.

[2531] KG FamRZ 2015, 1972 (Ls.).

[2532] OLG Schleswig FamRZ 2015, 937 (938) = NJW 2015, 1538 (1539).

fiktives Einkommen der Mindestlohn zuzurechnen ist, aus diesem kaum leistungsfähig. Er kann zu spürbaren Unterhaltszahlungen nur herangezogen werden, wenn man eine Obliegenheit zur Ausübung einer Nebentätigkeit bejaht und zusätzlich entsprechendes fiktives Einkommen berücksichtigt (→ Rn. 722) oder wenn ausnahmsweise aus ungelernter Tätigkeit ein höheres als das Mindesteinkommen möglich ist.

Hat der Unterhaltpflichtige in der Vergangenheit ein bestimmtes Einkommen tatsächlich erzielt, so kann dieses als auch künftig realistisch erzielbar betrachtet werden.[2533]

728   Die **Ursächlichkeit vorwerfbaren Fehlverhaltens für die Leistungsunfähigkeit ist Voraussetzung** einer fiktiven Einkommenszurechnung.[2534] Da der Unterhaltsverpflichtete die Beweislast für eine unterhaltsrechtlich nicht vorwerfbare Leistungsunfähigkeit trägt (→ Rn. 717 f.), genügt es, wenn nicht auszuschließen ist, dass bei ausreichender Bemühung eine reale Beschäftigungschance bestanden hätte.[2535] Ergibt die gerichtliche Prüfung, dass eine reale Beschäftigungschance nicht vorhanden war, kommt es auf Umfang, Art und Redlichkeit der Bemühungen um Arbeit nicht mehr an.

729   [einstweilen frei]

730   **Das Ende der Einkommensfiktion** tritt nicht durch einen bloßen Zeitablauf ein,[2536] und zwar selbst dann nicht, wenn seit dem Abschluss des auf der Fiktion beruhenden Vergleichs oder seit der ergangenen Entscheidung mehr als fünf Jahre verstrichen sind.[2537]

Der Unterhaltsschuldner kann sich vielmehr von einer Unterhaltslast beruhend auf fiktiven Einkünften nur befreien, wenn eine Änderung derjenigen Verhältnisse eingetreten ist, die die Grundlage der Zurechnung fiktiver Einkünfte waren. Unterschieden wird dabei **nach der Art der Obliegenheitsverletzung.** Der unterhaltsrechtliche Vorwurf kann einmal darin bestehen, dass der Schuldner leichtfertig eine sichere und gut bezahlte Arbeitsstelle aufgegeben hat mit der Folge, dass ihm das bisher aus dieser Anstellung erzielte Einkommen fiktiv zugerechnet wird. Diese Fiktion endet nur, wenn er vortragen kann, er hätte die Arbeitsstelle ohnehin zwischenzeitlich verloren, entweder weil er den Anforderungen gesundheitlich nicht gewachsen war oder er weil ihm unverschuldet betriebsbedingt gekündigt worden sei.[2538] Sind die Einkünfte aus der aufgegebenen Tätigkeit nicht mehr zuzurechnen, endet die Unterhaltsverpflichtung, wenn sich der Schuldner ernsthaft und ausreichend, aber erfolglos um eine Anstellung bemüht hat. Erzielt er bei ausreichenden Erwerbsbemühungen ein geringeres Einkommen, ist die Unterhaltsverpflichtung herabzusetzen.

731   **War der Verlust des Arbeitsplatzes unverschuldet,** geht der unterhaltsrechtliche Vorwurf dahin, sich nicht ausreichend um Arbeit bemüht zu haben. Die Fiktion endet daher, wenn der Unterhaltsschuldner vortragen und beweisen kann, dass er trotz hinreichender Bemühungen keine oder nur eine schlechter dotierte Anstellung gefunden hat.[2539]

Das Ende der Unterhaltsfiktion kann der Schuldner in beiden Fällen durch einen Abänderungsantrag nach §§ 238, 239 FamFG geltend machen.

[2533] OLG Brandenburg NZFam 2017, 808 (Wache); OLG Hamm NZFam 2016, 320 (Schäfer).

[2534] BGH FamRZ 1986, 668; 1987, 691 (693) u. 912 = NJW-RR 1987, 962; 1996, 345; OLG Bamberg FamRZ 1988, 725 (726); OLG Düsseldorf FamRZ 1987, 1259 (1260) = NJW-RR 1988, 4 (5); OLG Hamburg FamRZ 1987, 1250 (1252); OLG Karlsruhe FamRZ 1985, 1045; OLG Köln FamRZ 1986, 167.

[2535] BGH FamRZ 1993, 789 (791); FamRZ 2008, 2104 (2106) jew. f. Unterh. Ber.

[2536] BGH FamRZ 2008, 872 = NJW 2008, 1525 mAnm Born Rn. 19.

[2537] So OLG Hamm FamRZ 2014, 333f = NJW 2013, 3044.

[2538] BGH FamRZ 2008, 872 = NJW 2008, 1525 mAnm Born Rn. 19.

[2539] BGH FamRZ 2008, 872 = NJW 2008, 1525 mAnm Born Rn. 19; OLG Hamm FamRZ 2014, 333f = NJW 2013, 3044; OLG Karlsruhe FamRZ 1983, 931.

b) Fallgruppen

aa) Einschränkung, Aufgabe, Wechsel, Verlust Arbeit. Berufliche Veränderungen, **732** die mit einer Einschränkung oder einem Verlust der Leistungsfähigkeit des Unterhaltsschuldners verbunden sind, führen nicht stets zur Anrechnung fiktiver Einkünfte.

Erforderlich ist auch hier, dass den Pflichtigen der Vorwurf eines verantwortungslosen, zumindest leichtfertigen Handelns trifft und ihm bewusst ist, dass sich wegen dieses Fehlverhaltens seine Leistungsfähigkeit reduzieren könnte.[2540]

Dabei wird ein leichtfertiges Vorgehen eher zu bejahen sein, je weniger sachliche Gründe für den Wechsel vorhanden sind und je stärker die Unterhaltspflicht ist.[2541]

Ein Arbeitsplatzwechsel ist in Anwendung dieser Grundsätze trotz geringerer Ent **733** lohnung anzuerkennen, wenn plausible Gründe vorhanden sind, zB der neue Arbeitsplatz sicherer ist und Schichtarbeit entfällt,[2542] die Hoffnung auf eine längerfristige Beschäftigung besteht,[2543] wenn der neue Arbeitsplatz interessanter und zunächst besser bezahlt ist[2544] oder wenn gesundheitliche Gründe vorliegen.[2545] Gegenüber minderjährigen Kindern leichtfertig ist dagegen ein Stellenwechsel allein der neuen Partnerschaft oder Familie wegen,[2546] auf einen schlecht dotierten Arbeitsplatz im Ausland[2547] oder aus einem unbefristeten in ein nur befristetes Arbeitsverhältnis.[2548] Die Fortsetzung einer tatsächlich ausgeübten Tätigkeit kann auch verlangt werden, wenn der Pflichtige sie in gefährlichen Regionen der Welt nachgehen muss.[2549]

Die Aufgabe einer Arbeitsstelle, um sich den Unterhaltspflichten zu entziehen, führt **734** naturgemäß zur Anrechnung fiktiver Einkünfte.[2550]

Ein leichtfertiges Verhalten liegt aber auch dann vor, wenn der gesteigert Unterhaltspflichtige seinen Arbeitsplatz ohne konkrete Aussicht auf eine Neueinstellung aufgibt.[2551] Dabei soll der Wunsch des Unterhaltsschuldners nach verstärkten Umgangskontakten keinen rechtfertigenden Grund für die Aufgabe einer gut bezahlten Tätigkeit darstellen.[2552] Gleiches gilt, wenn wegen der kurzfristigen Aussicht auf ein höheres Entgelt unter Aufgabe einer unbefristeten Beschäftigung ein befristetes Arbeitsverhältnis in einem berufsfremden Tätigkeitsfeld eingegangen wird.[2553]

Zur Beendigung eines Arbeitsverhältnisses wegen Beginn einer Ausbildung → Rn. 746 ff.

[2540] BGH FamRZ 1985, 158 (160); FamRZ 1993, 1055 (1056) = NJW 1993, 1974; FamRZ 1997, 240 (241); OLG Hamm FamRZ 2003, 1471 (1473) = NJW 2003, 3122 f. FamRZ 2023, 195 (196); KG FamRZ 1997, 627; OLG Zweibrücken NJW 1997, 2390 (2391).

[2541] OLG Hamm FamRZ 1996, 959 (960); OLG Oldenburg FamRZ 1998, 289: „anerkennenswerte Gründe".

[2542] OLG Karlsruhe FamRZ 1993, 836 (837).

[2543] OLG Hamm FamRZ 2005, 211.

[2544] OLG Dresden FamRZ 2010, 575 f. = FamFR 2010, 12 (Poppen): keine fiktiven Einkünfte aus der freiwillig aufgegebenen Beschäftigung bei späterem Verlust des neuen Arbeitsplatzes.

[2545] BGH FamRZ 2003, 1471 (1473) = NJW 2003, 3122 f; OLG Brandenburg FamRZ 2022, 1609 (LS.).

[2546] KG FamRZ 1997, 627 (628); OLG Nürnberg OLGR 2004, 52.

[2547] OLG Stuttgart NJWE-FER 1999, 327.

[2548] OLG Dresden FamRZ 2014, 45.

[2549] KG FamRZ 2014, 45 (Ls.).

[2550] BGH FamRZ 1985, 372 (374); OLG Dresden FamRZ 1997, 836 (837); OLG Hamm FamRZ 1996, 1017 (1018).

[2551] BGH FamRZ 1985, 158 ff. = NJW 1985, 732; OLG Düsseldorf FamRZ 1981, 1177; OLG Hamburg FamRZ 1991, 472; OLG Hamm FamRZ 1997, 357; OLG Karlsruhe FamRZ 2006, 953 (954); OLG Schleswig OLGR 2001, 181 (182).

[2552] OLG Brandenburg NZFam 2014, 423 (Reinken).

[2553] OLG Dresden FamRZ 2014, 45.

735 Endet das Arbeitsverhältnis durch eine vom Unterhaltsschuldner verursachte **Kündigung des Arbeitgebers,** kann ein unterhaltsrechtlich leichtfertiges Handeln angenommen werden, wenn sich der Pflichtige mit seinem Fehlverhalten am Arbeitsplatz oder gegenüber dem Arbeitgeber seiner Unterhaltspflicht entziehen wollte (→ Rn. 734) oder wenn ihm bewusst war, dass sein Verhalten Nachteile bei seiner Leistungsfähigkeit mit sich bringen würde.[2554] An einem leichtfertigen Handeln fehlt es, wenn der Arbeitnehmer Kündigungsschutzklage erhebt und einen Abfindungsvergleich erzielt.[2555] Die Obliegenheit, eine Kündigungsschutzklage zu erheben, besteht nur bei offensichtlich unbegründeten Kündigungen, nicht aber, wenn der Ausgang des arbeitsgerichtlichen Verfahrens ungewiss ist.[2556] Anrechenbar sind dann – fiktiv – nicht die Einkünfte aus der beendeten Tätigkeit, sondern diejenigen, die der Schuldner bei gehöriger Stellensuche erzielen könnte.

736 Die **Aufgabe unselbstständiger Arbeit zu Gunsten einer selbstständigen Existenz** ist dem Unterhaltsschuldner grundsätzlich auch dann nicht verwehrt, wenn sie zu einem Einkommensrückgang führt. Eine unterhaltsbezogene Leichtfertigkeit liegt allerdings vor, wenn der Unterhaltspflichtige keine Vorsorge, zB durch die Bildung von Rücklagen oder die Aufnahme von Krediten,[2557] getroffen hat, um die Unterhaltsleistungen trotz des Berufswechsels, jedenfalls für eine Übergangszeit, deren Dauer mit 2 bis 3 Jahren je nach Einzelfallumständen nicht unzumutbar lang bemessen sein dürfte,[2558] zu sichern.[2559]

Muss der Unterhaltsschuldner krankheitsbedingt seine unselbständige Tätigkeit aufgeben, hat er zudem auf dem Arbeitsmarkt keine reale Beschäftigungschance, kann der Schritt in die Selbständigkeit ohne Vorsorge unterhaltsrechtlich zulässig sein.[2560]

Erweist sich die Selbstständigkeit über einen längeren Zeitraum hinweg zur Sicherung einer nachhaltigen Existenz als ungeeignet, muss eine andere Tätigkeit aufgenommen werden,[2561] wenn für eine solche eine reale Beschäftigungschance besteht (→ Rn. 723).

737 **Beispiele** unterhaltsrechtlich nicht zu beanstandenden Wechsels zu einer selbstständigen beruflichen Existenz – in der Regel nicht leichtfertig trotz beruflicher Anfangsschwierigkeiten[2562] – sind etwa: Praxiseröffnung durch Krankenhausarzt,[2563] die Gründung einer Rechtsanwaltskanzlei nach Kündigung des Arbeitsverhältnisses als angestellte Rechtsanwältin,[2564] Eröffnung eines Bauschalungsverleihs durch Maurer,[2565] Aufgabe Angestelltenstelle und Gründung selbstständigen Geschäfts in EDV-Branche,[2566] Aufgabe

---

[2554] OLG Hamburg FamRZ 2015, 2067 (2068).

[2555] OLG Brandenburg MDR 2009, 270 (271).

[2556] BGH FamRZ 1994, 372 (374); OLG Dresden FamRZ 1997, 836 (837); FamRZ 2000, 1433 – Ls. – = OLGR 2000, 51 (52); OLG Hamm FamRZ 2002, 1427 f.

[2557] OLG Hamm FamRZ 2018, 29 = NJW 2018, 404 Rn. 39.

[2558] Vgl. die Zeitbemessung in BGH FamRZ 1987, 372.

[2559] BGH FamRZ 1982, 365 (366) = NJW 1982, 1050; Luthin FamRZ 2004, 365; OLG Celle FamRZ 2007, 1121; OLG Hamm FamRZ 2018, 29 = NJW 2018, 404 Rn. 39; OLG Köln NJW-RR 2006, 1664 = FamRZ 2006, 1756 (Ls.).

[2560] BGH FamRZ 2003, 1471 (1473).

[2561] OLG Dresden FamRZ 2016, 1172 (1173) = NZFam 2016, 119 (121); OLG Hamm NJW-RR 1993, 776 (778): Teilzeitarbeit geboten, wenn Geschäft nach einem halben Jahr weiterhin ohne Gewinn; OLG Koblenz FamRZ 2000, 288 (289); OLG Köln FamRZ 1983, 87 (89); FamRZ 2005, 215; FamRZ 2005, 1584; OLG Zweibrücken NJW 1992, 1902 (1904).

[2562] OLG Hamm NJW-RR 1990, 964 (965).

[2563] BGH FamRZ 1988, 145 (147) u. FamRZ 1988, 256 (257) = NJW-RR 1988, 59; OLG Frankfurt NJW-RR 1990, 1477 = FamRZ 1991, 106 (eheliche Schicksalsgemeinschaft).

[2564] OLG Dresden FamRZ 2016, 1172 (1173) = NZFam 2016, 119.

[2565] BGH FamRZ 1982, 365 (366) = NJW 1982, 1050.

[2566] OLG München NJW-RR 1992, 386 = FamRZ 1992, 441.

ungeliebter Innendiensttätigkeit (abhängig) zugunsten Geschäftsführerposition in GmbH Ehefrau (Einkommen früher 2.730 EUR netto, jetzt 908 EUR netto mit vertraglicher Aussicht auf 30 % Tantieme von GmbH-Gewinn, jedoch über drei Jahre keinen Gewinnanteil erhalten), wobei vor allem auf die beruflichen Neigungen des Verpflichteten abgestellt wurde.[2567] Die unternehmerisch sinnvolle Veräußerung eines defizitären Unternehmens ist hinzunehmen.[2568]

Fortfall oder Reduzierung von Überstunden oder Nebenarbeit rechtfertigen im Regelfall keine Annahme fiktiven Einkommens, da grundsätzlich nur eine Obliegenheit zu normalem (tarifgemäßem) Arbeitsumfang besteht,[2569] es sei denn, Mehrarbeit werde aus besonderem Anlass nötig, etwa zur Sicherung des Mindestunterhalts bei gesteigerter Unterhaltspflicht oder hohen gemeinsamen Schulden.[2570] Dem Unterhaltsverpflichteten steht es jederzeit frei (sofern nicht eine gesteigerte Verdienstanstrengung angezeigt ist), Überstunden oder (und) Nebenarbeit bis auf den in seinem Tätigkeitsbereich tariflich oder gesetzlich festgelegten Normalumfang abzubauen.[2571] Ihn trifft keine Obliegenheit, nach der Ehe nicht weniger als während der Ehe zu arbeiten.[2572]   738

Reduzierung der Arbeitszeit. Übt der Unterhaltsschuldner nur eine Teilzeitbeschäftigung aus, obwohl er zu einer **vollschichtigen Erwerbstätigkeit** verpflichtet ist, sind ihm nicht ohne weitere fiktive Einkünfte aus einer Vollzeitbeschäftigung zuzurechnen. Dies gilt vor Allem, wenn die Teilzeitarbeit ein gesicherter Arbeitsplatz ist, dessen Ausweitung zur Ganztagsarbeit derzeit nicht möglich ist.[2573] Der Unterhaltsschuldner bleibt jedoch zur Aufnahme einer vollschichtigen Tätigkeit verpflichtet und hat daher nachzuweisen, dass eine Ausweitung der Tätigkeit bei dem jetzigen Arbeitgeber oder eine zumutbare Ganztagsarbeit mit vergleichbarer Sicherheit außerhalb des derzeitigen Arbeitsplatzes nicht erlangt werden kann. Er hat zudem neben der Teilzeitbeschäftigung eine Nebentätigkeit bzw. eine weitere Teilzeitbeschäftigung aufzunehmen.[2574] **Kurzarbeit** verpflichtet den Unterhaltsschuldner nicht unmittelbar zur Aufgabe eines langjährigen Arbeitsplatzes, sondern erst, wenn diese länger als ein Jahr andauert.[2575]   739

Arbeitszeitkonten. Einzahlungen von Lohnanteilen auf sogenannte Arbeitszeit- oder Zeitwertkonten ermöglichen dem Arbeitnehmer die Finanzierung von Freistellungsphasen. Die durch die Einzahlung auf solche Konten eingetretene Verringerung des laufenden Einkommens kann – wenn die sonstigen Voraussetzungen vorliegen- zur Zurechnung fiktiver Einkünfte führen.[2576] (→ Rn. 952 aE)

Ein über das normale Maß hinausgehender Umgang soll keinen Einfluss auf die Erwerbsobliegenheiten des nicht überwiegend betreuenden Elternteils haben. Dieser ist   740

[2567] BGH FamRZ 1987, 372 (374).

[2568] OLG Hamm FamRZ 1994, 1029 (1030).

[2569] OLG Köln FamRZ 1984, 1108; Müller DAVorm 1987, 81 (86).

[2570] 2334 OLG Düsseldorf FamRZ 1981, 38; OLG Hamburg NJW-RR 1991, 733; FamRZ 1990, 784 (785); OLG Hamm FamRZ 1992, 459; OLG Koblenz FamRZ 1991, 1475.

[2571] Vgl. OLG Düsseldorf FamRZ 1985, 1039 (entgegen dem Entscheidungsinhalt ist ein Unterhaltsverpflichteter grundsätzlich auch vor der Trennung nicht zu Mehrarbeit verpflichtet).

[2572] So aber: OLG Koblenz FamRZ 1986, 363 (364) = NJW-RR 1986, 1456.

[2573] OLG Frankfurt FamRZ 1987, 190; OLG Hamm FamRZ 2008, 1271 (1272); OLG Saarbrücken NJW-RR 2009, 942 = MDR 2009, 868; NJW-RR 2010, 219 (220); OLG Schleswig FamFR 2009, 92 (Poppen).

[2574] BGH FamRZ 2012, 1483 (1485) = NJW 2012, 3434 (3435) mAnm Maurer; OLG Celle FamRZ 1993, 963; OLG Frankfurt FamRZ 2000, 25; OLG Saarbrücken NJW-RR 2009, 942 (943); Schleswig FamRZ 1993, 72 (73).

[2575] OLG Köln FamRZ 2003, 601.

[2576] OLG Brandenburg FamRZ 2022, 442 (LS). mAnm Borth = NJOZ 2021, 1413 Rn. 21; OLG Celle FamRZ 2020, 1831 (1832).

nicht berechtigt, einer Teilzeitbeschäftigung nachzugehen, jedenfalls, wenn diese dazu führt, dass er den Mindestunterhalt für das minderjährige Kind nicht aufbringen kann.[2577]

Die Pflege hilfsbedürftiger nahe stehender Personen (alter Eltern etwa) entbindet den Unterhaltspflichtigen jedenfalls nicht von seiner Erwerbsobliegenheit gegenüber minderjährigen Kindern,[2578] auch wenn die Pflegetätigkeit sittlich anerkennenswert und menschlich wünschenswert ist. Der Bundesgerichtshof begründet seine Auffassung mit dem unterhaltsrechtlichen Vorrang des minderjährigen Kindes vor den Eltern des Unterhaltsschuldners (§ 1609 Nr. 1, 6 BGB).[2579]

In den Fällen einer nicht gesteigerten Unterhaltsverpflichtung dürfte anders zu entscheiden sein, wenn ein im Range vor dem Unterhaltsberechtigten stehender Angehöriger gepflegt wird. Nur eine solche Differenzierung wird der gesellschaftlichen Bedeutung der Pflegetätigkeit gerecht. Diese ergibt sich zB aus dem Familienpflegezeitgesetz vom 6.12.2011,[2580] das dem Arbeitnehmer einen Anspruch auf eine unbezahlte Freistellung von seiner Arbeitsverpflichtung zur Pflege eines nahen Angehörigen für die Dauer von insgesamt zwei Jahren (§ 2 FamilienpflegezeitG) gibt.

741   **bb) Erkrankung und Erwerbsobliegenheit. Eine krankhafte Einschränkung der Erwerbsfähigkeit** befreit nicht ohne weiteres von jeglicher Erwerbsobliegenheit. Die Restarbeitsfähigkeit ist vielmehr in zumutbarem Umfang bestmöglich auszunutzen.[2581] Bezieht der Unterhaltsschuldner eine Rente wegen voller Erwerbsminderung (§ 43 Abs. 2 S. 1 SGB VI), so besagt dies zunächst nur, dass er nicht imstande ist, unter den üblichen Bedingungen des Arbeitsmarktes mindestens drei Stunden täglich erwerbstätig zu sein,[2582] und einer Vermittlung durch die Bundesagentur für Arbeit nicht zur Verfügung steht.[2583] Grundsätzlich möglich bleibt eine geringfügige Beschäftigung, so dass der Unterhaltsschuldner darzulegen und zu beweisen hat, dass er auch eine solche gesundheitsbedingt nicht ausüben oder trotz aller Bemühungen nicht finden kann.[2584] Dass der Unterhaltsschuldner zu einer voll- oder teilschichtigen Erwerbstätigkeit nicht in der Lage ist, hat er dagegen durch den Bezug einer Erwerbsunfähigkeitsrente nachgewiesen.[2585] Bezieht der Unterhaltspflichtige umgekehrt Transferleistungen nach dem SGB II (Bürgergeld), ist in der Regel davon auszugehen, dass er jedenfalls gesundheitlich in der Lage ist, mindestens drei Stunden täglich erwerbstätig zu sein.[2586]

742   Bei **Arbeitsunfähigkeit infolge Erkrankung** darf die Stelle nicht einfach vom Unterhaltsschuldner gekündigt werden. Es ist ihm zumutbar, naheliegende rechtliche Möglichkeiten, den Verdienstbezug zu verlängern und den Arbeitsplatz zumindest zeitweise zu

---

[2577] KG FamRZ 2016, 832 Rn. 10 = NZFam 2016, 264 mAnm Reinken.

[2578] BGH FamRZ 2017, 109 mAnm Schürmann = NZFam 2017, 61 mAnm Graba Rn. 31.

[2579] BGH FamRZ 2017, 109 mAnm Schürmann = NZFam 2017, 61 mAnm Graba Rn. 31, wonach der Vorschrift des § 13 VI Nr. 1 SGB XI insoweit keine Bedeutung zukomme.

[2580] BGBl. 2011 I 2564.

[2581] OLG Düsseldorf FamRZ 2001, 1477; OLG Hamm NJW-RR 1996, 1154: aus Gesundheitsgründen vorzeitig pensionierter Polizeibeamter; OLG Hamm FamRZ 1999, 1275: Tätigkeit im versicherungsfreien Raum neben EU-Rente (Berechtigter); OLG Thüringen FamRZ 2006, 1299 (1300).

[2582] BGH FamRZ 2017, 109 mAnm Schürmann = NZFam 2017, 61 mAnm Graba Rn. 22.

[2583] BGH FamRZ 2017, 109 mAnm Schürmann = NZFam 2017, 61 mAnm Graba Rn. 23.

[2584] BGH FamRZ 2017, 109 Rn. mAnm Schürmann = NZFam 2017, 61 mAnm Graba Rn. 24; OLG Frankfurt/M. FamRZ 2020, 581 (582) mAnm Schürmann; OLG Koblenz FamRZ 2018, 1584f = MDR 2018, 1253f; OLG Köln FamRZ2019, 1786 (1787) = NJW-RR 2019, 1095 mit strengen Anforderungen an die Darlegungs- und Beweislast.

[2585] BGH FamRZ 2017, 109 mAnm Schürmann = NZFam 2017, 61 mAnm Graba Rn. 22.

[2586] KG FamRZ 2015, 1972 (Ls.) = NZFam 2015, 766 (Viefhues), auch zu den eher überspannten Anforderungen, die an eine substantiierte Behauptung einer Arbeitsunfähigkeit zu stellen sind.

sichern, auszuschöpfen: die Lohnfortzahlung im Krankheitsfall, das Kündigungsschutz-
gesetz[2587] und evtl. Möglichkeiten der Betriebsverfassung, etwa die Zuweisung eines noch
zu bewältigenden Arbeitsplatzes (Kontakte dazu mit dem Betriebsrat).[2588] Lohnfortzahlung und Krankentagegeld sind als fiktives Einkommen zu unterstellen, wenn leichtfertig
eine Arbeitsstelle verlorging, die bei Erkrankung zu diesen Leistungen geführt hätte.[2589] Nichtarbeit ist, wenn ein Arzt Arbeitsunfähigkeit attestiert, idR nicht vorwerfbar.[2590] Die attestierte Arbeitsunfähigkeit ist allerdings nicht maßgebend, wenn tatsächlich
doch gearbeitet wird.[2591]

Alkoholabhängigkeit und darauf beruhender Arbeitsplatzverlust rechtfertigen allein **743**
noch nicht die Annahme fiktiven Einkommens, denn Alkoholmissbrauch ist als Krankheit anzusehen. Wenn ein Abgleiten in diesen Zustand überhaupt einen fassbaren konkreten Schuldvorwurf begründen kann, wird sich dies kaum hinreichend klären lassen.[2592]
Abgleiten in Alkoholismus kann schicksalhaft sein, zB Trinken aus konkreter Angst vor
Wiederaufleben einer Krebserkrankung.[2593] Zur Obliegenheit, die Arbeitskraft wiederherzustellen, → Rn. 744.

Eine zumutbare medizinische Behandlung zur Wiederherstellung der Arbeitskraft **744**
ist durchzuführen. Dies gilt auch für Entziehungsmaßnahmen Alkohol- und Drogenabhän-
giger, aber auch für psychische Erkrankungen.[2594] Hier besteht die Obliegenheit, sich um
einen Therapieplatz zu bemühen.[2595] Wer es bei hinreichender oder leichtfertig verdrängter
Krankheitseinsicht unterlässt, durch geeignete und zumutbare Maßnahmen seine Arbeitskraft wiederherzustellen, muss sich das für diesen Fall erzielbare Einkommen fiktiv anrechnen lassen, weil seine Erwerbsunfähigkeit leichtfertig aufrechterhalten worden ist.[2596]

cc) Ausnutzung beruflicher Qualifikation. Die **volle berufliche Qualifikation** ist **745**
auszunutzen. Angestellte Arbeit im Betrieb der Lebensgefährtin (Lebensgefährten) ist
wirtschaftlich Mitinhaberschaft, wenn das Geschäft tatsächlich gemeinsam betrieben
wird, so dass das unterhaltspflichtige Einkommen des „Angestellten" nach dem Betriebs-
gewinn, nicht aber nach dem Verdienst als „Angestellter" zu bemessen ist.[2597] Im Übrigen
ist der Unterhaltsschuldner gehalten, sich nach allgemeinen Grundsätzen um eine besser
bezahlte Tätigkeit zu bemühen, wenn er zB im Geschäft seiner Lebensgefährtin für eine
Vollzeitbeschäftigung nur 493 EUR verdient.[2598]

dd) Ausbildung und Erwerbsobliegenheit. Die **Erstausbildung des Unterhalts-** **746**
schuldners genießt grundsätzlich Vorrang auch gegenüber gesteigerten Unterhaltspflich-

---

[2587] OLG Hamm FamRZ 2002, 1427 f.
[2588] OLG Frankfurt FamRZ 1983, 392; einschränkend wohl BGH FamRZ 1985, 158 ff.; OLG
Hamburg FamRZ 1992, 713: reduzierte Arbeit bei verminderter körperlicher Leistungsfähigkeit.
[2589] BGH FamRZ 1988, 597 = NJW 1988, 2239.
[2590] OLG Frankfurt FamRZ 1994, 1031 (1032).
[2591] OLG Hamm FamRZ 1994, 1034 (1035).
[2592] BGH FamRZ 1987, 359 (361); FamRZ 1988, 375 (378); FamRZ 1994, 240 u. FamRZ 1994, 372;
OLG Düsseldorf FamRZ 1987, 1262; OLG Frankfurt FamRZ 1985, 1043 (1044); OLG Hamm NJW-
RR 1996, 963 = FamRZ 1996, 1017; KG FamRZ 2001, 1617 f.
[2593] OLG Hamm NJW-RR 1996, 963 = FamRZ 1996, 1017.
[2594] OLG Hamm FF 2010, 207 (210).
[2595] OLG Hamm FamRZ 2012, 1732 für Depressionen, v. auch → Rn. 465.
[2596] BGH FamRZ 1987, 359 (361); FamRZ 1988, 375 (378); FamRZ 1994, 240: FamRZ 1994, 372;
OLG Düsseldorf FamRZ 1987, 1262; OLG Frankfurt FamRZ 1985, 1043 (1044); OLG Brandenburg
FamRZ 2021, 1024 (1025); OLG Hamburg FamRZ 1998, 182; OLG Hamm NJW-RR 2003, 510;
FamRZ 2012, 1732 f. (jeweils für Unterhaltsberechtigten); OLG Köln FamRZ 2009, 887 (888); KG
FamRZ 2001, 1617; OLG Schleswig OLGR 2001, 248 f.
[2597] OLG Hamm DAVorm 1984, 606 (607).
[2598] OLG Köln FamRZ 2009, 886 f.

ten. Sie gehört zum allgemeinen Lebensbedarf des Unterhaltspflichtigen, den er bevorzugt befriedigen darf.[2599] Befindet sich der Schuldner folglich zum Zeitpunkt der Entstehung der Unterhaltspflicht in einer solchen Erstausbildung, kann er sie fortsetzen, ohne dass ihm fiktive Einkünfte zuzurechnen sind. Er hat allerdings – wie das volljährige Kind im Rahmen des § 1610 BGB – die Ausbildung planvoll, zielstrebig und zügig voranzutreiben.[2600] Hat er bereits eine Ausbildung abgebrochen, soll die weitere nur privilegiert sein, wenn eine Fehleinschätzung der eigenen Fähigkeiten vorlag[2601] oder wenn die Ausbildung unmittelbar vor ihrer Beendigung steht und zu einer deutlichen Verbesserung der Leistungsfähigkeit führen würde.[2602] Die Erstausbildung soll auch dann nicht privilegiert sein, wenn zuvor bereits mehrere Ausbildungen abgebrochen wurden und daher nicht davon auszugehen ist, dass die nunmehr begonnene beendet werden wird.[2603] Die Privilegierung der Erstausbildung ist auch kritisch zu betrachten, wenn der Unterhaltsschuldner bereits längere Zeit einer ungelernten Beschäftigung nachgegangen ist und aus dieser den Mindestunterhalt bestritten hat.[2604] Hat der Schuldner bereits eine Lehre absolviert, sollte das zu einem einheitlichen Ausbildungsgang zählende Studium ebenfalls als privilegierte Erstausbildung zu betrachten sein.[2605] Gibt der Unterhaltsschuldner in Kenntnis seiner Verpflichtung seine Erwerbstätigkeit zugunsten einer Erstausbildung auf, gelten grundsätzlich dieselben Erwägungen. Allerdings ist zu prüfen, aus welchem Grunde die Erstausbildung gerade zu dem fraglichen Zeitpunkt aufgenommen wird und welchen Einfluss sie auf die künftige Leistungsfähigkeit haben wird.[2606] Unschädlich soll es dabei sein, dass die Schulzeit bereits länger zurückliegt.[2607]

Eine Promotion ist unterhaltsrechtlich nur beachtlich, wenn sie unabdingbare Voraussetzung der erstrebten Berufsausübung ist,[2608] oder reale Anstellungschancen maßgeblich verbessern kann.

747   Eine **Zweitausbildung und Weiterbildung** wird in der Regel hinter den Unterhaltsinteressen (jedenfalls minderjähriger unverheirateter Kinder und der ihnen gleichstehenden Berechtigten) zurückstehen müssen,[2609] und zwar auch, wenn sie der ehelichen Lebensplanung entsprach oder der Berechtigte sogar während intakter Ehe sein Einver-

---

[2599] BGH FamRZ 2011, 1041 (1044) = NJW 2011, 1874 (1877) = MDR 2011, 728 (729 f.).

[2600] KG FamRZ 2011, 1798 = FF 2011, 209 (210).

[2601] OLG Koblenz FamRZ 2021, 1198 (LS.): Ausbildung zum Mechatroniker mangels entsprechender Leistungen abgebrochen, anschließend Ausbildung zum Lageristen; KG FamRZ 2011, 1798 = FF 2011, 209 (210); OLG Zweibrücken FamRZ 2011, 733 (Ls.).

[2602] OLG Hamm FamRZ 1989, 56; FamRZ 1992, 469.

[2603] OLG Hamm FamRZ 2015, 1972 f.

[2604] OLG Bamberg FamRZ 2022, 943 (LS.) = NZFam 2022, 368 (Mettner): die Ausbildung wurde zudem kurze Zeit nach Beginn des Unterhaltsverfahrens aufgenommen; OLG Karlsruhe FamRZ 2010, 1342 (1343); OLG Köln FamRZ 2022, 524 (525)

[2605] OLG München FamRZ 2013, 793 (794) = NJW 2012, 3519f, wobei der Schuldner sogar die auf direktem Wege zum Studium führende gymnasiale Laufbahn abgebrochen hatte.

[2606] BGH FamRZ 2011, 1041 (1044) = NJW 2011, 1874 (1877) = MDR 2011, 728 (729 f.); OLG Karlsruhe FamRZ 2010, 1342 (1343): erforderlich ist ein Anlass für die Erstausbildung bei jahrelanger Tätigkeit als ungelernte Kraft.

[2607] OLG Stuttgart FamRZ 2022, 526.

[2608] Vgl. für Unt.Ber.: BSG FamRZ 1985, 1251 (1252).

[2609] BGH FamRZ 1981, 539 (540) = NJW 1981, 1609; FamRZ 1983, 140 (141) = NJW 1983, 814; FamRZ 2011, 1041 (1044) = NJW 2011, 1874 (1878) = MDR 2011, 728 (729); OLG Bamberg FamRZ 1989, 93; OLG Bremen FamRZ 2007, 74 f.; OLG Düsseldorf FamRZ 1978, 256; OLG Frankfurt FamRZ 1989, 279 = NJW-RR 1989, 75; OLG Hamm FamRZ 1998, 30 (31); OLG Karlsruhe FamRZ 1998, 560; OLG Naumburg OLGR 2001, 55 (56); OLG Saarbrücken NJW-RR 2010, 219 (221) = FamFR 2009, 71 (Schmitz).

nehmen erteilt hat.[2610] Denn an diesem ist er nach dem Scheitern der Ehe nicht festzuhalten.[2611] Auch eine begonnene Zweitausbildung wird im Interesse des Unterhaltsberechtigten aufzugeben sein, es sei denn, sie ist schon weit fortgeschritten, nach verhältnismäßig kurzer Zeit beendet, der angestrebte Beruf bietet bessere[2612] Einkommens- und Aufstiegschancen und die Zweitausbildung ist nicht gegen den Willen des Unterhaltsberechtigten aufgenommen worden.[2613] Es sind alle Umstände des Einzelfalles zu würdigen.

Die staatliche Förderung einer Zweitausbildung oder Weiterbildung ist für die unterhaltsrechtliche Würdigung nicht bindend, weil sie nach anderen als unterhaltsrechtlichen Kriterien erfolgt.

Eine **Umschulung oder Fortbildung,** während der die Leistungsfähigkeit herabgesetzt **748** ist, ist unter Umständen unterhaltsrechtlich anzuerkennen. Voraussetzung ist, dass die Maßnahme arbeitsmarktpolitisch und individuell sinnvoll ist und die Vermittlungschancen nachhaltig verbessert.[2614] Die Genehmigung durch die Agentur für Arbeit kann ein Indiz für die Gebotenheit der Umschulung sein,[2615] entbindet aber nicht von der notwendigen Einzelfallprüfung.[2616] Dabei ist das Alter des unterhaltsberechtigten Kindes mit zu berücksichtigen. Besteht die Unterhaltsverpflichtung nach Beendigung der Umschulung noch mehrere Jahre, profitiert das Kind von den besseren Erwerbsmöglichkeiten, vor allem wenn die Erstausbildung des Unterhaltsschuldners für den aktuellen Arbeitsmarkt als wertlos betrachtet werden kann.[2617] Entspricht die Umschulung zeitlich einer Vollbeschäftigung, kann je nach den Umständen des Einzelfalles eine Verpflichtung zur Aufnahme einer Nebenbeschäftigung bestehen (→ Rn. 722 aE). Das Entgelt aus einer solchen Beschäftigung wird zwar auf die Berufsausbildungsbeihilfe angerechnet (§§ 70, 155 SGB III – Arbeitsförderung –), es bleibt aber ein Freibetrag von 165 EUR, der für Unterhaltszwecke eingesetzt werden kann.[2618]

ee) Vorruhestand und Erwerbsobliegenheit. Die Inanspruchnahme von Altersteil- **749** zeit oder der Eintritt in den Vorruhestand[2619] können einen Verstoß gegen die Erwerbsobliegenheit des Unterhaltspflichtigen darstellen (zu den spiegelbildlichen Erwägungen beim Berechtigten → Rn. 485). Entscheidend für die Abwägung sind nicht arbeitsmarktpolitische Überlegungen, sondern die konkreten Belange des Berechtigten und Verpflich-

---

[2610] OLG Bremen FamRZ 2007, 74 (75); OLG Hamm FamRZ 1996, 863 (864); FamRZ 2006, 726; OLG Karlsruhe FamRZ 1998, 560.

[2611] Vgl. OLG Bamberg FamRZ 1989, 93 (95); OLG Hamm FamRZ 1996, 863 (864); OLG Frankfurt NJW-RR 1989, 75.

[2612] OLG Dresden FamRZ 2015, 936 (937).

[2613] BGH FamRZ 1983, 140 (141) = NJW 1983, 814; OLG Bamberg FamRZ 2000, 307 (308) = NJWE-FER 2000, 7 ff.; OLG Hamm FamRZ 1989, 56; auch: OLG Karlsruhe FamRZ 1981, 559; OLG Hamburg NJW-RR 1991, 773.

[2614] OLG Hamm FamRZ 1997, 1168 f.; FamRZ 2004, 1574; OLG Köln OLG Report 2002, 58; OLG Jena FamRZ 1999, 1523; NJW-RR 2004, 76 (77); OLG Stuttgart FamRZ 2005, 646; **anders** OLG Brandenburg FamRZ 2011, 1302 (Ls.) für den Fall, dass der Unterhaltsschuldner einer Gelegenheit zur Heranführung an den Arbeitsmarkt nachgeht.

[2615] OLG Brandenburg FamRZ 2008, 1707 = NJW-RR 2008, 160; OLG Dresden FamRZ 2003, 1206 = NJW-RR 2003, 513; OLG Hamm FamRZ 1997, 1168 f.; OLG Jena FamRZ 1999, 1523; NJW-RR 2004, 76 (77).

[2616] OLG Hamm FamRZ 2004, 1574.

[2617] OLG Dresden FamRZ 2015, 936 (937).

[2618] OLG Dresden FamRZ 2003, 1206 = NJW-RR 2003, 512; KG NJWE-FER 2001, 119, das Tätigkeit von vier Stunden am Wochenende für zumutbar hält; **aA** OLG Dresden FamRZ 1997, 836 (837); OLG Hamm FamRZ 1997, 1168; OLG Köln OLG Report 2002, 58.

[2619] Vgl. Strohal FamRZ 1996, 197 ff.

teten.[2620] Hätte der Arbeitgeber das Arbeitsverhältnis in zulässiger Weise ohnehin beendet, oder leidet der Unterhaltspflichtige an gesundheitlichen Beeinträchtigungen, so kann die Reduzierung oder vorzeitige Beendigung der Erwerbstätigkeit auch dem Berechtigten gegenüber beachtlich sein.[2621] Fehlen dagegen unterhaltsrechtlich anerkennenswerte Gründe,[2622] so muss der Berechtigte die Einkommensminderung nicht hinnehmen; dem Pflichtigen ist das bisher erzielte Einkommen fiktiv bis zum Erreichen der Regelaltersrente zuzurechnen.[2623] Nach Erreichen der Regelaltersgrenze sind dem Schuldner fiktiv die Renteneinkünfte zuzurechnen, die er bei einer Fortsetzung seiner Tätigkeit bis zu diesem Zeitpunkt erzielt hätte.[2624]

Bei **berufsbedingt vorgezogener Altersgrenze** kann ebenfalls eine Obliegenheit zur Weiterarbeit bestehen.[2625]

Mit Erreichen der Regelaltersgrenze endet grundsätzlich jegliche Erwerbsobliegenheit.[2626] Dies gilt für Selbständige wie für Angestellte und auch dann, wenn eine Tätigkeit über die Regelaltersgrenze hinaus berufstypisch ist oder der gemeinsamen Lebensplanung der Eheleute entsprach.[2627] Gibt der Pflichtige mit der Vollendung des Rentenalters seine Erwerbstätigkeit auf, verstößt er nicht gegen seine Obliegenheiten, ihm sind fiktive Einkünfte nicht zuzurechnen. Erzielt er dagegen tatsächlich Einkünfte, handelt es sich um solche aus einer überobligatorischen Tätigkeit, über deren Berücksichtigung in Abwägung der Einzelfallumstände nach den Grundsätzen der Billigkeit zu entscheiden ist, wobei die Berufsüblichkeit nicht zwingend zur vollständigen oder überwiegenden Anrechnung führt.[2628] Der Umfang der Anrechnung hängt vielmehr von den Gründen für die Fortsetzung der Erwerbstätigkeit ab, zB Schuldenabbau, unzureichende Altersversorgung, beengte wirtschaftliche Verhältnisse.[2629] Zu beachten ist, dass der Ruhestand nicht zu einer Erhöhung des unterhaltspflichtigen Einkommens führen darf.[2630]

[2620] BGH FamRZ 1999, 708 (710) = NJW 1999, 1547 f.; OLG Celle FamRZ 1994, 517; OLG Hamm FamRZ 1999, 1078 = NJW 1999, 2976 = NJWE-FER 1999, 290; FamRZ 1999, 1079; OLG Koblenz FamRZ 2000, 610 f. und 1220; OLG Köln FamRZ 1984, 269; OLG Saarbrücken NJW 2007, 520 (521) mit zust. Anm. Eschenbruch NJW 2007, 522.

[2621] BGH FamRZ 2012, 1483 (1485) = NJW 2012, 3434 (3436) mAnm Maurer; OLG Hamm FamRZ 2001, 482 = MDR 2000, 1381 f.; NJW 2005, 161 (162); OLG Köln FamRZ 2003, 602; OLG Saarbrücken FamRZ 2011, 647; FamRZ 2011, 1657 (Ls.).

[2622] Ein Alter von 58 Jahren ist allein noch kein anerkennenswerter Grund: AG Hannover FamRZ 2004, 1495.

[2623] BGH FamRZ 1999, 708 (710) = NJW 1999, 1547 f.; OLG Celle FamRZ 1994, 517; OLG Hamm FamRZ 1999, 1078 = NJW 1999, 2976 = NJWE-FER 1999, 290; FamRZ 1999, 1079; OLG Koblenz NJW-RR 2004, 938; OLG Köln FamRZ 2001, 1476; FamRZ 2003, 602; Strohal FamRZ 1996, 197 (200).

[2624] OLG Saarbrücken FamRZ 2011, 1657 (Ls.).

[2625] BGH FamRZ 2004, 254 (255): Pensionierung eines Strahlflugzeugführers mit 41 Jahren mAnm Borth FamRZ 2004, 360 f.; Borth, Das Bundeswehr-Attraktivitätssteigerungsgesetz und das Familienrecht, FamRZ 2016, 99.

[2626] BGH FamRZ 1999, 708 (709) = NJW 1999, 1547 f.; FamRZ 2011, 454 (456) = NJW 2011, 670 (671f) = MDR 2011, 299 f.; FamRZ 2012, 1483 (1485) = NJW 2012, 3434 (3436) mAnm Maurer; BGH FamRZ 2013, 191 = NJW 2013, 461 Rn. 15; OLG Düsseldorf FamRZ 2007, 1817; OLG Celle FamRZ 1994, 517 OLG Hamm FamRZ 2014, 777 (779) mAnm Spangenberg FamRZ 2014, 1372.

[2627] BGH FamRZ 2011, 454 (456) = NJW 2011, 670 (671 f.) = MDR 2011, 299 f.; OLG Hamm FamRZ 2014, 777 (779) mAnm Spangenberg FamRZ 2014, 1372; OLG Koblenz FamRZ 2014, 2005 (Ls.); OLG Karlsruhe FamRZ 2011, 1303.

[2628] BGH FamRZ 2011, 454 (456) = NJW 2011, 670 (671 f.) = MDR 2011, 299 f.; OLG Karlsruhe FamRZ 2011, 1303.

[2629] OLG Hamm FamRZ 2014, 777 (779) mAnm Spangenberg FamRZ 2014, 1372; OLG Koblenz FamRZ 2014, 2005 (Ls.).

[2630] OLG Hamm FamRZ 2014, 777 (779) mAnm Spangenberg FamRZ 2014, 1372.

ff) Wiederheirat und Erwerbsobliegenheit.[2631] Die Wiederverheiratung des Unter- **750**
haltspflichtigen ändert an den bestehenden Verpflichtungen gegenüber dem Ehegatten
und den Kindern aus der vorangegangenen Ehe nichts. Sicherte seine Erwerbstätigkeit
den Familienunterhalt, so hat er auch in der neuen Ehe auf die Belange der Unterhaltsberechtigten Rücksicht zu nehmen. Die Rücksichtnahmepflicht schränkt die Freiheit der
Ehegatten, die Aufteilung von Haushaltsführung und Erwerbstätigkeit sowie die Pflege
und Erziehung der Kinder nach ihren Vorstellungen zu gestalten, ein.[2632]

Gibt der Unterhaltsschuldner seine Erwerbstätigkeit zugunsten **der Haushaltsfüh-** **751**
rung in der neuen Ehe auf, ist zu unterscheiden:

Sind aus der neuen Ehe **keine Kinder** hervorgegangen, kann sich der Unterhaltspflichtige nicht auf eine Einschränkung oder den Fortfall seiner Leistungsfähigkeit berufen.[2633]
Dem neuen Partner ist die Unterhaltsbelastung des anderen aus der alten Ehe bekannt,
die Eheleute müssen ihre Lebensplanung nach ihr ausrichten.[2634] Dem Unterhaltsschuldner sind daher – von wenigen Ausnahmen abgesehen[2635] – fiktive Einkünfte aus einer
vollschichtigen Erwerbstätigkeit zuzurechnen.

Der Unterhaltspflichtige, der in einer neuen Ehe **minderjährige Kinder betreut** und **752**
deshalb nicht erwerbstätig ist, kann sich in der Regel ebenfalls nicht auf einen Fortfall
seiner Leistungsfähigkeit berufen. Die Unterhaltsberechtigten der ersten Ehe haben seinen Rollentausch nur hinzunehmen, wenn das Interesse des Unterhaltspflichtigen und
seiner neuen Familie ihr Interesse an der Beibehaltung der bisherigen Unterhaltssicherung
deutlich überwiegt.[2636] Dies ist anzunehmen, wenn die gewählte Aufgabenverteilung zu
einer wesentlich günstigeren Einkommenssituation der neuen Familie führt,[2637] oder
wenn sonstige Gründe von gleichem Gewicht vorhanden sind, die einen erkennbaren
Vorteil für die neue Familien mit sich bringen,[2638] wie z.B. die Beendigung des Studiums
durch die neue Ehefrau.[2639]

Maßgebend kann dabei auch sein, ob der Unterhaltspflichtige zumutbare Vorsor-
gemaßnahmen zur Sicherung des Unterhalts der alten Familie getroffen hat.[2640] Die
Aufgabenverteilung in der zweiten Ehe ist schließlich auch dann nicht maßgebend, wenn
die zweitehelichen Kinder des Pflichtigen der Betreuung durch diesen nicht mehr bedürfen, der Pflichtige also im Falle der Scheidung keinen Anspruch auf Betreuungsunterhalt

---

[2631] Eberl-Borges, Festlegung der Geschlechterrollen durch Unterhaltspflichten – Die Hausmann-
rechtsprechung im Lichte soziologischer Untersuchungen FamRZ 2004, 1521 ff.
[2632] BVerfG FamRZ 1996, 343 (344); BGH FamRZ 1996, 796.
[2633] BGH FamRZ 1980, 43 (44) = NJW 1980, 340; FamRZ 1982, 25 (26) = NJW 1982, 175; FamRZ
1996, 796 = NJW 1996, 1815; FamRZ 2001, 1065 ff. mAnm Büttner = NJW-RR 2001, 361 ff.
[2634] OLG Köln FamRZ 1999, 1011 (1012); Büttner FamRZ 2001, 1068.
[2635] AG Goslar DAVorm 1987, 193: neue Ehe mit Binnenschiffer.
[2636] BGH FamRZ 1996, 796 (797); FamRZ 2001, 616 f. mAnm Büttner = NJW 2001, 1488 ff.; NJW
2006, 2404 ff. = FamRZ 2006, 1010 (1012); FamRZ 2015, 738 = NJW 2015, 1178 Rn. 16; s. auch OLG
Oldenburg NJW-RR 2005, 516 bei gleich hohem Einkommen beider.
[2637] BGH FamRZ 1980, 43 (44) = NJW 1980, 340 (341); FamRZ 1982, 257; FamRZ 1996, 796;
FamRZ 2001, 614 ff. = NJW 2001, 1488 ff.: Einkommensunterschied von ca. 100 EUR (1997) nicht
ausreichend; dazu Büttner FamRZ 2001, 617: die Einkommensdifferenz muss mehr als 255 EUR
betragen; FamRZ 2015, 738 = NJW 2015, 1178 Rn. 16; OLG Koblenz FamRZ 2020, 1914 (1915);
OLG Köln FamRZ 1999, 1011 (1012) = NJWE-FER 1999, 115; OLG München FamRZ 1999, 1076:
keine Besserstellung, wenn das nach dem Rollentausch unverändert gebliebene Einkommen dem
Zugriff der Gläubiger des Unterhaltsverpflichteten entzogen wird.
[2638] BGH NJW 2006, 2404 (2405 f.) = FamRZ 2006, 1010 (1012); NJW 2007, 139 (140) = FamRZ
2006, 1827 (1828); FamRZ 2015, 738 = NJW 2015, 1178 Rn. 16.
[2639] OLG Celle NZFam 2022, 994 (Bruske).
[2640] BGH FamRZ 1996, 796 (797); FamRZ 2001, 614 (616 f.) mAnm Büttner = NJW 2001, 1488 ff.;
Luthin FamRZ 2004, 365.

gegen seinen zweiten Ehepartner hätte. Denn wenn die Aufgabenverteilung in der neuen Ehe schon nicht bindend gegenüber dem geschiedenen Ehegatten ist,[2641] hat dies erst recht gegenüber den minderjährigen und ihnen gleichgestellten volljährigen Kindern aus der ersten Ehe zu gelten. Ist der Rollentausch nach diesen Grundsätzen hinzunehmen, kann der Unterhaltsschuldner verpflichtet sein, durch eine **Nebentätigkeit** zum Unterhalt der alten Familie beizutragen. Voraussetzung ist, dass er nach den individuellen Verhältnissen in der neuen Ehe hierzu in der Lage ist.[2642] Zu berücksichtigen sind dabei das Alter der Kinder, die berufliche Inanspruchnahme des neuen Ehegatten und das Vorhandensein sonstiger Betreuungsmöglichkeiten. Zu prüfen ist auch, ob der neue Ehegatte nicht verpflichtet ist, eine Nebenbeschäftigung durch die Finanzierung einer Hilfe für Haushalt und Kinderbetreuung zu ermöglichen.[2643]

753   **Die Einkünfte des Schuldners aus der Nebentätigkeit** oder aus einer sonstigen Beschäftigung[2644] sind in vollem Umfang für den Unterhalt der Berechtigten aus der ersten Ehe einzusetzen, wenn der notwendige Eigenbedarf des Schuldners durch den Anspruch auf Familienunterhalt nach §§ 1360, 1360a BGB gedeckt ist.[2645]

754   **Keine Verpflichtung zur Aufnahme einer Nebentätigkeit besteht,** wenn der Unterhaltspflichtige **Elterngeld nach dem BEEG** bezieht. Er ist während der ersten beiden Lebensjahre des von ihm betreuten Kindes von einer Verpflichtung zur Aufnahme einer Nebentätigkeit entbunden,[2646] und zwar auch dann, wenn er von der Möglichkeit Gebrauch macht, das Elterngeld auf den doppelten Zeitraum zu erstrecken, so dass er lediglich die Hälfte erhält.[2647] Allerdings hat er, wenn sein notwendiger Selbstbehalt in der neuen Verbindung gedeckt ist, auch den Sockelbetrag des Elterngeldes nach § 11 S. 3 BEEG zum Unterhalt der minderjährigen Kinder aus erster Ehe einzusetzen, um den Gleichrang der Kinder aus beiden Verbindungen herzustellen.[2648]

755   Schließlich hat der Unterhaltspflichtige – neben dem Stamm seines Vermögens – sein **Taschengeld,** das er nach §§ 1360, 1360a BGB von dem anderen Ehegatten verlangen kann, bei Wahrung seines notwendigen Selbstbehalts für den Unterhalt der minderjährigen Kinder aus erster Ehe zu verwenden.[2649]

756   Der über das Taschengeld hinausgehende **Familienunterhalt,** den der Pflichtige vom neuen Ehegatten verlangen kann, ist **nicht** zum Unterhalt der Berechtigten aus erster Ehe

---

[2641] BGH FamRZ 2010, 111 (115 f.) = MDR 2010, 154 (155).

[2642] BGH NJW 2007, 139 (142) = FamRZ 2006, 1827 (1830); FamRZ 2015, 738 = NJW 2015, 1178 Rn. 16; OLG Düsseldorf FamRZ 2007, 1038 f.

[2643] BGH NJW 2007, 139 (142) = FamRZ 2006, 1827 (1830).

[2644] OLG Hamm FamRZ 2010, 1346 (1347); OLG Koblenz FamRZ 2021, 1037 (1038): Einkünfte aus einer Erwerbstätigkeit von 15 Stunden pro Woche.

[2645] BGH FamRZ 1982, 25 (26 f.); FamRZ 1986, 796 = NJW 1986, 1815 (1816); FamRZ 2001, 1065 (1066); FamRZ 2004, 24 f.; FamRZ 2004, 364 (365); FamRZ 2004, 370 (372); NJW 2006, 2404 (2407) = FamRZ 2006, 1010 (1014); NJW 2007, 139 (140) = FamRZ 2006, 1827 (1828); OLG Celle FamRZ 2000, 1430 f.; OLG Hamm FamRZ 2010, 1346 (1348); OLG Koblenz FamRZ 2004, 300 (301); OLG Naumburg NJW-RR 2004, 153; OLG Oldenburg NJW-RR 2005, 516.

[2646] BGH FamRZ 2006, 853; NJW 2006, 2404 (2407) = FamRZ 2006, 1010 (1011 f.) mAnm Borth; FamRZ 2015, 738 = NJW 2015, 1178 Rn. 20; zweifelnd OLG Koblenz FamRZ 2020, 1914 (1915); OLG Köln NJW-RR 2007, 440 (441).

[2647] BGH FamRZ 2015, 738 = NJW 2015, 1178 Rn. 20 f.; OLG Frankfurt/M. FamRZ 2014, 848 (849).

[2648] BGH FamRZ 2006, 853; NJW 2006, 2404 = FamRZ 2006, 1010 (1011 f.) mAnm Borth; OLG Koblenz FamRZ 2020, 1914 (1915); OLG Köln NJW-RR 2007, 440 (441).

[2649] BGH FamRZ 1986, 668 = NJW 1986, 1869; FamRZ 1998, 608 = NJW 1998, 1553; BGH NJW 2007, 139 (143) = FamRZ 2006, 1827 (1830); OLG Koblenz FamRZ 2020, 1914 (1915); OLG Düsseldorf FamRZ 1992, 1099; FamRZ 2007, 1038 f. für den Taschengeldanspruch nach Schweizer Recht; OLG Köln FamRZ 2013, 795 (Ls.); **kritisch** Braun NJW 2000, 97 (100 f.).

einzusetzen, da er nicht auf Zahlung eines bestimmten Geldbetrages gerichtet ist und damit nicht zu eigenen Einkünften des Pflichtigen führt.[2650]

Die Einkünfte des Unterhaltsschuldners aus Nebenerwerb bzw. Eltern-/Erziehungsgeld sowie Taschengeld bestimmen seine Leistungsfähigkeit auch, wenn sie **über** dem Betrag liegen, der bei Fortführung der Erwerbstätigkeit für Unterhaltszwecke zur Verfügung gestanden hätte. Die dadurch bedingte Besserstellung der minderjährigen Kinder aus erster Ehe ist als Folge der unterhaltsrechtlich beachtlichen Wiederverheiratung hinzunehmen.[2651]

Der Unterhaltspflichtige, der in der neuen Ehe die Hausmannrolle übernommen hat, schuldet also als **Mindestunterhalt** den Betrag, der sich aus einer Obliegenheit zur Aufnahme einer Nebentätigkeit, durch den Einsatz des Erziehungs-/Elterngeldes und der Verwirklichung des Taschengeldanspruchs ergibt. Die Frage nach der unterhaltsrechtlichen Beachtlichkeit des Rollentauschs stellt sich somit erst dann, wenn die Einkünfte aus der fiktiv fortgesetzten Erwerbstätigkeit höhere Unterhaltszahlungen ermöglichen würden.[2652] 757

Das -unterhaltsberechtigte-**privilegiert volljährige Kind** steht dem minderjährigen im Range gleich, so dass die Grundsätze der Hausmannrechtsprechung Anwendung finden. Der betreuende Elternteil geht minderjährigen und privilegierten volljährigen Kindern seit 1.1.2008 im Range nach. Die Grundsätze der Hausmann-Rechtsprechung finden auf diesen sowie auf nicht privilegierte **volljährige Kinder** des wiederverheirateten Unterhaltsverpflichteten keine Anwendung.[2653] 758

Die Einschränkung der Erwerbsobliegenheit durch die Betreuung minderjähriger Kinder in der neuen Ehe gilt uneingeschränkt nur bis zur Vollendung des dritten Lebensjahres. Im Anschluss daran besteht grundsätzlich eine vollschichtige Erwerbsobliegenheit wie dem Rechtsgedanken des für den Berechtigten wie den Pflichtigen geltenden § 1570 Abs. 1 BGB zu entnehmen ist.[2654] 759

Die Grundsätze der so genannten „**Hausmann-Rechtsprechung**" finden entsprechende Anwendung, wenn der Unterhaltspflichtige in einer **nicht ehelichen Lebensgemeinschaft** lebt und seine Erwerbstätigkeit zu Gunsten der Betreuung des aus dieser Gemeinschaft hervorgegangenen Kindes aufgegeben hat.[2655] 760

Die Partner einer nicht ehelichen Lebensgemeinschaft, die die elterliche Sorge gemeinsam ausüben können, befinden sich in einer § 1356 BGB vergleichbaren Lage und sind zur Rücksichtnahme auf die Belange des anderen verpflichtet, und zwar unabhängig davon, ob sie die elterliche Sorge tatsächlich gemeinsam ausüben oder nicht.

Liegt ein Rollentausch nicht vor, hat also der jetzt barunterhaltspflichtige Elternteil bereits in der ersten Ehe Haushaltsführung und Kinderbetreuung übernommen, ist die Aufgabenverteilung in der neuen Ehe jedenfalls hinzunehmen, wenn der betreuende Elternteil auch im Verhältnis zu dem neuen Ehegatten nicht zur Erwerbstätigkeit verpflichtet wäre. Zu prüfen ist auch hier, ob er im Falle der Scheidung einen Anspruch auf Betreuungsunterhalt gegen den neuen Ehegatten hätte.[2656] Ist dies zu bejahen, fehlt es 761

[2650] BGH FamRZ 1986, 668 = NJW 1987, 1549; NJW 2007, 139 (143), insoweit in BGH FamRZ 2006, 1827 ff. nicht abgedruckt; für den Fall der Deckung des Mindestunterhalts: OLG Brandenburg FamRZ 2021, 1039 (LS.); aA OLG Koblenz NJW-RR 2005, 1310.

[2651] BGH NJW 2007, 139 (140 f.) = FamRZ 2006, 1827 (1829).

[2652] BGH NJW 2007, 139 (140 f.) = FamRZ 2006, 1827 (1829).

[2653] BGH FamRZ 1987, 472 = NJW 1987, 1549; OLG Düsseldorf FamRZ 1985, 1281; OLG Hamburg FamRZ 1998, 41 (42); OLG Hamm FamRZ 1997, 835.

[2654] OLG Brandenburg FamRZ 2021, 1023 (LS.).

[2655] BGH FamRZ 2001, 615 ff. = NJW 2001, 1488 ff. mAnm Büttner; OLG Hamm NJW 1999, 3642; OLG Koblenz NJW-RR 2001, 4; OLG München FamRZ 1999, 1526 (1527); **anders noch** BGH NJW-RR 1995, 451; OLG Düsseldorf NJW-RR 1996, 452 (453); OLG Karlsruhe FamRZ 1996, 1238; OLG Köln NJW 1999, 725 (726).

[2656] BGH FamRZ 2010, 111 (115 f.) für den Fall des Geschiedenenunterhalts nach der Drittelmethode; OLG Hamm FF 2007, 268 (269); NJW 2009, 3446 (3447).

wohl auch an einer Erwerbsobliegenheit den erstehelichen Kindern gegenüber. Den Unterhaltspflichtigen treffen allerdings dieselben Obliegenheiten wie im Falle eines unterhaltsrechtlich beachtlichen Rollentauschs.[2657]

762   **gg) Haft. Straf- und Untersuchungshaft,** die zu einem Verlust der Unterhaltsmittel führen, befreien – jedenfalls bis zur Verbüßung von 2/3 der Strafe[2658] – regelmäßig von der Unterhaltspflicht, da auch selbstverschuldete Leistungsunfähigkeit zu beachten ist. Etwas anderes gilt nur dann, wenn die Berufung darauf gegen Treu und Glauben verstieße,[2659] weil den Unterhaltsschuldner der Vorwurf eines unterhaltsbezogen verantwortungslosen, zumindest leichtfertigen Verhaltens trifft (→ Rn. 726 ff.).

763   Eine fortdauernde Leistungsfähigkeit ist daher zu unterstellen, wenn die Straftat in der Verletzung der Unterhaltspflicht besteht[2660] oder wenn gerade die bestrafte vorsätzliche Tat dazu geführt hat, dass der Berechtigte durch Schädigung seines Vermögens oder Verletzung eines vorrangig Unterhaltspflichtigen – vermehrt – bedürftig geworden ist.[2661] Fehlt ein solcher objektiver Unterhaltsbezug, ist eine einzelfallbezogene Wertung erforderlich. Der Unterhaltsschuldner kann sich auf seine Leistungsunfähigkeit nicht berufen, wenn sich seine Vorstellungen und Antriebe gerade auf die Verminderung seiner unterhaltsrechtlichen Leistungsfähigkeit als Folge der Straftat erstreckt haben.[2662] Erforderlich ist eine unterhaltsbezogene Mutwilligkeit. Da sich diese nicht aus der bloßen Vorhersehbarkeit des Arbeitsplatzverlustes ergibt,[2663] erscheint fraglich, ob allein die Schwere der Straftat ausreicht, einen Unterhaltsbezug zu begründen.[2664] Bei Sexualstraftaten wird ein solcher in der Regel nicht vorliegen, auch wenn sie gegen die/den Unterhaltsberechtigten oder den gesetzlichen Vertreter gerichtet sind.[2665]

764   Bei **Straftaten gegen den Arbeitgeber** ergibt sich der Unterhaltsbezug weder aus der bloßen Kausalität zwischen Straftat und Leistungsunfähigkeit noch aus der Vorhersehbarkeit des Arbeitsplatzverlustes. Erforderlich ist vielmehr auch hier ein unterhaltsbezogen mutwilliges, also vorsätzliches oder leichtfertiges Verhalten. Die Straftat ist nur dann als Verletzung der Unterhaltspflicht anzusehen, wenn der Unterhaltsschuldner die Möglichkeit des Arbeitsplatzverlustes als Folge seiner Straftat erkennt und im Bewusstsein dieser Möglichkeit handelt. Dass er dabei darauf vertraut, die nachteilige Folge werde nicht eintreten, ist unschädlich.[2666] Leichtfertig handelt er vielmehr dann, wenn er sich unter grober Missachtung dessen, was jedem einleuchten muss, oder in Verantwortungs- und Rücksichtslosigkeit gegen den Berechtigten über

---

[2657] BGH NJW 2006, 2404 = FamRZ 2006, 1010 (1013); OLG Hamm NJW 2006, 3075 f.

[2658] OLG Koblenz OLGR 2004, 36 = FamRZ 2004, 1989 (Ls.): eine 2/3 Entlassung, die Regel ist, muss sie prognostisch bei der Unterhaltsberechnung berücksichtigt werden.

[2659] BGH FamRZ 1982, 792 (793) = NJW 1982, 1812; 1982, 913 (914) = NJW 1982, 2491; FamRZ 2003, 1471 (1473) mAnm Luthin; OLG Düsseldorf FamRZ 1994, 1049 (1050); OLG Stuttgart OLGR 2000, 139 (141); OLG Naumburg FamRZ 2010, 572 (573 f.).

[2660] BGH FamRZ 1982, 792 (794) = NJW 1982, 1812; FamRZ 1982, 913 (914); FamRZ 2002, 813 (814) = NJW 2002, 1799 f.; OLG Düsseldorf FamRZ 1994, 1049 (1050); OLG Koblenz FamRZ 1998, 44; OLG Karlsruhe NJW-RR 1997, 1165.

[2661] BGH FamRZ 1982, 792 (794); OLG Naumburg FamRZ 2010, 572 (573 f.).

[2662] BGH FamRZ 2002, 813 (814).

[2663] BGH FamRZ 2000, 815 (816); FamRZ 2002, 813 (814) = NJW 2002, 1799 f.

[2664] So aber BGH FamRZ 1982, 792 (794); FamRZ 1982, 913 (914); FamRZ 1993, 1055 (1056); OLG Hamm FamRZ 1984, 1033; FamRZ 2005, 1839: Mordversuch an der unterhaltsberechtigten Ehefrau; OLG Stuttgart OLGR 2000, 139 (141): bei Vergewaltigung eines Kindes fortdauernde Leistungsfähigkeit auch gegenüber den Geschwistern; **nicht:** Tötung der 2. Ehefrau des Berechtigten: OLG Karlsruhe NJW-RR 1997, 1165.

[2665] BGH FamRZ 2002, 813; OLG Köln FamRZ 2003, 1203.

[2666] BGH FamRZ 1981, 1042 (1044 f.) = NJW 1981, 2805; FamRZ 1984, 364 (367 f.); FamRZ 2000, 815 (817) = NJW 2000, 2351 f.; FamRZ 2002, 813 (814) = NJW 2002, 1799 f.

die Möglichkeit einer Beeinträchtigung seiner Leistungsfähigkeit als Folge der Tat hinwegsetzt.

Eine allgemeine Regel, wonach der Schuldner eine Kündigung als Folge der Straftat immer in seine Überlegungen einbeziehen muss, kann nicht aufgestellt werden. Erforderlich ist vielmehr eine auf den Einzelfall bezogene Wertung, ob die der Tat zu Grunde liegenden Vorstellungen und Antriebe des Täters sich gerade auf die Minderung der unterhaltsrechtlichen Leistungsfähigkeit als Folge der Straftat erstrecken.[2667] Dieser Unterhaltsbezug ist zB verneint worden beim Diebstahl von Betriebseigentum durch einen im Werkschutz beschäftigten Arbeitnehmer[2668] oder auch bei Entziehung der Gewerbeerlaubnis wegen der Nichtabführung von Steuern und Sozialabgaben.[2669]

Hafteinkommen (Hausgeld, Überbrückungsgeld) kann je nach Einzelfalllage zur Erfüllung von Unterhaltsansprüchen gegen den Inhaftierten herangezogen werden. Siehe im Einzelnen → Rn. 842–845. **765**

hh) Fahrerlaubnisentzug. Ist die Arbeitslosigkeit durch Trunkenheit am Steuer mit Entzug der Fahrerlaubnis verursacht, gelten die unter → Rn. 763 f. aufgestellten Grundsätze. Die unterhaltsrechtliche Mutwilligkeit lässt sich nicht allein aus der Vorhersehbarkeit des Verlustes von Führerschein und Arbeitsplatz herleiten. **766**

ii) Versorgung volljähriger Kinder. Die **Versorgung volljähriger Kinder** befreit den Unterhaltspflichtigen von seiner Erwerbsobliegenheit weder im Verhältnis zu minderjährigen Kindern noch gegenüber dem geschiedenen Ehegatten, da volljährige Kinder keiner Betreuung bedürfen. Darüber hinaus besteht, wenn eine vollständige Leistungsfähigkeit nicht gegeben ist, eine Obliegenheit, ein Entgelt für die Versorgungsleistungen zu verlangen, wenn der Versorgende minderjährigen Kindern gegenüber zum Unterhalt verpflichtet und das volljährige Kind entsprechend leistungsfähig ist.[2670] Siehe auch → Rn. 771. **767**

jj) Wahrnehmung Steuervorteile. Steuervorteile sind wahrzunehmen, wenn sie zumutbarer Weise erzielt werden können.[2671] Dies kann geschehen durch Eintragung von Freibeträgen auf der Lohnsteuerkarte, beispielsweise für Fahrten zur Arbeit oder durch eine zeitnahe Abgabe der Steuererklärung.[2672] Der Unterhaltspflichtige hat bei der Wahl steuergünstiger Vermögensanlagen einen Freiraum.[2673] Er muss nicht die vorteilhafteste wählen, wenn verständige Gründe dafür gegeben sind und der Mindestunterhalt des Berechtigten auf jeden Fall gesichert ist. **768**

Zur Wahl der Steuerklasse wiederverheirateter Unterhaltspflichtiger → Rn. 924.

Zu den Obliegenheiten in Zusammenhang mit dem Realsplittingvorteil → Rn. 931 und Rn. 947.

kk) Sonstige Beispiele fiktiven Einkommens. Glaubenshindernisse gegen entgeltliche Arbeit entlasten nicht von der Barunterhaltspflicht.[2674] Das erzielbare Einkommen ist fiktiv zugrunde zu legen. **769**

Ist das Renteneinkommen durch **den Versorgungsausgleich** geschmälert, so ist der Unterhaltspflichtige gehalten, einen Aussetzungsantrag nach §§ 33, 34 Versorgungsaus- **770**

[2667] BGH FamRZ 2000, 815 (817); FamRZ 2002, 812 (813). **Anders** die Vorinstanz OLG Karlsruhe FamRZ 1999, 1015; OLG Düsseldorf FamRZ 1994, 1049 f.; OLG Frankfurt FamRZ 1993, 203 (204).
[2668] BGH FamRZ 2000, 815 ff. = NJW 2000, 2351 f.
[2669] OLG Frankfurt FamRZ 1995, 98.
[2670] OLG Hamm FamRZ 1995, 1422.
[2671] BGH FamRZ 1998, 953 = NJW 1998, 1153; FamRZ 1988, 607 (608) = NJW 1988, 1720; Süddeutsche Leitlinien sowie die Leitlinien der meisten OLG, alle unter Nr. 10.1.
[2672] OLG Hamm FamRZ 2001, 482.
[2673] BGH FamRZ 2021, 1878 mAnm Langeheine = NJW 2021, 3530 Rn. 23 und 24; OLG Stuttgart FamRZ 2018, 1081 (1092) jeweils für die Anlage von Altersvorsorgeunterhalt.
[2674] OLG Hamm NJW 1991, 1961 (Lehrerin a. D.); auch BVerfG NJW 1996, 915.

gleichsG zu stellen. Unterlässt er dies, ist die Rechtsfolge des § 33 Abs. 3 VersAusglG zu fingieren, dh, die tatsächlich gezahlte Rente ist fiktiv um den geschuldeten Unterhalt bis zum Höchstbetrag nach § 33 Abs. 3 VersAusglG zu erhöhen.

771   **Miete von volljährigen Kindern** zu fordern, kann eine unterhaltsrechtliche Obliegenheit sein, wenn im Einzelfall zumutbar,[2675] grundsätzlich ist nutzbarer Wohnraum zu vermieten.[2676] Siehe auch → Rn. 767.

772   **Mitwirkung beim Hausverkauf** nach Scheidung der Ehe ist eine Obliegenheit, bei deren Verletzung erzielbare Erträge aus dem Erlösanteil als fiktives Einkommen zuzurechnen sind → Rn. 858, → Rn. 860.

773   **Nicht ausgeschüttete Gewinne** können dem unterhaltspflichtigen Unternehmer als fiktives Einkommen zuzurechnen sein. Die unternehmerische Entscheidung, erzielte Gewinne nicht auszukehren, sondern im Betrieb zu belassen, ist ungeachtet der Obliegenheit, alle verfügbaren Mittel für den Unterhalt minderjähriger Kinder einzusetzen, unterhaltsrechtlich hinzunehmen, wenn es an einer unterhaltsrechtlichen Vorwerfbarkeit fehlt.[2677]. Fiktive Einkünfte sind allerdings zuzurechnen, wenn das Unterlassen der Gewinnausschüttung die unternehmerische Freiheit in einer für den Berechtigten nicht zumutbaren Weise überschreitet.[2678] Ähnliche Erwägungen gelten, wenn der geschäftsführende Gesellschafter einer GmbH **Kürzungen des Geschäftsführergehalts** vornimmt. Die Kürzung stellt einen Obliegenheitsverstoß dar, wenn die ausgezahlte Vergütung in keinem Verhältnis zur wirtschaftlichen Lage des Unternehmens steht.[2679]

774   In der Vergangenheit erzielte **Spielgewinne** können eine Einkommensfiktion nicht begründen, und zwar auch dann nicht, wenn es sich nicht um gesetzwidrig erlangte Einkünfte handelt. Wird in der Freizeit neben einer Vollerwerbstätigkeit gespielt, so kann das Spiel bereits aus diesem Grunde jederzeit beendet werden.[2680] Zudem besteht wegen des hohen Verlustrisikos keine Verpflichtung, einmal begonnenes Spiel fortzusetzen.

775   **Vorhandenes Vermögen** hat der Unterhaltsschuldner in üblicher, sicherer Weise ertragreich anzulegen[2681], umzuschichten oder zu verwerten.[2682] Dabei ist dem Inhaber des Vermögens ein gewisser Spielraum zu belassen. Eine Obliegenheitsverletzung ist nur anzunehmen, wenn sich die tatsächliche Anlage des Vermögens als eindeutig unwirtschaftlich darstellt.[2683] Vermögensertrag ist dabei auch ein **Wohnvorteil**, so dass eine Obliegenheit besteht, diesen einzusetzen[2684] oder zu erhalten.[2685]

Spekulationsgeschäfte, etwa Beteiligung an Abschreibungsgesellschaft mit hohen Verlustzuweisungen, braucht kein Unterhaltsverpflichteter zu tätigen, um den Vermögensertrag zu erhöhen.[2686] Bei einer thesaurierenden Anlage sind die regelmäßigen Ausschüttungsbeträge zu fingieren.[2687]

[2675] BGH FamRZ 1990, 269 (271) = NJW 1990, 709; nicht wenn die Kinder schon vor der Trennung kostenfrei gewohnt haben: OLG Karlsruhe FamRZ 2009, 48.

[2676] OLG Jena FamFR 2009, 68 mAnm Ebert.

[2677] OLG Hamm FamRZ 2022, 1375 (LS.) mAnm Borth: es waren hohe Schulden vorhanden und bereits 160 % des Mindestunterhalts gezahlt.

[2678] OLG Hamm FamRZ 2009, 981 (982); AG Warendorf NJW-Spezial 2020, 389.

[2679] OLG Hamm NJW-Spezial 2008, 325.

[2680] OLG Düsseldorf FamRZ 1994, 896 = NJW 1993, 3078 f.

[2681] OLG Brandenburg FamRZ 2022, 1366 mit zweifelhafter Ertragsmöglichkeit.

[2682] BGH MDR 2013, 93 Rn. 20 f.

[2683] BGH FamRZ 2001, 1140 = NJW 2001, 2259 (2261); OLG Nürnberg FamRZ 2021, 424 (LS.) = FF 2021, 209 Rn. 45 ff.

[2684] OLG Brandenburg FamRZ 2019, 962 f.; OLG Köln FamRZ 2021, 1621 (LS.) = FF 2021, 326

[2685] OLG Nürnberg FamRZ 2021, 424 (LS.) = FF 2021, 209 Rn. 45 ff.

[2686] OLG Hamburg FamRZ 1984, 59 (62).

[2687] OLG Hamm FamRZ 2012, 345 (Ebert).

Die Realisierung von Vermögenswerten ist eine Obliegenheit des Unterhaltsschuld- **776**
ners, deren Verletzung zur Zurechnung fiktiver Einkünfte führt.[2688] **Zur Geltendma-**
chung eines Pflichtteilsanspruches[2689] wird der Unterhaltspflichtige nur gehalten sein,
wenn ansonsten der notwendige Bedarf der Berechtigten nicht gedeckt ist. Verfügt der
Unterhaltsschuldner über ausreichende Einkünfte, sind im Rahmen einer Zumutbarkeitsprüfung sämtliche anerkennenswerten moralischen und wirtschaftlichen Überlegungen
gegeneinander abzuwägen.[2690] Hiervon zu unterscheiden ist die Frage, ob die Aussicht
auf einen Pflichtteil die ehelichen Lebensverhältnisse geprägt hat.[2691] **Die Rückforderung**
einer Schenkung kann nur verlangt werden, wenn der Schenker durch diese seine unterhaltsrechtliche Leistungsfähigkeit vermindert hat.[2692] **Ein Anspruch auf Gesamtschuld-**
nerausgleich soll zur Sicherung des Kindesunterhalts zu realisieren sein, auch wenn er
sich gegen den betreuenden Elternteil richtet.[2693]

Weitere Beispiele fiktiven Einkommens: Fiktive Zinseinkünfte, wenn der Unterhalts- **777**
schuldner ertragreiches Kapitalvermögen zur Renovierung einer Immobilie einsetzt,[2694]
einen größeren Betrag seinem Kind zukommen lässt,[2695] es in Ansehung drohender
Erwerbslosigkeit[2696] bzw. mutwillig verbraucht[2697]oder im Rahmen einer unangemessen
sparsamen Lebensführung erneut anlegt,[2698] Renteneinkommen bei vorwerfbarem Unterlassen einer ausreichenden Altersversorgung[2699] oder bei vorwerfbarem Eintritt in den
Vorruhestand,[2700] fiktive Mieteinnahmen, wenn die ganzjährig mögliche Vermietung einer
Ferienwohnung in einem gastronomisch herausragenden Umfeld unterbleibt,[2701]fiktive
Vollrente, wenn der Unterhaltsschuldner lediglich eine Teilrente bezieht, ohne dass
unterhaltsrechtlich erhebliche Gründe vorliegen.[2702] Fiktiv zuzurechnen sind Wohngeld
bei Nichtkorrektur falscher Wohngeldberechnung,[2703] fiktive Lohnfortzahlung und fiktives Krankengeld bei vorübergehender Erkrankung nach fingierter Arbeitsaufnahme,[2704]
fiktive BAföG-Leistungen bei unterbliebenem, nicht von vornherein aussichtslosem
BAföG-Antrag,[2705] fiktive Leistungen der Grundsicherung im Alter und Erwerbsminderung,[2706] Vermögensumschichtung, wenn nach den Umständen zumutbar,[2707] Versor-

---

[2688] BGH FamRZ 2013, 278 mAnm Maurer = NJW 2013, 530 Rn. 20; für das unterhaltsberechtigte
volljährige Kind: OLG Zweibrücken FamRZ 2016, 726.
[2689] Zur entsprechenden Verpflichtung des Berechtigten: OLG Oldenburg FamRZ 2018, 917
(918).
[2690] BGH FamRZ 1982, 996 = NJW 1982, 2771; BGH FamRZ 2013, 278 mAnm Maurer = NJW
2013, 530 Rn. 23.
[2691] BGH FamRZ 1982, 996 = NJW 1982, 2771; OLG Hamburg, FamRZ 2003, 1108.
[2692] BGH FamRZ 2019, 698 mAnm Seiler = NZFam 2019, 303 mAnm Burschel Rn. 18; FamRZ
2019, 885 Rn. 19; OLG Hamm FamRZ 2019, 531(533).
[2693] OLG Brandenburg FamRZ 2019, 962 (963).
[2694] OLG Nürnberg FamRZ 2021, 424 (LS.) = FF 2021, 209 Rn. 45 ff.
[2695] OLG Hamm FamRZ 2001, 101 – Ls. –.
[2696] OLG Köln FamRZ 2006, 809.
[2697] BGH FamRZ 2013, 109 = NJW 2013, 161 Rn. 31.
[2698] BGH FamRZ 2007, 1532 (1535) mAnm Maurer; OLG Hamm FamFR 2012, 345 (Ebert).
[2699] OLG Karlsruhe OLGR 2000, 47 (49) bei lebenslanger Unterhaltspflicht gegenüber einer nach
altem Recht geschiedenen Ehefrau.
[2700] OLG Saarbrücken FamRZ 2011, 1657 (Ls.).
[2701] OLG Saarbrücken FamRZ 2020, 422 = NZFam 2019, 639 (Obermann).
[2702] OLG Celle FamRZ 2018, 1078 (1080).
[2703] OLG Oldenburg FamRZ 1988, 724 (Unt.Ber.).
[2704] OLG Hamm FamRZ 2008, 171.
[2705] OLG Hamm FamFR 2013, 536 (Kofler); OLG Koblenz FamRZ 2018, 1666 (1668).
[2706] BGH FamRZ 2015, 1467 mAnm Schürmann FamRZ 2015, 1600 = NJW 2015, 2655 Rn. 11;
OLG Hamm NJW 2015, 3588 f.
[2707] BGH MDR 1986, 480 = DAVorm 1986, 424 (Unt.Ber.).

gungsentgelt und Mietanteil (Wohnungsgewährung) von neuem Partner, soweit dieser leistungsfähig ist,[2708] fiktive Vermögenswerte, wenn das in Ausbildung befindliche volljährige Kind tatsächlich vorhandenes Vermögen anderweitig verwendet[2709]– diese Problematik wird fast stets nur im Bereich des Berechtigten akut, → Rn. 563–572.

Keine Obliegenheitsverletzung stellt die nacheheliche Adoption minderjähriger Kinder durch den Unterhaltspflichtigen dar. Fiktive Einkünfte in Höhe des Tabellenunterhalts für diese Kinder sind ihm daher **nicht** zuzurechnen.[2710] Ebenso wenig kann vom Unterhaltsschuldner verlangt werden, die Ehelichkeit eines rechtlichen, aber nicht leiblichen Kindes anzufechten. Ein fiktives Einkommen in Höhe des diesem Kind geschuldeten Tabellenunterhalts kommt nicht in Betracht.[2711]

778 **ll) Fiktion gesetzwidrigen Einkommens. Eine Fiktion von gesetzwidrigem Einkommen ist unzulässig.** Eine unterhaltsrechtliche Obliegenheit zu verbotenem Tun gibt es nicht. So kann zB Schwarzarbeit jederzeit eingestellt werden ohne fiktive Zurechnung von Schwarzarbeitsentgelt (tatsächlich erzieltes ist freilich unterhaltspflichtig).[2712] Eine Obliegenheit zur **Ausübung der Prostitution** kann ebenfalls nicht angenommen werden.[2713]

779 **mm) Erwerbstätigenbonus.** Der **Erwerbstätigenbonus** ist auch bei fiktivem Erwerbseinkommen abzuziehen.[2714]

780 **nn) Darlegungs- und Beweislast.** Die Verteilung der **Darlegungs- und Beweislast** folgt auch bei fiktiven Einkünften den allgemeinen Regeln:[2715] Der Gläubiger, der seinen Bedarf darzulegen und zu beweisen hat, genügt seiner Verpflichtung, wenn er – neben den übrigen bedarfsprägenden Faktoren – das nach der beruflichen Qualifikation des Unterhaltsschuldners erzielbare Einkommen schlüssig vorträgt.[2716] Dem Pflichtigen, der die Darlegungs- und Beweislast für seine Leistungsunfähigkeit oder -minderung trägt, obliegt der Nachweis, dass er diese Einkünfte nicht erzielen kann.[2717] Beruft er sich zB auf eine krankheitsbedingte Einschränkung seiner Erwerbsfähigkeit, ist er gehalten, die bisher ausgeübte Tätigkeit im Einzelnen zu beschreiben. Darüber hinaus hat er Art und Umfang der gesundheitlichen Beeinträchtigungen darzulegen und auszuführen, wie sich diese konkret auf die Erwerbsfähigkeit auswirken.[2718] Allgemeine Hinweise auf gesundheitliche Probleme sind nicht ausreichend.[2719] Darzulegen ist darüber hinaus, welche Schritte er zur Wiederherstellung seiner Arbeitsfähigkeit unternommen hat und aus

---

[2708] BGH FamRZ 1987, 356; 1988, 697; NJW 1995, 962; OLG Frankfurt FamRZ 1985, 957; 1987, 588 (589); OLG Hamm FamRZ 1986, 1102; 1987, 600 (601) u. 1265 (1267); NJW-RR 1987, 392 (393); FamRZ 1993, 1450; NJW 1995, 2042 (2043); anders: AG Dortmund FamRZ 1994, 1117 f.; OLG Karlsruhe FamRZ 1988, 99 (100); NJW-RR 1988, 1097; OLG Koblenz FamRZ 1988, 761.

[2709] OLG Zweibrücken FamRZ 2016, 726.

[2710] OLG Hamm FamRZ 2013, 706 (707).

[2711] BGH FamRZ 2020, 577 mAnm Seiler = NJW 2020, 925 mAnm Graba Rn. 28; OLG Düsseldorf FamRZ 2019, 695 = NJW 2019, 1889.

[2712] OLG Brandenburg FamFR 2012, 440 (Heiß); → Rn. 673.

[2713] OLG München FamRZ 2004, 108.

[2714] BGH NJW-RR 1990, 578 = FamRZ 1990, 979; Wendl/Dose UnterhaltsR/Dose § 1 Rn. 794.

[2715] Vgl. Baumgärtel/Laumen/Dehmer Handbuch der Beweislast im Privatrecht, 5. Aufl. 2023, BGB Vor §§ 1601 ff. Rn. 1.

[2716] OLG Naumburg FamRZ 1998, 557 (558).

[2717] OLG Hamm FamFR 2011,6 (Pfeil): Leistungsunfähigkeit nicht bewiesen, wenn notwendige Begutachtung verweigert wird; KG NJW-Spezial 2015, 356; OLG Naumburg FamRZ 1998, 557 (558); OLG Schleswig FamRZ 2015, 937f = NJW 2015, 1538.

[2718] BGH FamRZ 2013, 1558 Rn. 13 = NJW 2013, 2897; FamRZ 2017, 109 mAnm Schürmann = NZFam 2017, 61 mAnm Graba Rn. 19; OLG Köln FamRZ 2023, 48 (49).

[2719] OLG Karlsruhe FamRZ 2017, 1575 (1576) = NZFam 2017, 1091 mAnm Obermann Rn. 20.

welchem Grunde diese nicht erfolgreich waren.[2720] Eine unterhaltsbezogene Leichtfertigkeit hat der Berechtigte darzulegen und zu beweisen. Sein Vorbringen, an das keine hohen Anforderungen zu stellen sind, hat der Unterhaltsschuldner nach den Grundsätzen der sog sekundären Darlegungslast substantiiert zu bestreiten.[2721]

oo) Rechtskraft einer Erstentscheidung und Abänderung. Die **Rechtskraft** einer   781
Erstentscheidung über Unterhalt umfasst auch eine Zugrundelegung fiktiven Einkommens.[2722] Beruht sie darauf, dass der schuldlos arbeitslos gewordene Unterhaltspflichtige sich nicht ausreichend um eine neue Anstellung bemüht hat, kann er eine Abänderung verlangen, wenn er eine neue Anstellung mit –schuldlos- geringeren Einkünften gefunden hat. Besteht der Vorwurf in der Aufgabe einer gut dotierten Anstellung, kommt eine Abänderung in Betracht, wenn er die Anstellung inzwischen ohnehin verloren hätte.[2723] Zu den Einzelheiten → Rn. 729 ff.

II. Unterhaltspflichtiges Einkommen

1. Alles Einkommen

a) Grundsätze

Alles Einkommen gleich welcher Art ist im Prinzip unterhaltspflichtiges Einkommen,   782
natürlich vermindert um unterhaltsrechtlich beachtliche Abzüge und Aufwendungen. „Einkommen" in diesem Sinne sind alle dem Unterhaltsschuldner tatsächlich zufließenden, verfügbaren Mittel.[2724]

Steuerrechtliches Einkommen ist nach unterhaltsrechtlichen Grundsätzen zu über-   783
prüfen, weil die zu versteuernden Einkünfte eines Unterhaltspflichtigen uU – wegen einer Vielzahl steuerrechtlicher Absetzungsmöglichkeiten auch pauschaler Art – geringer sind als das unterhaltsrechtlich relevante Einkommen.

b) Zweckbestimmung Zuwendung

Die Zweckbestimmung der dem Unterhaltsschuldner zufließenden Mittel hat der   784
Bundesgerichtshof in älteren Entscheidungen,[2725] aber auch noch in jüngerer Zeit[2726] als unterhaltsrechtlich unbeachtlich erklärt. Öffentlich-rechtliche und private Leistungen, die ihrer Funktion nach zB auch dem immateriellen Ausgleich dienten, sind als unterhaltsrechtliches Einkommen des Pflichtigen angesehen worden. Wegen dieser Rechtsprechung hat der Gesetzgeber für einige Sozialleistungen die Berücksichtigung der Zweckbestimmung ausdrücklich vorgeschrieben, wie zB für das Erziehungsgeld (§ 9 BErzGG), den Sockelbetrag des Elterngeldes (§ 11 S. 4 BEEG) und das Pflegegeld (§ 13 Abs. 6 SGB IX), die nur ausnahmsweise für Unterhaltszwecke einzusetzen sind;[2727] zum Einkommenscharakter des Kindergeldes → Rn. 893.

[2720] OLG Brandenburg NZFam 2018, 1095 (Bruske).
[2721] OLG Hamburg FamRZ 2015, 2067 (2068).
[2722] BGH NJW-RR 1992, 1091 (1092).
[2723] BGH FamRZ 2008, 873 (873); OLG Hamm FamRZ 2014, 333f = NJW 2013, 3044 f.
[2724] BGH FamRZ 1980, 771 (772) = NJW 1980, 2081; BGH FamRZ 2004, 186 (187); FamRZ 2012, 1201 (1202) = NJW 2012, 2190 (2190) mAnm Born = MDR 2012, 776 f.
[2725] BGH FamRZ 1980, 771 (772) = NJW 1980, 2081; zuletzt FamRZ 1997, 806 (809) = NJW 1997, 919.
[2726] BGH FamRZ 2018, 681 Rn. 29 = MDR 2018, 742.
[2727] → Rn. 754.

Für Renten, die wegen eines Körper- oder Gesundheitsschadens gezahlt werden, wird die Zweckbestimmung durch die Vorschrift des § 1610a BGB verwirklicht. Danach wird vermutet, dass die durch die Schädigung verursachten Aufwendungen nicht geringer sind als die Höhe der Leistungen (→ Rn. 886 f.). Freiwillige Leistungen Dritter sind unterhaltsrechtlich ohne Bedeutung (→ Rn. 871). Der steuerliche Splittingvorteil der neuen Ehe hat dieser grundsätzlich zu verbleiben und nur im Rahmen der Leistungsfähigkeit bei Gleich- und Vorrang des neuen Ehegatten für Unterhaltszwecke des geschiedenen Ehegatten einzusetzen.[2728] Steuerliche Vorteile, die der Gesetzgeber allein der bestehenden Ehe zugedacht hat, dürfen ihr – so das BVerfG – nicht über die Rechtsprechung zum Unterhaltsrecht wieder entzogen werden.[2729]

Für bestimmte humanitäre Leistungen geht die neuere Rechtsprechung des Bundesgerichtshofs noch darüber hinaus und stellt auf den gesetzgeberischen Zweck der Leistung ab. Sie orientiert sich an § 18 Abs. 1 des Contergan-Stiftungsgesetzes, der bestimmt, dass Leistungen nach diesem Gesetz (Conterganrenten) bei der Ermittlung und Anrechnung von Einkommen u. a. nach dem Bürgerlichen Gesetzbuch außer Acht bleiben.[2730] Diesen Grundsatz wendet der Bundesgerichtshof auch auf Leistungen nach dem HIV-HilfeG[2731] an[2732] und führt ausdrücklich aus, der gesetzgeberische Zweck, auch den unterhaltsberechtigten Angehörigen von infizierten oder erkrankten Personen finanzielle Hilfe zukommen zu lassen, gebiete es nicht, den Unterhalt von nicht betroffenen Ehegatten zulasten der infizierten oder erkrankten Person unter Berücksichtigung der HIV-Rente zu bemessen.[2733] Dementsprechend hätten die Leistungen nach dem HIV-HilfeG keine Einkommensersatzfunktion, sondern würden – so der Bundesgerichtshof – als humanitäre Hilfe gewährt.[2734] Sie sind daher nicht als unterhaltsrechtlichen Einkommen anzusehen.[2735]

Die Corona-Soforthilfen, die zu Beginn der Coronapandemie 2020 für Kleinstunternehmen und Selbständige gezahlt wurden[2736] erfolgten zur Abdeckung von Liquiditätsengpässen durch die Coronapandemie und standen wegen dieser Zweckbindung für den allgemeinen Lebensunterhalt und damit auch für Unterhaltszwecke nicht zur Verfügung.[2737]

Die Qualifizierung einer an den Unterhaltsschuldner erbrachten Leistung als sein unterhaltsrechtliches Einkommen hängt damit wesentlich von der gesetzgeberischen Zweckbestimmung der Leistung ab und ist daher je nach Art der Leistung zu entscheiden. Im Rahmen dieser Einzelfallprüfung kann es aber auch gerechtfertigt sein, das an ein schwer verletztes Unfallopfer gezahlte Schmerzensgeld für den Unterhalt eines minderjährigen Kindes zu verwenden, den schwerwiegenden Beeinträchtigungen des Pflichtigen aber durch eine maßvolle Erhöhung des Selbstbehalts Rechnung zu tragen.[2738]

[2728] BGH FamRZ 2012, 281 Rn. 26 = NJW 2012, 381 = MDR 2012, 156, s. auch Rn. 52–52c.

[2729] BVerfG FamRZ 2003, 1821 ff. = NJW 2003, 3466f; anders für den Fall der Dreiteilung des Einkommens bei Unterhaltspflichten gegenüber zwei Berechtigten: BGH FamRZ 2008, 1911 (1917) = FPR 2008, 566.

[2730] BT-Drs. 15/5654, 13.

[2731] Gesetz über die humanitäre Hilfe für durch Blutprodukte infizierte Personen v. 24.7.1995, zuletzt geändert durch Art. 6a des Gesetzes vom 18.7.2017, BGBl. I 2757.

[2732] BGH FamRZ 2018, 1506 mAnm Maurer = NJW 2018, 2638 = MDR 2018, 1318 Rn. 15–19.

[2733] BGH FamRZ 2018, 1506 mAnm Maurer = NJW 2018, 2638 = MDR 2018, 1318 Rn. 20.

[2734] BGH FamRZ 2018, 1506 mAnm Maurer = NJW 2018, 2638 = MDR 2018, 1318 Rn. 19.

[2735] BGH FamRZ 2018, 1506 mAnm Maurer = NJW 2018, 2638 = MDR 2018, 1318 Rn. 21.

[2736] Bundesprogramm „Corona-Soforthilfen für Kleinstunternehmer und Selbständige", z. B. „NRW-Soforthilfe 2020"

[2737] OLG Frankfurt/M. FamRZ 2021, 1617 (1618); Zur Pfändungsfreiheit dieser Soforthilfen BGH FamRZ 2021, 968 (LS.) = NJW 2021, 1322 mAnm Herberger.

[2738] BGH NJW 1989, 524 (526).

2. Arbeitseinkommen

a) Entgelt für normale Arbeitsbemühung

aa) Brutto/Nettoeinkommen. Unterhaltspflichtiges Arbeitseinkommen ist das 785
Bruttoeinkommen abzüglich gesetzlicher Abzüge, das sind Steuern und Sozialabgaben.
Für die konkrete Unterhaltsbemessung sind ferner gewisse unterhaltsrechtlich beachtliche
Ausgaben des Verpflichteten zu berücksichtigen.

Zum **Bruttoeinkommen aus Arbeit** rechnen alle Leistungen, die dem Schuldner im
Hinblick auf das Arbeits- und Dienstverhältnis zufließen, gleichgültig, aus welchem
Anlass sie im Einzelnen gewährt werden.[2739]

Berechnungsgrundlage (→ Rn. 679 f.) bildet in der Regel ein längerer Zeitraum, in der 786
Regel das Durchschnittseinkommen des letzten Kalenderjahres. es sei denn, eine danach
eingetretene Änderung der Verhältnisse von Dauer stehe fest. Das hat der Unterhaltsschuldner (bei Einkommensminderung) zu beweisen.

Ein Monatslohn entspricht 4 $^{1}/_{3}$ Wochenlöhnen.

Bei **Einkommen aus selbstständiger Arbeit** bildet das Durchschnittseinkommen aus 787
drei aufeinander folgenden, möglichst letzten Jahren, die Grundlage der Bemessung des
künftigen Unterhalts. Ist allein rückständiger Unterhalt zu errechnen, ist auf das in dem
betreffenden Zeitraum tatsächlich erzielte Einkommen abzustellen.[2740] Anstelle gesetzlicher Sozialabgaben werden in angemessenem Rahmen Beiträge für private Alters- und
Krankenvorsorge berücksichtigt. Besonders zu beachten ist, dass steuerrechtlich zulässige
Einkommensminderungen, insbesondere pauschaler Art, auf ihre spezifische unterhaltsrechtliche Berücksichtigungsfähigkeit zu überprüfen sind, im Einzelnen → Rn. 997 ff.

Privatentnahmen[2741] des Unternehmers sind kein Einkommen im unterhaltsrecht- 788
lichen Sinne und damit nicht zusätzlich zu den Gewinneinkünften zu berücksichtigen.[2742]
Sie sind im Zweifel allerdings ein Indiz für die Höhe des Effektiveinkommens[2743] und ein
Hilfsmittel bei der Feststellung der wahren Einkommensverhältnisse.[2744] Über den ausgewiesenen Gewinnen liegende Entnahmen können nämlich Ergebnis der die Betriebs-
aussichten abschätzenden Unternehmerüberzeugung sein, dass der Betrieb solche Entnahmen auf längere Sicht zuverlässig hergeben wird.[2745] Der Erfahrungssatz, dass die
Privatentnahmen das wahre Einkommen widerspiegeln, gilt jedoch dann nicht mehr,
wenn feststeht, dass der konsolidierte Unternehmensgewinn solche Entnahmen wirtschaftlich nicht rechtfertigt, diese vielmehr aus einem schon verschuldeten Unternehmen
genommen werden oder zur Verschuldung führen.[2746]

Für die Vergangenheit soll der Unterhaltsberechtigte an Übermaßentnahmen teilhaben 789
dürfen (bedenklich).[2747]

[2739] BGH FamRZ 2004, 186 (187); 20121201 (1202) = NJW 2012, 2190 (2191) mAnm Born =
MDR 2012, 776f; BGH 2013, 935 = NJW 2013, 1738 Rn. 23 f.

[2740] → Rn. 680.

[2741] Vgl. allgemein: Stein FamRZ 1989, 343; sowie Schürmann, Einkommen aus selbständiger Tätigkeit im Unterhaltsrecht FamRB 2006, 149 ff., 183 ff., 215 ff.; OLG Zweibrücken NJW 1992, 1902.

[2742] OLG Brandenburg FamRZ 2014, 219 (220).

[2743] OLG Düsseldorf FamRZ 1983, 279 (280); FamRZ 2005, 211 (212); OLG Dresden FamRZ
1999, 850 f.; wohl auch OLG Hamm FamRZ 2005, 214 (Ls.).

[2744] OLG Düsseldorf FamRZ 1983, 397 (399); FamRZ 2005, 211 (212); OLG Frankfurt/
M. FamRZ 2005, 803; OLG Hamm FamRZ 1993, 1088; OLG Köln FamRZ 1983, 87 (89).

[2745] OLG Köln FamRZ 2007, 1559 (Ls.).

[2746] OLG Düsseldorf FamRZ 1983, 397 (399); OLG Hamm FamRZ 1997, 674; OLG Koblenz
OLGR 2001, 105; OLG Köln FamRZ 1983, 87 (89); OLG Schleswig SchlHA 1996, 244; OLG
Zweibrücken NJW 1992, 1902 (1903).

[2747] OLG Dresden FamRZ 1999, 850 (851); OLG Schleswig SchlHA 1996, 244; Kleinle DAVorm.
1996, 433.

Werden die Privatentnahmen wie Einkommen behandelt, müssen ggf. Einlagen wie Abzüge gewertet werden.[2748]

790   **Gewinnschwankungen** kürzerer Dauer bleiben unterhaltsrechtlich unberücksichtigt. Sie müssen vom Unternehmer einkalkuliert werden, so dass er mit Rücksicht auf längerfristige Unterhaltsverbindlichkeiten Vorsorge zu deren Erfüllung treffen kann. Zeiten schmaleren Gewinns sind dabei ggf. durch Kredite zu überbrücken.[2749]

791   **bb) Weihnachtsgeld, Zusatzgehälter, Prämien, sonstige Gratifikationen. Weihnachtsgeld, 13. und 14. Gehälter** werden nach einhelliger Meinung dem unterhaltspflichtigen Einkommen vollständig zugerechnet.[2750] Diese Einkünfte sind Teil der Entlohnung für normale Arbeitsbemühung in normaler Arbeitszeit und deshalb voll für die Unterhaltsberechnung heranzuziehen. Die einmalige Zahlung am Jahresende (oder zu sonstiger Zeit) wird anteilig auf das monatliche Durchschnittseinkommen eines Jahres umgelegt.[2751] Beginnt die Unterhaltspflicht vor dem Monat der Auszahlung der Gratifikation oder des Zusatzgehaltes, so ist gleichwohl das Monatseinkommen um die anteilige Sonderzuwendung zu erhöhen, falls sie in diesem Jahr nicht erstmalig gezahlt wird, sondern auch früher schon eine jährlich wiederkehrende Zuwendung war.

792   **Sonstige Gratifikationen, Prämien,**[2752] **Leistungszulagen, Jubiläumszuwendungen**[2753] **und sonstige Nebeneinnahmen** sind grundsätzlich unterhaltsrechtliches Einkommen, und zwar unabhängig davon, aus welchem Anlass sie im Einzelnen gezahlt werden, also selbst dann, wenn sie dem Ausgleich besonderer Anstrengungen oder der Belohnung besonderer Erfolge dienen.[2754] Werden sie einmalig gewährt, wie zB eine Jubiläumszuwendung, sind sie ggf. auf mehr als ein Jahr zu verteilen.[2755] Die Leistungen sind allerdings zu schmälern um den konkreten Mehraufwand, den der Empfänger einer solchen Zulage hat.[2756] Zu diesem Mehraufwand können zB die Kosten für die Bewirtung von Kollegen anlässlich eines Berufsjubiläums gehören, wenn sie objektiv angemessen sind. Abzugsfähig können auch die Kosten sein, die anfallen, um eine besondere, die Zulage auslösende Leistungsfähigkeit zu erhalten.[2757]

793   Einkommen sind auch leistungs- oder erfolgsorientierte, nicht regelmäßige Zuwendungen, die typischerweise im Arbeitsbereich des Unterhaltspflichtigen anzufallen pflegen oder anfallen können (zB Erfindungen, Patente, Lizenzen, Verbesserungsvorschläge, Umsatzbelohnung, bei Berufssportlern Siegprämien, Wettbewerbspreise bei Freiberuflern). Erlöse aus **Aktienoptionen des Arbeitgebers** dürften Einkommen, nicht im Zugewinnausgleich zu berücksichtigendes Vermögen sein.[2758]

794   **Anrechenbarkeit der Einkünfte.** Von der Einordnung als unterhaltsrechtliches Einkommen zu unterscheiden ist die Frage, ob es in voller Höhe oder ermäßigt um einen

---

[2748] OLG Düsseldorf FamRZ 1983, 397 (400).

[2749] → Rn. 671.

[2750] BGH FamRZ 1970, 636 = NJW 1971, 137; 1980, 555 = NJW 1980, 934; 1980, 984 = NJW 1980, 2251; 1982, 250 (251) = NJW 1982, 822; FamRZ 2013, 935 = NJW 2013, 1738 Rn. 23 f.

[2751] BGH FamRZ 1982, 250 (252) = NJW 1982, 822.

[2752] BGH FamRZ 1970, 636 = NJW 1971, 137 (Treueprämie); BGH FamRZ 2013, 935 = NJW 2013, 1738 Rn. 23 f.

[2753] OLG Brandenburg NJW 2020, 1596 (LS.) = NZFam 2020, 345 mAnm Graba; OLG Oldenburg NJW-RR 2009, 1657.

[2754] BGH FamRZ 2012, 1201 (1202) = NJW 2012, 2190 (2191) mAnm Born = MDR 2012, 776 f.

[2755] BGH FamRZ 1982, 250 (252) = NJW 1982, 822; OLG Oldenburg NJW-RR 2009, 1657, OLG Stuttgart FamRZ 2014, 781 (Ls.).

[2756] BGH FamRZ 2012, 1201 (1202) = NJW 2012, 2190 (2191) mAnm Born = MDR 2012, 776 f.

[2757] BGH FamRZ 1994, 21 = NJW 1994, 134 abzusetzen sind die Mehraufwendungen zur Erhaltung der fliegerischen Leistungsfähigkeit; auch: OLG Hamm FamRZ 1991, 576.

[2758] OLG Oldenburg NJW-RR 2009, 1657; **aA** Kogel, Das Aktienoptionsrecht – ein Vermögenswert im Zugewinn?, FamRZ 2007, 950 (951).

Billigkeitsabschlag für Unterhaltszwecke einzusetzen ist. Diese hängt davon ab, ob die Leistung des Arbeitgebers ein Entgelt für normale oder für überobligatorische Bemühungen des Beschäftigten ist, und ist für jede einzelne Leistung konkret zu ermitteln.

Der **Krankenversicherungszuschuss** des Arbeitgebers für den privat krankenversicherten Arbeitnehmer ist unterhaltspflichtiges Einkommen.[2759] Abzugsfähig ist dann allerdings der gesamte Krankenversicherungsbeitrag.   **795**

Trinkgeld ist stets unterhaltsrechtliches Einkommen, mag auch die genaue Erfassung schwierig sein. Eine Schätzung gemäß §§ 113 Abs. 1 FamFG, 287 ZPO ist oft angezeigt. Konkreten Beweisantritten ist jedoch nachzugehen.[2760]   **796**

Fahrtkostenzuschüsse des Arbeitgebers sind unterhaltspflichtiges Einkommen, von dem allerdings die durch die beruflich veranlassten Fahrten tatsächlich entstandenen und nachgewiesenen Aufwendungen in Abzug zu bringen sind.[2761]   **797**

cc) Familienzuschlag. Der Familienzuschlag – ehemals Ortszuschlag – nach §§ 39, 40 BBesG und den entsprechenden Besoldungsregelungen der Bundesländer ist Teil des Einkommens des unterhaltspflichtigen Beamten, Richters und Soldaten. Er ist unterhaltspflichtiges Einkommen im Verhältnis zu den Kindern des Schuldners aus der geschiedenen Ehe, denn für die Berechnung des Kindesunterhalts ist auf das aktuelle Einkommen abzustellen;[2762] auch dürfen Kinder aus der ersten Ehe nicht gegenüber denjenigen aus der neuen Ehe benachteiligt werden. Wird der Familienzuschlag der Stufe 1 nach § 40 Abs. 1 Nr. 1 und 3 BBesG allerdings für die Aufnahme eines **Stiefkindes** in den Haushalt des Beamten gezahlt, verbleibt diesem ebenso wie der für das Stiefkind gewährte steuerliche Freibetrag.[2763] Für den **Geschiedenenunterhalt** ist zu berücksichtigen, dass der Familienzuschlag sowohl dem verheirateten als auch dem geschiedenen Beamten gewährt wird, sofern er zumindest in Höhe des Zuschlags zum Unterhalt verpflichtet ist. Er beruht auf zwei Rechtsgründen und kann daher anders als der Splittingvorteil[2764] nicht der neuen Ehe vorbehalten bleiben. Er ist auch nicht uneingeschränkt unterhaltspflichtiges Einkommen,[2765] sondern auf beide Ansprüche aufzuteilen und bei der Bemessung des Geschiedenenunterhalts hälftig zu berücksichtigen.[2766] Wird der Unterhalt des geschiedenen Ehegatten allerdings durch das Hinzutreten des neuen Ehegatten herabgesetzt, ist der Familienzuschlag im Rahmen der Leistungsfähigkeit in vollem Umfange als Einkommen zu berücksichtigen.[2767]   **798**

Die Erhöhung des Beihilfebemessungssatzes, die einem Beamten zugutekommt, der zwei oder mehr Kinder betreut, führt zu einer Ersparnis an Beiträgen zu der privaten Krankenversicherung. Diese Ersparnis ist unterhaltspflichtiges Einkommen des betreuenden Elternteils.[2768]

[2759] OLG Hamm FamRZ 2001, 370 f.

[2760] BGH NJW 1991, 697 (698) = FamRZ 1991, 182.

[2761] BGH FamRZ 1983, 49 = NJW 1983, 933 (LS.); 1984, 374 (376) = NJW 1984, 1458; OLG Brandenburg FamRZ 2013, 1137 (1139).

[2762] BGH FamRZ 2005, 1817 (1822) = NJW 2005, 3277.

[2763] BGH FamRZ 2005, 1817 (1822 f.); FamRZ 2007, 793 (798).

[2764] BVerfG FamRZ 2003, 1821 ff. = NJW 2003, 3466 ff.

[2765] So OLG Celle FamRZ 2005, 716 (717) = OLGR 2005, 90 ff.; NJW-RR 2006, 721 ff. für den Fall, dass die Voraussetzungen des § 40 Abs. 1 Nr. 3 BBesG nicht erfüllt sind; OLG Oldenburg NJW 2006, 2419 (2420).

[2766] BGH FamRZ 2007, 793 (798) = MDR 2007, 889 (Ls.); OLG Hamm FamRZ 2005, 1177.

[2767] BGH FamRZ 2008, 1911 (1917) = FPR 2008, 566; FamRZ 2012, 281 (287) = NJW 2012, 384 (389) = MDR 2012, 156 (161).

[2768] BGH FamRZ 2018, 681 = MDR 2018, 742 Rn. 35.

799   **dd) Urlaubsgeld.** Urlaubsgeld ist Bestandteil des unterhaltspflichtigen Einkommens[2769] und im Regelfall anteilig auf 12 Monate umzulegen, so dass die Steuerprogression auf das Jahreseinkommen einwirken kann.[2770]

800   **ee) Urlaubsabgeltung.** Urlaubsabgeltungen sind Geldzahlungen des Arbeitgebers für nicht genommenen Urlaub. Sie beruhen, da der Unterhaltspflichtige nur „normalen" Arbeitsaufwand schuldet, regelmäßig auf unzumutbar gesteigertem Arbeitseinsatz, sind also überobligatorisch erzielte Einkünfte.[2771] Ihre Anrechnung bestimmt sich daher nach Treu und Glauben – § 242 BGB – und den Umständen des Einzelfalles. So hat der Bundesgerichtshof zB eine Urlaubsabgeltung von 3.296 EUR zur Hälfte als Einkommen betrachtet.[2772]

801   **ff) Ministerialzulage.** Ministerialzulage ist, obwohl nicht konkret leistungsbezogen, Einkommen und kein Aufwendungsersatz.[2773] Entsprechendes gilt für vergleichbare Zulagen, etwa bei den obersten Bundesgerichten.

802   **gg) Auslandszulagen.** Auslandszulagen, die vor allem im diplomatischen Dienst und bei Auslandseinsätzen von Soldaten als Teil der Auslandsdienstbezüge (§ 52 BBesG) gezahlt werden, bestehen aus einer Summe verschiedener Beträge unterschiedlichen Grundes und Zwecks, nämlich dem Auslandszuschlag, dem Kaufkraftausgleich, dem Mietzuschuss, dem Auslandsverwendungszuschlag und der Auslandsverpflichtungsprämie.

Der **Auslandszuschlag (§ 53 BBesG)** dient dem Ausgleich der besonderen materiellen und immateriellen Belastungen gerade infolge des Dienstes im Ausland.[2774] Beispiele immaterieller Belastungen sollen sein die gesundheitliche Gefährdung durch das Klima, schlechte Hygiene, Ungeziefer, psychische Belastungen aller Art durch Beschränkung der Bewegungsfreiheit, Dauerbewachung, kulturelle Eintönigkeit, Gefahr für Leib und Leben bei Gewaltausbrüchen. Die Beispiele zeigen, dass es sich um eine pauschale Zuwendung handelt, um eine spezielle Form einer das Gehalt generell erhöhenden Zuwendung, die Ortszuschlagelemente aufweist und ihrer Art nach auch an die Ministerialzulage erinnert. Der Auslandszuschlag ist grundsätzlich unterhaltspflichtiges Einkommen.[2775] Die Höhe seiner Anrechnung hängt jedoch davon ab, in welchem Umfang der Verpflichtete den Nachweis konkreten, durch Aufwandsentschädigungen nicht gedeckten Mehrbedarfs infolge des Einsatzes im Ausland führt, denn dieser Mehrbedarf ist vorweg abzusetzen.[2776] Eine pauschale teilweise Nichtanrechnung des Auslandszuschlags ohne Rücksicht auf konkret belegten Mehrbedarf ist – jedenfalls in aller Regel – nicht angebracht.[2777]

[2769] BGH FamRZ 1980, 984 = NJW 1980, 2251; 1980, 555 (556) = NJW 1980, 934; 1982, 250 (251) = NJW 1982, 822; OLG Hamm DAVorm 1978, 199 u. 280; OLG München DAVorm 1979, 41; OLG Oldenburg FamRZ 2000, 1016; OLG Stuttgart FamRZ 1978, 693 (695).

[2770] BGH FamRZ 1991, 416 (418); s. auch OLG Oldenburg FamRZ 2000, 1016: Verteilung des für 6 Monate gezahlten Urlaubsgeldes auf 8 Monate, da das Urlaubsgeld eines Kapitäns zur See auch den Heimaufenthalt zwischen zwei Heuern finanzieren soll.

[2771] BGH NJW 1991, 697 = FamRZ 1991, 182; NJW-RR 1992, 1282; FamRZ 2012, 1483 (1486) = NJW 2012, 3434 (3437) mAnm Maurer.

[2772] BGH NJW-RR 1992, 1282 (1283); s. auch AG Freiburg FamRZ 2004, 705: keine Anrechnung.

[2773] OLG Köln FamRZ 1982, 706 (707).

[2774] So eine Erklärung des Auswärtigen Amtes zu dieser Zulage und § 55 BBesoldG; § 1 Abs. 2 S. 1a VO über die Gewährung eines Auslandsverwendungszuschlags; BGBl. 2009 I 809.

[2775] BGH FamRZ 1980, 342 (344); OLG Bamberg FamRZ 1997, 1339 (1340); OLG Koblenz FamRZ 2000, 1154 = NJWE-FER 2000, 140; OLG Köln FamRZ 1991, 940 (941); OLG Stuttgart FamRZ 2007, 1242 zur Auslandsverwendungszulage.

[2776] BGH FamRZ 1980, 342 (344); OLG Bamberg FamRZ 1997, 1339 (1340); OLG Schleswig FamRZ 2005, 369 = NJW-RR 2005, 3; OLG Hamm FamRZ 2009, 2009 = NJW-RR 2010, 74 = FamFR 2009, 13 (Schwolow).

[2777] OLG Koblenz FamRZ 2000, 1154 = NJWE-FER 2000, 140.

Der **Kaufkraftausgleich (§ 55 BBesG)** ist, wenn er auch währungsbedingten Mehr- 803
aufwand ausgleichen soll, nicht allein schon deshalb unterhaltsrechtlicher Anrechnung
entzogen, denn nicht selten wird der wirkliche, konkrete Mehraufwand unter der dafür
pauschal gewährten Zulage liegen. Da der Kaufkraftausgleich sich aber im Prinzip an der
konkreten Währungssituation ausrichtet, wird daran zu denken sein, gemäß §§ 113
Abs. 1 FamFG, 287 ZPO einen konkreten Mehraufwand in Höhe der Zuwendungen
anzunehmen.[2778]

Der **Auslandsverwendungszuschlag** wird nach § 56 BBesG gezahlt an Beamte und 804
Soldaten, die sich in einem von der Bundesregierung beschlossenen humanitären oder
unterstützenden Auslandseinsatz befinden. Seine Zweckbestimmung entspricht derjenigen des Auslandszuschlags (→ Rn. 802). Er gleicht daher alle materiellen Mehraufwendungen und immateriellen Belastungen durch besondere Verwendung im Ausland aus.
Hierzu gehören die Einschränkung der persönlichen Bewegungsfreiheit und der Privat-
sphäre, hygienische Mängel und die Gefahr für Leib- und Leben durch Terrorakte und
kriegerische Auseinandersetzungen.[2779] Wird der Auslandsverwendungszuschlag wegen
eines Einsatzes in einem Krisengebiet gezahlt (Beisp.: Malieinsatz der Bundeswehr), ist er
teilweise als Einkommen aus überobligatorischer Tätigkeit anzusehen und bleibt zT (1/2
bis 2/3) anrechnungsfrei.[2780] Maßgeblich für die Höhe des anrechnungsfreien Betrages ist
die Gefährlichkeit des Einsatzes, für die als Anhaltspunkt die Einstufung der Dienst-
behörde nach § 3 Abs 1 AuslandsverwendungszuschlagsVO herangezogen werden
kann.[2781] Der Auslandsverwendungszuschlag ist unterhaltsrechtlich in dem Jahr zu berücksichtigen, in dem er angefallen ist. Eine Verteilung auf mehrere Jahre erscheint nicht
angezeigt, da er kein Ersatz für entfallenen Einkünfte dargestellt.[2782]

Die **Auslandsverpflichtungsprämie nach § 57 BBesG** wird gezahlt bei einer Aus- 805
landsverwendung von mehr als sechs Monaten in einem Gebiet, für das der Auslandsverwendungszuschlag der höchsten Stufe gezahlt wird. Er stellt nach den genannten
Grundsätzen unterhaltsrechtliches Einkommen dar, dürfte aber wie der Auslandsverwendungszuschlag teilweise aus Billigkeitserwägungen anrechnungsfrei bleiben.

Der **Mietzuschuss nach § 54 BBesG** – ist Aufwendungsersatz und wird im Regelfall 806
durch konkret nachgewiesenen Mehrbedarf in Höhe der Vergütung als Einkommensbestandteil, der bei der Unterhaltsbemessung zu berücksichtigen ist, ausscheiden.[2783]

Die **EU-Haushaltszulage** wird nach Anhang VII Art. 1 des Statuts der Beamten der 806a
EG unabhängig vom Vorhandensein von Kindern auch bei kinderlosen Ehen und eingetragenen Partnerschaften gezahlt. Sie ist damit vergleichbar dem deutschen beamtenrechtlichen Familienzuschlag (→ Rn. 798) und ist folglich Bestandteil seines unterhaltspflichtigen Einkommens.[2784] Ob die Haushaltszulage ganz oder nur hälftig für Zwecke des
Ehegattenunterhalts einzusetzen ist, ist ungeklärt. An den **geschiedenen oder getrenntlebenden EU-Beamten** wird sie nur gezahlt, wenn er Kinder hat, für die Unterhalt

---

[2778] OLG Hamm FamRZ 2009, 2009 = NJW-RR 2010, 74 = FamFR 2009, 13 (Schwolow).

[2779] Im Einzelnen: § 2 der VO über die Zahlung eines Auslandsverwendungszuschlags, BGBl. I
2009, S. 809.

[2780] BGH FamRZ 2012, 1201 (1203) = NJW 2012, 2190 (2192) mAnm Born = MDR 2012, 776f;
OLG Hamm FamRZ 2010, 1085 (1086); OLG Frankfurt/M. NJW 2013, 1686 (1687); OLG Koblenz
FamRZ 2019, 1857 (LS.) = NZFam 2020, 40 (Preisner); OLG Schleswig FamRZ 2005, 369 = NJW-
RR 2005, 3 (4); OLG Stuttgart FamRZ 2002, 820 (LS.) Bei einem Einsatz in den Niederlanden sind
dagegen nur die konkreten Mehraufwendungen abzusetzen: BGH FamRZ 1980, 342 (344).

[2781] OLG Frankfurt/M. NJW 2013, 1686 (1687); OLG Dresden FamRZ 2014, 1307 (1308).

[2782] OLG Koblenz FamRZ 2019, 1857 (LS.) = NZFam 2020, 20 (Preisner); aA OLG Stuttgart
FamRZ 2002, 820 (LS.).

[2783] OLG Bamberg FamRZ 1997, 1339 (1340).

[2784] OLG Koblenz FamRZ 2017, 1403 (1406).

geleistet wird. Dies spricht dafür, in den Fällen, in denen der Beamte Unterhalt für nicht überwiegend bei ihm lebende gemeinsame Kinder erbringt, die Zulage vollständig für Unterhaltszwecke einzusetzen. Wird sie geleistet, weil in seinem Haushalt nicht gemeinsame Kinder leben, könnte ihm zumindest ein Teil der Zulage zur Minderung seiner Unterhaltslast belassen werden.

807   **hh) Sachzuwendungen und Sachentnahmen. Sachzuwendungen, Einkaufsvorteile u. Ä.** sind unterhaltspflichtiges Einkommen, es sei denn, sie wären auch unterhaltsrechtlich von völlig unbeachtlicher Art und Quantität. In Betracht kommen Sachdeputate, freies Wohnen in einer Firmenwohnung oder einer Dienstwohnung, private Nutzung eines Firmenwagens, freies oder verbilligtes Essen, Einkaufsrabatte für Warenhausbedienstete,[2785] Jahreswagenvorteile,[2786] Firmentelefon,[2787] um nur einiges zu nennen. Die SozialversicherungsentgeltVO (früher SachbezugsVO) setzt für 2023 pro Monat für freie Verpflegung 288 EUR und für freie Unterkunft 265 EUR an[2788] Nach § 2 Abs. 3 SvEV kann der Wert einer Unterkunft auch mit dem ortsüblichen Mietzins angesetzt werden, wenn der in der Verordnung genannte Betrag nach Lage des Einzelfalles unbillig wäre. Sämtliche Sachzuwendungen sind unterhaltsrechtliches Einkommen nur, wenn durch sie ein ansonsten anfallender privater Kostenaufwand vermieden wird. Ist der Unterhaltsschuldner nur zu einer dienstlichen Nutzung berechtigt, erhöht sich sein Einkommen nur indirekt durch den Fortfall eines entsprechenden berufsbedingten Aufwands.[2789]

Sachentnahmen wie die Eigenprodukte eines Landwirts sind ebenfalls unterhaltspflichtiges Einkommen und in ihrem Wert zu schätzen.[2790]

808   Die praktisch bedeutsamste, weil häufigste **Sachzuwendung** ist die Überlassung **eines Firmenfahrzeuges zur privaten Nutzung.** Sie ist Einkommensbestandteil, dessen unterhaltsrechtlicher Wert nach §§ 113 Abs. 1 FamFG, 287 Abs. 1 ZPO zu schätzen ist.[2791] Er entspricht dem Betrag, den der Unterhaltpflichtige an Kosten für Anschaffung und Unterhaltung erspart.[2792] Dieser Betrag kann ermittelt werden mithilfe der sogenannten ADAC-Tabelle.[2793] Diese beziffert allerdings die Gesamtkosten des Fahrzeuges, nicht nur diejenigen der privaten Nutzung und erscheint daher als Schätzungsgrundlage nicht geeignet.[2794] Die ältere Rechtsprechung nimmt pauschale Schätzungen vor, die zwischen 150 EUR und 350 EUR im Monat liegen,[2795] wobei eine Pauschalierung auf 150 EUR für ein Mittelklassefahrzeug[2796] auch unter Berücksichtigung des Steuernachteils als zu

---

[2785] OLG Hamm FamRZ 1999, 167.

[2786] AG Essen NJW-RR 1990, 9 = FamRZ 1990, 195 (ca. 155 EUR monatl. = alle 8 Jahre Neuwagen erspart); AG Stuttgart FamRZ 1990, 195 (20 % Rabatt jährlich).

[2787] BGH NJW 1995, 962; OLG Hamm FamRZ 1993, 1450; FamRZ 1995, 1422; OLG Karlsruhe FamRZ 1990, 533 (534).

[2788] 13. VO zur Änderung der SozialversicherungsentgeltVO (21.12.2006 BGBl. 2006 I 3385) vom 22.1.2022 BR-Drs. 556/22.

[2789] OLG Brandenburg FamRZ 2022, 442 (LS.) mAnm Borth = NJOZ 2021, 1413 Rn. 25.

[2790] BGH FamRZ 2005, 97 (98).

[2791] OLG Brandenburg FamFR 2010, 560 (Huber); OLG Hamburg FamRZ 1987, 1044 (1045); OLG Hamm FamRZ 1992, 1427; 1999, 513; OLG Karlsruhe FamRZ 1990, 533 (534); FamRZ 1994, 897 = NJW-RR 1994 2, (3); OLG München FamRZ 1999, 1350; vgl. auch Strohal, Jahreswagen und Unterhalt, FamRZ 1995, 459 ff.; Romeyko, Der private Nutzungswert des Geschäftswagens, FamRZ 2004, 242 ff.

[2792] OLG Hamm FamRZ 2014, 847 (Ls.); OLG Karlsruhe FamRZ 2006, 1759 = NJW-RR 2006, 1585; OLG Zweibrücken FamRZ 2008, 1655.

[2793] OLG Oldenburg FamRZ 2008, 1655.

[2794] OLG Hamm FamRZ 2009, 981 Rn. 55.

[2795] Vgl. die Übersicht bei Galinsky, Der Firmenwagen im Unterhaltsrecht, NZFam 2015, 951 (953f), zuletzt OLG Karlsruhe FamRZ 2016, 237 (238) = NJW-RR 2015, 1411.

[2796] OLG Brandenburg FamFR 2010, 560 (Huber): 150 EUR monatlich für ein Fahrzeug der Mittelklasse im Minimum, OLG Hamburg FamRZ 1987, 1044 (1045); OLG Hamm FamRZ 1992,

niedrig erscheint. Vorzugswürdig ist eine Schätzung anhand des steuerlich zu veranschlagenden Wertes von 1 % des Anschaffungspreises[2797] entsprechend den Leitlinien einiger Oberlandesgerichte[2798] Dieser kann erhöht werden, wenn der Arbeitgeber sämtliche Kosten der Fahrzeugnutzung trägt.[2799] Abzusetzen von dem Schätzbetrag sind die in die Berechnung des Nettoeinkommens bereits eingeflossene steuerliche und sozialversicherungsrechtliche Mehrbelastung[2800] und der Anteil, der auf die Fahrten zwischen Wohnort und Arbeitsstätte entfällt.[2801] Unterschiedlich behandelt wird der Einwand, dass der Unterhaltsschuldner ohne Stellung eines Dienstwagens privat ein kostengünstigeres Fahrzeug fahren würde.[2802] Bei wirtschaftlich beengten Verhältnissen erscheint es sachgerecht, die Kosten anzusetzen, die für ein den wirtschaftlichen Verhältnissen entsprechendes Fahrzeug erspart werden.[2803] Jedenfalls ist zu beachten, dass dem Unterhaltspflichtigen sein Selbstbehalt zur Deckung der notwendigen Bedürfnisse zur Verfügung stehen muss.

Der vom Arbeitgeber gewährte **Zuschuss für die dienstliche Nutzung eines privat angeschafften Pkw** (Car Allowance) ist unterhaltsrechtliches Einkommen, wenn und soweit der Zuschuss die dienstlich verursachten Fahrzeugkosten übersteigt.[2804]

Einmalige höchstpersönliche Sonderzuwendungen wie Sachgeschenke des Arbeitgebers sind kein unterhaltspflichtiges Einkommen. Geldzuwendungen sind im Zweifel aber anrechenbar (→ Rn. 791, 792). 809

Sonderzuwendungen, die arbeitsbedingt sind (zB kostenlose Milch, Waschmittel, Kleidung, die privat nicht getragen wird), sind kein unterhaltspflichtiges Einkommen, weil ihnen konkreter Mehrbedarf gegenübersteht, es sei denn, es ergebe sich eine nennenswerte häusliche Ersparnis (zB durch Tragen von Arbeitskleidung). 810

ii) Betreuungsentgelt. Betreuungsentgelt ist die Bezahlung für persönliche Betreuung naher Angehöriger. Praktisch wird dies vor allem bei Leistungen des Unterhaltspflichtigen für noch im Haushalt lebende, verdienende (volljährige) Kinder oder für hilfsbedürftige Eltern. Wird für die Leistungen ein Entgelt gezahlt, so ist es unterhaltspflichtiges Einkommen. Im Übrigen ist zu prüfen, ob der Unterhaltspflichtige durch die Betreuung möglicherweise gegen seine Erwerbsobliegenheit verstößt (→ Rn. 740, 767). 811

jj) Hausfrau-/Hausmann-Entgelt. Haushaltstätigkeit eines verheirateten Unterhaltspflichtigen im ehelichen Haushalt gemäß „gegenseitigem Einvernehmen" § 1356 Abs. 1 BGB ist nicht zu Unterhaltszwecken in Geld umzurechnen, da ein Anspruch auf Entgelt in bar gegen den anderen Ehegatten nicht besteht, dieser vielmehr verpflichtet ist, den 812

1427; 1999, 513; OLG Karlsruhe FamRZ 1990, 533 (534); FamRZ 1994, 897 = NJW-RR 1994 2, (3); OLG München FamRZ 1999, 1350; vgl. auch Strohal, Jahreswagen und Unterhalt, FamRZ 1995, 459 ff.; Romeyko, Der private Nutzungswert des Geschäftswagens, FamRZ 2004, 242 ff.

[2797] OLG Bamberg FamRZ 2007, 1818; OLG Brandenburg NZFam 2022, 975 (979) mAnm Niepmann; OLG Hamm FamRZ 2005, 297 (Ls.); FamRZ 2009, 981 (984); FamRZ 2014, 847 (Ls.); OLG Karlsruhe FamRZ 2016, 237 (238); OLG Saarbrücken FamRZ 2022, 186 (LS) mAnm Borth = NZFam 2021, 978 (Niepmann).

[2798] Nr. 4 der Leitlinien der Oberlandesgerichte Braunschweig, Düsseldorf, Hamm, Koblenz und Schleswig.

[2799] OLG Hamm NJW-RR 2008, 882f: Arbeitgeber bezahlt alle Tankkosten im Inland.

[2800] OLG Hamm FamRZ 2009, 981 (984); OLG Zweibrücken FamRZ 2008, 1655.

[2801] OLG Brandenburg NZFam 2022, 975 (979) mAnm Niepmann; OLG Hamm FamRZ 2015, 1974 Rn. 29 = MDR 2015, 1242.

[2802] Unbeachtlich OLG Zweibrücken FamRZ 2008, 1655; für eine Berücksichtigung OLG Karlsruhe FamRZ 2016, 237 (238) = NJW-RR 2015, 1411.

[2803] OLG Karlsruhe FamRZ 2016, 237 (238f) = NJW-RR 2015, 1411.

[2804] BGH FamRZ 2021, 186 mAnm Seiler = NJW 2021, 697 Rn. 31 bis 33.

haushaltführenden Ehepartner zu unterhalten (§§ 1360, 1360a BGB).[2805] → Rn. 750 ff. (Hausmannrechtsprechung).

813   **Arbeit im Haushalt des neuen Partners** kann zur Anrechnung eines Versorgungsentgelts führen. Da es sich hierbei i. d. R. um ein Einkommen des Berechtigten handelt, → Rn. 563 ff.

814   **Wirtschaftsgeld, Haushaltsgeld** sind kein Einkommen des den Haushalt versorgenden Ehegatten, sondern nur treuhänderisch zur Verwendung für die Bedürfnisse der Familie überlassen.[2806] Darin enthaltenes Taschengeld jedoch kann abgesondert werden und steht zur freien Verfügung, ist mithin Einkommen.[2807] → Rn. 815.

815   **Taschengeld,**[2808] das der nicht erwerbstätige oder zuverdienende[2809] Ehegatte von dem erwerbstätigen Partner verlangen kann,[2810] ist grundsätzlich unterhaltspflichtiges Einkommen. Soweit der angemessene oder notwendige Selbstbehalt des Pflichtigen gewahrt bleibt, ist es für Unterhaltszwecke einzusetzen,[2811] und zwar auch bei Unterhaltspflichten gegenüber volljährigen Kindern[2812] und den Eltern.[2813] Verbleiben sollen dem unterhaltspflichtigen Kind ein Betrag von 5 % bis 7 % des Familienselbstbehalts (→ Rn. 219) sowie die Hälfte des darüber hinausgehenden Taschengelds.[2814]

816   Die **Höhe des Taschengelds** richtet sich nach den Einkommens- und Vermögensverhältnissen sowie dem allgemeinen Lebenszuschnitt der Ehegatten und soll 5–7 % des Nettoeinkommens des Zahlungspflichtigen betragen,[2815] wobei eine Quote von 5 % als regelmäßig geschuldet angesehen werden kann.[2816] Taschengeld kann unter den allgemeinen Voraussetzungen für Unterhaltsansprüche auch für die Vergangenheit geltend gemacht werden.[2817] Gegen die Pfändbarkeit von Taschengeld bestehen verfassungsrechtliche Bedenken nicht,[2818] sie ist, obwohl streitig,[2819] zu bejahen (→ Rn. 433).

[2805] BVerfG FamRZ 2002, 527 ff.; BGH FamRZ 2001, 986 ff.; FamRZ 2001, 1693 ff.; BGH NJW 2007, 139 (142 f.) = FamRZ 2006, 1827 (1831); → Rn. 64 ff.

[2806] BGH FamRZ 1986, 668 = NJW 1986, 1869; OLG Hamm FamRZ 1988, 947.

[2807] OLG Hamm FamRZ 1988, 947 (948).

[2808] Hauner FamRZ 1996, 193; Sauer/Meiendresch, Zur Pfändung des Taschengeldanspruchs, FamRZ 1996, 1441.

[2809] BGH FamRZ 1998, 608 = NJW 1998, 1553.

[2810] **So die hM:** Wendl/Dose UnterhaltsR/Bömelburg § 3 Rn. 67; BVerfG FamRZ 1986, 773; BGH FamRZ 1998, 608 f.; LG Karlsruhe FamRZ 2003, 1484 grunds. **gegen** einen solchen Anspruch: Haumer FamRZ 1996, 193 ff.; Braun NJW 2000, 97 ff.; AG Rendsburg FamRZ 2001, 560 = NJW 2000, 3653 f.

[2811] BGH NJW 2007, 139 (142 f.) = FamRZ 2006, 1827 (1831); BGH FamRZ 2013, 363 = NJW 2013, 686 Rn. 26 f.; OLG Brandenburg NZFam 2019, 352 (353).

[2812] OLG Brandenburg NZFam 2019, 352 (353).

[2813] BGH FamRZ 2004, 366 (369) = NJW 2004, 674 (676 f.); BGH FamRZ 2013, 363 = NJW 2013, 686 Rn. 26 f.; FamRZ 2014, 538 = NJW 2014, 1173 Rn. 29; FamRZ 2014, 1540 mAnm Hauß = NJW 2014, 2570 Rn. 13; FamRZ 2014, 1990 mAnm Hauß = NJW 2014, 3514 Rn. 12; anders OLG Köln FamRZ 2001, 437 (438), das dem Unterschuldners ein angemessenes Taschengeld von 125 EUR bis 215 EUR belassen will.

[2814] BGH FamRZ 2014, 538 = NJW 2014, 1173 Rn. 29; FamRZ 2014, 1540 mAnm Hauß = NJW 2014, 2570 Rn. 13; FamRZ 2014, 1990 mAnm Hauß = NJW 2014, 3514 Rn. 12; die Entscheidung des BGH vom 12.12.2012 FamRZ 2013, 363 = NJW 2013, 686 Rn. 50, die dem Kind 5 % bis 7 % **des eigenen Mindestbedarfs** sowie die Hälfte des darüber hinausgehenden Taschengelds belassen will, ist überholt.

[2815] BGH FamRZ 1998, 608 = NJW 1998, 1553; FamRZ 2004, 366 (369) = NJW 2004, 674 (676 f.); FamRZ 2013, 363 = NJW 2013, 686 Rn. 367.

[2816] BGH FamRZ 2014, 1990 mAnm Hauß = NJW 2014, 3514 Rn. 14.

[2817] OLG Hamm FamRZ 1988, 947 (948).

[2818] BVerfG FamRZ 1986, 773.

[2819] Eingehend mwN: OLG München FamRZ 1988, 1161; OLG Stuttgart FamRZ 2002, 185; Büttner FamRZ 1994, 1431 (1439 f.).

b) Erschwerniszulagen

Zulagen für Arbeitserschwernis sind solche, die sich aus der Art der Arbeit, ihrer 817
zeitlichen Lage (Nachtarbeit, Schichtarbeit), ihrer körperlichen oder geistigen besonderen
Lästigkeit und Mühe (Schwer- und Schwerstarbeit, Schmutzarbeit), ihrer Gefährlichkeit
(Bergung von Sprengkörpern, Umgang mit gefährlichen Giftstoffen) ergeben.[2820] Auch
sog Trennungsentschädigungen, Auslösegelder und Montageprämien können Erschwerniszulagen sein, soweit sie nicht nur dazu bestimmt sind, einen durch Arbeit außerhalb
der heimatlichen Arbeitsstelle erhöhten Bedarf (etwa bei Auslandsaufenthalt) zu decken,[2821] sondern auch ein gesteigertes Entgelt für damit verbundene persönliche Unbe-
quemlichkeiten, klimatische Veränderungen, ungewohnte Umgebung, Trennung von der
Familie uÄ darstellen sollen. **Corona-Sonderzahlungen,** die Arbeitgeber als Ausgleich
für die coronabedingten Belastungen an ihre Arbeitnehmer -teilweise steuerfrei- zahlen,
sind unterhaltsrechtlich als **Zulagen für Arbeitserschwernis** zu werten. Sie stellen keine
Einkünfte aus unzumutbarer Tätigkeit dar, da Arbeitnehmer im Rahmen des vertraglich
geschuldeten tätig werden.[2822] **Erschwerniszulagen** sind voll anrechenbares unterhaltspflichtiges Einkommen, wenn die Belastungen berufstypisch (zB in der Bau- und Monta-
geindustrie) oder von geringem Umfange sind.[2823] Im Übrigen gelten die Grundsätze über
die Anrechnung überobligatorischer Einkünfte. Die Tatsache der Ausübung der Tätigkeit
spricht in der Regel für ihre Zumutbarkeit im Verhältnis zu den Berechtigten. Dem
Pflichtigen ist als Ausgleich für die Erschwernis ein gewisser Bonus zu belassen.[2824]
→ Rn. 821 ff.

c) Gewinnbeteiligung

Gewinnbeteiligung (Tantieme) ist Teil des normalen Einkommens. Der Arbeitende hat 818
durch seine Leistung üblicher Art die Erzielung dieses Mehrwerts mit ermöglicht.

d) Vermögenswirksame Leistungen und Sparzulagen

Vermögenswirksame Leistungen des Arbeitgebers sind arbeitsrechtlich Bestandteile 819
des Lohnes (§§ 1, 2 des Gesetzes zur Förderung der Vermögensbildung) und damit
grundsätzlich als unterhaltspflichtiges Einkommen anzusehen.[2825] Sie stehen dem Unterhaltspflichtigen aber nicht zur freien Verfügung, sondern werden nur gezahlt, wenn er
tatsächlich spart. Es erscheint daher gerechtfertigt, weder die vermögenswirksamen Leistungen des Arbeitgebers[2826] noch die **Arbeitnehmersparzulage,** die für bestimmte Einkommensgruppen als staatliche Leistung gezahlt wird, als unterhaltspflichtiges Einkommen anzusehen.[2827] Die Sparleistungen des Arbeitnehmers sind, da der Vermögensbildung
dienend, nicht einkommensmindernd in Abzug zu bringen.

Eine Direktversicherung, die für den Arbeitnehmer als Form der betrieblichen 820
Altersversorgung abgeschlossen wird, soll Einkommensbestandteil sein.[2828] Allerdings
steht dieser Betrag für Unterhaltszwecke nicht zur Verfügung, da er zweckgebunden
als Versicherungsbeitrag zu verwenden ist. Dies wird zumindest bei der Beurteilung

---

[2820] OLG Stuttgart NJW 1978, 1332: „Schicht- und ähnliche Zulagen“.
[2821] BGH NJW-RR 1989, 900 (901) = FamRZ 1990, 266.
[2822] Anders OLG Brandenburg NZFam 2022, 975 mAnm Niepmann Rn. 44.
[2823] OLG Stuttgart Die Justiz 1978, 436; KG DAVorm 1979, 110 (118).
[2824] OLG München NJW 1982, 835: 1/3.
[2825] BGH NJW 1980, 2251 (2252).
[2826] OLG Düsseldorf FamRZ 1994, 1049 (1050).
[2827] Nr. 10.6 der unterhaltsrechtlichen Leitlinien der Oberlandesgerichte Brandenburg, Celle,
Düsseldorf, Hamm, Hamburg, Koblenz, Köln, Oldenburg und Schleswig.
[2828] OLG München FamRZ 1997, 613 (614).

der Leistungsfähigkeit zu berücksichtigen sein. Werden aus der Direktversicherung Kapitalleistungen erbracht, sind diese unterhaltsrechtliches Einkommen und unter Berücksichtigung der statistischen Lebenserwartung in eine wiederkehrende Leistung umzurechnen.[2829]

e) Entgelt für zusätzliche Arbeit

821 **aa) Umfang der Erwerbsobliegenheit. Die Erwerbsobliegenheit des Unterhalts-schuldners richtet sich in der Regel auf die Erzielung von Verdienst bei normaler Arbeitszeit.** Eine Verpflichtung zur Mehrarbeit, auch in Form einer Nebentätigkeit kann nur im Rahmen einer gesteigerten Unterhaltpflicht bestehen, wenn ansonsten der Mindestunterhalt minderjähriger Kinder nicht gesichert ist. → Rn. 722 aE und → Rn. 738. Ist der kindliche Mindestbedarf gedeckt, ist die Mehrarbeit nicht zumutbar. Der Unterhalts-schuldner ist zu ihr nicht verpflichtet, sie ist **überobligatorisch**[2830] und kann jederzeit beendet oder reduziert werden; die erzielten Einkünfte sind nur eingeschränkt für Unterhaltszwecke einzusetzen, wenn ihre vollständige Verwendung gegen Treu und Glauben (§ 242 BGB) verstieße.[2831]

822 [einstweilen frei]

823 Einkommen aus Mehrarbeit, das der Unterhaltsschuldner tatsächlich erzielt, ist grundsätzlich – ganz oder teilweise – zu berücksichtigen, da zur Ermittlung der Leistungsfähigkeit alle erzielten Einkünfte heranzuziehen sind.[2832] In vollem Umfang für Unterhaltszwecke einzusetzen sind die Einkünfte aus einer Mehrarbeit, wenn ansonsten der Mindestunterhalt für ein minderjähriges oder privilegiert volljähriges Kind nicht gewahrt wäre.[2833] Besteht eine gesteigerte Erwerbsobliegenheit (→ Rn. 821) nicht, bestimmt sich die Anrechenbarkeit nach § 242 BGB unter Berücksichtigung aller Umstände des Einzelfalles. Der Unterhaltsschuldner hat Tatsachen vorzutragen, aus denen sich ergibt, dass das Einkommen gleichwohl nicht oder zumindest nicht in voller Höhe anzurechnen ist.[2834] Im Rahmen der umfassenden Würdigung aller Umstände sind die Verhältnisse und Interessen des Verpflichteten und Berechtigten zu berücksichtigen und gegeneinander abzuwägen. Erheblich können sein die Höhe der Unterhaltsansprüche, die subjektive Leistungsfähigkeit des Unterhaltsschuldners (Alter, Krankheit, Schwere der Arbeit),[2835] Motiv und Zweck der Mehrarbeitsleistung (etwa Neigung, Schuldentilgung, Erhöhung des eigenen Lebensstandards oder desjenigen der betreuten Kinder)[2836] oder auch die Tatsache, dass es sich um eine dauerhafte Nebentätigkeit mit nachhaltig erzielten Einkünften handelt.[2837] Beim Unterhalt für minderjährige und privilegiert volljährige Kinder wird im Rahmen dieser Abwägung eher eine zumindest teilweise Anrechnung der Einkünfte in Betracht kommen als beim Unterhalt für Ehegatten oder sonstige Verwandte.[2838]

[2829] KG FamRZ 2015, 1198.

[2830] Hierzu Born FamRZ 1997, 129 ff.

[2831] BGH FamRZ 2013, 1558 = NJW 2013, 2897, Rn. 12; FamRZ 2021, 186 mAnm Seiler = NJW 2021, 697, Rn. 36; OLG Brandenburg FamRB 2020, 140 (Schneider); OLG Schleswig FamRZ 2022, 1186 (1188).

[2832] BGH FamRZ 2004, 186 (187).

[2833] BGH FamRZ 2013, 1558 = NJW 2013, 2897 Rn. 16.

[2834] BGH FamRZ 2004, 186 (187).

[2835] OLG Schleswig SchlHA 1980, 44.

[2836] BGH FamRZ 1983, 146 (149) = NJW 1983, 933; OLG Hamm FamRZ 2009, 2009; OLG Köln NJW Spezial 2008, 3.

[2837] OLG Brandenburg FamRZ 2021, 1028 (1029).

[2838] BGH FamRZ 2013, 1558 = NJW 2013, 2897 Rn. 17.

Eine **bestimmte Anrechnungsquote gibt es nicht,** insbesondere kann nicht als Grundsatz anerkannt werden, dass im Zweifel Einkommen aus unzumutbarer Arbeit etwa zur Hälfte[2839] anzurechnen sei.

Überstunden und sonstige Mehrarbeit. Die Vergütung für Überstunden ist grundsätzlich unterhaltsrechtliches Einkommen. Sie ist in voller Höhe anzusetzen, wenn eine entsprechende Erwerbsobliegenheit besteht und unabhängig davon, wenn sie nur in geringem Umfange anfällt oder wenn die Leistung von Überstunden im fraglichen Ausmaß in dem vom Unterhaltsschuldner ausgeübten Beruf üblich ist.[2840]   824

Die Anrechenbarkeit von Überstunden geringen Umfanges wurde bejaht bei monatlich sieben Stunden [2841] oder bei bis zu 10 % der Regelarbeitszeit,[2842] bei einer Stunde arbeitstäglich,[2843] verneint bei beinahe 10 % des Einkommens,[2844] für die an Sonntagen und allgemeinen Feiertagen bei sieben Tagen Arbeit in der Woche geleisteten Überstunden, wenn für sie kein zeitlicher Ausgleich an allgemeinen Werktagen gewährt wird.[2845]   825

Berufstypische, im Beruf übliche Überstunden sind beispielsweise bei einem Cheffahrer,[2846] Kranführer,[2847] Schachtmeister,[2848] Zechenangestellten[2849] oder einem niedergelassenen Arzt[2850] angenommen worden.   826

Bereitschaftsdienst ist, wenn weniger arbeitsintensiv als Überstunden, nur im Zeitaufwand gleich belastend wie diese. Es kann deshalb zulässig sein, die Zumutbarkeitsgrenze zu erweitern.[2851] Der Bereitschaftsdienst eines Assistenzarztes am Krankenhaus von monatlich 50–88 Stunden kann heute wohl nicht mehr als „berufstypisch" angesehen werden.[2852]   827

Urlaubsabgeltung nach Verzicht auf Urlaub ist Einkommen aus unzumutbarer Tätigkeit[2853] und nur nach Billigkeit anzurechnen (§ 242 BGB),[2854] → Rn. 800.   828

Zusätzliche Aufwendungen infolge von Mehrarbeit sind im konkret darzulegenden und zu beweisenden Umfang vorweg von anzurechnendem Mehrarbeitsverdienst abzuziehen. Hierzu gehören insbesondere die anfallenden Steuern. Findet das Einkommen aus Mehrarbeit nur teilweise Anrechnung, können nur die auf diesen Einkommensteil entfallenden Steuern berücksichtigt werden.   829

[2839] BGH FamRZ 2005, 1154 = NJW 2005, 2145; BGH NJW-RR 2005, 945 für den Unterhaltsberechtigten.

[2840] BGH FamRZ 1980, 984 = NJW 1980, 2251; 1982, 779 (780) = NJW 1982, 2502; FamRZ 2004, 186 (187) = MDR 2004, 279; KG FamRZ 2010, 1447f; OLG Frankfurt/M. FamRZ 2011, 1957f.; OLG Saarbrücken FamRZ 2022, 1186 (1188 f.).

[2841] BGH FamRZ 1980, 984 = NJW 1980, 2251.

[2842] BGH FamRZ 2004, 186 (187) = MDR 2004, 279; OLG Köln FamRZ 1984, 1108; OLG Saarbrücken FamRZ 2022, 1186 1188 f.

[2843] OLG Düsseldorf FamRZ 1984, 1092.

[2844] OLG Düsseldorf DAVorm 1982, 285 (287).

[2845] OLG Schleswig SchlHA 1980, 44 = DAVorm 1980, 245.

[2846] BGH FamRZ 1983, 886 = NJW 1983, 2321; OLG Köln FamRZ 1984, 1108: hier berufstypisch 25 % Regelarbeitszeit.

[2847] BGH FamRZ 1981, 26 (28) = NJW 1981, 170.

[2848] BGH FamRZ 1982, 779 (780) = NJW 1982, 2502 (mtl. 60–70 Überst.!).

[2849] OLG Düsseldorf FamRZ 1981, 772 (774) (tägl. 12 Stunden = nicht mehr üblich).

[2850] KG FamRZ 2010, 1447f.

[2851] OLG Frankfurt/M. FamRZ 2011, 1957f.

[2852] So noch OLG Hamburg FamRZ 1986, 1212 (1213).

[2853] OLG Köln FamRZ 1984, 1108.

[2854] BGH NJW-RR 1992, 1282 – hälftige Anrechnung „revisionsrechtlich" nicht zu beanstanden.

830   **bb) Nebentätigkeit.** Einkünfte aus einer Nebentätigkeit (→ Rn. 821) sind grundsätzlich nach den zu Mehrarbeit und Überstunden aufgestellten Regeln anzurechnen. Ergänzend gilt Folgendes:

831   Als **Nebenprodukt einer Haupttätigkeit** ist Nebenarbeit, weil ein wesentlicher Teil der Ergebnisse der Nebenarbeit entweder im Hauptberuf erarbeitet wird (zB Patente auf im Hauptberuf erarbeitete Entwicklungen) oder nebenberuflich wegen der Hauptarbeit mit geringerer Mühe hergestellt wird (Kommentatortätigkeit eines Ministerialbeamten), teilweise anrechenbar, wobei die Quote den Umständen des Einzelfalls anzupassen ist.[2855]
Folgt die Nebenarbeit notwendig aus dem Hauptberuf, ist sie Teil des Berufsbildes, liegt eine volle Anrechnung der Nebenbezüge nahe. Dies gilt für Nebeneinkünfte von Hochschullehrern aus einer Tätigkeit als Prüfer oder Gutachter[2856] oder auch für Einnahmen des Krankenhausarztes aus Gutachten oder Arztberichten. Denn die Gutachtertätigkeit folgt nicht rechtsverbindlich, aber faktisch selbstverständlich aus dem Hauptberuf. Zu den in vollem Umfange anrechenbaren Einkünften eines Oberarztes an einer Universitätsklinik gehören daher auch Honorare aus Vorträgen oder Publikationen – da für das Berufsziel Habilitation erforderlich –, aus einem Patent für einen Kathedar sowie aus Gutachten und Arztberichten.[2857] Anders zu beurteilen sind dagegen Nebenarbeiten, die nur **anlässlich** des Hauptberufes anfallen wie freie Forschungs- oder Gutachteraufträge.

832   Ist die **Nebentätigkeit faktisch Hauptberuf,** wird es nahe liegen, den Verdienst der „Nebentätigkeit" voll als unterhaltspflichtiges Einkommen zu behandeln.[2858]

833   **Im Allgemeinen jedoch wird zu beachten sein,** dass Nebenarbeit für den Verpflichteten oft mit höherem subjektivem Einsatz verbunden ist als die Ableistung von Überstunden. Daraus folgt eine größere Zurückhaltung bei der unterhaltsrechtlichen Einbeziehung von Nebenverdienst. Sie hat zu unterbleiben, wenn der Pflichtige bereits vollschichtig erwerbstätig ist und mehr als der Mindestbedarf der Berechtigten gedeckt ist.[2859] Besteht dagegen eine unterhaltsrechtliche Obliegenheit zur Ausübung einer Nebentätigkeit (→ Rn. 722 aE), sind die erzielten Einkünfte in vollem Umfang unterhaltsrechtliches Einkommen.

834   **Einkünfte aus der Nebentätigkeit eines Hausmanns/einer Hausfrau** sind für den Unterhalt der Berechtigten einzusetzen, wenn der Bedarf des Pflichtigen anderweitig gedeckt ist → Rn. 750 ff., Hausmannrechtsprechung. Dies gilt auch im Rahmen des Elternunterhalts.[2860]

835   **cc) Arbeit im Ruhestand. Nach Erreichen des regulären**[2861] **Ruhestandsalters** besteht unterhaltsrechtlich grundsätzlich keine Erwerbsobliegenheit mehr,[2862] so dass gleichwohl erzieltes Einkommen solches aus einer überobligatorischen Tätigkeit ist. Die Anrechenbarkeit beurteilt sich nach den Grundsätzen der Billigkeit. Bedeutsam können dabei sein zB das Vorliegen eines Mangelfalles, die mit der Erwerbstätigkeit zunehmende körper-

---

[2855] OLG München FamRZ 1982, 801 (802): Kommentatortätigkeit, Anrechnung 1/3 bei einem Monatsdurchschnitt zusätzlichen Nebeneinkommens von 4000 EUR.

[2856] OLG Zweibrücken FamRZ 2001, 103 – Ls. – = NJWE-FER 2001, 4 f.

[2857] OLG Köln FamRZ 1999, 113 (114).

[2858] BGH FamRZ 1983, 153 = NJW 1982, 1986: Schwerpunkt Tätigkeit als Komponist, Lehrtätigkeit an Hochschule nur zur verlässlichen materiellen Absicherung; volle Anrechnung Einkommen als Komponist. Prakt. Fall: Künstler erzielt durch „Hauptarbeit" jährlich 7670 EUR, durch „Nebenarbeit" in der Karnevalssaison 30 700 EUR = voll anrechenbar.

[2859] OLG Hamm FamRZ 1999, 43; OLG Koblenz FPR 2002, 66 (67).

[2860] BGH FamRZ 2004, 795 (797).

[2861] §§ 35, 235 SGB VI.

[2862] BGH FamRZ 2011, 454 (455) = NJW 2011, 670 (671 f.) = MDR 2011, 299f; FamRZ 2013, 191 mAnm Born = NJW 2013, 461 Rn. 15 und 16; OLG Karlsruhe FamRZ 2011, 1302; → Rn. 749.

liche und geistige Belastung, die gemeinsame Lebensplanung der Eheleute oder ihre wirtschaftlichen Verhältnisse.[2863] Zu berücksichtigen sind alle Umstände des Einzelfalles.

f) Entgelt für arbeitsbedingte Aufwendungen

aa) Spesen. Spesen sind Zuwendungen, die der Arbeitnehmer vom Arbeitgeber zur **836** Deckung arbeitsbedingten Mehraufwandes erhält. Sie sind unterhaltspflichtiges Einkommen, soweit sie nicht durch die tatsächlichen Aufwendungen aufgezehrt werden. Dabei kann bei steuerfrei gezahlten Spesen davon ausgegangen werden, dass diese nur den tatsächlich entstandenen Aufwand abdecken.[2864] Unterhaltsrechtlich relevantes Einkommen ist allein **die häusliche Ersparnis.** [2865] Deren **konkrete Berechnung** wird im Regelfall nicht verbindlich erfolgen können. Die oberlandesgerichtlichen Leitlinien lassen daher zu Recht eine pauschale Betrachtung zu und sehen 1/3 der gezahlten Spesen als unterhaltsrechtliches Einkommen an.[2866] Der Nachweis höherer Aufwendungen oder höherer Ersparnis ist zulässig.

Fahrtspesen – Kilometergeld – werden in der Regel problematisch nur bei der **837** Abrechnung von Fahrten mit dem eigenen Wagen des Unterhaltspflichtigen. Kilometergeld (Fahrgelderstattung), das der Arbeitgeber zahlt, ist, soweit konkreter Aufwandersatz, nicht dem unterhaltspflichtigen Einkommen zuzurechnen,[2867] es sei denn, der Spesensatz übestiege offensichtlich den tatsächlichen Aufwand. Dieser kann anhand der in den oberlandesgerichtlichen Leitlinien enthaltenen Pauschalbeträge ermittelt werden.[2868] Übersteigt die Leistung des Arbeitgebers diesen Pauschbetrag, ist sie unterhaltsrechtliches Einkommen, wenn nicht im Einzelfall ein höherer Aufwand konkret dargelegt wird.

Weitere Spesenarten: Essensspesen,[2869] Fliegerzulage für fliegendes Personal,[2870] Klei- **838** dergeld[2871] (ihm gleichzustellen ist die tatsächliche Bereitstellung von Berufskleidung), Übernachtungsspesen, bei denen freilich die häusliche Ersparnis schwerlich sehr zu Buche schlagen kann, da sie messbar allenfalls in der Nichtbenutzung von Wäsche, der Ersparnis von Reinigungskosten und Energie bestehen dürfte.

bb) Trennungsentschädigung, Auslösung, Montageprämie. Trennungsentschädigung, Auslösung, Montageprämie **839** sind Mehraufwendungsersatz aus Anlass auswärtigen Arbeitseinsatzes. Sie sind anrechenbares Einkommen, soweit sie den realen Mehraufwand übersteigen.[2872]

[2863] BGH FamRZ 2011, 454 (455) = NJW 2011, 670 (671 f.) = MDR 2011, 299f; FamRZ 2013, 191 mAnm Born = NJW 2013, 461 Rn. 15 und 16; OLG Brandenburg FamFR 2013, 80 (Schmitz); OLG Karlsruhe FamRZ 2011, 1302.
[2864] OLG Hamm FamRZ 2020, 30f = NZFam 2019, 693 (Hambitzer).
[2865] OLG Frankfurt FamRZ 1994, 1031 (1032).
[2866] Nr. 1.4 der Leitlinien sämtlicher Oberlandesgerichte außer OLG Köln Leitlinien 1.4 und FamRZ 2003, 602: keine Pauschalierung, Mehrkosten sind konkret darzutun; aA auch AG Diepholz FamRZ 2002, 1710: Einkommen nur 10 %.
[2867] → Rn. 982–987.
[2868] → Rn. 985.
[2869] KG FamRZ 1978, 937. Eine pauschale 50 %-Anrechnung ist nicht ohne weiteres zulässig.
[2870] BGH FamRZ 1994, 21 ff.: Kampffliegeraufwandsentschädigung = Einkommen; OLG Hamm FamRZ 1991, 576: Fliegerzulage und Fliegeraufwandsentschädigung sind Einkommen, soweit tatsächlicher beruflicher Mehraufwand nicht nachgewiesen.
[2871] OLG Köln FamRZ 1979, 135 rechnet es voll dem Einkommen zu, was gerechtfertigt ist, wenn kein beruflicher Mehraufwand an Kleidung festzustellen ist (vgl. auch BGH FamRZ 1982, 579 u. DAVorm 1982, 771 [773]: „Kleidung").
[2872] BGH FamRZ 1982, 887 = NJW 1982, 1983; OLG Schleswig DAVorm 1980, 557 urteilt wohl zu pauschal; ebenso: OLG Saarbrücken VersR 1977, 727 (728).

840   cc) Sitzungsgeld, Aufwandsentschädigung ehrenamtlich Tätiger. Die **Aufwands-entschädigung (Kostenpauschale)** eines Bundestagsabgeordneten,[2873] Landtagsabgeordneten (Bayern),[2874] Bürgermeisters oder Kreisrates (Bayern),[2875] als Ratsmitglied einer Gemeinde,[2876] das Sitzungsgeld für ein Mitglied einer kommunalen Bezirksvertretung,[2877] das Schöffengeld, das ein Schöffe für seine ehrenamtliche Richtertätigkeit erhält[2878] sowie ähnliche pauschale Entschädigungen (konkreter Aufwendungsersatz etwa für nachgewiesene Fahrtkosten scheidet von vornherein als Einkommen aus) sind nach dem Grundsatz, dass alle Einkünfte zur Unterhaltsbemessung heranzuziehen sind, unterhaltpflichtiges Einkommen, soweit sie nicht durch konkreten Aufwand aufgezehrt werden. Ein großzügiges Verfahren kann jedoch mit Rücksicht auf die Besonderheiten eines politischen Mandats angebracht sein – §§ 113 Abs. 1 FamFG, 287 Abs. 1 ZPO.[2879]

g) Gerichtsvollzieherbezüge

841   **Gerichtsvollziehereinkommen** ist in all seinen Bestandteilen unterhaltpflichtiges Einkommen, also mit den Dienstbezügen als Landesbediensteter und den Gebühren, die er abhängig von Art und Umfang seiner Tätigkeit teilweise als Vergütung einbehalten und teilweise zur Abgeltung eines Teils der Bürokosten (Entschädigung) verwenden darf, zu deren Deckung im Übrigen die vom Gerichtsvollzieher erhobene Dokumentenpauschale dient.[2880] Kein Einzelposten dieser Aufzählung ist pauschal vom unterhaltpflichtigen Einkommen abzuziehen, vielmehr ist der konkrete Berufsaufwand im Einzelnen darzulegen und zu belegen.[2881]

h) Einkommen Inhaftierter

842   **Strafgefangene, die sich im offenen Vollzug befinden (§ 10 StVollzugsG),** erzielen in der Regel Einkünfte, die nach allgemeinen Grundsätzen für Unterhaltszwecke zur Verfügung stehen.

Ist der Gefangene im geschlossenen Vollzug untergebracht, kann er einer normalen Beschäftigung nicht nachgehen. Verfügt er nicht über Vermögen oder kann er nicht ein ihm gehörendes Erwerbsgeschäft trotz der Inhaftierung weiterführen, kommt als unterhaltpflichtiges Einkommen nur dasjenige in Betracht, das der Gefangene in der Strafhaft erarbeitet.[2882]

Das in der Haft erzielbare Einkommen setzt sich zusammen aus „Hausgeld", „Eigengeld" und „Überbrückungsgeld".

843   **Das Hausgeld** nach § 47 Abs. 1 StrafvollzugsG beträgt 3/7 des Arbeitsentgelts. Der Gefangene kann es zum Einkauf persönlicher Dinge wie Nahrungs- und Genussmittel,

---

[2873] OLG Stuttgart NJW-RR 1994, 133 (134) = FamRZ 1994, 1251.

[2874] BGH FamRZ 1986, 780 = NJW-RR 1986, 1002; ferner: OLG Bamberg FamRZ 1986, 1144.

[2875] OLG Bamberg FamRZ 1999, 1082.

[2876] OLG Hamm FamRZ 1980, 997: keine Anrechnung, da zu Deckung Aufwendungen bestimmt und tatsächlich nötig.

[2877] BGH FamRZ 1983, 670 (672): Zweckbestimmung hindert Behandlung als Einkommen nicht. Entscheidend, dass mehr Geld für Familieneinkommen z. Vfg. steht, also konkreten Mehrbedarf ermitteln. Fall: Sitzungsgeld v. mtl. 66 EUR in Höhe von ca. 13 EUR als unterhaltpflichtiges Einkommen herangezogen, von BGH gebilligt; OLG Bamberg FamRZ 1986, 1144.

[2878] BGH FamRZ 1983, 670 (673): von den bescheiden bemessenen Pauschbeträgen werden (so BGH) im Ergebnis keine Überschüsse von Gewicht zustande kommen.

[2879] Vgl. BGH FamRZ 1981, 338 (440); FamRZ 1986, 780; OLG Bamberg FamRZ 1986, 1144; FamRZ 1999, 1082: Aufwandsentschädigung für Bürgermeister und Kreisräte: Einkommen zu 1/3.

[2880] Siehe im Einzelnen: OLG Köln FamRZ 1987, 1257.

[2881] OLG Köln FamRZ 1987, 1257.

[2882] BGH FamRZ 2015, 1473 = NJW 2015, 2493 Rn. 11.

Körperpflegemittel oder Postwertzeichen verwenden. Es übersteigt nicht den Mindestbedarf für notwendige Ausgaben des täglichen Lebens. Es ist unpfändbar und steht, wenn
andere Mittel nicht vorhanden sind, für Unterhaltszwecke nicht zur Verfügung.[2883] Etwas
anderes kann gelten, wenn diese notwendigen Bedürfnisse durch einen dem Gefangenen
zum Unterhalt verpflichteten Dritten, der in Freiheit lebt, gedeckt werden können und
müssen. Das Hausgeld soll dann uneingeschränkt zur Befriedigung von Unterhaltsansprüchen gegen den Inhaftierten herangezogen werden können.[2884] Für Unterhaltszwecke zu verwenden ist auch der Teil des Hausgelds, der ausnahmsweise nicht für
persönliche Bedürfnisse benötigt wird,[2885] was allerdings im Regelfall nicht vorkommen
dürfte.

Das Überbrückungsgeld (weitere 4/7 der Arbeitseinkünfte des Gefangenen) dient zur **844**
Unterhaltung des Gefangenen und seiner Familie in den ersten Wochen nach der Entlassung aus Haft (§ 51 Abs. 1 StVollzG). Verfügen kann der Gefangene über dieses Geld
erst nach der Entlassung, so dass es für laufenden, während der Haft verlangten Unterhalt
nicht verfügbar ist.[2886] Für Unterhalt nach Entlassung ist es allgemeines unterhaltspflichtiges Einkommen in dem Monat, in den der Zeitpunkt der Haftentlassung fällt und das
Überbrückungsgeld an ihn ausgezahlt wird.[2887] Der nicht zur Bildung des Überbrü-
ckungsgeldes verwendete Teil des Arbeitseinkommens, das sog. **Eigengeld**, § 52 StrafvollzugsG, ist in vollem Umfange pfändbar und in der Regel **uneingeschränkt für Unterhaltszwecke zu verwenden**.[2888] Der notwendige Selbstbehalt des Gefangenen in durch
das Hausgeld gewahrt. Dieser bemisst sich nämlich nicht nach den Selbstbehaltssätzen
der Düsseldorfer Tabelle. Der Gefangene erhält in der Haft kostenfrei Wohnen, Verpflegung, Bekleidung und Gesundheitsfürsorge. Er hat allerdings einen Anspruch auf
einen Barbetrag zur Befriedigung der Bedürfnisse, die über die Versorgung in der Justiz-
vollzugsanstalt hinausgehen. Hierzu dienen das **Taschengeld** nach § 46 StVollzugsG, das
an den nicht arbeitenden Gefangenen gezahlt wird. Der unterhaltsrechtliche Eigenbedarf
des arbeitenden Strafgefangenen wird durch das **Hausgeld** gedeckt. Ist dieses höher als
das Taschengeld wäre, steht es dem Gefangenen als Arbeitsanreiz zur Verfügung. Ist es
geringer, ist ihm ausnahmsweise ein Teil des Eigengeldes bis zur Höhe des Taschengeldes
zu belassen.[2889]

Zur **Frage des fiktiven Einkommens während der Haft** → Rn. 763, 764.

Einkünfte aus der Tätigkeit in einer Behindertenwerkstatt werden häufig als über- **845**
obligatorisch angesehen, weil sie gering sind und allenfalls zur teilweisen Deckung des
Taschengeldes herangezogen werden können. Sind sie höher, können sie für Unterhaltszwecke eingesetzt werden.[2890]

[2883] BGH FamRZ 1982, 913 = NJW 1982, 2491; FamRZ 1982, 792 (793) = NJW 1982, 1812 (nur
für normale Unterhaltspflicht); FamRZ 2015, 1473 = NJW 2015, 2493 Rn. 14; OLG Hamm FamRZ
2011, 732; OLG Naumburg FamRZ 2010, 572, 574; OLG München FamRZ 2010, 127; OLG
Zweibrücken FamRZ 1990, 553 (554).
[2884] Siehe OLG Zweibrücken FamRZ 1990, 553 (554) in Anwendung der so genannten „Hausmannrechtsprechung", → Rn. 750 ff.
[2885] OLG München FamRZ 2010, 127.
[2886] BGH FamRZ 2015, 1473 = NJW 2015, 2493 Rn. 16; OLG Hamm FamRZ 2011, 732.
[2887] Vgl. BGH FamRZ 1982, 792 (794) = NJW 1982, 1812; FamRZ 1982, 913 = NJW 1982, 2491;
FamRZ 2015, 1473 = NJW 2015, 2493 Rn. 16f OLG München DAVorm 1984, 77 (78).
[2888] BGH FamRZ 2015, 1473 = NJW 2015, 2493 Rn. 17.
[2889] BGH FamRZ 2015, 1473 = NJW 2015, 2493 Rn. 29 und 30.
[2890] OLG Düsseldorf FamRZ 2014, 1471f = NJW-RR 2014, 961 f.

i) Einkommen aus Haushaltsversorgung

846   Die mit diesem tatsächlichen oder fiktiven Einkommen verbundene Problematik wird in der Praxis idR aufseiten des Unterhaltsberechtigten akut, so dass hier, da für den Verpflichteten nichts anderes gelten kann als für den Berechtigten, auf die Ausführungen der → Rn. 563–572 verwiesen werden kann. Wegen der Versorgung und Wohnraumgewährung für volljährige verdienende Kinder, → Rn. 767.

3. Sonstiges Einkommen

a) Private Einkünfte

847   **aa) Einkommen aus Vermögen. Erträge aller Art aus Vermögen jeder Art**[2891] müssen grundsätzlich dem unterhaltspflichtigen Einkommen hinzugerechnet werden,[2892] zB Zinsen, auch aus einer kapitalisierten Schmerzensgeldrente,[2893] Dividenden, Miete, Pacht usw. Einkommensbestandteil sind auch **Spekulationsgewinne,** die der professionelle Spekulant an der Börse erzielt, wenn sie der Steuerpflicht unterliegen und damit als nachhaltig erzielbar zu betrachten sind.[2894] Anrechenbar sind natürlich nur die Nettobeträge, das sind die Bruttoerträge abzüglich der Steuern, gesetzlicher Abgaben und notwendiger Aufwendungen (zB Depotgebühren).[2895]
Ein **Abzug inflationsbedingten Wertverlustes ist unzulässig.**[2896]

848   Der **Verpflichtete ist gehalten, sein Vermögen ertragsgünstig anzulegen.**[2897] Das bedeutet nicht, dass bei der Unterhaltsbemessung die günstigste Anlage zugrunde zu legen ist. Dem Vermögensinhaber bleibt vielmehr ein Anlagespielraum. Von vergleichbar sicheren Anlagen darf im Zweifel nicht die ertragsungünstigere gewählt werden. Eine niedrigverzinsliche, jederzeit verfügbare Anlage ist mithin nur in Höhe eines „Notgroschens" von je nach ehelichen Lebensverhältnissen 5000 EUR bis 10 000 EUR[2898] zulässig. Die evtl. Notwendigkeit höherer ertragsungünstiger, jederzeit verfügbarer Rücklagen muss der Unterhaltsschuldner konkret darlegen und beweisen. Bei Einkommensschwankungen ist ein längerer Zeitraum (in der Regel von drei Jahren) zugrunde zu legen und die mit Sicherheit voraussehbare künftige Entwicklung in Betracht zu ziehen.[2899]

849   **Vermögenserträge, die ihrerseits zur Vermögensanlage genutzt werden,** können fiktiv als laufend verfügbares Einkommen behandelt werden, wenn die Parteien unangemessen sparsam gelebt haben[2900] → Rn. 777.

[2891] Zum grundsätzlich einsetzbaren Vermögen gehört zB auch ein Rückanforderungsanspruch aus § 528 I 1 BGB; BGH FamRZ 2019, 698 mAnm Seiler = NZFam 2019, 303 mAnm Burschel Rn. 15.
[2892] Vgl. BGH FamRZ 1985, 354 (355): Zins aus Verkaufserlös früheren ehelichen Anwesens; OLG Koblenz FamRZ 2000, 610 f.
[2893] OLG Karlsruhe, FamRZ 2002, 750.
[2894] OLG Stuttgart FamRZ 2002, 635.
[2895] Wegen der übrigen abzugsfähigen Lasten, insbesondere bei Einkommen aus Vermietung und Verpachtung von Immobilien → Rn. 1006 ff.; zur Leistungsfähigkeit einer früher in Gütergemeinschaft lebenden geschiedenen Ehegatten vgl. ausführlich: OLG Karlsruhe FamRZ 1996, 1414.
[2896] BGH NJW-RR 1986, 682.
[2897] BGH FamRZ 2013, 278 = NJW 2013, 530 Rn. 20 f.; OLG Bamberg FamRZ 1992, 1305 (1306); OLG Hamm OLGR 2003, 224; FamFR 2012, 345 (Ebert); OLG Koblenz FamRZ 1990, 51.
[2898] BGH MDR 1985, 473 (474): Unt. Berecht.; NJW-RR 1986, 683 (684); OLG Düsseldorf FamRZ 1985, 392; OLG Hamm FamRZ 1999, 917 (918): 125.000 DM dürfen teils kurz-, teils mittelfristig angelegt werden.
[2899] BGH NJW 1984, 303 (304).
[2900] BGH FamRZ 2007, 1532 (1535) mAnm Maurer; FamFR 2012, 345 (Ebert).

Den **Stamm seines Vermögens** muss der Unterhaltspflichtige, wenn sonstige Mittel **850** nicht vorhanden sind, zur Deckung des Bedarfs der Berechtigten einsetzen.[2901] Eine allgemeine Vorschrift, die die Obliegenheit des Pflichtigen zum Einsatz seines Vermögens regelt, fehlt. Nur für den nachehelichen Unterhalt ist in § 1581 S. 2 BGB bestimmt, dass der Vermögensstamm nicht verwertet zu werden braucht, „soweit die Verwertung unwirtschaftlich oder unter Berücksichtigung der beiderseitigen Verhältnisse unbillig wäre". Diese Billigkeitsregelung, die sich in § 1577 Abs. 3 BGB für den nachehelich Unterhaltsberechtigten findet, gilt für sämtliche Unterhaltsrechtsverhältnisse. Ihre Ausgestaltung und damit das Ausmaß der Obliegenheit zur Verwertung des Vermögensstammes hängen von der Intensität der Unterhaltsverpflichtung ab:

Für **den Familienunterhalt** ist das Vermögen einzusetzen, wenn seine Verwertung nicht **851** unter Berücksichtigung der beiderseitigen wirtschaftlichen Verhältnisse unbillig ist.[2902] **Während der Trennung** ist zu beachten, dass die Ehe noch nicht aufgelöst und eine Wiederherstellung der ehelichen Lebensgemeinschaft noch möglich und sogar fördernswert ist;[2903] auch tragen die Ehegatten während bestehender Ehe größere Verantwortung füreinander als nach Auflösung der Ehe.[2904] Daraus folgt, dass während noch bestehender Ehe im Interesse deren Aufrechterhaltung die Eheleute, also auch der Unterhaltsverpflichtete, möglichst nicht zu Änderungen ihrer in intakter Ehe begründeten ehelichen Lebensverhältnisse gedrängt werden dürfen, die sich zerrüttungsfördernd auswirken oder sonst die Aussichten für eine Wiederaufnahme der Lebensgemeinschaft beeinträchtigen könnten.[2905] Eine Veräußerung des Familienheims[2906] ist mithin grundsätzlich ebenso wenig zumutbar wie die Verwertung von Vermögen, das die Berufsgrundlage des Verpflichteten bildet, zB eines landwirtschaftlichen Anwesens oder eines Betriebes, auch wenn sie keinen zur Unterhaltsgewährung ausreichenden Ertrag abwerfen.[2907] Die Vernichtung der Grundlage der eheüblichen Existenz ist während der Trennung also grundsätzlich nicht zumutbar. Alle für oder gegen eine Vermögensverwertung relevanten Umstände sind zu berücksichtigen und abzuwägen.[2908] Dazu gehören insbesondere die tatsächliche Übung während intakter Ehe (Inanspruchnahme oder Nichtinanspruchnahme des Vermögens zur Bedarfsdeckung), die Einkommensverhältnisse des Verpflichteten, seine Vermögenssituation, die Dauer der Ehe und Trennung, wobei eine kurze Trennung eher eine Wiederherstellung der ehelichen Lebensgemeinschaft erwarten lässt, so dass mit zunehmender Dauer der Trennung die Obliegenheit zur Verwertung von Vermögenssubstanz stärker wird.[2909]

Wird der Vermögensstamm für Unterhaltszwecke herangezogen, ist bis zur Zustellung des Scheidungsantrages das sog **Verbot der Doppelverwertung** zu berücksichtigen: ist bereits aus dem Stamm des Vermögens[2910] Unterhalt geleistet worden, steht der entsprechende Betrag im Zugewinnausgleich nicht mehr zur Verfügung.[2911]

[2901] BGH FamRZ 2013, 203 mAnm Hauß = NJW 2013, 301 Rn. 33 f.

[2902] OLG Nürnberg NJW-Spezial 2008, 102.

[2903] BGH FamRZ 1985, 360; 1986, 556 (557) = NJW-RR 1986, 685 = DAVorm 1986, 657.

[2904] BGH FamRZ 1986, 556 (557); FamRZ 2005, 97 (99); FamFR 2012, 345 (Ebert).

[2905] BGH FamRZ 1986, 556 (557).

[2906] OLG Koblenz FamRZ 1991, 1187; OLG Frankfurt FamRZ 1990, 823: nach der Scheidung ist an der Veräußerung des Familienheims mitzuwirken.

[2907] BGH FamRZ 1986, 556 (557); FamRZ 2005, 97 (99); OLG Bamberg FamRZ 1987, 169 (170); OLG Düsseldorf FamRZ 1987, 833 (834); OLG Hamm FamRZ 1994, 895 (896); **anders:** OLG Düsseldorf FamRZ 1987, 281 (282).

[2908] BGH FamRZ 1985, 360.

[2909] BGH FamRZ 1986, 556 (557): OLG Hamm FamFR 2012, 345 (Ebert).

[2910] Nicht aus den Erträgen: BGH FamRZ 2011, 622 (625) mAnm Koch und Anm. Borth FamRZ 2011, 705 = NJW 2011, 999 (1001) = MDR 2011, 490 (491).

[2911] BGH FamRZ 2008, 761 (762) mAnm Hoppenz = NJW 2008, 1221 = MDR 2008, 508; FamRZ 2011, 622 (625) mAnm Koch und Anm. Borth FamRZ 2011, 705 = NJW 2011, 999 (1001) = MDR

852 Eine **Vermögensverwertung nach Auflösung der Ehe** ist unter Beachtung der Grundsätze des § 1581 S. 2 BGB eher zumutbar als während der Trennung, weil mit dem Ende der Ehe auch der gegenseitige Pflichtkreis sich auf nur nachwirkende Ehepflichten reduziert hat und die Förderung einer Wiederherstellung der ehelichen Lebensgemeinschaft durch Erhaltung ihrer wirtschaftlichen Grundlagen ausscheidet.[2912]

So steht nachehelich einer Obliegenheit zur Vermögensverwertung nicht schon ein damit verbundener Verlust der beruflichen Existenzgrundlage schlechthin entgegen.[2913]

853 Beim **Verwandtenunterhalt ist eine Verwertung des Vermögensstammes** grundsätzlich geboten, wenn sonstige Mittel zum Unterhalt nicht ausreichen. Maßgebend für den Umfang der Verwertungspflicht ist § 1603 Abs. 1 BGB, wonach die Unterhaltspflicht erst entfällt, wenn der Verpflichtete bei Berücksichtigung sonstiger Verpflichtungen außerstande ist, ohne Gefährdung des eigenen angemessenen Bedarfs den Unterhalt zu gewähren. Wer jedoch über Vermögen verfügt, ist zur Unterhaltsgewährung noch nicht außerstande.[2914]

Die Verpflichtung zum Einsatz des Vermögensstammes besteht gegenüber volljährigen Kindern und insbesondere gegenüber Minderjährigen (und den ihnen gleichgestellten privilegierten Volljährigen, § 1603 Abs. 2 S. 2 BGB), für deren Unterhalt „alle verfügbaren Mittel" eingesetzt werden müssen.[2915] Sie entfällt, wenn sie für den Schuldner mit einem wirtschaftlich nicht zumutbaren Nachteil verbunden, also unwirtschaftlich wäre.[2916] Darüber hinaus hat eine Verwertung zu unterbleiben, wenn sie dem Unterhaltsschuldner fortlaufende Einkünfte nimmt, die er zur Erfüllung anderer berücksichtigungswürdiger Verbindlichkeiten oder für seinen eigenen Unterhalt benötigt.[2917] Letzterer muss unter Berücksichtigung der voraussichtlichen Lebensdauer des Pflichtigen und unter Einbeziehung künftiger Erwerbsmöglichkeiten bis an sein Lebensende gesichert sein.[2918] Aus diesem Grunde kann die Veräußerung des Familienheims in der Regel nicht verlangt werden, da durch dieses der Wohnbedarf gedeckt und Miete erspart wird.[2919] Verfügt der Schuldner über liquides Vermögen (zB: aus der Veräußerung einer Immobilie) hat er dieses bis auf einen Schonbetrag einzusetzen[2920] – soweit möglich – Rücklagen zu bilden, um künftig jedenfalls des Mindestkindesunterhalt zu leisten.[2921]

2011, 490.(491); Balzer/Gutdeutsch, Die Berücksichtigung doppelvalenter Vermögenspositionen bei der Berechnung des Zugewinnausgleichs und des Unterhalts, FamRZ 2010, 341 (346).

[2912] OLG Frankfurt NJW-RR 1993, 7.

[2913] BGH FamRZ 1986, 556 (557) = NJW-RR 1986, 685.

[2914] BGH FamRZ 2006, 1511 = NJW 2006, 3344 Rn. 26; FamRZ 2013, 203 = NJW 2013, 301 Rn. 33; FamRZ 2013, 1554 mAnm Hauß = NJW 2013, 3024 Rn. 24; FamRZ 2015, 1172 = NJW 2015, 1877 mAnm Born Rn. 23 f.

[2915] ZB das durch die Veräußerung einer Immobilie erzielte Kapitalvermögen: OLG Brandenburg FamRZ 2013, 1139f; OLG Frankfurt/M. NJW 2015, 3105 Rn. 16.

[2916] BGH FamRZ 1986, 48 (50) = NJW-RR 1986, 66; FamRZ 1988, 604 = NJW 1988, 2799; FamRZ 2001, 21 (22); FamRZ 2004, 1184 (1185 f.); NJW 2006, 3344 (3346) = FamRZ 2006, 1511 (1513); FamRZ 2013, 203 mAnm Hauß = NJW 2013, 301 Rn. 33 f.; OLG Köln, FamRZ 2003, 411.

[2917] BGH FamRZ 1986, 48 (50) = NJW-RR 1986, 66; BGH FamRZ 2004, 1184 f.; FamRZ 2006, 1511 = NJW 2006, 3344 Rn. 26; FamRZ 2013,203 = NJW 2013, 301 Rn. 34; FamRZ 2013, 1554 mAnm Hauß = NJW 2013, 3024 Rn. 25; FamRZ 2015, 1172 = NJW 2015, 1877 mAnm Born Rn. 24.

[2918] BGH NJW 1989, 524 = FamRZ 1989, 170 (Fall: 50 % Schadensersatz an Querschnittsgelähmten 76.694 EUR = einziges Einkommen); BGH FamRZ 2004, 1184 f.; NJW 2006, 3344 (3346) = FamRZ 2006, 1511 (1513); OLG Bamberg FamRZ 1999, 1019; KG FamRZ 2003, 1864 (1865), wobei das Vermögen auch zur Sicherung des Bedarfs der unterhaltsberechtigten schwerbehinderten Tochter diente; OLG Karlsruhe NJWE-FER 1999, 33; OLG Stuttgart FamRZ 2021, 934 (935).

[2919] BGH FamRZ 1986, 48 (50) = NJW-RR 1986, 66: auch Veräußerung des Ferienhauses nur dann, wenn es nicht dem Wohnbedarf deckt; FamRZ 2001, 21 (23); NJW 2006, 3344 (3346) = FamRZ 2006, 1511 (1513); OLG Celle FamRZ 2001, 1639.

[2920] OLG Frankfurt/M. NZFam 2021, 603 (Maaß): Schonvermögen 2.000 EUR bis 3.000 EUR.

[2921] OLG Frankfurt/M. NJW 2015, 3105 Rn. 16.

Elternunterhalt. Diese allgemeinen Grundsätze gelten auch, wenn der Pflichtige seinen   **854**
Eltern Unterhalt zu leisten hat.[2922] Allerdings ist die Unterhaltsverpflichtung gegenüber
Eltern und Großeltern von minderer Qualität, da sie nicht nur den Kindern, sondern auch
dem geschiedenen Ehegatten, für dessen Unterhalt der Vermögensstamm nur im Rahmen
der Billigkeit anzugreifen ist (§ 1581 S. 2 BGB), im Range nachgeht (§ 1609 BGB).

Der Elternunterhalt hat darüber hinaus durch das Gesetz zur Entlastung unterhaltspflichtiger Angehöriger in der Sozialhilfe und in der Eingliederungshilfe (Angehörigen-
entlastungsgesetz v. 10.12.2019 BGBl. I 2135 ff) eine geänderte Ausrichtung erfahren.
Nach der durch dieses Gesetz neu eingeführten Vorschrift des § 94 Abs. 1a SGB XII geht
der Unterhaltsanspruch des bedürftigen Elternteils auf den Träger der Sozialhilfe nur
über, wenn das Jahreseinkommen des Kindes 100.000 EUR übersteigt. **Vorhandenes
Vermögen des Kindes steht dieser Unterhaltsverschonung nicht entgegen.**[2923]

Der Grundgedanken des Angehörigenentlastunggesetzes, Angehörige von pflege-
dürftigen Eltern und Kinder zu entlasten, muss Folgen auch für die unterhaltsrechtliche
Leistungsfähigkeit des besser verdienenden Kindes haben. Seine uneingeschränkte Heranziehung zum Elternunterhalt erscheint daher prüfungswürdig. Ob die im folgenden dargestellte Rechtsprechung zum Vermögenseinsatz daher im Lichte des Angehörigenentlastungsgesetzes noch anwendbar ist, erscheint zweifelhaft.[2924]

Der Bundesgerichtshof hat bereits vor Inkrafttreten des Angehörigenentlastungsgesetzes die Verwertung des Vermögensstammes eingeschränkt durch den Grundsatz, dass
dem unterhaltspflichtigen Kind eine spürbare und dauerhafte Senkung seines berufs- und
einkommenstypischen Unterhaltsniveaus nicht zuzumuten ist,[2925] und belässt ihm Vermögen, das dem eigenen angemessenen Unterhalt einschließlich der Altersvorsorge
dient.[2926] Die Höhe des Schonvermögens ist dabei individuell aufgrund der Umstände des
jeweiligen Einzelfalls zu ermitteln, wobei dem Pflichtigen zumindest der Schonbetrag
nach §§ 12 Abs. 2 Nr. 4 SGB II, 90 Abs. 2 Nr. 9 SGB XII zu belassen ist.[2927] Als zum
angemessenen Unterhalt gehörend sieht der Bundesgerichtshof zunächst das Familienheim an.[2928] Da dieses für Zwecke des Elternunterhalts nicht zu verwerten ist, besteht
auch keine Obliegenheit zum Widerruf einer Schenkung nach § 528 Abs. 1 BGB, wenn
die Eltern das Familienheim unter Vorbehalt eines Nießbrauchs an ihr Kind verschenkt
haben.[2929] Nicht für Unterhaltszwecke einzusetzen sind der für die Ersatzbeschaffung
eines angemessenen Pkw vorgesehene Betrag[2930] und vor allem die der Altersversorgung
dienenden Rücklagen – gleich in welcher Form sie erfolgen –.[2931] Dabei ist das ab Beginn
der Erwerbstätigkeit gebildete Altersvorsorgevermögen dem Zugriff der Unterhaltsgläubiger entzogen.[2932] Für die Berechnung des Altersvorsorgevermögens ist bei einem lang-

---

[2922] BGH FamRZ 2004, 1184 f.; NJW 2006, 3344 (3346) = FamRZ 2006, 1511 (1513).
[2923] Döring-Striening, Hauss, Schürmann, Elternunterhalt 2020 – quo vadis, FamRZ 2021, 137;
Pfuhlmann-Riggert, Die Verwertung des Vermögensstamms aus unterhalts- und sozialrechtlicher
Sicht unter Berücksichtigung des Angehörigenentlastungsgesetzes, NZFam 2021, 159 (161)
[2924] Döring-Striening, Hauss, Schürmann, Elternunterhalt 2020 – quo vadis, FamRZ 2021, 137
(142); BeckOK BGB, 63. Edition, § 1601 Rn. 28.
[2925] BGH FamRZ 2002, 1698 (1699 f.); NJW 2006, 3344 (3346) = FamRZ 2006, 1511 (1513).
[2926] BGH NJW 2006, 3344 (3346) = FamRZ 2006, 1511 (1514).
[2927] BGH FamRZ 2013, 1554 mAnm Hauß = NJW 2013, 3024 Rn. 35; FamRZ 2015, 1172 = NJW
2015,1877 mAnm Born Rn. 29: für einen alleinstehenden kinderlosen Unterhaltsschuldner, dessen
Einkommen unterhalb des Selbstbehaltes liegt, sollen 10.000 EUR angemessen sein.
[2928] BGH FamRZ 2001, 21 (23) = NJW 2000, 3488; FamRZ 2003, 1179 (1181) = NJW 2003, 2306.
[2929] BGH FamRZ 2019, 698 mAnm Seiler = NZFam 2019, 303 mAnm Burschel Rn. 15 – 17.
[2930] FamRZ 2006, 1511 (1514) = BGH NJW 2006, 3344 (3346).
[2931] BGH FamRZ 2006, 1511 (1514) = BGH NJW 2006, 3344 (3346).
[2932] BGH FamRZ 2013, 1554 mAnm Hauß = NJW 2013, 3024 Rn. 29; FamRZ 2015, 1172 = NJW
2015, 1877 mAnm Born Rn. 27.

andauernden Berufsleben eine Rendite von 4 % zu Grunde zulegen.[2933] Mit Beginn der Regelaltersgrenze kann das gebildete Vermögen für den Elternunterhalt eingesetzt werden. Es ist unter Berücksichtigung der statistischen Lebenserwartung in eine Monatsrente umzurechnen und unterhaltsrechtlich wie sonstiges Einkommen zu behandeln.[2934] Kein Altersvorsorge-(schon)-vermögen ist dem verheirateten unterhaltspflichtigen Kind zuzubilligen, das nicht erwerbstätig ist und dessen Altersvorsorge durch den erwerbstätigen Ehegatten sichergestellt wird.[2935]

855   **Art und Umfang der Verwertung des Vermögensstammes** hängen von den individuellen wirtschaftlichen Umständen des Einzelfalls und dem Umfang der Zumutbarkeit ab. So muss ein Ferienhaus veräußert werden, das weder dem (laufenden) Wohnbedarf der Familie dient noch mit Erträgen (Vermietung) zum Unterhalt benötigt wird;[2936] Gleiches gilt für eine nicht genutzte Haushälfte[2937] oder für einen Gewerbebetrieb mit verhältnismäßig geringen Gewinnen, von dem die Existenz des Schuldners nicht abhängt.[2938] Eine Vermögensumschichtung kann geboten sein,[2939] z. B. durch eine wohnwerterhöhende Renovierung der bewohnten Immobilie auch dem Verkaufserlös einer zweiten.[2940] Es kann aber nicht verlangt werden, Grundbesitz in einer Phase hoher Zinsen zugunsten einer Geldanlage zu verkaufen, da bei wirtschaftlicher Gesamtbetrachtung die niedrigere Grundbesitzrendite langfristig durch die größere Geldwertsicherung aufgewogen werden kann.[2941] Wird die im Miteigentum der Eheleute stehende Immobilie veräußert, so ist der Pflichtige nicht gehalten, den Erlös für Unterhaltszwecke einzusetzen, da der Unterhaltsberechtigten ebenfalls einen entsprechenden Erlös zur freien Verfügung erhalten hat.[2942] Dies ist Ergebnis der Surrogatrechtsprechung des Bundesgerichtshofs und gilt in gleicher Weise für die Erlöserträge, sofern sich die Anlage nicht als eindeutig unwirtschaftlich darstellt.[2943] Zur Obliegenheit, das Familienheim anlässlich von Trennung und Scheidung zu veräußern, → Rn. 858.

Ist die Veräußerung der Existenzgrundlage unzumutbar – → Rn. 851 f. –, so kann der Schuldner dennoch verpflichtet sein, einzelne Teile des Besitzes (einige Grundstücke oder Teile des Viehbestandes beispielsweise) zu veräußern[2944] oder zu beleihen.[2945] Voraussetzung ist allerdings auch hier die wirtschaftliche Zumutbarkeit.[2946] Ein Notgroschen, der auch über den sozialrechtlichen Grenzen der §§ 12 Abs. 2 Nr. 4 SGB II, 90 Abs. 2 Nr. 9 SGB XII liegen kann,[2947] wird im Einzelfall zu belassen sein, jedenfalls wenn der Mindestbetrag angemessenen Unterhalts oder (je nach Berechtigtem) der notwendige

---

[2933] BGH FamRZ 2013, 1554 mAnm Hauß = NJW 2013, 3024 Rn. 30; FamRZ 2015, 1172 = NJW 2015, 1877 mAnm Born Rn. 27.

[2934] BGH FamRZ 2013, 203 mAnm Hauß = NJW 2013, 301 Rn. 38; FamRZ 2015, 1172 = NJW 2015, 1877 mAnm Born Rn. 28.

[2935] BGH FamRZ 2015, 1172 = NJW 2015, 1877 mAnm Born Rn. 35.

[2936] BGH NJW-RR 1986, 66.

[2937] OLG Köln FamRZ 2010, 1345 (Ls.).

[2938] OLG Karlsruhe FamRZ 2004, 292 (294).

[2939] BGH FamRZ 1986, 556 (557); NJW-RR 1986, 683 (685); OLG Karlsruhe NJWE-FER 1999, 33 (34).

[2940] OLG Nürnberg FamRZ 2021, 424 = NZFam 2020, 1069 (Leipold).

[2941] BGH FamRZ 1986, 560 (561); OLG Karlsruhe FamRZ 2001, 47: jew. Unt. Berecht.

[2942] BGH FamRZ 2005, 1159 (1161f); 2006, 387 (391).

[2943] BGH FamRZ 2005, 1159 (1161f); 2006, 387 (391).

[2944] BGH FamRZ 1986, 560.

[2945] BGH FamRZ 2001, 21 (23); OLG München FamRZ 2000, 1177 – Ls. – = OLGR 2000, 78 f. d. Fall, dass das Grundstück vom Bedürftigen geschenkt wurde.

[2946] BGH FamRZ 2001, 21 (23), wonach die wirtschaftliche Zumutbarkeit fehlt, wenn die zu leistenden Zins- und Tilgungsraten zu einer Erhöhung der Verschuldung führen.

[2947] BGH MDR 1986, 473 (474); NJW-RR 1986, 683 (684); LG Mönchengladbach NJW 1961, 878; AG Wetter FamRZ 1991, 852 (853).

Unterhalt gesichert ist. Die Veräußerung ertragslosen Vermögens (zB Münzsammlung) kann nahe liegend zumutbar sein, wenn nicht besondere Umstände dem entgegenstehen.[2948] **Ein Rückforderungsanspruch nach § 528 I 1 BGB** muss nur geltend gemacht werden, wenn der Unterhaltsschuldner durch die Schenkung seine Leistungsfähigkeit vermindert hat,[2949] nicht also, wenn der hingegebene Gegenstand für Unterhaltsrechte nicht einzusetzen war.[2950] Miteigentum des anderen Ehegatten am zu veräußernden Gegenstand steht der Verwertungspflicht nicht entgegen.[2951]

Erträge aus Zugewinnausgleichsvermögen sind unterhaltspflichtiges Einkommen, **856** das die Leistungsfähigkeit erhöht, unabhängig davon, ob und wie der Zugewinnausgleich die Bedürftigkeit des Unterhaltsberechtigten beeinflusst.[2952] → Rn. 596 f.

bb) Einkommen aus einem Wohnvorteil.[2953] Der Mietwert des Wohnens in eigener **857** Immobilie (Haus, Eigentumswohnung) ist unterhaltspflichtiges Einkommen. Er ist ein Gebrauchsvorteil im Sinne des § 100 BGB, der für die Unterhaltsberechnung den sonstigen Einkünften der Parteien hinzuzurechnen ist, soweit sein Wert die anzuerkennenden Belastungen übersteigt, solange also der Eigentümer günstiger wohnt als der Mieter.[2954] Gehören einem Ehegatten zwei Immobilien, können seinem Einkommen entsprechende Vorteile zugerechnet werden,[2955] gleiches gilt bei Vorhandensein eines Ferienhauses.[2956] Kein Wohnwert soll dagegen zu berücksichtigen sein, wenn der Pflichtige ein nach der Trennung erworbenes Haus bewohnt, das mit Mitteln einer Schenkung der Eltern erworben wurde.[2957]

Die Höhe des Wohnwertes ist abhängig von Art des Unterhaltsrechtsverhältnisses.

Beim Ehegattenunterhalt ist er bedeutsam sowohl für die Bemessung des Unterhalts nach den ehelichen Lebensverhältnissen im Sinne des § 1578 BGB – Bedarf – als auch für die Bedürftigkeit des Berechtigten und die Leistungsfähigkeit des Verpflichteten. Nutzt er eine beiden Ehegatten gemeinsam, ihm oder dem anderen gehörende Wohnung allein, so erhöht sich sein Einkommen um diesen Wohnvorteil.

Lebt der Pflichtige in dem ehemals gemeinsamen Familienheim, ist zu unterscheiden zwischen dem Zeitraum vor und nach dem endgültigen Scheitern der Ehe.

Nach dem Auszug eines Ehegatten kommt der Wohnwert der Immobilie nur noch eingeschränkt zum Tragen, denn der dem Ehegatten zuzuschreibende Nutzungsvorteil wird nach dessen Auszug nicht mehr gezogen, es entsteht sogenanntes „totes Kapital".[2958]

Dieses tote Kapital hat bei der Bestimmung des Wohnwertes außer Acht zu bleiben, **858** solange noch mit einer Wiederherstellung der ehelichen Lebensgemeinschaft gerechnet werden kann. Denn diese darf durch die frühzeitige Verwertung der Ehewohnung nicht

---

[2948] BGH NJW-RR 1986, 683 (684).
[2949] BGH FamRZ 2019, 698 mAnm Seiler = NZFam 2019, 303 mAnm Burschel Rn. 18.
[2950] BGH FamRZ 2019, 698 mAnm Seiler = NZFam 2019, 303 mAnm Burschel Rn. 20.
[2951] BGH NJW-RR 1986, 66 für den Fall der Unterhaltsverpflichtung gegenüber einem Kind; aA LG Heidelberg FamRZ 1998, 164 = NJW 1998, 3502.
[2952] OLG Frankfurt/a. M. NJW 2015, 3105 Rn. 16.
[2953] Zusammenfassend auch Maier, Über Wohnwert und Nutzungen im Unterhalt, FamRZ 2016, 426.
[2954] BGH FamRZ 1985, 354; FamRZ 1989, 1160 (1163); FamRZ 1994, 1100; FamRZ 1995, 869; FamRZ 1998, 899 (890); NJW 2000, 284 ff.; FamRZ 2000, 950 (951) = NJW 2000, 2349 ff.
[2955] BGH FamRZ 2009, 1300 (1302 f.) mAnm Schürmann; OLG Brandenburg FamFR 2010, 56 (Strohal): angemessener Vorteil für die geringer genutzte Wohnung.
[2956] OLG Karlsruhe FamRZ 2009, 49 f.
[2957] OLG Brandenburg FamRZ 2009, 1837 (1839).
[2958] BGH FamRZ 1989, 1160 = NJW 1989, 2809; FamRZ 1998, 899 (901) = NJW 1998, 2821 = MDR 1998, 781; OLG Düsseldorf NJW-RR 1997, 385; OLG Hamm NJW 1999, 511 = NJWE-FER 1999, 53; OLG München FamRZ 1999, 509; OLG Schleswig FamRZ 2005, 211 (Ls.); Graba FamRZ 1995, 388.

erschwert werden. Die Berechnung des Unterhalts darf den wirtschaftlichen Druck auf die Eheleute nicht verstärken. Unterhaltspflichtiges Einkommen ist daher bis zum endgültigen Scheitern der Ehe nur ein das tote Kapital berücksichtigender eingeschränkter Wohnwert.[2959] **Den Zeitpunkt des endgültigen Scheiterns** hatte die Rechtsprechung zunächst gleichgesetzt mit demjenigen der Rechtskraft der Ehescheidung.[2960] Nunmehr stellt der Bundesgerichtshof ab auf die Zustellung des Scheidungsantrages[2961] und hält sogar einen früheren Zeitpunkt für denkbar, zB, wenn die Parteien ihr Vermögen durch einen notariellen Vertrag auseinandergesetzt haben.[2962]

859   **Die Berechnung des Wohnvorteils** hat nicht nach den tatsächlichen Verhältnissen zu erfolgen:[2963] Der Wohnwert des in der Wohnung verbliebenen unterhaltspflichtigen Ehegatten ist mit dem Betrag anzusetzen, den er auf dem örtlichen Wohnungsmarkt für die Anmietung einer den ehelichen Lebensverhältnissen angemessenen kleineren Wohnung aufwenden müsste.[2964] Korrekturen aus Gründen der Billigkeit sind möglich.[2965] So ist der volle Wohnwert anzurechnen, wenn der Unterhaltspflichtige seine Lebensgefährtin in die Wohnung aufnimmt.[2966] Der Mietwert für eine angemessen kleinere Wohnung ist ein Mindestbetrag, der davon ausgeht, dass in der Wohnung lediglich eine Person, der Unterhaltspflichtige, lebt.[2967] Wohnt in der Immobilie ein Kind, dem der in der Wohnung verbliebene Ehegatte ebenfalls zum Unterhalt verpflichtet ist, kommt das mietfreie Wohnen auch diesem zugute. Sein Wohnbedarf wird durch Naturalunterhaltsleistungen gedeckt.[2968] Dieses mietfreie Wohnen des unterhaltsberechtigten Kindes soll nach der Auffassung des Bundesgerichtshofs über den Ehegattenunterhalt und dadurch ausgeglichen werden, dass der Barunterhalt des Kindes über den in den Werten der Düsseldorfer Tabelle enthaltenen Mietkostenzuschuss den Wohnwert des mietfrei wohnenden Elternteils erhöht.[2969] Dementsprechend ist der dem Ehegatten zuzuschreibende angemessene Wohnvorteil zu erhöhen um 20 % des geschuldeten Tabellenunterhalts.

Zum Wohnvorteil beim Unterhaltsberechtigten s. auch → Rn. 386 ff.

860   **Nach dem endgültigen Scheitern der Ehe** ist zunächst als unterhaltsrechtlich erheblicher Wohnwert – wie im Falle des Getrenntlebens – der Vorteil zu berücksichtigen, der

---

[2959] BGH FamRZ 1989, 1160 (1161) = NJW 1989, 2809; FamRZ 2000, 351 (353) = NJW 2000, 285 (286), OLG Düsseldorf NJW-RR 1997, 385; OLG Koblenz FamRZ 1991, 1187; OLG Karlsruhe FamRZ 1990, 163 = NJW 1990, 2070 (2071); OLG Köln FamRZ 2002, 97 f. – Ls. –.

[2960] BGH FamRZ 2000, 351 (353); FamRZ 2005, 1159; FamRZ 2007, 879 (881 f.) = MDR 2007, 955 (956) = NJW 2007, 1974 = FF 2007, 193; OLG Zweibrücken FamRZ 2007, 470 (471) = NJW-RR 2007, 222.

[2961] BGH FamRZ 2008, 963 (965) mAnm Büttner und Anm. Juncker FamRZ 2008, 1600 f.; FamRZ 2009, 23 (24) = NJW 2009, 145 = MDR 2009, 87 (88); OLG Köln FamRZ 2009, 449.

[2962] BGH FamRZ 2008, 963 (965) mAnm Büttner und Anm. Juncker FamRZ 2008, 1600 f.; FamRZ 2009, 23 (24) = NJW 2009, 145 = MDR 2009, 87 (88); FamRZ 2012, 517 (522) = NJW 2012, 1144 (1147) = MDR 2012, 348 (349 f.); OLG Köln FamRZ 2009, 449.

[2963] BGH FamRZ 1998, 899 ff. = NJW 1998, 2821; FamRZ 2000, 351 (353); NJW 2000, 285; FamRZ 2000, 950 (951) = NJW 2000, 2349 ff.; FamRZ 2001, 1140 (1143); 2007, 879 (881); OLG Düsseldorf FamRZ 1999, 1349 (1350) = NJW 1999, 1721 (1722); OLG Hamm FamRZ 1999, 511 = NJWE-FER 1999, 53; OLG München FamRZ 1999, 509; Nr. 5 aller oberlandesgerichtlichen Leitlinien.

[2964] BGH FamRZ 2007, 879 (881); 2007; 1532 (1534); FamRZ 2012, 517 (521f) = NJW 2012, 1144 (1147) = MDR 2012, 348 (349f); FamRZ 2013, 191 mAnm Born = MDR 2013, 95 = NJW 2013, 461 Rn. 24.

[2965] BGH FamRZ 1998, 899 ff. = NJW 1998, 2821 = MDR 1998, 781; FamRZ 2000, 351 (353) = NJW 2000, 285; OLG Schleswig FamRZ 2005, 211 (Ls.); Hahne FF 1999, 99 (101).

[2966] OLG Schleswig FamRZ 2003, 603 (604).

[2967] BGH FamRZ 2013, 191 mAnm Born = NJW 2013, 461 Rn. 26; FamRZ 2022, 1366 mAnm Langeheine = NJW 2022, 2470 mAnm Obermann Rn. 35.

[2968] BGH FamRZ 2013, 191 mAnm Born = NJW 2013, 461 Rn. 26; FamRZ 2022, 1366 mAnm Langeheine = NJW 2022, 2470 mAnm Obermann Rn. 35.

[2969] BGH FamRZ 2022, 1366 mAnm Langeheine = NJW 2022, 2470 mAnm Obermann Rn. 38.

dem Umfang der tatsächlich ausgeübten Nutzung entspricht. Darüber hinaus ist die Immobilie als allgemeiner Vermögenswert zu betrachten, so dass der Schuldner verpflichtet ist, sie möglichst ertragreich zu nutzen oder zu verwerten. Er hat dabei wegen des endgültigen Scheiterns der Ehe keine Veranlassung mehr, die zu große Wohnung oder das zu große Haus zu behalten. Der Ehegatte ist dementsprechend unterhaltsrechtlich verpflichtet, die **von ihm nicht genutzten Teile zu vermieten,** so dass der Erlös aus der **Teilvermietung** und der tatsächliche Nutzungsvorteil das Einkommen des Unterhaltspflichtigen erhöhen. Lassen die räumlichen Verhältnisse – wie im Regelfall – eine Vermietung einzelner Teile nicht zu, besteht die unterhaltsrechtliche Obliegenheit **einer Vollvermietung** oder **einer Veräußerung des Objekts.**[2970] Bis zu dieser Veräußerung ist die **objektive Marktmiete** anzusetzen.[2971]

Ist eine solche Verwertung nicht möglich oder ausnahmsweise nicht zumutbar,[2972] ist auch nach der Scheidung als Wohnvorteil lediglich der Mietzins anzusetzen, der auf dem örtlichen Wohnungsmarkt für eine dem ehelichen Lebensstandard entsprechende kleinere Wohnung zu zahlen wäre.[2973] Der objektive Wohnwert bildet die Obergrenze für die unterhaltsrechtliche Bewertung des mietfreien Wohnens. Er ist abhängig lediglich von der Bewertung des bewohnten Objekts und wird durch die Anzahl der Personen, die in ihm leben, nicht berührt. Wohnt daher in der Immobilie nicht nur der Unterhaltspflichtige, sondern ein Kind, dem er zum Unterhalt verpflichtet ist, kommt eine Erhöhung des objektiven Wohnwertes nicht in Betracht. Der unterhaltsrechtliche Ausgleich des dem Kind gewährten freien Wohnens kann dadurch erfolgen, dass wegen der Anrechnung des vollen Wohnwerts eine Einkommensdifferenz zwischen den Eheleuten nicht mehr besteht oder durch vertragliche Vereinbarungen zwischen diesen.[2974] Erfolgt ein Ausgleich insoweit nicht, kann der Unterhaltspflichtige den vollen dem Kind geschuldeten Barunterhalt von seinem Einkommen absetzen.

Zum Wohnvorteil beim Unterhaltsberechtigten s. auch → Rn. 386 ff.

Familienunterhalt. Lebt ein Ehegatte wegen seiner Pflegebedürftigkeit nicht mehr in der gemeinsamen Immobilie, hat der andere Ehegatte Familienunterhalt nach §§ 1360, 1360a BGB in Form monatlicher Geldzahlungen zu leisten. Der Wohnvorteil der weiter von ihm bewohnten Immobilie ist mit **dem angemessenen ersparten Mietzins** anzusetzen, da eine Verwertungsobliegenheit wie in den Fällen des Getrenntlebens bis zum endgültigen Scheitern der Ehe nicht besteht.[2975]

860a

Baukindergeld. An die Stelle der **Leistungen nach dem Eigenheimzulagengesetz,** die zum 31.12.2013 ausgelaufen sind, ist rückwirkend zum 1.1.2018 das **Baukindergeld** getreten, das als staatlicher Zuschuss von der Kreditanstalt für Wiederaufbau geleistet wird. Es wird gezahlt für den Ersterwerb einer selbstgenutzten Immobilie, wenn in dieser mindestens ein kindergeldberechtigtes Kind lebt und bestimmte Einkommensgrenzen nicht überschritten sind. Das Baukindergeld wird in Höhe von 12.000 EUR pro Jahr und

861

[2970] Grundlegend BGH FamRZ 2000, 950 (951) mAnm Graba = NJW 2000, 2349 ff.; zuvor schon BGH FamRZ 1990, 269 (271).

[2971] BGH FamRZ 2000, 950 (951) mAnm Graba = NJW 2000, 2349 ff.; zuvor schon BGH FamRZ 1990, 269 (271); zuletzt BGH FamRZ 2008, 963 (965); 2009, 23 (24) = NJW 2009, 145 = MDR 2009, 87 (88); FamRZ 2012, 517 (522) = NJW 2012, 1144 (1147) = MDR 2012, 348 (349 f.).

[2972] Beisp. OLG Hamm FamRZ 2001, 103 – nur Ls. – = NJWE-FER 2000, 273: der in der Wohnung verbliebene Ehegatte benötigte eine behindertengerechte Wohnung und damit eine längere Übergangszeit; FamRZ 2004, 108 (109); KG FamRZ 2003, 1864 (1865): Unterhaltspflichtiger bewohnt Haus mit gemeinsamem schwerbehinderten Kind; OLG Koblenz, NJW-RR 2003, 364 (365): Haus ist der Ehefrau von den Eltern geschenkt worden, die dort mit EF und Kindern leben.

[2973] BGH FamRZ 2000, 950 (951).

[2974] FamRZ 2022, 1366 mAnm Langeheine = NJW 2022, 2470 mAnm Obermann Rn. 38 a. E. und 39.

[2975] OLG Celle FamRZ 2016, 824 (827).

Kind für die Dauer von 10 Jahren gezahlt. Ebenso wie die Eigenheimzulage soll es den Erwerb selbstgenutzten Grundeigentums fördern. Es erscheint daher gerechtfertigt, es wie diese als wohnwerterhöhend[2976] und damit als unterhaltspflichtiges Einkommen zu betrachten. Die Förderung ist zum 31.12.2022 geendet. Sie wurde gewährt, wenn der notarielle Kaufvertrag, die Baugenehmigung oder der frühestmögliche Baubeginn vor dem 31.3.2021 lagen.

862   Der Nutzungswert – gleich ob eingeschränkt oder nicht – ist zu kürzen um die **Hauslasten.** Dies sind diejenigen Kosten, die der Eigentümer einer Immobilie zu tragen hat, nicht aber der Mieter. Denn der unterhaltsrechtliche Wohnwert entspricht den Kosten, die der Eigentümer gegenüber dem Mieter erspart.[2977] Dementsprechend sind vom Wohnwert weder die verbrauchsabhängigen noch die verbrauchsunabhängigen Nebenkosten abzusetzen.[2978] Maßstab für die Berücksichtigungsfähigkeit sind vielmehr § 556 Abs. 1 S. 2 und § 556 Abs. 1 S. 3 BGB in Verbindung mit der BetriebskostenVO. Danach sind auch die verbrauchsunabhängigen Kosten wie Grundsteuer (§ 2 Abs. 1 Nr. 1 BetrkVO) und die Kosten der Sach- und Haftpflichtversicherung (§ 2 Abs. 1 Nr. 13 BetrkVO) auf den Mieter umlegbar. Da sie auch tatsächlich auf den Mieter umgelegt werden, bleiben sie bei der Bemessung des Wohnwertes unberücksichtigt, sofern nicht die vom Tatrichter festzustellenden örtlichen Gepflogenheiten von der Vereinbarung einer Nettokaltmiete abweichen.[2979] Abzusetzen sind allerdings die nicht umlagefähigen (§ 1 Abs. 2 BetrkVO) **Kosten der Verwaltung** sowie die **Kosten notwendiger Instandhaltungsmaßnahmen,**[2980] die zur ordnungsgemäßen Bewohnbarkeit des Hauses und damit zum Erhalt des Gebrauchswertes erforderlich sind. Stehen solche Maßnahmen konkret bevor, so kann eine Rücklage berücksichtigt werden. Der Abzug einer pauschalen Rücklage ist dagegen nicht anzuerkennen.[2981]

863   Abzusetzen sind zudem **die Zinsen** für die auf dem Grundstück lastenden Darlehensverbindlichkeiten.[2982] Die Zinszahlungen finden Berücksichtigung, auch wenn sie – wie häufig bei Anrechnung des angemessenen Wohnwerts – zu einem negativen Wohnvorteil führen.

Tilgungsleistungen[2983] **bis zur Höhe des Wohnvorteils** sind auf diesen anzurechnen. Der Bundesgerichtshof erkennt für den Ehegattenunterhalt[2984] Tilgungsleistungen bis zur

---

[2976] OLG Koblenz FamRZ 2004, 1573; Nr. 5 der Leitlinien der Oberlandesgerichte.

[2977] BGH FamRZ 2008, 963 (965) mAnm Büttner und Anm. Juncker FamRZ 2008, 1600 f.; FamRZ 2009, 1300 (1303 f.) = NJW 2009, 2523 (2524 f.).

[2978] BGH FamRZ 2009, 1300 (1303 f.) = NJW 2009, 2523 (2524 f.) unter ausdrücklicher Aufgabe der bisherigen Rechtsprechung, zuletzt BGH FamRZ 2008, 963 (965) = NJW 2008, 1946 f.; FamRZ 2014, 538 mAnm Seiler = NJW 2014, 1173 Rn. 35.

[2979] BGH FamRZ 2009, 1300 (1303f) = NJW 2009, 2523 (2524 f.); OLG Saarbrücken FamFR 2010, 14 (Viefhues).

[2980] BGH FamRZ 2014, 538 mAnm Seiler Rn. 37.

[2981] BGH FamRZ 2000, 351 (354) = NJW 2000, 285 (286 f.); OLG Hamm FamRZ 2001, 101 (102) = NJWE-FER 2001, 171.

[2982] BGH FamRZ 1985, 354 (356); 1995, 869; 1998, 899 (901); NJW 2000, 265 (267); OLG Celle FamRZ 1999, 508; OLG Hamm NJWE-FER 2000, 309: auch bei Unterhaltspflichten gegenüber minderjährigen Kindern; OLG München FamRZ 1999, 509; **anders** OLG Saarbrücken NJW 2006, 1438 (1439) für den Fall, dass die Darlehensverbindlichkeiten bereits im Zugewinn berücksichtigt wurden: Verbot der Doppelverwertung, → Rn. 1046.
BGH FamRZ 2008, 963 (965) mAnm Büttner und Anm. Juncker FamRZ 2008, 1600 f.
BGH FamRZ 2017, 519 mAnm Hauß = NJW 2017, 1169 = NZFam 2017, 303 Rn. 33.
Vergl. BGH FamRZ 2018, 1506 = NJW 2018, 2638.

[2983] Finke, „Kein Wohnvorteil ohne Tilgung" – eine Erkenntnis und ihre Folgen für das Unterhaltsrecht, FF 2019, 2; Mast/Kogel, Miteigentum und Wohnwertvorteil – die Büchse der Pandorra des Ehegattenunterhalts, FamRB 2022, 299.

[2984] Wie zuvor bereits für den Elternunterhalt, s. Rn. 867.

Höhe des Wohnvorteils als anrechnungsfähig an. Er betrachtet sie nicht als Vermögensbildung zu Lasten des Berechtigten, da es ohne Zins- und Tilgung den Wohnvorteil in Form einer ersparten Miete nicht gäbe.[2985] Die Grenze der Anrechenbarkeit bildet allein die Höhe des Wohnvorteils: aus der Berücksichtigung von Tilgungsleistungen kann ein negativer Wohnwert nicht hergeleitet werden.

Die den Wohnwert übersteigenden Tilgungsleistungen können u. U. als zusätzliche Altersvorsorge gewertet werden (→ Rn. 1029).

[einstweilen frei] 864

Übersteigen die berücksichtigungsfähigen Belastungen den Wohnwert, so ist dies, 865 jedenfalls solange eine Obliegenheit zur Verwertung nicht besteht, bei der Feststellung der Leistungsfähigkeit des Pflichtigen zu berücksichtigen. Die Zurechnung eines Wohnvorteils entfällt, da der Eigentümer nicht günstiger wohnt als der Mieter. Die Belastungen sind, soweit sie den Wohnvorteil übersteigen als einkommensreduzierend anzusehen („negativer Wohnvorteil"),[2986] wobei sich der negative Wohnwert (→ Rn. 863) nicht aus Tilgungsleistungen ergeben darf.

In den Fällen der Überschuldung und auch bei Vorhandensein mehrerer Immobilien[2987] kann die regelmäßig notwendige **Billigkeitsprüfung**[2988] zu einer Herabsetzung des Wohnwertes führen. Steht dem Schuldner nach Abzug sämtlicher Belastungen nur noch der – notwendige oder angemessene – Selbstbehalt zu, so ist der Wohnwert jedenfalls im Rahmen des Getrenntlebensunterhalts auf den in den Selbstbehaltssätzen der Düsseldorfer Tabelle[2989] enthaltenen Wohnkostenanteil zu beschränken. Jedem Unterhaltsschuldner hat nämlich nach Abzug sämtlicher Kosten für seine Unterkunft ein Betrag von 850/600 EUR pro Monat (Mindestselbstbehalt) bzw. 1.000 EUR pro Monat (angemessener Selbstbehalt) zur freien Verfügung zu verbleiben.[2990]

Mit der Veräußerung des Familienheims entfallen die Nutzungsvorteile für beide 866 Ehegatten. An die Stelle des ursprünglichen Wohnvorteils treten nun **als Surrogat** entweder Zinserträge aus dem Veräußerungserlös oder der Vorteil für die unentgeltliche Nutzung einer neu erworbenen Immobilie.[2991] Der reale Wert dieses Surrogats, gleich ob höher oder niedriger als der ursprüngliche Wohnvorteil,[2992] ist **prägendes Einkommen** des Berechtigten wie des Pflichtigen.[2993] Erweist sich allerdings die tatsächlich gewählte Form der Anlage als eindeutig unwirtschaftlich, so kann eine Obliegenheit zur Vermögensumschichtung bestehen, so dass als unterhaltspflichtiges Einkommen dann die aus einer günstigeren Anlageform zu erzielende Erträge zu berücksichtigen sind.[2994]

[2985] BGH FamRZ 2018, 1506 = NZFam 2018, 885 mAnm Niepmann -zunächst angedeutet; BGH FamRZ 2022, 434 mAnm Witt = NZFam 2022, 208 mAnm Niepmann Rn. 29; OLG Frankfurt/M. FamRZ 2021, 1030 (LS = NJW 2020, 2644.

[2986] BGH FamRZ 1984, 358 = NJW 1984, 1237; FamRZ 1987, 572 (575) = NJW 1987, 1761 (1763); Wohlgemuth FamRZ 1999, 621 (630).

[2987] BGH FamRZ 2009, 1300 (1302 f.) mAnm Schürmann = NJW 2009, 2523 (2524).

[2988] BGH FamRZ 1998, 899 (902).

[2989] Düsseldorfer Tabelle A Nr. 5.

[2990] Riegner FamRZ 2000, 265 (266), der zu Recht bemängelt, dass die Leitlinien überwiegend nur den Warm-, nicht den Nettokaltmietzins als Bestandteil der Selbstbehaltssätze ausweisen; OLG Köln FamRZ 2002, 97 (98) will dem Pflichtigen nur 332 EUR (650 DM) belassen; OLG Nürnberg NJW-RR 2008, 600 (601), das den Anteil der Kaltmiete in dem Selbstbehalt von 1000 EUR mit 305 EUR beziffert.

[2991] BGH FamRZ 2001, 1140 (1143); FamRZ 2005, 1159 (1161) = NJW 2005, 2077; FamRZ 2009, 23 (24) = NJW 2009, 145; FamRZ 2014, 1098 = NJW 2014, 1733 Rn. 11, 12; Borth FamRZ 2001, 1653 (1659).

[2992] Borth FamRZ 2001, 1653 (1659); OLG Koblenz NJW 2002, 1885 f.

[2993] BGH FamRZ 2001, 1140 (1143); 2005, 1159 (1161); 2009, 23 (24) = NJW 2009, 145 (146).

[2994] BGH FamRZ 2001, 1140 (1143); 2005, 1159 (1161); 2009, 23 (24) = NJW 2009, 145 (146); OLG Hamm NJW-RR 2003, 510.

Diese Erwägungen finden spiegelbildlich auch auf den Berechtigten Anwendung (→ Rn. 597 ff.).

Sie gelten auch für den Fall, dass ein Ehegatte das im Miteigentum beider stehende Hausgrundstück allein nutzt und an den ausgezogenen Partner eine Nutzungsentschädigung zahlt. Diese tritt für den ausgezogenen Ehegatten an die Stelle des anteiligen Wohnwerts.[2995] Erwirbt ein Ehegatte den Miteigentumsanteil des anderen, tritt für den Veräußernden der Verkaufs- oder Versteigerungserlös an die Stelle der Nutzungsvorteile.[2996]

867 **Für die Bemessung des Kindesunterhalts** ist die Höhe des Wohnwerts grundsätzlich mit dem objektiven bei einer Fremdvermietung erzielbaren Mietzins zu bemessen.[2997] Denn die Eltern trifft nach § 1603 Abs. 2 S. 1 BGB eine besondere Verantwortung für den Unterhalt minderjähriger Kinder, die die Verpflichtung begründet, vorhandenes Vermögen ertragreich zu nutzen.[2998] Die Tatsache, dass bei einem Zusammentreffen von Kindes- und Getrenntlebensunterhalt das Einkommen des Unterhaltsschuldner mit Hilfe zweier unterschiedlicher Wohnwerte zu errechnen ist nimmt der Bundesgerichtshof – im Ergebnis wohl zu Recht – hin.

Tilgungsleistungen und Kindesunterhalt. Den Grundsatz, dass Zins- und Tilgungsleistungen zur Finanzierung der selbst bewohnten Immobilie die Zurechnung eines Wohnwerts erst ermöglichen, wendet der Bundesgerichtshof nicht nur beim Eltern- und Ehegattenunterhalt, sondern auch beim **Kindesunterhalt** an. Die Tilgung eines Immobilienkredits sei zwar eine Maßnahme der Vermögensbildung; diese finde aber auch beim Kindesunterhalt nicht „zu Lasten" des Berechtigten statt, weil ohne sie ein Wohnvorteil in Form einer ersparten Miete eben nicht vorhanden sei.[2999] Die Anrechnung erbrachter Tilgungsleistungen ist – naturgemäß – auch beim Kindesunterhalt begrenzt durch die Höhe des unterhaltsrechtlich zu berücksichtigenden Wohnvorteils, kann folglich auch hier nicht zur Bildung eines negativen Wohnwerts führen.[3000] Die auf diese Weise begrenzte Anrechnungsfähigkeit von Tilgungsleistungen soll auch interessengerecht sein, wenn der Mindestunterhalt der minderjährigen Kinder nicht gewahrt ist. Denn auch in den Fällen gesteigerter Unterhaltpflicht besteht – entsprechend der Wertung des Sozialrechts – keine Obliegenheit zur Veräußerung des selbstbewohnten Grundbesitzes. Im Rahmen dieser Interessenwahrnehmung ist eine vollständige Aussetzung der Tilgung zugunsten des Mindestunterhalts nicht zumutbar, bei Vereinbarung ungewöhnlich hoher Tilgungen oder weitergehender Abtragung der Verbindlichkeiten wohl aber u. U. eine Tilgungsstreckung.[3001]

Übersteigen die Tilgungsraten – ggf. zusammen mit sonstigen Belastungen – den positiven Wohnwert, können sie u. U. als zusätzliche Altersvorsorge betrachtet, allerdings nur, wenn der Mindestkindesunterhalt gewahrt ist (→ Rn. 1029).[3002]

Zum Einfluss mietfreien Wohnens auf den Bedarf des Berechtigten → Rn. 386 ff.

[2995] BGH FamRZ 2005, 1817 (1821).

[2996] BGH NJW 2005, 2077 (2079); **anders** OLG Saarbrücken NJW-RR 2005, 444, das Wohnwert, seine Surrogate sowie die Hauslasten unberücksichtigt lassen will.

[2997] BGH FamRZ 2013, 1563 = NJW 2013, 2900 Rn. 16; FamRZ 2014, 923 mAnm Götz = NJW 2014, 1531 Rn. 19; BGH FamRZ 2021, 186 mAnm Seiler = NJW 2021, 697 Rn. 24.

[2998] BGH FamRZ 2013, 1563 = NJW 2013, 2900 Rn. 16; FamRZ 2014, 923 mAnm Götz = NJW 2014, 1531 Rn. 19; BGH FamRZ 2021, 186 mAnm Seiler = NJW 2021, 697 Rn. 24.

[2999] BGH FamRZ 2022, 781 mAnm Norpoth = NJW 2022, 1386 mAnm Graba, Rn. 13; OLG Oldenburg FamRZ 2021, 1705.

[3000] BGH FamRZ 2022, 434 mAnm Witt = NZFam 2022, 208 mAnm Niepmann Rn. 38; FamRZ 2022, 781 mAnm Norpoth = NJW 2022, 1386 mAnm Graba, Rn. 14.

[3001] BGH FamRZ 2022, 781 mAnm Norpoth = NJW 2022, 1386 mAnm Grabe, Rn. 20.

[3002] BGH FamRZ 2022, 781 mAnm Norpoth = NJW 2022, 1386 mAnm Graba, Rn. 14.

Eltern- und Enkelunterhalt. Bei Unterhaltsverpflichtungen gegenüber sonstigen Verwandten, insbesondere gegenüber den **Eltern und den Enkeln,** besteht keine Verpflichtung zur Verwertung des Grundbesitzes, wenn es sich um ein den jeweiligen Verhältnissen angemessenes Grundeigentum handelt. Denn das seinen Eltern unterhaltspflichtige Kind muss eine spürbare und dauerhafte Senkung seines berufs- und einkommenstypischen Unterhaltsniveaus nicht hinnehmen.[3003] Aus diesem Grundsatz leitet die Rechtsprechung zunächst eine für den Unterhaltspflichtigen günstigere Bemessung des Wohnwertes ab: Dieser ist nicht nach dem objektiven Mietwert, sondern nach den unter Berücksichtigung des Eigeneinkommens angemessenen ersparten Mietaufwendungen zu bestimmen.[3004] Dieser angemessene Wohnwert ist nur dem unterhaltspflichtigen Kind, nicht dem im selben Haushalt lebenden Ehegatten zuzuschreiben.[3005] **Tilgungsleistungen** sind bis zur Höhe des positiven Wohnwerts abzugsfähig. Denn beim Elternunterhalt gilt in gleicher Weise, dass die Vermögensbildung, die in der Tilgung liegt, nicht zu Lasten des Berechtigten erfolgt, sondern die Zurechnung eines einkommenserhöhenden Wohnvorteils erst ermöglicht.[3006]

Die Tilgungsleistungen bis zur Höhe des Wohnwertes schmälern das Altersvorsorgevermögen des Pflichtigen nicht.[3007] Soweit sie über den Wohnwert hinausgehen, können sie als zusätzliche Altersvorsorge bis zu 5 % des Bruttoeinkommens des Unterhaltspflichtigen Berücksichtigung finden. (→ Rn. 1029) Die weiter gehenden Tilgungsleistungen bleiben im Regelfall unberücksichtigt. Ausnahmen sind denkbar, wenn anderenfalls die Immobilienfinanzierung gefährdet wäre oder sich der Pflichtige zB von einem Altersvorsorgevertrag nicht befreien kann.[3008]

Die von der Rechtsprechung für den Elternunterhalt entwickelten Regelungen gelten in gleicher Weise für die Großeltern, die ihrem Enkelkind zum Unterhalt verpflichtet sind, da auch dieser Unterhaltsanspruch -wie der Vorschrift des § 1609 BGB zu entnehmen ist- schwach ausgeprägt ist.

Lebt der Unterhaltspflichtige in einer Immobilie, die nicht das Familienheim war, ist bereits während der Trennungszeit der volle Wohnwert einkommenserhöhend zu berücksichtigen. **867a**

Mietfreies Wohnen in der Wohnung des neuen Ehegatten oder Lebenspartner führt nicht zur Anrechnung eines Wohnvorteils, da der neue Partner insoweit einen Beitrag zum Familienunterhalt leistet.[3009]

Wohnungsgewährung im Rahmen einer nicht ehelichen Lebensgemeinschaft oder durch die Eltern ist freiwillige Leistung Dritter und erhöht die Leistungsfähigkeit des Pflichtigen regelmäßig nicht.[3010] Gleiches gilt, wenn der Unterhaltsschuldner Eigentümer einer Immobilie ist, den Eltern aber ein lebenslanges Wohnrecht zusteht.[3011]

Die Ehegattenmiteigentümergemeinschaft an Haus- und Wohnungseigentum besteht im Prinzip selbstständig neben der ehelichen Lebensgemeinschaft und wird in **868**

[3003] BGH FamRZ 2013, 1554 mAnm = NJW 2013, 3024 Rn. 39; FamRZ 2017, 519 mAnm Hauß = NJW 2017, 1169.

[3004] BGH NJW 2003, 2306 = MDR 2003, 1183; FamRZ 2013, 363 mAnm Thormeyer = NJW 2013, 686 Rn. 38; FamRZ 2013, 1554 mAnm Hauß = NJW 2013, 3024 Rn. 24; FamRZ 2014, 538 mAnm Seiler = NJW 2014, 1173 Rn. 34; BGH FamRZ 2017, 519 mAnm Hauß = NJW 2017, 1169 Rn. 23; OLG Stuttgart FamRZ 2021, 934 (935).

[3005] OLG Hamm NZFam 2022, 270 (Holzer).

[3006] Grundlegend BGH FamRZ 2017, 519 mAnm Hauß = NJW 2017, 1169 Rn. 33.

[3007] BGH FamRZ 2017, 519 mAnm Hauß = NJW 2017, 1169 Rn. 33.

[3008] BGH FamRZ 2017, 519 mAnm Hauß= NJW 2017, 1169 Rn. 39.

[3009] OLG Bamberg FamRZ 1996, 628 = NJW-RR 1996, 647 (648); OLG Hamm FamRZ 2000, 248 (249); OLG Köln FamRZ 2021, 1529.

[3010] OLG Hamm FamRZ 2000, 1285 = NJWE-FER 2000, 249; NJWE-FER 2000, 308.

[3011] OLG Koblenz FamRZ 2003, 534.

ihrem eigentlichen Bestand durch Ehe, Trennung und Scheidung nicht unmittelbar geändert, jedoch durch die eheliche Lebensgemeinschaft überlagert.[3012] Die Wirkungen der Bruchteilsgemeinschaft werden durch die §§ 1353 ff. BGB „modifiziert", solange die eheliche Lebensgemeinschaft verwirklicht wird.[3013] Das Gebrauchsrecht des Miteigentümers gemäß § 743 Abs. 2 BGB ist ohne Rücksicht auf die Eigentumsverhältnisse durch das eheliche Recht auf Mitbenutzung der Ehewohnung (arg. § 1360b BGB) verdrängt. § 748 BGB (Lasten- und Kostentragung nach dem Verhältnis der Miteigentumsanteile) ist während der Verwirklichung der ehelichen Lebensgemeinschaft zumeist durch ausdrückliche Vereinbarung der Ehegatten über die Aufgabenverteilung in der Ehe (§ 1356 Abs. 1 S. 1 BGB) oder durch die faktische Ehegestaltung ohne Wirkung.[3014] Es ist davon auszugehen, dass der den Haushalt führende und die Kinder versorgende Ehegatte sich in gleichem Maße an den Lasten und Kosten des Wohneigentums beteiligt wie der alleinverdienende erwerbstätige Ehegatte, §§ 1360 S. 2, 1606 Abs. 2 S. 2 BGB. Ein Ausgleichsanspruch des verdienenden Ehegatten gegen den anderen scheidet dann aus.[3015] Die (nicht nur vorübergehende) Trennung der Ehegatten stellt jedoch eine grundlegende Änderung der dieser Handhabung zugrundeliegenden Verhältnisse (Zusammenleben) dar.[3016]

869   **Miteigentümer-Nutzungsansprüche nach Scheitern der Ehe** kommen in Betracht, werden aber durch die besonderen Vorschriften des Eherechts überlagert.

Während **des Getrenntlebens der Beteiligten** hat der aus der Wohnung ausgezogene Ehegatte einen Anspruch auf Nutzungsentschädigung aus **§ 1361b Abs. 3 S. 2 BGB,** und zwar auch bei einem freiwilligen Auszug aus der Ehewohnung.[3017] Diese Vorschrift gilt, wenn der ausgezogene Ehegatte allein oder gemeinsam mit einem Dritten Eigentümer der Immobilie ist, aber auch bei Miteigentum der Ehegatten. Denn § 1361b Abs. 3 S. 2 BGB wird inzwischen wohl überwiegend als eine § 745 Abs. 2 BGB vorgehende Spezialnorm betrachtet.[3018] Der Meinungsstreit hat nach dem Inkrafttreten des FamFG nur noch eingeschränkte Bedeutung. Auch der auf § 745 Abs. 2 BGB gestützte Anspruch fällt nach §§ 111, 266 FamFG in die Zuständigkeit der Familiengerichte. Allerdings handelt es sich bei einem Verfahren nach § 745 Abs. 2 BGB um eine Familienstreitsache im Sinne des § 112 FamFG, über die nach § 113 FamFG nach den Regeln der ZPO zu verhandeln ist[3019]; ein Verfahren gestützt auf § 1361b BGB ist dagegen ein solches der freiwilligen Gerichtsbarkeit, für das die Verfahrensregeln des FamFG gelten. Diese gewähren der Ehewohnung einen besonderen Schutz durch die Geltung des Amtsermittlungsgrund-

---

[3012] BGH FamRZ 1982, 355 (356) = NJW 1982, 1753; FamRZ 1983, 795 (796) = NJW 1983, 1845; FamRZ 1988, 264 f. u. 596 (597) u. 1031 = NJW-RR 1988, 1154; OLG Celle NJW 2000, 1425.

[3013] BGH MDR 1986, 567.

[3014] BGH FamRZ 1983, 795 (796) = NJW 1983, 1845; FamRZ 1980, 664; OLG Celle FamRZ 1993, 71; OLG Karlsruhe FamRZ 1991, 441; OLG Oldenburg NJW-RR 1991, 962 (963).

[3015] Wever FamRZ 1996, 905 (908).

[3016] BGH FamRZ 1983, 795 (796) = NJW 1983, 1845; 1980, 664; OLG Celle FamRZ 1993, 71; NJWRR 1990, 264 (265); OLG Karlsruhe FamRZ 1991, 441; OLG Oldenburg NJW-RR 1991, 962 (963).

[3017] BGH FamRZ 2006, 930 mAnm Brudermüller = NJW 2006, 2988.

[3018] OLG Brandenburg NJW-RR 2009, 725; OLG Dresden NJW 2005, 3151; OLG Hamm FamRZ 2008, 1639; KG FamRZ 2008, 1933 = NJW-RR 2008, 809; OLG München FamRZ 2007, 1655 (1656) mAnm Wever FamRZ 2007, 1658 f.; OLG Thüringen FamRZ 2008, 1934 = NJW-RR 2008, 956; Wever, Die Entwicklung der Rechtsprechung zur Vermögensauseinandersetzung der Ehegatten außerhalb des Güterrechts, FamRZ 2010, 237 (238); **anders** OLG Brandenburg FamRZ 2001, 427; AG Ludwigslust FamRZ 2005, 728 und für die Rechtslage vor dem 1.9.2009 BGH FamRZ 2010, 1630 = NJW-RR 2010, 1585.

[3019] OLG Frankfurt/M. FamRZ 2013, 1681f; OLG Hamm NZFam 2014, 223 (224); OLG Nürnberg FamRZ 2013, 1506.

satzes und der Beteiligung des Jugendamtes, wenn in der Ehewohnung minderjährige Kinder leben.[3020]

Die Nutzungsvergütung ist zu zahlen, wenn und soweit es der Billigkeit entspricht, wobei die Umstände des Einzelfalles, insbesondere die wirtschaftlichen Verhältnisse der Eheleute und die bisherige Lebensgestaltung zu berücksichtigen sind.[3021] Bedeutsam ist, wie hoch die Hauslasten sind, wer sie zu tragen hat.[3022] Eine Nutzungsentschädigung ist in der Regel nicht zu zahlen, wenn die Hauslasten oder auch der Mietzins bereits bei der Unterhaltsbemessung berücksichtigt wurden[3023] oder auch wenn die Wohnung von den Schwiegereltern unentgeltlich zur Verfügung gestellt und das Schwiegerkind ausgezogen ist.[3024] Bedeutsam können auch der Lauf des Trennungsjahres, das Zusammenleben mit minderjährigen[3025] und volljährigen Kindern oder auch Beiträge des bleibenden Ehegatten zum Hausbau oder auch eine geschäftliche Verflechtung der Eheleute sein.[3026]

Die Obergrenze für die Nutzungsentschädigung ist stets der ortsübliche Vergleichsmietzins[3027]; hinzukommen können Nebenkosten oder ein Hausgeld, soweit sie üblicherweise vom Mieter zu tragen sind.[3028]

Nach rechtskräftiger Scheidung der Ehe kann sich ein Anspruch auf Zahlung eines Nutzungsentgelts nur aus den allgemeinen Vorschriften ergeben, da § 1568a BGB einen solchen nicht gewährt.[3029] → Rn. 388. 　　　　　　　　　　　　　　　　　　　　**870**

Der Alleineigentümer, der die Wohnung verlassen hat, hat gegen den anderen einen Anspruch aus §§ 987 Abs. 1, 990 Abs. 1, 100 BGB.

Sind die Eheleute Miteigentümer der Immobilie, greifen die Regelungen des Miteigentums, §§ 741 ff. BGB. Nutzt ein Ehegatte aufgrund einer Zuweisung nach § 1568a BGB oder aufgrund eines Einvernehmens der Eheleute die Immobilie allein, kommt eine Neuregelung der Verwaltung und Benutzung nach § 745 Abs. 2 BGB in Betracht.

Die Neuregelung nach § 745 Abs. 2 BGB kann darin liegen, dass der die gemeinschaftliche Immobilie allein bewohnende Ehegatte eine **Nutzungsentschädigung** an den anderen zahlt.[3030] Sie kann verlangt werden, wenn sie „dem Interesse aller Teilhaber nach billigem Ermessen" entspricht.

Besteht bereits ein Unterhaltstitel zu Gunsten des ausgezogenen Ehegatten, der den Wohnwert – ggf. unter Abzug der Belastungen (→ Rn. 862 ff.) – als Einkommen einbezogen hat, so ist diese Regelung als angemessener Ausgleich anzusehen. Für ein Nutzungsentgelt, das zumindest teilweise den Bedarf des Ausgezogenen decken würde, ist kein Raum.[3031] Entsprechendes gilt, wenn der ausgezogene Ehegatte erstmals Unterhalt verlangt. Der das Haus allein nutzende Unterhaltsverpflichtete kann ihn nicht darauf verweisen, zur Bedarfsdeckung einen Anspruch auf Nutzungsentschädigung geltend zu

---

[3020] BGH FamRZ 2017, 22 mAnm Finke und Kogel FamRZ 2017, 1830f = NJW 2017, 260 = MDR 2016, 1454 Rn. 11 für das Verhältnis von § 1361 BGB zu § 985 BGB.
[3021] OLG Hamm FamRZ 2011, 481 und 892.
[3022] OLG Saarbrücken FamRZ 2010, 1981 (1982).
[3023] BGH FamRZ 1993, 676 (677 f.).
[3024] OLG Karlsruhe FamRZ 2019, 780 (781 f.) mAnm Wever = NJW 2019, 1619.
[3025] OLG Frankfurt/M. NZFam 2022, 258 mAnm Götz.
[3026] OLG Zweibrücken FamRZ 2022, 19 = NZFam 2021, 919 mAnm Erbarth.
[3027] OLG Zweibrücken FamRZ 2022, 19 (20) = NZFam 2021, 919 mAnm Erbarth.
[3028] OLG Frankfurt/M. NZFam 2022, 88 (Voppel).
[3029] OLG Hamm NZFam 2014, 223 (224).
[3030] OLG Köln NJW-RR 1992, 1348 (1349); OLG Schleswig NJW-RR 1993, 1029; vgl. Erbarth NJW 2000, 1379 ff.
[3031] BGH FamRZ 1986, 436 = NJW 1986, 1339 (1340); OLG Bremen NZFam 2014, 426 (Hoppenz); OLG Celle NJW 2000, 1425 (1426); OLG Naumburg NJW-Spezial 2009, 50; Huber FamRZ 2000, 129 (131).

machen.[3032] Ist dies allerdings bereits geschehen, ist der Anspruch entstanden und bei der Unterhaltsberechnung als Einkommen des Berechtigten zu berücksichtigen.[3033]

Eine Neuregelung nach billigem Ermessen kann auch darin liegen, dass der im Objekt verbliebene Ehegatte die Hauslasten, insbesondere die Kreditverpflichtungen, allein trägt.[3034] Es kann unbillig sein, einem Ehegatten für die aufgedrängte Alleinnutzung eines Familienheims ein Nutzungsentgelt aufzuerlegen,[3035] wenn er wegen anderer Lasten (auch Tilgung) dazu außerstande ist und gezwungen wäre, den Besitz zu veräußern.[3036]

Eine Neuregelung nach § 745 Abs. 2 BGB kann nur mit **Wirkung für die Zukunft** geltend gemacht werden,[3037] und zwar durch einen Antrag auf Zustimmung zu einer konkret bezeichneten Art der Verwaltung und Nutzung oder unmittelbar auf Zahlung eines Nutzungsentgelts, der eine Familienstreitsache nach §§ 111 Nr. 10, 112, 266 FamFG ist.[3038]

Diesen Zahlungsanspruch löst auch ein außergerichtliches Verlangen aus,[3039] das mit hinreichender Deutlichkeit eine neue Nutzungsregelung verlangt. Eine bloße Zahlungsaufforderung ist nicht ausreichend.[3040] Der in der Immobilie verbliebene Ehegatte muss vielmehr vor die Alternative „Zahlung oder Auszug" gestellt werden.[3041]

Eine Nutzungsentschädigung entsprechend § 745 BGB kann auch verlangt werden, wenn die Eheleute nicht Eigentümer sind, sondern ein dingliches Wohnrecht an dem ehemals gemeinsam genutzten Haus haben.[3042]

Ist das Objekt mit **gemeinsamen Verbindlichkeiten** belastet, gilt grundsätzlich § 426 Abs. 1 BGB, die Ehegatten sind also zu hälftigem Ausgleich verpflichtet. Tilgt ein Ehegatte die Verpflichtungen allein und berücksichtigt sie einkommensmindernd bei der Berechnung des Unterhalts, liegt darin eine anderweitige Bestimmung im Sinne des § 426 Abs. 1 S. 1 letzter Halbs. BGB.[3043] (→ Rn. 1212 ff)

871   **cc) Freiwillige Zuwendungen Dritter.** Freiwillige Zuwendungen Dritter wie zB das mietfreie Wohnen bei dem neuen Lebenspartner oder den Eltern[3044] sind bei Prüfung der Leistungsfähigkeit des Verpflichteten nach den gleichen Grundsätzen zu behandeln, die insoweit bei Prüfung der Bedürftigkeit des Berechtigten[3045] anzuwenden sind (→ Rn. 603 ff.). Die Zuwendungen sollen in der Regel allein dem Zahlungsempfänger

---

[3032] BGH FamRZ 1986, 434 = NJW 1986, 1340 (1341) = MDR 1986, 566.

[3033] OLG Bremen NZFam 2014, 426 (Hoppenz).

[3034] BGH FamRZ 1983, 795 (796) = NJW 1983, 1845 (1847); OLG Düsseldorf NJW-RR 1989, 1483 f.; OLG Celle NJW-RR 1990, 265 f.; OLG Köln FamRZ 1999, 1272 (1273).

[3035] OLG Hamm FamRZ 1996, 1476; LG Itzehoe NJW-RR 1990, 684 = FamRZ 1990, 630; vgl. auch OLG Brandenburg NJW 2003, 2692 (Ls.) = NJW-RR 2003, 1009 f.: keine Alleinnutzung, bei einvernehmlicher Wohnraumüberlassung an volljährige Kinder.

[3036] OLG Düsseldorf FamRZ 1987, 705.

[3037] BGH FamRZ 1993, 676 (678); OLG Brandenburg NJWE-FER 2001, 273 (274); OLG Celle NJW-RR 1990, 265; FamRZ 1993, 71; OLG Oldenburg NJW-RR 1986, 752.

[3038] OLG Frankfurt/M. FamRZ 2013, 1681f; OLG Hamm NZFam 2014, 223 (224); OLG Nürnberg FamRZ 2013, 1506.

[3039] BGH FamRZ 1993, 676 = NJW-RR 1993, 386 (387); OLG Düsseldorf NJW-RR 1989, 1483 f.; OLG Köln FamRZ 1999, 1272 (1273); OLG Brandenburg FamRZ 2002, 396 – Ls. –.

[3040] OLG Köln FamRZ 1999, 1272 (1273); OLG Brandenburg FamRZ 2001. 1713 =NJWE-FER 2001, 273 (274).

[3041] OLG Hamm FamRZ 2014, 1298 (1299).

[3042] BGH FamRZ 2010, 1630 = NJW-RR 2010, 1585; OLG Koblenz NJW 2000, 3791 (3792); OLG Köln OLGR 2001, 48 (49).

[3043] BGH FamRZ 1993, 676 (677 f.).

[3044] OLG Köln FamRZ 2021, 1529.

[3045] Vgl. BGH FamRZ 1980, 40 (42) = NJW 1980, 124; FamRZ 1980, 665; FamRZ 1980, 879 (880); FamRZ 1985, 584 (585); FamRZ 1986, 151 (152); 1988, 159 (162); FamRZ 1990, 971; NJW 1992, 2477 (2480); OLG Celle FamRZ 1987, 1038 (1042).

zugutekommen und sich auf das Unterhaltsrechtsverhältnis nicht auswirken. Etwas anderes gilt nur, wenn der Leistende sie auch dem Unterhaltsberechtigten zukommen lassen will.[3046] Bei Fehlen einer ausdrücklichen Willensbestimmung folgt sie im Zweifel aus der persönlichen Beziehung der Beteiligten.[3047]

Freiwillige Zuwendungen des Arbeitgebers sind keine Schenkung, sondern haben Lohncharakter,[3048] da sie im Zweifel wegen des Arbeitseinsatzes und für ihn gewährt werden.

dd) Unterhaltspflichtleistungen Dritter. Unterhaltsleistungen, die der Pflichtige von 872 einem Dritten erhält, sind im Grundsatz unterhaltspflichtiges Einkommen.[3049] Denn zur Einkommensfeststellung sind alle Einkünfte heranzuziehen, gleich welcher Art sie sind und aus welchem Anlass sie gezahlt werden.[3050]

Die tatsächliche Verwendung des Unterhalts für Barunterhaltsleistungen des Pflichti- 873 gen hängt im Einzelfall davon ab, ob er die Leistungen des Dritten zur Deckung seines eigenen Bedarfs benötigt. Übersteigt der Unterhalt den eigenen angemessenen Bedarf des Unterhaltspflichtigen nicht, ist er nicht zum Unterhalt eines anderen Unterhaltsberechtigten einzusetzen.[3051]

Sind dagegen Unterhaltspflichten gegenüber **minderjährigen Kindern** zu erfüllen, so hat der Schuldner wegen § 1603 Abs. 2 S. 1 BGB den über dem Mindestbedarf liegenden Teil des Unterhalts für Unterhaltszwecke zu verwenden.[3052] Dabei wird allerdings im Übrigen der den Unterhalt leistende Ehegatte als anderer unterhaltspflichtiger Verwandter im Sinne des § 1603 Abs. 2 S. 3 BGB in Betracht kommen (→ Rn. 955). Auch ist der Ehegattenunterhalt nicht für den Kindesunterhalt einzusetzen, wenn letzterer bereits in die Unterhaltsberechnung als Abzugsposten vom Einkommen des Ehegatten eingeflossen ist.[3053]

Erhält der Unterhaltspflichtige **Einkommen und Unterhalt (§ 1573 Abs. 2 BGB),** so ist beides für die Bemessung seiner Leistungsfähigkeit zu addieren.[3054]

Naturalunterhalt, den der Pflichtige erhält, begründet oder steigert seine unterhalts- 874 rechtliche Leistungsfähigkeit nicht. Diese kann sich zum einen aus fiktiven Einkünften ergeben, wenn eine Obliegenheit zur Aufnahme einer Erwerbstätigkeit auch in Form einer Nebenbeschäftigung besteht. → Rn. 746, 753. Auch kann der Unterhaltsschuldner gehalten sein, **das Taschengeld,** das er von seinem Ehegatten erhält oder erhalten kann, für Unterhaltszwecke einzusetzen.[3055] → Rn. 815 sowie → Rn. 750 ff.

ee) Schmerzensgeld. Schmerzensgeld (§ 847 BGB) ist ungeachtet der schadensersatz- 875 rechtlichen Zweckbestimmung – Ersatz immaterieller Schäden und Genugtuung – unterhaltsrechtlich relevantes Vermögen des Pflichtigen, so dass je nach der Stärke der Unter-

---

[3046] BGH FamRZ 2005, 968 (969); OLG Hamm NJW-RR 1997, 1080 (1081); OLG München FamRZ 1996, 1433 (1434) f. d. Berechtigten.

[3047] BGH FamRZ 2005, 968 (969); OLG Düsseldorf FamRZ 2007, 1039 (1040) für die freiwillige Stundung des Kostgeldes durch die Pflegeeltern.

[3048] OLG München FamRZ 1995, 1069.

[3049] BGH FamRZ 1980, 555 (556) = NJW 1980, 934; allgemein, wenn Eigenbedarf (§ 1581) gewahrt: OLG Bamberg FamRZ 1983, 75; OLG Düsseldorf FamRZ 1982, 951 (952); OLG Hamm FamRZ 1988, 1270 (1271): Unterhalt volljähriges Kind; NJW-RR 1992, 708 f.; FamRZ 1996, 1234; KG DAVorm 1983, 393 (394); 185; OLG Köln FamRZ 2010, 130 (Ls.) = FamFR 2009, 117 (Griesche); OLG München FamRZ 1980, 284; OLG Stuttgart FamRZ 1983.

[3050] BGH FamRZ 1981, 338 = NJW 1981, 1313.

[3051] BGH FamRZ 1980, 955.

[3052] OLG Köln FamRZ 2010, 130 (Ls.) = FamFR 2009, 117 (Griesche).

[3053] OLG Hamm FamRZ 1992, 91 (92) = NJW-RR 1992, 708 (709).

[3054] BGH FamRZ 1986, 153 = NJW-RR 1986, 293; OLG Köln FamRZ 2010, 130 (Ls.) = FamFR 2009, 117 (Griesche).

[3055] BGH FamRZ 2004, 366 (369).

haltsverpflichtung auch der Stamm zu verwerten ist (→ Rn. 850 ff.).[3056] Gleiches gilt für tatsächlich gezogene Erträge aus der Anlage des Schmerzensgeldes.[3057] Der Ausgleichsfunktion des Schmerzensgeldes soll dabei durch Anhebung der Mindestselbstbehaltssätze im Einzelfall Rechnung getragen werden.[3058] Den Verbrauch des Schmerzensgeldes zu eigenen Zwecken hat der Bundesgerichtshof nicht als Verstoß gegen die unterhaltsrechtliche Obliegenheit gewertet.[3059] Dies erscheint unterhaltsrechtlich wenig überzeugend, ist aber wegen der besonderen Funktion des Schmerzensgeldes, das dem Geschädigten zur freien Verfügung stehen soll, im Ergebnis anzuerkennen.

b) Bezüge bei Krankheit

876   **Lohnfortzahlung im Krankheitsfall** ist voll anrechenbares Einkommen.

877   **Krankengeld** soll den Verdienstausfall ganz oder teilweise ausgleichen und ist deshalb voll für die Unterhaltsbemessung verwendbares Einkommen.[3060] Das gilt ebenso für Krankentagegeld und Krankenhaustagegeld aus privater Versicherung,[3061] auch wenn es das übliche Arbeitseinkommen übersteigen sollte.

c) Streikgeld

878   **Streikgeld** soll den Arbeitsverdienst ersetzen und ist mithin unterhaltsrechtlich als Einkommen zu berücksichtigen. Die Verwicklung in einen Arbeitskampf legaler Art gehört zu den „Lebensverhältnissen" eines lohnabhängigen Unterhaltsschuldners. Streikauswirkungen sind deshalb vom Unterhaltsberechtigten mitzutragen. Etwas anderes muss freilich bei einem illegalen Arbeitskampf, an dem der Unterhaltsschuldner sich aktiv beteiligt, gelten. Der dadurch ausgelöste Einkommensverlust ist als willkürlich-vorsätzliche Verdienstminderung vom Unterhaltsberechtigten nicht mitzutragen.

d) Abfindungen, Übergangsgelder

879   **Abfindungen**[3062] sind Leistungen des Arbeitgebers anlässlich der Beendigung eines Arbeitsverhältnisses. Arbeitsrechtlich können sie – gezahlt in der Regel aufgrund eines Sozialplans nach § 112 Abs. 1 BetrVG – Ersatz für künftigen Lohnausfall und damit im Voraus gezahltes Einkommen für einen bestimmten Zeitraum sein. Sie können aber auch gezahlt werden als Ausgleich für den Verlust des Arbeitsplatzes und des damit verbundenen sozialen Besitzstands oder zur einvernehmlichen Beendigung eines Kündigungsschutzverfahrens.[3063] Allen Arten von Abfindungen ist gemeinsam, dass sie im Hinblick auf ein Arbeits- und Dienstverhältnis gezahlt werden. Die neuere Rechtsprechung nimmt deshalb unterhaltsrechtlich keine Differenzierung mehr vor; sie spricht der Abfindung Lohnersatzfunktion zu und behandelt sie unterhaltsrechtlich als Einkommen des Pflichtigen wie des Berechtigten.[3064] In welchem Umfange die Abfindung für Unterhaltszwecke zu verwenden ist, hängt von den Umständen des Einzelfalls ab: Erlangt der Unterhalts-

---

[3056] BGH FamRZ 1989, 170 ff. = NJW 1989, 524 ff. mablAnm Voelskow FamRZ 1989, 482 f.

[3057] BGH FamRZ 1988, 1030 (1034) mablAnm Voelskow FamRZ 1989, 482 f.; OLG Karlsruhe FamRZ 2002, 750.

[3058] BGH NJW 1989, 524 (526).

[3059] BGH FamRZ 1988, 1030 (1034).

[3060] BGH FamRZ 2009, 307.

[3061] BGH FamRZ 2013, 191 mAnm Born = NJW 2013, 461 = MDR 2013, 95 Rn. 36.

[3062] Maurer, Unterhalt aus arbeitsrechtlicher Abfindung, FamRZ 2012, 1685.

[3063] BGH FamRZ 2012, 1040 (1044 f.) = NJW 2012, 1868 (1871 f.) = MDR 2012, 771 (774).

[3064] BGH FamRZ 2012, 1040 (1044 f.) = NJW 2012, 1868 (1871 f.) = MDR 2012, 771 (774); OLG Hamm FamRZ 2023, 195 (196); OLG Saarbrücken FamRZ 2022, 860 (861) mAnm Borth; differenzierend noch BGH FamRZ 2004, 1352 (1353) = MDR 2004, 1120 (1121).

pflichtige **eine Arbeitsstelle ohne Einkommensverlust** bleibt die Abfindung jedenfalls bei der Bemessung des Unterhaltsbedarfs ohne Berücksichtigung.[3065] Der Unterhaltspflichtige hat Erträge aus der Abfindung für den Kindesunterhalt einzusetzen. Im Rahmen des Ehegattenunterhalts sind sie nicht prägend und damit erst zu verwenden, wenn die Einkünfte des Pflichtigen zur Deckung des eheangemessenen Bedarfs nicht ausreichend sind, etwa wegen des Hinzutretens weiterer gleichrangig Berechtigter. Erzielt der Pflichtige **geringere Einkünfte**, ist die Abfindung grundsätzlich einzusetzen, um diese auf das bisherige Niveau aufzustocken. Dies gilt einmal, wenn der Pflichtige Lohnersatzleistungen bezieht,[3066] aber auch dann, wenn das aus dem neuen Arbeitsverhältnis bezogene Einkommen geringer ist als das bisherige.[3067] **In welcher Höhe** die Abfindung zur Aufstockung des Einkommens verwendet wird, hängt ebenfalls von den Umständen des Einzelfalls ab, zB von den Einkommensverhältnissen des Unterhaltsschuldners und seiner beruflichen Qualifikation.[3068] Wird sie kurz vor Erreichen der Regelaltersgrenze gezahlt, kann sie einzusetzen sein, um das bisherige Einkommensniveau bis zum Eintritt in das Rentenalter aufrechtzuerhalten.[3069] Bei voraussichtlich dauerhafter oder langandauernder Arbeitslosigkeit ebenso wie bei fehlenden Aussichten auf eine Einkommenssteigerung kann eine Verteilung auf einen längeren Zeitraum bei nur teilweiser Aufstockung des tatsächlichen Einkommens angemessen sein.[3070] Berücksichtigung finden können auch eine Verselbständigung des bedürftigen Ehegatten durch die Trennungszeit und die voraussichtliche Dauer der Bedürftigkeit des Unterhaltsgläubigers.[3071]

Für den Kindesunterhalt ist die Abfindung nach denselben Regeln zur Aufstockung des niedrigeren Einkommens einzusetzen.[3072] Erzielt der Unterhaltspflichtige ein Einkommen in bisheriger Höhe, soll es naheliegen die Abfindung unberücksichtigt zu lassen und dem Pflichtigen eine Vermögensbildung zu ermöglichen.[3073] Für Unterhaltszwecke des minderjährigen Kindes sind allerdings nach allgemeinen Regeln Erträge aus dem angelegten Vermögen einzusetzen.

Die **Abfindung braucht nicht vollständig für Unterhaltszwecke verwendet zu werden.**[3074] Der Verpflichtete kann sie im Einzelfall für unabweisbar notwendige Anschaffungen verwenden,[3075] auch zur Bezahlung fälliger Schulden.[3076] Dabei ist ein großzügiger   **880**

[3065] BGH FamRZ 2010, 1311 (1312 f.) = NJW 2010, 2582 (2583) = MDR 2010, 993f; FamRZ 2012, 1040 (1045) = NJW 2012, 1868 (1872) = MDR 2012. 771 (774).

[3066] BGH FamRZ 1982, 250 (251) = NJW 1982, 822; FamRZ 1987, 359 (360) = NJW 1987, 1554; FamRZ 2003, 432 (433) = NJW 2003, 1518 (1519); BGH NJW 2007, 2249 (2253) = MDR 2007, 1021 (1023); FamRZ 2012, 1040 (1045) = NJW 2012, 1868 (1872) = MDR 2012. 771 (774); OLG Brandenburg FamRZ 1995, 1220 (1221); OLG Dresden OLGR 2000, 51 (53); OLG Hamm NJW-RR 1996, 66; OLG Koblenz FamRZ 1991, 573; NJWE-FER 2000, 137 f.; OLG Karlsruhe NJWE-FER 2001, 136 f.; OLG Koblenz FamRZ 2006, 1447 (1448); OLG Frankfurt NJWE-FER 2001, 280 f.

[3067] BGH FamRZ 2012, 1040 (1044 f.) = NJW 2012, 1868 (1871f) = MDR 2012, 771 (774); OLG Hamm FamRZ 2012, 1734 (Ls.); **anders noch** BGH FamRZ 2003, 590 (591) = NJW 2003, 1518 (1519 f.).

[3068] OLG Karlsruhe FamRZ 2014, 942 (944).

[3069] BGH FamRZ 2012, 1040 (1045) = NJW 2012, 1868 (1872) = MDR 2012, 771 (774); OLG Hamm NJW-RR 2009, 508.

[3070] FamRZ 2012, 1040 (1045) = NJW 2012, 1868 (1872) = MDR 2012. 771 (774).

[3071] OLG Hamm FamRZ 2007, 195 (196).

[3072] BGH FamRZ 2012, 1048 (1049) = NJW 2012, 1873 = MDR 2012, 774f; OLG Brandenburg FF 2014, 27 (29).

[3073] BGH FamRZ 2012, 1048 (1049) = NJW 2012, 1873 = MDR 2012, 774 (775).

[3074] BGH NJW 1990, 709 (711) = FamRZ 1990, 372.

[3075] OLG Koblenz FamRZ 1991, 573 (574).

[3076] OLG Celle FamRZ 1992, 590: 7158 EUR Abfindung auf 43.971 EUR fällige Schulden gezahlt; OLG Koblenz NJWE-FER 2000, 137 f.: nicht anerkannt: Kosten für eine Urlaubsreise nach Ostasien;

Maßstab anzulegen, wenn der Pflichtige sein bisheriges Lohnniveau gehalten hat und nur Erträge für den Kindesunterhalt verwenden muss.

Ist der Eigenverbrauch unterhaltsrechtlich nicht anzuerkennen, zB wenn der Mindestbedarf minderjähriger Kinder nicht gedeckt ist,[3077] sind entsprechende fiktive Einkünfte zuzurechnen. → Rn. 675 f.

881　　**Gegenstand des Zugewinnausgleichs** kann die Abfindung sein, wenn sie zur Zeit der Zustellung des Scheidungsantrags noch im Vermögen des zugewinnausgleichs- und unterhaltspflichtigen Ehegatten vorhanden war.[3078] Eine zweifache Teilhabe des Berechtigten an der Abfindung schließt die Rechtsprechung aus (Verbot der Doppelverwertung), da ein güterrechtlicher Ausgleich nur erfolgen kann, wenn die Vermögensposition nicht unterhaltsrechtlich oder im Versorgungsausgleich ausgeglichen wird.[3079] Ist eine Abfindung daher im Vergleichswege[3080] oder durch Beschluss in die Unterhaltsberechnung einbezogen, kommt sie als Gegenstand des güterrechtlichen Ausgleichs nicht mehr in Betracht. Die Einzelheiten, insbesondere die Frage, ob ein Wahlrecht zwischen Unterhalt und Zugewinn besteht (für den Berechtigten oder den Pflichtigen?) sind nach wie vor streitig.[3081] Man wird den Eheleuten jedenfalls die Möglichkeit einräumen müssen, in einem Ehevertrag anstelle einer unterhaltsrechtlichen Lösung die Berücksichtigung im Zugewinnausgleich zu wählen.

882　　**Übergangsgebührnisse und Übergangsbeihilfen** ehemaliger Bundeswehrangehöriger sind unterhaltspflichtiges Einkommen.[3082] Übergangsgebührnisse sind für einen bestimmten Zeitraum monatlich fortgezahlte Bezüge in Anlehnung an die früheren Dienstbezüge, also wie normales Arbeitseinkommen zu behandeln, während Übergangsbeihilfe, ein abfindungsgleicher einmaliger Betrag, dem ausgeschiedenen Soldaten den Übergang in einen Zivilberuf erleichtern soll, so dass dieses Einkommen unterhaltsrechtlich wie eine Abfindung (→ Rn. 879 f.) zu behandeln ist.[3083]

---

ebenso OLG Karlsruhe NJWE-FER 2001, 113 (114) nicht anerkannt Schulden aus unangemessen teurer Lebensführung.

[3077] AG Flensburg FamRZ 2010, 128 (129).

[3078] Die bei Eingehung der Ehe vorhandene Abfindung ist naturgemäß Gegenstand des Anfangsvermögens. Eine Konkurrenz zum Unterhalt erscheint hier allerdings im Regelfall nicht.

[3079] BGH FamRZ 2003, 432 (433); FamRZ 2004, 1352 (1353) = MDR 2004, 1120 (1121); BGH FamRZ 2007, 1532 (1535) mAnm Maurer; OLG Karlsruhe FamRZ 2014, 942; OLG Saarbrücken FamRZ 2022, 860 (861f) mAnm Borth: Gegenstand des Zugewinnausgleichs ist die Abfindung, soweit sie nicht für Unterhaltszwecke benötigt wird.

[3080] BGH FamRZ 2004, 1352 (1353) = MDR 2004, 1120 (1121); BGH FamRZ 2007, 1532 (1535) mAnm Maurer.

[3081] Vgl. zB Bergschneider, Anm. zu BGH FamRZ 2004, 1352 in FamRZ 2004, 1353; Kogel, Anm. zu BGH FamRZ 2004, 1352 in FamRZ 2004, 1866; Gerhardt/Schulz, Verbot der Doppelverwertung von Abfindungen beim Unterhalt und Zugewinn, FamRZ 2005, 145 ff.; Maier, Vom Unterhalt bei Vermögensauseinandersetzung, FamRZ 2006, 897 ff. mwN; Hoppenz, Zur Konkurrenz von Unterhalt und Zugewinnausgleich, FamRZ 2006, 1242 ff.; Schulz, Zur Doppelberücksichtigung von Vermögenspositionen beim Unterhalt und Zugewinnausgleich, FamRZ 2006, 1237 ff.; Maurer, Zur Doppelberücksichtigung von Vermögenspositionen beim Unterhalt und Zugewinnausgleich, FamRZ 2005, 757 (759); Balzer/Gutdeutsch, Die Berücksichtigung doppelvalenter Vermögenspositionen bei der Berechnung des Zugewinnausgleichs und des Unterhalts, FamRZ 2010, 341 (346).

[3082] BGH FamRZ 1987, 930 (931); OLG Hamm NJW-RR 2004, 139; OLG Naumburg NJOZ 2003, 2395.

[3083] BGH FamRZ 1987, 930 (931); OLG Köln FamRZ 1995, 353 (354); OLG Naumburg FamRZ 2003, 474 (475).

e) Bezüge bei Arbeitslosigkeit

Arbeitslosengeld I (§§ 136 ff. SGB III) ist Ersatz für infolge Arbeitslosigkeit fehlendes   **883**
Arbeitseinkommen und deshalb voll bei der Unterhaltsbemessung zu berücksichtigen.[3084]
Es ist durch eigene lohnbezogene Abgaben während der Arbeitstätigkeit selbst verdientes
Geld. Arbeitslosengeld und Krankengeld sind bei gleichzeitiger Betreuung minderjähriger
Kinder kein aus unzumutbarer Bemühung stammendes Einkommen, da in dieser Zeit
Arbeit die Kinderbetreuung nicht hindert.[3085]

Die durch ein leibliches Kind bedingte Erhöhung des Arbeitslosengeldes (§ 149 Nr. 1
SGB III) ist unterhaltsrechtliches Einkommen auch für den Geschiedenenunterhalt,[3086]
aber wohl nicht die Erhöhung verursacht durch das Kind des Ehegatten.

Das Bürgergeld (bis 31.12.2022 Arbeitslosengeld II) ist eine bedarfsabhängige staatli-   **884**
che Sozialleistung. Sie ist subsidiär; Unterhaltsansprüche des Empfängers gehen nach § 33
Abs. 1 SGB II auf den Leistungsträger über, so dass das Arbeitslosengeld jedenfalls für
den Berechtigten nicht als unterhaltspflichtiges Einkommen anzusehen ist.[3087] Gleiches
gilt für den Unterhaltspflichtigen. Das Bürgergeld deckt allein den sozialhilferechtlichen
Lebensbedarf ab. Es hat keine Lohn-, sondern Unterhaltsersatzfunktion[3088] und ist damit
kein unterhaltsrechtliches Einkommens. Darüber hinaus darf der Unterhaltsschuldner
durch die Unterhaltsleistungen nicht seinerseits hilfsbedürftig werden. Der notwendige
Selbstbehalt muss daher bereits aus verfassungsrechtlichen Gründen maßvoll über
dem Unterhaltsschuldner gewährten Sozialhilfeleistungen liegen.[3089] Dieses Abstands-
gebot wird durch die in den Anmerkungen zur Düsseldorfer Tabelle und den unterhaltsrechtlichen Leitlinien der Oberlandesgerichte aufgeführten Beträge gewahrt. Dies gilt
auch unter Einbeziehung der Kosten der Unterkunft. Liegen die sozialhilferechtlich
anerkannten Kosten der Unterkunft über den in den Selbstbehaltssätzen enthaltenen
Wohnkostenanteil, kommt nach I 5 der Anmerkungen zur Düsseldorfer Tabelle eine
Erhöhung des Mietanteils und damit des Mindestselbstbehalts in Betracht. Denn die
sozialhilferechtlich anerkannten Kosten sind selbst dann angemessen, wenn sie während
der Karenzzeit der bisher gezahlten Miete entsprechen (§ 22 Abs. 1 SGB II nF).

Kurzarbeitergeld, Schlechtwettergeld sind Einkommensersatz, also in vollem Umfange unterhaltsrechtlich zu berücksichtigen.

f) Renten

aa) Allgemeines. Renten sind grundsätzlich unterhaltspflichtiges Einkommen, und   **885**
zwar unabhängig davon, ob sie nach ihrer sozialrechtlichen Zweckbestimmung als Einkommensersatz anzusehen sind, dem Ausgleich gesundheitsbedingt notwendigen Mehraufwandes oder der immateriellen Entschädigung dienen.

Abweichend von diesem Grundsatz sind die Conterganrente und die Rente nach dem
HIV-Hilfegesetz dem Unterhaltsrecht vollständig entzogen; sie stellen kein unterhaltsrechtliches Einkommen dar.

Für die Conterganrente ergibt sich dies aus § 18 Abs. 1 des Conterganstiftungsgeset-
zes,[3090] wonach Leistungen nach dem Conterganstiftungsgesetz bei der Ermittlung oder

---

[3084] BGH FamRZ 1996, 1067 (1069); BSG FamRZ 1987, 274 (275).
[3085] BGH FamRZ 2007, 983 mAnm Schürmann = NJW 2007, 2249 (2252 f.) mAnm Born; OLG
Hamburg NJW-RR 1993, 647 (648); OLG Köln FamRZ 2006, 342 f.
[3086] BGH FamRZ 2007, 983 mAnm Schürmann = NJW 2007, 2249 (2252 f.) mAnm Born.
[3087] BGH FamRZ 2009, 307 (309).
[3088] Wendl/Dose UnterhaltsR/Dose § 1 Rn. 110.
[3089] BGH FamRZ 2006, 1010 = NJW 2006, 2404, Rn. 19.
[3090] Vom 13. Oktober 2005 (BGBl. I 2967; neu gefasst durch Bekanntmachung vom 25. Juni 2009 –
BGBl. 2009 I 1537, zuletzt geändert durch Art. 1 des Gesetzes vom 21. Februar 2017 (BGBl. 2017 I 263).

Anrechnung von Einkommen, sonstigen Einnahmen und Vermögen nach anderen Gesetzen, auch nach dem Bürgerlichen Gesetzbuch, außer Betracht bleiben. Die Gesetzesbegründung weist ausdrücklich darauf hin, dass die Leistungen nach dem neuen Conterganstiftungsgesetz auch bei der Bemessung des Unterhalts als echte Zusatzleistungen erhalten bleiben.[3091]

Diese Grundsätze hat der Bundesgerichtshof auch auf Leistungen nach dem HIV-Hilfegesetz angewendet. Zweck dieses Gesetzes, das Leistungen an Personen vorsieht, die durch Blutproben unmittelbar oder mittelbar durch HIV infiziert wurden, sei es, den Betroffenen eine schnelle und angemessene Unterstützung zu gewähren, nicht aber die Unterhaltsleistungen an nicht infizierte Ehepartner und Kinder zulasten der infizierten Unterhaltspflichtigen zu erhöhen. Die Leistungen haben daher keine Einkommensersatzfunktion, sondern werden ebenso wie die Leistungen nach dem Conterganstiftungsgesetz als humanitäre zusätzliche Hilfe erbracht.[3092]

886   **bb) Schädigungsbedingter Mehraufwand.** Die konkrete Zweckbestimmung der übrigen Renten wird verwirklicht durch die Berücksichtigung der durch die gesundheitlichen Beeinträchtigungen verursachten Mehraufwendungen.

Wird die Rente wegen **eines Körper- oder Gesundheitsschadens** gezahlt, greift die Regelung des § 1610a BGB ein, der über §§ 1578a und 1360 Abs. 1 2. Halbs. BGB auch für den Ehegattenunterhalt gilt: Es wird vermutet, dass die Kosten der Aufwendungen nicht geringer sind als die gezahlte Rente. Durch diese Regelung wird die Sozialleistung, wenn auch unterhaltsrechtliches Einkommen, de facto dem Unterhaltsrecht entzogen: Sie gilt als durch den notwendigen Aufwand des Geschädigten verbraucht, wenn nicht der Berechtigte (oder der Pflichtige) darlegt und beweist, dass eine zumindest überwiegende Wahrscheinlichkeit für das Gegenteil der gesetzlichen Vermutung besteht, also dafür, dass der Pflichtige die Sozialleistung zumindest teilweise nicht oder nicht zweckentsprechend verbraucht.[3093]

887   Hat die Rente dagegen **Einkommensersatzfunktion,** greift die Vermutung des § 1610a BGB nicht. Gleichwohl ist der konkrete Mehraufwand der jeweiligen Schädigung in Abzug zu bringen,[3094] allerdings nur, wenn der Unterhaltspflichtige seine Aufwendungen im Einzelnen darlegt und beweist.

Dabei kommt ihm die Beweiserleichterung der §§ 113 FamFG, 287 ZPO zugute, die es dem Richter ermöglicht, anhand von Erfahrungssätzen den üblichen durch die Schädigung bedingten Mehraufwand zu schätzen. Geboten ist zudem eine großzügige Betrachtungsweise, in die auch die immateriellen Beeinträchtigungen oder der ideelle Zweck der Rente einfließen können.[3095]

888   **Beispiele für schädigungsbedingten Mehraufwand** sind für einen doppelseitig beinamputierten Schwerbeschädigten die Kosten der Haltung und Benutzung eines Pkw[3096] oder auch Kosten für Hilfskräfte im Haushalt[3097]. In Ausnahmefällen (Heimunterbringung) kann es gerechtfertigt sein, von einer konkreten Berechnung des Mehraufwands zugunsten einer angemessenen Erhöhung des Selbstbehalts abzusehen.[3098]

[3091] BT-Drs. 15/5654, 13.

[3092] BGH FamRZ 2018, 1506 = NJW 2018, 2638 Rn. 19.

[3093] OLG Bamberg FamRZ 1992, 185 f.; OLG Hamburg FamRZ 1992, 444 (446); OLG Schleswig FamRZ 1992, 471; Künkel FamRZ 1991, 1131 (1134).

[3094] BGH FamRZ 1981, 338 (339 f.); 1981, 1165 (1167) = NJW 1982, 41; FamRZ 1982, 579 = NJW 1982, 1594 – Ls. –; OLG Düsseldorf FamRZ 1982, 380.

[3095] BGH FamRZ 1981, 338 (339 f.); FamRZ 1981, 1165 (1167) = NJW 1982, 41; Künkel FamRZ 1991, 1131 (1132).

[3096] BGH FamRZ 1982, 579.

[3097] OLG Düsseldorf FamRZ 1982, 380.

[3098] BGH FamRZ 1981, 1165 (1167).

cc) Renten für Körper- und Gesundheitsschäden. § 1610a BGB umfasst alle Renten 889
im Sinne des § 5 Abs. 1 SGB I und damit beispielhaft folgende:

- Schwerbeschädigten-Grundrente (§ 31 BVersG);
- Pflegezulage (§ 35 BVersG);[3099]
- Blindengeld nach den jeweiligen Landesgesetzen;[3100]
- Kleiderzulage (§ 15 BVersG),[3101] Führhundzulage (§ 14 BVersG);
- Opferentschädigungsrente nach § 17a StrRehaG[3102];
- Opferentschädigungs-Grundrente (§ 1 OEG iVm § 31 BVersG)[3103]

dd) Renten mit Einkommensersatzfunktion. Renten, bei denen der abzugsfähige 890
Mehrbedarf konkret zu ermitteln ist, sind zB:

- **Altersrenten, Pensionen, sonstige Ruhestandsbezüge.** Sie sind regelmäßig wieder-
  kehrende, gleichbleibende Geldbeträge, die nach altersabhängiger Beendigung des Ar-
  beitslebens dem Unterhaltsschuldner gezahlt werden. Sie treten an die Stelle des Ar-
  beitseinkommens und sind voll für Unterhaltszwecke zu berücksichtigen.
- Erwerbsunfähigkeitsrente;[3104]
- Unfallrente (§§ 56 ff. SGB VII), Verletztenrente;[3105] auch wenn diese aus einer privaten
  Unfallversicherung gezahlt wird;[3106]
- Ausgleichsrente (§ 32 BVersG)[3107] und Berufsschadensausgleichsrente (§ 30 Abs. 3
  BVersG), die dem Ausgleich der wirtschaftlichen Folgen allgemeiner Erwerbsschädi-
  gungen dienen;[3108]
- Ehegattenzuschlag für Schwerbeschädigte (§ 33a BVersG), der ausdrücklich für „Ehe-
  gatten" gezahlt wird;
- Wiedergutmachungsrente;[3109]
- Waisen- und Halbwaisenrente[3110] werden unterhaltsrechtlich nur aktuell beim Berech-
  tigten. Sie sind Kindeseinkommen und mindern die Unterhaltbedürftigkeit,[3111] auch
  Waisenrente nach einem Stiefvater.[3112] → Rn. 616, 617.

ee) Rentennachzahlungen. Rentennachzahlungen sind nicht auf vergangene Unter- 891
haltszeiträume unterhaltserhöhend umzulegen, sondern für die künftige Unterhaltsgewährung – ggf. über §§ 238 f. FamFG – auf einen längeren Zeitraum verteilt unterhalts-

---

[3099] Zum Zweck dieser Leistung: BGH FamRZ 1981, 1165 (1166 f.) = NJW 1982, 41; NJW 1982,
1999 = DAVorm 1982, 771 (773); OLG Düsseldorf FamRZ 1982, 380.
[3100] OLG Schleswig FamRZ 1992, 471 = NJW-RR 1992, 390.
[3101] BGH FamRZ 1982, 579 (580); NJW 1982, 1999 = DAVorm 1982, 772 (773).
[3102] Gesetz über die Rehabilitation und Entschädigung von Opfern rechtsstaatswidriger Strafver-
folgungsmaßnahmen im Beitrittsgebiet (BGBl. 1999 I 2664); OLG Hamm FamRZ 2016, 64 (65f),
ebenso BGH FamRZ 1983, 674 zu §§ 28, 31 BEG.
[3103] OLG Koblenz FamRZ 2018, 347 (349).
[3104] BGH FamRZ 1981, 338 (339 f.) = NJW 1981, 1313; FamRZ 1981, 1165 (1166 f.) = NJW 1981,
41; FamRZ 1982, 898 (899) = NJW 1982, 1199; OLG Köln FamRZ 2001, 1524 = NJWE-FER 2001,
67.
[3105] BGH FamRZ 1982, 252 = NJW 1982, 1593; OLG Brandenburg NJW-RR 2009, 1371 (1372);
OLG Celle FamRZ 1994, 1324 (1325); OLG Frankfurt FamRZ 1979, 139; OLG Hamm FamRZ 2001,
441.
[3106] OLG Brandenburg FamRZ 2004, 484.
[3107] OLG Koblenz FamRZ 2018, 347 (349).
[3108] OLG Hamm FamRZ 1992, 186.
[3109] BGH FamRZ 1983, 674.
[3110] Siehe BSG NJW 1987, 2894 zur Halbwaisenrente nach dem Opferentschädigungsgesetz und
dem Bundesversorgungsgesetz.
[3111] BGH FamRZ 1980, 1109 (1110 f.) = NJW 1981, 168.
[3112] BGH FamRZ 1980, 1109 (1110 f.) = NJW 1981, 168.

rechtlich zu berücksichtigen. Eine Umrechnung solcher Nachzahlungen auf zurückliegende Zeiträume entsprechend dem Verfahren bei Urlaubs- oder Weihnachtsgeld scheidet aus, weil die Nachzahlung nicht entsprechend zuverlässig wiederkehrend in gleichen Zeitabständen und vergleichbaren Größen gezahlt wird.[3113]

g) Sozialstaatliche Zuwendungen

892   **aa) Kindergeld. Kindergeld.** Das staatliche Kindergeld dient dem allgemeinen Familienlastenausgleich. Es ist eine öffentliche Sozialleistung, die den Eltern gewährt wird zur Erleichterung der Unterhaltslast gegenüber ihren Kindern.[3114] **Rechtsgrundlagen des Kindergelds.** Die Auszahlung des Kindergelds erfolgt im Regelfall aufgrund der §§ 62 ff. EStG für Kinder, die ihren Wohnsitz oder gewöhnlichen Aufenthalt im Inland haben. Kein Anspruch auf Kindergeld besteht für die Zeit eines laufenden Asylverfahrens, auch wenn später subsidiärer Schutz gewährt wird.[3115] Nach § 62 EStG steht das Kindergeld beiden Eltern zu. Sie sind allerdings im Verhältnis zur Kindergeldkasse nicht Gesamtgläubiger. Die Auszahlung erfolgt vielmehr nach § 64 Abs. 1 EStG nur an einen Berechtigten und zwar nach § 64 Abs. 2 EStG – verfassungskonform[3116] – an denjenigen, der das Kind in seinen Haushalt aufgenommen hat.[3117]

Lebt das Kind im Haushalt beider Eltern bzw. eines Elternteils und eines sonstigen Berechtigten, bestimmen diese den Zahlungsempfänger. Bei Unstimmigkeiten entscheidet das Familiengericht (durch den Rechtspfleger) auf Antrag eines Elternteils (§§ 64 Abs. 2 S. 3 und 64 Abs. 3 S. 4 EStG). Die Zuordnung soll dann an denjenigen erfolgen, der die Gewähr dafür bietet, dass er das Kindergeld zum Wohle des Kindes verwendet.[3118] Diese Regelungen gelten entsprechend, wenn das Kind -wie in den Fällen des Wechselmodells in getrennten Haushalten beider Berechtigter nahezu gleichwertig aufgenommen wurde.[3119] Bieten beide Eltern in einem solchen Fall die Gewähr, dass das Kindergeld zum Wohle des Kindes eingesetzt wird, soll die Bezugsberechtigung unabhängig von den jeweiligen Einkommensverhältnissen demjenigen zuzusprechen sein, der das Kindergeld bislang erhalten hat.[3120]

Das Bundeskindergeldgesetz (zuletzt BGBl. 2022 I 760) ist Rechtsgrundlage für die Auszahlung an Eltern, die – zB als Lehrer an einer deutschen Schule – nur beschränkt steuerpflichtig sind, und an Kinder, die weder bei den Eltern, weil sie verstorben oder unbekannten Aufenthalts sind, noch bei sonstigen Dritten als Kinder geführt werden. **Steuerrechtlich** wird das Kindergeld monatlich als vorweggenommene Steuervergünstigung ausgezahlt. Im Rahmen der Steuerveranlagung überprüft das Finanzamt von Amts wegen (§ 31 S. 4 EStG), ob die steuerliche Vergünstigung durch den Kinderfreibetrag (§ 32 EStG) das im Veranlagungszeitraum erhaltene Kindergeld übersteigt. Ist dies – bei höheren Einkommen – der Fall, wird die um das erhaltene Kindergeld ermäßigte Steuervergünstigung den Eltern gutgeschrieben, ansonsten verbleibt es bei dem ausgezahlten Betrag.

Das Kindergeld betrug vom 1.1.2018 bis 30.6.2019 194 EUR für das erste und zweite, 200 EUR für ein drittes und 225 EUR für jedes weitere Kind, vom 1.7.2019 bis

---

[3113] BGH FamRZ 1985, 155 (156) = NJW 1985, 486 = MDR 1985, 474.
[3114] BGH FamRZ 2007, 542 (543) = NJW 2007, 1747f k Rn. 13.
[3115] BFH FamRZ 2022, 1850 (LS.).
[3116] BFH FamRZ 2005, 618 (619).
[3117] Zum Begriff der Haushaltsaufnahme: BFH FamRZ 2005, 618 (619).
[3118] OLG Celle FamRZ 2019, 31 mAnm Duderstadt FamRZ 2019, 360f; OLG München FamRZ 2021, 1200.
[3119] BGH FamRZ 2016, 1053 mAnm Seiler = NJW 2016, 1956 Rn. 12.
[3120] OLG Brandenburg NJW-RR 2020, 133 (134); OLG München FamRZ 2021, 1200.

31.12.2020 194 EUR bzw. 210 EUR und 235 EUR, vom 1.1.2021 bis 31.12.2022 219 EUR bzw. 225 EUR. Ab 1.1.2023 beträgt es einheitlich 250 EUR für jedes Kind.[3121]

Kindergeld und Unterhaltsrecht. Das Kindergeld dient nach § 1612b BGB der De- **893** ckung des Barbedarfs des Kindes. Es wird hälftig zur Deckung dieses Barbedarfs herangezogen, wenn ein Elternteil seine Unterhaltspflicht durch die Betreuung des Kindes erfüllt (§ 1612b Abs. 1 Nr. 2 BGB), vollständig bei volljährigen Kindern oder in den Fällen, in denen beide Eltern ausnahmsweise ihrem minderjährigen Kind zum Barunterhalt verpflichtet sind (§ 1612b Abs. 1 Nr. 2 BGB). Sind mehrere Kinder vorhanden, so war bis 2022 das auf das jeweilige Kind entfallende Kindergeld zu seiner Bedarfsdeckung einzusetzen. Das Kindergeld steht damit einem Einkommen des Kindes gleich,[3122] was unterhaltsrechtlich folgende Konsequenzen hat:

- **Kindesunterhalt.** Der vom allein Barunterhaltspflichtigen geschuldete Kindesunterhalt **894** errechnet sich in jeder Altersstufe der Düsseldorfer Tabelle dadurch, dass von dem Tabellenbetrag das Kindergeld in dem durch § 1612b BGB bestimmten Umfang abgesetzt wird.[3123] Beim **minderjährigen Kind,** das von einem Elternteil überwiegend betreut wird, erfolgt die Kindergeldanrechnung nach § 1612b Abs. 1 Nr. 1 BGB hälftig, dh, von dem sich nach den der Düsseldorfer Tabelle ergebenden Tabellenbetrag ist der hälftige Kindergeldanteil in Abzug zu bringen.
Beim **volljährigen Kind** ist das Kindergeld nach § 1612b Abs. 1 Nr. 2 BGB in vollem Umfange vom Barbedarf des Kindes abzusetzen. Das gleiche gilt, wenn beide Eltern einem minderjährigen Kind zum Barunterhalt verpflichtet sind, weil es zB außerhalb des Elternhauses in einem Kinderheim untergebracht ist (→ Rn. 951).
Praktizieren die Eltern ein **paritätisches Wechselmodell,** sind sie nach der Rechtsprechung des Bundesgerichtshofs ebenfalls beide zur Zahlung von Barunterhalt verpflichtet.[3124] Zur Anrechnung des Kindergeldes im Wechselmodell hat sich eine als gefestigt anzusehende Rechtsprechung herausgebildet, die unterscheidet zwischen der Hälfte des Kindesgeldes, die dem Barunterhalt zuzuordnen ist, und derjenigen, die auf den Betreuungsunterhalt entfällt. Erstere ist nach § 1612b I Nr. 1 BGB auf den Barbedarf des Kindes anzurechnen. Er kommt den Kindeseltern entsprechend ihrer Beteiligung am Barbedarf des Kindes zu Gute und entlastet folglich den besserverdienenden Elternteil stärker als den anderen. Ist der schlechter Verdienende wirtschaftlich nicht in der Lage, Kindesunterhalt zu leisten, begünstigt diese Hälfte allein den anderen leistungsfähigen Elternteil.[3125] Der auf den Betreuungsunterhalt entfallende Anteil des Kindergeldes steht den Eltern hälftig zu, da sie im paritätischen Wechselmodell stets gleichwertige Betreuungsleistungen erbringen.[3126] Diese hälftige Zuweisung des Betreuungsanteils des Kindergeldes erfolgt unabhängig von der wirtschaftlichen Leistungs-

---

[3121] Zu den Beträgen von 2016 und 2017 s. die Voraufl.

[3122] BGH FamRZ 2016, 1053 Rn. 25 mAnm Seiler = NJW 2016, 1956.

[3123] Zur Rechtslage bis zum 31.12.2007 in Anwendung des § 1612 Abs. 5 BGB aF s. Rn. 900 ff. der 9. Aufl.

[3124] BGH FamRZ 2014, 917 mAnm Schürmann = NJW 2014, 1958 Rn. 29; FamRZ 2015, 236 mAnm Born = NJW 2015, 331 Rn. 17 f.

[3125] BGH FamRZ 2016, 1053 Rn. 27 mAnm Seiler = NJW 2016, 1956 = NZFam 2016, 851 mAnm Roessink; FamRZ 2017, 437 Rn. 49 mAnm Schürmann = NJW 2017, 1676 = MDR 2017, 403; OLG Dresden FamRZ 2016, 470 (472 f.) = MDR 2015, 1368 (1369 f.); Wendl/Dose UnterhaltsR/Klinkhammer § 2 Rn. 450 aE; **aA** OLG Düsseldorf FamRZ 2014, 567 Rn. 34, wonach keine Anrechnung des Kindergeldes auf den Bedarf des Kindes, sondern nur ein hälftiger Ausgleich zwischen den Eltern erfolgen soll.

[3126] BGH FamRZ 2016, 1053 Rn. 31 mAnm Seiler = NJW 2016, 1956 = NZFam 2016, 851 mAnm Roessink; FamRZ 2017, 437 Rn. 50 mAnm Schürmann = NJW 2017, 1676 = MDR 2017, 403; OLG Dresden FamRZ 2016, 470 (472 f.) = MDR 2015, 1368 (1369 f.); Wendl/Dose UnterhaltsR/Klinkhammer § 2 Rn. 450 aE.

fähigkeit des Elternteils, nur aufgrund der von ihm hälftig erbrachten Betreuungsleistungen. Folglich hat im paritätischen Wechselmodell jeder Elternteil einen Anspruch auf ein Viertel des gesetzlichen Kindergeldes (die andere Hälfte wird vom Barunterhalt in Abzug gebracht). Der Elternteil, der das Kindergeld bezieht, hat dieses Viertel an den anderen auszukehren. Der Anspruch kann im Wege des familienrechtlichen Ausgleichsanspruchs isoliert gegen den anderen Elternteil geltend gemacht werden.[3127] Möglich ist auch eine Verrechnung mit dem Kindesunterhalt, so dass der leistungsstärkere Elternteil nur noch die sich nach Abzug des auf die Betreuung entfallenden hälftigen Kindergeldanteils ergebende Unterhaltsspitze zu zahlen hat.[3128]

895   • **Ehegattenunterhalt.**
Das Verhältnis des Ehegattenunterhalts zum Kindesunterhalt hat durch die Rechtsprechung des Bundesgerichtshofs zum Bedarf des minderjährigen Kindes[3129] eine erhebliche Änderung erfahren. Der Barbedarf auch des minderjährigen Kindes ergibt sich aus dem anhand des gemeinsamen Einkommens beider Eltern ermittelten Tabellenbetrages der Düsseldorfer Tabelle abzüglich des hälftigen Kindergeldes. Der nicht überwiegend betreuende und damit allein barunterhaltpflichtige Elternteil schuldet den sich aus seinem Einkommen ergebenden Tabellenbetrag abzüglich des hälftigen Kindergeldes. Zur Errechnung des Ehegattenunterhalts ist dieser Zahlbetrag von seinem Einkommen in Abzug zu bringen. Der als Naturalunterhalt zu leistende Anteil des betreuenden Elternteils errechnet sich aus dem Barbedarf des Kindes abzüglich des vom Barunterhaltpflichtigen gezahlten Betrages. Die zweite, auf den Betreuungsanteil entfallende Hälfte des Kindergeldes bleibt unberücksichtigt.[3130]
Im Ergebnis bleibt es folglich dabei, dass zur Errechnung des Ehegattenunterhalts sowohl auf der Ebene des Bedarfs als auch zur Ermittlung der Leistungsfähigkeit des Unterhaltpflichtigen der Kindesunterhalt mit seinem Zahlbetrag, also mit dem um das anteilige Kindergeld reduzierten Tabellenbetrag abzusetzen ist. Damit ist der **Kindergeldanteil des nicht überwiegend betreuenden Elternteils** zu 4,5/10 für den Ehegattenunterhalt zu verwenden und daher in der entsprechenden Höhe auch unterhaltspflichtiges Einkommen des Schuldners.

896   • **Anspruch des Kindes.** Wird das Kindergeld wie Einkommen des Kindes behandelt, kann das – minderjährige wie volljährige – Kind verlangen, dass das Kindergeld für Zwecke seines Unterhalts verwendet wird. Geschieht dies nicht, etwa weil der das Kindergeld erhaltende Elternteil nicht leistungsfähig ist, wird ein zivilrechtlicher Anspruch des Kindes auf Auskehrung des Kindergeldes zu bejahen sein.[3131] Das Kindergeld wird allerdings auch dann für Unterhaltszwecke verwendet, wenn dem Kind Kost und Logis gewährt werden. Das volljährige Kind, das bei dem ansonsten nicht leistungsfähigen Elternteil lebt, hat daher keinen Anspruch auf Zahlung des Kindergeldes an sich.[3132]

[3127] BGH FamRZ 2016, 1053 Rn. 34 mAnm Seiler = NJW 2016, 1956 = NZFam 2016, 851 mAnm Roessink.

[3128] BGH FamRZ 2017, 437 Rn. 50 mAnm Schürmann = NJW 2017, 1676 = MDR 2017, 403; OLG Dresden FamRZ 2016, 470 (472 f.) = MDR 2015, 1368 (1369 f.); Klinkhammer in Wendl/Dose UnterhaltsR § 2 Rn. 450 aE.

[3129] BGH FamRZ 2021, 1965 mAnm Seiler = NJW 2022, 621: FamRZ 2022, 1366 mAnm Langeheine = NJW 2022, 2470 mAnm Obermann; s. auch → Rn. 114.

[3130] BGH FamRZ 2021, 1965 mAnm Seiler = NJW 2022, 621 Rn. 33f; FamRZ 2022, 1366 mAnm Langeheine = NJW 2022, 2470 mAnm Obermann Rn. 50 f.

[3131] BGH NJW 2006, 57; OLG Naumburg FamFR 2009, 15 (Born); OLG Stuttgart FamRZ 2017, 709 Rn. 13 mAnm Schürmann = NJW 2017, 184; Scholz FamRZ 2007, 2024; anders die 9. Auflage Rn. 895.

[3132] Scholz FamRZ 2007, 2025.

Verlangen kann das Kind eine Auszahlung auf öffentlich-rechtlichem Weg (§§ 48 Abs. 1 SGB I, 76 EStG).

Der Zählkindervorteil bleibt unberücksichtigt: Nach § 1612b Abs. 2 BGB ist das 897 Kindergeld, das wegen der Betreuung eines nicht gemeinschaftlichen Kindes erhöht ist, im Umfang der Erhöhung nicht bedarfsdeckend zu berücksichtigen. Ist das dritte Kind ein gemeinschaftliches Kind nicht mit- einander verheirateter Eltern, so erhält der Elternteil das nach § 66 EstG erhöhte Kindergeld nicht, wenn die beiden andern in dem Haushalt lebenden Kinder solche des anderen Elternteils sind.[3133] Ab 1.1.2023 entfällt bis auf Weiteres ein Zählkindervorteil, da das Kindergeld ab diesem Zeitpunkt für alle Kinder gleich hoch ist.

Die Pfändung von Kindergeld ist nach §§ 54 Abs. 5 SGB I, 76 EStG nur noch 898 zulässig zugunsten unterhaltsberechtigter Kinder, die bei Festsetzung des Kindergelds berücksichtigt worden sind, so dass die Pfändung für andere Gläubiger nunmehr ausgeschlossen ist (§§ 54 Abs. 5 SGB I, 76 EStG). Wird **Einkommen des Unterhaltsschuldners gepfändet**, ist das an diesen gezahlte Kindergeld kein Einkommen des Kindes nach § 850c Abs. 4 ZPO, da die Zahlung von Kindergeld bereits bei der Bemessung des pauschalen pfändungsfreien Betrages im Sinne des § 850c ZPO berücksichtigt wurde.[3134]

Mindestbedarf. Der Mindestbedarf eines Kindes ist seit 1.1.2008 in § 1612a BGB 899 geregelt. Er richtet sich seit dem 1.1.2016[3135] nach dem sächlichen Existenzminimum eines Kindes, das sich aus dem alle zwei Jahre von der Bundesregierung vorgelegten sog. Existenzminimumbericht ergibt. Seine Höhe wird seit dem 1.1.2016 im Verordnungswege festgelegt. § 1612a Abs. 4 BGB in der ab dem 1.1.2016 geltenden Fassung enthält eine Verordnungsermächtigung: das Bundesministerium der Justiz wird ermächtigt, den Mindestunterhalt erstmals zum 1.1.2016 und sodann alle zwei Jahre durch Rechtsverordnung zu bestimmen.

Die fünfte Verordnung zur Änderung der MindestunterhaltsVO[3136] vom 30.11.2022 hat die Mindestunterhaltsbeträge nur für 2023 festgelegt. Der Mindestunterhalt beträgt für die erste Altersstufe der Düsseldorfer Tabelle ab 1.1.2023 437 EUR für die zweite Altersstufe 502 EUR und für die dritte Altersstufe 588 EUR.

bb) Kinderzuschüsse, -zulagen, -zuschläge. Kinderzuschüsse, -zulagen und -zu- 900 schläge werden als sonstige kindbezogene Leistung nach § 1612c BGB in gleicher Weise wie das Kindergeld behandelt, wenn sie es ersetzen[3137] Sie sind in §§ 65 Abs. 1 Nr. 1 bis 3 EStG, 4 Abs. 1 Nr. 1 bis 3 BKGG abschließend aufgeführt. Allerdings sind die Kinderzulagen und Kinderzuschüsse zur gesetzlichen Unfall- und Rentenversicherung zum 1.1.1984 ausgelaufen und wurden nur noch übergangsweise im Rahmen des Bestandschutzes gewährt. Anspruchsberechtigte Kinder sind -demographisch bedingt- heute nicht mehr vorhanden. Es bleiben die dem Kindergeld vergleichbaren Zahlungen an Kinder im Ausland[3138] oder von einer zwischen- bzw. überstaatlichen Einrichtung., bei deren Bezug ein Anspruch auf Kindergeld nicht gegeben ist.

[3133] BFH FamRZ 2018, 1309 Rn. 13; zum Kindergeldberechtigten hätte der Vater/die Mutter der beiden älteren Kinder bestimmt werden müssen.

[3134] BGH FamRZ 2020, 1555 Rn. 10.

[3135] Gesetz zur Änderung des Unterhaltsrechts und des Unterhaltsverfahrensrechts sowie zur Änderung der Zivilprozessordnung und kostenrechtlicher Vorschriften vom 20.11.2015 (BGBl. 2015 I 2018).

[3136] MindestunterhaltsVO vom 3.12.2015 (BGBl. 2015 I 2188).

[3137] Zu Ansprüchen auf Familienleistungen in einem anderen EU-Staat: BFH FamRZ 2022, 1849 (LS.).

[3138] Wie z. B. Familienleistungen nach dem polnischen Gesetz über staatliche Hilfen zur Kindererziehung vom 17.12.2016: BFH FamRZ 2020, 249 (LS.).

Der Kinderzuschlag nach § 6a BKGG soll eine sozialhilferechtliche Bedürftigkeit von Eltern vermeiden. Diese erhalten ihn, wenn in ihrem Haushalt Kinder unter 25 Jahren leben und die Eltern allein über ausreichende Einkünfte verfügen, aber durch den Bedarf der Kinder sozialhilfeberechtigt würden. Die Einordnung dieses Zuschlags als Einkommen der Eltern oder des Kindes ist streitig. Der BGH sieht ihn folgend der sozialhilferechtlichen Wertung des § 11 Abs. 1 S. 4 SGB II als Einkommen des Kindes an,[3139] das folglich dessen Tabellenbedarf mindert.

Corona-Kinderbonus- In den Jahren 2020, 2021 und 2022 wurde zur Entlastung von Familien in der Coronakrise ein sogenannter „Corona-Kinderbonus" gezahlt, der nach der gesetzlichen Begründung eine Erhöhung des Kindergeldes sein sollte.[3140] Er betrug pro Kind jeweils 300 EUR in 2020[3141], 150 EUR in 2021[3142] und 100 EUR in 2022.[3143] Dieser Corona-Kinderbonus[3144] ist unterhaltsrechtlich wie Kindergeld zu behandeln und folglich bei minderjährigen Kindern zur Hälfte und bei volljährigen vollständig vom Barbedarf in Abzug zu bringen.[3145]

901   **Abzweigung des Kindergeldes.** Entrichtet der Unterhaltsschuldner ungeachtet einer bestehenden Unterhaltsverpflichtung oder bei fehlender oder eingeschränkter Leistungsfähigkeit keinen oder nur einen geringen Unterhalt, kann das Kindergeld nach §§ 74 Abs. 1 EStG, 48 Abs. 1 SGB I unmittelbar an das Kind ausgezahlt werden. Einen unterhaltsrechtlichen Anspruch des Kindes auf Auszahlung des Kindergeldes erkennt die Rechtsprechung nicht an.[3146]

902   **cc) Kindbezogene Einkommensbestandteile.** Erhöhter Familienzuschlag,[3147] Sozialzuschlag[3148] und sonstige kindbezogene Einkommensbestandteile,[3149] auch Auslandskinderzuschlag,[3150] Unterschiedsbetrag[3151] von Ruhestandsbeamten uä Leistungen sind allgemeines unterhaltspflichtiges Einkommen.[3152] Sie werden mit Rücksicht auf das Arbeits- und Dienstverhältnis des Pflichtigen gezahlt und sind zur Ermittlung des Ehegattenunterhalts heranzuziehen, und zwar auch, wenn sie durch die Geburt eines nicht

---

[3139] BGH FamRZ 2021, 181 mAnm Schürmann = NJW 2021, 472, Rn. 28, 29 mit Hinweisen auf den Meinungsstreit, Rn. 25; OLG Hamm FamRZ 2020, 30 (31).

[3140] Regierungsentwurf für ein zweites Gesetz zur Umsetzung steuerlicher Hilfsmaßnahmen zur Bewältigung der Corona-Krise (zweites Corona-Steuerhilfegesetz) vom 12.6.2020.

[3141] Zweites Gesetz zur Umsetzung steuerlicher Hilfsmaßnahmen zur Bewältigung der Corona-Krise (zweites Corona-Steuerhilfegesetz) vom 29.6.2020, BGBl. I 1512.

[3142] Drittes Gesetz zur Umsetzung steuerlicher Hilfsmaßnahmen zur Bewältigung der Corona-Krise (drittes Corona-Steuerhilfegesetz) vom 10.3.2021, BGBl. I 330.

[3143] Gesetz zur Regelung eines Sofortzuschlages und einer Einmalzahlung zu den sozialen Mindestsicherungssystemen sowie zur Änderung des Finanzausgleichsgesetzes und weiterer Gesetze vom 23.5.2022, BGBl. I 760.

[3144] Niepmann, Der Kinderbonus und seine unterhaltsrechtliche Bedeutung, NZFam 2020, 606.

[3145] OLG Düsseldorf FamRZ 2022, 1611 mAnm Borth; OLG Koblenz FamRZ 2021, 1798 (LS.) = NZFam 2021, 689 (Reinken); OLG Saarbrücken FamRZ 2022, 86 = NZFam 2021, 978 mAnm Niepmann.

[3146] BGH FamRZ 1988, 604 (606).

[3147] BGH FamRZ 1983, 49 (50) = NJW 1983, 933; FamRZ 1984, 374 (376) = NJW 1984, 1458; OLG Frankfurt FamRZ 1979, 1053; FamRZ 1980, 183 (184); DAVorm 1982, 77; OLG Karlsruhe FamRZ 1982, 115; OLG Düsseldorf FamRZ 1982, 1108 (1109); OLG Köln FamRZ 1983, 706; FamRZ 1983, 750 (753).

[3148] BGH DAVorm 1982, 263 (265).

[3149] BGH FamRZ 1983, 49 (50); FamRZ 1984, 374 = NJW 1984, 1458.

[3150] BGH FamRZ 1983, 49 (50).

[3151] Vgl. OLG München FamRZ 1980, 459 (für Ausgleich).

[3152] BGH NJW-RR 1990, 580 (581) = FamRZ 1990, 981; FamRZ 1990, 1091 (1092); OLG Karlsruhe DAVorm 2000, 168.

gemeinschaftlichen Kindes ausgelöst oder erhöht werden.[3153] Die Ersparnis des Beamten mit zwei oder mehreren Kindern durch den erhöhten Beihilfesatz behandelt der Bundesgerichtshof wie kindbezogene Einkommensbestandteile.[3154]

dd) Wohngeld. Wohngeld[3155] **ist unterhaltspflichtiges Einkommen.**[3156] Es erhöht die 903 Leistungsfähigkeit des Pflichtigen allerdings nur, soweit ihm nicht unvermeidbar hohe Wohnkosten gegenüber stehen.[3157] Dabei soll der Bezug von Wohngeld ein Indiz dafür sein, dass den Unterhaltsverpflichteten Wohnkosten treffen, die unterhaltsrechtlich als erhöht zu werten sind.[3158] Das Wohngeld ist daher im Ergebnis unterhaltsrechtliches Einkommen nur, soweit es nicht durch die Wohnkosten aufgezehrt ist, was von demjenigen zu beweisen ist, der sich darauf beruft.[3159] Auch das sog. „Kinderwohngeld", das isoliert für ein im Haushalt von Bürgergeld-Empfängern lebendes Kind gezahlt wird (§ 7 Abs. 2 S. 2 WoGG iVm I 3 Nr. 2 lit. a) WoGG), ist dem Kind als Einkommen zuzurechnen.[3160]

Unzumutbar hoher Wohnaufwand liegt nicht schon dann vor, wenn der in den 904 Selbstbehaltssätzen der Unterhaltstabellen enthaltene Wohnaufwand überschritten wird.[3161] Üblicherweise werden vielmehr mindestens 18 bis 25 Prozent des Einkommens für Wohnzwecke eingesetzt. Für den Pflichtigen ist allerdings zu berücksichtigen, dass unvermeidbar hohe Wohnkosten, die über dem Wohnkostenanteil im Selbstbehalt liegen, diesen erhöhen, so dass sie zumindest im Mangelfall vollständig zu berücksichtigen sind.

ee) Sozialhilfe. Sozialhilfe nach §§ 8 ff. SGB XII wird seit dem 1.1.2005 nur noch an 905 nicht erwerbsfähige Hilfebedürftige geleistet. Sie ist kein unterhaltsrechtliches Einkommen[3162] und mindert weder die Bedürftigkeit des Berechtigten, und zwar selbst dann nicht, wenn ein Übergang des Unterhaltsanspruches auf den Sozialhilfeträger nicht in Betracht kommt,[3163] noch begründet sie eine Leistungsfähigkeit des Pflichtigen. Für ihn dient sie als subsidiäre Leistung der Deckung des notwendigen eigenen Bedarfs.

ff) Grundsicherung. Leistungen nach dem Gesetz über die bedarfsorientierte 906 Grundsicherung im Alter und bei Erwerbsminderung[3164] sind ebenfalls subsidiäre Sozialleistungen, die nur im Bedarfsfalle gewährt werden. Sie können daher eine Leistungsfähigkeit des Unterhaltspflichtigen nicht begründen.[3165] Zu ihrem Einfluss auf die Bedürftigkeit des Berechtigten, → Rn. 222.

gg) Unterhaltshilfe LAG. Die **Unterhaltshilfe nach dem Lastenausgleichsgesetz 907 (LAG)** steht dem zu, der durch Kriegs- oder Nachkriegsereignisse Vermögensschäden

---

[3153] BGH FamRZ 2007, 882 (885) = MDR 2007, 1079 (Ls.) sowie – für das Arbeitslosengeld I – BGH NJW 2007, 2249 (2253) mAnm Born.
[3154] → Rn. 798.
[3155] Wohngeldgesetz vom 24.9.2008 (BGBl. 2008 I 1856).
[3156] OLG Zweibrücken NJWE-FER 2001, 6 für Berechtigten.
[3157] BGH FamRZ 1982, 587 = NJW 1982, 684; FamRZ 2003, 860 (862); FamRZ 2012, 1201 (1202) = NJW 2012, 2190.
[3158] BGH FamRZ 1982, 587 (589) = NJW 1982, 684; FamRZ 2012, 1201 (1202) = NJW 2012, 2190.
[3159] BGH FamRZ 2012, 1201 (1202) = NJW 2012, 2190.
[3160] BSG FamRZ 2018, 1898 mAnm Schürmann Rn. 7.
[3161] So aber OLG Frankfurt NJW-RR 1988, 1475.
[3162] BSG NJW 1974, 2152: die Fürsorge knüpft an die Hilfsbedürftigkeit an; Sozialhilfe für Berechtigten vgl.: BGH FamRZ 1981, 30 (31 f.); FamRZ 1983, 574 = NJW 1983, 1481; FamRZ 1984, 364; vgl. ferner bei Bedarf → Rn. 649–660.
[3163] BGH FamRZ 2000, 1358 (1359); FamRZ 2001, 619 (620).
[3164] Geregelt im SGB XII (Art. I des Gesetzes vom 27.12.2003, BGBl. 2003 I 3022, zuletzt geändert durch Art. 5 des Gesetzes vom 16.12.2022, BGBl. 2022 I 2328 (2340).
[3165] OLG Koblenz FamRZ 2015, 1970 (1971).

erlitten, also insoweit ein „Sonderopfer" gebracht hat. Sie ist Ersatz für verlorengegange-
ne Existenz, also voll unterhaltspflichtiges Einkommen, da sie an der Stelle verloren-
gegangener anderweitiger Einkommensquellen steht.

908   **hh) BAföG.** **BAföG-Leistungen** sind Einkommen des Unterhaltsverpflichteten, wenn
nicht als Darlehen gewährt. Ihre Höhe wird allerdings im Regelfall Unterhaltsleistungen
nicht zulassen. Für BAföG vergleichbare Ausbildungsförderungen[3166] gilt Entsprechendes.

909   **ii) Berufsausbildungsbeihilfe.** Berufsausbildungsbeihilfe (§§ 60 ff. SGB III) ist zwar
gegenüber Unterhaltsansprüchen und sonstigen Einkommen subsidiär und mindert die
Bedürftigkeit des Berechtigten nicht.[3167] Für den Pflichtigen ist sie, wenn sonstige Einkünfte nicht erzielt werden, verfügbares Einkommen, auf dessen Zweckbestimmung nicht
abgestellt werden darf. Diese Mittel werden jedoch schwerlich eine Höhe, die eine Unter-
haltsverwendung rechtfertigt, erreichen können.[3168]

910   **jj) Beihilfe im Krankheitsfall.** Beihilfe ist ihrer Natur nach immer reiner Aufwendungsersatz und deshalb kein anrechenbares Einkommen.[3169] Anderes gilt für die Ersparnis, die dem Beamten durch eine Erhöhung des Beihilfesatzes wegen des Vorhandenseins
zweier oder mehrerer Kinder zugutekommt.[3170]

911   **kk) Mutterschaftsgeld.** **Mutterschaftsgeld** (§ 24i SGB V)) ist anrechenbares Einkommen, da es an die Stelle des wegen des Mutterschutzschutzes nicht erzielbaren Einkommens tritt.

912   **ll) Elterngeld, Pflegegeld.** **Elterngeld** nach dem Gesetz zum Elterngeld und zur Elternzeit (BEEG vom 5.12.2006, BGBl. I, S. 2748) wird für alle nach dem 1.1.2007 geborenen Kinder gezahlt. War der betreuende Elternteil zur Zeit der Geburt nicht berufstätig,
erhält er einen Betrag von 300 EUR monatlich. War er erwerbstätig und gibt er die
Erwerbstätigkeit ganz oder teilweise auf, beträgt das Elterngeld 67 % des durchschnittlichen Nettoeinkommens, höchstens 1800 EUR (§ 2 Abs. 1 S. 1 BEEG). Die Zahlungen
werden verfassungskonform[3171] 12 Monate erbracht, 14 Monate nur, wenn der andere
Elternteil für mindestens zwei Monate die Kinderbetreuung übernimmt (§ 4 Abs. 3 S. 1
BEEG). Das Elterngeld halbiert sich, wenn für die Dauer von 32 Monaten das sog.
„Elterngeld plus" in Anspruch genommen wird (§§ 4, 4a BEEG). Der Sockelbetrag des
Elterngeldes von 300 EUR bzw. 150 EUR ist nach seinem gesetzgeberischen Zweck eine
reine Förderungsleistung,[3172] unterhaltspflichtiges Einkommen, das der Pflichtige für
Unterhaltszwecke einzusetzen hat, nur, wenn sein Bedarf in einer neuen Verbindung
gedeckt ist (→ Rn. 754) oder wenn die Voraussetzungen des § 1579 BGB vorliegen (§ 11
S. 4 BEEG). Der darüber hinaus gezahlte Betrag hat Lohnersatzfunktion und ist damit
grundsätzlich unterhaltsrechtliches Einkommen.[3173]

[3166] Zur Niedersächsischen Ausbildungsförderung siehe: BGH NJW-RR 1986, 748 (EUR Unt.-
Ber.).
[3167] Vgl. FamRZ 1986, 151 = BGH NJW-RR 1986, 426 (427); OLG Brandenburg NJWE-FER
2001, 70; OLG Oldenburg DAVorm 1988, 811; OLG Schleswig FamRZ 1988, 758: alle Entscheidungen zu EUR Unt.Ber.
[3168] Vergl. BGH FamRZ 1986, 151 = BGH NJW-RR 1986, 426 (427); OLG Brandenburg NJWE-
FER 2001, 70; OLG Oldenburg DAVorm 1988, 811; OLG Schleswig FamRZ 1988, 758: alle Entscheidungen zu EUR Unt.Ber.
[3169] OLG Düsseldorf FamRZ 1981, 702.
[3170] → Rn. 798.
[3171] BVerfG NJW 2012, 216.
[3172] BGH NZFam 2022, 445 mAnm Mock, Rn. 23 zu § 850c Abs. 6 ZPO.
[3173] BGH FamRZ 2011, 97 (99) = NJW 2011, 70 (72); OLG Brandenburg FamRZ 2011, 733 (734);
diese Ausgestaltung verstößt nicht gegen das GG BVerfG NJW 2012, 214 (215f).

Familiengeld, das in Bayern nach dem Bayrischen Familiengeldgesetz[3174] an die **913** Stelle des Landeserziehungsgeldes getreten ist, dürfte unterhaltsrechtlich ohne Bedeutung sein. Es wird als gesonderte Anerkennung der Erziehungsleistung unabhängig von den wirtschaftlichen Verhältnissen der Eltern gezahlt. Nach Art 1 S. 3 und 4 des Bayrischen Familiengeldgesetzes dient es nicht der Existenzsicherung und soll auf existenzsichernde Sozialleistungen keine Anrechnung finden, was dafür spricht, es wie den Sockelbetrag des Elterngeldes zu behandeln.[3175] Es hat keine Lohnersatzfunktion.[3176] Gleiches gilt für das in Sachsen gezahlte Erziehungsgeld (Sächsisches Landeserziehungsgeldgesetz), das nach § 7 des Sächsischen Landeserziehungsgeldgesetzes eine dem Bundeserziehungsgeld vergleichbare Leistung darstellt.

Pflegegeld[3177] nach dem Pflegeversicherungsgesetz (§ 37 SGB XI),[3178] nach §§ 26 ff. **914** SGB VI Abs. 2, 69 ff. SGB XII sowie auf Grund von Landespflegegesetzen[3179] ist in der Regel nicht als unterhaltspflichtiges Einkommen des Pflegenden anzusehen, denn nach § 13 Abs. 4 des Gesetzes über die soziale Pflegeversicherung (SGB XI) bleibt das an den Pflegenden geleistete Pflegegeld bei der Ermittlung der Unterhaltsansprüche und Unterhaltsverpflichtungen unberücksichtigt.[3180] Eine Ausnahme[3181] gilt für den Unterhaltspflichtigen nur in den Fällen des § 1603 Abs. 2 BGB. Kann er den Mindestbedarf der minderjährigen und ihnen gleichgestellten volljährigen Kinder aus sonstigen Einkünften nicht decken, so hat er den Einkommensanteil des Pflegegeldes einzusetzen.

Für Unterhaltszwecke einzusetzen ist stets nur der durch die Versorgungsleistungen **915** nicht verbrauchte Teil, der für jeden Einzelfall, ggf. mit Hilfe einer Schätzung (§§ 113 Abs. 1 FamFG, 287 Abs. 1 ZPO) zu ermitteln ist. Fehlen zureichende tatsächliche Anhaltspunkte, so kann er – wenn die Vermutung des § 1610a BGB widerlegt ist – angemessen mit einem Drittel[3182] oder einem Viertel[3183] des Gesamtbetrages bemessen werden, da das Pflegegeld auch der Anerkennung der erbrachten Pflegeleistungen dient.[3184] Dem Pflegenden nur den Erwerbstätigenbonus zu belassen,[3185] erscheint dagegen nicht sachgerecht.

Das Pflegegeld kann auch unterhaltspflichtiges Einkommen des Pflegebedürftigen sein, **916** wenn er weder Pflegeleistungen Dritter in Anspruch nimmt noch Mehraufwendungen durch die Pflege entstehen.[3186] Die Beweislast für diese Umstände trägt wegen § 1610a BGB der Unterhaltsberechtigte.

[3174] Von 24.7.2018, GVBl. 613, 622.

[3175] → Rn. 913.

[3176] Zum bayrischen Landeserziehungsgeld: OLG Nürnberg FamRZ 2015,933 (934).

[3177] Vgl. Wendt FamRZ 1987, 1106 ff.; Gutdeutsch FamRZ 1994, 878; Büttner FamRZ 1995, 193 ff.; FamRZ 2000, 596 ff.

[3178] BGH FamRZ 1984, 769 (771) = NJW 1984, 2355: noch zu § 6 JWG.

[3179] BGH FamRZ 1985, 917 (919) = NJW 1985, 2590.

[3180] BGH FamRZ 2006, 846 (848) = NJW 2006, 2182 (2184 f.). Bei einer Unterhaltsberechnung nach der Dreiteilungsmethode bleibt der Sockelbetrag bei der Ermittlung des verfügbaren Gesamteinkommens unberücksichtigt: BGH FamRZ 2014, 1183 = NJW 2014, 2109 Rn. 40; OLG Stuttgart NZFam 2017, 809 (Szantay): das an den nicht betreuenden Elternteil gezahlte Pflegegeld bleibt bei der Frage, ob der betreuende Elternteil anderer unterhaltspflichtiger Verwandter im Sinne des § 1603 Abs. 2 S. 3 BGB ist, unberücksichtigt.

[3181] Die übrigen Ausnahmen: §§ 1361 Abs. 3, 1579 und 1611 Abs. 1 BGB sowie § 13 Abs. 4 Nr. 6 SGB XI betreffen den Berechtigten.

[3182] OLG Hamm FamRZ 1999, 852 f.; OLG Zweibrücken OLGR 2002, 75 (76).

[3183] AG Essen FamRZ 1996, 804.

[3184] BGH FamRZ 1993, 417 (419); FamRZ1996, 933; OLG Braunschweig FamRZ 1996, 1216; OLG Hamm NJW 1996, 3016; FamRZ 1997, 1216; FamRZ 1999, 852 f.; OLG Zweibrücken OLGR 2002, 75.

[3185] OLG Braunschweig FamRZ 1996, 1216.

[3186] OLG Köln FamRZ 2008, 1276; offen gelassen von OLG Düsseldorf FamRZ 2010, 1252.

917   **Pflegegeld nach § 39 Abs. 1 SGB VIII,** das für die Pflege fremder Kinder gezahlt wird, kann ebenfalls Einkommen des Pflegenden sein, nämlich mit dem Anteil, der für die Übernahme der Betreuung und Erziehung gezahlt wird. Die Beträge, die der Hilfeträger für den Barunterhalt der Kinder, zur Deckung ihrer materiellen Bedürfnisse erbringt, bleiben ebenso unberücksichtigt wie die Aufwendungen der Pflegeperson, die nicht durch den Hilfeträger übernommen werden. Letztere sind vom Einkommensanteil des Pflegegeldes abzusetzen.[3187] Der Einkommensanteil des Pflegegeldes kann, wenn er nicht in dem Bescheid des Hilfeträgers gesondert ausgewiesen wird, auf ein Drittel geschätzt werden.[3188]

4. Steuervorteile und Steuerrückzahlungen

a) Allgemeines

918   **Steuervorteile** durch Voreintragung von Lasten auf der Lohnsteuerkarte (Steuerfreibeträge) oder durch Rückzahlung zu viel gezahlter Steuern sind unterhaltspflichtiges Einkommen.[3189] Es besteht die unterhaltsrechtliche Obliegenheit, Steuervorteile auszunutzen, und zwar uU auch durch Eintragung eines Freibetrages für den laufenden Veranlagungszeitraum.[3190]

919   **Steuervorteile, die sich aus Aufwendungen des Unterhaltsschuldners ergeben** (zB aus den Kosten für die Fahrten zwischen Wohnung und Arbeitsstätte) sind unterhaltsrechtliches Einkommen nur, wenn der Aufwand selbst als abzugsfähige Belastung anerkannt wird. Ist dies nicht der Fall, werden also die Aufwendungen selbst oder die sich aus ihnen ergebenden negativen Einkünfte unterhaltsrechtlich nicht berücksichtigt, verbleibt die Steuerersparnis beim Pflichtigen.[3191] Dies soll auch gelten, wenn – wie bei Investitionsrücklagen – der Aufwand zu einem späteren, nicht mehr unterhaltsrechtlich relevanten Zeitraum anfällt.[3192]

920   **Steuerklasse I infolge ehelicher Trennung** führt zu einer unterhaltsrechtlich beachtlichen Einkommensminderung aufseiten des Unterhaltsverpflichteten. Das geringere Einkommen ist maßgebend auch für den Bedarf nach den ehelichen Lebensverhältnissen iSd § 1578 Abs. 1 BGB, da die ungünstige Steuerklasse zwingende Folge der Trennung ist.[3193]

921   Der **Steuervorteil aus einer Wiederheirat – Splittingvorteil –**[3194] ist im Regelfall kein unterhaltspflichtiges Einkommen im Verhältnis zu dem geschiedenen Ehegatten.[3195] Steuervorteile, die der Gesetzgeber ausschließlich der neuen Ehe eingeräumt hat, dürfen nicht über die Unterhaltsberechnung dem geschiedenen Ehegatten zugutekommen, dürfen seinen Unterhalt nicht erhöhen.[3196] Das unterhaltspflichtige Einkommen des Schuldners ist in Anwendung dieser Rechtsprechung nach der Grundtabelle unter Berücksichtigung der Vorteile aus dem begrenzten Realsplitting nach § 10 Abs. 1 EStG zu

---

[3187] OLG Düsseldorf FamRZ 2022, 691 = NZFam 2022, 553 (Maaß).

[3188] OLG Köln FamRB 2010, 3 f; kritisch Wendl/Dose UnterhaltsR/Dose § 1 Rn. 691.

[3189] Ausnahme: Behindertenpauschbetrag nach § 33b Abs. 5 EStG: OLG Hamm NJW-RR 2008, 158 behandelt ihn wie Kindergeld.

[3190] OLG Koblenz NJW-RR 2002, 364.

[3191] BGH FamRZ 1987, 36 = NJW-RR 1987, 194; FamRZ 1997, 913 (915) = NJW-RR 1987, 1218; OLG Braunschweig FamRZ 1999, 1453 (1454); OLG Schleswig NZFam 2015, 370 (Niederl).

[3192] OLG Düsseldorf FamRZ 2022, 1611 (1612) mAnm Borth.

[3193] BGH FamRZ 1988, 817 = NJW 1988, 2101; NJW 1990, 2886; FamRZ 1991, 304 = NJW-RR 1991, 132; BGH FamRZ 2007, 793 (796).

[3194] S. Bißmaier/Tietz, Splittingvorteil – quo vadis? FamRZ 2009, 1451 ff.

[3195] BVerfG NJW 2003, 3466 ff. = FamRZ 2003, 1821 ff. mAnm Schürmann und mAnm Ewers FamRZ 2003, 1913; BGH FamRZ 2005, 1817 (1819); FamRZ 2007, 793 (795 f.).

[3196] BVerfG NJW 2003, 3466 (3467) = FamRZ 2003, 1821 (1823); BGH FamRZ 2005, 1817 (1819); FamRZ 2007, 793 (796).

errechnen.[3197] Dies gilt für den Geschiedenenunterhalt und zwar nicht nur für die Leistungsfähigkeit des Unterhaltsschuldners, sondern auch für die Bemessung des Bedarfs nach den ehelichen Lebensverhältnissen. Denn weder war der Splittingvorteil der neuen Ehe in der alten angelegt[3198] noch findet der Steuervorteil aus der alten Ehe, der mit der Beendigung des Zusammenlebens entfallen ist, Berücksichtigung. Ist allerdings der Unterhaltsanspruch des geschiedenen Ehegatten wegen des Hinzutretens eines weiteren Unterhaltsberechtigten (Ehepartner) auf der Leistungsebene nach der sog. **Drittelmethode** zu berechnen, ist der Splittingvorteil des Pflichtigen als unterhaltsrechtliches Einkommen anzusehen, da insoweit das **gesamte** unterhaltsrechtliche Einkommen zu berücksichtigen ist.[3199]

Der Kindesunterhalt bemisst sich dagegen immer nach dem um den Splittingvorteil   **922**
erhöhten Einkommen des Schuldners. Denn der Unterhaltsbedarf der Kinder ist von der wirtschaftlichen Stellung des Barunterhaltspflichtigen und damit von seinem aktuellen Einkommen abhängig[3200]. Darüber hinaus würde eine Nichtberücksichtigung des Splittingvorteils die Kinder aus der alten Ehe im Verhältnis zu denjenigen aus der neuen Ehe ohne sachlichen Grund benachteiligen[3201]. Dies gilt auch, wenn der Splittingvorteil, der auf dem Einkommen des Unterhaltsschuldners beruht, durch den Kindesunterhalt verbraucht wird.[3202] Beruht der Splittingvorteil allein auf den Einkünften des Unterhaltspflichtigen, ist er vollumfänglich einzusetzen.[3203] Hat der Ehegatte eigene Einkünfte, soll der Splittingvorteil nach den Grundsätzen einer fiktiven Einzelberechnung auf beide Eheleute zu verteilen sein. Zu ermitteln ist dabei die Relation der sich aus der fiktiven Einzelberechnung ergebenden individuellen Steuerbelastung des Unterhaltpflichtigen zu der auf diese Weise ermittelten Gesamtbelastung der Eheleute. Mithilfe des sich ergebenden Prozentsatzes ist der Anteil des Unterhaltpflichtigen an dem Splittingvorteil zu errechnen.[3204] Für Unterhaltszwecke des Kindes steht nur dieser zur Verfügung.[3205]

Die **Wahl der Steuerklasse in der neuen Ehe**[3206] hat für die Berechnung des Geschie-   **923**
denenunterhalts weitgehend an Bedeutung verloren. Da der Splittingvorteil aus der neuen Ehe dieser zu belassen ist – → Rn. 921 – bzw. in den Fällen der Drittelteilung im Rahmen der Leistungsfähigkeit das Einkommen des neuen Ehegatten – einschließlich aller Steuervorteile- Berücksichtigung findet – → Rn. 921 – ist der Anreiz, eine ungünstige Steuerklasse zu wählen, weitgehend entfallen. Wählt der Schuldner gleichwohl eine ungünstigere Steuerklasse, ist nach der bisherigen Rechtsprechung ein Verfahren nach „ähnlichen Grundsätzen", wie sie „etwa" im Falle verschleierter Einkünfte (§ 850h ZPO) zur Anwendung gelangen, zu wählen. Die tatsächlich einbehaltene Lohnsteuer des Unterhaltspflichtigen sei „durch einen Abschlag zu korrigieren", durch den die mit der Einstufung

---

[3197] BGH FamRZ 2005, 1817 (1819); FamRZ 2007, 793 (796); NJW 2008, 1663 (1665).

[3198] BVerfG NJW 2003, 3466 (3467) = FamRZ 2003, 1821 (1823).

[3199] BGH FamRZ 2012, 281 (287) = NJW 2012, 384 (390) = MDR 2012, 156 (161); Rn. 52–52d; FamRZ 2014, 1183 mAnm Schürmann FamRZ 2014, 1281 = NJW 2014, 2109 Rn. 30.

[3200] BGH FamRZ 2005, 1817 (1819); FamRZ 2008, 2189 (2190 f.) FamRZ 2014, 1183 mAnm Schürmann FamRZ 2014, 1281 = NJW 2014, 2109 Rn. 35; OLG Hamm FamRZ 2004, 1575; OLG Köln FamRZ 2005, 650; **anders** OLG Oldenburg NJW 2006, 2419 für den Fall, dass der Bedarf der neuen Ehefrau wegen § 1582 BGB unbeachtlich ist.

[3201] OLG Hamm FamRZ 2004, 1575; OLG Köln FamRZ 2005, 650.

[3202] BGH FamRZ 2008, 2189 (2190 f.) mAnm Graba; **aA** OLG Hamm FamRZ 2008, 1278 f.

[3203] BGH FamRZ 2010, 1318 (1319 f.) mAnm Schürmann = NJW 2010, 2515 (2516) = MDR 2010, 994 (995).

[3204] OLG Koblenz FamRZ 2018, 1666 (1667).

[3205] BGH FamRZ 2010, 1318 (1322) mAnm Schürmann = NJW 2010, 2515 (2519); OLG Koblenz FamRZ 2018, 1666 (1667); OLG Nürnberg FamRZ 2015, 940 (Ls.).

[3206] Perleberg-Kölbel, Unterhaltsrecht und Wahl der Steuerklasse, NZFam 2015, 904.

in ungünstige Steuerklasse verbundene Verschiebung der Steuerbelastung auf den unterhaltspflichtigen Ehegatten „möglichst behoben" wird.[3207] Diese Grundsätze führen zu einer fiktiven Steuerberechnung nach Steuerklasse I.[3208]. Nachteile für den neuen Ehegatten, die zu berücksichtigen wären, gibt es nicht, da diesem der Splittingvorteil aus der Ehe verbleibt.

924   **Im Verhältnis zu den minderjährigen Kindern und den unterhaltsbedürftigen Eltern** ist unabhängig von der in der Ehe gewählten Steuerklasse auf die reale Steuerbelastung abzustellen. Es ist zunächst eine fiktive Einzelveranlagung des Schuldners und seines Ehegatten durchzuführen, die die Relation der Steuerlast des Unterhaltspflichtigen zur Gesamtbelastung ergibt. Aufgrund des durch die Berechnung ermittelten Prozentsatzes lässt sich der Anteil des Unterhaltspflichtigen an der tatsächlichen Steuerlast der Eheleute ermitteln.[3209]

b) Mitwirkungspflichten

925   **Zusammenveranlagung.** Eheleute, die beide uneingeschränkt einkommensteuerpflichtig sind, haben nach § 26 EStG die Möglichkeit der Einzelveranlagung oder der Zusammenveranlagung, wenn sie nicht dauerhaft getrennt leben und diese Voraussetzung zu Beginn des Veranlagungszeitraumes vorlag oder in seinem Verlauf eingetreten ist (zum Zeitrahmen → Rn. 926 aE). Da die Zusammenveranlagung zu Vorteilen für den besserverdienenden Ehegatten führt, besteht eine **familienrechtliche Pflicht, der Zusammenveranlagung zuzustimmen**.[3210] Diese ist Ausfluss der allgemeinen Verpflichtung der Ehegatten untereinander, die finanziellen Lasten des anderen Teils nach Möglichkeit zu verringern, soweit dies ohne Verletzung eigener Interessen möglich ist.[3211] Diese Pflicht bleibt auch – sofern die steuerrechtlichen Voraussetzungen für den betroffenen Veranlagungszeitraum vorgelegen haben – nach Trennung und Scheidung der Ehe als nachwirkende Verantwortung bestehen.[3212] Sie ist unabhängig davon, ob der die Zusammenveranlagung fordernde Ehegatte den wesentlichen Unterhalt der Familie getragen hat oder trägt[3213] und soll auch verlangt werden können, wenn zweifelhaft erscheint, ob ihre steuerlichen Voraussetzungen vorliegen.[3214] Denn die Zulässigkeit einer Zusammenver-

---

[3207] BGH FamRZ 1980, 984 = NJW 1980, 2251; FamRZ 2004, 443 (444 f.) mAnm Schürmann; FamRZ 2009, 871; OLG Hamm FamRZ 2000, 311; OLGR 2001, 145.

[3208] BGH NJW 2004, 769 (770) = FPR 2004, 230; OLG Köln FamFR 2011, 540 (Noltemeier) zunächst grundsätzlich Steuerklasse III.

[3209] BGH FamRZ 2015, 1594 mAnm Borth = NJW 2015, 2577 Rn. 50 f.

[3210] BGH FamRZ 1977, 38 (40) = NJW 1977, 378; FamRZ 2002, 1024 (1025) = MDR 2002, 1316; FamRZ 2003, 1454 (1455); OLG Düsseldorf NJW-RR 1990, 1027; OLG Hamm NJW-RR 1990, 709; FamRZ 1991, 1070; FamRZ 1994, 893; OLG Karlsruhe FamRZ 1991, 441; FamRZ 1994, 894; OLG Koblenz FamRZ 2020, 163 (164); OLG Köln FamRZ 1993, 644.

[3211] BGH FamRZ 1977, 38 (40) = NJW 1977, 378; 1983, 576 = NJW 1983, 1545; 1988, 607 (608); FamRZ 2005, 182 (183) = NJW-RR 2005, 225; BGH FamRZ 2007, 1229 mAnm Engels = NJW 2007, 2554; FamRZ 2010, 269 (270) mAnm Schlünder/Geißler = NJW 2010, 1879 (1880) = MDR 2010, 272f; FamRZ 2011, 210 mAnm Schlünder/Geißler FamRZ 2011, 211 f.; FamRZ 2012, 357 (359) = NJW 2011, 2725 (2726); FamRZ 2021, 1878 mAnm Langeheine = NJW 2021, 3530 Rn. 17; OLG Stuttgart FamRZ 2018, 1493 (1494).

[3212] BGH FamRZ 1977, 38 (49) = NJW 1977, 378; OLG Hamm FamRZ 1998, 241 (242); OLG Hamburg FamRZ 2019, 1688f = NZFam 2019, 601 (Linderer); OLG Stuttgart FamRZ 2018, 1493 (1494); FamRZ 2001, 98; vgl. auch Liebelt, Praktische Probleme des Steuerrechts bei Trennung und Scheidung von Ehegatten, NJW 1994, 609 (610).

[3213] LG Fulda FamRZ 1989, 1174 (1175); anders: LG Bremen FamRZ 1982, 1070.

[3214] BGH FamRZ 2005, 182 (183) = NJW-RR 2005, 225 f.; OLG München NJW-Spezial 2013, 741.

anlagung von Eheleuten prüft das Finanzamt von Amts wegen,[3215] wobei die Angaben der Eheleute im Scheidungsverfahren lediglich ein Indiz darstellen.[3216] Der Anspruch auf Zustimmung ist ausgeschlossen, wenn eine gemeinsame Veranlagung zweifelsfrei nicht in Betracht kommt[3217] oder wenn der eine steuerliche Nachteile erleidet, die der andere im Innenverhältnis nicht auszugleichen hat.[3218] **Nur Zug-um-Zug gegen Freistellung von steuerlichen Nachteilen** braucht die Zustimmung erteilt zu werden, weil sie nur dann zumutbar ist.[3219] Zu diesen gehören die unmittelbar eintretenden Nachteile in Form einer höheren Steuerbelastung oder einer geringeren Steuererstattung, aber auch der Verbrauch des Verlustvortrages.[3220] Der Zustimmende hat einen Anspruch auf eine rechtsverbindliche schriftliche Freistellungsverpflichtung, die im Prozess auch schriftsätzlich gegeben werden kann. Sie kann als nachwirkende Verpflichtung zum ehelichen Beistand (§ 1353 BGB) in der Regel von einer Sicherheitsleistung nicht abhängig gemacht werden.[3221] Eine Freistellung kann allerdings nicht verlangt werden, wenn die Eheleute eine andere Aufteilung der Steuerschuld konkludent vereinbart haben,[3222] zB auch durch die einvernehmliche Berechnung des Einkommens aus der günstigen Steuerklasse im Rahmen des Getrenntlebensunterhalts.[3223] Das gleiche gilt, wenn die Vorteile aus der gemeinsamen Veranlagung beiden Ehegatten zugutegekommen sind und eine getrennte Veranlagung nunmehr zu nicht hinnehmbaren Belastungen für den anderen führen würde.[3224] Die Zustimmung kann daher vom Ausgleich der Mehrbelastung durch die Steuerklassenwahl III/V nicht abhängig gemacht werden;[3225] ebenso wenig von einer Beteiligung an den sich aus der Zusammenveranlagung ergebenden Steuervorteilen.[3226] oder einem Ausgleich für die Nutzung des Verlustvortrages.[3227] **Eine Verletzung der Mitwirkungspflicht** kann Schadensersatzansprüche gegen den Unterhaltsberechtigten nach § 280 Abs. 1 BGB oder Erstattungsansprüche nach § 816 Abs. 2 BGB begründen.[3228] Steuerschulden, die den Unterhaltsverpflichteten infolge einer vom Berechtigten nachträglich gewählten getrennten Veranlagung belasten, kann er in angemessenen Raten vom unterhaltspflichtigen Einkommen abziehen, etwa in gleichen über den Veranlagungszeitraum verteilten Monatsraten.

[3215] OLG München NJW-Spezial 2013, 741, wonach eine Zustimmung zur Zusammenveranlagung auch verlangt werden kann, wenn die Eheleute nach der Eheschließung nicht zusammengelebt, sondern dies nur geplant hatten; OLG Stuttgart FamRZ 2018, 1493 (1495).

[3216] OLG Stuttgart FamRZ 2018, 1493 (1495).

[3217] BGH FamRZ 2005, 182 (183) = NJW-RR 2005, 225 f.; OLG Stuttgart FamRZ 2018, 1493 (1495).

[3218] BGH FamRZ 2010, 269 (271) mAnm Schlünder/Geißler; OLG Bremen FamRZ 2011, 1794.

[3219] OLG Hamm NJW-RR 1990, 708 (710): bei Einzelveranlagung Steuererstattung = „Nachteil"; OLG Hamm FamRZ 1998, 241 (242); FamRZ 2001, 98; OLG Köln FamRZ 1993, 806 (808); OLG Stuttgart FamRZ 1993, 191 (Verlustrückträge); LG Fulda FamRZ 1989, 1174 (1175): Nötigung zu konfliktreicher Zusammenarbeit bei Zusammenveranlagung ist kein „Nachteil"; LG Gießen FamRZ 2001, 97 f.

[3220] FamRZ 2012, 357 (359) = NJW 2011, 2725 (2726) = MDR 2011, 917 (918).

[3221] OLG Hamburg FamRZ 2019, 1688 f = NZFam 2019, 601 (Linderer).

[3222] BGH FamRZ 2002, 1024 (1025) = MDR 2002, 1316; BGH FamRZ 2007, 1229 mAnm Engels = NJW 2007, 2554 (2555).

[3223] OLG Bremen FamRZ 2011, 1226 (Ls.) = NJW 2011, 2145 (2146).

[3224] OLG Bremen FamRZ 2005, 800 = NJW-RR 2005, 444 f. = MDR 2005, 994.

[3225] BGH FamRZ 2007, 1229 mAnm Engels = NJW 2007, 2554 (2555); OLG Koblenz FamRZ 2020, 163 (164) mAnm Engels.

[3226] BGH FamRZ 2002, 1024 (1025) = MDR 2002, 1316.

[3227] FamRZ 2012, 357 (359) = NJW 2011, 2725 (2726) = MDR 2011, 917 (918).

[3228] BGH FamRZ 1977, 38 (41); FamRZ 1988, 143; FamRZ 1988, 820 (821); BGH FamRZ 2010, 269 (271) mAnm Schlünder/Geißler; OLG Celle FamRZ 2019, 1685 = NZFam 2019, 557 (Spieker); OLG Hamm FamRZ 1991, 1070; OLG Köln FamRZ 1989, 65 (66).

926   **Auf die Abgabe einer Willenserklärung** ist die Verurteilung zur Zustimmung zur gemeinschaftlichen Veranlagung gerichtet. Im Falle einer Zug-um-Zug-Verurteilung gilt sie mit Erteilung der Vollstreckungsklausel als abgegeben.[3229] Ist über das Vermögen eines Ehegatten das Insolvenzverfahren eröffnet worden, ist der Anspruch gegen den Insolvenzverwalter geltend zu machen.[3230]

Der Anspruch auf Zustimmung zur gemeinsamen Veranlagung erlischt erst, wenn gegen den letzten Ehegatten im Wege der Einzelveranlagung bereits ein bestandskräftiger Steuerbescheid ergangen ist. Denn der Ehegatte, gegen den noch kein bestandskräftiger Steuerbescheid vorliegt, kann die Veranlagungsform frei wählen.[3231] Stellt dieser einen Antrag auf gemeinsame Veranlagung, ist der gegen den anderen ergangene Bescheid von der Finanzverwaltung zu überprüfen und – wenn die Voraussetzungen einer gemeinsamen Veranlagung gegeben sind – abzuändern.[3232]

927   **aa) Verteilung Steuererstattung und Steuernachzahlung.** Haben die Eheleute einvernehmlich eine **Einzelveranlagung** vorgenommen, gebührt der Erstattungsbetrag dem Ehegatten, der steuerrechtlich Anspruchsinhaber ist.[3233] Nach der Trennung hat für Steuernachzahlungen oder -Erstattungen aus vor der Trennung liegenden Zeiten gemeinsamer Veranlagung eine **fiktive Einzelveranlagung** zu erfolgen.[3234]

928   **Bei gemeinsamer Veranlagung** ist erstattungsberechtigt im Verhältnis zum Finanzamt grundsätzlich der Ehegatte, auf dessen Rechnung die Überzahlung erbracht wurde (§ 37 Abs. 2 AO). An diesen leistet das Finanzamt regelmäßig mit befreiender Wirkung gegenüber dem anderen Ehepartner (§ 36 Abs. 4 S. 3 EStG). Entspricht die Auszahlung an nur einen nicht der materiell-rechtlichen Beteiligung der Ehegatten an der Rückzahlung, so steht dem Benachteiligten ein Ausgleichsanspruch zu. Maßstab für seine Berechnung und damit für die Aufteilung der Steuererstattung ist gemäß § 270 AO eine fiktive Einzelveranlagung. Dieses Verfahren ist zwar aufwändig, führt aber zu einer einkommensteuerkonformen Aufteilung: jeder Ehegatte haftet im Verhältnis der Eheleute untereinander für die auf sein Einkommen entfallende Steuerschuld.[3235]

Derselbe Maßstab gilt auch für die Verteilung einer **Steuernachzahlung.** Für diese haften die Eheleute im Verhältnis zum Finanzamt als Gesamtschuldner. An die Stelle des hälftigen Ausgleichs nach § 426 Abs. 1 BGB tritt eine Verteilung nach einer fiktiven Einzelveranlagung,[3236] wenn nicht die Eheleute ausdrücklich oder stillschweigend eine anderweitige Vereinbarung getroffen haben.[3237]

Die Klage des einen Ehegatten gegen den anderen auf Aufteilung der Steuerrückerstattung oder Beteiligung an einer Steuernachzahlung ist eine sonstige Familiensache im Sinne der §§ 111 Nr. 10, 266 FamFG.

[3229] OLG Koblenz FamRZ 2005, 224.

[3230] BGH FamRZ 2011, 210 (211) mAnm Schlünder/Geißler; FamRZ 2012, 357 (359) = NJW 2011, 2725 (2726) = MDR 2011, 917 (918).

[3231] OLG Celle, FamRZ 2019, 1685 (1696) = NZFam 2019, 557 (Spieker); OLG Koblenz FamRZ 2020, 163 (1164) mAnm Engels.

[3232] OLG Koblenz FamRZ 2016, 2013 (2014).

[3233] LG Gießen NJWE-FER 2000, 274.

[3234] OLG Koblenz FamRZ 2020, 163 mAnm Engels.

[3235] BGH FamRZ 2006, 1178 (1180) mAnm Wever = NJW 2006, 2623 = MDR 2006, 1411 f; FamRZ 2006, 1181; BGH FamRZ 2007, 1229 mAnm Engels; FamRZ 2010, 1318 (1322) mAnm Schürmann = NJW 2010, 2515 (2519); zur Berechnung: OLG Celle FamRZ 2019, 1685.

[3236] BGH FamRZ 2006, 1178 (1180) mAnm Wever = NJW 2006, 2623 = MDR 2006, 1411 f.; BGH FamRZ 2007, 1229 mAnm Engels = NJW 2007, 2554 (2555).

[3237] BGH FamRZ 2007, 1229 mAnm Engels.

bb) Unterhalt als außergewöhnliche Belastung. **Unterhaltsaufwendungen**[3238] kön- **929** nen als außergewöhnliche Belastung abgesetzt werden unter den Voraussetzungen des § 33a EStG (z. Zt. 10.347 EUR). Wegen der Einzelheiten ist auf das Gesetz und die einschlägige Rechtsprechung dazu zu verweisen.[3239] Ist die Geltendmachung als außergewöhnliche Belastung im Einzelfall günstiger als das begrenzte Realsplitting, besteht eine Obliegenheit dazu.[3240]

cc) Realsplitting. Realsplitting[3241] ist die Geltendmachung von Unterhaltsleistungen **930** bis zu 13 805 EUR im Kalenderjahr an den geschiedenen oder dauernd getrenntlebenden, unbeschränkt einkommensteuerpflichtigen Ehegatten[3242] als Sonderausgaben. Diesen Sonderausgabenabzug muss der Unterhaltspflichtige mit Zustimmung des Unterhaltsberechtigten beantragen. Eine Rücknahme des Antrags oder der Zustimmung ist nicht möglich (§ 10 Abs. 1 Nr. 1 EStG). Der Realsplittingvorteil kann nur in dem Jahr geltend gemacht werden, in dem tatsächlich Unterhaltsleistungen erfolgt sind.[3243]

Die **Verpflichtung des Berechtigten zur Zustimmung** zum begrenzten Realsplit- **931** ting[3244] folgt – ebenso wie die Verpflichtung, der Zusammenveranlagung zuzustimmen, → Rn. 924 – aus der über Trennung und Scheidung hinauswirkenden Verpflichtung jedes Ehegatten, die finanziellen Lasten des anderen Ehegatten nach Möglichkeit zu mindern, soweit dies ohne Beeinträchtigung eigener Interessen möglich ist, eine Verpflichtung also, die sich als Ausprägung des Grundsatzes von Treu und Glauben im Rahmen des gesetzlichen Unterhaltsrechtsverhältnisses darstellt.[3245] Die Zustimmung ist nach Treu und Glauben aber nur dann zumutbar, wenn dem Zustimmenden aus der Zustimmung wirtschaftliche Nachteile im Ergebnis nicht entstehen, ihm also der Nettounterhalt letztlich ungeschmälert verbleibt.[3246] Diesen Nachteilsausgleich hat der Unterhaltspflichtige zu leisten (→ Rn. 938 f.). Recht und Pflicht zur Zustimmung bestehen auch dann, wenn der Unterhaltsberechtigte im Empfangszeitraum wieder geheiratet und für diesen Zeitraum die Zusammenveranlagung mit dem neuen Ehegatten nach § 26 EStG gewählt hat.[3247] → Rn. 941.

Eine **Zustimmungspflicht** besteht auch, wenn zweifelhaft ist, ob die geltend gemach- **932** ten Aufwendungen als Unterhaltsleistungen anzuerkennen sind,[3248] etwa wenn der Ver-

---

[3238] Wichmann FamRZ 1995, 1241: Steuerrecht und Kindesunterhalt – zum Jahressteuergesetz 1996 –.

[3239] BFH NJW 1987, 2838; FG Bremen NJW 1986, 745; Müller DAVorm 1988, 961 ff.; Müller-Traxel, Trennung u. Scheidung i. Zivil- u. Steuerrecht, 1995, Rn. 178 ff.; Arens/Oltmanns FamRZ 1994, 1371.

[3240] OLG Hamm FamRZ 1988, 1059.

[3241] Vgl. Böhmel, Getrenntlebenunterhalt zwischen Zivilrecht, Steuerrecht und Sozialversicherungsrecht, FamRZ 1995, 270; Krause, Die Optimierung des Realsplittingvorteils nach § 10 Abs. 1 Nr. 1 EStG, FamRZ 2003, 899; Schramm, Realsplitting-Vorteil und Nachteil NJW-Spezial 2007, 391 ff.

[3242] OLG Köln FamRZ 1996, 1582 (1583).

[3243] BGH FamRZ 2007, 793 (797) = NJW 2007, 1961; NJW 2008, 1661 (1665) mAnm Born NJW 2008, 1669 f.

[3244] BGH NJW 1985, 195; NJW 1988, 820 (821); OLG Hamm FamRZ 1987, 1046 (1047).

[3245] stRspr Seit BGH FamRZ 1977, 38 (40) = NJW 1977, 378; zuletzt FamRZ 2012, 357 (359) = NJW 2011, 2725 (2726) = MDR 2011, 917 (918).

[3246] BGH FamRZ 1983, 576 (577) = NJW 1983, 1545; FamRZ 1998, 953 (954) = NJW-RR 1998, 1153; OLG Koblenz FamRZ 1980, 685; OLG Zweibrücken FamRZ 1981, 1073; OLG Köln FamRZ 1983, 597 (598); KG FamRZ 1982, 1020.

[3247] BGH FamRZ 1999, 372; FamRZ 2007, 1232 (1233) mAnm Maurer = NJW 2007, 2628 (2629) mAnm Ehinger; FamRZ 2010, 717 (718); OLG Nürnberg FamRZ 1987, 1050; aA OLG Naumburg FamRZ 2002, 959.

[3248] BGH FamRZ 1998, 953 (954) = NJW-RR 1998, 1153; OLG Bamberg NJW-RR 2003, 74 (75); OLG Bremen FamRZ 2001, 1371 (Ls.) = NJWE-FER 2001, 137.

pflichtete die Zins- und Tilgungsraten für die im gemeinsamen Eigentum stehende, vom Unterhaltsberechtigten nicht bewohnte Immobilie[3249] oder andere hohe gemeinschaftliche Schulden[3250], die Kreditraten für die Unterhaltsabfindung oder Leistungen in Form von Mietzahlungen oder Wohnraumgewährung[3251] als Sonderausgaben anerkannt wissen will. Das Familiengericht muss die steuerliche Zulässigkeit eines solchen Sonderausgabenabzuges nicht überprüfen.[3252]

Zu den Folgen einer Verweigerung der Zustimmung → Rn. 946.

933   Ein **Zurückbehaltungsrecht gegen den Anspruch auf Zustimmung** wegen Nichtzahlung laufenden Unterhalts besteht nicht, wenn der Pflichtige seine Leistungen für den Zeitraum, für den die Zustimmung verlangt wird, erbracht hat.[3253]

934   **Keine Zustimmungspflicht** besteht, wenn der Freistellende bereits in Aussicht gestellt hat, die den Berechtigten treffenden Mehrsteuern durch Aufrechnung mit einer umstrittenen Gegenforderung zu leisten,[3254] denn Sinn der Freistellung ist die Garantie ungeschmälerten Unterhaltsempfangs trotz Realsplittings. Dem Realsplitting braucht nicht zugestimmt zu werden, wenn der Unterhaltsanspruch noch nicht rechtskräftig feststeht, denn die Angaben in der vom Unterhaltsberechtigten unterzeichneten Anlage U sind dem Finanzamt gegenüber verbindlich und Grundlage der Entscheidung über die Steuerermäßigung bzw. Steuer(mehr)forderung gegen den Unterhaltsberechtigten.[3255] Die Zustimmung kann der Höhe nach beschränkt werden, wenn Streit über den Zahlungsumfang besteht.[3256] Dies soll allerdings nicht für offene Veranlagungszeiträume gelten, wenn sich der Streit allein auf zurückliegende Zeiten bezieht.[3257] Enthält die Anlage U unrichtige Angaben, kann die Unterzeichnung verweigert werden.[3258]

935   **Die Zustimmungserklärung** ist formfrei wirksam, und zwar auch dann, wenn in ihr ein konkreter Betrag nicht eingetragen ist,[3259] sogar, wenn die tatsächliche Höhe des geschuldeten Unterhalts eines Ehegatten noch nicht feststeht.[3260] Der Unterhaltsschuldner hat keinen Anspruch auf Unterzeichnung der so genannten Anlage U zur Einkommensteuererklärung,[3261] eine entsprechende Verpflichtung kann nur im Vergleichswege erreicht werden. Allerdings besteht wohl kein anzuerkennender Grund, die Unterzeichnung der Anlage U zu verweigern, wenn Grund und Höhe des Unterhaltsanspruches unstreitig sind.[3262] Voraussetzung ist darüber hinaus, dass in der Anlage U ein beziffter Unterhaltsbetrag genannt ist.[3263]

Die Zustimmungserklärung ist eine öffentlich-rechtliche Willenserklärung, die mit der Rechtskraft des stattgebenden Beschlusses als abgegeben gilt (§§ 113 Abs. 1 FamFG, 894 ZPO).

[3249] OLG Stuttgart FamRZ 2021, 1704 f.
[3250] OLG Düsseldorf FamRZ 1987, 1049 (1050).
[3251] OLG Bremen FamRZ 2001, 1371 – Ls. – = NJWE-FER 2001, 137.
[3252] OLG Hamm FamRZ 1988, 1176.
[3253] OLG Hamm FamRZ 1991, 832, OLG Stuttgart FamRZ 2001, 1370 f. = NJW-RR 2001, 365 f.
[3254] OLG Köln FamRZ 1988, 1059.
[3255] OLG Koblenz NJW-RR 1988, 196 (197) = FamRZ 1988, 402; in den in → Rn. 932 genannten Fällen stehen dagegen die Unterhaltslast und die getätigten Aufwendungen fest, lediglich ihre Bewertung als Unterhaltsleistung ist streitig.
[3256] OLG Hamm FamRZ 1991, 830; OLG Stuttgart FamRZ 1993, 206.
[3257] KG FamRR 2013, 573 (Spiecker).
[3258] OLG Hamm FamRZ 1990, 1244.
[3259] BGH FamRZ 1998, 953 (954) = NJW-RR 1998, 1153; OLG Stuttgart NJW-RR 1993, 1031 f.
[3260] OLG Stuttgart FamRZ 2017, 1391 (Ls.).
[3261] BGH FamRZ 1998, 953 (954) = NJW-RR 1998, 1153; OLG Bamberg NJW-RR 2003, 74; OLG Koblenz FamRZ 2002, 1129.
[3262] OLG Koblenz NJWE-FER 2000, 169.
[3263] OLG Stuttgart FamRZ 2017, 1391 (Ls.).

Die **gerichtlich erzwungene Zustimmungserklärung** – zuständig ist das Familiengericht – wirkt nur für den im Urteil bezeichneten Veranlagungszeitraum. Die außergerichtlich erteilte gilt dagegen – anders als der Ermäßigungsantrag des Pflichtigen, der jährlich wiederholt werden muss – **bis auf Widerruf** (§ 10 Abs. 1 Nr. 1 4 EStG). Deshalb können die Vorteile des begrenzten Realsplittings auch für noch nicht abgeschlossene Veranlagungszeiträume zB durch Eintragung eines Freibetrages auf der Lohnsteuerkarte realisiert werden.[3264] Der Widerruf ist vor Beginn des Kalenderjahres, für das die Zustimmung erstmals nicht gelten soll, gegenüber dem Finanzamt zu erklären.

Die **Freistellungsverpflichtung des Unterhaltsschuldners** soll den Unterhaltsberechtigten im Ergebnis vor steuerlichen und sonstigen Nachteilen aus der Zustimmung bewahren. Der Anspruch darauf leitet sich ab aus der nachehelichen Beistands- und Mitwirkungspflicht nach Treu und Glauben.[3265] Es ist schriftlich eine bindende Freistellungserklärung – ohne Betragsangaben[3266] – abzugeben. Die Freistellungsverpflichtung ist eine familienrechtliche Ausgleichspflicht,[3267] dementsprechend Familiensache.[3268] Auf die Leistungsfähigkeit des Verpflichteten dafür kommt es nicht an.[3269]

Alle finanziellen Nachteile des Berechtigten sind auszugleichen, also nicht nur steuerliche,[3270] sondern auch solche durch Entzug oder Kürzung öffentlicher Leistungen, weil ihre Gewährung von einer bestimmten Höhe des zu versteuernden und nicht des tatsächlichen Einkommens abhängt und diese Einkommensgrenze als Folge des Realsplittings überschritten wird.[3271] Dabei ist beispielsweise zu denken an das Baukindergeld, Sparprämie, Arbeitnehmersparzulage,[3272] Verlust der Familienkrankenhilfe (§ 10 Abs. 1 Nr. 5 SGB V),[3273] nicht dagegen an einen aufgrund einer Unterhaltsabfindung angefallenen Kindergartenbeitrag.[3274] Nachteile solcher Art kann der Unterhaltspflichtige mangels Kenntnis zu Grunde liegender Einzeltatsachen von sich aus kaum zuverlässig abschätzen. Die einschlägigen Tatsachen sind ihm also vom Unterhaltsberechtigten konkret darzulegen, damit der Verpflichtete sich in Kenntnis aller Nachteile des Realsplittings, die auszugleichen sind, schlüssig werden kann, ob sich unter diesen Umständen Realsplitting überhaupt lohnt.[3275]

Ist der zu ersetzende Steuernachteil des Unterhaltsberechtigten größer als der Realsplittingvorteil des Verpflichteten, befreit das nicht von der erklärten Pflicht zur Freistellung bzw. Erstattung.[3276] Es ist Sache des Verpflichteten, sich vor Durchführung des Realsplit-

936

937

938

[3264] OLG Frankfurt FamRZ 1990, 62 = NJW-RR 1989, 1232; **anders:** OLG Koblenz FamRZ 1988, 402 (403).

[3265] OLG Hamm FamRZ 1993, 205.

[3266] BGH FamRZ 1983, 576 (577 f.) = NJW 1983, 1545; OLG Bamberg FamRZ 1982, 301; OLG Düsseldorf FamRZ 1983, 73 (74); KG FamRZ 1982, 1020.

[3267] BGH FamRZ 1985, 1232.

[3268] BGH FamRZ 2008, 40 (41): Unterhaltssache – jetzt – iSv § 231 Abs. 1 Nr. 2 FamFG.

[3269] BGH FamRZ 1985, 1232 = MDR 1986, 213.

[3270] BGH FamRZ 1983, 576 (577) = NJW 1983, 1545; OLG Düsseldorf FamRZ 1981, 772 (774); OLG Köln FamRZ 1983, 597 (598); NJW 2002, 904 f.: Fortfall der Steuerfreiheit geringfügig Beschäftigter.

[3271] BGH FamRZ 1983, 576 (577) = NJW 1983, 1545; FamRZ 1988, 820 (821); OLG Nürnberg FamRZ 2004, 1967 (1968).

[3272] OLG Hamm NJW-RR 1989, 1353 (1354) = FamRZ 1989, 638.

[3273] BSG FamRZ 1994, 1239; LSG Darmstadt FamRZ 1991, 992 mAnm Weychardt; Böhmel FamRZ 1995, 270.

[3274] AG Warendorf FamRZ 2021, 1622.

[3275] BGH FamRZ 1983, 576 (577) = NJW 1983, 1545; 1988, 820 (821); OLG Karlsruhe FamRZ 1992, 67; FamRZ 2001, 99 (LS.) = NJWE-FER 2001, 138: der Pflichtige kann vom Berechtigten die Vorlage eines Steuerbescheides oder die Berechnung eines Steuerberaters verlangen; OLG Hamm FamRZ 2014, 1926 (Ls.).

[3276] OLG Hamm FamRZ 1988, 1059.

tings die Steuerfolgen klarzumachen und ggf. statt des Realsplittings außergewöhnliche Belastungen nach § 33a Abs. 1 Nr. 1 EStG geltend zu machen.[3277]

939   Ob bereits **Einkommensteuervorauszahlungen** zu den Nachteilen gehören, die zu erstatten sind bzw. von denen freizustellen ist, wird nicht einheitlich beantwortet. Ein Teil der oberlandesgerichtlichen Rechtsprechung sieht einen Anspruch auf Freistellung von den Vorauszahlungen bzw. auf ihre Erstattung nur als gegeben an, wenn die Vorauszahlungen die Mittel schmälern, die dem Berechtigten zur Deckung seines Lebensunterhalts zur Verfügung stehen.[3278]

Nach anderer – vorzugswürdiger – Ansicht stellen Einkommensteuervorauszahlungen grundsätzlich einen auszugleichenden Nachteil dar, sofern diese aus den Unterhaltszahlungen resultieren.[3279] Bereits durch die Heranziehung zu Steuervorauszahlungen entsteht dem begünstigten Ehegatten nämlich ein konkreter Nachteil, der, da aus den steuerlichen Verhältnissen des Vorjahres resultierend, kaum zu verhindern ist.[3280] In diesem Fall hat der Unterhaltsberechtigte dem Pflichtigen den Vorauszahlungsbescheid zuzuleiten mit der Aufforderung, sich zur Durchführung des Realsplittings zu erklären. Unterbleibt die Erklärung, soll der Berechtigte gehalten sein, Einspruch gegen den Vorauszahlungsbescheid einzulegen.[3281]

Steuerberaterkosten des Unterhaltsberechtigten können unter besonderen Umständen (Unerfahrenheit, Freistellungsbedingungen) unter die Pflicht zu Freistellung bzw. Erstattung fallen, im Zweifel aber dann nicht, wenn vorbehaltlos Freistellung angeboten ist.[3282]

940   Die **Entlastung von Mehrsteuern umfasst** nicht nur die Steuern, die anfielen, wenn nur die Unterhaltszahlungen zu versteuern wären. Gegenüberzustellen sind vielmehr die Steuerlast, die der Berechtigte allein auf Grund seiner eigenen Einkünfte zu tragen hätte, und diejenige, die sich aus der Addition von Einkünften und Unterhaltszahlungen zu einem zu versteuernden Einkommen ergibt.[3283] Wegen der Steuerprogression kann Letztere höher sein als die Summe der Steuerbelastungen aus Einkommen und Unterhalt.

Den Unterhaltsberechtigten trifft die Obliegenheit, den Nachteil, den der Pflichtige auszugleichen hat, so gering wie möglich zu halten. Eine Verpflichtung, erhaltenen Altersvorsorgeunterhalt steuergünstig, z. B. in einer sog. Rürup-Rente, anzulegen, besteht dagegen nicht. Denn der Berechtigte kann die Anlage- und Leistungsform der zusätzlichen Altersvorsorge grundsätzlich frei wählen.[3284]

941   **Bei Wiederheirat und gemeinsamer Veranlagung des Berechtigten neben Realsplitting** hat der Pflichtige nur die Nachteile zu ersetzen, die dem Berechtigten bei einer getrennten Veranlagung entstünden.[3285] Ist der Unterhaltspflichtige wiederverheiratet,

---

[3277] Dazu Böhmel FamRZ 1995, 270; auch → Rn. 870.

[3278] OLG Brandenburg FamRZ 2016, 1684 (1686) = NJW 2016, 1894 (1895).

[3279] OLG Bamberg FamRZ 1987, 1047 (1048); OLG Hamm FamRZ 2019, 355 (356) = NJW-RR 2019, 69; OLG Hamburg FamRZ 2005, 519 (520); OLG Köln FamRZ 1988, 951 (952).

[3280] OLG Bamberg FamRZ 1987, 1047 (1048); OLG Hamm FamRZ 2019, 355 (356) = NJW-RR 2019, 69; OLG Hamburg FamRZ 2005, 519 (520); OLG Köln FamRZ 1988, 951 (952); OLG Oldenburg FamRZ 2010, 1693.

[3281] OLG Köln FamRZ 1988, 951 (952); zur Erklärungspflicht des Schuldners AG Lüdinghausen FamRZ 1990, 72 f.

[3282] Vgl. BGH FamRZ 1988, 820; OLG Hamm FamRZ 1987, 1046; NJW-RR 1989, 1353 (1354) = FamRZ 1989, 638.

[3283] OLG Hamm FamRZ 1987, 489; AG Friedberg FamRZ 1983, 1143.

[3284] BGH FamRZ 2021, 1878 mAnm Langeheine = NJW 2021, 3530 Rn. 29 ff; OLG Düsseldorf FamRZ 2021, 355 f mAnm Borth; anders noch die Vorauflage gestützt auf OLG Brandenburg FamRZ 2016, 1654 (1655).

[3285] BGH NJW 1992, 1391 = FamRZ 1992, 534; NJW-RR 1992, 1028 (1029); FamRZ 1992, 1050; FamRZ 2010, 717 (718 f.). OLG Karlsruhe FamRZ 1991, 832; OLG Stuttgart FamRZ 1991, 1063 (1064); **anders** (Erstattung): OLG Düsseldorf NJW-RR 1991, 579; OLG Hamm NJW-RR 1989, 1353

berechnet sich der Realsplittingvorteil aus seinem nicht um den Splittingvorteil aus der neuen Ehe erhöhten Einkommen,[3286] und zwar auch, wenn die Unterhaltszahlungen verspätet erfolgen.[3287]

Nur **Zug um Zug** gegen eine bindende Verpflichtungserklärung zur Freistellung von 942 steuerlichen Nachteilen oder sonstigen, zuvor allerdings substantiiert darzulegenden Nachteilen, kann Zustimmung zum Realsplitting oder anderen Steuerentlastungsmaßnahmen verlangt werden.[3288] da die Verpflichtung zur Zustimmung von vornherein so eng mit der Freistellung von daraus erwachsenden steuerlichen (oder sonstigen) Nachteilen verbunden ist (Zumutbarkeit). Der Anspruch auf Freistellung von Nachteilen kann für einen mehr als ein Jahr zurückliegenden Zeitraum verlangt werden. § 1585b Abs. 3 BGB findet keine Anwendung.[3289] Er verjährt nach § 195 BGB in drei Jahren. Die Frist beginnt nach § 199 Abs. 1 Nr. 1, 2 BGB mit Ablauf des Jahres, in dem der entsprechende Steuerbescheid zugegangen ist.[3290] Mit einem Anspruch auf zu viel geleisteten Nachteilsausgleich kann gegen die Nachforderung auf Nachteilsausgleich die Aufrechnung erklärt werden.[3291]

Eine **Sicherheitsleistung** für die Erfüllung der Freistellungsverpflichtung kann vom 943 Zustimmenden im Regelfall nicht verlangt werden. Die verbindliche Freistellungserklärung trägt dem Schutzbedürfnis des Zustimmenden ausreichend Rechnung, zumal der Nachteilsausgleich im Interesse des Pflichtigen liegt, der die Steuervorteile auch künftig in Anspruch nehmen will.[3292] Der zustimmende Ehegatte kann ausnahmsweise eine Sicherheitsleistung verlangen, wenn konkrete Anhaltspunkte die Besorgnis begründen, die Ausgleichspflicht werde nicht erfüllt werden.[3293] Die Notwendigkeit, insoweit gerichtliche Hilfe in Anspruch nehmen zu müssen, soll dabei nicht ausreichend sein.[3294]

Die Verpflichtung zur Zustimmung muss in solchen Fällen Zug um Zug gegen Sicherheitsleistung in Höhe eines Betrags erfolgen, der als steuerlicher (oder sonstiger Nachteil) zu erwarten ist.[3295]

Ein **Anspruch auf unmittelbare Beteiligung an den steuerlichen Vorteilen des** 944 **Realsplittings** besteht nicht, die Zustimmung kann mithin nicht davon abhängig gemacht werden.[3296] Zur unterhaltsrechtlichen Teilhabe an dem steuerbedingten Mehreinkommen → Rn. 948.

Liegt bereits ein Unterhaltstitel vor, kann eine Abänderung wegen der durch den 945 Realsplittingvorteil eingetretenen Einkommenssteigerung nur erfolgen, wenn er zu einer wesentlichen Erhöhung des Unterhaltsanspruchs führt.

= FamRZ 1989, 638 mAnm Philippi und Anm. Schulze FamRZ 1990, 415; OLG Hamburg NJW-RR 1990, 1222 = FamRZ 1990, 757.

[3286] BGH FamRZ 2007, 1232 (1234) mAnm Maurer = NJW 2007, 2628 (2629) mAnm Ehinger.

[3287] BGH FamRZ 2010, 717 (719).

[3288] BGH FamRZ 1983, 576 (577) = NJW 1983, 1545; FamRZ 1985, 1232 (1233); FamRZ 1988, 820 (821); FamRZ 2005, 1162 (1163) = NJW 2005, 2223 = MDR 2005, 1112 (1113).

[3289] BGH FamRZ 2005, 1162 (1163) = NJW 2005, 2223 (2224) = MDR 2005, 1112 (1113).

[3290] OLG Saarbrücken NJW-RR 2009, 1520.

[3291] KG FamFR 2013, 573 (Spieker).

[3292] BGH FamRZ 1983, 576 (578); OLG Bamberg FamRZ 1982, 301; OLG Düsseldorf FamRZ 1999, 1132; **anders** = Zustimmung nur gegen Sicherheitsleistung: OLG Hamburg NJW-RR 1991, 1478 = FamRZ 1991, 831; OLG Koblenz FamRZ 1980, 791; KG FamRZ 1982, 1020; **unentschieden:** OLG Düsseldorf FamRZ 1983, 73 (74).

[3293] OLG Düsseldorf FamRZ 1987, 1049 (1050); 1999, 1132.

[3294] OLG Zweibrücken FamRZ 2006, 791 (Ls.) = NJW 2006, 1602 (Ls.) = NJW-RR 2006, 513.

[3295] BGH FamRZ 1983, 576 (578) = NJW 1983, 1545.

[3296] BGH FamRZ 1984, 1211 = NJW 1985, 195; FamRZ 1983, 576 (577) = NJW 1983, 1545; FamRZ 1985, 1232 (1233); NJW 1985, 195; OLG Hamm FamRZ 1987, 489 (490); OLG Köln FamRZ 1982, 383; 1986, 1111 (1112); OLG München FamRZ 1983, 594.

946   Ein **Verfahren auf Abgabe der Zustimmung** ist bei deren Verweigerung dem Unterhaltsschuldner nicht zumutbar.[3297] Für die Unterhaltsbemessung ist vielmehr von dem nicht um einen Realsplitting-Steuervorteil erhöhten Einkommen auszugehen.[3298] Außerdem kann sich der Unterhaltsgläubiger durch pflichtwidrige Nichterfüllung seiner Zustimmungspflicht im Rahmen des gesetzlichen Unterhaltsrechtsverhältnisses schadensersatzpflichtig machen.[3299] Eine Verrechnung der Schadensersatzforderung mit der Unterhaltsschuld ist wegen des Aufrechnungsverbots freilich nicht möglich. Anträge auf Zustimmung und Freistellung sind Familiensachen,[3300] und zwar Unterhaltssachen nach § 231 FamFG und keine sonstigen Familiensachen nach § 266 FamFG.

947   Eine **Obliegenheit zur Geltendmachung des begrenzten Realsplittings** trifft den Unterhaltsschuldner, weil er gehalten ist, alle Einkommensmöglichkeiten in zumutbarer Weise auszuschöpfen, um seine Leistungsfähigkeit zu stärken.[3301] Sie besteht aber nur, wenn die Unterhaltspflicht auf einem Anerkenntnis oder einer rechtskräftigen Verurteilung beruht oder freiwillig erfüllt wird. Denn Voraussetzung des begrenzten Realsplittings ist eine tatsächliche Unterhaltszahlung für den fraglichen Zeitraum.[3302] Besteht eine Obliegenheit zur Geltendmachung des begrenzten Realsplittings, ist ein entsprechender Freibetrag auf die Lohnsteuerkarte einzutragen.

Verletzt der Schuldner diese Obliegenheit, ist die durch das begrenzte Realsplitting erzielbare Einkommenssteigerung als fiktives Einkommen zu behandeln.[3303] Die Steuerersparnis ist an der Steuer zu messen, die sich nach der Grundtabelle ohne Abschreibung der Unterhaltsleistung ergäbe.[3304]

948   **dd) Teilhabe an Steuervorteilen. Die Teilhabe an dem auch unterhaltsrechtlich relevanten steuerbedingten Mehreinkommen** des Verpflichteten richtet sich nach allgemeinen Grundsätzen. Wird Realsplitting für zurückliegende Zeiträume gewährt, mag erhöhter Unterhalt für die Vergangenheit nicht mehr durchsetzbar sein (§§ 1613 Abs. 1 BGB, 238f FamFG).[3305]

III. Unterhaltsleistung durch Pflege und Erziehung (Betreuung) des Kindes

1. Gleichwertigkeit von Bar- und Betreuungsunterhalt

949   **Beide Eltern haben in gleichem Maße das Recht und die Pflicht zur Betreuung gemeinsamer Kinder.** Während intakter Ehe regeln sie im wechselseitigen Einvernehmen Erwerbstätigkeit, Haushaltsführung und Kinderbetreuung. Im Falle von Trennung und Scheidung geht der Gesetzgeber als Regelfall davon aus, dass ein Elternteil die gemeinsamen minderjährigen Kinder in seinem Haushalt betreut und der andere Elternteil Barunterhalt leistet.[3306] Nach § 1606 Abs. 3 S. 2 BGB erfüllt der betreuende Elternteil seine

---

[3297] OLG Köln FamRZ 1983, 595 (596).
[3298] OLG Köln FamRZ 1983, 595 (596).
[3299] BGH FamRZ 1988, 820 (821).
[3300] BGH FamRZ 2020, 1394 = NJW-RR 2020, 881 Rn. 5l.
[3301] BGH FamRZ 1983, 670 (673); FamRZ 1998, 953 (954); BGH FamRZ 2007, 1232 (1233) mAnm Maurer FamRZ 2007, 1236 ff. = NJW 2007, 2628 (2630) mAnm Ehinger; OLG Hamm FamRZ 1987, 489.
[3302] BGH FamRZ 2007, 793 (797) = MDR 2007, 889 (Ls.); NJW 2008, 1661 (1665) mAnm Born NJW 2008, 1669; KG FamRZ 2015, 1198 (1199).
[3303] BGH FamRZ 1983, 670 (673); OLG Köln FamRZ 1983, 595 (596).
[3304] BGH FamRZ 1983, 670 (673).
[3305] OLG Düsseldorf FamRZ 1983, 73 (74).
[3306] Das Unterhaltsrecht folgt insoweit dem Sorge- und Umgangsrecht, das in §§ 1671, 1684 BGB von dem sog Residenzmodell (Lebensmittelpunkt bei nur einem Elternteil) ausgeht. Diese Regelung

Unterhaltsverpflichtung gegenüber dem minderjährigen Kind in der Regel durch dessen Pflege und Erziehung; das Kind hat keinen Anspruch auf Zahlung von Barunterhalt gegen ihn. Der überwiegend betreuende Elternteil hat allerdings bei entsprechender Leistungsfähigkeit Barunterhalt in Form von Naturalunterhalt zu leisten, der von seinen Einkünften zur Errechnung des Ehegattenunterhalts und seines Haftungsanteils am Mehr- und Sonderbedarf in Abzug zu bringen ist.[3307] Aus § 1606 Abs. 3 S. 2 BGB folgt die grundsätzliche **Gleichwertigkeit von Bar- und Betreuungsunterhalt.** Derjenige Elternteil, der sich auf eine Ungleichwertigkeit beruft, trägt für diese die Beweislast.[3308]

2. Die Beteiligung des betreuenden Elternteils am Barunterhalt des Kindes

a) Barunterhaltspflicht bei überwiegender Betreuung durch Dritte

Keinen Anspruch auf Barunterhalt hat das Kind gegen den Elternteil, der es **überwiegend** betreut. Der Begriff der überwiegenden Betreuung dient der Abgrenzung des paritätischen Wechselmodells von den verschiedenen Formen des Umgangsrechts. Da das paritätische Wechselmodell eine annähernd gleiche Betreuung erfordert,[3309] liegt eine „überwiegende Betreuung" vor bei einem Betreuungsanteil von mehr als 50 Prozent.   950

Die Betreuung muss, um den Anspruch des Kindes auf Zahlung von Barunterhalt entfallen zu lassen, nicht notwendigerweise durch den Elternteil persönlich erfolgen. Die Vorschriften der §§ 1570, 1615l BGB gehen im Gegenteil davon aus, dass der Vorrang persönlicher Betreuung nur bis zur Vollendung des dritten Lebensjahres des Kindes gilt und sich der Berechtigte danach um eine Fremdbetreuung zu bemühen hat.[3310]

Die Übertragung von Betreuungsaufgaben auf Dritte ändert daher zunächst nichts daran, dass der betreffende Elternteil seine Unterhaltpflicht durch die Betreuung des Kindes erfüllt, also von der Barunterhaltspflicht befreit ist.[3311] Voraussetzung ist lediglich, dass er einen nennenswerten Teil der Betreuung selbst wahrnimmt.[3312] Worin ein solcher nennenswerter Teil der Betreuung liegt, hängt vom Alter des Kindes ab. Bei einem Kind im jugendlichen Alter ist die zur Versorgung des Kindes notwendige hauswirtschaftliche Tätigkeit nicht mehr entscheidend. Wichtiger ist, dass der Elternteil als verantwortlicher Ansprechpartner zur Verfügung steht, die persönlichen Kontakte pflegt und damit die soziale Bindung festigt. Die notwendigen Hilfeleistungen kann er entweder selbst durchführen oder ihre Vornahme durch Dritte organisieren.[3313] An einem nennenswerten Anteil an Betreuungsleistungen fehlt es allerdings, wenn das Kind bei den an einem anderen Ort lebenden Großeltern untergebracht ist und nur sporadisch von dem betreffenden Elternteil besucht wird.[3314] Lebt das Kind in einem **Kinderheim,** erbringt der   951

---

ist verfassungskonform. Weder Art. 6 Abs. 2 GG noch völkerrechtliche Vorschriften fordern die paritätische Betreuung (Wechselmodell) als gesetzlichen Regelfall: BVerfG FamRZ 2015, 755 ff. = NJW 2015, 3366 ff.

[3307] BGH FamRZ 2021, 1965 mAnm Seiler = NJW 2022, 621: FamRZ 2022, 1366 mAnm Langeheine = NJW 2022, 2470 mAnm Obermann; s. im Einzelnen → Rn. 175.

[3308] BGH FamRZ 1981, 347 (348); FamRZ 2006, 1597 (1598) = MDR 2007, 218.

[3309] Grundlegend BGH FamRZ 2014, 917 mAnm Schürmann = NJW 2014, 1958 Rn. 29f, s. im Einzelnen → Rn. 952.

[3310] Grundlegend BGH FamRZ 2009, 770 ff. mAnm Borth FamRZ 2009, 960 f. = FF 2009, 321 ff. = MDR 2009, 689.

[3311] BGH FamRZ 1981, 347 (348) und 543 (544).

[3312] OLG Brandenburg FamRZ 2004, 396; OLG Hamm FamRZ 1990, 307 = NJW 1990, 900; FamRZ 1991, 104 (105); Wendl/Dose UnterhaltsR/Klinkhammer § 2 Rn. 411.

[3313] OLG Koblenz FamRZ 2023, 128 (129).

[3314] OLG Hamm FamRZ 1990, 307 = NJW 1990, 900; anders OLG Koblenz FamRZ 2023, 128 (129): der Vater war jeden Abend im Haushalt der Großeltern, in dem das Kind lebte, und fuhr erst nach dem Abendessen zu seiner an einem anderen Ort wohnenden Lebensgefährtin.

Elternteil ebenfalls keine nennenswerten Betreuungsleistungen selbst, wenn er das Kind regelmäßig besucht.

b) Barunterhaltspflicht bei Betreuung durch den anderen Elternteil

952   **Die Vorschrift des § 1606 Abs. 3 S. 2 BGB** geht von der klassischen Aufgabenverteilung – hier Lebensmittelpunkt des Kindes und Betreuung – dort 14tägiges Umgangsrecht an den Wochenenden und Barunterhalt – aus. Dieses Modell wird in der Realität zunehmend durch eine Ausweitung des Umgangsrechts bis hin zu einer paritätischen Betreuung (Wechselmodell) durchbrochen.

Die unterhaltsrechtlichen Folgen dieser gesellschaftlichen Veränderungen[3315] sind für die Praxis durch eine als gefestigt anzusehende Rechtsprechung des Bundesgerichtshofs zumindest grundsätzlich geklärt:

Eine Ausweitung der Umgangskontakte über das übliche Maß hinaus verbunden mit einem Mehr an Betreuungs- und Versorgungsleistungen hat zunächst keinen Einfluss auf die Barunterhaltspflicht des Umgangsberechtigten, und zwar auch dann nicht, wenn die Ausweitung des Umgangsrechts einer Mitbetreuung nahekommt. Liegt das Schwergewicht der Betreuung gleichwohl bei einem Elternteil, trägt dieser die Hauptverantwortung für das Kind, so erfüllt er seine Unterhaltspflicht durch Pflege und Erziehung, § 1606 Abs. 3 S. 2 BGB. Der andere Elternteil bleibt zum Barunterhalt verpflichtet[3316] und ist unterhaltsrechtlich nicht befugt, seine Arbeitszeit wegen des erweiterten Umgangs zu reduzieren.[3317] Ob ein Elternteil die Hauptverantwortung für das Kind trägt, hängt zunächst einmal von einer zeitlichen Komponente ab: Nehmen die Eltern zu etwa gleichen Teilen die Betreuungs- und Versorgungsleistungen wahr, kann von einem sog Wechselmodell gesprochen werden mit der Folge, dass die Vorschrift des § 1606 Abs. 3 S. 2 BGB nicht mehr zugunsten nur eines Elternteils zur Anwendung kommt.[3318] Übernimmt ein Elternteil weniger als die Hälfte der Betreuungsaufgaben,[3319] bleibt das Schwergewicht der Betreuung bei dem anderen. Allerdings hat die zeitliche Komponente insoweit nur indizielle Bedeutung, andere Kriterien bleiben denkbar.[3320] So kann zB bei einer Heimunterbringung des Kindes das Schwergewicht der Betreuung bei demjenigen liegen, der der Ansprechpartner für das Heim ist und das Kind in der Freizeit zu sich nimmt. Die Hauptverantwortung eines Elternteils kann sich auch daraus ergeben, dass dieser bedeutsame organisatorische Aufgaben der Kinderbetreuung allein übernimmt, beispielsweise wenn er Kleidung und Schulutensilien beschafft oder die außerschulischen Aktivitäten allein regelt.[3321]

Auch auf den Bedarf des Kindes und die Leistungsfähigkeit des Unterhaltspflichtigen soll eine Ausdehnung des Umgangsrechts keine Auswirkungen haben. Lediglich im Rahmen der Angemessenheitsprüfung soll die zusätzliche wirtschaftliche Belastung des

---

[3315] Hierzu ausführlich Seiler, Wechselmodell – unterhaltsrechtliche Fragen, FamRZ 2015, 1845 ff.

[3316] BGH FamRZ 2006, 1015 (1017) = NJW 2006, 2258 (2259) = MDR 2006, 1173; FamRZ 2007, 707 (708) mAnm Luthin = NJW 2007, 1882 = MDR 2007, 779 f.; FamRZ 2014, 917 mAnm Schürmann = NJW 2014, 1958 Rn. 28; FamRZ 2015, 236 = NJW 2015, 331 Rn. 20; wohl auch im Falle OLG Frankfurt/M. FamRZ 2006, 439: das Kind ist tagsüber in der Regel beim Pflichtigen; OLG Brandenburg FamRZ 2007, 1354.

[3317] KG FamRZ 2016, 832 = NZFam 2016, 264 (265) mAnm Reinken.

[3318] BGH FamRZ 2014, 917 mAnm Schürmann = NJW 2014, 1958 Rn. 29 f.

[3319] KG FamRZ 2019, 1321 mAnm Borth = NJW 2019, 2036: kein Wechselmodell bei Betreuung 45 % zu 55 %; ebenso OLG Dresden FamRZ 2022, 31;

[3320] BGH FamRZ 2006, 1015 (1017) = NJW 2006, 2258 (2259); FamRZ 2007, 707 (708) mAnm Luthin F; FamRZ 2014, 917 mAnm Schürmann = NJW 2014, 1958 Rn. 30f; FamRZ 2015, 236 mAnm Born = NJW 2015, 331 Rn. 20.

[3321] BGH FamRZ 2014, 917 mAnm Schürmann = NJW 2014, 1958 Rn. 30 f.

Barunterhaltspflichtigen durch eine Rückstufung innerhalb der Einkommensgruppen der Düsseldorfer Tabelle oder durch ein Absehen von einer Hochstufung Berücksichtigung finden.[3322]

Eine paritätische Betreuung (Wechselmodell) soll nach einer teilweise vertretenen   **953** Ansicht die Vereinbarung der Eltern enthalten, sich wechselseitig von Barunterhaltsansprüchen freizustellen.[3323] Dieser Auffassung hat sich der Bundesgerichtshof nicht angeschlossen. Er hält vielmehr bei einem echten Wechselmodell beide Elternteile für barunterhaltspflichtig, da ansonsten der Barbedarf des Kindes nicht gedeckt sei. Wie beim volljährigen Kind sei Barunterhalt nach den jeweiligen wirtschaftlichen Verhältnissen zu leisten, wobei sich der Bedarf des Kindes nach dem Einkommen beider Eltern unter Berücksichtigung der Mehrkosten des Wechselmodells ergebe[3324] Die sich nach den wirtschaftlichen Verhältnissen ergebenden Haftungsanteile der Eltern sind nicht wegen erbrachter Betreuungsleistungen zu kürzen, da die Betreuung des Kindes durch beide in gleicher Weise sichergestellt wird.

Zum Bedarf des unterhaltsberechtigten Kindes beim Wechselmodell und zum Einfluss des überdurchschnittlichen Aufenthalts beim Barunterhaltspflichtigen auf den Bedarf → Rn. 175a.

Zur Kindergeldanrechnung im Wechselmodell. → Rn. 894.

Die Umsetzung dieser Grundsätze führt zu einer komplexen Unterhaltsberechnung,   **954** die durch die Rechtsprechung des Bundesgerichtshofs zur Kindergeldanrechnung im Wechselmodell noch zusätzlich erschwert worden ist.[3325] Darüber hinaus ist zu berücksichtigen, dass in den Fällen einer paritätischen Betreuung kein Elternteil nach § 1629 Abs. 3 BGB berechtigt ist, den Unterhaltsanspruch des Kindes gerichtlich geltend zu machen, da ein Obhutsverhältnis zu einem Elternteil gerade nicht feststellbar ist.[3326] Es ist ein Ergänzungspfleger zu bestellen, der im Namen des Kindes beide Elternteile als Teilschuldner in Anspruch nimmt.

Das Familiengericht kann – alternativ zur Bestellung eines Ergänzungspflegers – auf Antrag eines Elternteils, diesem die Befugnis übertragen, Unterhaltsansprüche des Kindes als dessen Vertreter geltend zu machen (§ 1628 BGB). Den Eltern steht ein Wahlrecht zwischen den beiden Möglichkeiten zu. Das Vorhandensein von Interessenskonflikten zwischen den Eltern erfordert allerdings die Bestellung eines Ergänzungspflegers.[3327] Den Antrag nach § 1628 BGB wird der Elternteil stellen, der wegen der beiderseitigen Einkommensverhältnisse mit einer geringeren Quote am Barbedarf des Kindes zu beteiligen ist. Der Anspruch ist gerichtet auf die durch die Leistungen des besserverdienenden Elternteils nicht gedeckte Unterhaltsspitze.[3328] Unterstellt, der Bedarf des Kindes einschließlich des wechselmodellbedingten Mehrbedarf beträgt unter Berücksichtigung des hälftigen Kindergeldes 900 EUR und weiter unterstellt, für diesen haften die Eltern im

---

[3322] BGH FamRZ 2014, 917 mAnm Schürmann = NJW 2014, 1958 Rn. 37; FamRZ 2015, 236 mAnm Born = NJW 2015, 331 Rn. 22; OLG Düsseldorf NZFam 2016, 268 (Niederl) hält zusätzlich eine Kürzung des Elementarunterhalts für denkbar.

[3323] Spangenberg, Wechselmodell und Kindesunterhalt, FamRZ 2014, 88, 90; Maaß, Keine Barunterhaltspflicht im echten Wechselmodell FamRZ 2016, 403 ff. und 1428 ff.

[3324] BGH FamRZ 2015, 236 mAnm Born = NJW 2015, 331 Rn. 18; FamRZ 2017, 437 mAnm Schürmann = NJW 2017, 1676 mAnm Graba = MDR 2017, 403 Rn. 20; OLG Dresden FamRZ 2016, 470 (471) = MDR 2015, 1368 f.; OLG Düsseldorf FamRZ 2016, 142 (143).

[3325] Rechenbeispiele bei Wendl/Dose UnterhaltsR/Klinkhammer § 2 Rn. 450 ff.

[3326] BGH FamRZ 2014, 917 mAnm Schürmann = NJW 2014, 1958 Rn. 16.

[3327] OLG Brandenburg NZFam 2022, 1138 (Niepmann).

[3328] BGH FamRZ 2017, 437 mAnm Schürmann = NJW 2017, 1676 mAnm Graba = MDR 2017, 403 Rn. 44 (in dem zugrunde liegenden Fall war die Kindesmutter bereits in einem vorausgegangenen Verfahren die Befugnis übertragen worden, den Kindesunterhalt als Vertreterin des Kindes geltend zu machen).

Verhältnis 1/3 zu 2/3, so sind 1/3 und 1/3, also 2/3 zunächst durch die Unterhaltsleistungen beider Eltern gedeckt. Der Anspruch gegen den wirtschaftlich stärkeren Elternteil ist gerichtet auf die hälftige Differenz der nicht gedeckten Anteile[3329], also auf die Hälfte von einem Drittel gleich ein Sechstel oder 150 EUR. Von diesem ist die Hälfte der auf die Betreuung entfallenden Kindergeldhälfte abzusetzen, derzeit 62,50 EUR. Das Kind kann daher, vertreten durch einen Elternteil, den anderen auf Zahlung von 87,50 EUR in Anspruch nehmen.

Zur Frage einer Anwendung des § 1628 BGB → Rn. 175a.

c) Barunterhaltspflicht des Betreuenden aufgrund der wirtschaftlichen Verhältnisse

955   **Eine Beteiligung des Betreuenden am Barunterhalt** kann sich darüber hinaus aus den beiderseitigen Einkommensverhältnissen ergeben. Verbleibt dem Unterhaltspflichtigen nach Abzug des Kindesunterhalts auf Grund seines Einkommens[3330] oder der Unterhaltsleistungen seines neuen Partners[3331] zumindest der **angemessene Selbstbehalt,** ist er in der Regel allein zum Barunterhalt verpflichtet. § 1603 Abs. 2 S. 3 BGB findet keine Anwendung, der betreuende Elternteil ist nicht als „anderer unterhaltspflichtiger Verwandter" anzusehen.[3332] Besteht allerdings ein **erhebliches finanzielles Ungleichgewicht** zwischen den Eltern, muss sich abweichend von der Regel auch der Betreuende am Barunterhalt beteiligen – § 1606 Abs. 3 S. 2 BGB –.[3333] Ein finanzielles Ungleichgewicht kann angenommen werden, wenn der betreuende Elternteil dreimal so viel verdient wie der Barunterhaltspflichtige.[3334] Es liegt nicht vor bei etwa gleich hohem Einkommen beider Elternteile[3335] oder wenn der Betreuende einen erheblich höheren Arbeitseinsatz zeigt als der Barunterhaltspflichtige.[3336] → Rn. 175. Erbrachte Betreuungsleistungen können Berücksichtigung finden,[3337] ebenso wie die Tatsache, dass der betreuende Elternteil für den Unterhalt eines gemeinsamen, nicht privilegierten volljährigen Kindes aufkommt.[3338] Denn

---

[3329] BGH FamRZ 2017, 437 mAnm Schürmann = NJW 2017, 1676 mAnm Graba = MDR 2017, 403 Rn. 44.

[3330] Auch unter Berücksichtigung eines fiktiven Einkommens: OLG Brandenburg NZFam 2017, 126 (Böhne); unberücksichtigt bei der Berechnung der Einkommensdifferenz bleibt dagegen Pflegegeld nach § 13 Abs. 6 S. 1 SGB XI: OLG Stuttgart FamRZ 2018, 27 = NJW-RR 2017, 1153. Rn. 23.

[3331] BGH FamRZ 2002, 742; NJW 2003, 3770 (3771).

[3332] BGH FamRZ 2013, 1558 = NJW 2013, 2897 Rn. 27.

[3333] BGH FamRZ 1980, 994 = NJW 1980, 2306; 1981, 543 (544) = NJW 1981, 1559; 1984, 39 = NJW 1984, 303: Eink. Betreuender dreimal so hoch; FamRZ 1998, 286 (288) = NJW 1998, 505; BGH FamRZ 2002, 742 f. mAnm Büttner; FamRZ 2013, 1558 mAnm Hauß = NJW 2013, 2897, Rn 26; OLG Frankfurt FamRZ 1996, 888 (889); OLG Hamm FamRZ 1981, 487; OLG Karlsruhe FamRZ 1993, 1116 (1117); OLG Oldenburg FamRZ 1989, 423: keine schematische Berechnung nach Einkommenshöhe, sondern wertende Betrachtung geboten; OLG Stuttgart FamRZ 1981, 993 (996); OLG Schleswig DAVorm 1985, 319: Eink. Betreuender doppelt so hoch.

[3334] BGH FamRZ 2013, 1558 mAnm Maurer = NJW 2013, 2897, Rn 29; OLG Brandenburg NZFam 2015, 1013 (Müller), das den Anspruch gegen den Barunterhaltspflichtigen bei doppelt so hohem Einkommen des betreuenden Ehegatten kürzt; FamRZ 2022, 186: erhebliches Ungleichgewicht, wenn dem Betreuenden 500 EUR mehr verbleiben als dem Barunterhaltspflichtigen; OLG Schleswig FamRZ 2014, 1643 (1644), das zusätzlich eine absolute Einkommensdifferenz von mindestens 500 EUR verlangt.

[3335] BGH FamRZ 1980, 994 = NJW 1980, 2306; OLG Düsseldorf NJW-RR 1992, 2; OLG Karlsruhe FamRZ 1990, 903; OLG Koblenz FamRZ 1991, 1475 (1476); OLG Oldenburg FamRZ 1989, 423 (424).

[3336] OLG Stuttgart FamRZ 1981, 993 (996); jedenfalls bei dreifachem Verlust OLG Naumburg NJW-Spezial 2013, 70.

[3337] BGH FamRZ 2017, 109 mAnm Schürmann = NJW-RR 2017, 449 = NZFam 2017, 61 mAnm Graba Rn. 38.

[3338] OLG Frankfurt/M. FamRZ 2018, 1314 Rn. 38.

die Frage, ob der betreuende Elternteil am Barunterhalt zu beteiligten ist, kann nicht durch einen schematischen Vergleich der beiderseitigen Einkommensverhältnisse ermittelt werden. Die unterhaltsrechtliche Belastung beider Elternteile ist vielmehr im Rahmen einer Billigkeitsprüfung zu würdigen.[3339] Eine Beteiligung am Barunterhalt scheidet auch aus, wenn der Pflichtige zumindest den Mindestunterhalt erbringen kann.[3340]

Ist die Einkommensdifferenz geringer als das Dreifache des Nettoeinkommens des eigentlich Barunterhaltspflichtigen, bleibt dieser in der Regel allein zum Barunterhalt verpflichtet. Zur Gegenüberstellung der beiderseitigen Einkünfte hat der Tatrichter von den unterhaltsrechtlich relevanten Nettoeinkünften zunächst den angemessenen Selbstbehalt als Sockelbetrag abzusetzen. Die auf diese Weise ermittelten Haftungsanteile sind zugunsten des betreuenden Elternteils „wertend zu verändern", um dem Grundsatz der Gleichwertigkeit von Bar- und Betreuungsunterhalt Rechnung zu tragen – § 1606 Abs. 3 S. 2 BGB.[3341]

Ist der angemessene Selbstbehalt des Pflichtigen nicht gewahrt, kommt der betreuende Elternteil ebenfalls als „anderer unterhaltspflichtiger Verwandter" im Sinne des § 1603 Abs. 2 S. 3 BGB in Betracht und hat sich am Barunterhalt des Kindes zu beteiligen, wenn und soweit sein eigener angemessener Bedarf gedeckt ist.[3342] Denn bei Leistungsfähigkeit eines Elternteils ist der angemessene Selbstbehalt die Opfergrenze für den anderen.[3343] Dabei lässt § 1603 Abs. 2 S. 3 BGB nicht die Unterhaltspflicht insgesamt entfallen, sondern nur die gesteigerte Unterhaltspflicht des § 1603 Abs. 2 S. 1 und 2 BGB. Die Einkünfte des betreuenden Elternteils, die den angemessenen Selbstbehalt übersteigen, sind für Unterhaltszwecke zu verwenden.[3344] Den Stamm seines Vermögens braucht er dagegen nicht anzugreifen.[3345]

Anderer unterhaltspflichtiger Verwandter kann auch ein Großelternteil sein.[3346] S. hierzu → Rn. 114.

d) Barunterhaltspflicht des Betreuenden bei zusätzlichem Bedarf

Hat das unterhaltsberechtigte Kind **Zusatz-, Mehr- oder Sonderbedarf,** muss sich an diesem im Rahmen seiner Leistungsfähigkeit auch der betreuende Elternteil beteiligen.[3347] Denn die Gleichwertigkeit von Bar- und Betreuungsunterhalt gilt nur für den allgemeinen Lebensbedarf des Kindes. **Mehrbedarf des Kindes,** für den beide Elternteile haften, sind dabei auch Kosten, die durch **die Fremdbetreuung** entstehen. Hierzu gehören zB die **Kosten einer Internats- oder Heimunterbringung.** Erfolgt die Heimunterbringung allerdings als Maßnahme der Kinder- und Jugendhilfe nach dem SGB VIII, ist der Unterhaltsbedarf des Kindes gedeckt. Die Eltern können nur durch die Erhebung eines öffent-

---

[3339] BGH FamRZ 2013, 1558 = NJW 2013, 2897 Rn. 28.

[3340] OLG Koblenz FamRZ 2004, 1599.

[3341] BGH FamRZ 2013, 1558 = NJW 2013, 2897, Rn, 30; OLG Dresden NZFam 2016, 119 (121).

[3342] BGH FamRZ 1980, 994 = NJW 1980, 2306; FamRZ 2008, 137 (140) = NJW 2008, 227 = FF 2008, 24; FamRZ 2011, 1041 (1044f) = NJW 2011, 1874 (1877) = MDR 2011, 728 (729); FamRZ 2013, 1558 = NJW 2013, 2897, Rn 26; OLG Hamburg FamRZ 1992, 591; OLG Hamm NJW-RR 1990, 900 = FamRZ 1990, 307; OLG Hamm FamRZ 2006, 1628 (1629); OLG Koblenz FamRZ 2003, 1672 f.; OLG Stuttgart FamRZ 2005, 54 (55 f.) = NJW-RR 2004, 1515 (1516 f.).

[3343] BGH FamRZ 2011, 454 (457) = NJW 2011, 670 (673) = MDR 2011, 299 f.

[3344] BGH FamRZ 2008, 137 (140) = NJW 2008, 227 = FF 2008, 241; FamRZ 2011, 454 (457) = NJW 2011, 670 (673) = MDR 2011, 299 f.; FamRZ 2011, 1041 (1044 f.) = NJW 2011, 1874 (1877) = MDR 2011, 728 (729; OLG Hamm FamRZ 2009, 1919 f.

[3345] OLG Nürnberg FamRZ 2008, 436 (437) = NJW-RR 2008, 884 f.

[3346] BGH FamRZ 2022, 180 mAnm Schürmann = NJW 2022, 331.

[3347] BGH FamRZ 1983, 689 = NJW 1983, 2082; BGH FamRZ 2013, 1563 = NJW 2013, 2900 Rn. 12.

lich-rechtlichen Kostenbeitrags nach § 92 Abs. 2 SGB VIII an den Unterbringungskosten beteiligt werden.[3348]

Die Kosten einer zeitweisen Kinderbetreuung, zB für den Besuch des Kindergartens, der Kindertagesstätte, für Hort oder offene Grundschule sind Mehrbedarf des Kindes, an dem sich beide Elternteile entsprechend ihrem Einkommen zu beteiligen haben. Die in den Kindergartenbeträgen enthaltenen Verpflegungskosten sind dagegen mit dem Tabellenunterhalt abgegolten.[3349] Die Kosten privater Kinderbetreuung sind nach wie vor vom Einkommen des Betreuenden abzusetzen, da nicht der erzieherische Zweck im Vordergrund steht, sondern dem Betreuenden eine Erwerbstätigkeit ermöglicht werden soll.[3350]

3. „Betreuung" volljähriger Kinder

956   Die **Betreuung endet mit der Volljährigkeit des Kindes.**[3351] Von diesem Zeitpunkt an schulden beide Elternteile Barunterhalt. Dies gilt auch für die sogenannten „privilegierten Volljährigen", also die in der allgemeinen Schulausbildung befindlichen Kinder bis zur Vollendung des 21. Lebensjahres, die im Haushalt eines Elternteils leben (§ 1603 Abs. 2 S. 2 BGB). § 1606 Abs. 3 S. 2 BGB ordnet die Gleichwertigkeit von Bar- und Betreuungsunterhalt nur für Minderjährige an, so dass auch der Elternteil, bei dem das volljährige Kind lebt, diesem zum Barunterhalt verpflichtet ist.[3352]

Der Elternteil, bei dem das volljährige Kind lebt, kann seine Versorgung wie bisher vornehmen. Das bedarf des Einverständnisses des volljährigen Kindes, denn eine einseitige Bestimmung der Art der Unterhaltsgewährung nach § 1612 Abs. 2 BGB scheidet aus, da sie nicht den vollen Lebensbedarf umfasst.[3353] Der Wert dieses Naturalunterhalts richtet sich nach dem objektiven Wert der Leistungen für das Kind. Er ist mit der – ggf. fiktiven – Barunterhaltsquote zu vergleichen. Übersteigt er sie, wird eine freiwillige, im Verhältnis zum anderen Elternteil nicht berücksichtigungsfähige Leistung vorliegen.[3354] Das gleiche gilt, wenn der versorgende Elternteil aufgrund seiner Einkommensverhältnisse nicht zum Barunterhalt verpflichtet ist.[3355]

Auf behinderte volljährige Kinder findet § 1606 Abs. 3 S. 2 BGB ebenfalls keine Anwendung, so dass im Grundsatz beide Elternteile zum Barunterhalt verpflichtet sind. Die Versorgungsleistungen sind – wie stets bei volljährigen Kindern – als Naturalunterhalt des versorgenden Elternteils zu werten. Im Übrigen kann die Betreuung eines volljährigen behinderten Kindes Anlass sein, die Haftungsquote des Betreuenden am Barunterhalt aus Billigkeitsgründen zu senken.[3356]

[3348] BGH FamRZ 2007, 377 (379) = FF 2007, 111 (Ls.). Die Entscheidung ist lesenswert, auch wegen des ungewöhnlichen Sachverhalts!

[3349] BGH FamRZ 2009, 962 (963 f.) = NJW 2009, 1816; **aA noch** BGH FamRZ 2007, 882 (886) und FamRZ 2008, 1152 (1154).

[3350] BGH FamRZ 2018, 23 mAnm Born = NZFam 2017, 1101 mAnm Löhnig.

[3351] Vgl. BGH NJW 1994, 1530 (1531) = FamRZ 1994, 696; BGH FamRZ 1988, 1039 (1040); OLG Hamburg FamRZ 1984, 190 (192); OLG Hamm FamRZ 1994, 1306; auch → Rn. 649.

[3352] BGH FamRZ 2002, 815 (816 f.); OLG Bremen, FamRZ 1999, 879; OLG Karlsruhe FamRZ 1999, 45; OLG Köln NJWE-FER 2000, 144; **aA** OLG Naumburg FamRZ 2001, 371.

[3353] BGH FamRZ 1986, 151 (152); 1988, 831 (832) = NJW 1988, 1974; KG FamRZ 1985, 419 (423).

[3354] Büttner NJW 1999, 2315 (2323).

[3355] BGH FamRZ 2006, 99 (102) mAnm Viefhues und Anm. Scholz; FamRZ 2006, 774; FamRZ 2007, 542 (543).

[3356] BGH FamRZ 1985, 917 (919); KG FamRZ 2003, 1864 f.

4. Die Haftung der Eltern für den Barunterhalt minderjähriger und volljähriger Kinder

a) Regelfall

Im **Regelfall der Betreuungsleistung einerseits und Barunterhaltsleistung ande-** 957
rerseits für minderjährige unverheiratete Kinder entstehen Probleme der Haftungsanteile der Eltern im Verhältnis zu den minderjährigen Kindern nicht, da beides grundsätzlich gleich gewertet wird. Die Höhe der Barunterhaltspflicht richtet sich allerdings nach dem gemeinsamen Einkommen beider Elternteile. Da der nicht überwiegend betreuende Elternteil dem Kind Unterhalt allein nach seinen Einkommensverhältnissen schuldet, deckt er den Barbedarf des Kindes nicht vollständig. In Höhe des verbleibenden Restes (um den hälftigen Kindergeldanteil reduzierter Barbedarf des Kindes abzüglich Unterhaltsleistung des nicht überwiegend betreuenden Elternteils) schuldet der betreuende Elternteil Barunterhalt in Form von Naturalunterhalt, der zur Ermittlung seines unterhaltspflichtigen Einkommens abzugsweise zu berücksichtigen ist.[3357] S. hierzu → Rn. 175.

b) Die Haftung für Bar- und Betreuungsunterhalt[3358]

Kommt ein Elternteil sowohl für den Bar- als auch den Betreuungsunterhalt auf, ist zu differenzieren: Ist ein Elternteil verstorben und das Kind anderweitig untergebracht, hat der verbliebene Elternteil den als Barunterhalt geschuldeten Tabellenunterhalt und den in gleicher Weise bewerteten Betreuungsunterhalt, im Ergebnis also den doppelten Tabellenunterhalt zu entrichten.[3359] Von dem sich ergebenden Betrag sind dann als bedarfsdeckend das volle Kindergeld und eine gezahlte Halbwaisenrente in Abzug zu bringen.[3360] Den sich ergebenden Betrag kann der Schuldner, ist er einem Dritten zum Unterhalt verpflichtet, von seinem Einkommen absetzen.

Leben allerdings beide Eltern noch und leistet einer von ihnen neben dem Barunterhalt auch Betreuungsunterhalt für das Kind, kommt eine Monetarisierung nicht in Betracht. Ist die Leistungsfähigkeit des betreuenden Elternteils zu ermitteln, ist nur der Barunterhalt, also der einfache Tabellenbetrag reduziert durch das anteilige Kindergeld von seinen Einkünften in Abzug zu bringen.[3361] Ist der Bar- und Betreuungsunterhalt leistende Elternteil erwerbstätig, können konkrete Betreuungskosten in Abzug gebracht werden; darüber hinaus ist eine Reduzierung der Erwerbsverpflichtung zu prüfen.[3362]

Zum Abzug eines pauschalen Betreuungsbonus → Rn. 968.

c) Die anteilige Haftung beider Elternteile für den Barunterhalt

Sind beide Elternteile zum Barunterhalt verpflichtet, bestimmt sich die Haftung gemäß 958
§ 1606 Abs. 3 S. 1 BGB: mehrere gleich nahe Verwandte haften anteilig nach ihren Erwerbs- und Vermögensverhältnissen, nicht als Gesamtschuldner. Eine Barunterhalts-

---

[3357] BGH FamRZ 2021, 1965 mAnm Seiler = NJW 2022, 621: FamRZ 2022, 1366 mAnm Langeheine = NJW 2022, 2470 mAnm Obermann.
[3358] BGH FamRZ 1982, 779 = NJW 1982, 2664; OLG Hamm FamRZ 1988, 1033.
[3359] BGH FamRZ 2006, 1597f = NJW 2006, 3421; FamRZ 2021, 186 mAnm Seiler = NJW 2021, 697, Rn. 15.
[3360] BGH FmRZ 2021, 186 mAnm Seiler = NJW 2021, 697, Rn. 18; OLG Hamm FamRZ 2008, 171 (172).
[3361] BGH FamRZ 2013, 109 = NJW 2013, 161 Rn. 25.
[3362] BGH FamRZ 2013, 109 = NJW 2013, 161 Rn. 28; BGH FamRZ 2021, 186 mAnm Seiler = NJW 2021, 697, Rn. 21.

pflicht beider Eltern besteht gegenüber volljährigen Kindern und gegenüber minderjährigen, wenn eine Betreuung im paritätischen Wechselmodell erfolgt. Der nicht überwiegend betreuende Elternteil ist auch in Anwendung der Rechtsprechung des Bundesgerichtshofs zur Barunterhaltspflicht beider Eltern[3363] im Verhältnis zu dem Kind allein barunterhaltspflichtig.

d) Berechnungsgrundlage

959   Der Barbedarf des volljährigen wie des minderjährigen Kindes wird -unabhängig von der Betreuungsform- ermittelt anhand des zusammengerechneten Einkommens beider Eltern unter Berücksichtigung unterhaltsrechtlich beachtlicher Abzüge. Von dem nach diesen Einkünften maßgebenden Tabellenbetrag ist bei volljährigen Kindern das volle, bei minderjährigen das auf den Barunterhaltsteil entfallende, also hälftige Kindergeld abzusetzen (→ Rn. 894, 895).

960   Ein Anspruch des Kindes gegen beide Eltern auf Zahlung von Barunterhalt besteht beim volljährigen Kind, beim minderjährigen, wenn dieses im Wechselmodell betreut (→ Rn. 953) wird oder auswärts untergebracht ist (→ Rn. 951). Die Haftungsanteile der Eltern berechnen sich in diesen Fällen nach dem jeweiligen Anteil des Einzeleinkommens (Erwerbs- und Vermögensverhältnisse) am Gesamteinkommen[3364] abzüglich des jeweiligen Eigenbedarfs.[3365] Abzusetzen ist der angemessene Selbstbehalt, auch wenn dies zur Alleinhaftung eines Elternteils führt. Denn der angemessene Selbstbehalt muss grundsätzlich nicht angegriffen werden, um Unterhalt zu zahlen.[3366] Ist ein Elternteil leistungsfähig, bleibt dem anderen als Opfergrenze der angemessene Selbstbehalt, über den hinaus eine Unterhaltsverpflichtung nicht besteht.[3367] Der angemessene Selbstbehalt ist zu berücksichtigen nicht nur beim volljährigen, sondern auch beim minderjährigen Kind. Bei letzterem ist auf den notwendigen Selbstbehalt nur abzustellen, wenn ein Mangelfall vorliegt, der gegeben ist, wenn der angemessene Selbstbehalt des anderen Elternteils nicht gewahrt ist.[3368]

Das volljährige Kind, das einen Elternteil auf Barunterhalt in Anspruch nimmt, hat neben seinem Bedarf und seiner Bedürftigkeit die Einkommens- und Vermögensverhältnisse des anderen Elternteils darzulegen und zu beweisen.[3369] Dabei ist es ausreichend, wenn es darlegt, alles ihm Mögliche und Zumutbare zur Ermittlung des Einkommens getan zu haben.[3370] Es braucht weder den anderen Elternteil auf Auskunft zu verklagen noch sich fiktive Einkünfte anrechnen zu lassen, sondern kann einen Elternteil auf den

---

[3363] BGH FamRZ 2021, 1965 mAnm Seiler = NJW 2022, 621, Rn. 33f: FamRZ 2022, 1366 mAnm Langeheine = NJW 2022, 2470 mAnm Obermann Rn. 50 f.

[3364] BGH FamRZ 1985, 466 (467 f.): intakte Ehe; 1986, 151 (152) u. 153 (154); 1988, 268 (269): nach Erwerbs- und Vermögensverhältnissen; OLG Frankfurt FamRZ 1987, 1179 (1180); OLG Hamm FamRZ 1988, 425 (427).

[3365] BGH FamRZ 1986, 151 (152) u. 153 (154); FamRZ 1988, 1039 (1040); OLG Frankfurt FamRZ 1987, 190 u. 1179 (1180); OLG Hamm FamRZ 1988, 425 (427): bei Mutter von Eigenbedarf aber Ersparnis durch Zusammenleben mit neuem Ehemann abziehen (hier 25 %); OLG Köln FamRZ 1985, 90; NJWE-FER 2000, 144 (145); OLG Rostock OLGR 2002, 94; **allg.:** Wohlgemuth, Quotenhaftung der Eltern beim Volljährigenunterhalt FamRZ 2001, 321 ff.

[3366] BGH FamRZ 2011, 454 (457) = NJW 2011, 670 (673) = MDR 2011, 299f; OLG Koblenz NZFam 2017, 118 (120).

[3367] BGH FamRZ 2011, 454 (457) = NJW 2011, 670 (673) = MDR 2011, 299f; OLG Koblenz NZFam 2017, 118 (120).

[3368] BGH FamRZ 2011, 454 (457) = NJW 2011, 670 (673) = MDR 2011, 299f; OLG Koblenz NZFam 2017, 118 (120).

[3369] OLG Hamburg FamRZ 1982, 627 (628); OLG Frankfurt FamRZ 1987, 839 (840) = NJW-RR 1987, 903.

[3370] OLG Frankfurt FamRZ 1993, 231 (232).

vollen Barunterhalt in Anspruch nehmen.[3371] Gleiches gilt bei überwältigenden Mehreinkommen und Mehrvermögen eines Elternteils.[3372]

Der Verteilungsschlüssel entsprechend den beiderseitigen Einkünften der Eltern gilt auch, wenn das **minderjährigen Kind** den überwiegend betreuenden Elternteil ganz oder teilweise auf **Barunterhalt** in Anspruch nehmen kann (→ Rn. 955). Der Schlüssel kann allerdings aufgrund einer wertenden Betrachtung, die die Betreuungsleistungen einbezieht, zugunsten des Betreuenden verändert werden, etwa, wenn infolge einer Erkrankung oder Behinderung des Kindes ein erhöhter Betreuungsbedarf anfällt.[3373]

961

e) Darlegungs- und Beweislast für Haftungsanteil

Die Darlegungs- und Beweislast eines nur einen Elternteil auf vollen Unterhalt in Anspruch nehmenden Kindes dafür, dass der andere Elternteil nicht oder nur beschränkt leistungsfähig ist, trägt das unterhaltsberechtigte Kind.[3374] Wird es von dem anderen Elternteil betreut, genügt der Hinweis auf diese Betreuung, um in Verbindung mit dem Grundsatz des § 1606 Abs. 3 S. 2 BGB die volle Barunterhalthaftung des Inanspruchgenommenen darzutun. Behauptet der Unterhaltsschuldner, der andere Elternteil erfülle seine Unterhaltpflicht durch die Betreuung nicht in vollem Umfange, muss er, da eine Abweichung vom Grundsatz des § 1606 Abs. 3 S. 2 BGB behauptend, das dartun und beweisen.[3375] Ebenso ist es Sache des in Anspruch genommenen Elternteils, die Grenzen seiner eigenen Leistungsfähigkeit darzutun und zu beweisen.[3376] Er muss, kommt er dieser Obliegenheit nicht nach, den vollen Unterhalt zahlen, weil seine Haftungsquote nicht bestimmt werden kann, wenn eine anteilige Haftung des anderen Elternteils in Betracht kommt.[3377] Er kann im gerichtlichen Verfahren das den Antrag stellende Kind nicht auf dessen Auskunftsanspruch gegen den anderen Elternteil verweisen → Rn. 684, 974.

Beruft sich der auf Unterhalt in Anspruch Genommene auf einen anderen unterhaltspflichtigen Verwandten (§ 1603 Abs. 2 S. 3 BGB), so hat er darzulegen und zu beweisen, dass sein eigener angemessener Selbstbehalt nicht gewahrt, er also nicht leistungsfähig ist. Er hat darüber hinaus das Vorhandensein eines anderen unterhaltspflichtigen Verwandten zu beweisen. Streitig ist, ob der in Anspruch genommene Elternteil auch die Leistungsfähigkeit des anderen unterhaltspflichtigen Verwandten darzulegen und zu beweisen hat oder ob dies durch das unterhaltsberechtigte Kind zu erfolgen hat.[3378] Der Bundesgerichtshof sieht jedenfalls bei einer Inanspruchnahme eines Großelternteil den primär unterhaltspflichtigen Elternteil als darlegungs- und beweisbelastet für dessen Leistungsfähigkeit an.[3379] Sein Hauptargument, § 1603 Abs. 2 S. 3 BGB ordne eine Ausnahme von der grundsätzlich bestehenden familienrechtlichen Verantwortung der Eltern gegenüber

962

[3371] Baumgärtel/Laumen/Dehmer, Handbuch der Beweislast im Privatrecht, 4. Aufl. 2019, BGB § 1606 Rn. 3.

[3372] BGH FamRZ 1987, 58 (60): Einkommen Vater 343.240 EUR und Vermögen 10 Mill. EUR gegen 296.500 EUR Mutter.

[3373] BGH NJW 1983, 2082 = FamRZ 1983, 689; KG FamRZ 2003, 1864 f. sowie Nr. 12.3 der Südd. Leitl. sowie der Leitl. der OLGe Berlin – KG –, Frankfurt, Hamburg, Koblenz, Naumburg, Rostock und Schleswig.

[3374] BGH FamRZ 1981, 347 (348) = NJW 1981, 923; OLG Hamburg FamRZ 1982, 627; KG FamRZ 1994, 765.

[3375] BGH FamRZ 1981, 347 (349).

[3376] OLG Hamburg FamRZ 1982, 627.

[3377] OLG Hamburg FamRZ 1982, 627.

[3378] Nachweise zum Meinungsstreit BGH FamRZ 2022, 180 mAnm Schürmann = NJW 2022, 331 mAnm Löhnig, Rn. 33; für eine Darlegungs- und Beweislast des Kindes die Vorauflage.

[3379] BGH FamRZ 2022, 180 mAnm Schürmann = NJW 2022, 331 mAnm Löhnig, Rn. 34.

ihren Kindern an, dürfte allerdings auch bei der Inanspruchnahme sonstiger unterhaltspflichtiger Verwandter, also des anderen Elternteils gelten.

f) Ausgleichsanspruch Eltern

963   Ein **familienrechtlicher Ausgleichsanspruch** zwischen teilhaftenden Eltern kann in
Betracht kommen, wenn ein Elternteil den vollen Unterhalt in der Absicht gezahlt hat,
damit auch die Teilunterhaltsverpflichtung des anderen zu erfüllen und von diesem Ersatz
zu verlangen.[3380] Ansonsten steht § 1360b BGB einem Ausgleichsanspruch entgegen. Wer
vollen Unterhalt auf Grund einer gegen ihn ergangenen rechtskräftigen Entscheidung
zahlt, kann keinen Ausgleich verlangen, denn er hat nicht teilweise für den anderen,
sondern nur für sich gezahlt.[3381] Auch für den Ausgleichsanspruch gilt § 1613 BGB.[3382]
Siehe eingehend → Rn. 1205 f.

5. Barunterhalt trotz Betreuung

964   Eine **Barunterhaltspflicht neben der Betreuung** kommt unterhaltsrechtlich unter
mehrfachen Gesichtspunkten in Betracht: einmal gegenüber dem betreuten Kind, zum
anderen gegenüber einem nicht selbst, sondern vom anderen Elternteil betreuten weiteren
Kind (oder Kindern), schließlich neben einer Kinderbetreuung gegenüber einem (geschiedenen) Ehegatten, sei es, dass dieser auch ein gemeinschaftliches Kind betreut oder auch
ohne dies barunterhaltsberechtigt ist.

Gegenüber dem betreuten Kind ist davon auszugehen, dass die Gleichwertigkeit von
Betreuungsaufwand und Barunterhaltsaufwand bis zur Volljährigkeit besteht, so dass ein
Zahlungsanspruch des Kindes gegen den überwiegend betreuenden Elternteil nicht be-
steht → Rn. 949. Der Bundesgerichtshof postuliert zwar eine Barunterhaltspflicht beider
Eltern gegenüber ihren minderjährigen Kindern, leitet daraus aber einen Zahlungs-
anspruch des Kindes gegen den überwiegend betreuenden Elternteil nicht ab. Dessen
Barunterhaltsanteil betrachtet er lediglich als Rechnungsposten zur Ermittlung des Ehegattenunterhalts und der Haftungsanteile beim Mehr- und Sonderbedarf.[3383]

Bei Geschwistertrennung erfüllt der jeweilige Elternteil seine Unterhaltspflicht durch
Pflege und Erziehung nur gegenüber dem bei ihm lebenden Kind; dem vom anderen
Elternteil betreuten Geschwisterkind schuldet er Barunterhalt nach seiner Leistungsfähigkeit. Ihn trifft im Verhältnis zu dem nicht bei ihm lebenden Kind eine gesteigerte
Erwerbsobliegenheit, wobei zu berücksichtigen ist, dass die jeweiligen Anforderungen an
die Eltern gleich bewertet werden.[3384] Eine wechselseitige Freistellung, die nur im Verhältnis der Eltern zueinander wirkt,[3385] kann allein in den Fällen gleicher Einkünfte und
gleichen Alters der Kinder erfolgen.

965   **Die Leistungsfähigkeit eines minderjährige Kinder betreuenden Elternteils** kann
durch die Kinderbetreuung beeinträchtigt sein. Ist er erwerbstätig, ist Ausgangspunkt der
Unterhaltsberechnung das tatsächlich erzielte Einkommen. Dieses ist zunächst zu kürzen
um seinen Anteil am Barbedarf des Kindes (s. Rn. 175, 964 und 1051). Nicht zu berücksichtigen ist ein fiktiver Betrag für die erbrachten Betreuungsleistungen – etwa in Höhe

---

[3380] BGH FamRZ 1967, 450 f.; 1981, 761 = NJW 1981, 2348; NJW 1989, 2816 = FamRZ 1989, 850
= DAVorm 1989, 616; FamRZ 2022, 434 mAnm Witt = NZFam 2022, 208 mAnm Niepmann Rn. 65;
OLG Düsseldorf NJW-RR 1991, 1027.
[3381] BGH FamRZ 1981, 761 = NJW 1981, 2348; 1994, 1102.
[3382] BGH FamRZ 1984, 775.
[3383] BGH FamRZ 2021, 1965 mAnm Seiler = NJW 2022, 621, Rn. 33f; FamRZ 2022, 1366 mAnm
Langeheine = NJW 2022, 2470 mAnm Obermann, s. auch → Rn. 175.
[3384] OLG Brandenburg FamRZ 2016, 1461 (1462).
[3385] OLG Zweibrücken FamRZ 1997, 178.

der Bedarfssätze der Düsseldorfer Tabelle –. Denn die Betreuung eines Kindes ist nicht unmittelbar einkommensermäßigend. Sie ist nicht auf eine Geldleistung gerichtet und kann aus diesem Grunde nicht monetarisiert werden.[3386] **Die konkreten Kosten der Kinderbetreuung,** soweit diese nicht Bedarf des Kindes sind wie Kindergarten- und Hortbeiträge, kann der Unterhaltspflichtige zusätzlich von seinen Einkünften absetzen (Beispiel: die Kosten einer privaten Kinderfrau),[3387] mit Ausnahme der für die Verpflegung der Kinder aufgewendeten Beträge.[3388]

Das einem Elternteil unterhaltspflichtige Kind, das seinerseits ein minderjähriges Kind betreut, kann nach den dargestellten Grundsätzen keinen fiktiven Betreuungsbetrag von seinem Einkünften absetzen. Der Bundesgerichtshof hat für diese Fälle des Elternunterhalts die Grundsätze der Barunterhaltspflicht beider Elternteile im Verhältnis zu ihren minderjährigen Kindern entwickelt. Das unterhaltspflichtige Kind kann daher seine Einkünfte kürzen um den nicht anderweitig gedeckten vorrangigen Barunterhalt des von ihm betreuten Kindes.[3389] Der Kürzungsbetrag entspricht demjenigen, den der ein minderjähriges Kind betreuende unterhaltsberechtigte Ehegatte von seinem Einkommen in Abzug bringen kann (→ Rn. 175, 964, 1051).

Die Verwendung des nach Abzug von Kinderbetreuungskosten und Unterhaltsleistungen verbleibenden Einkommens ist problematisch und streitig, wenn ein Kind unter 3 Jahren betreut wird. Zu prüfen ist nach § 242 BGB – § 1577 Abs. 2 BGB gilt nur für den Berechtigten –, ob die Einkünfte des Pflichtigen deshalb nur teilweise anzurechnen sind, weil ihn wegen der Betreuung des minderjährigen Kindes nur eine eingeschränkte Erwerbsobliegenheit trifft,[3390] seine Einkünfte also ganz oder teilweise aus unzumutbarer Tätigkeit stammen. Dabei hat die Rechtsprechung zwar denselben Maßstab angewendet wie beim Unterhaltsberechtigten – → Rn. 465 f. –, ist aber im Regelfall zur vollen Anrechenbarkeit der Einkünfte gekommen.[3391] Lediglich in Einzelfällen wurde das Einkommen nur teilweise berücksichtigt.[3392]

966

Die Anrechnung eines pauschalen Betreuungsbonus zum Ausgleich der mit der Betreuung von Kleinkindern verbundenen Erschwernis, die die oberlandesgerichtliche Rechtsprechung teilweise vorgenommen hat,[3393] lehnt der **Bundesgerichtshof** ab.

967

[3386] BGH FamRZ 2017, 711 mAnm Maaß = NJW 2017, 1881 = MDR 2017, 522 Rn. 9.
[3387] BGH FamRZ 1982, 779 (780) = NJW 1982, 2664; FamRZ 1991, 182 = NJW 1991, 697; FamRZ 2001, 350 (352); OLG Brandenburg, FamRZ 1996, 866 – für eine unterhaltspflichtige Ehefrau; FamRZ 2005, 1154 (1155 f.) mAnm Gerhardt; OLG Braunschweig FamRZ 2001, 626; OLG Hamm, FamRZ 1995, 1418; FamRZ 1998, 1587 (1588); KG FamRZ 2006, 341 f.; OLG Köln FamRZ 1995, 1582; OLG München FamRZ 1998, 824; OLG Zweibrücken FamRZ 1999, 852.
[3388] BGH FamRZ 1988, 1039 (1041).
[3389] BGH FamRZ 2017, 711 mAnm Maaß = NJW 2017, 1881 = MDR 2017, 522 Rn. 10, darauf fußend: BGH FamRZ 2021, 1965 mAnm Seiler = NJW 2022, 621, Rn. 33f; FamRZ 2022, 1366 mAnm Langeheine = NJW 2022, 2470 mAnm Obermann.
[3390] BGH FamRZ 1982, 779 (780) = NJW 1982, 2664; FamRZ 1991, 182 (183) = NJW 1991, 697; BGH FamRZ 2017, 711 mAnm Maaß = NJW 2017, 1881 = MDR 2017, 522 Rn. 20; OLG Zweibrücken FamRZ 1999, 852; OLG Saarbrücken FamRZ 2007, 1329 f.
[3391] BGH FamRZ 1982, 779 (780) = NJW 1982, 2664; FamRZ 1991, 182 = NJW 1991, 697; OLG Brandenburg FamRZ 1996, 866 – für eine unterhaltspflichtige Ehefrau –, OLG Hamm FamRZ 1995, 1418; FamRZ 1998, 1587 (1588); OLG Köln FamRZ 1995, 1582; OLG München FamRZ 1998, 824; OLG Zweibrücken FamRZ 1999, 852.
[3392] OLG Hamm FamRZ 1996, 488 und 489; 2003, 196; OLG Koblenz FamRZ 1999, 1275: hälftige Anrechnung eines schon reduzierten Einkommens eines Sonderschullehrers, der 6-, 13- und 14-jährige Kinder betreut.
[3393] BGH FamRZ 1986, 790 (791) = NJW 1986, 2054; FamRZ 1991, 182 = NJW 1991, 697; FamRZ 2001, 350 (352); OLG Hamm FamRZ 1998, 1586 und 1588; KG FamRZ 2010, 1447; OLG Köln OLGR 2001, 396; OLG Schleswig FamRZ 1999, 513; OLG Stuttgart FamRZ 2015, 935 (936); OLG Zweibrücken FamRZ 1999, 852.

Er will die Höhe des im Rahmen des § 1577 Abs. 2 BGB – also für den Berechtigten – anrechnungsfreien Betrages nicht pauschal mit einem Teil der Einkünfte, sondern nach den Umständen des Einzelfalles, insbesondere der Vereinbarkeit der Kinderbetreuung mit den Arbeits- und Fahrzeiten bemessen.[3394]

968 **Für den betreuenden Unterhaltspflichtigen** gilt das Gleiche. Dieser kann einen pauschalen Abzug für die erbrachten Betreuungsleistungen ebenfalls nicht vornehmen.[3395] Wie beim Berechtigten ist vielmehr auch beim Pflichtigen zusätzlich zu den tatsächlichen Kosten der Kinderbetreuung ein individueller Abzug vom Einkommen vorzunehmen, der sich wie beim Berechtigten an dem im konkreten Einzelfall für die Kinderbetreuung aufgewendeten Maß an Zeit und Erschwernis orientiert. Ist das Kind älter als 3 Jahre gilt für den Unterhaltspflichtigen wie den Berechtigten, dass eine ausgeübte Tätigkeit zumutbar ist und das Einkommen in vollem Umfange für Unterhaltszwecke zu verwenden ist

969 **Für den nichterwerbstätigen Unterhaltspflichtigen** ist zunächst auf die Grundsätze der Hausmannrechtsprechung zu verweisen. → Rn. 750 ff. Darüber hinaus gelten jedenfalls die Maßstäbe des § 1570 BGB, → Rn. 159.

970–976 [einstweilen frei]

6. Eigenbedarf (Selbstbehalt)

977 Der Eigenbedarf (Selbstbehalt) bestimmt sich in der Unterhaltsrechtspraxis fast durchweg nach den Selbstbehaltssätzen in den Anmerkungen zur Düsseldorfer Tabelle und den unterhaltsrechtlichen Leitlinien der Oberlandesgerichte. – siehe Tabellen und Leitlinien → Rn. 3 ff. Ausgangspunkt der Berechnung ist dabei der notwendige Selbstbehalt, der nach den verfassungsrechtlichen Vorgaben über den Leistungen liegen muss, die der Bezieher des Bürgergeldes erhält.[3396] Ab 2023 betragen die Selbstbehalte zB nach den Anmerkungen zur Düsseldorfer Tabelle:

(1) Mindestbedarf (notwendiger Selbstbehalt):
  a) erwerbstätige Unterhaltsverpflichtete:
  1.370 EUR, darin 520 EUR Warmmiete oder eine höhere Miete, wenn deren Unvermeidbarkeit dargelegt und nachgewiesen ist.
  b) nicht erwerbstätige Unterhaltsverpflichtete:
  1.120 EUR, darin Warmmiete wie bei Erwerbstätigen.
  c) teilzeiterwerbstätige Unterhaltspflichtige: Selbstbehalt, der zwischen dem Selbstbehalt für Erwerbstätige und dem für nicht Erwerbstätige liegt.[3397]
(2) Angemessener Bedarf (angemessener Selbstbehalt):
  a) gegenüber volljährigen Kindern (mit Ausnahme der privilegierten Volljährigen im Sinne des § 1603 Abs. 2 2 BGB)
  1.650 EUR, darin 650 EUR Warmmiete;
  Hatte das volljährige Kind eine selbstständige Lebensstellung erlangt und wird erneut unterhaltsbedürftig, ist ein höherer Selbstbehalt angemessen. Der Selbstbehalt für den Eltern- und Enkelunterhalt, der die Rechtsprechung bislang als

---

[3394] BGH FamRZ 2005, 1154 (1156) mAnm Gerhardt; bereits zuvor BGH FamRZ 2001, 350 (352) = MDR 2001, 516; BGH FamRZ 2010, 1050 (1054) mAnm Viefhues = NJW 2010, 2277 (2280) = MDR 2010, 812; für den Pflichtigen noch offen gelassen BGH FamRZ 2013, 109 = NJW 2013, 161 = MDR 2013, 37 Rn. 28 u. 29.
[3395] BGH FamRZ 2017, 711 mAnm Maaß FamRZ = NJW 2017, 1881 = MDR 2017, 522 Rn. 19.
[3396] Zur Zusammensetzung des notwendigen Selbstbehalts z.B. FamRZ 2015, 17 (18), FamRZ 2021, 923 (926).
[3397] BGH FamRZ 2008, 594 (597) mAnm Borth und Anm. Weychardt FamRZ 2008, 778 = MDR 2008, 451 f.; OLG Nürnberg FamRZ 2012, 1650 (Ls.).

angemessen erachtet hat,[3398] wird in den Anmerkungen der Düsseldorfer Tabelle und den unterhaltsrechtlichen Leitlinien nicht mehr betragsmäßig ausgewiesen.

b) gegenüber getrenntlebenden und geschiedenen Ehegatten und der Mutter/dem Vater eines nicht ehelichen Kindes[3399] liegt er zwischen dem notwendigen und dem angemessenen Selbstbehalt und beträgt auch gegenüber dem Anspruch auf Betreuungsunterhalt;[3400]

(1) erwerbstätige Unterhaltsverpflichtete 1.510 EUR

(2) nicht erwerbstätige Unterhaltsverpflichtete 1.385 EUR,[3401]

jeweils einschließlich 580 EUR Warmmiete

c) gegenüber den Eltern[3402] und Enkeln[3403]

Die Anmerkungen zur Düsseldorfer Tabelle benennen keinen Selbstbehalt, sondern weisen darauf hin, dass der angemessene Eigenbedarf zu belassen sei, bei dessen Bemessung Zweck und Rechtsgedanken des Angehörigenentlastungsgesetzes[3404] zu beachten seien.

IV. Abzugsfähige Ausgaben des Verpflichteten

1. Arbeitsbedingte Aufwendungen

a) Allgemeines

Berufsbedingter Aufwand kann bei Einkünften aus nicht selbständiger Tätigkeit   **978** grundsätzlich vorab vom Einkommen abgezogen werden. Dies gilt jedenfalls dann, wenn er konkret dargelegt und bewiesen ist. Ob ohne einen solchen Nachweis pauschal 5 % des Einkommens berücksichtigt werden können, wird unterschiedlich gehandhabt.

Die Rechtsprechung der Oberlandesgerichte ist nicht einheitlich. Ihre Leitlinien verlangen teilweise eine konkrete Darlegung der Aufwendungen oder erkennen einen pauschalen Abzug von 5 % an, teilweise ohne jeden Nachweis, teilweise werden Anhaltspunkte für das Vorhandensein von Aufwendungen überhaupt verlangt. Einige Oberlandesgerichte legen Höchstgrenzen für eine Abzugsfähigkeit fest. Die Einzelheiten sind der Nr. 10.2 der Leitlinien der Oberlandesgerichte zu entnehmen.

Der Bundesgerichtshof differenziert: Sind die berufsbedingten Aufwendungen lediglich der Höhe nach streitig, soll ein pauschaler Abzug von 5 % zulässig sein.[3405] Ist dagegen

---

[3398] BGH FamRZ 2012, 530 (531 f.) = NJW 2012, 926 (927) = MDR 2012, 287; FamRZ 2012, 1553 mAnm Hauß FamRZ 2012, 1628 f.; OLG Hamm FamRZ 2002, 1357; OLG Koblenz FamRZ 2004, 484 f.: 1250 EUR.

[3399] BGH FamRZ 2005, 354 (355) mAnm Schilling FamRZ 2005, 351 und Anm. Graba FamRZ 2005, 353; BGH FamRZ 2006, 683 mAnm Büttner FamRZ 2006, 765 f. und Anm. Borth FamRZ 2006, 852; = NJW 2006, 1654; OLG Saarbrücken FamRZ 2007, 1329 f.

[3400] BGH FamRZ 2009, 307 = MDR 2009, 328f; FamRZ 2009, 311 = NJW 2009, 675 f. = MDR 2009, 327f; FamRZ 2009, 404; aA OLG Bamberg NJW 2007, 3650: 900 EUR gegenüber Betreuungsunterhalt im Mangelfall.

[3401] Die Leitlinien einiger Oberlandesgerichte nehmen im Anschluss an BGH FamRZ 2020, 97 = NJW-RR 2020,1 die Differenzierung zwischen erwerbstätigen und nicht erwerbstätigen Schuldner vor.

[3402] BGH FamRZ 2002, 1698 ff.

[3403] BGH FamRZ 2006, 1099; FamRZ 2007, 375 = NJW-RR 2007, 433; OLG Dresden FamRZ 2003, 1211; OLG Koblenz OLGR 2005, 22 (23).

[3404] Gesetz zur Entlastung unterhaltspflichtiger Angehöriger in der Sozialhilfe und in der Eingliederungshilfe (Angehörigenentlastungsgesetz) v. 10.12.2019, BGBl. I 2135.

[3405] BGH FamRZ 2002, 536 (537); FamRZ 2006, 108 (110).

unklar, ob überhaupt berufsbedingte Aufwendungen entstanden sind[3406], wird ein konkreter Nachweis verlangt.[3407] Die Beteiligten können sich auf einen pauschalen Abzug von 5 % einigen.[3408] Der konkrete Nachweis höherer Kosten ist möglich.[3409]

Voraussetzung ist dabei, dass die Kosten notwendigerweise mit der Ausübung der Erwerbstätigkeit verbunden sind; es ist nicht ausreichend, dass sie – wie im Steuerrecht – durch diese veranlasst sind. Darüber hinaus müssen sie von den Kosten privater Lebensführung abgrenzbar sein.[3410] Die Höhe der über der Pauschale liegenden Kosten kann anhand des konkreten Vortrages der Parteien auch geschätzt werden.[3411]

Der berufliche Aufwand des Selbstständigen wird bereits bei der Gewinnermittlung (durch eine Gewinn- und Verlustrechnung oder eine Einnahmenüberschussrechnung) erfasst und kann nicht erneut in Ansatz gebracht werden. Hier gilt insbesondere – wie auch beim Nichtselbstständigen –, dass steuerlich anerkannte Werbungskosten mit den unterhaltsrechtlich beachtlichen nicht identisch sind.[3412]

979   Der **Erwerbstätigenbonus**[3413] soll dem Gedanken des Arbeitsanreizes sowie den nicht erfassbaren beruflichen Mehrkosten Rechnung tragen, so dass jedem Erwerbstätigen ein die Hälfte des verteilungsfähigen,[3414] also des bereinigten Nettoeinkommens maßvoll übersteigender Betrag verbleiben muss.[3415] Gegen Stimmen in der Literatur hat der BGH die Berechtigung des Erwerbstätigenbonus auch in den heutigen Zeiten der Doppelverdienerehe bestätigt.[3416]

Die Höhe des Erwerbstätigenbonus war umstritten. Sie schwankte zwischen 1/10[3417] und 1/7[3418] als Arbeitsanreiz und für beruflichen Mehraufwand. Die durch die Berufsausübung verursachten Aufwendungen werden in der Regel gesondert vom Einkommen des Unterhaltspflichtigen in Abzug gebracht oder – wenn er selbständig ist – bei der Ermittlung des Gewinns berücksichtigt. Ein Bonus von 1/10 erscheint daher – so der Bundesgerichtshof – angemessen.[3419] Die Festsetzung eines höheren Bonus bedarf einer genauen tatrichterlichen Begründung.[3420] In Folge dieser Rechtsprechung sehen die unterhaltsrechtlichen Leitlinien der Oberlandesgerichte einen Erwerbstätigenbonus von 1/10 vor.[3421] Diesen wendet der Bundesgerichtshof auch auf unterhaltsrechtliche Zeit-

---

[3406] Das Krankengeld ist daher nicht um berufsbedingte Aufwendungen zu kürzen BGH FamRZ 2009, 307 (308).

[3407] BGH FamRZ 2003, 860 (861 f.); ebenso OLG Brandenburg NZFam 2018, 224 mAnm Elden Rn. 20.

[3408] BGH NJW 1992, 1621 (1623) = FamRZ 1992, 529.

[3409] BGH FamRZ 2006, 108 (110).

[3410] BGH FamRZ 2007, 193; 2009, 762 (766) = NJW 2009, 1742.

[3411] BGH FamRZ 2009, 404 (405) = NJW-RR 2009, 649 (650).

[3412] BGH FamRZ 1980, 770 = NJW 1980, 2083; FamRZ 2009, 762 /766) = NJW 2009, 1742 (1744); OLG Bamberg FamRZ 1987, 1295; OLG München FamRZ 1984, 173 (175).

[3413] Graba Zum Erwerbstätigenbonus im Unterhaltsrecht, NJW 1993, 3033; Gutdeutsch Noch einmal der Bonus, FamRZ 1994, 1161; Riegner Erwerbsaufwand und Erwerbstätigenbonus im Unterhaltsrecht, FamRZ 1995, 641; **ablehnend** Gerhardt, Der Erwerbstätigenbonus im Unterhaltsrecht, Festschrift für Meo-Michaela Hahne, 2012, S. 229 ff.

[3414] → Rn. 980.

[3415] BGH FamRZ 2020, 171 = NJW 2020, 238 mAnm Graba, Rn. 18 und 23 – 25.

[3416] BGH FamRZ 2020, 171 = NJW 2020, 238 mAnm Graba, Rn. 18 und 23 – 25.

[3417] so bis 2021 bereits die Süddeutsche Leitlinien Nr. 15.2.

[3418] So Düsseldorfer Tabelle B I 1 und die meisten Leitlinien – auch OLG Frankfurt – (→ Rn. 34) unter Nr. 15.2.

[3419] BGH FamRZ 2020, 171 = NJW 2020, 238 mAnm Graba, Rn. 23; FamRZ 2021, 1965 mAnm Seiler Rn. 20; FamRZ 2022, 434 mAnm Witt = NZFam 2022, 208 mAnm Niepmann Rn. 48.

[3420] BGH FamRZ 2022, 434 mAnm Witt = NZFam 2022, 208 mAnm Niepmann. Rn. 48.

[3421] Nr. 15.2.1 der oberlandesgerichtlichen Leitlinien.

räume an, die vor Änderung der Leitlinien und auch vor der Entscheidung vom 19.11.2019[3422] liegen.[3423]

Dieser Erwerbstätigenbonus ist zusätzlich zu dem berufsbedingten Aufwand zu berücksichtigen.[3424]

Bei **Berechnung des Erwerbstätigenbonus** ist dieser erst vom **Resteinkommen** (nach 980 vorherigem Abzug beachtlicher Verbindlichkeiten und insbesondere des konkreten oder pauschalierten Berufsaufwandes sowie des Kindesunterhalts) zu bilden,[3425] da ein Bonus nach hM[3426] nur auf das verteilungsfähige Einkommen gewährt werden kann. Eine Besserstellung des nur scheinbar Leistungsfähigeren ist nicht gerechtfertigt. Wird bei Beginn selbstständiger Geschäftstätigkeit kein Umsatz erzielt, unterbleibt der Bonusabzug, da keine Arbeitsleistung erbracht wurde.[3427] Gleiches gilt, wenn der Unterhaltspflichtige unter Belassung der vollen Bezüge von jeder Erwerbstätigkeit freigestellt ist[3428] oder Krankengeld bezieht.[3429] Keine Berücksichtigung findet der Erwerbstätigenbonus, wenn die Leistungsfähigkeit des Unterhaltspflichtigen nach der sogenannten Dreiteilungsmethode errechnet wird.[3430]

b) Einzelne Arten von Aufwendungen des Nichtselbstständigen

Die folgend beispielhaft aufgezählten Aufwendungen können lediglich **anstelle, nicht** 981 **aber zusätzlich** zu dem Pauschbetrag von 5 % des Einkommens als berufsbedingter Aufwand angesetzt werden.[3431] Als einkommenserhöhend sind dabei jeweils ein feststellbar ersparter Eigenaufwand sowie steuerliche Vorteile zu berücksichtigen.

aa) Fahrtkosten. Notwendige Fahrtkosten[3432] zur Arbeitsstelle oder für berufs- 982 bedingte Reisen (soweit der Arbeitgeber sie nicht erstattet oder zur Erstattung verpflichtet ist) sind abzugsfähig.[3433]

Berücksichtigungsfähig sind stets die **Kosten für die Inanspruchnahme öffentlicher** 983 **Verkehrsmittel.** Die **regelmäßig höheren PKW-Kosten** sind abzusetzen, wenn sie bereits die ehelichen Lebensverhältnisse geprägt haben und kein Mangelfall vorliegt.[3434] Bei beengten wirtschaftlichen Verhältnissen hat der Unterhaltsschuldner darzutun und zu beweisen, dass er seine Arbeitsstelle mit öffentlichen Verkehrsmitteln nicht oder nicht mit zumutbarem Zeitaufwand erreichen kann.[3435] Für kürzere Strecken kann ihm im

---

[3422] BGH FamRZ 2020, 171 = NJW 200, 238 mAnm Graba.

[3423] BGH FamRZ 2022, 434 mAnm Witt = NZFam 2022, 208 mAnm Niepmann.

[3424] BGH FamRZ 2000, 1492 (1494) mAnm Scholz FamRZ 2000, 1495 ff. und Weychardt FamRZ 2001, 414 f.; **anders noch** BGH NJW 1989, 2809 (2811) = FamRZ 1989, 1160; 1992, 1621 = FamRZ 1992, 539.

[3425] BGH FamRZ 1997, 806 = NJW 1997, 1919; OLG Karlsruhe FamRZ 1992, 1438; OLG München FamRZ 1993, 328 (329).

[3426] aA die Unterhaltskommission des DFGT FamRZ 2021, 923 (928): Abzug vom Nettoeinkommen ohne Berücksichtigung der individuellen unterhaltsrechtlich relevanten Abzüge.

[3427] OLG Hamm NJW-RR 1993, 776 (778) = FamRZ 1993, 970.

[3428] OLG Koblenz FamRZ 2008, 2289.

[3429] BGH FamRZ 2009, 307 (308).

[3430] BGH FamRZ 2014, 912 = NJW 2014, 1590 Rn. 39.

[3431] OLG Brandenburg NZFam 2016, 98 Rn. 38.

[3432] Griesche, Die Berücksichtigung von Fahrtkosten bei der Ermittlung des unterhaltspflichtigen Einkommens, FamFR 2011, 485.

[3433] BGH FamRZ 1998, 1501 (1502) = NJW-RR 1998, 721; FamRZ 2006, 846 = NJW 2006, 2182 (2183); vgl. schon OLG Düsseldorf FamRZ 1978, 721.

[3434] BGH FamRZ 1998, 1501; FamRZ 2022, 1366 mAnm Langeheine = NJW 2022, 2470 mAnm Obermann Rn. 29; OLG Dresden FamRZ 1999, 1351.

[3435] BGH FamRZ 2022, 1366 mAnm Langeheine = NJW 2022, 2470 mAnm Obermann Rn. 29: Pkw bei Verdoppelung der Fahrtzeit – in dieser Allgemeinheit wenig überzeugend –. BGH FamRZ

Mangelfall auch die Benutzung eines Fahrrades zugemutet werden.[3436] Die Fahrzeugkosten sind regelmäßig zu berücksichtigen, wenn der Unterhaltsschuldner das Auto für seine Berufstätigkeit benötigt, wie zB der Arzt, der Hausbesuche macht, der Vertreter, der Architekt, der mehrere Baustellen betreut und der bundesweit eingesetzte Leiharbeiter[3437] oder auch, wenn die Nutzung öffentlicher Verkehrsmittel zu einer erheblich längeren Fahrtzeit führt.[3438]

Aber auch im Übrigen ist die Benutzung eines Pkw Bestandteil normaler ehelicher Lebensverhältnisse und auch bei objektiver Betrachtung in der Regel kein Übermaßaufwand, jedenfalls dann nicht, wenn der angemessene Bedarf der Berechtigten gedeckt ist und die Kosten keinen übermäßig großen Teil des Einkommens in Anspruch nehmen.[3439]

984 **Für die Höhe abzusetzender Pkw-Kosten gilt,** dass alle durch die berufsbedingte Pkw-Benutzung anfallenden Pkw-Kosten angesetzt werden können,[3440] also Betriebskosten[3441] (Benzin, Öl, Reifen, Wartung, Reparaturkosten, Versicherung, Steuer) und auch die Kosten der Anschaffung, wobei es gleich ist, ob der Wagen auf Kredit gekauft,[3442] mit vorher gebildeten Rücklagen erworben worden ist[3443] oder nur gemietet ist.[3444]

985 **Kilometerpauschalen** für die Pkw-Fahrtkosten sind in der Praxis üblich und zwar orientiert am JVEG (Gesetz über die Vergütung von Sachverständigen, Dolmetscherinnen, Dolmetschern, Übersetzerinnen, Übersetzern, sowie die Entschädigung von ehrenamtlichen Richterinnen, Richtern, Zeuginnen, Zeugen und Dritten). Die Leitlinien der Oberlandesgerichte (10.2.2) übernehmen die Pauschale für Sachverständige nach § 5 Abs. 2 Nr. 2 JVEG und lassen 0,42 EUR pro Monat zu, wobei bei längeren Strecken ab 30 km teilweise eine Reduzierung stattfinden soll.[3445] Eine andere Art der Pauschalierung wählt lediglich das OLG Koblenz, das 14 EUR pro Monat für jeden Entfernungskilometer bei Fahrtstrecken bis 30 km und die Hälfte bei längeren Strecken als angemessen ansieht. Diese Kilometerpauschalen decken sämtliche PKW-Kosten ab, und zwar einschließlich der Beträge für Abnutzung und Finanzierung.[3446] Der **Finanzierungsaufwand** kann selbst dann nicht zusätzlich geltend gemacht werden, wenn der Kredit von den Eheleuten gemeinsam aufgenommen wurde[3447] oder gesundheitliche Einschränkungen die Inanspruchnahme des Fahrzeugs rechtfertigen.[3448]

1998, 1501 = NJW-RR 1998, 721 ohne genaue Maßstäbe; OLG Brandenburg NJW-Spezial 2009, 357; FamRZ 2018, 1000 (Ls.): 2 1/2 bis 3 Stunden arbeitstäglich zumutbar angelehnt an § 121 Abs. 4 S. 2 SGB II; OLG Dresden FamRZ 1999, 1351; FamRZ 2001, 47; **fraglich** OLG Karlsruhe FamRZ 2010, 1345 (Ls.): öffentliche Verkehrsmittel auch zumutbar bei Arbeitsbeginn um Mitternacht.

[3436] BGH FamRZ 2022, 781 mAnm Norpoth = NJW 2022, 1386 mAnm Graba, Rn. 9.

[3437] BGH FamRZ 2006, 108 (109) = NJW 2006, 369.

[3438] OLG Köln FamRZ 2013, 1406 f.

[3439] BGH FamRZ 1984, 988 (990); OLG Brandenburg NZFam 2018, 224 mAnm Elden Rn. 21.

[3440] BGH FamRZ 1982, 360 (362) = NJW 1982, 1869; 1984, 988 (990).

[3441] OLG Karlsruhe NJWE-FER 1999, 268; OLG Dresden FamRZ 2000, 1176; OLG Hamm FamRZ 2001, 482.

[3442] BGH FamRZ 2006, 846 (847) = NJW 2006, 2182 (2183); OLG Celle FamRZ 2013, 1987 (1988); OLG Hamm FamRZ 1998, 561; FamRZ 2000, 1367; schwerlich vertretbar OLG Naumburg FamRZ 1998, 558, das ihn bei einem Polizisten im Schichtdienst gesondert abziehen will.

[3443] BGH FamRZ 1984, 988 (990): KG FamRZ 1979, 67.

[3444] OLG Hamm OLGR 2001, 47: absetzbar die Hälfte der Kosten bei Zahlung von Benzin und 50 EUR Pauschale.

[3445] Vergl. Nr. Nr. 10.2.1 der unterhaltsrechtlichen Leitlinien der Oberlandesgerichte

[3446] OLG Brandenburg NZFam 2018, 224 mAnm Elden Rn. 29; FamRZ 2020, 2004 (LS.) = NZFam 2020, 919 (Meyer-Wehage); OLG Düsseldorf FamRZ 2021, 1620.

[3447] OLG Düsseldorf FamRZ 2022, 1620 (1621); OLG Hamm FamRZ 2000, 1367; OLGR 2001, 128.

[3448] OLG Brandenburg FamRZ 2020, 2004 (LS.) = NZFam 2020, 919 (Meyer-Wehage).

Ein Wechsel des Wohnorts ist bei besonders hohen Fahrtkosten im Einzelfall zu- 986 mutbar,[3449] etwa wenn an eine Wiederherstellung der ehelichen Lebensgemeinschaft nicht zu denken, Wohnen nahe dem Arbeitsplatz nach den Lebensumständen zumutbar ist und mit zumutbarer Mietbelastung eine neue Wohnung gefunden werden kann. **Verursacht der Wohnungswechsel eine Erhöhung der Fahrtkosten,** sind diese beim Ehegattenunterhalt in der Regel anzuerkennen. Denn kein Verpflichteter ist gehalten, im Interesse eines höheren Unterhaltsanspruchs einen Wohnungswechsel zu unterlassen, der die Fahrtkosten erhöht, wenn der Ortswechsel schutzwürdige wichtige persönliche oder sonst anerkennenswerte Gründe hat.[3450] Zu diesen gehört der Umzug zu einem neuen Lebenspartner, denn nach der Trennung steht es jedem Unterhaltsschuldner frei, sich einem neuen Lebenspartner zuzuwenden und einen neuen Haushalt zu gründen, auch wenn dieser vom Arbeitsplatz weiter entfernt ist als der bisher inne gehabte Wohnort.[3451] Dies gilt aber wohl nicht in den Fällen gesteigerter Unterhaltsverpflichtung, wenn der Mindestunterhalt eines minderjährigen Kindes sicherzustellen ist.[3452] In diesen Fällen muss bei (unvermeidbarem) Wechsel des Arbeitsortes eine Wohnung nach Möglichkeit in dessen Nähe gesucht werden.[3453] Die Unmöglichkeit oder Unzumutbarkeit solcher Wohnsitzbegründung hat der Verpflichtete konkret darzutun und zu beweisen.[3454]

Umzugskosten, die anfallen, weil der Unterhaltpflichtige eine vom bisherigen Arbeitsort und auch Wohnort entfernt liegende neue Arbeitsstelle antreten kann, sind als berufsbedingter Aufwand abzugsfähig.[3455]

Steuerliche Vorteile durch Fahrtkosten und Fahrkostenerstattung durch den Ar- 987 beitgeber sind zu berücksichtigen.[3456] Berufsbedingte Fahrtkosten können als Werbungskosten steuerlich, wenn der Grundfreibetrag bzw. die Werbungskostenpauschale (1.200 EUR gem. § 9a EStG) überschritten wird, geltend gemacht werden. Unterlässt der Unterhaltsschuldner dies, sind ihm die Steuervorteile fiktiv zuzurechnen. Andererseits sind einkommenserhöhend nur die unterhaltsrechtlich anerkannten Fahrtkosten zu berücksichtigen. Der Steuervorteil aus unberücksichtigt gebliebenen Fahrtkosten ist daher durch eine fiktive Steuerberechnung aus dem Einkommen zu entfernen.

bb) Sachaufwand. Arbeitskleidung ist absetzbar als notwendiger Aufwand abzüglich 988 Eigenersparnis, mag auch der Aufwand nicht ungewöhnlich hoch sein.[3457] Reinigung von

---

[3449] BGH FamRZ 1998, 1501 = NJW-RR 1998, 721; OLG Brandenburg FamRZ 2018, 1000 (Ls.); NZFam 2018, 224 mAnm Elden Rn. 21.

[3450] BGH NJW-RR 1995, 129 (130): 30 km Entfernung noch angemessen (vom Haus Partnerin zum Dienstort), auch wenn während der Ehe die Entfernung zur Dienststelle nur 6 km betrug; OLG Hamburg NJW-RR 1993, 647: 240 EUR Bahnfahrtkosten (nicht Pkw) gebilligt, weil Auszug aus gemeinsamer Wohnung mit Freundin nicht zumutbar sei; OLG Koblenz FamRZ 1994, 1609: 110 km Hin- und Rückfahrt zur Arbeitsstelle zu viel, Umzug in einen Umkreis von 15 km zur Arbeitsstelle zumutbar; AG Kerpen FamRZ 1994, 1424: bei gesteigerter Unterhaltspflicht und Mangelfall kann nur der Aufwand für kostengünstigere öffentliche Verkehrsmittel angesetzt werden, wenn diese bei regelmäßiger Arbeitszeit und vertretbarer Fahrzeit zumutbar sind.

[3451] OLG Köln NJW-RR 2013, 901 (902); OLG Frankfurt/M. FamRZ 2009, 888 (889).

[3452] KG FamRZ 2014, 949 (950); OLG Köln OLG Report 2007, 84 (Ls.).

[3453] KG FamRZ 2014, 949 (950).

[3454] BGH FamRZ 1989, 483 (484): Wohnung 30 km entfernt = gebilligt; OLG Hamm FamRZ 1990, 998 (999): 80 km einfache Fahrt, nur um bei Schwester wohnen zu können, nicht anerkannt; bedenklich OLG Oldenburg FamRZ 2004, 1669 sowie OLG Köln FamRZ 2006, 1760 (1761), die bei Zusammenleben mit einer neuen Partnerin nur pauschal 5 % berufsbedingten Aufwand, nicht aber die konkreten Fahrtkosten abziehen wollen.

[3455] OLG Saarbrücken FamRZ 2022, 1186 (1189) = NZFam 2022, 977 (Reinken)

[3456] OLG Celle FamRZ 2013, 1987 (1988).

[3457] Siehe hierzu OLG Schleswig SchlHA 1978, 52: abzugsfähig 4,50 DM als Beitrag zur Postkleiderkasse.

Dienstkleidung ist kein besonderer Aufwand. Sie fiele auch bei Normalkleidung an,[3458] es sei denn, außergewöhnliche berufliche Verschmutzung verursache erhöhten Reinigungsaufwand.

989 **Arbeitsmittel** sind in voller Höhe abzugsfähig. Als Arbeitsmittel wurden ua berücksichtigt: Fachliteratur,[3459] Büro- und Betriebsmaterial,[3460] Telefon- und Portokosten, wobei hier besonders die Abgrenzbarkeit von den Kosten privater Lebensführung problematisch ist.[3461]

990 **Arbeitszimmer:** absetzbar, nicht aber, wenn nur gelegentlich Berufsarbeit zu Hause verrichtet wird[3462] oder das Arbeitszimmer als Teil der ohnehin großen Privatwohnung keine besonderen Kosten verursacht.[3463] Die steuerliche Anerkennung ist unterhaltsrechtlich unerheblich.

991 **cc) Berufsverbände. Beiträge zu Berufsverbänden, auch Gewerkschaftsbeiträge,** werden einkommensmindernd berücksichtigt, und zwar auch im Mangelfall.[3464] Vorausgesetzt ist eine im Verhältnis zum Einkommen vertretbare Höhe. 5,5 % Parteibeitrag eines Stadtrats sollen keine Anerkennung als abzugsfähige Ausgabe[3465] verdienen.

992 **dd) Spenden. Spenden** gehören, auch wenn steuerlich absetzbar, in aller Regel zum normalen Lebensaufwand,[3466] mindern das unterhaltspflichtige Einkommen also nicht. Etwas anderes kann gelten, wenn maßvolle Spenden den ehelichen Lebensstil mitgeprägt haben oder beruflich Spenden allgemeiner Erwartung entsprechen.

993 **ee) Fortbildung, Weiterbildung.** Fortbildungskosten, wenn beruflich konkret nützlich, sind in vertretbarer Höhe absetzbar,[3467] wenn der Mindestunterhalt gewahrt ist und die Unterhaltsreduzierung bei Abwägung der beiderseitigen Interessen zumutbar erscheint.[3468]

Weiterbildungskosten müssen in der Regel hinter Unterhalt zurückstehen (auch volljährigen Kindern gegenüber), können jedoch zur Sicherung des (bedrohten) Arbeitsplatzes und damit des künftigen Unterhalts notwendig werden.[3469]

Umschulungskosten sind auch bei vorsorglicher Umschulung absetzbar.[3470]

994 **ff) Berufsbedingter Mehraufwand. Kosten der Betreuung minderjähriger Kinder während berufsbedingter Abwesenheit** können je nach der Art der Betreuung abzugsfähig sein:[3471] Erfolgt die Betreuung primär aus pädagogischen Gründen, dient sie also der besonderen Förderung des Kindes, wie zB die Betreuung in einem Kindergarten oder Kinderhort, stellt sie Mehrbedarf des Kindes dar und ist unterhaltsrechtlich allein in

---

[3458] OLG Schleswig DAVorm 1987, 268 (270).
[3459] OLG Frankfurt FamRZ 1977, 800.
[3460] KG FamRZ 1979, 66; LG Hanau DAVorm 1976, 284.
[3461] BGH FamRZ 2007, 197; 2009, 762 (766) = NJW 2009, 1742.
[3462] OLG Köln FamRZ 1983, 750 (753).
[3463] OLG Bamberg FamRZ 1987, 1295 (Studienrat).
[3464] OLG Hamm FamRZ 1998, 848; FamRZ 2008, 1271 (1273); OLG Köln FamRZ 1985, 1166; OLG Schleswig FamRZ 1987, 95; OLG Stuttgart FamRZ 1978, 684; LG Hamburg DAVorm 1976, 58; **anders** OLG Düsseldorf FamRZ 2005, 2016; KG FamRZ 1978, 939.
[3465] KG FamRZ 1978, 939 (zweifelhaft).
[3466] OLG Karlsruhe FamRZ 1990, 1234 (1235).
[3467] KG FamRZ 1979, 66 (200 DM Seminarkosten jährlich).
[3468] OLG Bamberg FamRZ 2000, 307: Kosten für eine Fortbildung zum Aufstieg in den höheren Polizeidienst.
[3469] OLG Saarbrücken NJW-RR 1990, 1027 (1028): Kosten für einen berufsbegleitenden Kurs einer Familienpflegerin zur Familientherapeutin.
[3470] OLG Hamm FamRZ 1998, 561; OLG Zweibrücken FamRZ 1997, 837 (839).
[3471] Vgl. Nachweise → Rn. 540 und 961.

diesem Rahmen zu berücksichtigen. Abzusetzen vom Einkommen des Unterhaltspflichtigen sind die Betreuungskosten, wenn die Betreuung nach Art und Umfang nicht über die ohnehin durch einen Elternteil geschuldete Betreuung hinausgeht, wenn sie also nur erfolgt, um dem betreuenden Elternteil eine Berufstätigkeit zu ermöglichen.[3472]

Notwendiger Mehraufwand infolge auswärtiger Tätigkeit (Verpflegung und Unter **995** kunft durch doppelte Haushaltsführung) wird durchweg abgezogen.[3473] Erforderlich ist allerdings, dass die Begründung und Aufrechterhaltung des zweiten Haushalts notwendig ist.[3474] Hierzu können auch die Kosten für die Anmietung einer Zweitwohnung am Dienstort inkl. der Kosten für die wöchentlichen Heimfahrten gehören, wenn sonst ein entsprechender Fahrtaufwand entstünde und ein Umzug nicht zumutbar ist.[3475]

Bei **Mehraufwand infolge zusätzlicher Arbeit** (Überstunden oder weitere Tätigkeit) **996** ist, wenn ein Verdienst aus dieser zusätzlichen Arbeit bei der Einkommensberechnung gegebenenfalls mit zu berücksichtigen ist,[3476] ein mit der Mehrarbeit verbundener Zusatzaufwand einkommensmindernd vorab anzuerkennen.[3477]

c) Einzelne Arten von Aufwendungen des Selbstständigen

Die im folgenden aufgeführten berufsbedingten Aufwendungen des Selbständigen, seine Betriebsausgaben finden bereits Berücksichtigung bei der Ermittlung des unternehmerischen Gewinns. Sie werden für den bilanzierenden Unterhaltsschuldner aufgenommen in die Gewinn- und Verlustrechnung als Teil der Bilanz des Unternehmens. Für freiberuflich Tätige und Kleinunternehmer finden sie sich in der Einnahmenüberschussrechnung (§ 4 Abs. 3 EStG). Von dem mit Hilfe der Gewinn- und Verlust- bzw. Einnahmenüberschussrechnung ermittelten Gewinn werden lediglich die individuellen Steuern des Unterhaltsschuldners und seine Vorsorgeaufwendungen abgesetzt.

→ Rn. 680 und 1005 -Steuern- und → Rn. 1021, 1030 Vorsorgeaufwendungen

aa) Repräsentation, Werbung. Repräsentationskosten, Werbegeschenke, Bewirtung: **997** Die Rechtsprechung war zurückhaltend[3478] bei der Anerkennung von Repräsentationskosten und Geschenken: Geschenke des Unterhaltspflichtigen (selbstständiger Facharzt) für Personal, Schwestern und Patienten und Kollegen, die bei der Einkommensteuer berücksichtigt worden waren, sind außer Ansatz gelassen worden.[3479] Werbegeschenke eines selbstständigen Vertreters an seine Kunden sind in einem gemäß §§ 113 Abs. 1 FamFG, 287 ZPO unter Berücksichtigung der Größe des Geschäftsbetriebes geschätzten Umfang anerkannt worden.[3480] Die Anerkennungsfähigkeit hängt ebenso wie diejenige der Bewirtungskosten vom Einzelfall ab. Bei letzteren ist zu berücksichtigen, dass auch steuerlich lediglich 70 % der Bewirtungskosten den Gewinn mindern (§ 4 Abs. 5 Nr. 2 EStG).

[3472] BGH FamRZ 2018, 23 mAnm Born = NJW 2017, 3786 = MDR 2017, 1425 Rn. 19; OLG Koblenz FamRZ 2017, 1403 (1404): OLG Frankfurt/M. FamRZ 2020, 584 (LS.) = NZFam 2019, 1054 (1063) mAnm Schwamb.

[3473] OLG Schleswig FamRZ 1994, 1031 = NJW-RR 1994, 584; OLG Zweibrücken FamRZ 1997, 837 (838).

[3474] OLG Saarbrücken FamRZ 2022, 1186 (1189) = NZFam 2022, 977 (Reinken).

[3475] OLG Hamm NJW-RR 1998, 724; OLG Schleswig NJW-RR 1994, 584 = FamRZ 1994, 1031.

[3476] → Rn. 821–835 zur Anrechnung als Einkommen.

[3477] OLG Stuttgart FamRZ 1978, 683.

[3478] Vgl. BGH FamRZ 1987, 46 (48): Bewirtung und Repräsentation; auch: Nickl DAVorm 1986, 103 (107): Geschenke; jüngere Rechtsprechung fehlt vollständig.

[3479] LG Bamberg DAVorm 1976, 81.

[3480] LG Hanau DAVorm 1976, 284.

998   **bb) Reparaturen, Investitionen.** Reparaturkosten, Investitionen, die dem Erhalt, der Erneuerung und, soweit es sich in einem betriebswirtschaftlich vernünftigen Rahmen hält, auch der Erweiterung und Verbesserung des Betriebes dienen, sind als berufsbedingt notwendige Lasten abzugsfähig.

Dabei wird jedoch streng darauf geachtet, dass nur die Kosten in Ansatz gebracht werden, die tatsächlich aufgewandt worden sind[3481] oder die bei ordnungsgemäßer Bewirtschaftung als Rücklagen für Reparaturen oder Investitionen gerechtfertigt erscheinen.[3482]

Werden Investitionen **kreditfinanziert** können Darlehnszinsen und Abschreibungen (→ Rn. 999 ff) gewinnreduzierend geltend gemacht werden, nicht dagegen die Darlehnstilgungsleistungen.[3483]

999   **cc) Abschreibungen (AfA). Abschreibungen, Begriff und Steuerrecht.**[3484] **Abschreibungen** sind die (einmaligen oder) wiederkehrenden steuerlichen Absetzungen der Anschaffungs- oder Herstellungskosten von Gütern des betrieblichen Anlagevermögens für die Zeit der betriebsgewöhnlichen Nutzungsdauer oder nach anderen Gesichtspunkten, bis der Ausgangswert (in der Regel) aufgezehrt ist. Das Steuerrecht kennt verschiedene Arten der Abschreibung.[3485]

(1) Lineare Absetzung = Absetzung für Abnutzung (AfA) in gleichbleibenden Jahresbeträgen, § 7 Abs. 1 EStG.

(2) Degressive Absetzung = Absetzung für Abnutzung (AfA) in fallenden Jahresbeträgen, § 7 Abs. 2 EStG.

(3) Absetzung für Abnutzung nach Maßgabe der Leistung (LeistungsAfA) = Beanspruchung des Wirtschaftsguts im Betrieb ohne steuerliche Höchstsätze, § 7 Abs. 1 S. 5 EStG.

(4) Absetzung für außergewöhnliche technische oder wirtschaftliche Abnutzung (AfA), § 7 Abs. 1 S. 6 EStG.

(5) Absetzung für Substanzverringerungen (AfS) – zB Bergbau, Kiesgruben, Steinbrüche, § 7 Abs. 6 EStG.

(6) Investitionsabzugsbeträge und Sonderabschreibungen zur Förderung kleiner und mittlerer Betriebe nach § 7g EStG.

1000   Die unterhaltsrechtliche Anerkennung steuerrechtlich zulässiger Abschreibungen **ist problematisch.**

1001   **Degressive Abschreibungen und Sonderabschreibungen** sind in der Regel nicht anzuerkennen. Sie dienen nicht dem Ausgleich von Wert- und Substanzverlust, sondern dem Investitionsanreiz und der Finanzierung (für kleinere und mittlere Betriebe bei beweglichen Wirtschaftsgütern § 7g EStG). Dies gilt insbesondere für Sonderabschreibungen, die aus konjunkturpolitischen Gründen gewährt werden[3486] und auch für Investitionsabzugsbeträge nach § 7g EStG. Diese mindern im Veranlagungszeitraum ihrer

---

[3481] KG FamRZ 1979, 66 (Werkzeugreparatur).

[3482] BGH FamRZ 2000, 351 (354).

[3483] OLG Saarbrücken NZFam 2020, 87 (Kuckenburg).

[3484] Literatur ua: Arens/Spieker FamRZ 1985, 123; Doerges FamRZ 1985, 761; Durchlaub FamRZ 1987, 1223; Oelkers DAVorm 1996, 12; Kleinle DAVorm 1996, 433 ff. und FamRZ 1998, 1346 ff.; Fischer-Winkelmann FamRZ 1999, 1403; Weychardt FamRZ 1999, 1407; ferner OLG Bremen FamRZ 1995, 935.

[3485] Vgl. zum Begriff der Abschreibung Nickl FamRZ 1985, 1219; Doerges FamRZ 1985, 761 (763).

[3486] BGH FamRZ 2003, 741 (743); OLG Dresden FamRZ 1999, 80; OLG Koblenz FPR 2002, 63 (64); OLG Schleswig OLGR 2002, 8 f. für die Ansparabschreibung; Fischer-Winkelmann FamRZ 1999, 1403 (1406); **aA** Weychardt FamRZ 1999, 1408 für degressive Abschreibung.

Vornahme den steuerpflichtigen Gewinn um eine Rücklage für künftige Investitionen. Diese Rücklage ist, wenn die Investition unterbleibt nach drei oder – bei kleineren Betrieben – nach fünf Jahren gewinnerhöhend aufzulösen.[3487] Ist der Investitionsabzugsbetrag nicht in Anspruch genommen worden, ist er unterhaltsrechtlich unbeachtlich und das unterhaltsrechtliche Einkommen ist unter Berücksichtigung der ohne Investitionsabzugsbetrag vorhandenen – fiktiven – Steuerbelastung zu ermitteln.[3488] Die sich aus der Auflösung ergebende Steuernachzahlung soll in Abweichung von dem grundsätzlich geltenden In-Prinzip fiktiv dem Jahr zugeschrieben werden, in dem der steuerliche Vorteil eingetreten war.[3489] Erfolgte der Investitionsabzug während des Zusammenlebens und wurde der Steuervorteil für die gemeinsame Lebensführung verwendet, ist die sich aus der Auflösung der Investitionsrücklage verursachte Steuernachzahlung einkommensmindernd zu berücksichtigen.[3490] Ist die Investition erfolgt, ist der abgeschriebene Betrag einkommensmindernd zu berücksichtigen.[3491] Ist die Steuerrückerstattung im unterhaltsrechlich relevanten Zeitraum erfolgt, erscheint es gerechtfertigt, diese nicht einkommenserhöhend zu berücksichtigen, da es auf jeden Fall zu einem Mittelabfluss kommen wird.[3492]

Die **Abschreibung von Gebäuden,** gleich ob sie Betriebsvermögen sind oder Wohnzwecken dienen, ist unterhaltsrechtlich ebenfalls unbeachtlich, da die Wertminderung infolge der Abnutzung durch die Steigerung des Bodenwertes ausgeglichen wird.[3493] Etwas anderes soll nur gelten, wenn sich der Wertverlust anhand konkreter Zahlen ermitteln lässt.[3494]

Lineare Abschreibung. Die lineare Abschreibung von Anlagegütern ist dem Grunde nach auch bei der unterhaltsrechtlichen Einkommensermittlung zu berücksichtigen.[3495] Sie verteilt den durch die Nutzung der Wirtschaftsgüter eintretenden Wertverlust gleichmäßig (linear) auf die betriebsgewöhnliche Nutzung. Bei dem bilanzierenden Selbstständigen mindern die Jahresbeträge den Wert des Betriebsvermögens und damit den Gewinn des Unternehmens. Wird dieser nicht mittels einer Bilanz, sondern durch eine Einnahmenüberschussrechnung nach § 4 Abs. 3 EStG festgestellt, sind die AfA-Beträge betriebliche Aufwendungen.   1002

Die betriebsgewöhnliche Nutzungsdauer und damit der tatsächliche Werteverzehr wird regelmäßig durch die „AfA-Tabellen" zutreffend wiedergegeben; diese sind auch für die unterhaltsrechtliche Einkommensberechnung maßgebend.[3496] Dies soll allerdings   1003

[3487] BGH FamRZ 2004, 1177 (1178) = NJW-RR 2004, 1227 f. = MDR 2004, 1240 f.
[3488] OLG Brandenburg NZFam 2018, 659 (Niepmann).
[3489] OLG Brandenburg NZFam 2018, 659 (Niepmann).
[3490] OLG Koblenz FamRZ 2015, 1970.
[3491] BGH FamRZ 2004, 1177 (1178) = NJW-RR 2004, 1227 f. = MDR 2004, 1240 f.
[3492] OLG Düsseldorf FamRZ 2022, 1611 (1612).
[3493] BGH FamRZ 1984, 39 (41); FamRZ 2005, 1159 = NJW 2005, 2077; FamRZ 2012, 514 Rn. 33; FamRZ 2022, 434 mAnm Witt = NZFam 2022, 208 mAnm Niepmann Rn. 25; OLG Köln NJW-RR 1992, 1156 (1158).
[3494] BGH FamRZ 2012, 514 Rn. 33: Gebäudewert 1985 – Verkaufswert 2007: BGH FamRZ 2022, 434 mAnm Witt = NZFam 2022, 208 mAnm Niepmann Rn. 25.
[3495] BGH FamRZ 2003, 741 (743) = MDR 2003, 812 (813) mit ablehnender Anm. Gerken FamRZ 2003, 744 und zustimmender Anm. Weychardt FamRZ 2003, 1001; OLG Bamberg FamRZ 1987, 1181; OLG Bremen FamRZ 1995, 935 (936); OLG München OLGR 2001, 98 (99); Fischer-Winkelmann FamRZ 1999, 1403 (1406); Kleinle FamRZ 1998, 1346; Weychardt FamRZ 1999, 1407.
[3496] BGH FamRZ 2003, 741 (743) = MDR 2003, 812 (813) mit ablehnender Anm. Gerken FamRZ 2003, 744 und zustimmender Anm. Weychardt FamRZ 2003, 1001; **anders die ältere Rechtsprechung** OLG Hamm FamRZ 1999, 1349: 2/3; FamRZ 2002, 885: 50 %; OLG Köln FamRZ 2002, 819f: 1/3.

nicht für den Fall offenbar unzutreffender AfA-Tabellen gelten; hier soll die tatsächliche Nutzungsdauer geschätzt oder durch ein Sachverständigengutachten ermittelt werden.[3497]

1004   **Keine Berücksichtigung** finden Abschreibungspositionen, bei denen die Anschaffung aus angelegtem Privatvermögen erfolgt ist, da insoweit das Betriebsvermögen nicht betroffen ist.[3498]

1005   **dd) Aufwendungen des Selbständigen.** Zu berücksichtigen sind: Gehalts- und Lohnkosten, Inserate, Geschäftsversicherungen, ein Mietanteil für die gewerbliche Nutzung der Wohnung, Zeitungen für wartende Kunden.[3499]

1005a   **Einkommens- und Kirchensteuer des Selbständigen** sind als individuelle Belastung von dem unternehmerischen Gewinn in Abzug zu bringen. Maßgebend sind grundsätzlich die in dem unterhaltsrechtlich relevanten Zeitraum tatsächlich angefallenen Steuern (In-Prinzip). Zu Einzelheiten und Ausnahmen – → Rn. 680

Die **Gewerbesteuer** ist bei der steuerlichen Gewinnermittlung nicht als Betriebsausgabe des Selbständigen zu berücksichtigen. Sie mindert allerdings den betrieblichen Gewinn und ist daher auch unterhaltsrechtlich als Abzugsposten anzuerkennen.[3500]

1005b   **Versteckte Kosten privater Lebensführung** können in bestimmten Betriebsausgaben enthalten sein, wie z.B. in Telefonkosten, Bewirtungskosten oder in den Kosten für Wartezimmerzeitschriften.

Ihre Höhe ergibt sich in der Regel aus den vorhandenen, ggf. vom Gericht anzufordernden und zu überprüfenden Unterlagen. Erst wenn konkrete Zweifel an der Richtigkeit oder Vollständigkeit dieser Belege auftreten, soll Raum für eine richterliche Schätzung nach §§ 113 Abs. 1 FamFG, 286 ZPO sein.[3501]

2. Aufwendungen im Zusammenhang mit Einkünften aus Vermögen

1006   **Wie bei Arbeitseinkommen** zählen, grundsätzlich auch bei Vermögenseinkünften nur die Nettoerträge, das sind die Bruttoerträge abzüglich Steuern und sonstiger gesetzlicher Abgaben vom unterhaltspflichtigen Einkommen.[3502]

Darüber hinaus können auch hier weitere Aufwendungen einkommensmindernd wirken.

1007   Vom **Einkommen aus Vermietung und Verpachtung** von Grundstücken, Gebäuden und Wohnungen sind absetzbar:

(1) **Verwaltungskosten** einschließlich der Steuerberaterkosten, da diese nach § 1 Abs. 1 Nr. 1 BetriebskostenVO nicht auf den Mieter umgelegt werden können. Sonstige Nebenkosten sind abzugsfähig, wenn sie ausnahmsweise nicht vom Mieter getragen werden und diese Tatsache nicht als Verstoß gegen unterhaltsrechtliche Obliegenheiten zu werten ist.

(2) **Zinsen,**[3503] soweit die Hypothek dem Hausgrundstück im Rahmen des Notwendigen zugutekommt und nicht der Deckung des persönlichen Bedarfs dient.

(3) **Tilgungsleistungen** auf Immobilienkredite mindern die Einnahmen aus Vermietung und Verpachtung **bis zur Höhe der positiven Einkünfte.** Die Tilgungsleistungen dienen zwar der Vermögensbildung. Die Vermögensbildung findet aber – wie beim

---

[3497] BGH FamRZ 2003, 741 (743) = MDR 2003, 812 (813), ebenso Kemper, Werteverzehr und Afa-Kürzung, FamRZ 2003, 1430 ff.
[3498] OLG München FamRZ 2005, 1907.
[3499] KG FamRZ 1979, 66; LG Hanau DAVorm 1976, 284.
[3500] OLG Koblenz FamRZ 2018, 259.
[3501] OLG Koblenz FamRZ 2018, 259 (260).
[3502] → Rn. 785.
[3503] KG FamRZ 1979, 67.

Wohnvorteil[3504] – nicht zu Lasten des Unterhaltsberechtigten statt, da es ohne die Tilgung keine Einkünfte aus Vermietung und Verpachtung gäbe.[3505] Hat der Unterhaltsschuldner Einnahmen aus der Vermietung und Verpachtung mehrerer Immobilien, ist das Verhältnis der Tilgungsraten zu den Einkünften für jedes Objekt gesondert festzustellen, Eine Gesamtbetrachtung aller Einkünfte und Tilgungen scheidet aus.[3506]

(4) **Kosten für Reparaturen (Instandhaltung)** sind voll absetzbar, soweit es sich um notwendigen Erhaltungsaufwand, nicht aber wenn es sich um wertsteigernde, nicht notwendige Verbesserungen oder Ausbauten handelt.[3507] Größere berücksichtigungsfähige Aufwendungen sind auf längere, angemessene Zeiträume zu verteilen.[3508]

(5) **Rücklagen für notwendige Hausinstandsetzungen und Reparaturen** können im Rahmen einer ordentlichen Wirtschaft absetzbar sein.[3509] Zumal bei knappen Unterhaltmitteln sind auch die Belange des Unterhaltsgläubigers zu berücksichtigen, insbesondere bei Festlegung der Rücklagenhöhe. Stehen für die Erhaltung des Wohnwerts notwendige Instandsetzungen nicht bevor, werden Rücklagen allenfalls anerkannt werden können, wenn zuvor der notwendige Unterhalt (Mindestunterhalt) gesichert ist.

Nicht absetzbar sind: 1008

(1) Tilgungsraten für Hypotheken oder Grundschulden, soweit sie über die positiven Einkünfte hinausgehen. Diese können allerdings – auch hier gelten dieselben Überlegungen wie beim Wohnvorteil – als zusätzliche unterhaltsrechtlich beachtliche Altersvorsorge Berücksichtigung finden.[3510]

Zur Abzugsfähigkeit bei selbstgenutztem Wohnraum, → Rn. 863 ff.

(2) Nur steuerliche Abschreibungen.[3511] Abschreibungen auf Gebäude steht ein messbarer Wertverlust nicht gegenüber. Der Wertverlust des Gebäudes wird ausgeglichen durch die Steigerung des Bodenwertes.[3512]

Steuerersparnis infolge Verlusten aus Vermietung und Verpachtung ist außer Acht 1009 zu lassen, wenn die Belastungen, auf denen sie beruht, nicht abgesetzt werden.[3513]

3. Wohnaufwand

(1) **Grundsatz: Wohnaufwand ist einschließlich der Wohnnebenkosten allgemeine** 1010 **Lebenshaltung**[3514] und kann in der Regel vom Einkommen des Pflichtigen nicht in Abzug gebracht werden.

[3504] → Rn. 863 ff.

[3505] BGH FamRZ 2022, 434 mAnm Witt = NZFam 2022, 208 mAnm Niepmann Rn. 29 bis 31.

[3506] BGH FamRZ 2022, 434 mAnm Witt = NZFam 2022, 208 mAnm Niepmann Rn. 31; FamRZ 2022, 1366 mAnm Langeheine = NZFam 2022, 833 mAnm Niepmann Rn. 32.

[3507] BGH FamRZ 2000, 351 (354) = NJW 2000, 284; NJW 1984, 303 (305).

[3508] LG Frankfurt FamRZ 1986, 397.

[3509] BGH FamRZ 2000, 351 (354) = NJW 2000, 284 bei tatrichterlicher Prüfung der konkreten Notwendigkeit; OLG Saarbrücken OLGR 2004, 60 (62).

[3510] BGH FamRZ 2022, 434 mAnm Witt = NZFam 2022, 208 mAnm Niepmann Rn. 38.

[3511] → Rn. 995 ff.

[3512] BGH FamRZ 1984, 39 (41); FamRZ 2005, 1159 = NJW 2005, 2077; FamRZ 2012, 514 Rn. 33; FamRZ 2022, 434 mAnm Witt = NZFam 2022, 208 mAnm Niepmann Rn. 25; OLG Köln NJW-RR 1992, 1156 (1158).

[3513] BGH FamRZ 1987, 36 (37) = NJW-RR 1987, 194; OLG Frankfurt NJW-RR 1988, 522 (533).

[3514] OLG Brandenburg FamRZ 2022, 1608 (LS.) = NZFam 2022, 703 (Maaß); OLG Köln FamRZ 2002, 98; OLG Saarbrücken FamRZ 2022, 1186 (1189) = NZFam 2022, 977 (Reinken).

1011 **(2) Selbstbehaltserhöhung. Mietkosten,** die die in den Selbstbehaltssätzen enthaltenen Wohnkosten übersteigen, können zu einer Erhöhung des jeweiligen Selbstbehalts führen, wenn die Überschreitung den Umständen nach nicht vermeidbar ist.[3515]
Zur Berücksichtigung der Wohnkosten bei Nutzung der Wohnung durch Mehrere → Rn. 1012 aE.

1012 **(3) Selbstbehaltsermäßigung.** Liegen die Wohnkosten unter dem in den Selbstbehaltssätzen enthaltenen Warmmietzins, ist zu differenzieren: Wählt der Unterhaltsschuldner bewusst eine preiswerte Wohnung, weil er die ihm erbleibenden Mittel anderweitig einsetzen will, zB für Bekleidung, Verpflegung oder auch Urlaubsreisen, kommt eine Ermäßigung der Selbstbehalte nicht in Betracht. Es ist nämlich grundsätzlich Sache des Pflichtigen, wie er die ihm verbliebenen Mittel nutzt.[3516] → Rn. 46 f., 53. Eine **Herabsetzung des Selbstbehalts** erscheint allerdings denkbar und sogar angezeigt, wenn der Unterhaltsschuldner in einer nach seinen Verhältnissen angemessenen Wohnung lebt, für diese aber einen geringeren Mietzins zahlt als im Selbstbehalt vorgesehen, etwa weil es sich um ein lange währendes Mietverhältnis handelt oder weil er in einer Gegend mit niedrigerem Mietniveau lebt. Die Unterschreitung des Mietanteils im Selbstbehalt ergibt sich in einem solchen Fall nicht aus einer im Rahmen seiner Dispositionsbefugnis getroffenen bewussten Entscheidung des Unterhaltsschuldners, sondern aus den vorhandenen Gegebenheiten.[3517]
Lebt der Pflichtige mit einem neuen Partner oder einem leistungsfähigen volljährigen Kind[3518] zusammen und spart dadurch Wohn- und Lebenshaltungskosten, ist der Selbstbehalt nach den Umständen des Einzelfalles, höchstens bis zum sozialhilferechtlichen Mindestbedarf zu ermäßigen.[3519] Kommt der Unterhaltsschuldner dagegen kurzfristig kostenfrei bei seinen Eltern unter, soll dies den Selbstbehalt nicht ermäßigen.[3520] Die Selbstbehaltssätze beziffern lediglich die auf den Unterhaltsschuldner entfallenen Wohnkosten. Beim Zusammenleben mit mehreren Personen sind die auf die Wohnung insgesamt entfallenden Kosten auf den – ggf. ermäßigten – Anteil des Schuldners zu reduzieren.[3521]
Zum Selbstbehalt des inhaftierten Unterhaltsschuldners → Rn. 844 aE.

1013 **(4) Weiternutzung der Ehewohnung durch den Verpflichteten nach der Trennung.** Eine angemessene Wohnkostenbelastung gehört zum allgemeinen Lebensbedarf und ist keine vorweg absetzbare Verbindlichkeit.[3522] Während intakter Ehe begründete Wohnkosten, die über den angemessenen Beträgen liegen, sind bis zum endgültigen Scheitern der Ehe, längstens bis zur Zustellung des Scheidungsantrages (→ Rn. 858) zu berücksichtigen,[3523] allerdings nur mit dem Betrag, der über den Kosten für eine angemessen

---

[3515] BGH FamRZ 2016, 887 = NJW 2016, 1511, Rn. 19; FamRZ 2021, 181 mAnm Schürmann = NJW 2021, 472, Rn. 17.
[3516] BGH FamRZ 2004, 186 (189); FamRZ 2004, 370 (373) = NJW 2004, 677 (680 f.); FamRZ 2006, 1664 (1666) mAnm Schürmann = NJW 2006, 3561 (3563); OLG Düsseldorf FamRZ 1999, 1020; OLG Hamburg FamRZ 2003, 1102, wenn Schuldner mietfrei bei der Mutter lebt; OLG Frankfurt FamRZ 1999, 1522; OLG Hamm OLGR 2001, 79 (80); FamRZ 2006, 952 (953); aA OLG Dresden FamRZ 1999, 1522 und 2001, 4; OLG Hamm FamRZ 2006, 1704 und OLG Köln FamFR 2009, 115 (Unger) beide bei Unterhaltspflicht ggü. minderj. Kindern.
[3517] Vergl. Wendl/Dose UnterhaltsR/Guhling § 5 Rn. 23; OLG Köln FamRZ 2023, 48 (49).
[3518] OLG Hamm NJW 2011, 3310.
[3519] BGH FamRZ 2008, 594 (597) Anm. Borth und Hinweisen auf die zT anderslautende Rechtsprechung der Oberlandesgerichte = MDR 2008, 451 (452).
[3520] OLG Hamm NJW-RR 2008, 227 (228).
[3521] BGH FamRZ 2021, 181 mAnm Schürmann = NJW 2021, 472, Rn. 17.
[3522] OLG Hamm OLGR 1998, 189; OLG Frankfurt FamRZ 1978, 433; KG DAVorm 1977, 83; NJW 1977, 1690; 1978, 275; OLG Stuttgart FamRZ 1978, 683.
[3523] BGH FamRZ 1984, 358 (360); OLG Brandenburg FamRZ 2022, 1608 (LS.) = NZFam 2022, 703 (Maaß); OLG Hamm FamRZ 1984, 790 (794); OLG Köln FamRZ 1982, 706 (708).

kleinere Wohnung liegt. Den Unterhaltsschuldner trifft zudem die Obliegenheit, ggf. Wohngeld in Anspruch zu nehmen.

Mietrückstände sind eine vorweg absetzbare gemeinsame Eheverbindlichkeit.[3524]

(5) **Weiternutzung der Ehewohnung durch den Unterhaltsberechtigten.** Bei Weiterzahlung aller Wohn- und Wohnnebenkosten durch den Verpflichteten im Einverständnis mit dem Berechtigten erfüllt der Verpflichtete einen Teil seiner Unterhaltspflicht durch diese Zahlungen für den Bedarfsbereich Wohnen.[3525] Für die konkrete Unterhaltsbemessung ist zu unterscheiden: Solange für die Eheleute eine Obliegenheit, die infolge der Trennung zu groß gewordene Wohnung aufzugeben oder der in ihr verbliebene Partner trotz ausreichender Bemühungen keine günstigere Wohnung findet, erscheint es sachgerecht, die Mietzahlung als anzuerkennende Verbindlichkeit des Unterhaltsschuldners zu betrachten. Er kann sie von seinem Einkommen in Abzug bringen.[3526]

Nach dem endgültigen Scheitern der Ehe besteht unter dem Gesichtspunkt der Aufrechterhaltung der Ehe keine Notwendigkeit zur Beibehaltung der Ehewohnung mehr.[3527] Dann sind auch eine Hausverwertung bzw. eine Kündigung des Mietverhältnisses zumutbar, wobei jedoch zu berücksichtigen sein wird, dass eine Veräußerung oder Versteigerung eine gewisse Zeit in Anspruch nehmen, so dass bis zu deren Ablauf im bisherigen Umfange Verbindlichkeiten abzugsfähig sein können.[3528]

[einstweilen frei]

1015

(7) **Kosten des Grundstückserwerbs (Anteilserwerbs) vom anderen Ehepartner** bei Auseinandersetzung einer Miteigentumsgemeinschaft oder im Rahmen der Zugewinnauseinandersetzung sind mit ihrem Zinsanteil als ehebedingte Verbindlichkeit anzusehen, wenn der Vorteil des Wohnens in der eigenen Immobilie die ehelichen Lebensverhältnisse geprägt hat.[3529] Als allein der Vermögensbildung dienend sind die Tilgungsleistungen anders als beim Wohnvorteil (→ Rn. 863, 867) nicht zu berücksichtigen.[3530] → Rn. 1035.

1016

4. Sachversicherungen und Haftpflichtversicherungen

Eine **Gebäudeversicherung** ist stets dann eine notwendige Verbindlichkeit, wenn aus Anlass des gemeinsamen Erwerbs eines Familienheims oder sonstigen Hausgrundstücks im Zusammenhang mit einer Kreditaufnahme unvermeidbar.

1017

Hausratsversicherungen gehören schon wegen der in der Regel geringen Prämienhöhe zum allgemeinen Lebensbedarf und können deshalb nicht als vorweg abziehbare Schulden behandelt werden,[3531] es sei denn, dass sie als zu den ehelichen Lebensverhältnissen gehörend zumindest während der ersten Zeit nach der Trennung angesehen werden können. Bei wirklich erheblichem Wert des Hausrats kann dessen angemessene Weiterversicherung bis zur unverzögerten Hausratverteilung eine beachtenswerte Obliegenheit sein, die jedoch in Höhe des Versicherungsinteresses des unterhaltsberechtigten Ehegatten (projiziert auf die Gesamtprämie) auf dessen Unterhalt anrechenbar sein muss.

1018

[3524] KG DAVorm 1977, 83; NJW 1977, 1690; NJW 1978, 275.

[3525] OLG Frankfurt FamRZ 1978, 433 (435); FamRZ 1981, 955 (956); OLG Hamburg FamRZ 1991, 472; KG FamRZ 1984, 898 (900); OLG Köln FamRZ 2002, 98; OLG Zweibrücken FamRZ 1982, 269.

[3526] OLG Köln FamRZ 2002, 98; Wendl/Dose UnterhaltsR/Gerhardt § 1 Rn. 473.

[3527] BGH FamRZ 2000, 351 (353) = NJW 2000, 284; OLG Saarbrücken FamRZ 1982, 919; OLG Zweibrücken FamRZ 1982, 269.

[3528] OLG Köln FamRZ 1982, 706 (708).

[3529] BGH FamRZ 2005, 1817 (1821), OLG Düsseldorf FamRZ 2004, 1205 (1206).

[3530] BGH FamRZ 2005, 1817 (1821). FamRZ 2007, 879 (881).

[3531] BGH FamRZ 2010, 1535 (1536) = NJW 2010, 3161 (3163) = MDR 2010, 1188 (1189); OLG Brandenburg FamRZ 1996, 866; OLG Koblenz FamRZ 2018, 824 (825); OLG Saarbrücken FamRZ 2022, 1186 (1189) = NZFam 2021, 977 (Reinken).

1019   **Private Haftpflichtversicherungen** bleiben wegen der geringen Prämienhöhe ebenfalls unberücksichtigt.[3532] Wird die Versicherung aus beruflichen Gründen abgeschlossen, gehören die Beiträge zu den abzugsfähigen berufsbedingten Aufwendungen. → Rn. 978 f.

1020   **Rechtsschutzversicherungen** sind keine notwendige Daseinsvorsorge.[3533] Beratungshilfe, Verfahrenskosten- und Prozesskostenhilfe sind zudem soziale Absicherungen, die dem finanziellen Schutzbedürfnis im Rechtsbereich hinreichend Rechnung tragen. Notwendige Kosten verständlicher Rechtswahrnehmung werden (ähnlich wie Sonderbedarf aufseiten des Berechtigten) angemessen Rücksicht bei Feststellung der Leistungsfähigkeit finden können und müssen.

Belastungen für Hausrat-, Haftpflicht und Rechtsschutzversicherung sind auch beim **Elternunterhalt** aus den genannten Gründen nicht abzusetzen, und zwar auch dann nicht, wenn sie vor Entstehung der Unterhaltsverpflichtung eingegangen wurden.[3534]

5. Krankenvorsorge und Krankenbedarf

a) Private Krankenversicherung und Zusatzversicherung

1021   Eine **private Krankenversicherung** ist wie die gesetzliche notwendiger Bestandteil der Daseinsvorsorge und in angemessenem Rahmen (volle Krankenvorsorge, soweit nicht anderweit – zB Beihilfe – gedeckt) absetzbar.[3535]

1022   Eine **Zusatzversicherung zur Krankenversicherung** ist nicht absetzbar, wenn die Krankenversicherung bereits eine ausreichende Absicherung im Krankheitsfall bewirkt. Etwas anderes kann gelten, wenn die Zusatzversicherung zu den ehelichen Lebensverhältnissen gehört und der angemessene Unterhalt des Berechtigten gesichert ist.[3536] Gleiches gilt, wenn die private Krankenversicherung der angemessenen Lebensstellung eines Kindes entspricht.[3537] Die zusätzliche Krankenversicherung eines Beamten zur Absicherung des von seinem Anspruch auf Beihilfe nicht gedeckten Risikos ist abzugsfähig[3538] ebenso die Krankenhaustagegeldversicherung.[3539]

1023   Eine **freiwillige**[3540] **Unfallversicherung** ist in der Regel weder notwendig (ggf. bei Selbstständigen) noch mit Rücksicht auf ihre geringe Prämienhöhe als besondere Belastung anzusehen. Sie gehört zum allgemeinen Lebensbedarf und wird nicht vorab berücksichtigt.[3541] Eine **Berufsunfähigkeitsversicherung** ist absetzbar, weil die Unterhaltsberechtigten von ihr profitieren können.[3542]

[3532] BGH FamRZ 2010, 1535 (1536) = NJW 2010, 3161 (3163) = MDR 2010, 1188 (1189); OLG Koblenz FamRZ 2018, 824 (825); OLG Saarbrücken FamRZ 2022, 1186 (1189) = NZFam 2021, 977 (Reinken).
[3533] OLG Koblenz FamRZ 2018, 824 (825); OLG Saarbrücken FamRZ 2022, 1186 (1189) = NZFam 2021, 977 (Reinken).
[3534] BGH FamRZ 2010, 1535 (1536) = NJW 2010, 3161 (3163) = MDR 2010, 1188 (1189).
[3535] Vgl. BGH FamRZ 1982, 887 (888) = NJW 1982, 1983; OLG Hamm OLGR 2000, 61 (abzüglich eines Arbeitgeberzuschusses); OLG Düsseldorf NJW-RR 1994, 326 (328) = FamRZ 1994, 1049.
[3536] Vgl. auch: OLG Bamberg NJW-RR 1993, 66 (68).
[3537] OLG Brandenburg NZFam 2016, 983 Rn. 97; OLG Frankfurt/M. FamRZ 2020, 584 (LS.) = NZFam 2019, 1054 mAnm Schwamb.
[3538] OLG Schleswig SchlHA 1978, 66; OLG Köln FamRZ 1979, 134.
[3539] BGH FamRZ 2009, 1207 = NJW 2009, 2450 Rn. 28.
[3540] KG FamRZ 1979, 66: Berufsgenossenschaft absetzbar.
[3541] OLG Brandenburg NZFam 2016, 983 Rn. 67; OLG Köln FamRZ 1979, 134; OLG Schleswig FamRZ 2012, 1573 (Ls.); anders OLG Koblenz FamRZ 2018, 824 (825) für den Fall eines Außendienstmitarbeiters, der wegen seiner Tätigkeit an verschiedenen Einsatzorten einem erhöhten Unfallrisiko ausgesetzt ist.
[3542] BGH FamRZ 2009, 1207 = NJW 2009, 2450 Rn. 28; OLG Hamm FamRZ 2001, 625 – Ls. – = OLGR 2001, 89 f.

b) Krankheitsbedingter Mehrbedarf

Krankheitsbedingter Mehrbedarf mit konkret nachgewiesenen notwendigen,[3543] den **1024** allgemeinen Lebensbedarf übersteigenden zusätzlichen Aufwendungen ist abzugsfähig. **Zuzahlungen zu Arzneimitteln nach § 31 Abs. 3 SGB V und die bis zum 31.12.2012 erhobene Praxisgebühr** sind kein krankheitsbedingter Mehraufwand, da sie jeden gesetzlich Krankenversicherten über 18 Jahre treffen.[3544] Arzneimittelkosten, die die Krankenversicherung nicht übernimmt, dürften nur in Ausnahmefällen als krankheitsbedingter Mehrbedarf zu werten sein, da es regelmäßig an der medizinischen Notwendigkeit fehlen wird.

Haushaltshilfekosten gehören in der Regel zu den allgemeinen Lebenshaltungskos- **1025** ten.[3545] Sie können krankheitsbedingten Mehrbedarf begründen[3546] bei schwerbeschädigten oder in hohem Alter stehenden[3547] Unterhaltsverpflichteten, deren Versorgung bis zur Trennung dem Unterhaltsberechtigten oblag. Die Einzelfallumstände sind zu würdigen. Erforderlich ist jedenfalls, dass die Kosten auch tatsächlich aufgewendet werden.[3548] **Bei krankheitsbedingter Haushaltshilfe durch Angehörige,** die unentgeltlich erfolgt, wird es sich in der Regel um freiwillige Zuwendungen Dritter zu Gunsten des Kranken handeln, so dass ein angemessener Betrag abgesetzt werden kann.[3549] Dies gilt bei den Leistungen der zweiten Ehefrau allerdings nur, wenn sie über das hinausgehen, was im Rahmen der normalen ehelichen Beistandspflicht geschuldet ist, da sonst § 1582 BGB unterlaufen würde.[3550]

Diät kann, wenn ihre medizinische Erforderlichkeit und der reale Mehraufwand gegen- **1026** über Normalkost konkret dargelegt und bewiesen sind, ein abzugsfähiger krankheitsbedingter Mehraufwand sein.[3551] Es gibt aber keine allgemeingültigen Erfahrungssätze über bestimmten Diätmehraufwand bei bestimmten Diätarten. Mit Diäten können auch Ersparnisse normaler Nahrungsaufwendungen verbunden sein. Erforderlich ist mithin eine konkrete Darlegung der von der Normalnahrung abweichenden Modalitäten einer Diät nach Art, Menge und Preis.

Kurkosten sind, wenn die Kur ärztlich verschrieben und ihre Kosten nicht anderweit **1027** gedeckt sind, anzuerkennender Mehrbedarf.[3552] Häusliche Ersparnisse und Steuerersparnisse[3553] sind abzuziehen.

6. Altersvorsorge und -bedarf

a) Primäre Altersvorsorge

Die Beiträge zur gesetzlichen Rentenversicherung,[3554] **zur Ärzteversorgung und** **1028** **ähnlichen berufsständischen** Versicherungen[3555] gehören zu den abzugsfähigen Sozialabgaben.

[3543] OLG Koblenz NJW-RR 2003, 146 f.
[3544] OLG Karlsruhe NJW-RR 2008, 1458 (1459).
[3545] OLG Bamberg OLGR 1999, 321 (kein Mehrbedarf wegen der Größe des Hauses usw.).
[3546] BGH FamRZ 1984, 151 (154) = NJW 1984, 294; FamRZ 1984, 662 (664) = NJW 1984, 2358; OLG Düsseldorf FamRZ 1982, 380; OLG Bamberg OLGR 1999, 321.
[3547] OLG Köln FamRZ 1980, 1006.
[3548] OLG Saarbrücken FamRB 2008, 5.
[3549] OLG Hamm FamRZ 1997, 962: 200 DM.
[3550] OLG Hamm FamRZ 1999, 166; Büttner NJW 1999, 2315 (2323).
[3551] Nachweise zu → Rn. 404.
[3552] AG Bochum FamRZ 1991, 1092.
[3553] Steuerlich können sie außergewöhnliche Belastungen sein, wenn die Kur notwendig und ärztlich überwacht ist: BFH BStBl. 1995 II 614.
[3554] → Rn. 785.
[3555] OLG Karlsruhe FamRZ 1990, 1234 (1235).

b) Zusätzliche Altersvorsorge

1029   **Private Leistungen für eine zusätzliche Altersversorgung** sind regelmäßig einkommensmindernd zu berücksichtigen, da die gesetzlichen Versorgungssysteme eine angemessene Altersvorsorge nicht mehr gewährleisten.[3556] Dies gilt für die gesetzliche Rentenversicherung[3557] und für die Beamtenversorgung, die ebenfalls Kürzungen erfahren hat.[3558] Der Unterhaltpflichtige kann daher in dem von der Rechtsprechung gesteckten Rahmen eine zusätzliche Altersvorsorge erstmals nach der Trennung betreiben, auch während des laufenden Scheidungsverfahrens.[3559] Die Höhe des abzugsfähigen Betrages orientiert sich an dem Bruttoeinkommen des Pflichtigen und beträgt beim Eltern- und wohl auch Enkelunterhalt 5 %[3560] und im Übrigen 4 %[3561] des Bruttoeinkommens. Voraussetzung für die Abzugsfähigkeit ist allerdings, dass die Versorgungsleistungen tatsächlich erbracht werden; ein Abzug fiktiver Beiträge kommt nicht in Betracht.[3562] Sie müssen darüber hinaus im Verhältnis zum sonstigen Einkommen des Schuldners angemessen sein und sind nicht anzusetzen, wenn der notwendige Bedarf der minderjährigen und ihnen gleichgestellten privilegiert volljährigen Kinder nicht gedeckt ist.[3563] In der Wahl der Anlageform ist der Pflichtige frei, so dass auch bloße Sparbeträge zu berücksichtigen sind.[3564] Die Anlageform muss allerdings grundsätzlich zur Bildung von Altersvorsorgevermögen geeignet sein. Denkbar sind zB auch eine Anlage in Aktien,[3565] ein im Rahmen einer Entgeltumwandlung erbrachter Beitrag in eine Direktversicherung[3566] oder in Form der **sogenannten „Riester-Rente"**, die staatlich geförderte private Vorsorge. Die mit dieser verbundenen steuerlichen Vergünstigungen sind dabei als einkommenserhöhend zu berücksichtigen.

[3556] BGH FamRZ 2004, 792 (794) = MDR 2004, 754; FamRZ 2005, 1817 (1821 f.) = NJW 2005, 3277.

[3557] BGH FamRZ 2005, 1817 (1821 f.) = NJW 2005, 3277; FamRZ 2009, 1207 (1209) mAnm Hoppenz = NJW 2009, 2450 (2452 f.) = MDR 2009, 1045 (1046); BGH FamRZ 2017, 519 mAnm Hauß = NJW 2017, 1169 = Rn. 26.

[3558] BGH FamRZ 2010, 1535 (1537) = NJW 2010, 3161 (3163) = MDR 2010, 1188 (1189); BGH FamRZ 2007, 793 (795) betraf den Fall eines unterhaltspflichtigen Beamten, lehnte die Anrechenbarkeit allerdings aus anderen Gründen ab.

[3559] OLG Brandenburg FamRZ 2022, 1366 (LS.).

[3560] BGH FamRZ 2004, 792 (794) = MDR 2004, 754; FamRZ 2006, 1511 (1514) = NJW 2006, 3344 (3346); FamRZ 2010, 1535 (1538) = NJW 2010, 3161 (3163) = MDR 2010, 1188 (1189); BGH FamRZ 2017, 519, mAnm Hauß = NJW 2017, 1169 Rn. 25 Für den Ehegatten des Unterhaltsschuldners kann uU ein höherer Betrag Berücksichtigung finden OLG Hamm FamRZ 2008, 1650 (1651).

[3561] BGH FamRZ 2005, 1817 (1821) = NJW 2005, 3277ff.; FamRZ 2009, 1207 (1209) mAnm Hoppenz = NJW 2009, 2450 (2452 f.) = MDR 2009, 1045 (1046); FamRZ 2020, 21 mAnm Lies-Benachib = NJW 2019, 3570, Rn. 35; FamRZ 2022, 434 mAnm Witt = NZFam 2022, 208 mAnm Niepmann Rn. 35.

[3562] BGH FamRZ 2007, 193 f.; FamRZ 2007, 793 (795); BGH FamRZ 2016, 887 mAnm Seiler = NJW 2016, 1511 Rn 37; FamRZ 2022, 434 mAnm Witt = NZFam 2022, 208 mAnm Niepmann Rn. 35.OLG Hamm FamRZ 2009, 981 (984).

[3563] BGH FamRZ 2013, 616 = NJW 2013, 1005 Rn. 20 f.; FamRZ 2022, 781 mAnm Norpoth = NJW 2022, 1386 mAnm Graba Rn. 12; OLG Brandenburg FamRZ 2009, 1921 (Ls.); OLG Düsseldorf FamRZ 2006, 1685 (1686).

[3564] BGH FamRZ 2004, 792 (794) = MDR 2004, 754; FamRZ 2005, 1817 (1821 f.) = NJW 2005, 3277; FamRZ 2006, 1511 (1514); Einzahlungen auf ein Sparkonto sollen keine Anerkennung finden, wenn der Geschäftsführer einer GmbH sie bei unverändertem Einkommen erstmals nach der Trennung leistet OLG Brandenburg FamRZ 2014, 219 (221) = NJW 2014, 323 (324); gegen die Geeignetheit von Sparbeträgen auch OLG Hamm FamRZ 2023, 195 (197).

[3565] OLG Koblenz FamRZ 2021, 1368 (LS).

[3566] OLG Celle FamRZ 2020, 1831 (1832).

c) Freiwillige Altersvorsorge

Nicht rentenversicherungspflichtige Unterhaltsschuldner können entsprechend der gesetzlichen Altersvorsorge des angestellt Beschäftigten 20 % ihres Bruttoeinkommens als primäre Altersvorsorge von ihrem Einkünften absetzen, wenn eine entsprechende Vorsorge tatsächlich geleistet wird.[3567] Zu berücksichtigen ist dabei, dass der Beitragssatz in der gesetzlichen Rentenversicherung seit 2011 von 19,9 % auf 18,6 % gefallen ist. Die Anerkennung einer Primärversorgung von 20 % begünstigt den Selbständigen ohne nachvollziehbaren Grund. Darüber hinaus können auch nicht rentenversicherungspflichtige Unterhaltsschuldner eine der zusätzlichen Altersvorsorge angestellt Beschäftigter entsprechende Vorsorge betreiben und hierfür -wenn der Mindestkindesunterhalt gedeckt ist. weitere 4 % bzw. 5 % ihres unternehmerischen Gewinns einsetzen. 1030

In der gesetzlichen Rentenversicherung können rentenbildend Beiträge nur bis zur sog. Beitragsbemessungsgrenze (2022: 7.050 EUR in den alten und 6.750 EUR in den neuen Bundesländern) entrichtet werden. Von dem Teil des Einkommens, der oberhalb dieser Beitragsbemessungsgrenze in der gesetzlichen Rentenversicherung liegt, können Beiträge in Höhe von wohl 20 % des Bruttoeinkommens als primäre Altersvorsorge angesetzt werden.[3568]

In der Art der freiwilligen oder zusätzlichen Altersvorsorge ist der Unterhaltspflichtige frei. **Lebensversicherungen** und andere Formen der Vermögensanlage kommen in Betracht, wenn sie nur grundsätzlich zur Bildung von Altersvorsorgevermögen geeignet sind.

Aufwendungen zur Sicherung späterer Altersteilzeit sind als Vermögensbildung und nicht als abzugsfähige Altersvorsorge zu betrachten.[3569]

Eine **Risikolebensversicherung** soll den Ausfall der Arbeitskraft absichern und damit die Barunterhaltszahlungen für den Fall des Versterbens des Unterhaltsschuldners absichern. Ihre Beiträge sind daher als Vorsorgeaufwendungen abzugsfähig.[3570] 1031

d) Pflegeversicherung

Die Beiträge sind abzugsfähige Sozialabgaben.[3571] 1032

7. Mehrbedarf nach Trennung

a) Konkreter Mehrbedarf

Trennungsbedingter Mehrbedarf,[3572] zB Verteuerung durch Kleinhaushalt, evtl. nötige Fremdhilfe, Umzugskosten,[3573] Doppelkosten (evtl. zwei Pkw statt einem, weitere Wohnung,[3574] Grundgebühren Telefon, Elektrizität, Zeitung, Radio, TV, Möbel-Ersatz- 1033

[3567] BGH FamRZ 2003, 860 (863) = NJW 2003, 1660; FamRZ 2006, 387 (389) = NJW 2006, 1796; FamRZ 2008, 1739 = NJW 2008, 3125; FamRZ 2022, 434 mAnm Witt = NZFam 2022, 208 mAnm Niepmann, Rn. 35.
[3568] BGH FamRZ 2022, 434 mAnm Witt = NZFam 2022, 208 mAnm Niepmann Rn. 35 für den Selbständigen; BGH FamRZ 2020, 21 mAnm Lies-Benachib = NJW 2019, 3570, Rn. 35, wobei der BGH hier noch 22,6 % des Bruttoeinkommens anerkennt.
[3569] OLG Brandenburg FamRZ 2022, 442 (LS.) mAnm Borth; OLG Celle FamRZ 2014, 1699; Oldenburg FamRZ 2004, 1211 = MDR 2004, 576 jeweils für Zeitwertkonten oder Zeitwertpapiere.
[3570] BGH FamRZ 2017, 519, mAnm Hauß = NJW 2017, 1169 = NZFam 2017, 303 Rn. 19; OLG Hamm FamRZ 2013, 959 (960).
[3571] Vgl. Büttner Die Auswirkungen der Pflegeversicherung auf das Unterhaltsrecht, FamRZ 1995, 193.
[3572] S. die Aufstellung → Rn. 71.
[3573] OLG Frankfurt FamRZ 1992, 1467.
[3574] OLG Koblenz FamRZ 1995, 1415 (1416).

anschaffung,[3575] uÄ) kann beim Verpflichteten wie beim Berechtigten (dazu eingehend → Rn. 447, 449) nur berücksichtigt werden, wenn Einkommensteile im Wege der Anrechnungsmethode in die Unterhaltsberechnung eingehen.[3576] Hierfür kommen, nachdem nicht nur – tatsächliches oder fiktives – Erwerbseinkommen, sondern auch Versorgungsleistungen für den neuen Partner,[3577] Ansprüche aus dem Versorgungsausgleich[3578] und auch überobligatorische Einkünfte[3579] nach der Differenzmethode berücksichtigt werden, nur wenige Einkommensarten in Betracht. Denkbar sind Zinseinkünfte aus nachehelich erworbenem Vermögen, die keinen Einfluss auf den eheangemessenen Bedarf, aber auf die Bedürftigkeit des Berechtigten oder die Leistungsfähigkeit des Pflichtigen haben. **Die Rechtsprechung zum trennungsbedingten Mehrbedarf hat damit ihre praktische Bedeutung weitgehend verloren.** Dementsprechend fehlt jüngere Rechtsprechung fast vollständig.

Durch das Zusammenleben mit einem neuen Partner kann der trennungsbedingte Mehrbedarf entfallen oder geringer werden.[3580]

Nur konkret belegter Mehrbedarf ist abzuziehen.[3581] Eine nur pauschale Mehrbedarfsschätzung reicht nicht.[3582] Trennungsbedingter Minderbedarf ist unbeachtlich,[3583] Schätzungen gemäß §§ 113 FamFG, 287 ZPO sind zulässig,[3584] aber nur auf Grund konkreter Darlegungen der Partei.[3585] Deshalb ist es unzulässig, Mehrbedarf als prozentualen Anteil am Bedarf nach den ehelichen Lebensverhältnissen zu bemessen.[3586] Konkret behaupteter Mehrbedarf kann nicht nur allgemein bestritten werden.[3587] Zum angemessenen Selbstbehalt iSd § 1581 BGB gehört auch der konkret dargelegte Mehrbedarf.[3588]

Anteilige Deckung. Reichen die vorhandenen Mittel zur vollen Deckung beiderseitigen Mehrbedarfs nicht, ist dieser entsprechend der Unterhaltsquote teilweise zu decken. Allein den Mehrbedarf des Verpflichteten vorab zu berücksichtigen, wäre keine angemessene Verteilung der Unterhaltsmittel.

1034 [einstweilen frei]

[3575] OLG Hamm FamRZ 1995, 1580.

[3576] BGH FamRZ 1995, 343 (344) = NJW 1995, 962; für die Rechtslage nach dem Urteil des BGH vom 13.6.2001: Büttner NJW 2001, 3244 (3246).

[3577] BGH FamRZ 2001, 1213 ff. mAnm Büttner.

[3578] BGH FamRZ 2002, 88 ff.; aA KG FamRZ 2002, 460.

[3579] BGH FamRZ 2005, 1154 (1157) = NJW 2005, 2145; BGH NJW-RR 2005, 945.

[3580] BGH FamRZ 1995, 343 (344) = NJW 1995, 962.

[3581] BGH FamRZ 1982, 255 (257) = NJW 1982, 1873; FamRZ 1982, 892 (894) = NJW 1982, 2439; FamRZ 1983, 146 = NJW 1983, 933; FamRZ 1983, 144; FamRZ 1983, 886 (887) = NJW 1983, 2321; FamRZ 1984, 149 (151) = NJW 1984, 292; FamRZ 2012, 517 Rn. 43 = NJW 2012, 1144; FamRZ 2012, 514 Rn. 23; OLG Frankfurt FamRZ 1984, 798 (800); NJW-RR 1993, 268: Umzug aus DDR nach Westdeutschland mit Neueinrichtung nach westdeutschem Standard anerkannt; OLG Koblenz FamRZ 1991, 1187 (Mietmehrkosten).

[3582] BGH FamRZ 1983, 886 (887) = NJW 1983, 2321; FamRZ 1984, 149 (151) = NJW 1984, 292; FamRZ 1984, 151 (153) = NJW 1984, 294; FamRZ 1984, 772 (774); FamRZ 2012, 517 Rn. 43 = NJW 2012, 1144; FamRZ 2012, 514 Rn. 23; aA: OLG Hamburg FamRZ 1982, 925 (pauschale Erhöhung); OLG Frankfurt FamRZ 1984, 798 (800): 20 % pauschale Erhöhung wegen Miete, Nebenkosten, Fahrtkosten, höheren Haushaltskosten.

[3583] OLG Düsseldorf FamRZ 1985, 1039.

[3584] BGH FamRZ 1983, 886 (887) = NJW 1983, 321; FamRZ 1984, 149 (151) = NJW 1984, 292; 1984, 151 (153) = NJW 1984, 294.

[3585] BGH FamRZ 1990, 1091; NJW 1991, 1290 = FamRZ 1991, 670; FamRZ 1991, 170 (171); NJW-RR 1990, 578 (579) = FamRZ 1990, 979.

[3586] BGH FamRZ 1990, 258.

[3587] BGH NJW 1990, 1477 (1480) = FamRZ 1990, 499.

[3588] BGH NJW-RR 1990, 578 (579).

b) Finanzierungsaufwand für Zugewinnausgleich

Finanzierungsaufwand für die Zugewinnausgleichszahlung mag (im weiteren Sinne) **1035** Folgebedarf der Trennung sein, ist jedoch nicht absetzbar, da ansonsten der Berechtigte die eigene Ausgleichsforderung über den Unterhalt mittragen würde.[3589] Zur Ausnahme Erwerb des Miteigentumsanteils am Familienheim → Rn. 1016.

c) Kredit aus Anlass Wiederheirat

Kredit aus Anlass der Wiederheirat. Die Verbindlichkeiten sind für die eigene Lebens- **1036** führung des Pflichtigen entstanden. Daher → Rn. 1049.

d) Kosten der Ausübung des Umgangsrechts

Die Kosten der Ausübung des Umgangsrechts mit den gemeinschaftlichen Kindern **1037** sind zunächst aus dem auf den Barunterhaltspflichtigen entfallenden hälftigen Kinder-geldanteil zu bestreiten und daher nur in Ausnahmen abzugsweise zu berücksichtigen. [3590] Eine solche Ausnahme liegt vor, wenn die Kosten dem Umgangsberechtigten „schlecht-hin unzumutbar" sind und dazu führen, dass er das Umgangsrecht nicht oder nur in eingeschränktem Umfang ausüben könnte.[3591] In Anwendung dieser Grundsätze hat die Rechtsprechung Umgangskosten für abzugsfähig gehalten, wenn der Pflichtige sie weder aus Kindergeld noch aus anderen Mitteln zahlen kann und sie durch den Umzug des betreuenden Elternteils verursacht wurde,[3592] nicht jedoch, wenn der Barunterhaltspflich-tige umgezogen ist.[3593] Hat der Schuldner dagegen auch Ehegattenunterhalt zu leisten, setzt er den Kindergeldanteil zT für diesen ein. Liegen die Kosten des Umgangsrechts deutlich über dem ihm verbleibenden Anteil (5,5/10), können sie durch einen (Teil-) Abzug vom Einkommen oder eine Erhöhung des Selbstbehalts Berücksichtigung fin-den.[3594] Der Umgangsberechtigte soll verpflichtet sein, die Kosten des Umgangsrechts zu gering wie möglich zu halten und zB öffentliche Verkehrsmittel in Anspruch zu neh-men.[3595] Die Umgangskosten sind stets so konkret darzulegen, dass eine richterliche Schätzung erfolgen kann. Denn nur dann kann festgestellt werden, ob der Unterhalts-pflichtige in der Lage ist, sie aus seinem Kindergeldanteil zu decken.[3596]
Für die Kosten des erweiterten Umgangs gilt nichts anderes. Verbleibt dem Unterhalts-schuldner nach Abzug dieser Kosten noch ein ausreichendes Einkommen, hat er sie selbst zu tragen.[3597] Zum Einfluss des erweiterten Umgangs auf den Bedarf des Kindes → Rn. 952.
Zu den Kosten des Umgangsrechts gehören angemessene Fahrt-[3598] und Übernach-tungskosten, Verpflegungsaufwand und ähnliches.

[3589] OLG Nürnberg OLGR 1997, 256; OLG Zweibrücken NZFam 2015 925 (Tomfort).
[3590] BGH NJW 1995, 717 = FamRZ 1995, 215.
[3591] BGH NJW 1995, 717 (718) = FamRZ 1995, 215; OLG Karlsruhe OLGR 2002, 105 (106).
[3592] OLG Jena FamFR 2010, 421 (Grün).
[3593] OLG Saarbrücken FamFR 2012, 9 (Alberts).
[3594] BGH FamRZ 2009, 1391 (1396) = NJW 2009, 2592 (2596) = MDR 2009, 1112 (1113); FamRZ 2009, 1300 (1306) mAnm Schürmann = NJW 2009, 2523 (2527) mAnm Born; FamRZ 2009, 1477 (1479) = NJW 2009, 2744 (2747); OLG Brandenburg NJW-Spezial 2008, 518, das ungewöhnlich hohe Umgangskosten verursacht durch den Umzug des betreuenden Elternteils zwischen beiden Eltern aufteilen will.
[3595] OLG Schleswig NZFam 2014, 425 (Schuldei).
[3596] OLG Brandenburg NJW-RR 2020, 325 (326).
[3597] BGH FamRZ 2014, 917 mAnm Schürmann = NJW 2014, 1958 Rn. 35 f.; OLG Brandenburg FamRZ 2017, 1135 (1136, Ls.).
[3598] OLG Bremen FamRZ 2008, 1274 = NJW-RR 2008, 177; FamRZ 2009, 889; OLG Schleswig NJW 2009, 1216 (1217); OLG Stuttgart FamRZ 2008, 1273 = NJW-RR 2008, 527.

e) Kosten für Besuche im Pflegeheim

1038   **Die Kosten für Besuche bei den unterhaltsberechtigten Eltern im Pflegeheim** sind vom Einkommen des unterhaltspflichtigen Kindes abzusetzen.[3599] Die Besuche dienen der grundgesetzlich durch Art. 6 Abs. 1 GG geschützten familiären Beziehung und entsprechen dem Bedürfnis, dem im Heim untergebrachten Elternteil Fürsorge zukommen zu lassen.[3600]

8. Schulden[3601]

a) Allgemeines

1039   **Verbindlichkeiten können die Leistungsfähigkeit des Verpflichteten mindern,** davon geht das Gesetz aus: §§ 1603 Abs. 1, 1581 S. 1 BGB. Es sind allerdings nicht alle Schulden zu berücksichtigen, sondern die Interessen der Berechtigten, den Unterhalt ungekürzt zu erhalten, und diejenigen des Pflichtigen an zeitnaher Tilgung und unterhaltsrechtlicher Berücksichtigung und – wenn auch nachrangig – die Interessen der Drittgläubiger sind durch den Tatrichter gegeneinander abzuwägen.[3602] Im Rahmen dieser Abwägung sind zu berücksichtigen der Zweck der Verbindlichkeiten, der Zeitpunkt und die Art ihrer Entstehung, die Dringlichkeit der beiderseitigen Bedürfnisse, die Kenntnis des Unterhaltsschuldners von Grund und Höhe der Unterhaltsschuld und seine Möglichkeit von Bedeutung, die Leistungsfähigkeit ganz oder teilweise wiederherzustellen.[3603] Um diese Abwägung zu ermöglichen, hat der Unterhaltsschuldner Angaben zum Zeitpunkt, Grund und Höhe der Verbindlichkeiten zu machen. Verbindlichkeiten, die in Kenntnis der Unterhaltsverpflichtung eingegangen sind, finden in der Regel keine Berücksichtigung, was auch für Zins- und Tilgungsleistungen eines Darlehns zur Finanzierung der selbstgenutzten Immobilie gilt.[3604]

Er hat darüber hinaus die regelmäßige Schuldentilgung nachzuweisen. Denn Schulden, die nicht bedient werden, mindern die Leistungsfähigkeit nicht und sind daher unbeachtlich.

1040   **aa) Verbindlichkeiten und Ehegattenunterhalt.** Verbindlichkeiten, die die Ehegatten vor der Trennung in ausdrücklichem oder stillschweigendem Einvernehmen eingegangen sind, sind einkommensmindernd zu berücksichtigen. Die zu ihrer Tilgung eingesetzten Mittel hätten auch bei Fortsetzung der Ehe für den allgemeinen Lebensbedarf nicht zur Verfügung gestanden.[3605] Neben diesen **ehebedingten Verbindlichkeiten** können die

---

[3599] 3164 BGH FamRZ 2013, 868 mAnm Hauß = NJW 2013, 1305 Rn. 30; OLG Köln FamRZ 2002, 572 (573).

[3600] BGH FamRZ 2013, 868 mAnm Hauß = NJW 2013, 1305 Rn. 30.

[3601] Benkelberg, Berücksichtigung von Schulden bei der Unterhaltsermittlung -steuer- und familienrechtliche Gestaltungsmöglichkeiten MDR 2000, 858 ff.; Bernreuther, Zur Berücksichtigung von Schulden des Unterhaltsverpflichteten bei der Unterhaltsberechnung FamRZ 1995, 769; Fischer-Winkelmann, Schuldzinsen und Einkommensermittlung bei Selbstständigen FamRZ 2002, 927 ff.

[3602] BGH FamRZ 1982, 23 (24) = NJW 1982, 232; BGH FamRZ 2014, 538 = NJW 2014, 1173 Rn. 42 BGH FamRZ 2019, 1415 = NJW 2019, 3783, Rn. 18 FamRZ 2022, 781 mAnm Norpoth = NJW 2022, 1386 mAnm Graba, Rn. 11 und 12; OLG Hamm FamRZ 1998, 1252; NJW-RR 1995, 1092 (1093) = FamRZ 1995, 1218; FamRZ 1996, 629 (631); KG FamRZ 1991, 808 (809); OLG Koblenz FamRZ 1991, 438 (439); OLG Köln NJW-RR 1992, 258 (259); bedenklich OLG Koblenz NJW-RR 2014,4, wonach bei beengten wirtschaftlichen Verhältnissen Schulden bis 100 EUR unberücksichtigt bleiben sollen.

[3603] So ausdrücklich BGH FamRZ 2019 1415 = NJW 2019, 3783, Rn. 18 mwN.

[3604] BGH FamRZ 2022, 781 mAnm Norpoth = NJW 2022, 1386 mAnm Graba, Rn. 14.

[3605] OLG Brandenburg FamRZ 2022, 442 (LS. mAnm Borth).

Leistungsfähigkeit des Unterhaltsschuldners (und auch den Bedarf des Berechtigten) auch Schulden mindern, die nach Trennung und Scheidung begründet worden sind.[3606] Es hat insoweit eine Interessenabwägung stattzufinden (→ Rn. 1039), in die auch Art und Zweck der Verbindlichkeiten einfließen (daher → Rn. 1041 ff.). Unberücksichtigt bleibt dabei, welcher der Ehegatten den Kredit aufgenommen hat und wem der von dem Kredit angeschaffte Haushaltsgegenstand zugewiesen wird.[3607]

Schulden, die der **Vermögensbildung** dienen, können im Grundsatz nicht berück-   **1041** sichtigt werden.[3608] Der Unterhaltspflichtige darf zu Lasten des Unterhaltsberechtigten weder eine Vermögensbildung beginnen noch eine solche aufrechterhalten.[3609] Kann eine vermögensbildende Maßnahme nur mit Verlusten beendet werden, kann eine sofortige Auflösung aber unzumutbar sein, wenn die Verpflichtungen vor Kenntnis der Unterhaltslast eingegangen wurden.[3610] Ist die vermögensbildende Verbindlichkeit bereits während der Ehe eingegangen worden, ist zu unterscheiden: **Bis zur Zustellung des Scheidungsantrages** nimmt der andere Ehegatte an der Vermögensbildung über den Zugewinnausgleich teil, so dass es gerechtfertigt erscheint, bis zu diesem Zeitpunkt die (Zins- und Tilgungs-)Leistung auf die Verbindlichkeit einkommensmindernd zu berücksichtigen. Nach Zustellung des Scheidungsantrages, damit vor allem für den **nachehelichen Unterhalt** liegt eine einseitige Vermögensbildung vor, so dass die Raten nicht abzugsfähig sind.[3611] Wurde während des ehelichen Zusammenlebens ein eindeutig abgrenzbarer Einkommensbestandteil für Zwecke der Vermögensbildung eingesetzt und stand damit für den Konsum nicht zur Verfügung, kann es jedenfalls bei guten Einkommensverhältnissen gerechtfertigt sein, die entsprechenden Abzüge auch nach der Trennung anzuerkennen.[3612]

Zur Berücksichtigung von Tilgungsleistungen beim Wohnwert → Rn. 863, 867.

Zur Berücksichtigung von Tilgungsleistungen bei Einkünften aus Vermietung und Verpachtung → Rn. 1007.

Sind die Verbindlichkeiten für den **Konsum** eingegangen, gilt: Die Kenntnis von der   **1042** Unterhaltsverpflichtung bei Begründung der Schulden, stellt allein keine Obliegenheitsverletzung dar. Berücksichtigung finden daher jedenfalls Schulden für notwendige, nicht anders finanzierbare Anschaffungen für Beruf oder allgemeine Lebensführung.[3613] Entsprechendes gilt für Rücklagen für notwendige Anschaffungen.[3614] Konnte der Unterhaltspflichtige bei Eingehung der Schulden damit rechnen, dass er nicht auf Unterhalt in Anspruch genommen werde, können die Schulden, wird eine Unterhaltsforderung dennoch geltend gemacht, nicht außer Betracht bleiben.[3615] Leichtfertig, ohne verständigen Grund oder zu luxuriösen Zwecken eingegangene Schulden können einkommensmin-

---

[3606] **AA** KG NJW 2008, 1631 f.

[3607] OLG Brandenburg FamRZ 2022, 442 (LS. mAnm Borth) = NJOZ 2021, 1413 Rn. 37.

[3608] BGH FamRZ 1984, 149 (151) = NJW 1984, 294; FamRZ 1984, 358 (360) = NJW 1984, 1237; NJW-RR 1995, 129 (130); OLG München OLGR 1999, 284; KG FamRZ 1984, 898 (900); OLG Köln FamRZ 1983, 750 (753); OLG Schleswig FamRZ 1993, 994.

[3609] BGH FamRZ 2007, 879 (881) = NJW 2007, 1974 (1976); FamRZ 2008, 963 (965) mAnm Büttner = NJW 2008, 1946 (1947).

[3610] OLG München OLGR 1999, 284.

[3611] BGH FamRZ 2007, 879 (881) = NJW 2007, 1974 (1976); FamRZ 2008, 963 (965) mAnm Büttner = NJW 2008, 1946 (1947).

[3612] OLG Düsseldorf FamRZ 2022, 1611 (1613).

[3613] BGH FamRZ 1982, 157 (158) = NJW 1982, 380; FamRZ 1994, 824; OLG Karlsruhe OLGR 2002, 105 (106); OLG Köln FamRZ 1994, 1406 (1407).

[3614] OLG Nürnberg FamRZ 2010, 1345 (Ls.): Darlehen zum Erwerb einer erforderlichen Wohnungseinrichtung.

[3615] BGH FamRZ 2003, 1179 (1180); FamRZ 2005, 26 (29); OLG Köln FamRZ 2005, 720.

dernd nicht berücksichtigt werden.[3616] Das gleiche gilt für nicht zwingend notwendige Schulden, wie Schulden aus Strafverfahren oder Zivilverfahren, in denen versäumt wurde, Prozess- bzw. Verfahrenskostenhilfe zu beantragen.[3617] Nicht einkommensmindernd anzurechnen sind zudem solche, die der Schuldner unschwer begleichen kann, zB aus einer Erbschaft.[3618] Unterhaltspflichten gegenüber Dritten finden für die Vergangenheit bis zur titulierten Höhe Anrechnung. Für die Zukunft darf nur der **materiell-rechtlich geschuldete Unterhalt** berücksichtigt werden; der Schuldner ist ggf. auf einen Abänderungsantrag zu verweisen. Anzuerkennende Konsumkredite finden auch mit ihrem Tilgungsanteil Berücksichtigung. Dies erscheint zweifelhaft, weil der BGH eine Vermögensbildung zulasten des Unterhaltsberechtigten nicht zulässt,[3619] letztlich aber jede Schuldentilgung eine – wenn auch oft nicht nachhaltige- Vermögensbildung darstellt.[3620] Das anerkennenswerte Interesse des Unterhaltspflichtigen an einer Schuldentilgung spricht allerdings dafür, den vollständigen Tilgungsanteil jedenfalls ehebedingter Schulden zu berücksichtigen.

1043   **bb) Verbindlichkeiten und Kindesunterhalt.** Kinder können auch bei äußerster Anstrengung ihren notwendigen Lebensbedarf nicht selbst decken. Für die gleichwohl auch hier vorzunehmende **umfassende Interessenabwägung**[3621] ist zunächst auf die wirtschaftliche Abhängigkeit der Kinder hinzuweisen. Diese teilen die Lebensstellung der Eltern,[3622] so dass Verbindlichkeiten, die die Eltern zur Sicherung des gemeinsamen Lebensbedarfs eingegangen sind und die deshalb auch bei Fortbestand der Ehe den Familienunterhalt geschmälert hätten, abzugsfähig sind.[3623] Gleiches gilt, wenn das Darlehn für lebensbedingt notwendige Anschaffungen wie eine nach der Trennung erforderliche Wohnungseinrichtung aufgenommen wurde.[3624] Ist allerdings der **Mindestbedarf des Kindes** nicht gedeckt, gibt die Rechtsprechung dem Schuldner nur einen Anspruch darauf, dass seine Verschuldung nicht wächst, so dass Tilgungsraten teilweise unberücksichtigt bleiben sollen.[3625] Zudem müsse er sich intensiv um eine Tilgungsstreckung bemühen.[3626] Zu bedenken ist allerdings, dass Kreditgeber sich in seltensten Fällen mit einer Tilgungsstreckung oder gar einem Unterbleiben der Tilgung einverstanden erklären werden. Die Möglichkeit eines Verbraucherinsolvenzverfahrens ist in Betracht zu ziehen, → Rn. 123, 1046.

[3616] BGH FamRZ 1996, 160 (162) = NJW-RR 1996, 321; FamRZ 1982, 157 (158) = NJW 1982, 380; FamRZ 1984, 358 (360) = NJW 1984, 1237; OLG Düsseldorf FamRZ 2007, 1039 (1040); OLG Karlsruhe OLGR 2002, 105 (106). OLG Oldenburg MDR 1986, 851.

[3617] OLG Hamm FamRZ 1997, 962; FamRZ 1996, 959 (Leichtfertigkeit bei Entstehung der Schulden); OLG Bremen FamRZ 1997, 1418; AG Tempelhof-Kreuzberg FamRZ 2001, 1727.

[3618] OLG Köln FamRZ 2008, 1536 f.

[3619] BGH FamRZ 2007, 879 (881) = NJW 2007, 1974 (1976); FamRZ 2008, 963 (965) mAnm Büttner = NJW 2008, 1946 (1947).

[3620] Balzer/Gutdeutsch, Die Berücksichtigung doppelvalenter Vermögenspositionen bei der Berechnung des Zugewinnausgleichs und des Unterhalts, FamRZ 2010, 341 (344).

[3621] BGH FamRZ 2013, 1558 mAnm Maurer = NJW 2013, 2897 Rn. 19; FamRZ 2019, 1415 = NJW 2019, 3783, Rn. 18; FamRZ 2022, 781 mAnm Norpoth = NJW 2022, 1386 mAnm Graba Rn. 11 und 12; OLG Brandenburg FamRZ 2018, 1000 (Ls.) = NZFam 2018, 224 mAnm Elden Rn. 30.

[3622] BGH FamRZ 1981, 543 (544); FamRZ 1987, 58; FamRZ 1989, 172; FamRZ 2002, 536 (541 f.).

[3623] BGH FamRZ 1996, 160 (161), FamRZ 2019, 1415 = NJW 2019, 3783, Rn. 18

[3624] OLG Nürnberg FamRZ 2010, 1345 (Ls.).

[3625] OLG Hamm FamRZ 1999, 1014; FamRZ 2003, 1214 f.

[3626] BGH FamRZ 2022, 781 mAnm Norpoth = NJW 2022, 1386 mAnm Graba Rn. 20; OLG Brandenburg FamRZ 2018, 1000 (Ls.) = NZFam 2018, 224 mAnm Elden Rn. 30; OLG Frankfurt/M. NZFam 2021, 603 (Maaß); OLG Rostock FamRZ 2009, 1922 (1923): auch ggü dem Anspruch des volljährigen Kindes aus § 1610 BGB; Borth Anm. zu OLG Hamm FamRZ 2001, 441 f.

cc) Verbindlichkeiten und sonstiger Verwandtenunterhalt. Sind Kinder ihren Eltern 1044
oder Großeltern ihren Enkeln zum Unterhalt verpflichtet, ist im Rahmen der vorzuneh-
menden Gesamtabwägung regelmäßig ein großzügiger Maßstab anzuwenden, da weder die
Kinder noch die Großeltern im Regelfall mit einer Inanspruchnahme rechnen müssen.[3627]
Zu berücksichtigen sind daher neben den inzwischen allgemein anerkannten Tilgungsraten
für das selbstgenutzte Familienheim[3628] zB auch Aufwendungen für einen Prämienspar-
vertrag einschließlich der sich ergebenden – wieder angesparten – Rendite.[3629] Allerdings
ist auch hier eine Interessenabwägung vorzunehmen. Belastungen sind nicht allein deshalb
abzugsfähig, weil sie die Lebensstellung vor der Inanspruchnahme von Ehegattenunterhalt
geprägt haben.[3630] Luxusaufwendungen, wie zB die monatlichen Kosten für ein Reitpferd
finden allerdings auch beim Elternunterhalt keine Berücksichtigung.[3631]

Verbot der Doppelverwertung. Verbindlichkeiten können sowohl im Unterhalt als 1045
auch im Zugewinnausgleich bedeutsam sein. Nach der Rechtshängigkeit des Scheidungsantrages und Geltendmachung des Zugewinnausgleichs sollen wegen des Verbots der
Doppelverwertung Tilgungsleistungen nur noch im Zugewinnausgleich Berücksichtigung
finden.[3632] Die Einzelheiten sind auch hier streitig. → Rn. 881.

b) Verbraucherinsolvenzverfahren

Der Unterhaltsschuldner ist, wenn er nicht im Einzelfall die Unzumutbarkeit darlegt, 1046
verpflichtet, zur Deckung des Unterhaltsbedarfs minderjähriger Kinder ein Verbraucherinsolvenzverfahren einzuleiten.[3633] Er ist gehalten, Zahlungen an die Drittgläubiger bis
zur Höhe der Pfändungsfreigrenzen einzustellen,[3634] um den unterhaltsberechtigten Kindern die Möglichkeit der erweiterten Pfändung bis zum Selbstbehalt nach § 850d ZPO[3635]
zu eröffnen. Damit räumt die Rechtsprechung in Abkehr von dem bisherigen Dogma[3636]
den Unterhaltsansprüchen jedenfalls der minderjährigen Kinder den Vorrang vor den
sonstigen Verbindlichkeiten des Schuldners ein. Im Verhältnis zu dem getrenntlebenden
oder geschiedenen Ehegatten besteht eine solche Obliegenheit nicht.[3637] Wegen der Einzelheiten → Rn. 122 f.

Zahlungen an den Insolvenzverwalter können einkommensmindernd zu berücksichtigen sein, wenn der Unterhaltsschuldner im Rahmen des Insolvenzverfahrens seine
unterhaltsrechtlichen Obliegenheiten erfüllt.[3638]

[3627] BGH FamRZ 2003, 1179 (1181) = NJW 2003, 2306 (2308).

[3628] → Rn. 863 und 867.

[3629] OLG Düsseldorf NJW-RR 2009, 1229.

[3630] BGH FamRZ 2010, 1535 (1536) = NJW 2010, 3161 (3163) = MDR 2010, 1188 (1189).

[3631] BGH FamRZ 2014, 538 = NJW 2014, 1173 Rn. 47.

[3632] OLG München FamRZ 2005, 713; Gerhardt/Schulz, Verbot der Doppelberücksichtigung von
Schulden beim Unterhalt und Zugewinn, FamRZ 2005, 317 ff.; Schulz, Zur Doppelberücksichtigung
von Vermögenspositionen beim Unterhalt und Zugewinn, FamRZ 2006, 1237 ff.; Balzer/Gutdeutsch,
Die Berücksichtigung doppelvalenter Vermögenspositionen bei der Berechnung des Zugewinnaus-
gleichs und des Unterhalts, FamRZ 2010, 341 (**anders** Hoppenz, Zur Konkurrenz von Unterhalt und
Zugewinn, FamRZ 2006, 1242 (1246).

[3633] BGH NJW 2005, 1279 = FamRZ 2005, 608 = MDR 2005, 812 mAnm Niepmann; FamRZ
2015, 1473 = NJW 2015, 2493 Rn. 35 ff; BGH FamRZ 2019, 1415 = NJW 2019, 3783, Rn. 18.

[3634] OLG Celle FamRZ 2005, 1504 (1505).

[3635] BGH FamRZ 1984, 657 = NJW 1984, 1641; Büttner FamRZ 1994, 1433 (1437); zu den
Maßstäben für die Bemessung des Pfändungsfreibetrages im Rahmen der Unterhaltsvollstreckung vgl.
BGH FamRZ 2003, 1466; FamRZ 2004, 620 f. u. 621 f. mAnm Schürmann.

[3636] BGH FamRZ 1984, 657 (658); OLG Hamm FamRZ 1998, 1252 (1253).

[3637] BGH FamRZ 2008, 497 (499) mAnm Hauß.

[3638] OLG Karlsruhe NJW-RR 2015, 1478 Rn. 28 und 30 f.

c) Verbindlichkeiten aus gemeinsamer Lebensführung

1047   Die **Miete der Ehewohnung** gehört in der Regel zum allgemeinen Lebensbedarf und ist nicht gesondert in Abzug zu bringen.[3639] → Rn. 1010 (Wohnkosten und Selbstbehalt).

1048   **Gemeinsam geplante, noch nicht durchgeführte Vorhaben** dürfen gegen den Willen des anderen Ehegatten nicht zu Lasten der Leistungsfähigkeit weiterverfolgt werden,[3640] es sei denn, es handelt sich um notwendige oder nützliche, auch im Interesse des Unterhaltsberechtigten sinnvolle Investitionen. → Rn. 1042.

d) Zur eigenen Lebensführung notwendige Verbindlichkeiten

1049   **Allgemeine Lebenshaltungskosten** sind nicht absetzbar. Darunter fallen zB Anschaffung von elektronischen Geräten jeder Art,[3641] Konsumkredite für Lebenshaltung und Hausrat,[3642] Möbel, Pkw,[3643] Spielschulden,[3644] Steuerberaterhonorar im Normalfall bei Arbeitnehmer.[3645]

Für die **eigene Lebensführung des Verpflichteten erforderliche Verbindlichkeiten,** zB notwendige Anschaffungen,[3646] etwa eine neue Einrichtung für seine Wohnung nach Trennung oder Scheidung der Ehe[3647] oder ein zur Berufsausübung benötigtes Kraftfahrzeug, kann er dem Berechtigten grundsätzlich entgegenhalten. Der Pflichtige muss die Notwendigkeit der Kreditaufnahme allerdings im Einzelnen darlegen,[3648] zB ausführen, warum eine Hausratsteilung nicht erfolgen konnte, warum er nicht kostengünstiger gebrauchte Möbel angeschafft hat. Kommt er dieser Substantiierungspflicht nicht nach, bleibt die Verbindlichkeit ganz oder teilweise unberücksichtigt. Die Kreditaufnahme darf sich nicht als Verletzung unterhaltsrechtlicher Obliegenheiten darstellen, → Rn. 1040.

e) Nacheheliche Schulden

1050   **Gemeinsam geplante Schulden beim Zusammenleben geschiedener Ehegatten nach der Scheidung** können im Grundsatz nicht anders behandelt werden als einverständlich begründete Schulden während ehelichen Zusammenlebens.[3649]

f) Unterhalt

1051   **Kindesunterhalt** ist zur Errechnung des Ehegattenunterhalts vorab vom Einkommen des Pflichtigen abzusetzen, und zwar mit dem Tabellenbetrag nach Abzug des anteiligen Kindergeldes (→ Rn. 893 aE). Zu berücksichtigen ist der Unterhalt, wenn er tatsächlich gezahlt wird.[3650] Maßgebend ist dabei die Höhe der erbrachten Zahlungen. Entrichtet der

---

[3639] OLG Köln FamRZ 2002, 98.
[3640] BGH FamRZ 1983, 670 (673).
[3641] OLG Saarbrücken NJW-RR 1990, 1027 (1028).
[3642] OLG Hamm FamRZ 1990, 998 (999).
[3643] OLG Nürnberg FamRZ 1992, 682 (683).
[3644] OLG Hamm FamRZ 1992, 1178 (1179).
[3645] OLG Hamm FamRZ 1992, 1177.
[3646] OLG Frankfurt FamRZ 1978, 434.
[3647] OLG Frankfurt NJW-RR 1993, 968; OLG Hamm FamRZ 1995, 1580; OLG Nürnberg FamRZ 2010, 1345 (Ls.).
[3648] OLG Brandenburg NZFam 2022, 975 mAnm Niepmann; OLG Frankfurt FamRZ 1979, 41; SchlHOLG SchlHA 1978, 67: nicht anerkannt 19 500 EUR für Erwerb und Erneuerung eines Segelboots; OLG Köln FamRZ 1979, 134: nicht anerkannt PKW, den Ehefrau des Verpflichteten wegen Knieverletzung benötigte (nicht zweifelsfrei); KG DAVorm 1977, 88: nicht anerkannt Pkw, da Verpflichteter alleiniger Nutzer.
[3649] OLG Hamm FamRZ 1984, 283 (284).
[3650] OLG Koblenz FamRZ 2018, 1584 (1585) mAnm Borth.

Schuldner allerdings – zB aufgrund eines alten Titels – einen zu hohen Unterhalt, ist nicht dieser, sondern der tatsächlich geschuldete Betrag anzusetzen.[3651] Der Schuldner ist auf ein Abänderungsverfahren nach § 238 FamFG zu verweisen. Ist der Unterhaltsschuldner also mehreren Berechtigten zum Unterhalt verpflichtet, sind die Unterhaltsansprüche so zu beurteilen, als werde gleichzeitig über sie entschieden.[3652] Kann der Unterhaltsanspruch eines gleichrangigen Kindes allerdings – da z. B. die Voraussetzungen des Verzuges nicht vorliegen- nicht mehr geltend gemacht werden, steht das nicht benötigte Einkommen des Schuldners für anderweitigen Kindesunterhalt zur Verfügung.[3653] Zur bedarfsprägenden Wirkung der Unterhaltslast für nicht gemeinschaftliche Kinder, → Rn. 18.

Zum Abzug des Haftungsanteils des überwiegend betreuenden unterhaltsberechtigten Elternteils am Kindesunterhalt (Barunterhalt in Form von Naturalunterhalt) zur Errechnung des Ehegattenunterhalts → Rn. 175, 895.

Vom Einkommen des Pflichtigen abzusetzen ist der Unterhalt für ein volljähriges Kind.[3654] Der Vorrang des Ehegattenunterhalts (§ 1609 BGB) gegenüber nicht privilegierten volljährigen Kindern wirkt sich erst im Mangelfall aus, wenn also der Pflichtige bei Abzug des Volljährigenunterhalts den nach den ehelichen Lebensverhältnissen bemessenen Unterhalt der vorrangigen Ehefrau nicht mehr entrichten kann. Zur Berechnung des Unterhalts für ein privilegiert volljähriges Kind bei Vorhandensein minderjähriger Kinder → Rn. 134.

Der einem Elternteil zum Unterhalt Verpflichtete kann einen Anspruch auf Betreuungsunterhalt nach § 1615l BGB einkommensmindernd geltend machen, wenn er dessen Voraussetzungen darlegen und beweisen kann.[3655]

Löst der Vorwegabzug des Kindesunterhalts einen Unterhaltsanspruch des Barunterhaltspflichtigen aus, hat die bisher herrschende Auffassung in Literatur und Rechtsprechung einen Vorwegabzug abgelehnt.[3656] Dem ist der Bundesgerichtshof nicht gefolgt, sondern nimmt einen Vorwegabzug auch dann vor, wenn durch ihn das Einkommen des barunterhaltspflichtigen Elternteils unter das des betreuenden fällt.[3657] Die zwangsläufige Folge eines Unterhaltsanspruchs des betreuenden Elternteils gegen den anderen nimmt der Bundesgerichtshof hin. Denn der Barbedarf für gemeinsame minderjährige Kinder präge den Lebensstandard der Familie, da er für den Bedarf beider Eheleute nicht mehr zur Verfügung stehe. Eine Differenzierung danach, ob der dem anderen Ehegatten zum Unterhalt Verpflichtete oder der Berechtigte den Barunterhalt der Kinder bestreite, sei nicht gerechtfertigt.[3658] Die Entscheidung betrifft den Barunterhalt minderjähriger Kinder. Beim volljährigen Kind bestimmt das Einkommen der Eltern die Haftungsquote für den Unterhalt; der jeweilige Anteil ist vom Einkommen beider Eltern abzusetzen, so dass ein Absinken der Einkünfte des einen unter die des anderen allein durch den Vorwegabzug, nicht denkbar ist.

Ein Vorwegabzug entfällt allerdings, wenn und soweit er dazu führt, dass der Mindestbedarf des unterhaltsberechtigten Ehegatten unterschritten wird,[3659] ebenso, wenn er beim

1052

[3651] BGH FamRZ 2003, 363 (367) = NJW 2003, 1112 (1115).

[3652] OLG Koblenz FamRZ 2018, 1584 (1585) mAnm Borth.

[3653] BGH FamRZ 2019, 1415 = NZFam 2019, 713 mAnm Niepmann Rn. 28; FamRZ 2020, 577 = NZFam 2020, 244 mAnm Bruske Rn. 29.

[3654] BGH NJW 1985, 2713 (2716); FamRZ 1986, 553 (555 f.) = NJW 1986, 985; FamRZ 1987, 456 (458) = NJW 1987, 1551; OLG Hamburg FamRZ 1986, 1212 (1213).

[3655] BGH FamRZ 2016, 887 mAnm Seiler = NJW 2016, 1511 Rn. 13 und 20.

[3656] So die Vorauflage, Rn. 1052; OLG Hamburg FamRZ 1986, 1001 und 1212 (1213); OLG Köln NJW-RR 2001, 1371 (1372); OLG Jena FamRZ 2004, 1207; s auch → Rn. 28.

[3657] BGH FamRZ 2016,199 = NJW 2016, 322 Rn. 16.

[3658] BGH FamRZ 2016,199 = NJW 2016, 322 Rn. 16.

[3659] BGH FamRZ 2016,199 = NJW 2016, 322 Rn. 14.

Unterhalt privilegierter volljähriger Kinder bewirkt, dass dem Berechtigtem nicht einmal ein dem angemessenen Selbstbehalt entsprechender Betrag zur Verfügung steht.[3660]

1053   **Unterhaltszahlungen auf Grund freiwilliger vertraglicher Pflicht** werden überwiegend nicht oder nur einschränkend berücksichtigt.[3661] So ist eine Anrechnung unzulässig, wenn die gesetzlich nicht geschuldeten Leistungen in Kenntnis anderweit bestehender gesetzlicher Unterhaltspflichten oder gar in der Absicht erbracht werden, den gesetzlich Berechtigten zu benachteiligen. Entspricht dagegen die vertragliche Unterhaltsleistung der gesetzlichen Pflicht, steht ihrer Berücksichtigung grundsätzlich nichts entgegen; allerdings ist ihr Rang zu berücksichtigen, denn nachrangige Unterhaltspflichten behalten auch bei vertraglicher Regelung ihren Nachrang. Ferner sind Fälle denkbar, in denen Unterhalt rechtlich nicht geschuldet wird, gleichwohl eine so starke sittliche Pflicht zur laufenden finanziellen Hilfe besteht, dass sie auch unterhaltsrechtlich Beachtung verdient.

1054   **Unterhaltsleistungen über den Rahmen des gesetzlich Geschuldeten** hinaus sind grundsätzlich nicht vorweg abziehbar, es sei denn die Leistungen sind während der Ehe über einen längeren Zeitraum hinweg erbracht worden. Ist auf Verlangen des Unterhaltsberechtigten ein **höherer** als der gesetzlich geschuldete **Unterhalt tituliert,** kann zu Gunsten des Pflichtigen im Verhältnis zu dem anderen Ehegatten ein größerer Selbstbehalt zu berücksichtigen sein,[3662] für die Zukunft ist allerdings eine Abänderung herbeizuführen. Diese bewirkt bei Unterhaltsansprüchen minderjähriger Kinder deren gleichmäßige Begünstigung, sofern die Vorschrift des § 1613 Abs. 1 BGB diese zulässt.[3663]

g) Sonstige Verbindlichkeiten

1055   **aa) Geschäftliches Missgeschick. Verbindlichkeiten infolge eines unverschuldeten geschäftlichen Missgeschicks** sind zu berücksichtigen.[3664] Auch verschuldete Verbindlichkeiten führen nicht unterschiedslos zu ihrer Nichtberücksichtigung. Es wird auf den Verschuldensgrad und allgemein auf die konkreten Umstände der Verschuldung ankommen.[3665] Schulden aus früherer selbstständiger Geschäftätigkeit bleiben, weil vorwerfbar, unberücksichtigt, wenn bei Aufnahme des Geschäfts nach den erkennbaren Umständen – Erkundigungspflicht des Geschäftsunerfahrenen über die Risiken des geplanten Unternehmens – dessen Scheitern absehbar war.[3666] Gleiches gilt für Verluste aus einer selbständigen Nebentätigkeit, wenn über 10 Jahre keine Gewinne erzielt wurden und diese auch künftig nicht zu erwarten sind.[3667]

1056   **bb) Geldstrafen und Bußen.** Die Abzugsfähigkeit derartiger Verbindlichkeiten lässt sich nicht grundsätzlich bejahen oder verneinen. Anhand der Umstände des Einzelfalles erfolgt eine Abwägung nach Billigkeitsgesichtspunkten unter Berücksichtigung der Interessen beider Parteien.[3668] Hierbei wird ua abgestellt auf die Art des Delikts, den Grad des – unterhaltsrechtlichen – Verschuldens des Verpflichteten, → Rn. 674, die Vermeidbarkeit der Verbindlichkeit und den Zeitpunkt ihrer Entstehung im Verhältnis zur Unterhaltspflicht.[3669] In Anwendung dieser Grundsätze kann zB eine Geldbuße, die wegen der

---

[3660] OLG Celle NJW-RR 2010,1371 (1372 f.).
[3661] BGH FamRZ 2005, 1817 (1820).
[3662] OLG Hamm FamRZ 1996, 862 f.
[3663] BGH FamRZ 2019, 1415 = NJW 2019, 3783 Rn. 22.
[3664] LG Köln DAVorm 1977, 39: abzugsfähig Verpflichtung aus einer Bürgschaft für Schulden des Arbeitgebers.
[3665] → auch Rn. 676.
[3666] OLG Köln FamRZ 1994, 1406 (1407): Geschenkboutique.
[3667] OLG Frankfurt/M. FamRZ 2022, 1376 (1377).
[3668] BGH FamRZ 2013, 1554 = NJW 2013, 3024 Rn. 18.
[3669] BGH FamRZ 2013, 1554 = NJW 2013, 3024 Rn. 33.

Nichteinhaltung bauordnungsrechtlicher Bestimmungen für ein Haus in Italien zu zahlen ist, abzugsfähig sein.[3670]

cc) Notwendige Prozesskosten. Notwendige Prozesskosten sind in angemessenen Raten abzugsfähig. Zu ihnen gehören die Kosten des Scheidungsverfahrens[3671] einschließlich der amtswegigen Folgesache Versorgungsausgleich auch diejenigen eines Kündigungsschutzverfahrens.[3672] Die Kosten des Unterhaltsverfahrens, gleich ob als Folgesache oder isoliertes Verfahren, sind regelmäßig nicht abzugsfähig, da sonst der Unterhaltsberechtigte über den Unterhalt den von ihm betriebenen oder gegen ihn gerichteten Prozess mitfinanzieren würde. Im Übrigen sind in die notwendige Interessenabwägung Anlass und Erfolg des vom Unterhaltspflichtigen geführten Prozesses einzubeziehen. Darüber hinaus ist zu prüfen, ob er nicht Verfahrenskostenhilfe in Anspruch nehmen kann. 1057

Die Abzugsfähigkeit von Prozesskostenhilfe- und Verfahrenskostenhilferaten richtet sich nach denselben Regeln. Die im Scheidungsverfahren festgesetzten Raten sind zur Errechnung des Ehegattenunterhalts zu berücksichtigen.[3673] Beim Kindesunterhalt gilt dies schon deshalb nicht, weil die Ratenhöhe von dem an das Kind zu zahlenden Unterhalt abhängig ist.[3674] Im Übrigen ist der Unterhaltsschuldner gehalten, die Höhe der zu zahlenden Raten überprüfen zu lassen und auf eine Herabsetzung oder einen Fortfall hin zu wirken.[3675] 1058

dd) Rückständige Verbindlichkeiten. Rückständige Verbindlichkeiten (etwa Unterhalt oder Steuern) können jedenfalls dann dem Berechtigten nicht einkommensmindernd entgegengehalten werden, wenn ihre rechtzeitige Erfüllung möglich und zumutbar war, und zwar auch nicht, wenn wegen der Rückstände eine Lohnpfändung erfolgt. Wird rückständiger Unterhalt auf Grund eines rechtskräftigen Titels, gegen den auch eine Abänderungsantrag nicht oder nicht erfolgreich erhoben wurde, geschuldet, ist eine Berufung auf diese Rückstände mit Erfolg nicht möglich, denn in diesen Fällen muss davon ausgegangen werden, dass der Verpflichtete den Unterhalt zahlen konnte und das auch rechtzeitig tun musste. Eine Abänderung rechtskräftiger Titel im Wege des Schuldenabzugs von Rückständen kann nicht hingenommen werden. 1059

h) Tilgungsplan

Die **Schuldentilgung hat nach einem angemessenen Tilgungsplan** – angemessen bei objektiver Betrachtung – zu erfolgen.[3676] Eine während intakter Ehe zu niedrige Tilgungsrate kann nach der Trennung auf eine objektiv angemessene Höhe gehoben, eine zu hohe Tilgung muss auf ein entsprechendes Niveau gesenkt werden.[3677] Der Unterhaltsverpflichtete muss sich nach besten Kräften um eine Tilgungsherabsetzung, falls sie erwartet 1060

[3670] BGH FamRZ 2013, 1554 = NJW 2013, 3024 Rn. 33.

[3671] OLG Karlsruhe NJW-RR 1998, 578; OLG Saarbrücken FamRZ 2022, 1186 (1189) = NZFam 2022, 977 (Reinken).

[3672] OLG Saarbrücken FamRZ 2022, 1186 (1189).

[3673] OLG Hamm FamRZ 1996, 166.

[3674] OLG Brandenburg FamRZ 2017, 1135 (1136 Ls.); OLG Frankfurt/M. FamRZ 2018, 1314; OLG Stuttgart NJW-RR 1995, 776 = FamRZ 1994, 1403.

[3675] AG Kerpen FamRZ 1994, 1424 (1425).

[3676] BGH FamRZ 1982, 678 (679) = NJW 1982, 1641; FamRZ 1982, 250 (252) = NJW 1982, 822; FamRZ 1984, 657 (658); FamRZ 1982, 23 (24) = NJW 1982, 232; NJW 1992, 2477 (2480); OLG Hamm FamRZ 1997, 821; OLG Köln FamRZ 1982, 706 (709) u. 1105 (1106); OLG Bamberg FamRZ 1997, 23.

[3677] BGH FamRZ 1982, 678 (679) = NJW 1982, 1641; OLG Hamm FamRZ 1997, 821 und 1073; FamRZ 1995, 1218.

werden kann, bemühen und im Einzelnen darlegen und beweisen, was er dieser halb veranlasst hat und dass ggf. eine Herabsetzung unmöglich ist.[3678] Dem Unterhaltsverpflichteten ist so viel an Mitteln zu belassen, dass er zumindest ein Anwachsen der Schuld durch volle Zinszahlung verhindern kann.[3679] Ggf. hat er ein Verbraucherinsolvenzverfahren einzuleiten, → Rn. 122 f., 1046.

1061   Die **Darlegungs- und Beweislast** für die Umstände, aus denen die Berücksichtigung der Schulden folgen soll, trägt der Unterhaltspflichtige, denn er macht eine Minderung seiner Leistungsfähigkeit geltend.[3680]

9. Vermögenswirksame Leistungen, Vermögensbildung

1062   **Aufwendungen, die der Vermögensbildung dienen,** können dem Berechtigten im Regelfall nicht einkommensmindernd entgegengehalten werden.[3681]

1063   **Vermögenswirksame Leistungen des Verpflichteten** können daher dem Berechtigten nach herrschender Meinung nicht anspruchsmindernd entgegengehalten werden, wenn sie nicht der zusätzlichen Altersversorgung dienen; → Rn. 1030. Sie werden vielmehr den Nettoeinkünften des Verpflichteten hinzugerechnet.[3682] Die Erfüllung der Unterhaltspflicht geht der Bildung eigenen Vermögens vor.[3683] Zum Ausgleich dafür, dass diese Beträge dem Verpflichteten zur Zeit tatsächlich nicht zur Verfügung stehen, bleiben andererseits die zur Vermögensbildung gezahlten Beiträge (Sparzulagen des Arbeitgebers oder des Staates) bei der Ermittlung des Einkommens außer Betracht.[3684] Gleiches gilt für Beiträge zu einer Direktversicherung, die Gehaltsbestandteil sind.[3685]

Abweichend hiervon sehen einige Oberlandesgerichte grundsätzlich vermögensbildende Maßnahmen im angemessenen Umfang als zulässig an.[3686]

C. Zeitliche Begrenzung, Minderung und Ausschluss des Unterhaltsanspruchs (§§ 1578b, 1579 und 1611 BGB)

I. Allgemeines

1064   **Bis zum 31.12.2007** konnten nur einzelne Tatbestände des nachehelichen Unterhalts, nämlich der Unterhaltsanspruch wegen Arbeitslosigkeit und der Aufstockungsunterhalt zeitlich befristet werden (§ 1573 Abs. 5 BGB aF) werden. § 1578 Abs. 1 BGB aF sah darüber hinaus für alle nachehelichen Unterhaltstatbestände die Möglichkeit einer Begrenzung auf den angemessenen Lebensbedarf vor. Maßgebendes Kriterium war dabei die Dauer der Ehe gerechnet von der Eheschließung bis zur Rechtskraft der Ehescheidung und verlängert um die Zeit der Kinderbetreuung. In seiner Entscheidung vom

---

[3678] OLG Hamm NJW-RR 1994, 770 (771) = FamRZ 1994, 1253: Elterndarlehen.

[3679] BGH FamRZ 1982, 678 (679); OLG Nürnberg FamRZ 1998, 312; OLG Hamm NJW 1995, 1843 = FamRZ 1995, 1217; NJW-RR 1995, 1092 (1093) = FamRZ 1995, 1218.

[3680] BGH NJW-RR 1990, 323 = FamRZ 1990, 283; OLG Hamm NJW-RR 1994, 707 (708).

[3681] → Rn. 1043.

[3682] ZB 10.6 der unterhaltsrechtlichen Leitlinien der OLGe Brandenburg, Celle, Düsseldorf, Hamburg, Hamm, Koblenz, Köln, Schleswig.

[3683] So schon LG Düsseldorf DAVorm 1978, 177 ff.

[3684] → Rn. 820, ferner OLG Düsseldorf FamRZ 1994, 1049; die Leitlinien fast aller OLG Nr. 10.6; Mayer/Mayer FamRZ 1993, 258; Becker FamRZ 1993, 1031.

[3685] OLG Schleswig FamRZ 2005, 211 (Ls.); OLG Celle FamRZ 2005, 292.

[3686] 10.6 der unterhaltsrechtlichen Leitlinien der OLG Berlin (KG), Braunschweig, Bremen, Dresden, Frankfurt/M., Rostock.

12.4.2006[3687] ist der Bundesgerichtshof von dieser Betonung der Ehedauer abgewichen und hat als entscheidendes Kriterium für eine Befristung oder Begrenzung auf die ehebedingten Nachteile abgestellt: Stellt sich die den Unterhaltsanspruch auslösende Einkommensdifferenz als ehebedingter Nachteil dar, ist dieser in der Regel dauerhaft unterhaltsrechtlich auszugleichen. Liegt ein ehebedingter Nachteil dagegen nicht vor, kommt nach einer gewissen Übergangszeit ein Unterhaltsanspruch nicht mehr in Betracht. Der bedürftige Ehegatte ist auf sein eigenes Einkommen zu verweisen, wenn dies nicht aufgrund der besonderen Dauer der Ehe und der dadurch bedingten Verschmelzung der wirtschaftlichen Verhältnisse unbillig erscheint.[3688]

Auf dieser Entscheidung fußen die seit dem 1.1.2008 geltenden Neuregelungen der §§ 1578b und 1579 BGB.[3689] § 1578b BGB enthält nunmehr eine für alle Unterhaltstatbestände geltende Billigkeitsvorschrift. Nach ihr kann der nacheheliche Unterhalt herabgesetzt und/oder zeitlich befristet werden, wenn ein zeitlich unbegrenzter und/oder ein Unterhalt nach den ehelichen Lebensverhältnisses unbillig wäre.   **1065**

Die Vorschrift gilt für alle nach dem 1.1.2008 fällig gewordenen nachehelichen Unterhaltsansprüche. Die Übergangsregelung des § 36 Nr. 1 EGZPO gibt dem Unterhaltsberechtigten Vertrauensschutz: der titulierte Unterhalt kann gestützt auf die neue Rechtslage nur abgeändert werden, wenn dies der Billigkeit entspricht.   **1066**

II. Die Unterhaltsbefristung nach § 1578b BGB

§ 1578b BGB lässt nun eine Begrenzung und Befristung sämtlicher nachehelicher Unterhaltstatbestände zu. Nach § 1578b Abs. 1 S. 1 BGB kommt eine Herabsetzung in Betracht, wenn eine an den ehelichen Lebensverhältnissen orientierte Bemessung des nachehelichen Unterhalts unbillig wäre; nach § 1578b Abs. 2 BGB ist der Unterhalt zu befristen, wenn ein zeitlich unbegrenzter Unterhaltsanspruch nicht der Billigkeit entspräche. § 1578b Abs. 3 BGB lässt schließlich eine Kombination von Begrenzung und Befristung zu. Im Rahmen der geforderten Billigkeitsabwägung ist zu überprüfen, inwieweit durch die Ehe Nachteile im Hinblick auf die Möglichkeit eingetreten sind, für den eigenen Unterhalt zu sorgen. Diese Nachteile können sich aus der Rollenverteilung in der Ehe, insbesondere aus der Dauer der Pflege und Erziehung der gemeinschaftlichen Kinder sowie der Gestaltung von Haushaltsführung und Erwerbstätigkeit in der Ehe ergeben.[3690]   **1067**

Eine zum 1.3.2013 in Kraft getretene Änderung des § 1578b BGB[3691] stellt die Dauer der Ehe als gleichberechtigtes Billigkeitskriterium neben die ehebedingten Nachteile, → Rn. 1071.

Die vorzunehmende Billigkeitsabwägung, die **Sache des Tatrichters ist,**[3692] ist Gegenstand einer umfänglichen obergerichtlichen und höchstrichterlichen Rechtsprechung. Der

---

[3687] BGH FamRZ 2006, 1006 ff. mAnm Born = NJW 2006, 2401 = MDR 2006, 1234 = FF 2006, 197.

[3688] BGH FamRZ 2006, 1006 (1007 f.) mAnm Born = NJW 2006, 2401 (2403 f.) = MDR 2006, 1234 f.

[3689] Gesetz zur Änderung des Unterhaltsrechts vom 21.12.2007 (BGBl. 2007 I 3189).

[3690] BGH FamRZ 2010, 1238 (1241) mAnm Borth = NJW 2010, 2349 (2352); FamRZ 2012, 699 (702) = NJW 2012, 1356 (1359); FamRZ 2012, 951 (953) = NJW 2012, 2028 (2030) mAnm Born = MDR 2012, 648 f.; FamRZ 2012, 772 (774) = NJW 2012, 1807 (1808) = MDR 2012, 587 f.; FamRZ 2014, 1007, Rn 17; FamRZ 2016, 1345 = NJW 2016, 2256 Rn. 14; FamRZ 2018, 1421 = NJW 2018, 2636 = MDR 2018, 1441 Rn. 6; FamRZ 2018, 1506 = NJW 2018, 2638 = MDR 2018, 1318 Rn. 23; FamRZ 2020, 21 mAnm Lies-Benachib = NJW 2020, 3750, Rn. 51f; FamRZ 2020, 97 mAnm Schürmann = NJW-RR 2020, 1, Rn. 37–41.

[3691] BT-Drs. 17/11885.

[3692] BGH FamRZ 2011, 1721 (1722) mAnm Heiß = MDR 2011, 1234 f.; FamRZ 2012, 951 (953).

Bundesgerichtshof hat in zahlreichen Entscheidungen ein Prüfungsschema entwickelt, das grundsätzlich für sämtliche Unterhaltstatbestände gilt.

1. Unterhalt nach den ehelichen Lebensverhältnissen für eine Übergangsfrist

1068   **Eine Übergangsfrist** ist dem unterhaltsberechtigten geschiedenen Ehegatten zunächst zuzubilligen. Innerhalb dieses Zeitraumes erhält er Unterhalt nach den ehelichen Lebensverhältnissen mit dem Ziel, den ehelichen Lebensstandard demjenigen anzupassen, den er durch eigene Arbeitsleistung erwirtschaften kann.[3693] **Frühestens mit der Rechtskraft der Ehescheidung** beginnt die Übergangs- oder Schonfrist, da § 1578b BGB den nachehelichen Unterhalt betrifft. Eine sofortige Befristung kommt auch dann nicht in Betracht, wenn während einer längeren Trennungszeit durchgängig Unterhalt gezahlt wurde.[3694] Unberücksichtigt lässt der BGH zudem die Zeit bis zum 12.4.2006, da erst durch die an diesem Tag verkündete Entscheidung (→ Rn. 1067) die Möglichkeiten der Befristung und Begrenzung des Unterhalts an Bedeutung gewonnen haben.[3695]

Dauer der Schonfrist. Die Dauer der Schonfrist hängt ab von der Dauer der Ehe[3696], dem Vorhandensein und der Betreuung gemeinsamer Kinder[3697], der Höhe der Einkommensdifferenz und der Existenz ehebedingter Nachteile. Die Dauer der Zahlung von Getrenntlebensunterhalt ist in die Abwägung einzubeziehen.[3698] Maßgebend sind die Umstände des Einzelfalls, eine pauschalierte Betrachtungsweise abhängig von der Dauer der Ehe kommt nicht in Betracht.[3699] Die Rechtsprechung hat dementsprechend keine verbindlichen Kriterien entwickelt, sondern bietet ein buntes Bild; zB: 3 Jahre Schonfrist bei kinderloser 9jähriger Ehe, keine ehebedingten Nachteile,[3700] Übergangszeit 4 Jahre nach Rechtskraft der Ehescheidung bei 17-jähriger Ehe ohne ehebedingte Nachteile,[3701] keine Schonfrist unter 10 Jahren bei 28-jähriger Ehe und Betreuung dreier Kinder,[3702] 28-jährige Ehe: 10 Jahre Schonfrist[3703] oder 9 Jahre,[3704] 5-jährige Schonfrist bei 21-jähriger Ehe[3705] oder 4 Jahre, keine gemeinsamen Kinder[3706] sowie 36-jährige Ehe, 18 Trennung:

[3693] BGH FamRZ 2006, 1006 (1007 f.) mAnm Born = NJW 2006, 2401 (2403 f.) = MDR 2006, 1234 f.; FamRZ 2007, 2049 (2050) = NJW-RR 2008, 1 (3) = MDR 2008, 88 f.; FamRZ 2008, 134 (135); FamRZ 2008, 1325 (1328) mAnm Borth; FamRZ 2008, 1508 (1511) mAnm Borth = NJW 2008, 3783 (3784) = MDR 2008, 1392; BGH FamRZ 2010, 869 (873) = NJW 2010, 2056 (2058) = MDR 2010, 696 f.

[3694] OLG Bremen FamRZ 2009, 347 = NJW 2009, 373; OLG Jena FamRZ 2010, 815 (Ls.) = FamFR 2010, 11 (Griesche) =; **aA** OLG Hamm FamRZ 2009, 50; OLG Köln FamFR 2010, 58 (Höhler-Heun).

[3695] BGH FamRZ 2009, 410; 2010 629 (634).

[3696] So OLG Köln FamRZ 2014, 1207 (1208).

[3697] OLG Brandenburg FamRZ 2021, 1025 (102); OLG Köln FamRZ 2021, 1621 (LS.) = FF 2021, 326 (332).

[3698] BGH FamRZ 2011, 188 (190) = NJW 2011, 300 (303) = MDR 2011, 166 f.; FamRZ 2011, 875 (876) = NJW 2011, 1807 (1808); OLG Brandenburg FamRZ 2022, 939 (941) mAnm Borth = NZFam 2022, 754 (Bruske); OLG Köln FamRZ 2021, 1621 (LS.) = FF 20221, 326 (332).

[3699] Bereits BGH FamRZ 2008, 1508 mAnm Borth = NJW 2008, 2644, Rn. 27; OLG Köln FamRZ 2014, 1207 (1208); FamRZ 2021, 1621 (LS.) = FF 2021, 326 (332).

[3700] OLG München FamRZ 2009, 52; ähnlich OLG Stuttgart FamRZ 2009, 1841 f.; OLG Brandenburg FamFR 2010, 440 (Heiß).

[3701] OLG Karlsruhe FamRZ 2009, 1160 = NJW-RR 2009, 1011 f.

[3702] OLG Oldenburg FamRZ 2009, 1159 = NJW-RR 2009, 1658 (1659 f.).

[3703] OLG Saarbrücken FamRZ 2009, 349.

[3704] OLG Brandenburg NJW-RR 2009, 1227 (1228).

[3705] OLG Zweibrücken FamRZ 2009, 49.

[3706] OLG Düsseldorf NJW-Spezial 2010, 36.

Schonfrist 6 Jahre,[3707] 25 Jahre Ehe und drei Kinder: Befristung auf vier Jahre nach zwei Jahren Getrenntleben,[3708] 37jährige Ehe: sieben bis siebeneinhalb Jahre Schonfrist.[3709] Teilweise wird die Dauer der Übergangsfrist auch am Alter der gemeinsamen Kinder festgemacht: 10-jähriges Zusammenleben, 5 Jahre Ehe: Schonfrist bis zur Vollendung des 12. Lebensjahres des jüngsten Kindes[3710] oder bis zum 10. Geburtstag.[3711]

2. Befristung oder Begrenzung nach Ablauf der Schonfrist

a) Ehebedingte Nachteile als Ursache der Einkommensdifferenz

Nach Ablauf der Schonfrist kann die weitere Zahlung von Unterhalt nach den ehe- **1069** lichen Lebensverhältnissen unbillig sein. Es ist daher zu prüfen: Hat der bedürftige Ehegatte **Nachteile** erlitten im Hinblick auf die Möglichkeit, für seinen eigenen Unterhalt zu sorgen? Diese Nachteile können sich nach dem Wortlaut des § 1578b BGB ergeben aus der Dauer der Pflege und Erziehung gemeinschaftlicher Kinder, aus der Gestaltung von Berufstätigkeit und Haushaltsführung während der Ehe und aus der Dauer der Ehe. Maßstab, nämlich **angemessener Lebensbedarf** im Sinne des § 1578b BGB, ist dabei das nach unten durch das Existenzminimum begrenzte[3712] Einkommen, das der Unterhaltsberechtigte ohne Ehe und Kinderbetreuung erzielen könnte, die Alters- oder Erwerbsunfähigkeitsrente, die er ohne diese erworben hätte.[3713] Der angemessene Lebensbedarf bestimmt sich allein nach der Lebensstellung des Berechtigten; das den ehelichen Lebensstandard prägende Einkommen des besser verdienenden Ehegatten ist ohne Bedeutung.[3714] Liegt das tatsächliche oder das bei genügender Anstrengung erzielbare Einkommen unter dem angemessenen Lebensbedarf, kommt eine Befristung des Anspruchs nicht in Betracht. **Der ehebedingte** Nachteil, nämlich die Differenz zwischen dem tatsächlich erzielten oder bei Erfüllung der Erwerbsobliegenheit erzielbaren Einkommen und dem angemessenen Lebensbedarf,[3715] ist im Regelfall lebenslang auszugleichen.[3716] Der ehebedingte Nachteil ist in voller Höhe zugunsten des Unterhaltsberechtigten zu berücksichtigen; eine hälftige Verteilung auf beide Eheleute und damit eine betragsmäßige Halbierung kommt nicht in Betracht.[3717] Ausnahmen sind grundsätzlich denkbar.[3718] Während die BGH eine Befristung trotz bestehender Nachteile nur für denkbar hält,[3719] hat das Oberlandesgericht Düsseldorf sie ausgesprochen,

---

[3707] OLG Hamm NJW-RR 2008, 508.

[3708] OLG Jena FamFR 2009, 45 (Ebert).

[3709] OLG Stuttgart FamRZ 2012, 983 (985).

[3710] OLG Brandenburg NJW-RR 2009, 1659 f.

[3711] OLG Brandenburg NJW-Spezial 2009, 5.

[3712] BGH FamRZ 2009, 1990 (1991) mAnm Viefhues = NJW 2009, 3783 (784) = MDR 2009, 1392; BGH FamRZ 2010, 629 (633); FamRZ 2010, 1057 = MDR 2010, 811f = NJW-RR 2010, 1009; FamRZ 2011, 188 (190) = NJW 2011, 300 (302), FamRZ 2011, 192 (194); NJW 2012, 74 (76); FamRZ 2012, 1483 (1487) mAnm Borth; FamRZ 2016, 1345 = NJW 2016, 2256 Rn. 16.

[3713] BGH FamRZ 2010, 629 (632); FamRZ 2011, 192 (195) = NJW 2011, 303 (306); FamRZ 2011, 713 (714); FamRZ 2013, 274 mAnm Viefhues = NJW 2013, 528 Rn. 23.

[3714] BGH FamRZ 2011, 192 (195).

[3715] BGH NJW 2010, 3653 (3654) = MDR 2010, 1461.

[3716] BGH FamRZ 2010, 1311 (1314 f.) = NJW 2010, 2582 (2585) = MDR 2011, 993 f.; FamRZ 2011, 192 (195); OLG Brandenburg FamFR 2012, 8 (Norpoth); OLG Karlsruhe FamRZ 2011, 818 (819); OLG Stuttgart NJW 2010, 2361 (2363); das OLG Düsseldorf (FamFR 2012, 391 (Braeuer) hält sie für möglich, wenn auch der Unterhaltspflichtige ehebedingt berufliche Nachteile erlitten hat.

[3717] BGH FamRZ 2016, 1345 = NJW 2016, 2256 Rn. 19.

[3718] BGH FamRZ 2010, 1633 (1636) = NJW 2010, 3097; FamRZ 2011, 454 (458) = NJW 2011, 670; FamRZ 2013, 274 mAnm Viefhues Rn. 32.

[3719] BGH FamRZ 2010, 1633 (1636) = NJW 2010, 3097, FamRZ 2011, 454 (458) = NJW 2011, 670; FamRZ 2013, 274 mAnm Viefhues Rn. 32.

weil auch der Unterhaltspflichtige durch die Betreuung der gemeinsamen Kinder in seiner beruflichen Entwicklung eingeschränkt worden ist.[3720]

Nach Ablauf der Schonfrist ist der Unterhalt zu reduzieren auf den Nachteilsausgleich, nämlich die Differenz aus dem tatsächlich erzielten oder erzielbaren und dem ohne die Ehe möglichen Einkommen (→ Rn. 1069). Entspricht allerdings das tatsächliche oder fiktive Einkommen des Berechtigten seinem angemessenen Lebensbedarf, ist der Unterhalt zu befristen; der Unterhaltsanspruch entfällt mit dem Ende der Schonfrist.[3721]

1070   **Der Begriff der ehebedingten Nachteile** ist durch die Rechtsprechung des BGH und die Neufassung des § 1578b BGB zur Grundvoraussetzung für eine Begrenzung des Unterhaltsanspruchs, zum Hauptkriterium jeglicher Billigkeitsabwägung geworden. Ehebedingte Nachteile äußern sich in der Regel darin, dass der Ehegatte ehebedingt nicht die Einkünfte erzielt, die er ohne Ehe und Kinderbetreuung erzielen würde.[3722] Die Nachteile müssen **durch die Ehe** entstanden sein. Die vor der Eheschließung aufgenommene Kinderbetreuung und dadurch bedingte berufliche Einschränkungen können daher nicht zu einem ehebedingten Nachteil führen. Ein solcher kann sich nur aus der Fortsetzung der Kinderbetreuung nach der Eheschließung ergeben.[3723] Maßgebend für die Feststellung der ehebedingten Nachteile ist die tatsächliche Gestaltung von Kinderbetreuung und Haushaltsführung. Es kommt nicht darauf an, ob der unterhaltspflichtige Ehegatte einverstanden war,[3724] oder den Unterhaltsberechtigten während der Ehe zu einer Erwerbstätigkeit angehalten hat[3725] Ehebedingte Nachteile sind je nach Unterhaltsanspruch unterschiedlich festzumachen. Sie sollen daher im Zusammenhang mit den jeweiligen Unterhaltstatbeständen erörtert werden (→ Rn. 1072 ff.). Die Bemessung der ehebedingten Nachteile erfordert eine hypothetische Betrachtung der beruflichen Entwicklung bzw. der Entwicklung der Versorgungsanwartschaften ohne Ehe; Haushaltsführung und Betreuung gemeinsamer Kinder. Sie ist Sache des Tatrichters, der das erzielbare Einkommen zu schätzen hat. Er hat dabei Erfahrungssätze im jeweiligen Berufsfeld und tarifliche Regelwerke hinzuziehen oder eine hypothetische Rentenberechnung vorzunehmen.[3726]

Ehebedingte Vorteile. Ein ehebedingter Nachteil kann kompensiert werden durch aus der Ehe herrührende Vorteile, also durch Einkünfte oder Vermögenswerte, die dem Berechtigten ohne die Ehe nicht zur Verfügung gestanden hätten.[3727] Dabei kann es sich handeln um Einkünfte aus einem durch die Ehe erst ermöglichten privaten Vermögenserwerb,[3728] um Zugewinnausgleichsvermögen[3729] oder einen Wohnvorteil.[3730] Der Ver-

---

[3720] OLG Düsseldorf NJW 2012, 3382 (3383 f.) mAnm Born; fraglich.

[3721] BGH FamRZ 2006, 1006 (1007) mAnm Born; FamRZ 2007, 2049 (2051 f.) = NJW-RR 2008, 1 (3 f.) = MDR 2008, 88 f.; FamRZ 2008, 134 (135 f.); FamRZ 2008, 1325 (1328 f.) mAnm Borth = NJW 2008, 2581 = MDR 2008, 319; FamRZ 2008, 1508 (1510 f.) = NJW 2008, 2644; FamRZ 2009, 1990 (1991) mAnm Viefhues = NJW 2009, 3783 (3784) = MDR 2009, 1392; FamRZ 2010, 629 ff.; FamRZ 2012, 197; 2012, 951 (954) mAnm Finke = NJW 2012, 2028 (2030) mAnm Born = MDR 2012, 648 f.

[3722] BGH FamRZ 2010, 2059 = NJW 2010, 3653; FamRZ 2010, 1971 = NJW 2011, 147; NJW 2011, 1067 (1068) = MDR 2011, 362 (363); FamRZ 2012, 197 (198) mAnm Maurer = NJW 2012, 309 (310); FamRZ 2011, 875 (876) = NJW 2011, 1807 (1808).

[3723] BGH FamRZ 2012, 776 (777 f.) = NJW 2012, 1506 (1507) mAnm Born = MDR 2012, 566 f.; OLG Karlsruhe FamRZ 2011, 818 (819); OLG Koblenz FamRZ 2016, 641 (Ls.).

[3724] BGH FamRZ 2011, 628 (629 f.) = NJW 2011, 1067 (1068) = MDR 2012, 362 (363).

[3725] BGH FamRZ 2013, 1366 = NJW 2013, 2662 Rn. 82.

[3726] Zur Bemessung des ehebedingten Nachteils einer Rechtsanwältin: OLG Frankfurt/M. FamRZ 2012, 1392 (1393 f.).

[3727] BGH FamRZ 2016, 1345 = NJW 2016, 2256 Rn. 26; FamRZ 2018, 1421 = NJW 2018, 2636 = MDR 2018, 1441 Rn. 13.

[3728] BGH FamRZ 2016, 1345 = NJW 2016, 2256 Rn. 27.

[3729] BGH FamRZ 2016, 1345 = NJW 2016, 2256 Rn. 26; FamRZ 2018, 1421 = NJW 2018, 2636 = MDR 2018, 1441 Rn. 13.

[3730] OLG Hamm FamRZ 2017, 889 (Ls.) = NZFam 2017, 29.

sorgungsausgleich kompensiert ehebedingte Nachteile vor dem Eintritt in das Rentenalter nicht.[3731]

b) Keine Befristung oder Begrenzung bei langer Dauer der Ehe

Die Dauer der Ehe hat der Gesetzgeber zum 1.1.2013 zum selbständigen Billigkeits-   **1071**
kriterium neben den ehebedingten Nachteilen gemacht.[3732] Er hat damit eine als gefestigt angesehene Rechtsprechung kodifiziert: Danach verbietet sich trotz Fehlens
ehebedingter Nachteile eine Befristung des Unterhalts, wenn es dem bedürftigen Ehegatten wegen der Dauer der Ehe und der damit einhergehenden Verschmelzung der
wirtschaftlichen Verhältnisse unter Berücksichtigung auch seines Alters zum Zeitpunkt
der Rechtskraft der Ehescheidung unzumutbar erscheint, sich dauerhaft auf einen niedrigeren Lebensstandard einzulassen.[3733] Eine wirtschaftliche Verflechtung kann sich
dabei insbesondere aus der Aufgabe der eigenen Erwerbstätigkeit zugunsten der Betreuung gemeinsamer Kinder oder der Haushaltsführung ergeben.[3734] Zu beachten ist, dass
Befristung und Begrenzung des nachehelichen Unterhalts nicht die Regel, sondern die
Ausnahme sind.[3735] Eine Befristung ist daher abgelehnt worden bei einer Ehedauer von
20 Jahren,[3736] 25 Jahren[3737] oder 27 Jahren,[3738] ca. 30 Jahren[3739] oder auch bei einem
atypischen Eheverlauf, bei dem die Erwerbsobliegenheit nach Betreuung des jüngsten
Kindes erst im Alter von 50 Jahren eingesetzt hat.[3740] Für die Bemessung der Ehedauer
ist auf die Zeit zwischen der Eheschließung und der Zustellung des Scheidungsantrages
abzustellen.[3741]

Die nacheheliche Solidarität ist ein weiteres Billigkeitskriterium im Rahmen des
§ 1578b BGB. Bildet diese fortwirkende Solidarität den wesentlichen Billigkeitsfaktor,
sind also ehebedingte Nachteile nicht vorhanden, gewinnt die **Ehedauer** eine erhebliche
Bedeutung. Sie führt insbesondere bei einem Verzicht des bedürftigen Ehegatten auf eine
eigene Berufstätigkeit wegen der Betreuung der Kinder oder der Führung des Haushalts
zu einer wirtschaftlichen Verflechtung. Diese steht – da verursacht durch die Rollenverteilung in der Ehe – einer Befristung oder Begrenzung entgegen.[3742] Andererseits kann
trotz einer langen Ehedauer eine Befristung erfolgen, wenn beide Ehegatten während der
Ehe in vollem Umfange erwerbstätig waren und die Einkommensdifferenz allein auf

---

[3731] BGH FamRZ 2020, 21 mAnm Lies-Benachib = NJW 2020, 3750 Rn. 58.

[3732] Borth, Ausweitung des Schutzes des nachehelichen Unterhalts bei langer Ehedauer FamRZ 2013, 165.

[3733] BGH FamRZ 2006, 1006 (1007) mAnm Born; OLG Köln FamRZ 2009, 122 (123).

[3734] OLG Zweibrücken FamRZ 2014, 775 (776).

[3735] BGH FamRZ 2010, 1633 (1635) mAnm Borth = NJW 2010, 3097.

[3736] OLG Karlsruhe FamRZ 2008, 1187 (1189) – zweifelhaft –; **anders** OLG Zweibrücken FamRZ 2008, 1958 f. = NJW 2008, 1893: zeitliche Befristung mit 6-jähriger Übergangszeit.

[3737] OLG Frankfurt/M. FamRR 2009, 49 (Reinken): 25 Jahre Ehe und vier gemeinsame Kinder; OLG Koblenz FamRZ 2012, 1394 f.: 25 Jahre Ehe, zwei Kinder, Einsatz des Vermögens für Eigen-heim: keine Befristung bis zum Rentenalter.

[3738] OLG Nürnberg FamRZ 2009, 345; OLG Zweibrücken FamRZ 2014, 775 (776): 28 Jahre; **anders** OLG Saarbrücken FamRZ 2009, 349: Begrenzung auf 10 Jahre nach Rechtskraft.

[3739] OLG Dresden MDR 2010, 31 = FamRZ 2010, 649 (650) und KG FamRZ 2014, 776: 32 Jahre ohne Erwerbstätigkeit der Berechtigten; OLG Hamm FamRB 2011, 366 (Bißmaier): 33 Jahre; FamRZ 2011, 1656: 32 Jahre; OLG Stuttgart FamRR 2012, 58 (Beger-Oelschlegel).

[3740] OLG Düsseldorf FamRZ 2009, 1157.

[3741] BGH FamRZ 2009, 406; FamRZ 2010, 629; FamRZ 2010, 1971 (1974) = NJW 2011, 147 (150) = MDR 2010, 1389 f.

[3742] BGH FamRZ 2013, 853 mAnm Hoppenz = NJW 2013, 1530 Rn. 33 und 35; FamRZ 2013, 1291 mAnm Born FamRZ 2013, 1294 = NJW 2013, 2434 Rn. 26.

einem unterschiedlichen Ausbildungsniveau beruht.[3743] Eine Befristung trotz langer Ehedauer ist auch angenommen worden, weil der bedürftige Ehegatte über Jahre seine
Erwerbsobliegenheiten vernachlässigt und sich nicht bemüht hat, die Unterhaltslast des
anderen gering zu halten.[3744]

Zu berücksichtigen sind auch die **finanziellen Verhältnisse des Berechtigten,**[3745] die
wirtschaftliche Gesamtbelastung des Pflichtigen,[3746] auch durch die Dauer von Tren-
nungsunterhaltszahlungen,[3747] oder auch das Vertrauen in den Fortbestand der titulierten
Unterhaltsregelung.[3748] Darüber hinaus kann sich ein höheres Maß an nachehelicher
Solidarität daraus ergeben, dass der unterhaltpflichtige Ehegatte seinen beruflichen Aufstieg und damit sein hohes Einkommen der Ehe mit dem Unterhaltsberechtigten zu
verdanken hat.[3749]

Zu beachten ist allerdings auch, dass das Band der ehelichen Solidarität im Laufe der
Jahre immer schwächer wird.[3750]

Im Rahmen der Begrenzung kann die nacheheliche Solidarität dazu führen, dass der
angemessene Lebensbedarf über das ohne die Ehe erzielbare Einkommen gehoben
wird.[3751]

III. Die Anwendung des § 1578b BGB auf die verschiedenen Unterhaltstatbestände

1. § 1570 BGB

1072   **Auf den Betreuungsunterhalt nach § 1570 BGB** ist § 1578b BGB **nicht anzuwenden,**
da § 1570 BGB bereits eine Sonderregelung für die Billigkeitsabwägung enthält. Führt die
Abwägung der kind- und elternbezogenen Gründe zu einer Verlängerung des Unterhaltsanspruchs über das 3. Lebensjahr hinaus, können dieselben Gründen nicht zu einer
Befristung nach § 1578b BGB führen.[3752] Eine Begrenzung der Höhe nach auf den
Unterhalt dem angemessenen Lebensbedarf entsprechend ist denkbar. Voraussetzung ist
allerdings, dass die notwendige Betreuung und Erziehung der Kinder trotz des abge-
senkten Unterhaltsbedarfs sichergestellt und dass Wohl der Kinder nicht anderweitig
gefährdet ist.[3753] Der häufig mit dem Anspruch auf Betreuungsunterhalt verbundene
Anspruch auf Aufstockungsunterhalt, § 1573 Abs. 2 BGB, kann erst begrenzt werden,

---

[3743] BGH FamRZ 2010, 1971 = NJW 2011, 147 Rn. 21; FamRZ 2013, 853 mAnm Hoppenz =
NJW 2013, 1530 Rn. 35.

[3744] KG FamRZ 2016, 1939 (Ls.), zweifelhaft.

[3745] BGH FamRZ 2011, 713 (715); OLG Koblenz NJW-RR 2011, 365 (366).

[3746] BGH FamRZ 2011, 875 (876); FamRZ 2012, 772 (776) = NJW 2012, 1807 (1810) = MDR 2012,
587 f; FamRZ 2016, 1345 = NJW 2016, 2256 Rn. 15.

[3747] FamRZ 2016, 1345 = NJW 2016, 2256 Rn. 15.

[3748] BGH FamRZ 2010, 1414 (1416) mAnm Borth = NJW 2010, 2953 (2955); FamRZ 2011, 1721
(1723) mAnm Heiß = MDR 2011, 1234 f. FamRZ 2012, 772 (774) = NJW 1807 (1808) = MDR 2012, 587 f.

[3749] BGH FamRZ 2013, 1291 mAnm Born = NJW 2013, 2434 Rn. 28 für den Fall, dass der
Unterhaltspflichtige allein aufgrund seiner Ehe aus der ehemaligen Tschechoslowakei in BRD ein-
reisen konnte.

[3750] BGH FamRZ 2011, 1721 (1723) mAnm Heiß = MDR 2011, 1234 f.

[3751] OLG Celle NJW-RR 2011, 653 (655).

[3752] BGH FamRZ 2009, 770 (774) mAnm Borth FamRZ 2009, 959 = NJW 2009, 1876 (1878 f.) =
MDR 2009, 689 (691); FamRZ 2009, 1124 (1128) = NJW 2009, 1956 (1959) = MDR 2009, 987 f.:
FamRZ 2013, 1958 mAnm Maurer = NJW 2013, 3578 Rn. 20.

[3753] BGH FamRZ 2009, 770 (774) mAnm Borth FamRZ 2009, 959 ff. = NJW 2009, 1876 (1878 f.) =
MDR 2009, 689 (691); FamRZ 2009, 1124 (1128) = NJW 2009, 1956 (1959) = MDR 2009, 987f; BGH
NJW 2011, 2430 (2433) mAnm Born.

wenn feststeht, ob durch die Kinderbetreuung ehebedingte Nachteile eingetreten sind. Diese Feststellung wird während laufender Betreuung kaum zu treffen sein.[3754]

2. Krankenunterhalt § 1572 BGB

Der Krankenunterhalt ist seit dem 1.1.2008 nach allgemeinen Regeln zu befristen **1073** **oder zu begrenzen.** Die Krankheit selbst stellt einen ehebedingten Nachteil nur dar, wenn sie auf der Rollenverteilung in der Ehe beruht.[3755] Sonstige persönliche Umstände sind selbst dann nicht ausreichend, wenn sie mit dem Scheitern der Ehe zusammenhängen. Die Krankheit allein stellt folglich nur in Ausnahmefällen einen ehebedingten Nachteil dar.[3756]

Der ehebedingte Nachteil kann sich aber daraus ergeben, dass der Unterhaltsberechtigte wegen der Rollenverteilung in der Ehe nicht ausreichend für den Fall der krankheitsbedingten Erwerbsminderung vorgesorgt hat, seine Erwerbsunfähigkeitsrente also geringer ist als sie ohne Ehe und Kindererziehung wäre[3757] oder die Voraussetzungen für eine Erwerbsunfähigkeitsrente ehebedingt nicht erfüllt sind.[3758] Die in der Ehe eingetretene Benachteiligung ist allerdings durch den Versorgungsausgleich kompensiert,[3759] so dass ein unbefristeter Krankenunterhalt darüber hinaus gehende und zB durch den Altersvorsorgeunterhalt[3760] nicht ausgeglichene Nachteile voraussetzt. Diese können zB darin bestehen, dass die Voraussetzungen einer Rente wegen voller Erwerbsminderung ehebedingt nicht erreicht werden.[3761] (→ Rn. 1075a)

Im Rahmen der Billigkeitsabwägung ist zugunsten des Unterhaltspflichtigen zu berücksichtigen, dass die Erkrankung eine schicksalhafte Entwicklung ist.[3762] Allerdings spielt im Rahmen der Billigkeitsabwägung die **nacheheliche Solidarität** eine besondere Rolle, die auf der Grundlage der in § 1578b BGB genannten Kriterien zu werten ist.[3763]

[3754] BGH FamRZ 2009, 770 (774); OLG Celle NJW 2010, 79 (85); OLG Hamm FamRZ 2009, 2093 (2096 f.) mAnm Born.

[3755] BGH FamRZ 2013, 1291 = NJW 2013, 2434 Rn. 20; OLG Hamm FamRZ 2016, 64 (65): kein ehebedingter Nachteil die psychische Erkrankung aufgrund zu Unrecht erlittener Haft in der ehem. DDR.

[3756] BGH FamRZ 2009, 406 (409) mAnm Schürmann = NJW 2009, 989; FamRZ 2010, 1414 (1415) = NJW 2010, 2953 (2954); FamRZ 2011, 188 (198) = NJW 2011, 300 (303); FamRZ 2013, 1291 = NJW 2013, 2434 Rn. 20; BGH FamRZ 2010, 1057 (1058); FamRZ 2011, 875; OLG Bremen FamRZ 2009, 1912 (1913); OLG Düsseldorf FamRZ 2009, 1914 (Ls.); OLG Saarbrücken FamFR 2010, 513 (Griesche); OLG Zweibrücken FamRZ 2010, 893 (Ls.).

[3757] BGH FamRZ 2009, 406 (409) mAnm Schürmann = NJW 2009, 989 = FF 2009, 116 f.; FamRZ 2009, 1207 (1210 f.) = NJW 2009, 2450 (2453); FamRZ 2010, 629 (632); FamRZ 2010, 1057 (1058) = MDR 2010, 811; FamRZ 2010, 2056 (2057); FamRZ 2012, 772 (774) = NJW 2012, 1807 (1810) = MDR 2012, 587 f.; OLG Hamm FamRZ 2010, 814 f. = NJW 2010, 1152 (1153); OLG Bremen FamRZ 2009, 1913; OLG Koblenz NJW 2009, 2315 (2316); OLG Celle FamRZ 2010, 566 (567).

[3758] OLG Saarbrücken NJW-RR 2013, 7: der Nachteil entfällt mit Beginn der Regelaltersrente; OLG Hamm FamRZ 2015, 1397 (1399).

[3759] BGH FamRZ 2009, 406 (409) mAnm Schürmann = NJW 2009, 989 = FF 2009, 116 f.

[3760] BGH FamRZ 2014, 823 = NJW 2014, 1302 Rn. 18; FamRZ 2014, 1276 = NJW 2014, 2192 Rn. 45–51.

[3761] BGH FamRZ 2011, 713 (715) mAnm Holzwarth FamRZ 2011, 795; nicht, wenn die Voraussetzungen der Erwerbsminderungsrente krankheitsbedingt nicht erfüllt wurden: OLG Koblenz FamRZ 2012, 1394 (1395).

[3762] OLG Brandenburg FamRZ 2021, 1025 (1026).

[3763] BGH FamRZ 2009, 1207 (1210 f.) = NJW 2009, 2450 (2454); BGH FamRZ 2010, 629 (633 f.); FamRZ 2010, 869 ff.; NJW 2010, 2056 (2059); FamRZ 2012, 699 (703); FamRZ 2011, 188 (190) = NJW 2011, 300 (303) = MDR 2011, 166 f.; OLG Bremen FamRZ 2009, 1912 (1913); KG FamRZ 2009, 1153; OLG Hamm FamFR 2010, 108 (Tomfort) = FamRZ 2010, 814 f. = NJW 2010, 1152 (1153).

Wegen der nachehelichen Solidarität wurde beispielsweise eine Befristung abgelehnt im Falle einer wegen einer Darmkrebserkrankung 100 % erwerbsgeminderten Ehefrau, die mit 16 Jahren ohne Berufsausbildung geheiratet und 4 Kinder großgezogen hatte, Scheidung nach 26 Ehejahren;[3764] ebenso bei nicht absehbaren Krankheitsverlauf.[3765] Ein zur Ehekrise und Trennung führendes Verhalten des Unterhaltspflichtigen begründet in der Regel kein zusätzliches Maß an nachehelicher Solidarität gegenüber dem durch das Scheitern der Ehe psychisch belasteten Ehegatten.[3766] Eine Befristung des Krankenunterhalts scheidet nicht allein deshalb aus, weil der Berechtigte dann sozialhilfebedürftig würde; dies hat der Gesetzgeber durch die Schaffung der Befristungsmöglichkeit bewusst in Kauf genommen.[3767]

3. Altersunterhalt § 1571 BGB

1074   Für den Altersunterhalt gelten hinsichtlich der ehebedingten Nachteile die Ausführungen zum Krankenunterhalt entsprechend. In vielen Fällen wird die Dauer der Ehe einer Befristung oder Begrenzung entgegenstehen.[3768] Ehebedingte Nachteile beim Altersunterhalt sind Nachteile in der Altersversorgung: Der Unterhaltsberechtigte hat ehebedingt nicht die Altersversorgung erworben, die er ohne die Ehe erreicht hätte.[3769] Für die Ehezeit werden diese Nachteile ausgeglichen durch den Versorgungsausgleich.[3770] Nur wenn dieser nicht vollständig durchgeführt wurde, können sie sich aus einer Einschränkung der Erwerbstätigkeit während der Ehe ergeben.[3771] Denkbar ist allerdings, dass sich die ehebedingten Nachteile über das Ende der Ehezeit hinaus – zB durch die Betreuung gemeinschaftlicher Kinder nach der Trennung und Scheidung – fortsetzen und der Berechtigte ehebedingt keine rentenversicherungspflichtige Tätigkeit finden und keine Altersversorgung aufbauen konnte, so dass eine ehebedingte Versorgungslücke eintritt.[3772] Sie können **kompensiert** werden durch die Zahlung von Altersvorsorgeunterhalt oder durch Vermögenszuwendungen.[3773]

4. Aufstockungsunterhalt § 1573 Abs. 2 BGB

1075   Im Rahmen des Aufstockungsunterhalts liegen ehebedingte Nachteile vor, wenn die Einkommensdifferenz der Eheleute auf der Aufgabenverteilung in der Ehe beruht und nicht ihre Ursache in einem bereits bei Eingehung der Ehe unterschiedlichen Ausbildungsstand hat.[3774] Sie sind nicht anzunehmen, wenn der Berechtigte vollschichtig in

---

[3764] BGH FamRZ 2009, 1207 (1210 f.) = NJW 2009, 2450 (2454).
[3765] OLG Köln NJW 2009, 2225 (Ls.) = NJW-RR 2009, 800.
[3766] BGH FamRZ 2013, 1291 = NJW 2013, 2434 Rn. 21.
[3767] BGH FamRZ 2010, 1057 (1058) = MDR 2010, 811 f. = NJW-RR 2010, 1009.
[3768] Vgl. Ehinger, Eine erste Übersicht der Rechtsprechung zu §§ 1578b und 1570 BGB seit Inkrafttreten des UÄndG, FPR 2009, 105 ff.
[3769] BGH FamRZ 2011, 1381 (1383) = NJW 2011, 2512 (2514) = MDR 2011, 1176 (1177); FamRZ 2011, 1721 (1722); FamRZ 2012, 951 (953) = NJW 2012, 1807 (1808).
[3770] BGH FamRZ 2011, 1381 (1383) = NJW 2011, 2512 (2514) = MDR 2011, 1176 (1177).
[3771] BGH FamRZ 2011, 1381 (1383) = NJW 2011, 2512 (2514) = MDR 2011, 1176 (1177).
[3772] BGH FamRZ 2011, 1721 (1723); OLG Karlsruhe FamRZ 2010, 1252 (Ls.).
[3773] BGH FamRZ 2011, 1381 (1384) = NJW 2011, 2512 (2515) = MDR 2011, 1176 (1178); OLG Schleswig NJW-RR 2011, 363 (364); für eine Kompensation durch hohe Unterhaltszahlungen in der Vergangenheit OLG Schleswig FamFR 2012, 369 (Viefhues).
[3774] BGH FamRZ 2006, 1006 (1007) mAnm Born; FamRZ 2007, 2049 (2051 f.) = NJW-RR 2008, 1 (3 f.) = MDR 2008, 88 f.; FamRZ 2008, 134 (135 f.); FamRZ 2008, 1325 (1328 f.) mAnm Borth = NJW 2008, 2581 = MDR 2008, 319; FamRZ 2008, 1508 (1510 f.) = NJW 2008, 2644; FamRZ 2009, 1990 (1991) mAnm Viefhues = NJW 2009, 3783 (3784) = MDR 2009, 1392.

seinem erlernten Beruf tätig ist[3775] bzw. an die vor der Ehe bestehenden Verdienstmöglichkeiten anknüpfen konnte.[3776] Für spekulative Überlegungen zu möglichen Berufsaussichten ist kein Raum. Nicht objektivierbare Karriereaussichten spielen vielmehr keine Rolle, so dass die Vollzeit bei einem Abgeordneten tätige Sekretärin, die vor der Ehe Fraktionssekretärin war, mit dem Hinweis, sie hätte ohne die Ehe eine Karriere als Gewerkschaftssekretärin gemacht, nicht gehört wurde.[3777] Keine ehebedingten Nachteile hat auch die gelernte Drogistin erlitten, die als Verkäuferin in einem Drogeriemarkt arbeitet. Der Hinweis sie hätte ohne die Ehe jetzt eine besser bezahlte Stelle – zB als Marktleiterin oä – wurde als unbeachtlich angesehen.[3778] Mögliche Karrierenachteile einer Polizistin der Deutschen Volkspolizei durch „Westkontakte" ihres Ehemannes stellen ebenfalls keinen ehebedingten Nachteil dar.[3779] **Für ehebedingte Nachteile** sprechen dagegen die Aufgabe des Arbeitsplatzes (→ Rn. 1075a) anlässlich der Geburt eines Kindes,[3780] eine längere Berufspause[3781] mit dadurch bedingtem geringeren Erwerbschancen,[3782] der Verzicht auf jegliche berufliche Weiterbildung,[3783] die Entwertung der Berufsausbildung durch lange Nichtausübung[3784], die Aufgabe einer gesicherten beamtengleichen Stelle[3785] oder Arbeiten unterhalb der beruflichen Qualifikation.[3786] Der Abbruch des Studiums oder der Ausbildung anlässlich der Geburt des gemeinsamen Kindes kann ein Indiz für einen ehebedingten Nachteil sein.[3787] Allerdings soll der Erwerb der Hochschulreife allein nicht den zwingenden Schluss auf ein erfolgreich absolviertes Studium zulassen. An einem ehebedingten Nachteil kann es daher fehlen, wenn wegen gesundheitlicher Beeinträchtigungen der Abschluss eines Studiums zweifelhaft erscheint.[3788]

Der Verzicht des Berechtigten auf eine berufliche Karriere ist ebenfalls unter dem Aspekt des ehebedingten Nachteils zu prüfen.[3789] Nachteilhaft ist auch die Notwendigkeit, in eine teure private Krankenkasse zu wechseln[3790] Bezieht der Unterhaltsberechtigte Lohnersatzleistungen, kann sich der ehebedingte Nachteil aus dem geringeren Aufbau von Altersvorsorgevermögen ergeben.[3791]

Kein ehebedingter Nachteil ist der Verlust des erstehelichen Unterhaltsanspruchs[3792] Ist der aus dem Ausland stammende Ehegatte erst anlässlich der Eheschließung in

---

[3775] BGH FamRZ 2008, 1325 (1328 f.) mAnm Borth = NJW 2008, 2581 (2584 f.); FamRZ 2008, 1508 mAnm Borth = NJW 2008, 2644 (2646); auch bei einer durchgängigen freiberuflichen Tätigkeit: KG FamFR 2010, 465 (Beger-Oelschlegel).

[3776] OLG Düsseldorf FamFR 2009, 88 (Heiß).

[3777] OLG Köln NJW 2009, 3169 (3171 f.).

[3778] OLG Saarbrücken FamRZ 2009, 349.

[3779] OLG Brandenburg NZFam 2014, 1004 (Bastian-Holler).

[3780] OLG Karlsruhe NJW-RR 2011, 655 (657).

[3781] BGH FamRZ 2009, 1990 (1991) mAnm Viefhues = NJW 2009, 3783 (3784) = MDR 2009, 1392, OLG Frankfurt/M. FamRZ 2012, 1392 ff zur Berechnung des ehebedingten Nachteils einer längere Zeit nicht tätigen Rechtsanwältin.

[3782] OLG Brandenburg FamRZ 2022, 1366 (LS.) betreffend eine Rechtsanwältin.

[3783] OLG Hamm FamRZ 2008, 2206 (2207).

[3784] AG Flensburg FamRZ 2009, 1157.

[3785] OLG Frankfurt/M. FamRZ 2010, 816 (Ls.).

[3786] OLG Brandenburg NZFam 2020, 820 (von Eymeren)

[3787] OLG Brandenburg FamRZ 2012, 1396 (Ls.); KG NJW-Spezial 2010, 37; OLG Oldenburg MDR 2009, 1116.

[3788] OLG Hamm FamRZ 2017, 1306 (1307).

[3789] BGH FamRZ 2012, 951 (954).

[3790] OLG Hamm NJW-Spezial 2009, 756; KG FamRZ 2013, 1047 (1048 f.): der Nachteil ist auszugleichen durch Krankenvorsorgeunterhalt.

[3791] OLG Koblenz NJW 2016, 2194 (2195).

[3792] BGH FamRZ 2012, 197 (199) mAnm Maurer = NJW 2012, 309 (310) mAnm Born; aA OLG Düsseldorf FamFR 2010, 227 (Tomfort).

Deutschland ansässig geworden, bestimmt sich der ehebedingte Nachteil nach den Einkommensverhältnissen im Ausland, nach unten begrenzt durch den Mindestbedarf.[3793]

Sonderfälle:

a) Ehebedingte Nachteile durch die Aufgabe des Arbeitsplatzes

1075a   Hat der bedürftige Ehegatte seinen Arbeitsplatz in Zusammenhang mit der Ehe aufgegeben, ist zu unterscheiden: Erfolgte die Beendigung des Arbeitsverhältnisses wegen der Rollenverteilung in der Ehe, etwa anlässlich der Geburt eines gemeinsamen Kindes[3794], kann sich aus diesem Arbeitsplatzverlust ein ehebedingter Nachteil ergeben.[3795] Liegen die Gründe für die Aufgabe des Arbeitsverhältnisses dagegen außerhalb der Ehe, sind sie also persönlicher Natur, wie zB der Wunsch nach Veränderung, oder liegt eine Kündigung des Arbeitgebers vor,[3796] ist die Beendigung zunächst unterhaltsrechtlich unbeachtlich. Der ehebedingte Nachteil kann sich aber daraus ergeben, dass der Ehegatte sich ehebedingt nur mit einem eingeschränkten Radius und nicht mehr um eine seiner Qualifikation entsprechende Arbeitsstelle bewirbt.[3797] **Die voreheliche Aufgabe des Arbeitsplatzes** anlässlich der Geburt eines Kindes stellt zunächst keinen ehebedingten Nachteil dar. Dieser kann dadurch entstehen, dass während der Ehe wegen der Kinderbetreuung auf eine Erwerbstätigkeit verzichtet oder diese eingeschränkt wird. Die bereits vorehelich eingetretenen Nachteile werden gleichwohl nicht ausgeglichen.[3798]

b) Ehebedingte Nachteile beim Erwerb von Versorgungsanwartschaften

1075b   Mit der Einschränkung der Berufstätigkeit aufgrund der Rollenverteilung in der Ehe sind für den Unterhaltsberechtigten regelmäßig Nachteile beim Erwerb von Versorgungsanwartschaften verbunden. Zu der Frage, inwieweit diese einen der Unterhaltsbefristung entgegenstehenden ehebedingten Nachteil darstellen, hat sich eine als gefestigt zu betrachtende Rechtsprechung gebildet.

Diese geht im Grundsatz davon aus, dass während der Ehe entstandene Nachteile beim Erwerb der Altersversorgung oder der Versorgung in Fällen der Erwerbsunfähigkeit ehebedingte Nachteile darstellen. Diese werden aber kompensiert durch den anlässlich der Scheidung durchgeführten Versorgungsausgleich. Dieser ist das vorrangige Instrumentarium zum Ausgleich während der Ehe eingetretener Versorgungsnachteile. Wird er vollständig durchgeführt, tragen beide Ehegatten die Nachteile in der Versorgungsbilanz zu gleichen Teilen, diese sind ausgeglichen und der ehebedingte Nachteil entfällt mit Beginn der Altersrente.[3799] Erfolgte anlässlich der Scheidung kein vollständiger Versorgungsausgleich, zB weil der unterhaltpflichtige Ehegatte selbständig war und nicht ausreichend für sein Alter vorgesorgt hat, ist der ehebedingte Nachteil nicht oder zu-

---

[3793] BGH FamRZ 2013, 534 mAnm Born = NJW 2013, 866 Rn. 24 f.

[3794] OLG Karlsruhe NJW-RR 2011, 655 (657).

[3795] BGH FamRZ 2011, 628 (629) = NJW 2011, 1067 Rn. 21; FamRZ 2013, 935 = NJW 2013, 1738 Rn. 41

[3796] OLG Brandenburg FamFR 2010, 440 (Heiß).

[3797] BGH FamRZ 2014 1007 = NJW 2014, 1807 Rn. 21.

[3798] BGH FamRZ 2013, 860 mAnm Maurer = NJW 2013, 1444 Rn. 17 und 20; OLG Koblenz FamRZ 2016, 641 (Ls.)

[3799] BGH FamRZ 2009, 406 (409) mAnm Schürmann = NJW 2009, 989; FamRZ 2007, 2049 (2051 f.) = NJW-RR 2008, 1 (3 f.) = MDR 2008, 88 f.; FamRZ 2008, 134 (135 f.); FamRZ 2008, 1325 (1328 f.) mAnm Borth = NJW 2008, 2581 = MDR 2008, 319; FamRZ 2008, 1508 (1510 f.) = NJW 2008, 2644; FamRZ 2013, 1291 = NJW 2013, 2434 Rn. 22; FamRZ 2013, 1366 = NJW 2013, 2662 Rn. 79: FamRZ 2014, 823 = NJW 2014, 1302 Rn. 17; FamRZ 2018, 1421 = NJW 2018, 2636 = MDR 2018, 1441 Rn. 8.

mindest nicht in vollem Umfange kompensiert; eine Befristung des nachehelichen Unterhalts scheidet aus.[3800]

Nacheheliche Versorgungsnachteile, die der unterhaltsberechtigte Ehegatte durch die Fortwirkung der Rollenverteilung in der Ehe erleidet, stellen ebenfalls einen ehebedingten Nachteil dar. Dieser wird allerdings ausgeglichen, wenn der bedürftige Ehegatte die Möglichkeit hatte, neben dem Elementarunterhalt auch **Vorsorgeunterhalt** geltend zu machen. Denn dieser dient ebenso wie der Versorgungsausgleich dem Ausgleich ehebedingter Nachteile in der Versorgungsbilanz.[3801] **Kein ehebedingter Nachteil** liegt vor, wenn der unterhaltsberechtigte Ehegatte sich die vor der Ehe erworbenen Rentenanwartschaften hat kapitalisiert auszahlen lassen.[3802]

5. Krankenvorsorgeunterhalt

Der Krankenvorsorgeunterhalt, der bei Deckung des übrigen Bedarfs gesondert geltend gemacht werden kann, ist nach allgemeinen Regeln zu begrenzen oder zu befristen.[3803] **1075c**

IV. Befristung und Getrenntlebensunterhalt

Die Vorschrift des § 1578b BGB findet ihrem ausdrücklichen Wortlaut nach auf den Getrenntlebensunterhalt nach § 1361b BGB keine Anwendung.[3804] Bis zur Rechtskraft der Ehescheidung ist daher – wenn die sonstigen unterhaltsrechtlichen Voraussetzungen vorliegen – Unterhalt nach den ehelichen Lebensverhältnissen zu leisten. **1076**

V. Darlegungs- und Beweislast

Die Darlegungs- und Beweislast für Umstände, die zu einer Befristung oder Beschränkung des nachehelichen Unterhalts führen, trägt grundsätzlich der Pflichtige, da die Vorschrift des § 1578b BGB als Ausnahmetatbestand konzipiert ist.[3805] Trägt der Pflichtige Tatsachen vor, die – wie die Aufnahme einer vollschichtigen Erwerbstätigkeit in dem erlernten Beruf – gegen ehebedingte Nachteile sprechen, ist es Aufgabe des Berechtigten Umstände darzulegen, die gegen eine Begrenzung des Anspruchs oder für eine längere Schonfrist sprechen.[3806] Dieser ist im Rahmen der sog. „sekundären Darlegungslast" gehalten, das Nichtvorhandensein ehebedingter Nachteile substantiiert zu bestreiten und im Rahmen einer hypothetischen Betrachtung darzulegen, welche konkreten Nachteile entstanden sein sollen.[3807] An diese Darlegungen dürfen einerseits keine **1077**

[3800] OLG Celle FamRZ 2009, 1161.
[3801] BGH FamRZ 2014, 823 = NJW 2014, 1302 Rn. 18; FamRZ 2014, 1276 = NJW 2014, 2192 Rn. 45–51; FamRZ 2018, 1421 = NJW 2018, 2636 = MDR 2018, 1441 Rn. 8; für den Fall des Krankenvorsorgeunterhalts: KG NJW-Spezial 2013, 228.
[3802] BGH FamRZ 2014, 1276 = NJW 2014, 2192 Rn. 32–34.
[3803] OLG Oldenburg FamRZ 2010, 567 (568 f.).
[3804] OLG Brandenburg FamRZ 2009, 699; OLG Bremen MDR 2009, 334; OLG Düsseldorf FamRZ 2022, 1609 (1611); OLG Saarbrücken FamRZ 2020, 1260 (1261) = NZFam 2019, 690 (Obermann)
[3805] BGH FamRZ 2008, 134 (135); BGH FamRZ 2009, 1990 (1991 f.) = NJW 2009, 3783 (3784); FamRZ 2010, 875 (877) = NJW 2010, 1813 = MDR 2010, 749; FamRZ 2012, 93 (94 f.) mAnm Viefhues = NJW 2012, 74 (75) = MDR 2012, 31 f.; FamRZ 2012, 1483 (1487).
[3806] BGH FamRZ 2008, 134 (135); BGH FamRZ 2009, 1990 (1991 f.) = NJW 2009, 3783 (3784); FamRZ 2010, 875 (877) = NJW 2010, 1813 = MDR 2010, 749; FamRZ 2012, 93 (94 f.) mAnm Viefhues = NJW 2012, 74 (75) = MDR 2012, 31 f.
[3807] BGH FamRZ 2012, 93 (94 f.) mAnm Viefhues = NJW 2012, 74 (75) = MDR 2012, 31 f.; FamRZ 2012, 1483 (1487) mAnm Borth = NJW 2012, 3434 (3437) mAnm Maurer; FamRZ 2013, 864

überspannten Anforderungen gestellt werden, insbesondere nicht, wenn der Berechtigte bei Eheschließung am Beginn seiner beruflichen Entwicklung stand und die Ehe von langer Dauer war.[3808] Der Berechtigte kann zB auf übliche Gehaltssteigerungen in dem erlernten Beruf bedingt durch Berufserfahrung oder Betriebszugehörigkeit hinweisen.[3809] Behauptet der Berechtigte über die übliche Entwicklung im erlernten Beruf hinaus einen beruflichen Aufstieg, eine Karriere, muss er darlegen aufgrund welcher Umstände wie Fortbildungsbereitschaft, Talente und Neigungen die Fortentwicklung eingetreten wäre,[3810] was kaum möglich ist, wenn der Berechtigte in einem erlernten Beruf arbeitet, der keine klassischen Aufstiegschancen durch Fort- und Weiterbildung ermöglicht.[3811] Zusätzlich kann der Berechtigte auf vergleichbare Karriereverläufe hinweisen.[3812] Hat der Berechtigte keine Berufsausbildung, hat er konkrete Umstände vorzutragen, die die Aufnahme einer Ausbildung ohne die Ehe wahrscheinlich machen.[3813]

Die Darlegungen müssen so konkret sein, dass sie vom Gericht auf ihre Plausibilität überprüft und vom Pflichtigen widerlegt werden können.[3814]

Diese Behauptungen müssen dann vom Pflichtigen widerlegt werden,[3815] wobei die vollschichtige Tätigkeit in einem erlernten Beruf gegen das Vorhandensein ehebedingter Nachteile spricht.[3816] Zu berücksichtigen ist zudem, dass der Berechtigte im Rahmen der Bedürftigkeit darlegungs- und beweisbelastet für sein tatsächlich erzieltes oder erzielbares Einkommen ist.[3817] Ist dieses Einkommen dauerhaft niedriger als das in dem aufgegebenen Beruf erzielbare, bleibt es bei dem ehebedingten Nachteil. Ist es allerdings mindestens gleich hoch, muss der Berechtigte darlegen und beweisen, dass gleichwohl ein ehebedingter Nachteil vorliegt.[3818]

Die dargestellten Grundsätze der Darlegungs- und Beweislast ehebedingter Nachteile sollen auch gelten, wenn der Pflichtige behauptet, der Berechtigte habe bei genügender Anstrengung die Nachteile nach der Trennung ausgleichen können.[3819] Genügt der Berechtigte seiner Erwerbsobliegenheit, wird der Pflichtige allerdings mit dieser Behauptung nicht gehört.[3820]

---

mAnm Born = NJW 2013, 1447 Rn. 23; FamRZ 2014, 1007 = NJW 2014, 1807 mAnm Hoppenz Rn. 26; OLG Köln FamRZ 2013, 1134 (1135).

[3808] BGH FamRZ 2012, 93 (94 f.) mAnm Viefhues = NJW 2012, 74 (75) = MDR 2012, 31 f.; FamRZ 2012, 1483 (1487) mAnm Borth FamRZ 2012, 1488 = NJW 2012, 3434 (3437) mAnm Maurer.

[3809] BGH NJW FamRZ 2010, 2059 (2061 f.) = NJW 2010, 3653 (3655) = MDR 2010, 1461; OLG Koblenz FamRZ 2016, 641 (Ls.,.); NZFam 2016, 507 (Höhler-Heun).

[3810] BGH FamRZ 2010, 2059 (2061 f.) = NJW 2010, 3653 (3655) = MDR 2010, 1461.; FamRZ 2012, 93 (95) mAnm Viefhues = NJW 2012, 74 (76) = MDR 2012, 31 f.; FamRZ 2012, 1483 (1487) mAnm Borth = NJW 2012, 3434 (3437 f.) mAnm Maurer; OLG Brandenburg FamRZ 2021, 357 (LS.) = NJW-RR 2020, 874 (879).

[3811] OLG Köln FamRZ 2021, 1621 (LS.) = FF 2021, 326 (331).

[3812] BGH FamRZ 2012, 1483 (1487) mAnm Borth = NJW 2012, 3434 (3437f) mAnm Maurer.

[3813] OLG Hamm FamRZ 2013, 43 (44).

[3814] BGH FamRZ 2012, 93 (95) mAnm Viefhues = NJW 2012, 74 (76) = MDR 2012, 31 f.; OLG Brandenburg 30.1.2017, 13 UF 244/14, juris Rn. 44.

[3815] BGH FamRZ 2010, 875 ff. mAnm Finke; FamRZ 2013, 864 mAnm Born = NJW 2013, 1447 Rn. 23; FamRZ 2014, 1007 = NJW 2014, 1807 mAnm Hoppenz Rn. 31.

[3816] BGH NJW FamRZ 2010, 2059 (2061 f.) = NJW 2010, 3653 (3655) = MDR 2010, 1461.

[3817] BGH FamRZ 2009, 1300 (1306) mAnm Schürmann.

[3818] BGH FamRZ 2009, 1990 (1992) = NJW 2009, 3783 (3784 f.); OLG Karlsruhe NJW-RR 2020, 949 (951).

[3819] OLG Celle NJW-RR 2011, 364 (365 f.).

[3820] BGH FamRZ 2013, 274 mAnm Viefhues = NJW 2013, 528 Rn. 23.

VI. Prozessuales

Abänderungsverfahren. Prozessual sind Befristung und Herabsetzung grundsätz- 1078 lich im Erstverfahren geltend zu machen. Der Einwand der Befristung und Begrenzung ist im Abänderungsverfahren grundsätzlich ausgeschlossen, wenn die Gründe, die zu einer Begrenzung des Unterhaltsanspruchs führen, bereits im Ausgangsverfahren entstanden oder doch sicher vorhersehbar sind. Allerdings kann eine abschließende Entscheidung über den Einwand der Befristung und Begrenzung erst erfolgen, wenn die wirtschaftlichen Verhältnisse der Eheleute entflochten sind und feststeht, ob auf Seiten des Unterhaltsberechtigten ein dauerhafter ehebedingter Nachteil besteht.[3821] Kann ein ehebedingter Nachteil noch nicht abschließend festgestellt werden, kann gleichwohl eine Entscheidung über den Einwand des § 1578b BGB nicht per se zurückgestellt werden. Im Ausgangsverfahren ist vielmehr so weit zu entscheiden, als dies nach dem gegebenen oder zuverlässig vorhersehbaren Sachverhalt möglich ist.[3822] Steht zB aufgrund der im Ausgangsverfahren bekannten Tatsachen fest, für welchen Zeitraum Unterhalt nach den ehelichen Lebensverhältnissen zu zahlen ist, oder ist dies zuverlässig voraussehbar, muss -wenn auch die Höhe des ehebedingten Nachteils zu ermitteln ist- eine Begrenzung auf diesen ausgesprochen werden. Die Entscheidung über die Befristung ist dann einem späteren Abänderungsverfahren vorzubehalten.[3823] Dass die Umstände, aus denen sich die Begrenzung und Befristung ergibt, bereits eingetreten sind, ist nicht erforderlich. Sie müssen lediglich sicher vorhersehbar sein.[3824]

Der Abänderungsantrag nach § 238 FamFG kann grundsätzlich nur auf solche Umstände gestützt werden, die nach Schluss der letzten mündlichen Verhandlung des Vorverfahrens entstanden sind (§ 238 Abs. 2 FamFG). Zu diesen Umständen gehört die Neuregelung des § 1578b BGB zum 1.1.2008. Diese lässt somit jedenfalls eine Abänderung von Titeln zu, die sich auf eine andere Anspruchsgrundlage als § 1573 Abs. 2 BGB stützen. Der Aufstockungsunterhalt des § 1573 Abs. 2 BGB konnte bereits vor dem 1.1.2008 befristet werden. Maßgebender Zeitpunkt ist insoweit die Änderung der Rechtsprechung des Bundesgerichtshofs durch das Urteil vom 12.4.2006. Ist der Unterhaltstitel vor dieser Entscheidung geschaffen worden, ist eine Abänderung gestützt auf die Änderung der Rechtsprechung zur Begrenzung und Befristung des Aufstockungsunterhalts möglich, und zwar auch für Ehen, aus denen Kinder hervorgegangen sind.[3825] Liegt der Zeitpunkt nach der Veröffentlichung dieser Entscheidung, kommt eine Abänderung nur in Betracht, wenn die tatsächlichen Voraussetzungen einer Begrenzung oder Befristung im Erstverfahren weder vorhanden noch sicher vorhersehbar waren.[3826]

Präkludiert sind aber nur die Umstände, die **im Ausgangsverfahren erheblich** waren; dh solche, auf die gestützt das Gericht bereits im Ausgangsverfahren eine Begrenzung

---

[3821] BGH FamRZ 2018, 1506 mAnm Maurer = NJW 2018, 2638 = MDR 2018, 1315 Rn. 27; OLG Koblenz FamRZ 2016, 641 (Ls.).

[3822] BGH FamRZ 2018, 1506 mAnm Maurer = NJW 2018, 2638 = MDR 2018, 1315 Rn. 27.

[3823] BGH FamRZ 2018, 1506 mAnm Maurer = NJW 2018, 2638 = MDR 2018, 1315 Rn. 27.

[3824] BGH FamRZ 2010, 111 (117) = NJW 2010, 365 (371); FamRZ 2015, 1694 = NJW 2015, 2963 Rn. 22; BGH FamRZ 2018, 1506 mAnm Maurer = NJW 2018, 2638 = MDR 2018, 1315 Rn. 27.

[3825] BGH NJW 2010, 369 (371); BGH NJW 2010, 3582 (3583); OLG Bremen FamRZ 2008, 263; **aA** OLG Düsseldorf FamRB 2010, 107 (Roessink) = NJW 2010, 1085 (1086), das für den Fall das aus der Ehe Kinder hervorgegangen sind, auf die Entscheidung des BGH vom 28.2.2007 (NJW 2007, 1961) abstellen will; OLG Frankfurt/M. FamRZ 2009, 1163; OLG Brandenburg NJW Spezial 2012, 264; OLG Zweibrücken FamRZ 2009, 1161 f., die richtigerweise auf den 15.7.2006 als den Tag der Erstveröffentlichung der BGH-Entscheidung in der FamRZ abstellen.

[3826] BGH FamRZ 2010, 111 (117) = NJW 2010, 365 (371).

oder Befristung hätte aussprechen müssen.[3827] **Alttatsachen** sind nicht erheblich, wenn der Unterhaltsschuldner im Vorverfahren als Gegners des Abänderungsantrags hinsichtlich des laufenden Unterhalts voll obsiegt hat. Denn in diesem Fall hätte der Einwand einer Herabsetzung oder Befristung zu keinen anderen Verfahrensergebnis als der ohnehin – aus anderen Gründen – erfolgten Abweisung des Abänderungsantrages führen können. Die Herabsetzung des Unterhalts nach § 1578b BGB war nicht Streitgegenstand des Vorverfahrens, so dass auch die Rechtskraft der vorangegangenen Entscheidung begrenzt ist.[3828] Es ist nicht mehr notwendig, dass der Unterhaltsschuldner in dem gegen ihn gerichteten Abänderungsverfahren einen Abänderungswiderantrag stellt mit dem Ziel, eine Präklusion des Befristungseinwands zu vermeiden. Der Einwand kann in einem späteren, vom Unterhaltsschuldner angestrengten Abänderungsverfahren erstmals erhoben werden, wenn er – wie dargestellt – nicht entscheidungserheblich war.[3829]

Tatsachen, die allein im Rahmen der Billigkeitsabwägung erheblich waren, sind präkludiert, wenn sie schon zu einer abweichenden Entscheidung im Vorverfahren geführt hätte.[3830] Liegen die prozessualen Voraussetzungen für eine Abänderung vor, ist die Übergangsvorschrift des § 36 Nr. 1 EGZPO zu berücksichtigen. die Anwendung findet, wenn die Befristungs- und Begrenzungsmöglichkeit zum 1.1.2008 geschaffen worden ist.[3831] Die Vorschrift ermöglicht einerseits die Abänderung gestützt auf die Änderung der Rechtslage, gibt aber auf der anderen Seite im Einzelfall Vertrauensschutz: Die Abänderung des Alttitels hat zu unterbleiben, wenn sie dem benachteiligten Ehegatten nicht zugemutet werden kann. Dabei ist allerdings bei der Bewertung zu berücksichtigen, dass der Gesetzgeber grundsätzlich von einer raschen Überleitung auf das neue Recht ausging.[3832] Ein dauerhafter Vertrauensschutz wird daher in den seltensten Fällen anzunehmen sein.

Ein Vergleich, der den Unterhaltsanspruch **erstmals tituliert** entfaltet in der Regel insoweit keine Bindungswirkung für die Zukunft. Enthält der Vergleich keine ausdrückliche oder konkludente anderweitige Regelung, ist vielmehr davon auszugehen, dass die Beteiligten eine spätere Befristung des Unterhalts offenhalten wollten.[3833] Wurde in dem Vergleich eine spätere Befristung vorbehalten, aber nach Veröffentlichung des Urteils vom 12.4.2006 nicht geltend gemacht, kommt eine Abänderung nicht in Betracht.[3834]

VII. Wiederaufleben von Unterhaltsansprüchen

1079   Ein **Wiederaufleben nach § 1578b BGB** entfallener oder reduzierter **Ansprüche** ist denkbar, wenn sich die bei einer Unterhaltstitulierung angestellte Prognose als fehlerhaft erwiesen hat. Dazu ist nach §§ 238 f. FamFG zu verfahren, denn es geht nicht um die Korrektur einer ursprünglich unrichtigen Entscheidung, sondern um die Berücksichtigung wesentlicher nachträglicher Änderungen. Das unvorhergesehene Scheitern beruflicher Wiedereingliederung oder die Erkrankung eines damit wieder betreuungsbedürftig werdenden Kindes können ein Wiederaufleben bzw. eine Wiederherhaufsetzung rechtfertigen.

[3827] BGH FamRZ 2015, 1694 = NJW 2015, 2963 Rn. 23.
[3828] BGH FamRZ 2018, 914 mAnm Viefhues = NJW 2018, 1753 Rn. 17.
[3829] BGH FamRZ 2018, 914 mAnm Viefhues = NJW 2018, 1753 Rn. 17.
[3830] BGH FamRZ 2015, 1694 = NJW 2015, 2963 Rn. 23.
[3831] BGH FamRZ 2010, 1238 (1241) = NJW 2010, 2349.
[3832] OLG Köln NJW 2009, 3169 (3171 f.); OLG Schleswig, SchlHA 2010, 181 Rn. 6.
[3833] BGH FamRZ 2010, 1238 (1239) mAnm Borth = NJW 2010, 2349 (2350 f.); BGH FamRZ 2012, 772 (773) = NJW 2012, 1807 = MDR 2012, 587; FamRZ 2015, 734 = NJW 2015, 1242 Rn. 13 BGH FamRZ 2020, 171 = NJW 2020, 238 mAnm Graba, Rn. 41 OLG Hamm FamRZ 2016, 64 (65).
[3834] BGH FamRZ 2012, 1284 (1285) = NJW 2012, 2514 (2515 f.) = MDR 2012, 849 f.

VIII. Verwirkung des Verwandtenunterhalts, § 1611 BGB

1. Allgemeines

§ 1611 BGB findet Anwendung auf die Unterhaltsansprüche der Kinder gegen ihre **1080** Eltern, der Eltern gegen die Kinder und – über § 1615l Abs. 3 BGB – auf Unterhaltsansprüche des Elternteils, der ein nicht eheliches Kind betreut. Diese Ansprüche reduzieren sich auf einen Betrag, der der Billigkeit entspricht, oder entfallen in den Fällen grober Unbilligkeit vollständig (§ 1611 Abs. 1 S. 2 BGB), wenn ein Fehlverhalten des Berechtigten vorliegt, wenn dieser

– durch sein sittliches Verschulden bedürftig geworden ist,
– seine eigene Unterhaltspflicht gegenüber dem Pflichtigen gröblich vernachlässigt oder
– sich einer sonstigen schweren Verfehlung gegen den Unterhaltspflichtigen oder einen seiner Angehörigen schuldig gemacht hat.

Grundgedanke der Vorschrift ist, dass die Unterhaltspflicht nicht allein auf dem Verwandtschaftsverhältnis fußt, ihr vielmehr eine familiäre Solidarität und Verantwortung zugrunde liegt.[3835] Diese Solidarität kann derjenige nicht erwarten, der sich bewusst aus jeder persönlichen oder auch wirtschaftlichen Beziehung zu seinen Verwandten löst.[3836]

2. Minderjährige unverheiratete Kinder

Eine Unterhaltsverwirkung gem. § 1611 Abs. 1 BGB ist für minderjährige unverhei **1081** ratete Kinder gem. § 1611 Abs. 2 BGB **ausgeschlossen.** Strittig ist, ob zumindest der Ansatz eines fiktiven Einkommens in Betracht kommt, wenn sich das Kind weder in Schul- noch in Berufsausbildung befindet.[3837]

Dieser Ausschluss **gilt nicht für privilegiert volljährige Kinder, die gem. § 1603** **1082** **Abs. 2 S. 2 BGB** den minderjährigen Kindern gleichgestellt sind, denn § 1611 Abs. 2 BGB ist von dieser Gleichstellung nicht erfasst.

Der Unterhaltsanspruch minderjähriger Kinder kann nach allgemeinen Rechtsgrund **1083** sätzen – § 242 BGB – der Verwirkung unterliegen s. hierzu → Rn. 1203.

3. Volljährige Kinder

Grundsätze. Auf Unterhaltsansprüche des volljährigen Kindes findet grundsätzlich **1084** die für den Verwandtenunterhalt geltende Verwirkungsnorm des § 1611 Abs. 1 BGB Anwendung. Hauptanwendungsfall[3838] ist das Vorliegen einer schweren Verfehlung durch eine tiefgreifende Beeinträchtigung der wirtschaftlichen Interessen oder der persönlichen Belange des Pflichtigen.[3839] Die Rechtsprechung beschränkt allerdings eine Verwirkung (auch Teilverwirkung kommt in Betracht) wegen der tiefgreifenden Rechtsfolgen auf besonders schwere Ausnahmefälle.[3840] Alle Umstände sind umfassend abzuwä-

---

[3835] BGH FamRZ 2010, 1888 (1892) = NJW 2010, 3714; OLG Oldenburg FamRZ 2013, 1051.
[3836] BGH FamRZ 2010, 1888 (1892) = NJW 2010, 3714; OLG Oldenburg FamRZ 2013, 1051.
[3837] Bejahend: OLG Düsseldorf FamRZ 2000, 442; OLG Frankfurt/M. NJW 2015, 3105 Rn. 8f; OLG Karlsruhe FamRZ 2019, 965 = NJW 2019, 3250 mAnm Born.
verneinend: OLG Saarbrücken FamRZ 2000, 40.
[3838] Fälle schuldhaft verursachter Bedürftigkeit oder Verletzung der Unterhaltspflicht des volljährigen Kindes gegen seine Eltern sind in diesem Zusammenhang zu vernachlässigen.
[3839] BGH FamRZ 2014, 541 = NJW 2014, 1177 Rn. 14.
[3840] OLG Hamm FamRZ 2007, 165 und NJW-RR 2006, 509; OLG München FamRZ 1992, 595 (596); OLG Hamm FamRZ 1993, 468: häufige schwere Beleidigungen, die tiefgreifende Verachtung zeigen, unbefugte Pkw-Nutzung ohne Begleichung damit verursachten Schadens.

gen:[3841] eine genaue differenzierte Betrachtung und Bewertung der Eltern-Kind-Beziehung, der Umstände von Trennung und Scheidung,[3842] der seelischen Belastung des Kindes,[3843] der Wahrnehmung der Elternverantwortung.[3844] § 1611 BGB ist nur anwendbar, wenn das Kind die alleinige, nicht entschuldbare Verantwortung für seine unbeeinflusste Abwendung vom Elternteil trifft oder ein aktives Tun hinzutritt.[3845]

1085   Der **Ausbildungsunterhaltsanspruch** kann unabhängig von den Voraussetzungen des § 1611 BGB durch Verletzung des Gegenseitigkeitsprinzips bei Verschweigen von Eigeneinkünften aber auch bei Nichtmitteilung des Schulabbruchs verwirkt werden.[3846]

1086   [einstweilen frei]

Einzelfälle

1087   • **Sittliches Verschulden**

Bei Alkohol- und Drogenmissbrauch kann die Behandlungsverweigerung die Unterhaltsversagung rechtfertigen,[3847] nicht aber, wenn die Erkrankung bereits so weit fortgeschritten ist, dass dem Kind ein Schuldvorwurf nicht mehr gemacht werden kann. Ein Verstoß des Kindes gegen die Gebote der Sittlichkeit ist auch angenommen worden, wenn es in seiner Lebensführung Risiken auf Kosten der Eltern in Kauf nimmt (Arbeit ohne soziale Absicherung; langjährige Drogenabhängigkeit und HIV-Infektion).[3848] Ein eheähnliches Verhältnis oder die Geburt eines Kindes des unterhaltsbedürftigen Kindes berührt dessen Unterhaltsanspruch nicht, es sei denn, die Nichtheirat bezwecke den Erhalt des Unterhalts.[3849] Als schweres sittliches Verschulden und bewusste Herbeiführung der Bedürftigkeit ist die Hingabe vorhandenen Vermögens an die Mutter zum Zwecke des Erwerbs des ehemaligen Familienheims gewertet worden, und zwar ungeachtet der Tatsache, dass dem unterhaltsbedürftigen Sohn ein lebenslanges Wohnrecht eingeräumt worden war.[3850]

1088   • **Herabwürdigung der Eltern und Straftaten gegen sie**

Unberechtigte Vorwürfe sexuellen Missbrauchs seitens der jetzt volljährigen (26 Jahre) Tochter, die auf neurotischer Persönlichkeitsstörung beruhen, also von Krankheitswert sind, rechtfertigen eine Anwendung von § 1611 BGB nicht, wohl aber der langjährige erhebliche Prozessbetrug dieses Kindes.[3851]

Tätliche Angriffe, ständige grobe Beleidigung und Bedrohung, falsche Anschuldigung, Schädigung beruflicher und wirtschaftlicher Stellung,[3852] Bedrohungen durch volljährige Kinder gegen ihre mit ihnen zusammenlebende Mutter machen § 1611 BGB anwend-

---

[3841] BGH FamRZ 2004, 1559 = NJW 2004, 3109; NJW 1995, 1215 (1216) = FamRZ 1995, 475; OLG Stuttgart NJWE-FER 2000, 80.

[3842] OLG Frankfurt FamRZ 1993, 1241.

[3843] OLG Hamm FamRZ 1995, 1439.

[3844] AG Regensburg FamRZ 1993, 1240 f.

[3845] OLG Hamm FamRZ 2007, 165 (bei Drogenschmuggel des Kindes Auskunftsklage deshalb nicht abzuweisen); OLG Hamm NJW-RR 2006, 509 (bewusst falsche Strafanzeige; 2/3 Verwirkung); OLG Bamberg NJW-RR 1994, 582 = FamRZ 1994, 1054; OLG Frankfurt NJW-RR 1996, 708 = FamRZ 1995, 1513; OLG Hamm FamRZ 1995, 1439; OLG Köln NJW-RR 1996, 966 = FamRZ 1996, 1101 (1102).

[3846] BGH FamRZ 1998, 671 = NJW 1998, 1555; OLG Köln FamRZ 2005, 301; NJW 2012, 2364 (2365); AG Berlin-Tempelhof FamRZ 2000, 1044 (aber nicht immer dauerhaft); OLG Koblenz FamRZ 1999, 402; OLG Karlsruhe OLG-Report 1999, 46; OLG Hamm OLG-Report 1998, 174 wendet aber § 1611 BGB an; weiter → Rn. 343.

[3847] OLG Frankfurt/M. FamRZ 2011, 225 (227); AG Neuwied FamRZ 1999, 403.

[3848] KG FamRZ 2003, 1357; OLG Hamm OLG-Report 2002, 17: Herabsetzung auf billigen Unterhaltsbeitrag.

[3849] OLG Koblenz FamRZ 2004, 1892; OLG Celle NJW 1993, 2880.

[3850] KG FamRZ 2016, 1469 (Ls.) = FF 2016, 318 (320f).

[3851] OLG Hamm NJW-RR 1996, 198 f. = FamRZ 1995, 958: dass der Betrug nichts mit der neurotischen Störung zu tun haben soll, kann möglicherweise zweifelhaft erscheinen.

[3852] OLG Hamm NJW-RR 2006, 509; OLG Celle NJW-RR 1994, 324 (325) = FamRZ 1993, 1235.

bar.[3853] Äußerungen wie „ich bedaure, dass Sie meine Mutter sind" dürften dagegen nicht ausreichen, da sie keine konkrete Beeinträchtigung bedeuten, sondern wie Unhöflichkeiten einzustufen sind.[3854]

- **Unhöflichkeiten**　　　　　　　　　　　　　　　　　　　　　　　　　1089

  Von schweren Verfehlungen gegen die Eltern sind Verhaltensweisen abzugrenzen, die als bloße Unhöflichkeiten keine Unterhaltsverwirkung herbeiführen können: So genügen die Anrede „Sie" und „Herr" für den Vater[3855] genügen ebenso wenig für § 1611 BGB wie das Nichtgrüßen von Großeltern.[3856]

- **Kontaktverweigerung**　　　　　　　　　　　　　　　　　　　　　　1090

  Die Ablehnung jeglicher persönlichen Kontaktaufnahme zu dem unterhaltspflichtigen Elternteil kann weder allein noch in Zusammenhang mit unhöflichen oder unangemessenen Äußerungen eine Herabsetzung oder einen Ausschluss des Unterhaltsanspruchs rechtfertigen.[3857] Sie fließt vielmehr ein in eine umfassende Abwägung aller Umstände, die auch das eigene Verhalten des unterhaltspflichtigen Elternteils miteinbezieht und auf Seiten des Kindes weitere Sachverhalte erfordert, die in ihrer Gesamtbewertung als schwere Verfehlung gegen den Unterhaltspflichtigen anzusehen sind[3858]

  So sind Kontaktverweigerungen oft Folge des elterlichen Trennungsstreits, so dass ein einseitiges Verschulden des Kindes nicht festgestellt werden kann.[3859]

  Keine Gratulation des Vaters zum 18. Geburtstag des Kindes und wüste Beschimpfungen der Mutter vor Gericht erklären die Ablehnung des Kindes.[3860]

  Eine erwachsene Tochter, die in der Kindheit wiederholte Misshandlungen der Mutter miterleben musste und nun jeden Kontakt mit dem unterhaltspflichtigen todkranken Vater ablehnt, trifft trotz § 1618a BGB subjektiv kein so schwerer Schuldvorwurf, dass § 1611 BGB, wenn auch nur maßvoll, anwendbar wäre.[3861] Eltern müssen auch von sich aus um Kontaktwiederherstellung zum Kind bemüht sein.[3862] Seelische Belastung des Kindes als Mitursache seines Verhaltens lässt dieses milder erscheinen.[3863]

- **Schulversagen des volljährigen Kindes,** Schulschwänzen, Abbrüche und eine ver-　1091
  zögerte Aufnahme oder Durchführung einer Ausbildung oder eines Studiums sind im Rahmen des § 1610 Abs. 2 BGB zu prüfen und führen uU bereits dazu, dass ein Anspruch auf Ausbildungsunterhalt nicht besteht. Eine Verwirkung kann angenommen werden, wenn das volljährige Kind infolge einer Erkrankung unterhaltsbedürftig ist, weil es nach Abschluss seiner Ausbildung keiner Erwerbstätigkeit nachgegangen und daher nicht Mitglied der gesetzlichen Krankenversicherung geworden ist.[3864]

- **Nichtinformation**　　　　　　　　　　　　　　　　　　　　　　　1092

  Die unterlassene Information des Pflichtigen, zB über den Abbruch einer schulischen oder beruflichen Ausbildung oder auch über die Aufnahme einer Erwerbstätigkeit, einer

---

[3853] LG Frankfurt/Main FamRZ 1994, 978 (979).

[3854] **Anders** AG Grevenbroich FF 2003, 144.

[3855] OLG Hamm FamRZ 1995, 1439; **anders** wohl AG Grevenbroich FF 2003, 144.

[3856] OLG Köln NJW-RR 1996, 707 = FamRZ 1996, 1101.

[3857] BGH FamRZ 1995, 475 (476); FamRZ 2014, 541 = NJW 2014, 1177 Rn. 17.

[3858] BGH FamRZ 1995, 475 (476); OLG Frankfurt/M. FamRZ 2021, 1041 (1042):

[3859] BGH FamRZ 1995, 475 (476) = NJW 1995, 1215; OLG Düsseldorf FamRZ 2001, 1724 (1726);
OLG Hamm FamRZ 2001, 1395 (Ls.); OLG Frankfurt FamRZ 1995, 1513 = NJW 1996, 708.

[3860] BGH NJW 1995, 1215 (1216) = FamRZ 1995, 475.

[3861] OLG München FamRZ 1992, 595 (596); **anders:** OLG Bamberg NJW 1992, 1112 (1113) =
FamRZ 1992, 717.

[3862] AG Königswinter NJW-RR 1993, 1033.

[3863] OLG Hamm FamRZ 1995, 1439.

[3864] OLG Hamm NJW-RR 2002, 650 (651).

Nebentätigkeit, eröffnet eine umfassende Abwägung aller Umstände des Einzelfalles und kann im Rahmen dieser Billigkeitsprüfung auch zu einer Unterhaltsverwirkung führen.[3865] Dies kann insbesondere angenommen werden, wenn das Kind weiterhin Unterhalt bezieht, obwohl es davon ausgehen musste, dass der Pflichtige aufgrund eines Wegfalls der Unterhaltsvoraussetzungen seine Zahlungen eingestellt hätte.[3866] Die erstmalige Verletzung der Auskunftspflicht des § 1605 BGB ist dagegen allein nicht geeignet, eine Unterhaltsverwirkung herbeizuführen.[3867]

4. Sonstige Unterhaltsberechtigte

a) Elternunterhalt. § 1611 Abs. 1 BGB gilt auch für den Elternunterhalt

1093   Eine schwere Verfehlung kann in der Verletzung elterlicher Pflichten gesehen werden, zB in der Pflicht zu Beistand und Rücksicht nach § 1618a BGB. Sie ist auch nicht auf einzelne, schwerwiegende Übergriffe beschränkt, sondern kann sich aus einer Gesamtschau des Verhaltens des Unterhaltspflichtigen ergeben. Selbst einzelne Verfehlungen, die nicht besonders schwer wiegen, können in dieser Gesamtbetrachtung als schwerwiegend anzusehen sein und zu einer Unterhaltsverwirkung führen.[3868]

So können eine grobe Vernachlässigung des Kindes, zB durch Verletzung der elementaren Bedürfnisse nach Versorgung mit Nahrung und Hygiene[3869], die schuldhaft erfolgt sein muss[3870] und eine eigene Unterhaltspflichtverletzung zur Verwirkung des Elternunterhalts führen.[3871] Der vom Vater auf Unterhalt in Anspruch genommene Sohn kann sich erfolgreich auf § 1611 BGB berufen, wenn der Vater sich 30–40 Jahre nicht um den Sohn gekümmert hat.[3872] Entsprechendes soll bei Trunksucht des Vaters gelten,[3873] wenn dem Kind keine qualifizierte Ausbildung ermöglicht wurde,[3874] bei einem vom Pflichtigen ausgehenden dauerhaften Bruch der Eltern-Kind-Beziehung[3875] oder auch nur bei grobem Mangel an verwandtschaftlicher Gesinnung[3876] oder elterlicher Verantwortung. Dieser kann zB dadurch zum Ausdruck kommen, dass der Elternteil das Kind schon im Kleinkindalter bei den Großeltern zurückgelassen und sich in der Folgezeit nicht mehr nennenswert um es gekümmert hat[3877] oder wenn die Mutter dem Kind nach einer Vergewaltigung durch den Bruder im Kindesalter und der Geburt eines schwerstbehinderten Sohnes keine fürsorgliche Zuwendung hat zukommen lassen, sondern nach einer Geburt im Heim über das schwerstbehinderte Kind nicht gesprochen wurde.[3878] Ein Kontakt-

---

[3865] KG FamRZ 2014, 1645 (1646); OLG Köln FamRZ 2005, 301; FamRZ 2012, 1576 (Ls.) = NJW 2012, 2364; OLG Stuttgart NJWE-FER 2000, 80.
[3866] OLG Brandenburg FamRZ 2022, 1284 (LS.).
[3867] So aber KG FamRB 2016, 174 (zu Recht dort ablehnend besprochen von Liceni-Kierstein).
[3868] BGH FamRZ 2014, 541 = NJW 2014, 1177 Rn. 15; tendenziell abweichend die Vorinstanz OLG Oldenburg FamRZ 2013, 1051 f.
[3869] OLG Frankfurt/M. FamRZ 2016, 1855 (1856).
[3870] BGH NJW 2010, 3714 (3716).
[3871] AG Bremen FamRB 2016, 337 f (Liceni-Kierstein); AG Krefeld FamRZ 2010, 817; AG Leipzig FamRZ 1997, 965.
[3872] OLG Celle NJW 2010, 3727 (3728 f.); AG Helmstedt FamRZ 2001, 1395 (32 Jahre); LG Hannover NJW-RR 1992, 197.
[3873] OLG Celle FamRZ 1990, 1142 (1143 f.) (zweifelhaft, soweit Sucht Krankheitswert).
[3874] AG Krefeld FamRZ 2010, 817.
[3875] OLG Oldenburg FamRZ 2013, 105 Rn. 24 f.
[3876] OLG Oldenburg FamRZ 2012, 364 (Thormeyer).
[3877] BGH FamRZ 2014, 541 = NJW 2014, 1177 Rn. 17.
[3878] OLG Karlsruhe FamRZ 2016, 1469 (1472).

abbruch anlässlich der Trennung der Eltern kurz nach der Volljährigkeit des Kindes kann anders zu beurteilen sein.[3879]

b) Betreuungsunterhalt

Der Anspruch aus § 1615l S. 1 BGB kann ebenfalls der Verwirkung unterliegen, wobei ohne praktische Bedeutung ist, ob die Voraussetzungen einer entsprechenden Anwendung des § 1579 BGB zu entnehmen sind oder der im Ergebnis inhaltsgleichen Vorschrift des § 1611 BGB.[3880] Eine entsprechende Anwendung des § 1579 Nr. 2 BGB bei Zusammenleben mit einem anderen Partner als dem Vater des Kindes kommt allerdings nicht in Betracht,[3881] Der Vorschrift liegt der Gedanke zugrunde, dass sich der geschiedene Ehegatte aus der nachehelichen Solidarität gelöst. Eine solche gibt es in den Fällen der nichtehelichen Lebensgemeinschaft gerade nicht,[3882] zumindest dann nicht, wenn die Eltern niemals zusammengelebt und dies auch nicht geplant hatten.[3883]

5. Verschulden

Voraussetzung der Verwirkung des Verwandten- und Betreuungsunterhalts ist das Vorliegen einer vorsätzlichen und damit auch schuldhaften Verfehlung. Der Tatbestand ist folglich nicht erfüllt, wenn das beanstandete Verhalten durch die Erkrankung des Berechtigten verursacht wurde.[3884] Ein Handeln mit natürlichem Vorsatz ist dabei nicht ausreichend.[3885] Eine Verwirkung kann dagegen angenommen werden bei einer groben Vernachlässigung des Unterhaltspflichtigen.[3886]

6. Umfang der Verwirkungsfolgen

Eine stufenlose Unterhaltsbegrenzung nach Billigkeitsgesichtspunkten wird durch § 1611 BGB ermöglicht.[3887] Es kommt auch eine nur zeitweise Beschränkung oder ein zeitweiser Unterhaltsfortfall in Betracht.   **1094**

Eine Verzeihung kann die Berufung auf Verwirkungsgründe ausschließen. Sie setzt Kenntnis vom Verwirkungsgrund voraus.[3888]   **1095**

7. Rückwirkung

Die **Verwirkung hat keine Rückwirkung,** ergreift also nur nach dem Verwirkungsereignis entstehende Ansprüche.[3889] Ausnahmefälle sind denkbar, in denen die Verfehlung des Berechtigten so schwer wiegt, dass auch die Zahlung rückständigen Unterhalts unzumutbar erscheint.[3890]   **1096**

[3879] BGH FamRZ 2014, 541 = NJW 2014, 1177 Rn. 17.
[3880] BGH FamRZ 2008, 1739 = NJW 2008, 3125 = MDR 2008, 1273 Rn. 51.
[3881] OLG Nürnberg FamRZ 2011, 735 = = NJW 2011, 939 = MDR 2011, 169; im Ergebnis offengelassen bei BGH FamRZ 2008, 1739 = NJW 2008, 3125 = MDR 2008, 1273 Rn. 52.
[3882] OLG Frankfurt/M. FamRZ 2019, 1611 (LS. mAnm Borth) = NZFam 2019, 627 (635) mAnm Löhnig.
[3883] KG NZFam 2015, 721 (Frauenknecht) = FF 2015, 498 (502).
[3884] BGH FamRZ 2010, 1888 (1890) = NJW 2010, 3714 (3717).
[3885] BGH FamRZ 2010, 1888 (1890) = NJW 2010, 3714 (3717).
[3886] BGH FamRZ 2010, 1888 (1890) = NJW 2010, 3714 (3717).
[3887] ZB Beschränkung des Anspruchs auf 1/3 bei schwerem Verstoß der Mutter gegen die Verpflichtung zum Schutz und Beistand: OLG Karlsruhe FamRZ 2016, 1469 (1472).
[3888] KG FamRZ 2003, 1357 (1359).
[3889] BGH FamRZ 1984, 34 = NJW 1984, 296 (zu § 1579 Abs. 1 Nr. 2 BGB aF).
[3890] BGH FamRZ 2004, 612 mAnm Büttner = NJW 2004, 1324 wie Vorinstanz OLG Zweibrücken FamRZ 2003, 241 (verwerfliche Straftat).

IX. Verwirkung des Ehegattenunterhalts, § 1579

1097   **§ 1579 BGB** stellt als **negative Härteklausel** den von Verfassung wegen gebotenen Ausgleich zu dem durch das 1. Eherechtsreformgesetz zum 1.7.1977 geschaffenen verschuldensunabhängigen Scheidungsrecht.[3891] Sie ist mehrfach geändert worden,[3892] zuletzt zum 1.1.2008 durch das Gesetz zur Änderung des Unterhaltsrechts vom 21.12.2007.[3893]

1. Allgemeines

a) Zweistufige Tatbestände

1098   Die **Tatbestände des § 1579 BGB sind zweistufige.** Zunächst sind die in den Nrn. 1–8 normierten Tatsachen festzustellen. Sodann hat eine umfassende Billigkeitsprüfung dahin stattzufinden, ob unter Berücksichtigung aller Umstände die Unterhaltszahlung ganz oder teilweise als grob unbillig erscheint und ob eine Versagung, Minderung oder zeitliche Begrenzung des Unterhalts in Betracht kommen, wobei der Wahrung der Kindesbelange besondere Bedeutung zukommt. Die **Abwägung ist primär dem Tatrichter überlassen,** da es weitgehend um die Wertung tatsächlicher Umstände geht.[3894]

b) Konkurrenzen

1099   **§ 1579 BGB** sanktioniert nur ein **ehewidriges** Verhalten. Ein **voreheliches Fehlverhalten** kann Anlass für einen Eheaufhebungsantrag nach §§ 1313 ff BGB sein. Ist dieser abgewiesen worden oder hat der Unterhaltsschuldner die Frist des § 1317 BGB verstreichen lassen, kommt wegen desselben Verhaltens ein Unterhaltsausschluss nach § 1579 BGB nicht in Betracht.[3895]

Für den **Getrenntlebensunterhalt** gelten über § 1361 Abs. 3 BGB die Verwirkungsregelungen des § 1579 Nr. 2 bis 8 BGB entsprechend. Der Verwirkungsgrund der kurzen Ehe findet keine Anwendung, zum einen, weil er in § 1361 Abs. 3 BGB nicht genannt ist, zum anderen auch aus der Natur der Sache, da die Dauer der Ehe während der Trennungszeit noch nicht feststeht.

1100   Eine **Kombination des § 1579 BGB mit 1578b BGB** ist möglich. Liegt eine kurze Ehe vor, sind zunächst die Voraussetzungen des § 1579 Nr. 1 BGB zu prüfen, da die Vorschrift einen völligen Ausschluss des Unterhaltsanspruchs möglich macht.[3896]

c) Auskunft und § 1579 BGB

1101   **§ 1579 BGB kann einem Auskunftsanspruch** des Unterhaltsgläubigers grundsätzlich nicht entgegengehalten werden.[3897] Denn der **Auskunftsanspruch entfällt nur,** wenn feststeht, dass die Auskunft den Unterhaltsanspruch oder die Unterhaltsverpflichtung

---

[3891] BVerfG FamRZ 1981, 745 (748).

[3892] Zur Entstehungsgeschichte s. Wendl/Dose UnterhaltsR/Wönne/Siebert § 4 Rn. 1200 bis 1203.

[3893] BGBl. 2007 I 1

[3894] BGH NJW 2005, 3669 = FF 2006, 45 mAnm Bosch = NJW 2002, 1947; OLG Hamm FamRZ 2005, 212.

[3895] Vgl. BGH FamRZ 1983, 456 (457) zu § 37 EheG und OLG Hamm FamRZ 1987, 947 (948) zu § 26 EheG. Entsprechendes muss für die Aufhebung der Ehe nach dem Recht ab 1.7.1998 gelten. Vgl. auch BGH FamRZ 1996, 1209 = NJW 1996, 2727.

[3896] BGH FamRZ 1999, 710 (711) = NJW 1999, 1630; Büttner FamRZ 2007, 773 zu § 1578b BGB nF.

[3897] BGH FamRZ 1983, 456 (457); OLG Hamm FamRZ 2007, 165; OLG Karlsruhe OLG-Report 2001, 327; OLG München FamRZ 1998, 741; OLG Bamberg FamRZ 1998, 741.

unter keinem Gesichtspunkt beeinflussen kann.[3898] Diese Ausnahme gegeben, wenn der Unterhaltsanspruch unabhängig von den Einkommens- und Vermögensverhältnissen des Schuldners ausgeschlossen ist.[3899] In Anwendung des § 1579 BGB hat eine umfassende Abwägung der Umstände des Einzelfalles zu erfolgen, bei der es entscheidend auch auf die Zumutbarkeit der Einengung der Handlungsfreiheit des Unterhaltsschuldners durch die Unterhaltszahlungen ankommt, für die die Einkommens- und Vermögensverhältnisse des Schuldners von Belang sein können

d) § 1579 BGB und konkrete Unterhaltstatbestände

Der Einwand aus § 1579 BGB ist stets konkret auf bestimmte gesetzliche Unterhalts-   1102
tatbestände zu beziehen (§§ 1570–1576 BGB), so dass ein später erhobener anderer Unterhaltsanspruch (etwa § 1572 statt § 1573 BGB) noch mit § 1579 BGB bekämpft werden kann.[3900] § 1579 ist bei Anwendung des § 1576 nicht zusätzlich zu prüfen, da in die Billigkeitsprüfung nach § 1576 BGB alle Umstände einzubeziehen sind.[3901]

e) Verlust der Einwände aus § 1579 BGB

Eine **Verwirkung** der Einwände aus § 1579 BGB tritt ein, wenn in Kenntnis des   1103
Verwirkungstatbestandes der konkret erhobene Unterhaltsanspruch anerkannt,[3902] jahrelang weiter Unterhalt gezahlt wird[3903] oder die erhobenen Vorwürfe bereits lange Zeit zurückliegen.[3904] Eine **verspätete Erhebung** des Einwands aus § 1579 BGB kann ein Indiz dafür sein, dass das Verhalten als nicht gravierend empfunden wurde.[3905] Im Übrigen kommt eine Verzeihung des Verwirkungstatbestands in Betracht,[3906] wobei der Berechtigte dafür die Beweislast trägt. **Ein Verzicht** auf die Geltendmachung der Verwirkung kann durch eine ausdrückliche oder auch konkludente Vereinbarung der Eheleute erfolgen, und zwar bereits vor einem Eintritt des Verwirkungstatbestands.[3907]

2. Die einzelnen Tatbestände des § 1579 BGB

Der Verwirkungstatbestand der kurzen Ehedauer hat durch die gesellschaftliche Ent-   1104
wicklung, insbesondere die Berufstätigkeit beider Partner, und auch durch die Neufassung des § 1578b BGB an praktischer Bedeutung verloren. Die veröffentlichte Judikatur ist überwiegend älteren Datums.

a) § 1579 Nr. 1 BGB

aa) „Kurze" Ehedauer. Die Ehedauer umfasst den Zeitraum von der Eheschließung   1104a
bis zur Rechtshängigkeit des Scheidungsantrags. Die Zuleitung des Verfahrenskosten-

---

[3898] BGH FamRZ 1982, 996 u. 1189 (1192) = NJW 1982, 2771 u. 1983, 279; FamRZ 1983, 473 u. 996 = NJW 1983, 2243; FamRZ 1994, 28; FamRZ 2018, 260 = NJW 2018, 468 mAnm Born Rn. 13; BGH FamRZ 2021, 28 mAnm Borth = NJW 2020, 3721 mAnm Born Rn. 10.

[3899] BGH FamRZ 2018, 260 mAnm Seiler = NJW 2018, 468 mAnm Born Rn. 14; OLG Bamberg FamRZ 1981, 668; OLG Düsseldorf FamRZ 1998, 1191; für den Fall der vollständigen Bedarfsdeckung bei Heimunterbringung eines Kindes: OLG Bremen FamRZ 2012, 316.

[3900] BGH NJW-RR 1987, 70 = FamRZ 1987, 1238; OLG Hamm FamRZ 1992, 842.

[3901] BGH FamRZ 1984, 361 (364).

[3902] OLG Nürnberg FamRZ 1992, 673.

[3903] OLG Hamm FamRZ 1994, 704 für den Fall des jahrelangen Alkoholmissbrauchs, § 1579 Nr. 4 BGB.

[3904] OLG Hamm FamRZ 2006, 1603 (1605).

[3905] KG NJW-RR 1992, 648 f. = FamRZ 1992, 571.

[3906] OLG Düsseldorf FamRZ 1997, 1159 (offen lassend).

[3907] OLG Koblenz FamRZ 2020, 690 (691 f.) mAnm Borth.

hilfeantrags mit dem Scheidungsantrag im Verfahrenskostenhilfeprüfungsverfahren ist ohne Bedeutung,[3908] ebenso die Dauer des Zusammenlebens.[3909] Die Zustellung des Scheidungsantrages beendet die Ehedauer, auch wenn der Antrag verfrüht gestellt wurde. Der fehlende Ablauf des Trennungsjahrs ist bei der Billigkeitsprüfung zu berücksichtigen.[3910]

1105   Bei wiederholten (zurück genommenen oder abgewiesenen) Scheidungsanträgen kommt es allein auf die Zustellung des zur Scheidung führenden Antrags an.[3911]

1106   Eine kurze Ehedauer ist im Regelfall bei Ehen bis zu 2 Jahren zu bejahen und ab ca. 3 Jahren zu verneinen.[3912] Es kommt darauf an, inwieweit die Ehepartner ihre Lebensführung in der Ehe aufeinander eingestellt haben und in wechselseitiger Abhängigkeit auf ein gemeinschaftliches Lebensziel ausgerichtet haben, also auf den Grad der dadurch entstandenen wirtschaftlichen Abhängigkeit des unterhaltsbedürftigen Ehegatten.[3913] Danach richtet sich nicht nur die Beurteilung der Fälle, in denen die Ehedauer 2–3 Jahre beträgt, sondern bei fehlender Abhängigkeit kann auch eine Ehe von bis zu 5 Jahren Dauer noch als „kurz" anzusehen sein und eine weniger als zwei Jahre dauernde Ehe im Einzelfall nicht mehr als „kurz" einzustufen sein, wenn eine Abhängigkeit entstanden ist.[3914]

bb) Merkmale für eine kurze Dauer der Ehe:

1107   1. Keine wechselseitigen Abhängigkeiten der Lebensdispositionen durch und während Ehe,[3915] da Witwenrenten bereits durch Eheschließung entfallen,[3916] da früherer Ehemann ohnehin nicht mehr leistungsfähig ist,[3917] bei jahrelanger Nichtarbeit vor Ehe keine die Lebensumstände ändernde Disposition, wenn auch nach Eheschließung nicht gearbeitet wird.[3918]

[3908] OLG Köln FamRZ 1985, 1046 (1047).

[3909] BGH FamRZ 1981, 140 = NJW 1981, 754; FamRZ 1981, 944; FamRZ 1986, 886; OLG Frankfurt FamRZ 1999, 237; OLG Köln OLG-Report 2002, 96.

[3910] OLG Frankfurt NJW-RR 1991, 902 = FamRZ 1991, 823; OLG Schleswig FamRZ 2003, 763.

[3911] BGH FamRZ 1986, 886 (887) = NJW 1986, 2832; 1982, 894 (895) = NJW 1982, 2442; OLG Hamm FamRZ 1986, 908.

[3912] BGH 1981, 140 = NJW 1981, 754 (2 Jahre kurz, 43 Monate nicht); FamRZ 1982, 28 = NJW 1982, 929 (39 Monate nicht kurz); FamRZ 1982, 894 = NJW 1982, 2442 (im Regelfall bis 3 Jahre kurz, vorbehaltlich besonderer vom Regelfall abweichender Umstände); NJW-RR 1989, 386 = FamRZ 1989, 483; FamRZ 1990, 492 (495); NJW-RR 1995, 449 (451); FamRZ 1999, 710 (711) = NJW 1999, 1630; FamRZ 2011, 791 (794); OLG Celle 1987, 69 f. (in der Regel über 3 Jahre nicht mehr kurz); OLG Hamm FamRZ 1984, 903 (knapp 3 Jahre kurz, auch wenn Heirat zu Fortfall Witwenrente führte); 1988, 400 (20 Monate in der Regel kurz auch bei vorgerücktem Alter – 61 u. 53 Jahre); OLG München FamRZ 1996, 1078: 2–3 Jahre trotz Kindesbetreuung, wenn keine gemeinsame Zukunftsplanung; OLG Schleswig FamRZ 1993, 72 (74) – 4 Jahre 6 Monate; OLG Koblenz 29.5.2001 – 11 UF 698/00 (2 Jahre und 5 Monate kurz); 27.6.2000 – 15 UF 727/99 (3 Jahre und 9 Monate nicht kurz).

[3913] BGH FamRZ 1999, 710 = NJW 1999, 1630.

[3914] BGH FamRZ 1982, 582 = NJW 1982, 2064; FamRZ 1982, 894 = NJW 1982, 2442; FamRZ 1985, 1046 (1047); OLG Nürnberg FuR 1997, 351; OLG Köln OLG-Report 2002, 96: schon nach drei Jahren kann Verflechtung so eng sein, dass Ehe nicht mehr „kurz". Vgl. dazu Ewers FamRZ 2002, 1387 (der für größere Bandbreite bei kinderlosen Ehen plädiert).

[3915] BGH FamRZ 1982, 582 = NJW 1982, 2064; 1982, 894 (895) = NJW 1982, 2442; FamRZ 1984, 588: Frau hat mit 11/2-jähriger Unterbrechung Studium fortgesetzt; OLG Hamm FamRZ 1988, 1284 (1285): Eheleute noch sehr jung, keine Kinder, beide berufstätig; OLG München FamRZ 1996, 1078; AG Rastatt FamRZ 2007, 1174 (knapp über 5-jährige kinderlose Ehe; geringe wirtschaftliche Verflechtung).

[3916] OLG Hamm FamRZ 1984, 903.

[3917] BGH NJW-RR 1989, 386 = FamRZ 1989, 485.

[3918] OLG Hamm FamRZ 1988, 400; OLG Köln FamRZ 1985, 1046 (1047).

2. Änderung vorehelicher Lebensdisposition nur in Hinblick auf ein nicht-eheliches Zusammenleben.[3919]
3. Betonung persönlicher Selbständigkeit auch nach Heirat, Bezahlung persönlicher Bedürfnisse (Pkw, Hobbies) weitgehend wie vor Ehe.[3920]
4. Alsbaldige Zerrüttung der Ehe: getrenntes Schlafen, kein Eheverkehr, alsbaldige Anwaltsbeauftragung mit Vorbereitung Scheidung,[3921] aber: Kürze des Zusammenlebens nicht entscheidend.[3922]

[einstweilen frei]

1108,
1109

cc) Merkmale gegen eine kurze Ehedauer:

1. Eheorientierte Lebensdispositionen vor Ehe, Aufgabe von Wohnung oder Arbeitsstelle, Nichtaufnahme einer Arbeit in Hinblick auf geplante Ehe, bedeutsame Vermögensdispositionen in Verfolg gemeinsamer Pläne für künftige Ehe.[3923]
2. Sich in besonderer Weise einrichten auf gemeinsames Leben.[3924]
3. Besondere Opfer des Berechtigten für Verpflichteten.[3925]

dd) Grobe Unbilligkeit.
Die **kurze Ehedauer** führt allein nicht zu einem Fortfall oder einer Beschränkung des Unterhaltsanspruchs. Erforderlich ist darüber hinaus – wie bei jedem Verwirkungsgrund-, dass die Inanspruchnahme des Unterhaltspflichtigen **grob unbillig** ist. Dies kann nur auf Grund umfassender tatrichterlicher Würdigung aller Einzelfallumstände – beurteilt werden.[3926] (→ Rn. 1177).

1110

Gesichtspunkte, die für oder gegen die Annahme einer groben Unbilligkeit sprechen:

1111

1. Bei extrem kurzer Ehedauer kann deren Kürze schon für sich allein die Inanspruchnahme des Verpflichteten grob unbillig machen.[3927]
2. Bei Ehen bis zu 2 Jahren Dauer werden an die Darlegung von Unbilligkeitsgründen im Regelfall geringere Anforderungen zu stellen sein.[3928]
3. Je länger eine Ehe über 2 Jahre hinaus gedauert hat, umso mehr sind konkrete Umstände, die eine Unterhaltzahlung als unzumutbar erscheinen lassen, darzulegen.[3929]
4. Nicht entscheidend ist, wie der Berechtigte ohne Heirat stünde, sondern ob eine Unterhaltspflicht ein unerträglicher Widerspruch zum Gerechtigkeitsempfinden wäre.[3930]

[3919] BGH FamRZ 1986, 886 (888) = NJW 1986, 2832.
[3920] OLG Düsseldorf FamRZ 1983, 1139 (1140).
[3921] OLG Düsseldorf FamRZ 1983, 1139 (1140).
[3922] BGH FamRZ 1984, 588.
[3923] BGH FamRZ 1986, 886 (887) = NJW 1986, 2832; FamRZ 1982, 254 = NJW 1982, 823; OLG Celle FamRZ 1986, 910; FamRZ 1987, 69 (70); OLG Karlsruhe NJW-RR 1990, 770 = FamRZ 1990, 68.
[3924] OLG Düsseldorf FamRZ 1987, 595.
[3925] OLG Köln FamRZ 1985, 1046 (1047).
[3926] BGH FamRZ 1982, 254 = NJW 1982, 823; OLG Celle FamRZ 2006, 553. Es ist unklar, wie das Problem gelöst werden soll, dass bei § 1579 Nr. 1 BGB „grobe Unbilligkeit" Voraussetzung ist, während bei § 1573 Abs. 5 BGB „einfache Unbilligkeit" genügt.
[3927] BGH NJW 1982, 2064 = FamRZ 1982, 582; NJW-RR 1989, 386 = FamRZ 1989, 485; OLG Hamm NJW-RR 1990, 584 = FamRZ 1989, 1091.
[3928] BGH NJW 1982, 2064 = FamRZ 1982, 582; NJW-RR 1989, 386 = FamRZ 1989, 485; OLG Hamm NJW-RR 1990, 584 = FamRZ 1989, 1091.
[3929] BGH FamRZ 1981, 140 = NJW 1981, 754; 1982, 582 = NJW 1982, 2064.
[3930] BGH NJW 1982, 2064 = FamRZ 1982, 582; **anders** wohl: OLG Zweibrücken FamRZ 1980, 1125.

5. Ehebedingte Nachteile,[3931] Bedürftigkeit infolge persönlicher Erwerbsunfähigkeit (Alter, Krankheit) oder infolge allgemeiner Arbeitsmarktlage,[3932] nicht ehebedingte Erkrankung unbeachtlich.[3933]
6. Wirtschaftliche Verhältnisse Verpflichteter, Dauer Zahlung Trennungsunterhalt. Belastungen des Verpflichteten aus dem Aufbau neuer Existenz,[3934] altersbedingter Aufwand für Haushilfe.[3935]
7. Keine Übernahme besonderer mit der Ehe in Verbindung stehender Lasten durch Berechtigten,[3936] zB bei wiederauflebenden Versorgungsanrechten.[3937]
8. Die Belange gemeinsamer Kinder können Berücksichtigung finden, jedenfalls dann, wenn der betreuende Elternteil Unterhalt verlangt.[3938]

1112   ee) Keine Anwendung auf Trennungsunterhalt. Eine Anwendung der Vorschrift auf den Trennungsunterhalt ist ausgeschlossen (→ Rn. 1099).

1113   ff) Konkurrenzen. Konkurrenz zu § 1579 Nr. 8 BGB. Sind die Voraussetzungen einer „kurzen" Ehe iSd § 1579 Nr. 1 BGB nicht erfüllt, kann auch § 1579 Nr. 8 BGB nicht angewandt werden, falls nicht aus anderen Gründen seine Voraussetzungen erfüllt sind.[3939]

b) § 1579 Nr. 2 BGB[3940]

1114   § 1579 Nr. 2 BGB in der ab dem 1.1.2008 geltenden Fassung regelt den in der Praxis häufigsten Härtegrund, den des dauerhaften Zusammenlebens mit einem neuen Partner. Inhaltliche Änderungen hat die Vorschrift nicht erfahren.[3941] Das Gesetz enthält nach wie vor keine Definition der verfestigten Lebensgemeinschaft. Das in concreto mit der Sache befasste Gericht, und zwar der Tatrichter,[3942] hat zu entscheiden, ob im Einzelfall eine verfestigte Lebensgemeinschaft vorliegt.[3943] Die Rechtsprechung definiert als gefestigte Lebensgemeinschaft eine Beziehung, die sich in einem solchen Maße gefestigt hat, dass sie als eheähnliches Zusammenleben anzusehen und gleichsam an die Stelle der Ehe getreten ist. Ein räumliches Zusammenleben und die Führung eines gemeinsamen Haushalts sind nicht unbedingt erforderlich, aber doch ein typisches Anzeichen. Notwendig ist allerdings eine gewisse Mindestdauer, die kaum unter zwei bis drei Jahren liegen dürfte.[3944] Entscheidender Gesichtspunkt für die Annahme des Härtegrundes ist dabei die Wider-

[3931] Vgl. auch BGH FamRZ 2007, 200 mAnm Büttner = NJW 2007, 839; OLG Hamm FamRZ 1980, 258.
[3932] OLG Hamm FamRZ 1984, 903 (904); OLG Köln NJW-RR 1986, 86; aber auch: OLG Hamm FamRZ 1988, 400.
[3933] OLG Hamm FamRZ 1988, 400; OLG Köln NJW-RR 1986, 72.
[3934] OLG Köln NJW-RR 1986, 72.
[3935] BGH FamRZ 1982, 582 = NJW 1982, 2064.
[3936] OLG Köln FamRZ 1985, 1046 (1048).
[3937] OLG Bamberg FamRZ 2007, 1465; OLG Hamburg FamRZ 1981, 54.
[3938] OLG Köln FamRZ 2008, 523 f.
[3939] BGH FamRZ 1999, 710 (712) = NJW 1999, 1630; BGH FamRZ 1995, 1405 (1407) = NJW-RR 1995, 449 (451); OLG Celle FamRZ 1990, 519 (Frau Alkoholikerin, nur 3 Monate Eheleben; dann Anwendung der Nr. 7).
[3940] Schnitzler, Die „verfestigte Lebensgemeinschaft" iSd § 1579 Nr. 2 BGB, FF 2011, 288 ff.
[3941] BGH FamRZ 2011, 1854 = NJW 2011, 3712 (3713) = MDR 2011, 1356 (1357).
[3942] BGH FamRZ 2002, 810 (811); FamRZ 2011, 1854 = NJW 2011, 3711 (3713) = MDR 2011, 1356 (1357).
[3943] BT-Drs. 16/1830, 21.
[3944] BGH FamRZ 1984, 986; FamRZ 2002, 23 (25); FamRZ 2002, 810 (811); FamRZ 2011, 791 (794) = NJW 2011, 1582 (1584 f.) = MDR 2011, 603 f.; FamRZ 2011, 1498 (1501); FamRZ 2011, 1854 = NJW 2011, 3711 (3713) = MDR 2011, 1356 (1357).

sprüchlichkeit des Verhaltens des Unterhaltsberechtigten, der die eheliche Solidarität ein-
fordert, aber keine Gegenseitigkeit gewährt.[3945]

Anknüpfend an diese allgemeine Definition hat sich eine umfängliche Kasuistik gebildet,
auf die nach wie vor zurückgegriffen werden kann.[3946] Allerdings sanktioniert die Neuregelung kein Fehlverhalten des Berechtigten, sondern knüpft an objektive Tatsachen an,
nämlich an die Veränderung der Lebenssituation des Berechtigten.[3947] Ältere Entscheidungen, die dessen Motivation beleuchten, dürften daher kaum noch Bedeutung haben.

Die Einzelfallentscheidungen sind nahezu unüberschaubar geworden. Ihnen lassen sich
verschiedene allgemeine Kriterien entnehmen:

aa) Haushaltsgemeinschaft. Eine verfestigte Lebensgemeinschaft liegt vor, wenn der   **1115**
Ehegatte und sein neuer Partner in einer festen sozialen Verbindung zusammenleben
und in „ehegleicher ökonomischer Solidarität" gemeinsam wirtschaften, wobei der den
Haushalt führende Ehegatte von dem neuen Partner unterhalten wird.[3948] In dieser
Unterhaltsgemeinschaft muss der bedürftige Ehepartner sein Auskommen finden.[3949]
Nicht erforderlich ist, dass es zu intimen Beziehungen kommt.[3950] Ohne Bedeutung ist
weiterhin, ob es sich um eine gleich- oder heterosexuelle Partnerschaft handelt.[3951]
Nicht den Tatbestand des § 1579 Nr. 2 BGB erfüllt dagegen die bloße Wohngemein-
schaft ohne Haushalts- und Wirtschaftsgemeinschaft und ohne wesentliche Versorgungsleistungen[3952] ebenso wie eine – auch verfestigte – Lebensgemeinschaft mit Verwandten.

bb) Eheähnliches Zusammenleben. Als gefestigte Lebensgemeinschaft wertet die   **1116**
Rechtsprechung auch ein eheähnliches Zusammenleben, das gleichsam an die Stelle der
Ehe getreten ist. Eine räumliche Gemeinschaft oder die Führung eines gemeinsamen
Haushalts sind typisch und auch ein starkes Indiz für eine verfestigte Lebensgemeinschaft, aber nicht zwingend erforderlich.[3953] Liegt allerdings eine sogenannte „Distanz-
gemeinschaft" vor, haben sich die Partner also bewusst für getrennte Lebensbereiche
entschieden, ist dies grundsätzlich hinzunehmen. Zu prüfen ist, ob die Partnerschaft in
ihrer Intensität der Ehe gleichkommt. Ist dies aufgrund der äußeren Umstände zu
bejahen, reicht die dann nur subjektiv in Anspruch genommene Distanz nicht aus,[3954]
vielmehr ist entscheidend das Auftreten des Paars als Paar gleich welchen Geschlechts[3955]
in der Öffentlichkeit.[3956]

[3945] Zuletzt BGH NJW 2008, 2779 (2780); FamRZ 2011, 791 (794) = NJW 2011, 1582 (1584 f.) =
MDR 2011, 603 f.; FamRZ 2011, 1498 (1501) = NJW 2011, 3089 (3092) = MDR 2011, 1107 (1108).

[3946] BT-Drs. 16/1830, 21.

[3947] BT-Drs. 16/1830, 21; BGH FamRZ 2011, 1854 = NJW 2011, 3711 (3713) = MDR 2011, 1356
(1357); OLG Düsseldorf FamRZ 2022, 1611 (1613).

[3948] BGH FamRZ 1995, 540 (542).

[3949] BGH FamRZ 1989, 487 = NJW 1989, 1083 („in der Regel"); OLG Hamm FamRZ 1997, 487
(490).

[3950] BT-Drs. 16/1830, 21.

[3951] BGH NJW 2008, 2779 (2780).

[3952] BGH NJW 1981, 2805 (2806); vgl. auch OLG Koblenz OLG-Report 2000, 89.

[3953] OLG Düsseldorf FamRZ 2021, 1027; OLH Frankfurt/M. FamRZ 2023, 45 (48) mwN.

[3954] BGH, FamRZ 2002, 23 mAnm Schwab FamRZ 2002, 92; Schnitzler, FamRZ 2006, 239 (242);
dazu OLG Koblenz, FamRZ 2000, 1372; OLG Hamm, FamRZ 2004, 375 will Distanzierung für ein
Jahr bei 2–3-jähriger eheähnlichen Gemeinschaft nicht mitrechnen.

[3955] BGH FamRZ 2008, 1414 (1417) mAnm Wellenhofer = NJW 2008, 2779 (2780) mAnm Leipold.

[3956] StRspr BGH FamRZ 1983, 996 (997) = NJW 1983, 2243; FamRZ 1984, 986 (987) = NJW 1984,
2692; FamRZ 1997, 671 = NJW 1997, 1851; zuletzt FamRZ 2002, 810 (811); FamRZ 2004, 614
(616 f.).

1117   **cc) Dauer der Verbindung.** Sowohl Haushaltsgemeinschaft als auch eheähnliche Lebensgemeinschaft[3957] können als „gefestigt" nur angesehen werden, wenn sie von gewisser Dauer sind. Die Rechtsprechung geht dabei von einer Zeitdauer von zwei bis drei Jahren aus.[3958] Allerdings kann die Frist im Einzelfall auch kürzer bemessen werden, wenn sich aus den äußeren Umständen entnehmen lässt, dass die Partner ihre Beziehung auf Dauer angelegt haben. Dies hat die Rechtsprechung zB angenommen, wenn die Partner gemeinsam eine Immobilie erworben haben,[3959] auch wenn ein Hausbau geplant war, der Plan aber aufgrund der äußeren Umstände aufgegeben wurde.[3960] Gleiches gilt, wenn aus der Verbindung ein Kind hervorgegangen ist[3961] oder die Unterhaltsberechtigte mit dem Sohn in das zu diesem Zwecke renovierte Haus des Lebensgefährten eingezogen ist.[3962] Ein kürzerer Zeitraum soll auch ausreichen, wenn die Partner ihre Zuneigung in Facebook-Einträgen zum Ausdruck bringen und ihre Verbindung vor dem Jobcenter als Bedarfsgemeinschaft bezeichnen.[3963] Wegen der geänderten gesellschaftlichen Verhältnisse wird teilweise – in Anlehnung an § 7 Abs. 3a SGB II – grundsätzlich nur eine Dauer von einem Jahr verlangt.[3964] Ist die Beziehung nicht durch ein Zusammenleben oder ein gemeinsames Wirtschaften geprägt, ist ein längeres gemeinsames Auftreten in der Öffentlichkeit[3965] oder längere gemeinschaftliche Freizeitgestaltung erforderlich.[3966] Die Ausschöpfung des Höchstrahmens von drei Jahren kann angezeigt sein, wenn die neue Beziehung erheblichen Anfeindungen durch den anderen Ehegatten ausgesetzt ist.[3967] Wird die Beziehung nicht überwiegend durch ein Zusammenwohnen und ein gemeinsames Wirtschaften geprägt, sondern in erster Linie durch ein Erscheinen als Paar in der Öffentlichkeit, wird teilweise eine Dauer von fünf Jahren verlangt.[3968]

1118   **dd) Indizien.** Die Erscheinungsformen der Haushaltsgemeinschaft und der eheähnlichen Lebensgemeinschaft sind nicht klar voneinander abzugrenzen. Dies ist allerdings auch nicht erforderlich, da an beide dieselben Rechtsfolgen anknüpfen.

[3957] Die Unterscheidung ist fließend und – da beide Erscheinungsformen den Tatbestand des § 1579 Nr. 2 BGB erfüllen – ohne Bedeutung.

[3958] BGH FamRZ 2002, 810 = NJW 2002, 1947; BGH FamRZ 1989, 487 = NJW 1989, 1083; OLG Brandenburg NJW-RR 2004, 581: 2–3 Jahre; OLG Celle FamRZ 1992, 569 (570): 2 Jahre zu kurz, zumal bei berufsbedingten Abwesenheiten des Gefährten; OLG Düsseldorf NJW 1992, 327 und FamRZ 1994, 176: 2 Jahre; OLG Frankfurt FamRZ 2007, 1169; OLG Hamm FamRZ 1990, 633 (634): länger als 3 Jahre; NJW-RR 1991, 134 (136): kaum unter 2 bis 3 Jahren; NJW-RR 1994, 707 (708): 2–3 Jahre; FamRZ 1996, 1080 (1081): 2–3 Jahre; OLG Koblenz NJW-RR 1989, 1479: Probezeit; KG NJW 1991, 113 (114): 2 bis 3 Jahre mindestens; OLG Köln NJW-RR 2000, 371 (2–3 Jahre, aber kürzer bei gemeinsamem Hauskauf); OLG Oldenburg NJW-RR 1992, 515 = FamRZ 1992, 443: 3 Jahre; OLG Schleswig OLGR 2002, 276; OLG Stuttgart NJW-RR 2009, 1449.

[3959] OLG Brandenburg NZFam 2016, 983 Rn. 213; OLG Karlsruhe FamRZ 2006, 706 f.; OLG Köln FamRZ 2000, 290 (291); OLG Schleswig FamRZ 2006, 954 (955); OLG Stuttgart FamRZ 2009, 1449.

[3960] OLG Zweibrücken FamRZ 2022, 1603 (1607f).

[3961] BGH FamRZ 2012, 1202 = NJW 2012, 2190 = MDR 2012, 776 Rn. 34; OLG Brandenburg NZFam 2016, 983 Rn. 213; OLG Frankfurt/M. NJW 2013, 1686 (1687f); OLG Koblenz FamRZ 2016, 1938 (1939).

[3962] OLG Oldenburg NJW 2017, 963 = FF 2017, 213 Rn. 7.

[3963] KG FamRZ 2017, 202 (203).

[3964] OLG Oldenburg FamRZ 2012, 1223 (Ls.) = FF 2012, 258 f.; NJW 2017, 963 = FF 2017, 213: 11 Monat; AG Essen FamRZ 2009, 1917 (1918); zuvor bereits AG Menden FamRZ 1991, 712 (713): 11/4 Jahr.

[3965] OLG Brandenburg NZFam 2016, 983 Rn. 222.

[3966] OLG Karlsruhe NJW-RR 2011, 655 (656): fünf Jahre.

[3967] OLG Düsseldorf FamRZ 2022, 1611 (1613f).

[3968] OLG Brandenburg FamRZ 2020, 1998 (LS.) = NZFam 2020, 881 (Opitz).

Indizien[3969] für beide Erscheinungsformen der gefestigten Lebensgemeinschaft sind daher: gemeinsamer Umzug, ganze oder teilweise Haushaltsversorgung durch Unterhaltsberechtigten,[3970] Leben wie normale Familie mit beiderseitigen Kindern, finanzielle Versorgung des Haushalts durch Partner oder Zuschüsse von ihm dafür, gemeinsame Freizeiten (gelegentliches Alleingehen unerheblich), gemeinsame, wenn auch nur kurze Urlaube,[3971] gemeinsame Anzeige der Geschäftseröffnung, gemeinsame Nennung in der Todesanzeige der Mutter,[3972] Begleitung zu offiziellen Veranstaltungen,[3973] Mithilfe im Geschäft, starkes finanzielles gemeinsames Engagement, gemeinschaftlicher Grundstückserwerb,[3974] gemeinsames Kind,[3975] Benutzung Pkw des Partners, Namensschild des Partners auf dem Stellplatz der Eigentumswohnung des Berechtigten,[3976] umfassende Betreuung des Partners auch ohne sexuelle Kontakte,[3977] wenn auch Kostentrennung, Ausgestaltung gemeinsamer Wohnung durch Partner, „Verlobung", Verlobungsringe tragen, Frage Eheschließung bereits einmal erörtert, von „Zukünftigem" gesprochen. Aus der Gestaltung der später doch geschlossenen Ehe können Rückschlüsse (ggf.) auf den Charakter des zuvor bestehenden Verhältnisses (ähnliche Lebensformen) gezogen werden.[3978] Trotz Anmieten einer gemeinsamen Wohnung liegt eine verfestigte Lebensgemeinschaft nicht vor, wenn der bedürftige Ehegatte kurze Zeit später ins Wachkoma fällt, auch wenn der Lebensgefährte als Mitbetreuer fungiert.[3979]

c) § 1579 Nr. 3 BGB

aa) Begriff des „Verbrechens oder schweren vorsätzlichen Vergehens"

- **Objektive Voraussetzungen** für die Annahme dieses Verwirkungstatbestands sind das Vorliegen eines Verbrechens oder eines schweren vorsätzlichen Vergehens. **Verbrechen** i.S. des § 12 StGB genügen stets. Bei **Vergehen** muss es sich um gravierende Straftaten handeln, bevor negative unterhaltsrechtliche Konsequenzen möglich sind. Wären alle Vergehen einbezogen, würden Einwände aus § 1579 Nr. 3 BGB in sehr vielen Fällen gescheiterter Ehen (Drohungen, Beleidigungen, Diebstähle usw.) erhoben, denn gerade in kriselnden Ehen sind Reibungen auch im Bereich strafrechtlicher Relevanz nicht selten. Dabei ist wesentlich, ob die beteiligten Eheleute dem Vorfall erhebliche Bedeutung beigemessen haben.[3980] Die Bedeutung der Straftat für den Pflichtigen und des Unterhaltsverlust für den Berechtigten sind abzuwägen.[3981] Ein Ermittlungsverfahren ist nicht Voraussetzung einer Anwendung der Nr. 3, der Verzicht auf eine Anzeige kann aber ein Hinweis darauf sein, dass die Eheleute dem Vorfall keine erhebliche Bedeutung beigemessen haben.[3982] Auf die Begehungsform (Vollendung oder Versuch) kommt es zwar nicht an, beim Versuch ist aber maßgebend, **1119**

[3969] Zusammenfassend OLG Frankfurt/M. FamRZ 2023, 45 (48).
[3970] OLG Hamm NJW-RR 1994, 176.
[3971] OLG Brandenburg NZFam 2016, 984 Rn. 204; OLG Hamm NJW-RR 1994, 773 (774); NJW-RR 1996, 1474 (1475); OLG Saarbrücken NJW-RR 2017, 1092 = FF 2017, 502 Rn. 17, 20.
[3972] OLG Koblenz FamRZ 2006, 1540.
[3973] OLG Düsseldorf FamRZ 2011, 225 f.
[3974] BGH FamRZ 2002, 810 = NJW 2002, 1947; OLG Saarbrücken FamFR 2009, 48 (Kloster-Harz).
[3975] OLG Brandenburg NZFam 2016, 983 Rn. 213.
[3976] OLG Zweibrücken FamRZ 2008, 1630.
[3977] OLG Köln FamRZ 2003, 236 (Behinderter – zweifelhaft).
[3978] OLG Saarbrücken FF 2003, 252; OLG Koblenz FamRZ 1987, 1269.
[3979] OLG München FamRZ 2010, 126 f.
[3980] OLG Düsseldorf FamRZ 1994, 896 = NJW 1993, 3078 (Schüsse ohne nennenswerte Verletzung – Eheleute haben Vorfall zunächst geheim gehalten); weiter → Rn. 1125.
[3981] Grüneberg/von Pückler, BGB, 82. Aufl. 2022, § 1579 Rn. 18.
[3982] OLG Hamm FamRZ 1990, 887 = NJW 1990, 111.

woran die Vollendung gescheitert ist,[3983] zum versuchten Prozessbetrug
→ Rn. 1123. Bei der Billigkeitswertung ist zu berücksichtigen, welche Auswirkungen
die Straftat auf die Interessen des Verpflichteten gehabt hat.[3984]
Ob ein Vergehen ein „schweres" ist, obliegt tatrichterlicher Würdigung.[3985] Anwendbar
ist Nr. 3 auf alle Unterhaltstatbestände, auch auf § 1572 BGB[3986] und § 1361 BGB.

- **Schuldfähigkeit** des Täters setzt Nr. 3 voraus, verminderte Schuldfähigkeit reicht aus,
ist aber bei der Billigkeitswertung zu beachten.[3987] Ein Mitverschulden des Verpflichteten ist zu berücksichtigen.[3988]

1120   - **Zeitpunkt.** Ein Ausschluss oder eine Einschränkung des Unterhalts ist normalerweise
nur für die Zeit nach der Tat zulässig.[3989] Bei besonders schwerwiegenden Verwir-
kungsgründen können aber auch rückständige Unterhaltsansprüche erfasst werden, da
auch sie unter dem Aspekt der „groben Unbilligkeit" zu beurteilen sind.[3990]

bb) Einzelfälle

1121   - **Verletzungen der körperlichen Integrität** des Verpflichteten oder eines nahen Angehörigen. Darunter können Angriffe auf das Leben und auch schwere und gefährliche
Körperverletzungen fallen.[3991] Sexueller Missbrauch der Stieftochter ist eine schwere
Straftat.[3992] „Naher Angehöriger" stellt nicht auf einen bestimmten Verwandtschafts-
grad ab, es kommt auf die Intensität der Verbundenheit an. Gefährliche Körperverlet-
zung eines Säuglings lässt den Unterhaltsanspruch ganz entfallen, auch wenn sie im
Zustand verminderter Schuldfähigkeit begangen worden ist.[3993]

1122   - **Schwere Beleidigungen, Verleumdungen und schwerwiegende falsche Anschuldi-
gungen,** vor allem bei nachteiligen Auswirkungen auf den persönlichen oder beruflichen
Bereich des Verpflichteten, können ein Grund zur ganzen oder teilweisen Verwirkung
des Unterhaltsanspruchs sein. Dies gilt insbesondere für den leichtfertig erhobenen
Vorwurf des sexuellen Missbrauchs der Kinder durch den unterhaltspflichtigen Va-
ter.[3994] Ehrverletzungen, die sich im Rahmen typischer, mit der Trennung verbundener
ehelicher Auseinandersetzungen halten, erfüllen die Nr. 2 nicht.[3995]
- **Straftaten nach § 4 GewSchG** können schwere vorsätzliche Vergehen sein.[3996]
- Eine **Falschaussage** in einem Vaterschaftsanfechtungsprozess hat die Verwirkung eines
Unterhaltsanspruchs zur Folge gehabt.[3997]

[3983] OLG Köln FamRZ 2003, 678 und NJWE-FER 2001, 276; OLG Koblenz OLG-Report 1997,
245; OLG Hamm FamRZ 1994, 1115 (1117) = NJW-RR 1994, 901 senkt aber bei versuchtem
Prozessbetrug trotz Kinderbetreuung auf Mindestbedarf ab.

[3984] OLG Saarbrücken OLGR 2002, 342; OLG Koblenz FamRZ 1997, 371; OLG Zweibrücken
NJW-RR 1996, 1219.

[3985] BGH FamRZ 1984, 34 = NJW 1984, 296.

[3986] BGH FamRZ 1997, 483 = NJW 1997, 1439.

[3987] OLG Bamberg FamRZ 2007, 1465; OLG Hamm FamRZ 2002, 240 und 1995, 808.

[3988] OLG Koblenz OLG-Report 1999, 223; OLG Hamm FamRZ 1995, 808.

[3989] BGH FamRZ 1984, 334 = NJW 1984, 296; OLG Celle FamRZ 1991, 1313 (1314); OLG
Frankfurt NJW-RR 1991, 202 f. = FamRZ 1990, 1363.

[3990] BGH FamRZ 2004, 612 mAnm Büttner = NJW 2004, 1324.

[3991] BGH FamRZ 2004, 612 mAnm Büttner = NJW 2004, 1324; FamRZ 1984, 334 (335) = NJW
1984, 296; OLG Koblenz NJW-RR 1992, 2; OLG Hamm FamRZ 2002, 240; OLG Zweibrücken
FamRZ 2002, 241.

[3992] OLG Hamm FamRZ 1990, 887 = NJW 1990, 1119.

[3993] OLG Hamm FamRZ 2002, 240.

[3994] OLG Hamm NZFam 2014, 223 (225); OLG Schleswig FamRZ 2013, 1132 (1133) = NJW-RR
2013, 517 (518), das den Tatbestand des § 1579 Nr. 7 BGB bejaht hat, → Rn. 1157.

[3995] BGH NJW 1982, 100.

[3996] OLG Bamberg FamRZ 2007, 1465 (Ls.).

[3997] OLG Bremen FamRZ 1981, 953.

- **Nötigung.** Die Drohung, dem Arbeitgeber ein Gerücht über Homosexualität des Unterhaltpflichtigen mitzuteilen, kann zwar eine versuchte Nötigung sein; dennoch kann die weitere Unterhaltsleistung nicht als grob unbillig anzusehen sein, wenn der Verpflichtete die Drohung zunächst nicht als schwerwiegend empfand.[3998]

- **Prozessbetrug und Vermögensstraftaten. Hauptanwendungsfall** ist aber ein ver- **1123** suchter[3999] oder vollendeter **(Prozess-)Betrug** in Unterhaltssachen. Hierunter fallen das bewusste Ableugnen von Einkünften mit dem Ziel der Erlangung unrechtmäßigen Unterhalts,[4000] aber auch das bewusste Verschweigen (Mitteilungspflicht gemäß § 242 BGB), zB über Abbruch der Berufsausbildung,[4001] über Eigeneinkommen des Berechtigten,[4002] zumal wiederholtes und hartnäckiges über erhebliche Beträge.[4003] Der Unterhaltsberechtigte ist verpflichtet, den Verpflichteten unaufgefordert über eine Verbesserung seiner Einkommens- und Vermögensverhältnisse zu informieren,[4004] sogar die Beurteilung einer freiwilligen Leistung Dritter muss er dem Gericht überlassen.[4005]
  Das **Verschweigen einer Partnerschaft** ist ebenfalls als Prozessbetrug angesehen worden[4006] Den Tatbestand erfüllen können auch fehlerhafte Angaben in einem **arbeitsgerichtlichen Verfahren** mit dem Ziel, eine tatsächlich nicht oder nicht in voller Höhe bestehende Forderung durchzusetzen.[4007]

- **Unerlaubte Kontoabhebungen** können schwere Vergehen (§§ 242, 267 StGB) sein, erscheinen jedoch in einem milderen Licht, wenn der unerlaubt verfügende Unterhaltsberechtigte unwiderlegt konkrete Tatsachen vorträgt, auf Grund deren er sich zu den unerlaubten Kontoabhebungen berechtigt gefühlt haben will.[4008] Auch unzulängliche Unterhaltszahlungen können zu Nachsicht Anlass geben.

- **Zweckwidrige Verwendung von Vorsorgeunterhalt** (beispielsweise Verbrauch für **1124** laufenden Lebensbedarf) führt jedenfalls dann nicht zu einer Unterhaltsverwirkung, wenn der insgesamt gezahlte Unterhalt nicht einmal den Elementarunterhalt deckte.[4009] Dieser Sachverhalt ist eher mit dem fiktiven Ansatz einer Altersversorgung angemessen zu lösen.[4010]

[3998] KG FamRZ 1992, 571 = NJW-RR 1992, 648 (649).

[3999] OLG Hamm NJW-RR 2004, 1229 (Beginn des Versuchs mit Einreichung des Schriftsatzes bei Gericht).

[4000] OLG Oldenburg FamRZ 2018, 680 (681) = FF 2018, 321.

[4001] BGH NJW-RR 1991, 1410 (1411).

[4002] BGH FamRZ 2000, 153 = NJW 1999, 2804 (zur Unwirksamkeit eines gerichtlichen Vergleichs); OLG Brandenburg FamRZ 2015, 1188 (Ls.): Verschweigen von Zinseinkünften; OLG Köln NJWE-FER 2001, 276; OLG Hamm FamRZ 2000, 1367 (Ls.): Bei verschwiegenen Einkünften von 177 DM Kürzung des Unterhaltsanspruchs von 1045 DM um ein Drittel; OLG Celle FamRZ 1991, 1313 (1314); OLG Schleswig FamRZ 2000, 1367 (Verschweigen Rentenbeginn – um 1/3 verwirkt); AG Bad Iburg FamRZ 2000, 289 (auch Nr. 4).

[4003] OLG Hamm NJW-RR 2003, 510 (geringe verschwiegene Nebeneinkünfte); OLG Köln FamRZ 2003, 678; OLG Zweibrücken NJW-RR 1996, 1219.

[4004] OLG Frankfurt FamRZ 2003, 1750 (Angabe des Mehrverdienstes gegenüber vereinbarter Hinzuverdienstgrenze); OLG Düsseldorf OLG-Report 2001, 540 (unklar in der Konstruktion).

[4005] So BGH FamRZ 2000, 153 = NJW 1999, 2804 (zur Unwirksamkeit eines gerichtlichen Vergleichs); OLG Karlsruhe FamRZ 2002, 1037.

[4006] OLG Koblenz FamRZ 2000, 605; NJW-RR 1999, 1597 (1599).

[4007] OLG Bamberg FamRZ 2022, 1026 (1028 f.) mAnm Borth.

[4008] OLG Hamburg FamRZ 1987, 1250 (1251 f.).

[4009] BGH FamRZ 1990, 1095 = NJW-RR 1991, 1410 (1411); OLG Koblenz OLG-Report 2002, 10 (es sei denn, er handelt in einer besonderen Notlage).

[4010] BGH FamRZ 2003, 848 (853) = NJW 2003, 1796; 2021, 1878 mAnm Langeheine = NJW 2021, 3530 Rn. 23.

- **Verschleuderung des Zugewinns.** Zwischen Zugewinnausgleichsantrag und der Entscheidung darüber kann der Zugewinn verschleudert worden sein. Das kann zu gänzlichem Ausschluss des sonst bestehenden Unterhaltsanspruchs führen.[4011]

1125   [einstweilen frei]

1126   **Konkurrenz mit anderen Ziffern der § 1579 BGB.** Die Abgrenzung zu § 1579 Nr. 5 BGB kann offenbleiben. Straftaten gegen den Unterhaltpflichtigen stellen zudem regelmäßig ein offensichtlich schwerwiegendes einseitiges Fehlverhalten im Sinne des § 1579 Nr. 7 BGB dar. Aus der Gesetzessystematik folgt, dass ein nicht unter Nr. 3 fallendes Vergehen nicht über Nr. 8 erfasst werden kann, weil es an der für Nr. 3 erforderlichen „Schwere" fehlt.[4012]

Die Konkurrenz mit einem Anspruch aus § 826 BGB iVm § 823 Abs. 2 BGB, 263 StPO dürfte zu verneinen sein, da § 1579 Nr. 2, 4 BGB den Sachverhalt abschließend regelt.[4013]

d) § 1579 Nr. 4 BGB

1127   **aa) Voraussetzungen.** Die **Bedürftigkeit mutwillig herbeiführen und sodann Unterhalt verlangen,** verstößt gegen Treu und Glauben, ist in sich widersprüchliches Tun. Die Vorschrift greift nur ein, wenn der Anspruchsteller selbst in der Vergangenheit Ursachen dafür gesetzt hat, dass ihm nunmehr hinreichende Unterhaltsmittel fehlen, auch ein Unterlassen reicht aus.[4014] „Mutwillig" handelt, wer vorsätzlich oder leichtfertig unterhaltsbezogen seine Bedürftigkeit selbst herbeiführt.[4015] Das Handeln muss „unterhaltsbezogen" sein. Das ist der Fall, wenn die Vorstellungen und Antriebe, die ihm zugrunde liegen, sich auf die Bedürftigkeit als Folge dieses Verhaltens erstrecken und der Unterhaltsberechtigte im Bewusstsein dieser Möglichkeit sich unter grober Nichtachtung dessen, was jedem einleuchten muss oder in Verantwortungs- und Rücksichtslosigkeit gegen den Unterhaltsverpflichteten über die erkannte Möglichkeit nachteiliger Folgen für seine Bedürftigkeit hinwegsetzt.[4016] Insbesondere bei krankheitsbedingter Bedürftigkeit (vor allem Alkoholsucht, Schizophrenie) müssen auch die Fähigkeit zur Einsicht in die zur Beseitigung der Bedürftigkeit erforderlichen Therapiemaßnahmen und die Fähigkeit, dementsprechend zu handeln, vorhanden sein, dazu weiter → Rn. 1081.

1128   **bb) Einzelfälle.**

- **Einseitige Trennung** ist keine mutwillige Herbeiführung der Bedürftigkeit iSd Nr. 3, gleich, ob die Bedürftigkeit schon vorher bestand oder erst infolge der Trennung eingetreten ist, andernfalls würde mittelbarer Zwang zur Aufrechterhaltung ehelicher Gemeinschaften ausgeübt, der deren Wesen zuwiderliefe und vom Reformgesetzgeber gerade nicht gewollt ist.[4017] Führt jedoch nicht die Trennung als solche, sondern der dabei ohne zwingenden Grund vorgenommene **Wohnortwechsel** zur Bedürftigkeit (Verlust der Arbeit etwa), kann Nr. 4 bei mutwilligem Handeln erfüllt sein.[4018] Aus der auch nach Trennung fortbestehenden Pflicht zu ehelicher Solidarität und Rücksicht-

---

[4011] OLG Hamm NJW 2007, 1044.
[4012] OLG Düsseldorf FamRZ 1983, 585 (587).
[4013] OLG Frankfurt FF 2006, 157 mAnm Schnitzler.
[4014] BGH FamRZ 1987, 684 (686); FamRZ 1988, 817 (820).
[4015] BGH FamRZ 2003, 848 (853) = NJW 2003, 1796; FamRZ 2001, 541 = NJW 2001, 1789; FamRZ 2000, 815 = NJW 2000, 1789; NJW-RR 1989, 1218 (1219) = FamRZ 1989, 1054; FamRZ 1990, 989 (991); OLG Hamm NJW-RR 2003, 510.
[4016] BGH FamRZ 2003, 848 (853) = NJW 2003, 1796; FamRZ 1987, 684.
[4017] BGH NJW 1979, 1348; FamRZ 1986, 434 (436); NJW 1989, 2809 = FamRZ 1989, 1160.
[4018] Vgl. Fall OLG Bamberg FamRZ 1988, 285.

nahme folgt die Obliegenheit, einen während des Zusammenlebens innegehaltenen Arbeitsplatz auch nach der Trennung beizubehalten, sofern nicht den Umständen zufolge dies unzumutbar ist. Der Wunsch nach Ortsnähe zu enger Verwandtschaft rechtfertigt die Arbeitsplatzaufgabe nicht.[4019] Gleiches gilt verstärkt für das Streben nach häuslicher Gemeinschaft mit einem neuen Partner, da dies nicht auf Kosten des Verpflichteten geschehen darf. Jedoch sind Umstände denkbar, die einen Ortswechsel verständlicherweise nahelegen (Flucht vor drohender Gewalt, feindlich gesinnte Umwelt). Die Beibehaltung eines Arbeitsplatzes im Betrieb des Ehepartners wird in aller Regel nicht zumutbar sein, unbeschadet der Pflicht, von einer unzeitigen Arbeitseinstellung im Einzelfall abzusehen.

- **Verlust des Arbeitsplatzes infolge Alkohol-, Tabletten- oder Drogensucht.** Die 1129 Bedürftigkeit ist „mutwillig" herbeigeführt, wenn der krankheitseinsichtige Unterhaltsberechtigte eine ihm von fachkundiger Seite empfohlene und erfolgversprechende Therapie unterlässt. Er muss sich darüber hinaus bewusst sein, er werde deshalb außerstande sein, seinen Lebensunterhalt zu bestreiten.
Das muss ggf. sachverständig überprüft werden. In diesen Fällen sind dem Unterhaltsberechtigten in der Regel fiktive Einkünfte zuzurechnen. Die Voraussetzungen sind identisch.[4020]
Krankheitsbedingte Bedürftigkeit. Eine unterhaltsbezogene Mutwilligkeit liegt auch hier vor, wenn trotz vorhandener Krankheitseinsicht[4021] eine von fachkundiger Seite angeratene und erfolgversprechende[4022] Behandlung unterlassen wird.[4023] Unterbleibt die Behandlung zB von Schizophrenie- krankheitsbedingt, ist die Bedürftigkeit nicht mutwillig herbeigeführt,[4024]
- **In-vitro-Fertilisation.** Bei Verwirklichung eines Kinderwunsches mit dem Ehemann ohne sein Einverständnis oder im Wege der homologen In-vitro-Fertilisation ohne sein Einverständnis fehlt es an einer unterhaltsbezogenen Leichtfertigkeit.[4025]
- Nichtinanspruchnahme von Antragsleistungen wie zB **Arbeitslosengeld I** oder Krankengeld durch die vereinbarungsgemäß voll berufstätige Ehefrau.[4026] Die verspätete Beantragung von Bürgergeld (ehemals Arbeitslosengeld II) ist unerheblich, da dieses wegen des subsidiären Charakters keinen Einfluss auf den Unterhaltsanspruch hat.
- Verlust der Arbeit: Bewusstes oder leichtfertiges Provozieren einer Kündigung der Arbeitsstelle,[4027] allerdings wird es hier oft an unterhaltsbezogener Mutwilligkeit fehlen. Das gilt auch bei Arbeitsunfähigkeit infolge selbstverschuldeten Unfalls und Neuausbildung statt Rückkehr in früheren Beruf[4028] oder Nichtnutzung von Ausbildungsmöglichkeiten.[4029] Diese Fälle sind sachgerechter mit fiktiver Einkommenszurechnung

---

[4019] Bedenklich deshalb: OLG Bamberg FamRZ 1988, 285 (286): Umzug 56 Jahre alter Ehefrau an entfernten Wohnsitz der Tochter unter Aufgabe der Arbeit als Hilfsarbeiterin.

[4020] Es kann daher auf die entsprechend für den Berechtigten geltenden Rn. 742 bis 744 verwiesen werden-

[4021] BGH FamRZ 2005, 1897 (1898) = NJW-RR 2005, 1540.

[4022] OLG Hamm FamRZ 1996, 863: keine Mutwilligkeit, wenn das abgelehnte Medikament nicht nachweisbar wirksamer ist als das bisher eingenommene.

[4023] OLG Hamm FamRZ 1999, 237

[4024] BGH NJW-RR 2005, 1540 = FamRZ 2005, 1897.

[4025] BGH FamRZ 2001, 541 = NJW 2001, 1789; der Ehemann kann sich nur dagegen schützen, indem er den Arzt verpflichtet, vor jeder erneuten Fertilisation sein Einverständnis einzuholen, vgl. Borth in Anm. zur BGH – Entscheidung in BGH-Report 2001, 327.

[4026] OLG Hamm FamRZ 1994, 446 = NJW-RR 1994, 707.

[4027] OLG Köln FamRZ 1985, 930.

[4028] BGH NJW-RR 1987, 196 (198): dort verneint.

[4029] OLG Hamburg NJW-RR 1986, 556: hier jedoch nicht unter Gesichtspunkt der Nr. 3 bewertet; FamRZ 1991, 445 (446).

zu lösen. Abzulehnen eindeutig: Arbeitsunfähigkeit infolge Schwangerschaft der mit ihrem Liebhaber zusammenlebenden Ehefrau.[4030]

- Vermögensdispositionen: Verbrauch des Vermögensstammes,[4031] in der Regel nicht bloße Vermögensumschichtung,[4032] Nichtgeltendmachung aussichtsreicher Rentenansprüche zur rechten Zeit,[4033] Nichtbegründung von Rentenanwartschaften in der Vergangenheit,[4034] Verbrauch Zugewinnvermögen für Luxusausgaben,[4035] Nichteinlegung von Rechtsmitteln gegen eine nachteilige Entscheidung zum Versorgungsausgleich,[4036] die Benennung einer anderen Zielversorgung als der gesetzlichen Rentenversicherung bei externer Teilung von Versorgungsanrechten und Anzeichen für eine dauerhafte Erwerbsminderung.[4037]
- Zur zweckwidrigen Verwendung von Vorsorgeunterhalt → Rn. 1124.

1130   **cc) Abgrenzungen.** Die **Überlagerung mit Sachverhalten fiktiver Einkommensannahme** ist zu bedenken. Führt eine unterhaltsbezogene Leichtfertigkeit zu einer Zurechnung fiktiver Einkünfte, ist für eine Verwirkung kein Raum mehr.[4038] Für die Herbeiführung der Bedürftigkeit in der Vergangenheit ist Nr. 4 die Spezialregelung.[4039]

Abgrenzung zu § 1579 Nr. 8 BGB. Wenn es für Nr. 4 an Mutwillen fehlt, kann derselbe Sachverhalt nicht über Nr. 8 erfasst werden,[4040] denn die besonderen Tatbestände der Nrn. 1–8 können bei Fehlen einer Sachvoraussetzung nicht nochmals als „anderer Grund" i. S. der Nr. 8 berücksichtigt werden.[4041]

1131   [einstweilen frei]

e) § 1579 Nr. 5 BGB

1132   **Mutwilliges Hinwegsetzen des Berechtigten über schwerwiegende Vermögensinteressen des Verpflichteten** Erforderlich ist ein gravierender Verstoß des Unterhaltsberechtigten, der nicht notwendigerweise zu einem Vermögensschaden, aber doch zu einer Gefährdung von Vermögensinteressen geführt hat,[4042] wenn sie von besonderem Gewicht ist. Dies ist nur der Fall, wenn die wirtschaftliche Grundlage des Verpflichteten nicht unerheblich nachteilig beeinflusst wird und das Verhalten des Berechtigten dessen Leistungsfähigkeit erheblich erschweren oder unmöglich machen kann.[4043] Zu berücksichtigen ist auch die Intensität der Pflichtverletzung.[4044]

[4030] So aber OLG Celle FamRZ 1979, 119.

[4031] BGH FamRZ 1984, 364 (dort verneint); OLG Frankfurt FamRZ 1990, 62 = NJW-RR 1989, 1232; OLG Koblenz NJW-RR 1989, 1482; FamRZ 1990, 51.

[4032] BGH FamRZ 1986, 560 (562): Investition Kapitalvermögen in Eigenheim statt Erwerb ertragsreicher Wertpapiere nach den konkreten Umständen angemessen.

[4033] OLG Bamberg FamRZ 1984, 388 (dort verneint).

[4034] BGH FamRZ 1983, 803 (805).

[4035] OLG Karlsruhe FamRZ 1983, 506 (507).

[4036] BGH FamRZ 2013, 195 Rn. 42 mAnm Bergschneider.

[4037] OLG Koblenz FamRZ 2017, 38 (Ls.) mAnm Borth.

[4038] OLG Dresden NZFam 2014, 376 (Obermann).

[4039] BGH FamRZ 1995, 1405 (1407) = NJW-RR 1995, 449; vgl. zum fiktiven Einkommen → Rn. 724 ff.

[4040] BGH FamRZ 1995, 1405; offen lassend BGH FamRZ 1988, 1218 (1220).

[4041] BGH FamRZ 1987, 572 (575) = NJW 1987, 1761 (1762).

[4042] BGH FamRZ 1979, 569; OLG Hamm FF 2001, 211 mAnm Schnitzler; OLG Koblenz NJW-RR 1992, 2 = FamRZ 1992, 1312 (Gefahr Kündigung und Wegfall der Betriebsrente); OLG Köln NJW-RR 1986, 686 (Verwirkung durch Anzeige des Ehemannes beim Staatssicherheitsdienst der ehem. DDR).

[4043] OLG Brandenburg NZFam 2016, 983 Rn. 289.

[4044] BGH FamRZ 2009, 1124 (1128).

„Mutwillig" setzt wie in Nr. 4 Unterhaltsbezogenheit voraus → **Rn. 1127**. Bei Wahrheit der Tatsachen und berechtigter Interessenwahrnehmung scheidet § 1579 Nr. 5 BGB aus.[4045] Eine solche kommt nicht in Betracht, wenn die Vorwürfe leichtfertig und ohne konkrete Anhaltspunkte aufgestellt wurden, wenn es dem Unterhaltsberechtigten in erster Linie um eine größtmögliche Schädigung des Pflichtigen ging.[4046]

Einzelfälle:

- Anschwärzen beim Arbeitgeber[4047], zB Verdächtigung des Diebstahls am Arbeitsplatz bzw. sexueller Übergriffe auf Auszubildende.[4048] oder auch durch den Hinweis der Unterhaltspflichtige unterhalte ein intimes Verhältnis zu einem anderen Arbeitnehmer des Betriebes.[4049]   **1133**
- Anzeigen gegenüber der Bußgeld- und Strafsachenstelle des Finanzamtes, auch im Rahmen einer sog „Selbstanzeige" der unterhaltsbedürftigen Ehefrau,[4050]
- Anzeigen bei Behörden, zB Anzeige wegen unerlaubten Waffenbesitzes,[4051] Versicherungsbetruges, soweit sie dem Vermögensinteresse – Gefährdung genügt – schädlich sein können (typisch bei Anzeige wegen Steuerhinterziehung),[4052] Anschwärzen und Anzeigen müssen die Gefahr eines schwerwiegenden wirtschaftlichen Nachteils, der auch aus einem zunächst nur dienstlichen folgen kann, herbeiführen.[4053] Solches Vorgehen stellt eine schwerwiegende Verletzung der ehelichen Solidarität und des nachehelichen Gebots gegenseitiger Rücksichtnahme dar, denn die eheliche Loyalität verlangt, sich nicht zum denunzierenden Verfolger zu machen.[4054] Jedoch sind in jedem Fall Zusammenhänge beiderseitigen Fehlverhaltens darauf zu prüfen, ob die Verfehlung des Berechtigten wegen des vorangegangenen Verhaltens des Verpflichteten nicht doch milder beurteilt werden kann.[4055]
- Getrennte Veranlagung. Eigenmächtige Wahl getrennter Veranlagung genügt nicht.[4056]
- In-Vitro-Fertilisation. Eine ohne fortdauerndes Einverständnis des Ehemannes vorgenommene In-vitro-Fertilisation mit daraus folgender Unterhaltslast führt auch nicht zur Unterhaltsverwirkung nach Nr. 5.[4057]
- Bei **Strafanzeigen** (wegen Vortäuschens einer Straftat, Untreue, Diebstahls, Unterschlagung zu Lasten des Arbeitgebers)[4058] kann es entscheidend auf deren Veranlassung ankommen. Eine Strafanzeige wegen Unterhaltspflichtverletzung erfüllt den Tatbestand der Nr. 5 jedenfalls dann nicht, wenn die Unterhaltspflichtverletzung   **1134**

[4045] OLG Zweibrücken OLGR 2002, 105.
[4046] OLG Koblenz FamRZ 2020, 239 (241).
[4047] OLG Düsseldorf NJW-RR 1996, 1155 (1156) = FamRZ 1996, 1418; OLG Hamm OLG-Report 1996, 215 (216); OLG Zweibrücken FamRZ 1989, 63.
[4048] OLG Karlsruhe FamRZ 1998, 746.
[4049] OLG Brandenburg FamRZ 2011, 226 (Ls.).
[4050] OLG Koblenz FamRZ 2020, 239 (241); OLG Schleswig FamRZ 2013, 1132 (1133) = NJW-RR 2013, 517 (518).
[4051] OLG Zweibrücken FamRZ 1989, 63.
[4052] BGH FamRZ 1979, 569; FamRZ 1984, 1165 (1170); OLG Koblenz FamRZ 2020, 239 (241); OLG Zweibrücken OLG-Report 2002, 105 (nicht wenn Sachverhalt wahr ist und berechtigtes Interesse an Geltendmachung besteht).
[4053] OLG Düsseldorf FamRZ 1996, 1418; OLG Köln FamRZ 1995, 1580; OLG München FamRZ 1982, 270 (272); auch: BGH FamRZ 1979, 569.
[4054] OLG Zweibrücken FamRZ 2000, 1371 (Ls.).
[4055] BGH FamRZ 1982, 463 (464) = NJW 1982, 1461; FamRZ 1983, 670 (671); OLG Düsseldorf FamRZ 1983, 1139 (1140).
[4056] OLG Hamm NJW-RR 2004, 1229.
[4057] BGH FamRZ 2001, 541 = NJW 2001, 1789.
[4058] OLG Koblenz NJW-RR 1992, 2 (Folge: Ermittlungsverfahren, Durchsuchung, Beschwerde Berechtigen gegen die Einstellung des Verfahrens; Motiv: dem Unterhaltspflichtigen schaden!).

eindeutig ist und der Verpflichtete trotz Hinweise auf eine mögliche Strafanzeige die geschuldete Zahlung verweigert.[4059] Eine Strafanzeige wegen unerlaubten Schusswaffenbesitzes einen Tag nach Verweisung aus der Ehewohnung[4060] reicht für eine Anwendung der Nr. 5 nicht, obwohl auch solche Anzeigen subjektiv in der Regel nicht dem Allgemeinwohl dienen sollen. Gleiches gilt für wahre Zeugenaussagen trotz Aussageverweigerungsrecht,[4061] Verschweigen rechtserheblichen Eigenverdienstes[4062] oder einer größeren Erbschaft.[4063] Die Nichtzustimmung zur steuerlichen Zusammenveranlagung kann bei hinreichender Intensität unter Nr. 5 zu fassen sein.[4064]

- **Vermögensstraftaten gegen den Verpflichteten.** Erhebliche Diebstähle von Eigentum des Verpflichteten (2377 EUR aus verschlossener Kassette und einer Briefmarkensammlung)[4065] verletzen seine Vermögensinteressen. Das gilt auch, wenn der Berechtigte bei verschwiegenem eigenem Vermögen den Verpflichteten auf Prozesskostenvorschuss in Anspruch nimmt und wenn er ihm die Mitwirkung an einem Versicherungsbetrug an sinnt.[4066] Die abredewidrige Nichterfüllung gemeinsamer Verbindlichkeiten erfüllt den Tatbestand ebenso wie das über den eigenen Anteil hinausgehende Abheben von Geld vom gemeinsamen Konto.[4067]
- **Vereitelung des Zugewinnausgleichs.** Verbraucht ein Ehegatte in nicht nachvollziehbarer Weise sein Vermögen zwischen Rechtshängigkeit und Ausspruch des Zugewinnausgleichs, so kann diese zur Verwirkung des Anspruchs auf Ehegattenunterhalt führen.[4068]
- **Wahrheitspflicht.** Insbesondere aus einem Vergleich kann sich die Pflicht ergeben, dem Unterhaltpflichtigen Einkommenserhöhungen ungefragt mitzuteilen.[4069] Auch ansonsten besteht die Pflicht.
- **Überschneidungsfälle.** Der Anwendungsbereich der Vorschrift kann sich mit § 1579 Nr. 3[4070] und 4 BGB überschneiden. Als Anwendungsfall der Nr. 5 ist ein versuchter Prozessbetrug durch „hartnäckiges und vehementes Bestreiten intensiver Beziehungen der Unterhaltsberechtigten zu einem anderen Mann" angesehen worden (Überschneidung mit Nr. 3).[4071]

f) § 1579 Nr. 6 BGB

1135   Die **gröbliche Verletzung** der Pflicht des Berechtigten, **zum Familienunterhalt beizutragen, längere Zeit hindurch vor der Trennung** spielt in der Praxis kaum eine

---

[4059] OLG Stuttgart FamRZ 1979, 40.
[4060] OLG Celle FamRZ 1987, 69 (70); aber: OLG Zweibrücken FamRZ 1989, 63.
[4061] OLG Düsseldorf NJW-RR 1994, 326 (330) = FamRZ 1994, 1049; OLG Koblenz FamRZ 2020, 239 (241); OLG Köln FamRZ 1995, 1580 (1581 f.).
[4062] OLG Hamm NJW-RR 1994, 772 (773) = FamRZ 1994, 1265; OLG Hamm FamRZ 1994, 1265 (1266).
[4063] OLG Hamm FamRZ 1994, 1119 (1120): Nr. 5 nur deswegen nicht, weil Vorsatz nicht erwiesen sei – eine sehr wohlwollende Wertung.
[4064] OLG Celle FamRZ 1994, 1324.
[4065] OLG Hamm FamRZ 1994, 168.
[4066] OLG Hamm FF 2001, 211 mAnm Schnitzler.
[4067] OLG Brandenburg FamRZ 2015, 1118 (Ls.).
[4068] OLG Hamm NJW 2007, 1144.
[4069] OLG Hamm NJW 2007, 1144.
[4070] OLG Frankfurt FuR 2002, 83.
[4071] OLG Hamm FamRZ 1996, 1079 (Verniedlichung erbrachter Versorgungsleistungen); OLG Frankfurt FuR 2002, 83; OLG Koblenz OLG-Report 2000, 119 (ehegleiche Gemeinschaft vor Ablauf von 2–3 Jahren).

Rolle. Die tatbestandliche Beschränkung auf „gröbliche" Verletzungen bannt die Gefahr, dass der übliche Vorwurf der „Haushaltsvernachlässigung" verbreiteter Gegenstand gerichtlicher Auseinandersetzungen werden kann. „Familienunterhalt" umfasst die (einverständliche) Haushaltsführung der §§ 1360 S. 2, 1360a BGB, die in „eigener Verantwortung" (§ 1356 Abs. 1 S. 2 BGB) auszuüben ist, die Kinderbetreuung (§§ 1626, 1627, 1606 Abs. 3 S. 2 BGB), den Kindesunterhalt und die ggf. aus der ehelichen Beistandspflicht abzuleitende eheliche Pflicht zu Mitarbeit in Beruf oder Geschäft des Ehegatten.[4072] Es kommt daher darauf an, ob der Unterhaltsberechtigte die Pflichten, die er nach der Aufgabenverteilung in der Ehe übernehmen sollte, tatsächlich erfüllt hat.[4073] Der Wortlaut („Familienunterhalt") schließt eine Anwendung bei Nichtzahlung des Trennungsunterhalts (§ 1361 BGB) aus.[4074] Voraussetzung für eine „gröbliche" Unterhaltsverletzung ist darüber hinaus das Vorliegen weiterer objektiver Merkmale, die über die bloße Nichterfüllung der Unterhaltpflicht hinausgehen und dem pflichtwidrigen Verhalten des Berechtigten ein besonderes Gewicht geben, zB, weil die Familie ohne den Einsatz des Unterhaltspflichtigen in ernste Schwierigkeiten bei der Deckung des Lebensbedarfs geraten wäre.[4075]

„**Vor der Trennung längere Zeit hindurch**" muss die Unterhaltspflichtverletzung **1136** begangen sein, also wird Nr. 6 für diesen Zeitraum als lex specialis gegenüber Nr. 3 anzusehen sein.[4076] Zeitlich anders einzuordnende Unterhaltspflichtverletzungen können unter die Nrn. 3 und 8 fallen.[4077] Die wenig konkrete Zeitformel „längere Zeit hindurch" lässt die Fixierung auf fest umrissene Zeiträume schwerlich zu. In der Literatur werden Zeiträume von mindestens 1 Jahr[4078] und 3 Jahren[4079] genannt. Ab 1 Jahr etwa wird eine „längere Zeit" angenommen werden können.[4080]

[einstweilen frei] **1137**

g) § 1579 Nr. 7 BGB

aa) Fehlverhalten, Allgemeines und Zeitpunkt. Ein offensichtlich schwerwiegendes, **1138** **eindeutig beim Berechtigten liegendes Fehlverhalten gegen den Verpflichteten** umreißt einen Tatbestand, der persönliche, subjektiv vorwerfbare – also verschuldete – Verfehlungen des Berechtigten ausdrücklich gesetzlich erfassen will.[4081]

Grundgedanke der Nr. 7 ist die Widersprüchlichkeit des Verhaltens des Unterhalts- **1139** **berechtigten,** Lösung aus den ehelichen Bindungen bei gleichzeitiger Inanspruchnahme der ehelichen Solidarität durch ein Unterhaltsbegehren, Verletzung des Prinzips der Gegenseitigkeit durch Zuwendung der dem Ehegatten geschuldeten Hilfe und Betreuung an einen anderen.[4082]

Fehlverhalten gegen nahe Angehörige erfasst Nr. 7 nicht, wie die Entstehungs- **1140** geschichte klar zeigt.[4083] Jedoch ist Nr. 7 insoweit kein Sperrtatbestand. Außer unter Nr. 3 können schwerwiegende Verfehlungen gegen nahe Angehörige auch durch Nr. 8

[4072] Vgl. Häberle FamRZ 1986, 311 (312).
[4073] OLG Düsseldorf FamRZ 2019, 1134 (1135) = NZFam 2019, 360 (Zwißler).
[4074] Ebenso Grüneberg/von Pückler BGB § 1579 Rn. 27.
[4075] OLG Düsseldorf FamRZ 2019, 1134 f. = NZFam 2019, 360 (Zwißler).
[4076] Häberle FamRZ 1986, 311 (312).
[4077] Eyrich FamRZ 1984, 941 (943).
[4078] Häberle FamRZ 1986, 311 (312).
[4079] Weychardt DAVorm 1984, 839 (845).
[4080] OLG Celle FamRZ 1981, 576 (zu § 1587c BGB); Häberle FamRZ 1986, 311 (312).
[4081] BT-Drs. 10/2888, 12 (19); Bosch FamRZ 1984, 1165 (1170).
[4082] BGH FamRZ 1983, 569 (572) = NJW 1983, 1548; FamRZ 1983, 670 (672); FamRZ 1989, 1279 (1280); KG FamRZ 2006, 1542.
[4083] Vgl. Richter JR 1985, 133 (135).

erfasst sein.[4084] Im Einzelfall mag sich ein derartiges Fehlverhalten (etwa gegen minderjährige Kinder des Verpflichteten) auch als Fehlverhalten gegen den Verpflichteten selbst darstellen.[4085]

1141   Der Tatbestand des § 1579 Nr. 7 BGB erfasst ein **voreheliches Verhalten nicht,**[4086] ein solches nach Rechtskraft der Ehescheidung nur, wenn die Verpflichtung zur nachehelichen Rücksichtnahme verletzt wurde.[4087]

Fehlverhalten vor Scheitern der Ehe ist Hauptanwendungsfall der Vorschrift.[4088] Fehlverhalten, das zugleich eine Verletzung der ehelichen Treuepflicht darstellt, steht dabei im Vordergrund,[4089] obwohl sich aus der Ehe auch noch andere Pflichten, wie zB die zu Rücksichtnahme, Wohlverhalten, Einkommensoffenbarung ergeben können. Siehe dazu Beispiele in → Rn. 688, 1133, 1135, 1142.

Fehlverhalten nach Scheitern der Ehe wird im Allgemeinen, wenn auch die eheliche Treuepflicht bis zur Rechtskraft der Scheidung fortbesteht,[4090] eine Anwendung der Nr. 7 nicht rechtfertigen.[4091] Die „reaktive Flucht" aus bereits gescheiterter Ehe erfüllt den Tatbestand der Nr. 7 durchweg nicht.[4092] Die Bedeutung der ehelichen Treuepflicht mindert sich nach Scheitern der Ehe in der Regel so weit, dass persönliches dagegen verstoßendes Fehlverhalten nicht mehr die in Nr. 7 vorausgesetzte Gewichtigkeit hat.[4093] Entsprechendes gilt für andere Ehepflichten. Auch die Tatsache, dass ein Kind von einem anderen Mann geboren wurde, soll dann § 1579 Nr. 7 BGB nicht rechtfertigen.[4094] Besteht das Fehlverhalten aber in Verstößen gegen allgemeinmenschliche, nicht spezifisch eheliche Pflichten, so mindert das Scheitern der Ehe die Schwere der Verfehlung nicht.[4095]

Fehlverhalten nach Vollzug der Trennung durch Beginn einer intimen Beziehung kann in Ausnahmefällen zur Anwendung der Nr. 7 ausreichen, wenn schon die Trennung vom Berechtigten, wenn auch aus anderen Gründen, herbeigeführt worden ist.[4096]

Eine **Verzeihung** des Fehlverhaltens schließt die Berufung darauf aus. Sie ist aber kein Freibrief, so dass künftiges Fehlverhalten wieder zur Verwirkung führen kann.[4097]

1142   **bb) Offensichtlich schwerwiegendes Fehlverhalten.** „Offensichtlich schwerwiegendes" Fehlverhalten betont das Erfordernis eindeutiger Schwere der Verfehlung. Ein ein-

---

[4084] Richter JR 1985, 133 (135) weist zutreffend darauf hin, dass diese Fälle früher durch § 1579 Abs. 1 S. 4 BGB aF erfasst wurden.

[4085] Häberle FamRZ 1986, 311 (314).

[4086] OLG Köln FamRZ 1994, 1253.

[4087] OLG Hamm FamRZ 2000, 1374 (LS.) = OLG Report 2000, 460: Offenbarung des „Geheimnisses", dass die ehelichen Kinder einvernehmlich vom Bruder des zeugungsunfähigen Ehemannes gezeugt wurden.

[4088] Diederichsen NJW 1986, 1283 (1289); Häberle FamRZ 1986, 311 (313).

[4089] OLG Brandenburg FF 2010, 33 ff. = Aufnahme einer gleichgeschlechtlichen Beziehung mit zwei Tage später erfolgtem Auszug aus der Ehewohnung; KG FamRZ 2006, 1542; OLG Koblenz FPR 2002, 446 (20-jähriges Intimverhältnis).

[4090] BGH FamRZ 1983, 569 (572) = NJW 1983, 1548; OLG Celle NJW-RR 1988, 1097.

[4091] BGH FamRZ 1981, 752 (753) = NJW 1981, 1782; OLG Stuttgart FamRZ 1987, 479 (480); anders aber OLG Frankfurt FamRZ 1999, 1135 für nicht trennungsursächliche Beziehung zu einem neuen Partner.

[4092] OLG Koblenz FamRZ 2000, 1371; OLG Frankfurt FamRZ 1981, 455.

[4093] BGH FamRZ 1981, 439 (441) = NJW 1981, 1214; FamRZ 1981, 752 (753) = NJW 1981, 1782; FamRZ 1981, 1042 = NJW 1981, 2805; FamRZ 1983, 150 (152) = NJW 1983, 683; FamRZ 1983, 996 (997).

[4094] OLG Jena FamRZ 2006, 1205 – zweifelhaft!

[4095] Häberle FamRZ 1986, 311 (314).

[4096] OLG Frankfurt FamRZ 1999, 1135.

[4097] OLG Nürnberg NJWE-FER 2000, 275 (nach Verzeihung von Ehebrüchen Fortsetzung derselben).

faches Fehlverhalten allein reicht nicht aus. Erforderlich ist vielmehr eine schwerwiegende Abkehr von allen ehelichen Bindungen, so dass die Inanspruchnahme des Pflichtigen grob unbillig erscheint.[4098]

„Offensichtlich" bedeutet nicht, dass die Schwere unstreitig sein muss.[4099]

Schuldhaftes Verhalten ist Voraussetzung für die Anwendung der Nr. 7,[4100] bei schuldlosem Verhalten kommt nur eine Anwendung der Nr. 8 in Betracht.

cc) Einseitiges Fehlverhalten. Ein **einseitiges Fehlverhalten des Berechtigten** ist   **1143** Voraussetzung für die Anwendung der Nr. 7 Hauptanwendungsfall somit **die einseitige Abkehr von der Ehe,** oft verbunden mit einer Zuwendung zu einem anderen Partner. Das Fehlverhalten muss wesentliche Ursache für das Scheitern der Ehe sein, diese darf also nicht schon vorher gescheitert sein.[4101] Fördert der Verpflichtete das Ehescheitern durch eigenes Fehlverhalten und erschwert er damit dem Berechtigten das Festhalten an der Ehe, so können die Verfehlungen des Berechtigten in milderem Licht erscheinen.[4102] Eine voll intakte und spannungsfreie Ehe ist freilich nicht Voraussetzung der „Einseitigkeit".[4103]

Gegen eine Einseitigkeit der Abwendung von der Ehe kann beispielsweise sprechen,   **1144** dass der Verpflichtete selbst als erster Scheidungsabsicht geäußert und die Trennung gewünscht hat[4104] oder die Eheleute sich schon einige Monate einverständlich getrennt hatten, bevor der eine sich dann einem anderen zuwandte.[4105] Eine bereits eingetretene „Erosion" der Ehe steht der „Einseitigkeit" einer Hinwendung zu einem anderen Partner nicht ohne weiteres entgegen,[4106] auch dann nicht, wenn die Eheleute seit neun Jahren keine geschlechtlichen Kontakte mehr hatten.[4107] Dass der Unterhaltsverpflichtete die Trennung bewirkt hat, muss nicht stets einer Anwendung der Nr. 7 entgegenstehen, dann zB nicht, wenn der Berechtigte Anlass dazu gegeben hat, dass der Verpflichtete die Trennung herbeiführte.[4108] So sind vier außereheliche Geschlechtskontakte der Ehefrau kein „einseitiges" Fehlverhalten, wenn der Ehemann siebzehn Jahre lang sexuellen Kontakt fast ganz verweigert hat.[4109] Die Weigerung der Ehefrau, dem Ehemann an seinen neuen (beruflich veranlassten) Wohnsitz zu folgen, ist jedenfalls kein „einseitiges" Fehlverhalten, sofern die Ehefrau beachtliche Gründe (Arbeit am alten Wohnort, dort auch gesicherte Kleinkinderversorgung) für ihre Weigerung hat.[4110] Eine räumliche Trennung ist im Übrigen nicht Voraussetzung einer Anwendung der Nr. 7 überhaupt, da das intime Verhältnis mit einem anderen von der Ehewohnung aus[4111] unterhalten werden kann. Entscheidend ist, ob der Verpflichtete die Abkehr von der Ehe veranlasst oder mitveranlasst hat. Waren die ihm vorgeworfenen eigenen Eheverfehlungen nur eine Reaktion

---

[4098] BGH FamRZ 2001, 1693 (1994) = NJW 2001, 3779 unter Bezugnahme auf BGH FamRZ 1989, 487 (490) = NJW 1989, 1083; BGH FamRZ 2012, 779 (780) = NJW 2012, 1443 (1444) = MDR 2012, 525.

[4099] Häberle FamRZ 1986, 311 (313).

[4100] BT-Drs. 10/2888,12 (19); OLG Hamm FamRZ 1996, 1080 (Alkoholabhängigkeit).

[4101] BGH NJW 1986, 722; KG FamRZ 2006, 1542; OLG Celle FamRZ 1999, 508; KG FamRZ 1998, 1112; OLG Stuttgart FamRZ 1997, 419; OLG Hamm FamRZ 2000, 21 (22) und 1996, 1080.

[4102] BGH FamRZ 1981, 439 (440) = NJW 1981, 1214; FamRZ 1982, 463 (464) = NJW 1982, 1461; FamRZ 1983, 670 = NJW 1986, 722; auch: KG NJW-RR 1992, 648 = FamRZ 1992, 571.

[4103] OLG Celle NJW-RR 1988, 1097; OLG Hamm NJW-RR 1996, 769.

[4104] BGH FamRZ 1983, 150 (152) = NJW 1983, 683.

[4105] BGH FamRZ 1981, 1042 (1043) = NJW 1981, 2805.

[4106] OLG Frankfurt NJW-RR 1994, 456.

[4107] OLG Zweibrücken FPR 2009, 61.

[4108] OLG Zweibrücken FamRZ 1980, 246.

[4109] KG NJW-RR 1992, 648 = FamRZ 1992, 571.

[4110] BGH FamRZ 1990, 492 (495).

[4111] BGH FamRZ 1983, 569 (571) = NJW 1983, 1548 (ehebrecherisches Verhältnis während Ehe).

auf vorangegangenes beachtlich ehewidriges Verhalten des Berechtigten,[4112] kann die Anwendung der Nr. 7 nicht schon wegen eigener Verfehlungen des Verpflichteten ausscheiden.[4113]

1145   **dd) Konkrete Gegenvorwürfe.** Der Vorwurf „einseitigen" Fehlverhaltens, der an sich zur Verwirkung oder Teilverwirkung ausreicht, kann durch konkrete Gegenvorwürfe einigen Gewichts entkräftet werden, die dem Unterhalt Begehrenden das Festhalten an der Ehe erschwert haben und sein eigenes Verhalten in milderem Licht erscheinen lassen.[4114] Erforderlich ist ein Kausalzusammenhang zwischen dem Fehlverhalten des Verpflichteten und Berechtigten,[4115] das dem Fehlverhalten des Berechtigten den Boden bereitet hat.[4116] Es sind nur diesbezüglich kausal verbundene Verhaltensweisen gegeneinander abzuwägen, nicht schlechthin alle.[4117] Darüber hinaus müssen Vorwurf und Gegenvorwurf von gleicher Schwere sein.[4118]

Krankheitsbedingte Auffälligkeiten des Verpflichteten (psychische Erkrankung) sind keine „Verfehlungen" iSd Härteregelung, die auch für die Gegenvorwürfe ein schuldhaftes Verhalten voraussetzt.[4119] Allerdings kann schuldloses Fehlverhalten des Verpflichteten ein schuldhaftes Fehlverhalten des Berechtigten in milderem Licht erscheinen lassen.
Beispiele für konkrete Gegenvorwürfe von einigem Gewicht:

1146   • Körperverletzungen durch den Verpflichteten: ständig beschimpft und geprügelt,[4120] beschimpft und geschlagen,[4121] zweimal (Datenangabe) geschlagen, einmal versucht, Anspruchstellerin zu ersticken.[4122]
• Eigenes ehewidriges Verhalten: seit Jahren kaum noch gesprochen, nur über Zettel verkehrt,[4123] sehr oft betrunken nach Hause gekommen und Bett verunreinigt,[4124] sich um anderen Partner für Anspruchstellerin selbst bemüht,[4125] Verpflichteter hat als erster Scheidungsabsicht geäußert und Trennung selbst gewünscht,[4126] hat ohne objektiven Grund seit Jahren sexuelle Kontakte verweigert.[4127]
• Insbesondere ehewidrige Beziehungen: seit längerer Zeit anderer Frau zugewendet,[4128] intimes Verhältnis zu Mutter von 2 Kindern.[4129]

[4112] BGH FamRZ 1983, 670 (671); OLG Frankfurt FamRZ 1981, 455; KG NJW-RR 1992, 648 = FamRZ 1992, 571.
[4113] Vgl. auch OLG Köln NJW-RR 1994, 1030.
[4114] BGH FamRZ 1982, 463 (464) = NJW 1982, 1461; FamRZ 1983, 142 = NJW 1983, 451; NJW 1986, 722 (723); OLG Bamberg FamRZ 1985, 598; OLG Celle NJW-RR 1988, 1097; OLG Düsseldorf FamRZ 1983, 1139 (1140); FamRZ 1987, 1259; OLG Hamm FamRZ 1987, 600; OLG Zweibrücken FamRZ 1985, 186.
[4115] BGH FamRZ 1985, 267 (268) = NJW 1985, 2266; NJW 1986, 722 (723); OLG Hamm FamRZ 1987, 600 (602); NJW-RR 1996, 769; auch KG NJW 1991, 113 = FamRZ 1990, 746.
[4116] BGH FamRZ 1983, 670 (672); OLG Frankfurt FamRZ 2007, 1169.
[4117] Vgl. Häberle FamRZ 1986, 311 (314).
[4118] OLG Karlsruhe NJW-RR 1999, 153 (Inzest auf der einen und liebloses Verhalten sowie Ehebruch auf der anderen Seite); vgl. auch OLG Koblenz MDR 2000, 35 mAnm Wenger.
[4119] BGH FamRZ 1989, 1279 (1280).
[4120] BGH FamRZ 1983, 670 (671).
[4121] OLG Düsseldorf FamRZ 1983, 1139 (1140).
[4122] OLG Düsseldorf FamRZ 1987, 1259 (1261).
[4123] BGH FamRZ 1983, 670 (671).
[4124] BGH FamRZ 1982, 463 (464) = NJW 1982, 1461.
[4125] KG FamRZ 1982, 1031 (1033).
[4126] BGH FamRZ 1981, 752 (753) = NJW 1981, 1782; 1983, 150 (152) = NJW 1983, 683.
[4127] OLG Hamm FamFR 2012, 347 (Höhler-Heun).
[4128] OLG Hamm FamRZ 1983, 186 (187).
[4129] OLG Koblenz FamRZ 1986, 999 (1001).

Beispiele für unkonkrete oder ungewichtige (bzw. nicht kausale) Gegenvorwürfe:

- Unkonkrete Gegenvorwürfe: in erheblichem Maße selbst gegen eheliche Treuepflicht verstoßen.[4130] Lieblosigkeit, tagelanges Schweigen, offensichtliche Gleichgültigkeit mit dem Ergebnis einer Vereinsamung der Anspruchstellerin und Absterben deren Liebe,[4131] fünf- bis sechsmal in näher bezeichnetem Zeitraum geschlagen,[4132] Bevormundungen,[4133] in den letzten Jahren nicht ausreichend um Ehefrau gekümmert, zu oft eigenen Freizeitinteressen nachgegangen,[4134] Kinderwunsch nicht beachtet.[4135]   **1147**

- Ungewichtige Gegenvorwürfe: lauthals geführter Streit aus geringsten Anlässen, zB um Rasenmäher, Anspruchstellerin vorgeworfen (Zeitangabe), sie sei nicht richtig im Kopf, und in nachfolgenden Streitigkeiten zu verstehen gegeben, er kriege Anspruchstellerin noch so klein, dass sie vor ihm auf den Knien krieche (nicht bedeutsam gegenüber lange vorher begonnenem nachhaltigen ehebrecherischen Verhältnis),[4136] aus der Ehewohnung verwiesen (dazu allein durch ehewidriges Verhalten Anspruchstellerin veranlasst),[4137] dreimal zu verschiedenen Zeitpunkten Ehefrau im Zusammenhang mit deren Offenbarung der Aufnahme bzw. Fortsetzung intimer Beziehungen zu einem anderen Mann geohrfeigt (jeweils unmittelbare Folge einer Provokation, verständliche Erregung, im Affekt geschlagen).[4138]

Die **Darlegungs- und Beweislast** für die rechtsvernichtende Einwendung des § 1579   **1148**
Nr. 7 BGB sowie für die Widerlegung der Gegenvorwürfe trägt der Unterhaltsverpflichtete, der alle Voraussetzungen der in Anspruch genommenen Härteklausel, also auch die Einseitigkeit des Fehlverhaltens, darzulegen und zu beweisen hat.[4139] Sein eigenes ehegemäßes Verhalten braucht der Unterhaltpflichtige nicht vorzutragen und zu beweisen.

An die Widerlegung der Gegenvorwürfe sind keine hohen Anforderungen zu stellen,[4140] soweit zur Widerlegung vor allem nur negative Tatsachen behauptet werden können (konkretes Bestreiten).[4141]

ee) Beispiele für Fehlverhalten.   **1149**

(1) Zuwendung zu einem neuen Partner

- **Ausbruch aus normal verlaufener Ehe**

Die einseitige Abwendung vom Ehepartner aus normal verlaufener Ehe durch Begründung einer eheähnlichen Gemeinschaft ist Hauptanwendungsfall der Nr. 7. Entscheidend für die geplante Dauerhaftigkeit des Verhältnisses ist die Vorstellung des Berechtigten von der Dauer der neuen Verbindung, nicht die (wider Erwarten) kürzere tatsächliche Dauer.[4142] Auf Dauer angelegt (nachhaltig) ist ein intimes Verhältnis also, wenn es sich der Berechtigte als längere Zeit andauernd vorstellt und das Verhältnis objektiv tatsächlich

---

[4130] BGH FamRZ 1983, 670 (671).
[4131] OLG Bamberg FamRZ 1985, 598.
[4132] OLG Celle NJW-RR 1988, 1097; Hamm FamRZ 1987, 600 (602).
[4133] OLG Hamm FamRZ 1989, 1091 (1092).
[4134] OLG Hamm NJW-RR 1996, 769.
[4135] OLG Koblenz MDR 2000, 35 mAnm Wenger.
[4136] BGH NJW 1986, 722 (723).
[4137] OLG Zweibrücken FamRZ 1980, 246.
[4138] OLG Koblenz NJW-RR 1989, 5.
[4139] BGH FamRZ 1982, 463 (464) = NJW 1981, 1461; FamRZ 1983, 670; FamRZ 1984, 364 (368); OLG Frankfurt FamRZ 2007, 1169; OLG Hamm FamRZ 2012, 347 (Höhler-Heun); OLG Köln FamRZ 2003, 767; OLG Stuttgart FamRZ 1997, 419.
[4140] KG NJW-RR 1992, 648 = FamRZ 1992, 571.
[4141] BGH FamRZ 1982, 463 (464) = NJW 1982, 1461; FamRZ 1983, 670 (671).
[4142] OLG Bamberg FamRZ 1986, 1104 (1105).

über eine flüchtige Augenblicksbeziehung hinausgeht.[4143] Ist das ehebrecherische Verhältnis nicht gegen den Willen des anderen Ehegatten aufgenommen und unterhalten worden, fehlt es zur Anwendung der Nr. 7 an der Einseitigkeit der Lösung von der Ehe.[4144]

Ein- oder mehrmaliger Ehebruch ohne Dauerhaftigkeit des Verhältnisses, rechtfertigt die Anwendung der Nr. 7 noch nicht.[4145] Ein schwerwiegendes Fehlverhalten kann aber bejaht werden, wenn die Ehefrau während der beruflichen Abwesenheit ihres Ehemannes ein Verhältnis mit einem gemeinsamen Freund, der in die Ehewohnung aufgenommen wurde, beginnt.[4146]

1150   Ein nachhaltig auf längere Dauer angelegtes intimes Verhältnis[4147] ohne Begründung einer eheähnlichen Gemeinschaft kann die Anwendung der Nr. 7, wenn die Abwendung von der Ehe einseitig ist, rechtfertigen.[4148]

1151   • **Zusammenleben mit einem neuen Partner ohne geschlechtliche Kontakte** soll die Wertung nach Nr. 7 rechtfertigen, wenn die Gemeinschaft nach außen ganz das „Bild" einer eheähnlichen Gemeinschaft biete.[4149] Auch die bloße freundschaftliche Hinwendung der 23 Jahre jüngeren Ehefrau zu einem Mitschüler ihrer Umschulung („tiefe Freundschaft" ohne sexuellen Kontakt), die sie trotz heftiger Eifersuchtsäußerungen ihres Ehemanns fortsetzt und verbal eindeutig verteidigt, kann Nr. 7 anwendbar machen, weil damit pflichtwidrig die geistig-seelische Ehegemeinschaft aufgehoben wird.[4150]

Zusammenkunft (auch ohne geschlechtlichen Verkehr) mit dem Freund im Urlaub, mit dem die Ehefrau ein Jahr zuvor viermal die Ehe gebrochen hatte, was der Ehemann damals verziehen hatte, soll die Anwendung der Nr. 7 rechtfertigen.[4151] Das ist abzulehnen, da ein Ehepartner dem anderen nicht Treffen mit anderen Menschen verbieten kann und keine eheähnliche Lebensgemeinschaft besteht.[4152]

1152   • **Böser Schein einer außerehelichen Beziehung.** Ein solcher kann grundsätzlich nicht ausreichen, weil in der Regel schon am schuldhaften Verhalten fehlt.[4153] Der bloße böse Schein eines Treuebruchs kann daher nur im Ausnahmefall genügen.[4154]

1153   • **Anstößige Umstände einer neuen Beziehung**

Intime Beziehungen zu wechselnden Partnern[4155] oder zur selben Person in unterbrochenen kurzen Zeitabschnitten können gemäß Nr. 7 eine schwerwiegende Lösung von den ehelichen Bindungen sein,[4156] auch wenn damit eine Trennung nicht verbunden ist.

[4143] OLG Oldenburg NJW 2012, 2450 (2451).

[4144] KG FamRZ 1982, 1031 (1033); OLG Oldenburg FamRZ 1981, 775; vgl. aber OLG Hamm FamRZ 1989, 1091.

[4145] OLG Köln FamRZ 2003, 767; **anders** OLG Frankfurt FamRZ 1981, 775.

[4146] OLG Hamm NJW 2011, 3379 f.

[4147] OLG Koblenz MDR 2000, 35 mAnm Wenger; vgl. weiter: Nehlsen-von Stryk, Zur unterhaltsrechtlichen Relevanz des auf Dauer angelegten Verhältnisses, FamRZ 1990, 109 f.

[4148] BGH FamRZ 1981, 439 (441) = NJW 1981, 1214; FamRZ 1981, 1042 (1043) = NJW 1981, 2805; FamRZ 1982, 463 (464) = NJW 1982, 1461; FamRZ 1983, 142 = NJW 1983, 451; FamRZ 1983, 569 (571) = NJW 1983, 1548; FamRZ 1983, 670; FamRZ 1984, 986 (987) = NJW 1984, 2692; FamRZ 1989, 1279 (1280); OLG Köln FamRZ 1991, 707.

[4149] OLG Hamm FamRZ 1981, 954.

[4150] KG NJW-RR 1989, 1350 = FamRZ 1989, 868 mAnm Finger FamRZ 1989, 1180 f. und Erwiderung Diener FamRZ 1990, 407 f – fraglich –.

[4151] OLG Hamm NJW-RR 1996, 769.

[4152] OLG Celle FamRZ 1999, 508 (mag auch böser Schein genügen); vgl. auch BGH FamRZ 2002, 23 mAnm Schwab (92) = NJW 2002, 217 zur Distanzpartnerschaft weiter → Rn. 1172.

[4153] **Anders:** OLG Zweibrücken FamRZ 2004, 1576.

[4154] OLG Celle FamRZ 1999, 508 lässt zu weitgehend bösen Schein des Treuebruchs genügen.

[4155] OLG Frankfurt OLG-Report 2002, 8.

[4156] BGH FamRZ 1983, 670 (671); OLG Celle FamRZ 1987, 603 = NJW-RR 1987, 580; OLG Düsseldorf FamRZ 1986, 62 (63) = NJW-RR 1986, 753.

Ein intimes Verhältnis zu einem Freund der Familie stellt ebenfalls ein anstößiges Verhalten dar.[4157]

Auch eine Beziehung zum Schwiegersohn dürfte darunterfallen.[4158]

(2) Vereitelung Umgangsrecht. Fortgesetzte, massive Verletzung des Umgangsrechts **1154** kann die Anwendung des § 1579 Nr. 7 rechtfertigen, nicht aber wenn dem Unterhaltsgläubiger ein schwerwiegendes Fehlverhalten nicht vorzuwerfen ist,[4159] zB weil nicht ersichtlich ist, welche Bemühungen der Pflichtige unternommen hat, um eine Änderung der den Umgang ablehnenden Haltung des Kindes herbeizuführen. Ebenso kann die Täuschung über Absicht der Auswanderung mit gemeinschaftlichen Kindern und dadurch bedingter Umgangsvereitelung zur Anwendung der Nr. 7 führen.[4160]

(3) Unterschieben eines Kindes. Unterschieben eines tatsächlich nicht vom Ehegatten **1155** stammenden Kindes erfüllt den Tatbestand des § 1579 Nr. 7 BGB. Der Härtegrund ist bereits als verwirklicht anzusehen, wenn die Ehefrau ihrem Ehemann verschweigt, dass ein während der Ehe geborenes Kind möglicherweise nicht von ihm abstammt; sie also verschweigt, dass sie während der gesetzlichen Empfängniszeit Geschlechtsverkehr mit einem anderen Mann hatte.[4161] Es ist folglich ausreichend, wenn sie ohne positive Kenntnis der nichtehelichen Abstammung des Kindes diese wenigstens für möglich hält.[4162] Nicht erforderlich ist die Beteuerung der ehelichen Abstammung[4163] oder das Abhalten von einer Vaterschaftsanfechtung.[4164] Konnte die Ehefrau allerdings annehmen, der Ehemann kenne die nichteheliche Abstammung und habe sich mit ihr abgefunden, kann die Sachlage anders zu beurteilen sein,[4165] erst recht dann, wenn beide Ehegatten schon bei der Schwangerschaft mit der Möglichkeit einer Fremdvaterschaft rechnen.[4166]

(4) Sonstige Fälle des schwerwiegenden Fehlverhaltens

- Bigamie.[4167]   **1156**
- Böswilliges Im-Stich-Lassen. Die einseitige grundlose Abwendung von einem auf persönliche Betreuung angewiesenen Ehepartner – wegen Erkrankung, Körperschaden, Alter – wiegt besonders schwer und kann den Tatbestand der Nr. 7 erfüllen.[4168]
- Ein nur von Hass und Verachtung geprägtes Verhalten gegen den Ehemann kann zum Unterhaltsausschluss (Verschweigen Freitod der Tochter, Vorwurf Verantwortlichkeit des Ehemanns dafür, Todesanzeige ohne den Namen des Ehemanns) führen.[4169]

[4157] OLG Koblenz FamRZ 2000, 290 = MDR 2000, 35 mAnm Wenger.

[4158] OLG Jena NJW-RR 2005, 6 = FF 2005, 107 mAnm Schnitzler (konkret nicht, da keine kränkenden Begleitumstände wegen der Entfernung – zweifelhaft).

[4159] BGH FamRZ 2007, 883 mAnm Born = NJW 2007, 1969; OLG München FamRZ 2006, 1605; OLG Schleswig FamRZ 2003, 688; FamRZ 2004, 808 und OLGR 2005, 695 (reicht nicht, dass Umgangstermine hin und wieder abgesagt werden); BGH FamRZ 2002, 1099 = NJW 2002, 2566; zum Schadensersatz bei Nichtgewährung des Umgangs, zur Verschuldrechtlichung personaler Pflichten teilw. krit. Schwab FamRZ 2002, 1303.

[4160] BGH FamRZ 1987, 356 (358 f.) = NJW 1987, 893.

[4161] BGH FamRZ 2012, 779 (781) mAnm Löhnig = NJW 2012, 1443 (1444); OLG Hamm NZFam 2015, 965; OLG Köln FamRZ 2021, 1881 (1882)

[4162] BGH FamRZ 2012, 779 (781) mAnm Löhnig = NJW 2012, 1443 (1444).

[4163] BGH FamRZ 1985, 267 = NJW 1985, 2266; OLG Brandenburg NJW-RR 2000, 1098; OLG Köln FamRZ 1998, 749; OLG Frankfurt OLG-Report 1998, 176; OLG Hamburg FamRZ 1996, 946; OLG Oldenburg FamRZ 1991, 448 (449).

[4164] BGH NJW 1985, 428; OLG Celle FamRZ 1987, 603 = NJW-RR 1987, 580.

[4165] OLG Zweibrücken NJW-RR 1997, 1168.

[4166] OLG Köln FamRZ 2021, 1881(1882).

[4167] OLG Hamm FamRZ 1987, 947 (948).

[4168] OLG Hamm FamRZ 1981, 162 f.; FamRZ 1983, 186 (187).

[4169] OLG Celle NJW-RR 1996, 646 = FamRZ 1995, 1489.

- Verheimlichung eigenen Einkommens aus besonders verwerflicher und gehässiger Gesinnung oder bei drohendem empfindlichem Schaden des Verpflichteten (soweit nicht die Nrn. 3 oder 5 eingreifen).[4170]
- Eingriffe in Eigentum des Verpflichteten durch Vernichtung persönlicher Gegenstände des Verpflichteten von erheblichem Wert.[4171]
- Offenbarung von Geheimnissen. Die Offenbarung von wahren Geheimnissen kann den Tatbestand der Nr. 7 erfüllen, wenn vorher Stillschweigen vereinbart war und das Geheimnis nun als Druckmittel benutzt wird.[4172]
- Verweigerung einer Wohnsitzverlegung zwecks Herstellung ehelicher Gemeinschaft reicht nur aus, wenn es dafür keine verständlichen Gründe gibt.[4173]
- Körperverletzungen fallen an sich unter Nr. 3. Allerdings kann das Zusammenwirken mehrerer Ereignisse die Anwendung von Nr. 7 rechtfertigen.[4174]
- Der Vorwurf des sexuellen Missbrauchs kann unter § 1579 Nr. 3 BGB fallen, → Rn. 1122.
- Ob Telefonsex die Nr. 7 erfüllt, ist dahingestellt geblieben (jedenfalls Nr. 8).[4175]

(5) Beispiele für „nicht offensichtlich schwerwiegendes" Fehlverhalten

1157
- Umzug und Auszug. Heimlicher Auszug aus Ehewohnung unter Täuschung vor allem der Kinder;[4176] Wohnsitzverlegung ins Ausland mit der Folge praktischer Vereitelung Umgangsrecht, falls der Auswanderung verständliche Motive zugrunde liegen und nicht die Absicht der Umgangsrechtsvereitelung bestand,[4177] Wohnsitzverlegung (beruflich) nach Holland ohne vorherige Abstimmung mit der Ehefrau, wissend, dass diese ein Studium in Deutschland anstrebte,[4178]
- Kleinere Streitigkeiten. Sie reichen in der Regel nicht aus,[4179] so zB Aufforderung zur Behandlung in einer psychiatrischen Klinik,[4180] oder nur subjektiv empfundene Beziehungsstörungen.[4181] Anzeige wegen Freiheitsberaubung und Raub mit späterer Einstellung des Verfahrens gemäß § 153a StPO (geringe Schuld).[4182]
- Täuschungen. Täuschung über die Zahl vorehelicher Eheschließungen und Wegnahme von Hausrat,[4183]
- Vorwurf sexuellen Missbrauchs der Kinder durch den Vater – nach den Kinderaussagen nicht auszuschließen – rechtfertigt eine Anwendung der Nr. 7 ebenso wenig wie die Aufrechterhaltung der Vorwürfe nach Erstellung eines dem Vater günstigen Gutachtens, wenn die Mutter in Wahrnehmung berechtigter Interessen bei Verteidigung gegen die Anwendung der Nr. 7 gehandelt hat.[4184] Solche berechtigten Interessen

---

[4170] BGH FamRZ 1981, 539 (541) = NJW 1981, 1609; FamRZ 1984, 32 (33) = NJW 1984, 306; OLG Hamm FamRZ 2002, 242; OLG Oldenburg NJW 1991, 3222 (3223): Verschweigen Pflegegeld.
[4171] OLG Oldenburg FamRZ 2002, 243.
[4172] OLG Hamm OLG-Report 2000, 42 (Zeugung von Kindern für zeugungsunfähigen Bruder – das OLG spricht aber von Nr. 7).
[4173] BGH FamRZ 1987, 572.
[4174] OLG Koblenz FamRZ 1998, 754 wendet § 1579 Nr. 2 BGB an; OLG Hamm FamRZ 1994, 168.
[4175] OLG Karlsruhe NJW 1995, 2796 = FamRZ 1995, 1488.
[4176] OLG Düsseldorf FamRZ 1987, 1259 (1261) = NJW-RR 1988, 4 (6).
[4177] BGH FamRZ 1987, 356 (358 f.) = NJW 1987, 893.
[4178] OLG Köln FamRZ 1991, 940.
[4179] BGH FamRZ 1986, 434 (436).
[4180] OLG Bamberg FamRZ 1987, 1264 (1265).
[4181] OLG Koblenz FamRZ 2000, 1371.
[4182] OLG Karlsruhe NJW 1990, 2070 (2072) = FamRZ 1990, 163.
[4183] KG FamRZ 1997, 1012 (nach Verweisen aus Wohnung).
[4184] KG FamRZ 1995, 355 f.

können vorliegen, wenn der erhobene Vorwurf auf Bekundungen der gemeinsamen Kinder beruht.[4185] Der leichtfertig erhobene Vorwurf des sexuellen Missbrauchs oder der Gewalt gegen die gemeinsamen Kinder erfüllt dagegen die Tatbestände des § 1579 Nr. 3 und 7 BGB, → Rn. 1122.

• **Übergewicht.** In einer nicht hinreichenden Bemühung um eine Gewichtsabnahme, die einer (vollen) Erwerbstätigkeit entgegensteht, kann kein schwerwiegendes Fehlverhalten gesehen werden.

[einstweilen frei]   1158–
                                                                                      1161

ff) Abschließende Regelung des Fehlverhaltens. § 1579 Nr. 7 BGB enthält eine   1162
abschließende Regelung persönlichen Fehlverhaltens des Berechtigten gegen den Verpflichteten selbst,[4186] so weit nicht auch die Nrn. 3, 5 und 6 Spezialregelungen in diesem Bereich enthalten. Diese Spezialregelungen gehen vor, so dass nicht auf Nr. 7 zurückgegriffen werden kann, wenn ein Tatbestand nach Nr. 3, 5 oder 6 erfüllt ist, die Voraussetzungen dieser Vorschriften aber nicht gegeben sind. Nr. 8 kann neben Nr. 7 anwendbar sein.[4187]

h) § 1579 Nr. 8 BGB

aa) Allgemeines. Entstehungsgeschichte. Die inhaltliche Bestimmtheit des Auffang-   1163
tatbestandes der Nr. 8 erschöpft sich in einer qualitativen Verweisung auf die Nrn. 1–7 („ebenso schwer wiegt wie…“). Die Gleichgewichtigkeit mit den Nrn. 1–7, die Nr. 8 verlangt, ist in jedem Einzelfall zu beachten;[4188] der „andere Grund" muss aber nicht einem der gesondert geregelten Tatbestände vergleichbar sein, damit er „ebenso schwer" wiegt. Umstände, die für sich allein eine Anwendung der Nrn. 1–7 nicht rechtfertigen würden, können in der Regel den Auffangtatbestand der Nr. 8 nicht,[4189] zusammen mit anderen Tatsachen aber wohl erfüllen.[4190]

Funktion der Vorschrift. Wesenskern der Auffangklausel ist – wie bei den anderen   1164
Nummern des § 1579 BGB – die Überschreitung der Grenze des Zumutbaren bei der Auferlegung von Unterhaltslasten, die die Handlungsfreiheit und Lebensgestaltung des Verpflichteten unerträglich belasten.[4191] Auch aus objektiven Gegebenheiten kann sich der Tatbestand der Nr. 8 ergeben,[4192] zB wenn der Tatbestand der Nr. 2 erfüllt ist, die Anwendung dieser Vorschrift aber mangels Schuldfähigkeit ausscheidet.[4193] Die Verweisung auch auf Nr. 1 zeigt, dass Umstände ausschließlich objektiven Gehalts zur Anwendung der Härteklausel reichen. So kann Nr. 8 eingreifen, wenn die Ehe nicht gemäß Nr. 1

[4185] OLG Schleswig FamRZ 2013, 1132 (1133) = NJW-RR 2013, 517 (518).
[4186] OLG Hamm FamRZ 1987, 600; Häberle FamRZ 1986, 311 (314).
[4187] BGH FamRZ 1989, 1279 (1280); OLG Karlsruhe NJW 1995, 2796 = FamRZ 1995, 1488.
[4188] BGH FamRZ 1980, 981 (983) = NJW 1980, 2247; FamRZ 1982, 573 (575) = NJW 1982, 1460; OLG Düsseldorf FamRZ 1983, 585 (587).
[4189] BGH NJW 1987, 1761 = FamRZ 1987, 572; NJW-RR 1995, 449 (551); OLG Celle FamRZ 1990, 524 (525).
[4190] BGH FamRZ 1990, 981 (983) = NJW 1980, 2247; OLG Celle FamRZ 1990, 524 (525); KG NJW 1991, 113.
[4191] BVerfG NJW 1981, 1771; NJW 1989, 2807; ähnlich BVerfG FamRZ 2003, 661 = FPR 2003, 479 zur Nebentätigkeit; BGH FamRZ 1983, 568 (572) = NJW 1983, 1548; FamRZ 1984, 986 (987) = NJW 1984, 2692; NJW 1992, 2477 (2481); OLG Frankfurt NJW-RR 1991, 902.
[4192] BGH FamRZ 1983, 569 = NJW 1983, 1548; NJW 1986, 722 (723); FamRZ 1987, 572 = NJW 1987, 1761; NJW-RR 1988, 834 (835); OLG Düsseldorf FamRZ 1987, 487; OLG Celle FamRZ 1986, 910; OLG Hamm FamRZ 1987, 597 u. 1151 (1152); FamRZ 1996, 1080 (1081).
[4193] OLG Schleswig FamRZ 2000, 1375: versuchtes Tötungsdelikt in schuldunfähigem Zustand.

„kurz" war, das tatsächliche Zusammenleben aber nur wenige Monate dauerte.[4194] Infolge der Erfassung subjektiven Fehlverhaltens abschließend durch die Nr. 7 (auch Nrn. 3, 4, 5) beschränkt sich der Anwendungsbereich der Nr. 8 auf Sachverhalte ohne vorwerfbares subjektives Fehlverhalten.[4195]

1165   [einstweilen frei]

1166   **bb) Beispiele für eine Anwendung des § 1579 Nr. 8 BGB. (1) Die Fälle der Lebens-gemeinschaften** sind ab 1.1.2008 gesondert in Nr. 2 des § 1579 BGB erfasst worden (→ Rn. 1117 ff.).

1167–   [einstweilen frei]
1172

1173   **(2) Schuldloses Fehlverhalten des Ehepartners:** Bedrohungen und Tätlichkeiten;[4196] erhebliche Belastung des unterhaltsverpflichteten Ehegatten durch Alkoholismus des anderen zB in Gestalt gravierender Haushaltsvernachlässigung und Vernachlässigung des Kindes auch zu Lasten des Unterhaltsverpflichteten, Benutzung des Ehebetts mit dem Liebhaber während der Anwesenheit des Ehemanns in der Ehewohnung.[4197] Das muss erst recht gelten, wenn ein gemeinsames Kind vom Berechtigten in schuldunfähigem Zustand getötet wurde.[4198] Schuldhaftes Verhalten fällt dagegen unter Nr. 7, wird aber von der Rechtsprechung zT auch unter Nr. 8 subsumiert: So bei dauernder Erwerbs-unfähigkeit infolge höchst leichtfertiger Selbstschädigung.[4199]

1174   **(3) Sonstige Fälle objektiver Unzumutbarkeit**

1. Krankheit.[4200] Die ältere Rechtsprechung hat die Anwendung des § 1579 Nr. 8 BGB bejaht bei bewusstem Verschweigen einer vorehelichen Erkrankung[4201] oder auch einer Unterhaltsneurose, deren Behandlung des berechtigte Ehegatte verweigert hat.[4202] Die Entscheidungen sind erkennbar getragen von dem Bemühen, den Krankenunterhalt nach § 1572 BGB zeitlich zu begrenzen. Sie dürften nunmehr ihre Berechtigung ver-loren haben. Zwar gewährt die Vorschrift des § 1572 BGB nach wie vor einen Unter-haltsanspruch auch bei vorehelichen Erkrankungen. Der Krankenunterhalt kann aber seit dem 1.1.2008 wie jeder andere Unterhaltsanspruch auch befristet oder begrenzt werden (→ Rn. 1073).

2. Geschlechtsgemeinschaft. Die fehlende Geschlechtsgemeinschaft, insbesondere die Verweigerung des Eheverkehrs, ist unter Nr. 8 gefasst worden,[4203] was fraglich er-scheint, da es sich um eine Frage höchstpersönlicher Zuwendung handelt, die kaum als einseitiges Fehlverhalten aufgefasst werden kann.

[4194] BGH FamRZ 1994, 566; NJW-RR 1994, 644 = FamRZ 1994, 558; OLG Brandenburg NJW-RR 2004, 581; OLG München FamRZ 2003, 874 (24-jährige Ehe, aber nur gelegentliche Treffen).
[4195] OLG Schleswig FamRZ 2000, 1375; OLG Hamm FamRZ 1987, 600; Häberle FamRZ 1986, 311 (314).
[4196] OLG Hamm FamRZ 1998, 371.
[4197] OLG Hamm FamRZ 1996, 1080 (1081).
[4198] Abzulehnen daher OLG Hamm FamRZ 1997, 1485 (Tötung in affektiver Psychose).
[4199] OLG Köln FamRZ 1992, 1311.
[4200] BGH FamRZ 1994, 566: psychische Erkrankung; NJW-RR 1995, 449: Morbus Crohn; OLG Brandenburg FamRZ 1996, 866: Querschnittslähmung; OLG Hamm FamRZ 1994, 1037 (1038): Morbus Crohn; OLG Oldenburg NJW 1991, 3222 (3223) = FamRZ 1991, 827: multiple Sklerose schon vor zehnjähriger Ehe, zeitliche Unterhaltsbegrenzung; AG Essen FamRZ 1994, 706; FamRZ 1995, 880 (Medikamentenabhängigkeit); AG Rastatt FamRZ 1991, 824: zeitliche Begrenzung, wenn Krankheit schon vor Ehe bestand.
[4201] AG Rastatt FamRZ 2007, 1174; offengelassen von BGH FamRZ 1994, 566; NJW-RR 1995, 449 (451).
[4202] OLG Düsseldorf NJW-RR 1989, 1157 = FamRZ 1990, 68.
[4203] So AG Brühl NJWE-FER 2000, 51.

3. Ein kurzes Zusammenleben, das nicht die Voraussetzungen des § 1579 Nr. 1 BGB erfüllt, ist ebenso als Anwendungsfall des § 1579 Nr. 8 BGB betrachtet worden[4204] wie in Ausnahmefällen die bloße unbefristete Inanspruchnahme des Pflichtigen.[4205] Auch diese Fälle dürften heute über die Befristungsvorschrift des § 1578b BGB zu regeln sein.

4. Erwerbsunfähigkeit durch die Gewalttätigkeit des neuen Partners.[4206]

5. Umzug ins Ausland. Entsteht die Bedürftigkeit erst durch einen Umzug ins Ausland (obwohl in Deutschland der Bedarf durch Eigenverdienst gedeckt werden könnte) kann Nr. 8 anwendbar sein.[4207]

6. Lange Trennungsdauer. Leben die Eheleute bereits längere Zeit getrennt, kann der Anspruch nach §§ 1361 Abs. 3, 1579 Nr. 8 BGB verwirkt sein, da mit der Dauer der Trennung die eheliche Solidarität nachlässt.[4208] Dies gilt vor Allem dann, wenn die Eheleute während der Trennungszeit eigenverantwortlich und wirtschaftlich selbständig gelebt haben.[4209]

cc) Keine Anwendung der Nr. 8. Abgelehnt worden ist eine Anwendung der Nr. 8 in   **1175**
folgenden Fällen

1. **Fehlendes oder nur kurzes Zusammenleben** unterfällt grundsätzlich der Nr. 1, bei der es auf das tatsächliche Zusammenleben nicht ankommt. Bei Trennungsunterhalt, für den Nr. 1 ausgeschlossen ist (§ 1361 Abs. 3 BGB), kann dieser Ausschluss nicht über Nr. 8 umgangen werden.[4210]

2. **Auswanderung mit Kindern,** sofern keine Absicht der Vereitelung des Umgangsrechts.[4211] Die Täuschung über eine Auswanderungsabsicht kann aber § 1579 Nr. 7 BGB erfüllen.[4212]

3. **Beleidigungen, Beschimpfungen,** die nicht die für Nrn. 3–8 erforderliche Schwere erreichen.[4213]

4. **Schwangerschaft nicht verhütet** und Abtreibung abgelehnt.[4214]

5. **Täuschungshandlungen vor Eheschließung:** jedenfalls dann nicht, wenn sie bereits erfolglos Gegenstand eines Eheaufhebungsverfahrens waren.[4215] → Rn. 1099.

6. **Verweigerung der Herstellung der ehelichen Lebensgemeinschaft** reicht allein zur Anwendung der Nr. 8 nie aus.[4216]

[4204] BGH FamRZ 1988, 930 (932) = NJW 1988, 834: 9 Monate Zusammenleben (Haft Ehemann); OLG Köln FamRZ 1999, 93; OLG Karlsruhe FamRZ 1998, 7451; OLG Brandenburg NJW-RR 2004, 581; **anders:** OLG Stuttgart FamRZ 1987, 479 (480).
[4205] OLG Celle FamRZ 1986, 910 (912): keine ehebedingte Bedürftigkeit (Behinderung).
[4206] OLG Düsseldorf FamRZ 1987, 487 (488).
[4207] OLG Köln FamRZ 1999, 93; aber ausländisches Recht zu beachten: BGH FamRZ 2001, 412.
[4208] OLG Köln FamRZ 1999, 93 (94): vier Jahre Trennung; OLG Frankfurt/M. FamRZ 2004, 1574f; OLG Bamberg FamRZ 2014, 1707 (1708): jeweils mehr als 10 Jahre; AG Brakel FamRZ 2021, 1882 (1883).
[4209] OLG Frankfurt/M. FamRZ 2020, 97 (LS.) = NZFam 2020, 255 (Prinz).
[4210] BGH FamRZ 1982, 573 (575) = NJW 1982, 1461.
[4211] BGH FamRZ 1987, 356 (358f.) = NJW 1987, 893.
[4212] BGH FamRZ 1987, 356 (358f.) = NJW 1987, 893.
[4213] BGH FamRZ 1980, 981 (983) = NJW 1980, 2247; 1982, 573 (575) = NJW 1982, 1460; OLG Bamberg FamRZ 1987, 1264 (1265); OLG Düsseldorf FamRZ 1983, 585 (587); OLG Frankfurt t FamRZ 1987, 157 (158): Unmutsäußerungen; OLG Hamm FamRZ 1987, 597 (600): Vorwurf, Verpflichteter Schuld an drei Selbstmordversuchen der Tochter.
[4214] OLG Stuttgart FamRZ 1987, 700.
[4215] BGH FamRZ 1983, 456 = NJW 1983, 1427; OLG Celle FamRZ 1986, 910; OLG Frankfurt FamRZ 1987, 161 (162).
[4216] OLG Karlsruhe FamRZ 1981, 452; daher auch nicht Verweigerung der Geschlechtsgemeinschaft: anders aber AG Brühl NJWE-FER 2000, 51.

7. **Namensänderung** in andersgeschlechtlichen Vornamen.[4217]

8. **Nachrang wiederaufgelebter Witwenrente.** Der Unterhaltsanspruch gegen den geschiedenen (zweiten) Ehegatten ist auf die wiederaufgelebte Witwenrente nach dem ersten Ehegatten anzurechnen (→ Rn. 619). Diese Tatsache kann nicht zugunsten des Unterhaltsverpflichteten gemäß Nr. 8 ausgeglichen werden.[4218]

9. **Sozialhilfebedürftigkeit** der neuen Familie infolge nachehelicher Unterhaltszahlung: nicht Nr. 8.[4219]

10. **Verspätete Geltendmachung.**[4220] Hier sind nur die Regeln über Verjährung und Verwirkung anzuwenden.[4221]

1176   **dd) Verzeihung. Verzeihung kommt auch beim verschuldensunabhängigen Verwirkungstatbestand der Nr. 8 in Betracht.** Der Berechtigte erhebt mit dem Einwand der Verzeihung einen selbstständigen Gegeneinwand, der den Tatbestand der Vorschrift entfallen lässt.[4222] Der Berechtigte trägt die Beweislast für eine Verzeihung. Voraussetzung für eine Verzeihung ist, dass der Verpflichtete zu erkennen gibt, dass er aus dem Sachverhalt keine Konsequenzen ziehen will – das ist nicht der Fall, wenn nur versucht werden soll, die Ehe noch zu retten.

3. Grobe Unbilligkeit und Wahrung der Kindesbelange

1177   **Das Vorliegen einer groben Unbilligkeit** ist neben der Erfüllung eines der Tatbestände des § 1579 BGB Voraussetzung für eine Versagung, Herabsetzung oder zeitliche Begrenzung des Unterhaltsanspruchs. Die Annahme einer solchen groben Unbilligkeit erfordert für jeden Verwirkungstatbestand eine **umfassende Abwägung aller Umstände des Einzelfalles**.[4223] Je schwerer dabei ein Härtegrund wiegt, umso mehr ist es dem Unterhaltsberechtigten zuzumuten, die unterhaltsrechtlichen Folgen seines Fehlverhaltens selbst zu tragen und Nachteile auf sich zu nehmen.[4224] Die Prüfung ist in erster Linie Sache des Tatrichters.[4225] Das Prinzip der Verhältnismäßigkeit, welches bei Anwendung der Härteklausel grundsätzlich zu wahren ist, verlangt nicht, dass dem Verlust des Unterhaltsanspruchs aufseiten des Verpflichteten ein gleichermaßen belastendes Ereignis entsprechen müsste, jedoch müssen die Unterhaltsansprüche den Verpflichteten empfindlich belasten, es sei denn, der Berechtigte habe aus besonders verwerflicher oder gehässiger Gesinnung gehandelt.[4226]

[4217] OLG München FamRZ 1986, 171 = NJW 1986, 737.
[4218] OLG Bremen FamRZ 1989, 746 (747).
[4219] BGH FamRZ 1996, 1272 (1273).
[4220] BGH FamRZ 2007, 453 mAnm Büttner = NJW 2007, 1273, AG Holzminden FamRZ 1994, 1033.
[4221] dazu → Rn. 270 f., 1093 f.
[4222] OLG Düsseldorf FamRZ 1997, 1159 (Fortzahlung des Unterhalts nach Kenntnis).
[4223] BGH FamRZ 1998, 371 = NJW 1998, 1309; FamRZ 1983, 676 = NJW 1983, 1552; FamRZ 1984, 154 (157) = NJW 1984, 297; FamRZ 1984, 34 = NJW 1984, 296; FamRZ 1984, 356 (358) = NJW 1984, 1537; FamRZ 1984, 986 (988) = NJW 1984, 2692; FamRZ 1986, 443 (444) = NJW 1986, 722 (723).
[4224] OLG Saarbrücken NJW-RR 2017, 1092 = FF 2017, 502 Rn. 18.
[4225] BVerfG NJW 1989, 2807 (2808); FamRZ 1992, 1283; BGH FamRZ 1990, 492 (495).
[4226] BGH FamRZ 1984, 32 = NJW 1984, 306 zu § 66 EheG; OLG Celle FamRZ 1991, 1313 (1314); OLG Frankfurt NJW-RR 1991, 202 = FamRZ 1990, 1363; OLG Hamm NJW-RR 1988, 8 (9); KG FamRZ 1987, 181 (182).

a) Wahrung der Kindesbelange

Im Rahmen der groben Unbilligkeit vorrangig zu prüfen ist die Wahrung der Belange **1178** eines gemeinschaftlichen Kindes. Diese hebt das Gesetz besonders hervor und privilegiert den Betreuungsunterhalt nach § 1570 BGB auch in den Verwirkungsfällen. Bei Anwendung der Härteklauseln soll generell sichergestellt werden, dass Kindesbelange durch Unterhaltseinschränkung und Unterhaltsausschluss nicht ernsthaft beeinträchtigt werden.[4227] Der Ausdruck „Wahrung" statt „Berücksichtigung" der Belange soll dem Verfassungsgebot nach Sicherung der Lebensbedingungen des Kindes Ausdruck verleihen.[4228]

Grundsätzlich hat die Wahrung der Kindesbelange Vorrang vor dem Interesse des **1179** Verpflichteten an Einschränkungen oder Fortfall seiner Unterhaltslast.[4229] Es soll verhindert werden, dass der betreuende Elternteil, dem ein Anspruch aus § 1570 BGB zustehen würde, aus wirtschaftlicher Not das Kind zugunsten eigener Erwerbstätigkeit vernachlässigt.[4230] Der Lebensstandard des Kindes soll nicht wegen eines Elternfehlverhaltens absinken.[4231] Unter Umständen ist bei Abwägung der Belange des Verpflichteten und denen des Kindes eine „gewisse Beeinträchtigung" der Kindesbelange hinzunehmen, wenn sie nur im Wesentlichen gewahrt werden.[4232]

Ein **gemeinschaftliches Kind muss betreut werden.** Ein scheineheliches Kind kann **1180** nicht grundsätzlich als gemeinsames Kind betrachtet werden, sondern nur, wenn der rechtliche Vater in Kenntnis der biologischen Abstammung auf eine Anfechtung der Vaterschaft verzichtet. Ist ein Anfechtungsverfahren anhängig oder hat die Mutter den Ehemann veranlasst, die Vaterschaft nicht anzufechten, dürften die Belange dieses Kindes unerheblich sein.[4233]

Beim Trennungsunterhalt kann auch die Betreuung nicht aus der Ehe stammender Kinder, die auf Grund übereinstimmenden Willens der Eheleute in den gemeinsamen Haushalt aufgenommen worden sind, zu berücksichtigen sein, denn es entspricht den ehelichen Lebensverhältnissen, dass dieser gemeinsam geschaffenen Situation bis zur rechtskräftigen Scheidung nach der Trennung Rechnung getragen wird, auch durch entsprechende Anwendung der Kindeswohlklausel des § 1579 BGB.[4234]

Dem **„Berechtigten zur Pflege oder Erziehung anvertraut"** bedeutet anvertraut **1181** durch eine Vereinbarung der Eltern oder eine gerichtliche Sorgerechts- oder Aufenthaltsbestimmungsübertragung.[4235]

Maß der Unterhaltsabsenkung. **1182**

Die Neuregelung des § 1570 BGB ist im Rahmen des § 1579 BGB zu beachten. Ist das gemeinsame Kind **jünger als drei Jahre** ist bei fehlender Erwerbstätigkeit des betreuenden Elternteils diesem ein Unterhaltsbetrag zu belassen, der eine Pflege und Betreuung des Kindes ermöglicht. Die Höhe des zu gewährenden Unterhalts hängt außer – naturge-

---

[4227] OLG Düsseldorf FamRZ 1995, 885 (886); OLG Hamm NJW-RR 1994, 901 (902) = FamRZ 1994, 1115; FamRZ 1933, 1450; vgl. Henrich FamRZ 1986, 401 ff.

[4228] BGH FamRZ 1997, 671 (672) = NJW 1997, 1851; OLG Bamberg FamRZ 1988, 727 (728).

[4229] BVerfG FamRZ 1981, 745 = NJW 1981, 1771; BGH FamRZ 1984, 154 (156) = NJW 1984, 294; FamRZ 1984, 356 (358) = NJW 1984, 1537; FamRZ 1984, 662 (663) = NJW 1984, 2358; FamRZ 1984, 986 (988) = NJW 1984, 2692; FamRZ 1987, 1238 (1239) = NJW 1988, 70; NJW 1988, 2376 (2378).

[4230] BGH FamRZ 1984, 986 (988) = NJW 1984, 2692; OLG Köln FamRZ 2001, 1717.

[4231] BGH FamRZ 1983, 676 = NJW 1983, 1552; FamRZ 1984, 154 (155) = NJW 1984, 297; FamRZ 1987, 1238 = NJW-RR 1988, 70; OLG Köln FamRZ 2001, 1717; OLG Hamm NJW-RR 2003, 1297.

[4232] OLG Koblenz FamRZ 1988, 295 (Arbeit während Kindergarten- oder Schulzeit).

[4233] BGH FamRZ 1985, 51 (52).

[4234] OLG Bremen FamRZ 1981, 953 (954).

[4235] BVerfG FamRZ 1981, 745 = NJW 1981, 1771; FamRZ 1982, 991; BGH FamRZ 1983, 142 (143) = NJW 1983, 451.

mäß – von den Einkünften des Pflichtigen vom **Gewicht des Vorwurfs** ab, dem sich der Unterhaltsberechtigte ausgesetzt sieht.

1183   **In besonders schweren Härtefällen** kommt eine **Absenkung auf das Existenzminimum** in Betracht.[4236] Eine völlige Versagung oder eine Reduzierung auf einen unterhalb des Existenzminimums liegenden Betrag dürfte darüber hinausgehend angezeigt sein, wenn für die Belange des Kindes anderweitig Sorge getragen ist.[4237] Dies kann geschehen durch einen leistungsfähigen nichtehelichen Partner, auch in Form von Sachleistungen und sonstigen Vergünstigungen aus dem Zusammenleben.[4238] Die Kindesbelange sichert auch eine Erwerbstätigkeit des betreuenden Elternteils. Die ältere Rechtsprechung, die überobligatorische Einkünfte des Betreuenden unberücksichtigt lassen wollte, hat angesichts des seit dem 1.1.2008 verstärkt geltenden Grundsatzes der Eigenverantwortung kaum mehr Gültigkeit. Der überobligatorisch erwerbstätige Unterhaltsberechtigte hat die Einkünfte zur eigenen Bedarfssicherung einzusetzen.

1184   Ist das Kind **älter als drei Jahre,** ist der geschuldete Unterhalt auf den Betrag herabzusetzen, der bis zum Ende der Betreuungsbedürftigkeit für die Sicherstellung der Kinderbetreuung notwendig ist.[4239] Diese ist für jeden Einzelfall gesondert zu prüfen. Ist der kinderbetreuende Elternteil nach § 1570 BGB zu einer Erwerbstätigkeit verpflichtet, muss dies erst recht gelten, wenn ein Fall der Verwirkung vorliegt. Ist die Erwerbstätigkeit des Betreuenden ungeachtet des Kindesalters überobligatorisch, gelten die dargestellten – Grundsätze (Rn. 1183) –

1185,   [einstweilen frei]
1186

1187   **Zusätzlich zu den Kindesbelangen** ist die **grobe Unbilligkeit der Auferlegung von Unterhaltspflichten** zu prüfen, denn auch wenn die Kindesbelange eine Unterhaltskürzung zulassen, kann diese erst nach den sonstigen Gesamtumständen vorgenommen werden.[4240]

b) Gesichtspunkte für die Billigkeitsprüfung im Rahmen der Gesamtwürdigung

1188   1. **Alter des Berechtigten,**[4241] ggf. auch das des Verpflichteten.
2. **Dauer Ehe:** Lange Ehedauer ist zugunsten des Berechtigten zu berücksichtigen, denn dadurch ergibt sich in der Regel eine zunehmende Verflechtung der Lebensverhältnisse und sie begründet ein Vertrauen in die wirtschaftliche Absicherung.[4242] Solange eine anderweitige Sicherung durch eine „Unterhaltsgemeinschaft" anzunehmen ist, tritt dieser Gesichtspunkt zurück, nach der Auflösung der Unterhaltsgemeinschaft wird die lange Ehedauer wieder bedeutsam.[4243] Auch nach 20-jähriger Ehe braucht es aber keine wirtschaftlichen Abhängigkeiten zu geben, wenn beide Ehegatten stets berufstätig waren.[4244] Die Dauer der Ehe allein spricht nicht gegen eine Verwirkung.[4245]

[4236] So BGH FamRZ 1998, 541 = NJW 1998, 1309 mwN; OLG Schleswig OLG-Report 2002, 26; OLG Hamm FamRZ 1999, 1134 will in äußersten Härtefällen das Kindergeld bedarfsdeckend berücksichtigen.

[4237] BGH FamRZ 1998, 541 = NJW 1998, 1309 erwägt das; OLG Hamm FamRZ 1990, 1001 (1002) lässt das offen; wie hier OLG Schleswig OLG-Report 2002, 26.

[4238] OLG Koblenz FamRZ 2016, 1938 (1939).

[4239] Wendl/Dose UnterhaltsR/Siebert § 4/1235.

[4240] BVerfG FamRZ 1992, 1283.

[4241] OLG Bamberg FamRZ 1988, 285 (286); FamRZ 1987, 1153 (erst 39 Jahre); OLG Düsseldorf FamRZ 1987, 487 (488): 30 Jahre; OLG Hamm FamRZ 1988, 400 (Altersbedürftigkeit).

[4242] BGH NJW 1986, 722 (723); FamRZ 1986, 443 (444); OLG Bamberg FamRZ 1987, 1153; OLG Hamburg FamRZ 1987, 1044 (1045); OLG Saarbrücken NJW-RR 2017, 1092 = FF 2017, 502 Rn. 26

[4243] BGH FamRZ 1986, 443 (444).

[4244] OLG Bamberg FamRZ 1987, 1153.

[4245] BGH FamRZ 2007, 1532 (1538) mit insoweit krit. Anm. Maurer.

3. Die Dauer des Zusammenlebens ist neben der Ehedauer zu berücksichtigen,[4246] da sich daraus in der Regel der Grad der wirtschaftlichen Verflechtung[4247] und das Maß des Vertrauens auf eine Sicherung durch den Ehepartner ergibt.
4. Vergangene Kinderbetreuung, denn darin liegt eine Leistung für den Verpflichteten.[4248]
5. Berufliche Ehenachteile sind bei der Billigkeitsprüfung zu berücksichtigen.[4249]
6. Krankheiten: Art, Umfang, Entstehungszeit und Entstehungsgrund, Folgen.[4250] Psychische Belastungen des Berechtigten.[4251]
7. Verhalten des Berechtigten: von Berechtigten gebilligtes unziemliches Verhalten des neuen Partners während der Ehezeit gegenüber Verpflichteten.[4252] Bedrohung des Verpflichteten.[4253] Eine „besonders krasse" Verwirklichung eines Tatbestandes der Härteklausel kann die Billigkeitswertung beeinflussen. Verfehlungen Berechtigter: Intensität Streben aus Ehe,[4254] Zeitpunkt (etwa lange zurückliegend) der Verfehlung,[4255] Nachhaltigkeit der Verfehlung,[4256] Maßgeblichkeit der Verfehlung für Scheitern Ehe.[4257]
8. Verfehlungen des Verpflichteten,[4258] soweit diese nicht schon die „Einseitigkeit" des Fehlverhaltens des Berechtigten ausschließen.
9. Höhe des verlangten Unterhalts: Ergänzungsunterhalt geringer Höhe,[4259] (damals) 250 DM Aufstockungsunterhalt.[4260]
10. Wirtschaftliche Lage des Verpflichteten: Unzumutbarkeit der Belastung mit Unterhalt,[4261] die sich aus dem wirtschaftlichem Umfang der Unterhaltslast ergeben kann.[4262] Es muss ein „Ausnahmesachverhalt" gegeben sein.[4263] Zu prüfen ist wie die Unterhaltspflicht den Unterhaltsschuldner trifft.[4264]

Insgesamt ist die Verhältnismäßigkeit des Eingriffs (durch Unterhalt) in die Handlungsfreiheit des Verpflichteten bei der Billigkeitswertung zu berücksichtigen.[4265] Dabei ist auch zu berücksichtigen, ob der Verpflichtete den Unterhalt zunächst in

---

[4246] OLG Hamm FamRZ 1987, 1151 (1152); FamRZ 1988, 400.

[4247] BGH FamRZ 1986, 443 (444) = NJW 1986, 722 (723); OLG Bamberg FamRZ 1987, 1153; OLG Hamm FamRZ 1987, 1151.

[4248] BGH NJW 1986, 722 (723); OLG Düsseldorf FamRZ 1987, 1262 (1263); OLG Köln FamRZ 1985, 1046.

[4249] OLG Bamberg FamRZ 1986, 1104 (1105); FamRZ 1987, 1153 (1155); OLG Köln FamRZ 1985, 1046.

[4250] OLG Hamm FamRZ 1988, 400; OLG Köln NJW-RR 1986, 72.

[4251] OLG Hamm MDR 1985, 674: seelische Ausnahmesituation wegen bevorstehender Brustoperation; OLG Köln FamRZ 1985, 1046: psych. Belastung durch Ehe.

[4252] OLG Stuttgart FamRZ 1987, 479 (481): Partner der Unterhalt fordernden Ehefrau hat während Trennungszeit zu Ehemann gesagt, Verhalten Ehefrau gehe ihn, Ehemann, nichts an.

[4253] OLG Köln NJW-RR 1986, 72.

[4254] OLG Celle NJW-RR 1988, 1097: Berechtigte trotz mehrfacher Lösungsmöglichkeiten immer wieder zu Freund zurückgekehrt.

[4255] BGH FamRZ 1986, 443 (444) = NJW 1986, 722 (723); OLG Düsseldorf FamRZ 1986, 62: vor 12 Jahren dreimal Geschlechtsverkehr mit Bruder des Ehemanns.

[4256] OLG Düsseldorf FamRZ 1986, 62 (64).

[4257] OLG Düsseldorf FamRZ 1986, 62 (64).

[4258] BGH FamRZ 1986, 443 (444) = NJW 1986, 722 (723).

[4259] OLG Düsseldorf FamRZ 1986, 62 (63).

[4260] OLG Bamberg FamRZ 1988, 285 (286) = NJW-RR 1988, 132.

[4261] BGH FamRZ 1984, 986 (987) = NJW 1984, 2692; NJW 1985, 428 (429).

[4262] BGH NJW 1988, 2376 (2378) = MDR 1988, 481; NJW 1992, 2477 (2481).

[4263] KG NJW-RR 1992, 648 = FamRZ 1992, 571.

[4264] OLG Frankfurt NJW-RR 1991, 902.

[4265] BGH FamRZ 1990, 492 (495); OLG Frankfurt FamRZ 1987, 157.

Kenntnis der Verfehlung weitergezahlt hat.[4266] Dies begründet allerdings keinen Vertrauenstatbestand zugunsten des Berechtigten.[4267] Andererseits sind deutlich bessere wirtschaftliche Verhältnisse des Pflichtigen in die Abwägung einzubeziehen, wie zB ein sicheres Beschäftigungsverhältnis, die Nutzung der bisherigen Ehewohnung oder auch Synergieeffekte durch die gemeinsame Haushaltsführung mit dem neuen Partner.[4268]

11. Wirtschaftliche Lage des Berechtigten: Erwerbschancen des Berechtigten,[4269] Versorgungsentgelt,[4270] Verwertung Eigenvermögen[4271] oder auch das Fehlen ehebedingter Vermögensvorteile,[4272] insgesamt Auswirkung der Unterhaltsherabsetzung auf seine Lebensverhältnisse.[4273] Die fehlende Leistungsfähigkeit des neuen Partners findet keine Berücksichtigung.[4274] Zu beachten ist allerdings, dass dem Grundsatz der Eigenverantwortung in den Fällen der Unterhaltsverwirkung eine besondere Bedeutung bekommt, so dass die Anwendbarkeit der älteren Rechtsprechung kritisch zu betrachten ist.

12. Besondere persönliche Umstände des Berechtigten, die außerhalb des § 1570 BGB (also Erwerbshinderung infolge Kinderbetreuung) liegen, aber sonst für die Zumutbarkeit einer Erwerbstätigkeit erheblich werden können, wie etwa der Gesichtspunkt der Nichtberufstätigkeit ab Eheschließung oder höheres Alter, schlechte Arbeitsmarktlage uÄ dürfen im Rahmen der Frage, ob das Kindesinteresse Unterhaltsleistungen erfordert, nicht berücksichtigt werden.[4275]

1189   **Begrenzung nach Zeit und Höhe.** Erst die vollständige Billigkeitsprüfung nach den genannten Gesichtspunkten ergibt, in welcher Höhe und für welche Zeit ein Unterhaltsausschluss gerechtfertigt ist.

4. Wiederaufleben des Unterhaltsanspruchs nach Ausschluss oder Beschränkung gemäß § 1579 BGB

1190   Die **Endgültigkeit von Maßnahmen gemäß § 1579 BGB** ist gesetzlich nicht festgeschrieben.[4276] Dementsprechend ist es – mit Ausnahme des Verwirkungsgrundes der kurzen Ehe – grundsätzlich möglich, dass ein einmal versagter oder beschränkter Unterhaltsanspruch nach Fortfall des Härtegrundes wieder auflebt.[4277] Dies geschieht bei Änderung der tatsächlichen Verhältnisse nicht ohne weiteres. Erforderlich ist vielmehr eine umfassende Prüfung, ob die Belastungen aus der wieder auf lebenden Unterhaltsverpflichtung für den Unterhaltsschuldner weiterhin die Grenze des Zumutbaren überschreiten.[4278] In diese Prüfung ist das Maß der nachehelichen Solidarität mit den Kriterien des § 1578b BGB –Ehedauer, Aufgabe der Erwerbstätigkeit durch den bedürftigen Ehe-

---

[4266] OLG Düsseldorf FamRZ 1997, 1159.
[4267] OLG Karlsruhe FamRZ 2011, 1066 (Ls.).
[4268] OLG Saarbrücken NJW-RR 2017, 1092 = FF 2017, 502 Rn. 27.
[4269] OLG Bamberg FamRZ 1987, 1153 (1155).
[4270] BVerfG FamRZ 1982, 991; BGH FamRZ 1984, 154 (156) = NJW 1984, 297; FamRZ 1984, 356 (358) = NJW 1984, 1537.
[4271] BGH FamRZ 1984, 154 (156) = NJW 1984, 297.
[4272] OLG Saarbrücken NJW-RR 2017, 1092 = FF 2017, 502 Rn. 27.
[4273] BGH FamRZ 2002, 810 = NJW 2002, 1947.
[4274] OLG Karlsruhe FamRZ 2011, 1066 (Ls.).
[4275] BGH FamRZ 2002, 810 = NJW 2002, 1947; 1984, 662 = NJW 1984, 2358.
[4276] Vgl. Häberle FamRZ 1986, 311 (316 f.); Luthin FamRZ 1986, 1166 (1168 f.).
[4277] BGH FamRZ 2011, 1498 (1501).
[4278] BGH FamRZ 1986, 443 (444) = NJW 1986, 722 (723); FamRZ 1987, 689 (690); FamRZ 2011, 1498 (1501) = NJW 2011, 3089 (3092) = MDR 2011, 1107 (1108).

gatten zugunsten von Haushaltsführung und Kinderbetreuung – einzubeziehen.[4279] Zu berücksichtigen ist dabei auch, wie lange der Verwirkungstatbestand angedauert hat.[4280] Einzubeziehen in die Abwägung sind die Kinderschutzklausel und – im Rahmen des § 1579 Nr. 2 BGB – die Tatsache, dass sich der bedürftige Ehegatte aus der Ehe gelöst und damit gezeigt hat, dass er ihre Solidarität nicht mehr benötigt. Dementsprechend soll der einmal versagte Anspruch nur **als Betreuungsunterhalt** im Interesse der gemeinschaftlichen Kinder wiederaufleben.[4281] Erforderlich ist dabei, dass ungeachtet des zunächst gegebenen Verwirkungsgrunds noch ein besonderes Maß an ehelicher Solidarität gefordert werden kann, das eine fortdauernde Unterhaltsverpflichtung rechtfertigt.[4282] Für andere Unterhaltstatbestände als den Betreuungsunterhalt kann dies nur ausnahmsweise angenommen werden.[4283]

[einstweilen frei]   1191–1195

5. § 1579 BGB und Verfahrensrecht

Der Einwand des § 1579 BGB ist zunächst wie jeder andere Einwand, jede andere Einwendung gegen den Unterhaltsanspruch im Erstverfahren geltend zu machen.   1196

Entstehen die Tatsachen, die den Einwand begründen, nach Rechtskraft der Erstentscheidung, erscheint wegen der Rechtsnatur der Härteregelung als rechtsvernichtender Einwand zunächst der Vollstreckungsabwehrantrag der §§ 113 Abs. 1 FamFG, 767 ZPO als der richtige Rechtsbehelf. Dem ist der Bundesgerichtshof für fällige Unterhaltsansprüche gefolgt.[4284] Wird der Verwirkungseinwand erstmals für den Zeitraum ab Rechtshängigkeit geltend gemacht, ist der Abänderungsantrag nach § 238 FamFG der zutreffende Rechtsbehelf.[4285]

Im Abänderungsverfahren kann der im Erstverfahren zurückgewiesene Einwand der Verwirkung erneut geltend gemacht werden, sofern die die Zurückweisung tragenden Tatsachen später eine wesentliche Änderung erfahren haben.[4286] Beispiele: spätere unverschuldete wesentliche Verschlechterung der wirtschaftlichen Verhältnisse, die zwar nicht zur Leistungsunfähigkeit führt, aber die Unterhaltslast nunmehr die Grenze des Zumutbaren überschreiten lässt, oder: weiterer Zeitablauf, so dass nun die zeitlichen Voraussetzungen einer „festen sozialen Verbindung" erfüllt sind. Der Einwand ist dann gemäß §§ 238 f. FamFG geltend zu machen. Umgekehrt kann ein früher gemäß § 1579 BGB aberkannter Anspruch wegen jetzt erforderlicher Kinderbetreuung (zB Übertragung Sorgerecht) zur Wahrung der Kindesbelange erneut geltend gemacht werden.[4287]   1197

Die **verfahrensrechtliche Geltendmachung eines Fortfalls der Voraussetzungen des § 1579 BGB** hat gemäß §§ 238 ff. FamFG zu erfolgen. Dem steht die Rechtsnatur der Härteregelung als rechtsvernichtende Einwendung nicht entgegen. Bei einem Wiederauf-   1198

[4279] BGH FamRZ 2011, 1498 (1501) = NJW 2011, 3089 (3092) = MDR 2011, 1107 (1108).

[4280] BGH FamRZ 2011, 1498 (1501) = NJW 2011, 3089 (3092) = MDR 2011, 1107 (1108); OLG Celle FamRZ 2008, 1627.

[4281] BGH FamRZ 2011, 1498 (1501) = NJW 2011, 3089 (3092) = MDR 2011, 1107 (1108); OLG Düsseldorf FamRZ 2021, 1027 (1028.).

[4282] BGH FamRZ 2011, 1498 (1501) = NJW 2011, 3089 (3092) = MDR 2011, 1107 (1108); OLG Düsseldorf FamRZ 2021, 1027 (1028)

[4283] BGH FamRZ 2011, 1498 (1501) = NJW 2011, 3089 (3092) = MDR 2011, 1107 (1108).

[4284] BGH FamRZ 1990, 1095.

[4285] BGH FamRZ 1990, 1095; 1997, 671.

[4286] BGH FamRZ 2011, 1854 (1856) = NJW 2011, 3712 (3714) = MDR 2011, 1356 (1357).

[4287] BGH FamRZ 1987, 1238 (1239) = NJW-RR 1987, 70.

leben des Unterhaltsanspruchs geht es gerade um den Umfang der Rechtsvernichtung, die nicht notwendig das Unterhaltsstammrecht ergreift.

1199   **Ein Verfahrenskostenvorschussanspruch** soll im Einzelfall bestehen, auch wenn der Unterhaltsanspruch selbst möglicherweise verwirkt ist.[4288] Der Anspruch auf Zahlung eines Verfahrenskostenvorschuss ist zwar Bestandteil des Unterhaltsanspruchs und kann daher auch der Verwirkung anheimfallen. Er setzt allerdings zunächst lediglich voraus, dass die beabsichtigte Rechtsverfolgung Aussicht auf Erfolg hat, wobei dieselben Anforderungen wie in den Fällen der Verfahrenskostenhilfe (§§ 113 Abs. 1 FamFG, 115 ZPO) zu stellen sind.[4289] Der vom Antragsgegner erhobene Verwirkungseinwand dürfte die Erfolgsaussichten aber nur bei unstreitigen und eindeutigen Sachverhalten entfallen lassen. Im Regelfall dürften der Einwand der Verwirkung und die unterhaltsrechtlichen Folgen im Unterhaltsverfahren selbst zu klären sein. Allerdings wird der Vorschussanspruch nicht alsbald realisierbar sein, wenn mit der Erhebung des Einwands nach 3 1579 BGB zu rechnen ist. Er dürfte daher dem Antrag auf Bewilligung von Verfahrenskostenhilfe kaum entgegengesetzt werden können.[4290]

6. Erstmalige Geldendmachung des § 1579 BGB durch den Erben

1200   **Der Erbe,** der nach § 1586b BGB für den nachehelichen Unterhalt haftet kann sich erstmals auf eine Verwirkung berufen, auch wenn der Erblasser das nicht getan hat,[4291] wenn der Berechtigte aus dem Verhalten des Erblassers nicht auf einen dauerhaften Verzicht auf den Verwirkungseinwand schließen konnte (hier: keine Geltendmachung der Verwirkung, um die Auswirkungen des § 33 VersAusglG zu erhalten), weiter → Rn. 170.

7. Ersatzhaftung von Verwandten

1201   Eine Ersatzhaftung von Verwandten kommt bei Ausschluss des Ehegattenunterhalts nach § 1579 BGB nicht in Betracht.[4292]

8. Darlegungs- und Beweislast

1202   Die Darlegungs- und Beweislast für die tatbestandlichen Voraussetzungen einer Verwirkung einschließlich der Entkräftung von Gegenvorwürfen trägt der Unterhaltsverpflichtete.[4293] Der Unterhaltsberechtigte hat im Rahmen seiner sekundären Darlegungslast zum Vortrag des Pflichtigen Stellung zu nehmen und diesen substantiiert zu bestreiten.[4294]

Die **Beweislast** für die Voraussetzungen der Nr. 4 trifft den Unterhaltsverpflichteten. Er muss sie also darlegen und beweisen sowie Gegenvorbringen, das mutwillige Herbeiführung der Bedürftigkeit ausschließen würde, widerlegen.[4295]

[4288] So OLG Zweibrücken NJW-RR 2001, 1009.

[4289] Wendl/Dose UnterhaltsR/Klinkhammer § 6 Rn. 35.

[4290] OLG Brandenburg FamRZ 2014, 784.

[4291] BGH FamRZ 2003, 521 = FPR 2003, 361.

[4292] Einschränkend aber Maurer FPR 2005, 331.

[4293] BGH FamRZ 1989, 1054 = NJW-RR 1989, 1218 (1220); FamRZ 1991, 670 = NJW 1991, 1290; OLG Frankfurt FamRZ 1990, 62 = NJW-RR 1989, 1232; OLG Karlsruhe NJW-RR 2011, 655 (656); KG FamRZ 2017, 202 (203); OLG Saarbrücken NJW-RR 2017, 1092 = FF 2017, 502 Rn. 19.

[4294] KG FamRZ 2017, 202 (203).

[4295] BGH FamRZ 1984, 364 (368); FamRZ 1986, 553 (555); NJW-RR 1989, 1218 (1220) = FamRZ 1989, 1054; OLG Frankfurt NJW-RR 1989, 1232 = FamRZ 1990, 62.

X. Verwirkung durch Nichtgeltendmachung – § 242 BGB –

Rückständiger Unterhalt kann unabhängig vom Eintritt der Verjährung gemäß § 242   **1203**
BGB verwirkt werden. Eine solche Verwirkung kommt nach allgemeinen Grundsätzen in
Betracht, wenn der Berechtigte ein Recht längere Zeit nicht geltend macht, obwohl er
dazu in der Lage gewesen wäre (**Zeitmoment**) und der Verpflichtete sich mit Rücksicht
auf das gesamte Verhalten des Berechtigten darauf einstellen durfte, und auch eingestellt
hat, dass das Recht auch in der Zukunft nicht mehr geltend gemacht werde (**Umstandsmoment**).[4296]

Dieses **Zeitmoment** ist erfüllt, wenn der Unterhalt längere Zeit nicht geltend gemacht
wird. Die Rechtsprechung stellt an das Zeitmoment keine strengen Anforderungen. Denn
von einem Unterhaltsberechtigten, der zur Deckung seines notwendigen Bedarfs auf die
Unterhaltszahlungen angewiesen ist, kann eher als von dem Gläubiger einer anderen
Forderung erwartet werden, dass er sich zeitnah um die Durchsetzung seiner Forderung
bemüht.[4297] Das Zeitmoment kann daher erfüllt sein, wenn – angelehnt an die Vorschriften der §§ 1585b BGB und 1613 Abs. 2 Nr. 1 BGB – die Rückstände Zeiträume betreffen,
die mehr als ein Jahr zurückliegen.[4298] Dies soll auch gelten, wenn eine Behörde Unterhaltsansprüche aus übergegangenem Recht geltend macht, obwohl sie ja nicht auf die
Unterhaltszahlungen angewiesen ist.[4299]

Erforderlich ist weiter, dass sich der Pflichtige mit Rücksicht auf das gesamte Verhalten
des Berechtigten darauf einstellen durfte, der Unterhaltsanspruch werde nicht mehr
geltend gemacht (**Umstandsmoment**).[4300] An das Umstandsmoment sind – insbesondere,
wenn der Anspruch tituliert ist – besonders strenge Anforderungen zu stellen.[4301] Es kann
nicht durch bloßen Zeitablauf geschaffen werden.[4302] Ebenfalls nicht genügend ist die
bloße Untätigkeit des Gläubigers, nämlich die Nichtgeltendmachung des Anspruchs oder
auch die unterlassene Fortsetzung einer bereits begonnenen Geltendmachung.[4303] Erforderlich ist vielmehr, dass das Verhalten des Gläubigers Grund zu der Annahme gibt, er
werde seine Ansprüche nicht weiter verfolgen, vor Allem, weil er seinen Rechtsstand-
punkt aufgegeben hat.[4304] Eine solche Aufgabe des Rechtsstandpunktes soll nicht darin
liegen, dass nach der Auskunftserteilung der Unterhaltsanspruch nicht beziffert wird, es

---

[4296] Zuletzt BGH FamRZ 2018, 589 = NJW 2018, 1013 Rn. 12; FamRZ 2018, 681 = NJW-RR
2018, 579 = MDR 2018, 742 Rn. 17, jew. mwN.

[4297] BGH FamRZ 2018, 589 = NJW 2018, 1013 Rn. 13; FamRZ 2018, 681 = NJW-RR 2018, 579 =
MDR 2018, 742 Rn. 18; OLG Brandenburg NJW-RR 2016, 1224 Rn. 3; OLG Düsseldorf NJW 2018,
2805 Rn. 13; OLG München NZFam 2017, 308 mAnm Wache Rn. 9.

[4298] BGH FamRZ 2007, 453 (455) = NJW 2007, 1274 (1275); NJW 2010, 3714; BGH FamRZ 2018,
589 = NJW 2018, 1013 Rn. 13 FamRZ 2018, 681 = NJW-RR 2018, 579 = MDR 2018, 742 Rn. 18;
OLG Brandenburg FamRZ 2012, 993 (994); FamRZ 2014, 48 (49) = NJW 2013, 3188 (3189); KG
FamRZ 2018, 102 (Ls.); OLG Naumburg FamRZ 2014, 133 f.

[4299] OLG München NZFam 2017, 308 mAnm Wache Rn. 9.

[4300] BGH FamRZ 2007, 453 (455) = NJW 2007, 1274 (1275); BGH FamRZ 2018, 589 = NJW 2018,
1013 Rn. 14; FamRZ 2018, 681 = NJW-RR 2018, 579 = MDR 2018, 742 Rn. 20.

[4301] OLG Brandenburg FamRZ 2014, 48 (49) = NJW 2013, 3188 f.; OLG Hamm NZFam 2014,
759 (Kemper).

[4302] BGH FamRZ 2014, 194 (Ls.) = NJW-RR 2014, 195 f.: keine Verwirkung bei Nichtgeltendmachung über 13 Jahre; FamRZ 2018, 589 = NJW 2018, 1013 Rn. 15; FamRZ 2018, 681 = NJW-RR
2018, 579 Rn. 21.

[4303] BGH FamRZ 2018, 589 = NJW 2018, 1013 Rn. 15; FamRZ 2018, 681 = NJW-RR 2018, 579 =
MDR 2018, 742 Rn. 22.

[4304] BGH FamRZ 2018, 589 = NJW 2018, 1013 Rn. 15; FamRZ 2018, 681 = NJW-RR 2018, 579 =
MDR 2018, 742 Rn. 22; OLG Brandenburg FamRZ 2020, 1918 (LS.) und 2005 (LS.).

sei denn aus der Auskunft ergebe sich eine fehlende Leistungsfähigkeit.[4305] Das Umstandsmoment soll auch dann nicht verwirklicht sein, wenn der Schuldner wegen der gegen ihn gerichteten Unterhaltsansprüche Rücklagen gebildet hat und diese wegen der längeren Nichtgeltendmachung aufgelöst hat.[4306] Unterlässt der Gläubiger die Vollstreckung eines titulierten Anspruchs, kann das Umstandsmoment allenfalls bejaht werden, wenn der Berechtigte auf die Unterzahlungen dringend angewiesen ist, nicht aber, wenn die Vollstreckung wegen der finanziellen Lage des Schuldners ohnehin erfolglos gewesen wäre.[4307]

Die ältere Rechtsprechung ist im Lichte dieser Judikatur des Bundesgerichtshofs kritisch zu betrachten. Sie hat das Umstandsmoment bejaht, wenn ein Anspruch erst mehr als drei Jahre nach der letzten Auskunftserteilung beziffert wird[4308] oder wenn keine Vollstreckungsversuche unternommen wurden.[4309] Auf eine Untätigkeit des Gerichts kann das Umstandsmoment nicht gestützt werden, selbst wenn der Gläubiger auf eine Verfahrensförderung nicht hingewirkt hat.[4310]

Bereits verneint wurde das Umstandsmoment, wenn zwar das Verfahren auf Zahlung von Trennungsunterhalt nicht fortbetrieben, der nacheheliche Unterhalt aber innerhalb eines Jahres geltend wurde.[4311] Gleiches gilt, wenn der Gläubiger Unterhaltsrückstände für einen bestimmten Zeitraum nicht verlangt, während er andere thematisiert.[4312] Bei Unterhaltsverpflichtungen bis zum Mindestunterhalt eines minderjährigen Kindes – gleich ob tituliert oder nicht – ist das Umstandsmoment regelmäßig nicht erfüllt, weil der Verpflichtete damit rechnen muss, dass das Kind auf den Unterhalt angewiesen ist.[4313] Ist das Jugendamt im Rahmen der Geltendmachung von Unterhalt als Beistand tätig, hat sich das minderjährige Kind Versäumnisse des Jugendamts zurechnen zu lassen.[4314] Wird Unterhalt aufgrund einer Rechtswahrungsanzeige des Sozialhilfeträgers geltend gemacht, soll das Umstandsmoment in der Regel ebenfalls nicht erfüllt sein.[4315] Richtiger erscheint es, hier auf die allgemeinen Grundsätze zurückzugreifen.[4316]

Liegen Zeit- und ausnahmsweise auch das Umstandsmoment vor, kann auch der Unterhaltsanspruch minderjähriger Kinder – selbst, wenn er tituliert[4317] oder rechtshängig[4318] ist – der Verwirkung unterliegen.[4319] Die Tatsache, dass die Verjährung des Anspruchs gehemmt ist, steht der Verwirkung ebenfalls nicht entgegen.[4320]

[4305] BGH FamRZ 2018, 589 = NJW 2018, 1013 Rn. 19.
[4306] BGH FamRZ 2018, 681 = NJW-RR 2018, 579 = MDR 2018, 742 Rn. 22.
[4307] OLG Frankfurt/M. FamRZ 2019, 1423 (1424) = NJW 2019, 1757 Rn. 11.
[4308] BGH FamRZ 2007, 453 (455) = NJW 2007, 1274 (1275).
[4309] OLG Saarbrücken MDR 2011, 168 (169).
[4310] So aber OLG Düsseldorf NJW 2018, 2805 Rn. 17.
[4311] OLG Brandenburg FamFR 2010, 297 (Pfeil).
[4312] OLG Hamm NZFam 2014, 759 (Kemper); s. auch OLG Koblenz FamRZ 2014, 48 (Ls.).
[4313] OLG Hamm Amt 2007, 107; OLG Brandenburg FamRZ 2007, 55; OLG Köln FamRZ 2000, 1434 = NJWE-FER 2000, 311; OLG Brandenburg FamRZ 2000, 1044 = NJWE-FER 2000, 229.
[4314] OLG Hamm NZFam 2014, 759 (Kemper).
[4315] OLG Hamm FamRZ 2015, 1402.
[4316] OLG Brandenburg NJW-RR 2016, 1224 Rn. 7; OLG München NZFam 2017, 308 mAnm Wache NZFam 2017, 308 Rn. 10.
[4317] KG FamRZ 2018, 102 (Ls.).
[4318] OLG Düsseldorf NJW 2018, 2805, 14.
[4319] OLG Köln FamRZ 2014, 1309; OLG Saarbrücken NZFam 2014, 1003 (Obermann).
[4320] BGH FamRZ 2018 589 = NJW 2018, 1013 Rn. 17; OLG Düsseldorf NJW 2018, 2805 Rn. 19.

D. Endgültiges Erlöschen und allgemeines Wiederaufleben von Unterhaltsansprüchen und Unterhaltspflichten

I. Erlöschen

Unterhaltsanspruch und Unterhaltspflicht erlöschen endgültig, wenn: 1204

a) der Unterhaltsanspruch durch Abfindung erfüllt ist (§§ 1585 Abs. 2 BGB, 62 Abs. 2 EheG → Rn. 234),
b) der Berechtigte auf Unterhalt wirksam vertraglich verzichtet hat (§ 1585c BGB),
c) der Berechtigte wieder heiratet (§ 1586 Abs. 1 BGB),
d) der Berechtigte stirbt.

II. Wiederaufleben nach Auflösung einer weiteren Ehe

Endgültig erloschene Unterhaltsansprüche und Unterhaltspflichten leben nach § 1586a 1204a Abs. 1 BGB wieder auf, wenn die neue Ehe des früher Unterhaltsberechtigten durch Tod oder Scheidung aufgelöst wird und der Unterhaltsberechtigte aus der früheren Ehe ein Kind betreut und daher einen Unterhaltsanspruch aus § 1570 BGB gegen den ehemals Unterhaltspflichtigen hat. Andere Unterhaltsansprüche als die wegen der Betreuung eines gemeinsamen Kindes leben nicht wieder auf.

Nach § 1586a Abs. 2 BGB haftet der zweite Ehegatte vorrangig. Daraus wird zu folgern sein, dass eine Wiederinanspruchnahme des ersten Ehegatten auch in Fällen begrenzter Leistungsfähigkeit des zweiten Ehegatten oder bei Nichtdurchsetzbarkeit des bestehenden Anspruchs möglich ist.[4321]

E. Familienrechtliche Ausgleichsansprüche

I. Gesetzlicher Forderungsübergang

Ist der vorrangig zum Unterhalt verpflichtete Verwandte nicht leistungsfähig oder ist 1205 die Rechtsverfolgung gegen ihn im Inland ausgeschlossen oder erschwert, weil er zB unbekannten Aufenthalts ist, seinen Wohnsitz im Ausland hat oder seine Einkünfte nur fingiert worden sind, haftet an seiner Stelle nach **§ 1607 Abs. 1 BGB** ein eigentlich nachrangiger leistungsfähiger Verwandter. Leistet er Unterhalt, geht in den Fällen des § 1607 Abs. 2 S. 1 BGB der Unterhaltsanspruch auf ihn über. Gleiches gilt nach § 1607 Abs. 3 BGB, wenn an Stelle des unterhaltspflichtigen Elternteils ein anderer nicht zum Unterhalt Verpflichteter oder der Ehegatte des anderen Elternteils Unterhalt leistet.

§ 1607 BGB gilt auch für Ansprüche nach § 1615l BGB. Kann der ein nicht eheliches Kind betreuende Elternteil den Anspruch aus § 1615l BGB gegen den anderen Elternteil wegen fehlender Leistungsfähigkeit nicht durchsetzen, und ist er selbst ohne Verstoß gegen seine Erwerbsobliegenheiten nicht leistungsfähig, hat er einen Ersatzanspruch gegen die Eltern des nicht betreuenden Elternteils.[4322]

[4321] Grüneberg/von Pückler BGB § 1586a Rn. 3.
[4322] OLG München FamRZ 1999, 1166 (1167) mAnm Finger FamRZ 1999, 1298 f.

Einen weiteren Fall des gesetzlichen Forderungsüberganges regelt § 1607 Abs. 3 BGB: Leistet der Scheinvater Unterhalt für ein tatsächlich nicht von ihm abstammendes Kind, geht der Unterhaltsanspruch des Kindes auf ihn über; er kann ihn gegen den tatsächlichen Vater geltend machen (Scheinvaterregress, → Rn. 286).

In diesen Fällen ist der Rückgriff des Leistenden gegen den tatsächlichen Unterhaltsschuldner gesetzlich geregelt. Eines Rückgriffs auf das ungeschriebene Rechtsinstitut des familienrechtlichen Ausgleichsanspruchs bedarf es nicht.

II. Der familienrechtliche Ausgleichsanspruch[4323]

1206   Leistet ein Elternteil Unterhalt für das Kind, obwohl der andere Elternteil ganz oder teilweise zum Unterhalt verpflichtet ist, scheidet ein Rückgriffsanspruch aus § 426 BGB aus, da mehrere Unterhaltspflichtige als Teilschuldner und nicht als Gesamtschuldner haften. Darüber hinaus ist der betreuende Elternteil, der Barunterhalt für ein minderjähriges Kind leistet, hierzu gerade nicht verpflichtet.

Die Vorschrift des § 1607 BGB erfasst diese Konstellation ebenfalls nicht.

Um diese Regelungslücke zu schließen, hat die Rechtsprechung das Rechtsinstitut des familienrechtlichen Ausgleichsanspruchs entwickelt. Er soll um die Unterhaltslast der Eltern gegenüber ihren Kindern entsprechend ihrem Leistungsvermögen gerecht verteilen.[4324]

III. Anwendungsfälle

1. Unterhalt

1207   **Der Hauptanwendungsfall des familienrechtlichen Ausgleichsanspruchs** betrifft die Fälle des Kindesunterhalts (→ Rn. 1205). Ein Elternteil leistet Barunterhalt, obwohl der andere hierzu ganz oder doch teilweise verpflichtet ist.[4325] Der familienrechtliche Ausgleichsanspruch beruht auf der Unterhaltspflicht beider Eltern gegenüber ihrem Kind und folgt aus der Notwendigkeit, die Unterhaltslast zwischen ihnen entsprechend ihrer Leistungsfähigkeit gerecht zu verteilen.[4326] Er setzt voraus, dass der den Unterhalt leistende Elternteil mit seiner Leistung eine im Innenverhältnis auch dem anderen obliegende Verpflichtung erfüllt hat.[4327] Dies ist anzunehmen, wenn der Betreuende zusätzlich Barunterhalt leistet, obwohl dazu der andere Elternteil verpflichtet ist, die Leistung aber nicht erbringt (zB bei fiktivem Einkommen, nach Betreuungswechsel).[4328] Gleiches gilt im Verhältnis zu volljährigen Kindern, wenn ein Elternteil einen höheren als den nach seiner Leistungsfähigkeit geschuldeten Unterhalt zahlt.

Der Zahlende muss mit dem Willen handeln, die Unterhaltspflicht des anderen Elternteils zu erfüllen und von diesem Erstattung zu verlangen. Im Zweifel ist anzunehmen, dass für Zahlungen, die während intakter Ehe geleistet wurden, eine Ersatzabsicht nicht

---

[4323] Langheim, Der familienrechtliche Ausgleichsanspruch, FamRZ 2013, 1529 ff.

[4324] Zuletzt BGH FamRZ 2022, 434 mAnm Witt = NZFam 2022, 208 mAnm Niepmann, Rn. 65 mwN.

[4325] S. auch Wohlgemuth, Unterhalt und familienrechtlicher Ausgleichsanspruch beim Wechsel des Kindes zum barunterhaltspflichtigen Elternteil, FamRZ 2009, 1873 ff.

[4326] BGH FamRZ 2017, 611 = NJW 2017, 1108 = NZFam 2017, 270 mAnm Graba Rn. 11.

[4327] grundlegend BGH FamRZ 1984, 776 (777); auch OLG Brandenburg FamRZ 2016, 1462 = NZFam 2016, 745 mAnm Graba Rn. 22; OLG Thüringen FamRZ 2009, 892.

[4328] BGH FamRZ 1989, 850 = NJW 1989, 2816; FamRZ 1994, 1102 (1103) = NJW 1994, 2234; OLG Koblenz FamRZ 2002, 1281; OLG Köln FamRZ 1999, 1277; Armasow MDR 2004, 308.

besteht (§ 1360b BGB). Das gilt auch für evtl. Ansprüche aus Geschäftsführung ohne Auftrag oder Bereicherung und bei Forderungsübergang gemäß § 1607 Abs. 2 S. 2 BGB.[4329]

Nach der Trennung der Eltern spricht eine Vermutung für die Absicht, von dem anderen Elternteil eine Erstattung verlangen zu wollen. Denn von einer Begünstigungsabsicht gegenüber dem nicht zahlungsbereiten oder nicht zahlungsfähigen Unterhaltsschuldner kann nicht ausgegangen werden.[4330] Dies gilt vor allem, wenn der Leistende als (früherer) gesetzlicher Vertreter den Unterhaltsanspruch des Kindes gegen den anderen Elternteil geltend gemacht hat.[4331] Diese Rechtslage hat durch die Rechtsprechung des Bundesgerichtshofs zur Barunterhaltspflicht beider Eltern gegenüber minderjährigen Kindern[4332] im Ergebnis keine Änderung erfahren. Zwar ist der betreuende Elternteil danach ebenfalls zum Barunterhalt verpflichtet und erbringt dadurch, dass er für den Unterhalt des Kindes aufkommt, zum Teil eine ihn selbst treffende Verpflichtung. Gleichwohl kann nicht angenommen werden, dass er die Absicht hatte, über seine Verpflichtung hinaus auch für den Haftungsanteil des nicht überwiegend betreuenden Elternteils aufzukommen.

Ist die Unterhaltsverpflichtung des leistenden Ehegatten allerdings durch **einen rechtskräftigen Titel** festgestellt, erfolgen die Zahlungen in der Regel auf diesen. Ein familienrechtlicher Ausgleichsanspruch scheidet aus, auch weil ein einmal durch einen rechtskräftigen Titel festgelegter Haftungsanteil eines Elternteils allein im Wege der §§ 238, 239 FamFG abgeändert werden kann.[4333] Dies gilt allerdings nicht, wenn ein Elternteil durch die Zahlung von Unterhalt eine Verpflichtung aus einem gerichtlichen Vergleich[4334] oder einer Jugendamtsurkunde[4335] erfüllt. Denn beide sind bei wesentlicher Änderung der Verhältnisse frei abänderbar. Die Abänderung kann, da sie sich allein nach materiellem Recht richtet, auch inzidenter im Rahmen eines familienrechtlichen Ausgleichsanspruchs geprüft werden.[4336]   **1208**

Wechselt das Kind nach der Titulierung des Unterhalts in den Haushalt des anderen, erlischt der gegen diesen gerichtete Barunterhaltsanspruch, was jederzeit mit einem Vollstreckungsabwehrantrag, §§ 113 Abs. 1 FamFG, 767 ZPO, geltend gemacht werden kann. Erbringt er gleichwohl auch den Barunterhalt, steht ihm ein familienrechtlicher Ausgleichsanspruch gegen den ehemals betreuenden Elternteil zu,[4337] auf den § 1609 BGB entsprechend anzuwenden ist.[4338]

Die Leistungsfähigkeit des – eigentlich – barunterhaltspflichtigen Elternteils ist Voraussetzung für den familienrechtlichen Ausgleichsanspruch, da er nur dann in Betracht kommt, wenn der andere Elternteil den Unterhalt tatsächlich schuldet.[4339]   **1209**

[4329] Vgl. Gießler FamRZ 1994, 800.

[4330] OLG Brandenburg FamRZ 2016, 1462 = NZFam 2016, 745 mAnm Graba Rn. 26.

[4331] BGH NJW 1989, 2816 (2817); FamRZ 2022, 434 mAnm Witt = NZFam 2022, 208 mAnm Niepmann Rn. 65; OLG Brandenburg FamRZ 2016, 382 = NJW-RR 2016, 72 Rn. 4.

[4332] BGH FamRZ 2021, 1965 mAnm Seiler = NJW 2022, 621; FamRZ 2022, 1366 mAnm Langeheine = NJW 2022, 2470 mAnm Obermann.

[4333] BGH FamRZ 1981, 761 = NJW 1981, 2348; FamRZ 1994, 1102 = NJW 1994, 2234; OLG Koblenz NJW-RR 1997, 514.

[4334] BGH FamRZ 2017, 611 mAnm Borth = NJW 2017, 1108 = MDR 2017, 768 = NZFam 2017, 270 mAnm Graba Rn. 20.

[4335] OLG Nürnberg FamRZ 2013, 796.

[4336] BGH FamRZ 2017, 611 = NJW 2017, 1108 = MDR 2017, 768 = NZFam 2017, 270 mAnm Graba Rn. 22.

[4337] Wendl/Dose UnterhaltsR/Klinkhammer § 2 Rn. 785; OLG Nürnberg FamRZ 2013, 796 (797) = NJW 2015, 1101 (1102) für den Fall der Titulierung durch eine Jugendamtsurkunde.

[4338] OLG Hamburg FamRZ 2019, 797 (799 f.).

[4339] OLG Frankfurt/M. FamRZ 2011, 227.

Die Höhe richtet sich daher nicht nach dem Einkommen des Ausgleichsberechtigten, sondern nach dem des (jetzt) Barunterhaltsverpflichteten,[4340] allerdings schuldet der Verpflichtete in der Regel mindestens den untersten Tabellensatz.[4341] Der andere Elternteil ist, da der Leistung des ausgleichsberechtigten Elternteils Erfüllungswirkung zukommt, vor doppelter Inanspruchnahme geschützt.[4342] Da der Unterhaltsanspruch des Kindes und der familienrechtliche Ausgleichsanspruch somit in einem Alternativverhältnis stehen, sind das Kind und der leistende Elternteil nicht Gesamtgläubiger im Sinne des § 428 BGB.[4343]

Ein familienrechtlicher Ausgleichsanspruch kann auch entstehen, wenn **Mehrbedarf des Kindes** von einem Elternteil allein gedeckt wird.[4344] Betreuungs- und Erziehungsleistungen begründen dagegen einen Ausgleichsanspruch nicht.[4345]

1210   **Der Kindergeldausgleich** zwischen den Eltern ist ein Unterfall des familienrechtlichen Ausgleichsanspruchs, der allerdings wegen der Anrechnungsregel des § 1612b BGB nur selten in Betracht kommt.[4346] Denkbar bleibt er in den Fällen des **Obhutswechsels.** Zahlt die Kindergeldkasse in einem solchen Fall noch an den – ehemals – betreuenden Elternteil, hat der nunmehr Betreuende einen familienrechtlichen Ausgleichsanspruch. Ein Kindergeldausgleich kann auch bei einem praktizierten Wechselmodell erfolgen, wenn eine Verrechnung mit dem Barunterhalt nicht vorgenommen wird.[4347] Gleichgültig soll dabei sein, dass kein Unterhalt ausgeglichen werden soll, sondern eine vorweggenommene Steuervergütung bzw. eine staatliche Sozialleistung. Denn über den familienrechtlichen Ausgleichanspruch können solche staatlichen Sozialleistungen ausgeglichen werden, die die Unterhaltslast beider Elternteile erleichtern sollen, aber nur einem zugeflossen sind.[4348] **Eine Rentennachzahlung,** die der unterhaltsberechtigte Ehegatte erhalten hat, und die zu einer Überzahlung des Unterhalts geführt hat, soll auszugleichen sein.[4349] Die Berufung der Berechtigten auf den Rechtsgedanken des § 818 BGB (Fortfall der Bereicherung) ist nach Billigkeitsgesichtspunkten unter Beachtung auch der §§ 819, 826 BGB (Nichtoffenbarung Nachzahlung) zu prüfen.[4350]

Pflegegeldzahlungen, die an einen Elternteil für ein pflegebedürftiges minderjähriges Kind erbracht worden sind, sind nicht über den familienrechtlichen Ausgleichsanspruch an den anderen auszukehren, denn das Pflegegeld ist keine Vergünstigung, die den Eltern zusteht. Es ist vielmehr allein für das pflegebedürftige Kind bestimmt.[4351] **Kindbezogene Bestandteile der beamtenrechtlichen Dienst- und Versorgungsbezüge** sind ebenfalls nicht auszugleichen[4352], da sie mit dem Kindergeld nicht vergleichbar sind. Gleiches gilt für **den erhöhten Beihilfebemessungssatz,** der dem Beamten wegen des Vorhandenseins unterhaltsberechtigter Kinder gewährt wird.[4353]

[4340] OLG Frankfurt/M. FamRZ 2011, 227 f.; OLG Hamm NJW-RR 2011, 659 (660); OLG Koblenz FamRZ 1997, 368.

[4341] OLG Brandenburg NJW-RR 2016, 72.

[4342] OLG Karlsruhe FamRZ 1998, 1190; dazu krit. Armasow MDR 2004, 308.

[4343] BGH FamRZ 2022, 434 mAnm Witt = NZFam 2022, 208 mAnm Niepmann, Rn. 63.

[4344] OLG Naumburg NJW 2012, 623.

[4345] BGH NJW 1994, 2234 (2235) = FamRZ 1994, 1102; OLG Frankfurt/M. FamRZ 2011, 227 f.

[4346] BGH FamRZ 2018, 681 = NJW-RR 2018, 579 = MDR 2018, 742 Rn. 27.

[4347] BGH FamRZ 2016, 1053 mAnm Seiler = NJW 2016, 1956 Rn. 34.

[4348] BGH FamRZ 2018, 681 = NJW-RR 2018, 579 = MDR 2018, 742 Rn. 27.

[4349] BGH FamRZ 1989, 718 (719); FamRZ 1990, 269 (272); OLG Hamm FamRZ 1988, 732 (734); OLG Frankfurt FamRZ 1987, 1270 (Zahlung auf Grund Versorgungsausgleich).

[4350] OLG Hamm FamRZ 1988, 732.

[4351] OLG Düsseldorf FamRZ 2018, 928 = MDR 2018, 529 Rn. 29 f.

[4352] BVerfG FamRZ 2020, 755 (756f).

[4353] BGH FamRZ 2018, 681 = NJW-RR 2018, 579 = MDR 2018, 742 Rn. 27.

Für die Vergangenheit kann nur bei Verzug oder Rechtshängigkeit[4354] und dann   **1211**
Ausgleich gefordert werden, wenn der Zahlende als gesetzlicher Vertreter des Kindes
gegen den anderen den Kindesunterhalt geltend gemacht hat.[4355] Eine Aufrechnung ist
insoweit ausgeschlossen, als der Anspruch bei Nichtverzug erlischt.[4356]

Die Verjährung richtet sich nach §§ 195, 197 Abs. 2 BGB. Der Anspruch unterliegt
der dreijährigen Verjährungsfrist des § 195 BGB, die nach § 207 BGB gehemmt ist,
solange die Ehe besteht.[4357]

Wird ein familienrechtlicher Ausgleichsanspruch wegen gezahlten Sonderbedarfs geltend gemacht, gilt grundsätzlich die Jahresfrist des § 1613 Abs. 2 Nr. 1 BGB. Hat
allerdings der Träger der Krankenversicherung geleistet, erfordert der Schuldnerschutz
die Beschränkung auf die Jahresfrist nicht.[4358]

Beim volljährigen Kind kann ein Ausgleichsanspruch zwischen den Eltern nach diesen
Maßstäben bestehen.[4359] Nimmt das Kind den Leistungsfähigen allein in Anspruch, kann
dieser im Wege des familienrechtlichen Ausgleichsanspruchs einen Erstattungsanspruch
gegen den anderen, ebenfalls barunterhaltspflichtigen Elternteil geltend machen. Im Rahmen dieses Verfahrens wird die Leistungsfähigkeit des anderen und die Erfüllung der
Erwerbsobliegenheiten geprüft werden (→ Rn. 1207).

2. Gesamtschuldnerausgleich und Ehegattenunterhalt

a) Allgemeines

Ein Gesamtschuldnerausgleich unter Ehegatten kommt in Betracht, wenn beide eine   **1212**
gesamtschuldnerische Verbindlichkeit eingegangen sind und einer der Ehegatten diese
zunächst allein tilgt.

b) Gesamtschuldnerausgleich bis zum Scheitern der Ehe

Während intakter Ehe wird der Ausgleichsanspruch aus § 426 BGB überlagert durch   **1213**
das Wesen der Ehe und die tatsächliche Handhabung der Eheleute. Es ist im Regelfall
davon auszugehen, dass die Ehegatten auch dann keinen internen Ausgleich wünschen,
wenn einer von ihnen höhere Zahlungen erbringt als ihm eigentlich obliegen würden.[4360]
Ausnahmen erscheinen denkbar, zB wenn ein Ehegatte außergewöhnlich hohe Zahlungen leistet.[4361] In der Regel gilt, dass ein Ausgleich nicht stattfindet, wenn zB ein
Ehegatte die Verbindlichkeit allein tilgt, während der andere Ehegatte nicht erwerbstätig
ist und die Kinder betreut, da beide Leistungen gleichwertig sind. Gleiches gilt aber
auch, wenn beide Ehegatten erwerbstätig sind, aber unterschiedliche Tilgungsbeiträge
leisten.

[4354] BGH FamRZ 1996, 725 (726) = NJW 1996, 1894.

[4355] BGH NJW 1989, 2816 (2817) = FamRZ 1989, 850; OLG Köln NJWE-FER 1999, 176 =
FamRZ 1999, 1277 (Ls.); OLG Brandenburg NJW-RR 2016,72; OLG Düsseldorf FamRZ 1991, 1027.

[4356] BGH FamRZ 1984, 775 (777).

[4357] BGH FamRZ 1996, 725 (726) = NJW 1996, 1894 (1895); OLG Brandenburg FamRZ 2016, 382
= NJW-RR 2016, 72 Rn. 10.

[4358] So aber OLG Köln FamRZ 2003, 252 mablAnm Wever.

[4359] OLG Koblenz FamRZ 2002, 1281; OLG Köln NJWE-FER 1999, 176 = FamRZ 1999, 1277
(Ls.).

[4360] BGH FamRZ 2002, 739 (740) mAnm Wever = NJW 2002, 1570 f; OLG Hamm NJW-RR
2016, 90 Rn. 12; OLG Köln FamRZ 2018, 1815 f.

[4361] BGH FamRZ 1988, 264 (265).

c) Gesamtschuldnerausgleich nach Scheitern der Ehe

1214   **Vom Scheitern der Ehe** an entfällt für die Eheleute der Grund für eine von der hälftigen Teilung abweichende Handhabung. Die Tatsache, dass ein Ehegatte während intakter Ehe von der Geltendmachung eines Ausgleichsanspruchs abgesehen hat, besagt nicht, dass dies auch nach dem Scheitern der Ehe geschehen soll.[4362] **Gescheitert** ist die Ehe mit der endgültigen Trennung der Eheleute[4363], jedenfalls, wenn der Scheidungs-antrag zugestellt ist.[4364] Leben die Ehegatten im **gesetzlichen Güterstand** ist im Regelfall erst ab **Rechtshängigkeit** des Scheidungsantrags vom Scheitern auszugehen, da bis dahin beide Parteien über den Zugewinnausgleich an den Leistungen partizipieren.[4365]

Ab dem Scheitern der Ehe gilt der Regelfall hälftigen Ausgleichs. Es kann sich aber eine gemäß § 426 Abs. 1 S. 1 2. Halbs. BGB „abweichende Vereinbarung" aus den Umständen ergeben,[4366] so dass der gesetzliche hälftige Ausgleich ganz oder teilweise nicht stattfindet.[4367] Das kann zB gelten, wenn ein Ehegatte Alleineigentümer der Immo-bilie ist, für deren Finanzierungskredit die Eheleute gesamtschuldnerisch haften oder auch, wenn durch das gemeinsam aufgenommene Darlehn ein älterer, nur einem Ehegat-ten gewährter Kredit abgelöst wird.[4368] In diesem Fall gibt § 426 BGB einen Anspruch auf Befreiung von der gesamtschuldnerischen Haftung.[4369] Gleiches gilt, wenn er allein die Sache nutzt und dem anderen den Mitgebrauch verweigert, denn der Nutzungsent-schädigungsanspruch nach §§ 1361b Abs. 3, 745 Abs. 2 BGB ist bei der Frage der anderweitigen Bestimmung zu berücksichtigen.[4370] Die abweichende Bestimmung bleibt auch nach Scheidung wirksam, wenn der eine Ehegatte weiterhin einkommenslos ist.[4371] Ob die für den übergegangenen Anspruch bestehenden Einwendungen und Einreden auch für den Ausgleichsanspruch gelten, richtet sich nach der Vereinbarung der Partei-en.[4372]

Die Darlegungs- und Beweislast für eine „anderweitige Bestimmung" trägt derjenige, der sich auf sie beruft, der also weniger als den hälftigen Ausgleich zahlen möchte.[4373]

1215   **Der Vorwegabzug von Kreditschulden vom unterhaltspflichtigen Einkommen** wird als anderweitige Regelung anzusehen sein,[4374] da die Unterhaltszumessung dann

---

[4362] BGH FamRZ 2015, FamRZ 2015, 993 = NJW-RR 2015, 1473 Rn. 34; OLG Hamm NJW-RR 2016, 901 Rn. 14.

[4363] BGH FamRZ 2015, 993 = NJW-RR 2015, 1473 Rn. 34.

[4364] BGH FamRZ 2015, 818 = NJW-RR 2015, 641 Rn. 22.

[4365] OLG München OLG-Report 2000, 6.

[4366] BGH FamRZ 2005, 1236 = NJW 2005, 2307; OLG Köln OLGR 2006, 309 mit Kritik Wever FamRZ 2007, 859; OLG Bamberg FamRZ 2001, 1047 = NJWE-FER 2001, 197; OLG Düsseldorf FamRZ 1991, 1443 (1445); OLG Frankfurt/M. FamRZ 2022, 1265 (1266) = NJW-RR 2021, 938; KG FamRZ 1999, 1502.

[4367] OLG Frankfurt/M. FamRZ 2022, 1265 (1266) = NJW-RR 2021, 938; OLG Köln FamRZ 2006, 1123 (Ls.); OLG Rostock OLG-Report 2001, 500; OLG Düsseldorf FamRZ 1991, 1443 (1445); FamRZ 1992, 318; siehe Dörr NJW 1992, 534 (535).

[4368] OLG Frankfurt/M. FamRZ 2022, 1265 (1266) = NJW-RR 2021, 938.

[4369] BGH FamRZ 1989, 835; OLG Frankfurt/M. FamRZ 2022, 1265 = NJW-RR 2021, 938; OLG Hamm FamRZ 2021, 1701 (1702) mAnm Wever FamRZ 2022, 96f, die den Befreiungsanspruch wie BGH FamRZ 2015, 818 mAnm Wagner FamRZ 2015, 996 uU auch aus einem Auftragsverhältnis ableiten.

[4370] OLG Bamberg FamRZ 2001, 1047 = NJWE-FER 2001, 197; AG Kandel FamRZ 1991, 819f.

[4371] OLG Stuttgart FamRZ 2007, 400 (nicht aber wenn er nicht einkommenslos ist); OLG Hamm NJW-RR 1991, 1413 (1414) = FamRZ 1991, 1192.

[4372] OLG Koblenz FamRZ 2003, 309.

[4373] OLG Frankfurt/M. FamRZ 2022, 1265 (1266) = NJW-RR 2021, 938.

[4374] BGH FamRZ 2005, 1236 = NJW 2005, 2307; FamRZ 1995, 216 = NJW 1995, 652; OLG Bremen FamRZ 2007, 47 = NJW-RR 2006, 1657; OLG Hamm NJW-RR 2016, 901 Rn. 15; OLG Köln OLG-Report 1999, 38; Bosch FamRZ 2002, 369.

unter Berücksichtigung der weiteren alleinigen Kreditabtragung durch den Unterhaltsschuldner erfolgt.[4375] Macht der Ehegatte wegen der Schuldentilgung durch den anderen
seinen Unterhaltsanspruch nicht geltend, kann hierin eine (ggf. stillschweigende) Abrede
dahingehend gesehen werden, dass dies gerade wegen der Schuldentilgung erfolgt sein
soll.[4376] Voraussetzung ist allerdings, dass ein Unterhaltsanspruch ohne Berücksichtigung
der die Leistungsfähigkeit des Pflichtigen mindernden Schuldentilgung bestanden hätte.[4377] Werden die Kreditraten (nur) bei der Berechnung des Kindesunterhalts einkommensmindernd berücksichtigt, steht dies einem Gesamtschuldnerausgleich unter den
Ehegatten nicht entgegen.[4378] Wenn die Voraussetzungen des Unterhaltsanspruchs jedoch
wegfallen (zB nach Verwirkung), fällt die Geschäftsgrundlage des vereinbarten Gesamt-
schuldnerausgleichs weg.[4379]

Bei gemeinsamen Darlehnsverbindlichkeiten spricht gegen einen hälftigen Ausgleich
auch, dass das Darlehn ganz oder überwiegend nur einem Ehegatten zugutegekommen
ist.[4380]

Bei Schulden durch Hauslasten ist zu beachten, dass bei der Unterhaltszumessung der   **1216**
Wohnwert als Unterhaltsleistung an den Berechtigten berücksichtigt worden sein kann,
so dass auch dann die Unterhaltszumessung unter der Voraussetzung der weiteren
Tragung der Hausschulden durch den Verpflichteten erfolgt. Wenn nach der Trennung
ein Ehegatte das gemeinsame Haus allein bewohnt und er alle Grundstückslasten allein
trägt, der andere aber keine Entschädigung für die Alleinnutzung beansprucht, ist damit
ein Ausgleichsanspruch ausgeschlossen.[4381]

[einstweilen frei]   **1217**

3. Bruchteilsmiteigentum an Haus oder ETW und Unterhaltsregelung

Insoweit wird auf → Rn. 868 ff. verwiesen.   **1218**

4. Gemeinsame Mietwohnung

Bei **Auszug** aus der gemeinsamen Mietwohnung besteht die gesamtschuldnerische Mit-   **1219**
haftung bis zum Ablauf der gesetzlichen Kündigungsfrist weiter, solange die Alleinnutzung dem anderen aufgedrängt ist.[4382] Dem in der Wohnung verbliebenen Ehegatten ist
darüber hinaus eine Überlegungsfrist von drei Monaten zur Entscheidung über die
Fortführung des Mietverhältnisses zuzubilligen. Auch während dieser hat sich der ausgezogene Ehegatte grundsätzlich an den Mietkosten zu beteiligen.[4383] Die Beteiligung ist
allerdings nicht zwingend eine hälftige. Es ist zu berücksichtigen, dass der in der Wohnung verbliebene Ehegatte die Kosten für die Anmietung einer anderen Wohnung erspart.
Er hat daher den Mietzins allein zu tragen, soweit er demjenigen für eine angemessen

---

[4375] BGH FamRZ 2008, 602 (603); OLG Rostock OLG-Report 2001, 500; OLG Hamm FamRZ
1989, 511; OLG München FamRZ 1996, 291; OLG Köln NJW-RR 1992, 258 (259) = FamRZ 1991,
1192.
[4376] BGH FamRZ 2005, 1236 (1237); FamRZ 2008, 602 (603); OLG Hamm NJW-RR 2016, 902
Rn. 15.
[4377] OLG Hamm NJW-RR 2016, 902 Rn. 17.
[4378] BGH FamRZ 2007, 1975 (1976) = NJW 2007, 3564; FamRZ 2008, 602 (603); **aA** OLG Celle
FamRZ 2001, 1071.
[4379] OLG Bremen FamRZ 2007, 47 = NJW-RR 2006, 1657.
[4380] OLG Frankfurt/M. FamRZ 2022, 1265 (1266) = NJW-RR 2021, 938.
[4381] BGH FamRZ 2008, 602; OLG Düsseldorf FamRZ 1991, 1443 (1445); zu Mieten und Hauslasten: OLG Stuttgart OLGR 2004, 173.
[4382] OLG Köln FamRZ 2003, 1664 mAnm Wever; FamRZ 2018, 1815; OLG Dresden FamRZ
2003, 158; LG Hannover FamRZ 2002, 29.
[4383] OLG Köln FamRZ 2018, 1815.

kleinere Wohnung entspricht. Lediglich der überschießende Betrag ist nach der Regel des § 426 Abs. 1 BGB hälftig von beiden Ehegatten zu übernehmen.[4384] Anders ist es dann, wenn der verbliebene Ehegatte freiwillig (auch weil er den Ausziehenden zum Auszug genötigt hat) die Wohnung allein weiter bewohnt (Überlegungsfrist).[4385]

5. Oder-Konto (Gemeinschaftskonto mit Einzelverfügungsbefugnis)[4386]

a) Ausgleich bis zur Trennung

1220   Bei einem **Gemeinschaftskonto** der Eheleute mit Einzelverfügungsbefugnis („Oder-Konto") – Alternative gemeinschaftliche Verfügungsbefugnis („Und-Konto") – besteht eine Gesamtgläubigerschaft gem. § 428 BGB und grundsätzlich ist jeder Ehegatte gem. § 430 BGB zur Hälfte berechtigt.[4387] Ist einem Ehegatten mehr als die Hälfte des Kontos zugeflossen, kommt bei intakter Ehe ein Ausgleich nicht in Betracht. Dieser Verzicht auf einen Ausgleich kann jedoch nur so weit gehen, als es sich um ehedienliche, gemeinschaftlicher Lebensplanung entsprechende Kontoverfügungen handelt, also nicht eheungewöhnliche oder nur einem Ehegatten nützliche.[4388] Ein Ausgleichsanspruch besteht auch, wenn die Verwendung der Gelder durch den abhebenden Ehegatten einen Missbrauch des der Kontoeinrichtung zugrunde liegenden Vertrauensverhältnisses darstellt, etwa, weil sie allein der Befriedigung eigennütziger Interessen dient.[4389] Die Umwandlung eines Oder-Kontos in ein Und-Konto bedarf einer einvernehmlichen Änderung des Kontovertrags durch beide Eheleute, ist also einseitig nicht möglich.[4390]

b) Ausgleich nach Trennung

1221   Mit der Trennung ist in der Regel die Grundlage für den ehebedingten Verzicht auf einen Ausgleich entfallen, das gilt für Privat- wie auch Geschäftskonten.[4391] Der Ausgleichsanspruch nach endgültiger Trennung ist nicht dem ehelichen Güterrecht zuzuordnen.[4392] Der nach Trennung das gemeinschaftliche Konto auflösende und das abgehobene Guthaben behaltende Ehegatte schuldet dem anderen die Hälfte des Guthabens (§ 430 BGB), da sich auch familienrechtlich nichts anderes ergibt.[4393]

[4384] OLG Köln FamRZ 2018, 1815.

[4385] OLG Köln FamRZ 2007, 46; OLG Brandenburg NJW-RR 2007, 887 = FamRZ 2007, 1172.

[4386] Vgl. allgemein zu Oder-Konto: Dörr NJW 1992, 534 (536).

[4387] BGH NJW 1990, 705 = FamRZ 1990, 370; OLG Brandenburg FamRZ 2022, 857 = NZFam 2021, 983 (Kohlenberg); OLG Naumburg NJW-RR 2007, 1158; OLG Bremen FamRZ 2006, 1121; OLG Düsseldorf FamRZ 1999, 1504 = NJW-RR 1999, 1090; OLG Hamm FamRZ 1990, 59; OLG Karlsruhe NJW-RR 1990, 1285 = FamRZ 1990, 629; LG Aachen FF 2001, 176 (Berufung zurückgenommen); vgl. Münch FPR 2006, 481.

[4388] OLG Bamberg FamRZ 1991, 1058: nicht gedeckt Befriedigung eigener Bedürfnisse in Zusammenhang mit beabsichtigter Trennung; OLG Düsseldorf FamRZ 1992, 439: wie OLG Bamberg; OLG Karlsruhe NJW-RR 1990, 1285 = FamRZ 1990, 629: Zweck Oder-Konto Finanzierung gemeinsamer Lebensführung; OLG Zweibrücken FamRZ 1991, 820: Abhebung hoher Summe durch einen Ehegatten (ca. 90 000 EUR) wird durch Verzicht nicht mehr gedeckt (BGH hat Revision nicht angenommen).

[4389] OLG Brandenburg FamRZ 2022, 857 = NZFam 2021, 983 (Kohlenberg).

[4390] BGH NJW 1991, 420.

[4391] BGH NJW 1990, 705 = FamRZ 1990, 370; OLG Naumburg NJW-RR 2007, 1158.

[4392] BGH FamRZ 2002, 1696 = NJW 2002, 3703 = MDR 2003, 88; OLG Karlsruhe NJW-RR 1990, 1285 = FamRZ 1990, 629.

[4393] OLG Köln FamRZ 1987, 1139 (1140); auch: FamRZ 1982, 944.

6. Nicht gemeinschaftliches Konto

Bei einem nicht gemeinschaftlichem Konto – Geschäftskonto eines Ehegatten etwa – **1222** kommt es für die Verfügungsbefugnis und einen Ausgleich auf die Absprachen – auch stillschweigende – der Eheleute an, jedoch verlieren solche Vereinbarungen mit der Trennung ihre Gültigkeit.[4394] Der Ehepartner, der vom Konto des anderen Beträge abgehoben hat, ist daher zur Rückzahlung verpflichtet und kann nicht aufrechnen.[4395] Er muss nicht die Bank verklagen, da in der Klageerhebung eine Genehmigung der unberechtigten Auszahlung liegt.[4396] Die Beweislast für eine Schenkung hat der Abhebende.[4397]

[4394] BGH FamRZ 1988, 476; OLG Zweibrücken FamRZ 2006, 1678.
[4395] OLG Zweibrücken FamRZ 2006, 1678; LG Aachen FF 2001, 176 (Berufung zurückgenommen).
[4396] OLG Zweibrücken FamRZ 2006, 1678.
[4397] BGH FamRZ 2007, 386 = NJW-RR 2007, 488.

Sachverzeichnis

Die Zahlen verweisen auf die Randnummern